百年农经

第三部

（20世纪90年代）

献给

中国农业大学百年华诞

为中国农业发展而奋斗的仁人志士

新教材解读·本丛书6大特点

BEN CONG SHU LIU DA TE DIAN

- 紧扣新课标，结合新教材，拓展三维理念，增强应用意识，培养听说读写能力，全方位整体推进。
- 注重归纳知识，提高技能，探究学习的重点难点，强调互动的学习方法，培养终生的自学能力。
- 优化知识结构，层次性强。例题典型，基础题、提高题、综合题层层推进，突出点拨解题思路。
- 根据考点要求，指明易错点、易混点、易漏点，并以实例加以辨析说明，帮你走出学习中的误区。
- 素养测评，针对性强，试题典型，全解全析，讲解中考热点，解读中考试题，精讲精练，深入实战。
- 整合每章内容，结成知识网络，揭示规律方法，提高综合能力，快速提升学习成绩。

★★★ 与人民教育出版社实验教科书同步

ISBN 7-5048-4492-6

9 787504 844927 02>

定价：12.00 元

新教材解读

七年级英语（上册）

人教版

农村读物出版社

总主编

·新目标

七年级（上

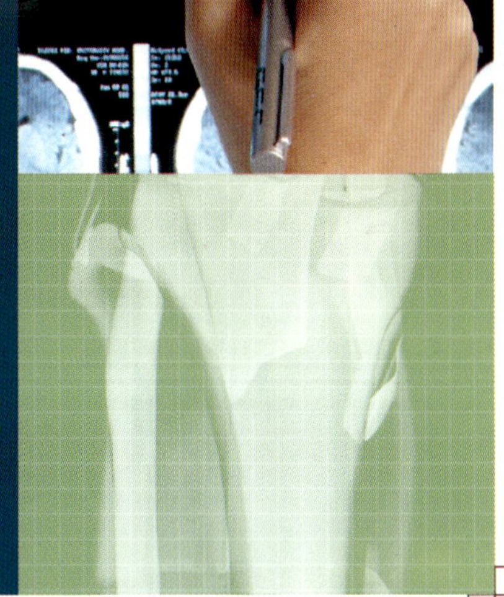

卫生出版社
Medical Publishing House

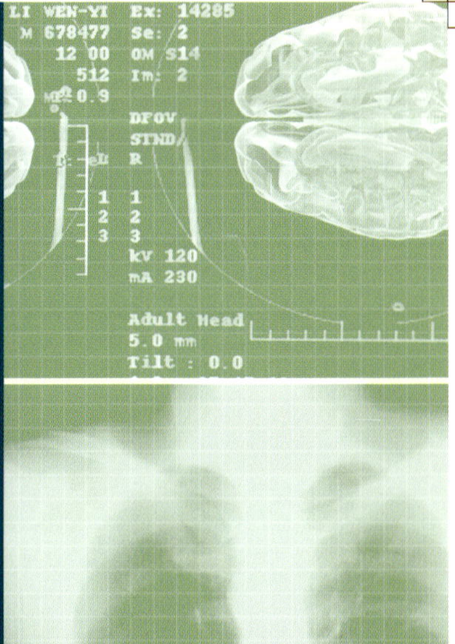

面向**21**世纪课程教材

Textbook Series for 21st Century

全国高等学校教材 | 供医学影像学专业用

Textbook Series for 21st Century

医学电子学基础 [第2版]

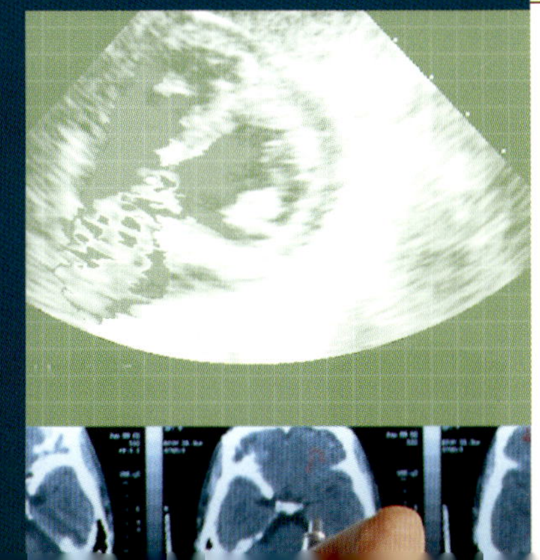

主　编　陈仲本
副主编　况明星

目　录

第三部（20世纪90年代）

中国农业发展之成就与前景*

赵冬缓

中国农业经过四十多年艰苦曲折的奋进历程，取得了长足的发展。1949—1990年农业总产值年均增长4.55%，尤其是改革开放以来，1978—1990年农业总产值年均增长达5.6%，高于世界许多国家同一时期的发展速度，以占世界7%的耕地，基本解决了占世界22%人口的温饱问题，获得了举世瞩目的历史性的巨大成就。

为进一步改变农业基础脆弱、后劲不足的状况，加速实现本世纪末国民生产总值再翻一番，人民生活达到小康水平的第二步战略目标。回顾分析中国农业发展全过程，总结思考成功经验和曲折路径，此乃是很有意义的、宝贵的，展望未来农业发展前景，令人振奋，任重道远。

一、巨大的成就

中国的农业和农村经济，是在生产力极其落后的半殖民地半封建社会的基础上发展起来的。自20世纪50年代初起，先后经历了土地改革、农业合作化、人民公社化和现阶段的农村经济体制改革等几个历史时期。在农业和农村经济蓬勃发展与前进的过程中，凭借组织和制度的不断探索创新，对传统农业进行了富有成效的改造，使农业生产水平有了明显提高，为农村经济的全面迅速发展奠定了基础，为整个国民经济和社会发展作出巨大贡献。

（一）农业的发展、农业剩余的增加，为整个国民经济和社会发展作出了突出贡献

1. 产品贡献。一是向全体居民提供了较丰富的农产品，保证了人民生活水平与生活质量的提高。1952—1990年居民实际消费水平提高了2.67倍，年均提高3.48%；1990年人均消费肉类、鲜蛋、鱼虾，比1978年分别提高了5.65%、47.46%、20.5%，日卡路里摄入量、婴儿死亡率、预期寿命等生活质量指标已远高于发展中国家平均水平，有的接近甚至超过了世界平均水平①；二是农业发展为加工业提供了大量原料，保证了以农产品为原料加工业的增长需要，是轻工业迅速增长的源泉。

2. 要素贡献。一是向工业提供了巨额的积累资金，1952—1989年国家通过剪刀差和农业税从农业中抽走的资金，扣除支农资金外，农业资金净流失相当于新创造价值的1/5；其次，农业作为劳动力就业的“蓄水池”，为非农部门特别是城市工业部门创造了富有弹性的劳动力供给，

* 海岸两岸学术讨论会上大会发言稿，并载“九十年代中国农业发展学术讨论会”论文集，中国人民大学出版社出版。

① 据世界发展报告，1988年中国的预期寿命，日卡路里摄入量、婴儿死亡率分别为70岁、2 640千卡、30‰，世界平均水平为64岁、2 672千卡、57‰。

也保证了社会的安定。

3. 市场贡献。随着农民人均收入和生活水平的提高，农村越来越成为重要的工业品市场。1990 年农村社会商品零售额达 4 565.1 亿元，占到全国社会商品零售总额的 55%；同时农村还提供了约占 2/3 的轻工业产品市场。

4. 外汇贡献。1952 年农副产品及其加工品出口占到出口总额的 82.1%，是国家外汇重要来源，直至 1990 年，这一比例还高达 42.2%。

（二）对传统农业的改造，有力地促进产业结构日趋合理和农村商品经济迅速发展

尽管农村统购统销和人民公社制度阻滞了农业商品化和市场化的进程，但客观上使农村商品经济终究有所发展，特别是改革开放以后获得更加迅速的发展。1990 年农副产品收购额达 3 711 亿元，按可比价格算，1952—1990 年年均增长 4.53%，1978—1990 年年均增长 7.66%；粮食商品率由 1952 年的 20.3%上升到 1990 年 36.6%，农副产品综合商品率由 1978 年的 45.2%上升至 1990 的 60%多，农村工农产品的综合商品率由 1978 年的 53.7%提高到 1990 年的 70%左右；农民商品性消费支出在生活消费支出中的比重也由 1978 年的 39.7%增加到 1990 年的 62.15%，提高了 22 个百分点。

随着农业商品化和农村商品经济的发展，农村产业日益分化，形成了农林牧副渔全面发展，工商建运服综合经营的产业结构格局。20 世纪 50 年代初，仅种植业一项就占到整个农村经济总产值的 82.3%，直到 1978 年，农业总产值还占到农村社会总产值的近 70%，农业就业人数占到农村劳动力的 93.5%。1978 年后多种经营和乡镇企业的发展大大促进了农村产业结构的调整。一方面，多种经营的发展改变了农业的单一种植业结构和种植业的单一粮食作物结构，1978—1990 年种植业在农业总产值中的份额下降了 18 个百分点，1984—1990 年下降了 11 个百分点；另一方面，乡镇企业的飞速发展大大丰富了农村产业的内容，使非农产业产值份额在 1978—1990 年十二年内上升了 22.5 个百分点，在 1984—1990 年六年内上升了 17.4 个百分点，达到 52.5%，非农产业的就业份额由 1978 年的 6.5%上升到 1990 年的 21.65%，走出了一条独特的农村工业化之路。

（三）创立了农村统分结合的双层经营体制，探索适于中国农业发展的基本框架

1. 确立了以家庭经营为基础，各种社会化服务组织相配套的农村经济微观组织制度的基本框架。1952 年土地改革结束后的组织格局是：拥有土地等生产资料的个体农户是基本组织形式，配套组织是约 40%农户参加的各种农业互助组，以及为农民服务的供销合作社和信用合作社，其服务范围高达 80%以上。后来，人民公社否定了农户对生产资料甚至对生活资料的占有权，损害了农民的积极性。直到 1978 年通过农业体制改革，农民的经营主体地位才逐渐重新得到确认，各种社会化服务组织也随之应运而生，从而确立了农村经济微观组织制度的基本框架；在集体所有权和农户经营权两权分离下，拥有土地经营权和其他生产资料所有权的家庭经营是基本形式，配套组织有拥有土地所有权的社区合作组织、政府系统的农业推广服务组织、半官方的供销和信贷服务组织、各种各样的民间专业合作服务组织以及盈利性的私人服务组织。这一多样化的组织框架具有极大的容量和发展空间，有利于调动各个层次的积极性，能在较长时期内适应中国国情和生产力的发展，是农业发展的重要成就。

2. 建立了市场取向的农村经济宏观调控制度的基本框架。微观主体利益的实现需要宏观调控制度来保证和协调。1953 年统购统销制度的实施是以工业原始积累为宗旨的，但侵犯了农业

生产者的利益，导致了农业效率的损失。经过几十年的摸索，基本上确立了市场取向的宏观调控思想，并通过下列改革从统购统销的指令性计划调控，逐步向市场取向的宏观调控制度过渡：①逐步缩小了指令性计划收购范围，完全放开了大部分农副产品市场，仅对棉、烟、丝实行统购专营，逐步提高了定购部分粮油的收购价格，粮食实现了购销同价，农产品市场日趋发育成熟；②一定程度的建立了农业生产要素市场：劳动市场、资金市场、土地使用权流转制度都在一定程度上得到确立，化肥、柴油等主要农用生产资料的政府配给制度也得到了一定的改善；③农业外贸的指令性计划体制进行了有限的改革；④一定程度地改革了政企不分的体制，1983年以建立乡政权为主要内容的政社分设以及目前即将席卷全国的、以实现“小机关、大服务”的政府职能转变为内容的县级机构改革都是促进政企分开的有力之举。

（四）富有成效的农业改造，加速了传统农业向现代农业转变

农业总产品和各种农业要素的生产率迅速提高，摆脱了传统农业稳定均衡的低速增长状态，标志着农业生产力已经达到了一个新的水平。新的生产要素不断引入，科技进步的贡献提高。新要素不断引入，是改造贫穷而低效的传统农业的关键。新中国成立以来，我国多次更换了农作物品种，全国农作物良种覆盖率已超过80%；化肥使用量1952—1990年年均增长16.5%，目前亩播种面积施用量已达11.64%公斤；农药施用面积1990年达33.74亿亩次，80年代十年间增长了3.3倍；地膜覆盖面积1990年达4965.7万亩，十年间增长了213倍；塑料棚面积十年间增长18.5倍，1990年达220万亩。畜牧业普遍推广了畜禽良种新品种，开展了疫病防治，饲料工业的发展大大改进了饲养方式。随着科学技术的发展，计算机技术、生物工程技术、航天航空技术等也都被用于农业。这些新生产要素的引入和迅速推广，打破了传统农业稳定均衡的生产要素配置格局，为农业提供了新的收入流来源。作为新技术载体，新要素投入的不断增加，使科技进步对农业增长的贡献率不断提高。据中国农科院测算，1972—1980年科技进步对农业增长的贡献率为27%，1978—1983年升至35%，目前已达40%左右。

农业科研、农业推广成就显著，农业教育发展迅速，人力资本存量迅速增加。改造传统农业，新要素引入是关键，作为新要素供给者的农业科研和推广部门是关键的关键；向需求者农民进行智力投资，提高农民素质则是改造传统农业的另一关键点。经过四十多年的发展，第一，拥有了较强的科技队伍和较雄厚的科研实力，避免了一般发展中国家全面依靠技术引进的困境，据不完全统计，到1990年我国共获得农业科研成果6 000多项，1980—1990年就有2 100多项①，相当一部分接近或达到国际先进水平，大部分为实用技术；第二，初步形成了中央和地方的农业科研及技术推广体系，全国农业科研机构和技术推广机构已分别达1 122个和20.3万个，科研和技术推广人员也分别达8万和86.8万人②，形成了中央、省市到地、县、乡、村的多级农业技术推广网络；第三，形成了由高、中等农业教育、农业干部培训、农民成人教育和农村中小学教育组成的农业教育体系，使农业人力资本存量迅速增加：高、中等农业院校累计毕业学生数分别达150万和85万人，农村劳动力的平均受教育年限达6.21年，农村人口中的文盲率也从新中国成立初的80%以上降到22%，这是改造传统农业的重大成就。

---

① 到1981年我国农业科研获得的较大成果有4 000多项，参见《中国农村四十年》第610页，六五、七五期间又分别取得1 075、1 071项成果，根据《中国农业年鉴》整理。

② 为1989年数，来源于《中国农业年鉴》第3页。

(五) 卓有成效地发展乡镇企业，加速农村工业化和城镇化进程

乡镇企业在改革开放的80年代得到迅猛地蓬勃发展，其数量增加13.1倍，总产值增加15.4倍。到1990年底，全国乡镇企业从业人员达9 264万人，总产值达9 500亿元，占农村社会总产值的比重由1980年的24%上升到60%，占全国社会总产值的比重由1980年的17.8%提高到25%，出口产品交货总额达500亿元，占全国出口产品收购总额的25%。足见乡镇企业已成为农村经济的"半壁河山"和国民经济的重要组成部分。

中国乡镇企业之所以发展迅速、举世瞩目，就在于11亿多人口的发展中大国这一基本国情决定了要解决脱贫致富和农业剩余劳动力的问题，乡镇企业正是适应于这两种需要而产生与发展壮大的。它的发展走出一条就地吸纳剩余劳动力、进厂不进城、离土不离乡的有中国特色农村工业化之路；乡镇企业的发展引入了新的生产要素和新要素重新组合，在农村形成新的增长点，产生了新的生产力，从质和量方面推进了中国农村经济的发展；它的发展在增加农民收入、提高农民素质、反哺农业、振兴农村经济中都发挥了极其重要的作用；乡镇企业的发展还有利于加快农村非农化进程，促进农村城镇化和城市一体化，它既作用于城市，推动城市现代化部门的成长，又作用于农村，通过大量投资，改造传统农业，发挥了向现代化经济转化的作用与功能，推动国民经济发展进入一个新阶段。

未来乡镇企业的发展，在调整的基础上，基本越过以数量的扩张为主的发展阶段，进入以质量的提高为主的发展阶段，在继续发挥其自主经营、自我积累发展、自我调节、自我约束机制优势的同时，不断提高、完善与发展新阶段相适应的一整套运行机制；同时，应分别从宏观与微观上加强乡镇企业的行政与行业管理，调整产业结构，加速技术改造、提高产品质量，促进向小城镇集中布局，完善承包经营责任制，发展股份合作制、促进横向联合，发展企业集团。

二、广阔的前景

到20世纪末中国农业的发展，将呈现一幅怎么样的图景，这是为世人普遍关注的问题。按照中国经济发展总体蓝图，到2000年实现国民生产总值再翻一番，人民生活达到小康水平的第二步战略目标。农业发展的具体目标任务是：农业总产值平均每年增长3.5%，粮食产量达到5亿吨，棉花产量达到525万吨；进一步发展林业、畜牧业、水产业；继续引导和促进农村乡镇企业健康发展，全面振兴农村经济。中国未来的农业，将是不断克服面临的种种困难，继续深化改革开拓前进，在发展过程中求得提高，在提高中求发展。国家将逐步建立起符合社会主义商品经济规律的新秩序，农业技术装备的水平将有明显提高；在农业中确立家庭经营的合法地位，农民作为独立的商品生产与经营者，获得按照经济原则选择产业项目和有效地配置资源的自主权，使农村经济更加富有活力，从而摆脱了低效率的运行状态；以乡镇企业为代表的农村第二、第三产业继续以较高的速度发展，吸纳上亿农业剩余劳动力，减轻农业的就业压力；国家的经济实力与农民自我积累能力的增强，进一步增加对农业的资金和物资投入，有效地改善农业的物质技术基础；开辟新资源，拓展新领域，是增加农民收入的新途径；农业科学技术的发展与推广运用，必将提高农业劳动生产率与土地生产率，提高农产品的产量与质量，以满足全国人民小康生活水平和国民经济建设的需要。

90年代的中国农业，正在向商品农业、现代农业转变，以农业要走高产优质高效之路，作为加快农村经济发展的重大战略决策。所谓高产，就是提高资源的产出率，保证粮棉等大宗农产

品有效供给，这是首要的社会目标；优质，就是追求农产品的市场价值，产品不优，就没有竞争力，则无法实现其价值，这是社会消费和国内外市场的客观要求；高效，是指提高农业经济效益为中心的综合效益，这既是商品农业的基本要求，也是农业自我积累和发展的基本动力。总之，高产优质高效农业，就是遵循价值规律，依靠科技进步，以大农业的观点充分合理地开发利用各种农业资源，不仅是生产品种更多，产量更高、品质更优的农产品，而且要不断提高生产效益，使农业成为充满生机活力，具有较强的自我发展能力的现代农业产业。这是现实的要求，也是历史的必然。中国人口增加与耕地减少的矛盾短期内无法得到根本缓解，决定了农业不走高产优质高效之路是不行的。没有高产就不能彻底解决温饱问题，没有优质农产品就形不成商品优势，没有高效亦无法增加农民收入，达到小康目标。可以说，这是由吃饭农业变为致富农业、由产品农业变为商品农业、由传统农业变为现代农业的农业发展指导思想的重大转变和农业自身的一次革命。

在进一步深化农村经济体制改革，和推进高产优质高效农业发展的新形势下，中国农业除了面临着农业综合生产力低，农业发展后劲不足的严峻形势外，现阶段面临农产品总量平衡、结构调整、运行机制及外部环境等一系列问题，都有待做出正确地抉择。

1. 农产品总量平衡问题。强劲增长的农产品需求与徘徊的农业综合生产力之间的矛盾构成总量不平衡的问题。未来 10～20 年中国仍处于人口生育高峰，奔小康过程中必然不断提高的收入水平和消费水平是需求强劲增长的基本因素，而农业综合生产力在 4 亿～4.5 亿吨粮食间的徘徊也为人们公认。这一矛盾还因农业发展日益强烈要求持续性，而农业持续发展越来越要求减少对生态环境的破坏、保护农业资源，这些最终必然要体现在农业技术发展的目标中，作为代价，必将影响农产品产量。解决问题的出路主要有科技兴农、发展农用工业和农业综合开发。科技兴农的依据，一是我国现有农业科技成果中有相当一部分还没得到推广应用，故潜力很大；二是全国重视农业的大环境和雄厚的科研实力，有可能导致农业技术上的突破性进展；发展农用工业的依据，在于农用生产资料的短缺已构成制约农业生产发展的瓶颈，而城市企业改革 1992 年可望大幅度提高技术效率；农业开发的依据，在于现有耕地中有 2/3 约 10 亿亩的中低产田，有可垦荒地 5 亿亩，其中 2 亿亩可在近中期开发利用，还有尚未开发的滩涂 3 000 多万亩，可利用的草地 40 多亿亩以及待开发利用的一半的淡水养殖面积，因此，农业综合开发潜力很大。

2. 结构合理调整问题。一是由需求结构变化引起的供给结构调整。未来一二十年内我国的食物消费需求结构将发生很大变化，主要是减少人均直接粮食消费，增加动物产品消费，提高消费质量。为适应消费需求结构的这种变化，农业必须由数量型农业向高产优质高效农业转变，为此，必须大力调整农业生产结构：①大力发展畜牧业，特别是水产、家畜的草食性农畜的生产；②种植业中大力发展饲料作物生产，逐步实现粮食作物——经济作物的二元结构向粮食作物——经济作物——饲料作物的三元结构的转变；③大力发展优质农产品生产及其加工品的生产。二是适应资源结构的供给结构调整。农业自然资源分布上严重的区域差异，以及因区域间经济发展不平衡而导致的社会经济资源分布上的区域差异，将使按比较优势原则进行农业生产的区域分工成为我国未来一二十年内农业发展的一个重要增长源。第三产业的发展，全国统一市场的形成将促进区域分工的发展。

3. 有效的运行机制问题。总量和结构问题的解决，最终要落实到一套行之有效的运行机制上，未来农业发展的运行机制主要是宏观调控制度与微观组织制度的各自完善和相互适应问题。组织制度上，一是抓好以土地制度建设为核心的农村基层组织建设和产权明晰化，大力发展农村股份合作制，从而解决社区性合作组织内部的积累机制、监督机制及农民对集体财产的关切度问题；二是以稳定完善联产承包责任制、加强社会化服务为契机，以减少农民面对的市场风险和波动为目标，解决好组织农民参与市场的问题。

在调控制度上，首先，继续完善市场调控制度：①逐步理顺农产品的各种相对价格关系；②继续发展农业生产要素市场，不断提高农产品市场的组织层次，发展批发市场和期货市场等较完备的市场形式；③进一步完善主要农产品的储备调节制度；其次，在20世纪90年代中国农村经济非均衡特征仍然明显，市场机制发育还不很成熟的条件下，不同层次的国民收入再分配仍然十分重要。特别要注意逐渐促进乡镇企业以工补农的宏观化和规范化，推动乡镇企业的城镇化。总之，微观组织制度的完善易于进行，宏观调控机制的完善很大程度上要依赖于城市经济的发展，依赖于农业发展的外部环境。

4. 外部环境问题。农业发展的外部环境，一是国民经济主要是城市经济的发展状况。二是国际农产品市场的状况。未来几年中，以股份制为核心的国营企业体制改革可望取得重要突破，从而焕发出国营企业的活力，工业效益可望有较大提高，城市经济可望更快发展，从而有力地支持农业和农村的发展；同时，随着中国恢复关贸总协定的席位，国际农产品市场将对农业发展产生巨大影响，必须参与国际分工，农业的保护也日益显得重要。

总之，中国未来的农业发展，尽管面临的形势严峻而问题复杂，但通过深化农村体制改革，改善宏观环境和微观机制，加上城市经济和乡镇企业强有力的支持，对农业的发展将充满希望，一个独具中国特色的社会主义现代化农业，将以欣欣向荣的崭新面貌屹立在中华神州大地！

注：

①文中的“中国农业”仅包括大陆各省、市、区的资料，中国台湾省及港澳的数据尚未统计在内。

②本文“数据”除另注明外，其他数字都来源于《中国统计年鉴》和《中国农村经济统计大全》或据其计算整理。

③参考文献资料从略。

市场与项目管理

宋 声 鹗

项目的规划、项目的选择以及整个项目管理过程都要“背靠资源、面向市场”，项目与市场的关系十分密切。

项目是为了达到一定目的、按照事先预定的方案而进行的经济开发活动的组织单位，也就是进行经济开发的基本单元。项目按一定程序建成后，多数是一个经济实体，是一个企业或企业群，例如是一个农场、一个牧场、一个工厂、一个电站等等。作为投资者和建设者来说，都希望项目有较好的偿还能力、赢利能力；要有较好的偿还能力、赢利能力，项目就必须有较好的经济效益；要项目的经济效益好，就必须投入较小、产出较大；产、供、销渠道畅通；产品适销对路；且具有竞争能力……这些无不与市场有密切的关系。所以只有密切关注市场、了解市场、分析研究市场，才能使资源优势较顺利地转化为产品优势，再转化为商品优势，从而较顺利地实现马克思形象地所描述的“惊险的跳跃”，使项目产出的产品畅销。

对于项目管理人员来说，①应该对市场的基本理论有所了解；②对各类市场的特征有所认识；③对立项时如何面对市场有一定的知识和能力。以下从这三个方面提供有关知识。

一、市场的几个基本问题

（一）市场

人们对市场的认识是逐渐深化的，其认识的发展大体经过三个阶段。

开始是狭义的理解：“市”即交易，“场”即场所，市场就是商品交易的场所。例如农村的集市贸易，城市的百货公司、农副产品市场等。

随着商品经济的发展和市场的扩大，交易并不完全依赖于某个场所，甚至可以脱离场所，交换得以在十分广阔的领域里随时进行，于是人们概括出一种广义的理解：市场是指在一定时间、地点条件下商品交换关系的总和，而不仅仅是指某一特定的商品交易场所，但它又包括了具体的商品交易场所。市场是一切商品交换关系的集合体，即生产者、商人、消费者之间，以及生产者之间、商人之间错综复杂的交换关系。

第二次世界大战后，商品经济的进一步发展，刺激和提高了人民的购买力，促进了消费者需求和欲望的不断变化和发展，使消费者对商品购买的选择性日益强烈。人们逐渐意识到：市场虽是流通领域的一种经济活动，但它与生产领域和消费领域有密不可分的关系，从深层来分析，市场是植根于消费领域的。于是一种新的市场概念开始形成：市场是未被满足的需求。这是对市场深入的理解，更是卖方对市场的理解。这个尚未被满足的需求，就是我们立项的基础。

（二）形成市场的条件

形成市场的条件有三：

（1）要有可供交换的商品（包括货币）。没有商品，市场不可能存在。

（2）要同时有商品的买方和卖方。商品交换是由“人”进行的，有买有卖才能形成市场。

（3）要具备买卖双方都能接受的价格和交易条件。只有买、卖双方自愿互利，商品交换才能完成，这就是商品交换的“自愿让渡”规律。

只有同时具备以上三个条件，才能形成现实的市场。而不只是观念上的市场。一个项目的建立，必须有助于商品经济的发展和市场的繁荣，而市场的繁荣又必然给立项带来更多的机遇。

（三）市场的功能

市场的功能，是由市场机体内在属性产生的客观职能。只要有市场，就有市场经营活动。市场经营的正常运转所做的“功”，就会发挥其应有的“能”。市场的主要功能表现为以下六个方面：

1. 商流功能和有偿性。商流功能又称为交换功能，是指商品收购和销售活动。经营者和消费者通过货币这一媒介物，实现商品所有权的转移。对于中间商来讲，还发挥了将商品从产地集中起来分散到销地的“吞吐”功能。

商流功能的基本特征是有偿性。买卖双方一手交钱一手交货，商品使用价值与价值互换位置。等量劳动相交换，各得其所，彼此补充。商流功能要求商品转换货币的速度越快越好。

2. 物流功能和节时性。物流功能是指商流需要而组织的商品实体运输和储存活动。即通过市场营销渠道来实现商品的空间上和时间上的移动，使商品能够源源不断地从生产领域→流通领域→消费领域，实现商品的使用价值。

物流功能的特性是节时性。它要求商品运输和储存周期短、流程快、费用省、安全好。

3. 服务功能和附加性。服务功能主要包括三方面：

（1）为保证企业顺利组织商流和物流而提供的各种辅助条件。如资金融通、风险负担、商品标准化等。

（2）在商流、物流中，向消费者提供的附加利益。如代为包扎、送货上门、保修和退换、指导消费等。

（3）为客商和消费者提供生活服务。如住宿、饮食、通讯等等。

服务功能的特性是附加性，即提供产品本身以外的物质上和精神上的附加利益，使市场活动的参与者感到方便、安全、放心和满足。

4. 信息反馈功能和导向性。市场是信息最多、传递最快的地方，企业通过市场可获得重要的情报，如市场需求、产品质量、价格变动等等，这些都是有效地组织商流和物流的重要根据，也是市场超越流通而向生产领域渗透的主要表现。

信息反馈功能的特性是导向性。引导企业的经营更好地适应市场需求。

5. 调节功能和协调性。通过价值规律和供求规律，一方面调节生产量和产品结构，一方面调节消费需求量和消费需求结构。

调节功能的特性是协调性，即使社会供给和社会需求基本趋于平衡。

6. 竞争功能和鞭策性。市场是竞争的“战场”。竞争的功能犹如一条无情的钢鞭，鞭策

企业不断应用新技术，改进产品，降低成本，搞好服务。所以竞争功能的显著特性是鞭策性。

市场的上述功能是互相制约的，任何一项功能的失误，都会直接影响市场机制的正常运转。我们在运用和发挥它们的功能时，应看到各功能的联系，加以协调和运用。在项目管理过程中，要充分运用市场的功能，使之获得更好的效益。

（四）市场体系

市场体系是由多种市场所组成的大系统，由商品、货币和人口三要素以不同形式组合，组成各有自己经济内容的市场。正是这些众多的子市场、小市场构成了多层次、多结构的市场体系。一个较完善的市场体系，能为立项提供良好的市场环境，能为立项提供更多的市场机遇，能为宏观控制提供有效的途经，能为理顺价格创造必要的条件，能为资源配储提供最佳的场所。所以项目管理人员能对建项地区的市场体系及其发育程度有较详细的了解，才能做好建项的可行性分析。请见图 1：

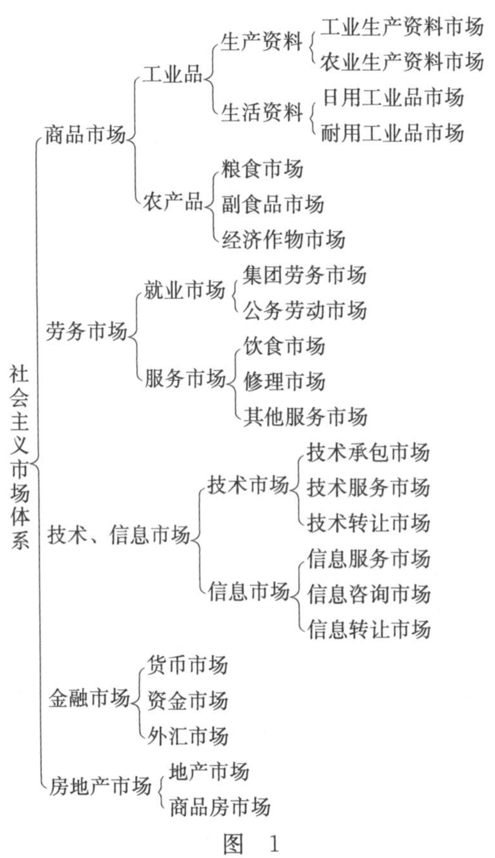

图 1

二、几种主要市场的分析

本节着重分析几种主要市场的特征，使项目管理人员能在掌握各类市场特征的基础上，制定出有效的立项决策。

(一)生产资料市场

1. 生产资料市场的概念和分类。生产资料市场的商品主要用于再生产,而不是用于最终消费。可分为:

(1)工业用生产资料市场。其商品主要包括生产设备、辅助生产设备、工矿产品原材料、农产品原材料、半制成品和零件、动力燃料和废旧物资等类。

(2)农业用生产资料市场。其商品主要包括农用机械农具、农用设备、农用化工产品、种籽种畜、肥料饲料、农用能源和水资源等类。

据世界市场估计,按美元计算,生产资料市场的交易额至少等于消费品市场的两倍,是当前市场营销中最大的市场,其销售量的增减与社会生产的发达和衰退密切相关。在我国,生产资料市场是最近几年才发展起来的一个新的市场。目前工业用生产资料一部分是通过调拨,一部分是通过市场交换取得;农业用生产资料除一部分由本身自给外,都是通过市场交换取得。

2. 生产资料市场的基本特征。

(1)市场比较集中,交易大多在企业之间进行,成交批量较大,人们常称其为“巨人之间的市场”。因此,在组织营销时,可相对地减少流通环节,其主要业务可放在批发或企业自销上,有的还可签订长期供货合同,直接送货上门。

(2)专业性强,技术要求高。购买者对产品有比较明确的技术要求,一般不能随意相互替代。因此,经营者必须了解用户需要,尽量增加品种、规格、型号,以满足各类用户的需求。还要做好技术服务、技术培训和技术咨询工作。

(3)理智型专家购买。购买者对产品的技术性能都有一定的了解,不易受广告宣传、外观和推销方式的影响,多属于理智决策型。因此经营者对产品应配附详细的使用说明,配备懂技术的销售人员进行技术咨询、操作表演、维护使用示范,必要时还可提供给客户试用。

(4)需求弹性较小。

(5)购买具有连带性。一般要求主机、辅机和部件等同时成套供应。

(6)购买一般需要集体决策。

(7)用租赁代替购买。就是使用单位不通过购买,而通过支付一定租金的方式取得使用权,租赁的往往是生产工具。近几年来,我国的租赁业也有了较快的发展。

3. 影响生产资料市场需求的基本因素。

(1)生产资料使用单位的规模、数量和结构。使用单位规模越大,需要数量越多。使用单位越多,尽管这些单位规模不大,总需要量也会很大。使用单位的结构包括两方面,一是部门结构,是属于重工业、轻工业还是农业,不同部门需要的数量是不同的。二是规模结构,即大、中、小单位所占的比重,如大型单位比重大,需要量就大。

(2)使用单位的经营管理水平。经营管理水平对生产资料的需要量产生正反两方面的影响。经营管理水平越高,需要量越少,因为设备利用率提高、原材料单耗降低,这是反面的影响。经营管理水平越高,劳动生产率越高,单位时间的产量提高,因而需要量增加,这是正面的影响。

(3)使用单位的财务状况。使用单位积累水平高,扩大再生产的能力强,需要量就会不断增加。

(4)固定资产的更新状况。固定资产的更新期越短,需要量就越多。如果是在固定资产的集中更新期,就会引起大规模的需求。

(5)国家的经济发展速度。经济的发展速度越快,需要追加的投资就越多,对生产资料的需求量就越大。

（6）国家方针、政策、措施的变化。积累率的变化，直接影响生产资料的需求量。国家宏观经济政策的调整，如出现紧缩，生产资料需求量将减少，反之就增加。

上述影响因素，对不同产品的影响程度是有差别的。项目管理人员一定要认真研究对自己产品最主要的影响因素，发挥有利因素，克服不利因素，增加产品的销售量。

（二）消费品市场

1. 消费品市场的概念和分类。消费品市场的商品是最终消费品。它的范围十分广泛，涉及人们的物质和文化生活各方面的需求。可分为：

（1）日用消费品。一般指日常生活必需、消费者经常购买、单价较低的商品，如各种食品和日用杂货等。这类商品的购买特点：一是由于日常需要，购买次数多，一般不受时间影响，每时每刻都可能去购买。因此，应增设零售点，便于消费者就近购买。二是由于经常购买和使用，消费者对此类商品比较熟悉，只要品质和价格没有太大区别，消费者不想多挑选，多属习惯性购买。但有时也被这些日用新产品的颜色、味道、形状所打动，而产生冲动性购买。三是由于日用品单价低，对商品的商标不过分偏好，有的甚至希望使用新品牌。但由于购买频率大，有时也会建立对品牌的偏好，而品牌信誉一旦建立后，可以简化交易过程。经营者应根据上述特点采取灵活对策。

（2）选购消费品。一般指价格较高、使用时间较长，消费者在购买以前要经过挑选、比较后才购买的消费品。如服装、鞋帽、床上用品、家具等。这类商品的购买特点是：购买频率较低，没有固定的消费习惯。有的喜新产品，有的强调价廉物美，有的侧重商标。消费者对这类商品除要求内在质量外，特别注重外观，往往要跑几家商店，寻找多种同类产品，对质量、价格、花色品种、式样进行比较，经过考虑后才决定购买。因此经营者要努力提高产品质量，增加花色品种，做到物美价廉，并努力创名牌，才能在竞争中取胜。

（3）特殊消费品。指价格高、使用时间长的高档消费品。如洗衣机、电视机、电冰箱、高级音响设备、空调机、小汽车以及高级照相机、高级手表、高档家具等。这类商品的购买特点是价格高、使用时间长、购买频率小，所以消费者要多花时间，慎重考虑，才作出购买决定，有的甚至坚持要某种牌号。因此经营者必须争创名牌，才有更大的吸引力。从销售渠道说，网点不可太多，必要时还可委托代销，或厂商合一、自产自销。特别要注意这类商品的售后服务，如实行三包。在推销方面可实行分期付款、送货上门、登门修理等。

我国有10亿多人口，从初生婴儿到古稀老人都需要消费品。由于年龄、性别、职业、收入、文化程度不同，所需消费品又有很大差异，所以其复杂程度远远超出上述分类。这个市场的兴衰，直接关系到人民生活的满足程度。

2. 消费品市场的基本特征。

（1）市场广阔，购买人数多而分散；

（2）市场上购买者的购买次数多，购买的时间分散，每次的购买数量较少；

（3）市场的专用性不强，大多数消费品有较强的互替性；

（4）市场上的购买者大多缺乏专门的商品知识和市场知识；

（5）购买力流动性大，随购买者的流动而流动；

（6）除少数高档耐用品外，一般不要求技术服务。

经营者可根据上述特点采取相应的营销策略。

3. 影响消费品市场需求的基本因素。影响消费品市场需求的因素很多，其中最主要的是人口和收入。

(1) 人口因素。人口总量是决定消费品市场大小的一个基本因素。人口的地理分布对消费品的需求会产生很大的差别。人口的年龄构成就构成了各具特色的市场面。男女有别，对消费市场的影响是人尽皆知的。

(2) 收入因素。个人收入水平是与消费品市场直接相关的一个重要因素，在人口相同的情况下，个人收入越高，购买力就越强，消费品市场也就越大。这几年随着城乡人民收入的增加，消费水平有明显提高，消费结构也有较大的变化，因而消费品市场正在日益发育、成长和繁荣。

(三) 农产品市场

1. 农产品市场的重要性。农产品的范围很广，包括农、林、牧、副、渔的产品。如按产品的直接用途来分，可分为两大类：一类是工业原料，另一类是直接消费品。其中有许多农产品既可作工业原料，又可作直接消费品。如从市场营销的角度看，农产品的营销方法与生产资料市场和消费品市场都有共同之处，但也有其显著的特点。

在我国现阶段，农产品市场问题是社会经济生活中的一个重大问题。

从国民经济发展的全局来看，农产品市场的发展状况，对国民经济的发展具有举足轻重的作用。农业是国民经济的基础，它为社会提供丰富的农产品。农产品是人们的衣食之源，是安排好人民生活、稳定市场物价的物质基础，是发展轻工业的主要原材料，是重要的出口物资，是国家积累资金的重要来源。所以，国民经济发展速度的快慢，在很大程度上取决于农业能为市场提供多少商品。农业为市场提供的商品多，人民的日子就好过，经济发展就快。否则，日子就不好过，经济发展就受到阻碍。现在我国农业生产水平还相当落后，商品率还低，特别是人均农产品消费水平比世界发达的资本主义国家低得多。我国农业为市场提供的商品，除少数品种外，还远远不能满足国家建设和人民消费增长的需要，形成长期供不应求的状况。国家不得不每年花大量的精力来抓农产品的生产、收购和供应工作，以保证人民的基本需要。可见，农产品市场是足以影响整个市场的繁荣与稳定的大问题。

从农民方面看，农产品市场的状况如何，直接影响8亿农民的生产和生活。要使农民富起来，唯一的途径就是发展商品生产，为市场提供越来越多的商品，保持稳定的销路和合理的价格。商品生产发展了，才能使农民增加收入。所以，只有农业商品生产发展了，农民才有能力购买更多的生产资料和工业消费品，农民的生产和生活才能进一步发展和提高；工业产品才有更广阔的农村市场。

2. 农产品市场的特点。农产品市场和其他商品市场一样，都受到市场的一般规律，即供求规律、价值规律、竞争规律等的支配，商品也要通过市场买卖及运输储存等活动，才能完成从生产到消费的转移过程。但是，农产品市场也有不同于其他商品市场的明显特点。我们研究这些特点，有助于更好地指导农产品市场的营销活动。

农产品市场在很大程度上受农业生产的制约，所以，农产品市场的特点大多与农业生产的特点有关。

(1) 农产品生产有自给性与商品性相结合的特点，因此，农产品市场供应的伸缩性较大。这是因为农产品是城乡人民都需要的生活资料，农民生产的农产品除了满足其本身的生活需要外，多余部分才拿到市场出售，如粮食、副食品等基本生活资料，自给性比重都较大。自给率与商品率是一个可变数，农民多消费一点，商品率就减少一点，否则相反。我国正在采取有效措施，调整农村产业结构，提高生产专业化、集约化程度，逐渐放开农产品价格，因此，农产品的商品率将会逐步提高。

(2) 农产品生产和上市极为分散，而消费地则相对集中。这是因为农产品的生产分散在全国

广大农村，集体生产单位几百万个，农民个人生产者数以亿计；而农产品的商品消费则主要集中在城市和工矿区，直接供应给城镇居民，或者提供给工厂作生产加工原料。因此，农产品的流转方向是由分散到集中，由农村到城市，这就需要有大量分散在农村的收购网点和人员，并及时做好极其繁重的集运工作。

（3）农产品生产和上市的季节性特别强，而消费比较均衡。农产品的收获季节极为集中，如粮食一年收获1～2次，生猪全国在11～12月的上市量占全年的60%～70%，蛋品上市则集中在4～7月间。而农产品的消费则较为均衡，粮食、副食品是居民每天都要消费的物资；农产品中的工业原材料消耗也比较均衡。因此，农产品的产销在时间、季节上的矛盾显得特别突出。这就要求市场营销活动必须适应这一特点，在农产品上市的旺季，大力做好收购、仓储保管和加工工作，以保证消费需要的均衡供应。

（4）农产品生产和上市的数量与质量不稳定，价格对供求的影响较大。这是因为农业生产受自然条件变化的影响较大，产量有丰有欠，质量极不稳定，规格也不统一。上市量除受生产量决定外，还受价格变动的影响。价格高会刺激上市量增加，价格低会使农民增加自给量而减少上市量。所以，要正确地利用价值规律的作用来调节农产品的供求。

（5）农产品运输路程远，而又容易变质腐烂。这就要求在储运工作中尽可能减少经营环节和运输、保管、装卸环节，以减少损耗。

（6）市场费用高，产销差价大。特别是对需要经过加工制造才能进入消费的农产品，产销差价更大。如我国的蔬菜市场，流通费用高达60%～70%。国外一些国家也有同样情况。据南斯拉夫调查，土豆的市场费用占零售价的76%，西红柿占65%，苹果占50%，猪占29%，牛奶、蛋品占32%。农产品的市场费用所占比例越高，产销差价就越大，这对生产者和消费者都是不利的。因此，一定要采用有效措施，努力降低市场费用，缩小产销差价。

3. 农产品的市场结构。农产品的生产地区分散，生产者人数众多，而消费地又相对集中。因此，大多数农产品就要从分散的地区加以集中，并经过几个市场环节，然后分散供应给消费者及用户。这样，农产品在集散过程中，就分别形成了不同类型的集散市场。不同国家有不同的农产品市场结构。在资本主义国家，有当地市场、中央市场、次要批发市场和零售市场等。我国的农产品市场大体分为农村初级市场、中心集散市场和消费市场三大类。

（1）农村初级市场。这是散布在全国各地广大农村，并与集镇相结合，定期或不定期的小型市场。在国外称为当地市场或产地集聚市场。我国的农村集市贸易是它的基本形式。通过四周的“乡脚”（村或更小的居民点）把农副产品从水路或陆路运送到农村集市上进行集市贸易。这种农村集市贸易及其所依托的集镇，在我国有着悠久的历史，解放后曾一度衰落，近几年来，已得到恢复并遍及全国农村。这种农村初级市场的特点是：①接近生产者，市场范围大都在周围几公里至十公里之内；②交易方式大都是现货交易；③价格比中心市场和消费市场都低；④交通运输、仓储条件、信息沟通都比较落后，市场设备及服务也较差。

这种市场的基本作用是：第一，便于大宗农副产品的初次集运和初步整理、加工、分级，然后外运；第二，便于农民之间的互通有无和集镇居民购买。

（2）中心集散市场。它包括地区性的集散市场与全国性的中心集散市场。这类市场的位置一般在大的生产区、消费区、加工区及交通枢纽点。如美国最大的谷物中心市场芝加哥，它的范围实际已超出了国界，它的市场价格、供求对世界各国都有影响。在我国，解放前也有三大米市——湖南的长沙、江西的九江、安徽的芜湖，对南方的大米市场影响很大。现在我国各省、市、自治区都有若干个地区性的农产品集散市场，但全国性的中心集散市场还少，作用也不如地区性集散市场大。这类市场的特点是：①市场商品交流的地区范围大多超出县市界，甚至省界。②交易方式多种多样，有期货交易、现金交易、看样成交、代购代销等。交易的所有权转移与商品的实际运动往往在时间上、地点上不一致，这就为买空卖空活动提供了条件。如甲方向乙方订购了农产品期货一批，在乙方尚未交货前，甲方可以将期货商品转售给丙方而从中牟利。③交通运输发达，设备较好的大型仓库、冷库、银行、信用、保险等服务机构齐全，还有贸易货栈、大批发商业等。④市场价格比初级市场高，但比消费市场低，价格与供求的变动足以影响一个地区甚至全国该项产品市场。

这类市场的基本作用是：第一，进行农产品的大宗交易，完成农产品的集运、中转并向消费地分散，提供运输、仓储服务；第二，为市场经营活动提供金融、保险等项服务；第三，提供综合的市场情报，它是地区或全国农产品市场的情报中心。

（3）消费市场。农产品的消费市场主要在大中城市、工矿区等人口密集地区。许多消费市场往往同中心集散市场结合在一起。如广州既是南方的农产品集散市场，又是南方最大的农产品消费市场。消费市场的特点是：①市场地区范围小，多限于周围的消费者，与消费者接近。②交易方式是现货交易，数量有限。③小批发商业和零售商业是这类市场的主要供应者，但也有相当部分是由生产者直接零售的，特别是鲜活农产品（如水果、牛奶、蔬菜、水产品、禽蛋等）生产者直接进行零售所占的比重相当大。④农产品价格最高，并受中心市场支配或影响，农产品进入这类市场后，除特殊情况外，很难再转手倒卖。

这类市场的基本作用是：完成农产品的流转过程，把产品分散供应给消费者，并为消费者提供各种服务。

以上三类市场是农产品从生产领域向消费领域转移过程中自然形成的，是农产品正常流转的方向和路线。但是，并不是所有的农产品都必须通过每一个市场才能完成流转过程。商品经营者可以根据不同情况正确选择采购地点和分配途径。如消费者和用户可以越过中心市场直接到产地采购，或者生产者直接到消费地推销。前一种情况采购价格较低，但要自己组织采购、运输、仓储等业务。后者出售价格较高，但要负担储运和售卖业务。所以，要权衡利弊，正确选择。

三、项目管理与市场

（一）项目管理的全过程都离不开市场

项目管理是人们的社会实践活动，只要有经济项目开发，就有项目管理活动。现在国务院扶贫领导小组明确要求把经济开发与项目管理挂起钩来。也就是把扶贫资金用于因地制宜搞开发性经济活动，把资金无偿使用变为有偿使用，以增强贫困地区内部自我生产能力，因此，搞好经济开发与项目管理，是势在必行。而项目管理的全过程都离不开市场。

项目管理程序主要经过三个时期，包括五个阶段。

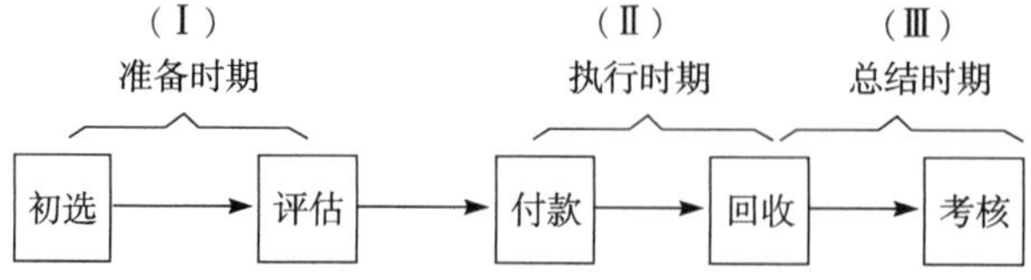

1. 在初选阶段，应了解原料和市场，要了解主要材料和能源的供应情况，原料尽可能立足

于本地资源，并要有资源的优势，不搞无米之炊。要了解市场需求和销售方向（内销为主，还是外销为主），如果产品适销不对路，就会滞销，生产就无法继续进行。这是初选项目应着重考虑的两个前提，都与市场密切相关。但是资源是相对的，而不是绝对的。现在沿海地区推行外向型经济，应是两头在外。原料从国外进，产品销售到世界各地。这样更要了解国际市场和随时关注国际市场的变动。

2. 在评估阶段，要详细研究分析市场需求和拟建规模（包括进行市场预测）。要详细研究分析资源、原材料、能源的供应情况和公用设施情况（交通、电源、电讯、上下水道等），要详细了解生产设备供应情况。还要详细了解资金来源、技术人员的来源情况。还要了解生活品、副食品在当地的供应情况，这些都是与市场密切相关的，牵涉到生产资料市场、消费品市场、资金市场和技术市场等方面。如果没有经过详细的研究分析，没有经过专家的科学论证，而急于改变家乡贫困处境，仓促上马，就会造成重大失误。

3. 在执行阶段（时期），要从市场取得原材料和生产设备，要从市场取得技术和劳动力，还要从市场取得资金。如果这些方面比较顺利，拟议中的计划就可实现，还可能加速建设速度，缩短建设周期，争取早日投产。反之可能出现麻烦和停工。这些也无不与市场供给密切相关。

4. 在考核阶段（时期），要及时收回投资，就要求项目有偿还能力；要有偿还能力，就要求项目经济效益好，有盈利；项目要盈利，必须产、供、销运转正常，产品适销对路，产品在市场上具有竞争能力。因此也离不开市场。

可见，项目管理的全过程都离不开市场。也就是说生产什么（上什么项目）、生产多少（生产规模）、如何生产（质量、工艺、型号、规格）都必须根据市场的需求来定。所以说：市场上未满足的需求，就是立项的出发点，立项要以消费者为中心。总之，立项要面对市场。这样的项目，才会有好的经济效益，才能及时偿还贷款，才能搞活贫困地区的经济，并带来盈利，使之早日脱贫致富。

（二）要面对市场，必先了解市场

1. 立项要面对市场，要从了解分析市场开始。即先对市场环境进行认真的调查、分析、研究，然后才能作出是否立项（包括新建、扩建、续建、改建……）的决策。

影响立项的市场环境因素是多种多样的。大体可分为两类：一类是有利的因素，它给立项带来机遇。一类是不利因素，它给立项带来威胁。我们要善于抓住机遇，利用机遇；及时应付和处理威胁。通过项目管理活动，使贫困地区的经济逐步得到发展。

2. 影响项目市场环境因素的主要内容。包括直接环境因素和间接环境因素两个方面。

（1）直接环境因素。

①需求因素。项目建成后，输出的产品（或劳务）要符合环境的需求，这是立项受环境因素影响的最主要的一个方面。在商品经济条件下，社会需求表现为市场需求。这些需求的变化对项目产品的品种、数量、质量等方面都产生重大影响。市场需求可用下面的公式估计：

市场需求＝需求者数量×购买力×购买意向

需求者数量包括：1）总人口（它决定总的消费市场的大小）；2）人口结构（年龄、性别、职业、民族、文化程度等等，分别形成不同的细分市场）；3）家庭因素（家庭人口的多少，它决定商品的规格和包装）。

购买力包括：1）人均收入（直接影响消费水平）；2）消费结构（影响消费模式，如温饱型、丰衣足食型、美衣美食型等)。

购买意向主要指消费者对你提供的产品的喜好程度、偏爱程度。

②资源因素。项目所需各种资源(原材料、能源、资金、劳力等)能否以适当的代价从市场环境中获得。主要应考虑下列各点:1)所需资源是否能较方便地、长期地得到供应?价格是否合理?2)是否有合理价格的替代资源,如有就有较大的回旋余地。3)资源供应者在该资源行业中所占的地位。如占重要地位,与占重要地位者竞争,需要更有效的措施。4)需要资源的项目,是否为资源供应者的主要用户。如为主要用户,就能取得有利地位。5)项目所需资源,如系迫切枯竭不可再生资源,更应详细研究和预测其前景。

③竞争因素。要详细了解与项目同时向环境输出同类产品或可代替产品的其他企业情况:1)同行业或可代替行业的现有企业数目、生产能力、产品种类、质量、性能、价格、服务和市场占有率等。2)新建或自其他领域转入本行业和自本行业转出的企业数目、生产能力和产品质量、价格等。3)参与竞争的企业的长处和短处。

(2)间接环境因素。

①政治因素,包括:1)世界和国家的基本政治形势;2)国家有关的路线、方针、政策、法律、规则、规定;3)政府对项目的各种有关限制;4)国家和主管部门给建成项目的权力。上述各点既要了解现状,又要了解和预测发展趋势。

②技术因素。一项新技术的出现,会形成一些新的产业部门,也会诋毁一些技术落后的部门。必须了解:1)同类产品的技术发展趋势;2)可替代产品的技术发展趋势;3)与项目产品有关的材料、工艺、设备的发展趋势。在对技术因素了解的基础上,项目应用先进技术代替落后技术,以利于在竞争中取胜。但有时对项目产品进行小的改进比技术创新快,也很受消费者欢迎,这种改进的新产品能给项目带来好效益,在立项时也应予以考虑。

③社会因素。包括社会自然环境、社会结构、文化教育水平、宗教信仰、风俗习惯等。这些方面常常对项目产品的要求和发展方向产生很大的影响。

④宏观经济因素。包括国家宏观经济改革的现状及发展变化趋势;国民收入的分配;积累与消费的比例;农轻重比例;发展速度,经济循环所处的阶段,等等。现将影响项目的环境因素见图2:

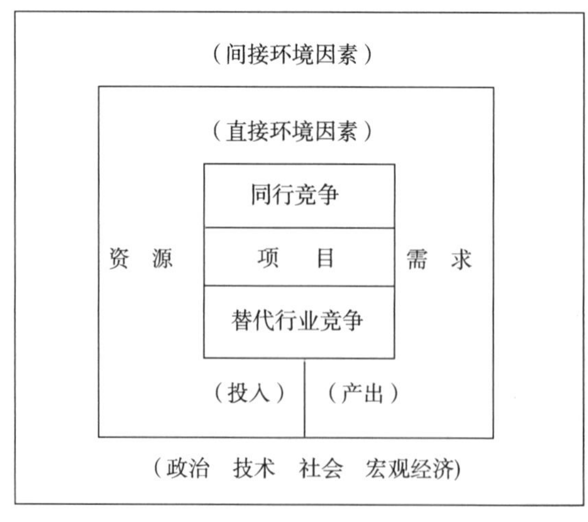

图2 影响项目的环境因素示意图

（三）在了解市场环境的同时要了解自己

1. 项目建成后，要有较高的素质。项目建成后，大多数是一个经济实体，是一个企业或一个企业群。必须从企业的角度来分析项目建成后所具备的素质，也可称为项目建成后所具备的内部条件。

所谓素质就是指项目建成后，在生产经营过程中所表现出的能力，如竞争能力，能否在市场竞争中获胜？又如应变能力，能否适应市场环境的变化？又如发展能力，能否不断提高产品质量，降低成本、增加产量？能否不断开拓新门路、开发新产品、占领新市场？因此，要求项目建成后，必须具备较高的素质。

2. 项目内部条件的构成。素质是着重从质的方面而言，内部条件则是指质与量的统一。项目的内部条件的构成包括下列三个主要方面。

（1）按生产力划分：包括劳动力、劳动手段（机具设备等）、劳动对象以及三者结合所形成的生产能力。要求具备用较少的投入，能取得较大产出的能力。

（2）按经营环节划分：包括供、产、销各环节的能力。即不仅有较好的生产能力，还要供与销也具备与生产协调发展的能力。这样，才能加速投入——产出的循环，才能加速资金的周转，才能不断使资金增值获利。

（3）按管理职能划分：包括预测、决策、计划、组织、执行、控制和协调方面的能力。项目建成后，尽管原材料充足，设备先进，如果管理跟不上去，也不会有较好的经济效益的。有人经过调查研究以后说：我国工业生产的技术和设备水平，与日本差距大约为10年左右，而我国管理水平与日本的差距则将近20年。所以加强管理是当务之急。

3. 项目内部条件比较分析。与同行业企业比较，以发现自身的长处和短处，比较着重在下列方面：

（1）一般条件比较。①设备水平；②劳动者素质；③经营管理水平（主要是高层领导具有的专业知识水平、组织管理能力水平、决策能力水平；是否有较好的产品开发和市场开发策略；是否能做好适应市场需要的组织管理调整工作等等）。

（2）产品条件分析。①产品质量；②产品市场优势，是否适销对路；③产品市场价格水平；④产品市场占有率；⑤产品获利能力；⑥服务（销前、销中、销后）水平。

（四）面对市场，结合自身条件，及时发现机遇

了解和研究市场环境是为了“知彼”；了解和分析自身条件是为了“知己”，知己知彼，方有可能百战百胜。了解和研究市场环境，是为了及时发现市场带来的机遇和威胁；了解和分析自身条件是及时掌握自身利用机遇和抗御威胁的能力。按这样的理论和实践去管理项目既不会丧失宝贵的市场机遇，也不会为市场威胁所困扰而不知所措。按这样的理论与实践去选项立项，就可获得较高的成功率。下面再介绍及时发现市场机遇的具体思路和有效方法。

1. 通过市场调查找机遇。通过对市场环境因素的调查、了解、分析，找出对项目最主要的影响因素；对最主要因素再作进一步调查与预测。发现市场机遇要及时利用，如立项目、扩大规模、多元化开发等；如遇到市场威胁要及时处理，如缩小规模、转移等。但需要特别注意的是：威胁与机遇往往同在。

根据产品与市场的关系可用四象限法，通过调查，找市场机遇，请见图3。

图3中：

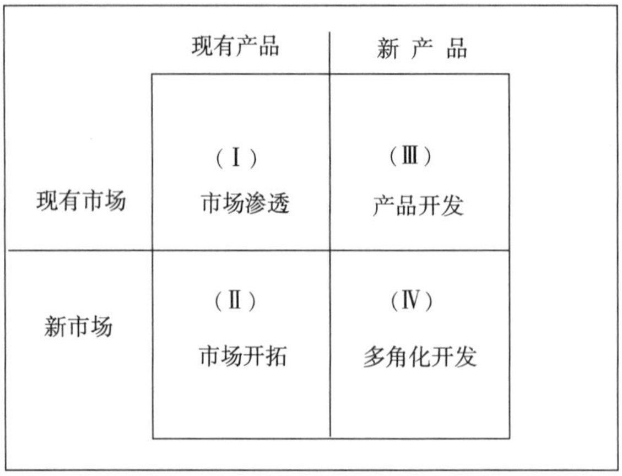

	现有产品	新 产 品
现有市场	(Ⅰ) 市场渗透	(Ⅲ) 产品开发
新市场	(Ⅱ) 市场开拓	(Ⅳ) 多角化开发

图 3　四象限找市场机遇示意图

(Ⅰ)项目提供的产品是市场上已有的产品，项目产品准备涉足的市场已早有人捷足先登。面对这种情况，仍然存在市场机遇，只不过竞争更激烈一些。这就要求该种产品在市场上并未饱和，产品寿命周期也尚未进入衰退期；项目提供的产品在质量上能高于至少不低于市场现有水平，最好能在外观上、质量上有所改良；项目提供的产品在价格上比市场现有产品价格略低。这样，才能用现有产品向现有市场渗透。

(Ⅱ)项目提供的产品虽是市场上已有的产品，但可以开拓新市场。如城市竞争激烈，可向农村开拓新市场；如经济发达地区竞争激烈，可向边疏地区开拓新市场。当然要考虑新市场的特点，对产品的性能、质量、价格都要作适当调整，以适应新市场的需求。这就叫现有产品开拓新市场。

(Ⅲ)项目提供的产品是市场上尚未出现过的新产品，虽然没有竞争对手，但消费者是否欢迎这种新产品，这就要求上项目前进行认真的市场调查，否则，很可能出现“难产”和“夭折”。

(Ⅳ)新产品投入新市场，既是产品开发，又是市场开拓，有广阔的活动天地，这是难得的机遇。这就可以在认真进行市场调查的基础上，根据自身条件，进行系列的或多角化的开发。如开发项目是养鸡业，向前可发展饲料工业，向后可发展屠宰业和食品加工业。

通过四象限法，可及时发现市场机遇；结合自身条件，及时把市场机遇变成项目的机遇或企业的机遇。

2. 通过市场细分找机遇。

(1)市场细分与机遇。市场是一个几乎无所不包的商品交换总体，但又是一个可以分割的总体，市场细分是当前市场研究提出的一个新概念。市场之大，任何一个项目或任何一个企业都不可能把整个市场包下来。好在市场是可以细分的，任何一个项目或企业，只要找到一个适合于自身的细分市场就很满意了，也就是说找到了一个适合于自身存在和发展的空间。这个适合于自身发展的空间，适合于自身的细分市场，还常称之为目标市场。可见，通过细分市场，有利于发现市场机遇；有利于提高市场占有率；有利于以较少的经营费用，取得较大的经济效益。市场上存在着许许多多未被满足的需要，市场细分是及时发现这些需要，并选择最有吸引力的需要（机遇）的好办法。这样，就容易找到立项单位的目标市场，也就是项目的目标市场。

(2)如何细分市场。如何细分市场？利用市场变数来细分市场。市场变数通常有下列几类：

①地理变数。按地理位置细分市场，如准备上服装制造项目，就要考虑服装是给东北人穿着的，还是给南方人穿着的。前者要求保暖，后者要求凉爽；前者喜欢深色，后者喜欢浅色。这就是按地理位置细分市场。

②人口变数。可按年龄、性别、收入、职业、文化程度等细分市场。仍以服装为例，就要考虑是男服还是女服；是童服、青年服还是中老年服；是高档服装、中档服装，还是低档服装等。一个项目不可能生产所有的服装，而必须选择最有吸引力的一个或极少数几个细分市场。

③心理变数。按消费者不同的心理，可分为朴素型、时髦型、豪华型等细分市场。仍以服装为例，如项目产品以朴素型消费者为对象，产品必须是经济、耐穿和实惠的；如以时髦型消费者为对象，产品必须是时尚、流行的；如以豪华型消费者为对象，用料、加工、款式、包装都必须是高档的名贵的。

通过市场细分，发现众多的市场机遇，结合自身条件，选定某一部分消费群体作为项目的目标市场，根据目标市场消费群体的特点与要求，设计和改进产品，使之具有特色。还要考虑先进入最有吸引力的目标市场，站住脚以后，再逐渐扩大目标市场。

（3）目标市场的模式。在市场细分的基础上，选定目标市场。如何选定目标市场？有三种思路、五种模式。

三种思路是：①无差异市场。仍以服装为例，把整个服装市场看作一个大的目标市场，只推出一种产品——如蓝色制服，供应男、女、老、少各消费群体。显然，这是一种保守的、竞争力较低的做法，因为消费者对绝大多数商品需求是“有差异”的。所以除少数商品外（如食盐、味精等），目前一般不采用无差异市场做法。②差异性市场，对整个市场进行细分，针对不同的细分市场，提供不同的产品，是整个市场策略的发展方向。根据自身的力量，选定一个或几个细分市场，提供差异性产品的品种不是太多而又能在较大范围内满足消费者的需求，如提供男青年服、女青年服、老年服、童装等，这样做往往取得较好的效果。③密集性市场，又称市场集中化。即把全部精力集中在一个或两个细分市场，实行专业化生产。如衬衫厂，专门生产供应衬衫。

五种模式（以服装市场为例）见图4。

总之，项目对目标市场的选择，不应是随心所欲的。必须考虑市场的需求，项目单位的特长和产品的特点及其他各方面因素（如竞争因素等）而定。

3. 机遇来自观念的更新。贫困地区要及时抓住市场机遇，发展商品经济，脱贫致富，除了上面所说的要了解市场环境，并认清自身的条件，和学习一些发现机遇的方法外，一个关键问题，还在于项目管理人员和广大农民观念的更新。因为在旧观念指导下，纵有机遇，也会白白在身边错过。宁愿坐吃救济粮，也不愿花力气来上项目，发展商品经济，冒风险。作者曾看到一些客观条件相差不多的贫困地区，有的开发项目一个接着一个，乡镇企业发展很快；还办起了一条龙式的项目，一个龙头项目，带动一大片；直至出现了专业市场，带来了商品经济发展的好势头；而有的却进展很慢。原因当然较多，其中重要的一条是经济观念的更新和发展赶不上商品经济发展的新形势，以致在竞争中落后了。

经济观念的更新，除国家计划观念（宏观效益）和生态观念（长远效益）外；最重要的是破除小农思想，自然经济观念，建立起商品经济观念，或者说市场观念，其他观念都是由于市场观念引申出来的。现归纳为十破十立。

（1）破除“自给自足”思想，树立市场观念、交换观念。只有转变过去那种“种粮为吃饭，养猪为过年，养羊为干毡，养牛为耕田，养鸡下蛋为换盐”的自给自足、自然经济思想，树立为

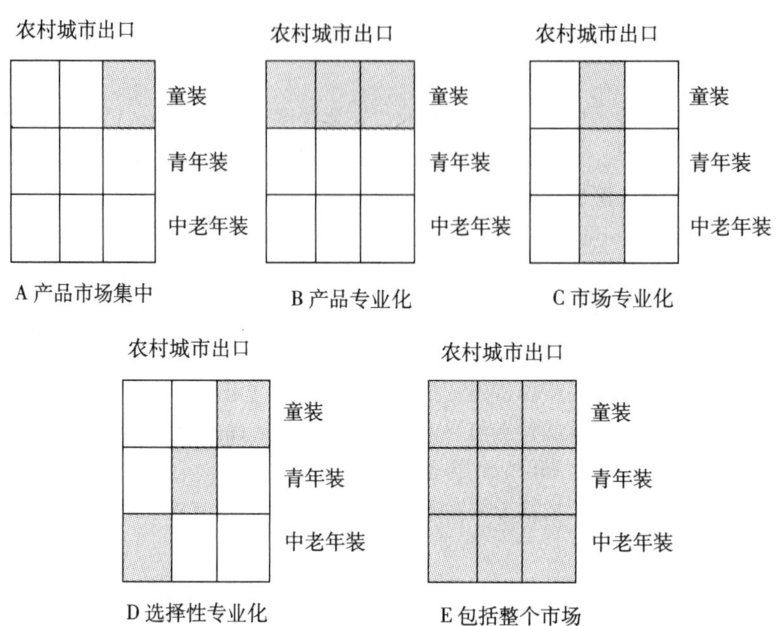

图 4　五种目标市场模式图

市场需要而生产的新观念，做到种地为卖粮、养畜供市场、加工创效益、产销一起上，才能抓住市场机遇，选项立项，发展商品经济，脱贫致富。

(2) 破除轻商思想，树立流通观念。要破除自然经济长期形成的重农轻商的思想。商品经济，就是为别人生产，就必须交换，所以商品经济的本质就在“商”字上。河北保定地区商品经济发展很快，如果要总结经验的话，最主要一条就是流通搞得好。保定地区最有名的，有十大专业专场，这些专业市场，带动了商品经济的发展。

(3) 破除不求进取，与世无争的思想，树立竞争观念。在自然经济中，人们很容易满足，吃饱穿暖，别无所求，所以不求进取，与世无争。但在商品经济条件下，你不和别人竞争，别人和你竞争。你不竞争，就要被淘汰。所以要敢于竞争，还要善于竞争。相同产品比质量，相同质量比价格，相同价格比服务，相同服务比创新。

(4) 破除散漫拖拉的旧习，树立时间、效率观念。在自然经济中，人们日出而作，日落而息，散漫拖拉。在商品经济中，经济合同过期不履行，就要罚款；原材料积压时期过长，就要多付利息。所以，时间就是金钱，效益就是生命。

(5) 破除闭塞、盲目旧习，树立信息观念。自然经济是一种封闭经济。“鸡犬之声相闻，老死不相往来”，人们各管自己，不问他人。商品经济是为社会生产，要和同行竞争，必须知道市场行情。信息灵，才能生意兴。信息是商品生产的先导，是选项、立项的生命线。一条信息可以开创事业的例子，可以举出很多。没有信息，许多有吸引力的市场机遇你都不会知道。

(6) 破除不计成本习惯，树立成本核算观念。在自然经济中，什么都是自己的，不存在成本、利润问题。但要上项目，搞商品经济，是为了铺本得利，不加强成本核算，就不能提高经济效益，也难以在竞争中取胜。

(7) 破除凑合习惯，树立质量观念。在自然经济中，自己生产自己消费。生产中省点事，产

品差些，自己消费凑合凑合，也就行了。商品经济是为别人生产，要消费者喜爱才有销路，再凑合就不行了。应该确立“质量是企业的生命”的观点。有些贫困地区的企业，总认为农民搞产品，质量总是难以尽如人意，所以一门心思把生意放在搞歪门邪道上。这样做，可能一时一事会见点效，但终究不是办法，更不是长远之计。

（8）破除万事不求人的思想，树立联系协作观念。现代商品经济是社会分工的产物，是一种社会化大生产。必须广泛发展协作联合，向联合要资金、要技术、要原料、要效益。目前贫困地区从事经济开发的困难仍然很大，大力开展协作联系是一条重要出路。闭关自守，只能是越来越落后。

（9）破除因循守旧习惯，树立创新观念。在自然经济中，人们的心理是向后看：老辈人怎么办，我们就怎么办。在商品经济中，人们则应向前看：现在没有什么，我们就搞什么。蜡烛让位于电灯，现代工厂取代铁匠铺，今天适应变化的办法就是创新。

（10）破除担心怕事心理，树立风险观念。有人说：“过分谨慎势将过分贫困”。“怕有一切危险的人将永远不会航行于大海”。不想承担风险的人，便不能在商品经济中生存。因为在经济活动中，不确定的因素是很多的，产品销路可能好，可能不好；价格可能上涨，也可能下跌……都没有100%的把握，不可能十拿十稳。我们经过认真的市场调查研究，经过对自身力量的仔细估量，只要认为成功是基本的，就可以着手去干。不然，很可能一事无成。

我国乡镇工业发展水平的区域差异及其启示*

柯 炳 生

对我国乡镇企业历史发展与现状的分析，对其未来发展潜力与趋势的估价，不仅具有理论与学术价值，更重要的是具有重要的宏观经济决策意义。笔者1985年时曾著文概括地阐述了对这些问题的一些看法，其与当时流行的观点相左，引起了不少争议。由于种种原因，笔者在最近才又重新获得机会对这一问题进行一点实证分析研究。

一、日益悬殊的区域差异

本文着重研究乡镇企业中的乡镇工业。这是因为，第一，乡镇工业是乡镇企业的主体，乡镇工业产值占乡镇企业总产值的70%；第二，乡镇工业是乡镇企业中的主导性产业，正如工业是国民经济中的主导一样。

我国乡镇工业的区域分布具有极为鲜明的特点，这种特点几乎表现在所有指标方面。此外，选取农业人口人均乡镇工业产值和乡镇工业产值的地理分布密度，作为反映各地区乡镇工业发展水平的基本指标。由于：

农业人均乡镇工业产值＝乡镇工业产值/农村人口

＝乡镇工业就业人数/农村人口×乡镇工业产值/乡镇工业就业人数

＝乡镇工业就业率×乡镇工业劳动生产率

这就是说，农业人均乡镇工业产值综合地反映出了乡镇工业吸收农村劳动力就业的程度及其就业者的生产效率。这两个方面即是人们所公认的乡镇工业发展所应达到的两个基本目标，即就业目标和收入目标。农业人均乡镇工业产值越高的地方，意味着被乡镇工业所吸收的农业劳动力越多，农村人口所获得的非农业收入相应地也越多。

乡镇工业产值的地理分布密度的含义为：这个指标直接反映乡镇工业在空间上的集中程度。地理密度越高的区域，乡镇工业的发达程度越高。

统计资料表明，我国的乡镇工业发展极为不平衡，其高度地集中于京、津、沪、苏、浙等沿海几个省、市，而广大中部和西部内陆地区则很不发达。

这只是一个定性的说明。还可以进一步进行一些定量比较。为此，按上述两指标将全国30个省区划为发达程度差异分明的三大块地区：

1. 沿海发达地区。其农业人口人均乡镇工业产值大于500元/人，乡镇工业产值地理密度大于15万元/平方公里。包括上海、天津、北京、江苏、浙江、辽宁，山东、广东和河北9省、

* 原载《农业经济问题》1990年第10期。

市。其中又以前 5 个省、市最为发达。两项指标分别高于 1 500 元/人和 50 万元/平方公里。

2. 中部一般地区。其农业人口人均乡镇工业产值在 200～500 元/人之间，乡镇工业产值地理密度在 2 万～15 万元/平方公里之间。包括山西、福建、吉林、湖北、黑龙江、河南、安徽、陕西、湖南、江西和四川 11 个省份。

3. 内陆落后地区。其两项指标分别在 150 元/人和 1 万元/平方公里以下。包括宁夏、甘肃、内蒙古、广西、新疆、海南、云南、贵州、青海和西藏 10 个省、自治区。

这三大地区的有关数量对比关系如表 1 所示。从表 1 中可以看出：①我国乡镇工业产值的 70%以上是由国土仅占 1/10、农业人口占 1/3 的沿海 9 省市所创造的。②农业人口人均乡镇工业产值，沿海地区是中部地区 4.2 倍，是内陆地区的 13.2 倍。③乡镇工业产值的地理密度，沿海地区是中部地区的 7.5 倍，是内陆地区的 166.0 倍。④我国乡镇工业出口总额的 80%以上是由沿海 9 个省、市所创造的。产品的出口额如何，是判定产品质量的重要指标之一。因此可以推断，沿海地区的乡镇工业远较其他地区发达，不仅表现在数量对比关系上，也突出地表现在质量对比关系上。如果单独将 5 省市拿出来与其他地区相比，则其间的差异幅度就更大了。

即使在这些较为发达的省、市中，内部不同区域之间的差别也很大。如北京市近郊县与远郊县的巨大差距，江苏省苏南与苏北的鲜明对比。如果能将发达省、市中的发达县独立出来考察，则一定会发现，我国的乡镇工业极为高度集中地分布在几个小区域内：辽东半岛、山东半岛、京津唐地区、沪宁杭长江三角洲、珠江三角洲。

以上是就 1988 年的情况做了一静态横向分析。那么，对动态纵向发展情况的分析结果如何呢？换言之，这种区域间的巨大发展水平差异，近些年来是否有所缩小或者有缩小的趋势呢？回答是否定的。这种差别，非但没有缩小，而且日益加大。并且，不仅在绝对差幅上成倍地增大，在相对差幅上也显著地增大了。比较表 1 中 1982 年、1988 年的数据可以看出：①从绝对值看，1982 年，沿海地区农业人均乡镇工业产值比中部地区高出 109 元/人，比西部地区高出 138 元/人；1988 年，这两个差值分别剧增至2 140 元/人和 3 191 元/人，均增加了 20 倍以上。②从相对比例来看，差距也明显加大。1982 年，沿海地区农业人均乡镇工业产值是中部地区的 3.4 倍，是西部地区的 9.6 倍；而在 1988 年则分别增至 4.2 倍和 13.2 倍。乡镇工业产值地理密度的变化也呈现出类似的情况。

表 1　我国乡镇工业发展水平的区域差异

项目		沿海 9 省、市		中部	内地	合计	沿海 9 省、市		中部	内地	合计
		9 省、市	5 省、市	11 省	10 省、区		9 省、市	5 省、市	11 省	10 省、区	
		1988 年					1982				
国土面积	万平方公里	92.4	24.4	255.6	606.7	960.0					
	%	10	2.5	27	63	100					
农业人口	亿人	2.83	0.98	4.32	1.50	8.64	2.83	0.98	4.17	1.35	8.36
	%	33	11.4	50	17	100	34	11.7	50	16	100
乡镇工业产值	亿元	3 220	1 905	1 180	129	4 529	436.5	265.6	187.3	22.2	646.0
	%	70	42.1	26	3	100	68	41.1	29	3	100
农业人口人均乡镇工业产值	元/人	1 139	1 944	27.3	86	592	154	272	45	16	77
	比例关系	13.2	22.6	3.2	1.0		9.6	17.0	2.8	1.0	
乡镇工业产值地理密度	万元/平方公里	34.85	78.07	4.62	0.21	4.7	4.72	10.89	0.73	0.04	0.7
	比例关系	166.0	371.8	22.0	1.0		118.0	298.0	18.3	1.0	
乡镇工业出口	亿元	221.8	137.0	41.5	5.7	268.7					
	%	83	51	15	2	100					

资料来源：根据《农业经济资料（1949—1983 年）》、《中国农业年鉴》1989 年、1983 年、《乡镇企业统计资料》1989 年、1978—1985 年分别整理。

图1直观地反映出各地区之间乡镇工业的发展水平在过去几年中差距显著加大的情况。

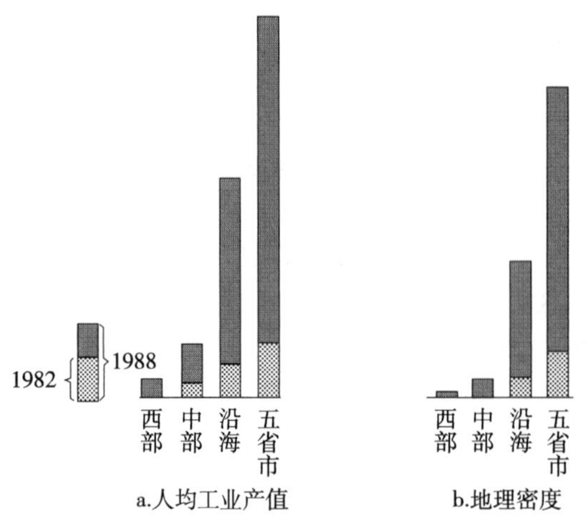

图1　各地区乡镇工业发展水平差距的变化

那么，这种区域间的极不平衡发展，到底是由哪些原因造成的呢？是哪些因素作用的结果，使得沿海几个省、市的乡镇工业的发展水平和速度远远高于其他地区呢？

二、举足轻重的外部环境

资源优势，即所谓可以就地取材、就地加工，是一些人用以解释、论证我国乡镇工业发展的重要原因之一。那么，沿海地区的资源是否比其他地区更为丰富一些呢？

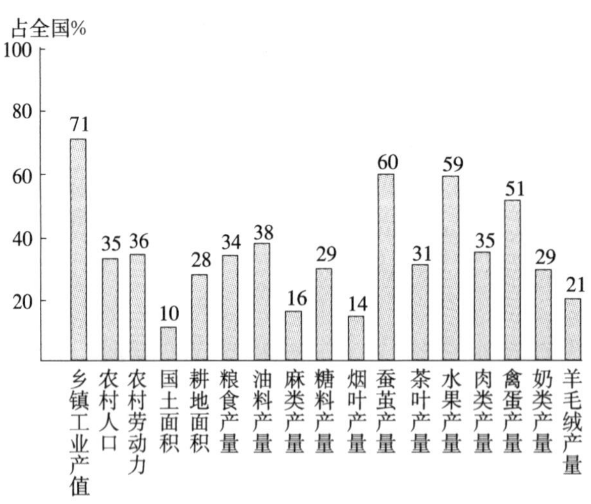

图2　沿海九省市乡镇工业产值与资源的比较

农业系统和农村系统内部提供给当地乡镇工业的资源主要是土地资源（包括矿产资源），农产品资源和劳动力资源。在这些资源的占有方面，沿海地区有的项目略高一些，有的项目低一些。总体地看大致相当于农业人口比例的水平。无论如何，沿海地区没有任何一项资源的占有比

例超过其乡镇工业产值的占有比例。具体如图2所示。

沿海地区乡镇工业的发展水平较高并不在于其本地农村系统的资源供给丰富，还可以从其产业构成上得到证明。1988年，乡村两级工业产值结构中，依赖当地农村系统资源的重工业中的采掘工业与原料工业所占的比例，在中部地区为21%，在西部地区为30%，而在沿海地区仅为11%。与此相对照的是，在轻工业部门中以非农产品为原料的工业产值年占的比例是：中部地区为14%，西部地区仅为11%，而沿海地区却高达24%。这就是说，尽管不能完全否认农村系统内部的资源储备如何对乡镇工业的发展有一定的作用，但是，乡镇工业发达的地方，并不是由于来自于当地农村系统的资源格外丰富。恰恰相反，乡镇工业越发达的地方，其对农村系统内部资源的依赖性也就越低，乡镇工业落后的地方，其对来自于当地农村内部的资源的依赖性就越强。

此外还有一个资料，也能说明一些问题：1987年乡镇企业获农业部优质产品奖的有292项产品。其中沿海地区188项，24%为酒茶等农产加工品；中部地区有99项，其中农产加工品占40%；西部内陆地区仅5项，其中3项为酒类。

这就得出这样的推断：沿海省、市乡镇工业之所以远较其他地区发达，不能从农村系统内部而只能从农村系统外部去找寻起决定性作用的原因。

分析、比较表2中的统计资料，可以发现：

整个国民工业越发达的地区；非农业人口密度越大的地区；非农业人口占总人口中的比例越大的地区；乡镇工业中科技人员占有越多的地区，其乡镇工业的发达程度就越高；反之，则越低。这四个方面可以归纳为一点，即城市化程度越高的地区，乡镇工业的发达程度越高。这就是说，沿海地区的乡镇工业之所以较为发达，是因为其具有较好的外部环境，有发达的城市经济作为依托。

表2　各地区乡镇工业发展的外部环境差异（1988）

地　区	工业总产值密度		非农业人口密度		非农业人口占全部人口%	乡村两级工业技术人员占有%	
	万元/平方公里	比例	人/平方公里	比例		大专	中级以上
沿海9省市	115	58	97.4	18	24	65	67
其中:5省市	233	117	159.8	30	28	42	35
中部11省	24	12	39.5	7	19	32	31
西部内陆10省区	2	1	5.3	1	15	3	2

资料来源:根据《中国农业年鉴1989》、《中国统计年鉴1989》、《乡镇企业统计资料1988》整理。

实际上,我国乡镇工业最为发达的农村地区,其本身也是大中城市的外延区和扩散区,其在商品流、货币流和信息流方面,已与其所邻近的城市密切地联系在一起,构成一个整体。

三、区域差异引出的启示

如上所述,我国乡镇工业的悬殊的区域差异,不仅是一种静态的差异,也是一种动态的差异。揭示出了一些制约乡镇工业长期发展的规律,揭示出了几点进行有关宏观发展决策时应予注意之处。

第一,我国不同地区乡镇工业的发展水平差距极大。这种差距是由其所处的外部经济条件的完全不同所造成的。在讨论和探讨我国乡镇工业进一步发展的潜力时,如果不考虑这一系列巨大差异,不考虑造成这种差异的外部环境,而是将各个地区混而论之,或者从某个平均数出发,甚至以沿海最发达的地区(城市扩散区)的特殊情况来推演全国的一般发展情况,则只能导出错误的判断,造成战略性的决策失误。

第二,我国沿海与内地省份在乡镇工业发展水平上的差距日益扩大的事实意味着,如此下去,中、西部内陆地区的农村人口将无法指望缩小其与沿海地区的收入差距——哪怕是相对的。因为,非农业收入的增长已是农民总收入增长的主要希望所在。乡镇工业产值中的10%左右为工资,以此比例粗略地估算,1982—1988年间,沿海发达地区5省、市的乡镇工业为每个农村人口所提供的收入从27元增至200元,而中、西部不发达地区仅从2～5元增至9～27元。

第三,发达地区乡镇工业对来自农村系统内部的资源依赖性较低这一点意味着,对于广大的中、西部内陆地区来说,其乡镇工业要想获得长足的发展,就必须走技术密集型的道路。

第四,技术集约、市场交换以及其他一系列企业经营条件的约束和要求,使得只有在大中城市外围区和扩散区中,乡镇工业才能获得较快的发展。这意味着,在广大的中、西部地区,如果没有一大批大中小城市的发展,没有城市经济的带动,乡镇工业的发展就仍将是极为有限的。

北京市城郊农业技术经济体系研究*

贺锡苹　王秀清

一

北京城郊农业的任务是建设副食品基地，供应首都城市居民菜、肉、蛋、奶、果等副食品，以满足需要，同时提高郊区农民的收入水平，以及通过农业的发展为城市提供优美舒适的生活和工作环境，这一任务和目标是我们研究城郊农业技术经济体系的出发点和归宿。

城市经济发展和改革开放形势，对北京市蔬菜供应布局产生了重大影响。20世纪70年代后期，北京市产销开始出现一些矛盾。通过理论研究，以北京市蔬菜生产为例的实证分析表明，鉴于近郊区农村经济形势变化，乡镇企业发达，劳力资源在不同部门之间产生竞争，务工务农收入相差一倍以上，加上土地价格急剧上涨，证明必须把劳力机会成本和土地机会成本计算入蔬菜等农产品之中，作为价格构成因素，这样必然导致蔬菜价格上涨。蔬菜价格上涨四五倍，必会给城市居民生活带来很大困难，甚至于引起政治波动。菜价上涨是发达国家城市化进程中曾经遇到的一个共同问题。由于交通发达和运输设施的改善，它们的解决办法是外地城郊的蔬菜基地逐步放至较远的适宜种植地区。

北京市蔬菜供应存在两淡、两旺的特点。8、9月和3、4月为淡季，6、7月和11月为旺季。为了分析蔬菜生产布局趋势，我们着重研究8、9月份淡季布局的线性规划模型和6、7月旺季目标规划模型。8、9月份淡季模型研究表明，利用远郊和不同地区的气温差异条件解决淡季供应是一项经济可行的办法。北京市自1985年以后，在8、9月淡季蔬菜供应当中，外地和远郊的供应量已达60%～70%以上。1989年有关领导在总结工作中提出应建立全国性蔬菜淡季基地，北京市开发的张家口秋淡基地已成为全国五大基地之一。

北京近郊历来具有旺季生产的优势。但从周年供应看，年度内不同时期上市量及品种数仍然差别很大，菜价上涨幅度过大，过重地增加了消费者的负担，政府为保证消费者利益，促进蔬菜生产，每年对消费者和生产者进行各类补贴，形成了消费者担负过重，政府补贴一年甚于一年，而生产者的积极性仍未调动起来的状况。针对上述问题，进行了旺季菜供应趋势的研究。在坚持满足需求，坚持计划指导，坚持扶持发展生产，坚持兼顾国家、生产者和消费者利益、提高社会效益这四个原则基础上建立了目标规划模型：

1. 变量设置。共设三类变量。在某一时期内某地区某品种的蔬菜收购量，某品种在时期末大于需求的量，某品种在时期末没有满足需求量的量。

2. 约束条件共设四类。需求约束条件、供应社会成本约束、各地区生产能力约束、生产者

---

* 原载《农业技术经济》1990年第1期。参加本课题研究的还有：安希伋、刘小和、欧百钢、刘继红、关晓东、林宪勤、董倩等。本文是农业部“七五”科研项目“城郊农业技术经济体系研究”的课题报告。

收益约束。

3. 目标函数。依据前面原则，设四类目标函数。满足消费者的需求目标，降低供应社会成本目标，保证各地区生产者利益目标，防止蔬菜供应过剩目标。(模型式子从略)

4. 可供选择的方案。在建模时，针对北京市情况，共设五个方案（见表1）。

表1　可供选择的方案

方案别	不同方案的布局情况
方案1	完全由近郊提供六、七月旺季蔬菜供应
方案2	完全不考虑各地区供应能力限制，只考虑经济效益
方案3	在六月份Ⅱ、Ⅲ类地区分别提供600万千克、700万千克；七月份Ⅱ、Ⅲ类地区分别提供800万千克、900万千克
方案4	六月份Ⅱ、Ⅲ类地区分别提供900万千克、1 100万千克；七月份Ⅱ、Ⅲ类地区分别提供1 200万千克、1 400万千克
方案5	Ⅱ类区六月提供1 200万千克、七月份提供1 200万千克；Ⅲ类区六月提供1 500万千克，七月份提供1 700万千克；而且主要当家菜移向Ⅱ、Ⅲ类地区生产

注：Ⅰ类区：30公里以内，Ⅱ类区：30～50公里以内；Ⅲ类区：50～100公里内；Ⅳ类区：100公里以外。均以北京市中心算起。

5. 不同方案的购菜总费用和平均供应成本的比较（见表2）。

表2　各方案购菜总费用和平均社会供应成本

方案	一	二	三	四	五
	购菜总费用（万元）				
6月	6 478.7	4 419.39	5 741.8	5 645.93	5 269.7
7月	3 074.42	2 099.7	2 874.8	2 770.67	2 674.7
	平均社会供应成本（元/千克）				
6月	0.67	0.46	0.59	0.58	0.545
7月	0.29	0.197	0.27	0.26	0.25

由表中的分析可以看出，方案二、三、四中，Ⅱ、Ⅲ、Ⅳ类区供菜越多，供应成本越低。方案四比方案三由Ⅱ、Ⅲ、Ⅳ地区多提供了1 600万千克蔬菜，两个月的购菜社会成本下降了200万元。而方案五比方案三多供2 300万千克蔬菜，并扩大了芸架豆、西红柿、茄子、黄瓜、大椒的供应能力，供应成本下降了672.2万元，因而方案五是较优而且可行的，它可以降低社会供应成本，从而可以降低零售价。

因此，据以上模型研究，应把主要蔬菜品种（如圆白菜、芸架豆、黄瓜、茄子、西红柿等）移至距北京30～100公里的范围区域生产，才能使蔬菜供应社会成本降低，这样既能使消费者负担减轻，又能使当地农民收入提高。到1987年，北京市蔬菜供应布局已经由1978年的近郊占69%，远郊17%，外地调入占14%，变为近郊占40%，远郊占45%，外地调入占15%。这也正如中央指示："光靠近郊解决蔬菜供应的时代已经过去了。从全国看，建立多层次的蔬菜商品基地格局，是符合我国蔬菜商品产销发展规律的。"模型研究还指出，叶菜，保护地蔬菜适宜安排

在近郊区生产，较远郊区作为大路菜基地，以保证大路菜的供应。

二

禽蛋生产饲料报酬高，适于规模生产。北京市禽蛋生产自1980年的自给46%已发展到1987年的96%以上，人均16千克，已基本满足市民需求。

1. 鸡场布局。据1987—1988年两年材料看，由于产量高，中远郊每只产蛋鸡利润比近郊高0.36～0.70元，其中以远郊效益最好，中郊次之。

2. 蛋鸡场规模。①以农户家庭规模养鸡1 000只左右效益为最好，每只鸡利润可达9.95元。家庭规模鸡场效益，每50千克鸡蛋利润高于集体规模鸡场10.4%，只是用工增加1倍多，所以，劳日净收入降低45%。②集体规模鸡场近郊以1万～1.5万只效益最好，每只利润8.86元；中郊以1.5万只以上较好，每只鸡利润可达16.48元；远郊则以低于1 000只鸡场为宜，每只鸡利润9.99元。

3. 结论。考虑环境、经济等综合利益，近郊四区应主要发展1 000只蛋鸡和肉鸡农户家庭规模鸡场，中郊四县发展1.5万只以上蛋鸡场和1万只以上肉鸡场，中郊区保证供应北京市对鸡蛋需要的50%和肉鸡需要的40%；六个远郊区县应发展1 000只规模的家庭规模肉鸡和蛋鸡。

三

1. 北京市牛奶需求量预测。分别预测鲜奶和乳制品用奶的1990年需求量，进而预测牛奶总需求量。鲜奶需求预测：包括城镇居民和流动人口与特供人口需求量，为了计算城镇居民需求量首先预测了城镇人口，其次预测了年人均需求量。为建立年人均牛奶消费量模型，曾对北京城区和近郊区八个区中50%街道，选其中20%的居委会进行了抽样调查，从中得出多元回归方程为：

$$\overline{Y}=-266.89717+4.28377X_1+6.21972LnX_2-9.21715LnX_3+71.30505LnX_4$$

$$F=22.04, R=0.9787$$

式中：$\overline{Y}$——年人均牛奶消费量（千克/人年）；X_1——平均每个就业人口负担人口数（人）；X_2——年人均生活费收入（元/人年）；X_3——恩格尔系数（%）；X_4——动物类食品支出占主要食品支出的比重（%）。

为消除价格变动影响，用1980年不变价格得出计量经济模型：

$$\overline{Y}=-324.62964+5.16104X_1+9.69875LnX_2-3.54892LnX_3+74.39273LnX_4$$

因此，预测了1990年城镇居民人均消费鲜奶30～31千克，1995年41～45千克，1990年，北京市牛奶总需求近3.4亿千克。

研究中发现：①消费鲜奶户数及人数明显增加；②牛奶已由老人婴儿特殊食品变为大众食品；③影响牛奶消费的因素有：收入水平、年龄和健康状况、职业、家庭规模、饮食习惯与消费者偏好、牛奶价格、质量和供应方便程度都有一定影响；④乳制品消费量增加已为近年消费一大特点。

2. 适时调整生产布局，摆脱50公里内地区为主体的布局带来的困难。北京市目前奶牛业布局仍是50公里半径以内地区为主体。这种格局使近郊不再有潜力，牛场经济效益下降；环境影响居民生活，不合理性越来越突出。

近郊由于耕地减少，土地机会成本增加，无法保证青贮饲料和粗饲料生产（奶牛用饲料地

1985 年比 1980 年的 14 万亩减少近 1/5)。另外，劳力机会成本在工商业发展的压力下日益提高，以致成本上升、利润下降（见表 3)。

表 3　1979—1985 年北京市奶牛业收入，成本及利润变化

	单位	1979	1980	1981	1982	1983	1984	1985
总收入	万元	2 563.8	3 167.6	3 342.6	3 788.9	4 294.9	4 617.9	4 704.6
总成本	万元	2 259.4	2 468.0	2 739.9	3 121.9	3 710.3	3 990.3	4 626.5
利　润	万元	304.4	699.6	602.7	667.0	584.6	627.6	78.10
单位成本	元/千克	0.405 6	0.400 6	0.391 4	0.395 8	0.416 8	0.411 8	0.480 2
产奶量	万千克	5 959	6 802	7 592	8 867	10 498	12 661	13 595
△利润/△产奶量		0.468 8	−0.122 6	0.45	−0.05	0.019	−0.588	
利润增长	%	129.80	−13.85	10.79	−12.35	7.35	−87.56	
奶量增长	%	14.15	11.61	16.79	18.39	20.60	7.38	
单位利润	元/千克	0.051	0.102	0.075	0.075	0.056	0.049	0.006

表 4　两种模式的经济效益比较

	朝阳模式①	海淀模式②
母猪头数	100	200
年产商品猪头数	1 470	2 700
投资利润率（%）	22.43	18.73
贷款偿还期（年）	6.44	6.35
盈亏平衡（为贷款%）	76.4	74.8
内部收益率（%）	16	13.5
净现值（万元）	31	58

①朝阳区十八里乡十八里大队标准水平；②海淀区平均设计修改水平。

由表 3 可以看出，由于单位成本的增加，单位利润呈下降趋势，产奶越多，越不合算，而且，利润的增加量赶不上产奶量的增加，常出现奶量增加而利润却下降。表 4 表明，很大程度上是由于生产成本的增加。而生产成本的增加主要是由于处于近郊，饲料保证不了而使饲料费上升，也由于在近郊劳力机会成本抬高使工资费用提高。两项费用再加上其他直接费、共同生产费占饲养费用的 80%以上。它们由于处在近郊的布局被迫提高而使饲养成本加大。由此可以说，奶牛饲养利微很大程度上是由于处在近郊所造成的。根本改变则要求重新选择饲料地有保证的地区发展奶牛业。由于牛奶经济效益不景气，许多牛场濒临关闭，为保证供应实行价格补贴，增加了政府财政负担，再加上离居民区较近，产生环境问题。所以，奶牛业布局的调整是必然趋势。

但是，由于奶牛业发展投资大、周期长，奶牛业布局的改善只能是一个渐进的过程。宏观上资金的匮乏决定了近期内不可能有大的变动，其布局变动还要受人口和需求量的制约。可分近期和长期两步。根据一般的均衡原则，奶牛业布局要受其他产业布局的制约，因而近期以平原区的大兴、通县及延庆盆地为主，长期可考虑远郊丘陵山区，那里有充足的饲料地保证，但交通不便。

四

1. 规模猪场经济效益评估。

（1）从静态观点看，盈利能力朝阳模式优于海淀模式；贷款偿还能力两个模式基本相同，两者的盈利区都大于亏损区，盈亏平衡的销售价格都可以下降到原来价格的 3/4。

（2）如果考虑时间因素，从动态观点看，两种模式的净现值都是正值。说明它们的收益水平超过了折现率，不仅能收回投资，还能支付贷款利息，获得收益。它们在财务上都是可行的，而且朝阳模式的内部收益率大于后者，表明朝阳模式能够承担更高的贷款利率。

（3）敏感性分析表明，两种模式的效益投资超支、饲料价格、主产品价格等变化都不太敏感，而对产量（设计生产水平）的变化极为敏感。若生产能力由设计水平下降为现有生产水平，则净现值变负，由盈利变为亏损。虽然从静态和动态角度看朝阳模式 似乎都优于海淀模式，但其设计指标水平高于后者，远远大于北京市现有生产水平，相对来说更难实现生产目标。果真如此，对产量极端敏感，将会使朝阳模式大大亏损。可见，海淀模式要保险一些，现实一些，朝阳模式需要更多、更强有力的必要条件作为保证。

2. 京郊自产猪因收购价为 4 920 元/吨，外地购入价＝收购价＋运费＋损耗，为 4 400＋160＋100＝4 660 元/吨。京郊自产猪比外地购入猪价高 260 元/吨，若自产猪占 73％以上，则财政补贴多 3.67 亿元，外加 10 亿千克粮食调运和贮藏费用等。从京郊自产与外地调入的效益比较来看，似乎应当完全从外地调入，但是，这要使北京市受外地生猪生产波动的影响，不利于生猪供应的稳定，因此，为保证供应，减缓过分依赖外地而受的波动，仍要自产一些。

3. 据 1988 年数据，对北京市近郊、中郊、远郊的生猪生产的经济效益、环境效益进行比较：

表 5　经济效益的近、中、远郊比较

		近郊区	中郊区	远郊区
	猪场个数	6	4	3
平均每头猪	平均规模（头）	1 210	404.25	239.33
	活重（千克）	113	101.43	84.83
	人工费用（元）	50.27	23.62	38.93
	物质费用（元）	200.18	126.23	121.14
	饲养费用合计（元）	250.45	149.85	160.07
	销售成本（元）	253.63	165.87	220.07
	销售收入（元）	804.97	292.07	265.81
	销售利润（元）	51.34	126.2	45.74

从表 5 对比分析可知，中郊区规模化养猪的经济效益最好，平均每头肉猪可获销售利润 126.2 元，远远高于近郊区的 51.34 元和远郊区的 45.74 元；中郊区平均每头肉猪饲养费用最低，尤其是人工费用最少，仅 23.62 元，既不像近郊区工值高、劳动力成本高，人工费用高达 50.27 元，也不像远郊区工值低，劳力用量大，人工费用 39.98 元。所以，从经济效益角度看，中郊区规模化养猪效益最佳。

从环境效益比较，近郊区六个规模猪场恶臭超标占 100％，地下水中硝酸盐氮含量超标占 66.67％，嗅觉强度强烈的占 66.6％，环境影响较大。近郊区一般居民多，人口密度大，随着城市化的发展，近郊区会越来越多地与中心区融合成为商业区、居民聚居区、学校、机关、企业、交通枢纽等等，如果在靠近近郊区布局猪场过多，发生环境影响的可能性极大，而且也不符合必然存在的城市发展趋势；中郊区规模化猪场恶臭影响轻微，地下水中硝酸盐氮含量超标比例为50%，但有相对较大的环境予以容纳和净化；远郊区猪场的环境效益和影响极小，一般不会造成环境危害。

从环境经济效益角度看，规模猪场确实应当主要分布在中郊区，这样既能有较好的经济效益，又可获得良好的环境效益。目前中郊只占52%，规划布局占64%左右。

4. 规模猪场规模与环境经济效益。

（1）不同区域经济效益最高的规模：

近郊区：年均提供商品猪5 000～6 000头，种母猪300～400头的猪场为近郊最佳规模，每头商品猪纯收入49.89元（见表6）。

表6　近郊区不同规模的经济效益比较

规　模	猪场个数	年（平均）提供商品猪头数	每提供1头商品猪纯收入（元）
<2 000	3	420	10.91
2 000～4 000	1	2 229	30.95
4 000～5 000	2	4 639	45.08
5 000～6 000	3	5 243	49.89
>6 000	1	6 440	41.47

中郊区：大于400头的猪场，劳均纯收入2 182.4元，单位产品成本123.8元，为最佳规模（见表7）。

表7　中郊区不同规模的经济效益比较

规模（头）	<200	200～300	300～400	>400
猪场个数	2	1	4	3
劳均养猪（头）	41.3	73.5	59.2	60
劳均总收入（元）	6 313.8	11 465	6 862	6 634
劳均纯收入（元）	537.7	1 425	2 001.8	2 182.4
劳均商品猪（头）	30	40	35	37
单位产品费用	215	208	136.2	123.8

远郊区：小于25头的猪场，每头肉猪销售利润91.20元，其次25～50头的猪场，每头 猪纯利润为66.25元（见表8）。

表8　远郊区不同规模的经济效益比较

规　　模	<25头	25～50头	>50头
猪场个数	4	2	3
人工费用（元）	32.05	17.61	21.44
物质费用（元）	116.70	130.21	87.29
饲养费用合计（元）	148.75	147.82	108.73
销售收入（元）	273.71	211.38	271.60
销售成本（元）	182.51	145.13	262.20
销售利润（元）	91.20	66.25	9.4

（2）环境效益：要比较不同规模与环境效益的相关关系必须在同一地区选择不同规模大小的猪场进行测预。地下水中硝酸盐氮含量与土壤质地、地势、地下水流向和流 速，水位变化规模、气候和建场时间长短等因素密切相关。由于不同规模猪场的实际测算，需要在相似的地下水环境范围内比较，但在北京几乎没有符合这样条件的猪场。因而采用恶臭嗅觉浓度作为比较指标。随着规模的扩大，恶臭越来越强烈。在近郊区中，环境影响允许的范围是400头种母猪规模，这是一个初步确定的规模极限。根据一般推理，中郊和远郊规模可以更大，而不必担心环境影响。

结论：综合以上规模与环境经济效益的关系，近郊的规模为300～400头种母猪，可 能规模为400头种母猪；中郊区经济效益较好的猪场规模是大于400头种母猪，该规模虽大于近郊区的适宜规模范围，但由于中郊区环境容量和自净能力大于近郊区，所以也是可行的；远郊区虽然环境容量更大，但超过50头后经济效益下降，所以适于发展50头种母猪的养猪专业户生产。

5. 京郊规模猪鸡生产基地承载能力分析。

北京郊区规模养猪生产规模为350万头，规模养鸡生产规模为蛋鸡1000万只、肉鸡5000万只。承载力分析：

（1）水资源方面：规模猪鸡生产全部使用地下水，年耗水量如下：每头猪日均需水10千克，则规模猪场养猪需水量＝350万头×10千克/头日×180日＝630万吨＝630万立方米。每只蛋鸡日均需水0.25千克，则规模蛋鸡需水为1 000万只× 0.25千克× 360日＝90000万千克＝90万立方米。每只肉鸡日均需水0.35千克，则规模肉鸡需水为5000万只×0.35千克× 360日＝630万立方米。合计1350万立方米。虽然绝对数字不大，但是应当看 到：第一，地下水资源有偿使用已势在必行。水资源开发税和使用费不久将成为一项 重要的农业生产成本，这势必影响猪鸡生产的收入利润情况；第二，北京市已经存在严重的水资源危机。

（2）饲料资源方面：规模猪鸡生产共需饲料约428369万千克，折合原粮约357045万千克，按12％搭配饼类蛋白饲料，需饼类442345万千克，即原粮35.7亿千克，饼类4.3亿千克，共40亿千克粮食。据估算，北京市年产粮约25亿千克，除去人民食粮、工业、加工用粮等，可提供作为猪鸡生产饲料的粮食只有5亿千克左右。这样，北京市必须到商品粮基地省购买35亿千克运回京郊作饲料。这势必使北京市的规模猪鸡生产受产粮区的制约。北京郊区规模养猪鸡所需的35亿千克缺额必须找到固定的供给协作伙伴，否则就无法在京郊进行猪鸡生产。

（3）粪尿生产及耕地处理占用方面：据计算，规模猪场每年要排泄108万吨粪尿。就其废物而言，相当于北京郊区增加近115万人口；就排泄物的污染负荷生化需氧量（BOD）而言，相当于京郊增加1100万人口，几乎是北京现有人口的翻番。规模鸡场每年要排泄废物324万吨，相当于增加人口324万。因此，仅从规模猪鸡生产的粪尿量来看，相当于北京市增加了440万人口。

一般来说，1亩耕地可以容纳消化400～600千克粪尿。但根据北京市土地所需有机质含量状况，1亩地可以容纳4000～6000千克有机肥。若以每亩消化5000千克计，要消化每年猪鸡规模生产所排泄的粪尿430万吨，需要86万亩耕地才能安全地容纳。而北京郊区有620多万亩耕地，远远可以满足需要。但是，必须合理布局，尽可能安排在中郊，否则不易平衡地结合。

6. 结论。应当采取京郊自产与外地购入相结合、京郊内部区域分工及适度规模经营、加强与 河北省北部地区的横向经济联合等战略方针，求得猪鸡生产的环境经济协调发展。

为求得环境、经济协调发展，北京可实现鸡蛋全部自给（100％）、肉鸡基本自给（80％）、猪肉部分自给（40％）；河北、山东、河南从来就是北京供应商品猪的主要基地，特别是与北京毗邻的河北保定、廊坊和唐山地区，可以参照北京市远郊区发展规模来发展50头种母猪的规模专业户养猪。

推行以农业科学技术服务为核心的农业规模经营*

张仲威

一、当前农业领域一个争论的问题

在我国联产承包制推行的过程中，出现了关于土地规模经营问题的争论。有同志认为联产承包户均8亩左右的地块太狭小、零碎，已不适于当前生产力发展，力主生产要素合理组合，地块调整扩大，实行土地规模经营。有些同志则认为联产承包户均8亩左右的地块，仍适合我国生产力的发展，不同意无条件地推行土地规模经营。其争论的焦点是"条件"。我认为，就全国范围来说，推行土地规模经营的条件，即扩大土地规模经营的条件不具备，不宜急于推行。我比较同意国务院研究室王富玉、杜越新两同志在1989年《中国农村经济》第9期杂志中所发表的观点"扩大土地规模经营，来扩大农业规模经营的成功经验，在我国大部分地区也难以复制"。我通过近数月的农村调查，进一步认为：现行的联产承包生产责任制仍然具有巨大的生命力，其土地规模仍是适度的。之所以是适度的，因为它适合我国现时的生产力发展水平。自1978年实行联产承包制到1984年，我国农村、农民、农业发生的巨大变化，足以说明。联产承包制，每户平均8亩左右的土地规模，虽不是完美无缺的，但它们依然是适应我国现时生产力发展水平的一种好形式、好制度，低估它们过去及现在的作用，是脱离实际的。由此，我认为推行土地规模经营不必要，不应该，不可能。所谓不必要，因为现行的每户8亩左右的土地规模是适度的，何必再以别的"适度规模"代替，岂不多此一举？所谓不应该，在于我们过去折腾的教训够多的了，灾难够大的了，不应该再在条件不真正具备，农民不真正自愿的情况下，以"先进"的口号，拥护"集体"的名义。过急地、过早地推行土地规模经营，扩大承包户或集体承包的土地规模。我国地域大，少数地方条件具备了的也有，若进行试点，是完全必要的，应该的，但推行试点成功的经验时，要慎之又慎，否则会造成不必要的折腾。所谓不可能，就是当前我国生产力发展水平，还没有发展到推行土地规模经营的地步。诸如多余1亿多的劳动力，城乡企业、事业尚不能吸收；农业物质技术装备能力很差，无力添补；社会服务体系还很不健全，农民对之信任程度较差；农民转让或交出土地的思想顾虑重重等。在这种条件下，就谈不上扩大土地规模经营，就不能说扩大土地规模经营农户无风险、破产等后顾之忧。有同志引证外国如何实行土地大面积规模经营。引证外国的经验，无可非议，问题是如何引证，又如何运用，即引来的符合不符合中国的实际，适合不适合生产力的发展水平？若不适合，拿来硬推，就必然重蹈覆辙，再次给多难的农业带来灾

* 原载《中国农村经济》1990年第2期。

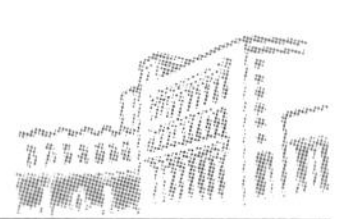

难。如果一定要引证外国经验，不妨以日本为例来说明土地规模经营问题。日本虽是现代化的国家，是世界东方的经济强国，实行了土地、劳力、资金、技术等生产要素的市场体系，具备了土地规模经营的基本条件，但至今其农户所经营的土地规模，在1公顷以下的仍占总农户的71.8%，其中半公顷的农户由1960年的39.1%上升到1987年的41.3%，27年间日本政府曾千方百计扩大农户的土地规模经营，但是效果不大。再列举我国台湾的例子，1995年1公顷以下的农户占总农户的62.82%，1982年则为71%，其中半公顷及1公顷以上的农户均是减少的趋势。由此可见，土地规模经营的扩大，不是随主观愿望而转移，而是随客观的条件变化而变化，是一个长期过程。所以问题的争论不在于土地规模经营要不要推行，而是具备不具备推行的条件。条件是问题争论的焦点。

二、推行土地规模经营应具备的条件

推行土地规模经营是否需要条件，争论的双方都必然是肯定的回答“要”。所区别的是对条件的认识、估价和要求。过去在“大跃进”、“超英（国）赶美（国）”、“人民公社”、“农业机械化”等问题上所以走了弯路，付出了沉重的代价，问题在于对当时客观条件认识不足，对主观条件估价过高所致。现在是否有的同志又要步过去的老路，这很难说，不过从其急于求成，急切近利的做法、想法上来看是可虑的。

扩大土地规模经营，实行集体化、合作化这固然是好事，但若要扩大土地规模经营，必然要具备许多主客观因素（条件），具体来说：

1. 城乡第二、三产业发达到能吸收农村多余出来的亿万大军的就业能力。

2. 城乡社会化服务体系比较完善，规模也比较适度，达到或基本达到农业生产者、经营者商品生产的需要，同时社会化服务的单位和个体有利可图。

3. 农业经营者或支助农业经营者的集体、地方政府具有一定的经济实力，即在必要时给予农业生产以补贴、支助农业基本建设。特别是农业经营者要具有自我积累的能力。

4. 农业经营者文化素质、经营管理素质必须适应扩大了的土地规模经营的需要具有重新组合生产要素和运销的能力。

5. 农户出让土地达到自愿和无后顾之忧的程度。这是决定性的条件，农民思想不通，其积极性调动不起来，农村的任何政策都会以失败而告终。

6. 工农产品价格达到合理的程度。国家、集体对农业生产者的补贴，不应是无度的、无限的，而应是适度的、有限的。

7. 从事农业的与非农业的收入大体相等，比较利益差异不大。

8. 国家需要的粮、棉、油、肉等农产品的指令性指标与农业经营者、生产者的产品商品性矛盾基本解决。

9. 农业政策稳定，农业经济法规健全，农业生产者、经营者有较大的安全感。

10. 达到经济效益、社会效益、生态效益和土地生产率、商品生产率、生产手段利用率和劳动生产率提高的综合效益。

总之，在土地规模经营的条件已经具备，或已经成熟，而不推行，则会坐失良机，阻碍农村经济的发展，是有害的。但若条件不够成熟，或根本不具备条件，急于求成，必将欲速而不达，造成新的灾难。当前的主要倾向是有的同志在土地规模经营问题上急于求成。少数地方（大城市郊区、沿海地区中的一部分县、乡）进行试点是必要的、也是有成效的，但要把其成功的经验推行到别处，应慎重。

三、以农业科技服务为核心的农业规模经营应积极发展

当前，我国农村在提出和推行土地规模经营的同时，农业规模经营的其他形式也提了出来。在许多地方，从不同角度进行的实践初步证明，它比土地规模经营的形式更灵活、更广泛、更符合中国农村实际。它既能解决土地规模经营要解决的问题——进一步提高生产力，又能解决土地规模经营不能解决的问题——农民的思想顾虑、经营的风险等；它既符合农村政策稳定的要求，又能最终使一些不愿或不便经营土地的农民，自愿转让出自己的土地。这种形式可以说是当前一种较好的经营形式。即既能使农民安居，又能使农民乐业，既能使集体获益，又能使国家安定地发展生产力。

所谓以农业技术服务为核心的、农业经营管理、农产品运销、消费等服务为内容的农业规模经营，是在联产承包生产责任制基础上，经营承包者（主要是商品生产的农民，也包括集体的及其他的承包者）对缺少劳动力的户、兼营户、老弱户、不善经营的户（傻、呆、残）和不愿转让土地而又在某一或某些或整个生产环节与流通环节上，不愿和无力经营农业的农户等，在不改变其土地使用权和经营权的前提下，实行扩大经营范围与规模的一种经营形式。其特点：

1. 主要是农业商品经营者对农业商品生产者提供商品性的物资、技术服务。

2. 按需承包，而不是为承包而承包；有偿承包，而不是无偿或低偿服务。

3. 不局限于土地，而是生产、流通、交换、消费各个扩大再生产的方面及每个方面中的某一或某些环节。

4. 农业规模经营，基本不涉及土地的使用权与经营权的转让。

5. 农业规模经营不局限于一村一乡一地，可以跨地区，东西南北都可经营服务。

6. 农业生产社会分工的扩大，且越发展分工越细。

农业规模经营的优越性：

1. 对国家有利。国家的计划任务下达，农业科技成果、先进的科学技术的推广应用，可以通过这一形式普及到千家万户农民之中。

2. 对集体有利。首先对大城市郊区、沿海地区中实行土地规模经营的地方，可以放下“以工补农”、“以财政支农”的包袱，集体可集中原“以工补农”的大部资金发展其他事业。只以少部分对农业作必要的补贴。

3. 对承包的农民有利。不论承包者或是被承包者都将会获取较多的好处，经营的承包者可获取经营所得，被承包者可以腾出时间从事他业以获得比从事农业更多的收益，或不善经营的被承包者可以获取比自己经营更多的收益。

4. 既开拓专业化、社会化、商品化的道路，又达到社会的、经济的、生态的三大效益；既能提高农业生产者、经营者的积极性，又提高土地生产率、生产手段利用率、商品率以及劳动生产率。

5. 农村多余出来的劳动力从农业规模经营的形式中找出路，比只在进城、下厂（场）中找出路更具有现实性，对国家政治安定、对集体补贴包袱的解卸及对农户家庭都有利。

6. 农民、干部的短期行为更便于解决。由于这一形式是在农民自愿和根据农民需要的基础上进行的。顾虑消除之后，就可避免对土地的掠夺式经营和对其他资源的破坏。

对粮食定购合同制度的反思*

——兼论建立农村经济法律调控机制的必要性

任 大 鹏

粮食，是关系到国计民生的第一产品。从1984年全国粮食生产登上新台阶后粮食生产出现了严重的波动和徘徊。今天，当我们思考粮食生产的困境产生的原因时，人们对粮食定购合同制度提出了种种质疑和责难。本文认为，在对粮食定购合同制度进行评价的同时，必须从农村法制建设的高度进行认识。粮食定购合同制度的失误，归根结底，是我们缺乏一个宏观的法律调控机制。

一、对粮食定购合同制度性质认识的转变

1985年中共中央、国务院发布的一号文件明确规定取消粮食统购，实行以合同定购和市场收购相结合的价格双轨制。这是我国自1953年以来第一次以合同方式收购粮食。粮食收购体制的改革，集中反映了我国实行农业生产责任制6年后农业上的最大成就——解决了10亿人口的吃粮问题，而且自给有余，这一决定是在连续6年粮食大丰收的基础上所做出的，尤其是1984年，全国粮食总产量达到了8 146亿斤，全国很多地方因卖粮和储粮的矛盾而形成了“卖粮难”的现象。因此，1985年实行粮食合同定购制度，农民会顺理成章地理解为：国家收购的粮食够用了，以后可以少种一些粮，以扩大经济作物的种植面积，增加经济收入；粮食收购部门也会顺理成章地理解为：因为“卖粮难”的矛盾而把粮食统购改为合同定购，所以“定购”在当时亦即“限购”。

以后的客观实际却并未沿着当时的设想发展，随着粮食产量的连年徘徊，粮食定购合同制度的实施，没有能够从根本上解决粮食流通问题，国家收购粮食的困难反而更大。而且，这一制度本来是要给农民更多的生产经营自主权，但实施的结果是不但没有得到农民的拥护，反而带来了更多的怨言，其因何在呢?

粮食矛盾导致了对粮食定购合同性质认识的转变。

“粮食定购合同”之“定”，大概含有这几种意思在内：

1. 国家对粮食收购的数量是有限定的，收购多少要根据国家的需要而定；

2. 考虑到国家的需要量每年都要发生变化，所以要委托粮食部门在每年的播种季节之前即把国家的需要量告诉农民，让农民心里有数，以便及时安排生产，把剩余的土地、资金、劳力等生产要素投入到其他产业中去；

---

* 原载《农村社会经济学刊》，1990（3）。

3. “定”表示一种期货交易。收购季节农民按照合同约定的数量把粮食交售给国家，收购部门不得以任何借口阻止农民交售合同约定的粮食，要帮助农民履行合同义务。当然另一方面也反映着农民必须全部履行合同约定的售粮义务，在履行完合同义务之前，不得将粮食向其他单位和个人出售。但是在“粮食已过关”的假象迷惑下，对这一点的认识和思想准备似乎很不充分。估计不到粮食收购数量还会出现完不成的情况。

无须过多地指责当时对1984年之后粮食生产情况的预测失误。对于粮食收购部门、农村基层干部和农户来说，合同就是合同。尽管在1985年10月国务院下达的通知中指出，“粮食定购既是经济合同，也是国家任务”。1986年加上一句“也是农民应尽的义务”，1987年又加上一句“要使农民自觉交售粮食”。理论界对于粮食定购合同的性质是否属于经济合同存有较大的异议，但无论是经济合同，还是民事合同或是其他性质的合同，毕竟属于合同的范畴。1985年一号文件并没有也不可能对这一点作出明确的阐述，所以在实行中便出现了很多问题。大多数地区的粮食收购部门和农村基层干部都认为：既是合同，就要遵循合同的原则，双方当事人要求协商一致、平等互利、等价交换。不能认为这种看法有什么错误，但如果脱离了实际，合同便无从体现其原则了。以1985年山东文登县的做法为例，在与农民订立合同之前，先与农民协商，让农民根据自己所种植的土地来报准备交售的粮食，在此基础上由粮食部门与农户签订了粮食定购合同，但后来与上级下达的粮食收购数量比较，缺口过大，通过干部带头，说服教育等措施仍然不能完成定购任务，在别无他法的情况下，只得撤销原订的合同，通过摊派的办法把任务分配到每个农户。这种做法，极大地挫伤了农民的积极性，说“失信于民”并不过分，同时也严重损害了合同这一法律制度的严肃性。

正是因为粮食产量和商品粮的减少与收购数量之间的矛盾形成了粮食定购合同主体对于粮食定购合同性质的认识的转变。对于农村基层干部和粮食收购部门来说，要完成粮食定购任务，协商是行不通的，必须依赖于行政命令的办法，加上严厉的制裁措施。基于这样的认识：“粮食定购合同名义上是合同，但它与其他的经济合同有着本质的区别，国家任务的第一性是粮食定购合同的主要特征”。这一指导思想对于完成粮食收购任务来说从目前看是有利的，但它对于农民的种粮积极性来说恐怕是有害无益的，也许可以这样理解：这种认识大概是对当时实行粮食合同定购制度的美好愿望破灭的一种暗示。因为这样做，势必再回到僵化了的统购统销的老路子上去。

二、粮食定购合同制度存在的问题和应当吸取的教训

由于对粮食定购合同性质的认识不明确，因而在实践中出现很多问题，主要表现在：

1. 粮食定购合同主体不明确。国家作为粮食的收购方，农民是粮食的出售方。因此，粮食定购合同的主体应是国家和农民。但是因为把粮食定购合同作为完成国家粮食任务的一种行政手段，各级政府把完成粮食定购任务作为一项核心工作，层层以立军令状的形式最终下达给每个集体经济组织，再由集体经济组织与每个农属订立合同。因此集体经济组织客观上是粮食定购合同的参加者。然而，集体经济组织既不享受权利，也不承担义务，却以其行政地位同时以国家代表和农户代表的双重身份出现，把粮食收购任务分摊给农户。由于近年来众所周知的原因，集体经济名存实亡，不能代表广大农户的利益，粮食定购合同中农民与国家的当事人地位转化成为农民与集体经济组织的对立。

粮食定购合同到底是国家与农户订立的，还是国家与集体经济组织订立的，还是集体经济组织与农户订立的，理论和实践中都是模糊的。与此相联系，粮食定购合同中谁是权利的享受者?

谁是义务的承担者，集体经济组织的法律地位如何？也没有一个明确的答案。

2. 粮食定购合同中权利义务不对等。从1984年以后，合同定购粮的国家加价收购与市场价格相差悬殊，严重影响了农民种粮、售粮的积极性。合同中规定的平价生产资料的供应经常因缺口过大而不能兑现。因为无法进行等价交换，农民缺乏订立粮食定购合同的自愿性，当然也就没有履行合同义务的自觉性。从安徽、山东、江苏等地的调查中看到，很多地区把粮食定购合同当作任务通知书，单纯只规定农民的义务，而不规定其应享受的权利，形成农民所称的"不平等条约"。要完善粮食定购合同，就必须坚持贯彻平等互利的原则。对于违约责任，也同样要体现这样的原则，任何一方违约都要承担同样的违约责任。现在的做法是，合同中规定农民交售一定的粮食，收购方要支付相应价款并给予农民在生产资料上的优惠。履行过程中这些优惠往往要落空或部分落空。农民完不成合同任务要追究违约责任，收购部门违约却不追究违约责任。1989年全国粮食生产超过了历史记录，有的地区又出现了限制收购或压价收购等违约行为。这不仅损害了农民的合法利益，也严重损害了合同的严肃性。

3. 由于对粮食定购合同性质的认识不明确，很多地区将粮食定购合同与农业承包合同订在一起。事实上这是两类不同性质的合同，其主体、客体和内容都有很大差别，合在一起，不利于分清当事人的权利、义务和责任。更有甚者，有的农村基层干部为了图省事，将计划生育、社会福利、义务教育等内容也规定在粮食定购合同之中，这样的"农村综合合同"把各方当事人的不同方面的权利义务和责任混在一起，不利于合同的履行。在这样的合同中，把所有的费用摊派都按土地种植面积分摊给农户，加重了农民的负担也影响农民的种粮积极性。

4. 由于粮食生产的矛盾和粮食定购合同制度的缺陷，粮食定购合同履行过程中出现很多违法现象。农民思想上有抵触情绪，甚至出现躲粮、抗粮。为了获得必要的生产资料，有的地区的农民公开抢购化肥、农药。如安徽某县农民轮流值班拦截化肥车，有一些农民把不履行粮食定购合同作为达到自己某些私欲的要挟手段，如要求超过规定的宅基地等。农村基层干部为了完成粮食定购任务，把剥夺农民其他方面的合法权益作为强制农民售粮的对立措施，甚至个别地区出现了以全副武装的公安干警在内的各级干部组成的抢粮队伍，到农民家中搜挖粮食。这些错误做法，加深了干部与群众之间的矛盾。

粮食定购合同制度的失误带来的教训是深刻的。这种教训的广度和深度远远超过了粮食问题本身。完善粮食定购合同制度，从根本上解决粮食矛盾，不能只限于经济杠杆和行政措施（当然也不能忽视经济杠杆和行政手段的作用），而是要寻找形成这种矛盾的根源。

三、建立农村经济的法律调控机制，从根本上解决以粮食问题为核心的农业问题和农村问题

农业问题或者农村问题，主要的就是粮食问题。形成这些问题的根源在于：

1. 对农业的地位认识错误。建国几十年来，我们将农业的地位概括为"国民经济的基础部门"。所谓"基础"，本意应是国民经济各部门应建立在农业之上，以农业为核心安排其他部门的生产水平和发展速度，农业是其他部门存在和发展的前提和基础。然而，我们的政策出发点和生产实践中却经常把农业与其他部门的位置颠倒，农业的发展总是受着其他国民经济部门的制约。粮食丰收了，我们就限制收购以压缩生产；粮食歉收了，我们就全国上下抓粮食，面积和单产都要统一下达计划。要发展第二产业、第三产业，我们动员农村劳动力流动、转移；要调整产业结构，控制二、三产业发展，我们又把这些农工作为"盲流"遣返回乡。化肥不断涨价粮食比较利

益下降，农民不愿种粮，不愿售粮，我们通过粮食定购合同强制收购。为了鼓励粮食生产，我们提出要以工补农，大力发展乡镇企业；而乡镇企业的发展又要与大工业争原料，我们便又限制乡镇企业的发展。

农业的政策就像钟摆一样摆来摆去，农民无所适从。我们说要让农民吃“定心丸”，实际上只做了一个夸大其词的广告宣传，让农民疑惑这“定心丸”莫非是种假药?

农业与其他国民经济部门的位置总是这样颠倒着，就像一个出色的杂技演员，演技再高，倒立着用两只手走路，永远没有双脚走路又稳当又迅捷，国民经济的发展速度很难提高。事实上，我们从来没有把农业作为一个真正的国民经济部门看待，它只是其他部门发展的“基础”（就像默默无闻地做牺牲的铺路石）。我们是一个农业大国，为什么只把农业放在这种附属的地位，而不能学会从农业本身要财富呢?

2. 对农户（农民）的经营自主权未予以尊重。农户，是我国农业经济活动中的主体。《民法通则》中赋予了农村承包经营户按照承包合同规定从事商品经营的法律资格（《民法通则》第二十七条），但因没有相应的法律法规规定农户在经营活动中的权利和义务，导致在粮食定购合同中对农户利益的侵犯。诸如，农户出售粮食应得的价款被层层克扣，农户在履行售粮义务时受到非难，农户不能依据合同得到预付定金，农户不能依据合同取得平价的生产资料等。在订立合同时，不是遵循协商原则，而是强制性摊派；在履行合同时，不是遵循对等原则，而是要求农户单方履行义务；在追究违约责任时，不是对等承担，而是只有农户不售粮或没有售够合同规定粮食时违约责任条款才能提到；在解决合同纠纷过程中，农户不能正常行使诉讼权利。

3. 片面强调商品经济，脱离了计划经济的指导，或片面强调计划经济，违背了商品经济的客观规律。在粮食政策上对这两个方面都有反映。在实行农业生产责任制的最初几年，我国的粮食产量大幅度上升，加上经济体制改革中形成的一些错误理论，我们便认为似乎农业生产再用不着计划了，可以完全依靠市场机制来调节，但因为市场机制发育不完善，市场的调节作用没有发挥预期的作用，却很快形成了粮食生产连年下降的失控局面。为了解决这一矛盾，我们又重新强调计划经济的作用，忽视了客观规律的要求，以粮食定购合同的方式回归到粮食统购的僵化体制中。这种左右摇摆的政策，使党的威信下降，使党群矛盾突出，在粮食生产和粮食收购中形成农民与国家的对立。

在社会主义有计划商品经济的发展进程中，需要一个稳定的法律环境，以确立商品经济秩序。近年来，国家制定了大量的经济法律、法规，逐步形成了一个经济法规体系。但是，农业经济立法相对落后于农村商品经济的发展需要，尤其是农业合作经济组织、农户（农民）法律地位及其在生产经营活动中的权利义务都没有明确的法律规定。以粮食定购合同为例，合同主体的权责利极其模糊，形成的一系列矛盾无法解决，都是因为没有明确的规范加以调整。因此，要从根本上完善粮食定购合同，解决粮食购销矛盾，尊重和保护农民的合法权益，促进粮食生产以致整个农村商品经济的顺利发展，必须尽快建立宏观的农村法律调控机制。

过垦山区退耕还林的经济分析与政策问题*

——在贵州省金沙县的调查研究

郑大豪　陈永贵　吴金和①

一、森林是山区维持和改善农业生态环境的核心

金沙县位于贵州省西北部，地处黔中丘陵向黔西北高原过渡地区，山地面积 146.77 万亩，占总面积的 38.8%；丘陵面积 214.23 万亩，占总面积的 56.6%；平地面积 12.87 万亩，仅占总面积的 3.4%。据 1984 年土地普查资料，耕地为 156.73 万亩，占总面积的 41.4%。

解放初期，金沙县林深树茂，森林覆盖率达 40%。至 1984 年，历经大炼钢铁、三年自然灾害和生产责任制初期三次毁林开荒和乱砍乱伐，森林覆盖率下降到 12.9%，每年平均下降速度达 4.26%。据 1958 年水土保持站的资料，当时全县水土流失面积为 126.6 万亩，而到 1984 年已经扩大到 162.9 万亩，27 年间增加了 28.7%，平均每年以 0.97%的速度增加，全县坡耕地 81.92 万亩，均为水土流失地域。森林面积的缩小导致气候恶化。据记载，解放前 20 年代至 40 年代的 30 多年间，十年七旱；而解放后 30 多年间，则十年九旱。该县早在 1957 年粮食总产量就已突破 1 亿千克，而进入 70 年代以来，在耕地面积不断扩大的情况下，粮食总产还是在 1 亿千克左右徘徊。1984 年粮食丰收，总产量为 13480.5 万千克，只比 1957 年增加 3 326 万千克。27 年增加 32.8%，平均每年递增速度仅为 1.05%。

1984 年后，县领导开始投入较多的精力抓林业，完善林业承包管理条例。通过几年封山育林、植树造林和部分退耕还林还草等措施，到 1988 年乔木和灌木林植被覆盖率恢复到 28%，水土流失得到缓解，自然灾害逐渐减轻、变少，开始从农业生态恶性循环的困境中挣脱出来。

水土流失、气候恶劣是山区农业生态恶化的症结，由此决定了森林位居山区农业生态系统的核心地位。大量事实与经验表明，山区森林面积是影响水土流失的首位因素。设增加单位森林面积所减少的水土流失损失价值为 V_a，水土流失随森林面积变化的边际值为 A，水土流失强度指标侵蚀模数为 B，单位流失土壤中含肥料量为 η，单位肥料生产农产品的数量为 N，农产品价格为 p_a，那么增加 1 单位森林面积所能减少的，由水土流失引起损失的价值，可用减少肥料损失所能生产的农产品的价值来表示：

$$V_a = A \cdot B \cdot \eta \cdot N \cdot P_a$$

通过上式，我们可以对森林防止水土流失功能的效益进行较为实际的评价。

---

* 原载《农业技术经济》1990 年第 3 期。

① 郑大豪，北京农业大学农经学院副教授；陈永贵，贵州省农业厅农经站副站长、农经师；吴金和，北京农业大学农经学院研究生。

为了考察金沙县森林保持水土功能的大小，我们对该县内各区的乔木和灌木林植被覆盖率与反映土壤水土流失程度指标的土壤侵蚀率进行了调查（土壤侵蚀率＝水土流失面积/总而积×100%），得到林灌被覆盖率影响土壤侵蚀率的关系式：

$$y=47.14-0.99X \qquad (r=-0.88)$$

式中：y——土壤侵蚀率，X——林灌植被覆盖率。

上式表明：乔木和灌木林植被覆盖率在10%～40%的范围内增加1%，土壤侵蚀率便减少0.99%。即增加一亩林灌面积，可以减少0.99亩水土流失面积。以上分析是利用截面资料进行的单因素分析。由于水土流失是多因素促成的，森林对水土流失的控制功能受本身生理特性的影响。此外，由于受可用资料的限制，因此上述关系式不能认为是一种精确的表达。但用来反映一种量比的趋势则具有现实意义。

金沙县水土流失面积中的50.5%是坡耕地，坡耕地全部是侵蚀强度较大的水土流失地域。因此，退耕还林还草是减轻水土流失的最有效办法。根据以上分析，在金沙县退耕还林1亩坡耕地，每亩每年可减少流失肥沃土壤8.43吨，减少的肥料要素损失：有机肥223.88千克，氮11.38千克，磷0.018千克，钾1.176千克（根据《金沙县水土保持区划》中数据推算得到）。

由于森林本身的生理特点，森林面积大小及其变化对水土流失的影响具有滞后性和规模性。因此，水土流失规模的扩大表现为具有惯性和与林业发展不一致性的特点。金沙县目前正处于这个惯性的作用下。虽然近几年林业有所恢复和发展，植树造林和封山育林面积增加，但水土流失规模仍呈扩大趋势。当树木单体生长到一定程度，群体规模和密度达到一定水平时，水土流失就会停止扩大并开始减少。

二、山区退耕还林经济效益分析

（一）直接经济效益分析

与农业生产不同，林业生产周期长，且初期只有投入，没有产出，或者产出远低于投入；产出集中在后期，具有投入产出间隔时间长和产出滞后的特点。而农业生产周期一般为一年，投入几个月后，不论多少，总可以取得收益。这种情况往往易于使人们忽视退耕还林的经济意义，因而自觉或不自觉地放松了这方面的工作。为了消除由于生产周期长产生的时间因素的影响，使各生产项目经济效益具有可比性，可以对各项生产的各期收益作贴现处理。

对于林业生产，当第n年的净收益为G_{fn}时，在一个生产周期为m年的时期内，收益净现值为：

$$NPV_f=\sum_{n=1}^{m}G_{fa}(1+j)^{-n}$$

农业生产周期一般为一年，每亩净收益可以按相同的价值进行计算，设为G_A，则农业生产收益净现值为：

$$NPV_a=G_A\sum_{n=1}^{m}(1+j)^{-n}$$

如果单纯从经济效益来考察，若以某项林业生产周期为时间长度来比较退耕还林前后的经济效益，那么，当$NPV_f>NPV_a$时，退耕还林经济效益较好；而当$NPV_f<NP_{Va}$时，不退耕而维持农业生产的经济效益较好。可见$NPV_f=NPV_a$可以看作是衡量坡耕地上的农业生产是否转为某项林业生产的经济准则。令上两式相等，得到宜农坡耕地所应产生的亩净收益为：

$$G_A \geqslant \left[\sum G_{fn}(1+j)^{-n}\right] / \sum (1+j)^{-n}$$

在农产品价格已知的情况下，可由此计算出当地相应于这项准则的亩产。

根据金沙县的情况，我们将 1 亩坡耕地退耕还林种植杉树和不退耕而继续种玉米的经济效益进行了分析，得出如下结论：

（1）从收益现值考察，栽植杉树的净现值远远大于生产玉米的净现值，是玉米净现值的 4 倍。

（2）从收入分配考察，杉树的收入出现在第 10 年以后的间伐期，集中在最后的主伐期，在前 10 年内只有投入而没有收入。收入滞后期的长短与树种和管理有关。速生林滞后期短，管理得当，树木成材年限缩短，收入滞后期相应缩短，反之收入滞后期延长。种粮的收入则均匀分布于全期各年。

（3）从投入结构和投入时期考察，造林投入主要集中在第 1 年，且大部分为物质投入，活劳动投入比例较少，以后只需投入少量的管理费用，且主要是活劳动投入。间伐和主伐主要是活劳动投入。粮食生产以年为周期，每 1 周期须有大致相等的投入，活劳动投入和物质投入的比例随着技术进步而改变。

（4）坡耕地用于两种不同生产项目的收入现值与投入现值之比为：玉米：2.11，杉树：15.33。表明杉树的经济效果远高于玉米的经济效果，是玉米经济效果的 7.27 倍。

（5）种植杉树和种植玉米两者经济效益相等时玉米每年的净收益为 109.47 元。如果坡耕地用于农业生产，若单位面积净收益大于 109.47 元，从经济效益角度来考察其经济效益比退耕还林经济效益好；反之，退耕还林经济效益好。

（二）生态效益的经济评价

退耕还林生态效益的经济评价就是对退耕还林所产生的生态效益进行全面的价值计量。利用生态等效益替代价值法，可以计算退耕还林生态效益的经济评价系数。

设：W_1 为森林涵养水分功能经济评价系数，W_2 为森林固土保养功能经济评价系数，W_3 为森林固土功能减少水土流失影响水利设施的经济评价系数，则退耕还林生态效益经济评价系数 W 为：

$$W=W_1+W_2+W_3$$

如果单位面积森林多蓄水量为 V，以单位库容造价 P 来衡量森林多蓄水的价值，则 $W_1=VP$。据当地资料，每亩森林平均多蓄水 40 立方米，每立方米库容造价为 1.00 元，则 $W_1=40$ 元/亩·年。

单位面积森林所能减少水土流失损失的价值用减少肥料损失所能生产的农产品的价值表示。在这里，以玉米生产为例，在金沙县应为 $W_2=125$ 元/亩·年。

如果水土流失面积随森林面积而变化的边际值为 A，水土流失强度指标侵蚀模数为 B，流失土壤比重为 C，水流失土壤在水利设施中的滞留率为 ξ，单位水利容量造价为 P，则退耕还林 1 单位面积时：$W_3=A\cdot B\cdot C\cdot \xi\cdot P$。在金沙县，A＝0.99 亩，B＝12 825.6 吨/平方公里，C＝2.5 吨/立方米，$\xi=60\%$，P＝1.00 元/立方米，则 $W_3=2$ 元/亩·年。

所以，金沙县的退耕还林生态效益经济评价系数 W＝40＋125＋2＝147 元/亩·年。

退耕还林的生态效益还应包括减少耕地石化的损失和改善气候条件以及净化环境等从属收益。但这些生态效益的经济评价系数难以用价值来表示。

由以上分析可以看出，退耕还林不但可以直接获得经济效益，而且还可以从中获得长期的生态效益。这种长期生态效益通过良好的农业生态环境促进农业生产而体现出来。

三、退耕还林的政策和措施

党的十一届三中全会后虽然实行了承包责任制等政策，激发了农民的生产积极性，但政策变化频繁导致农民行为短期化。农民担心政策变化不敢对土地进行长期投入，而选择投入少，见效快的生产项目。退耕还林经济效益虽大，但生产周期长，收益较迟，而生态效益又有一个滞后期。另外，目前山区粮食短缺，解决吃穿问题是当务之急，退耕还林的长期效益解决不了农民的近期需要。有一部分处在偏远山区的农村，60%以上的耕地为25度以上的坡耕地。这些耕地为农民提供食物中的相当部分。若25度以上耕地退耕还林，势必给这部分农民的粮食供给造成很大困难。如果这部分粮食缺口政府不能通过外购粮食或内部调剂加以解决，因退耕还林造成的暂时困难全部由农民承担，只凭愿望和命令行事，退耕是不能实现的。

退耕还林扩大森林面积、改善农业生态环境必须投入能量和物质。然而山区农民暂时不能向林业投入足够的能量和物质。另一方面，退耕还林长期效益的受益者是当地全体居民和国家，受益全面性和投入单一性的矛盾也影响农民退耕还林的积极性。

为此，提出下述退耕还林的措施建议：

（一）政策措施

①稳定山林权属，完善林业承包管理。农民承包荒山造林和退耕还林所得收益实行按比例分成、承包者得大头的办法激发农民退耕还林的积极性。②建立育林基金，向农民发放优惠贷款支持退耕还林。③对退耕还林地区的农民减免征购粮，同时对因退耕缺粮的农民，各级政府通过内部调剂余缺或外部调入粮食的办法，供应一部分退耕粮，并适当给一些退耕补贴，由国家、集体和个人共同负担因退耕而造成的损失。

（二）技术措施

广泛使用先进的农业技术，增加物资投入，提高粮食单产水平。

（三）工程措施

①通过陡坡变缓坡、坡地改梯地等工程措施，减小坡度和坡长，并辅之以等高耕作等耕作方式，提高坡耕地质量和产量。经调查，改造1亩坡耕地需投入资金300元左右，大部分为人工费。如果充分利用当地剩余劳动力资源进行修田造地，经过一个时期的努力，会收到良好的效果。②加强水利建设，利用当地丰富的劳动力资源兴修沟渠水库。

（四）退耕还林方式

25度以上应退耕地分布的不均匀性决定了退耕还林工作不能搞一刀切，应根据不同地区不同情况按照不同的方式进行。

1. 急退。一些应退耕地占总耕地面积比重小，宜耕地产量高、质量好的单位，应尽快地把25度以上坡耕地归还林业。从而在短期内使农业生态环境得到改善。

2. 缓退。应退耕地较多，粮食有缺口的单位，宜采取林粮间作，逐步退耕还林的方式，

以缓解林粮矛盾，在不影响农民温饱的前提下，利用十年八年的时间，把应退耕地全部退耕还林。

3. 少退。应退耕地占耕地面积比重比较大，主要靠25度以上耕地提供粮食的单位。应采取少退的办法，在坡耕地上投入人力物力，实行工程改造。同时在非耕地上进行植树造林和封山育林，提高植被覆盖率。从其他途径改善农业生态环境，促进农业生产的发展。

论我国的生猪生产波动*

林 智 元

一、用什么指标来衡量生猪生产波动

研究生猪生产波动的国内外学者很多，但衡量生猪生产波动所采用的指标却不相同。有人用年末存栏头数变化来衡量波动，有人用全年饲养量变化来衡量波动，有人用年出栏头数变化来衡量波动，有人用每年猪肉产量变化来衡量波动。采用上述 4 个指标，如果是在外延扩大再生产的情况下，基本上是一致的，即存栏头数增加，出栏头数也增加，饲养量增大，猪肉产量增多；相反，则少。这种正相关的关系，是和外延扩大再生产的含义相一致的，用它们的历年统计数字画出来的波动曲线也是相似的。但是在内涵扩大再生产的情况下，用上述 4 个指标来衡量波动，则出现明显的矛盾。例如在十一届三中全会以后，我国生猪存栏保持在 3 亿头左右，但猪肉产量却是年年增加。据统计，1979 年全国生猪存栏头数 31 971 万头，猪肉产量只有 1 001.4 万吨；1984 年生猪存栏只有 30 679 万头，猪肉产量却达到 1 444.7 万吨。1984 年生猪存栏头数比 1979 年减少 1 292 万头，而猪肉产量却增加 443.3 万吨。如果用存栏头数和猪肉产量画出的生猪生产波动曲线图，则出现一个下降和另一个上升的不同曲线。那么反映生猪生产波动采用哪个指标好呢?下面我们作一个比较分析。

1. 用年末存栏头数反映生猪生产波动。采用这个指标，只有在外延扩大再生产的情况下才有经济意义。但是在我国各个历史时期，外延和内涵扩大再生产总是交织在一起，这可以从我国历年来生猪存栏头数、出栏率和每头胴体重的变化得以证明。由于各年生猪出栏率和每头胴体重波动较大，再加上年末存栏头数只能反映全年生产的一个时点，所以用这一指标来反映生猪生产波动是很不全面的，它既不能反映生猪生产的经济意义，也不能反映生猪生产全年的实际情况。

2. 用年饲养量反映生猪生产波动。这个指标比用年末存栏头数指标前进了一步，因为它不但考虑了年末存栏头数，而且也考虑了当年出栏头数，能较全面地考查全年生猪生产情况。但由于存栏头数和出栏头数混在一起，不能看出生猪生产给社会提供多少产品，缺乏经济上的意义，所以这个指标也不大好。

3. 用出栏头数反映生猪生产波动。这个指标是从给社会提供多少产品来反映生猪生产情况，不管是外延扩大再生产还是内涵扩大再生产，只要出栏头数比上年增多就表示生产上升，相反则是下降，它能较好地反映生猪生产给社会提供的产品，所以国外许多学者都用这一指标来研究生猪生产的波动。但是在我国由于各年每头胴体重变化较大，因而不能够正确地反映每年的猪肉产

---

* 原载《农业经济问题》1990 年第 5 期。本文获 1989 年中国农牧渔业报、农业部畜牧兽医司、全国畜牧经济研究会经济论文征文奖。

量，所以也有缺点。

4. 用各年生产的猪肉产量反映生猪生产波动。这个指标除具有出栏头数指标的优点外，它还不受出栏肥猪每头胴体重变化的影响，因而能更全面地反映生猪生产情况，具有更准确地反映为社会提供产品数量的经济意义。

利用上述四个指标，根据我国历年生猪生产的统计数字和生猪波动图分析我国生猪生产波动的情况如下：

1952—1988年的36年期间，生猪年末存栏头数、出栏头数和饲养量的波动情况是：①年末存栏头数下降14次，出栏头数下降12次，生猪饲养量下降13次。②年末存栏头数出现7个周期波动，出栏头数出现6个周期波动，饲养量也出现6个周期波动。③存栏头数下降波幅最大的一次是1957—1961年，由14590万头下降到7552万头，下降48.2%；出栏头数下降波幅最大的一次是1958—1961年，由8800万头下降到3300万头，下降62.5%；饲养量下降波幅最大的一次也是1958—1961年，由22629万头下降到10852万头，下降52%。④存栏和出栏头数下降最多的一年是1960年，分别比上年减少3815和2440万头，下降31.7%和36%；饲养量下降最多的一年也是1960年，比上年减少6 255万头，下降33.2%。⑤ 年末存栏头数上升波幅最大的一次是1961—1966年，由7552万头上升到19336万头，增长156%；出栏头数上升波幅最大的一次是1961—1967年，由3300万头上升到13378万头，增长305.4%；饲养量上升波幅最大的一次是1961—1966年，由10852万头上升到32523万头，增长199.7%。⑥ 年末存栏头数上升最多的一年是1957年，比上年增加6187万头，上升73.6%；出栏头数上升最多的一年是1963年，比上年增加3500万头，上升81.4%；饲养量上升最多的一年是1957年，比上年增加7 161万头，上升49.2%。⑦ 十一届三中全会以后的10年中，年末存栏头数下降4次，出栏头数下降1次，饲养量下降3次，猪肉产量年年增长从未下降。

总之，从以上波动的情况说明，用不同的指标来衡量生猪生产波动，所得结论是不完全相同的。那么采用哪个指标来研究生猪生产波动比较好呢？我主张采用生猪出栏头数或猪肉产量这两个指标较好。因为目前生猪生产在内涵扩大再生产的情况下，用年末存栏头数和饲养量来反映生猪生产的情况已没有什么经济意义。

二、生猪生产波动的原因

生猪生产波动的原因是多方面的，一般说来有下面几种原因：①粮食丰收与歉收引起波动；②猪粮比价高低引起波动；③养猪政策正确与否引起波动；④流通畅通与否引起波动；⑤小生产的传统养猪不稳定引起波动；⑥缺少稳定的养猪生产商品基地和适当规模饲养引起波动；⑦养猪的比较利益高低引起波动等等。但是每次波动都有其主要原因和次要原因，只有抓住主要矛盾，才能采取正确的对策。下面重点分析我国生猪生产的几次大的波动。

1. 第一次生猪生产波动周期（1954—1951年）。生猪年末存栏头数、出栏头数和饲养量1955年比1954年分别下降13.2%、13.3%和13.2%；1956年比1955年又分别下降4.4%、4.2%和4.3%。这次波动是因为1955—1956年正是我国农业合作化高潮时期，由于合作化的步子迈得过大，工作过粗，农民对养猪的政策不清楚，再加上生猪收购价格过低，所以造成生猪连续两年下降。1956年国务院制定了“私有、私养、公助”的正确方针，并同时提高生猪收购价格15%，到1957年底，生猪存栏头数、出栏头数和饲养量分别由1956年的8 403万头、6 157万头和14 560万头上升到14 590万头、7 131万头和21 721万头，比上年分别增长73.6%、15.3%和

49.2%，是我国生猪存栏头数增长最多最快的一年。

2. 第二次生猪生产波动周期（1957—1966年）。前后共9年时间，前4年连续下降，后5年连续上升。下降原因，一是1958年后大刮“共产风”，二是因受灾粮食大减产，此外，养猪盲目追求生产关系的“一大二公”，发展万头猪场，许多公社把社员养猪变为集体饲养，结果使生猪生产受到重大损失，生猪存栏头数、出栏头数和饲养量分别从1957年的14590万头、7131万头和21721万头，下降到1961年的7552万头、3300万头和10852万头，分别下降48.2%、53.7%和50%，成为我国生猪生产下降时间最长和下降数量最大的时期。1962— 1965年国民经济实行“调整、巩固、充实、提高”的八字方针，纠正了公社化时期的一些过左政策，粮食逐年增产，到1966年底，生猪存栏、出栏和饲养量分别增加到19336万头、13187万头和32523万头，分别比1961年增长156%、299.6%和199.7%，成为我国生猪生产增长最快的时期。总之，这次生猪生产波动是和粮食生产波动成正相关，粮食减产28.3%，生猪饲养量下降50%；粮食上升49.1%，生猪饲养量增长199.7%。

3. 十一届三中全会以后出现的生猪生产波动。从年末存栏头数进行分析，出现4年下降和3次波动；从出栏头数进行分析，只出现1年下降和1次波动；从饲养量进行分析，出现2年下降和1次波动；从年产肉量看是年年增长，没有出现过下降和波动。产生年末存栏头数、出栏头数、饲养量和猪肉产量下降次数与波动次数不一致的原因是：①年末存栏头数波动周期时间短、波幅小。10年波动3次，平均每个周期3年多时间，波幅下降最小的一次为0.7%，最大的一次也只有8.1%。由于存栏头数波动周期时间短、波幅小，所以对出栏头数和猪肉产量影响不大。②出栏率提高快。出栏率由1978年的55.2%，提高到1988年的81.2%，上升26%；出栏头数由1978年的16 110万头，增加到1988年的26 600万头，增加10 490万头，上升65.1%，而同期存栏头数只增加3 000万头，比出栏头数增长还少7 490万头。由于出栏头数增长幅度大于存栏头数增长幅度，所以存栏头数有的年份虽然下降一点，但仍能保持出栏头数和猪肉产量继续上升。③每头出栏猪的胴体重增长较快，由1978年的53公斤，增加到1988年的75.9公斤。由于每头出栏猪增重提高43.2%，所以年末存栏头数、出栏头数和饲养量有的年份虽有所下降，却仍然能保持猪肉产量的增长。

三、十一届三中全会以来防止生猪生产波动的经验教训

纵观我国近40年的生猪生产，其增长速度受粮食生产增长的速度决定。1965—1985年，粮食产量增长48.7%，生猪存栏数增长49.6%，20年时间两者增长速度相差不到1%。在此期间，每增产1123公斤粮食，则增加一头存栏猪；每增产16.7公斤粮食，则增加1公斤猪肉。粮食与生猪之间的正相关还表现在1949—1988年，粮食生产出现7次波动，生猪生产也出现7次波动，而且波动的幅度非常相似。

但是，如果从十一届三中全会以后的10年进行分析，情况就大不相同。1978—1988年，粮食产量下降3次，生猪的出栏只下降过1次，猪肉产量是年年增产从未下降过一次。在这10年中，粮食产量从1978年的30 477万吨，增加到1988年的39 600多万吨，增产9 123万吨，增长30%；同期，猪肉产量由1978年的856万吨，增加到1988年的2018万吨，增产1 162万吨，增长135.7%，猪肉增长的速度是粮食增长速度的4倍多。粮食增长与生猪生产之间的关系是，平均每增长870公斤粮食则增加一头出栏猪，每增产7.9公斤粮食则增产1公斤猪肉。如果我们拿十一届三中全会的前后各10年进行对比，则发现粮食与生猪之间的增长速度大不相同。1968—

1978 年粮食产量由 20 906 万吨，增加到 30 129 万吨，增产 9 223 万吨，增长 29.8%；生猪出栏头数由 13 114 万头，增加到 16 110 万头，增产 2 996 万头，增长 22.8%。1978—1988 年粮食产量由 30 129 万吨，增加到 39 600 万吨，增产 9 471 万吨，增长 31.4%；生猪出栏头数由 16 110 万头，增加到 26 600 万头，增产 10 490 万头，增长 65.2%。粮食与生猪出栏增长速度之比，由十一届三中全会前 10 年的 1：0.77，上升到十一届三中全会后 10 年的 1：2.07。即前 10 年粮食增产速度快于生猪出栏增产速度，后 10 年则变为生猪出栏增产速度是粮食增产速度的两倍。

为什么党的十一届三中全会以后的 10 年，在粮食生产波动的情况下，猪肉产量能够年年增加呢？其主要经验是：

1. 转变生猪生产的方针。由过去重存栏轻出栏、重数量轻质量的外延扩大再生产，转变为重出栏、重质量和重提高胴体重的内涵扩大再生产。由于内涵扩大再生产比外延扩大再生产的经济效益高，10 年时间出栏率提高 26%，头胴体重提高 22.9 公斤，所以粮食和生猪存栏虽然出现几次波动，但并没有引起猪肉产量的波动。

2. 按价值规律办事，及时提高生猪收购价格。1978 年以后，粮食生产几次减产和徘徊，引起猪粮比价下降，曾出现 1980 年、1981 年、1983 年和 1987 年 4 次生猪存栏头数下降，但由于国家及时地多次提高了生猪收购价格，每公斤由 1978 年的 1.2 元提高到 3.6 元，使生猪出栏和猪肉产量在还没有下降的情况下，又恢复了存栏头数。

3. 千方百计想办法解决生猪出栏头数增长所需要的饲料粮。在粮食徘徊和减产的情况下，国家采取了一系列措施来解决饲料粮不足的困难。例如，国家多拿出一部分平价饲料粮扶持生猪生产，动用一部分国家贮备粮，每年从国外进口一部分粮食，有计划地把东北玉米调到养猪生产基地，通过合理的猪粮比价使农民家里的贮备粮用于发展生猪生产，利用饼粕、青绿饲料、秸秆、野菜、泔水等代替一部分饲料粮，拿出一部分耕地专门种植高产的饲料作物等等。由于采取以上措施，所以仍然能保持生猪出栏头数增长所需要增加的饲料粮。

4. 建立生猪生产基地和在有条件的城市郊区进行适度规模饲养。十一届三中全会以后，我们在鼓励千家万户养猪的同时，在条件较好的地方积极建立生猪生产基地，发展专业户饲养和适度规模饲养。如国家与地方投资建立 104 个县的养猪商品基地，全国养猪专业户发展到 20 多万户，北京市建立了 1260 个年出栏 1 500 头肥猪的集约化养猪场。由于这些单位饲养水平高，使猪的出栏率、胴体重和商品率大大提高，从而稳定了我国的生猪生产。

5. 稳定养猪政策。为扭转生猪下降，我国制定了一系列的奖励政策和收购政策。如划出养猪饲料地，给予粮食差价补贴，奖售平价饲料粮，实行猪粮挂钩，猪肥挂钩，合同定购等奖励政策和收购政策。这对防止生猪生产下降起了很好的作用。

6. 推广科学养猪。党的十一届三中全会以来，我国养猪业在繁育推广优良品种、防治疫病、生产配合饲料和科学的饲养管理等方面取得了明显的成绩，这对降低成本、提高经济效益和稳定生猪生产起了重要作用。

党的十一届三中全会以来，我国的猪肉产量年年上升，说明我国发展生猪生产的方针政策是正确的，但也有失误的地方，表现在：一是大力抓粮食生产还不够，造成饲料粮供不应求，粮价上涨，严重影响生猪存栏的波动。二是经营形式单一，流通渠道不畅。我国经营生猪主要是国营商业一家，由于经营垄断和采取了错误的刀鞭政策，常常出现卖猪难和买猪难，这就使农民养猪承担的风险大，使生猪生产不能稳定持续发展。三是养猪比较利益低。

从我国发展生猪生产的经验教训来看，只要我们能够按照经济规律和自然规律办事，方针政策正确，措施得力，生猪生产波动是完全可以避免的。

现阶段农业宏观调控中的问题剖析及对策*

赵冬缓

在进一步治理整顿和深化改革中，农业作为国民经济的基础产业部门，如何解决其大起大落，不断增加主要农产品的生产，求得稳定发展满足社会需要的问题，已经引起了各个方面的关注，有关部门也都在寻求新的对策。本文仅就其中农业调控问题，进行剖析思考，供同行研讨和有关领导参考。

一、当前农业宏观调控中面临的新问题

搞好农业宏观调控，不仅是搞好国民经济宏观调控的前提和基础，也是保持农业适宜发展速度，求得自身稳定发展的重要条件。但是，由于农业所处境况不佳，发展农业的宏观决策时有失误，农业宏观管理失控也时有发生，因而农业面临着众多新的矛盾与问题，致使生产滑坡，后劲不足，农业形势依然严峻。

（一）农业为基础的战略地位在我国并未得到真正确认，实际执行的仍然是工业倾斜发展战略

从近几年来工农业增长速度和国家对农业各项投资数量逐年减少，投资比重逐年下降的事实可见一斑。由于这方面刊登的材料已很多，在此从略。

（二）新旧经济体制交替摩擦，使宏观调控架空失灵

农村家庭联产承包责任制普遍推行后，微观基础已发生深刻变化，而农业宏观上并未随之建立相应的调控机制。原有集中统一的计划体制被冲破，失去了昔日指令性计划的约束感，致使农村耕地减少过多，人口增长过快，人多耕地少的矛盾更加尖锐，农产品供需矛盾越来越大；农田基本建设失修，农业机械化的水平下降，农用设施搁置、破坏、报废，使农业生产条件恶化，综合生产能力降低。农村基层生产队解体后，农民成为相对独立的经济主体，分散经营的农户无力对农业基础设施进行统一规划与组织建设，农业发展没有后劲。

尤其是财政包干、价格及购销双轨体制并存、产供销脱节、“条”“块”分割等，使各地区、部门、企业利益独立化，形成利益主体多元化的格局，各自为了本身利益而产生不利于农业发展的行为与倾向；当前农业实际上是采取合同定购和行政命令来指导农民生产与下达定购任务的办法。粮食部门集行政经营于一身，既下定购任务又要盈利，容易形成粮食多时拒收，粮食少时强

* 1989年12月在农业部农业发展战略研究中心第三届年会大会发言，后刊登在《农业经济问题》，1990年第6期。

购，造成农民强烈不满并挫伤其生产积极性；在定购中“三挂钩”优惠条件分别由行政、物资、供应各个部门独立实施，是否兑现落实谁都可以不负责任，无行政上和经济上的约束力；信贷、投资、税收部门也各行其是，互不负责，难以对农民生产行为和市场供求起到明显的宏观调控作用，最终导致农业宏观计划目标落空。

（三）从事农业的比较利益下降，缺乏对农业投入的刺激引诱

这主要由于农产品价格过低，农用生产资料价格过高。随着农业比较利益的下降，使农村资金逆向流转。目前农业、农村工业、国营工业的收益比例已达到1∶5.8∶11.5，农业与非农产业的比较利益悬殊，缺乏对农业投资的刺激引诱，使资金由西部向东部、从农村向城市的逆向流转时有发生；农村集体投资总额虽然逐年明显增加，但其中对农业投资比重逐年下降，由1983年的30.1%下降到1988年的9.4%。农民家庭积累中投入农业的部分由“正四六”变为“倒四六”，到1987年农民个人固定资产投资用于农业的仅占12.2%，用于建房的达70%。

（四）农产品价格的双轨制及其价格补贴方向不合理

农产品价格双轨制的存在，一方面，开放性农产品市场往往因粮食等主要农产品供给不足，引起价格上涨，会给已有的通货膨胀火上加油；另一方面，国家按合同定购收购的农产品，价格上调甚微，难以对农民起到调动积极性的作用。因此，农民生产的主要目标，更倾向从开放市场上销售农产品中获利，难以按国家计划与政策导向发展农业生产。

上述几个方面的矛盾，比较集中地反映在国家、部门、地区和企业之间，生产、经营与消费三者之间，以及局部与全局、目前与长远、市场与计划之间的多种关系上。这正好反映了改进农业宏观调控的必要性与紧迫性，也足见改善宏观调控的复杂性与艰巨性。

二、改善农业宏观调控的对策措施

要使农业摆脱困境，走出徘徊，求得比较稳定的发展，除了需有农业自身必需的微观环境和本部门的基础条件外，还得具有良好的外部宏观调控环境条件，这一点在当前尤为重要。而良好的外部宏观调控环境条件的创立与改善，主要应根据上述农业宏观调控中存在的诸多矛盾，采取有针对性的相应对策措施。

（一）牢固树立农业为基础产业的战略指导思想，切实实行工农业协调发展战略

回首我国农业的发展，可以用时热时冷、大起大落的曲折过程来描绘。因此，我们应真正吸取国内外付出极大代价换来的深刻教训，真正统一到农业为基础，粮食和农业是涉及国计民生，社会安定，影响全局的政治、经济、社会问题的认识上来，牢固树立农业的基础战略地位。为此，首先必须实现战略转移，变优先发展重工业的工业化战略为工农业并重协调发展战略，并以立法程序加以确认，各级政府部门遵照贯彻执行；其二，必须将战略转移进一步落到实处，制定农业宏观经济发展的长远综合战略规划，用简明扼要的战略目标及计划指标，加以数量化和具体化，要求限期达到。犹如过去“全国农业发展纲要”中提出的“过黄河跨长江，实现亩产四五八”那样扎实具体，便于执行检查与督促考核；其三，还必须建立农业投资法，确立相应的农业投资份额与投资结构，规范政府部门的投资行为，保持国家稳定地增加对农业的投资，引导社会资金和农村积累投向农业，确保稳定发展农业的资金需要。

（二）合理调整与分配国民收入，切实增加与用好农业投资

经济增长快慢与资金投入多少成正相关关系，资本形成的快慢往往是促进和束缚经济增长的基本因素，投资创造了未来生产增长的能力。这些西方发展经济理论，对我国农业也同样可供借鉴引用。在我国社会主义扩大再生产中，积累的数量越多，扩大再生产规模就越大。而我国农业在国民收入分配中所分得的积累与消费基金份额不仅明显低于其他行业，而且在近十年来用于农业投资继续在逐年下降。如 1978—1988 年的 11 年中，工业的国民收入增加 2.65 倍，基建投资增加 1.89 倍，商业的国民收入增加 3.4 倍，基建投资增加 2.48 倍；唯独农业在国民收入中增加 2.78 倍，而用于农业的基建投资反而减少 9.4%。在“二五”至“五五”期间，用于农林水气的基建投资额占总投资额的 11%左右，“六五”期间中央要求农业投资增加到 18%左右，但实际上反而由“五五”期间的 10.5%降低到 5.1%，到“七五”期间又降低到 3.2%。可见，这种国民收入分配是不合理的，农业部门分得份额过低、投资不断下降的反常状况再也不能继续下去了。

有人认为国家财政困难，无力增加农业投资。我们认为在不增加国家额外财政支出的前提下，通过调整与合理分配国民收入，适当压缩其他行业分配份额，来增加农业投资是完全可能与可行的。至于从我国国情出发，农业投资增加多少为适度，据西方国家经验资料，在人均 300～1 200美元的国家中，每年固定资产投资中用于农业的比重以 10%为宜。而我国近几年却在 5%以下，显然比重过低。建议我国在“八五”、“九五”时期对农业投资比重恢复到 10%～11%。同时，抓好农业资金的统筹安排，严格管理程序，切实管好用好有限的农业资金，提高投资效益。

（三）有效地运用计划调节手段，加强对农业宏观调控与计划指导

在进行经济体制改革过程中，曾把计划管理中统得过多、管得过死、计划指标过高以及比例失调等计划工作中的问题与失误，完全归罪于计划经济制度失败，推论经济计划无用，从而提出削弱和取消计划管理，片面夸大和强调市场机制作用等主张。这是片面地否定有计划按比例规律存在，无视经济计划指导作用的客观事实，简单地把计划工作中主观上差错与计划职能的客观性混淆等同的一种误解。其实无论是在我国，在前苏联东欧，还是在发达国家、发展中国家的经济建设中都曾有较好地发挥了计划功能与指导作用的事例。早在 30 年代，一些资本主义国家的个体私营企业有计划的经营活动同全社会经济盲目运行的固有矛盾空前突出，而爆发前所未有的经济危机。与此同时，前苏联等计划经济国家的经济却得到迅速发展。对照鲜明的现实，使资本主义国家认识到从经济的长远发展看，有必要通过计划调节与控制来予以保证，纷纷把“计划”作为一种“工艺”引入资本主义经济管理。尤其在第二次世界大战后，计划化成了资本主义经济发展中一个极为突出的现象。西欧、北欧及日本、加拿大等一大批资本主义国家实行了计划化，并有长期、中期、短期、单项、多项等多种计划形式，计划方法不断改进，计划理论也有发展，它们在市场机制基础上运用计划调节获得一定成效，对其经济的发展是起到一定作用的。在发展中国家，不少经济学家提出完全的市场经济不适合于发展中国家脆弱的经济基础，相反认为实行经济计划管理更为适合，以便使有限的财力物力集中有效地用于经济发展。认为发展中国家商品经济观念薄弱，市场机制发育不全，市场经济管理水平低，资金、证券、物资、劳务等市场尚未建立或很不完善，尤其是财力、物力、资源短缺、分散严重，整个经济基础脆弱，更经不起完全的市场经济的冲击。如过急地扩大市场调节作用，或过早地实行完全的市场经济是有害无益的。由此可见，发达国家、发展中国家尚且有分析地吸取与引用经济计划管理的某些长处，作为社会主义的国家，我们更不能简单地否定计划的指导作用，而应当实事求是、一分为二、科学地总结分

析计划经济管理的利弊，扬长避短，明确在我国实行完全的市场经济是不现实的，应当积极着力去探索与改善计划体制、指标、措施，协调好计划调节与市场调节的关系，重视发挥计划调节的作用。尤其是当前存在经济利益多元化、宏观调控主体多头分散的状况下，在此治理整顿期间强调多一点计划调节，甚至强化一点政府行政职能与干预是完全必要的。

（四）加强对农业生产流通的调控，完善与充实合同定购，实行农产品库存吞吐调节

农民作为相对独立的生产经营者，行政手段对他们的制约作用日渐减弱，农民逐渐从听从行政命令转向按市场信号来安排自己的生产，当行政命令造成其收益减少时，将遇到他们以各种形式消极应付与抵抗反对，其结果将导致农产品供求矛盾的加剧。因此，应从农业生产流通宏观调控上，对农民的生产和市场的供求进行调控，实现农民收入的稳定增长和农产品市场的供求平衡，这在当前尤为重要。应当完善与充实合同定购，在等价交换、平等互利、自愿协商的基础上，国家同农民签订明确各自权利与义务关系的一种契约。对合同定购应赋予新的含义，既包括生产、销售，又包括生产资料供给及其他服务项目，将农业生产、销售、服务融为一体。国家必须按合同内容提供条件和服务，农民按合同要求进行生产，把农民经营自主权同国家对农业生产的调控指导结合起来，实现农民有稳定的收入和国家掌握稳定的农产品来源。

对市场供求调控主要是建立农产品库存吞吐，以稳定市场与价格。当农产品价格下跌时，国家采用缓冲基金收购一部分农产品储存起来，当价格上涨时，国家从库存中抛售部分农产品，以平抑物价。这样有利于消除农产品市场价格的暴涨暴跌，防止“谷贱伤农”，保障农民的正常收入，同时，正确引导生产者、经营者决策。通过控制最高价格，防止农产品过度涨价而使消费者正常利益受到损害，稳定人民生活水平。

（五）完善农业宏观调控体系及机构，健全宏观调控责任制度

由于当前存在宏观决策多头分散、政出多门、经济利益多元化而各行其是的现象，反映在农业上，宏观决策失误与宏观管理失控时有发生。其主要原因是缺乏集中统一的宏观决策调控体系。据此，必须建立由宏观决策机构、信息情报机构和咨询服务机构三部分组成的调控体系。其中决策机构为主体，具有跨部门、跨地区、跨行业进行宏观决策，统筹安排，全面规划和协调各方面利益关系的职能，后两个机构分别及时提供准确的情报信息，进行系统分析与可行性论证，更好地为科学决策服务。此外，为提高宏观决策与调控的预见性和超前性，可运用计算机系统和系统工程方法进行“宏观决策的仿真模拟”进行预测与分析，同时，通过综合有效地运用信贷、利率、税收、外汇等手段，确保提高农业宏观决策调控效果。

为使这套农业宏观调控体系付诸实施，还必须组建相应的有权威的能综合协调的职能机构。自国家农委被撤销后，农业部只管生产，同农产品的收购销售脱节，同农用物资、资金的分配与管理也不配套，农产品价格管不着，仅农业投资一项就有国家投资、各种专项支农资金、银行贷款、外资等多渠道分散筹集，分别由不同部门分管，缺乏统筹安排，形成投资分散，重点难保，重复建设，资金浪费，效益不高的状况。为此，建议成立国家农村经济委员会，承担经济综合发展的宏观决策、制定战略目标、规划任务，统筹安排农业的产前、产中、产后各个环节，全面协调农村经济的发展问题。同时，针对目前不同程度地存在着滥用职权，见利就抓，出了问题谁也不承担责任的弊病，建议实行一种“责、权、利”相结合的责任制度，明确与加强各级农业宏观决策部门的责任感和法律约束，以便督促检查，使决策者与执行者各负其责，各司其职，切实提高工作成效。

旧中国大城市地价变动的研究及启示*

詹玉荣

一、1912 年至抗战前城市地价的变动趋势

1912 年至抗日战争开始以前，旧中国的城市地价呈上升趋势。其上升的幅度远较农村的为大，尤其是上海、天津等大城市的地价上升更快。根据统计，上海公共租界，若以 1912 年平均地价 8 281 两为 100，到 1930 年，增长为 26 909 两，增长到 325%；天津则由 1912 年的每亩平均 366.67 元增长到 1933 年的 3553.31 元，增长到 969%；广州，1912 年每亩平均 123.90 元，到 1928 年，增加为 177.86 元，增长了 43.55%，见表 1。

表 1 各大都市地价变动（1912—1933 年）

年份	南京市		上海市（公共租界）		天津市		广州市	
	每亩平均价格（元）	指数 1927 年＝100	每亩平均估价（两）	指数 1912 年＝100	每亩平均价格（元）	指数 1912 年＝100	每亩平均价格（元）	指数 1912 年＝100
1912	最高 300	—	8 281	100.00	366.67	100.00	123.90	100.00
1913	—	—	—	—	501.93	136.89	130.44	105.28
1914	—	—	—	—	425.00	118.66	180.56	145.73
1915	—	—	—	—	500.00	136.36	141.31	114.05
1916	—	—	8 819	106.50	475.00	129.54	134.74	108.75
1917	—	—	—	—	1 331.27	363.07	164.35	132.65
1918	—	—	—	—	475.00	129.54	148.69	120.01
1919	—	—	—	—	600.00	163.63	149.86	120.95
1920	—	—	10 476	126.51	450.00	122.73	154.63	124.83
1921	—	—	—	—	800.00	218.18	178.81	144.32
1922	—	—	12 102	146.14	1 309.09	357.02	197.67	159.54
1923	—	—	—	—	1 633.33	445.45	187.76	151.54
1924	—	—	16 207	195.71	1 866.67	509.09	173.29	139.86
1925	—	—	—	—	1 790.00	438.18	201.24	162.42
1926	最高 1 200	—	—	—	2 515.00	685.90	182.15	147.01
1927	454.72	100.00	18 652	225.24	2 940.00	801.84	171.05	138.05
1928	890.83	195.91	—	—	3 811.11	1 039.38	177.86	143.55
1929	—	—	—	—	3 245.12	887.75	—	—
1930	—	—	26 909	324.95	3 032.59	827.06	—	—
1931	最高 3 600	—	—	—	3 195.57	871.51	—	—
1932	—	—	—	—	3 297.89	899.42	—	—
1933	最高 3 600	—	—	—	3 553.31	969.08	—	—

注：①系每一旧制亩之价格；②南京市每亩平均价格系仪风门、下关等 36 个地区平均地价之均数；③资料引自国民党政府主计处统计局编《中国土地问题之统计分析》。

* 原载《中国土地科学》1990 年第 3 期。

而这一时期中小城市地价变动虽不如大城市变动激烈，但也呈上升趋势。其变动趋势据分析：若以1912年宅地地价为100，到1934年增长了67.11%，同期商业用地增长了89.10%，园圃地上升了16.39%，城市中的农地上升了43.04%。若与同期农村地价上涨情况相比较，1912—1934年，水田地价上涨了34.08%，旱地价上涨33.47%，山林地价上升24.69%，池荡地价上涨16%，就是最好的水田每亩也仅值43.62%元（见表2）。

根据上述数据比较，1912年上海每亩平均地价相当于中等城市地价的26.5倍，相当于最好水田地价的189倍；到1930年，上海市每亩平均地价则相当于中等城市地价的44.92倍，相当于最好水田地价的367.4倍。

如果以上海最好地段的地价与中小城市最高地价及最高农地地价比较，南京路1934年每亩20万两，而中等城市上等商业用地最高价的江西省为4 475元折合银3 222两，全国水田最贵的云南省每亩为126元，折合银90.72两。就是说上海南京路每亩地价相当于中等城市最高商业用地地价的61倍，相当于最贵水田地价的2 203.6倍。

又据当时对南京、上海、杭州、汉口等城市的调查：

南京　在1912年前后，城内地价每亩最高300元，偏僻地方10～20元，下关商埠地大致500元，以后虽逐渐上涨，但1926年，城内地价超过1 200元的不多，仅下关达4 000元。1927年国民党政府迁都南京后，地价激增，当时的"市政府建设评价委员会"评定全市平均每亩地价为1 400余元，到1929年上升到1 600余元，1931年上涨到3 600元以上，1932—1933年因受沪战影响依然维持在3 600元上下。而该城市地价变动最激烈的新街口，1928年每亩不过1 000元，后因该地区被指定为银行区，至1931年一举涨至3万多元。

表2　中小城市地价之变动（1912—1934年）

年份		1912	1930	1931	1932	1933	1934
宅基地	价格（元）	189.82	322.75	337.14	325.46	326.35	317.20
	指　数	100.00	170.03	177.61	171.46	171.93	167.11
商业地	价格（元）	411.95	849.32	850.53	813.00	801.08	778.99
	指　数	100.00	206.16	206.46	197.35	194.46	189.10
园圃地	价格（元）	70.22	129.36	127.59	123.69	118.27	81.66
	指　数	100.00	184.70	181.70	176.15	168.43	116.39
农地	价格（元）	43.22	67.71	63.74	64.64	63.38	61.82
	指　数	100.00	156.68	147.50	149.57	146.65	143.04
水田	价格（元）	43.62	73.05	59.98	57.44	52.72	58.48
	指　数	100.00	167.47	137.50	131.69	120.86	134.08
旱田	价格（元）	23.39	34.70	34.27	31.74	33.68	31.22
	指　数	100.00	148.45	146.51	135.69	143.99	133.47
山林地	价格（元）	11.67	15.78	14.92	14.45	10.71	14.56
	指　数	100.00	135.17	127.77	123.74	91.70	124.69
池荡地	价格（元）	16.97	27.58	25.89	26.95	24.86	19.79
	指　数	100.00	162.60	152.58	158.85	146.52	116.66

注：①系各省上中下三种地价之平均，表中之地价系每一旧制亩之平均价格；②资料引自国民党政府主计处统计局编《中国土地问题之统计分析》。

上海　于光绪廿二年（1896年）开设商埠，英商在黄浦滩购买土地，每亩制钱50～80千文，太平天国时期地价暴涨，不过光绪八年（1882年）南京路工部局所在地一亩也仅卖银3 750两，宣统三年（1911年）时一亩地相当7万两，到1932年增至20万两。上海公共租界中区每亩地价，1916年为45 000两，1925年为85 000两，1932年170 000两，16年间增长3.78倍。

杭州　民初开旗营为新市场。于1913年按等卖地，每亩特等地1 500元，一等地1 000元，二等地800元，三等地600元，四等地300元，但到1917年尚有半数土地没卖出，逐以原价七折卖出，到1920年才渐渐卖尽，然而到1926年，则以八、九、十倍的往上涨。旧市、羊坝头、三元坊等大街市地，民初每亩价3 000～4 000元，到1932年涨至2万～3万元，东山弄、岳坟等地1927年每亩价200～300元，到1932年增至4 000元。

二、抗日战争时期的城市地价

抗日战争爆发后，沿海地区大部分沦陷，大批人口和工商业转入大后方。作为大后方中心城市，重庆的土地就显得特别宝贵，其地价变动已较战前更为激烈，从1937—1942年重庆商业地地价增长了66.7倍，住宅地价增长了69.7倍。同期巴县水田地价增长34.7倍，旱田地价增长32倍，园圃地地价增长了39倍。

1937年，重庆每亩商业地价相当于每亩水田地价的21倍，到1942年则增至42倍。

表3　1936—1942年重庆市地价变动调查表

单位：亩

年份	1936	1939	1940	1941	1942
商业地	3 100	10 000	120 000	130 000	210 000
住宅地	1 400	3 000	68 000	105 000	99 000
园圃地	180	1 200	15 000	14 000	22 000
农用地	180	500	4 400	3 900	8 900
空旷地	180	690	3 500	4 500	15 000

表4　1937—1942年巴县、温江县农地价格变动

单位：元

	1937		1938		1939		1940		1941		1942	
	巴县	温江	巴县	温江	巴县	温江	巴县	温江	巴县	温江	巴县	温江
水　田	140	67.26	160	89.96	170	257.10	900	642.75	3 600	2 477.78	5 000	3 337.5
旱　田	75		80		90		600		1 600		2 500	
园圃地	82		90		95		650		1 700		3 300	
荒　田	47		50		56		260		600		1 300	
山　地	48		50		60		300		550		950	

三、抗战胜利后的城市地价变动情况

抗日战争结束后，全国各大城市地价，与国民党统治区的通货膨胀一样，呈天文数字一样的增长。据国民党《地政通讯》第3卷第1期所载1947年9月公布的统计数字，上海市每亩地价平均3 853.8万元，南京为591万元，天津每亩600万元，广州每亩1 429.2万元，西安每亩1 552.1万元，北京每亩43.18万元。

根据该统计数据来看，平均每亩地价超过1 000万元的城市有上海、西安、广州；超过500万元的城市有杭州、台北、天津、南京；超过100万元以上的城市有汉口、福州、厦门、昆明、无锡、台中、青岛、镇江、基隆、武昌、南昌、吴县、高雄；每亩地价超过50万元的城市有长沙、台南、汕头、兰州、北京、沈阳、成都、桂林、贵阳①。

以上统计地价为估定地价，事实上地价的市场价格远远高过这个数字。就是以这个数字推定，若以北京每亩平均地价为1，则上海为89.25倍，西安为35.94倍，广州为33.1倍，杭州为18.4倍，台北为15.4倍，天津为13.89倍，南京为13.68倍，汉口为11.17倍，福州为11倍，厦门为9.76倍，昆明为8.39倍，无锡为6.33倍，台中为5.55倍，青岛为5.29倍，镇江为4.66倍，基隆为4.37倍，武昌为4.21倍，南昌为3.43倍，吴县为3.17倍，高雄为3.07倍，长沙为1.92倍，台南为1.51倍，汕头为1.49倍，兰州为1.18倍，沈阳为0.83倍，成都为0.61倍，桂林为0.48倍，贵阳为0.45倍。可见越是沿海城市，越是经济发达的城市，城市地价的增长幅度越大。如果考察一下上述29个城市在帝国主义侵略下被开辟为通商口岸的时间，属于19世纪中末期被开辟为通商口岸的城市，有上海（1843年）、广州（1843年）、杭州（1895年）、台北（1862年）、天津（1861年）、南京（1864年）、汉口（1862年）、福州（1844年）、厦门（1842年）、镇江（1858年）、台南（1863年）、汕头（1860年）12个城市；属于20世纪初被开辟为通商口岸的有昆明（1908年）、无锡（1906年）、武昌（1900年）、长沙（1904年）、沈阳（1908年）5个城市，青岛市为德国的租界，就是说越是最早开放，越是较早受资本主义势力侵略的地区，受半殖民地、半封建社会经济影响越大，其地价相应增长的幅度也越大。

四、对民国以来大城市地价变动趋势及级差地租的分析

旧中国的土地价格一直是上升的，而城市地价上升的速度远远高于农地地价的上涨速度。虽然个别时期或个别城市有时有下跌现象，如像1932年，日本军舰兵临南京城下，战争即将爆发，居民纷纷逃离，地产投机商一时暂停活动，其新街口地价由1931年的每平方米最高价640元，降至140元，降低78%，中山东路每平方米由714元降至288元，降低59.6%，太平路则由每平方米500元降至84元，降低了83.2%。但从总的趋势看，仍是一直上涨的。若就旧中国城市地价上涨趋势分析，其主要原因是：1840年鸦片战争以后，中国由封建社会开始转变为半殖民地、半封建社会；中日甲午战争以后，中国社会基本上形成了半殖民地半封建社会的经济制度；民国以后，由于资产阶级革命的不彻底性，中国的半殖民地半封建社会，进一步深化，中国的市场经济被扭曲为半殖民地半封建经济，作为经济活动的最重要最基本的条件的土地，即城市房地产问题，随着通商口岸的开放、人口的增加、交通的发展以及租界的形成和扩大，帝国主义势力对中国政治、经济、金融操纵垄断的深化，特别是像上海、天津等沿海大城市的房地产业，已成为帝国主义侵略中国、向中国进行投资、控制中国经济、掠夺中国财富的一个手段。据（日）东亚研究所估计1931年帝国主义在中国的房地产投资达33 900万美元，占投资总额的10.5%。1936年为48 400万美元，占投资总额的16%（不包括企业房地产），其中70%在上海，而英国又占其中的60%②。

在帝国主义的大地产商、大金融机构的操纵下，通过投资、投机和政治掠夺，导致越是受帝国主义侵略势力深的地方地价越高，上涨的速度越快。

① 引自《地政通讯》，1947年第3卷第1期，第43页。

② 兰以琼：《揭开帝国主义在旧中国投资的黑幕》，1962年，上海人民出版社，第57页。

城市土地是城市人口和各种经济活动借以立足的载体。它给劳动者提供立足之地，给他们的生产生活提供场所，同时它也是官僚、地主、资本家从事统治、剥削享乐的集中地。土地作为一种特殊的商品，是资本活动的基本条件，具有垄断性和稀缺性。因为土地作为资本活动方式的最基本条件是要选择最好的地理位置的土地，才能使资本获取最大利润。而一块具有最高经济效益的土地，只有这一块，谁占有它，别人就不能再占有，也没有办法代替。社会经济越发展，对土地的要求就越迫切，因而供求矛盾越大地价上升越高。因为：①土地距离市场的位置的远近，不仅直接影响着城市厂商为生产商品所需购买的各种生产资料的运输成本，而且也影响着城市厂商为产成品到消费者手中所必须承担的推销和配货成本。②城市土地位置的优劣直接影响着工业、商业、公共事业和人口在特定空间区域中的分布状况和集中程度所产生的聚集经济效益的差异。而这种聚集经济的外部影响主要产生于企业在城市土地上的位置。因为良好的土地位置除了保证企业能以较低的成本收集生产所需要的原料和降低推销和配货成本之外，城市是一个巨大的市场，城市内各区域人口和企业集中程度的差异，造成了同城内部各块土地具有不等的级差生产力。如在商业用地上，由于消费者的多种需求购买行为，使得彼此连接成线或连接成片的商业用地，对消费者具有更大的吸引力。在繁华的商业街区经营商业较之零星散落的商店更易招来消费者，具有较高的区域经济效益，因此商业街区的土地其级差生产力Ⅰ就更高。另外在城市经济发展的过程中，随着房屋、道路、港口、码头、车站及各种市政设施的建设等追加于土地区域内的投资，则直接影响了投资区域内级差生产力Ⅱ。这种级差生产力Ⅰ、Ⅱ的差异，必然从经济上反映为随着城市的发达，城市土地投入的增加，城市土地的价格及租金也相应上涨。如1877年维克多·沙逊买进上海市南京路外滩一块土地，当时估价每亩6 500两，1890年升为9 000两，1899年为18 500两，1902年为32 000两，1907年为100 000两，1924年为200 000两，1925年沙逊投资兴建沙逊大厦，1933年大厦建成后，该地估价每亩为360 000两。若就一个城市内因级差地租Ⅰ、Ⅱ等诸因素到形成的差异而反映出来的地价分布趋势来看，以上海、南京两市为例，城市地价是以市中心的商业区为最高地价区和地价变动幅度最大区，并以这个最高地价区为中心，向四周辐射，地价呈逐渐下降趋势，而在地价辐射下降的总趋势下，又呈波浪式起伏，有高、有低，其造成地价呈波浪式起伏的原因，则是由于影响地价诸多因素中的一个或数个所致。

综上所述，可见：①大城市地价是以市中心商业区为最高地价区，并以这个最高地价区为中心向四周呈波浪式下降趋势。②城市地价的级差，取决于城市土地的聚集经济效益，其中土地的位置及用途与地价的关系最大。③城市土地的级差收入是相对地随城市人口的扩大、经济的发展和市政建设的投入而增加，城市地价不断地变化，并逐渐向高值地价发展。④通过对旧中国城市土地价格变动趋势分析，可以看出，城市土地作为一种特殊商品，作为为资本活动提供最基本的活动场所的生产资料，具有特殊的不可代替的重要性。它通过市场进行自由买卖，但又与一般商品不同。一般商品随着时间的流逝，要逐渐减掉损耗，折旧，其价值逐渐变小。而土地在一般的情况下，将随着社会的发展，经济、科技的进步，其地价越来越高。⑤通过对民国以来城市地价变动趋势分析，还可以看出，国民党政府曾对城市土地价格作过估价，但仅作为纳税标准。但城市土地价格则是随市场供求变动而自由波动的市场价格，并且有很大的投机性。帝国主义分子正是利用了这种特性，很早就在上海廉价购买了大量土地，成为掠夺中国财富的“刽子手”。

五、从研究旧中国城市地价获得的启示

1. 地价是管理城市土地的一个最基本的经济指标。这个指标是城市经济发展水平的标志和

反映。如何确定好城市地价，是利用地价这个经济杠杆调动城市经济发展的诸多积极因素，是开展对土地进行承包、转让、租赁、征收土地使用税（费）等一系列经济管理措施的基础。因此，确定好城市基本地价是一项城市土地管理中利用经济方式管理城市土地的基本建设工程，它将对我国引进外资，实行开放搞活，进一步深化经济改革，具有重要的政治和经济意义。是一件势在必行的工作。

2. 确定城市基本地价的方法，可设想为采用对比推算的方法。

（1）依照土地资本价格的计算方法（$\frac{纯收益}{利率}$）测算出一个最大城市（上海或北京）中心商业区的基本地价。

（2）以一个最大城市（上海或北京）与世界最主要的一个城市（纽约、东京、伦敦）的地价，作历史数据和现行数据的分析，找出历史与现时地价差额的比率。

（3）平衡以上两个比率，并参照我国最大城市（上海或北京）的经济发展状况，测算出单位基本地价。

（4）在确定了城市商业中心区单位面积基本地价之后，以其为基数呈辐射状，测算出该城市的地价等级及基本单位面积地价。

（5）以我国一个中心城市地价为基数，按比率递减推算出全国各城市的基本单位面积地价。

（6）因为城市地价是以一个中心商业区为最高地价区，并呈波浪式递减趋势，又考虑到一个城市内，不同地区发展速度不同。如北京以西单、王府井、前门为地价高值中心区，而丰台、海淀、朝阳以及昌平、顺义、通县、大兴、房山等卫星城市的发展，都又有其地价高值区，因此就有必要在基本单位面积地价的基础上，确定一个浮动比率，以免基本地价定得过死。

3. 城市地契是一个证明土地所有权、使用权的法律凭据。在研究旧中国城市地价的过程中，发现由于旧中国城市土地私有化，产权转移频繁，来路不同，地契呈非常混乱的状况。如上海的土地所有证明分：旧单契，包括方单、田单、烂单、割单、代单、印谕、部照、县照、芦课执照、司照、割照；永租契（俗称道契，即外国人租用上海土地的证明），包括权柄单、田单转换的永租契等；以及华商道契，土地证，杂单契，包括工部局契领事署契等多种形式。在产权转移时造成手续复杂，产权纠纷多。新中国成立后，城市土地收归国有，但随着近年来落实私房政策，租赁、转让使用权的出现，确立合理的、统一的城市土地使用证明，已是进一步对城市土地实行现代化管理的重要基础工作。

我国经济中的价格形成机制和农产品价格变化趋势

田 维 明

前言

在传统的中央计划经济模式中，农产品价格和投入品价格、产品产量和投入分配数量都是由政府制定的。在这一模式下，农产品价格、成本和农民产品收入在实际上由政策选择所决定，虽然在中长期，政府的政策选择客观上受到环境条件和经济运行结果的限制。

农村经济改革开始后，随着市场体系的发展，价格信号对生产和需求的引导作用表现得日益明显，同时供需条件变化也开始直接决定市场价格水平。市场价格的变化则越来越强地影响到国家制定价格的决策。在新的条件下，政府控制农产品价格变化的能力趋于削弱，价格水平——从而成本和农民产品收入的变化已经是微观经济活动主体在给定的经济、社会和政策环境下从事活动的综合结果。因而分析我国农产品价格、成本和农民产品收入的可能变化趋势，必须从经济活动参与者的行为模式着手。

《农产品成本、价格与农民产品收入的历史演变和发展趋势》课题于1987年立项，同年下半年组成课题组并开始研究工作。在三年的研究工作中，本课题组分别完成了对我国农产品供给、城镇居民农产品需求、农村农产品需求等计量经济模型估计工作。在实证分析工作的基础上，研究设计了中国农产品价格政策分析模型，并利用这一模型对在不同政策条件下，到20世纪末我国农产品生产、需求、价格水平、国家财政收支和外贸收支等指标的变化趋势做了综合性的模拟分析。

本课题研究突出了对我国国情的实证性分析。研究工作从对微观层次上生产者和消费者的行为分析着手，确定在我国目前情况下实际决定价格形成的经济机制，进而掌握农产品价格、成本和农民产品收入的变化规律和主要影响因素。本课题研究大量利用了经济模型分析方法。通过这些研究，初步形成了有关我国条件下的微观经济行为和宏观政策制定的理论体系，同时也得到了如供给和需求弹性等一系列重要经济参数的估计结果。

在三年的研究工作中，本课题组共完成了以下专题报告：《我国农产品供给与价格的关系》（专题报告之一，1990）、《我国城乡居民农产品需求与价格的关系》（专题报告之二，1990）、《经济政策与农产品价格运动趋势》（专题报告之三，1990）、《中国农产品价格政策分析模型》（专题报告之四，1990）等。此外，还写出了《对我国农产品成本与价格问题的思考》（1987）、《世界部分国家工农业产品比价问题》（1988）、《论农民消费》（1988）、《我国城市居民消费问题的研究》（1988）、《农村改革以来我国农产品价格、成本和农民产品收入的演变及发展趋势》（1988）、《剩余产品商品经济—我国现阶段农业经济的基本特征、运行方式及调控手段》（1989）、《对近年来政府补贴流通环节效果的分析》（1989）、《从供需关系变化看我国农产品价格运动趋势》

（1989）、《稳定和效率的权衡—对我国粮食收购体制的实证分析》（1990）等一系列阶段性研究报告及文章。《我国经济中的价格形成机制与农产品价格变化趋势》是本课题研究的总报告，它综合反映出本课题组在各方面取得的研究成果。

由于从经济机制角度研究我国农产品价格变化趋势的工作尚属起步，同时也由于国内的统计数据不够完整和准确，而国外的数据资料又不易得到，迄今所做的工作只是初步尝试，很多问题还有待于在今后的研究工作中加以改进。

一、问题的提出

自新中国成立以来，由政府直接制定农产品价格的制度长期被用来实现从农业积累工业化发展资金、调节城乡收入和稳定价格水平等政策目标，同时也作为实现计划指标的辅助性手段。在传统的中央计划经济模式下，农产品价格、生产量和收购量都由政府规定，农用生产资料的供应分配和价格也纳入计划轨道，因而农产品价格、成本和农民产品收入都直接地受到政府的计划控制。尽管从实际情况看，由于生产者和消费者保护本身经济利益的行为，国家计划目标与实际执行结果常常出现某种程度的偏离，并迫使政府根据实际情况修正政策和调整计划任务。

在实行经济改革后，这一情况出现了根本性的变化。农村生产责任制的实施使农民获得了经营自主权，国家任务收购及定量供应制度的放松和随之而来的城乡集贸市场的发展，也使生产者和消费者有了更多的选择。据《中国物价年鉴—1990》中的资料，1989年社会商品零售总额中国家定价部分所占比重为31%，市场调节价部分占的比重为45%；农副产品收购总额中国家定价部分所占比重为35%，市场调节价部分的比重为40%（1988年分别为24%和57%）。这些数字表明，我国经济中已经形成一个与计划分配体系相平行的较为有效的市场体系。在此情况下，价格信号开始对农产品的供给和需求发挥直接的调节作用，同时供需平衡要求也反过来通过市场机制直接地决定市场价格水平，并间接影响到政府的价格政策选择。

根据微观经济学理论，在农民优化经营收益目标的情况下，农产品的边际成本曲线变成为农产品供给曲线，最优产出由价格等于边际成本这一条件所决定。对于微观水平的生产者来说，价格是外生的，生产者根据个人对未来价格和收益的判断预期，决定投入和产出数量。在这样的行为模式下，农产品成本和农民产品收入是价格水平的函数，取决于生产者个人的决策选择和技术条件限制。虽然抽象的理论并不等同于实际，但在动态的经济体系中，农民基于自己的知识和能力，总是不断地调整经营，以实现利益的逐步改善，或避免出现持续性损失。只要农民依照这样的行为规则，那么价格水平就同时决定产出规模、平均和边际成本以及农民取得的收入。在对价格、成本和收入三者间关系及变化趋势的研究中，生产者对价格信号的反应行为显然是问题的核心。

另一方面，在消费者也有选择权的情况下，价格水平并不能仅由生产成本高低来确定，因为产品能否实现其价值，还必须通过消费者在市场上所做选择的检验。因而需求也是研究价格变化所不可忽略的因素。

社会总供给与总需求是单个生产者和消费者行为结果的总和，在存在正常市场交换的情况下，两者共同决定市场价格水平及其变化调整方向。虽然政府不能改变由经济机制所决定的价格中长期变化趋势，但可以在一定程度上调节决定供给与需求的趋势性因素变化速度，在短期内甚至可以用行政手段改变价格的运动方向。因而在分析农产品价格、成本和农民产品收入变化趋势时，也不能脱离开具体的政策环境。

本项研究试图从分析生产者、消费者、流通商业和政府行为着手，确定在我国目前条件下农产品价格（从而成本和产品收入）形成机制，并就政府政策调控发挥作用的方式和效果做出评价。在这一基础上，提出农产品价格可能的动态变化趋势及调控政策选择。

二、我国经济中的农产品价格形成机制

在新中国成立以来的历史中，我国的经济体制经历了由中央集中计划经济模式向混合型经济模式的过渡。与这一变化相适应，农产品价格形成机制也出现了逐步的转变。由于微观行为最终决定宏观供给与需求的变化，并进而决定价格水平，因而对于价格形成机制的分析有必要从经济活动各参与者的行为模式着手。

（一）农业生产者与农村消费者

农产品供给由生产所决定，而生产量又取决于技术手段和生产要素的数量、质量和利用效率。在生产者（单位）有选择权的情况下，后者取决于生产者的意愿。从我国历史发展的实际情况看，政府在不同时期对农业管理制度的差别主要也就在于对生产者决策权的限制程度上。

迄今我国农村经济仍具有相当强的半自给性特征。造成这一现象的原因除历史上继承下来的自然经济模式外，更主要的是由于传统计划经济体制本身对商品交换的排斥和限制。在这样的经济模式下，生产者的经营决策同时要考虑提高经营收益和保证自给性需求两方面的要求，表现为在可支配资源、生产技术和政策环境等条件约束下优化本身（单位）经济福利的行为，因而政策变化对经营行为产生重要的影响。

在集中计划模式下，重要农产品的价格由国家规定，生产单位的经营决策则受到国家下达的农产品生产、交售和分配计划以及生产资料供应分配等的限制。在这样的情况下，生产单位优化本身经济收益的行为常常表现为与政府计划控制要求的冲突。

在我国实行集中计划的实践中，政府从来未能建立起对所有农产品的全面计划体制，实际实行的是对农产品分类管理的制度，即根据不同品种重要性的差别，分别实行国家垄断经营（一类产品）、国家规定计划收购任务数量（二类产品）和基本自由流通（三类产品）。农产品管理制度上的这种差异为集体生产单位追求其本身经济利益提供了可能。然而，生产者存在自身利益目标这一情况是否会导致经济运行结果与计划目标出现偏差还取决于其他条件，其中最主要的是政府对生产者的活动能否进行有效的监督。

在我国历史上，政府为防止生产者出于追求自身利益而偏离计划要求采取了两种形式的政策措施，即通过政治教育改变生产者的行为目标和通过组织制度建设强化对微观活动的控制，前者如历史上多次进行的社会主义教育运动，后者如人民公社的建立。

实践表明，在政治诱导和压力的共同作用下，改变生产者行为目标的努力在短期内曾取得了有限的成功，然而并没有获得巩固的成果。与此相关联的代价也是巨大的，如在人民公社体制下出现的劳动积极性降低，由政治因素引发的周期性生产波动，由否定经济效率目标而导致的资源利用效率低下和农业生产发展缓慢等等。

利用组织建设来强化监督的努力相比之下更不成功。农业生产作为经济再生产与自然再生产过程的结合本身具有不稳定的特点。在实践中，由计划机构对每个生产单位所受偶然因素影响的程度进行准确评价，即使不是不可能的话，也是代价过于高昂的。然而，如果计划机构认可实际产出可以与计划指标出现偏差，那么就等于赋予生产者一定程度的自主权。出于维护本身经济利

益的目的，生产者可以采取对策来应付损害其利益的计划要求，如通过虚报产量或受灾严重程度等逃避国家计划任务，从而可以将资源投入更为有利的经营项目，或干脆减少劳动努力等。生产者的这种行为使农产品生产对价格变化产生直接反应成为可能。另一方面，由于生产者需要靠自己的收入购买农用生产资料，而收入则决定于生产者得到的实际价格，因而从动态发展角度看，即使在农业生产没有受到价格变化直接影响的情况下，价格变化通过改变收入水平也间接影响到农业生产能力的提高，虽然这种间接影响并不局限于价格提高的品种。从微观层次生产者的行为看，即使在高度集中计划的时期，农业生产也可能对价格变化有适度的正常反应。

从1979年开始的经济体制改革标志着我国经济管理体制的重大变化。在认识到传统计划体制根本性弱点的基础上，政府承认了实现个人经济利益的合法性。此外，随着农村生产责任制的实行，国家的调控对象由数十万个生产队变为上亿个农户，传统的计划控制随着人民公社制度的解体而失去组织依托。在这种情况下，依靠价格等经济杠杆实行间接调节成为政府不得不采取的方式。

在经济改革中，政府使非国营市场的发展合法化，并逐步减少了计划收购农产品的品种和数量，从而形成农产品流通的“双轨制”。与这一发展相对应，农村中形成我们称之为“剩余产品商品经济”这样一种经营模式①。在这种模式中，农户的经营目标可以定义为利用家庭可支配资源实现最大福利，包括提高家庭收入和满足自给性需求，国家收购任务则构成一种限制条件。农户生产的农产品从性质上也分为家庭自用部分、向国家交售的部分和商品生产部分。这三部分生产分别受到不同调节机制的控制。

目前对农民的农产品供应仍被排斥在正式（国营）流通渠道之外，农村市场则由于其“剩余产品市场”的性质和经常受到政府非规范的干预而不能作为可靠的农产品供应来源。农民在决定家庭自用农产品生产和贮存量时，主要考虑的是预期风险。然而随着市场体系趋于完善，市场风险将逐步降低，家庭自用部分对市场价格变化的反应会有所增强。

由于国家价格低于市场价格，因而国家收购任务必须借助行政控制措施才能保证完成，这实质上体现了以政府权威为基础的超经济利益分配关系。国家收购任务能否很好的得到执行主要取决于任务本身的“硬度”。如果国家任务的强制性得到农民的认同，那么任务数量构成固定需求，完全由数量调控信号所决定。但是如果农民感觉到，不完成国家任务最多只会招致某种形式的经济损失，那么农民可以根据市场价格与国家价格的差额及完成任务后可上市产品的数量，比较不同选择的利益和代价，然后做出最佳选择，包括是完成还是尽可能的逃避国家任务。

在生产能力超过由家庭自用部分和国家任务收购部分组成的固定需求后，农民合理的选择是按市场价格决定产出水平，从而实现最大收益。从理论分析角度说，在市场能够有效运行的情况下，农产品生产规模由作为边际价格的市场价格所决定。然而在实践中，由于政府为了保证收购任务的完成，常常采取控制农产品市场交易的措施，这在一定程度上限制了市场价格对生产的调节作用。

利用我国农业生产历史统计资料进行的计量经济学分析结果表明②，我国农业生产同时受到计划数量控制和利益机制的调节。由模型估计出的所有农产品供给的自身价格弹性系数都具有正确符号。这一点证明了过去实行的计划经济制度并没有能够改变农民优化经济利益的行为模式，而只不过使农民根据利益机制的自主调整行为受到了限制。国家计划控制（在模型中用粮棉油人

① 参见田维明《剩余产品商品经济—我国现阶段农业经济的基本特征、运行方式和调节手段》一文。

② 参见本课题组《我国农产品供给与价格的关系》一文。

均占有量反映）也在一定程度上影响到农业产出规模和结构，其中突出的表现为粮食生产对其他农产品发展的制约。对我国农产品供给和粮食收购体制的实证分析结果①都反映出，农业生产对市场价格的反应趋于增强，这反映出农村经济改革使农民获得经营自主权后，农民经营行为更趋向于优化经济收益的模式。

从分省的农产品成本调查资料中也反映出农民在获得经营自主权后根据比较利益调节农业生产投入的行为②。这主要表现在：①农民用其他物质投入代替从经济效率标准看投入已经过量并且机会成本逐步上升的活劳动；②在农业投入使用方向上发生向高收益产品的转移；③由于投资收益的不确定性，农民表现出忽视长期性投入的倾向。

尽管政府也曾采取过如规定留粮标准这样的直接控制形式，但对农村居民消费实行的控制远不如在城镇那样广泛化和制度化。然而，政府在中央集中计划时期实行的政策，如规定农业生产单位的生产数量、产品交售数量和对非国营渠道交易活动的政策性限制，却使农村消费带有某些自然经济特征。在这一体制下，由于国家计划收购的强制性，农民自身消费从数量上表现为总产中扣除国家收购任务后的剩余部分，从而间接地置于政府计划控制之下。对集市交易活动的限制则使农民消费结构基本上完全受生产结构所决定。随着农村经济体制改革的深入和农村市场的发展，农民消费不再限于自己生产的产品，这使得当前农村消费模式开始呈现出市场经济中的某些行为特征。

利用国家统计局农调队资料对农村需求所做的分析表明，一方面农村居民农产品消费基本符合优化效用的行为模式③，这反映在估计得出的农产品需求自身价格弹性和支出弹性都有正确的符号及符合经验预期的数值大小这一点上。在另一方面，估计结果也反映出，农村消费结构仍受到产出结构的影响，这表明农村经济仍留有自然经济的部分特征。

（二）城镇农产品需求

在新中国成立初期，政府采取了高积累政策，以求实现加快工业化发展的目标。根据这一要求，政府一方面有目的地利用工农产品剪刀差从农业实现资金积累，另一方面在城市实行低工资、广就业政策，以期降低工业生产成本，增加企业利润和政府财政收入。实施这一发展战略虽然使我国成功地在较短期间内奠定了相对完整的工业基础，但是人民消费却受到抑制，政府不得不广泛地借助于行政分配手段以维持紧缺状态下城镇需求与收购量之间的平衡，这包括一方面控制城镇居民人口规模和职工收入水平，另一方面对农产品实行相当广泛的定量供应制度。

在改革前的时期，政府对大多数农产品实行由国营商业一家经营，在政策上排斥了其他类型的流通渠道。用行政分配来限制消费者的自主选择实际上被用做在紧缺状态下维持供需平衡的基本手段。在当时的环境下，由于城镇居民收入水平普遍很低，消费需求集中在基本食品和其他必需品上，这种定量分配虽然限制了消费者的选择，但却较好地保证了生活必需品的公平分配，造成的扭曲并非十分严重。在这一时期，价格变化主要通过改变居民实际购买力间接影响到消费需求。

然而经济发展过程也表明，对于消费的严格控制不仅不利于劳动者素质的提高，也降低了工作积极性。为了限制这些消极影响，政府也广泛利用政治教育等形式，鼓励努力工作不计报酬的

---

① 参见田维明《稳定与效率的权衡—对我国粮食收购体制的实证分析》一文。

② 参见本课题组《农村改革以来我国农产品价格、成本和农民产品收入的演变及发展趋势》一文。

③ 参见本课题组《我国城乡居民农产品需求与价格的关系》一文。

典范，批判追求个人利益的行为。尽管这类运动在相当长一个时期内起到某些作用，但是却未能导致产生新的和有生命力的行为模式，并且只是在借助政治压力的情况下才得以维持。

集中计划体制造成的这种抑制性消费实际上与经济发展目标有着根本性的矛盾。我国城镇经济改革也是从突破这一收入分配模式起步的。改革开始后随着城镇居民之间收入水平差距的加大，消费者间在消费水平和结构上出现明显的分化。对国营商业的逐步放开和集贸市场的建立发展，也使城镇居民有了较多的购买选择。在这一形势下，国家对部分消费品的低价定量供应制度从性质上说已经由城镇居民的生活保障手段转变为向城镇居民提供的一种福利。消费者不仅可以从非国营市场购买商品作为国家平价供应的补充，而且可以将平价供应的商品在市场上按较高的价格出售，从而将平价供应隐含的补贴转变为现实的货币购买力。当前我国的社会经济环境已经为城镇居民优化消费行为提供了必要的条件，虽然这一行为仍受到某些计划因素的限制，并且由于经常受到非确定因素的干扰而表现出某些不稳定性。

对城镇居民家庭消费所做实证分析的结果也证实了城镇居民在预算支出约束下优化效用的消费行为模式①。利用国家统计局城调队居民家庭收支调查资料估计的需求模型具有符合理论预期的参数符号，这表明城镇消费者对于价格信号有正常的行为反应。模型分析结果也反映出，粮食定量供应对于城镇居民消费结构仍有重要的影响，这表现在粮食定量供应及住房变量（假定为定量分配）在相当一部分商品的需求方程中出现显著的系数上。模型估计结果表明，这一制度具有刺激食品需求的作用。

（三）农产品流通

商品流通是联结生产者和消费者的中间环节。流通体系效率的高低不仅影响到消费者价格水平，还关系到商品供应和价格的稳定性。

在我国农产品流通中，国营商业始终被作为“主渠道”，依靠国家的行政权力保护和资金扶持来从事商业经营活动。从我国历史看，新中国成立初期国营商业的建立被用做改造资本主义工商业的手段之一；在实行中央计划经济制度时期，国营商业则是执行政府计划分配任务的工具。在这一历史背景下，我国形成了供给型的商业流通组织，其特征是重视完成数量任务要求，缺乏财产约束，缺乏效率目标和排斥竞争。

在实行中央计划经济制度时期，尽管国家定价制度使我国的农产品价格结构严重违反正常商业经营活动的要求，表现为购销价格倒挂、不合理的地区差价、质量差价和季节差价等，但通过规定国营商业企业经营目标和执行其他方面的管理制度，国家有效地防止了企业经营行为与计划要求的偏离。但相应的代价是国营商业企业缺乏提高效率的要求，经营中出现的亏损只得由国家财政来承担。

经济改革开始后，政府也承认了国营商业企业可以通过改善经营来增加企业职工收益的合法性。然而这使得在国家定价商品的流动上，完成政策性任务与提高企业经营收益目标出现了尖锐的矛盾。在无法对经营性亏损和政策亏损实行有效核算的情况下，国营商业企业的经营行为出现扭曲，如在平价粮油经营中出现的虚报平转议和议转平数量冒领财政补贴、虚报收购数量以多得加价款、将议价经营费用计入平价经营费用之中等。

在目前体制下经营平价商品的国营企业更为一般化的扭曲行为可以概括为“经营费用最大

① 参见本课题组《我国城乡居民农产品需求与价格的关系》一文。

化”的行为模式，企业出于改善本身利益目标而形成的有意增大经营费用的行为。这种行为之所以能够存在取决于两个关键条件：① 政府把稳定（固定）价格作为政策目标；②对平价供应品实行由指定企业独家经营。在政府将稳定价格作为一种政治允诺的情况下，国营企业可以以费用上升为理由要求政府增加补贴。而在排除其他经营者参与竞争的情况下，政府缺乏有效手段抑制国营企业的这种要求。为了避免平价商品供应工作出现混乱，政府往往只能对国营企业的要求让步。而在无法实行有效监督的情况下，国营企业可以将增加的费用支出部分转化为本系统的福利。在这种情况下，价格上升采取了财政补贴增加这样一种隐蔽形式。

我国国营粮食商业系统的经营情况反映了上述的行为模式。1978—1989 年，国营粮食商业的粮食经营量由 5 073 万吨上升到 8 931 万吨，粮油补贴总额则由 32.4 亿元上升到 409 亿元，流通费用总额由 33 亿元上升到 203 亿元，费用水平由 15.2%上升到 35.9%。仅以 1989 年与 1988 年相比，虽然粮食合同收购价格仅提高 16%，但粮油补贴总额增长了 45.9%，粮食流通企业亏损上升了 59.7% 。然而在平价经营部分亏损增加的同时，粮食议价经营实现的利润则增加了 22% ，尽管议价销售量比上年还下降了 26%（《中国商业年鉴—1990》）。

我国国营农产品流通体系的建设始终主要服务于保证工业需要的原料农产品和保证城镇农产品供应这样的目的。由于政府在进行政策宣传时实际上把物价稳定作为社会主义制度的基本特征来强调，结果导致政府在保证计划供应时出现不顾经济代价的倾向。在农产品流动活动中，为了完成计划任务而导致出现不符合经济效益标准的运输、贮存、调拨等，加大了经营费用。这种为实现政策目标而超出正常经营费用的支出构成“政策”成本。从 1989 年国营粮油企业每吨平价粮的经营费用比议价粮高出近 40% 这一点，就反映出执行现行政策的代价（需要注意的是，在流通环节外仍有类似的费用支出）。这种不断加大的经营费用一方面构成对农产品价格水平的直接或隐蔽的推力，另一方面造成社会资源的浪费。

尽管建立国营商业企业的一个重要目的是通过“主渠道”的流通活动来稳定市场，然而在企业形成利益目标而又未置于有效的资产约束情况下，国营企业的经营活动可以表现出更强的投机性，从而加剧市场的不稳定性。近年我国出现的各种农产品收购大战，一个主要原因就是国营商业（外贸）企业以国家资金为后盾，出于短期利益目标而在市场上抢购。如果由此得到了利益，那么就可以改善本单位的福利，若是造成亏损，则损失可以转嫁给生产者、消费者或政府。这种非规范的经营行为是影响建立正常商品流动秩序的重要因素。

（四）价格形成和政府调节

在生产者、消费者和商业企业都依照优化本身经济利益目标的行为规则时，政府的意向（计划指标）常常与经济运行实际结果出现偏离。对这种偏离实行控制的有效程度取决于政府对微观主体行为的影响力，如建立负责实行监督的组织制度等。在控制力受到社会政治因素限制的情况下，政府则只能顺应微观行为模式，利用经济手段来加以引导。在这方面，政府可以支配的财政资金和外汇等又构成另一类型的限制。在我国历史上，政府控制能力的变化影响到不同调节手段的选择，由此造成农产品价格在不同时期出现不同的变化趋势。

在实行中央计划经济时期，通过政治教育使微观主体接受政府确定的活动目标和通过加强组织控制来防止实际与计划之间产生偏差，是实践中采用的最基本手段。在这一时期，政府在较大程度上可以做到按其政策目标（如通过低价收购从农业积累发展资金）和意向决定农产品价格水平和结构，而不必考虑供需对价格的反应，也不需要严格按照“价值理论”或“保持合理比价”等理论上的价格制定原则。经济改革前国家制定的农产品价格在很长一个时期内低于生产成本，

就是这方面的一个例证。然而从长期发展的实践看，政府控制农产品价格的能力最终仍受到微观行为反应的制约。

由于在集中计划时期农业生产对价格信号仍有正常的反应，国家压低收购价格使农业生产发展速度受到影响。在需求方面，人口自然增长构成需求增长的最低限。为了维持中长期计划供需平衡，政府也需要采取措施使农业生产达到一定的增长速度。在另一方面，靠行政控制维持的对生产者不利的经济安排不可避免地会影响到农民与政府的关系，从而形成某种形式的政治代价。为了防止政府与农民矛盾的过分激化，在实践中政府也不得不通过调整农产品国家收购价格来改善城乡收益分配结构。在这一时期，数量平衡要求和政治压力构成政府决策时的决定性因素。

从宏观方面看，计划规定的数量分配关系实际上体现的是一种收益分配关系，在数量平衡背后反映的实质上是一种政治力量格局的平衡。相对于无组织和分散的农民，非农业部门在国家决策中起着主导作用。由于工业发展的需要、人口增长以及生活水平提高，非农业部门对农产品的需求呈稳定增长趋势。从本身利益出发，非农业部门一方面要求农产品供给有较快增加，另一方面则不希望出现价格上升。

可以认为，在实践中政府并不是直接根据供需平衡情况调整价格，而是对这种由供需不平衡所造成的不同利益集团的压力和要求做出反应。尽管如此，在中央计划体制下政府调节价格的行为实际起到与市场机制相同的结果，只不过是政府的调价反应只有到政治压力大到一定程度后才被迫作出，因而存在时间上的迟滞。经济改革开始前农产品国家收购价格呈阶梯性上升就是这一情况的反映。

经济改革实际上是政府政策从否定个人利益动机到承认个人利益的转变。随着这一变化，政府在制定价格政策时不得不在更大程度上受到生产者和消费者行为反应的制约，并转而依赖财政这一利益再分配手段来实行间接调节。

经济改革导致了非国营市场体系的出现。在这一市场上，市场机制决定价格的形成。然而，由于在这一市场上交换的农产品具有“剩余产品”的性质，供给量和需求量都在较大程度上受到国家计划收购和供应政策的影响，因而价格水平也随政策调整而变化。

在国营市场和非国营市场之间不仅存在国家调节计划收购和供应数量对市场价格的影响，而且由于微观主体的行为反应，也造成市场价格对国家制定价格决策的影响。市场价格与国家收购价格的差价从性质上说是对农民的一种税收。这一差价越高，农民受到的利益损失越重，完成国家收购任务的困难也越大。在实践中，不论政府是为了防止激化与农民的矛盾而控制平市差价，还是为了保证城镇农产品供应而控制实际完成收购任务与计划目标的偏差，都必须及时调整国家农产品收购价格。这一情况导致国家收购价格最终由市场价格水平（从而供需平衡）间接决定。近年来农产品国家收购价格连续提高的情况就反映出定价规则的变化。

尽管政府将稳定农产品供应和价格作为实行国家收购制度的政策目标之一，但实际取得的效果却并非如此。利用我国1952—1988年粮食生产和收购资料所做分析①表明，现行粮食收购制度在保证城镇粮食供应稳定的同时，由于引起资源配置的严重扭曲，实际上降低了粮食生产能力，造成一种“有效供给缩减效应”。需要注意的是，粮食收购制度造成的这种扭曲效果同样可能出现在其他由政府实行数量控制的农产品上。

① 参见田维明《稳定与效率的权衡—对我国粮食收购体制的实证分析》一文。

在城镇农产品需求方面，实证分析结果证实了现行平价供应制度刺激了对粮食的需求。在估计的城镇需求模型中，粮食需求对国营商业粮食供应量（假定全为定量供应）的弹性系数为0.32①。这反映出现行平价供应粮食的制度具有显著的“实际收入增加效应”。

由上述两方面因素综合作用结果是，粮食生产能力由于资源配置扭曲而出现下降，城镇粮食需求则由于低价供应而扩大，市场均衡价格高于无扭曲情况下的价格水平。尽管投入生产的资源和国家财政补贴增加，但粮食的有效供给则可能不仅没有明显增长，在扭曲严重的情况下甚至可以出现下降。这一变化一方面会导致粮食外贸数量下降和外汇收支平衡恶化，另一方面则会加强要求国家提高收购价格的压力。在国家供应价格不得不保持稳定不变的情况下，收购价格提高导致财政支出（赤字）增加和货币超量发行。前者造成补贴挤占发展资金，影响到长期增长潜力，后者则直接拉动物价水平的全面上升。近年我国经济中出现的就是这样一种情况。

由于粮食的市场供给数量是生产量扣除农民自用量和国家收购量后的剩余部分，需求量是国家供应未能满足的部分（忽略农村内部品种和季节性调剂部分），因而国家粮食任务收购和供应数量的调整对市场供需有着直接的影响。在自然因素或政策因素引起生产量或农民贮存量变化时，这种数量变化基本上完全反映在市场供给上。我国粮食（及其他农产品）市场的这一性质起着放大市场波动的作用。

从实际效果看，现行的国家粮食收购制度在保证短期稳定的同时加大了实现长期稳定的困难，在保证国营渠道供应稳定的同时引起了非国营市场的不稳定。这一解决紧缺状态下供需平衡的政策措施实际上导致紧缺状态的强化，从而可能引起政府进一步加强控制。

四、我国农产品价格的变化趋势

农产品价格的变化趋势决定于供给与需求的相对变化趋势，而这两者又受到政策条件的强烈影响。本节中我们分别讨论决定供给与需求变化的主要趋势性因素和影响政策选择的主要因素。

（一）农产品需求

从总体上说，决定农产品需求量变化的趋势性因素主要为人口增长、人口城乡分布结构和人均收入水平提高。

根据第四次人口普查资料，在1982—1990年期间我国大陆人口的年自然增长率为1.48%，人口增长数量超过了计划控制目标。由于到20世纪末为止的这一时期，我国生育人口处于一个新的高峰，流动人口增加又加大了实行计划生育的难度，预期人口增长率有可能高于80年代的水平。仅出于维持目前人均生活水平这一项要求，我国农产品消费需求就必须保持不低于1.5%的年增长率。

由于我国城镇居民消费水平高于农村，人口分布结构的变化也会影响到农产品需求总量。在经济改革开始以来，我国城镇人口在总人口中所占比重出现较快上升，在1982—1990年期间由20.60%上升到26.23%（第四次人口普查资料）。在经济发展过程中，农村劳动力转入非农业是一个必然的趋势。虽然乡镇企业的发展可以吸收相当数量的农村剩余劳动力，从而减缓城镇人口比重的增长，但从实现规模经济和保护生态环境的要求看，农村非农产业吸收剩余劳动力的能力

① 参见本课题组《我国城乡农产品需求与价格的关系》一文。

势必受到制约，中小型城镇可能将作为农村劳动力重新就业的主要场所。从发展趋势看，城镇人口所占比重的年提高幅度将不会低于近年内的水平。

对农产品需求影响最大的因素是居民收入水平的变化。对农产品需求模型的估计结果表明，不论是城镇居民还是农村居民，食品需求的支出弹性均很高（城镇为 0.83，农村为 0.71），因而收入增长将会引起对食品需求的大幅度增加。农产品需求的收入弹性偏高，一方面表明我国居民目前的生活质量仍较低，另一方面也反映出由我国社会制度造成的独特消费模式。从历史资料看，在改革以前，我国居民消费水平提高速度很慢，这使得在农产品供给相对紧张的情况下也维持了供需平衡，并且还通过出口农产品而为非农业部门发展提供了外汇。改革开始后，农村和城镇居民的个人收入水平大幅度提高，人均收入的年增长率都超过了 10％。需求快速膨胀是导致近年出现通货膨胀的重要因素。

从对农产品需求实行调控的角度看，人口增长趋势在短期内基本不会为政府政策所改变，虽然从长期看发展教育有助于通过提高人口素质而形成对人口增长的自动约束；就业和人口分布结构变化是经济发展的客观要求，政策上需要做的不是限制，而是引导。在此情况下，对人均收入增长速度的调节是影响需求趋势变化的关键性任务。

（二）农产品供给

决定农产品供给能力的因素主要有农业资源的数量和质量、生产技术水平和生态环境等。

在我国，对农业发展构成严重限制的自然资源主要为耕地和水资源。我国耕地面积在 50 年代曾一度有所增加，但从 60 年代开始转为稳定下降趋势，在 80 年代下降速度进一步加快。从今后的发展前景看，虽然近年对耕地的保护工作有了加强，耕地面积减少的速度回落，但考虑到今后工业交通等方面的发展需求，预期我国耕地面积将继续趋于下降，其速度受到政府能否有效执行限制政策的影响。另一方面，虽然根据 1989 年统计数字，我国仍有宜农荒地 3 533 万公顷，但开发利用这些资源受到投资资金来源不足和边际生产成本高两方面因素的限制。从总体看，由开发利用荒地提高的生产能力难于补偿由占用现有耕地所造成的生产能力下降。在水资源利用上同样存在农业与非农业部门之间的竞争。在耕地和水资源利用上，实际构成限制的因素并非资源数量，而是社会准备为实现要求的产出目标支付多高的代价和由谁来支付这种代价，即经济合理性与社会合理性问题。如何向生产者提供足够高的激励以利用边际资源将对国家的价格政策选择产生重要的影响。

虽然现代农业生产技术对环境的影响已经在国际上受到广泛的关注，但在我国却还未得到足够的重视。过量使用化肥和农药造成的污染已经给我国农产品出口带来很大的不利影响，而在国内由于供应紧缺和缺乏环境意识，仍将增加投入作为实现产量增长目标的基本途径。这样的发展战略有可能导致以牺牲长期生产力和经济效益为代价求得短期产出目标的实现这样一种局面。

我国农产品供给维持合理增长速度的希望在于推进农业技术进步，在这方面尚有相当的潜力。然而，除了在近期内实用农业科技难以有重大突破这一点外，目前农户的经营模式和科技推广体制在很多方面也构成对在农业中推广应用先进技术的限制。预期在 20 世纪内我国农业生产技术效率的提高速度不会有很大变化，生产能力的扩大仍主要依赖于投入农业的资源数量。在这种情况下，追加投入边际产出效益下降（边际生产成本上升）将对我国农产品价格变化产生重要的影响。

由于历史原因，我国农业形成高度劳动集约的特点。然而在经济发展过程中，这类农作技术的生命力受到劳动机会成本上升的严重不利影响。在劳动机会成本上升是由非农产业的发展带动起来的情况下，势必会形成要求提高农产品价格和调整经济结构的强大压力。

需要注意的是，农产品总生产量（总供给）和对非农业部门供给量的变化趋势在决定因素方面有一个重要差别。生产者价格提高会增加农产品总供给量，但同时也提高了农民的收入。农村收入的提高则会引起农村农产品消费需求的增加，从而限制了对非农业部门供给的增长。对农村需求所做实证分析中得到较高的收入弹性这一点表明，在现阶段价格政策对总供给的调节作用可能高于对非农业市场供给的调节作用，即价格上升引起的城镇市场供给增长慢于总供给的增长，特别是就收入弹性很高的猪肉、家禽、水产品和蔬菜等而言。在农村收入增长主要由非农业收入增加所带动起来的情况下，城镇市场供给受到的影响会更为严重。从我国的实际情况看，收入水平高的地区非农业收入在农民总收入中所占比重一般较高。如果这代表了我国农村收入未来变化趋势的话，那么对非农业部门的农产品供给增长非常可能难以保持与需求同步增长。

（三）国际市场供给与需求的变化

资源稀缺并不一定导致供需平衡紧张。在开放的国际环境中，农产品供需平衡可以通过国际贸易来调节。与国内情况相类似，国际市场上农产品供需的变化也主要受到资源、技术进步、环境、经济发展速度和国际贸易制度变化等方面因素的影响。从国际上看，在不同国家间农业资源的数量分布和利用效率差异极大。美国和加拿大等发达农产品出口国家不仅农业技术发展较快，而且还保有相当数量的农业后备资源。为了抬高国际市场农产品价格，这些国家采取了限制生产的政策，因而在价格上升时农产品供给仍可以有较大增加。另一方面，这些国家中环境保护意识日益增强，这一变化在今后可能对农业生产扩张起到制约作用。发达的农产品进口国如日本等，普遍实行对国内农业生产的保护政策，以限制对国际市场的依赖程度。今后随国际多边贸易谈判的进展，这些国家可能在外部压力下逐步放开国内市场，从而增加农产品进口。广大第三世界国家或是人口增长过快，或是技术水平过低，普遍存在农产品供应紧缺，然而由于经济状态不佳，这些国家缺乏在国际市场上扩大购买农产品的能力。

需要注意的是，如果目前进行的国际贸易谈判未能取得成功，那么国际贸易中的保护主义倾向可能抬头，从而一方面使国际市场变得更加不稳定，另一方面有可能压低国际市场农产品价格。虽然从短期看，农产品进口国可能得到一些好处，但由此造成的国际经济发展缓慢和出口市场缩小，从长期看，将会使所有国家都受到损害。

由于国际市场上粮食供给的价格弹性系数高于国内供给，适当扩大粮食进口对于抑制国内粮食价格上升有积极的作用。此外，这也使我国得以根据比较优势调整生产结构和贸易结构，从而提高农业生产的综合效率，并扩大优势产品的出口。在这方面，主要制约因素并非国际市场的容量，而是我国能否建立适应国际市场要求的管理制度（产品品质、交货时间）和合理的价格。然而，贸易政策的变化势必对国际市场价格产生重要的影响，并影响到其他贸易国家的经济福利。

（四）政策模拟分析结果

利用本课题组设计的中国农产品价格政策分析模型所做模拟分析的结果表明，在目前的生产者和消费者行为模式下，维持现行农产品收购和平价供应制度，使农产品价格水平与国家财政赤字和外汇收支赤字之间出现此增彼减的相互代替关系，维持物价的稳定会导致增大财政赤字或外贸赤字，而削减财政赤字或外贸赤字的措施又必定加快农产品价格上涨①。出现这一情况主要是由于我国农业生产发展受到资源约束，增加生产会伴随边际成本的快速升高，从而要求价格有相应的提高。居民收入增长越快，控制价格水平与维持财政和外贸收支平衡的矛盾就越尖锐。在此情况下，我国必须确定合乎国情的个人收入增长目标，以抑制需求过度膨胀对农产品价格的巨大拉力。

在供给方面，模拟结果表明，改革现行收购制度以消除政策性扭曲对改善农产品供给有着重要的作用，约可以使到20世纪末的粮食产量增长幅度提高近20个百分点。模拟结果也表明，基于平衡财政和稳定城镇粮食供应的考虑而采取实物税方案，从经济效率标准看是不合理的。相比之下，将国家合同定购向货币税方向转变——暗税改明税是一种更为可取的政策选择，因为这样的政策避免了在生产方面造成的资源配置扭曲。

在需求方面，维持目前对城镇居民的优惠政策将使国家付出越来越高的代价，包括巨额财政赤字和外汇收支赤字。然而，不论是提高农产品销售价格还是减少平价供应数量，如果没有与供给方面的改革相配套，那么可能只有助于实现减少财政支出的目标，对社会总体的经济福利则难起到促进作用。

模拟计算结果还指出，不论是在高收入增长还是在较低收入增长的情况下，我国农产品贸易都出现由净出口转为净进口的变化，只有对人民币的大幅度贬值——从而使国内市场价格大幅度上升才能够扭转这一趋势。这一情况表明，我国发展农业的比较优势正在趋于下降。实行对国民经济结构的根本性调整从长期发展看是一个需要认真解决的任务。

根据对多项指标所做的综合评价，以实行经济机制彻底转换的综合改革方案最为符合长期稳定发展的要求。

根据其他社会主义国家出现的变化看，实现经济机制的转换是一个极为艰巨的任务，在条件不具备的情况下急于求成可能引起经济运行的混乱和社会动荡。在我国，改革目标模式的选择尚受到意识形态的束缚。从这些情况看，在20世纪最后几年内，我国的经济机制可能只有量变。由于国家对城乡收入增长的控制能力已经严重削弱，而为了维持社会稳定目标，又不得不努力满足居民收入增长的要求，今后十年中人均收入势必仍将维持较高增长速度。以这一判断为前提，预计到20世纪末我国农产品收购价格年提高幅度可达5%～7%左右，其中粮食价格上升幅度可能略低，畜产品和水产品价格则可能大幅度提高。由于预期对粮食的直接消费需求将趋于稳定，对畜产品的需求则有较大幅度增加，在今后需要对畜牧业技术的发展给予更高的重视。这是因为，高效率的畜牧业不仅有助于满足城乡居民需求结构变化的要求，而且通过抑制粮食间接需求，起到稳定农产品价格总水平的作用。

五、对策与选择

在微观行为主体都形成优化本身经济收益目标的行为模式后，政府对经济活动调控能力和手段会受到生产者和消费者的行为反应、财政支配能力及外汇平衡等因素的约束，只可能在有限的期间内对个别品种的价格实行控制，而不能改变农产品价格水平的中长期运动趋势。因而政府决策方式必须适应这一客观实际。

---

① 参见本课题组《经济政策与农产品价格运动趋势》一文。

（一）改革目标模式的选择

微观主体行为模式决定经济中实际发挥作用的调节机制。由于在我国经济中生产者和消费者都具有经济利益目标，因而实现的供给和消费需求都成为微观主体根据各种经济信号自主选择的结果。在此情况下，人为规定的计划数量平衡不仅已经失去对经济运行的约束作用，反而转变成为引起经济失衡的根源。

在微观主体的行为由经济利益驱导的情况下，不论是政府制定的价格还是市场上形成的价格，都可以对社会供需发挥调节作用。在我国经济改革的实践中，上述两种调节方式反映在“调”和“放”两种不同的价格管理体制改革思路上。这两种思路体现了根本不同的改革目标取向。“调”实质上是在维持现行体制的基础上，由政府有选择地改变利益分配关系，而“放”则意味着经济运行机制的转换。从实际操作的角度看，两种思路在如何形成利益制约机制上有根本性的区别。商品交换的双方有着相互冲突的利益。利用市场机制调节时，市场价格反映出生产者与消费者在交换过程中的力量均衡和相对应的利益分配。只要交换是自愿的，双方就都可以实现福利的改善。在行政定价时，政府担任了经济利益分配者的角色。如果政府有足够的权威，或政治体制保证了利益冲突的各方能够通过政治协商过程达成共识和共同接受的均衡，那么长期维持行政定价方式也是可能的。然而在缺乏上述前提条件时，由于各方都将改善本身利益的要求指向政府，结果使政府成为利益冲突的焦点，在做决策时不可避免的处于两难境地。为了平息来自各方面的不满和压力，过度的利用财政手段实行调节就成为政府唯一的选择，尽管这样做可能会损害长期发展目标。

由于现实经济的复杂性和不同产品生产间存在的密切相关性，试图将经济划分为由不同机制调节的部分并实现平稳运转，是一种迄今尚未能由实践证实的设想。这一设想存在的一个内在矛盾是，如果行政调节符合利益机制的要求，那么保留它就是多余的；如果行政调节与利益机制要求相冲突，那么就必须改变微观个体的行为模式，或在取得共识的基础上由微观行为主体自我约束。对政府是否有能力通过有目的地调整，并最终形成合理的价格和利益分配结构的认识，决定于改革路线的选择。如果回答是肯定的，那么可以实行调的方针，否则就只能靠经济机制的转换。

根据传统社会主义经济理论，计划经济可以避免市场机制调节“必然伴随”的自发盲目性。然而从社会主义经济发展的实践看，由于政治目标因人而异的变化和计划人员能力限制，现实中的计划也曾造成经济发展的挫折和巨大的波动。在计划未能包括全部产品的生产和需求的情况下，规定的数量平衡是难以保证的。为实现平衡所需要的监督费用（包括管理机构的费用支出和对微观活力的窒息）从经济和政治角度评价都是极为高昂的。这种“事先”的调节实质上构成对经济单位主动性的严重限制，以至于可能形成一个对外部情况变化和技术发展失去反应的僵化体系。

在市场经济中，价格波动是调节机制自动发挥作用的反映，经济体系中的任何变化都会通过价格信号的变化（波动）引起生产者和消费者的反应，并引导经济向恢复均衡的方向变化。然而与计划机构相比，微观行为主体占有的信息是相对不完全的，因而微观“合理”决策的总和并不一定符合宏观上的经济合理性标准，在某些情况下也可能引发较强的波动。

实证分析结果表明，在我国对农产品供需实现间接性调节已经具有充分的可行性，政策模拟结果更进一步表明，经济机制转换将有助于通过提高经济效率而使整个社会受益。根据这一情况，我国农村经济改革应朝宏观调节下的市场经济模式发展，具体到农产品价格管理制度而言，

即为政策间接调控下的统一市场价格模式。在这一目标模式下，政府的职能需要加以转变，即由对经济活动的直接行政控制转变为按照经济规律实行间接调节，由强调计划数量平衡转为促进实现经济机制的协调，由对经济活动的全面管理转为对微观活动的补充，由命令指挥转变为提供指导服务。具体地说，这包括有这样几个方面：

（1）政府放弃对农业生产和农产品流通的直接数量（计划）控制，将职能转为间接性的调节，包括提供各种指导和服务，并作为微观个体活动的补充，发展具有公益性的事业。

（2）农产品价格由市场机制形成。政府不再通过制定价格来保证所谓“等价交换”，而是通过提供法律保障来促进形成稳定和高效率的流通体系。作为第一步，要取消强制性的农产品收购任务，保证农民在自愿基础上与其他人（包括国营商业）实行平等交换。在此基础上，再通过建立代表农民利益的流通组织（如农民自己的合作流通组织）和提供有效的信息服务等，逐步做到农民与其他人之间的公平交换。

（3）取消对农民的实物性收购任务，代之以货币收入税制，以消除数量控制对农业资源配置的扭曲作用。

（4）将稳定政策的目标由稳定价格改变为稳定人民收入——从而生活水平。在这方面，利用个人收入税调节应该作为基本手段，补贴只用作短期性保护低收入者的辅助措施。

（5）建立按经济合理性形成的竞争性商业组织，以提高农产品流通效率。通过制定法律来维持正常的交易秩序包含两方面的要求，规范交易双方的买卖行为和规范各级政府对市场活动的干预行为。

（二）对农产品价格的政策调控

在目标模式下，政府不再直接控制价格变化，也不再规定生产和供应的数量任务指标，而是通过政策引导使微观主体按照实现预定发展目标的要求调节活动行为。

在农产品供给方面，政府的主要职能有：① 制定和执行资源和环境保护政策，以维护农业生产的长期能力；② 推动农业技术进步，以提高生产能力；③ 组织生产者无力进行的农村基础设施建设和提供社会性服务；④ 完善产权制度，促使农业部门形成自我发展机制。由于政策实施与取得成效存在一定的时间滞后，以上这些方面的工作对20世纪内我国农产品价格变化可能并无显著影响，但却决定了农业生产的长期发展潜力。

在调节农产品需求方面，人口政策也是不具有短期效果但却显著影响到未来发展的一项政策措施。在近期内，政府影响需求变化趋势的主要手段是对城乡居民收入增长速度的调节。从长期发展的要求看，更重要的工作是建立将职工收入与劳动贡献有效挂钩的收入分配制度，以实现促进劳动者积极性发挥和避免价格分配可能造成的某些不利社会后果的双重目标。

利用国际市场调节也是实现国内供需平衡和价格稳定的重要途径。在这方面，一要通过放开对人民币汇率的管制以使其反映实际价值，从而能够引导我国农业按真正的比较优势调整，二要形成以效益为目标的灵活的贸易组织。根据我国农产品生产和消费在世界总量中所占比重较高这一情况，让国内价格直接与国际市场价格挂钩可能并非是最佳选择。这是由于在此情况下，我国贸易量的变化可以影响到国际市场价格水平，这为我国提供了利用所谓“最佳关税”增进本国经济福利的可能，虽然这样的做法有可能引起其他国家的不利反应。

（三）向目标模式的过渡

无论是供给方面的改革还是需求方面的改革，实现向目标模式的过渡都需要经过相当长的一个时期，并且必须有社会结构和经济组织方面的相应调整。此外，政府、企业和个人都需要有一个时期来使自己适应新的运行机制。在此过程中极易出现由于职能空缺而导致社会经济秩序的混乱。因而，如何实现向目标模式的过渡是一个与确定目标模式本身同等重要的任务。

向宏观调控下的市场经济模式过渡并不是简单的放开对价格的行政控制，而是下放目前由行政机构控制的经济职能。由于意识形态和现体制下既得利益的障碍，如果没有政府有目的的推动，依靠经济力量自然形成代替目前行政机构职能的经济组织（不管是国营的还是非国营的）势必成为一个极为缓慢的过程。在这一过渡期间，体制性摩擦对经济的稳定发展有可能造成不利甚至是破坏性的影响。在这方面，必须有一个包括经济和体制方面改革的全面方案，以保证两方面改革的协调并进。

在向目标模式的过渡期间，有可能对目前价格结构造成严重冲击的有两个因素：① 国内农产品国家价格与市价差额的消除；② 国内和国际市场价格差额的消除。

由于目前城镇居民在部分农产品消费上享受着高额补贴，直接转变为市场定价会对城镇人民生活造成较严重的影响。在过渡期可以考虑由目前的固定价格制度转变为固定财政补贴总额加与市场价格挂钩的浮动价格制度，以后随市场体系的完善和消费者适应能力的提高，再向与受益者收入挂钩的稳定基金加有调节的市场价格制度转变。农产品的国家收购价格也可以采取按逐年提高的比例与市场价格挂钩的方式实现过渡。除国家购销价格的调整外，对任务收购数量和平价供应数量亦应逐步调减，以扩大市场调节的比重，并逐渐发现真正的市场价格。

国内价格与国际市场价格之间的差异有汇率和结构两方面的因素。在我国人民币汇率高估是一个长期性问题。在过渡阶段对汇率变化仍有必要实行行政调节，以控制对外贸易规模。在价格制度上需要解决的主要问题是使国内价格结构与国际市场价格结构逐步接近，从而反映出真实的机会成本。在农产品中，小麦、粗粮和糖的价格与国际市场价格接近或偏高，大米、食油和猪肉等则偏低。在过渡期内对国内外差价大的品种可以利用关税调节，使之不至于对国内价格结构产生过于剧烈的冲击。

我国的国营企业不适应现代商品经济的要求是一个客观事实。从实现过渡的要求看，我国不应继续以意识形态标准对不同所有制企业划分主次和优劣，而应取消行政限制，让各类企业都有同样的条件，在竞争中存优去劣。国营企业和民营企业的共同发展将使我们有可能逐步解决目前存在的国营企业低效益问题，同时亦可避免改变所有制对经济运行秩序的严重冲击。

稳定和效率的权衡

——对我国粮食收购体制的实证分析

田 维 明

在对我国粮食收购制度的研究中，体制造成的扭曲对粮食生产的制约作用已经得到一定的注意。然而，迄今有关的分析仍停留在从理论或实际经验角度做出定性评述，对于这种扭曲的严重程度却还未能做出定量测定。本文试图运用经济数量模型方法对我国粮食收购体制的经济效果作实证分析和评价。尽管我国粮食收购体制与销售体制有内在的联系，为了突出重点，本文中忽略了对两者之间相互作用和制约关系的讨论。

一、我国粮食收购体制的历史演变

我国现行粮食收购制度脱胎于20世纪50年代初期开始实行的对粮食的统购统销制度。在当时的社会经济条件下，为了保证对城市居民的粮食供应和便利，对资本主义工商业的社会主义改造工作，同时也为了使农业纳入社会主义计划经济的轨道，政府于1953年开始实行了对粮食的统购统销政策。根据这一政策，农民（以后是集体农业组织）必须按国家规定的收购粮种、收购价格和计划分配的数量将绝大部分余粮交售给国家，国家对粮食实行垄断经营。在其后二十多年的实践中，随着集体农业生产组织的建立和计划集中程度的逐步加强，国家除用下达计划任务的方式直接干预生产单位有关生产的决策外，还通过制定分配政策（如确定留粮标准）直接和间接地决定农民的消费水平和结构。正是依靠这一低价从农民手中收购粮食及其他农产品，然后低价向城市供应的制度，我国得以从农业实现较大的积累，从而为工业发展提供了启动资金。

在实际工作中，政府根据不同时期经济社会条件的变化对这一政策作过某些调整。在60年代初的“三年困难时期”，政府大幅度地提高了粮食收购价格，减少了收购数量，并在一个时期内开放了农村集市，促进了当时农业生产能力的恢复和发展。1965年，政府开始执行征购基数一定三年和超购加价及奖售的政策。然而在当时的政治形势下，特别是在文化革命的十年中，吃进口粮被批判为修正主义，农村市场则被认为是资本主义自发势力集中的场所而予以关闭，国家对粮食生产的控制程度达到了极点。在这一时期内，由于粮食价格长期维持不动，而粮食生产成本不断提高，结果出现了成本高于价格的情况。此外过高的征收任务也使相当一部分生产队出现先购后销。但是严格的行政控制却有效地保证了粮食生产维持一定的增长速度。

在1979年以后的农村经济改革中，我国粮食收购制度发生了一些重要变化。改革初期，国家根据“休养生息”的方针，采取了减少粮食定购基数、提高国家收购价格和超购加价比例等措施，并逐步开放了对粮食集市交易的限制。这些措施和农村生产责任制的实行结合在一起，促进了农业生产结构的调整。在到1984年为止的这一时期内，随粮食产量的增加，农民按超购价出售粮食的比例逐步上升，1984年达到收购量的70%左右，这使农民得到的实际价格和收入都有较大提高。在农业和粮食生产出现前所未有的持续和高速增长的情况下，国家于1985年将粮食由统购改为合同收购，目的是在“双轨制”模式下通过逐步减少国家收购比例、增加市场议购议销比例的方式，向完全的市场调节模式过渡。这一改革在实践中并未能取得预期的效果。随着1985年后粮食生产出现停滞，集市粮食价格大幅度上升，这使得无法在自愿协商基础上完成粮食合同收购计划，因而政府不得不转而加强行政控制，包括在宣传上强调合同的任务性质、季节性地关闭粮食集市、以致对某些农产品实行专营等措施。

从这一政策执行的历史看，不论是在国家出于困难局面而被迫调减国家收购数量时（60年代初期），还是国家调整政策后主动减少收购量时（80年代的改革），均出现农业和粮食生产迅速恢复或较快增长的局面。这一情况表明，粮食收购政策对于粮食生产的发展有着重要的影响。

二、现行粮食收购体制的经济效果

尽管从实行粮食统购统销制度以来，国家收购粮食数量占总产量的比重并不算很高，但这一政策的影响面却要大得多。在80年代以前，国家征购数量一般占全部剩余粮食的80%～90%，而完成国家收购任务后的剩余粮食也只允许有限度地在农村集市上进行交易。国家对粮食市场交易的限制政策实际上迫使农民根据自身消费需要安排生产结构，这样不论国家计划是涉及全部生产还是只规定向国家出售的品种数量，有关粮食生产和消费的全部决策都置于国家的政策干预之下。由此造成多方面的扭曲：

1. 这种体制限制了根据比较优势组织生产的可能和专业化生产的发展，从而降低了资源配置和利用效率。这种扭曲发生在三个层次上。在生产单位一级，国家计划干预和对市场交易的限制，迫使生产单位形成具有自给自足特征的农业生产和消费模式，表现为根据生产者自身消费需要而形成的小而全的种植业生产结构。在地区一层，由于粮食及其他重要农产品的生产和收购任务是按行政区域下达并执行的，而且国家任务带有明显的税赋性质，因而只能按平均分担的原则分配，这构成对区域专业化发展的限制。在宏观层次上，国家长期强调保证粮食基本自给的目标，然而在执行上却往往偏重于要求区域自求平衡，忽视了通过地区间交换来实现全国范围内的综合平衡，更未能主动地按照国际比较优势调整我国粮食生产结构。所有这些均限制了比较优势的发挥。

2. 国家低价向农民收购粮食构成对农民的税收，直接减少了农民的可支配收入。此外，国家对市场交换的行政限制迫使农户形成基本食品的自产、自储和自用的半自然经济模式。农民自己贮存大量的粮食及其他自用农产品，不仅增加了产后的损失，还使部分资源（货币）在一定时间内沉淀下来，从而减慢了资金周转。从动态角度看，农民可用于生产的资金减少会影响到粮食生产能力的发展提高。

3. 与这一体制相适应，在农业投入分配上亦形成一些不合理的方式。例如，土地按人口（或劳动力）数量平均分配，完全忽视了劳动者技术能力的差异，使得土地部分变为农村居民的生活保障手段。再如，化肥按收购任务数量挂钩的政策，使历史上的高产地区得到较多的化肥供应，而在这些地区化肥的边际产出效率往往较低。在国家压低产品价格而又对投入给予补贴的情况下，这种分配方式是对这些生产单位利益的一种补偿，从而有助于实现公平的目标，然而这却造成资源配置效率的降低。此外，小而全的生产结构对在粮食生产中应用某些先进技术和实行高效率社会化服务也构成了限制。

4. 为维持现行体制的运行并实现计划目标，政府需要付出相当高的费用（包括国营商业的经营费用、国家财政补贴、合同任务落实执行中的费用等），从而降低政府对农业和粮食生产提供扶持的能力。

从我国粮食收购制度的历史演变情况看，这一制度有这样几个基本特征：①它是以国家的行政权力为基础，按行政系统组织和运行的；②政策目标偏重于取得维持社会稳定的效果，而忽视提高经济效率的要求；③在实践中，政府较多地根据眼前面临的局势调整政策，而未能认真注意长期发展所要求的协调；④它对生产者的决策权构成限制。

从实质上说，现行粮食收购制度是国家利用超经济手段直接干预社会资源和利益分配的一种形式。它造成的各种扭曲非常可能导致粮食生产效率的降低。这种影响反映在图1中。为了简化分析，在这里假定粮食需求不受收购政策的影响，并且忽略了粮食的进出口贸易。在图1中，D为需求曲线，S_0 为不存在扭曲情况下的供给曲线，S_1 为扭曲后的供给曲线。资源利用效率降低导致生产成本的上升，在图中表现为供给曲线向左方移动。由图可以看出，在不存在扭曲情况下供需平衡数量和市场价格为 Q_0 和 P_0，而扭曲后的供需平衡数量和市场价格分别为 Q_1 和 P_1。这反映出，当政策造成的扭曲程度严重到一定程度后，尽管粮食价格可能高于未扭曲时的均衡水平，但产出数量却反而会下降。

从图1中还可以看出，除扭曲造成的供给下降外，还出现国家收购价格（P_s）与市场价格差距的加大，从而形成了另一种扭曲。平市价格差距对粮食生产的影响并不像其他政策扭曲的效果那样清楚。依据微观经济学原理，决定生产规模的是产品的边际价格，因而粮食市价的提高应该引起生产规模的扩大。然而对此有必要做更深入一步的分析。

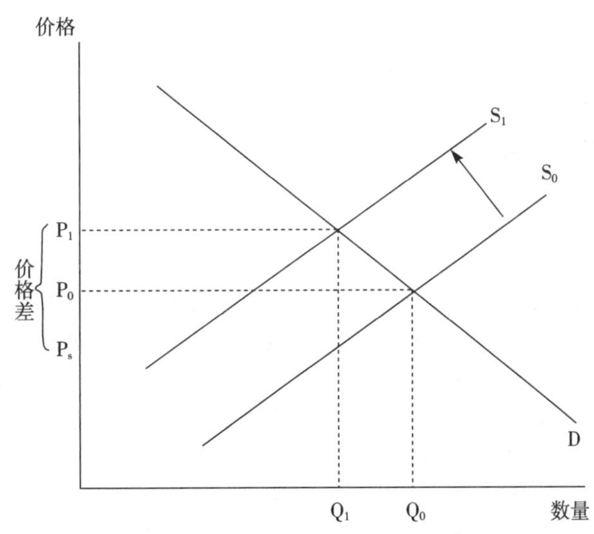

图1　政策引起的扭曲对粮食生产和价格的影响

图1反映的是实行价格“双轨制”的情况。由于政策扭曲，国家收购价格与市场价格的差距拉大。这种价格差使单轨价格时的隐蔽税收清楚地暴露出来，因而从心理上可能引起农民生产粮食积极性的降低，并诱使农民将资源转向不受国家控制或控制较松的生产项目。此外，在实际工作中，市场价格并不一定会成为对农民起激励作用的有效边际价格。这是由于，在平市价格差距大的情况下，农民向国家交售粮食的意愿下降，而政府为了保证收购数量又往往以强化对市场交

易的行政控制来解决，这使得市场价格不能成为可靠的价格，从而削弱了它对生产的调节作用。现行的以县为单位完成收购任务前不得允许粮食上市的规定就是这样的例子。另一方面，从动态发展看，如果农民按照市场价格信号扩大生产，那么依照现行体制，在几年之后国家可能要增加对农民的收购任务。在这样一种环境下，农民的更合理选择是将粮食生产控制在“适度”规模，而将增加或节约出的资源用于投入产出效益更好的其他产业。由于这一系列因素，平市价差可能对粮食生产产生消极影响。

由于以上的分析可以形成两个理论假说：① 国家提高收购任务会增强资源配置的扭曲（以下称为数量扭曲），从而降低粮食生产能力；② 在存在双轨价格的情况下，平市价格差的扩大（以下称为价差扭曲）对粮食生产有不利影响。这是在本文中试图检验的两个假说。

三、对粮食收购制度影响的实证研究

对上节中形成的两个假说的实证检验，是以 1952 年以来的历史统计资料为基础进行的。粮食生产是一种动态过程，受到多种因素（包括经济、技术、社会和自然条件等方面）的影响。然而在模型分析中不可能将所有影响因素均包括进来，本文中所涉及的只是起主要作用的因素。在对我国粮食收购体制的分析中，所采用的概念模型为以下形式：

$$GO = f(FP, SP, PE, PI, QD, PD, T, W)$$

式中：GO——粮食产量；

FP——粮食集市价格；

SP——粮食国家收购价格；

PE——经济作物价格指数；

PI——农用生产资料价格指数；

QD——数量扭曲变量；

PD——价差扭曲变量；

T——时间趋势变量；

W——自然灾害变量；

D——虚变量，有粮食集市价格的年份为 1，其余年份为 0。

价格是影响农业经营决策的重要变量，但在不同时期内，对粮食生产起影响作用的价格不同，影响的程度也有变化。在模型中包括了国家粮食收购价格和集市粮食价格，以检验两者作用力的变化。模型估计中所用的国家收购价格是以近年国家合同收购数量作为权数计算的小麦、水稻、玉米和大豆四种作物的加权平均价格，但对不同时期采用了不同的处理方法。对于 1974 年以前的时期直接使用了加权平均统购价格，1974－1984 年期间则根据实际超购比例和加价幅度对加权平均统购价格作了调整；1985 年以后的时期采用了加权平均合同定购价格。集市粮食价格得自于商业部集市粮食价格调查资料，采用与国家收购价格相同的权数加权计算。限于现有资料，模型中只包括了 1962－1968 年和 1979 年以后的集市价格。农用生产资料价格指数和经济作物收购价格指数均来自于《中国统计年鉴－1988》上的资料。为了消除通货膨胀的影响，所有的价格都除以工农业总产值平减指数，利用实际价格作为模型中的变量。为了反映我国不同时期价格调节作用有效程度的变化，在模型估计时采用了超越方程形式。这种处理方式允许粮食生产对各种价格的弹性值（生产对价格的反应能力）随价格水平而变化，这可以较好地反映我国自农村改革以来价格政策作用逐步增强的实际情况。

在模型中，数量扭曲变量定义为国家任务收购量与前三年粮食平均产量的比值。这里需要强调的是，引起粮食生产效率降低的并非国家粮食收购量，而是对优化资源配置构成制约的现行粮食收购方式。依据这一原则，在计算国家任务收购量时采用了如下的处理方法：对于 1979 年以前的时期，国家任务收购量定义为国家实际征购数量；1979－1984 年期间为统购数量与 1978 超购数量之和；1985 年以后为国家合同定购数量。对于 1979－1984 年期间的数量作特殊处理的理由是，在这一时期内，虽然国家实际收购粮食数量有很大增长，但增长的主要是超购部分，而在实行了生产责任制的情况下，按超购价交售数量的增长部分是农民自己的选择，从性质上说并不构成对生产的制约。与数量扭曲变量的处理方法相类似，差价扭曲也表示为上年集市粮食价格与当年国家收购价格的比值。

对于自然气候因素，在模型中用三个变量（W_1、W_2、W_3）来反映，即旱灾、水灾、风雹灾和霜冻灾，分别用相应的成灾面积占农作物总播种面积的比例来表示。在实际估计的模型中，右边项包括了上年的粮食产量，它主要反映了结构调整的刚性。此外还包括了一个时间趋势变量。表 1 中列出了利用最小二乘法估计的结果。

表 1　估计的模型参数

变　　量	回归系数	t 检验值
常数项	－25.2439	1.17
GO $\hat{Q}_t\hat{Q}-\hat{Q}_1$	0.3580	3.82
FP $\hat{Q}_t\hat{Q}-\hat{Q}_1$	0.0542	4.33
FP-P. $\hat{Q}_t\hat{Q}_5\hat{Q}-\hat{Q}_1$	－2.5310	－4.44
SP $\hat{Q}_t$	0.0115	4.58
LogSP $\hat{Q}_t$	－2.8936	－4.36
PI $\hat{Q}_t$	－0.1517	－2.66
LogPI $\hat{Q}_t$	16.8527	2.60
PE $\hat{Q}_t$	－0.0177	－3.68
LogPE $\hat{Q}_t$	3.0497	3.52
QD $\hat{Q}_t$	－0.9285	－3.53
QD $\hat{Q}_t\hat{Q}-\hat{Q}_1$	－2.3962	－6.96
PD $\hat{Q}_t\hat{Q}-\hat{Q}_1$	－0.0463	－4.07
W_1 $\hat{Q}_t$	－0.7030	－3.64
W_2 $\hat{Q}_t$	－1.3765	－3.99
W_3 $\hat{Q}_t$	－6.1145	－6.07
T	0.0094	2.23
D	－29.572 4	－4.55
调整自由度后的复回归系数	R-P_2＝0.995	
杜宾－沃森统计值	D. W. ＝1.48	

注：* Log 表示自然对数；下标为时间。

模型中的全部估计参数均超过了 95％ 统计显著性标准，变量的符号也与理论预期相一致。复回归系数表明，回归方程对我国粮食生产的历史变化有相当高的解释能力。

得到的回归系数表明，所有四种价格对粮食生产的影响都随价格水平上升而增加。这一情况与我国的经济改革有密切的关系。除了在改革过程中国家开放粮食集市交易、从而形成集市价格外，国家粮食和经济作物收购价格及农用生产资料价格在这一时期均大幅度上升，而农村生产责任制的实施从制度上为农民根据经济效益原则组织生产开创了条件，这使得价格对农民的生产决策有了越来越强的影响。从数学推导的结果看，尽管在目前的价格水平下，粮食生产对集市价格的弹性系数仍低于对国家收购价格的弹性系数，但集市价格的影响作用要比国家价格的作用上升的更快一些，趋于变为起主导作用的价格信号。

在回归方程中，数量扭曲变量和价格扭曲变量均有显著的负系数，这证实了两种扭曲都具有降低粮食生产能力的效果。比较而言，数量扭曲的不利影响不仅出现的早，而且也较价差扭曲的作用更为强烈。

估计结果也表明，我国粮食生产在很大程度上受到自然气候条件的制约。各种自然灾害对粮食生产均表现出较强的影响。从影响程度看，风雹和霜冻灾害对粮食生产的不利作用最为严重，其次为水灾，旱灾的影响最弱。然而，由于我国每年旱灾成灾面积大于其他灾害，从实际作用看旱灾仍是制约粮食生产的最重要灾害性因素。

时间变量的系数表明，我国粮食生产有较强的上升趋势。如果用这一系数作为技术进步的指标，那么它反映出，我国粮食生产的年技术进步率为每年0.94％ 。在1952－1988年期间内，我国粮食生产的年平均增长率为2.46％ ，因而这一增长约有近40％来自于技术进步因素。

四、分析和结论

利用我国历史数据所做的实证分析表明，现行粮食收购体制造成的扭曲严重地降低了我国粮食的生产能力。利用表1中结果粗略匡算，以目前国家合同收购量（贸易粮）与总产量的比值为12％计，由于数量扭曲而使粮食生产能力降低的幅度可能高达25％。价差扭曲对粮食生产能力的影响要小得多，大体上为2～3个百分点。考虑到参数本身的误差区间和外推计算误差两个因素，以上匡算的结果可能偏大。但它确实反映出，现行体制造成的效率损失是不容忽视的。

为了对在目前情况下两种扭曲的影响程度有准确的了解，这里以1988年实际数据为基础，利用得到的回归方程模拟计算了粮食生产对主要因素的弹性系数（结果见表2)。

计算这些弹性系数分两个步骤。第一步是计算在所有因素都保持1988年实际值的情况下以后1～5年的产量，用作比较的基准。第二步是计算当某个变量从第一年起提高1％，同时其他变量保持在1988年实际值时的产量。后者的产量与基准相差的百分数作为该变量的弹性系数。

表2　粮食生产对各变量的弹性系数

	国家价格1	国家价格2	集市价格1	集市价格2	国家收购任务	投入价格	经济作物价格	平减指数
第1年	1.41	1.41	0.00	0.00	－0.12	－0.13	－1.16	－0.27
第2年	1.54	1.47	0.88	0.88	－0.42	－0.14	－1.21	－1.07
1～5年	1.76	1.69	0.75	0.80	－0.40	－0.16	－1.39	－0.99

表2中，第一列和第二列是粮食产量对国家收购价格的弹性系数。其中计算第一列数值时允许平市差价随国家价格调高而变化，计算第二列时则固定了差价。因而，这两列值的差异可以认为是价差扭曲的结果。从这些数值看，国家收购价格的调整对粮食生产有明显的刺激作用。以五年期内的粮食产量变化为例，国家价格提高1％的直接作用是使粮食产量上升1.69％，而通过校

正价差扭曲又使产出提高0.07%。由于集市价格形成的特点，它对粮食生产的调节存在一年的时滞。从目前看，集市价格对粮食生产的影响尚小于国家价格的作用。表2中第三和第四列的数据反映出，集市价格上升1%会使粮食产量增加0.8%，但这一作用却被加大的价差扭曲而部分抵消（增长率降低0.05%）。

第五列的数值反映出，国家增加粮食收购数量对当年粮食生产影响较小（弹性系数为－0.12），但在随后几年中影响程度逐步加大。任务收购量提高1%，可以使五年内的粮食产量下降0.4%。

农用生产资料价格和经济作物价格对粮食生产也有显著的影响。以五年期内的粮食生产为例，农用生产资料价格上升1%会使粮食生产下降0.16%，经济作物价格上升1%会使粮食生产下降1.39%。需要指出的是，以上有关价格对粮食生产影响作用的分析结论只适用于经济中不存在通货膨胀的情况。而在出现通货膨胀的情况下，如果粮食、经济作物和农用投入等价格不变，它们的实际价格会下降，从而影响到粮食产量。这一影响可以从表2中最后一列看出。以工农业总产值平减指数表示的通货膨胀率上升1%，可以使五年期内粮食总产量下降近1%。

这一模型所指出的最重要的结论是，数量扭曲和差价扭曲在现行体制下均具有不断强化自身的正反馈机制。就数量扭曲来说，提高国家收购量会引起粮食产量的降低，而产量降低又使扭曲的程度加强（任务收购量比总产量的比值上升），这又使粮食生产能力进一步收缩。价差扭曲也有相似的变动趋势。在存在双轨价格的情况下，国家低价收购使粮食产量下降，这可以引起市场粮食供给量的减少；在需求不变的情况下，市场粮食供给量下降导致市场价格上升，从而使价差扭曲加大和引起生产的进一步收缩。需要特别注意的是，这两种扭曲还具有互相强化对方的作用。一方面，数量扭曲造成的产量下降可以引起市场粮食价格的上升，从而强化价差扭曲的程度；另一方面，价差扭曲导致的产量下降则使数量扭曲得到增强。然而反过来说，校正扭曲的政策措施也会由于以上机制而使积极效果不断增强。

对于政策制定来说，这一结论的重要意义是，现行粮食收购政策的目的和手段是不相适应的，它导致短期目标和长期目标之间的冲突。习惯上认为，国家征购是与粮食生产水平比较低、供需矛盾尖锐的情况相适应的分配政策。然而利用表2中的数据估计，在目前的粮食生产和国家收购水平下，收购任务增加1%可以使国家多拿到约50万吨粮食（贸易粮），而由此强化的数量扭曲在当年就引起粮食生产下降0.12%（约折合48万吨原粮），在五年期间内则使粮食生产下降0.4%（约折合160万吨原粮）。这表明，现行政策的预期目标和实际效果是大相径庭的，追求实现短期平衡导致了粮食紧缺局面的持续和强化，而以上提到的扭曲自身强化机制又使我们感到越来越难于摆脱现行体制。概括地说，现行的粮食收购制度实质上是以牺牲生产的长期发展能力为代价，来保证短期内城市粮食供应的稳定。

对我国现行粮食收购制度所作实证分析的结果既反映出政策扭曲的严重程度，同时也指出了解决我国粮食问题的潜力之所在。在当前有关粮食的政策的讨论中，注意力较多地放在通过改进技术和增加投入来提高粮食产量上，而对于消除现行体制对生产效率提高的制约则重视不够。然而，在缺乏体制保障的情况下，实现提高技术效率目标的可能会受到很大的限制。而通过消除政策扭曲则可能以现有资源和技术实现更多的产出。

根据我国及东欧国家的经验，在农产品购销体制和价格体系上的激烈改革很容易引发社会的动荡，然而拖延改革又只能使今后问题变得更难于解决。在政府将社会稳定作为主要目标时，必须认真地考虑实行这样的政策对长期经济发展造成的代价，在稳定和经济效率上做出明智的权衡。

土地用途转换中土地价格变动趋势*

贺 锡 苹

在土地开发过程中土地用途是不断转变更替的。一般的规律是从收益较低的用途转向收益更高的用途。总的说来，商业用地收益最高，依次为工业用地、住宅用地、耕地、草场和林地，最后是荒地。在这种土地用途转换过程中土地价格将如何变动是一个重要问题，它对贯彻实施土地有偿使用原则，合理批租，转让使用权，征用农村土地，从而保护我们最珍贵的耕地资源具有重要意义，因为农用地转为非农用地是土地用途转换中的重要问题，所以这里只研究农用地转换为非农用地时土地价格的变动趋势。本文拟对以下三个方面做初步的探析，以供抛砖引玉之用。

一

新中国成立40年来经济建设飞速发展，人口急剧增长，新城市兴起和老城市扩大，数亿荒原被开垦为良田，无数矿山油田被开发利用，伴随而来的是土地不断在开发和再开发，转换用途。由于建国后土地禁止出租买卖，所以在土地用途转换过程中土地价格的变动无实际数据可查。尤其是国营企、事业单位之间占用土地都是无偿划拨的。只有国家建设征用农村土地因涉及所有权更替，国家规定给予补偿，补偿内容包括土地补偿费、土地上青苗和附着物补偿费和农民的安置补助费。土地补偿费顾名思义，不是土地价格，但亦有按公平合理代价予于补偿之意。有的学者还把它叫做“征用价格”。这里权且以农地征用的补偿费作为研究农用地转变用途时土地价格变化的依据。

除1967年开始施行的《土地管理法》以外，国家对于建设征用土地的法规先后颁布了三个。1953年、1958年和1982年公布的法规显然各带有不同建设时期的特点。1953年政务院通过的《国家建设征用土地办法》反映了建国初期和社会主义改造完成以前时期的状况。土地补偿费规定一般土地以其最近3～5年总值为标准，特殊土地得酌情变通处理。以北京执行情况为例，一般土地每亩为51～130元，水地每亩132～200元，园地每亩160～260元（据1955年北京市建设征用郊区土地补偿费用实施标准）。这些实施标准制定时参考了以往地价的历史情况。

1958年公布执行的《国家建设土地征用办法》是在社会主义改造完成以后。其中规定的补偿费和补助费内容没有改变，只是征用的土地补偿费以2～4年的定产量总值为标准。北京市的具体标准改为：一般土地每亩35～75元，园地每亩150～200元，水地每亩95～140元，稻地每亩110～150元。由于补偿年限减少和作价玉米价格下降，土地补偿费降低20%～30%。该规定中还明确规定：“征用农业生产合作社的土地，如果社员大会或对社员代表大会认为对社员生活

---

* 原载《地价理论与土地估价方法》论文集，江苏人民出版社，1990年。

没有影响，不需要补偿，并经当地县人民委员会同意，可以不发给补偿费”。

在这两个规定贯彻实施时期出现了土地征用补偿费长时期稳定不变状况。以我们在昌平县的实际调查来说，如以北京市昌平县1956年征用耕地的补偿费为100，则1960年指数为112，1965年指数为95，1970年为108，1973年为149。同时土地补偿费明显低于土地合理价格，因此也产生了两种不正常现象：一是用地单位占用浪费土地现象严重存在。国务院1956年1月24日通知中指出，几年来据武汉、长沙、北京、杭州、成都和河北等五市一省部分地区不完全统计，浪费的征用地占征用土地总数40%以上。二是对被迁移群众生产和生活不很好安置，群众有意见。因此，1962年国务院曾指示一切征而不用，多征少用、早征迟用的土地应当坚决退还。

1982年人大常委会通过的《国家建设征用土地条例》是改革开放以后颁布执行的。尽管补偿费的内容一般仍然是土地补偿费、青苗及地上物补偿费和安置补助费三个项目，但补偿费和补助费的标准显然提高了。如《条例》中规定年产值按征地前三年的年平均产量和规定的价格计算，其中年产量包括各类作物主副产品，价格是按征购价和超价或议价计价，土地补偿费是年产值的3～6倍；对安置补助费有了明确的标准；甚至还规定“土地补偿费和安置补助费的总和不得超过被征土地年产值的二十倍”。另外占用菜地还要向国家交纳菜地开发建设基金。仅以北京市昌平县征用耕地补偿费来说，如仍以1956年补偿费为100，则继60年代和70年代上半的补偿费指数较平稳的时期以后，出现补偿费上十倍、上百倍地增长。1975年耕地补偿费指数为1 044，1980年为1 180，1985年更突变为13 882，1987年为23 941。到1990年北京近郊区占用一亩菜地补偿费加上菜地基金已达10万元，一般耕地也在3万元左右。这比起1987年征地补偿费又翻了一番，经济繁荣促使征地补偿费急剧上涨是这一时期的突出特点。即使如此，耕地被占已达到了惊人的程度，1985年全国耕地减少数达到2 400万亩，净减数达到1 500万亩，为加强土地管理，1986年全国人大常委会第十六次会议通过了《土地管理法》，并建立了统一全国土地管理工作的职能部门——国家土地管理局。

这种高涨的征地补偿费，有人认为它就是土地价格，认为现时规定的最高限为年产值的20倍已高出农地的价格，因为在大多数情况下地价很少超过租金20～25倍。而实际上，尽管现时土地仍禁止买卖，由于规定了中外合资企业土地使用费，有了实质上的地租可以推算出土地价格。它对征用农村土地补偿费必然起着参考系作用。因此不断发生违反国家法律规定买卖或租赁集体所有和国家所有土地现象，据1983年国务院的一个通知中指出，有的土地租金每亩每年几百元，上涨到上千元，上万元，而有的出卖土地每亩可得几千元，甚至几万元。

综上，土地征用补偿费虽不是土地价格，但为求得合理补偿必须反映地价水平。在我国实践中它曾一时低于农地价格，一时又高于农地价格，也都出现了一些弊端。实践提出课题，要求我们从理论上和变动趋势上去作进一步的探索。

二

马克思指出：“土地的购买价格，是按年收益若干倍来计算的，这不过是地租资本化的另一种表现。”美国土地经济学家伊利在《土地经济学原理》中采用计算地价的办法是：“土地的未来收益按现行价值折现，这些未来收益的折现价值总和等于土地的资本化价值。”按上述理论土地在转换用途时地价的确定应以转换后未来收益为依据。这样一来，农地转为非农用地，土地价格应以非农用地收益推算估价。北京市1985年曾规定中外合营企业土地使用费标准，按此标准三、四类地区的工业用地每平方米年使用费为10～20元。如以8%的年利率推算土地资本化后价值，则每亩土地地价应在 8.3 万～16.6 万之间，由此前面所谈的近郊菜地征地补偿费 10 万元也不算高了。

农用地转变为非农用地时地价上涨在世界各地可以说是一种普遍现象，因此在资本主义社会中常常导致一些投机商非法野蛮地掠夺农民的土地从而获取暴利，甚至造成农民家破人亡也在所不顾。美国政府还规定，凡已可能开发用于更高层次用途的土地，即按可能用途估价纳税，经济学上把因此增加的税金叫做“促熟成本”。

参阅日本农林水产统计资料，在日本农田如继续用作农田售价变动不大，在 1960—1984 年间农田售价仅上涨 3.4～3，6 倍。如果将农田转变为非农用地，则售价发生很大变化。作者曾分别研究 1978 年和 1983 年两年的数据，发现如分别以 1978 年或 1984 年旱田售价为 100，再计算不同时期旱田和水田转变为非农业用途时土地售价指数则发现以下现象：

（1）在 1978 年农用地转变为非农用地后，不同地区不同用途的农地售价上涨 6～6.6 倍。1983 年在旱田价格上涨 37%的基础上，如仍以旱田售价为 100，则农用地转变为非农用地时土地售价上涨 6～86 倍。

（2）据这两年的材料，不同地区农田售价上涨幅度相差甚大。统计分类有四类地区。先区分都市规划法划定地区和计划外地区。在都市规划法规定地区内又分市街化区、调整区和其他地区，农田售价最高的市街化区，在 1978 年售价是当年旱田的 50～66 倍，1983 年是 1984 年旱田售价的 65～86 倍。依次调整区这两年分别为 21～29 倍和 22～30 倍；其他区分别为 10～15 倍和 10～15 倍，计划外地区分别为 6～15 倍和 6～17 倍。我们计算同一类型地区不同用途售价指数的变量系数，发现组内变异系数为 8%～29%，而不同地区之间同一用途的价格指数则相差一倍或数倍之多。

（3）农地转变后不同的用途也是地价变动的重要因素。日本统计资料划分的用途有公共设施、住宅用地、工厂用地和国道铁路用地。从这两年的材料来看，公共设施用地售价较高，其次为住宅用地或工厂用地，国道铁路用地售价较低。原来农地分旱田和水田，水田价格这两年都分别高于旱田 64%和 70%。但转换为非农用途时旱田售价经常高于水田。特别在都市规划法规定地区内的市街化区和调整区，旱田转换为非农用地时售价大都高于水田。在其余两类地区旱田的售价可能略低些，但相差幅度也不如农用时那样大。

（4）农用地转变为非农用地时价格上涨受总的经济形势和供求关系的影响是明显的。经济繁荣，非农用地需求量大而迫切，会导致价格急剧上升，日本 1983 年市街化区农地售价以 1978 年为旱地的 50～65 倍上升到 66～85 倍，就可见一斑。相反的这两年在计划外地区和规划区内的其他地区价格指数的变动就比较平稳。调整区的售价指数变动处于中间地位，两年间略有上升。

综上，农地转变为非农用地时售价一般趋势是上升的，其上升幅度依其所在地区位置、用途和总的经济形势及供求情况而有所差别。

三

从国内外农用地转为非农用地时土地价格变动的实践可以初步得出如下结论：

1. 土地征用补偿费不是土地价格，但它必须反映土地价格水平。特别是在改革开放和存在着多元经济结构的条件下，市场价格对它会有重要的影响。因此必须更新观念，充分利用价值规律的作用，以保护我们宝贵的耕地资源。

2. 在农地转换为非农用地过程中土地价格是按未来收益计价，作什么用途就收什么价，因

此土地价格必然高于原作农地的价格。因为城市化过程加强，城市经济日益繁荣，城市人口增加和不同用途竞争激烈，所以地价上涨是必然趋势，有其内在的经济规律。由于我国人均耕地在世界上是属于资源偏短缺的国家，这种上涨趋势有可能类似土地资源短缺的日本。

3. 应当认识到，这种土地价格上涨是总的经济形势和整个国民经济活动的结果，因此而获得的收益不应归于某个集体或个人所有，而应收归国有，所以在土地转移过程中一方面是高价征用，另一方面可向农民征收增值税，或者是征用价较低而向使用者征收耕地使用税。向农民征收增值税必须兼顾国家集体个人三者利益，但国家得大头则是肯定的。向使用者征收的耕地使用税应随市场地价变动而变动。目前规定的一次性征收的耕地使用费每平方米最低为一元，最高为十元，明显低于土地价格变动的情况。

4. 征地补偿费相当于未来收益用途土地价格水平，会增加财政收支手续，多一些麻烦，但因此让干部群众了解土地资源的宝贵价值，利还是大于弊的。这一点对于我们这个耕地资源不足的国家尤其重要，历史的经验也证明了这一点。

从京郊农场现状看当前国营农场的示范作用*

李守谦

新中国成立初期，农村土地改革以后，小农经济像汪洋大海一样普遍存在的情况下，国营农场的建立和发展，为个体农民向何处去起到了重要的示范作用，这是有目共睹的。可是当前国营农场的示范作用是否还存在，却被人们所淡忘了。尤其农村普遍实行联产承包责任制以后，有人认为国营农场应该向农村合作经济学习，它的示范作用已不存在了。作者想通过北京郊区农场的情况探讨一下当前国营农场的示范作用问题。

一、京郊国营农场的现状

北京市共有 16 个国营农场和一些专业公司，从业人员达 21 万人，它分布在市郊的八个区县。这些农场共有 120 万亩土地，其中耕地 68 万亩，果园 5.4 万亩，菜田 4 万亩，养鱼水面 2 万亩，形成了具有一定规模包括奶、禽、蛋、肉、菜、瓜、果的副食品生产基地，并向着系列化、规范化发展，每年可以向首都市场提供奶、蛋、菜、果、鱼等副食品几亿千克，对保证和稳定首都市场的副食品供应，尤其是奶蛋的供应起到了极其重要的作用。

农垦系统还拥有食品、化工、医药、轻工、建材、建筑、工艺美术、商业等企业一千多个。其中一些是中外合资企业，一些产品已进入国际市场，在发展首都和对外经济中发挥着不可忽视的重要作用。

二、京郊国营农场的示范作用

从京郊农场的现状看，我认为国营农场的示范作用主要表现在以下几个方面：

（一）国营农场是先进科学技术的示范基地

全国上下都认识到，经济要大发展，首先农业要尽快发展。农业尽快发展靠什么？我认为除政策和投入外，当然最切实可行的就是抓好科技投入，即农业部提出的科技兴农。新的科学技术是潜在的生产力。一项新的技术要转化成现实生产力，需要有个试验和推广的过程。通过试验使广大生产者认识到新的科学技术的先进性和可靠性，也能看到实际经济效果。国营农场具有人员素质好、管理水平高、生产设备好的优越条件，所以在接受和应用新的科学技术方面始终走在前面。从京郊农场情况看，不仅在过去起了科技示范作用，当前仍然起着科技示范作用。

---

* 原载《农垦经济研究》1990 年第 11 期。

京郊国营农场不但为首都市场提供较多的农副产品，而且生产技术先进。如牛奶生产，国营农场拥有148个奶牛场，一个种公牛站，一个奶牛研究所，年产牛奶1.4亿千克，占北京市牛奶生产总量的80%，不仅生产数量多，生产技术也比较先进。国营农场的牛场广泛采用机械挤奶，积极推广冷冻精液和围产期技术，牛群质量逐年提高。现在每头奶牛年产鲜奶已超过7 000千克。其中北郊畜牧四队每头奶牛年产鲜奶达8 400多千克，居全国头年产奶之首。除奶牛外，国营农场还饲养猪、鸡、鸭、鱼、鹌鹑、鹿等。京郊农场已成为北京市种猪繁育基地。北京黑猪成为全国的新猪种，已推广到全国25个省市。中日友好养鸡场采用有窗开放式鸡舍，平均每只鸡年产蛋15.7千克。北京鸭双桥Ⅱ系曾获部及国家级科学进步奖。

京郊农场的种植业生产技术也是先进的，种植业机械化程度较高。其中播种机械化程度已达到90%，小麦收获机械化达100%，水稻玉米也有部分实行机械收获。小麦、玉米、蔬菜、水果等都努力实现良种化。水稻旱直播和部分粮田免耕覆盖播种、施用增产菌、无土栽培、电热育苗、发枝素整枝、电子计算机等新技术也开始在京郊农场应用。

总之，农业生产中的先进技术农场总是率先采用的，农场已成为传播先进科学技术的基地。

（二）国营农场是综合经营全面发展的样板

农业发展的重要因素之一就是投入，没有投入的不断增加，就不会有产出的逐步提高。在当前国家的财政状况下，就是在国家财政状况好转以后，发展农业主要靠国家投入也是不行的。但是，国民经济全面发展，要求农业必须迅速发展，这在客观上就要求农业企业本身增强投入的能力。企业的投入能力来自哪里？当然应该来自企业经营的效果。经济效果好坏要从企业资源、设备、劳力、资金等全面利用情况综合考察。要取得最佳的经济效果，农业企业不仅要全面发展农业生产，而且要根据自己的实际条件，积极发展工业、建筑业、运输业、商业等部门。互相配合，综合发展，才能取得理想的经济效果，增强农业企业向农业生产投入的能力。

京郊国营农场正是这样做的。北京由国营农场经办的制药、食品、乳品、酿酒、油脂化工、铸造、工具、服装、照相器材、给水设备、搪瓷、饮料、汽车配件、调味品等工厂共计一千多家。还有农场组建的北京市长城建筑公司，可以承担住宅、工业、科研、旅游、古建筑等各种建筑工程。也有兼营批发、零售的一些商业企业。另外还建有一批像回龙观饭店一样的中高档旅游设施。由于京郊农场综合经营全面发展，同时又积极按照开放搞活的政策，同美、日、英、德、意、加等几十个国家和地区的企业发展业务关系，建立了十几个合资企业。京郊农场的农业、工业、建筑、商业等部门的发展，不仅成为首都经济发展的重要组成部分，而且已有四十多个企业生产出口产品，也引起国标市场上的注意。

总之，京郊农场已变成农工商一体化、经济实力雄厚的综合企业。综合经营，全面发展，经济实力较强，因此向农业投入的能力也不断提高。例如：南郊农场的瀛海分场仅1988年就增加农业投入150万元，购置拖拉机和联合收割机10多台，新打机井10眼，增加有机肥三万多亩、化肥1 200多吨。由于投入的增加，当年就取得了粮菜双丰收。

（三）国营农场已建成较完善的社会化服务体系

健全农村社区合作经济组织，完善以家庭承包经营为主、统分结合的双层经营体制，是稳定农村经济秩序，发展农村生产力的基础。过去农村成功的改革，建立起家庭承包经营制，充分调动了广大农民的生产积极性，农业生产有了较大的发展，也改变了公社化时期干不干和干好干坏都一样的混乱状况。

但是，随着农村改革的进一步深化，要求农业生产更快的发展，也还要不断充实集体经济力量，加强服务体系建设和管理，以便不断完善家庭承包经营制，使一家一户不能解决或解决不好的问题由集体经济统一解决。像水利设施的兴修、大中型农业机械的购置和使用、病虫灾害的防治、新品种和先进技术的试验和推广、农用生产资料的采购和分配，等等，这些都需要建立专门的服务机构来完成。有些地方或企业注意了这方面的工作，保证了农业生产的发展，可是也有不少地方没注意服务体系的发展，集体经济实力和作用削弱，而限制了农业生产的正常发展。这方面国营农业企业已成为农村集体经济学习的榜样。

京郊国营农业企业的服务化体系是比较完善的，据不完全统计，京郊农场系统有各种服务单位 1 260 个，在农技、农机、水电、蔬菜、果品、奶牛、畜牧、渔业等方面，初步形成了网络化、系列化服务体系，大多数具有一定的服务水平。奶牛生产率先实行了生产、加工、销售“一条龙”系列化的配套服务；在农机方面，拥有大中型拖拉机 1 434 台，各种收割机 506 台，小型拖拉机 2 345 台，农用汽车 2 408 辆，北京农垦系统共 43 万亩粮田，其中机器耕耙播面积达 95%以上，小麦机收面积达到 85%以上。在农艺方面，各种作物基本上做到了优种化，并推广了栽培、植保、化肥、微肥、土壤普查、农业气象、现代化设备等科学技术。各级的蔬菜、果林、畜牧服务公司，为生产单位担负着生产资料购置、技术指导和产品销售服务等工作。

各服务单位所进行的具体服务，因生产单位的经营对象不同，服务内容、服务手段不同，所采取的服务形式也不尽一样。大致有这样几种形式：一是企业化服务。服务单位独立核算、自负盈亏的经济实体，它们对生产单位服务进行合理收费，并靠自筹资金更新服务设备。农场和农村分场农机站的服务，大多是这种形式。二是承包式服务。技术人员负责生产单位的技术措施，其生产达到规定的指标后，付给技术承包者应得的报酬和奖励；否则，由技术承包单位赔偿一定的损失。如双桥农场由七名技术人员组成的植保公司，就是这种服务形式。三是系列化服务。由服务单位负责生产单位各个生产环节，包括产前、产后的配套服务。服务人员的报酬，一般不由生产单位负责，只在个别服务环节，如购置生产资料、代售产品时，收取少量的手续费，用以奖励服务人员。各农场、分场的蔬菜、农林公司的服务，基本上是这种形式。四是保价式服务。为了保障生产供应，服务单位除进行大量优惠服务外，有时还采取保价措施，以保障其产品的正常生产，奶牛生产实行的“以工补奶”措施就是这种形式，蛋鸡、养猪生产也多采用这种形式。五是“机农合一”式服务。由机务队承包粮田，再配以必要的劳力，也有的是机务队与小农场或专业队合并、统一核算的农机化生产单位，这些村队一般是农机具多、企业单位多、劳力比较紧张的、实行“机农合一”的村队。

以上虽然只列举了三个方面事例，但足以说明当前国营农场的示范作用是很显著的。我们应该利用其示范作用，促使农村合作经济不断完善和发展。

关于发展养猪决策的几个问题*

陈　道

近十来年，在我国进行经济改革过程中，畜牧经济循着这一个过程：产品经济——商品经济；副业生产——主业、专业生产；人民生活上吃饱（粮食）——吃好（肉食）。刚走了一段历程，正继续前进，有待研究和解决的问题很多。这次哈尔滨召开的第六次全国畜牧经济讨论会提出的四个专题，均是当前的重要问题。会上讨论和提交的论文，以及一个时期以来，报刊上发表的有关论文中，存在着许多不同看法，各有各的依据和道理。主要是各自的出发点、对情况的认识和要达到的目标有所不同。经济学家和有些决策人的看法也不完全一致。经济学家对“经济”、“经济学”，每立足于损益比较上的理性选择和经济均衡理论，而忽略于一些非经济因素。但这些因素客观上存在着，并起着很大的作用。决策人往往主要从政治社会上考虑问题，在时间上着重当前或近期，要求进展及收效快，常采用明快直接的付诸实施的手段，例如指令性计划、行政手段。这自然和计划经济体制有关，不免有主观片面欠远虑之处。以下准备就这次讨论的问题中的“大中城市畜产品有效供应”和“规模经营”两个问题加以析述。在我国人民的肉食中猪肉占很大比重，乃以猪为对象。最后对有关经济决策的认识问题提出一点认识。

一、关于增加大中城市自给率问题

大中城市的人口密集，消费水平高，多数市民已逐步由吃饱走向吃好，肉类已成为菜篮子中的重要组成部分。加上进入城市参加政治、经济、文化等活动的大量流动人口，宾馆饭店每天都需大量肉类供应。怎样保障稳定地供应，是市政当局不可忽视的一个大问题。而大中城市所辖区、县农村原来饲养情况，难以满足市区日益增大的需要。加以郊区农民随着城市各行各业的发展，就业门路多，收入也多。不少农户住上新房，有的是楼房，一家一户就更加不愿从事这项利少、累人，又影响环境卫生的养猪副业了。市区范围内，猪肉的供给和需求的差距日益扩大，采取何种战略呢？按照常理，可以从外地，特别是生猪产区运进。但在多数地区市场猪肉偏紧时，某些产区当局往往设置壁垒，搞保护主义，禁止外运。或者提高价格，要求交换条件。大中城市的领导处于困境，只好力求自给，从提高本身肉类自给率下工夫。1987 年全国多数地区猪肉告紧。中央特别拨款和拨粮支持几个大城市建立养猪基地。北京市提出的战略是：“用三年或稍长一点的时间，建立 1 260 个猪场。”使猪肉的自给率提高到“70%以上”。几年来，这些猪场先后建成投产，并已提高了一些自给率，上市的猪肉质量优良，取得了一定成果。但对于在大中城市该不该要求猪肉自给？自给率多少才算合适？能不能办到？经济上合不合算？还有影响城市建设

---

* 原载《中国畜牧业经济研究》，全国畜牧经济研究会编，中国经济出版社，1991 年。

的污染问题如何解决等一系列问题还在探讨着，看法还不一致。

对于分歧的意见，这里不准备引用许多资料，以习惯上常用的经济效益高低来评述。只从决策出发点、战略目标和实际情况条件稍加分析。在战略上，有部分人包括有些决策人主张提高自给率的出发点，主要是为了避免陷于困境，减少被动性。首要的目的是为保持政治、经济、文化中心的城市的政治社会安定，市民生活及各种社会活动趋于正常。而不是以生产部门资源等条件以及成本效益来考虑问题和作决策的依据。思想上简单地保持着政治任务第一的观念，算政治账先于算经济账。但客观情况条件是，市区范围内耕地面积有限，市民的食粮中很大一部分甚至在50%以上来自外地。如果再扩大费粮较多的生猪饲养量，势必要从外地多运进许多饲料粮。几斤粮喂成一斤猪肉，运进粮食和运进猪肉相比较，哪样合算呢？不言自明。从整体国民经济发展来看，地区分工、城乡交流可以说是基本经济原则，在一定地区范围内强求自给是不利的，也难以办到。记得前些年北京市一有关部门，特别找些人研究市区内饲料自给问题，从畜禽产品的消费量，提出饲料需要量，然后落实饲料生产、地区配置。明知其不可为而白费工夫，与其称作“规划”，不如说是数学游戏了。可能中国当前有中国的特殊情况，粮食流通和猪肉流通的渠道不同，即常说的不同“口”，调动的办法也不一样。在生猪供应偏紧时，进肉可能难于调粮。在我国经济改革特别是经济体制改革未大奏效以前，存在着的一些不合常理的情况，这是学者特别是经济学者读的本本里所没有的。这也是对某一具体决策不能理解的原因吧。

二、关于猪场规模经营问题

虽然目前广大农村多数农户仍从事副业性的饲养，也还是市场商品猪的主源，但在数量和质量上已不能满足消费者的需要。为解决这一问题，势必要由农户（专业户）、国营农牧场及集体举办一些有一定规模的猪场。作为企业经营的猪场不能忽视相互联系、难分主次的三方面事项：一是科学饲养管理。从选种、配料、饲养、防疫等各环节来改进质量，提高成活率、增重率、降低死亡率，来提供质优量多的商品猪。大群饲养，有此条件也是必要的。例如防疫，大群本有利于集中进行防疫措施，但如果条件跟不上或工作上疏忽，则迅速蔓延，其危害大于分户饲养。记得50年代后期，提出“猪为六畜之首”，“大办万头猪场”。在吹风阶段，报刊宣传大型猪场有十大优越性，但有一大报把十优中的“有利于防疫”去了，写成九大优越，这位编者是懂辩证法的。二是饲料保证。西方国家的家庭农场养有一定规模的生猪，但其有粮食基地。养多或养少，卖粮还是卖猪，决定于预期的市场价格，按合算的去干。专业猪场可以从市场上随时购进不同种类的配合饲料。我国一个农户饲养两三头猪，主要是利用余粮和农副产品。从我国当前情况来看，离开粮食生产来办规模猪场，为要取得商品猪先得提供商品粮（或配混合饲料）。据粗略统计，1987年我国的饲料粮占粮食总产约20%，低于同年世界谷物利用中饲料占38.7%的水平。生猪的发展特别是规模经营的猪场，决不能忽视饲料供应。这又决定于国家的粮食总账了。三是经济核算。企业的生命力可以说是经营上的低成本、高效益。否则产出的商品在市场上没有竞争力。老亏本难以存在，依靠政府财政补贴，也绝非久计。我国50年代后期办“万头猪场”之后，70年代中后期又搞过机械化猪场，取得了不少经验和教训。80年代初期发展起来的养猪专业户，后来有较大的收缩，收缩的原因很多，主要问题还是出自所提出的三方面，其中包含着贯穿其中的价格问题。购买优质平价饲料难，交售生猪价格偏低，他们虽然没有进行完备的会计核算，赚赔是清楚的。赚不了钱，劳累一年反而亏本，谁还愿意干下去呢？

从近期投产的北京郊区一千多个规模猪场来看，生产正常进行，按时出栏一定头数的优质生

猪。对于增多上市商品猪，提高自给率，已取得显明的成果。但舍圈设施投资还回收不了，生猪上市作价还需财政补贴。当然作为初办，为取得经验，并在提供良种、指导饲养及防疫等服务方面，对农户养猪起着龙头作用。在一段时间里付出一定代价，也未可厚非。如长时期靠财政来补贴较高的成本，不仅财政上负担不了，依赖成性，经营水平也得不到提高。事实上，规模猪场可通过改良品种，提高饲料转化率，缩短饲养期，提高出栏率等技术措施，加上科学经营管理，就可以大大降低成本。这方面的优势远远胜过支出费用少的农户副业养猪的一时的优势。关于经营规模多大为合适，这属畜经管理研究的课题，它要由生产条件和生产要素优化组合，以及前面所提出的三方情况来考虑，不可能有一数量指标来标定绝对标准。但低成本和高效益是要求的目标。如果对此不加考虑，主观上一味追求扩大规模，难道这就是反映现代化水平或超额完成任务？从国外猪场的规模情况来看，同一时期大小不等，差别很大。同一猪场不同年份的猪群头数也不等。一般趋势是，经营规模逐步扩大。如果不考虑情况和条件，盲目和现时发达国家攀比，可能取得的是负效益。

三、对畜牧经济决策问题的一些认识

就以上提出的两个决策问题，确是情况复杂，联系的方面和难点很多。这是经济改革和经济发展过程中在所难免的，但作出合适的决策也包括着认识上的问题。这里谈点个人的认识，涉及范围稍广。

老经济学家陈岱孙先生在一篇文章中曾写道：“古往今来，经济学总是一门致用之学，是经济现实的反映，又反过来为经济现实服务。”畜牧经济是一门应用经济学，怎样学以致用呢？前不久，美国《未来学家》杂志上发表一篇两位作者署名的文章中谈到“外部经济学”。据作者称，它包括“未加衡量的，也许甚至是无法衡量的力量。”此外，有些学者也提出经济决策中要考虑非经济因素。“外经济学”或“非经济因素”自然包括多种多类。大体上可分自然的和人为的两类，前者如气候变化、各种自然灾害等，后如暴乱、国际关系，国内地区间和部门间关系以及有关政治社会的许多因素。这些对于经济决策和经济发展起着极大影响甚至决定性作用。前面谈的两个猪经济决策问题中就联系到一些非经济因素。有一情况，国内外对经济决策、评估和一些经济研究分析日益数量化的同时，经济学家们已注意到非经济因素。近几年，我国一些经济论文中提到经济效益时，常联上社会效益和生态效益。对后二者有不少人正从不同方面深入进行分析。看来许多原来被视为外在环境条件的已有引进为内生变量的趋势。扩大了经济学特别是应用经济学研究的范围。但是外经济因素众多，范围很广，有时和原来经济理论及价值判断标准相左。这当然是一个新难题。经济学家如果回避这些，那将脱离实际，局限于原先所学的，对实况每不能理解，更说不上学以致用了。

再谈一点关于经济管理或管制问题。我国实行计划经济和市场经济相结合。社会主义国家通过政府按制定的统一计划对国民经济活动进行计划、组织管理，同时结合市场调节，发挥价值规律的作用。而西方资本主义国家所称本身自行调节的市场经济，现时实际上不受政府干预、管制的市场经济已不存在，特别是农业生产部门，农产品市场。美国经济学家施蒂格勒(G. J. Stigler) 较早以前就提出“管制经济学”，把它引入经常学研究范围。他认为人们在物质生产过程中，政府管制起着利害攸关的作用；管制本身也是有代价的，不能把它视为外在环境条件，也需加以研究分析。但他指出，西方进行经济管制的政府、政客与各种特殊利益集团有着经济联系。管制的目标并不是如其宣布的为大众的社会福利。施氏对一些西方经济学家从公共利益出发，对他们的政府管制的评论，认为是“书生”之见，只起着“参照系”的作用。我们知道，中国社会主义国家人民政府的政策、决策理应是从全民长期利益出发，和西方国家情况有本质上的区别。但在经济改革和经济发展过程中，面对复杂情况和许多矛盾问题，在某些具体决策上不免有疏漏失误之处。主要问题似在没有抓紧经济效益这一环，往往把经济任务简单化地和政治目的相联系。凡事求多求快，并多用行政手段，少用经济杠杆，少发挥市场机制作用。因之有时造成被动局面。单从大建猪场来说，政府就承受着很大的财政负担。除投资于基建设备之外，由于猪场生猪成本高于市价，还需经常性补贴。而当其他政策如价格政策实现以后，农民养猪的积极性提高，市场上猪肉供需情况有了改变，猪场高成本猪肉便又成了需解决的另一方面问题了。如果说在经济决策上存在着认识问题，马克思主义经济学中明明写着：经济是基础，政治是经济的集中表现，又为经济基础服务。而要求政治社会稳定，根本在经济得到健康稳定的发展，经济效益是一主要问题。作为宏观的经济决策，即使是一个部门，一类产业，也都关系着全局，需综合全面地观察，瞻前顾后地考虑。决策人力戒主观草率从事。经济学家们在研究经济发展战略决策时，一方面不能忽视政治社会等方面的外经济因素，只埋头在计算机前数字堆里，另一方面要从经济方面提出真知酌见。在我国社会主义的国家里，学者的意见绝不会仅起着参照系的作用。

发挥国营农场多类型的优势*

李守谦

一、国营农场的现状

国营农场多数是在中华人民共和国成立以后建立起来的，多数农场建在人烟稀少的边疆、荒滩、野岭、沿海、滨湖地区。经过40多年的开发建设，农垦系统的国营农场已发展到2 126个，工业企业396个，建筑企业69个，运输企业30个，商业企业517个，拥有职工518万多人，已有耕地6 549万多亩。工农业总产值已达到290多亿元。这些农场分布在全国30个省、市、区。由于各农场所处的地理位置不同，形成了差异较大的不同类型农场。按地理位置大致有以下几种类型：

（一）边疆地区农场

从耕地面积看，全国农垦有一半以上耕地分布在黑龙江、新疆、内蒙古、云南等省边疆地区农场，这些农场在当地省、区经济中占有重要地位。但是这些农场多数是建在沼泽、荒滩、戈壁上，自然条件和生产条件都很差。这些地区历史上人烟稀少，距离城市较远，交通很不方便，建场后一个场就是一个独立的“小社会”。这些农场往往受交通不便、信息不灵、市场有限的制约，影响了发展商品经济的步伐。

（二）沿海地区农场

在我国的广东、广西、福建、浙江、江苏、山东、河北、辽宁等沿海省、区共有国营农场588个，还有一批农垦系统的工、商企业。这些农场地处国家开放地区的前沿，完全有条件按照国家沿海经济发展战略的要求，调整产业结构，发展出口创汇农业。还要创造有利环境和外部条件，吸引外商、港商、台商来农场直接投资，兴建“三资”企业，使这些农场有计划地面向国际市场。

（三）大中城市郊区和工矿区农场

在我国大中城市郊区和工矿区，共有500多个农垦企业，这些农场一般规模不大，但地处城郊，交通方便，靠近经济活动中心，经济发展条件优越，所以城郊农垦企业发展很快。其中不少农场已具备相当规模的农副产品生产基础。这些农场发展指导思想就是：“依托城市、服务城市、联合农村、共同发展，促进城乡经济一体化”。这样就把城郊农垦经济紧密地结合到城市经济中去了，使城郊农场成为搞活城市经济的一支重要生力军。

---

* 原载《农垦经济体制改革研究》1991年。

(四) 平原滨湖和山地丘陵农场

新中国成立以后，在我国一些内陆省的平原滨湖地区，靠开垦荒地和围湖造田，建立起一批种植业为主的农场。这些农场多数地理条件和气候条件优越，土地肥沃，适宜水稻、蔬菜、水果的种植和猪禽及水产品养殖。但是这些农场过去和广大农村一样，长期处于“单一种粮”的状态。当前这些农场通过改革和产业结构调整，实行综合经营，走出了一条种、养、加良性循环，农工商协调发展的新路子，使这些农场变化很大。

另外在一些山地丘陵区也建立了一批国营农场。这些农场一般有较丰富的林木和牧草资源，有的地方还兼有丰富的矿产资源。这些地区农场，要逐步建立起生态型的产业结构，发展见效快的生产项目，积极创造条件，对资源进行综合利用，把资源优势转化成经济优势。

二、因地制宜，发挥国营农场的优势

(一) 改变过去传统管理的观念

全国的国营农场有不少共同的特点，如所有制一样，人员素质较好，各种人才和科技力量较强，生产设备和生产手段也比较先进，生产规模也比较大，等等。这些特点过去和现在都得到发挥，当然还要继续发挥这些长处。但是，我认为过去在管理工作中统的过多过死，不管在农村集体经济中，还是在国营农场中，注意发挥各地各单位的特长不够，事事习惯一刀切，所以农业经济得不到突破性的发展。

党的十一届三中全会以来，在农村进行了全面的改革，使农村经济有了一个大幅度的发展，当然农垦经济也随之有了较大的变化。我认为当前要重视各种类型农场不同特点的发挥，农垦经济才会有突破性的发展。

(二) 认真分析各自的特点，充分发挥不同类型农场的优势

农垦经济的发展，必须考虑两点：一是国家及当地经济发展的需要，要把农垦经济的发展，纳入国家及当地经济发展计划中去。二是根据各自可能和特点，积极发挥自己的优势。例如：边疆地区的农场，把生产的粮食、奶、蛋、肉等农副产品，运往内地受运输距离远、运费高的限制较大。但是边疆不少农场地处国境线附近，如果与邻国开展边境贸易，就成了边疆农场的优势了；又如沿海不少农场地处经济开发地区，就可以按照国家沿海经济发展战略的要求，发挥农垦企业有土地、劳力、加工能力等优势，大力发展劳动密集型的行业，争取做到“大进大出”，可以把这些地区的农场有组织、有计划地引向国际市场；再如平原、滨湖地区农场，多在农业生产集中的内地，一般气候、土质较好，应该注意综合利用资源，走种、养、加综合经营的路子，以促使农垦经济的全面发展。当然，大中城郊的农场要紧密结合到城市经济的运行中去，随着城市经济的发展，不断发展壮大农垦经济。

总之，农垦经济的发展，要接受过去一刀切、管得过死的教训。一定要注意各地国营农场的特点，充分发挥国家、农场、工人各方面尤其是农场和工人的积极性，这样农垦事业就会有长足的进步和发展。

三、注意发挥自己优势的一例

改革开放以来，农垦经济有了比较大的发展，据统计，1988 年全国农垦工农业总产值已达

243亿元，比1978年增长2.1倍；全员劳动生产率为4 781元，比1978年增长2.2倍；职工平均收入1 300元，比1978年增长1.68倍。全国农垦系统连续十年经营盈利，累计盈利83亿元。向国家上交税金60.6万元，利税总和143亿元，农垦主要产品粮食的商品率达到57%、棉花商品率96%、肉类的商品率68%。

有人把十年农垦经济的改革和发展总结出这样几条经验：一是实行农场所有权与经营权的分离；二是建立大农场套小农场的双层经营体制；三是发展多种所有制；四是走农工商综合经营的道路；五是坚持国营农场向全社会开放。我不想对有几条经验或每条经验的内涵发表议论。不过据我了解，不管哪条经验在不同的农场实践中表现是不同的，侧重点也是不同的。这说明改革开放以来，农垦经济的发展开始注意了各地不同的特点及其优势。我想简单谈一下北京农垦企业的发展情况。

北京市共有国营农场16个，耕地68万亩，仅占北京市总耕地面积10.8%，另有果园5.4万亩，菜田4万亩，养鱼水面2万亩。北京市的国营农场虽然面积不大，但是利用自身人员素质较高，科技力量较强的特点，在发展首都农业经济和城市副食品生产方面做出了重要贡献，形成了具有一定规模，包括奶、禽、蛋、肉、菜、瓜、果的副食品生产基地。每年可以向首都市场提供奶、蛋、菜、果、鱼等副食品8亿千克，对保证和稳定首都市场的副食品供应，尤其是奶、蛋的供应起到了极其重要作用。

北京农垦系统还拥有了食品、化工、医药、轻工、建材、建筑、工艺美术、商业等企业1 000多个，其中一些是中外合资企业，有些产品已进入国际市场，在发展首都和对外经济中发挥着不可忽视的重要作用。

北京市国营农场所以有上述变化，主要是在改革开放中，注意了国家和北京市的需要，以及自身有利的条件。最主要抓了以下的几个环节。

（一）发挥自身及首都科技优势，大力推行科技兴农

新的科学技术是潜在的生产力。一项新科技要转化成现实的生产力，需要有个试验和推广的过程。通过试验使广大生产者认识到新的科学技术的先进性和可靠性，也能看到实际经济效果。国营农场具有人员素质好、科技人才多，管理水平高，生产设备好的优越条件、所以在接受和应用新的科学技术方面始终走在前面。北京的国营农场在这方面已抓出成效。

北京国营农场不仅为首都提供了较多的农副产品，而且生产技术先进，如牛奶生产，国营农场拥有148个奶牛场，一个种公牛站，一个奶牛研究所，年产牛奶1.4亿多千克，占北京市牛奶生产总量的80%，不仅生产数量多，生产技术也比较先进。国营农场的奶牛场广泛采用机械挤奶，积极推广冷冻精液和围产期技术，牛群质量逐年提高。现在每头奶牛年产鲜奶已超过7 000千克。其中北郊畜牧四队每头奶牛产鲜奶达8 400多千克，居全国头年产奶之首，达到国际先进水平。除奶牛生产外，国营农场还饲养猪、鸡、鸭、鱼、鹌鹑、鹿等。北京农场已成为北京市种猪繁育基地，北京黑猪成为全国国的新猪种，已推广到全国25个省市，中日友好养鸡场采用有窗开放式鸡舍，平均每只鸡年产蛋15.7千克。北京鸭双麦Ⅱ系曾获部及国家科学进步奖。

北京国营农场的种植业生产机械化程度较高，耕、播、收等基本上实现了机械化，生产技术也比较先进。水稻旱直播和部分粮田免耕覆盖播种、施用增产菌、无土栽培、电热育苗、发枝素整枝、电子计算机等新技术也开始在北京农场应用。粮、菜、果等也普遍实现了良种化。

（二）综合经营，农工商全面发展

国民经济全面发展，要求农业迅速发展，这在客观上就要求农业企业本身增强投入的能力。

企业的投入能力来自哪里？当然应该来自企业的经营效果。要取得最佳经济效果，农业企业不仅要全面发展农业生产，而且要根据自己的客观条件，积极发展工业、建筑业、运输业、商业等部门。多部门互相配合，综合发展，才能取得理想的经济效果，增强企业向农业生产投入的能力。

北京国营农场正是这样做的，农场经办的制药、食品、乳品、酿酒、油脂化工、铸造、工具、服装、照相器材、给水设备、搪瓷、饮料、汽车配件、调味品等工厂共计 1 000 多家。还有农场组建的北京市长城建筑公司，可以承担住宅、工业科研、旅游、古建筑等各种建筑工程。也有兼营批发、零售的一批商业企业。另外还建有一批像回龙观饭店一样的中高档旅游设施。北京国营农场进行综合经营，全面发展，同时又按照开放搞活的政策，同美、日、英、德、意、加等几十个国家和地区的企业发展业务关系，建立了十几个合资企业。当前，北京的国营农场的农业、工业、建筑业、商业等部门的发展，不仅成为首都经济发展的重要组成部分，而且已有 40 多个企业生产出口产品，已引起国际市场上的注意。

总之，北京的农场已成为农工商一体化、经济实力较雄厚的综合企业，因此向农业投入的能力也不断提高。例如：南郊农场的瀛海分场，仅 1988 年就增加农业投入 150 万元，用于购置农机、打机井、增施肥料等，保证了当年粮菜双丰收。

（三）逐步完善的社会化服务体系

当前，北京国营农业企业社会化服务体系比较完善。据不完全统计，北京农场有各种服务单位 1 260 个，在农技、农机、水电、蔬菜、果品、奶牛、畜牧、渔业等方面，初步形成了网络化、系列化服务体系。奶牛生产率先实行了生产、加工、销售“一条龙”系列化的配套服务。在农机方面，也有完善农机服务组织，使粮田耕耙播的机械化程度达到 95%以上，小麦机收面积达到 85%以上。在良种栽培、植保、土壤、气象等方面，均有服务机构。各级的蔬菜、果林、畜牧服务公司，还负责为生产单位购置生产资料、技术指导和产品销售服务等工作。

各服务单位所进行的具体服务，因生产单位的经营对象不同，服务内容、服务手段不同，所采取的服务形式也不尽一样。大致有这样几种形式：一是企业服务。服务单位独立核算、自负盈亏的经济实体，它们对生产单位服务进行合理收费，并靠自筹资金更新服务设备。农场和农村分场农机站的服务，大多数是这种形式。二是承包式服务。技术人员负责生产单位的技术措施，其生产达到规定的指标后，付给技术承包者应得的报酬和奖励。否则，由技术承包单位赔偿一定的损失。如北京双桥农场由七名技术人员组成的植保公司，就是这种服务形式。三是系列化服务。由服务单位负责生产单位各个生产环节，包括产前、产后的配套服务。服务人员的报酬，一般不由生产单位负责，只在个别服务环节，如购置生产资料、代售产品时，收取少量的手续费，用以奖励服务人员。各农场、分场的蔬菜、农林公司的服务，基本上是这种形式。四是保价式服务。为了保障生产供应，服务单位除进行大量优惠服务外，有时还采取保价措施，以保障其产品的正常进行，奶牛生产实行的“以工补奶”措施就是这种形式。蛋鸡、养猪生产也多采用这种形式。五是“机农合一”式服务。由机务队承包粮田，再配以必要的劳力。也有机务队与小农场或专业队合并、组成统一核算的农机化生产单位。这些村队一般是农机具多、企业单位多、劳力比较紧张，故实行“机农合一”。

（四）根据市场变化，不断调整农场产业结构

我国是计划经济与市场经济结合的社会主义国家，国营农场的发展，当然要考虑到国家计划的要求，但是也必须重视市场供求的变化。国营农场产业结构调整，首先要处理好农、工之间的

比例关系，要围绕市场办工业，办好工业促农业。我想就北京农场这方面情况，谈谈农业内部结构如何适应市场变化的。

北京是首都，人口众多，随着人民生活水平的提高，人们对农副产品的需求有了较大的变化。最突出的是对鲜奶、鲜蛋、鲜活鱼等需求量大增。北京市政府为了缓和市场紧张状况，不得不采取限制消费的办法。这当然不能彻底解决问题，从根本上来说还是要从发展生产来解决问题。北京国营农场根据这个新变化，不断调整农业产业结构，增加鲜奶、鲜蛋、鲜活鱼的供应量。以双桥农场的情况为例（表1）：

表1　北京市双桥农场奶牛、养鸡、养鱼发展情况

年　度	奶　牛		养　鸡		养　鱼	
	平均头数（头）	平均产奶总量（万斤/年）	平均只数（只）	产蛋量（万斤/年）	平均面积（亩）	成鱼捕捞量（万斤/年）
1950—1959	91.2	76.75				
1960—1969	649.3	432.2	6 600			
1970—1979	734.7	813.91	6 902.3	2.56	500.3	13.44
1980—1988	1 300.1	1 672.57	93 839	146.38	1 087.77	102.54

双桥农场建立比较早，当初就饲养奶牛，但饲养规模不大。1950年只有14头，到50年代末也不过饲养了170头。从60年代逐步扩大到600多头。1980年以后急剧增加，年平均每年饲养头数增加到1 300头。实际1988年饲养头数已增加到1 682头。随着奶牛饲养规模的扩大，产奶量当然也大幅度增长。北京的北郊农场、南郊农场、长阳农场等奶牛规模也扩大很多。所以北京市鲜奶供应80%以上是来自国营农场。同样北京市的鲜蛋、禽肉、鲜活鱼的供应方面，国营农场也起到了重要作用。

随着我国经济的全面发展，城乡人民生活水平的不断提高，城市人民除对副食品供应提出更高要求外，对美化环境的绿化、花卉等也提出了要求。为此国营农场也做了必要的调整和安排。如北京市的巨山农场于1985年建起花木绿化公司。巨山花木绿化公司，是由北京市农场管理局、北京市旅游公司、原农垦部三家合资筹办的，它以绿化首都、美化人民生活、发展旅游事业为宗旨，是一个由科研、生产、经营服务组成的联合体。它先从租摆业务开始为一些宾馆、饭店、机关单位提供室内外花木，接着又发展了鲜切花等服务业务，并为花卉爱好者提供花木、花肥、花种、花药、工具、技术服务等绿化工程，负责设计、供苗、施工、养护、草坪铺设和庭院花架、山石、水池、小品的配置，并做到包栽、包活、包用，保证期两年。现在与昆仑饭店、兆龙饭店签订了鲜切花供应合同，国外驻华使馆、驻京办事处等鲜花市场也逐步打开。据1990年统计，北京市年均需要鲜花700万枝左右，而北京市十几家鲜花生产企业只能生产鲜花300万枝，远远赶不上需要，发展潜力很大。尽管花木公司刚刚建立，经验不足，管理上还存在不少问题，但根据市场变化，及时调整内部生产结构，方向是对的，也是农垦事业发展的生命力所在。

从整个农垦系统的客观角度看，农垦经济发展除要处理好工农产业关系，围绕市场办工业，办好工业促农业外，还要在区域经济发展和生产力合理布局思想指导下，搞好总体规划，合理分工，提高协作力。从微观角度看，则必须因地制宜，分类调整，充分发挥不同地区、不同类型农场的优势，最终促使农垦整个系统的全面发展，让农垦系统在整个国民经济建设中发挥更重大的作用。

海南省农垦橡胶园更新的计算机仿真*

唐正星　吴扬俊

我国是天然橡胶的生产大国，也是进口大国。我国现代化建设的发展，对天然橡胶的需求量日益增多。积极发展天然橡胶生产，充分利用我国华南热带、亚热带地区的土地资源种植橡胶树，对促进我国的经济建设有着重要的意义。海南垦区创建于1952年，目前是我国最主要的植胶区。由于60年代以前种植的橡胶树大多数已割胶22～35年，进入了衰老期，产胶功能基本衰竭，单位面积产量越来越低，老胶园的更新问题已成为橡胶业发展中的突出问题。海南垦区橡胶园的更新始于1975年，由于缺乏有效的宏观调控，更新工作考虑近期利益多，农场各自为主，缺乏对全局的和长远的定量分析，使得垦区低产橡胶园实际更新速度缓慢，超龄树面积越来越大。因此，如何从全垦区角度，定量分析和确定合适的更新速度与规模，对海南垦区橡胶业的发展具有重大的现实和长远意义。

一、系统分析和SD建模

橡胶树的生长过程包括中小苗、初产期、旺产期、降产期和衰老期等阶段。干胶产量主要是由自然条件、橡胶树品种、管理水平和胶龄结构等因素决定。大面积的胶龄结构则是由初始种植和更新模式决定，具有明显的动态和反馈特性。橡胶园的更新不仅与衰老树面积有关，而且还受更新资金等多种因素的影响。

系统动力学是在系统思想指导下的定性分析与定量研究相结合的科学方法，是利用计算机仿真来研究复杂系统动态行为的有力工具。在构造橡胶园更新SD模型之前，首先要分析橡胶生产系统中重要变量的历史动态行为，并将它作为SD模型检验的参考模式。

这里将橡胶园更新系统划分为9个主要模块，它们之间的关系如图1所示。对系统的9个主要模块进一步分析，就得到橡胶园更新因果关系图（图2）。

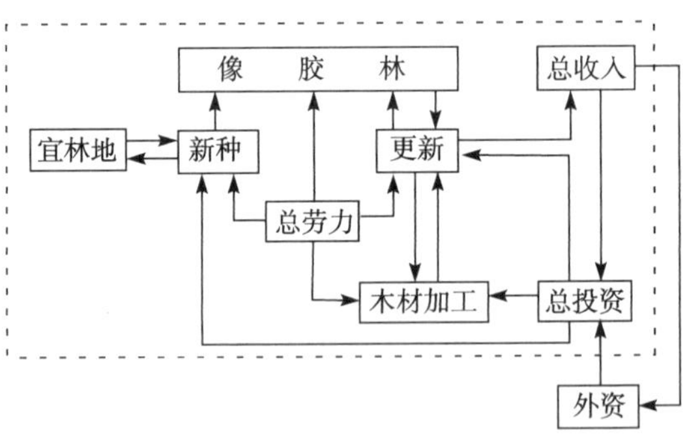

图1　系统结构图

在因果关系图中："总投资—新种—中小苗—割胶树（包括初产树、稳产树、降产树和衰老

* 原载《北京农业工程大学学报》1991年第2期。

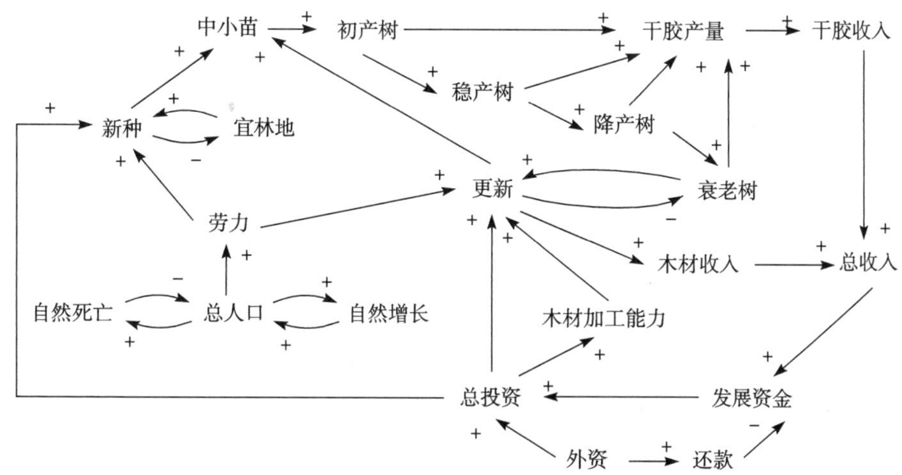

图 2　因果关系图

树）—干胶产量—干胶收入—总收入—发展资金—总投资”回路是正反馈，橡胶园的面积随着开荒新种扩大而增加，干胶产量增加带来总收入增加，进而可扩大开荒新种规模；“总投资—更新—中小苗—割胶树—干胶产量—干胶收入—总收入—发展资金—总投资”回路也是正反馈，它使胶龄结构保持动态平衡，维持橡胶园持续产胶；由于系统受到“新种—宜林地—新种”和“更新—衰老树—更新”2 个负反馈回路的影响，更新规模不可能无限制扩大，更新速度也受到抑制；另外，“木材加工能力—更新—木材收入—总收入—发展资金—总投资—木材加工能力”回路是正反馈回路，木材加工能力增大，更新速度可加快。

将因果关系转换成系统流程图，其中包括 8 个状态变量(可垦宜林地面积、中小苗面积、初产树面积、稳产树面积、降产树面积、衰老树面积、总人口数和当年实际木材加工能力)和 11 个速率变量(当年开荒新种面积、中小苗成熟率、初产树成熟率、稳产树成熟率、降产树衰老率、当年更新面积、总人口出生率、总人口死亡率、木材加工能力增长率、一阶滞后木材加工能力增长率和二阶滞后木材加工能力增长率)，以及 34 个辅助变量、6 个增补变量、3 个表函数、4 个宏函数和 40 个常数。针对系统流程图，利用 Profession DYNAMO Plus 语言建立橡胶园更新仿真模型。

二、参数估计

模型中的参数估计主要有 2 类：一是通过研究单一林段的最佳更新周期，确定橡胶龄段划分及其相应参数；二是确定有关橡胶生产中的技术经济指标。

由于高产芽接树取代实生树已成必然，因此，以芽接树为品种确定海南垦区的橡胶树最佳更新周期，借助 Poisson 生长曲线对芽接树割龄产量历史数据进行拟合，得到芽接树割龄产量公式

$$F(t) = 19.1421t^{1.3843}\exp(-0.1417t) \qquad t \geqslant t_0$$

式中：$F(t)$ 是树龄为 t 时的干胶产量；t_0 为开割树龄。在此基础上，以一个更新周期内平均净现值最大为目标函数，确定最佳更新周期 T，计算公式为

$$NPW(n) = \sum_{t=1}^{n} \frac{B_t - C_t}{(1+r)^t}$$

$$T = \{n \mid NPW(n)/n \rightarrow \max\}$$

式中：n 为橡胶树的割胶年限；NPW 为净现值；B_t 和 C_t 分别是更新橡胶园第 t 年的总收益和总成本；r 是贴现率，参照世界银行在发展中国家农业项目评估中的建议，取 r 为 12%。取不同 n 值计算平均净现值 NPW（n）/n，通过计算和分析，得到最佳更新周期是 29 年。求出最佳更新周期后，即可确定橡胶树龄段划分及其相应单产水平和木材加工能力期望值等。

橡胶生产中的技术经济指标主要是根据海南垦区目前的实际情况确立的。

三、仿真实施和模拟

根据垦区橡胶发展的各种可能性，按照依靠垦区自身积累发展橡胶生产、向世界银行提出第二次贷款申请和开荒新种与扩大木材加工能力同时进行等 3 类方案设计了 9 种橡胶园更新模拟方案。模拟结果见表 1 和表 2。对 9 种方案从运行结果、胶龄结构、资金使用和干胶产量变化等 4 个方面进行分析，揭示了橡胶生产的动态变化规律，也为橡胶园更新决策提供更多的信息和依据（见结论）。

表 1　各方案 1991—2020 年更新面积、扩种面积和干胶产量

单位：万亩，万吨

方案	指标	年份														
		1991	1992	1993	1994	1995	1996	1997	1998	2000	2004	2008	2012	2016	2018	2020
Ⅰ-1	更新面积	6.5	6.5	6.5	6.5	6.5	6.5	6.5	6.5	6.5	6.5	6.5	6.5	6.5	6.5	6.5
	扩种面积	0.6	2.6	4.1	5.3	5.9	6.1	5.4								
	干胶产量	17.3	18.5	19.6	20.8	21.9	23.1	23.4	23.6	24.1	24.5	24.4	23.9	23.4	23.1	22.8
Ⅰ-2	更新面积	6.5	6.5	6.5	6.5	6.5	6.5	6.5	6.5	6.6	13.8	13.8	13.8	13.8	13.8	13.8
	扩种面积	0.6	2.6	4.1	5.2	5.9	6.1	5.4								
	干胶产量	17.3	18.5	19.6	20.8	21.9	23.1	23.4	23.6	24.1	24.0	23.3	23.1	23.1	23.2	23.3
Ⅰ-3	更新面积	6.5	6.5	6.5	6.8	7.9	9.8	12.4	13.8	13.8	13.8	13.8	13.8	13.8	13.8	13.8
	扩种面积					4.5	7.9	6.1	3.7	1.7	0.2					
	干胶产量	17.3	18.5	19.6	20.7	21.8	22.8	22.9	22.9	22.8	23.0	23.5	23.9	24.2	24.4	24.6
Ⅱ-1	更新面积	6.5	6.5	6.5	6.5	6.5	6.5	6.5	6.5	6.5	6.5	6.5	6.5	6.5	6.5	6.5
	扩种面积	7.6	8.3	8.9	5.1											
	干胶产量	17.3	18.5	19.7	20.9	22.2	23.5	23.8	24.1	24.6	24.8	24.5	23.9	23.3	23.0	22.7
Ⅱ-2	更新面积	6.5	6.5	6.5	6.5	6.5	6.5	8.3	12.7	13.8	13.8	13.8	13.8	13.8	13.8	13.8
	扩种面积	7.6	3.3	8.9	5.1											
	干胶产量	17.3	18.5	19.7	20.9	22.2	23.5	23.8	24.1	24.0	23.7	23.6	23.7	23.9	24.0	24.1
Ⅱ-3	更新面积	6.5	6.5	6.5	9.6	13.5	13.8	13.8	13.8	13.8	13.8	13.8	13.8	13.8	13.8	13.8
	扩种面积			11.1	11.6	7.3										
	干胶产量	17.3	18.5	19.6	20.7	21.8	22.7	22.9	23.0	23.3	23.7	24.1	24.4	24.7	24.8	24.9
Ⅲ-1	更新面积	6.5	6.5	6.5	9.0	11.4	13.8	13.8	13.8	13.8	13.8	13.8	13.8	13.8	13.8	13.8
	扩种面积	6.0	6.0	6.0	6.0	6.0										
	干胶产量	17.3	18.5	19.6	20.8	22.0	23.0	23.1	23.3	23.5	23.8	24.1	24.3	24.6	24.7	24.8
Ⅲ-2	更新面积	6.5	6.5	6.5	10.2	13.8	13.8	13.8	13.8	13.8	13.8	13.8	13.5	12.8	13.0	13.1
	扩种面积	10.0	10.0	10.0												
	干胶产量	17.3	18.5	19.7	20.9	22.1	23.1	23.3	23.4	23.6	23.9	24.2	24.4	24.7	24.8	24.8
Ⅲ-3	更新面积	6.5	6.5	6.5	8.0	9.4	10.9	12.3	13.8	13.8	13.8	13.8	13.8	13.8	13.8	13.8
	扩种面积	3.0	3.0	3.0	3.0	3.0	3.0	3.0	3.0	3.0						
	干胶产量	17.3	18.5	19.6	20.8	21.9	22.9	23.1	23.1	23.1	23.4	23.7	24.0	24.3	24.5	24.7

说明：Ⅰ-1，Ⅱ-1 为靠自身积累发展；Ⅰ-1，Ⅱ-2 为优先扩种；Ⅲ-1 为 5 年开垦完荒地，分 3 年投资扩大木材加工能力；Ⅲ-2 为 3 年开垦完荒地，分 2 年投资扩大木材加工能力；Ⅲ-3 为 10 年开垦完荒地，分 5 年投资扩大木材加工能力。

表 2　各方案 1991—2020 年资金使用情况

单位：亿元

方案	投资	经营成本	合计	实际贷款
Ⅰ-1	34.30	212.0	246.3	
Ⅰ-2	45.77	201.2	247.0	
Ⅰ-3	50.27	195.8	246.1	
Ⅱ-1	34.34	213.46	247.8	1.91
Ⅱ-2	49.30	198.60	247.9	2.83
Ⅱ-3	51.60	197.30	248.9	2.55
Ⅲ-1	51.49	197.90	249.3	2.84
Ⅲ-2	51.62	198.30	250.1	3.65
Ⅲ-3	50.74	196.80	247.5	1.24

四、模型检验

主要从模型结构和模型产生的行为 2 个方面进行检验。模型的结构适合性检验包括量纲的一致性、方程极端条件、模型的界限等。模型行为适合性检验包括参数灵敏度、结构灵敏度、模型产生的历史行为与实际系统的一致性等。检验结果表明，本文所建立的橡胶园更新 SD 模型反映了系统的真实情况，由模型提供的海南垦区橡胶园发展的动态变化规律的信息是可靠的。

五、方案评价

采用模糊综合评价方法对 3 类方案进行评价。判据集由 1 个更新周期内的累计干胶总产量、累计干胶贴现产量、胶龄结构、单位使用资金带来的干胶产量和资金的自供能力等 5 个指标组成。评判矩阵 R 由以下公式确定：

$$r_{ij}=\frac{x_{ij}}{x_{j\max}}\qquad i\leqslant 9\qquad j\leqslant 5$$

式中：r_{ij} 为 R 矩阵中第 i 行第 j 列元素；x_{ij} 是第 i 方案对应第 j 因素的指标值；$x_{j\max}$ 是 x_{ij} 中第 j 列的最大值。由此得到评判矩阵为

$$R=\begin{bmatrix}0.991 & 0.991 & 0.555 & 1.000 & 1.000\\ 0.978 & 0.981 & 0.927 & 0.982 & 1.000\\ 0.980 & 0.971 & 0.998 & 0.989 & 1.000\\ 0.998 & 1.000 & 0.606 & 1.000 & 0.992\\ 0.991 & 0.989 & 0.978 & 0.989 & 0.988\\ 0.997 & 0.981 & 0.997 & 0.996 & 0.990\\ 0.997 & 0.984 & 0.997 & 0.993 & 0.989\\ 1.000 & 0.989 & 1.000 & 0.996 & 0.985\\ 0.987 & 0.977 & 0.998 & 0.989 & 0.995\end{bmatrix}$$

评判函数同时考虑了因素的平均水平、最突出的优点和最突出的缺点 3 个方面，并假定它们的权重相等，第 i 方案的评判函数值的计算公式为

$$d_i=f(d_{i1},d_{i2},d_{i3})=(d_{i1}+d_{i2}+d_{i3})/3$$

其中

$$d_{i1}=(r_{i1}+r_{i2}+r_{i3}+r_{i4}+r_{i5})/5$$

$$d_{i2}=\max(r_{i1},r_{i2},r_{i3},r_{i4},r_{i5})$$

$$d_{i3}=\min(r_{i1},r_{i2},r_{i3},r_{r4},r_{i5})$$

各方案的评判函数值 d_i 和按函数值大小排序如表 3。

表 3 各方案模糊综合评判结果

方案	第Ⅰ类			第Ⅱ类			第Ⅲ类		
	x_1	x_2	x_3	x_4	x_5	x_6	x_7	x_8	x_9
函数值	0.821	0.906	0.986	0.842	0.985	0.990	0.991	0.993	0.994
排序号	9	7	5	8	6	4	3	2	1

六、结论

1. 海南垦区橡胶园最佳更新周期是 29 年，正常更新速度应为 12.5～13.7 万亩/年，现在的更新速度太低；仿真运行和分析发现，2000 年前干胶总产量都会稳步上升，加快更新速度并不会使干胶总产量下降。

2. 对于橡胶业，海南垦区只是近几年才面临资金紧张的局面，采取贷款方式比完全依靠自身积累发展橡胶园好，而优先投资提高更新速度比优先投资开荒新种好，二者同时进行最好。

3. 由于橡胶园面积最终有限，要进一步提高总干胶产量，只能靠改良品种，提高单位面积产量。

4. 垦区人均干胶从 1991—2000 年将逐渐增长，2000 年后呈下降趋势，因此，海南垦区不可能完全依赖橡胶生产，必须调整产业结构，积极发展其他产业。

本文所建立的 SD 模型及检验、评价方法可供其他垦区橡胶园更新参考。

参考文献

[1] 武军．通什垦区胶园更新研究：北京农业工程大学，1985

[2] 唐正星．海南省农垦橡胶园更新计算机仿真研究：北京农业工程大学，1990

[3] 陈贻源．模糊数学．武汉：华中工学院出版社，1984

农产品内部比价问题研究*

李 正 强

农产品内部比价关系是整个农产品价格体制的重要内容，但我国的价格改革与调整对此重视不够，农产品生产之间相互排挤现象时常出现，导致并加剧了农产品结构性供需矛盾，造成社会财富的巨大浪费。为使农产品价格体制向着高效率方向演进，有必要对农产品内部比价关系做系统的研究。本文将以粮食、棉花、麻类等种植业产品为对象加以研究，试图寻求其内在的规律性，为价格体制的完善提供依据。

一、农产品内部比价及其经济含义

什么是农产品内部比价？本文把农产品内部比价解释为：在同一时期内，农民在销售其产品时，各种农产品的平均所得价格所形成的对比关系，即 P_i、P_j 分别为 i、j 产品的平均所得价格，则 i、j 产品比价可表示为 $a=P_j/P_i$。

在目前及将来一个时期内，我国农产品交换仍将受国家计划与市场的双重调节，因而农民对某一种农产品的销售方式就可能不止一种，而是若干种，这样农民销售某一种产品所得收入 R 可表示为 $R=\sum_{k=1}^{n}Q_kP_k$（Q_k、P_k 为某一种销售方式的销售数量及相应所得价格），那么该产品的平均所得价格即为：

$$P=\frac{R}{Q}=\sum_{k=1}^{n}(\frac{Q_k}{Q}\cdot P_k)\quad（Q\text{为总销售量}）$$

意即各种不同销售方式所得价格的加权平均。由于不同的农产品受国家计划控制和市场作用的程度不同，不同农产品的平均所得价格形成基础是不同的。粮食是典型的计划与市场共同作用的产品，其平均所得价格是计划价格与市场价格的加权平均；由于棉花交换中市场成分太小，其平均所得价格就是计划价格，苎麻、黄红麻等已经完全放开，平均所得价格就是市场价格。因此，比价作为平均所得价格之间的对比关系是丰富多样的，如粮棉比价是粮食计划价、市场价的加权平均与棉花计划价的对比，棉麻比价则是棉花计划价与麻类市场价的对比等。

比价的经济含义有以下几个方面：

1. 比价是农产品供求状况的反映。在我国，供求状况不同的农产品其平均所得价格形成中计划与市场成分不同，农产品比价水平也受到供求关系的调节。

2. 农产品内部比价的实质是农产品生产者在向农产品购买者销售产品时，销售相同数量的 i、j 产品所得收入的对比关系，即 $R_i=Q\cdot P_i$，$R_j=Q\cdot P_j$，$P_j:P_i=R_j:R_i$。显然，在特定技

* 原载《农业经济问题》1991年第1期。

术水平下，比价水平的改变将直接调节着不同农产品生产收益的相对水平。

3. 在种植业内部，土地、劳动力和资金等投入要素是可以流动的，即土地、劳动力、资金在同一时期内可以用来生产 i 产品，也可用来生产 j 产品或其他产品，又由于比价水平直接调节着产品生产收益的相对水平，以要素的投入方向、投入程度为内容的要素配置方式对生产者来说是否已达最高效率也由产品间比价关系决定。

4. 比价关系是产业、产品结构的指示器。价格具有明显的分配资源的功能，由于农业生产资源在不同生产项目之间可以流动，因而价格对资源的分配最终是由生产者生产不同产品所得的相对收益水平决定的，进而是由不同产品的相对价格决定的。只要生产者拥有某种生产经营自由权，不论在怎样的发展制度或政策下，他们都可以利用其掌握的部分或全部资源运用于具有较高的相对价格进而较高的相对收益的产品生产中去，或者从相对收益水平较低的项目中转出，甚至宁可不投入生产，以期增加收入或减少损失，因此农产品内部比价关系将在很大程度上左右着资源的分配，成为产业结构、产品结构的指示器。

二、我国农产品内部比价关系的实证描述

1. 比价作为平均所得价格的比例关系，在不同时期采取了不同形式。1979 年以前，由于农产品统购统销体制的强劲约束，农产品的平均所得价格从根本上说是由国家计划形成的，比价直接体现为国家计划价格之间的关系，主要农产品比价是由国家计划制定的；1979 年以后，市场机制开始在农产品交换中发挥作用，尤其是 1983 年以后，市场作用明显增强，农民对其产品的销售方式由完全上交国家改为上交与议价出售给国家以及在市场上出售等形式，农产品平均所得价格明显地表现为不同销售方式所得价格的加权平均，国家、农民、市场共同对比价起影响作用，单独一方已难以决定比价水平。

2. 承接比价的主体由集体向农户的转变。1979 年以前的生产管理体制及农产品交换制度决定了承接比价的主体是集体（生产队）；1979 年特别是 1983 年以后，随着农户经济地位的逐步确立，承接比价的主体变为农户个体。比价水平的改变将直接导致农户经营收益水平的变化，进而直接促使农户调整生产结构。

表 1　棉花、苎麻亩净产值的相对水平（以粮食为 1）

项目	1965	1975	1978	1979	1980	1981	1982	1983	1984	1985
棉花	4.33	2.65	2.52	2.39	2.97	2.85	2.83	3.61	3.04	2.36
苎麻	4.41	4.36	3.48	4.04	4.68	5.08	4.30	3.37	4.32	15.04

资料来源：国家物价局等七个单位资料汇编。

3. 农产品比价水平与生产者收益水平的一致性。1952—1965 年，粮棉比价由 13.22 持续降至 8.90，粮麻比价由 7.59 降至 7.19，1965 年的生产收益情况是：棉花收益水平最高，麻类次之，粮食居末位，当年棉花亩净产值较麻类平均水平高 22.1%，为粮食平均水平的 4.33 倍，亩减税纯收益为麻类平均的 2.79 倍，与粮食平均水平的差额为 27.21 元，棉花劳日分配值较粮食高 0.08 元，每元资金所得净产值较粮食高 1 倍以上，考虑到 1952—1965 年粮棉比价、粮麻比价持续下降的情况，可以说，1965 年以前，棉花收益水平更较粮、麻为好。

1965—1975 年，粮棉比价由 8.90 又降至 8.10，所有效益指标给出的一致结论是，棉花生产收益水平低于 1965 年，其中亩净产值下降 6.36%，亩减税纯收益下降 60%以上，每元资金所得净产值下降 42.2%，劳日分配值亦下降 20%以上，而粮、麻、油等均有较好增长，可以说棉花

生产的有利地位至此已完全丧失。

1975—1978年，粮棉比价经历了一个由降到升的过程，但最高水平仍在1965年以下，同期粮棉亩净产值比值变化趋势与比价完全一致，但1978年棉花亩净产值仍低于1965年水平。1976年、1977年棉花亩减税纯收益竟为负值，这无疑使棉花生产处于更加不利的地位。

1979—1983年，农产品交换价格持续大幅度上升，每项产品的生产收益水平呈现出持续高速增长的状况，改变了以前时常出现的某些产品生产处于亏损状态中的局面，从而使比价水平开始在一个较高的收益水平上形成。期内粮棉比价有所提高，棉花对粮食、麻类、油料等的相对收益水平逐步上升，棉花生产的不利地位开始改变，几项指标又一致地显示，到1983年，棉花对粮食的相对收益水平达到了顶峰。表1清楚地示出了这一结论。

1984年以后，粮棉比价又有所降低，到1986年降至历史最低点（取值6.90）；粮麻比价则大幅度上升，1985年以后的三年比价水平均为历史上罕见，1986年竟达26.02！在此状况下，粮、麻生产收益水平均有上升，尤其苎麻最甚，1984—1986年亩净产值每年平均递增82.97%！而棉花收益水平指标或增幅甚小，或明显下降，亩净产值、亩减税纯收益与粮食的对比均明显地低于1983年水平，直到1987年，棉花生产的相对收益水平才有所提高。

4. 农产品比价水平与产品结构变化的一致性。我们以各产品产量增长对比状况反映产品结构变化。“一五”期间，粮棉比价在11.01～11.44间变动，棉花产量累计增长39.57%，粮食增长16.91%；“二五”期间，粮棉比价在8.54～10.85间变动，棉花减产61.1%，粮食减产20%；1966—1979年，粮棉比价进一步降低，变动区间为7.89～8.47，棉花生产在波动中下降，产量减少5.56%，同期粮食增产55.19%，形成明显对比。

1979年以来，农产品比价体系中粮食居于支配地位的局面被打破，粮食对经济作物生产的排挤随之解除，1979—1984年，粮棉比价有所回升，变动区间在8.11～8.72，期内棉花产量年均增长23.18%，粮食产量年均增长4.17%，对比又是鲜明的。

1985年开始，比价与生产结构进一步发生变化，交由市场调节的产品如苎麻等价格上升幅度大，未放开或未完全放开的农产品价格上升幅度小，甚至出现下降情况，从而使粮食在比价体系中的地位进一步降低，有趣的是，最大宗经济作物——棉花在受到其他经济作物排挤的同时又一次受到“老对手”——粮食的压抑，苎麻等市场调节产品价格在比价体系中取得了相当突出的地位，从全国来看，粮食与苎麻比价在1984年取值7.12，1985年猛增至19.17，1986年又增至26.02！粮棉比价在已回升的情况下又趋下降，1986年达历史最低水平（6.90），致使近几年全国苎麻生产迅猛膨胀，棉花生产再度不景气，粮食生产回升不力。1984—1987年，苎麻总产量增加10倍以上，粮食生产连续在1984年水平下徘徊，而1987年棉花产量（1984年以后的最高水平）仅为1984年的67.83%！

5. 政府对比价关系调控能力的弱化。60年代以前，农产品内部比价曾被有意识地用于指导生产，在粮棉生产上，每年在播种季节前发布有关价格信息，公布比价水平并保证兑现，为生产者提供选择生产项目的机会；60年代中期至1979年，政府在整个农产品比价体系中保持并强化了粮食的有利地位，从而使非粮食生产受到压抑，表现出政府对比价关系及生产结构具有强有力的调控作用；1979—1984年，农产品内部比价关系发生了变化，特别是长期在比价体系中居劣势的非粮产品地位有了改善，并展示出有利于这些产品生产发展的势头，这一局面的形成是在国家变更对农产品价格管理体制下取得的。然而在1985年以后，市场机制在农产品交换中作用越来越大，尽管政府仍参与比价的形成，但对已放开的产品价格与未完全放开或未放开的产品价格之间缺乏有效的调控手段，在比价大幅度变动面前无能为力，反映出政府对比价关系调控能力的弱化。

三、比价对生产者行为的调节

笔者认为，比价对生产者行为的调节来自于生产者收入增长要求的内在冲动和不同生产项目间收益差别的外部诱使，结果导致产品结构的改变，其作用方式有二：

一是比价水平的改变，导致土地使用方向的改变。这一方式一般的解释是，某种产品的相对价格升高，该产品生产规模就要扩大，吸引更多的土地；反之，土地将从相对价格较低的产品生产中转出，从而实现产品生产之间的相互替代，该方式最直观的表现是不同产品的播种挤兑现象，是这一方式最明显的表现。这一方式极端的情形是，当一种产品 i 的价格升致使单一生产所得收益大于两种产品最优组合下的总收益时，非 i 产品生产就不再成为农民选择的产品。

二是比价水平改变导致既定生产项目中要素投入水平的调整。第一种方式发挥作用要求农民掌握可靠的信息，具备配置生产要素的权力和转产条件，且上述条件发生在具体的生产过程之前，同时要求生产者承担转产的全部风险。然而受许多自然、社会条件的限制，生产者经常面临着比价不利而无法调整土地使用方向的局面；另外当一个具体生产过程业已开始，土地使用方向已经确定，再改变种植结构显然不能成为生产者的理性选择，在这种情况下，比价水平的改变将促使农民在既定生产项目中改变生产要素的投入水平。

需要指出的是，生产管理体制对比价作用方式有明显作用，在生产者具有经营自由权的条件下，两种方式同时作用，而以第一种方式为主；集中统一的计划管理体制将使比价作用的第一种方式难以发挥作用，但不能制约第二种方式的作用发挥，表现出两种作用方式的替代性。

四、寻求合理的农产品内部比价：均衡比价

寻求合理的比价关系必须从国民经济总体发展来考虑，由此出发，判断一种比价关系是否合理就要看这种比价关系能否促使国民经济各部门、各产业协调稳定发展。笔者将能够有效地促使国民经济各部门、各产业协调发展的比价关系称为均衡比价。对于农民——农产品生产者而言，均衡比价应使其所拥有的土地、资金、劳动力等生产要素的配置达到最高效率，即再改变其现有生产要素的配置方式已不能使其收益显著提高。对于整个国民经济而言，均衡比价应使各种生产要素均能得到最有效率的利用，保证或促使产品合理结构的形成。

国内目前对比价关系的研究不具有系统性，试图确定合理比价关系的方法有：①历史对比法：该法以历史上某一时期若干种产品的比价水平作为标准，以此对目前或以后的比价水平作出调整。②最高收益看齐法：该法选定某一收益指标，将同一时期种植业各产品的收益指标加以对比，选取最高指标者并将该水平作为收益标准，由此推算出其他作物生产收益达到标准水平的价格，进而求得比价水平。③平均农业利润率方法：该法首先要计算出全国农产品生产成本与收益，得出平均利润水平，再由此推算不同农产品的比价水平。

本文将均衡比价视同合理的比价关系，其确定是从国民经济总体运行出发的，具体设想是：

1. 在国民经济协调发展的前提下。国民经济运行对各种农产品的需求量在一定时期内应保持一定的比例即 $D_i/D_j=k_{ij}$，通过 D_i、D_j 的核定，可以推算出微观生产单位（农户）的生产量 Q_i 和 Q_j。

2. 选择某一产品为中心产品。不论选择哪种产品作为中心产品都不影响问题的实质。本文

选择棉花为中心产品，因为棉花是最大宗的经济作物，加工过程决定了其利润分配过程是清晰的，以棉花为中心产品决定的价格关系可兼顾供需双方的利益，有利于改善城乡交换关系，同时棉花价格的确定相对来说较简单。

3. 收益指标的选取。由于下列原因，笔者选择亩净产值作为农产品收益指标：①土地对于农民与整个国民经济而言均是稀缺资源，收益指标必须反映土地产出水平；②生产过程中，农民真正以所谓成本支付的是物质费用；③我国农产品完全成本计算上的困难与亩净产值计量的简便性。

4. 中心产品价格 P_i 的确定。笔者认为，在边际成本曲线上寻找的与 Q_i 相对应的价格 P_i 是最理想的，但在可以预见的将来，边际成本定价法在我国是难以实行的，为此，可采用工农业利润分层法确定 P_i，即假定农业生产的利润水平为加工业的倍数就可推算出 P_i。

5. 等边际原则决定比价水平。鉴于我国农户已具备生产经营自主权，比价作用以第一种方式为主，农产品合理结构的形成主要取决于农户土地使用方向，因此本文比价水平的确定也以第一种方式为主。由于我们选取亩净产值作为收益指标，当两种产品生产所得的边际亩净产值相等时，土地在两种产品间的分配效益最大，并使生产处于均衡状态，设 A 为种植面积，q 为亩产，C 为物质费用，p 为价格，则边际亩净产值可表示为：

$$\frac{(A+\Delta A)q\cdot p-(C+\Delta C)-(A\cdot q\cdot P-C)}{\Delta A}=q\cdot p-\frac{\Delta C}{\Delta A}$$

式中，ΔA、ΔC 分别为面积、物质费用的改变量，令 j 产品边际亩净产值＝i 产品边际亩净产值，则有：

$$q_j\cdot p_j-\frac{\Delta C_i}{\Delta A_j}=q_i\cdot p_i-\frac{\Delta C_i}{\Delta A_i}$$

由于此处只考虑种植面积扩大或减少，则有：$\frac{\Delta C}{\Delta A}=\frac{C}{A}$，又令 $P_j/P_i=a$，则有：

$$aq_j\cdot P_i-C_j/A_j=q_iP_j-Ci/Ai$$

$$a=q_i/q_j+\frac{1}{p_i}(C_j/A_j-C_i/A_i)\cdot\frac{1}{q_j}$$

即不 i、j 产品比价。显然 Di、Qi、Pi 是从国民经济总体运行之中确定的，a 即为均衡比价。

需要指出的是，等边际原则是以完全竞争的市场经济作为理论前提的，而我国现行经济体制是计划经济与市场调节相结合的体制，市场发育程度还很低，统一的国内市场还没有形成，粮食的自给率很高，因此在实际运用中，应当考虑到多种非市场因素的作用，这已超出了本文研究范围，在此不再涉及。

民国时期影响农地价格的变动因素及农地价格的计算方法*

詹玉荣

一、影响农地价格变动的因素

我国是一个农业大国，地形复杂，气候条件不同，经济发展也不平衡，影响农地价格变化的因素多种多样。根据民国时期农地价格调查资料分析，影响农地价格的因素有：土地质量是确定农地价高低的基本依据。这里说的土地质量是指土质、土地肥沃程度和地形。旧中国人们在土地交易中判断土地质量的方法通常是按土地的产量和收入的多少，把土地分成上、中、下三等，或分为上上、上中、上下、中上、中中、中下、下上、下中、下下九等，或按水田、旱地、园地、山坡地分类，再以质论价。

根据1928年江苏武进34乡调查，上等地每亩平均104.1元，下等地则平均38.2元，上等地价相当于下等地价的2.7倍，平坦的上等黏土地每亩平均120元，东高西低（或北高南低）上等黏土地每亩平均107元，两者因地势不同地价则相差10%以上。同时还表现出农田收入高地价高。好地与次地价格差额大，荒田收入少或无收入的差额小，好与次的地价差额也小。此外，也有按以下方法论价者。

1. 以土质论价。据河北省临榆县调 查（今北戴河至山海关处）上等黑土地要比上等黄土地每亩地价高40%，上等黄土地又比上等沙土地每亩贵25%。若按三种土质的每亩平均地价计算，则黑土地比黄土地贵20%，黄土地又比沙土地贵26%。

2. 以土地可以栽培作物的情况论价。据河北省宁河县调查，麦地价每亩7元，高粱地地价5元，河北玉田县龙窝他村等六村调查，上等棉花栽培地比上等高粱栽培地贵一倍，其亩收入棉花地比高粱地多1.14倍。

从以上资料看出，土地肥沃程度直接影响经营者的收入，按质论价，按提供收益的多少决定地价是符合商品经济条件下，土地作为农业生产中重要生产资料受经济法则制约的规律的。

3. 农产品价格的高低，直接影响农地价的涨落。农产品价格高低直接影响农地经营者收益。农产品价格高，经营者收益大，购买土地者需求迫切，地价必然增高。根据南通、昆山等五县调查，1905—1924年间，谷价、地租与地价同时增长。说明地主经营土地，在谷价上涨的情况下，地租收益增加，必然带来田价上涨的一致性。

如果粮价下跌，收益减少也会引起地价下跌，根据1934年在河北阜平县调查，当时各种农

---

* 原载《农村社会经济学刊》1991年第1期。

地价下跌75%以上，而同期玉米、谷子价格也分别下跌48%和54.5%。但粮价影响农地价的变动，绝不是今天粮价上涨，地价就上涨，明天粮价下跌，地价也随之下跌，而是在一个较长的时间内粮价的变动才会影响地价，表现出地价变动较粮价变动的迟钝性。

但粮价再高，如果土地经营者仍无收益可得，其地价仍然不会上涨。如抗战胜利后，因捐税苛重，在湖南、江苏、浙江等地却出现粮价上涨，地价下降的现象。

4. 土地设施情况影响地价高低。根据河北定县的调查，有井地与无井地，地价差别很大。在地价上涨时期上等有井土地比无井土地最高时超过一倍以上，地阶下跌时期有井地也比无井土地贵近40%。

5. 地理位置及当地经济条件发生变化后影响地价。一般说，接近城镇居民点，车船码头地区地价比较高，或因该地区经济条件发生变化，如集镇扩大为城市，或改种经济价值高的作物，地价也会升高。

据1939年调查，河北石家庄城市扩大后，附近农村耕地减少一年间地价涨了30%～40%。石家庄市内的菜地每亩400～1 000元，比农村上等地高出10倍，邢台城内菜地每亩200元，城外旱地则30～80元，浙江杭州城区旱地高过农村水田价一倍，若从吉林省东部各县调查来看，城内与城郊地价差别也很明显，距街3里处的地要比郊外同样的旱地，地价高84%，水田高91.9%。

6. 田赋，地租负担，直接影响土地价格。民国以来，田赋逐年增加，据国民党政府实业部中央农业实验所调查，1912年以来，田赋占地价的百分率逐年上升。从全国来看，水田，由1912年的1.69%到1935年上升至3.09%，平原旱地由1.8%上升至3.49%山坡旱地由1.99%上升至3.74%，而1931年以后农地价却逐年下降，形成了地价下降与田赋上升的反比例趋势。其原因：当地租上涨，农产品价格提高，田赋虽然也上涨，只要经营者仍有利可图，其地价仍随之高涨，如果田赋增加，农产品价格下跌或农产品价格持平，田赋继续增加致使经营者无利可图时，地价就会下跌。30年代前期，因为农产品价格下跌，田赋杂捐继续增加，而使地价下跌。再加上土地契税，双方中介人佣金，勘丈员私酬及其他杂费等，合计约在地价的20%～30%之间。因此购买者无利可图，遂之出现田赋增高，地价下跌的负相关现象。

若从地租来考察，好地收入高地租也高。根据江苏昆山、安徽宿县等调查，地租与地价同时上涨。这是符合资本主义经济法则的，但根据1934年实物地租考察，却有下等地地租占地价比率反比上等地高，货币地租与产值之比成反比例的，不附合上述原则的现象，表现了半封建的强制性。

7. 自然灾害及匪患骚扰会造成地价下降。根据河北省北部16县调查，连年灾害和匪患骚扰造成地价下降20%～80%。

8. 局部政治、经济因素导致农地价变化。民国以来，新军阀四起，文武百官竞相购地。出现了官越大，抢购土地越多，使其田地房产与其官僚势力相互骤增，造成局部地区地价猛增。如1929年山西省稻田每亩150～170元，而阎锡山的老家五台县河边村及附近几个稍大的村庄旱田一般价格每亩200元，水田价格每亩300元，甚至有出350元都没人肯出卖一亩水田的，较印度人口稠密的奇图尔每亩旱地4元高50倍，较加拿大1924年每亩5.2元高40倍，比同时期菲律宾最肥沃的水田每亩15.62元高18倍。

局部经济因素也会使农地价波动。如民国以后，山西籍商人在外地的商业遭破坏，部分山西商业和高利贷资本转回山西本省，投资于土地，使山西农地价从1919—1929年上涨150%～500%。又如广东侨乡、华侨寄回大量钱财投资于土地，使这些地区在1916—1926年间地价上升了60%～300%，这是在全国农地价普遍上涨时期，由于局部政治经济情况的变化，使该地区的农地价比别的地区上涨更高的原因。但在30年代初地价下跌时，不论是山西还是侨乡地价都同样下跌。1933年山西地价已跌至原先市价的三分之一或四分之一，侨乡也因世界经济危机，迫使海外劳动华侨大批回国使土地价格暴跌。

9. 利息率影响地价。抗日战争胜利后，湖南、江苏、浙江等地，出现了田贱粮贵现象。如长沙乡间每亩地价由战前20石谷，到1945年只需5.6石，邵阳产5斗谷田，每亩1941年值谷10石，1946年上半年不过2石而已，究其原因是，用钱买地，不如放谷取息，地主以70石谷买田10亩，每亩产谷5石，10亩产50石，可收租25石，除田赋杂捐净得10余石，若以70石谷放债取息，春借1石秋还2石，年末可得谷140石，因此宁愿放债而不购置土地。

10. 由于迷信或能改变用途会使农地价格提高。如江苏无锡的惠山各乡镇的山地1931年因城乡人士，争相购置以作坟场而价格甚高。广东中山县坑田（山谷间稍低润的田地）每亩300元，沙田每亩普通价150元，坑田出产量并非较多，或优于沙田。而是由于坑田可以改作屋基，所以价格高涨了。

11. 人们对粮食需求的变化也影响地价。例如抗战期间，旱作粮食需要量增大，价格上涨，引起了旱地价格比水田价格上涨的速度快。

上述影响农地价因素仅是从搜集到的影响土地价格的历史资料中所归纳出的主要方面，因中国地域广阔，政治、经济形势复杂多变。且差异甚大，影响地价的因素也绝不会仅上述几项。比如金陵大学于1922年在安徽芜湖地区调查，10亩以下田块每亩平均地价140元，11～20亩每亩平均地价110元，20～30亩每亩平均地价108元，31亩以上田块每亩平均地价106元，田块的大小也成了影响地价的因素，还有田主出售土地时若有永佃权地价较低。反之则高，等等。说明农业的经营方式或土地交易的附带条件差异同样也影响农地价。

二、民国时期地价的计算方法

民国时期我国耕地的计价方法，随交易形式不同而不同，归纳起来有以下几种：

1. 市场价格。即土地交易中，在诸多因素影响下而形成的买卖双方都能接受的价格，也称交易价格。即经中介人介绍，买卖双方商定后，立契成交的价格。

2. 土地的资本价格。也称收益价格。即以土地的收益还原为资本来计算土地的价格，与城市地价计算资本价格相同。公式为

$$V=\frac{a}{r}\pm\frac{i}{r^2}$$

式中：V为土地收益价格；r为通行利率；a为每年纯收益（或净地租）；i为每年净增（或减）收益。

3. 法定价格。也称标准价格。国民党政府曾于1931年、1946年两次公布《土地法》规定土地价格。它是国家征收土地和土地所有者纳税的依据。

国民党政府从1934—1946年曾在江浙等24省部分地区，配合地籍整理，进行规定地价工作，但两次作法不完全相同。如1933—1934年江西南昌县采取如下办法估定地价：①由地价估计委员会，根据省土地局编制的略图，按着土地的位置与收益及当地经济情况，分别估计每亩平均地价为标准地价。②在同一地价区内，有因地位特殊者，另定其特殊地价。③地价估定后，按地价区将标准价和特殊价，分区公告后，该区土地所有者半数以上认为估计不当时，于15日前

推出估价人员2名，在估价委员会复估，经复估后即为估定地价。

1946年国民党政府以地政署名义公布地价调查估计规则规定：依据调查结果，将地段相连，地价相近或地目相同，地价相近之各抽查宗地，与附记于各该抽查宗地。地价调查表内之各号土地，划为同一地价等级（第七条），地价等级划定后，应分别就各等级内抽查宗地之市价或收益价格，求其算术平均数或中数，以为各该地价之平均地价（第八条）。依其市价求其算术平均数，公式为：

$$\frac{\frac{m_1+m_2}{2}}{A}=P_1 \quad (1)$$

$$\frac{P_1+P_2\cdots\cdots+P_n}{N} \quad (2)$$

（1）、（2）式中：m_1、m_2 依次表示抽查宗地第1年、第2年市价；A表示抽查宗地面积；P_1、P_2、……P_n 表示该抽查宗地每亩地价；N表示同一地价等级内抽查之宗数；P表示该地价等级之平均地价（第九条）。

就市价求其中数方法是：将（1）式中求得的各宗地单位价格，按大小次序排列，取其中项即为所求中数，如地价项数为偶数，则以中间两项之平均数为中数（第十条）。

收益价格的算术平均数求法，应以最近二年内各年通行投资利率除抽查宗地各该年内全部纯收益，并就其两年平均数以该抽查宗地之面积除之，求得各抽查宗地之单位价格，再以同一地价等级内抽查之宗数，除其抽查宗地单位价格之和，即得所求之算术平均数。其公式如下：

$$\frac{\frac{\frac{N_1}{R_1}+\frac{N_2}{R_2}}{2}}{A}=P_1 \quad (3)$$

$$\frac{P_1+P_2+\cdots\cdots P_n}{N} \quad (4)$$

（3）式中：N_1、N_2 依次表示抽查宗地第1年、第2年纯收益；R_1、R_2 依次表示第1年、第2年通行投资利率；A、P_1、N、P含义同（1）（2）（第十一条）。

其中数求法与前公式相同。

4. 土地的抵押价格和典卖价格。土地的抵押价格，是指在借债时，债务人以土地作为抵押给债权人时所确定的土地价格。当债务人无力归还债款时，以土地的抵押价额偿还。

土地典卖价格是指土地所有者，经中人商定将其土地在一定时间内典卖给他人时所确定的价格。若到期土地所有者不赎回，即以此价作为卖绝。

抵押价与典卖价都比土地买卖价格低，各地情况也很不一样。据河南许昌、辉省、镇平调查抵押价最高一般不超过市价50%，典卖价一般都在市价的50%以上，但不超过60%。若从浙江情况来看，抵押价一般占地价的25%～50%，典卖价则占地价的60%～90%比河南许昌等三县为高。

5. 永佃制下的田底价、田面价。旧中国南方的永佃制比较盛行，田底权为土地所有者拥有，田面权为永佃人所有，双方都可以各自出卖田底和田面，其价格，据永佃制度盛行的南方各省情况来看，江苏省一般田面价格高于田底价格，如常熟稻田田底每亩30元，田面每亩60元，棉田田底每亩20元，田面每亩30元，吴县田底每亩30～70元，田面每亩70～100元，松江每亩田底40～50元，田面每亩70～80元，浙江绍兴上等水田每亩110～120元，其田面价每亩为70～80

元，兰溪县则田底、田面价格各占一半。安徽的田底每亩为30元，田面每亩50元，均为田底比田面价格低。而广东的梅县、潮安粮田（田底）每担（三分之一亩）价格300元，质田（田面）200余元，田底反比田面贵。可见土地的永佃权的田面也有价格，而且数额很高，普通多占全部田价的四五成，最高的占田价七八成，成为旧中国地价问题上值得重视的一个特点。①

6. 作为学术研究提出农地价的计算方法。有人认为土地的净收入，受人为因素影响也会使丰腴的农田因耕者不得其人，土地利用不得其法，以及所种农作，先无审慎之选择，致乏销路而损失收益。以收益来确定地价的方法并不能完全代表土地的价格，提出决定农田价格的独立的、永久的及内在的原始因子，应是土地性质的优劣。确定土地价格，应把土壤评级与农田估值结合起来估定农地价。其方法是将影响土壤性质的因子，分为A类（土壤类型及地势），B类（土壤的剖面性质），C类（土壤的物理组成），D类（土壤的酸碱反应），E类（土壤有效养分的供给力）共5类。每类内再按一定标准以百分数分别定出等级后，以百分数互乘，可得土壤评级指数。以评级指数乘同地区内理想的农田价格即得此田的实际估价，计算方法如下：

P＝r×同区域内之理想田价

r＝A×B×C×D－E

A、B、C、D、E为5类因子的评分

P为地价

若农场内土壤性质不一，则可求各田场的平均土壤评级指数：

$$R=\frac{a_1r+a_2r+\cdots\cdots+a_nr}{a_1+a_2+\cdots\cdots+a_n}=\frac{mar}{ma}$$

即为该农场的土地总价格。

这种方法仅是学术上的探讨，指标体系较繁琐，理想地价的确定也没有具体的方法，但它给我们的启示是：①应当把土地的质量作为确定价格的基础因素，而质量指标不能仅限于经济指标（即收益），要考虑其物质指标。以排除人为的影响收益而降低或升高土地估值的问题。②在大面积购买土地时，因地形、土质类型较多，按各种类型分别计价，最后加在一起确定总地价，对于购买大面积农场，也有一定的参考价值。

综上所述，在一般情况下，地价受宏观经济形势影响，由综合因素导致在一个较长的时期内或升或降，而各地区农地价的短期波动，则常因该地区内某一个或几个自然或经济因素影响造成的。如受自然灾害影响，特别是较大面积的水、旱灾害，常会使该地区在近期内地价大跌。而当某个官僚，官运亨通，回乡求田问舍时，又会使这个小区域内的地价上涨。一般情况下，无论哪些因子影响地价，只要土地经营者或所有者能够获得的收益越高，地价也越贵，收益越小，土地也越不值钱。当入不敷出时，就会无人问津，甚至弃地而逃了。但旧中国是一个半殖民地、半封建的社会，在封建地主从事地租剥削的情况下，并不一定完全遵循资本主义社会的收益价格规则。如1922年在安徽芜湖地区调查，“每亩地价值100元或100元以下的农场，平均可有45元之农场赚款。在每亩101元至125元之农场中，其农场赚款平均为负数6元，在每亩值126元以上之农场，其农场赚款平均为负数13元”出现了地价与收益背离的现象。

同样在地价与地租的关系上，也存在上等地地价高，地租率低，下等地地价低而地租率高的背离现象。据1930年全国22省360个点的水田调查，有14个省下等水田的货币地租额占地价的百分比，比上等水田高，22省平均，上等水田货币地租为地价的10.3%中等水田为11.3%，下

① 罗俊：《永佃权之研究》，中农月刊6卷4期第59～60页。

等水田为12%。旱地372个点调查，平均上等旱地地租占地价的10.3%，中等旱地占11.0%，下等旱地占11.5%，出现了同资本主义社会的地租收入提高，地价也高的土地价格相反的现象。表现了在半殖民地、半封建社会下，土地大部分被地主富农占有，广大农民缺乏土地，而其他谋生之路又十分狭窄，只得从事租地耕作，有一定的强制性。

旧中国农地价格计算的多样性是因为农地买卖纳税中多种形式造成的。在土地交易中，有典卖价格，还有土地所有权与使用权分离，而各自拥有的田底（属所有者）田面（属租佃使用者）买卖价格。典卖和借债抵押土地是贫苦农民丧失土地的主要形式。在封建地租和高利贷的剥削下，农民或因经济困难，或因天灾人祸，被迫以土地正常交易价格的20%～50%抵押借债或以50%～80%典卖价格出卖保留回赎权或永佃权。在这种交易中往往卖方是生活所迫的贫苦农民，买方则是财大气粗的地主、富农，是两者经济地位悬殊的不平等的被迫性交易。而那种官运亨通的新旧军阀掳财回乡购地者，就更带有强制性和掠夺性了。它与大城市那种完全属于资本主义方式的土地交易的价格对比，农村土地交易价格更表现出半殖民地和半封建社会性，且具有复杂的、过渡的和变动不定的特性，从中也可使我们透过地价研究，加深对旧中国半殖民地半封建社会性质的认识。

一般均衡/系统模拟在农业中的应用*

安希伋

一、绪言

（一）农业政策与农业计划

在当今世界上，制订并执行某种农业政策，乃至农业发展战略和农业计划，已成为各国政府的一项重要职能。其中包括社会主义国家和资本主义国家，发达国家和发展中国家。例如农业税政策，农业补贴政策，农业信贷政策，农产品低价或高价收购政策，农产品国际贸易政策等。有些国家制订和实施的农业政策和计划比较详细、具体，另一些国家则比较粗略、概括；有些国家的农业政策和计划比较切合实际，科学性较高，另一些国家则往往不够准确，甚至连政策目标与政策的确切含义也不够明确。农业政策和农业计划本身质量的高低，直接影响到农业部门的发展过程，以及农业与整个国民经济的增长速度和收入分配情况。因此，不断提高农业政策与农业计划的质量，已成为国际上普遍关注的一个重要问题。特别是在各国之间经济关系日益密切的条件下，一个国家的农业政策和实际的农业发展状况，往往会对世界经济产生某种影响。这里要介绍的“一般均衡/系统模拟”是一种科学的研究方法，把它用于农业部门分析和农业政策的选择，是直接为提高农业政策和农业计划质量服务的。

1. 社会主义计划经济国家的农业政策与计划。社会主义国家，长期以来实行较严密的计划经济制度，国民经济活动基本上都纳入国家计划轨道，其中当然也包括在某种经济发展战略指导下的农业发展计划。例如，在1952—1978年期间，我国的农业发展计划是在优先发展重工业、粮食自给等经济发展战略支配下进行的。计划经济和农业计划的理论依据主要是社会主义基本经济规律和国民经济有计划按比例发展规律。主要指导思想是力图保持国民经济各部门之间、积累与消费之间以及经济增长与收入分配公平之间的平衡。执行计划的方式由上而下、由中央到各级地方政府、一直到企业，逐级下达农业计划指标。下达到企业（农村人民公社）的经济指标，内容很广泛，例如：各种作物播种面积、畜牧业生产规模、国家征购和派购各种农产品数量和价格，以及农业生产资料的供应等，都在计划之列。对于城市居民生活消费的主要必需品，采取各种票证制度，其中包括住房分配办法，都纳入国家计划。从80年代初期开始，我国实行计划与市场相结合的经济制度，在这种新制度下的农业政策和农业计划问题，留到第三部分再作讨论。

2. 市场经济制度国家的农业政策与计划。在市场经济制度下，企业和农场有独立的经营自主权，一般以谋取企业最大利润为经营目标。消费者根据个人收入状况和消费偏好，决定消费水平和消费品结构。所以政府制订和执行的经济政策，通过市场机制发挥作用，达到政策目标。我

---

* 原载安希伋等主编的《农业经济数量分析理论与方法》，北京农业大学出版社。这是为1991年1月中国农业技术经济研究会与华南农业大学农业经济学系合办的农业经济高级研究班讲课大纲。

们常说的宏观调控的本意也就是这个意思。许多实行市场经济制度的国家，在中央一级政府中，也设有专门的国民经济计划部门，例如印度中央政府的计划委员会，往往制订并执行一种详细而又具体的农业计划，例如五年计划、四年计划。为了区别于30年代世界经济大恐慌以前比较放任自流的市场经济制度，许多经济学家把这种既有国家计划和宏观调节，又有市场机制发挥作用的经济制度，称作混合经济制度（mixed economy），其中也包括发达国家，如美国和欧洲共同体国家，它们都有严密的农业计划和为执行农业计划而制订的各种农业政策。

（二）农业部门分析

农业政策的形成，要有个过程，要有所依据。一个逻辑性、有效性和可行性较高的农业政策和计划，来源于对于农业部门发展过程较系统和较深刻的了解和认识，特别是决策人对于农业的认识。我们在这里说的逻辑性是指不同的农业政策是否互相协调，它们共同作用的结果是否有利于实现国家既定的经济目标，或者是各种政策互相抵消。所谓有效性，是指能够以较高效率达到既定经济目标。所谓可行性，是指所定政策符合而不是违反各种约束条件（经济的、社会的约束条件）。但是实际上，决策人及他们的助手们往往忙于日常工作，或者限于社会文化发展水平，对于农业的系统了解受到种种限制。在有的情况下，甚至单纯依靠直觉或个人工作经验，作出农业决策计划。这样制订的农业政策和计划，当然很难符合逻辑性、有效性和可行性的要求。

1. 常规方法。为了加深对于农业过程的认识，从而提高政策和计划质量，逐步开展了实地调查工作和统计工作，把搜集资料和经济分析作为制订农业政策和计划的手段。最初，主要是做微观分析，分析和认识农民和消费者的行为准则。后来逐步发展为农业的部门分析，即通常说的宏观分析。例如分析农业部门结构，分析影响农业生产的因素，分析农产品市场等。在早期阶段，这种分析往往只触及表面现象，不能深入到农业过程的经济机制，特别是很少涉及事物之间的作用与反馈关系。我们把这种方法叫作常规分析方法。

2. 局部分析。随着经济理论工作的发展和分析手段的进步，为农业政策服务的调查研究工作，逐步向农业过程的内在联系深入，分析事物之间的作用与反作用，越来越趋于数量化和系统化，并逐渐利用各种经济计量手段，采用数学模型，把分析研究结果，运用到农业政策中去。但是，分析对象，往往局限于少数变量，或者局限于农业中的一个小部门，例如粮食生产、果品市场、肉类供应与需求等。只研究与主题直接有关的变量之间的联系，明确规定或者暗含着其他变量不变的假设。这种分析研究工作虽有很大作用，但是分析内容只能反映农业过程中的某一个侧面，或者某一个特定阶段，不能反映农业过程的全貌。特别是往往不把农业与非农业部门之间的联系放在视野之内，因此，难以估计农业部门变化对于国民经济的影响。我们姑且把这种方法叫作局部均衡方法。

在现实生活中，农业部门运动是一个复杂的系统。往往牵一发而动全身。不但农业内部，而且必然与整个国民经济存在着千丝万缕的联系。例如，粮食价格的调整，必然引出一系列反应。如果采取提高粮食价格的政策，从短期来看，首先会引起粮食作物与非粮食作物种植结构的调整。从而粮食生产增长速度与非粮食生产增长速度的调整，畜牧业的调整，城乡居民收入分配和生活水平的调整。在我国对城镇居民实行粮食平价供应条件下，还必然引出国家财政收支平衡的调整，从而国家投资与税收政策的调整。所以，从较长期来看，还会引出非农业部门的调整，乃至国际贸易的调整等。从20世纪80年代我国农业的实际发展过程中，可以清楚地看到诸如此类的事物之间复杂的内在联系。为了较全面、较系统地研究农业过程，不断改进农业政策和农业计划工作，于是提出了一般均衡/系统模拟方法。以下我们简要说明这一方法的理论基础和发展过程，并在第二部分中介绍运用这种方法研究尼日利亚、韩国和印度三国农业的经验。最后，在第三部分，结合我国情况，讨论有关这一研究方法的若干理论问题。

3. 一般均衡系统模拟。一般均衡系统模拟方法，就其在实践中的运用来看，是在上面说的局部均衡方法基础上发展起来的。并且，运用这种方法作为制订和检验农业政策的工具，仍然继续以局部均衡方法的研究成果为基础。在这里我们是单纯就分析方法来说的，不是指经济理论意义上的局部均衡和一般均衡。就理论而言，这是两种不同的经济理论，后者与瓦尔拉斯（Leon Walras，1834—1910）的名字相联系，正像前者与马歇尔（Alfred Marshall1842—1924）名字相联系一样。在理论上，他们是同时代并行的两种经济理论，不存在继承关系。

所谓一般均衡是指一种经济状态，在这种经济状态下，经济活动的各种力量和各种市场同时都处在平衡状态。在一定价格水平和相对价格既定条件下，各种商品的供给量恰好等于它们各自的有效需求量，其中包括资本货物、各种消费品、劳动力以及货币形态的资金市场在内。瓦尔拉斯在他所著的《纯粹经济学基础（Elements of Pure Economics，1874)》一书中，论证了一般均衡状态的存在，阐述了其高效率和稳定性，并且试图建立一般均衡状态下的数学模型。[1]

瓦尔拉斯是最早对一般均衡理论和方法进行系统阐述的著名经济学家。不过，拉氏虽在理论上对一般均衡作了论证，但是，在社会生活实践中，却向来并不存在什么一般均衡状态。这是因为，拉氏和古典经济学家一样，他的理论是以完全竞争（complete competition）和纯粹私有制为前提的，而历史上却向来没有存在过这样一种经济制度。因此，当我们运用一般均衡理论和方法研究现实经济问题的时候，就需要逐步放开原来的科学假设，补充上各种限制因素。例如改纯粹私有制为现实生活中公私所有制并存的某种混合经济制度，改完全竞争为不完全竞争。这是因为社会、政治和经济许多方面的因素都对市场运转施加了限制。反映在数学模式方面，由于技术或别的原因，往往不可能把所有不变量都作为内生变量处理，而或多或少要利用外生变量。只要有了外生变量，就不是原来意义上的一般均衡了。

系统模拟（System simulation）是以数学模式为工具，分析事物变化过程的一套方法，可以模拟自然变化过程，也可模拟社会化过程。这种方法可以广泛地应用于各种自然科学和社会科学的研究工作。在这里，我们是要把它用来模拟农业部门的发展过程。具体来说，用来模拟农业部门从一种均衡状态向另一种均衡状态的推移过程。特别是由于农业政策的实施，打破原来的均衡，推向一种新的均衡。

为了较近似地模拟农业部门发展过程，须先说明农业一般均衡的三项基本特征：第一，上面说的各种商品市场和各种经济力量之间，存在着内在联系，处在一种均衡状态。例如农产品供应与农业生产资料供应之间存在着函数关系，个人收入与消费之间存在着函数关系，消费与储蓄之间，如此等等，都存在着某种函数关系。以我国为例，农业中的商品生产虽然还处在较低的发展阶段，市场反映并不那么灵敏，但是从近10年来我国农业发展的实际过程来看，如上所说的农业内部和农业与国民经济之间的广泛联系和相互作用情况，确是相当明显的。因此，第二，处于农业均衡状态的某一种商品市场或经济力量一旦失去平衡，就会引起连锁反应。通过内在经济机制，别的商品市场和经济力量必然作出相应的调整。第三，通过这种连锁反应和一连串的调整，农业部门又会进入一个新的均衡状态。这时候，农业和整个国民经济的增长速度、农业和国民经济的稳定状态，以及各阶层人民的收入分配状况和生活水平，将发生这样或那样的变化。而加快经济增长速度，收入分配公平，经济稳定发展，不断改善人民生活状况，一般正是农业政策追求的最终目标。系统模拟方法正是运用一般均衡状态的上述3个特征。首先根据农业发展现实状况，求得一个一般均衡状态。然后通过某种拟议中的农业政策，打破某种商品市场或经济力量

的平衡，经过连锁反应，导致一种新的平衡。最后以原来设想要达到的政策目标，来衡量拟议农业政策效果的好坏，并把各种农业政策加以比较，从中作出抉择。

系统模拟可以利用、也必须利用各种数学模式，作为反应事物之间相互联系的工具，并且把这种抽象关系量化。其中通常包括：线性规划、非线性规划、联立方程、投入产出、平衡表、投资项目评估等，都是常用的方法。

把系统模拟方法用于分析和检验农业政策，还只有大约 20 年的历史。在黑迪（Earl Heady）倡导下，1968 年曾在匈牙利的克兹勒召开了一次有社会主义国家和资本主义国家经济学家们参加的国际学术研讨会，会议主题为："经济模式和数量分析方法在农业政策和计划中的应用"。那次会上，交流了经验，讨论了数量分析方法在农业政策和计划中的应用问题。会上虽然也提到了系统模拟方法，但是这方面的讨论和研究工作并没有展开，更多的注意力放在了线性规划等建模技术方面。[2]

1966 年由美国密歇根州立大学发起并组织了一次学术讨论会，专门讨论把系统模拟方法用于农业政策的可能性问题。会议结论是否定的。一直到 1970 年，内勒（Thomas H. Naylor）在分析了当时这方面的若干研究工作后认为，在农业部门分析和农业政策中，运用系统模拟方法的条件还不成熟（Policy Simulation Experiments with Macroeconomic Models: The State of the Art)。尽管 1966 年的学术会议和农业经济学界许多学者都认为，把系统模拟方法用于农业部门分析和农业政策的条件还不成熟，但以格林·约翰逊（Glenn Johnson）为首的一批农业经济学家和系统科学家，从 1968 年开始，与尼日利亚政府合作，运用系统模拟方法研究了该国农业发展过程。我们关于国际经验的介绍就从尼日利亚的实验开始。然后介绍韩国的经验（课题负责人也是格林·约翰逊）。最后介绍印度的经验。

以上 3 项研究工作直接目的，都是为了分析和检验农业政策，而不是为了预测。当然，如果对于农业实际发展过程的模拟相当精确，自然也在一定程度上起到预测的作用。不过，经济预测不是这 3 项研究工作的直接目的。

二、国际经验述评

（一）一般模拟方法在农业部门分析中的运用——尼日利亚[3]

1. 研究目的。在尼日利亚进行的研究工作，以三种不同农业发展战略的选择为主题：继续进行现行农业发展战略；从 1968 年初开始，转向加快农村发展的战略；减缓农村发展，加快非农业和公共部门以及基础设施的发展战略。不过应该附带说明，这项科学研究工作的直接目的，是试图以尼日利亚农业为例，逐步建立一套可以在许多国家普遍应用的系统模拟农业政策的方法，而不仅仅为了推荐某种农业发展战略。

2. 部门划分与数学模式。这项研究把尼日利亚农业一分为三：

（1）北方一年一熟作物与肉牛区：建立的模块（即农业部门）有：牛肉生产、粮食生产（又分自给部分和商品部分）、花生生产与运销以及棉花生产与运销。共包括 216 个数学模式。

（2）南方一年多熟区：建立的模块有可可产销、烟叶产销、橡胶产销、棕榈产销、粮食产销（包括自给部分和商品部分）等五个部门。共有 76 个数学模式。

（1）、（2）两区又分别设置以下几项模块：农作物种植结构（土地分配），农业现代化，人口和加工业。

（1）、（2）两区又各自划分为 4 个自然生态区域，并分别按小区建立模式。

(3) 非农业部门：采取投入产出表方法，模拟消费与投资过程。其中要计算劳动力的供给与需求、国际贸易平衡、政府财政收支平衡，以及国民收入增长速度等。其中人口与劳力部分建立了 22 个数学模式，国民经济部分 42 个数学模式，市场部分 24 个数学模式。

把以上 (1)、(2) 农业区和 (3) 非农业部门的数学模式加起来，共计 380 个。

在这项研究中，模式设计的一个基本特点是从自然区划入手，突出了各种自然条件在农业生产中的作用。这是研究农业经济问题的一个传统观念，它反映了运用一般均衡与系统模拟理论初始阶段的一个特征。

3. 建立数学模式的理论、方法和程序。为了了解在尼日利亚农业部门分析工作中，建立数学模式的理论、方法和程序，以商品作物种植面积模式为例，说明如下：

$$AL_{i(t)}=LABA_{i(t)}EAP_{i(t)}APL_{i(t)}PF_{i(t)}{}^{B}$$

式中：i 表示区域（大区与小区）；t 表示年份；AL 商品作物种植面积（英亩）；LABA 劳动力供应量（数据由人口与劳力模块提供）计算单位为一个健康成年人一年劳动 250 天；EAP 愿意从事商品生产的人口占总人口比例，反映农业商品化早期情况，$0<EAP\leqslant 1$；PF 利润指数；APL 在正常利润条件下，每个劳力担负商品作物面积；B 农民对利润率反应的参数。

这一数学模式中的理论问题和建模技术问题，这里不作讨论。不过只想指出一点：作者对于商品经济不发达，或不够发达条件下，如何相应的在数学上作出处理，式中所表达出来的思路，对我们有所启发。推而广之。在建立数学模式过程中，似乎应该首先对于数学模式所反映的现实经济生活，给予充分的注意。不管在什么制度下，数学模式要能反映经济运转中的内在联系。

为把上式中的各个自变量都纳入系统模拟之中，即作为自生变量处理。再举两个例子如下：

求每个劳力负担商品作物面积：

$$APL_{i(t)}=MAX\left[APL_{i(0)}CM_{i}-SEL_{i(t)}/LABA_{i(0)}\right]$$

式中：i 和 t 含义如上，0 代表基期；APL 见上文，不过原作者在这里又注明：是在一定机械化水平条件下每个劳力担负的商品作物面积；$CM\geqslant 1$ 的机械系数，从而引出机械投资的经济效果；SEL 为粮食自给部分所占作物总面积比例。

求利润指数 PF 公式：

$$PF_{i(t)}=\frac{TLNF_{(t)}CR_{(t)}+TLCF_{(t)}CRF_{(t)}/AL_{(t)}}{TLNF_{(0)}CR_{(0)}+TLCF_{(0)}CRF_{(0)}/AL_{(0)}}$$

式中：$PF_{i(t)}$ 为 t 年每个劳力现金收入加权平均与基期每个劳力现金收入加权平均数之比；AL 商品作物总面积；TLNF 非粮食作物总面积；TLCF 商品粮作物总面积；CR 非粮食作物单位面积现金纯收入；CRF 商品粮单位面积现金纯收入。

由上可见，建模技术不拘一格，应根据各种变量之间作用与反作用的具体情况，选择适当的建模技术。

在尼日利亚所做的研究工作基本上是利用铅笔、纸张和台式计算机完成大量计算工作的，费时费钱，设计工作也会受到某种限制。不过这并不是说，只有利用电子计算机才有可能模拟经济生活过程。早在计算机出世之前，普遍应用并卓有成效的计划与预算方法 (Planning and budgeting)，已具备了现代模拟方法的基本思想。不过它主要是用于农场经营决策微观分析，当然不是现在我们所说的在经济一般均衡基础上的系统模拟。

(二) 系统模拟与政策选择——韩国[4]

1. 研究目的。70 年代初在韩国所进行的研究工作，是直接为韩国的农业发展战略和农业政

策服务的。主要是比较3种不同的农业发展战略及随之而提出的各种农业政策：

(1) 继续执行韩国政府拟议的农业发展战略和政策，具体体现在它的第三个五年计划中(1972—1976)。它的主要目标是：提高食品自给率，增加农民收入。具体政策包括：提高粮食价格，限制食品消费，增加农业投资。

(2) 农业发展战略目标同上，实现战略目标的农业政策有所改变，主要是：扩大粮食提价幅度，控制人口增长速度，投资重点放在科学技术研究和新技术推广工作上。

(3) 开放市场，扩大国际贸易，通过市场竞争发展农业部门。在分析上述3项农业战略优点缺点基础上，经过比较、论证，提出新的战略和政策建议，一并提供给韩国政府抉择。

2. 模式设计。既然进行“系统”模拟，首先就要把农业部门看作一个有内在联系的系统，它本身还是整个国民经济的一个子系统，所以模式设计中要包括非农业部门；同时农业部门又包含许多子系统。子系统的划分与联系，是模式设计工作中的一个首要任务。在这次韩国研究工作中，划分了4个子系统：

(1) 农业生产子系统：包括一年生作物生产，多年生作物生产。两者又各自分为3个区域，包括了12种农产品。畜牧业生产包括6种畜产品。分别按地区和产品设计下列主要的数学模式：总产量，总供给、农村消费、农民收入、生产成本、土地报酬、季节劳力需求、生产增值等。

(2) 城市需求子系统：包括19种农产品或以农产品为原料的商品需求与一个非农产品需求。商品需求与价格、收入和人口以及他们之间的函数关系。

(3) 人口子系统：包括农村人口和城市人口，与出生率、死亡率及移民率之间的函数关系。

(4) 国民经济系统：采用投入产出表的形式，估算非农业部门的国民生产总值和国民收入。

以上设计不包括各种作物播种面积，单位面积产量和商品价格在内。而这三者在农业运转中起着极为重要的作用。为了弥补不足，这项研究工作采用了独立的模式，推导上举3个变量，纳入农业系统之内。原设计者把它叫作“人工变量”(Man Components)，也就是一般所说的外生变量，就是说不是纳入农业系统内在联系之中的变量。原设计者把在韩国设计的这个总模式称作“人机合拟模式”(Man and computer)。我们认为这是意味着韩国模式还有进一步改进的余地。

韩国模式的另一个基本特点是它的“一般性”。我们在这里所说的一般性有两重含义：第一，一般性是相对于极大极小或经济适度性来说的。韩国模式没有采用适度性的方法。我们认为，这并不是韩国模式的缺点，而是在政策模拟中不存在“适度”的问题。适度(Optimum)这个概念是与柏拉图(Vilfredo Pareto 1848—1923)的名字联系在一起的。他所追求的是全社会的最大福利，并把它作为人类追求的唯一的最终目标。采用边际分析和极大化与极小化技术，在理论上论证了经济适度的存在。但是在现实生活中，政策目标从来不是单一而是多重的：既要经济增长得快，又要分配趋于公平合理，还要求经济能够持久、稳定的发展，有的还要求粮食自给，教育普及，如此等等。要多重目标兼顾，取得平衡，还要加上政治因素，因而很难求得柏拉图所论证的适度。并且，多重目标之间缺乏公认的换算标准，无法求得统一。

第二重含义是就材料来源说的。动态系统模拟一般使用多年系统的统计资料，韩国模式使用了多种资料，包括多年系统资料，实地调查资料，实验资料和专业人员的意见。

3. 总模式重新设计与模式建立举例。上列4个子系统和外生变量合计，共有138个数学模式。这项研究工作，在完成了政策报告之后(1972)，又继续作了理论上的探讨，并重新设计了总模式，也重新划分了子系统。新的子系统共有5个：①人口子系统；②国民经济子系统；③技术变革子系统；④资源分配与农业生产子系统；⑤需求、价格、国际贸易子系统。此外还有两个独立的模式，即水利建设与土地改良模式和粮食生产与需求模式。

从上列5个子系统中的③和⑤可见，在政策报告中作为外生变量处理的农作物单位面积产量、农作物种植面积，以及各种商品的价格，在报告后重新设计模式的时候，都作了新的处理，把一些重要的变量纳入了总的系统之中。例如在新的子系统③中，就把农作物单位面积产量、各项物资投入，以及农业基本建设投资，都纳入了总的系统。应该说是一个很大的进步。

把农作物单位面积产量和各种作物的投入需求量纳入一个动态系统，也就是说，在农业发展过程中确定任何一年各种作物的单位面积产量以及它们各自对于各种投入的需求量，在政策模拟中是一个重要问题。无论是农民的经营决策，或者政府的农产品供应政策，都要通过这两组变量发挥作用。这里简要介绍韩国研究工作理论部分中所设计的这样两组数学模式。

首先是农作物单位面积产量模式：

$$Y_{ij}(t)=f\left[X_{ijl}(t),\ Z_{ijk}(t)\right] \tag{1}$$

式中：i为区域；j为作物（种类）；l为某种常规投入，如化肥、农药、柴油等；k为某种非常规投入，如优良作物品种，新的耕作方法，农田水利，农业教育，乃至经济管理制度变革等；Y为单位面积产量；X为常规投入数量；Z为非常规投入数量。

（1）式是根据生产函数设计的，在Z不变条件下，Y随X而变化，这就是通常用的生产函数。Z的变化，推动整个函数向上或向下移动，从而改变农业生产率水平。

（1）式的动态表现如下式：

$$Y_{ij}(t)=\left[1.0+\sum_{l}\alpha_{ijl}(t)\frac{\dot{X}_{ijl}(t)}{X_{ijl}(0)}+\sum_{k}\beta_{ijk}(t)\frac{\dot{Z}_{ijk}(t)}{Z_{ijk}(0)}\right]Y_{ij}(0) \tag{2}$$

式中：0代表基期；t代表计算期。

$$\dot{X}=X(t)-X(0),\ \dot{Z}=Z(t)-Z(0)。$$

α和β分别代表各种投入的生产弹性。

有了（2）式，就可对政策选择提出依据了。但是，怎样决定X和Z呢？也即怎样决定各种生产投入需求量呢？X值如下式：

$$X_{ij}(t)=\left[1.0+\alpha_{ijl}(t)\frac{\dot{P}_{yij}(t)}{P_{yij}(0)}+\sum_{n}\beta_{ijn}(t)\frac{\dot{P}_{xij}(t)}{P_{xij}(0)}+\gamma_{ijl}(t)\frac{\dot{\varepsilon}_{i}(t)}{\varepsilon_{i}(0)}\right.$$
$$\left.+\sum_{k}\delta_{ijk}(t)\frac{\dot{Z}_{ijk}(t)}{Z_{ijk}(0)}\right]X_{ijl}(0) \tag{3}$$

（3）式中X（t）是在追求最大利润原则下的适量投入。式中α、β、γ和δ都代表生产弹性。

式中ε=边际费用产值，例如肥料的边际费用产值。求ε值的数学模式从略。

为了确定Z值，理论模式中设计了生物技术模式，水土建设与投资模式，农业推广模式等，这里从略。

上面介绍的这一套新的模式设计，理论性较强，在实际运用中会遇到一系列技术问题和数据问题，特别是在发展中国家。

（三）农业部门一般均衡模式——印度[5]

1. 研究目的。这项研究为自己规定的研究目的是：为在1980—2000年期间随时调整印度各种农业政策提供科学依据，主要是建立一个灵活的农业部门一般均衡模式。提出这个课题的主要理由是：由于印度政府实施的各种不同的农业政策，往往缺乏一致性（nonconsistency）。于是一方面使农民对于政府政策作出反应时，往往显得无力无效；并且，在同时施行不同农业政策时，它们的宏观经济效果往往互相抵消。例如，有的政策促进农业生产的发展，同时实行的别的农业

政策，则可能抑制农业生产的发展。建立一个统一的农业一般均衡模式，可以防止农业政策的混乱状况，提高农业政策本身的质量。

2. 模式设计。印度模式设计的总框架，可归结为四点：①两类产品，即农产品和非农产品；②十大生产部门，即把农业划分为9个部门，加上非农业部门共10个部门；③在经济活动中有三个主体，即生产者、消费者和政府；④有四种不同经济活动，即商品和劳务供给、需求、交换，以及政策。供需交换形成价格，求得均衡。政府用经济政策通过利益机制影响生产者和消费者，从而达到政府的经济目标。

印度农业一般均衡模式，把农业划分为10个子系统，它们是：小麦、稻谷、粗粮、牛羊肉、奶产品、其他动物产品、蛋白饲料、其他食品、非食品农产品和非农业产品。其中包括16种主要农作物和9种次要农作物，合计25种作物。然后再按：①各种农作物的生长季节；②适宜的土壤条件；③不同农作物间的互代关系，划分为6组。各组包括的作物数目不等，例如第五组只包括甘蔗一种作物。

设计总模式的出发点是：这是根据实际经验所设计的一套分析工具，用来分析印度农业部门。其中包括一系列函数式，反映生产者、消费者及有关经济实体的行为准则，并求出参数。目的是为了具体研究商品和劳务需求及收入分配的变化。印度模式还设立了一个独立的人口模块。除了反映总人口增长速度之外，又按照平均每人收入高低把城乡人口分别划为五个组，各组收入水平直接影响有效需求，各组人口比重变化则反映了国民收入分配变化趋势。

首先用一个参数方案或基期模式反映历史经验，具体是指1970—1977年，把这段时期的农业政策和农业部门运转状况，用数学模式表达出来，作为对照比较不同农业政策的基点。其中所有变量，绝大部分是内生变量，即在设计系统内、用经济计量技术得到其参数的变量，如各种作物播种面积，单位面积产量等。但是也还有外生变量，由上列10个子系统可见，这个模式不包括货币在内，也不采用适量分析方法，主要根据相对价格决定资源分配。

系统共有95个数学模式。其中包括各种作物种植面积16个，各种作物单位面积产量9个，动物生产7个，非农业产品13个，人口14个，个人最终消费1个，各种农业政策33个，国际贸易2个。

3. 数学模式举例。为了说明数学模式的理论依据和求值技术，举例说明如下：

例1：农作物种植面积

$$A^{*}_{gkt}=a_{gk}\ (Z^{*}_{gkt})^{b_{gk}}\ (R_{gkt})^{c_{gk}}\ (IA_{g}/GIA)^{d_{gk}}\ (IA_{sc}/GIA)^{L_{gk}}\ (GIA)^{f_{gk}}V_{gkt}$$

式中：A^{*}为长期均衡种植面积；R为适合某种作物的降雨指数；Z^{*}为某种作物相对于同组其他作物的预计收益；IA为灌溉面积；GIA为灌溉总面积；IA_{sc}为甘蔗种植面积；V为误差；t为年份；K为作物种类，g为作物分组（1…6）。

上式中的A^{*}，从A求得，A为实际种植面积，其关系式如下：

$$A_{gkt}=\ (A^{*}_{gkt})^{h_{gk}}\ (A_{gkt-1})^{(1-h)_{gk}}$$

上式说明，有5个变量与某种作物的种植面积直接相关，即该种作物相对于竞争作物的预期每单位面积的收益，降雨量适合这种作物的程度，灌溉总面积，该种作物占灌溉总面积的比例，以及甘蔗面积占灌溉总面积的比例。在实际运算中可把上式转化为对数形式。式中Z、GIA都设有专门的数学模式。

这里要特别指出的是，上面所列出的A^{*}和A的关系式，在印度这一均衡模式中具有普遍意义。根据原来的设计，总的模式要先根据1970—1977年的统计资料求出一个参数方案，然后在1980—2000年期间，把这个方案逐年推导出每一个年度的参照方案，即政策不变的方案，预期中的变量值是以前一年的实绩推算出来的。如果改变了政策，其后果如何可从与参照方案对比分析中，判断新政策是否可取。可见，印度模式的一个特点是，通过逐年推算每个变量，把时间因素纳入了它的系统，所以这是一个动态模式。

再举作物单位面积产量模式，说明处理农业技术进步与生产投入的方法。以麦、稻单产为例，模式如下：

$$YLD_{ikt}=a_{ik}+b_{ik}{}^{f_{ikt}}+c_{ik}^{f_{ikt}^{2}}+d_{ik}R_{ikt}+U_{ikt}=YLD_{ikt}^{*}+U_{ikt}$$

式中：k、t 含义如前，R 含义也如前；f 为单位面积施肥量；i 依次分别代表：旱地使用当地品种，水地使用当地品种，水地使用良种。

可见上式利用 i 的变化反映农业技术进步状况及其对单位面积产量的影响，这里是以作物品种、施肥量和水利灌溉代表农业技术变化的。为了反映单位面积产量与投入产出关系的制约作用，又规定了化肥适度投入量，如下式：

$$Max\Phi_{t}=\sum P_{kt}\left[\sum A_{ikt}\left(YLD_{ikt}^{*}\right)\right]-LMDA_{t}\left[\sum A_{ikt}{}^{f_{ikt}}-F_{rwt}\right]$$

式中：Φ 为总产值；P 为价格；F_{rw}为麦稻化肥供应量；LMDA 为化肥影子价格，其余符号含义如前。

这里使用了拉格兰奇技术（Lagrange antechnique）求总产值的极大值，从而规定适度施肥量。其所以用 F_{rw}作为施肥的限制条件，因为印度每年化肥总供应量有定额，其中分配给麦稻两种主要作物的化肥数量也是既定。我们从印度这个例子中，还可以具体说明这样一个重要问题：在数学模式中，怎样把政府的经济计划同市场机制结合起来。就上面这个模式而言，通过求产值极大值推算施肥量，当然反映了市场的作用，而政府对化肥的定额供应则反映了国家计划。

式中求化肥影子价格及其他变量，都有专设的数学模式。

参照方案中的有些参数是用外生变量推导来的，例如：

人口平均年增长率为 2.26%；

城市人口占总人口比例增长率为 1.6%；

农村非农业人口占农村人口比例增长率为 2.4%；

国际贸易逆差保持在国民生产总值 1.5%；

各种农产品进口限额占它们各自国内供给量 5%～15%；

物价水平从 1980 年逐步调整，到 2000 年时采取世界物价水平，即自由贸易。

粮食征购和粮食平价销售数量，按拟定公式计算，公共消费和公共投资保持 1970—1977 年的历史趋势。

由经济计量模式，即内生变量求得的重要参数也很多，例如：

农作物播种总面积年增率	0.8%
灌溉总面积年增率	3.1%
全国化肥用量年增率	6.1%
小麦播种面积年增率	2.64%
水浇小麦占小麦总面积比例增长率	1.05%
小麦施肥年增率	>4%
小麦单产年增率	2.14%
小麦总产年增率	4.84%
稻谷播种面积年增率	1.35%
水田稻谷占稻谷总面积比例年增率	1.35%
稻谷施肥年增产率	>4.0%

稻谷单产年增率　　1.88%

稻谷总产年增率　　3.25%

只要拿参照方案与改革某项经济政策后的新方案对比，就可看出此项新政策带来的经济变化，及其利弊得失，以供决策者选择。例如外贸政策的变化，会引出一系列反应。在参照方案中（1970—1977），印度对农业实行关税和非关税保护政策，如果改变此项政策，实行自由贸易政策，国民经济和收入分配状况将发生明显变化，具体数据见表1。

表1　自由贸易政策带来的经济变化（以1970年价格计算）

单位：卢比

项　目	参照方案		自由贸易±10%	
	1980	2000	1980	2000
国民生产总值	530	1 429	0	−4.7
农业生产总值	220	354	0	−5.5
非农业生产总值	310	1 075	0	−4.4
总投资额	110	492	−4.0	−8.6
税率（%）	2.3	9.8	−475	−27
农/工价比	0.93	0.89	−14	−23
人均国民收入	786	1 336	0.37	−4.7
食物摄取（Cal/人·日）	2 162	2 596	3.3	−4.4
等价收入	544	661	7.1	5.3
贸易逆差	7.9	21.6	1.2	−4.0

贸易政策引出上述变化的过程，这里不作说明了，我们只是要指出一点：参照方案所用的价格为目标价格，即设定从1980年开始，印度将实行价格改革，采用分年进行的方法，到2000年将消除所有价格扭曲，统用国际价格。这里说的自由贸易政策，则在1980年就在农产品贸易中实行国际价格，取消对农业的保护政策，改变了农产品价格扭曲状况。

改行自由贸易政策，收入分配方面也发生了很大变化，具体情况见表2。

表2　自由贸易带来的收入分配变化

	计算单位：卢比以1970年价格计算，营养以Cal/人·日计				
	比参照方案增减（%）				
	平均每人消费额分组				
	<216	216～316	316～516	516～900	>900
农村1980					
人口	−9.8	−1.1	1.7	1.1	18.7
收入	−6.8	−9.7	−8.8	−7.9	3.1
营养水平	1.1	−1.7	−3.7	−4.5	3.1
城市1980					
人口	−36.8	−25.3	−13.9	−1.2	15.2
收入	−6.0	−6.3	−3.2	−0.6	10.0
营养水平	5.2	1.7	0.7	−0.3	3.0
农村2000					
人口	20.0	−1.3	−13.2	−16.7	10.0
收入	−9.0	−8.1	−8.1	−5.9	−4.4
营养水平	9.7	10.2	10.9	12.2	1.8
城市2000					
人口	0	−12.5	−14.4	−9.4	10.4
收入	0.8	−0.2	3.2	10.9	3.1
营养水平	−1.6	−2.0	−0.6	0.2	5.3

印度在70年代也实行粮食低价征购政策，实质是一种粮食产品税。如果改变粮食征购政策，在其他政策不变条件下，其可能结果是：或者较大幅度的提高税率，1980年提高一般税率39%，到2000年时，仍比参照方案税率高出11.2%；或者保持参照方案税率不变，那就会降低总的投资，从而放慢国民经济增长速度。征购粮本来是用来补助城市居民的，取消了征购粮，也即不再实行对城市的低价粮补助政策，国民收入分配情况也将发生变化。

用参照方案与任何一种新政策导致的经济状况作对比，可以使决策者对于政策选择的后果，事前有个清醒的认识。决策者只要研究各种不同方案，研究决策的不同配套，进行比较分析，就不难选取最接近经济目标的一套经济政策，并据以制订宏观经济计划。在执行过程中，继续利用一般均衡系统模拟资料，随时可对某项政策加以修订或补充。

三、我国农业政策选择（提纲）

把上面介绍的一般均衡系统模拟理论和方法运用到中国来，是一个重大的理论问题。首先，能不能运用这个理论和方法研究中国的农业政策问题？其次，如果运用这个理论和方法研究中国农业政策，在理论上和方法上必须解决哪些问题？以下我们就这两个问题说点意见供讨论。

（一）一般均衡理论与科学假设

所谓一般均衡，是指一种经济状态。它的主要特征是：拿到市场上的各种商品和劳务的供给数量与需求数量恰恰相等，市场上既没有剩余，也没有不足，而交换价格则是自由变动的。实现一般均衡的必要条件是完全竞争。这也是古典经济学家的基本假设。马克思《资本论》的研究，也是以市场自由竞争为假设的。不过一般均衡理论的首创者，一般认为是我们上文已经介绍过的瓦尔拉斯（Leon Wallas），进一步发展则必须提到柏拉图（V. Pareto）的效率论，基本上是亚当·斯密的“看不见的手”理论的进一步阐发。意思是说，在完全自由竞争条件下，达到了一般均衡状态，全社会福利也就达到了最高点，如果不损害社会上的某一部分人，另一部分人就不可能谋取更大的福利。柏拉图以后，现代经济学家们逐步把一均衡理论系统化、具体化、数量化，与系统论专家相结合，运用电子计算机又进一步用数学模型表达一般均衡理论，并把它用于分析经济政策问题，这就是我们在第二部分中介绍过的内容。

但是，世界上向来没有存在过完全自由竞争的经济，即便在所谓的自由资本主义时期，也没有出现过完全自由竞争。我们并不是说，研究经济学不可以拿完全自由竞争作为假设，而只是说，把以完全自由竞争为前提的理论具体化、数量化，由此所得出的结论，必然会与现实经济生活有差距。

其次，把一般均衡理论用来研究实际问题，在方法上、技术上也有许多困难。例如，究竟是价格（利率、工资等在内）变化影响了人们的收入，还是人们收入变化影响了价格？这是一个蛋生鸡鸡生蛋的问题，在建模工作中，很难有一个完善的处理方法。所以，迄今为止，我们所见到过的较复杂的模式设计，还没有不借助于外生变量的。只是有的外生变量多点，有的少点，外生变量由多到少，意味着模型技术的进步。又如，农业科学技术进步会影响农业生产增长，但是，在模型设计中，又怎样量化科学技术进步呢？如上文介绍，在印度模型中，用灌溉面积的扩大和品种改良代表农业技术进步，可是其他技术因素的变化，如施肥、耕作方法等，都在很大程度上被忽略了。

第三，还有些影响经济活动的因素处于变化不居的状态。例如经济体制的变化，有时是大张

旗鼓的有计划、有目的的进行的，例如我国经历过的土地改革，合作化和公社化运动，乃至于从70年代末开始的经济改革。有的经济体制变化则是在不知不觉中进行的，历史上奴隶社会、封建社会的经济体制，都不是固定不变的，今天的资本主义经济体制与100年以前相比，简直是面目全非了，当然其实质仍然是资本主义。经济体制的变化对于经济活动有极大影响，但是我们很难把它量化。美国加州大学（桑代哥）麦克米兰教授（John McMillan）等人，在分析1978—1984年间我国农业生产问题一文中，经过复杂的计算分析，得出结论说：这段时期我国农业生产率的迅猛增长，78%归之于经济体制的变化。[6]他指的主要是从人民公社到家庭联产承包责任制的变革。实际上，在计算中，经济体制只是作为残值算出来的。还有，农业受自然条件变化的影响，特别是季风控制地区。而我们很难把自然条件的变化予以量化，也只能作为“残值”处理。

当然，并不是说一般均衡理论不可能用来研究现实的经济问题，包括我们这里所说的农业政策问题。而只是说，运用一般均衡理论把经济活动量化，结合系统论研究农业政策问题，所得结论往往不是那么精确的，而只是用数量表明经济变化的趋向，作为制订农业政策的参考。

（二）我国现行经济体制与一般均衡理论

以上说的一般均衡理论在实际应用中存在的问题，都是就完全开放的市场经济而言的。那么在我国情况下又如何呢？我们认为，在当前我国经济体制下，运用一般均衡理论研究我国农业政策问题，理论上和方法上存在的问题，基本上与上面说的几点相同，不过准确性可能会更差一点。我国现行的经济体制为有计划的商品经济，国家计划与市场调节相结合。就农业部门来说，市场调节部分已占了较大比重。根据国家统计局资料，1988年在农副产品收购总额中，国家定价收购部分只占总额19%，81%为市场调节。同年社会零售商品总额中，国家定价部分占28.9%，其余为市价销售。

进一步分析，情况还要复杂一点。国家定价收购粮食，在统一计划经济体制下，当然是计划经济的一个组成部分，那时候不存在粮食市场，至少不存在公开的粮食市场，没有什么市场调节和利益机制。在粮食市场开放后，粮食定购的性质已经起了微妙的变化，实质上，它具有双重性质，作为国家指令性计划，国家定购为粮食生产规定了一个最低限额，仍然体现它的计划经济性质。同时，从农民利益来看，国家定购粮食是一种实物税的性质。我在另一篇文章中曾经指出，粮食实物税的价值量为A（P−P′），式中A为定购粮食数量，P为粮食市价，P′定购价。[7]由于国家定购粮所占粮食总量不多，所以，农民种粮积极性大小，主要取决于粮食市价水平，实际上是粮食市价与非粮种植业产品市价的相对高低。80年代，特别是80年代后半段的几年，我国种植业结构变化已充分说明了这一点。农民为了避免支付粮食产品税，纷纷把粮田转为非粮作物，包括经济作物、果树等。从这个意义来说，粮食定购是一种实物税，它通过利益机制，也就是市场调节在起作用。从形式上看，粮食定购仍然是几十年一贯的计划经济，但是在粮食开放条件下，却不知不觉中发生了质的变化，而成为体现市场调节的一种特殊形式——实物税。而税又是在市场经济中政府进行宏观调控的一个重要手段。这个事例说明，即使是在传统的计划经济中，已渗透了某种程度的利益机制，这是市场调节的灵魂。基于上述情况，我们认为一般均衡理论对于我们研究我国农业政策选择问题，还是有用的。可以在研究工作中试用，并逐步完善起来。

（三）模式设计方法问题

这个问题的实质是：首先，怎样分析在当前我国社会主义有计划商品经济体制下，各种微观经济机制，特别是农产品供给变化机制和农产品需求变化机制。其次，怎样把微观经济运行机制转变为宏观模型，特别是交换过程。第三，是怎样处理并量化我国现行的某些政策，例如上面说的粮食定购、城市居民粮食平价销售、农业生产资料专卖等等。第四，怎样把农业纳入一个国民经济总体。

具体的模式设计中的问题这里从略，留到另文讨论。

参考文献

[1] Leon Walras：Elements of Pure Economics，1874

[2] Earl Heady：Economic Models and Quantitative Methods for Decisions and Planning in Agriculture，1971

[3] Glenn Johnson：A Generalized Simulation Approach to Agricultural Sector Analysis with Special Reference to Nigeria，1971

[4] George E. Rossmiller（edited）：Agricultural Sector Planning——A General System Simulation Approach，1978

[5] N. S. S. Narayana，K. S. Parihk：Policies and Impacts——Analysis with a General Equilibrium (Draft for discussion，1987)

[6] McMillan，John，John Whalley，and Li Jiang - Zu：The Impact of China' s Economic Reforms on AgriProductivity Growth，Journal of Political Economy，Vol. 97，1989

[7] An Xi - Ji：Price，Cost，and Farm Income in Mainland China：Rules of Farmers Behavior in a Uniquely Mixed Economy，Rural Development in Taiwan and Mainland China，Westview Press，1990

乡村工业发展与农业现代化*

洪乌金　张仕庆

中国乡村工业的兴起，开创了中国乡村工业化的新纪元。正当乡镇企业逐渐被全国人民所接受的同时，农业连续五年徘徊，又一次向人们敲响了警钟：传统农业的改造刻不容缓。自觉地把乡村工业同农业结合起来，走中国式工业化推进农业现代化道路，中国农民已用自己的实践作出了可贵的探索。

一、国家工业化与农业现代化

1. 国家工业化与农业现代化的关系。国家工业化，是指国家由落后的农业国转变为先进的工业国的过程。它的核心是用先进的生产手段改造和装备国民经济各个部门，极大地提高社会生产率。农业现代化，是指农业机械化和生物技术现代化，用现代工业武装农业的过程，同时也是生产专业化、管理科学化的过程。

国家工业化是社会进步的必由之路，是世界经济发展的趋势，是农业进步的原动力。每一项工业门类的出现无一例外地给农业带来生产力的飞跃。没有高度的工业体系将科学技术转化成高效率的生产要素，农业就不可能实现现代化。反过来，农业现代化又是工业进一步发展的基础。农业同非农产业的协调发展是现代经济的最终发动力。可见，国家工业化同农业现代化之间是相互促进、相互制约的辩证关系。

2. 国家工业化战略模式的选择。国家工业化进程决定农业现代化水平，国家工业化战略决定着农业现代化的模式和成败。然而，纵观世界发展中国家工业化的实践，无一例外地导致农业产值份额下降的同时，伴生的景象不是农业劳动生产率的提高，而是乡村的萧条、农业的萎缩和大量农业剩余劳动力缺少就业机会。发展中国家普遍采用的传统工业化战略，向工业倾斜，向城市偏爱，结果只能是牺牲农业，导致传统农业与现代工业两个部门越来越不协调，形成显著的二元经济。

问题的关键不在于二元结构的形成，而是在二元结构已成为国民经济发展的桎梏的时候，如何不失时机地扭转发展方向，调整发展战略，成功地实现二元向一元的转化——工农业协调发展，农业走向现代化。

新中国成立40多年来，一直沿用传统的工业战略，即偏爱城市，城乡隔离，工业倾斜，优先发展重工业的路子。到目前为止，虽然已建立起一个比较完整的城市工业体系，但是这种体系内部结构失衡，效益低下，资本排斥劳动，经济辐射能力极差。据统计，城市工业每安置一名劳

---

* 原载《农业现代化研究》1991年第3期。中国市场学会1991年3月学术年会论文。

动力就业所配置的资金高达4万元，至今城市尚有3 000万劳动力失业，在业人员隐性失业严重。

传统工业化战略给我国造成了三大恶果：①农业剩余劳动力难以转移。目前农村尚滞留1亿多农业剩余劳动力。②导致农业投资减少，农业投入下降。“一五”时期，全国基建投资总额中，农业基建投资占7.1%，之后一直保持在11%左右；1980年以后农业基建投资比重下降到6%以下；1985年以后不足3.4%。支农工业投资比重1981年以后下降到1.3%以下。物质投入、灌溉地面积、化肥施用量都呈下降趋势。③掠夺性使用非再生资源。工业发展呈指数增长，不但使一些重要的非再生资源如石油、煤矿等大量消耗，而且还使许多与农业发展密切相关的再生资源逐渐成为一种非再生性资源。如水土流失、土地肥力下降、草原沙化、水源危机、野生生物资源以每天一种的速度悄悄地从世界上消失。农业发展所赖以存在的自然基础和生物学基础面临着被摧毁的威胁。

我国农村地域辽阔，人口众多，特别是农民多，11.33亿人口中有9亿多农民，我国拥有世界22%的人口却只有6%的耕地，农业资源负担份额太重，这使本来就脆弱的农业不堪重负。客观现实是城市工业化不仅不能反哺农业，反而是农业哺育工业无休无止，致使农业这个国民经济基础十分脆弱。在这种情况下，如何调整和选择我国的工业化战略模式，就显得更重要而迫切了。

正确选择符合中国国情的工业化战略，是关系中国农业现代化成败与否的大问题。我国国情的特点是：①人多资源少，特别是农民多，耕地少，农业生产力水平低；地区之间经济发展不平衡。因此，中国的工业化必须有利于解决农业多余劳动力的出路。既能提高农业劳动生产率又能提高土地生产率；②中国是社会主义国家，不能走农民破产而实现工业化的道路；③中国是发展中国家，工业化任务异常艰巨，国家财力有限，只能主要靠自力更生建设农业的现代化。因此，具有中国特色的工业化战略应当是：实行工农业协调发展、城市工业和乡村工业、大工业同中小工业并举的模式。这样，才能加快我国国家工业化和农业现代化的步伐。

二、乡村工业发展在农业现代化中的作用

近年来，乡镇企业作为一种成功的尝试，正被广泛地承认并引起了世界上许多发展中国家的兴趣。联合国亚太区农业司司长阿·丹汉高度赞扬它是“中国农业同乡村工业的成功结合”。乡镇企业是在基本没有国家投资，设备简陋、技术陈旧、资金匮乏、原材料短缺、人员素质低下以及产供销全靠市场调节的条件下，历经坎坷，昭示了农业现代化的曙光。到1989年年底，中国乡镇企业安置了9 300万农业剩余劳动力，创造产值8 402亿元，占全国社会总产值的24.3%，相当于1979年的全国社会总产值，其中工业产值4 146亿元，占全国工业总产值的28%，相当于1980年全国工业总产值。

乡村工业的发展在乡村经济发展和整个国民经济的发展中起了重要的作用。近年来在一些经济发达地区和城市郊区，如江苏南部乡村，北京的顺义、窦店，天津的大邱庄等，成功地把乡村工业同农业有机地结合起来，率先摸索出各具特色的农业现代化途径，展现了中国农业现代化的曙光。乡村工业的发展在农业现代化进程中起了重要的作用。

1. 吸收了大量的农业剩余劳动力，为实现土地规模经营创造了条件。现代经农业客观上要求以规模经营为前提。我国农村实行联产承包责任制后，一家一户，经营规模小，严重地阻碍着农业现代化进程。乡镇工业的发展吸收了农业剩余劳动力，大大缓解了对土地的压力，相对增加了每个农业劳动力承担的耕地面积，为土地适当集中，实行规模经营，实现农业现代化创造了

条件。

2. 为农业现代化积累了资金。农业现代化实质上是用先进的生产要素改造传统农业生产手段和生产条件的过程，是一项投资浩大的工程。以每亩最低价800元计算，全国农业现代化的总投资1.2万亿元，这要巨大的投资，国家财政无论如何力不从心，按照当前财政支农资金计算，起码要200年才能完成。而乡镇工业的发展，展现出新的曙光。在短短的11年里，乡镇企业只包括乡村两级直接支农建农资金达267亿元，间接投入数字更大。可见，乡镇工业越来越成为农业现代化的最直接、最强大的经济基础。

3. 促进了农业劳动手段等的现代化。农业现代化的最主要标志是劳动手段的现代化，而乡镇工业中机械工业占相当比重，不少是由社队企业时期的农机修配发展而来，它们直接为农业生产提供农业机械的制造和维修；在乡镇工业中，在有条件的地方化工行业发展迅速，其中化肥、农药、兽药、农膜等农用现代化生产资料占相当比重。

4. 促进了农业生产的专业化、社会化、商品化。乡镇工业的特点是分工协作，商品化、专业化、社会化程度较高。同时，由于乡镇工业和发展，积累了一些资金，熏陶了农民的商品经济意识，一些农民就把手头的资金和其他生产要素（如技术等）结合起来，形成种植专业户、养殖专业户、办家庭农场等，促进了农业生产的专业化、商品化、社会化，逐渐打破了延续千百年“小而全”的小生产方式。

5. 促进了农业科学技术的推广应用。乡镇工业企业同科研单位、大专院校以及国营工厂联合，企业作为新的科学技术的试验室，成为农业科学技术的载体。例如生产农膜，对作物的提前育苗、蔬菜的大棚生产等都起了重要的作用。同时，在乡镇工业中培养了一批有知识的青年农民，为接受科学技术提供了人才条件。

6. 促进了乡村集镇的建设和现代化基础设施的建设。无锡县前洲镇，随着乡镇工业的发展，现在已是交通发达、通讯方便，村村通公路，厂厂有自动电话。集镇的发展又增强了对农业的经济、技术辐射能力，推动农业现代化的发展。

7. 改变了农民传统观念，增强了现代化意识。在新的生产方式中劳动的农民，组织纪律性不断加强，商品经济意识得到提高，思想观念也发生了变化，逐渐由自然人向经济人、社会人转化，成为一代新型农民，尤为可贵的是在他们当中涌现出一批乡镇企业家。

三、乡村工业发展在推进农业现代化进程中的问题和对策

乡村工业的崛起展现了中国农业现代化新的曙光，但乡村工业化在推进农业现代化进程中并不是一帆风顺的，目前尚存在着种种阻力和问题：

1. 对乡镇工业及其在农业现代化中作用认识不足。乡镇工业发展基本上是在议论中成长，在指责中壮大，如今它已成为国民经济不可缺少的组成部分，成为农村的经济支柱。但是，人们对发展乡村工业并利用乡村工业推进农业现代化进程还缺乏统一认识。农民办乡镇工业主要目的是追求比较利益，解决就业出路问题；地方政府主要着眼于地区经济发展和提高农民收入水平。目前广大乡村社区的一部分干部，特别是不发达地区的干部，还没有认识到传统农业改造的迫切性和发展乡镇工业对改造传统农业的作用。

2. 乡镇工业的结构不合理。1989年我国乡镇工业总产值中以农产品为原料的工业产值占31.4%，农机、化肥、农药等产值占工业总产值1.53%，比重过小。在我国乡镇工业中为农业产前、产中、产后服务部门薄弱，也影响了它推进农业现代化的能力。

3. 乡镇工业规模小，布局不合理，影响规模效益，妨碍了小城镇的建设和繁荣。全国1 868.6万个乡镇企业，其中85%以上分布在村落里，形成满天星格局。平均每个企业只有5.01个职工，平均占有固定资产原值1.34万元。规模过小，布点分散，必然造成土地浪费，基础设施投资大，利用效率不高，环境污染面宽、难治理，对城市辐射接受力弱，经济效益低等问题，从而导致以工兴农、以工兴镇的能力削弱。

4. 农业剩余劳动力数量巨大。全国劳动力总量5.5亿人，其中农村劳动力4.17亿，乡镇企业是近10年吸收农业剩余劳动力的主渠道，但在一定时期里，它对劳动力的吸收已达饱和，连续两年向农业回流约500万。未来农业剩余劳动力问题日趋严峻。据预测，到2000年我国乡村劳动力将在5.4亿人左右，届时至少有2亿农业劳动力剩余。

5. 农业科技推广服务体系不健全，农业生产资料市场混乱。目前由于我国农业科技服务体系机构不健全、体制不顺、人员短缺、资金少、工作条件差，致使我国农业科研成果70%以上被束之高阁，不能转化为现实生产力。为更好地发挥乡村工业在农业现代化中的作用，必须认真解决上述问题，采取必要的对策：

1. 提高发展乡村工业及其在农业现代化中的作用的认识。各级干部和农民应自觉地把乡村工业的发展同农业的发展协调起来。全国上下必须充分认识农业现代化的迫切性，坚定不移地走自力更生，依靠乡村兴办工业、发展工业，推动农业现代化的路子。

2. 建立农业现代化的运行机制，加强宏观管理。各级政府应确立乡村工业的重要地位，切实加强农业现代化建设的指导和引导。各级政府（包括乡村社区政府）应把发展乡村工业和实现农业现代化联系起来。具体有两点：①改变目前乡镇企业、农业机械化、农业技术推广等与农业现代化有关的主管部门各自为政的分割状态；②制订农业现代化的有关政策和规划，并付诸实施，以加速乡村工业推动农业现代化的步伐。

3. 建立农业现代化资金积累机制。资金是农业现代化的血液和基础。根据我国的国情和国力，实现农业现代化的资金主要是依靠农民的集体力量。因此，需要建立农业现代化基金，建立资金的筹集积累机制，明确规定中央和地方财政分配中用于农业现代化中的比例和数额以及社区乡镇企业利润分配中以工建农的比例和数额，并监督其实施。

4. 调整乡镇工业结构，建立完整的支农工业体系。要适当提高乡镇工业中为农业服务的行业、产品的比重，并应从原材料、价格、技术、贷款上给予优惠，扶持他们搞技术改造，质量上水平，效益上档次。

5. 结合建立“工业群区”，推进乡村城镇建设。广大乡村干部和农民应以此为契机，把适于集中的企业适度集中，把乡村工业的发展同乡村城镇建设结合起来，以提高其集聚效益以及增强乡村工业和城镇对农业的辐射能力。

6. 在有条件的地方，逐步引导土地适度规模经营。在东南沿海和城市郊区的一些经济比较发达的地区，应当在自愿的基础上，引导农民走土地适度规模经营的道路，为农业现代化创造条件。

7. 建立和完善农业科技推广体系。要建立和完善农业技术推广体系，加强队伍建设，改善农技人员的工作条件和福利待遇，充分发挥它们的积极作用。

8. 提高农民的素质。实现农业现代化的关键是提高农民的素质。一是转变农民的思想和行为，把由传统农业过渡到现代农业的目标变为农民的自觉行动；二是提高农民的文化、技术素质，以掌握农业现代化的生产手段和其他生产要素的使用技术和操作方法。

中国农产品价格政策的一般分析

谭向勇

一、引言

政策是政府的行为。现代经济都程度不同的受到政府的干预。一个完全没有政府作用的现代社会经济是不可想象的。自由放任的市场经济几乎可以说不存在着政府干预；在完全计划经济条件下，政府的干预是直接对经济活动的控制；有计划的市场经济是政府通过宏观调控来实现其政治经济目标的（如图1所示）。

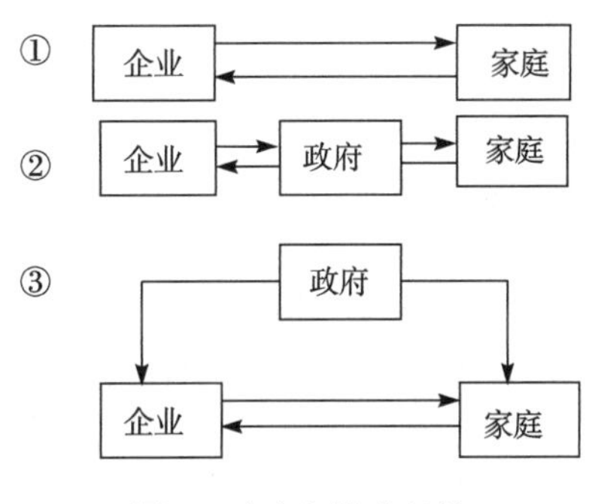

图1　政府与社会经济

政府根据客观现实来制定预期的发展目标，采取各种手段措施，使现实状态过渡到预期的目标状态。现状、目标、手段是政府政策的基本要素，也是政策的基本逻辑过程。

政策根据范围不同，可以划分为社会政策、经济政策、农业政策等。农业政策一般又可以分为农产品市场价格政策、农业结构政策、农业社会政策和农业环境政策等等。农产品价格政策是农业政策的重要组成部分。本文的农产品是一个复合概念，为了分析问题方便，以粮食产品为例。

二、政策背景

中国农产品价格政策形成有两个基本特点：其一，中国农业还处在传统的农业生产阶段。农业生产力水平较低。农产品的商品率不高，总的来说，农产品的短缺是一个长期的问题；农业在国民经济中占有较大的比重。80%的人口住在农村，农业还处在给国家工业化、城市化以及整个国民经济发展提供积累的阶段。农业与国民经济其他部门之间的平等竞争以及国民经济其他部门对农业部门进行保护的历史阶段还没有到来。其二，中国除了是一个落后的发展中国家之外，还是一个坚持走社会主义道路的国家。社会主义的两个基本特征是公有制和计划经济。集体化是实现公有制的一种方式。集体经济是计划工作赖以实施的客观基础。尽管经过了四十年的变化和发展，但中国农业的这两个最基本特点还没有发生实质性的改变。

三、政策目标

基于这样的背景，中国农产品价格政策的目标是很明确的。一是为国家工业化和整个国民经济独立体系的建立提供必需的资金积累；二是为城市居民和工人提供必要的食品供给。当然还有一些次要的目标，如保证农民的收入不断增加等。但次要目标必须服从主要目标。两个主要目标是一致的。

新中国成立后。为了巩固政权，冲破帝国主义的经济封锁。建立社会主义的独立的国民经济体系。就必须逐步地实现国家的工业化。而工业化是需要大量资金的。中国历史上由于各种原因（封建的小农经济、战争、人口、殖民地等）没有这种资金的积累和集中。西方资本主义的封锁又不可能得到国际援助。唯一的办法就是从农业这个国民经济中占绝对比重的部门来获取。也就是说，农业必须为国家工业化作出牺牲或者说作出贡献。随着工业化的进程，大量人口脱离农业和农村进入工业和城市是一种历史的必然现象。没有这一过程，传统社会向现代社会的转变是不可能的。这一转变必须以农业劳动生产率的大大提高为条件。也就是说，必须有足够的剩余农产品来保证不断增加的城市居民的食品需求。否则，就必须靠降低农民的生活水平作为代价。城市食品需求是一个基本的经济问题和重大的政治问题，必须予以解决。

四、政策手段

为了在农业生产力水平低下和农业劳动生产率没有明显提高的条件下实现上述两个目标。政府在农产品价格政策方面采取一种低价政策。低价包括收购价格和销售价格两个方面。低价是指政府的价格低于自由市场的价格。低价消费是由于对城市工人实行低工资政策，或者说政府低价收购的差价并没有转给工人消费掉。现阶段的城乡差别主要是由于社会政策造成的，其中政治因素的影响是很大的。

低价政策主要是靠行政手段来维持和完成的。从理论上来讲，从农业中积累资金可以通过较高的农业税收来实现。但在生产力水平低下的条件下，过高的农业税往往是农民难以接受的，而采用一种定额低价的农产品收购政策，比较隐蔽地从农业中（或农民手中）获取积累，“种地纳粮”思想较深的中国农民是容易接受的，再加上必要的思想教育工作，实践证明是行得通的。这种作法不仅取得了积累，而且也得到了农产品，同时也就保证了城市居民的食品需求。

低价政策没有必要的行政手段作保证是不可能实施的。如果是在完全自由的市场条件下，如图 2 所示，低价必然引起农民减少生产量，即生产供给量由 og_1 减少到 $og_{2'}$。同时，消费者会增加消费量，由 og_1 增加到 $og_{2''}$。这样会造成供求的严重不平衡。缺口为 $E'g'_2g''_2E''$为了保证在这种低价政策下的市场供求均衡，我们在生产领域里采取了严格的计划生产手段。集体经济和计划管理为这种计划生产提供了客观保证。政府规定农民必须生产 og_1，而不是 $og_{2'}$。并且要按国家规定的价格卖给一定量的农产品给国家；另一方面政府采用了票证的办法，限制居民的消费数量不能超过 og_1。这样就保证了低价条件下的供求平衡。同时，有限地开放自由市场，作为一种必要的调剂和补充。在一些特殊的年份利用食品进口进行适当的弥补。

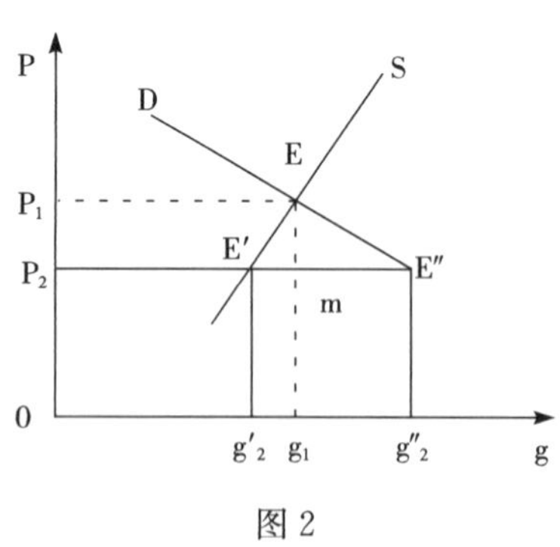

图 2

五、政策评价

对这种低价政策如何评价呢？首先应该承认它的历史合理性和必然性。如果我们采取一种自由的价格政策的话，就不可能达到前面规定的预期目标。就不会有今天的工业体系和国防体系，也不会有几十年的社会稳定，也许中国还会在近代的灾难中（殖民地、战争、动乱等）挣扎，这是一种不得已的成本巨大的政策选择。无论如何，它为我国工业化积累了大量的资金。同时为城市居民提供了必需的食品供给。1952—1986年，通过价格差额农民为国家工业化提供了近6 000亿元的积累；1952—1988年，农民累计向国家交售粮食21.53亿吨，食用植物油5 982万吨，生猪33.3亿头，鲜蛋2 573万吨，水产品8 195万吨（见《人民日报》1989年9月2日第2版）。所以，尽管这一政策缺点很多，但其历史的作用不能完全否定。

那么，这一政策的问题是什么呢？首先是损害了农民的利益，即农民损失了 $P_1EE'P_2$ 的面积，并且亏损了 $EE'm$ 的面积。在短期内，这种政策辅之以严格的计划措施，农民是可以接受的，但长期坚持下去，必然打击和挫伤农民的生产积极性，限制农业生产的发展。实践证明，我国农业进入60年代后，一直发展缓慢，成为限制国民经济发展的重要因素；其次，这种政策刺激了消费，随着城市居民收入水平的不断提高，过低的食品价格政策，造成了消费领域中的严重浪费；再次，这种政策付出比较大政策措施成本。为了这一政策的实施，必须设立政府管理机构和经营部门来完成这方面的任务。仅像票证的印刷、发放、回收等都是要付出巨大代价的。同时由于两种价格和政府部门的经营，投机和腐败现象就不可避免。这种现象造成的危害和损失是更难以估算的。最后，由于收购价格和消费价格逐步演变成一种倒挂现象。政府的财政补贴越来越大，造成了严重的财政困难。1984年以来，财政对农产品价格的直接补贴每年都在300亿元左右，约占财政支出的15%（根据《中国统计年鉴》1987、1989年数据计算）。在价格倒挂的情况下，国营经营单位是很难会有效率的，因为效率越高就表明亏损越大，这种价格倒挂如果长期不予改变，再要改变就已经不是一个完全的经济问题了。

六、政策比较

我们既要看到我国农产品价格政策的历史合理性一面，同时也要看到它的不合理的一面。随着我国经济的发展、这种政策的不合理性必须逐步予以克服。为了下面的分析方便，需要介绍一下发达国家的农产品价格政策，通过比较，也许会对改革我国农产品价格政策有所启发。发达国家的农产品价格政策正好与我国相反。一般采取最低限价的农产品价格保护政策（如西欧各国）。稳定生产和消费。如图3所示，假如国际市场价格为 P_1，那么，为了保护本国农业，价格一般提高为 P_2。这样限制了国外产品的竞争，鼓励了本国的农业生产，由 og_1 增加到 $og_{2''}$，抑制了本国的消费者，由 og_1 减少到 $og_{2'}$，这样就造成了产品过剩的现象，即 $E'E''g''_2g'_2$。保护价的实施是政府采取间接的收购办法。西方国家生产过剩是其社会基本矛盾造成的。为了缓解这一矛盾，一些国

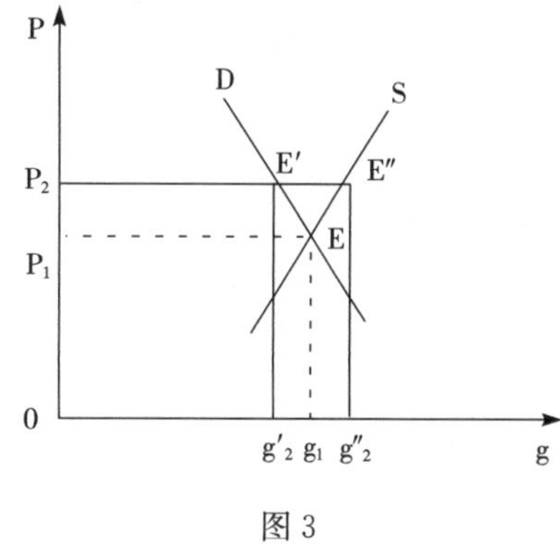

图3

家采取了限额生产的办法，适当控制生产量，比如对甜菜、牛奶的限额等。过剩的产品可以储存、补贴出口，或以各种名义援助他国，甚至销毁。

七、政策建议

中国的农产品价格政策是否可以完全放开，或者像发达国家那样实行保护价，显然是不可能的，因为中国农业的基本状况还没有发生根本性的变化。国家的工业化和城市化还没有达到一定的水平，那种以为“放开价格，农业就上去了”的观点是脱离中国实际的。

但必须看到，经过40年的发展，我国农产品价格政策存在的各种条件都程度不同的发生了变化。80年代以来，生产领域里家庭联产承包责任制的落实，计划手段受到了严重的威胁，近几年来农产品收购比较困难就是具体的表现。为了调动农民生产的积极性，改善工农、城乡之间的关系，我们不得不逐步提高产品收购价格，提供廉价的农业生产资料；食品的替代产品的不断增加，低价已造成了很大的消费浪费。这种浪费甚至危机着中华民族的道德水准。票证已成为事实上的第二货币，造成了更大的供求缺口。同时必然出现一部分票证投机分子。城市居民的收入在不断提高，适当地提高农产品消费价格是可以承受的。如果总是“看得起彩电，买不起面粉”，这是很不正常的社会现象。另外，国家财政已很难维持如此大的补贴，而这种补贴又是一种看不见的低效率的做法，是不利于社会经济发展的。

通过以上分析可以看出，对目前的农产品价格政策不作调整是不行的，但过分或偏激的调整又是不现实的，只能作微调或部分的修正，即部分定量低价收购，其余部分放开市场，逐步过渡到完全放开市场和对农业进行必要的保护，如果现在就完全放开市场，那么，保护城市供应就会成为问题，进而影响到整个社会的稳定，变成一个社会政治问题。

可以确定一个基本的定额，这个定额按低价来收购，定额量以维持最基本的城市生活水平为准，决不能造成过剩的票证作为第二货币在市场上流通。比如粮食每人每月由15公斤减少至10公斤。这种作法一方面让农民继续作出一定量的贡献。另一方面也保证政府每年掌握一定量的实物。不会由于大的市场波动引起食品恐慌。定额是一种社会保险，既使在非常严重的情况下，也能保证社会的基本秩序，但随着经济的发展特别是农业生产力水平的提高，这种定额量应逐步减少，使农业部门真正变成独立的经营性的部门。

剩余的部分进行市场自由交换，实际上我们现在就是这样做的，但没有明确这一部分应该逐步增大、逐步变成农产品交换的主导形式，而不仅仅是一种补充，总是处于次要的地位。随着自由市场的逐步扩大，农产品的生产就逐步变为商品性生产，农民就逐步变为商品生产者，消费者也会逐步地适应市场波动，而不是靠在国家身上，一有点市场波动，就惊恐万状，市场运销者也就会逐步形成一支大军，从事农产品的收购、运输、包装、分级、加工、批发、零售等一系列活动，市场透明度会逐步增大，农产品的分配更加合理，从而保证资源的合理配置。政府也会在发展过程中，积累管理经验，合理地干预市场运行。

随着时间的推移，定额购销和自由市场交换会逐步统一，这样农产品价格就会高于现在的定额价格，低于现在的市场价格，下一步的问题就是如何对农产品实行保护价的问题了。

政策是手段，而不是目的。低价政策的目的已经说过了，自由交换的目的是为了提高效率，更好地满足需求，引导资源合理配置；保护价是为了维持农业的基础地位和作用。

关于农业推广学科建设问题*

张仲威

一、农业推广学科的形成与发展

农业推广学科作为一门科学立于科学之林，仅有70年左右的历史。解放以后，50年代初期，我国农业技术推广站建立以来，一个比较完整的农业技术推广行政体系，逐渐遍布了全国各地，对农业发展创下了光辉的业绩。但在解放后作为一门学科研究，始于1986年国家教委委托北京农业大学举办全国48所院校参加的首届农业推广教学研讨班。此后，1987年、1988年、1989年又连续举办，对农业推广课程的开设与学科建设若干重大问题进行了研讨。1990年由全国20多所农业院校参加统编的《农业推广学》问世了。它的出版标志着农业推广的理论研究步入了自建国以来的一个新的阶段。

我国的农业推广学，来自我国的农业推广实践；来自国外的农业推广理论与方法论；来自相近学科如社会学、经济学、心理学及其他行为科学的理论与方法论。可以说，它是上述三大学科组成的一门综合性、边缘性学科。

农业推广学的研究对象，就我个人的理解，它主要是研究如何以先进的科学技术与技能、新的知识与信息为内容，以试验、示范、沟通、干预为手段，志愿改变农民行为的规律性及其相关性；研究志愿改变农民行为诸因素变化的规律性及其相关性；研究农业推广的方法论。从它研究的对象来说，不是物，而是人；不是技术，而是农民；不是先进的科技本身，而是发展农业生产最积极、最活跃、最具有决定性的农业生产者的行为。即研究农业生产者，对推广的东西如何由不认识到认识，由不感兴趣到感兴趣，由不试用到试用，继而发展到采用的行为变化的规律性；研究农业生产者志愿改变其行为诸因素（包括内因与外因的许多因素）变化的规律性及相关性，如研究内因的生理、心理、文化素质、经济条件等诸因素及外因的政治、经济、社会、技术等诸因素变化的规律性及相关性。因为这些因素不是静止的，而是变化的，不是孤立的，而是相关的，不是杂乱无章，而是有规律的变化发展着的。如市场、价格等因素随时随地影响着农业生产者行为的改变。如何使农民行为志愿改变，方法问题也是农业推广研究的一个重要内容。因为农业推广采取什么方法，决定农业推广效果的大小与成败，决定农民志愿改变其行为的快慢。例如是采取自上而下或自下而上；是采取“输血”或是“造血”；是采取大众传播或是个别咨询等，方法很多，何时何地采取何种方法并非易事，要研究的问题很多。实践证明：自上而下地推广就多数地区来说，不如自下而上地咨询效果大。即给农业生产者送生产资料、推行生产技术，固然是一种方法，某一历史时期，某一地区是有效的，但这是一种“输血”方法，这种方法不仅不能

* 原载《农技推广》1991年第3期。

帮助农业生产者自立、自助、自我作决策，反而在他们得不到满足时，往往遭到发牢骚，甚至斥骂。自下而上咨询方法，则是一种"造血"方法，帮助农业生产者自立、自助、自我作决策。当前，我国农业推广工作中存在的一个大问题是重"物"、技术，而不重"人"、"改变行为"。因而农业生产者自立、自助、自我作决策的能力较差，制约着他们对推广的某些新技术、新技能、新知识、新信息的采纳，甚至是不感兴趣，不产生欲望，当然也就不去试验与采纳了。

作为一个职业的推广者，为使自己的工作成就日益提高，就应以农业推广学和相关学科的知识来武装自己，从而指导农业推广的实践，没有科学的理论，便不会有成功的实践。

二、农业推广学与其他学科的关系

农业推广学既然是由三个来源组成的一门科学，无疑它与一些学科就形成了极为密切的关系。

农业推广学与各门农业技术学科的关系。农业技术学科是农业推广的技术基础。农业推广学是农业技术推广实践的经验概括。农业技术学科（作物学、栽培学、畜牧学、植物保护学、土壤肥料学、农机等学科）的发展与其成果的应用，是通过农业推广学指导下的农业推广工作实现的。由此可见，两者的关系十分密切，两者的密切结合，就可不断地把科技的潜在生产力变成现实的生产力。

农业推广学与经济各学科的关系如同与农业技术学科一样密切。农业推广学的理论与方法论，一部分是来自农业经济学和经济学科。经济学科，其中农业经济学科的发展与丰富，无疑也来自一部分的农业推广实践，实践的理论概括。作为农业推广工作者学习经济学，尤其是农业经济学科，对深入了解农村、农业、农民，对经营、管理知识，对产前、产中、产后推广服务技术与技能，知识与信息的掌握具有重要的意义。

农业推广学总的来说属于行为科学的范畴。它与社会学、心理学、组织学、传播学等行为性质的学科关系更为密切。它的理论与方法论相当一部分来自这些行为学科。当然这些学科的发展与丰富也离不开农业推广实践基础与农业推广学的发展。一个出色的农业推广工作者，除以农业技术、农业经济等各学科的理论与方法论武装自己以外，为了解农村社会、农民心理与农民的行为，学习有关行为科学是十分必要的。

综上所述，农业推广学不是单纯的一门农业技术学科，也不是单纯的一门经济学科，而是一门综合性很强的行为学科、边缘性学科。

三、农业推广学科建设与发展

农业推广学科的建设与发展，首先是基于我国的农业推广实践，其次还要从组织上、舆论上下功夫，创造条件，加速它的发展。即学科能否发展，除加强实践乏外，从组织上建立一支农业推广理论队伍，则是重要的决定性的环节。没有一支队伍，学科的建设与发展是不可能的。自1986年全国48所院校参加的首届农业推广教学理论研讨班举办以后，农业推广的理论队伍虽建立了起来，但其规模很小，水平不高。为扩大这支队伍的规模，在有条件的院校应积极增设农业推广专业，招收四年制的大学生、三年制的硕士生、博士生是当务之急。与此同时，还要定期与不定期，专题与综合的进行研讨农业推广的理论与方法论。中国农业技术推广协会的成立，为百万农业推广大军加入学科的理论与方法论的研讨行列，创造了极好的条件，为学科的加速发展奠

定了组织基础。可以预料，我国农业推广学科建设，将随农业院校农业推广专业的建设，中国农业技术推广协会的发展而迅速发展起来。

学科的建设与发展，除从组织上下工夫，在宣传上也要下工夫，大造农业推广的舆论，大力宣传农业推广的重要意义。农业推广在兴农、兴国中的重要意义与作用，使广大群众认识它、支持它，使各部门配合它、协调它，使各级领导关注它、资助它，只要全国各层次重视了农业推广，加强了农业推广的实践，加强了农业推广的教学与科研，农业推广学科的发展就有了物质基础。当前，对农业推广的宣传还很不够，尚未引起各方面应有的重视，仍处于经费短缺，地位低下的境地。在这种境地下，如何使农业推广者安居乐业？如何使农业推广事业发展？如何使农业推广学科迅速建设与发展起来？所以，必须大造农业推广的舆论，宣传农业推广的意义、作用、地位，使之家喻户晓，特别使领导部门理解、了解、支持、资助，从而促使方兴未艾的我国农业推广学科蓬勃发展。

关于我国农经学科建设的若干问题*

张 仲 威

党的十一届三中全会以来的十多年，不仅是我国农村经济改革取得成功和农村商品经济大发展的十多年，也是农业经济建设大发展的十多年。在此，拟对农业经济学科改革与建设的若干问题谈一些意见。

一、农业经济学科的产生与发展

农业经济学科是一般经济（亲本学科）、自然学科在农业领域中具体应用的基础上产生和发展起来的。每一门农业经济类型学科都是相应的亲本学科的子学科。如农业经济学是以政治经济学（经济学）为其亲本学科，农业企业经营管理学是以企业经营管理学为亲本学科，农业生产经济学是生产经济学的子学科。

农业经济学不应当是仅仅重复亲本学科的原理并结合农业问题加以解释说明，而且应当是密切结合农业特点阐明亲本学科的基本规律在农业领域内的特殊表现形式、农业领域内存在的特殊规律和具体经济规律。

农业经济学科，自18世纪末立于科学之林以后，迄今约200余年。在这两个世纪的漫长岁月中，农业经济的理论与方法有了很大发展。现阶段农业经济学科又迈入了比较系统、比较成熟的发展阶段，即把农业经济的研究放在国民经济中进行，现代应用数学、电子计算机等新手段在农业经济问题的分析研究中得到广泛的应用。到20世纪60～70年代就已组成了农业经济学科群，并开始向纵深发展。即由狭隘的经验和传统的方法，发展到依靠现代科学的理论和现代的手段方法，同时由于把农业经济学与非农业经济学科交叉起来进行研究而产生了一系列具有交叉性、边缘性、综合性的新学科。

我国虽在古农书中已有关于农业经济的记载，但极不发达。作为一门现代学科，还是在20世纪20年代初（大约在1921年）由北平大学许璇先生引入中国的。与此同时，北平大学、金陵大学、中央大学先后成立了农业经济系。农业经济学科在我国的发展大致划为三个历史阶段：民国阶段；新中国建国后到“文化大革命”阶段；党的十一届三中全会以后至今的十年多。后一阶段算是步入了大的发展时期，随农村经济体制的改革，农村经济的发展，特别是第二、三产业的兴起，思想的解放，研究的内容有了较大的战略性转移，即由在着重研究生产关系的同时研究生产力，转向着重研究生产力的同时研究生产关系；由着重研究中国农业经济学科的同时研究西方农业经济学科，转向研究中国农业经济学科的同时引进西方农业经济学科，包括西方农业经济理

---

* 原载《农业经济问题》1991年第4期。

论与方法；又随着我国农村经济体制的改革与西方农业经济理论与方法的引进，农业生产经济学、农业生态经济学、计量经济学、农产品贸易经济学、农业财政金融学、农村社会学、农业推广学等如雨后春笋相继开设起来，形成当前中国的农业经济学科群。可以说，这一历史时期是农业经济学园地学科之花空前盛开争艳的历史时期。

总之，农经学科发展的源流来自三个方面：一是来自我国的农业生产和农业经济的实践；二是来自国外的农业经济理论与方法；三是来自中外非农经学科理论与方法的启迪和应用。农经学科的建设与发展，只有巧妙地把三者组合融化在一起，才能健康迅速前进；才能形成一个适合现实生产力发展需要的相对稳定的学科体系；才能培养出具有宏观预测、决策能力的未来的领导者、参谋人才和具有微观管理、经营决策、组织生产力的未来的企业家、实业家等人才来。

二、农业经济学科发展与建设中的一些问题

随农村经济的改革，农村第二、三产业的兴起，专业化、社会化、商品化、现代化水平的提高，城乡联系、国内外联系日益加强，加速包括第二、三产业在内的农业经济学科及其与之密切联系的相关学科的发展，是十分重要的。在这方面存在以下问题，应认真研究解决。

1. 一些院校的农业经济系顺应时代的需要建立了一些专业，这虽然是一种积极的态度，但由于主观条件差，仓促建立后在师资、设备、图书、教学质量及毕业生分配等方面存在许多问题，如何扭转这一被动局面？这是值得研究的。

2. 农业经济系虽然开设一些新学科，但由于教师没有很好消化便拿来给学生讲授。效果较差，引起学生对农经课的误解。此外，由于教师缺乏实践，加上对引进的西方“外来货”缺乏消化吸收，使“西”不能为“中”用，“西”不能与“中”结合，特别是有的理论与方法论脱离中国的实际，不能应用，甚至在应用中起了反作用。这是第二个问题。

3. 有的专业课讲授不是从效果出发，而是攀比和追求时髦，迎合学生喜新的心理；不是为扩大学生视野，解决中国农村、农民、农业中的实际问题为出发点，而是故弄玄虚，造成专业课相互重复，使学生学不到有用的理论与方法。这是第三个问题。

4. 由于农经学科处于新的发展时期，学科体系、专业设置均处于探索阶段，所产生的“盲目建立”、“重复建立”问题应提出充实、整顿、提高的对策。这是农经学科健康发展的第四个问题。

此外，在农经学科的建设上还有许多问题，诸如学习年限、师资培养、学生分配、教学质量、生产实践以及品德教育等，都是需要研究解决的。

三、农经学科健康发展的意见

1. 再认识农业经济学科在农业发展中的地位与作用。当今世界，对农业经济即所谓农业领域中的“软科学”的认识产生了质的变化，已不再认为它是可有可无的，而是认为它不可缺少，舍此农业的社会化、商品化、现代化就不可能实现；甚至认为农业固然迫切需要农业技术，但更需要农业经营与管理。当然，作为农业经济工作者，在为农业经济科学愈来愈被社会所重视、为农业生产所需要而感到自豪的同时，必须清醒地认识到它仍然是年轻的，它的历史任务是艰巨的。为此，必须从理论与实践上进一步发展它，使之牢固地立于科学之林，在推进农业现代化中发挥应有的作用。

2. 农业经济学科的发展既要借鉴外国的经验，又要汲取中国文化的精华。农业经济科学与高能物理、高分子化学、尖端技术不同，它具有明显的地域性、政治性。美国的农业经济学科，西欧的、日本的农业经济学科，我们不仅需要知道它，而且要研究它，但不能搬来就用，不论其理论与方法，在应用时要结合中国的农业实际。总之，作为农经学科的建设者，既不能生搬硬套、盲目崇拜西方与东方的东西，也不能墨守成规，故步自封。必须坚决反对这两种倾向，否则，农经学科就难以建设好。

3. 在农经教学实践中既要讲授新颖的内容又要讲求实用。农经教学不是为教而教，而是为学而教，学以致用，这是我们的出发点。只图新颖，迎“新”而教，就会失去农经学科的科学性与教学的目的性。农经教学是传授农业经济学知识与技能的，要使学生将所学的知识真正能应用于发展生产力，建设农业现代化上。

4. 农业经济学科既要发展，又要巩固。由于农经学科比一般社会科学，如社会学、经济学要年轻，比自然科学更为年轻，它需要发展，不论从理论上，而且从组织上都应如此。但在发展中要讲求条件，创造条件，没有条件时，不应急于上马，特别在建立专业和系的问题上，若师资、图书、设备未达到最低要求的条件时更要慎重。

5. 农经学科既要加强理论性，又要加强实践性。农业经济学科既要抓理论的提高，又要抓实践教学的加强。没有理论的队伍是不会打胜仗的，同时只有理论没有独立作战能力的军队，也不会打胜仗。因此，农经系大学生要掌握经济的、农业经济的专业理论，包括方法论及手段的运用，也要有比同期外系大学生较强的独立工作能力和农村工作经验。为此，实行教学、生产（推广）科研三结合，是一个重要的方针。

6. 农业经济学科既要加强农业经济类的课程，也要加强政治类的课程，以培养学生的基本工作能力。当前的主要倾向是只向学生灌输所谓农业经济的理论，特别是西方经济的理论，这是必要的，但对未来的农业经济工作者来说，是很不够的。除此之外，还必须给他们有关国家政策、法律等方面的知识，以扩大学生的视野和解决实际问题的基本技能。

定购外粮食流通渠道的典型调查*

俞家宝　周海超

自1979年开放自由市场，开展议购议销，乃至1985年粮食收购实行“双轨制”以来，尽管改革取得了很大的成果，粮食流通还没有一个合理的完善的市场体系，未能达到预期的效果。特别是最近几年，粮食市场几度波动，更是促使了许多人对粮食市场改革的目标模式——国家计划指导下的市场调节——的有效可行性产生怀疑。某些地区在市场整顿中，排挤多渠道，向过去的单一企业垄断的体制回归。理论界的争论，实践家的设想，多是各执一词、莫衷一是。为了解实际情况，给理论探讨及市场管理实践提供分析研究之依据，我们对河北省石家庄市的正定和栾城两县定购外市场流通渠道做了典型调查。

粮食的收购市场上，各个经营者形式各异，大小不一。为便于分析，我们把它们区分为两个层次，即：粮食的初级收购市场和批发市场。

一、粮食的初级收购市场

粮食的初级收购市场是指粮食商人和消费者直接向农民购买的阶段。它的主要职能是完成粮食从千家万户农民向市场的集中，然后，或是流向更大的批发市场，或是直接流向消费者。我们分别从栾城和正定两县抽取乏马和白伏村，并分别普查91户和98户农民的1989年的粮食出售情况，以理解农民直接面对的初级市场的结构现状（见表1）。

表1　调查村农户粮食出售渠道

	白　伏		乏　马	
	数量（千克）	比重（%）	数量（千克）	比重（%）
定购外出售总量	35 170		168 055	
国营粮食部门	1 555	4.4	55 805	33.2
自由市场	29 665	84.3	62 050	36.9
个体粮贩	150	0.4	23 150	13.8
供销社	0		1 500	0.9
外贸部门	0		750	0.5
工商业用户	3 800	10.8	24 800	14.8
调查户数	98		91	

从表中可以看出，粮食定购外的市场上，多渠道流通已经形成，并且，国营粮食部门和自由

* 原载《粮食经济》1991年第5期。

市场占据首要地位，工商业次之，个体粮贩的比重差别很大，供销社和外贸部门所占比重最小。

1. 自由市场。现时粮食的有形市场还仅是当地的集市贸易，栾城县有7个集市贸易点，正定县有9个，均设在当地的经济政治中心，县城的交易量最大。农民是集市贸易的积极参加者。

集市上粮食的购买者主要是：

（1）当地农民和城镇居民。其购买目的是满足自身消费，为补充口粮不足或调剂消费品种。如：农民的建筑队，专业化经营者和因婚丧嫁娶、修房建屋的非正常粮食消费。

（2）粮食商人。国营粮食部门、个体粮贩、其他中间商人，都在集市上设点收购。争得一席之位，它们是集市价格的领导者。

（3）工业用户。如：食品加工厂，医药业，淀粉厂等。

2. 个体粮贩。正定、栾城的个体粮贩：产生于1982年，按其经营性质有小粮贩和私营粮商之分。个体小粮贩多是三两结伙，以小拖拉机为主要运输工具，个别人拥有汽车、驴车等。他们机动灵活，随买随卖，都是兼业经营，或退出或进入依季节和市场行情而变化，有利则干，无利则转，收购季节，活跃于粮食市场，收购淡季另从他业。个体小粮贩的收购形式也是多种多样，不拘一格，或是走村串户，或是固定在某一村头路口，或是追赶集市收购于市场，活动区域可伸及周围几个县市。小粮贩中，有的是为当地的工业用户、批发商人代为购买，有的是依据当地的批发商拟定的收购牌价，贱买贵卖，自负盈亏。通常每公斤粮食差价在0.01～0.02元之间，每经营一吨粮食，在1988年可得10元，1989年可得20元经营费。

栾城县制药厂每年利用小粮贩收购玉米14 000多吨。栾城县供销社设立固定收购站。收购量中7 000吨玉米来自小粮贩，占收购总量的一半。国营粮食部门也得益于小粮贩，只是没有具体的统计数据。

表2　乏马村1989年私人粮贩的收购量及比重

	数量（千克）	占总商品量（%）	占定购外数量（%）
小　麦	10 050	9.39	25.53
玉　米	13 100	8.50	10.45

小粮贩，对粮食流通有积极的一面：

（1）运输功能。农民可以在任何时候，任何地点出售粮食，不必亲自运输到集市或其他较远的收购点。小贩的集中运输功能，减少了粮食运输总费用，提高了运输效率。

（2）改善市场竞争环境。由于小粮贩的存在，买卖双方扩大了选择的区域。增强了选择的权力。

（3）提高市场透明度。小粮贩的穿梭来往，带来四面八方的市场信息。有利于沟通供需双方。

（4）服务于批发商。小贩担负了粮食的集中职能，批发商直接收购小贩的粮食，免于遍地设点，逐户谈判，可以专心于批发经营，并能迅速地组织货源。

私营粮商是扩大了的固定经营的小粮贩，二者姻缘颇深，很难划出明确的界限。但是，私营粮商有其特定的含义，与小粮贩的区别在于：①在当地工商部门注册登记，明确从事粮食营销；②每年至少有一半以上的时间经营粮食；③有一定的周转资金和周转储存场所。

尽管私营粮商还得不到充分的重视，他们已经在粮食市场上占据了不可忽视的地位。仅正定县粮食局的议价公司，在1990年截止到9月份，已经收购私营粮商5 829吨粮食。这个地区的私营粮商集中在无极县的南苏村，20家私营粮商自然地居住在一个村子，形成了一个小型的粮食

批发市场。他们的粮食来源主要是个体小粮贩，收购遍及藁城、新乐等七个县。粮食销往铁路沿线的议价公司或当地的工业用户，私营粮商比小粮贩在更高的层次上，更大的范围内服务于粮食市场，改善透明度，沟通供需，促进竞争。

3. 工业用户。栾城县的制药厂、淀粉厂，正定县的食品厂、饲料厂是该地区主要的工业用粮大户，其中栾城制药厂，每年需用玉米35 000吨，其次是当地的饮食服务业用粮。工业用粮大户直接向农民购买粮食，减少了流通环节。它们的购买因企业的性质不同，而采取多种形式。制药厂利用小贩和直接收购；饲料厂则是收购加换购。正定县饲料厂，每年用饲料换购玉米数量是总收购量的1/3。食品厂则购买加工过的议价面粉。

二、粮食的批发市场

在议价粮食的批发市场上，只有国营粮食部门，供销社、外贸公司三家鼎立竞争，它们同工业用粮大户一起被称之为“四大家族”。其共同特征是国家支持下的商业企业。

表3 批发市场结构

单位：吨

	正定		栾城	
	数量	比例（%）	数量	比例（%）
合计	78 552		75 913	
国营议价	60 552	77.1	61 313	80.8
供销社	18 000	22.9	14 000	18.4
外贸公司			600	0.8

1. 国营粮食商业。国营粮食商业是粮食市场的领导企业，是市场的主渠道，它具有几方面的优势：①收购时间。在国家定购任务未完成期间，任何非粮食部门的企业不能上市场收购，自由市场关闭，直到完成国家定购任务和中央与地方的议转平任务。这期间，粮食部门垄断市场，是唯一的收购企业。②运输。从中央到地方，粮食系统有自己的车皮计划指标，能保证及时地运输商品粮食。③国家支持。国家是粮食部门的坚强后盾，提供资金，修建设施，培训职员。粮食部门是国家利益在这一领域的唯一代理人。④长期的平价经营经验。平价与议价经营同是一套人马，同用一套设施，分账不分物。长期的平价经营积累了丰富的粮食储藏，分级管理的经验。⑤购销网点。内设分支遍布各乡村集镇，集贸中心，收购方便；外联同系统姊妹单位，信息灵通。

粮食部门的议价经营体系是一个既相互依存，又相互竞争，既有利益的一致，又有矛盾和冲突的经营体系。它既担负执行政策，平抑市场的职能，又具有自己的利益追求，集社会利益与本部门的经济利益于一身。在这个体系中，县议价公司具有独特的地位。议价公司直属粮食局，人事安排、资金管理、利润指标由县粮食局直接干预。它有自己独立的经营业务，同时，又负有对全县的各基层粮站、直属粮库的指导、协调、服务的职责。各个基层粮部、直属粮库，都是一个相对独立的经济实体，拥有自己的仓房、资金和职工，对上负责利润指标，对下负责成本开支，对收购数量、价格、时间有决策权，实行部分地自负盈亏。站与站之间，站与议价公司之间既因收购业而暗中竞争，又由同一上级组织协调各方利益，上级行政机关具有行政指挥的权威。

2. 供销合作社。政策允许多渠道流通后，供销社立即把经营业务伸进了粮食领域。栾城和正定两县的供销社分别于1986年和1987年开始大规模的经营粮食。

供销社具有几方面的优势：①多年的农产品流通领域的实践中，形成了一套完整的经营体系，基层社以及代购代销点延至各个小村小镇，网络密布；对外有全国各地的同系统单位，业务往来紧密，信息灵通。②供销社职工经验丰富，善于管理流通业务。③是农用生产资料和其他农副产品的主营单位，内部经营结合，便在活跃农村经济。④具有一定的资金及流通设施。如仓房等。⑤供销社具有半国营性质，有利于国家宏观管理，同时，随着供销社体制改革，也便于从流通领域出发，组织农民，稳定农业生产。

因此供销社的加入，打破了粮食部门的垄断，形成了在农村每一个地区里都有两个强有力的竞争者的格局。每当供销社开始收购能使当地粮食价格上升8%～10%，议价公司的“低于市价”的价格政策，在供销社的竞争下，岌岌可危。

外贸部门的主营业务是组织出口，由粮食部门提供货源。栾城县的外贸公司也加入了国内贸易，分别在1988年和1989年收购玉米580吨和600吨。

三、存在问题

目前的粮食流通渠道存在的主要问题是：国营粮食部门经营效率低，还要依赖国家的保护政策；其他多渠道流通，在实践中受到多方限制，没有发育成健全的粮食商业企业。

1. 国营粮食部门不能充分发挥它的经营潜力。

(1) 政企不分。

(2) 经营设施严重短缺，资金支持不足，经营能力与它在市场的地位和担负的责任相去甚远。同时，物价指数、利润率（不能超过3%）、货款期限、利息率等多方面的限制，不能满足正常需要。

(3) 市场管理制度不完善，交易秩序混乱。其他渠道常常采用偷税漏税、贿赂交易等非法手段，开展不公平竞争。

2. 其他渠道亦不能发育成为正常的商业企业。在过去的几年中，重视了放开多渠道经营，而忽视了政府的有效扶持。同时，政府的政策倾向于保护主渠道，对其他经营者的市场政策却是反复多变，促使了它们的经营短期化行为。特别是某些地方，以整顿粮食市场为名，由粮食部门垄断粮食的铁路运输计划，供销社等其他经营者被迫停止经营退出粮食市场。

四、几点思考

一个有效的市场体系，既要有纵向的协调和竞争，又要有横向的联系和配合。目前的粮食市场体系需要从三个方面做出努力：

1. 纵向的关系。纵向联系和协调的关键是要保证市场营销的各个环节既有充分的竞争，而又前后相连。在现今的粮食市场上，促使粮食市场的发育，首先要充分利用粮农协会或农民的销售合作社等组织的力量，克服目前农民在粮食市场上的弱小和被支配的地位。农民在市场上的被动地位和弱小的竞争能力，促使他们在粮食的生产上消极对抗，这不利于粮食的稳定和发展。其次，要保持直接收购的小粮贩同大批发商人的协调配合关系。以及通过工业用户的直接收购，来维护纵向的竞争环境，促使中间商人提高经营效率。

2. 横向的关系。无论初级收购市场，还是批发市场，提高商业流通效率的首要条件是保持有效的竞争，以形成公平价格。因此首先在改革现有的国营商业企业，使它们发育成为一个独立的经济实体，在国营企业内部建立和发展竞争和协调的关系。其次，是取消对供销合作社、个体

粮贩等其他流通渠道的约束，维持新企业加入的潜在压力。

3. 国家与市场的关系。粮食是关系到国计民生的重要物资，在粮食市场上国家应扮演一个协调员、裁判员、服务员的角色。作为协调员，应利用经济手段，吞吐调节，保证粮食市场的稳定；作为裁判员，利用法律手段，维护交易秩序，保护公平竞争；作为服务员，则要提供信息服务，引导市场流通组织做出合理的决策。

我国粮食市场上的价格信号问题*

柯 炳 生

在我国的粮食市场上，由于存在着多重价格体系，从而使得价格在指示市场变化方面的信号作用变得更为模糊，使得价格信号的解译变得更为复杂。从宏观决策的角度，首先有三个方面的问题必须弄清：第一，对农民生产者的生产决策起主要制约作用的是哪一个价格？第二，农民生产者对这个价格的反应强度如何？第三，这个价格在反映供求对比关系变化方面的可靠程度如何？这些问题既有重要的理论意义，也更有重要的决策实践意义。本文尝试着对此做一初步的、定性的分析。

一、自由市场价格的制导性

我国现阶段农民生产者所面对着的粮食价格信号主要有：

1. 定购价格，即通常低于自由市场价格的指令性国家定购粮食的价格。

2. 自由市场价格，这里是指由供求双方所自由议定的价格，包括集市价格和议购价格。

3. 以上二者之差，即所谓的“差价款”，这尽管不是价格而只是一个价格差，但也有不少人认为这是一个制约农民粮食生产积极性的直接因素①。

一般来说，我国农民生产粮食的目的有三个方面，即满足自食自用需要，完成国家定购任务和进行自由商品交易（即对应于图中 Q_1、Q_2 和 Q_3 所代表的三个部分）。农民的粮食生产规模是由这三个部分之和所确定的。其中自用部分占70%左右（包括农民家庭的直接的和间接的粮食消费。）这个部分的弹性很小，基本上不受价格信号的影响，即不论价格如何变化，农民总是至少要保证这样一个生产规模。定购的部分约占13%左右。其指令性特征决定了其弹性也很小，也是农民所必保的数量。许多人抱有这样的看法：定购价格的高低、差价款的高低，直接制约着农民的种粮积极性。这种看法是值得商榷的。正确的理解应是：定购价格和差价款的高低，只对农民完成定购任务的积极性起制约作用，而并不一定影响农民进行粮食生产的积极性。只要不是完全的国家垄断，只要允许自由交易存在（哪怕只是季节性的），定购价格与差价款的高低就对农民的种粮积极性没有直接影响！有一种意见认为，双轨制下自由市场价格与定购价格之差（即差价款）具有一种对粮食生产的逆向调节作用，即差价越大，相当于农民向国家的纳税额越高，使农民越感到吃亏，从而种粮的积极性就越受到挫伤。这种看法也是值得商榷的。差价款尽管在本质上相当于一种税收（也可以将之理解为生产者对消费者的补贴），但却没有所谓的逆向调节作用。

---

* 原载《中国农村经济》1991年第6期。

① 郭书田主编：《短缺与对策——中国粮食问题研究》，第11页。田维民：《我国粮食收购体制对粮食生产的影响》，载《农业经济问题》1990年12期。

这从图1中可以一目了然看出。在自由市场价格为一个既定的量 P_f 的情况下，定购价格 P_s 的高低的变化（即差价款 P_f—P_s 的变化），只导致潜在税收额T的变化（从而农民收入的变化），而对农民的整个生产量并无影响。这里根本性的原因在于：定购价格和差价款所作用的仅仅是农民所生产的部分产品（全国平均约13%，最高的地方不到25%），而非全部产品！换言之，定购价格与差价款均对农民从事粮食生产的边际收入毫无影响，从而对农民从事粮食生产的规模（积极性）无影响①。实际上，当我们讨论农民种粮的积极性时，并不是就总体来说，而是就边际来说的。这就是说，实际上所讨论的并不是农民是否有生产粮食的积极性。在 Q_1 和 Q_2 基本稳定的情况下，起决定性作用的便是 Q_3 数量的大小了。而对 Q_3 起作用的价格信号，既不是 P_s，也不是 P_f 与 P_s 之差，而是 P_f。即 Q_3 的大小，由边际收益（P_f）和边际成本（M_c）年确定。这意味着，只有自由市场价格信号，才是真正影响到农民增加或减少粮食生产的积极性的。

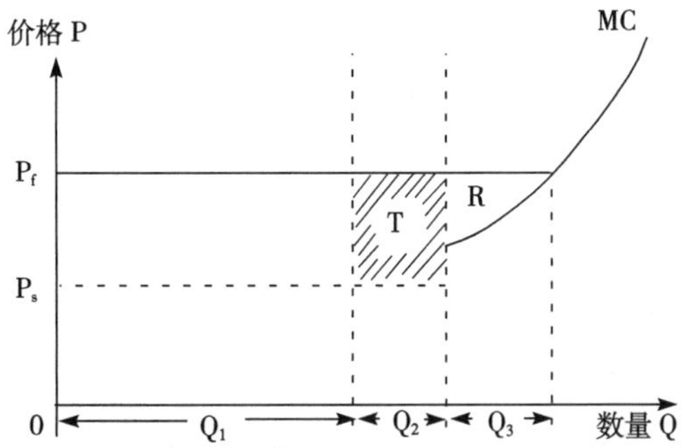

图1　我国农民粮食生产与供给行为示意图

注：P_f：自由市场价格，P_s：定购价格，M_c：边际成本曲线，Q_1：自用数量，Q_2：定购数量，Q_3：剩余数量，即可供自由交易数量，R：生产 Q_3 部分的净收益，T：差价款总额相当于定额税总额或生产者对消费者的补贴额。

当然，影响农民种粮积极性的价格信号，除了粮食本身的自由市场价格之外，农业投入品的价格，其他相关农产品的价格（种粮的机会成本）也同样是重要的。对这些问题的讨论，超出了本文的范围，这里只想指出两点：第一，影响到农民种粮积极性的，归根到底，不是价格而是净产值，是种粮所能获得的净产值与从事其他可行经济活动所能获得的净产值的比较关系起决定性作用。这里为简便起见，运用"其他一切条件不变"的假定条件，只讨论粮食本身的价格。第二，净产值的比较，均是在边际的意义上进行的（这里指的是 Q_3 的部分）。笔者1990年春季到河北省调查时，就听到当地农民算过种粮与种棉的比较利益账。按1989年的价格，当地每亩粮食的净产值是棉花的三倍左右，所以农民愿种粮而不愿种棉花。

二、农民对价格变化的反应强度

在确定了农民生产者是对自由市场价格做出反应这一点之后，随之而来的问题便是：他们对这个价格信号的反应强度如何，即我国国内粮食供给的价格弹性如何？

对供给弹性的定量计算，即使是在商品经济高度发达的西方国家中，也是一个争执很大的问题。不过，通过对制约供给的诸因素的分析，也还是可以对我国粮食供给的弹性做出一些定性的判断。

当粮食价格（指自由市场价格，下同）发生变动时，农民对之进行反应的可能途径是调整土

① 差价款之所以没有逆向调节作用，也可以这样来理解：根据我国的实际情况，国家订购价格基本上是稳定的（并有所上升）。在这样的情况下，差价款的增大实际上就是自由市场价格（以及总价格水平）的升高。根据逆向调节的观点，在这种价格升高的情况下，农民的生产积极性反而会降低，这显然是有悖于常理和实际的。

地、资本和劳动的投入。在我国的条件下，劳动的投入一般不构成限制性因素。因此，制约我国粮食供给变化的主要是土地与资本的投入。

在土地的投入方面，农民调整粮食生产的回旋余地是较小的。80年代初以来，我国粮食和其他农产品的价格均发生过明显的波动。这种价格的波动引起了农民的供给意向的波动。这种供给意向的变动，首先表现在播种面积的变化上。如图2所示，对其他农产品来说，均出现过播种面积年际变化率超过40%的情形，而粮食播种面积的年际变化却始终小于3%。这也就是说，比起其他农产品来说，粮食的潜在供给弹性要小得多。

造成这种事实的原因并不难理解。第一，土地的后备资源有限，从而耕地总面积扩展的可能性很小；第二，粮食种植占现有耕地面积的比例很大，在3/4以上；这使得通过减少其他作物种植面积来增加粮食种植面积的可能性很小，因为即使其他作物面积发生了很大比例的减少，也只能使粮食种植发生一个很小比例的增加；第三，粮食种植大幅度下降的可能性也不大，粮食的耐储藏、生活必需性决定了绝大部分农民的种植重点是粮食，而不会以很大的规模去生产蔬菜、瓜果、棉麻等不耐储藏、市场有限并且风险大的产品。

资本的投入，主要可以分为两大类：一类是速效性投入，主要是种子、化肥、农药等，另一类是长效性投入，包括土地的改良和水利设施的建设等。在速效性投入中，种子与农药投入的多少，基本上不受粮食价格变化的影响，化肥投入对粮食价格变化虽有一定的反应，但也不是很显著，国外一些国家粮食的价格发生过大幅度的波动，但化肥投入量并没有因此而发生明显变化。在我国的具体条件下，化肥的施用量的增加，直接受着化肥供给量和供给时间的限制。至于长效性投入，则与土地制度密切相关。在现阶段的情况下。农民生产者的短期行为性很强，而对具有长期性收益的土地基本建设投资，缺乏积极性。粮食价格在现有水平上的可能变化程度，对这种积极性没有显著影响。

综上所述，可以得出结论，我国农民生产者对粮食价格变化所能做出的反应范围是相当小的。换言之，粮食价格变化所引起的生产量年变化率，不大会超过3%～5%的幅度，这意味着，价格变化对粮食生产的作用效果，并不比气候条件的变化所会造成的作用效果大。粮食生产的这一价格反应特点值得突出强调。因为其既不同于工业品的生产，也不同于所有其他大田作物的生产（参见图2）。

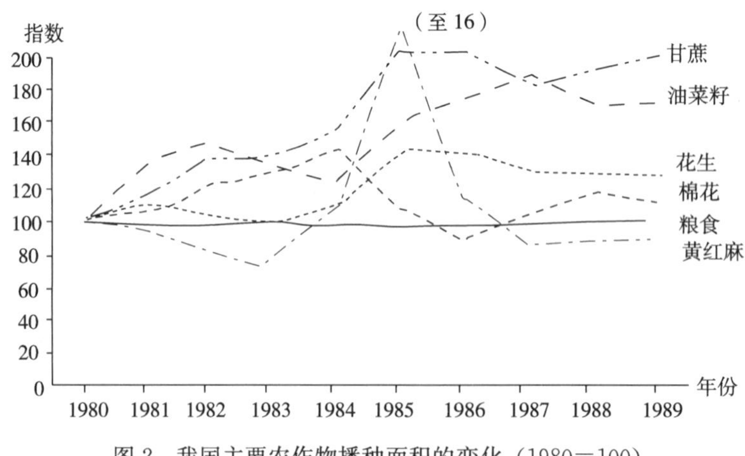

图2　我国主要农作物播种面积的变化（1980＝100）

资料来源：根据《中国统计年鉴》资料整理。

三、自由市场价格的高灵敏性

自由市场价格的高灵敏性是指：供给数量一个不大的变化幅度就会引起一个相当大的价格变化幅度。

从理论上，这一点可以直接从前述的低供给弹性推断出来。因为价格灵敏性是价格弹性的倒数。这是就一般原理而言。

进一步说，在我国的具体条件下，又有两个方面的特殊原因。第一，我国的自由市场是一个剩余市场，农民们拿到这个市场上来交易的粮食，是除掉了自用和国家定购部分的剩余部分。当产量发生变化时，自用和定购部分一般并不发生变化，发生变化的只是剩下的部分即可投放自由市场的部分。这部分占总量的比例全国平均约为17%左右（包括集市和议购贸易量）。这意味着，当生产总量发生了2%～5%的变化时，自由市场上供给量的变化幅度则可高达12%～30%。由于粮食需求的价格弹性很低。所以，市场价格将发生很大的变化（假如粮食需求价格弹性系数为－0.5，则自由市场价格将发生24%～60%的变化）。第二，我国粮食的供给极为分散。2.15亿个农户中，至少有2亿农户从事粮食生产，而生产规模和市场供给规模很小，平均每个农户每年可提供自由交易的粮食不过约350公斤。在这样的供给结构下，即使生产量没有发生改变，而每个农户少投入市场100公斤粮食，则相当于减少30%的供给，从而也会引起价格的大幅度变化。在较长时间内多储存100公斤粮食，对每个农户来说都是轻而易举的事，加之农民在市场行为方面又有很高的同一性。因此，农民在粮食储备倾向方面的一个不大的变动，也会引起自由市场价格的剧烈变动。

在实践中，上述两个方面的因素的作用效果是相互叠加的，并且很可能在同一方向叠加，从而强化波动趋势。也就是说，如果连着一、二年减产，则农民可能采取观望价格上涨的态度，不肯轻易出售产品，从而加剧价格上涨的幅度；反之，当连年丰收时，农民便会竞相出售粮食，使市场价格进一步降低。这正是目前我们所经历的实际情况，而这也并不说明我国的粮食过剩程度已经很高。

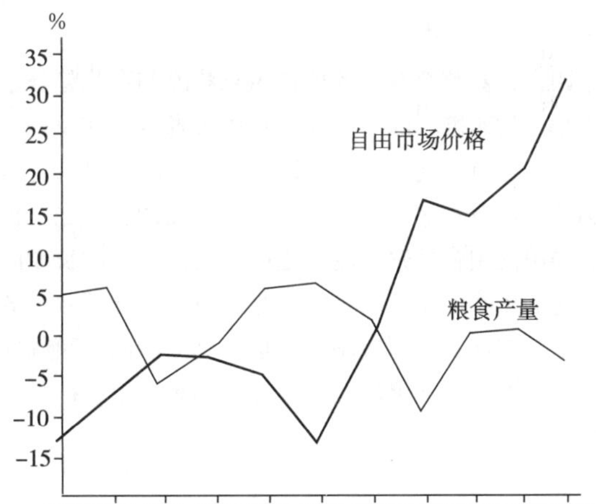

图3　我国粮食产量与自由市场粮价的年变化率
注：各年数值均为该年与前一年相比增减比例。
资料来源：根据《中国统计年鉴》和《中国农村统计年鉴》资料整理。

由于粮食生产受气候条件和其他偶然性因素的影响，年际之间产量增减变化幅度大于2%～5%是非常常见的现象，所以，我国自由市场上的粮食价格存在着一种很强的潜在的不稳定趋势。这种很强的潜在不稳定性在近些年中已经有所表现，如图3所示。如果按各个不同的粮食品种单独计算，则其波动幅度还要更大一些。

从图中可以看出，自由市场价格的变动幅度大于产量的变动幅度；而且，自由市场价格在对产量变动的反应方面，有一年左右的滞后期，如1979年价格下降对应着1978年的产量增加，1984年价格下降反应着1983年的产量增加，1986年价格上涨对应着1985年的产量下降，等等。

当然，影响到自由市场价格波动的，还有其他一系列因素，其中主要有：由于人口增加和人均收入增加而引起的需求曲线右移（即总需求的增加，包括通货膨胀的因素在内），进出口数量以及定购数量的变化、市场透明度、收购企业的市场反应方式，等等。这些因素的联合作用使得在自由市场价格变动和产量变动之间，并没有处处表现出严格的数量对应关系。

但是，无论如何，可以做出一个肯定的定性的判断：我国粮食的自由市场价格具有很强的潜在年际波动性，即其可能在丰年之后出现较大幅度的下跌——尽管从长期看，不排除粮食价格上升的总体趋势。1990年下半年以来我国粮食价格的发展情况已经证实了这一点。

四、几点政策性结论

第一，对农民起制导作用的粮食价格信号，是自由市场价格，而不是定购价格和所谓的差价款（或称平市差价）。在粮食自由市场发生季节性关闭的地方，也同样如此。

第二，我国的粮食生产对价格的反应程度很低。不应当对价格杠杆在促进粮食生产方面寄予过高的期望，仅仅通过提高粮食的价格，并不足以使粮食的生产显著增加。与价格的作用相比，下列因素可能更为重要的多：①科技成果的研究、推广和应用；②土地制度和土地投资；③农业投入品供给的数量、质量、时间及其价格。应高度重视这三个领域中的政策问题。

第三，否定价格杠杆的神话并不意味着贬低、忽视价格政策的重要性。改革我国粮食价格政策的重要性在于：①提高经营效率，减少流通与消费环节中的低效率、损失和浪费。②保证农民的收入不至于太低（至少在短期内。在长期内，价格政策不是实现农民收入目标的最有效的手段）。

第四，在对整个社会的粮食供求状况和变化趋势进行宏观判断时，对自由市场价格信号应采取谨慎小心的态度。除了应注意自由市场价格在反映生产量变化上的滞后性（一般为一年左右）之外，还应注意其高灵敏性，即注意其在反映供求总体变化上的夸大性。不能因为市价跌幅较大便认为粮食过剩很多，这一点应予特别强调。反之，也不能因为市价一时的较大涨幅而断定短缺严重。中国的粮食短缺问题，是一个缓慢发展的长期问题，而不是一个短期性问题，因此，解决这个问题的正确的政策措施也应是长效性而非短效性的。即：宏观决策的侧重点应是上述的科技政策等三个方面，而不应跟在市场变动的后面，频频地调整市场与价格政策。这种不是建立在长期性分析预测基础之上的、短视性的频频调整，往往会是过分的、滞后的，从而引起适得其反的结果。

利用边境贸易，促进中西部地区乡镇企业发展*

洪乌金　吴昭才

我国中西部地区与前苏联、蒙古、阿富汗、巴基斯坦、印度、越南等多国接壤，具有满洲里、二连浩特、吐尔尕特、霍尔果斯、红其拉甫、东兴等几十个重要内陆口岸与几十条陆、水路交通要道，边界两边的人民经济往来源远流长。

一、开放内陆边境贸易给中西部地区乡镇企业发展提供了难得的机遇

我国在扩大东部地区开放的同时，也逐渐开放了周边国家内陆贸易口岸，使经济发展比较落后的中西部地区可以与毗邻和近邻的国家发展各种经济联系，有利于恢复和发展本地区"双循环（即国内循环与国际循环）"的经济体系，改变该地区原有的产业结构与布局。20世纪80年代以来开始的边境贸易已显示了这种作用。1983—1988年内蒙古与新疆两个自治区边贸出口总额中生活资料分别占98%与90%；而进口商品主要是生产资料，同期内蒙古进口的钢材、木材、化肥、水泥、纯碱等生产资料占进口总值的90%，加之我国政府对边境贸易在关税上给予减免50%的政策支持，这给在经济增长中充当先锋的中西部地区乡镇企业发展创造了一个难得的机遇。又由于前苏联、东欧目前的生活资料的需求档次较低，中西部地区完全可以赢得消化吸收东南沿海地区的技术，充分利用当地资源和劳动力优势，发展本地区乡镇企业的机会。

二、可供乡镇企业选择的边境贸易市场容量大，前景广阔

根据中西部地区所处的地理位置不同，可将中西部地区边贸分为以下四个市场：

1. 东北亚市场。主要是指与黑龙江、吉林、内蒙古相对的前苏联西伯利亚与远东地区市场、朝鲜市场。

（1）前苏联西伯利亚与远东市场。近年来，东北亚经济崛起，特别是前苏联经济重心东移，它为我国东北亚市场提供了强大需求。首先，是食品的需求。西伯利亚与远东地区由于地理、气候条件的影响，农作物结构单一，劳动力奇缺，生产效率低下，长期以来，食品供求矛盾尖锐。据测，这部分地区除蔬菜等新鲜农产品严重短缺外，食糖缺口9～15万吨，植物油缺口2～5吨、罐头缺口40亿听、黄油4万吨、奶油2万吨、糖果点心37万吨。其次，是纺织品需求，据估计，这部分地区每年缺少毛料、棉布800万～1 500万米，针织内衣5 000万件，针织外衣1 500万～

* 原载《中国乡镇企业》1991年第8期，1993年11月做了修改。

2 000 万件，皮鞋 4 000 万双，袜子 5 000 万～6 000 万双。再次，是家用电器需求，该地区居民持货币量大，收录机、照相机、空调机等供不应求。另外还有建筑材料市场，据测，这个地区金属建材缺口 86%、红砖缺口 42%、细木工制品缺口 40%、暖气装置缺口 82%。

(2) 朝鲜市场。朝鲜虽然较大规模拓展的可能性不大，但互通有无类的易货贸易也不容忽视。

2. 中亚市场。包括狭义的前苏联中亚地区（即哈萨克、乌兹别克、吉尔吉斯、塔吉克及土库曼）和蒙古。前苏联这一地区虽然煤炭、石油、有色金属、重型机械制造开发程度远高于新疆，但轻纺产品与食品却十分短缺。哈萨克共和国植物油自给率只有 34%～79%，棉织品、毛织品、皮制品等轻工产品自给率仅为 27%～68%。中亚经济区 4 个共和国肉制品、奶类、砂糖、植物油等人均占有量仅相当于全苏联平均水平的 10%～40%，纺织、服装等人均占有量也只有全苏联平均水平的 60%～70%。

蒙古市场。近年来虽然蒙古的畜产品加工和矿产品加工发展迅速，但农产品、机电产品、轻纺产品、日用百货等短缺严重，每年要进口大量的植物油、棉布、绸缎、服装、工具、农具等，以满足需求。据统计，蒙古进口额占到社会商品零售额的 80%，而中蒙贸易额仅占蒙古对外贸易的 0.9%，可见潜力还很大。

3. 西亚市场。80 年代以来，西亚地区经济出现了稳定发展与资本东进的趋势。接壤国阿富汗由于多年战乱，各种产品奇缺。在近中期内，中国加工工业某些领域的技术对西亚各国具有较大的适应性。

4. 南亚市场。主要指印度、巴基斯坦、尼泊尔、不丹、锡金、缅甸、越南、老挝等发展中国家市场。这一市场目前尚属较稀疏地带。但近年来中越、中缅边贸易发展极为迅速。这一地区的边贸将有较好的发展前景。

从区域分工来看，东北亚市场取向的核心是黑龙江、吉林、辽宁、内蒙古的一部分，冀、京、津是这个市场贸易取向的相关省市、贸易的产业依托重点省市。中亚、西亚市场取向的核心是新疆、内蒙古的一部分。新、蒙是这两个市场的陆路接口区和口岸，青、甘、宁、陕、晋、冀是这两个市场贸易取向的相关省区、贸易的产业依托重点省区。南亚市场取向的核心是云南、西藏、广西，云、藏、桂是这一市场的陆路通道的接口省区和口岸，黔、湘、鄂是这一市场贸易取向的相关省、贸易的产业依托重点省。

三、抓住内陆边贸机会，推动中西部地区乡镇企业发展

中西部地区乡镇企业应利用近期的前苏联东欧经济调整以及我国政府开放边境口岸并给予一定的政策支持的有利时机，努力创造条件，积极拼博，跻身并在边境贸易中占据一席之地。具体应做好以下工作：

1. 收集信息。中西部地区的乡镇企业应当尽可能与边贸部门以及外国客商取得联系，以了解对方需求，生产适销对路产品。

2. 利用资源优势，消化沿海地区的技术，开发边贸企业。这些企业既包括粮油食品、轻工纺织，还包括家用电器、机电设备、建筑材料、五金、医药保健品等。

3. 利用地理优势，开发边贸产品，发展乡镇第三产业，进行经济服务（包括对内地企业进行业务代理、提供运输、劳务服务），**组织内地货源。**

四、中西部地区乡镇企业发展边贸中的政府行为

以边贸为主题的乡镇企业发展，需要各级政府认真规划、分类指导，为边贸创造条件，提供有利的环境与服务。

1. 制订边贸发展目标和规划。沿边地区政府应根据目前边贸情况和预测未来的基础上，制订沿边经济发展战略和规划，并把乡镇企业发展边贸纳入计划。

2. 建立边贸基地。根据边境地区和边贸重点依托省、市、区的优势，建立各种不同类型的工贸、农贸结合的出口基地（含乡镇企业），以保证供应质量合格的货源。同时还应实行内贸外贸结合，交叉运行，互相转换。

3. 建立展厅。在各边贸口岸边贸机构内建立包括乡镇企业产品的展厅。让外商了解乡镇企业所生产的产品，以便选购。

4. 改革边贸体制。过去的边贸，如二连边贸，蒙古由中央一家和我们打交道，我们则是多家，结果被压了价，应引以为戒。还有外贸出口手续繁杂，今后应加以改革，简化手续，让参与边贸的乡镇企业容易接受。

动态模糊综合评价法及其应用*

陈宝峰　王以廉

模糊综合评价法是基于下述思想而应用的：现有一组可供选择的方案 X_i（$i=1,2,\cdots,n$），需用一组评价指标 U_j（$j=1,2,\cdots,m$）来进行评价，则方案 X_i 对于评价指标 U_j，可以用优劣程度 r_{ij}（$0\leqslant r_{ij}\leqslant 1$，$r_{ij}=1$ 时为最优，$r_{ij}=0$ 时为最差）来表示，从而得出评价矩阵 $R=[r_{ij}]$，$r_{ij}=R(X_i,U_j)$。显然，X_i 的特征向量为 $R\mid X_i=(r_{i1},r_{i2},\cdots,r_{im})\in[0,1]^m$，可以被看作是 U 上的模糊集合。

上述 m 个评价指标，在综合考虑时其重要程度是各不相同的，现以权重 a_j 发别表示，则权重矩阵 $A=(a_1,a_2,\cdots,a_m)$ 也是 U 上的模糊子集。最后，对评价矩阵 R 和权矩阵 A 进行运算处理，得出评价各个方案的优劣程度 $D(X)=\{D(x_1),D(x_2),\cdots,D(x_n)\}$。经过排序，即可选出最优方案。所采用的评价函数 f 可以归纳为如下 3 种形式：

A 型　　$D=\sum a_j z_j$

B 型　　$D=(a_1\wedge z_j)\vee(a_2\wedge z_2)\vee\cdots\vee(a_m\wedge z_m)$

C 型　　$D=z_1^{a_1}\wedge z_2^{a_2}\wedge\cdots\wedge z_m^{a_m}$

A 型是从平均的角度考虑问题，即包括全部指标的评价及其权重；B 型是从最大角度考虑问题，对于每一方案仅考虑某一评价最高的指标；C 型是从最劣的角度考虑问题，对于每一方案仅考虑某一评价最低的指标，即从劣中取优。3 种形式相比，A 型用得最多，因为它更充分地体现了综合性。

一、动态模糊综合评价法

在进行模糊综合评价时，一般很少考虑评价对象的特征值随时间而变化的情况，而是把评价指标作为常量进行评价，或者只根据某时间点的一组指标值进行评价，然后把评价结果推及整个时间段。这样的评价方法，对于求解某些问题显然是不适合的，例如，在评价不同的投资方案时，如果只用某一未来年份（如 2000 年）的社会经济发展指标来进行评价，所得出的最优投资方案并不一定比用时间段中间（如 1995 年）的指标值进行评价时得出的方案为好。也就是说，最佳投资方案必须兼顾远期利益和近期利益，既要考虑长远目标，也要考虑达到目标所经历的路径。因此，有必要提出动态模糊综合评价法来更好地处理类似的问题。

动态模糊评价法是对常用的模糊评价法加以改进，即引入离散时间参数 k，X_i 方案的 U_j 指标的特性值为 $r_{ijk}=R(X_i,U_j,k)$。因此，以 A 型函数为例，在 k 时对 X_i 方案的评价函数应为

$$D(X_{ik})=\sum_j a_j r_{ijk}$$

* 原载《北京农业工程大学学报》1991 年第 3 期。

对 X_i 的评价函数应为

$$D(X_i)=\sum_k b_k D(X_{ik})=\sum_k b_k \sum_j a_j r_{ijk}$$

式中 b_k 为考虑不同时间的权重，即反映对不同时间利益的偏爱程度，b_k 应满足 $\sum_k b_k=1$。最佳方案选择 X_k 应该是

$$D(X_k)=\max\{D(x_1),D(x_2),\cdots,D(x_n)\}$$

二、应用动态模糊综合评价法评价信阳地区的投资结构

投资方案 X_i 共有 10 个，它们是按该地区的具体情况以及未来可能的投资状况而设定的。

评价指标及其权重 a_j 通过专家咨询和调查确定为：①工农业总产值（$a_1=0.130\ 1$）；②工业产值（$a_2=0.117\ 4$）；③第三产业产值（$a_3=0.073\ 7$）；④国民收入（$a_4=0.138\ 7$）；⑤粮食总产量（$a_5=0.125\ 0$）；⑥能源利用效率（$a_6=0.111\ 1$）；⑦人均消费额（$a_7=0.080\ 3$）；⑧环境污染状况（$a_8=0.102\ 7$）；⑨社会发展相对水平（$a_9=0.121\ 0$）。

在时间段 k 时的评价矩阵 $R_k=[r_{ijk}]$ 可由隶属函数 $r_{ijk}=g(U_{ijk})$ 确定。根据评价指标的特征及经济学原理，隶属函数 $g(X)$ 取如下两种形式：

（1）对于指标值越大，满意度越高的指标，其隶属函数设为

$$g(X)=\begin{cases}0 & 0\leqslant X<a\\ 1-k(X-U_{\max})^2 & a\leqslant X\leqslant U_{\max}\\ 1 & U_{\max}\leqslant X\end{cases}$$

（2）对于指标值越大，满意度越低的指标，其隶属函数为减函数，设为

$$g(X)=\begin{cases}1 & 0\leqslant X<U_{\min}\\ 1-k(X-U_{\min}) & U_{\min}\leqslant X\leqslant a\\ 0 & a\leqslant X\end{cases}$$

式中的 a 值，不同的指标值在不同的时刻各不相同，可通过对具体情况的分析给出；k 值则可通过表达式的边界条件求出。关于时间参数 k 的取值，具体计算时并没有各个年份（1985—2000 年，共 15 个年份）都考虑，因为相邻 2 年的指标值差别不大，尤其是变化趋势差别不大；目标是评价投资结构的优劣，而投资结构即使改变，在短时间内对指标值的变化影响不大；每个年份都加以计算工作量过大；在控制规划的习惯上多以 5 年为周期，所以参数 k 以 5 年为一时间点，考虑 1990 年、1995 年和 2000 年 3 个关键年份，即 $k=1,2,3$。

把不同投资方案在 3 个时间点的各指标值代入隶属函数，就可以求得 3 个关键年份的评价矩阵。

在确定投资方案时，既要考虑将来，又要考虑达到将来所经历的路程，在将来的发展中包含着所经历阶段的部分信息，因此，应把时间权重向将来偏移。这样时间权重取 1990 年 $b_1=0.25$，1995 年 $b_2=0.35$，2000 年 $b_3=0.40$。

把指标权重 a_j、时间权重 b_k 和 r_{ijk} 代入评价函数 $D(X_i)=\sum_k b_k(\sum_j a_j r_{ijk})$，求得各个方案的综合评价价值，然后便可进行优劣排序。

最后，应该指出，在应用动态模糊综合评价法时，评价的结果与时间权重的选择有很大关系。

参考文献

[1] 苊垆．实用模糊数学．北京：科学技术文献出版社，1989
[2] 张世英等．多目标决策方法在城市宏观政策分析模型综合评价中的应用．发展战略与系统工程，1987. 240～245
[3] 梁小民．西方经济学导论．北京：北京大学出版社，1987

种草、养奶牛、奶加工系统的机理分析*

袁若飞　杨景明　叶立明

在我国人口增加、消费水平提高、奶产品供需矛盾日益尖锐的情况下，地处天津市远郊的东双塘村，本着服务城市、繁荣农村经济的宗旨，从1982年开始发展奶牛业，经过近10年的努力，形成了以奶牛业为主的畜牧业生产。至1990年底，存栏奶牛达到972头，年产商品牛奶221万千克。与1986年相比，牧业收入由35万元上升到150.8万元，占农牧业收入的比重由21.5%上升到37.4%，畜产品加工收入由171万元上升到704万元，人均分配收入由800元提高到1 491元，成功地走出了一条种饲草、养奶牛、奶加工的路子。

一、系统成功的原因分析

东双塘村种草、养奶牛、奶加工系统的形成与完善，并不是偶然的，而是经济发展内在规律的要求。具体说有以下几点原因：

（一）满足人们对奶产品的需求是发展奶畜的市场动因

联合国粮农组织提出，每人每天需要从动植物食品中摄取2 700大卡的热能和70～75克的蛋白质。但是目前中国居民的营养明显低于世界平均水平，热能只有2 400大卡左右，蛋白质为61克，分别为世界平均水平的92.40%和88.6%。而从动物食品中获取的营养更少，热能为150大卡，只及世界平均水平的36%，蛋白质7.2克，仅为世界平均水平的1/3。造成这种情况的原因是多方面的，但低水平的人均畜产品占有量是个主要原因，特别是奶产品人均占有量差距最大，只及世界平均水平的2.7%。据预测，今后我国奶业要以每年11.80%的速度增长，除了在牧区发展外，有必要在大中城市郊区建立奶畜基地。东双塘村正是在这个背景下走上了发展奶业的道路。这不仅可以补充当前奶品市场的不足，从长远看，也是一项具有广阔前景的事业。

（二）利用、改造盐碱地是种饲草、养奶牛的生态原因

东双塘村位于海河黑龙港流域边缘，多为次生盐碱地，土地不仅含有较多的盐分，而且瘦、冷、死、板，不适宜农作物生长。苜蓿是多年生耐盐豆科植物，在这里生长良好，不仅可以利用其根瘤菌固氮，而且生长时间长，光能利用率高，积累的养分多。同一亩土地，种玉米只收450千克，大豆150千克，种苜蓿却能收获3 000千克（鲜苜蓿）。从消化总养分分析，种一亩苜蓿相当于种1.23亩玉米或3.4亩大豆。从可消化蛋白分析，则相当于3.5亩玉米或2亩大豆。苜蓿还

* 原载《农业经济问题》1991年第12期。

是喂牛的理想饲草，不仅含有丰富的蛋白质，而且适口性好，易于消化。因此，在这里发展奶牛是取当地生态环境条件之长。

（三）充分利用当地丰富的粗饲料资源是发展草食家畜的地理动因

天津市位于渤海之滨，有较多的盐碱低洼地，粗饲料资源极为丰富。奶牛是反刍动物，对粗饲料的利用率高达66%（是猪的4倍以上），可以将非蛋白氮转化成动物蛋白，将人类不能直接利用的植物资源转化为动物食品。因此，发展奶牛可以发挥当地的资源优势。另外，奶牛的饲料报酬率高。1千克精饲料，用于养猪，可得1.276兆卡热能的猪肉，用于养鸡，可得0.508兆卡热能的鸡蛋，而用于喂奶牛，可得1.65兆卡热能的牛奶。可见，其效果比养猪高29%，比养鸡高224%。在我国精饲料紧缺的情况下，发展奶牛，可用较少的饲料生产出较多的畜产品。

（四）奶牛业比较利益高是发展奶牛的经济动因

根据1984年的材料计算，奶牛的比较利益明显高于猪、鸡及奶羊，以猪为1计，则奶牛为1.39，奶羊为1.34，鸡为1.22。这就是促使他们发展奶牛的经济动力。但比较利益是一个动态的指标，比较利益的变化也必然影响他们发展养牛业的积极性。当1989年由于饲料涨价幅度较大，养牛效益出现负值时，被迫缩小经营规模，养牛生产出现滑坡。当牛奶价格调高后，他们又恢复了对养牛生产的投入，奶牛数和奶产量很快得到回升。

二、系统功效优化分析

整个系统由饲料供应、奶牛饲养、奶品加工三个不可分割的环节所组成。系统功效的优化，即以三个环节的优化为基础。

（一）改善饲料供应

保证饲料供应是优化整个系统的首要环节。为了抓好这一环，他们主要从三个方面入手：一是尽可能利用当地的野草资源。为此，他们一方面发动养牛户自己采集，另一方面向附近居民收购。这部分约占粗饲料消耗的5.30%；二是利用收割完籽粒后的玉米秸秆及时加工青贮，这部分约占8%；三是充分利用饲料地种植苜蓿、青贮玉米、多汁块根等优质、高产的饲料作物，这是最主要的饲料来源，这部分约占86%。为了优化日粮配比，还适当外购一部分精料（玉米、豆饼、麸皮）、糟粕料、维生素、矿物质、鱼粉、骨粉、添加剂等饲料。由于采取了上述措施，饲料供应得到了保证。

（二）改进饲养管理，增加牛奶产量，提高经济效益

系统的功效在这里一般以养牛户的收益和奶品加工厂的盈余来反映。增加奶产量是提高功效的关键。为此，他们既抓外延扩大再生产，又抓内涵扩大再生产。概括起来他们作了如下改进：一是改进奶牛品种，增加高产牛比重。一方面利用良种公牛的冷冻精液人工授精，使牛群的后代有所改良，另一方面适时淘汰一部分低产牛，使牛群中高产良种牛的比重不断提高。二是增加收入，实行集约经营，提高经济效益。虽然集约经营的精饲料消耗、物质费用、用工量等分别比粗放经营的高113%、98%和50%，但经营效果却好得多：每头奶牛的奶产量由3 000千克提高到7 500千克，提高150%；每头牛的盈利由395元提高到2041元，提高416%；饲料报酬率提高了

17%，劳动生产率提高64%；单位牛奶的成本下降了23%。三是适度扩大规模经营。通过对东双塘村养牛户的分析，不同经营规模的效益是不同的。饲养21头以上的户与饲养10头以下的户比较，虽然前者在饲料、劳动力等方面投入增加，但效果却比后者为好，平均牛奶单产由5 143千克上升到6 114千克，提高19%。因此，近几年来，养牛规模不断扩大，存栏牛由1981年的20头增加到1990年的972头，年均递增速度达53.9%。由于东双塘村成功地进行了上述改进，成年乳牛的平均产奶量由1982年的2 500千克提高到1990年的4 375千克，牛奶总产量由3万千克提高到221万千克。

（三）不断开发奶制品新品种，扩大生产能力，增加牛奶价值量

奶加工是该系统的第三个环节，也是系统能否正常运行的关键。对该村奶粉厂的盈亏分析表明，设计能力为4 000吨的奶粉厂，只要产量超过85吨就可盈利，生产越多，盈利也越多。可见，开工率的高低是奶粉厂经营效益高低的关键。虽然随着牛奶产量的增长，开工率也逐年提高，但最多只达60%。因此，挖掘潜力，开发新品种既是牛奶增值，也是奶粉厂增加收益的有效办法。根据这一分析，他们适时新增了以牛奶为原料的饮料生产。经核算，饮料厂每千克牛奶的毛利为3.392元，而每千克奶粉的毛利只有0.272元，前者是后者的12倍。这样做，不仅大大提高了经济效益，而且增强了牛奶生产的发展能力。

三、系统组织一体化

为了保证系统的有效运转，必须组织一体化，实行统一领导，分工协作。在这方面，东双塘村并非一开始就认识到，而是走了一段弯路。1989年以前，组织比较松散，养牛户、养牛技术推广站、农技推广站、奶粉厂互不通气、互相扯皮，相互埋怨。奶粉厂只管收奶，却不关心养牛户的生产；养牛户由于缺少技术指导，奶牛产奶量下降，收益减少，生产积极性也不高，结果，导致奶粉厂开工不足。非但没有收到整体功效，反而走上恶性循环之路。1990年，他们对管理体制进行了改革，实行统一领导，分级核算，并规定了各个单位的经济责任，即养牛户负责种好饲料地，养好牛，增加奶产量；农技推广站负责为养牛户提供饲料作物良种、化肥、农药、防治病虫害、机耕、机播等服务，促进饲料高产；奶牛技术推广站负责为养牛户奶牛配种、疫病防治、饲料采购、加工、技术培训等服务；奶粉厂除按统一规定的奶价及时购奶付费外，还要按每千克牛奶提取0.06元的规定向农技站和奶牛技术推广站提交管理费。经一年的实践，系统的整体功效明显提高，呈现出牛多、肥多、料多、奶多、奶制品多、经济效益高的新局面，恶性循环变成了良性循环。

从东双塘村种草、养奶牛、奶加工系统的形成和完善，我们得到三点启示：一是随着生产水平和人们生活消费水平的提高，人们对畜产品的需求必然会大幅度增长。作为各级决策者，应遵循供给和需求平衡机制，根据自身的条件，把握时机发展有关的畜牧生产，这不仅可以及时满足市场需求，也是发展农村经济的一条有效途径；二是任何一项畜牧业生产都不是孤立的，都有自己赖以运行的系统。正如发展奶业生产必须把种饲草、养奶牛、奶加工组成一个系统一样，必须把各个既互相促进，又互相制约的环节联合起来，在统一组织安排下运行，发挥整体优势，扩大生产能力，提高经济效益；三是系统的优化是个动态过程，需要不断深化。从长远的、战略的眼光看，农牧业生产各个系统的优化，要走教育、科技兴农、兴牧的道路，从提高农民科技、文化素质入手，因地制宜地推广各种适用技术，提高农牧业生产水平，使各种优势都得到发挥，使国家、集体、个人都从中得益。

县级人口预测与控制方法及其软件的研究*

潘学峰　吴扬俊

人口问题是关系到一个县的国计民生的大问题。人口发展规划是县级社会经济综合发展规划的重要组成部分，也是制定其他社会经济发展规划的重要依据。因此，搞好人口的预测与控制，有效控制人口增长，对社会进步与经济发展具有重大意义。本文利用人口发展方程和最优控制原理，建立了县级人口发展预测与控制动态模型。

一、人口发展的数学模型

人口数量的变化，随时间的推移表现为出生、死亡、迁移三种现象，某时因出生引起的增量称为自然增长，由调入引起的增量称为机械增长。

将时间离散化，以差分方程来建立人口发展的动态模型。设 X_0（t），X_1（t），…，X_{m-1}（t）分别为 t 年份 0 岁，1 岁，…，m－1 岁的人口数。

设 K_i（t）为 t 年份 i 岁妇女占 i 岁人口数 X_i（t）的比例，h_i（t）为 t 年份 i 岁妇女的生育模式，α_1、α_2 为育龄妇女年龄上、下限，β（t）是 t 年份妇女平均生育率，可理解为在社会人口平均的意义下，一个妇女在整个育龄区间内的生育胎数，则 t 年份新生婴儿数为：

$$\varphi(t)=\beta(t)\sum_{i=\infty_1}^{\infty_2}K_i(t)X_i(t)h_i(t)$$

又设 μ_{∞}（t）为 t 年份新生婴儿死亡率，则 t 年份 0 岁人口数：

$$X_0(t)=[1-\mu_{\infty}(t)]\varphi(t)$$

再设 μ_0（t），μ_1（t），…，μ_{m-1}（t）分别为 t 年份 0 岁，1 岁，…，m－1 岁的死亡率，f_0（t），f_1（t），…，f_{m-1}（t）为 0 岁，1 岁，…，m－1 岁人口的机械净增长。那么 t+1 年份的 1，2，…，m 岁的人口数为：

$$X_1(t+1)=[1-\mu_0(t)]X_0(t)+f_0(t)$$
$$X_2(t+1)=[1-\mu_1(t)]X_1(t)+f_1(t)$$
$$\cdots$$
$$X_m(t+1)=[1-\mu_{m-1}(t)]X_{m-1}(t)+f_{m-1}(t)$$

综上，我们得到如下人口发展动态模型：

* 原载《山东工程学院学报》1991 年第 4 期。

$$\begin{cases}\varphi(t)=\beta(t)\sum_{\infty_1}^{\infty_2}K_i(t)X_i(t)h_i(t)\\X_0(t)=[1-\mu_\infty(t)]\varphi(t)\\X_1(t+1)=[1-\mu_0(t)]X_0(t)+f_0(t)\\X_2(t+1)=[1-\mu_1(t)]X_1(t)+f_1(t)\\\cdots\\X_m(t+1)=[1-\mu_{m-1}(t)]X_{m-1}(t)+f_{m-1}(t)\end{cases}$$

该模型符合人们对人口发展这一社会现象的认识，易于用计算机求解，关键是如何确定合适的参数 K_i（t）、μ_i（t）、h_i（t）及 f_i（t）。

二、人口发展预测分析

下面讨论各参数的确定方法，给出描述人口状态的主要指标，借助计算机对寿光县的人口发展进行预测。

（一）关于 K_i（t）——女性人口比例函数的确定

由于一个县的人口数目相对较少，在男女按龄分布上有自己的特点，一是按龄分布的人口基数小，从而 K_i（t）随 i 的变化相对比较大；二是人口在空间上移动大。这些特点使 K_i（t）具有较强的随机性。因此，简单地使用通常的水平型、趋势型、季节型模型来拟合实际的 K_i（t），势必使人口再生产的过程产生较强的"噪声"。但据近年来人口统计资料，可定性判断出在相邻几年内 K_i（t）随 t 变化率小。从而本文提出了确定近期 K_i（t）的平滑误差分析法—SEA（Smoothing Error Analysis）方法。SEA 方法确定 K_i（t）步骤如下（参见图 1）。

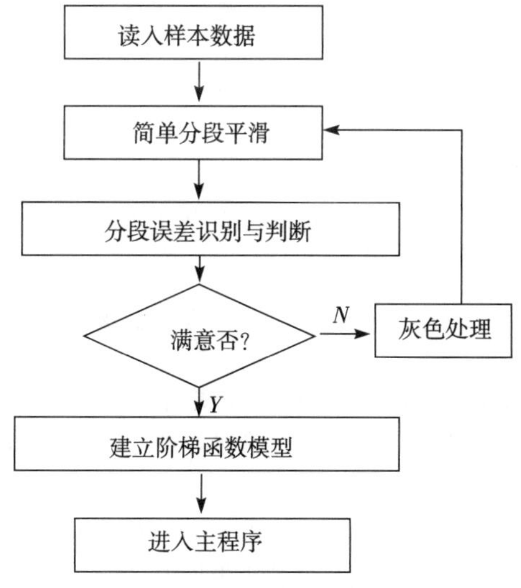

图 1　SEA 方法步骤框图

1. 简单分段平滑。假设原 K_i（t）的时间数据序列为 {K_0（t），K_1（t），…，K_m（t）}，把原序列分为 L 段。如 1982 年统计寿光县 0～9 岁的女性人口比例函数如表 1。

表1中年龄可分为二段，0～4岁为第一段，5～9岁为第二段，其序时平均数分别为：

$$\overline{K}_{0-4}(t)=[K_0(t)+K_1(t)+\cdots K_4(t)]/5=0.4803$$

$$\overline{K}_{5-9}(t)=[K_5(t)+K_6(t)+\cdots K_9(t)]/5=0.4849$$

2. 分段误差识别与判断。所谓误差识别就是通过计算区段内每个数据的误差，给出各个时序区段的误差上限δ。

$$\delta=Max(\left|\frac{K_i(t)-\overline{K}(t)}{K_i(t)}\right|)$$

表1 寿光县0～9岁女性人口比例

年龄	总人口数	女性人口数	Ki	年龄	总人口数	女性人口数	Ki
0	15 009	7 185	0.478 7	5	14 495	6 987	0.482 0
1	13 522	6 460	0.477 7	6	15 875	7 731	0.487 0
2	14 925	7 217	0.483 5	7	17 038	8 255	0.484 5
3	15 051	7 216	0.479 4	8	17 287	8 368	0.484 1
4	14 155	6 824	0.482 1	9	20 041	9 986	0.486 3

用表1数据计算得$\delta_{0-4}=0.66\%$，$\delta_{5-9}=0.6\%$。误差判断就是根据给定的误差范围（如要求$\delta\not>3\%$），判断误差上限δ是否在误差范围之内，若误差在允许范围内，便进入（4），否则进入（3），对不满足要求的区段进行灰色处理，以弱化K_i（t）的随机性。

3. 灰色处理。首先对不满足要求区段上的数据序列｛K_1（t），K_2（t），$\cdots K_n$（t）｝进行累加处理，即K'_i（t）$=K_1$（t）$+K_2$（t）$+\cdots+K_i$（t）形成一个新序列｛K'_1（t），K'_2（t），$\cdots K'_n$（t）｝；其次建立数据矩阵：

$$B=\begin{bmatrix}-\frac{1}{2}[K'_1(t)+K'_2(t)] & -\frac{1}{2}[K'_2(t)+K'_3(t)] & \cdots & -\frac{1}{2}[K'_{n-1}(t)+K'_n(t)]\\ 1 & 1 & \cdots & 1\end{bmatrix}$$

$$Y_n=[K_2(t)\quad K_3(t)\quad\cdots\quad K_n(t)]$$

再次计算微分拟合的参数向量

$$\hat{a}=[a,u]^T=[B^TB]^{-1}B^TY_n$$

得时间向应函数为：

$$\hat{K}'_{r+1}(t)=(K'_0(t)-\frac{u}{a})e^{-ar}+\frac{u}{a}\quad 取\ K'_0(t)=K_1(t)$$

最后根据$\hat{K}_r(t)=\hat{K}'_r(t)-\hat{K}_{r-1}(t)$进行还原，并计算残差$e=[K_r(t)-\hat{K}_r(t)]/K_r(t)$进行检验。在此基础上再进行误差识别和判断，若不满足要求可再次进行灰色处理。

4. 建立K_i（t）的阶跃函数（分段模型）。

由此可以看出*SEA*方法具有如下特点：①误差范围可由分析者控制，方便实用；②是一种基于计算机处理的方法，所需数据可从人口数据库中析出；③通过简单平滑和灰色处理弱化了时序参数的随机性。

根据寿光县1982年人口统计资料，把K_i（t）按年龄分为20段，每5年为一段，求出每一段的时序平均数如表2。

表 2　寿光县女性人口比例时序平均数表

年龄段	$\overline{K}_i$ (t)	年龄段	$\overline{K}_i$ (t)
0～4	0.480 3	50～54	0.5128
5～9	0.4849	55～59	0.5298
10～14	0.4880	60～64	0.5310
15～19	0.4974	65～69	0.5378
20～24	0.4997	70～74	0.5681
25～29	0.4804	75～79	0.6064
30～34	0.4845	80～84	0.6400
35～39	0.4798	85～89	0.7443
40～44	0.4782	90～94	0.8090
45～49	0.4901	95～100	0.9333

对这一平滑处理结果进行误差识别，其误差范围基本上不大于3%，对90岁以上的 K_i（t），可以直接以简单平滑处理的结果作为最终输出，虽然其误差较大，但由于这区段内的人口基数很小，对整个人口分布产生的影响可以忽略。

（二）关于 μ_i（t）——死亡率函数的确定

根据县级人口按龄死亡率统计分析，μ_i（t）的阶跃函数也可用SEA方法确定。

表3是用SEA方法确定的寿光县人口死亡率函数的阶跃模型（以1982年人口统计数据为准）。

表 3　寿光县人口死亡率阶跃函数表

年龄段	$\overline{\mu}_i$ (t) (‰)	年龄段	$\overline{\mu}_i$ (t) (‰)
0～4	3.50	50～54	7.13
5～9	0.59	55～59	11.44
10～14	0.47	60～64	19.61
15～19	0.94	65～69	32.30
20～24	1.43	70～74	54.58
25～29	1.45	75～79	92.16
30～34	1.61	80～84	104.34
35～39	1.49	85～89	266.98
40～44	2.62	90～94	434.05
45～49	4.22	95～100	416.67

（三）关于 h_i（t）——生育模式函数的确定

一个社会中每年出生的婴儿数是社会人口增长的主要来源，根据 $\varphi(t)=\beta(t)\sum_{\alpha_1}^{\alpha_2}K_i(t)X_i(t)h_i(t)$ 可知，决定每年出生人口数目的主要因素除 β（t）、K_i（t）和 X_i（t）及其分布，

妇女生育模式 h_i (t) 也是重要因素。

根据文献 [1]，生育模式函数 h_i (t) 可以比较准确地用 χ^2 概率密度曲线逼近。为便于计算机处理，我们采用阶梯函数逼近，可根据妇女按龄生育数的统计资料具体确定。如寿光县育龄妇女 1982 年生育率的统计如表 4。

表 4　寿光县育龄妇女生育率统计表

年龄段	妇女人数	生孩子的妇女数	生育率（‰）
15～19	56 320	26	0.46
20～24	31 371	2041	65.06
25～29	41 867	9755	233.00
30～34	36 030	2531	70.25
35～39	24 263	367	15.13
40～44	20 180	79	3.91
45～49	20 573	7	0.34

由此可以看出，妇女育龄区间 [α_r，α_r] 一般可取为 [15，49]；生育高峰年龄大约在 25～29 岁左右；生育高峰域在 20～34 岁左右，这期间一岁之间的生育率变化大。因此，采用 SEA 方法分段平滑处理是不合理的。

本文参考了全国和其他地区情况，给出 h_i (t) 的阶跃函数如下：

$$h_i(t)=\begin{cases}1/36 & 20\leqslant r\leqslant 22\\ 1/18 & 23\leqslant r\leqslant 24\\ 1/12 & 25\leqslant r\leqslant 29\\ 1/18 & 30\leqslant r\leqslant 32\\ 1/24 & 33\leqslant r\leqslant 34\\ 1/36 & 35\leqslant r\leqslant 39\end{cases}$$

在控制人口发展过程中所执行的计划生育政策，可定量地在生育模式函数及其他参数中体现出来。如"晚婚"表现在育龄下限 α_1 的增大；"晚育"表现在生育模式函数峰值的后移；"少生孩子"则表现在妇女平均生育率 β (t) 的减少。

（四）关于 f_i (t) ——机械增长模式的确定

县级人口系统不是封闭系统，它与县外系统存在着迁入迁出的机械移动问题。除战争、灾荒等特殊情况外，正常情况下，县级人口的机械迁移主要反映在大中专院校的招生、分配及招工所引起的流动方面，而这些人口大都是未婚青年，也就是说 f_i (t) 在相近年龄内变化较小，所以原则上可用 SEA 方法求出 f_i (t) 的阶跃函数。但考虑到资料难以统计，加上这种迁移量较小，为简化问题的处理，本文暂假设人口迁出迁入平衡，即把县级人口系统当作一封闭系统处理。

由人口发展动态方程，结合上述确定的参数，给定各年份的生育胎次（通过人机对话给出），就可按年进行递推预测。其步骤如图 2 所示。

在人口发展预测分析中，还要根据人口发展的基本状态推算一系列指标，以便进行分析比较。下面简略介绍本文用的人口分析指标。

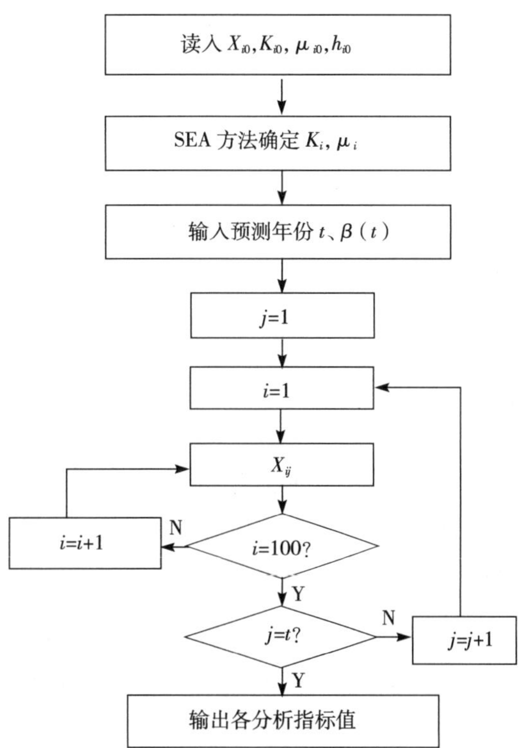

图 2　人口预测框图

(1) 总人口　$N(t)=\sum_{i=0}^{m}X_i(t)$

(2) 女性人口　$W(t)=\sum_{i=0}^{m}K_i(t)X_i(t)$

(3) 男性人口　$M(t)=\sum_{i=0}^{m}[1-K_i(t)]X_i(t)$

(4) 死亡总人数　$D(t)=\sum_{i=0}^{m}\mu_i(t)X_i(t)+\mu_{\infty}(t)\varphi(t)$

(5) 人口死亡率　$r_d(t)=\dfrac{2D(t)}{N(t-1)+N(t)}$

(6) 人口出生率　$r_b(t)=\dfrac{2\varphi(t)}{N(t-1)+N(t)}$

(7) 人口自然增长率　$r_n(t)=r_b(t)-r_d(t)$

(8) 少儿人口数　$N_e(t)=\sum_{i=0}^{15}X_i(t)$

(9) 老年人口数　$N_o(t)=\sum_{i=56}^{m}K_i(t)X_i(t)+\sum_{i=61}^{m}[1-K_i(t)]X_i(t)$

(10) 人口老少比　$y(t)=\dfrac{N_0(t)}{N_c}(T)$

(11) 劳力总数　$L(t)=\sum_{i=16}^{55}K_i(t)X_i(t)+\sum_{i=16}^{60}[1-K_i(t)]X_i(t)$

(12) 抚养指数　$\rho(t)=\dfrac{N_c(t)+N_0(t)}{L(t)}$

(13) 劳动力指数 $\lambda(t)=\frac{L(t)}{N(t)}$

(14) 人口平均年龄 $A(t)=\frac{1}{N(t)}\sum_{i=0}^{m} iX_i(t)$

(15) 人口平均寿命 $S_o(t)=\sum_{i=0}^{m} e^{-\sum_{a=0}^{1}\mu_a(t)}$

(16) 人口老龄化指数 $\omega(t)=\frac{A(t)}{S_0(t)}$

(17) 育龄妇女数 $W_b(t)=\sum_{i=16}^{49} W_i(t)$

(18) 人口密度 $S_D(t)=\frac{N(t)}{S(t)}$ $S(t)$ 为 t 年土地面积。

三、人口最优控制

决定人口发展规模和速度的主要是人口的出生与死亡，显然人口的控制不能像林果业、畜牧业那样，通过死亡淘汰加以控制，相反的作为人类社会发展的一个目标，要尽可能提高人口的健康水平，延长寿命，降低死亡率。所以，人口发展的控制只能通过出生率这一环节加以解决，如可控制生育胎次在 1.5～2.0 之间。

每个县对人口都有一个规划指标 M（如寿光县 2000 年为 109.5 万人），我们希望寻求不超过这个指标的最优途径。而总控制数仅仅是一个主要指标，还必须考虑其他有关指标的协调，故建立如下最优控制模型：

目标泛函：$min|X(2000)-M|$ （2000 年总人口偏离 M 幅度最小）

状态方程：

$$\begin{cases} X_0(t)=[1-\mu_0 0(t)]\beta(t)\sum_{a_1}^{a_2} K_i(t)X_i(t)h_i(t) \\ X_1(t+1)=[1-\mu_0(t)]X_0(t)+f_0(t) \\ \cdots \\ X_m(t+1)=[1-\mu_{m-1}(t)]X_{m-1}(t)+f_{m-1}(t) \end{cases}$$

约束条件：

$X(2000)\leqslant M+\Delta M$

$\rho(t)\leqslant 1.0$ （每年抚养指数限制）

$A(t)\leqslant 45$ （每年平均年龄限制）

$\omega(t)\leqslant 0.7$ （每年人口老龄化指数限制）

$1.5\leqslant\beta_1\leqslant 2.0$ （1991—1995 年平均生育率限制）

$1.3\leqslant\beta_2\leqslant 2.0$ （1996—2000 年平均生育率限制）

这是一个离散的最优控制模型，可用动态规划方法求解，考虑到状态变量数不大，时段不长，本文采用枚举法求解。

四、系统的软件实现

在人口预测和控制方法研究基础上，本文开发了人口发展分析系统软件包，主要包括如下功

能模块：（如图 3 所示）

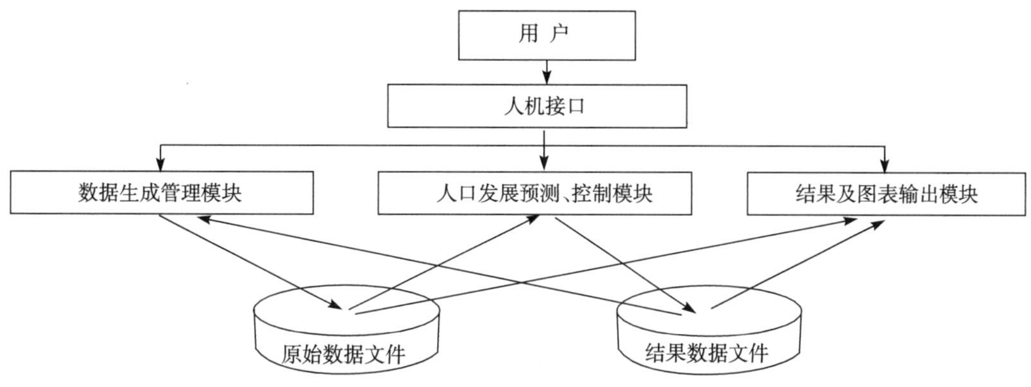

图 3　人口发展分析系统软件构成

数据生成管理模块完成从人口数据库中析出预测、控制及图表显示所需数据，并能进行数据的编辑、修改和存贮。

人口发展预测和控制模块需首先完成发展动态模型的有关参数的确定，并根据给定的预测或控制条件（原始数据可通过数据接口直接读入，其余数据或控制参数可通过人机对话方式输入，如预测年份、每年的生育胎次等），应用状态方程递推出规划年各年份人口基本状态及分析或控制指标，建立相应的结果数据文件，存入结果数据文件库中。这里没有显在的模型库，人口发展动态模型稳含在预测和最优控制程序之中，这样便于使用和简化管理。

结果及图表输出模块的主要功能是根据预测、控制所得的结果或部分原始数据，以相应的表格或图形方式显示或输出。如可通过人口金字塔、折线图、直方图分别表示某年份男女人口按年龄结构比例，某年段人口出生、死亡、自然增长率曲线及年出生人数变化等，为人口发展分析提供直观形象的信息。

人机接口也是软件的重要组成部分，为系统与用户的交互提供服务。本文在开发软件过程中注重人机界面的友好性，采用多层菜单驱动方式，输入输出形式尽量直观明了。

软件的运行环境为 IBM PC/XT、PC/AT 及其兼容机，CCDOS 2.1 版以上。整个系统由 BASICA和 C－dBASEⅢ语言实现，为提高运行速度，可对其进行编译。

五、结束语

本文在县级人口发展预测、控制方法研究方面作了探讨，并开发了软件，可为县级人口发展分析提供支持和服务。软件已结合山东省寿光县、浙江省嵊县人口统计数据进行了应用，运行结果得到了实际数据的较好印证。当然，软件系统还有待于在运行中不断发现问题，及时修改、扩充和维护，以进一步完善。

参考文献

[1] 宋健等. 人口预测和人口控制. 人民出版社，1982

[2] 刘光中. 发展战略与数学模型. 四川科技出版社，1989

山区庭院经济时空能优化组合设计*

李志民　吕　涛

［摘　要］本文以山区庭院为基地，围绕时、空、能优化组合这一轴心，运用区域经济、结构经济、生态经济等理论知识和中国南方、北方、沿海、内地山区庭院的典型资料，论述了山区庭院经济时空能优化组合的衡量标准及其指标，做出了五种优化组合设计方案。进而以定性、定量、定位的方法分析这些方案的可行性和可操作性。最后提出了实现该方案应该具备、又可能具备的宽松环境的建议。旨在为中国山区农业未来发展、农村繁荣、农民致富寻求一条捷径。

一、问题的提出

（一）庭院经济时空能优化组合概念

庭院经济有狭义和广义之分。狭义的庭院经济是指以农户房前屋后的小块空地为基点，重点发展种植、养殖业。广义的庭院经济是指以庭院为中心，以房前屋后的空地，加上自留地、自留山、自留塘为基地，发展种植、养殖、林果、服务以及加工等各类生产的实体。它有别于过去自给性、补充性的庭院种植、养殖。山区庭院经济时、空、能优化组合的对象是依靠信息、依靠科学技术进行集约化能量投入，充分合理地利用“巴掌地”的空间以及“间隙时”的时间，产出大量的商品性产品，投入市场，获取较高利润的一种生产经营形式。

（二）山区庭院经济时空能优化组合设计的概念

任何方案设计，不是天上掉下来的，也不是地上长出来的，山区庭院经济时、空、能优化组合设计方案也不例外。它是根据客观经济规律，山区的特点和实际，对既定的空间（山区农家庭院）合理布局（平面和立体或天空、地面、地下）基础上，以有限的能量（农户的人力、物力、财力及信息）在最佳的时间（春、夏、秋、冬）投入取得最优效益程序的安排。

（三）庭院经济时空能优化组合研究的背景

中国农村庭院，栖息着中国9亿多的人口，其中，山区庭院居住有5.2亿多人。庭院的存在，是人类文明历史发展的产物，是人类长期与自然适应并在利用和改造自然中演变形成的格局，是地理、气候、经济、伦理、风俗、民情等因子综合作用的结果。如北方山区的四合院、黄

---

* 原载《北京农业大学学报》1992年第18卷增刊。

土高原的窑洞、湘鄂川黔武陵山区的吊脚楼、云贵川的林盘、竹楼、闽粤的山庄等。庭院经济在古代早已出现，其发展有着悠久的历史。在长期的封建社会里，农民除了从事农田作业外，一般都利用庭院和房前屋后的空坪隙地，搞一些种养加工等副业作为农田的补充。但是，庭院经济长期以来已经不是一个独立的经济形态，即使到了20世纪70年代，仍习惯称之为“副业”。只是到了80年代，中国社会主义有计划商品经济在农村逐步发展起来，庭院经营才发展成具有全新的内涵和性质。根据1989年《中国统计年鉴》提供的农村使用房屋面积和人均居住面积推算，中国山区的各个小“舞台”加起来共约有6 600万亩左右，除去宅基地、道路、水沟、生活占地以及难以开垦利用庭院土地外，至少有50%可开发利用。因此，全国山区庭院还可开发利用的约3 300万亩。

不仅在中国，而且在国外庭院也广泛存在。在不发达国家，如秘鲁的“农户庭院园田”（Household garden）、印度尼西亚的“村落园地”（Village garden）、爪哇的“木本庭园”、斯里兰卡的“家庭自用园地”（Home garden）、肯尼亚的“农产园田”（Household garden）、尼日利亚的“多层次复合式庭园”等，均作为缓解贫困地区人们饥饿的一种手段。在发达国家如日本农民多是兼业农户，又称“星期天”农户，即只有星期天在庭院或农场经营“家庭林业”，其余时间到城市做工、服务。美国也出现了“胜利园田”（Victory garden）、“庭院园田”（Backyard garden），联邦德国“市民农园”（Klien garden）以及原苏联、东欧的“宅旁园地”等，也作为现代农业和现代生活的附属和“点缀”。

无论是中国还是国外的庭院经济，目前还停留在低水平阶段，没有达到时、空、能优化组合的高水平。其表现是：有的配置不合理；有的停留在传统的家庭副业上；有的虽有一些组合形式，但地域性很强，难以推广。至于国外发达国家的庭院经济只是作为“缓解”、“点缀”，并没有研究庭院时间、空间、能量的优化问题。

时、空、能优化组合的构想是80年代中期提出研究的一个理论问题，在1990年底立题的河北省科委委托的“八五”重点课题，《燕山东段半干旱区农业生态优化综合经济技术研究》中，将“庭院时、空、能优化组合研究”列为攻关课题之一。

二、庭院时空能优化组合设计的标准

（一）充分利用闲散（或零星）时间和序时时间

山区农村有“十闲时”即早闲、晚闲、外出闲、回家闲、赶集（场）闲、散场（集）闲、会前闲、会后闲、饭前闲、饭后闲。有了优化的组合设计，就抢回了“十闲时”。序时时间即一年有365天，12个月，4季，一世纪是100年，它们是从1天数到365天，从1月数到12月，从一季数到4季，即从春到夏，到秋，到冬；从1年数到100年。但庭院空间的生产项目，时间错落，高低参差，则有一定的艺术性，可以充分利用生物节律物候原理，动植物共生、畜群周转、错季生产、保护地生产等抢时间，创效益，达到序时时间的充裕利用。

（二）有效利用“十边地”和有限空间

山区农村有许许多多零散小块土地，俗称：“十边地”，即道边、墙边、圈边、厂边、园边、村边、塘边、渠边、场边、井边。这些都能合理利用。在庭院狭小有限的空间，可以利用攀岩绿色植物向高空发展，可以用果树蔬菜占领地表空间，也可利用地窖、窑洞、防空设施向地下发展。总之，将一切没有利用的空间利用起来，将一切利用不合理的空间合理地利用起来。

（三）适度投入各种能量

山区农村有各种各样的劳动力，诸如，整劳力、半劳力、辅助劳力。所谓“386170部队”，即妇女、儿童、老人，他们不适合大田生产，然而却是庭院经济发展的生力军。山区农林牧物产资源丰富，可替代性较强。在庭院空间，山墙可以代棚墙，围墙可以代园栏，造成小气候，有利于生物成长发育；在猪圈上，鹅卵石可以代红砖垒墙，稻草可代青瓦棚顶，河沙可以代替水泥抹圈面，木条可以代替椽子架房，木棍可以代替钢筋打栏等；在畜禽饲料上，粗饲料可代精饲料，黑豆粉可代油饼，树叶粉（红果、苹果、刺槐、榆树等叶）可代替草粉（苜蓿草等）。据北方山区农户对比，以就地材料代用，每间猪圈可节约450元，将喂养期由12～13个月缩短到6个月，饲料可节约200千克。

（四）有利于净化、美化、绿化环境

通过庭院经济时空能优化组合，把旧式猪圈、鸡舍改成节能保暖、干净卫生的圈舍，定期消毒、清除粪便。再在房前房后种植各种树木、花草、果树，形成一幅画图，即房顶浓荫掩盖，墙壁翠屏复垂，院内果木成趣，室内盆栽点缀，绿棚架下行道，立体丛中回旋，禽、畜、虫、菌齐全，而无废物臭气，虽是农家小院，也不亚于园林胜地。

（五）有利于社会安定、延长寿命

中国是一个具有9亿农民的农业大国，又是一个拥有近5亿多山区农民的大国。如此众多的山区农民不可能一齐涌入大城市，绝大部分农民要“离土不离乡”。在他们工作之余经营时、空、能优化的庭院，既美化环境，又改善生活；既满足物质生活需要，又满足精神生活需要。精神有了依托，就不会借“搞赌博”、“敬鬼神”、“搞腐化”、“抽大烟”等来消磨时间了，人与人之间可以和睦相处、减少摩擦，达到精神舒畅、延年益寿的目的。

上述五条标准评价衡量可有许多指标，举其要者，又便于操作的有以下五个：①生物增长量。反映庭院单位时间内同类生物的增长量。②食物链比例结构。同一链环中各环节，各层次间的比例关系。③家畜、家禽的能量转化率。即产出能量与投入能量之比。④投入产出率＝总产出（物质、能量或价值量）/总投入（物质、能量或价值量）。⑤农副产品及其有机废弃物的多次利用率。

三、山区庭院经济时空能优化组合设计方案

综观中国各地山地、丘陵地及较崎岖的高原地的各种社会、经济、自然条件下的各种不同规模、不同条件的庭院，从时、空、能三方面综合考察，运用上述指导思想、设计原则、经济理论、衡量标准，设计出优化组合的方案有以下几种类型：

（一）以菜、果、林配合为主的庭院优化组合形式

1. 果林组合。充分利用房前屋后的边角隙地种植林木和果树。林木树种在北方主要有杨树、香椿、榆树、柳树、槐树等；在南方主要有银杏、杉树、桃树、栋树、桐树、乌桕树等。

果树树种，在北方主要有石榴、柿子、樱桃、杏、梨、苹果、枣、葡萄、海棠等；在南方主要有柑橘、柚子、枇杷、荔枝、香蕉等。

庭院栽植的地方是院角、墙边、门旁、甬道两侧。此种组合适于北方、南方山区庭院面积较大的农户。树木的行、株距为3m×4m或3m×3m。

2. 菜果组合。充分利用房前屋后比较规整成块的地段种植各种蔬菜。在北方主要有韭菜、菠菜、胡萝卜、白萝卜、大白菜、小葱、莴苣、豌豆苗、黄瓜、豆角、西红柿等。

在南方主要有大蒜苗、腊菜、蕻子杆、紫菜薹、豌豆尖等。果树如前所述。该组合要求庭院面积较大，一般在0.5亩以上，果树种植株距较宽，一般3m×5m，菜畦2m×7m，可露地也可保护地种植。

（二）以舍饲畜禽为主的庭院优化组合形式

1. 猪、鹅、兔组合。将食粮畜（生猪）和食草禽畜（鹅、兔）搭配饲养。适合较小庭院经营。猪圈修建在离住房远一些的贫瘠的院角，采用节能保暖式的圈舍，兔窝可修建在住房两侧的边角地面上，鹅栏采用平养式，鹅笼放在兔舍下面。猪要采用瘦肉型品种，鹅要选择产蛋率高、生长迅速的品种，兔可用肉、毛兼用品种，肉贵时可赚钱，毛贵时仍然可获利。对各种畜禽饲养采用科学饲养办法，猪争取半年出圈，一年两圈，在2.5m×3m的圈里一年可出栏10头猪；鹅、兔食青菜、野草，山区到处都有，可节约粮食。

2. 牛、羊、鸡组合。以食草牲畜（牛、羊）为主，配以食粮禽（鸡），适合于庭院较大的丘陵地区饲养。该地区农户产粮较多，秸秆可作为牛、羊饲料，粮食可作为鸡饲料，丘陵地区农户也可以和草原农户联营，夏秋季牧草丰盛可在草原区吊架子，秋末冬初牧草枯萎之时，在丘陵区用粮育肥，加速出栏。

牛、羊栏可修在庭院围墙内侧左右边，鸡舍可建在地势高、干燥通风向阳地方，采用节能保暖的鸡舍13m×6m可饲养500只蛋鸡，每只以10元获利，一年可获利5 000元。牛的品种以西门答尔杂交肉牛品种为好，羊以舍饲的小尾寒羊较合适，鸡用产蛋率高的优良品种为好。

（三）以苗、菜、花为主的庭院优化组合形式

1. 苗、菜结合。以早春育稻苗、菜苗、果苗、棉苗、药苗，待苗移上大田之后，紧接着种上黄瓜、豆角、西红柿、圆白菜、倭瓜、西葫芦、土豆、凉薯等蔬菜。在北方山区庭院及南方高海拔山区庭院以塑料薄膜育各种秧苗。对于蔬菜则有露地栽培和保护地栽培两种，可因地制宜。

2. 菜、花结合。以各种蔬菜和花卉结合。在早春利用热地或保护地育出一茬韭菜、芹菜或菜苗；待出圃后，紧接着扦插一圃月季花苗、葡萄蔓；待月季、葡萄上盆后，再种麦茬西红柿、豆角、黄瓜。收获后，把各色菊花根移在暖棚里，在春季桃红柳绿的4～5月份，能观赏到黄、粉、紫、墨各色的菊花，对满足人们日益增长的精神、文化生活的需要，十分有益。

（四）以贮、加、服为主的庭院优化组合形式

1. 贮、加、种或养结合。在庭院加工、种植、养殖基础上，有效地利用地下贮藏增值。据调查北方山区农家庭院有50%的户有一地窖，有的建在果树、菜地下面，有的在房屋山墙边，有的则建在住房底下；南方山区农家也依山就坡建有藏室。空间体积在10～40m^3。这些窖或藏室，一则可以为加工厂贮存原料，经过粗加工、精加工就可增值，二则可以在收获季节收购贮存果品、蔬菜，待淡季售出，即可增值。以贮万斤果菜计，在3～4个月后出售，即可增加收入1 700～2 100元。

2. 商、饮、种或养结合。利用在大、中城市郊区小集镇上，以及车站、码头、公路、水路近旁的有利位置，可以开展粮、油、饲加工，也可开展荆、根、竹工艺品加工，可以开设商业、饮食业，为过往客商、游人提供服务。利用庭院种植稀有名贵菜蔬，寄养鱼、虾、甲鱼、鳝鱼等，满足客人特殊需要。也可用饮食、饭店的剩菜、剩饭养猪、喂鸡。

3. 劳务、种、养结合。利用多余劳力的一门或两门技术（如木匠、裁缝、石匠、画匠等）为附近的农家付出劳务，在庭院又布置养殖、种植。

（五）以立体配合的庭院优化组合形式

1. 屋、院、窖结合。在屋内开设缝纫、工艺、米面、绘画等业，院里种瓜、点豆，植树、种果，养鸡、喂猪，养牛、喂兔；在地窖贮果品蔬菜。这种形式的农家庭院，劳动力较多，有一技之长，且能各显其能，形成互补。

2. 葡萄、红果、草莓、窖贮结合。在庭院矮墙外或甬道旁或村中甬道旁边种植龙眼、巨峰葡萄，搭架上房，为人们搭设凉棚；在院里栽上红果（梨、苹果、海棠、柑橘、石榴、荔枝），果树下边种上草莓，在院里的山坡开挖洞穴，或在屋子底下修建地下室，形成多层次的经营。

3. 果蔬、畜禽、沼气或太阳能、或地热结合。在院里挖掘一个永久性的沼气池，使它成为种植、养殖、环境良性循环的中介，接通生物链条。在北方山区光照充足，也可利用太阳灶、太阳热水器充分利用太阳能，在南方山区或沿海山区，还可利用风能；在有地热资源的山区庭院也可充分利用地热开展庭院种植和养殖业。

4. 鱼、鸡、猪、塘鱼结合。山区庭院依山就坡，在屋顶修鱼池养热带观赏鱼，屋里修建蛋鸡舍，底下修猪圈，猪圈直接与鱼塘连接。鱼池为鸡、猪防晒、保暖，换鱼池水可饮鸡、猪，洗涮猪圈，鸡刨下的剩料及粪可由猪捡食，鸡、猪粪随清圈水流入鱼塘，肥水养鱼。

四、庭院经济时空能优化组合分析

（一）庭院舍饲畜禽的时效分析

在庭院畜牧业生产过程中，生产要素的投入与产品产出的关系是随着饲养时间的变化而变化的。同一种畜禽，由于饲养时间不同会产生不同的经济效益。这种由于饲养时间长短而引起经济效益差异的特性，就称为畜牧生产的时效性。

时效性在庭院畜牧业生产中普遍存在，不仅在肉用畜禽饲养中存在，而且在母猪、乳牛、蛋鸡以及其他畜禽饲养中也都存在。现以庭院生猪饲养为例进行时效性的数学分析。

根据试验资料，求得二元杂交瘦肉型猪体重，累积饲料消耗与生长日龄的数学模型分别为

$$W(t)=\frac{115}{1+32.6566_{e}^{-0.029t}}$$

$$F(t)=1.9174t-86.2839$$

1991年，七家乡市场当地猪价格为3.2元/千克，瘦肉猪一般价格高0.4元/千克，即3.6元/千克，饲养价格0.64元/千克，每头猪从出生到出售的固定成本为20元，每头猪每天所负担人工工资为0.10元。

七家乡农民饲养当地猪，一般饲养成本10个月（断奶后计）每头猪只能盈利36元。所以如选用优良猪种，45天仔猪就断奶，6个月就出栏，只一个生产周期就会比原来庭院养猪多盈利约

59元，如果适合养猪的山区庭院都能选用优良猪种，在最佳的时间出栏，庭院经济收入会有很大提高。

由于庭院养猪比集体养猪用工和管理费用少，猪舍以本地材料代用可节约450元，缩短喂养期可节约饲料200千克，因此，庭院舍饲生猪优于集体养猪。

（二）庭院经济时空能选化组合可操作性分析

庭院时空能优化组合的研究已列入河北省“八五”重点科研试区七家乡试区的计划。课题组已在试区内的西地、河东、七家等村改建一批节能保温、清洁卫生的猪圈、鸡舍，为不同日龄的生猪设计1～5号配合饲料。还为西地小学及27户农家庭院设计了绿化方案，并为第一批庭院时空能示范户设计了记录档案，进入了实际操作阶段。

1. 节能猪圈。其特点是：便于管理、饲喂方便、冬暖夏凉、清洁卫生、结构合理、造价便宜。打破了旧式猪圈的格局。猪圈造价在150～600元之间。育肥期可缩短到6～7个月。

2. 节能鸡舍。其特点是：布局合理、通风透光；补食方便，饮水卫生；就地取材、造价低廉。打破了旧式养鸡的鸡窝局面，可大大提高生产率。

3. 科学饲养瘦肉型猪的饲料配方。根据各龄猪生长的热量和蛋白质的需要，并结合当地有限的饲料来源的条件，在庭院养猪试验中，分别以玉米、饼、麸皮、草粉等主要原料组成6个配方，分别适合于15～35日龄的、35～60日龄的、60～100日龄的猪，以及妊娠初期、后期、哺乳期的猪饲喂，增加粗蛋白12％～15％，基本符合试验区的需要。

4. 庭院绿化方案。试区中心村之一西地村，是全国的“红果样板村”，该村在村支书带领下，山坡都栽上红果，还办起了果品加工厂、果酒加工厂等，很多农民住进了楼房，村小学已建起了漂亮的教学楼。搞庭院经济设计，不仅要让农民获得高的经济效益，搞好物质文明建设，同时还要提高农民的素质，建设一个美化、绿化、净化的山村，让山区的农民生活在一个优美、健康的环境里。西地村庭院绿化设计图为山村庭院绿化提供实际操作的例子。

5. 庭院时空能优化组合典型户档案。七家乡已有一批农户自愿参加时空能优化组合试验，为积累资料，特设计了庭院养殖户档案。由农户和七家试区工作站记录、汇总、分析。

（三）实现庭院时空能优化组合的环境分析

为了更好地开发中国山区庭院经济，把庭院时空能优化组合设计付诸实践，需要如下环境：

1. 宽松的政策环境。制定落实有关庭院经济发展的政策。首先建议各有关政府要把庭院经济开发纳入社会经济发展规划；其次，适当放宽对山区庭院占地的限制；第三，建议大力推广适合于庭院发展的种植、养殖和加工技术；第四，资金上给予支持，建立庭院开发专项优惠贷款；第五，税收政策放宽，对庭院经济的产品，给予减免税收的优惠。

2. 良好的舆论环境。加强宣传，努力提高各级领导和农民群众对发展庭院经济重要性的认识，使时空能优化组合的模型和操作技术深入人心，家喻户晓。

3. 形成社会化服务环境。目前山区庭院经济发展的社会化服务方面存在三个不足：一是服务体系不健全；二是服务质量难以保证；三是服务面窄，难以满足庭院经济发展各环节的需要。为了促进庭院经济的发展，一要建立完善的社会化服务体系，二要逐步扩大服务的内容，三要转变服务观念。建议各级地方政府转变职能，由过去的行政指挥为主，转变以协调服务为主，树立服务为主、经营为辅的服务观。四是建议农民自己组织起来，通过专业生产来满足社会化服务的需要。一般可组成技术、信息、物质、资金等服务体系，保证时空能优化组合设计方案的实现。

4. 造成庭院经营者高素质环境。提高庭院经营者的文化水平、思想素质是庭院经济时、空、能优化组合设计的至关重要的一环。因此建议采取请进来派出去的办法，普及时空能优化组合的理论、技术和艺术。

5. 创造庭院时空能优化组合获利环境。农民，尤其山区农民，最务实际。各级政府和有关部门要帮助农民创造一个获利的环境：①帮助山区农民合理确定庭院生产项目。②科学设计庭院，以充分利用空间，合理利用时间，适当投入能量，取得最佳效益。③帮助农民安排好庭院生产的经营规模，以取得良好的规模效益。④帮助农民选择好的适用技术，以获得良好的技术效益。⑤帮助农民购到优良品种，高效无毒农药，以及必需的物质。⑥帮助农民销售各种产品，使产品及时销售，获得价值补偿及盈利。

五、结束语

山区，特殊区域空间。山区庭院，特殊区域里的特定空间。在这有限的小院里，空间合理布局，时间充分利用，能量适度投入，时、空、能就会达到优化组合，成为广大山区脱贫致富的一条新路。

参考文献

[1] 张仲威，李志民. 农村发展规划. 北京农业大学出版社
[2] 云正明. 生态农业设计方法. 农业出版社
[3] 肖克非主编. 中国山区经济学. 大地出版社
[4] 李小平. 论区域生态经济要素的合理配置. 农业生态经济通讯. 1988 (3)
[5] [美] A. S. 马瑟. 土地利用. 中国财政经济出版社

我国农业保险面临的困难及对策*

任素梅

农业保险一般是指对农业生产者从事种植业、养殖业的生产过程中，遭到自然灾害或意外事故所造成的经济损失进行补偿的一种保险。在我国农业从自给半自给的自然经济向着较大规模的商品经济转化、从传统农业向着现代化农业转化的历史阶段，农业保险作为一项重要的经济补偿制度，对实现农业现代化这一战略目标，促进农村商品生产的发展和巩固联产承包责任制是一项必不可少的措施。

我国保险事业是从 1980 年起恢复办理国内保险业务。1984 年，中国人民保险公司成立了农村保险业务部，各分支公司相继开办了农业保险业务。其后几年来，农业保险的发展充分显示了它在促进农村商品经济发展，稳定农业生产，解除农民“后顾之忧”，支持农民致富方面的重要作用。但是，从目前来看，我国农业保险处境艰难，有的地方的农业保险甚至陷入困境。据笔者对数十个地区、县、市保险公司（即中国人民保险公司一些分支机构，为叙述方便，称之为××保险公司）的调查了解，存在的主要问题是：

一、农业保险的赔付率过高，收不付赔

保险的赔付率是反映保险企业经济效益的一个重要指标。它是指总赔款额占总保险费收入的比重。1990 年，全国农业险的赔付率达 139%。各地的情况，如河北深县保险公司，1987 年开始试办农业保险，到 1992 年初，农业保险保费收入 416.6 万元，赔款 576.2 万元，平均年赔付率 138.3%，其中 1988 年赔付率高达 275%，1989 年达 296%；广西荔浦县保险公司，1985 年试办农业保险到 1991 年，赔付率 110.4%；河北东光县保险公司，1986 年开办农业保险到 1990 年，赔付率高达 307.6%；浙江青田县保险公司从 1984 年开办养猪保险到 1991 年，每年赔付率均超过 100%，1987、89 两年赔付率均达 180%……。从南到北经营农业保险的赔的多，个别保险公司收支相抵或略有节余。农业保险收不付赔的状况，严重地制约了农业保险的发展，有的公司如云南龙陵县保险公司因 1986 年举办生猪保险，严重亏损，次年停办，至今未办农业保险。造成农业保险赔付率高的原因很多，主要有以下几点：

第一，农业保险标的特殊性。保险标的系指保险单载明的投保对象。农业生产是直接利用动植物的生产力进行生产，露天作业，在很大程度上受自然条件的影响。多年来，我国人民在利用自然、改造自然、战胜自然灾害方面取得了一定的成绩，但在农业生产中，抗御自然灾害和意外事故的能力还十分薄弱，水、旱、风、雹等自然灾害时有发生，造成的损失很大；养殖业除自然

* 原载《北京农业大学学报》1992 年增刊。

灾害外，由于疫病、意外伤害造成家畜、家禽的死亡，也是经常发生的；有的地区，有的年份死亡率很高。这些情况说明，作为农业保险标的动植物，遭受损失的几率比其他险种高得多，使得保险赔款相对其他险种多，赔付率高。

第二，农业保险纯费率厘定的准确性较差。保险费率是以保险对象的客观环境和主观条件形成的危险程度和整个保险公司内部经济运营状况作为参照物，以概率论为依据，运用数理方法来制订的，保险费率由纯费率和附加费率两个部分组成。以一般的财产保险而言，纯费率是根据保险金额损失率来确定的，保险金额损失率是一定时期总赔款额与总保险金额的比值，按照概率论的原理，为了求出尽可能接近实际的损失率，农业保险至少需要在五年以上的大量的统计资料中寻找答案，这是由农业生产的不稳定性决定的，年限太少的统计资料，就很难获得符合客观规律的认识。而我们在各地保险分支机构，拥有的历年统计资料很少，再加上有些保险人员缺乏专业知识，这些情况造成农业保险费率厘定的准确性差。有的保险公司缺乏资料及技术力量，若开办一个新险种就根据其他保险公司的经验和费率来厘定自己的费率，其准确性当然差一些。我们知道，农业生产的地域性很强，同一种作物在不同地区种植，由于自然条件不同，其产量是不一样的；家畜、家禽的传染病种类，发病率也不相同，所以农险险种的费率，各保险公司不同。

第三，有些险种的保险条款不完备，有“空”可钻，使保险公司承担了一些不应承担的责任。如青海省某市保险公司的奶牛保险条款中规定：“因病，经兽医证明，可以宰杀。”1984 年承保市牛奶公司的奶牛 6 000 头，该公司一次宰杀了 100 多头，保险公司感到蹊跷，清查了牛奶公司 374 件赔案，发现其中确实因病宰杀的只有 27%，而急宰的占 73%，这些都是需要淘汰的老年乳牛，混入其中，骗取赔款。

第四，理赔工作中的不正之风，使一些不该赔的赔了，该少赔的多赔了，造成保险赔款增加。

二、农业保险经办能力薄弱

其主要原因是我国目前保险经营的商业性与农业保险的特殊性、合作性相悖。现行农业保险主要由中国人民保险公司独家进行商业化经营而农业保险本身覆盖面小，保险费收入少，赔付率又高，不能形成巨大的农业保险基金。各级政府对农险也无补贴。除了农业风险基金不足外，现有农险经办人员的数量、素质与农险发展不相适应。农业保险业务面宽、量大、技术复杂，有的县在乡镇没有代办机构，有的由信用社代办，或设保险代办员，这些人以及县保险公司中的部分工作人员缺乏保险专业知识，又无保险工作的实际经验，不适应农业保险业务的要求，如开办一个新险种，缺乏可行性分析等，以致出现“保户保不起，保险公司赔不起”的现象。

三、农业保险发展不平衡

由于我国广大农村地域辽阔，自然地理、气候复杂、农业生产种类繁多，再加上农村经济发展水平不平衡，造成农业保险的发展水平在各省市、各地带间、各区域间也极不平衡。如有的地区、市、县的保险公司在 1984 年、1985 年就开始办农业保险，险种也比较多；有的在 1991 年才开办；有的刚开办，亏损了，不敢再办；边远地区有的县保险公司至今未办农业保险。

四、目前农业保险承保面小

其原因：一是有的地区农民生活水平低，想参加保险，但交不起保险费。二是农民缺乏保险意识。由于农民受封建思想的影响和文化水平的局限，不易接受新事物，甚至不相信科学，他们有时宁可求老天爷保佑，也不参加保险；有的则存在“灾害不一定轮到我头上”的侥幸心理；也有人认为每年出钱参加保险，如果不受灾，保费就白交了等等。所以保险行为不主动。

上面概述了我国农业保险的现状及面临的困难。那么如何使农险走出困境呢？笔者谈几点具体的看法：

1. 改革农业保险经营机制。目前我国农业保险的经营模式有四种：一是中国人民保险公司直接经营。二是中国人民保险公司与地方政府联合共保。三是地方政府经营。四是农村保险合作组织经营。从现在看来，在这几种模式中，后两种经营方式需重点创建、推行。

（1）积极创建、推行农业保险合作组织。我国农村地域广大，农作物及畜禽种类繁多，自然灾害和意外事故频繁发生。单靠中国人民保险公司一家组织服务，远不能满足广大地域的广大农民对保险的客观需求。办农业保险合作组织是我国农险摆脱困境的一条重要出路。

这种合作保险的特点主要是依靠农民自己的力量，互助共济，非盈利性。它的宗旨是保障农业生产发展和农民生活安定。政策性明显：参加合作社的人交纳一定的股金，承保各自所有的保险标的。根据股金和基金的大小，对每个参加保险的危险单位，自留一定的保险责任，使合作社成员既是保险人，又是被保险人。这样有利于把农业生产的经营管理与农业保险有机结合起来，相互完善和补充；参加保险成为这些成员处理危险的重要手段。按时交纳保费也将成为其自觉行动，有利于解决农险面广量大，收费难问题；合作保险组织的领导成员有一部分由农民担任，他们在农业生产第一线，比较熟悉农村生产和农民生活的规律，能够比较客观的处理赔案，避免道德危险（指被保险人及其关系人图谋保险合同上的利益制造的人为的危险）和逆选择问题。合作保险的这些优势已在试办的地区显示出来。

当然，从现实来看，农村（业）保险合作社这一模式并不是我国农业保险的唯一模式。因为它的创建，需要特定的条件。在生产力水平较低的农村地区，还无力举办。即使办起来，由于风险基金不雄厚，一遇大灾，受损的保险成员多，可能会出现亏损甚至倒闭。但从总的来看，农业保险合作组织比较适合农业保险的特殊性和合作性，多数地区是可以创办的。

（2）推行农作物统筹保险。北京市保险公司在京郊几个县试办了“粮食作物统筹保险”。这种保险模式是由县人民政府经营，县保险公司代县政府办理承保及理赔手续，编制有关单证。县人民政府作为保险人，参加粮食统筹保险的基本生产单位为被保险人；保险金额按承包前三年的平均亩产量及当年预测产量，确定投保产量，根据投保产量按七成投保；保险费由政府负担30%，乡村两级各负担25%，保险公司补贴20%；收取的保费由县保险公司代县政府专户存储，所得利息全部收入本户，赔款也由本户支出，年终有余转下年使用，不足部分由县财政拨付。按当年保费收入总额6%提取，作为奖励基金使用。在县政府领导下，成立了由常务副县长为组长，主管农业的副县长、县财政局局长、县保险公司经理、县农办主任、县农业局局长为副组长的“粮食作物统筹保险”领导小组，负责实施粮食作物统筹保险的各项工作，试办的效果不错；第一，统筹保险方式使县保险公司必须重视农业保险。第二，农业风险基金越积越多，增强了地方政府抗灾、救灾能力，确实能做到受灾补偿。农民参加保险的自觉性提高。第三，农作物统筹保险县政府为保险人，这是县政府的一项重要工作，以农险带动了其他险种的发展；第四，测损核赔有政府作后盾，利于工作。

统筹保险这种方式刚刚开始，还有许多方面需在实践中完善。目前我国农险需要多种模式配合，根据不同地区的特点，不同的险种采取不同的经营模式，相互取长补短，推动农险的发展。

2. 保险公司加强业务管理，从内部挖掘潜力，使整个保险业务活动能够符合客观规律的要求，适应农村商品经济发展的需要，为农民提供更多、更好的保险服务。

(1) 加强展业管理。展业，即开展业务。它是全部保险业务活动的基础，是起主导作用的工作。保险企业只有多开展业务，多收入保费，多积累保险基金，才能增强对灾害损失的补偿能力。展业管理主要是加强两方面的工作：一是认真贯彻党的方针政策，坚持保险为农业生产服务、为农民生活服务的原则。二是加强展业的宣传工作，提高农民的保险意识，不仅要宣传保险的经济补偿职能对国家、对集体、对个人的经济作用和安定社会的作用，而且重点宣传保险的保障职能。向农民讲解保险与赌博、储蓄、救济的区别，使农民弄清保险是怎么一回事。此外，还要宣传被保险人参加保险后应享有的权利和应尽的交保险费、防灾防损、积极施救等义务。宣传的方式要灵活多样，如利用广播、电视报纸杂志、黑板报或举办保险知识竞赛或讲座等，使更多的农民了解保险，自觉地参加保险，扩大承保面。在展业管理工作中，除了加强内部业务人员的展业活动的管理之外，还必须加强对乡、镇、村保险代办单位或代办员的管理，制定出一套切实可行的制度。本着“以费养人，多劳多得”的原则，鼓励代办员积极展业。

(2) 加强防灾防损工作的管理。防灾防损是指采取各种不同的措施，消灭灾害事故的隐患以及各种危险因素，制止与减少危险及损失的发生。防灾防损对保险人、被保险人双方都是有利的。对于某些不可避免发生的自然灾害，防灾防损同样可以起到使社会物质财富损失减少或免于损失的作用。保险公司除了本身进行防灾防损工作外，还要与社会上各种专业防灾防损部门相互配合、相互支援。有的地方采取给同保险公司合作的部门提取一定比例的报酬的做法。

(3) 积极争取当地政府的重视和支持。通过各种渠道把农险工作作为当地政府农村工作的一项内容，帮助保险公司进行展业宣传，开展承保工作。如有的地方为解决农民交保费难的问题，农业银行优先给予贷款指标，从贷款中或由粮食部门预购定金中垫付。理赔、核损工作也需取得政府的支持。

(4) 开办储金性险种。即既具有保险保障又具储蓄性质的长期险种。在保险有效期限内，保险公司承担赔付责任，到期归还本金。这种形式，农民易于接受，消除了不出险白交保费的看法，积极投保，同时减少了保险工作业务量，长期保险一保多年，承保手续只办一次，避免了短期保险年年要宣传，签单收费、整理档案等工作。

(5) 抓紧对保险业务人员的培训，尽快提高保险干部的两个素质，以适应农险发展的需要。培训的方法可采取请进来、派出去，即请大专院校的教师或保险专业干部来培训或分期分批地选派人员到大专院校进修，使他们既掌握保险知识，又懂得有关的其他专业知识。

(6) 逐步创造条件，实行农业再保险。再保险又称分保，保险人为了保证业务经营的稳定，不致因自身承担的保险责任过大，而在一次巨大事故的发生时，无法履行支付赔款的义务，将自己所承担的保险责任，全部地或部分地向另一个保险人再一次进行保险。农业保险的风险大，进行再保险十分必要。

关于调整农村产业结构的看法*

张 寄 农

一、首先应该明确：农村指的是什么？

我们现在所说的农村就是城市以外的地区，尤其是大中城市以外的地区，这个地区按道理讲应该称为乡村更为确切，因为“乡”是和城市相对应的地区概念，而“农”则是与工、商等产业部门相对应的部门概念。

可是为什么我们却普遍地把城市以外的地方称为农村呢？这与我国几千年来的以农立国有关，尤其是与我国长期处于封建的自给自足小农经济有关，因为商品经济不发达，在乡村除了农业以及与农业有关的小手工业以外，就没有其他独立的行业。因而我们就很自然地习惯于把城市以外的地区统称为农村了。

但根据我们的初步考察，乡村要早于农村出现，理由如下：

1. 农村是在原始社会后期，人们由原始的游牧变为一部分人定居饲养，进而开始农业生产，也就开始有了农村。

2. 而“乡”是“城”的对立物，乡村是与城相对应的概念。按照马列主义的理论只有在第三次大分工以后，才有了城市，才有了城乡的差异和对立。

3. 按我们查对的部分材料，早在农业出现以前的游牧部落，就已经有了“城”，尽管那时“城”的建筑很简陋，但它却起到了防卫外来部落敌人，保卫本部落的人、畜和食物的作用。既然在当时就有了“城”，那么城市以外的地方，当然也就叫做“乡”了。

按照费孝通教授对城市概念的分析，他说：“城市”是由“城”和“市”两个部分组合而成的，早期的“城”是用来防御外来敌人的侵略，而“市”则是人们用来物物交换的地方。因此可以说早期的城和市并不一定都在一个地方。

由此可见，在游牧部落时期就出现了简陋的“城”的可能性是存在的。既然有了城也就有了乡，因而可以说“乡村”早于“农村”出现。

同时从现在发展的情况以及未来的情况来看，农村中除了有农业以外，还会有更多的其他部门存在，如工业、旅游业，商业、交通运输、财政、金融、信息、科技等等部门，因此把“农村”称之为“乡村”更为确切。

二、关于乡村的范围问题

在《综合研究报告》的说明第三条里写道：“我们在研究中是把农村作为一个整体，作为一

---

* 原载《乡村经济学科研究通讯》1991 年第 2 期。

个社会来看的。因此包括了县以下（不含县城）在农村范围内从事与农村经济活动有关的一切经济成分。县城具有城市的某些特点，为此把县城（不含县城）以下地域称之为农村。"

在这里明确地指出了农村经济研究对象的范围是县以下，不包括县城的农村地区。

但我们对此有相同也有相反的看法。①相同的地方是县城以外的广大农村的一切经济活动都是研究的对象。②不同的是应该包括县城，而不应该"不含县城"。理由是：

县城是城市和乡村的中间地带，是城乡联系的结合部，县是一个独立的经济区域。县城是这个经济区域的政治、经济、文化、教育中心。我们抛开其他因素，单就经济关系来说，县城是广大农村地区的经济中心，因为县城的一些机构设施的活动，都是直接间接为广大农村地区经济的发展服务的。反过来说，如果没有广大农村地区农村居民经济活动的存在，也就没有必要设立县城，也就没有必要设立县城的任何机构。

有人说县城的规模、内容和组织形式，已完全是城市化了，因此要划入城市系统。我们认为这个理由不太充分，因为不管现在它的组织形式、规模和内容与乡村有多大不同，但从作用上来说，它是与乡村密切联系着的，离开了乡村，县城也就没有必要存在。另一方面，任何事物都在发展，从过去的情况来看，"城"是与"工业"相连的，乡村里就只有农业，但从将来的发展来看，将来的农村集镇的规模、内容和组织形式，也不见得就比现在的县城有多大差别，不见得只有农业而没有工业。更何况现在很多县城，基本上都是建立在集镇上，而且有一些县城就像黑龙江代表说的那样，是一些大的屯子呢？因此我们认为研究农村经济结构一定要发展的看问题，一定要包括"县城"，不能"不含县城"。

还有人说"由于历史原因，很多统计资料都把县城有关部门活动的数据算在城市的范围内，因此把县城计算在农村范围内的数据不容易得到"。我们认为这是一种工作方法的问题，只要我们认真地从县城很多的机构的数据中，把有关农村经济部分的数据剔除出来，这个问题自然迎刃而解了。

三、所有制的形式和内容不能代替乡村（农村）的概念

在综合研究报告里"把农村作为一个区域""把农村作为一个经济总体"，"农村是一地域概念"的提法我们是同意的。因为我们一直把乡村作为一个地域性的概念来对待的。

但是在计算三个产业划分的口径上，我们不同意"工业……，不包括直属于各级政府农村管理部门办的工业"的提法。

我们认为，农村既是一个地域性的概念又不是一个单一的农业部门。既然农村地区有工业这一行业，那么在这一地区原有的工业，不管是农民集体经营的，个体经营的或是在国家各级政府经营的都应计算在农村地区的经济范围内，这个规定是不符合农村经济是个地域概念这一含义的。我们认为所以产生这种不确切的提法，是用农村经济所有制概念代替了农村经济地域概念。我们认为，所有制结构是农村经济结构的一个组成部分，却不能代表整个农村地区的经济结构。因此，应把不确切含义改正过来。

四、农村经济结构应包括消费结构

按照马克思对于经济的含义应该包括生产、交换、分配和消费四个环节。恩格斯和斯大林对这种四个环节的提法，虽有不同的看法，但我们认为研究农村经济还是应该包括消费这 一环节。

因为在商品经济时代，生产和消费的关系，消费是目的，生产是手段。我们无论从事什么生产，都是为了消费，也就是说为了出售，为了交换。如果我们生产的东西卖不出去，形成积压、腐烂。这就是对人力、物力、财力和资源的最大浪费，也就是我们在经济工作上的最大犯罪。因此我们在研究乡村产业结构时，不能单纯强调农业、工业的生产结构，也应相应的考虑消费结构的变化，也就是说任何工业、农业生产结构的调整，都需要和国内市场的容量和国外贸易的需要量相适应，都要以消费市场作为凭借，不能盲目的发展工业、企业和其他行业，总之不能为生产而生产。

而在我们这份综合研究的成果报告里却没有把消费结构放在应有的地位，似乎有些强调了为生产而生产的味道。这样就会影响农村经济的实际工作，就使各地生产造成很大的积压、浪费。正像宁夏代表所说的那样："宁夏的滩羊皮是世界名产，但由于对国际市场价格掌握不好，以致长期积压，卖不出去。这就出现了一方面滩羊的优势还没充分发挥出来，却又同时造成了很大的积压浪费。"

又如在宁夏×县建立了一个现代化的铸锅厂，年产量却超过了本县甚至本地区的需要总量，这样既摧垮了该地区所有乡镇企业土法制锅行业，最后又造成了该锅厂的大量积压。如果现在不能设法打开销路，说不定什么时候，该锅厂也要倒闭。

因此我们在调整任何工、农业的生产结构时，都要考虑到国内外市场，考虑到国内外消费结构的变迁，考虑到需求供应结构的变迁。这一点在本报告中没有充分的体现出来。

五、农村（乡村）经济是一个变动的概念

同一地区，上下、前后的内容是有所变化的，而在同一时期，各地区的农村经济发展的水平也是不一致的。因此在制定产业结构的政策或措施时，只能因地制宜，因势利导。发挥优势而不能一刀切，一、二、三齐步走。

在综合报告对策的第（三）、（二）两项，都有些一刀切的味道，可否改正一下，譬如说：（三）"调整农业产业结构的重点应该放在中等发达地区"。我们认为：

1. 首先，这个"中等发达地区"的含义就不科学，因为它是一个相对比较的概念。在任何时期，任何地区都有中等发达地区，但这个"中等"的水平在不同地区的标准不会相同，而在同一地区不同时期又有不同的概念和含义，用这样的概念来指导全国的布局，不会得出相同的成果，结果会产生千差万别的不同结局。

2. 在任何一个地区内不管是发达的、中间的、或是后进地区，它们既是一个地区，就不是一个单一的行业和部门，在这种错综复杂的行业和部门里，它们发展的机会和达到最高水平的要求，都不应该也不会是完全一致的。所以人为的强行划为几种类型，可能对某些行业适合，但对另一些行业就不适宜。

3. 我们考虑任何时候任何地区的经济能否发展，主要决定于该地区的经济基础和客观条件。譬如说，该地区到底有什么？有多少自然资源、有什么？有多少社会资源：包括劳动力（体力的和智力的）资源，科学技术资源，信息资源和资金资源等等。总之一句话，当地的生产力水平到底达到什么程度？这就是该地区的经济能否发展的基础。还有社会需要什么产品，需要什么规格、品种，这是该地区经济发展的客观条件，只有按照这些基础和条件等找出客观发展规律，因势利导地发展该地区有特色的产品和行业，才能使该地区经济的发展具有生命力。如果这些内在的基础和条件不具备，而硬要人为地划分一、二、三类地区，用行政命令外在动力，强制的发展

该地区的经济，也就不会使该地区的经济得到发展，即使暂时得到了发展也不会长期地兴旺发达，当外在动力没有能力克服前进中的阻力时，那个地区的某些行业或全部行业就会萎缩，甚至全地区的经济都会停滞或窒息。

4. 如果我们制定的政策措施不是按照当地客观实际来发展当地的经济，后果却又扩大了与后进地区经济的差别。那么就不如从整体观点，长远观点出发，综合地衡量整体效益再作决策，如果只是急功近利，只顾当前的暂时利益，而不顾其他，后果将是难以想像的。

5. 据此我们认为，全国农村按一、二、三等划分经济区是不适宜的，但是为了便于因地制宜、因势利导，我们可以按照当地不同资源情况和经营行业的情况，划分全国为七种类型的经济区即：平原农作区（现分为平原粮食作物区与平原经济作物区）、城市郊区、渔区（沿海沿河地区）（现改为沿海开发区与江河湖库区）、山区（林区）（现分为山区、林区、丘陵区三个经济区）、草原牧区、工、矿区（兼有农业区）、旅游休养区。

我们认为这样划分，是主攻方向明确，当然不是说这个地区内没有其他行业，但那些行业应该直接间接为这些主攻的行业服务（个别情况可以例外）。

在这些不同的区域内，不管主攻的专业是什么，我们都要和加工业密切地结合起来，按照知识密集和技术密集型的原则，逐步在每个地区都建立独具特色的工业集镇群，以逐步缩短及消灭城乡之间和地区之间的经济发展水平的差别。

当然我们在实现这个总目标的过程中，在每一类型的地区内部，也可以按照当地当时发展的水平，暂时划分出一、二、三类给以不同目标要求，给以不同帮助。

但是注意在不同地区不同类型的企业发展过程中，不会是齐头并进的，也不是前后次序永远不变的，而是当某种产业有了发展的动力和条件时，会以惊人的姿态突飞猛进，而在发展到另一个阶段，可能暂时停滞，而其他行业有可能迎头赶上来，这种错综交叉前进的方式是事物发展的客观规律，是不以人们的意志而出现的。所以我们要因势利导，不要人为的搞一、二、三类的一刀切。

六、应注意农村经济结构的协同性

如《综合报告》“把发展农村二三产业作为调整结构的重点”提法有些不妥，如改为“应该根据不同类型地区分类指导，发扬当地各种优势，明确主攻方向，各类产业协同发展。”更为确切。

（一）我们认为“把二、三产业作为调整产业结构的重点”的提法是不科学的，是没法在实践中落实的，因为：

1. 二、三产业到底指的是什么？这在国内外指的内容和含义都不一样，因为含义不清，内容紊乱，在实际中做起来就会各行其是，步调不一，就很难起到“重点”作用。

2. 即使按我们国家统计局 1965 年颁定的内容：二、三产业既不是两个经济实体，也不是两个产业系统，而指的两种不同性质产业的混合群。在这两种产业混合群中，各业之间虽有联系，但并非所有各业都能紧密联系，因此，把这两种含义不清的混合体作为实际工作的指导，既难切合实际，做了以后也不一定能促进农村经济的发展。

（二）应该根据不同地区不同时期，因时因地制宜发展农村经济

1. 譬如说黑龙江的代表就曾指出：“从黑龙江的实际情况看来，发展第三产业更迫切些，发

展第二产业需要资金，资金从哪里来？国家既然没有太多的资金支援农村创办第二产业，只靠农民投资办企业就较困难。总的说来东北的农民多是从河北、河南逃荒闯关东的难民，一般文化知识、科学技术、经营头脑要比江浙农民差得多。农民办工业不一定能赚钱。但在东北，农民占有耕地要比内地多，而且又是大豆、玉米的特产区，靠农业捞钱还有一定的可靠性。然而东北的原野地广人稀，尤其是在日本侵占东北时，把所有的农村居民都合并成大屯子，屯子之间距离很远，各种服务行业都没跟上。居民生活有很大的困难，因而在目前发展第三产业要比发展第二产业还要迫切些。另外发展第三产业，急需技术要求不高，资金可大可小，所以，如果现在就创造条件积累资金发展第三产业，可能比发展第二产业更能见效。”

2. 又如在云南地区，与内地比较起来，有其突出的特点：90%以上是山区，千米以下的地方只有10%左右。气候和其他自然条件差异很大，但从农业本身来说，山顶、山腰、山下的农业种类、耕作方式、作物品种都各有不同，经济发展水平也不平衡。因而对不同地区，只能提出不同的要求，而无法一刀切，提出统一要求。全省少数民族多，生活习惯、文化水平、科学技术，一般说来要比内地，尤其比江浙落后得多，因此，要发展二、三产业还需要外地的科学技术和管理人才上山。但这个地区粮食还没有过关，还是缺粮省份。因此要首先解决农业的稳定增长，其他各行各业才有条件发展。云南的农业、工业虽不发达，但矿产资源却很丰富。全国矿产品种有140种，而云南就有111种，尤其是锡的储藏量是全国之最。因此，发展采掘业，以及相应的配套工业，同时同步发展相应的服务行业，应该作为云南地区的特点。

由上可见各业之间应协同发展，交叉前进，而不宜于人为的划为一、二、三类或以硬性划为二、三产业为重点。

3. 即使在条件较好，宜于发展乡镇工业地区，也要考虑发展什么类型的工业，也不能简单地“二、三产业为重点”。因为发展工业，还要考虑在工业和农业的关系上是输血型的，还是造血型的工业，在一定地区一定时期内某项或某些项工业可能得到迅猛发展，多少也会“以工补农”促进农业的发展。如江浙一带乡镇企业就是这样兴旺起来的，但是随着时间的推移，这种与农业脱节的工业，由于农民盲目流向挣钱多的乡镇工业，就会出现乡镇工业越发展，越给农业的萎缩创造了条件，这种工业和农业不能协调的发展，要引起我们的重视，采取相应措施，使工业促进农业的发展，而且不宜使工业越发展农业越萎缩。譬如说无锡县许多农民不愿单纯种田，一年内有30%劳动力转移到了乡镇企业，而且转移到乡镇企业的又多是年轻力壮有知识的青壮劳动力。而他们又受传统观念和习惯的束缚，又舍不得完全放弃土地，所以留在农村务农的多是老弱妇孺，或者他们自己在乡镇企业劳动的业余时间或节假日兼营农业，因此在当地农业由主业变成了副业。于是原来集体的农业机械闲置起来，肥料减少了，生产管理粗放了，农业劳动生产率降低，农业变得萎缩了。由此可见，苏南劳动力向乡镇工业的转移，完全是由于工业的收入高于农业，是农业的外部条件吸引着农民弃农务工，而不是由于农业自身劳动生产率的提高才转移的，于是就出现了农业劳动力转移的越多，农业劳动力用在农业上的就越少越差，农业就变得越粗放、萎缩。正像苏南农民自己所说的那样：“口袋里的钱多了，田地里的草更多了。”

从以上例子可以看出，这种输血型乡镇工业的发展，在某一地区或某一短暂时间内是可取的。但从全国的整体来考虑，在大部分地区还应发展造血型的工业才具有无限生命力。

如果我们在考虑发展产业时，根据当地自然资源、社会资源的实际情况，以及当地社会需要，全国市场和国际市场需要的情况来安排当地的农业和工业。把发展工业与促进当地的农业有机地联系起来，就能从长远的利益上把两者密切结合起来。如在宁夏、内蒙古和东北建立一个制糖厂就能发展几万亩甜菜地，而且还能够相应地发展饲料工业、酿造工业、畜牧业，以及畜产品的加工业，所以这种类型的工业，对农业来说是造血型的，这不仅有利于工业和服务业的某些行业的同步发展，还能不断促进农业的发展。所以说这种类型产业的协调发展是有生命力的，是能相互推动的，但是要做到这一步必须考虑两个前提条件。①必须从整个国民经济角度出发，尤其要考虑到国内市场和国际市场的需求程度，不能为生产而生产。②所有其他部门，尤其是流通的有关部门，要协同发展，政府任何部门下达的政策措施都要相应的扶持这些产业的同步发展，而不要相互扯皮。

我国国营粮食营销企业面临困境的原因及对策*

常明莲　王文奎

一、现状

我国粮食营销企业经历了多元化组织的自由购销阶段（1949—1953）、单一化组织的统购统销阶段（1953—1984）、过渡至目前的多元化组织的双轨阶段（1985至今），形成了以国营粮食营销企业为主导地位，多种经济成分并存的格局。

目前国营粮食营销企业的现状是：组织机构采用国家纵向调控的粮食调拨分配系统，原依附于政社合一，以队为基础的经济体制，其机构设置符合科层制的组织设计模式。对上负责纵向调拨，近几年又增加了议购的职能，相应地建立了议价经营体系，由议价公司、粮库、粮站组成。国营粮食营销企业形成了新的组织机构，其特点如下：①多层次的组织机构。国营粮食部门按行政区域设置，突出了行政手段的作用。其执行程序是：商业部按年度粮食购销、调拨等计划指标及有关重要政策规定逐级下达到县（市），再具体落实到基层营销企业。按经营范围，分为收购和销售两大类型分布在不同地区，收购任务落实到农村基层收购站、粮库及议价公司。销售任务落实到城镇粮食供应站及议价公司，并以基层粮食局为核心，统一管理粮食的购、销、调拨。这种机构的设置属行政隶属关系，下级服从上级，粮食营销企业自身缺乏决策权，而且代其决策的上级也是一个多层次的系统，信息反馈慢，决策途径长，常带失真性；②行政性的企业经营机制。国营粮食营销企业的购、销、调拨计划的制定与实施、国家财政补贴的确定与享受，都由上级主管部门决定。企业的这种行政机制排斥市场机制，其经营行为受行政命令的约束和干预，限制了企业的自主经营。③经营设施自成体系。国家为了强化国营粮食企业的经济实力，维护其主导地位，每年都拨出一定资金，配备各项基础设施，如收购场所、粮库建设及交通运输的更新等。所以，国营粮食营销企业的基础设施、固定资产相对较强。

二、面临的困境

1. 组织职能的“异化”与权力的“耗散”。当前双轨制下的国营粮食营销企业，集政府行为与企业行为于一身，由于组织内部机制与外界环境发生了诸多变化，使其由最初设想的：“身兼两职、统筹兼顾”，转变为目前的“职能不清，分工模糊”。由于职能异化，在实际经营过程中时

* 原载《市场瞭望》1992年第1期。

有滥用行政职权的不正常现象。又因财务管理的“分级包干”、“分灶吃饭”造成了“三权分离”，即粮权、财权、经营权的三脱离。粮权在中央，财权归地方，经营权属企业及其主管上级，形成管粮的不管钱，管钱的不管粮，致使粮食营销企业缺乏提高经济效益的动力，许多企业陷入难以自拔的亏损挂账，表现为隐蔽性潜在赤字和虚假的财政收入。同时又挤占了大量银行信贷资金，也掩盖了企业的经营亏损，无法正确核算其经营成果。这种财务体制所形成的“权力的耗散”，使企业失去了独立的经营自由权，经营目标发生偏差，经营行为扭曲。

2. 倒挂与补贴的综合效应。无论粮食倒挂补贴或流通费用补贴都使国家连年亏损，地方财政又无力负担。粮食营销企业大量亏损无法冲销，形成“挂账”，虚拟了银行盈利，致使地方财政、银行、企业三者的利益矛盾日益加剧。

3. 经营设施和手段落后。国营粮食营销企业的设施及一些必要的设备，都很落后，每年粮食损耗量很大。保管、储存、销售和运输等环节损耗严重。

4. 双轨经营的失调性。国营粮食营销企业既经营国家定购粮的平价购销业务，又经营议价粮的购销业务，这种“双轨经营”，矛盾重重。随着粮食营销过程中市场机制的引入，强化了企业的盈利意识，为追求盈利目标，其经营行为倾向于议价粮，如在同等条件下，将质量好的或紧俏品种按议价销售，而劣质或滞销品种按平价调出，或在粮食市场紧缺时平转议销售；甚至在铁路运输紧张的情况下，把优先调运平价粮食粮的车皮改运议价粮。运输部门所得运费也较高（平价粮运价按规定较低，议价粮运价较高），为提高经济效益，常挤掉平价粮运输。尤其在执行购、销、调、存任务中，产区和销区的矛盾日益加剧。产区粮食营销企业在收购季节承受着仓容压力、担负着沉重的资金利息，迫切要求及时调出。但在签订合同时（一定三年不变）没有确定具体的调拨时间，销区为减少仓储费用及损耗，迟迟不予调入。企业之间矛盾重重。

5. 市场竞争力弱化。在统购统销体制下，国营粮食营销企业代表政府执行平抑物价的职能，整个社会生活处在集权体制的直接控制下，外部环境与内部机制可以有机的统一。而在现行双轨制条件下，外部环境已引入市场机制，而内部经营机制尚未转换，企业没有完全独立自由的经营权，使内部机制与外部环境发生尖锐的冲突，使企业缺乏动力和活力，加之，国营粮食营销企业中流通环节多，周期长，流通费用大，交易成本高。因而，在众多的粮食营销组织中显示出较弱的市场竞争力。

三、“症结”的原因

1. 理论的滞后和政策的误解，导致具体操作的偏差。我国经济体制的改革，迫切需要理论的指导。但是国外的理论和经验受国情、体制等原因的局限，不能照搬。符合我国国情的改革理论又未形成，造成理论的严重滞后效应。缺乏理论的先行指导，而更多的是事后的评价。所以政策执行过程中较易发生大的失误。

2. 市场机制运行受阻，粮食批发市场的作用未能有效发挥。市场机制的正常运转，或者说把国营粮食营销企业推向市场，需要有一定的内部条件和外部环境。目前，我国相继建立起一批粮食批发市场，尽管已发挥了巨大的作用，但对全国分散的粮食生产者来说，其辐射面和吸引力明显不大，表现在成交量小，议价公司不能独立自主，加之政策的限制，进入批发市场的粮食营销企业数量少，作用范围小，运输能力也不能满足批发市场的需要，甚至发生场内交易的运不出，而场外交易的反而能运出。可见，批发市场的内部机制和外部环境都有待于进一步完善和健全，才能充分发挥批发市场的作用。

3. 地区封锁，深沟高垒。粮食流通受阻。现行粮食财政“分灶吃饭”的体制，促进了地区保护主义，地方政府在唯市场稳定和财政收入的双重动机下，力求增加地方工业利润和外汇留成，这就必须保护低价供给原料和扩大出口。因而对紧俏粮品种设卡封锁，限制粮食流出，限制外埠企业经营，利用行政手段稳定局部地区的供给和价格是近年来常见的现象，这种地方保护主义行为，使粮食流通受阻，价格扭曲，市场透明度降低，欲购不进，欲销不出，使生产者、经营者、消费者同时受损。

4. 综合调控能力软弱，原有行政干预手段复归。当粮食丰收（如1985年）出现“卖粮难”时，宏观决策部门推出一系列缩减粮田面积，进行粮食转化等限产、限购措施，使粮食供求又趋紧张（如1986—1988年），由于宏观调控不力，各方争购，多方插手经营粮食，粮食流通出现混乱，扩大了供需矛盾。这几年来粮食生产增加，供需矛盾缓解，又推出了高于市场价的议购指导价，致使其他粮食营销企业纷纷退出，粮食营销全部落在国营企业一家身上，使粮食供给增加、库存增多，市场风险全由国营粮食营销企业承担，国家缺乏有力的宏观调控手段。当遇到宏观调控力不从心时，往往又重新启用行政手段。

四、对策建议

1. 国营粮食营销企业应真正成为粮食市场的主体。调整和改革现有国营粮食营销，企业按“政企分开”的原则，把企业的经营职能与行政管理职能分开，使企业真正成为自主经营、自负盈亏、自我发展和自我约束的经济组织。把粮食议价公司、储运公司及油脂公司面向市场，真正成为独立经营的企业，与其他粮食营销企业是平等竞争，公开交易。可采取的对策有：①增强竞争意识，转变经营机制。首先提高企业的经营能力，在经营中树立良好的企业形象，提高企业知名度，做到货真价实，质量均衡，样货一样，交货及时，保证粮食商品的质量。其次，采取灵活的购销方式。在购销过程中，坚持“快购快销，以销定购，以销促购”的原则，加快资金周转，减少库存缩减利息和保管费的开支。同时要掌握现代商品营销策略，先考虑销路，后再有目的的进货，减少盲目性，发挥营销企业的点多面广的优势，深入农村，下乡收购，下乡销售、下乡兑换，扩大农村市场。同时，在议价经营中，提供方便交易、洽谈业务的场所及食宿、交通、通讯等多方面服务，提高成交量。第四，利用价格杠杆。促进企业效益，当前某些地区的粮食企业，议价粮库存积压，滞销严重，并非粮食过剩，而是进货时预测不准，进价太高失去了竞争能力。因此，要研究市场，正确预测价格趋势，以适当价格，提高竞争力。②实行政策性亏损定额补贴办法，理顺国家与企业的关系。在近期内还不可能将“双轨制”并轨，国家仍要依托国营粮食营销企业完成定购任务，这就需要将平价经营与议价经营严格区分，分别对待。对政策性亏损实行定额补贴，改善经营取得盈利或经营不善发生亏损，由企业自负，提高企业完成定购任务后的经营积极性。③制定相应的政策，保护国营粮食营销企业的经营自主权。首先将粮食企业承担的行政管理职能分离出来，从法律上明确企业的职能和性质。同时配套执行粮食购销、调拨包干和财务包干的政策，粮钱结合，钱随粮走，调动地方政府参与粮食购销的积极性。在粮食营销企业内部完善经营承包责任制，实现所有权和经营权分离，规范承包经营的责、权、利，培育企业的自我积累和自我发展机制。

2. 建立粮食协调机构，实施国家宏观调控的职能。在中央、省（自治区）两级建立统一的粮食协调机构，以调节出口量和省际间的调剂，平衡利益，解决矛盾。协调机构的主要职能是：统一管理使用财政补贴；发布年度保护价格；协调农、工、商、外贸等各部门以及中央和地方的经济利益；对粮食专储及批发市场实施协调管理。县级粮食局与粮食营销企业真正分离，将粮食局并入粮食协调机构，专门行使管理职能，负责市场管理、吞吐调节、平抑物价和管理安全储备等。从以营销业务为主转变为从事调研、制定粮食购销政策和相应法规；从管理国营粮食营销企业为主转变为管理社会粮食商业，依法对国营、集体、个体、私营、合营等多种粮食营销企业的管理，一视同仁，创造平等的竞争环境，并负责贯彻执行国家粮食政策，编制购、销、调、存计划。通过粮食协调机制，加强对粮食市场的调控能力，完善国家储备制度，形成国家储备、地方储备和藏粮于民的三级粮食储备体系，稳定价格、平衡供求。

3. 逐步建立和完善粮食批发市场，形成多层次的粮食市场体系。在广大农村广泛设立初级形式的农贸市场或粮食专业市场。在大中城市、传统集散地、集中产区、交通便利的地区建立跨地区的或全省的或更大范围的不同区域层次、不同组织形式的批发市场。在全国选几个大中城市建立大型的、全国性的、有组织的、规范化的商品交易所和期货市场，为国营粮食营销企业进入市场公开交易平等竞争创造必要的外部环境。

4. 制定粮食流通相应政策、法规，保护生产者、经营者的合法权益，通过法律手段，使市场活动规范化、制度化，以促成市场体系的形成和发育。

On Applying Systems Approach to Agricultural Systems

Wang Yilian

ABSTRACT

Several issues arisen from applying systems approach to agricultural systems are discussed. The complexity of an agricultural system is regarded as the main factor which influences the modeling substantially. The principle for the analysis of a system into its subsystems has been discussed.

INTRODUCTION

Systems approach has been widely applied to agriculture and agricultural engineering in two levels: (1) problems concerning agricultural production activities, and (2) researches on topics from disciplines of agriculture science and agricultural engineering. Besides the successes attained from the application, there are several issues arisen from the application, which should be clarified.

COMPLEXITY: WHICH WE DEAL WITH

Agriculture with what closely related to it, is an object of complexity and randomness. G. Weinberg has referred an object of this kind to "organized complexity" that with characteristics as follows. "For medium numbers systems, we can expect that large fluctuations, irregularities, and discrepancy with any theory will occur more or less regularly"[1] The systems approach, a way of scientific thinking devoted to the study on organized complexity, is essentially a methodology taking the "wholeness of system" as its core argument.

It has long been known that any system has, at the level of wholeness, its own "emergent character" which differs from that of each part of the system. Responding to the input applied to the system, the emergent character turns out to be the system's behavior and is therefore referred to pragmatically as the function of the system. The system subsystem relation was not in terms of sizes but what we referred to as levelship which extends upward or downward forming the level chain, such as: …→ecological system→species population→individual organ→……The function of a system at certain level from the level chain is the character emerged from its interacting subsystems, namely those at the level next to it, with each of which acting as a whole. This is one of the principles for system analysis. But a system is by no means a box just containing smaller boxes as its subsystems in it. Nothing in a system, in a interacting complexity, can be taken for granted to be the boundaries of the subsystems. So a system can be " analyzed" into interacting subsystems in different ways by different analysts according to their specific aims and usually ignoring some secondary things of the system. But the analysis has to follow the above mentioned principle which reguires what the analysis attained has to be fully responsible for the interested aspects of the system's function. Shortly, the principle means that the charter of a whole can be explained by and only by the interacting wholes at a level next to it.

Some case studies on agricultural systems collect too many units entitled by the analysts as the subsystems, whereas some of which turned out to be no more than subparts of some subsystems. Other examples of abusing have been seen in cases that a system model, though successful in certain aspect, has been used for too many aims beyond the scope of that the subsystems originally stand for. System modeling is an art of constrain discovering. A system has enormous elements and units but behave regularly because there are constrains which restrict the degree of freedom of the elements. In agricultural systems, the constrains may be of different kinds - physical, chemical, biological or socio-economical, etc.. Of course, we begin with collecting facts and data that concerning the case in hand and refer to available discipline knowladges, such as laws, rules, principles or experimental results, but we are frequently still deficient in information required for determining the constrains in the agricultural system. Then we might turn to the domain expertises and use it to set up and simplify the constrains intuitively. Though a system was an organized complexity by nature, its mathematical model is destined to be a organized simplicity, because the amount of calculation reguired for solving the model will rise steeply with the amount of variables involved in the model. Things of the system are often described in terms of quantities which vary with (or in) time or space. In fact all of them are variables, but only a part of them are referred to as variables in the sense of describing the state of the system, whereas the others are parameters that influence the state and are influenced by factors of the environment of the system. We found ourself to be in a difficult position, when we set up a boundary to separate the interested things (the system) from their circumstance (the environment), for the sake of simplicity. The environment influences the system in three ways: the input, the feedback induced by the system's out put and that affecting the system parameters. The third kind of influences has been frequently ignored in certain agricultural system studies, which suppose all parameters as constants. The supposition might be a proper one only for short-term project or in case that the system-environment equilibrium has been nearly established. Piece-wise constant parameter scheme has been adopted in some studies. One point must be kept in mind: to determine the parameters properly is an elaborate and time consuming work which requires vast amount of data available. That natural conditions (weather, pest and soil, etc.) have been regarded as random factors and treated statistically, has been proved to be successful with treating environment influences. But it is by no means equally true with other environmental factors, such as economic ones. Statistical techniques are based on manipulations of average, which was able to getting rid of randomness because of the effect of smoothing. Some models have applid too many statistical manipulations to same group of variables and parameters, which means that the complexity de-

scribed by the variables in question has been partly smoothed away, along with the randomness. We have to be aware of the abstract aspect of mathematical models.

What we calculated with a computer, or by hand, are numbers, mainly the individual values of variables, which carry poor information about the realities that the variables stand for. It is that the way in which theinterrelated variables change carries almost all the information of the agricutural system modeled.

Obviously, the powerful way to examine a model is to test it in practical operation, but in many cases an agricultural system was unsuitable for this aim due to socio—economic considerations.

In general, the data collected for modeling can be roughly divided into two parts. The main part which was informational with factor— relation and suitable for building the prototype of the model, whereas the other part was somewhat rich in data concerning system or subsystems behavior and may be used for model checking. It has been seen in certain cases that the same data which has been utilized to build the prototype is used for checking the prototype. This is the way to no avail.

APPLICATION

In applying systems approach to an agricultural system, it is convenient to consider the system as a transformer, with which an input is transferred into an output. Generally, an input or output contains several parts as its components; therefore we are dealing with so-called multiple—inputs or outputs (MIMO) system.

As mentioned above, the information needed for modeling a system is always insufficient for uniquely deciding the model due to the complexity of the system. A model and computer used for solving it are no more than information processors or extractors which add nothing to the original information amount. A model which has been built from and then carefully checked with the information available at the modeling phase, might be appreciated as being valid only in the sense of the consistency with the available information, namely of absence of negative evidences. It is possible to build several valid models of different schemes for same real system with given information. A workable model is more than mere a valid one. It has to meet the purpose (s) for which the model, not the system, would be used. The model variables describing the system state are chosen so as to be observable or accessible in the real agricultural system, of course these would not be confused with the observability and controllability of the system. Though the latters are those determined by the system's nature, but they must not be ignored in a properly-constructed model.

There are mainly two categories with applying systems approach to agricultural MIMO systems: (A) operational usage, namely making policy, strategy, or decisions, etc. , which enable us to operate a system well in some sense; (B) exploratory usage, namely to seek the nature of a existing system or a system to be developed, with finally profiting from or with it.

What we seek in usage (A) was a special input which renders the system to behave, under given constrains, in the sense of optimizing certain objective (s), wheras the latter can be regarded as the system's output or some components of it. Sometimes, one contents with a satisfied solution, but we will not discuss this matter here. The first point that we try to clarify is the problem: Is there any feedback to the system through its environment? Sometimes it is true. Studies on the agricultural development, optimized, of a broad area, say a province, have been reported. The great amount of the productive output of that area can cause great impact to the market and prices. The results of the impact will influence substantially the system by changing the parameters of the constrains or objectives. This will occur after some time (the time lag) and makes the original plan no longer an optimal one. Therefore, it is very important to give scope for main feedback loops in models, except short-term projects. The objectives are simply the concrete expression of a goal decided in scope of a system, at higher level, which includes the system in question as one of its subsystems. A goal thus decided is what often remains valid for a long period, with a number of objectives, such as income, profit or market competence, standing successively for the goal. Each replacement of objectives of a system implies a change of operational tactics, then a change in system's behavior or output. When we try to optimize an objective, we are dealing only with a component of the output or an aspect of the behavior, we have to pay attention to what else, especially the unwilling. What we pursue with optimizing an objective is the effectiveness of the system, which was usually valid only for somewhat shorter period and sometimes left over aftereffects. Goal-seeking deserves to be attached with much importance in studying agricultural systems.

It was somewhat overlooked that systems approach is a powerful means for explorating the nature of agricultural systems. The necessity of exploring system's nature arise from many problems, such as ecological system, food or agricultural products processing and physiological researches on crops, etc.. By "nature" we mean the relations and interactions of the factors, elements or subsystems, and the behavior or function of the system. The main tool used for describing the system is state variables which often puzzle the analyst with a question: how to select a set of them. That the state variables should be mutually independent and as few as possible, requires that a great deal of simplification must be made to the enormous sum of factors and their interrelations. In this case, domain expertise will be very helpful, but it has been pointed out that " the deeper the experts' knowledge, the less able they are in describing theirown logic"[2]. Then, the system analyst comes to the position to analyze the expertise firstly, for which the reasoning will be one with uncertainty. The art and methods of reasonting (or inference) of this kind have been rapidly developed in studies on expert systems, of whichthe central problem is the uncertainty in the sense of information theory. Principles and methods concerning reasoning for uncertain entities are also important to system analysts involved in model building. It merits attention that a computer is possible to be used as a reasoning-routine executor to assist the modeling.

REFERENCES

[1] G. M. Weinberg, An Introduction to General System Thinking, John Wiley & Sons, New York, 1975

[2] A. Angyal, A Logic of System, in System Thinking, vol. I, F. E. Emery (ed.), Penguin Books Ltd, 1981

农家经济中劳力配置的理论探析*

王秀清　张　琦

农村剩余劳动力的转移问题是当前、尤其是今后困扰我国农村经济改革和发展的难题。已往的文献大都从宏观方面进行农业剩余劳动力转移的分析，在微观方面对劳力的配置研究得不够。这一问题不仅是探讨劳动力转移中至关重要的，而且它牵涉到农业现代化的问题。因此有必要从理论上对农家经济劳力配置的一般模式及时间空间特征作进一步的探讨。

一、农家经济劳力配置的一般模式

农家经济是我国广大农村普遍存在的经济形态。它集劳动（生产）和消费于一体，而不同于现代交换经济中的企业。企业是以利润最大化为目标的，而农家经济以农家作为一个基本经济单位，所追求的并不完全是利润最大化，而是劳动获得的收益和享受闲暇的最优组合。这里用农家经济这一概念，不仅包含未与市场发生联系的完全自给自足的小农，也包含已与市场发生联系，但生产与消费并未完全脱离的农家，它具有一般性意义。

关于农家经济最早的系统性著作是原苏联农业经济学家恰亚诺夫于1923年首次发表的《小农经济原理》。这是一部关于前资本主义农民经济的微观经济学著作。作者在书中首次提出家庭经济单位的劳动——消费均衡公式。认为，参与农家劳动的量受劳动与消费的主观评价的限制，只要二者之间的均衡没有达到，即对劳动辛苦的评价低于满足消费的意义，就会继续投入劳动，无论降低劳动生产率与否。这种情况在人口密度大，土地相对短缺的地区很普遍。反之，只要均衡点一达到，家庭消费需求已得到满足，就不会投入更多的劳动。这个均衡点受到影响劳动辛苦的各种条件（家庭生产状况、市场状况等）与影响家庭需求的各种条件（家庭规模、需求迫切程度等）的决定，因而具有不确定性。但是，正是由于这种不确定性才使得农家经济对环境的变化具有很强的适应性，或者说弹性很大。就一般意义而言，农业外就业无出路，家庭经济会通过对劳动与消费的主观评价的改变而形成新的平衡。反之，农业外就业有出路，家庭可以释放出大量的劳动力。我们经常谈到的老弱妇孺农业就是这一行为的写照。关于农家经济劳力配置较为系统、全面论述的是英国的弗兰克·伊利斯，他在《小农经济学》一书中总结了各种关于农家行为的理论，并整理出农家经济劳力配置的一般模型。下面就引用来作为后面时空分析的基础。我们认为，他的模式是可以借鉴用来分析我国农家经济在劳力配置上的行为的。该模式如下：

1. 农家经济的均衡。假定其他条件不变（如家庭规模、其他生产要素投入量等），单纯考察

* 原载《经济研究》1992年第3期。

劳动在家庭经济中农业与家庭外以及闲暇之间的配置。农家经济追求的目标是收入与闲暇的组合的最大化。用公式简单表示就是：①

$$MaxU = U(Y, Lc) \quad (1)$$

$$Y = Ya + Yb \quad (2)$$

$$Ya = f(La) \quad (3)$$

$$Yb = f(Lb) = w.Lb \quad (4)$$

$$L = La + Lb + Lc \quad (5)$$

式中：L 为家庭占有的劳动总量；La 为投入在自己经营的农业上的劳动量；Lb 为在家庭外劳动量或从家庭外雇来的劳动量；Lc 为闲暇的劳动量；W 为家庭所处环境的工资；f（La）为由自家从事农业获得的收益（TVP）；f（Lb）为在家庭外劳动获得的收入或因雇入劳动量而支付的工资总额；Y 为家庭获得的总收益；U 为总收益与闲暇的偏好组合。

如果把（2）、（3）、（4）、（5）整理归入（1），可得农家经济均衡的公式：

$$MaxU = U[f(La) + W \cdot L(b), L - La - Lb] \quad (6)$$

2. 农家经济均衡的三个代表性图示。为了更突出地表现出农家经济劳动配置，弗兰克·伊利斯给出了三个图形，② 这三个图形是下文展开历史动态与区域差异的主要参照。

（1）既不从外雇工也不向外受雇的均衡。图 1 的横轴由左向右表示劳动消耗的增加，横轴总长为 L（家庭经济占有劳动总量）。横轴由右向左表示闲暇的增加，纵轴都表示收入（在完全自给自足，不受市场影响情况下就是农产品产量。假设农产品价格不变，产量和收入就可以通用了），由下向上增加。上方的曲线表示由收入与闲暇构成的等偏好序列曲线，下方曲线表示随劳动投入增加而获得的农业（和非农业）收入变化的曲线，遵循报酬递减规律。由图 1 可见农家经济在切点 E 处达到均衡。此时家庭只投入总劳动量 L 中的 La 获得 f（La）的收入，同时享受 L—La 的闲暇，这个图形里没有外出受雇和雇入劳动的情况，是一种完全依靠家庭劳动力只投入在家庭农业上的农家经济均衡。

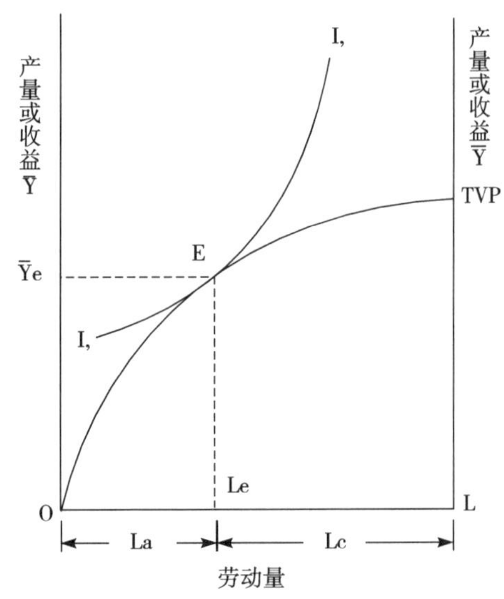

图 1　无劳动力市场的均衡

（2）存在出外受雇情况的均衡。图 2 和图 1 的坐标、曲线相同。只是增加了工资线 W。在图 2 所示的工资线情况下，农家经济达到一种不同于图 1 的均衡。即在图 2 中，有 Lb 量的劳动出外做工，为家庭赚回 W·Lb 量的家庭外收入，而投入在家庭自己的农业上的劳动量为 La′，除了从家庭农业上获得的收入以外，还有工资收入。该图反映了农家经济在工资线 W 影响下劳力配置的变化。与图 1 相比，表明农家经济具有适应

① 参见 Frank·Ellis，PEASANT ECONOMICS，Cambridge University Press，1988。这里是简化改写后的公式含义同原著。

② 同上注，图中字母稍作调整。

环境变化的能力，从而调整劳动力的配置。

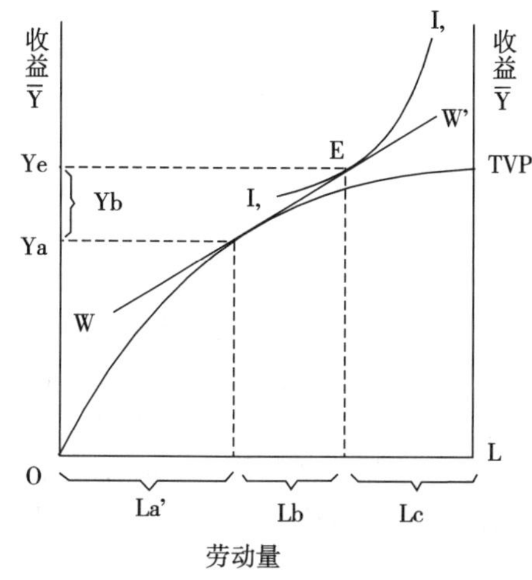

图 2　存在家庭外受雇的均衡

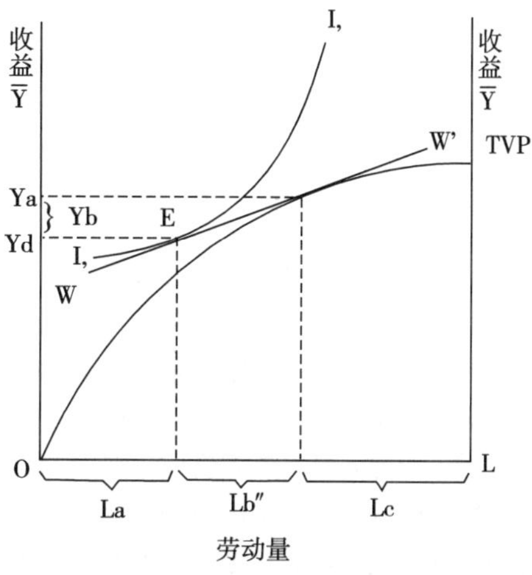

图 3　存在雇入劳动力从事家庭农业的均衡

（3）存在雇工从事家庭农业的均衡。图 3 反映了不同于前两种的情况。在图 3 所示的工资线下，农家经济达成一种存在雇工 La" 的均衡，在家庭农业中，自己的劳动力只投入 La，从外雇入 Lb"，使投入自身家庭农业的劳动量达到 La＋Lb"，而 Lc 为闲暇。这反映了在图 3 所示的收入与闲暇偏好序列及工资线情况下，农家宁愿雇入 Lb" 从事农业而自己只投入很少一部分。

二、从动态过程的角度来看农家经济的劳力配置

前面给出的只是一种概括性的模式。如果结合到经济发展的历史过程和区域差异，该模式就富有了活力。活力的关键就是农家经济均衡的决定变量的变化。在展开动态和空间分析之前，有必要就关键性的变量加以说明。模式中有三条曲线：①收入与闲暇偏好序列曲线。对于不同的农家，依其所处的社会经济环境以及家庭自身规模及构成而改变曲线的形状。例如，在完全自给自足的小农经济中，假如家庭人口很多，消费需求迫切，曲线就更偏向于获取更多的农产品以满足消费。因此，就会促成均衡点向更多地投入劳动于家庭农业一方移动。②农产品收入（或产量）对于投入农业劳动变化的曲线。这条曲线决定着从事农业的收入水平，曲线的移动必然影响劳力的配置。曲线的上升使获得单位收入所需的农业劳动减少，反之则反是。③工资线。这是一条值得特别注意的曲线。工资线是外界环境变化对农家经济施加影响的重要媒介，它把农家与农家所处的社会经济环境联系在一起，可以说是农家经济与外界联系的杠杆。农家经济对劳力的配置之所以具有很大的伸缩性，既可自给劳动，亦可向外转移劳力，更可雇入劳力，这些都是由农家经济对工资线的变化具有极强适应能力的结果。工资线的变化是以其斜率变化表示的。

经济发展是一个动态过程。历史地看，农家经济经历了一个不断的演化过程。尤其是家庭经营的农业不仅存在于不发达的国家，即使是像美国和日本这样经济发达的国家，其农业的家庭经营仍具有很强的生命力。在经济发展的过程中，农家经济也不断针对变化了的环境进行调整，从而使不同时期发生对劳力配置的变化。农家经济在由传统的与市场缺乏联系的自给自足向现代的交换经济演化过程中经历了三个阶段。第一阶段是完全的自给自足，生产的产品直接供家庭消

费，不经过市场。反映在模式中就是实物产量与闲暇的偏好次序的最佳；第二阶段是处于转变过程中的已与市场发生联系但生产与消费并未完全发生分离的中间形态；第三阶段是以市场为导向的专门从事农业经营的企业化经营形态。而在农家经济的动态演化中，重要的媒介是工资线，它是家庭与外界劳力配置的调节杠杆，更突出地说，工资线就是工业化水平线。它决定了三个阶段的不同劳力配置特征。

第一阶段。图1反映的就是完全自给自足情况下的劳力配置，在这一传统农业占绝对主体的时期，是求得家庭劳动获得的农产品实物量与闲暇的最优，这一时期，不仅劳力无家庭外的出路，而且产品也是直接消费。这时期农家经济不会释放出大量劳动力。

第二阶段。农家经济与外界市场发生了联系。农产品通过市场出售部分或全部，从而获得货币收入。更重要的是，家庭外有了就业的出路，出现了工资线，而这一过程最突出最显著的就是工业化的逐渐展开和实现。由于工业化的展开，促成了家庭对务农与出外谋求工资收入的利益比较，出现了劳力向家庭外的流动，如图2所示。家庭劳力由从事家庭农业向外流动是以存在工业化或家庭外就业门路为基础前提，以制度允许流动为保证的。如果制度不允许流动，不仅不能形成劳力的优化配置，而且阻碍了工业化的进展。

第三阶段。随着工业化的实现，农家经济发生分化。一些人专门从事非农业，而另一些家庭则专门从事商业性的企业或农业经营。出现雇工从事农业的现象。也有的完全是家庭自给经营。雇工者正如图3所反映，家庭农场在当时的工资水平下倾向于雇入劳力；而完全自给经营的家庭农场在当时的工资线情况下达到既不雇入也不受雇的均衡，但这时已在本质上不同于第一阶段。虽然图式相同，但在第三阶段，农产品是以市场为导向的，是依靠自己的劳动生产的农产品出售后获得货币收入，生产与消费已发生分离。就第三阶段的劳力配置而言，农家经济的释放劳动力的能力已经耗尽，要么自己维持市场导向的自己靠自己劳动式的状态，要么就雇入家庭外的劳动力，农业本身也变成了现代社会中的企业式经营。目前，我国总体上正处于第二阶段，迫切要求找到促成我国工业化实现的道路。不解决工业化问题，农村剩余劳动力的出路就无从谈起。

三、从区域差异的角度来看农家经济的劳力配置

前面的模式不仅适用于解释发展的动态，更可以用于区域差异的分析。作为一般性的理论，它既能解释时间，也能解释空间。如果我们只看到时间上所处阶段的压力而看不到空间上的差异，就会面对难题无所适从。经济发展的空间差异体现了时间上的不同序列，处在发达地区其发展阶段处于较高水平，处在落后地区其发展阶段处于较低水平，时间与空间存在着相对应的关系。虽然从总体上看，我们处于工业化进程中的第二阶段，但在空间上却各个地区有所不同。不同区域内的农家经济对劳力的配置可用前面的模式加以揭示。

图3反映的就是经济发达区域的情况。在经济发展水平较高的东南沿海以及大城市的郊区，尤其是那些已经初步实现工业化的郊区农村。由于工业化水平高，而务农的机会成本太大。在此情况下，雇佣外地劳力对近郊的农家而言是很经济的。也就是说，在经济发达地区，农家从事的家庭农业本身已具备吸纳家庭外劳力的能力。这是由较高的工资水平引起的。在这类地区，从事农业的劳动力相对紧张，即劳力在发达地区成为一种相对稀缺的要素。实际上，在发达地区农家经济已出现分化。有的农家专门从事农业生产，独自利用自家劳力或雇工；有的农家则逐渐变成单纯意义上的家庭，基本上不从事农业，家庭主要靠劳力从事非农业获得货币收入，这时的家庭就完全是消费单位而不是集劳动与消费于一体的农家经济了（当然由于户籍制度的存在，这种进

程大大受到了抑制）。在这一区域，农业已经成为商品性的农业，家庭农业也已纳入了整个国家经济的分工协作的有机体系，因而现代化水平较高。

图2同时反映了正处于由完全自给自足向现代经济转变过程中农家经济对劳力的配置，以及发达区域家庭劳动力只用少量劳力从事农业而大量劳力走出家庭从事非农业的情况。作为介于落后与发达之间的中间区域，工业化水平的空间差异决定和影响着工资线的倾斜度。随着工资线由平缓向陡峭的变化，工业化逐渐展开，决定了农家经济对劳力配置逐渐倾向于向外释放劳动力（当然在这种分化过程中，有的家庭专门从事农业吸收一部分劳动力）。正是由于中间状态的区域接受了市场的影响，但工业化水平远不如发达地区，二者之间的工资水平存在差距，促使形成农家劳力由家庭释放后向发达地区流动的倾向或压力。这种自发的流动倾向趋于使工资水平在区域间拉平。但是，如果因某种原因而不能获得流动的机会，这种区域间工资水平的缺口会继续存在，这既不利于降低发达区域的工资成本及发达地区的进一步增长，也不利于不发达区域工业化的发展和劳力的转移，造成劳力在空间配置上不能实现最优化。在这类不发达区域，农家经济在劳力配置上表现出很大弹性。农家经济均衡受工资线影响很大。当非农业发展环境较好，有利于工业化，有利于工资线扩大倾斜度时，农家会多释放出劳动力；当非农业发展不景气时，农家经济会调整劳力配置，减缓向外界的劳力释放。与农家经济本身适应力强相对应，工资线所代表的工业化进程或水平对影响农家经济、使农家经济向现代经济转变起着重要的推动作用。正是通过工资线来对农家经济进行市场渗透，使农家经济适应市场而改变劳力的配置。可以说，在这一区域里，虽然农家经济对劳力配置有弹性，但主导因素还是工业化。需要注意的是农家经济对劳力的配置弹性是有限度的，该限度是农家只从事农业劳动获得最大产量（收益）时所需用的劳动力，再多就会减少产量。因此，虽然农家经济有较强的吸纳和释放劳动力的能力，还是要靠外部条件来决定吞吐量。针对这一类区域存在对工业化的压力的特点，应设法加速区域工业化或向区域外转移劳力。

图1则反映了自给自足式的农家经济（如果用货币收入为收入目标，则不再是自给自足，就可以是发达区域专门从事商品性农业经营的情况，只不过不雇工，也不从事他业）。在自给自足的农家经济下，劳动的配置尚未受到工业化的影响。没有农业外的就业出路，或者即使有也不出外做工。这是一种生产与消费紧密结合的家庭经济形态。在这种落后的区域里，劳力完全就业于农业。如果农业本身产量不能满足家庭人员的消费需求，就会出现社会问题。这一区域的首要问题是先保生存。在此基础上发展工业化，改变其所处的环境，逐步纳入交换经济体系，农家经济就会开始发生转变。

总结以上发达区域、发展中区域与落后区域农家经济劳力配置上的不同，有一个总的特征，即工业化或工资线的状况在带动或影响农家经济由落后的自给自足向现代经济转变中起着至关重要的作用。没有工业化，就不会有各个区域农家经济的演化，也就不可能解决劳动力转移这一难题。而工业化本身的发生、发展是有一定条件的，它大都发生在市场影响比较强，有着分工协作的城市群或大中城市郊区。工业化发生发展本身的空间差异决定了农业劳动力转移难题的解决不可能是全国一步到位的，必然存在着空间上前后的序列。目前紧迫的任务是建立健全城市—城镇的等级网络，发挥各级增长中心的作用，通过城市化和工业化在空间上的有效配合和逐步逐层次推开来带动各个区域的农村经济的发展，最终解决农业劳动力的转移以及农村现代化这对难题。

论农业现代化的本质特征*

查振祥

一、什么是农业现代化的本质特征

对农业现代化的概念，理论界已形成了比较统一的看法，就是用现代工业、现代科学技术和管理手段武装农业，实现农业生产的机械化，生物、化学化、专业化、社会化等，大幅度地提高农业劳动生产率，土地生产率和农产品商品率。变传统的手工劳动式的经验农业为现代工厂化式的科学农业。这是总结了发达国家农业现代化的经验所得出的一般结论。

透过农业现代化的概念我们看到了一系列经济关系，看到了诸多事物的相互联系，比如要在农业中应用农业机械，实现农业机械化，必须有一个前提条件，即把大量农业劳动力转移出去，而这又以工业的发展为条件。再比如在农业中应用生物化学技术，提高土地生产率，必须有一个前提条件，即社会对农产品尤其是商品农产品有较多的需求，这又以人民收入水平提高为条件，而人民收入水平提高来之于工业的发展。又比如，用现代工业和现代科学技术武装农业，需要资金条件，这必须借助国民收入分配格局的改变才能实现，如果我们不把握住以上经济关系，就不利于制订正确的农业现代化建设的方针政策。

根据农业现代化实现过程中所涉及的方方面面的关系，本文认为农业现代化的本质特征是经济资源在农业与非农产业之间的再分配过程，是工业化在农业中引起的连锁反应和农业对工业化的能动作用过程。这可以从农业现代化的一般过程得到证实。

农业作为人类社会的第一产业，从它产生起到工业化开始前都没有大的变化。自现代化工业产生以后，人类社会生产突破了时间和空间的限制。工业生产不但以地球表面资源为劳动对象，也以地球内部资源为劳动对象。工业生产是纯经济再生产，生产过程中可以无限追加劳动，对劳动对象进行不同层次的加工。由于这种特点，自工业革命产生以来，工业便取得了突飞猛进的发展，在社会经济中逐渐占据主要地位，这个过程，称工业化过程。

工业的发展不是孤立进行的，需要农业的参与。在工业化过程中，从三个方面向农业索取了所需要的经济资源：①在工业化早期，通过工农产品的不等价交换方式，从农业积累了大量的资金，作为启动工业化进程的原始积累；②农业向工业提供了大量的劳动力，农村人口大量向城镇转移；③随着工业发展、城镇人口增长和因工业化带来人均消费水平的增长，农村向城镇提供了大量的供消费和生产加工用的商品农产品。在工业向农业索取经济资源的同时，又向农业反馈经济资源，并带来农业自身的巨大变化。这种反馈的变化，表现为以下三个方面：①农业就业人口大大减少，农业经营规模扩大，农业机械化程度大大提高；②由于农业向城镇工业提供了大量的

* 原载《农业现代化研究》1992年第5期。

农产品，生产这些农产品需要大量的技术投入与物质投入，因此，城镇工业向农业提供了大量的化学肥料、农药等生物、化学技术产品，并向农民提供技术人员与教育条件，提高农民的生产技术水平，实现了农业生产的生物、化学化；③农业机械化和生物、化学化需要大量的资金，工业化到了一定阶段后，城镇人口收入增长到了一定程度，便由从农业中积累资金转向反哺农业，向农业提供了大量的资金。提供资金的途径有两条，一是提高农产品价格，向农业让利。二是国家从财政中拿出大量资金对农业补贴。由于以下三个方面的反馈和变化，经济发达国家的农业由一、二次世界大战之前的自给性、小而全、以手工劳动为主的传统农业转变成了商品性、专业化、大规模应用农业机械和生物化学技术的现代农业。这就是农业现代化的一般过程。

农业现代化的一般过程说明了农业现代化的本质特征是经济资源在农业与非农产业之间的再分配过程。是工业化在农业中引起的连锁反应和农业对工业化的能动作用过程。这个过程包括了三组经济资源的对流运动：①农业人口流向非农产业，农业机械装备进入农业；②商品农产品流向城镇，良种、化肥、农药等生物、化学生产资料和现代农业科学技术进入农业；③在工业化初期，农业为工业积累资金，在工业化后期，工业为农业提供资金。从这三组对流运动来看，农业现代化并不是农业本身的孤立变化，而是由工业化引起的相向变化。

二、从我国农业现代化进程看农业现代化本质特征

遵循历史发展的客观规律，工业化必然要对农业产生影响。在我国工业化过程中，也从三个方面向农业索取了经济资源：①从农业中积累了资金，作为启动工业化进程的原始积累。据有关部门测算，从1954—1978年，国家从农业以不等价交换方式取得资金达5 100亿元，另外，直接征税978亿元，同期国家财政支农资金1 577亿元，收支相抵，农业部门为国家工业化提供资金达4 500亿元，(参见《中国社会科学》1991年第1期P33)。除国营工业外，乡镇企业也从农业中积累了约2 000亿元的资金。②从农业中吸收了大量劳动力。我国城镇人口1952年是7 163万人，1990年达22 870万人，增长了15 707万人。解放以来，我国城镇有10 000万人是由农村转移到城镇的人口和由这些转移的人口再生的人口，其中约有5 000万人是就业人口。此外，我国的乡镇企业已吸收了9 000多万农村劳动力。两项加在一起，我国工业化过程中吸收了1.4亿农村劳动力。③农业向工业化提供了大批商品农产品。与1952年相比，1990年我国商品粮收购量13 995万吨，增长了3.5倍；棉花收购量409万吨，增长了2.7倍；生猪收购量18 504万头，增长了3.9倍；农产品商品率为50%，增长了20%。

在工业向农业索取经济资源的同时，也向农业反馈了经济资源并带来了农业的巨大变化。①向农业提供了大量的农业机械以武装农业。我国的农业机械总动力，由1952年的18万千瓦，增加到1991年的2.93亿千瓦，增长了1 600倍。②用农业科学技术武装农业。我国的农业科研机构由1952年的7个大区农业科学研究所增加到1991年的1 100多个不同层次的农业科研机构，增长了近160倍。1952年到1991年高等农林院校增长了近2倍；中等农林专科学校增长了1.5倍；农林牧业技术推广服务机构约增长了20倍；农业中化肥施用量由7.8万吨增长2 856万吨，平均每亩20公斤；良种播种面积从零开始，到1991年已达到13亿亩，占总耕地面积85%；灌溉面积由1952年3亿亩增长到现在的7亿亩，增长了1.3倍。③工业反哺农业。1978年以来，大幅度提高了农产品收购价，从1978—1986年，国家通过农产品提价给农民增加了收入3 225亿元，同期减税58亿元，对农业生产资料价格补贴261亿元，财政支农资金达1 500亿元，以上四项相加为5 000亿元（参见《中国社会科学》1991年第1期P33)。1978—1990年，乡镇企业以

工补农资金也达170亿元，乡镇企业支持农村各项事业的建设投资达700亿元（参见《农业现代化研究》1991年第6期P6）。

由于以上三个方面的反馈和变化，我国农业已由一个自给性、小而全、以手工劳动为主的传统农业进入到半商品性、半社会性，手工劳动与农业相结合、传统经验与现代科学技术相结合的过渡型农业，进入到由传统农业机械向现代农业的转变阶段，朝着农业现代化的目标在迈进。从我国农业的发展过程来看，农业现代化的本质特征还是经济资源农业与非农业之间的再分配过程，是工业化在农业中引起的连锁反应和农业对工业化的能动作用的过程，这个过程包括了三组经济资源的对流运动，即农业人口流向非农产业，农业机械装备进入农业，商品农产品流向城镇，良种、化肥等生物、化学生产资料和现代农业科学技术进入农业，在工业化初期，农业为工业积累资金，在工业化后期，工业向农业提供资金。离开了这些排列组合，我国农业现代化的无从实现。

三、我国的农业现代化建设处在低水平阶段

从农业现代化的本质特征来看，我国的农业现代化建设还将是任重而道远的，需要一个相当长的历史阶段，因为目前我国的农业与非农产业之间的经济资源对流运动还处在一种低水平、不稳定状态并时有回流现象。这可以从以下三个方面表现出来：

1. 我国农业人口与工业提供的农业机械装备的对流运动还是一种低水平的不稳定的状态。新中国成立以来，我国农业人口向工业转移运动经历了三起三落。三次落潮是：60年代初的动员工业人口返回农业，“文革”中下放知青和80年代末乡镇企业倒闭风潮，至今务农劳动力还达3.3亿人，占社会总劳动力的60%，为发达国家农业就业人口比重的10～15倍。从现在起到21世纪中期，按照全国15亿人口的峰值，我国农村劳动力还要再增加1.8亿人左右。根据中等发达国家的标准，我国务农劳动力应低于1亿人。这样，我们还要转移4亿多农业劳动力到非农产业中去，相当于新中国成立以来农村劳动力转移量的3倍，任务是很艰巨的。由于农村劳动力转移速度缓慢，农业机械化很难有较大的进展，因为农业本身还有大量的活劳动未被吸收，物化劳动难以挤进去，资源流动是建立在有落差的基础上的。我国的农业机械装备水平虽然解放以来有了很大增长，但也只是在一些单项上，农机总体装备水平不高。1990年，我国平均每100农户有3台拖拉机，其他配套机械寥寥无几。平均每100农户拥有半部大中型牵引农具，0.02台联合收割机，4台农用排灌动力机械，0.07部水稻插秧机。拖拉机虽然多一点，在农业中的利用率也不高，大量的是从事运输业。

2. 我国的商品农产品与良种、化肥等生物、化学生产资料的对流运动及现代农业科学技术在农业中的应用也处在不稳定的初期阶段。农产品商品率增长速度很慢，解放以来年平均增长仅0.5%，农业技术投入成效差，农民对现代农业科学技术接受能力太低，根据农业部资料，解放40年以来我国农业科研成果共28 000项，其中只有30%～40%在农业生产中发挥了作用，造成国家对农业科学研究投资的巨大浪费。化肥的大量使用是新中国成立以来我国农业中应用现代科技成果的最突出的成就，但化肥的有效利用率在我国农业中才30%，而世界平均水平是60%，先进技术国家达到70%。新中国成立后我国为农业培养了农业科技人员达130多万人，但却有一半以上回流到了非农部门，使我国现在每万名农业人口才拥有6名农业科技人员。

3. 从资金对流运动来看，一方面我国工业还在继续从农业中积累资金，另一方面工业向农业反哺才刚刚开始，并且有严重的资金回流现象。这种回流现象有两种表现，第一种表现是直接

回流，国家在1958年之后，开始提高农业生产资料和农村工业品零售价格，把从农产品提价中给农民的收入往回收。据有关资料分析，1985—1988年期间，农民每人每年从农产品价格上涨中多收入29元，又从农业生产资料和农村工业品价格上涨中多支出30元，收支相抵，净损失1元（参见《经济体制改革》1991年第4期P89）。第二种是间接回流，即农民将工业反馈的资金再用于非农产业投资，而没有用在农业上。据《中国农村统计年鉴》，从1978—1990年，我国农村各年国民收入累计已达4万多亿元，但这些年形成的农村三大产业投资才4 000多亿元，积累率仅10%，大大低于全国平均15%的水平，其余90%都消费掉了。在这10%的投资中，用于农业的投资一直在15%以下的水平，其余投资都投向了非农产业。农民用作消费的收入部分，实际上也通过购买工业品间接地增加了非农产业的投资。农业投资偏少成为农业现代化建设的重要制约因素。

四、我国农业现代化建设速度缓慢的原因

我国农业现代化水平低，资源在农业与非农产业之间的流动还处于初级阶段，不稳定状态并有回流现象，是有其深刻的社会历史背景的。它既反映了我们所处的历史时代，也反映了长期以来我们在经济发展战略上的一些失误。

我国的工业化水平还比较低，启动农业与非农产业之间经济资源对流运动的这个主动力还不够强大，这是我国农业现代化水平低的最根本原因。在工业还处在初期阶段时，工业的资源边际报酬率高，很难制止资源单向流入工业。没有工业的一定程度的发展，也难以大量吸收农村人口和在很大的程度上提高农民的收入。西方国家经过了两个世纪的工业化的历史，才在二次战后实现了农业现代化。我国的工业化在第二次大战后起步，相对于我国众多的农业人口与规模较大的农业。工业化的程度还不是很高，再加上我国城市工业长期经济体制僵化，效率不高，也延缓了工业化进程。今后在我国还要不遗余力地推进工业化方针，尤其是加快农村工业化步伐，这对农业现代化至关重要。第二个原因是工业化战略上的失误。50～60年代，我国工业中实行重工业优先发展的战略。这个战略减少了对外依赖的程度，却不利于工业与农业之间的协调发展。重工业优质发展造成资金密集型产业发展，不需要大量的工人，使农村人口转移缓慢，重工业优先发展却需要大量资金，造成农业向工业积累过多，抑制了农业发展。进入70年代以后，我国轻工业得到了发展，但受国际社会产业更新的影响，也过早地提高了资金技术密集型产业的比重。直到80年代乡镇企业兴起后，这种状况才开始改变。长期以来，我们没有看到我国劳动力资源多，劳动资源价格相对较低的优势，没有认识到转移农村劳动力是农业现代化的必由之路。第三个原因是长期以来农业本身未能发挥好积极能动作用。农业现代化是伴随着工业化进程一步步实现的，农业本身的能动作用对促进农业现代化建设至关重要。农业的能动作用，表现在根据工业发展的不同历史阶段，采取切实可行的农业现代化建设步骤。农业现代化实现较早的国家都根据自己的国情，采取了适合自身特点的农业现代化建设步骤。美国根据自己国土辽阔，人少地多，工业化造成农业劳动力紧张的国情，第一步实现了农业机械化，以机械代替劳动力，第二步才在农业中大规模应用生物化学技术。日本根据自己国土面积少，人多地少，工业化初期吸收不了大量农村劳动力却需要大量商品农产品的国情，第一步在农业中应用生物化学技术，提高单产，然后随着工业化的发展，农业劳动力大量转移，农业生产越来越兼业化，日本农业才大量使用农业机械。美日两国的经验成为世界上两种不同的农业现代化模式。我国是一个人多地少，人口与土地的矛盾比日本还突出的国家，然而从解放后到1980年，我国却采取了优先推行农业机械化的方

针，导致了农业现代化进展缓慢。从1952年到1980年，我国农业劳动力从1.8亿人增长到3亿人，劳均耕地面积由8.5亩降至5亩，过剩劳动力已超过1亿多人，在这种情况下优先推行农业机械化根本没有基础，反而使农业发展缓慢，影响了农业对工业化的支持作用，从而使我国农业现代化建设贻误了很多时间。我国除了东北西北部分地区以外，大多数地区都是人口密集，不但目前在农业中有大量的劳动力，已进入乡镇企业就业的农业人口也没有放弃对土地的经营，家庭联产承包将是长期国策，规模狭小、兼业式农业将越来越成为我国农业的基本形式，这种国情，决定了今后我国农业现代化建设的步骤应该是：第一步优先在农业中应用生物化学技术，提高单产和总产，使我国农业能提供越来越多的商品农产品，以适应工业化不断发展的需要。第二步在乡镇企业长期发展和农业劳动力不断转移的基础上，在农业中全面应用农业机械。完成整个农业现代化建设要克服急于求成的思想，分阶段、有步骤地完成各个时期农业现代化建设任务。

综上所述，理解了农业现代化的本质特征，就掌握了一个总的方向，使我们实际工作中的每一步都能朝着这个方向前进，少走弯路，少付成本，加快农业现代化进程。

中国农产品价格的形成机制分析*

查 振 祥

在我国农业经济学术界，农产品价格的形成机制一直是一个有争论的问题。许多理论工作者从价格与价值的关系上来寻求答案，或单方面从微观机制中找结论，研究的结果常常事与愿违，也失去对政策的指导作用。笔者认为，研究中国农产品价格的形成机制，既不能完全照搬价值规律，也不可能完全应用西方微观经济理论。中国农产品价格的形成机制，有它自己的特点 ，这个特点来源于中国农业与国家的特殊关系。本文想就此谈一些看法。

一、中国农产品价格所掩盖的社会关系

与西方国家根本不同的是：中国不是一个市场经济的国家。作为农产品的生产者，不是自由竞争的农场主，而是受国家计划指导的农民。作为农产品的收购者，也不是自由竞争的商人，而是政府部门。农产品的生产者与商人的关系，是农民与政府的关系。在另一端，农产品的最终购买者，是城镇居民，农产品的最终购买者与中间商人的关系是城镇居民与政府的关系。这样，就形成了如下结构：

农民 —收购→ 政府 —销售→ 城镇居民

表面上看来，政府在中间一买一卖，似乎没有什么复杂文章。其实文章正从这里开始，这个结构并不是一个天平结构。政府经商这个表象的背后显示了中国政府的二重性：一方面，政府是个政治实体，是包括农民在内的全体人民的政治代表；另一方面，政府又是个经济实体，它手中拥有一大摊子国营经济，几乎全体城镇居民都在这个国营经济内就业谋生。城镇居民生活水平的决定性因素在中国目前是农产品价格水平，农产品价格水平是在农产品购销活动中形成的，政府掌握了农产品购销这个中间环节，就掌握了控制和调整农产品价格水平的权力，从而就掌握了调节和保证城镇居民生活水平的主动权。这样一来“农民——政府——城镇居民”这三者关系中，政府已不是一个真正意义的中间人，而是作为城镇居民的经济保护人出现的，政府代表城镇居民来与农民做生意。但农民与政府也存在着密切的关系，这是政治上的关系。因为政府又是包括农民在内的全体人民的政治代表。政府要维护国家安定，提高人民生活水平。从这个角度上，政府要考虑到农民的利益，因为农业生产的状况关系到农民的生活水平，收入水平，国家的安定，全体人民的基本生活保障等重大问题。安定农业生产的关键一环也是处理好农产品价格问题。由此

---

* 原载《经济问题》1992 年第 7 期。

可见，中国的农产品价格掩盖了如下两层社会关系：

1. 独立经营的农民与作为城镇居民经济保护人的政府的经济上的产销关系。这是一种矛盾关系，是在国民收入的分配中，农民与政府多得与少得的关系。

2. 占总人口 80%的庞大公民队伍是关系到社会安定的最基本生活资料的生产者农民与政府的关系。这是相互一致的关系，他们都有一个共同目标，就是维护社会安定，提高人民生活水平。

这两层关系，是中国政府制订农产品价格政策的出发点。

二、中国式的农产品价格形成规律

在中国农产品价格形成理论上，至今存在着一个没法说清楚的问题，就是文章一开始所说的价格与价值的关系问题。理论界经常研究农产品价格是否符合它的价值，并计算价格偏离价值的程度。这里有一个搞不清的前提，就是到底农产品的价值是多少？人们常用农产品的价格扣除成本后，在现有劳动生产率条件下一个农业劳动力的净收益应等于一个工业劳动力的工资水平来反映农产品价值水平。这里面有许多不可比因素：第一，由于技术和装备水平不同，一个农业劳动力和一个工业劳动力的劳动生产率水平是绝对不同的。我国工业劳动力人均装备以达万元计，平均文化水平高，而农业劳动力人均装备仅百元计，平均文化水平低，他们之间的劳动生产率不可能一样。第二，由于生产条件的限制，农业劳动力与工业劳动力的经营规模是不同的。农业受土地和人口限制，我国一个农业劳动力才经营 5 亩地，一年中只花一半时间在土地上劳动。而工业生产没有农业中那么多的约束因素，工人的劳动是满负荷的，尽管有劳动效率因素，但一年中工人的总劳动时间远远超过农民，其经营规模必然比农业大得多。由于以上不可比因素，一个工业劳动力的工资水平不可能和一个农业劳动力的净收益相等。

也有人把一个国营农场工人的工资水平作为农产品价值的衡量指标。但国营农场工人的工资水平是个特殊产物，包含着国家的大量补贴，并不真正反映农场工人所付出的劳动。

以上分析可以看出，农产品价值是一个难以确定的因素。农产品价值应该定为多少，也不能有固定模式，应根据不同历史条件确定不同的水平，我们可以本着下面的思路来思考这个问题：

1. 在任何历史时期，农产品价格的最低水平，都不能低于物质成本。低于物质成本，农民就失去了物质投入能力，无法保证再生产。而一旦农业中无法保证再生产，对社会产生的后果是不堪设想的。

2. 农产品价格的最高水平，是在不同历史时期和不同地区中能调动农民生产积极性的水平。达到了调动生产积极性的目的，农产品价格就发挥了它应有的作用。什么样的水平能调动农民的生产积极性呢？这里有三个参数：

第一，农业劳动者从事其他行业，如乡镇企业、服务行业等的收益水平。其他行业的收益水平是农业生产的机会成本，从事其他行业的收益越高，要调动农民积极从事农业生产所需的价格水平也就越高。反之，也一样。它们之间的关系，可用图 1 表示：

第二，农民进入其他行业的就业门路。就业门路越宽，农民可选择的经营项目越多，农民对农产品价格水平的期望值越高。反之，就业门路越少，农民对土地的依赖性越大，对农产品价格水平的期望值越低。它们二者的关系可用图 1 表示：

第三，农业的经营规模。经营规模与农产品价格水平成反比。经营规模越大，单位农产品成本越低，农产品价格也可以越低。反之，经营规模越小，单位农产品成本越高，农产品价格也就

必须越高。它们的关系如图1：

以上三个参数，本来具有相互制约作用：农民从事其他行业收益越高，农民就会拓宽就业门路，增加就业机会，这样做似乎造成农产品价格上涨。但就业门路放宽后，农业的经营规模就会扩大，因为从农业中转移出去的劳动力增多，留下种地的劳动力就增加了人均种地的数量，使农产品价格下降。通过这相互矛盾的作用，农产品价格最终水平不会有太大的上升。但在我国目前的条件下，这互相矛盾的因素不能同时起作用，因为经营规模目前是一个既定因素，中国拥有八亿多农业人口，且他们与城市在经济上处于分割局面，短时期内很难将农民从农村大量转移到城镇。另外，由于粮食流通未放开，政府对粮食购销进行了统制，且这种局面不可能是短时期的，农民在农村内部也不可能彻底离开农业而转入其他行业。这些因素，就使我国农业经营规模短时间内难以有大的变化，失去了对农产品价格上涨的制约作用，这是非常遗憾的事情。我国目前农产品价格的最高水平，仅仅取决于农业劳动者从事其他行业收益水平和就业门路。如果不按这两个原则来确定农产品价格水平，农民就会出现放弃农业生产或消极对待农业生产现象，造成土地利用率下降。而农业是个资源极其有限且又不能代替的产业，现有土地必须充分利用，其他方式生产不了食品。农民一旦消极对待农业，就成为社会不安定的根源。但要按照这两个原则来确定农产品价格，政府必须付出较大的代价。

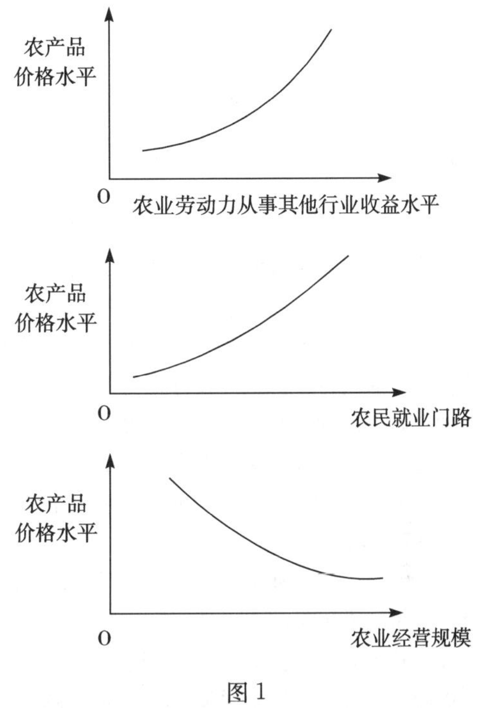

图1

三、中国农产品价格的真面目

分析了中国农产品价格体现的社会关系和决定农产品价格的因素，现在可以了解中国农产品价格的真面目。中国农产品价格的发展过程有两条主线：

1. 中国农产品价格的最低水平高于物质成本的水平一直是得到保证的。尽管在文化大革命期间一些地区曾出现过负收益现象，但总体上农产品价格还是高于物质成本的。以价格水平较低的粮食为例，这里提供两个资料，一个是全国的资料，另一个是河南省资料，见表1，表2。

表1　全国的粮食成本资料

单位：元

项　目	1965	1975	1978	1984	1988
平均每亩产值	26.56	41.50	46.92	93.94	134.81
平均每亩物质费用	11.41	18.35	21.14	30.03	43.36
平均每亩净产值	15.15	23.15	25.78	63.91	91.45

资料来源：农业部计划司。

表2 河南省粮食生产的投入产出表

单位：净产值（元）每元物质投入

项目	1979	1980	1981	1982	1983	1984	1985	1986	1987
小麦	1.18	1.07	1.19	1.12	1.29	1.98	1.63	1.96	1.89
玉米	1.20	1.81	1.47	1.53	3.01	3.12	3.00	3.05	2.66
灿稻	2.18	2.85	1.89	1.69	2.72	2.86	3.28	3.12	3.69
大豆	2.10	2.51	3.26	2.27	4.13	3.04	3.81	3.77	4.56

资料来源：《农业经济问题》1988年增刊第17页。

从这些资料看，粮食价格比其物质成本一直是高出一个幅度的，有些年份还相当高。我国的农产品价格所以能保证在最低水平之上，归结为本文第一部分所分析的农民与政府在政治上的关系。农民占总人口80%以上，农产品的生产关系到世界1/4的人口的生存问题。如果政府不保证农业再生产的进行，首先，农村就要产生社会问题；其次，整个国家就不能安定。作为包括农民在内的全体人民的政府，必然要考虑到这些问题。由于农产品价格高于物质成本，使农业生产还是有利可图的，基本上保证了农民从事农业生产的积极性。

2. 我国农产品价格的最高水平，一直没有达到。这里要分两段时间来研究：第一段时间是1949—1978年，这一段时间由于体制上的原因，农民被限制在土地上，不让从事其他行业生产，最高价格水平应该不是很高。但是很明显这一段时间农产品没有达到它应有的最高价格水平，以致这一段时间农民生产积极性不高。其证据是农产品产量缓慢增长，粮食产量三十年才从1 500亿公斤上升到3 000亿公斤，年平均增长3.3%。尽管有体制的重要因素，但1979年粮食大提价30%以后，粮食产量当年增长10%，远远超过前30年年平均增长水平。到1982年粮食价格继续提高到1978年的150%，粮食产量也升高到3 500亿公斤，上了一个台阶。这股生产热情一直保持到1984年，粮食产量达4 070亿公斤，又上了一个台阶。

第二段时间是1978年以来。刚才已述，这一段时间前期对粮食价格作了较大幅度调整，比前30年的价格水平高出一大截，一度激发了农民生产积极性，使粮食产量在短期内获得了突破性增长。但这一段时间农村体制也改革了。农村就业门路放宽了，出现工商运建服全面发展的局面。农民从事其他行业获得了较高收益，对农产品的价格要求也提高了。相比之下，农产品的最高价格水平远远没有达到，请看下列一组全国资料，见表3。

表3 乡镇企业与种植业劳均收入比较

单位：元

项　　目	1978	1980	1985	1986	1988
乡镇企业劳均工资收入①	306	398	676	737	1105
粮食种植业劳均净收入②	125	160	300	330	410
乡镇企业是粮食种植业劳均收入的倍数（%）	245	248	225	223	270

资料来源：①1986年《中国农牧渔业统计资料》农业出版社；1991年《中国农村统计年鉴》。

②根据农业部计划司资料，参照我国劳均土地经营规模推算。

从表3看出，1978年以来，一个乡镇企业从业人员的收入是纯种粮食的农民收入的两倍多。这种差距，使我国农民对粮食生产又重新失去兴趣。随着农村就业门路全面拓宽，从1985年以来，粮食生产又出现下降和徘徊的局面。1985年比1984年减产250亿公斤，1986年开始缓慢回升，到1989年才回升到1984年的水平，达到4075.5亿公斤。与此同时，抛荒土地，广种薄收现象在发达地区农村出现，农民把人力、物力都纷纷投入其他产业。

我国农产品最高价格水平一直上不去，有两个重要原因。第一个原因前面已分析，由于我国

农产品最高价格水平只能取决于农民从事其他行业的收益水平，这个水平是很高的，政府难以付出这么大的代价。第二个原因归结到本文第一部分分析的独立经营的农民与城镇居民的经济担保人政府相矛盾的产销关系。如果仅仅是农民与城镇居民之间在买和卖。其问题是比较简单的；农产品涨价，城镇居民多掏钱；农产品降价，城镇居民少掏钱。如果嫌分配不均，他们可以进行行业竞争，相互流动，来达到价格的公平。但城镇经济与政府结合在一起后，问题就复杂了：农产品涨价，现在要政府多掏钱，因为政府要对城镇居民生活水平负责。但政府的财政收支模式一经形成，就难以有大的变动。因为政府还要对经济建设、国防、科学文化教育等重大问题负责。保证了一方，就难以保证另一方，更何况城镇经济建设和国营工业的发展能给政府带来直接的巨大的收益。在这里，政府与农民的关系是矛盾的，多给了农民，政府就少得了，少给了农民，政府就多得了。农民的收入增长在这里碰到了一个障碍机制。而且农民还无法竞争，因为政府限制了农民向城镇产业的流动。

以上这两个原因，使我国农产品价格长期以来难以达到最高水平。要解决这个问题，不可能单方面从哪儿入手，应是全方位的，多方入手，而且还将需要一个相当长的时期。

农业劳动力转移的出路与对策*

袁若飞　钟兆繁　叶立明

农业劳动力转移在当前已成为理论界和实际工作者的热门话题，究竟当前农村有没有剩余劳动力？剩余劳动力产生的原因是什么？农业劳动力如何向非农部门转移？本文就这些问题谈些看法。

一、中国农村滞留着大量剩余劳动力

（一）剩余劳动力的概念

只有在概念上取得共识，才能讨论有没有剩余劳动力。所谓剩余劳动力，简单来说就是失业，包括显性失业和隐蔽性失业两种情况。所谓显性失业，就是有劳动能力的劳动者没有职业的经济现象，这种情况在中国农村找不到，因为每一个农户都分到土地，每个人都是有地可种的农民。所谓隐蔽性失业，是指形式上就业，但实际上对生产所起作用不大的经济现象。一个人可以干完的活分给四个人干，人浮于事，有的边际劳动生产率等于零，有的边际收益等于零，有的边际毛收入不足于维持自身消费，如果把这些剩余劳动力调走，余下的劳动力仍能生产出同样多的农产品，相反提高了农业劳动生产率，发展经济学家把这些未调出的边际劳动产品率为零的劳动力定义为剩余劳动力，是隐蔽性失业。

（二）农业剩余劳动力的度量

如果承认有剩余劳动力，就要进一步明确采用什么方法，具体计算剩余劳动力数量，在宏观分析中，可采用下列三种方法：

第一种方法。是按一个劳动力可能负担的耕地面积计算，这种负担能力决定于劳动条件，在手工畜力劳动条件下，一亩耕地需消耗 20 个工日，一个劳力一年可作 250 个工日，则一个劳力负担 12.5 亩耕地，全国 20 亿亩耕地只需 1.6 亿劳动力，加上林、牧、副、渔需要的 0.8 亿劳动力。共需农业劳力 2.4 亿，按全国现有 4 亿劳动力计算还剩余 1.6 亿劳动力。在机械化劳动条件下，一亩地只需消耗 5 个工日，则一个劳动力可负担 50 亩耕地，全国 20 亿亩只需 0.4 亿劳动力，再加上林、牧、副、渔需要的 0.8 亿劳动力，共需 1.2 亿农业劳动力，按全国现有 4 亿农业劳动力，可剩余 2.8 亿劳动力。

第二种方法。是按农业劳动生产率来计算，劳动生产率的高低，亦决定于多种原因，主要是农业现代化程度，假如一个农业劳动力一年生产 2 000 元产值，则全国 6 000 亿元农业产值，只

* 原载：张毅《中国农村工业化的道路》，人民日报出版社，1990 年。

需3亿劳动力，按全国4亿农业劳动力计算，还剩余1亿劳动力，在农业现代化条件下，一个农业劳动力年产值5 000元，则全国6 000亿元农业产值只需1.2亿劳动力，按全国4亿农业劳动力计算，可剩余2.8亿劳动力。

第三种方法。是按剩余产品量计算，如果一个可以养活四个人（包括本人），则全国12亿人只需要3亿农业劳动力，按全国4亿劳动力计算，还剩余1亿，如果按一个中等发达国家一个劳动力可养活8个人计算，则全国12亿人口只需要1.5亿劳动力，还剩余2.5亿农业劳动力。

从以上各种演算方法可知，关键是确定各种参数，参数确定若符合客观实际，则计算出来的剩余劳动力亦比较正确。在计算剩余劳动力时要考虑到各种影响因素的可能变化，农业剩余劳动力是农业劳动供给量减去需求量的余额，农业劳动供给量的大小，决定于人口基础、人口自然增长率、现有劳动力年龄结构、劳动人事制度等原因，农业劳动需求量大小，决定于经营制度和劳动条件，集约经营需要的劳动力多，粗放经营需要的劳动力少，手工畜力劳动条件下需要的劳动力多，机械化条件下，需要的劳动力少。另外在计算剩余劳动力时要注意留有余地。一般根据当前农、林、牧、副、渔各业的需要和可能条件算出若干个备选的可行方案，这样可以提高劳动力转移决策的科学性。

（三）究竟当前中国农村有没有剩余劳动力

从上面的粗略计算中，得出的结论是至少有1亿剩余劳动力，但目前有人认为没有剩余劳动力，下面对他们的论据稍加辨析。

有人说，农忙时，农民昼夜鏖战，只有感到劳动力不足，哪里有劳动力剩余？这种说法有一定道理，因为农业生产有强烈季节性，劳动力剩余也表现为季节性，农忙时感到劳动力不足，现有的劳动力有干不完需要干的农活，甚至发生延误农时，特别在手工畜力劳动条件下，政府为了帮助农村解决劳动力不足，动员工厂工人、学校学生、军队官兵、机关干部下乡支援农忙。但在农闲时，现有的劳动力无事可做，表现出明显的剩余，当然，各地农忙时间的比重大小不一，有的占1/4，有的占1/6，总之，一年中极大部分时间有剩余，因此，利用短暂的农忙时期缺乏劳动力来否认农村没有剩余劳动力乃是以偏概全，事实上有的地方当劳动力转移到第二、第三产业以后，采用农业机械化，提高劳动效率，也能解决农忙劳力不足的问题。

也有人说，“不少城郊农村，农活无人做，土地撂荒，只能说明农村缺乏劳动力，哪里有什么剩余劳动力?”这也是一种片面的说法，我国农村相当辽阔，各地劳动力供需矛盾差异明显，在西部、北部农村，地多人少，人均土地较多，但气候恶劣，生长期短，生产力水平低，交通不便，生活贫困，劳动力外流，的确感到劳动力紧张，往往采取粗放经营。另外在东南沿海的部分富裕地区，大中城市郊区，大部分青壮劳动力都已转移，农业战线上留下的劳动力都是妇女、老人，农业劳力感到不足，特别在农产品价格太低的情况下，迫使土地撂荒，农业产量下降。但是从全国极大部分地区来看，都是人多地少，即使实行集约经营，增加每亩土地的活劳动消耗，劳动力仍是富绰有余，因此，我们同样不能利用少数地区出现的劳动力紧张来否认大部分地区劳动力剩余的问题。

还有人说，我们的资源还未开发，哪里会有农业剩余劳动力？我们认为这种看法也是不全面的，诚然，我们有许多草地、水面、山坡可以来发展林牧渔业，要知道发展这些产业的症结并不完全在于缺乏劳动力，而是由于经济政策不合理、缺少资源（资金）、市场容量小等原因所致，即使这些资源开发了，亦只能解决种植业中部分剩余劳动力，仍然会有大量剩余劳动力需要向第二、第三产业转移。

（四）农业剩余劳动力对农村经济的影响

劳动力既是财富的创造者，又是财富的最终消费者。作为财富的最终消费者，农业剩余劳动力是社会贫困落后、动荡不安的因素，另外它与物质资源不同，物资资源可以储存，而不用劳动力资源就是浪费。劳动力资源闲置，不能用于发展生产，经济发展慢，创造的社会财富少，紧接着出现一系列问题：生产积累少，投资少，设备技术落后，市场商品短缺，国家财政收入减少，劳动者工资收入低，消费水平低，社会劳动保险差，使计划生育难以实施，人口、劳动力的自然增长率提高，反过来使剩余劳动力问题更加严重。

劳动力作为财富的创造者，如果我们重视解决剩余劳动力，把他们看作发展经济的资源，就可大力发展经济，促进农业现代化，提高人民消费水平，降低人口出生率，比较彻底地解决农业剩余劳动力，转入劳动力转移的第三阶段。

二、中国农业剩余劳动力的成因

要解决好农业剩余劳动力，关键在于分析剩余劳动力的成因，才能针对性地提出解决办法。我们认为：中国农村剩余劳动力的成因有下述几点：

（一）计划生育控制不严，人口、劳动力增长过快，扩大了劳动供给量

由于我国计划生育控制不严，人口出生率偏高，平均每年出生 1 500 万人，人口自然增长率一般在 20%左右。农村人口自然增长率高于城市，劳动力大部停留在农村，据 1952—1987 年统计，全国劳动力由 20 729 万人，增加到 52 783 万人，其中农村劳动力由 18 243 万人增加到 39 000万人，增长 114%，城市劳动力由 2 486 万人，增加到 13 783 万人，其中包括农村转入城市的一部分劳动力。

（二）土地管理不严，耕地占用过多，导致人均耕地面积与每个劳动力负担面积日益降低

建国初期，由于大量垦荒，耕地面积有所增加，60 年代以来，土地管理不严，违法占地没有得到应有惩处，耕地越来越少，据统计 1958 年至 1988 年净减少耕地 2 亿亩，25 年中每年平均减少 800 万亩。

由于人口激增、土地锐减，每个农业人口占地由 1952 年的 3.29 亩，降到 1989 年的 1.21 亩，每个农业劳动力负担的耕地面积由 1952 年的 5.01 亩，1989 年降到 3.8 亩，劳动力负担耕地减少，意味着劳动力需求减少，导致劳动力剩余。

（三）农业机械装备增加，劳动效率提高，降低了劳动力需求量，从而增加了剩余劳动力

据统计，1952 年全国农业机械总动力为 1.8 亿瓦，每个劳动力平均 1 瓦，到 1989 年，达到 2 800亿瓦，每个劳动力平均 700 瓦；农用大型拖拉机 1952 年为 1 307 混合台，1987 年为 880 952 混合台；小型拖拉机（包含手扶拖拉机），1962 年为 919 混合台，1987 年为 530 万台。很显然，全国各地机械化程度差异较大，在少数生产发达的乡村，拥有机器较多，但全国大部分地区，都有一定程度的增加，在完成同样多作业任务前提下可以少用一部分劳动力，如果不能把节省的剩

余劳动力转移出去，仍然沉淀在农业部门，势必使劳动力剩余更为严重。

（四）前一时期我国工业化走了资本代替劳动的道路，吸纳的农业剩余劳动力较少，减少了劳动需求

解放后第一个五年计划时期，学习苏联走以重工业为中心发展工业的道路，把有限的资金用在发展高技术层次的重工业，吸纳的劳动力少。据统计，1978年与1952年相比，固定资产原值增长了22.3倍，年平均增长率为12.9%，工业产值增长了28.8倍，年平均增长为13.8%，社会总产值增长7.26倍，年平均增长7.9%，但工业部门就业劳动力只增加3倍，年平均增长率为5.5%，这种资本与先进设备结合方式，使劳动力剩余更多。

（五）农产品价格偏低，影响活劳动力投入的最佳点

活劳动投入与物质资源投入相似，都受资源边际报酬递减规律的制约，当达到一定投入以后，再增加投入，其新增加单位投入所得的报酬是呈递减趋势。农业活劳动最佳投入点较低。加上农产品价格偏低，促使最佳投入继续降低。这也是任何经营者共同遵守的客观经济准则，经营者降低单位产品的劳动力消耗，必然导致农业剩余劳动力加剧。

（六）城乡户籍制度、商品供应、票证制度，制约着劳动力的异地转移

从目前情况来看，农业劳动力进城只有几种特殊情况，一是农村青年学生考入大学、中专，毕业后分在城市工作，转为居民户；二是青年农民参军，其中一部分提升为军官，到期转到城市工作；三是一部分具有一定资历和贡献的干部、技术人员，军官的农村家属按规定调入城市工作；四是一部分体力型、污染性、服务性的行业被特招收农民工，因为这些行业城市居民宁愿待业亦不愿选择此种职业。另外，还有一部分临时户口，多数从事第三产业，即使把这些劳动力加起来亦很有限，亦只占已经转移出去的剩余劳动力的20%。

三、农业劳动力转移机制

从长期发展的历史来考察，农业劳动力转移是一个客观经济过程，有其运行机制，对这运行机制研究得透彻，就会能动地指导和调节农业劳动力转移。劳动力转移机制大体可概括为以下几个基本点：

（一）劳动力转移的根源是由于存在着二元经济结构

所谓二元经济结构，是指国民经济结构基本上有两种不同的经济部门所组成，一个是生产水平低下，报酬与消费低，以分散的自然村落为载体的落后农业部门；另一个是以现代化生产装备为手段，劳动生产率较高，报酬与消费水平较高，以城市为载体的工业部门。在二元经济结构中，落后的农业占主导地位，农业劳动力是全国劳动力的主体，这是国家贫困落后的根源，也是农业劳动力转移的根源。

（二）劳动力转移的目标是实现工业化

发展中国家要摆脱贫穷，必须实现工业化，也就是把以农业为主导的国民经济结构变为以工业为主导的国民经济结构，在产值结构转变的同时，必须把以农业劳动力为主体的劳动力结构转

变为以非农业劳动力为主体的劳动力结构，这是一切发展中国家国民经济结构转换的共同规律。哪个国家、地区早认识，早行动，就可早日脱贫致富，而我国认识滞后，行动迟缓，经济发展就慢，人均国民收入居下游。

（三）劳动力转移的动力是追求比较利益

对劳动者来说，在劳动仍为谋求生活手段的前提下，劳动者对职业的选择标准，主要是根据劳动收入的多少，劳动者的流动主要出于经济上考虑，哪个部门收入高，就到哪里去工作，这就是一条经济规律。鉴此，为了驾驶此规律服务于经济发展，必须在改变二元经济结构实现工业化的过程中，对工业发展实行倾斜政策，具体来说，就是采取工农产品交换价格剪刀差，使工业产品价格高于价值，农产品价格低于价值，工业生产利润率高于农业生产利润率，工业劳动报酬高于农业劳动报酬，使工业生产比较利益大于农业比较利益，只有这样，才能形成一个具有强大吸力的磁场，把经营者和劳动者吸引工业那边，加速工业发展速度，不断提高工业生产在国民经济中的比重，最终实现工业化。如果不向工业倾斜，那么工业化只是不会实现的“画饼”。显然，工农产品交换价格剪刀差的存在，使农民处于不利地位，需要作出更多的牺牲，对国家作出更多的奉献，这是工业化进程中不可避免的历史阵痛。当然，剪刀差的大小要以农民的承受能力为限度，在工业化初期；剪刀差比较大，工业化中期，剪刀差应逐渐减少。发展经济学家的劳动力无限供给下的经济发展理论就是以这条客观经济规律为柱石，他提出了工业部门工资高于农业部门工资，工业部门劳动力供给是无限的等等假设。我国乡镇企业发展过程中亦证明了这条客观规律的作用，广大农村干部和农民靠举办二、三产业促进农村繁荣富庶，归纳出“无农不稳，无工不富，无商不活，无科不兴”的顺口溜加以传颂。尽管有人批评乡镇企业“以小挤大”，“不正之风之源”，“不符合城市化方向”。但乡镇企业依然吹不倒、压不垮、势不可挡地向前发展，这是为什么，就是因为这条经济规律在起作用。

（四）劳动力转移的条件是实现农业现代化

在农业劳动力转移过程中能不能顺利转移，早日实现工业化，关键是实现农业现代化。农业劳动力向非农产业转移，是在工业劳动力市场的供给与需求的动态平衡下实现的，农业劳动力转移决定于农业方面的供给能力和工业方面的吸纳能力，这二方面又都决定于农业现代化。从工业对劳动力需求方面来分析，工业要发展，决定于市场对工业产品的需求和原材料的供给，这些都决定于农业现代化和农业生产的发展。只有实行农业现代化，重视农业的发展，才能提供更多的剩余农产品，保证工业战线对食品和原料的需要。当然工业所需要的农产品亦可以从国外进口，这也是有些工业化国家曾采取的方针，我国最近亦从国外进口部分农产品，这不失为一策，但不是根本万全之策。国外进口农产品常受国际政治斗争的干扰，故不能把希望完全寄托于此，应强调自力更生为主，争取进口为辅方针。另外农业发展后，农民收入增加，增加了对市场的需求，这点在农业人口众多的国家尤为显著。从农业对工业所需劳动力的供给来分析，只要实现农业现代化，用农业机械装备来替代劳动力，就能扩大劳动供给。从我国建国 40 年经验教训也证明了这点，哪年农业丰收，第二年的工业和其他服务业就发展得快；哪年农业歉收，第二年工业和其他产业就发展缓慢，甚至出现负增长。因此，当农业部门缺乏足够的资金和物资来替代劳动力时，必须确保农业战线足够劳动力，否则会影响农业生产，反过来制约工业的发展。1960 年的低谷和 1989 年的滑坡都使劳动力的转移产生回流，均是最佳例证。

（五）劳动力转移的阶段分为无限供给、有限供给和相互竞争三个阶段

第一阶段是劳动力无限供给的阶段。在这阶段中，农业部门内存在着大量的边际劳动产品率为零的劳动力，把这些劳动力转移出去，不去影响农业总产品量，反而可以提高农业劳动生产率，提高农业劳动者的收益，另外，工业劳动报酬远高于农业报酬，许多农民争先恐后地争取转移到工业部门去劳动，形成了工业部门劳动供给无限的状况，工业部门可以得到大量剩余的廉价劳动力，利润率可提高，所得的利润继续用于发展生产，又可吸纳更多的剩余劳动力。边际劳动生产率的增长与劳动力转移的速度大体相似。

只要农业部门尚存无限供给劳动力，工农业劳动报酬差异尚维持，边际劳动产品斜率不变，上述过程就会继续下去。

第二阶段是劳动力有限供给阶段。根据拉尼斯、费景汉、钱纳里等发展经济学家的观点，由于大量农业劳动力转移，农业劳动生产率提高，工农业劳动报酬均有提高，但收入减少，供给曲线上扬，资本与劳动替代系数降低，一定的资本所能替代的劳动越来越少，逐渐采用资金密集型，年产值增长率快于劳动力转移速度，劳动力需求曲线下垂。

本阶段容易出现二个问题：一是农业劳动力相对不足，农闲有剩余，农忙劳动力感到不足，需采取农业机械化解决农忙劳动力不足；二是出现农业生产萎缩，农产品供应紧张，主要通过控制劳动力转移规模，进口农产品，增加农业收入，提高农产品价格、缩小剪刀差等等措施。本阶段末，剩余劳动力已基本吸收完。

第三阶段是工农竞争使用劳动力。农业剩余劳动力基本被吸收完，工农业劳动报酬水平基本一致，工农业不均衡增长变为协调增长，对劳动力资源的吸收，完全处于平等竞争的地位。

（六）劳动力转移途径主要通过以城镇为载体就地发展乡镇企业，实现城市化

农村劳动力转移主要以小城镇为载体，就地发展乡镇企业，其理由：

第一，有利于解决众多的农业剩余劳动力与目前大中小城市劳动力吸纳量有限的矛盾，农业的剩余劳动力都拥向现有的大中小城市，实际上已把农村就业问题转嫁给城市。加重城市就业负担。至少在目前来讲，已超过城市的承载能力，只得流落街头，把隐蔽性失业变为显性失业使本来已经感到的交通、住宅的拥挤，变得更为混乱，1989年初的盲流，就是明显的例证。从我们这几年农业剩余劳动力转移的现实也证明了这点，据1987年全国11个省222个村的调查资料，在异地转移的26 993人中，农村间流动的占48.5%，农村集镇的占5.3%，县城及建制镇的占12.1%，中小城市的占29.4%，大城市的占3.8%，出国的占0.6%。从这些资料说明，农村劳动力转移有离乡不离土、离土不离乡、离乡又离土三种，其中离乡又离土向城市转移的只占三分之一，三分之二还是转向农村、农村小集镇，建制镇，本县制城镇就是离土不离乡或离乡不离土。

第二，有利于实现农业现代化。目前由于工农产品交换价格剪刀差的存在，农产品价格低于价值，生产农产品的农民所得收入勉强维持温饱，很难挤出消费基金购置农业现代化装备，农民只有通过举办第二、第三产业获得的利润建设农业，就是“以工建农”。农业现代化的实现，提高农业劳动生产率，增加剩余产品，以便有更多的农产品、劳力来支援工业的迅速发展。

第三，在当前手工畜力劳动为主的情况下，就地转移举办非农产业有利于实行早、中、晚农业，农忙务农，农闲务工，更好地缓和农业由生产季节引起的劳动力利用季节性的矛盾，使工农业比翼双飞。

第四，有利于改善生产力布局，加速实现国家工业化。在工业中有些适合集中，有些适合分散，例如一些食品工业、建材工业适合靠近原料产地。甜菜、甘蔗榨糖厂应放在原料中心，原料运输量可减少，而且副产品可就地充分利用，又如就地安排水泥、石灰；水泥预制品等生产，可以节省很多运输费用，又可吸纳当地农闲劳动力。

我们国家工业化一方面依靠城市大中型企业，但也离不开广大农村集镇举办的中小企业，如果把全国现有的小集镇都建成工厂集中的工业小区，第二、第三产业的产值超过75%，实现了农村工业化，那么全国工业化就有了坚实的基础。目前乡镇工业产值已占全国工业产值的25%，由此可见国家工业化离不开乡镇企业发展，任何轻视、贬低乡镇企业的思想言行都是片面的、有害的。有人用工业化必须走城市化的观点来判定乡镇企业发展违背国际工业化的发展规律，我们认为，一些老牌资本主义国家实现工业化的过程亦通过发展农村工业的阶段，至于有些新发展的发达国家直接走城市化道路。亦是离不开国际分工这个背景。我们认为中国工业化实行发展城市工业与发展乡村工业两条腿走路完全符合我国具体国情的，邓小平同志把乡镇企业的发展看作是异军突起，承认乡镇企业是中国工业化的一支不可忽视的力量。

事实上，提出以城镇为载体发展乡镇企业作为农业剩余劳动力转移的主要途径，首先并不排除向现有的大中小城市转移，能向城市转移劳动力，从主观愿望上来说，是多多益善，但客观上又受到很多限制；第二，发展乡镇企业同城市化方向并不相悖，相反有利城市化的加速实现，在农村出现更多的工业化的小集镇，这是城市化的基础。另外，今天许多城市的前身就是小集镇。由小集镇变为大集镇，再由大集镇变为小城市。

四、调节劳动力供求，促进农业劳动力转移

在农业劳动力转移过程中，究竟应该采取哪些对策，这也是值得研究的问题，我们认为应重点采取以下对策。

（一）适度开放劳动力市场，强化就业竞争

究竟劳动力是不是商品？我们认为要把劳动力和劳动者分开，劳动力可以看作为商品，劳动者在承包责任制后，有权处理自己的劳动力（体力和智力），可以把自己的劳动力出卖给需要劳动力的经济实体，劳动者是卖方，需要劳动力的经济实体是买方，劳动者是否愿意把自己的劳动力出卖，决定于经济上是否有利，能得到多少报酬。同样，经济实体是否吸收劳动力，亦决定于能否给本企业带来经济利益。劳动者进企业后，在政治上与雇主是平等关系，在生产中是合作共事的伙伴关系。在集体所有制和全民所有制中，干部和工人同是生产资料的主人，只是劳动的分工不同。

另外，我们认为目前农村有劳动力市场的初级形式，劳动力的买卖，往往通过有组织的进行，有的只在买卖时协商，只不过没有固定的场所与中介人；有的地区由劳动局牵头，开办劳动服务公司、劳动开发服务所；有的企业公开登报招收工人。今后亦可以适当的定时定点开放劳动市场，由劳动局管理，由买卖双方面议，签订合同，强化就业竞争，企业可择优录用，这样可以以供求为导向，使生产要素与劳动力优化组合，做到优势互补，促进生产力发展。1986 年成都市举办的劳务市场开放大会，有 13.8 万人登记寻找职业，其中有 13.5 万人是农民，在成交的 4 386人中，有 4 117 人是农业剩余劳力。

（二）允许输入输出交叉流动，淡化劳动社区界限

所谓劳动社区界限，就是一种封闭性的劳动市场，其特征是各地规定本地乡镇企业只能聘用当地劳动力，若雇用外地劳动力就要交一定费用，当然实行劳动社区界限，可以有利于早日解决本地剩余劳动力，但缺点很大，一方面限制了不发达地区劳动力输出，由于发达地区剩余劳动力小，供给有限，工资弹性小，劳动力转移速度小于工资增长率，从而丧失了廉价劳动力的优势，不得不出高价雇佣劳动力从而使得本企业工资增加、成本提高，利润降低；另外，由于本地劳动力紧张，再加上农业劳动机会成本高，容易出现粗放经营，土地撂荒，迫使农业产量下降。

为此，必须打破地区封锁，允许劳动力在地区间交叉流动，本地的劳动力可以到外地求职，外地的劳动力可以到本地求职，一般的说，城郊发达地区的农业劳动力到市区从事二、三产业工作，农业无劳力可以招收不发达地区的青壮劳力，他们吃苦耐劳，工资要求不高，发达地区的农活和其他二、三产业工作由他们担任。同样不发达地区，由于本地劳动力素质差，有些技术活只好聘用发达地区的技术工匠来承担，这样的劳动力对流，对生产显然是有利的。

适当淡化劳动力社区界限的关键是政策，招工制度、户籍制度、粮食和副食品供应制度、住房分配、医疗、教育等一系列政策都要适合于劳动力自由转移，适当提高自由度，减少不必要的关卡。

（三）实行以劳动密集型为主，资金密集型为辅的政策，充分利用劳动力无限供给条件

在资金缺乏，劳动力供给无限的不发达地区，开始发展乡镇企业时，因资金缺乏，劳动力充裕，适宜采用劳动密集型，有机构成低，资本劳力结合系数高，可以使乡镇企业获得较多的利润，提高资金利润率，缓冲资金不足的矛盾，另外对全社会来讲，可以吸收更多的剩余劳动力，使农业战线劳动生产率迅速上升。在资金充裕，劳动力供给有限的地区，乡镇企业发展有了一定的基础，可以采用资金密集型企业，因为本地劳动力剩余不多，加上劳动力市场社区特性，劳动力需求大于劳动力供给，工业提高，采用资金密集型，用资本替代劳动力可以获得较多的工资。

因为全国不发达地区较大，发达地区较少，因此，全国乡镇企业技术结构的政策应以劳动密集型为主，资金密集型为辅的政策，这样可以使各地区根据自己的具体情况选择适宜的技术层次。

（四）采用提高积累、压缩消费、低工资、多就业的政策，扩大劳动力的需求

资金是企业生产发展的重要因素，资金多，在同样技术结构的前提下，吸纳更多的劳动力。问题是如何得到用于扩大再生产的资金，其中比较重要的途径是增加积累，压缩消费。积累和消费在收益分配中是此长彼消的两个变量，消费少了，积累就多，投资就多，生产规模扩大，就业人数增加，积累对剩余劳动力转移起了加速器的作用。反之，消费多了，积累就少，影响生产规模的扩大，阻碍农业剩余劳动力的转移。目前我国出现了劳动力无限供给阶段其工资水平增长过快的反常现象，使工资弹性过早下降。其原因是多方面的，从社会舆论导向来看，片面宣传高消费、高工资，勤俭建国的教育不够，出现了工资攀比，乡镇企业的工资水平自然水涨船高；另外由于劳动市场社区特性，发达地区劳动力求大于供，农业劳动机会成本高，被迫提高工资，使东部地区乡镇企业工资水平过快地高于西部地区工资水平，详见表1。

表 1

年份	西部人均工资	东部人均工资	东部为西部的%
1983	550	587	107
1984	606	645	106
1985	665	783	118
1986	706	871	123
1987	746	1 010	135
1988	876	1 240	142

许多东部地区乡镇由于劳动工资上涨经济效益相应下降，另外由于消费过高，积累太少，不少企业生产靠银行贷款维持，每年支付利息较多，经济效益也相应下降，如果借不到贷款只好停产。再者工资过高，有些企业被迫采用资金密集型政策，用资本代替劳动，同样阻碍劳动力的转移。

（五）实行合同制，软化就业刚性

在全民所有制的劳动制度中，工人进厂后，就等于进入终身“保险柜”，中途不能辞退，退休后发给退休金，即所谓铁饭碗。但乡镇企业情况不同，乡镇企业受市场调节，经营风险大，经济实力小，很难做到就业刚性，而只好采用合同制。签订劳动合同，在合同期内可在本企业劳动，合同期满后，如企业继续需要，劳动者又愿意留下劳动，可继续签订新合同，如工厂不需要，或即使工厂需要劳动力，但本人表现不好，工厂需另找别的劳动者，或者显然工厂愿意招收该劳动者，但该劳动者不愿留下劳动，均可不再签订新合同。群众称这种办法为混饭碗。执行的结果，有利于调动职工的劳动积极性。使职工在合同期内好好劳动，争取能续订劳动合同，继续留在厂内劳动，这种劳动制度提高了企业活力。

当然对工厂贡献大的干部和技术工人，可以根据他们的工龄长短，贡献大小，给予一定的劳动保险，或延长合同期，这对稳定企业骨干安心办好企业是有帮助的。

（六）实行以兼业化为主，专业化为辅的方针，兼顾农业、工业的发展

目前乡镇企业特别是村办企业普遍推行兼业化。所谓兼业化，就是农忙务农，农闲务工（简称季节性企业），八小时以内进厂作工，八小时以外回家务农（简称早中晚农业）。这种现象的普遍存在绝非偶然，它和农业生产季节性的特点密切相关，和劳动力剩余的季节性相关，农忙时、农活多，劳动力缺乏，一般的工厂可以停产一段时间，职工回家完成农忙任务，（当然有些不能停产的企业可以例外），这样可以解决农忙缺乏劳动力的问题，农闲时，农业剩余劳动力多，可以进厂作工，充分利用农闲劳动力。这种兼业性特点，进厂工人没有放弃承包土地，这在当前乡镇企业工资低的情况下起到了补充作用，另外在乡镇企业经营风险的条件下，起到劳动保险作用，乡镇企业有生产任务，可在企业劳动，乡镇企业倒闭，可以回家种地。

当然，兼业化亦有一定局限，就是容易出现迟到早退，劳动纪律松弛，另外兼业化对农业亦有影响，有的户青壮劳力到乡镇企业劳动，没有时间去完成承包土地的农活，当收入提高后，劳动者只要能有一定的粮食吃饱肚子就行，采取粗放经营，土地生产率下降，影响农业生产发展，这就要采取对经营不好的劳动者强令收回承包田，转包给未参加乡镇企业工作的种田能手，实行规模经营。

有些收入比较稳定的中型乡办企业，职工家庭离企业比较远，采取食宿在企业，这样可保证

平时精力充沛的从事工厂生产，他们不再承包土地，不再兼业。总之，要在兼顾农业和工业齐发展的指导思想下，根据各地的生产、收入水平高低、企业经营风险大小、工资高低加以确定，不能一刀切，由各个企业根据实际情况与工人协商确定。

（七）实行多层次就业，拓宽就业渠道

在社会主义初级阶段，生产力低，在以公有制为主体的前提下，多种经济成分同时并存，相应的实行多层次就业，除了国营企业、乡办企业、村办企业招收一部分劳动力外，个体企业、私人企业亦可招收一部分劳动力，各农户的劳动力亦可以自找职业，这样就拓宽了就业渠道，改变了过去单纯依靠公有制企业安排劳动力，有利于充分利用农业剩余劳动力。

（八）优先选择适合农村发展的优势产业，充分利用农村的劳动力、自然资源等优势

农村在办工业方面具有廉价劳动力的优势可以优先发展劳动密集型企业，如建筑业、建材业；另外农村有丰富的原材料，可以办采掘业、农产品加工业、建材业；再次有的行业在农村市场庞大，需求量大，如饲料工业、农机具制造修理业、建筑材料工业等应优先发展。

当然，尽可能优先发展能发挥农村优势的产业，这并不排斥发展其他行业，只要有市场供应、销售条件，能办什么企业就办什么企业，这样可以扩大就业门路，繁荣农村经济。

关于农村股份合作制的几个理论问题*

王 立 诚

一、什么是农村股份合作制

我以为农村股份合作制是农村在社会主义商品经济条件下所发展的一种新型的农村公有制实现形式或财产组织形式。在我国的农村，已有山东、安徽、上海、浙江、福建、广东等不少省、市进行了实验，大体有以下几类形式：

1. 把股份制引入私营的或个体的经济，使之成为股份合作经济；

2. 在较多的农村地区，则是把股份制引入集体所有制经济使之成为股份合作经济。据一些地区的实验，这一类中大致有以下不同做法：①分股到人；②售股集资；③扩股集资等；许多争论也集中于这一类形式中。

3. 在新建农村企业中，一开始就实行股份制，这一方面争论不大。

二、中国农村公有制应有多种实现形式

集体所有制经济和股份合作经济都是农村公有制的实现形式，其存在不是取决于某一概念，而是取决于农村生产力发展的需要。实验证明，在现阶段农村实行股份合作制对于发展生产力有着更大的作用。

当前的农村集体经济权属关系不明，实际是乡村行政管理的经济。应看到，行政的支持也是一种优越性，干部素质好，领导得法，也可以有很大发展，实际上，我国农村在几十年来依靠集体所有制经济已经有了巨大的发展。但这究竟不是个完善的社会经济制度，其中民主监督，民主管理很差；更形不成专门化的企业管理；风险机制不健全，难以适应正在发展的社会主义商品经济和竞争性的市场要求；活力不足，需要改革，根本在于改变政企不分，建立集体和农民的利益共享和风险共担的机制。

应承认，农村公有制的实现形式不应限制在某一特定形式，不应把它凝固化或者单一化，不要简单化地对待它，例如匆忙划分的“高”、“低”发展阶段，而是要看它的经济本质，对于发展农村生产力有何作用？正如马克思所说：社会化所有制的实现“要通过经济的道路”，而在我国农村，数十年来把集体所有制经济的发展作为合作化的“高级阶段”作为农村公有制唯一的实现形式，追求“纯而又纯”，排斥任何资本的因素，不允许存在任何生产资料分红，扭曲了生产力诸要素中的某些要素的应有的流动与组合，其结果只能使集体经济更加衰弱，因而，更加脱离

* 摘自王立诚，查振祥主编：《中国农村股份合作制》，北京农业大学出版社，1992年12月。

农民。

尤其值得注意的是，近些年来把集体经济和合作经济两个不同的概念混淆了起来，使得人们认识上发生混乱，应认识，在我国，集体经济在历史上是源自合作经济的，但是至今为止，集体经济已不完全具有合作经济的应有特性。合作，从来就是有股份的，自愿的、民主的和互利的，而集体经济的性质是“大集体小全民”，正如有的专家所论：农村集体经济是村、乡、县、省到中央分级管理的全民所有制经济，是一种从属于全民所有制的乡、村行政管理的经济。而股份合作经济才是典型意义上的合作经济。

三、“股份制是从属于私有制的，是资本的联合”

这个传统的划分，都只是说明了在资本主义制度下股份制和合作制的特性，但是无论股份制或是合作制，都只是一种既可为资本主义所用又可为社会主义所用的财产组织形式。那么，在社会主义制度下又当怎样认识它们的特性和功能呢？那就需要结合我们社会主义的国情去创造性地研究它。

股份制确实有利于资本的集聚，难道社会主义不需要资本的集聚吗？在理论上可以把社会主义和资本对立起来吗？所谓“公有制条件下，资本已丧失意义”的观点符合现实吗？我认为有的同志所提：“只有把资金作为资本、计价、有偿、增值才能适应商品经济发展的需要”这一论点十分重要。

四、是不是从公有制倒退到生产资料私有制

有的同志认为农村股份合作就是从集体所有制“倒退”到个人私有制，我以为二者都是公有制的不同实现形式，从理论上看不存在“倒退”的问题，试分析如下：

1. 如上所述作为社会化公有制的财产的组织形式，可以根据生产力发展的需要，由农民自愿选择，不一定限制在我们所谓的“高级”阶段，否则，我们又当怎样理解农民家庭联产承包制？

2. 马克思本人在研究资本主义生产力的发展过程中，早就对资本主义制度的股份制作了论断，他甚至说到股份资本是导向共产主义的“最完善的形式”（见《马恩全集》28卷，P.299）。他还说：“这是作为私人财产的资本在资本主义生产方式本身范围内的扬弃。”（《马恩全集》25卷，P.493）他指出，资本在这里直接取得了社会资本的形式而与私人资本相对立。所谓“扬弃”，简单地说，即是在资本主义制度中，股份制一方面保存了私有制，另一方面又否定和终结了私有制，新建立起来的社会性直接占有生产资料的财产形式是私有制的“对立面”。

所以，有的同志说股份制是“直接的社会占有的经济形式”是有马克思主义理论根据的。事实上，即使在资本主义制度中，私有财产在股份制中，财产的原始所有权已转化为单纯价值形式的所有权，而财产的占有，使用等权利（统称为控制权）已归属于股份公司，不受私人直接支配了。因此，可否大胆地判断，在社会主义制度下，农村股份合作也是一种社会化所有制，其中的私人所有权同样也只是一种单纯价值形式的所有权，是受限制的私有权，是受公有制节制的私有权。怎么说它是“倒退”呢？

正如马克思所说：“在股份公司内，职能已同资本所有权相分离”，“因而劳动也已经完全同生产资料的所有权和剩余劳动的所有权相分离”，……“是资本再转为生产者所必需的过渡点”，

“不过这种财产不再是各个互相分离的生产者的私有财产，而是联合起来的生产者的财产，即直接的社会财产。”（《马恩全集》25 卷，494 页）。

五、比较合乎实际的选择

今日中国大部分地区的农村集体经济非常薄弱，主要已不是防止“倒退”的问题，而是如何“恢复”，或者“重建”的问题，在这方面股份制是个比较合乎实际的选择，为吸引农民的积极性，必须重建一种集体和农民的利益共享风险共担的机制。

六、借鉴产权分析理论

任何的公有制实现形式或财产组织形式都取决于它的经济效果。这就要借鉴产权理论，首先界定产权。

我理解所谓效果，在一个企业，就基本性质来说，就是“利润最大化和成本最小化”或“效用最大化和成本最小化”。

行政管理的经济常常忽视成本和利润这两个经济分析的基本因素，因而也不能有效地运用这两个因素指导它们的经营和财产组织形式及经济制度的建构。

它们常常是不计成本，忽视利润地追求完成上级计划指令，这是造成集体所有制经济凋敝的根本原因。

现代西方的产权经济理论正是回答了这个问题，其实马克思在他的著作中早就进行了科学的产权分析，而现代产权经济学为改革和建构更具有生命力的农村社会经济制度和财产组织形式提供了具有说服力的专门的理论。

现代产权经济所阐明的，以所有权和控制权相分离为特点的产权分析理论模式同样适用于我国农村，不仅仅适用于农民家庭联产承包责任制，亦适用于农村股份合作制，或其他经济制度模式的研究。

产权经济学是西方资本主义制度下六十年代产生的一种经济学理论，在我国传播尚不广泛，(我所知也十分皮毛)。在这个理论中，他们提出把财产的所有权划分为两个部分，即所有权和控制权，其中控制权又可以具体区分为占有、使用、排他、处置、转让等权利，各可以计算一定成本，任何一个财产所有者投入经营都要算一下账，即计算各项成本。

但是，在我们社会情况下传统的看法是现有的经济关系完全适合于生产力发展水平，以至于忽视了即使在公有制条件下仍然存在产权成本的事实，因之我们往往假定这些成本等于 0。不加计算，因此，提高经济效益的首要前提是，必须界定产权，进而建构产权配置制度，而不同的产权配置制度必将导致不同的奖罚结构。

在产权界定的基础上，就应在投入经营以前计算这些成本，作出较好的选择，力求得到可能的最大效益（最大利润或最大效用），而如果产权界定不恰当，或不允许资本等要素的横向转移，就必导致资源的浪费，提高成本，降低利润或效用。

这就需要设计好一种力求减少产权成本的产权配置的制度，这种制度也就是一种社会经济组织制度。

股份制——股份公司就是这样的一种制度，它们用股份的方式实现股东的所有权，但这个所有权是受限制的，财产的控制权实际已集中到公司的董事会，持股者个人已失去对原有财产的实

物形式的所有权，手中只有价值形式的所有权，一般不能退股，如果他认为不合算的话，可以用最方便的方法收回所有权的价值，那就是出卖股票，收回现金，再用于别的投资或消费。

这种产权的组合的配置模式，可以是多种多样的，用以适应于各种不同的条件，在我国就应按社会主义的国情加以设计和选择，应允许多样化的实验。

农民家庭联产承包责任制就是一种范例，大家都知道它实现了所有权（集体）和控制权（农户）的产权分离。

农村股份合作制也是这样的一种实验，它的所有权在个人，控制权在集体，但模式不同，如广东省，各地区就很不相同，林区，水产，工业各不一样。还要仔细加以研究。

七、农村股份合作制经济和集体所有制经济的比较

股份合作制经济和集体所有制经济比较，有如下特点：

1. 有利于改变政府或行政上直接管理企业的不合理状况，逐步实行政企分开。

2. 有利于迅速地大量地聚集各方面包括民间的资金，对企业实行技术改造，或扩大生产规模，以提高生产力水平。

3. 有利于实现稀缺资源的合理流动与配置，有利于发展规模经济。

4. 有利于建立集体组织和农民的利益共享和风险共担机制，调动农民爱护和管理公有企业的积极性。

5. 有利于进一步提高农民的生活水平。

6. 有利于实现企业的专门化管理。

7. 更重要的是比较适合外部社会主义商品经济竞争性市场的变化，有利于企业避免大的风险。

当然，我国农村实行股份合作制还有许多可以商讨以致改进的具体政策问题和运作上的问题，不能一一评价，这就需要各级领导，干部和群众加以研究、实验，创造和改进，还应做长期的大量工作加以总结。还应看到，现有的各地农村股份合作的实验，都不能说是很完善的，各有优点，也各有不足，不能照搬。国家也还未形成一套法律的规范，我们在工作和研究中应注意学习和参考农业部 1990 年 2 月 12 日第 14 号部长令《农民股份合作企业的暂行规定》，这是现有的唯一的直接有关的国家法规。

论农业的高产优质高效及其持续稳定协调发展战略*

张仲威

一、高产优质高效与持续稳定协调发展农业的战略具有现实与长远意义

在新中国成立40多年的农业实践基础上，国家于近期先后提出持续稳定协调发展与高产优质高效的战略方针，不仅具有政治经济意义，还具有现实的长远的意义。“实践是检验真理的唯一标准”。为说明问题，让我们简单地回忆一下过去40多年在农业上所提出的诸如“跨黄河”、“过长江”、“以粮为纲”、“一人一猪”，“文化大革命”更加强调“要算政治账，不算经济账”，到80年代还提出“高产出高投入”、“吨粮田”等一系列的口号。1987年以前，在提出这些口号时，其对与错，正确与谬误，除人们思想顾虑之外，缺乏实践的检验，故未敢加以过多评论。40多年过去了，一次又一次的实践，一年复一年的验证，这些口号是不完善的，甚至是错误的。之所以是错误的，因为首先违背了客观规律，脱离了中国及其农村、农业、农民的实际，致使想要发展的农业没有迅速发展起来，想要繁荣的农村经济，没有繁荣起来，想要富裕的农民没有真正富裕起来。其次，这些口号除违背规律，脱离实际，超越时空外，都是单一地追求高产，都是高产型的口号，与优质、高效相背离，与产前、产后相脱节。第三，在推行这些口号时，采取的方式方法是指令性的、强迫性的，是自上而下一级压一级下达贯彻的，不是指导性的、志愿的，不是自下而上逐级报上来的真实数字与发展指标。故人民公社时期普遍暴露出高产穷社、高产穷队、低产穷社、低产穷队，农村吃补贴者多，农民吃救济粮者众，粮食进口有增无减。自1978年党的三中全会之后，家庭联产承包制的推行，改革开放政策在全国范围之内坚决贯彻以及其他措施（价格、补贴等）有效推行，创下了我国以占世界7%（有些资料是9%）的耕地，养活了占世界22%的人口的奇迹。同时农民的人均收入逐年增长，全国大多数农民由温饱型向小康型过渡，农村由封闭型逐渐转变为开放型，农业解脱了计划经济下所提出的高产型口号的束缚，由自给半自给型向商品型发展。从过去的实践可预测到高产、优质、高效与持续、稳定、协调发展的战略方针，对农业所产生的经济效益、社会效益、生态效益将会更加巨大，因为它既符合中国的实际，农村、农业、农民的需要，又符合我国未来发展，社会主义市场经济的需要；它既总结了我国过去40年来的农业生产实践的经验教训，又指出了我国今后，特别在“复关”以后农业向何处发展和怎样发展的方向。所以它具有明显的历史的、现实的与长远的意义。

---

* 发表于1993年。

二、高优质高效与持续稳定协调发展的唯物辩证关系

当前国家指出的高产优质高效与持续稳定协调发展的战略方针，全国理论界有些论述与争议。如高产能不能优质，优质能不能高效，高效又能不能高产等问题，谁是谁非，孰正确，孰偏颇，自有公论，自有实践检验。本文不宜过多评述。但个人试以唯物辩证的观点，谈谈自己的看法，以共同研商。

我所以要运用唯物辩证观点，在于强调这个问题首先应从中国的实际出发，从中国的农村、农业、农民的实际出发，而不应从外国的、城市的、拿工资人员的实际出发。我之所以又运用辩证观点，在于强调高产、优质、高效之间是相互联系的；持续、稳定、协调发展之间是相互联系的以及高产、优质、高效与持续、稳定、协调发展之间也是相互联系的一个矛盾统一的整体，不能使之彼此对立，不可调和，视之彼此孤立，互不联系。

高产、优质、高效问题。在温饱问题没有或正在解决的地区如我国的西南、西北及其他少数民族、边疆、贫困地区，或特殊环境下如战争、灾荒、封锁的情况下，高产问题同优质与高效来说，已成为矛盾的主要方面。但在我国温饱问题基本解决，实行社会主义市场经济现阶段，优质、高效问题已成为矛盾的主要方面。当今世界发达国家已变成为现实。过去较长时间我国只追求数量，不顾质量，只追求增产，不计成本，不讲增值等的现象，当前，全国大多数地方正急剧改变，少数地方，仍沿着旧轨高投入低产出。他们（不是农民）唯一的理由是我国人多地少，不高投入，高产出行吗？这只是问题的一个方面，他们忽略了高效益、优质化问题，当然也忽略了高投入、扩大再生产的源泉从何而来，忽略了社会主义市场经济的需求以及作为农业生产者经营者的实际，他们仍然以“以产定销”的计划经济来指导生产活动，而不是“以销定产”即按市场经济需求来从事生产与经销活动，所以在这些地方重演着“高产穷队”、“买粮难”的悲剧。

什么是高产，怎样才算达到了高产，也是当前争议的问题，可能也是问题的焦点。这个问题的认识一致了，优质问题、高效问题与高产之间的矛盾问题就基本上可以解决了。究竟什么是高产？不言而喻，它是与低产、中产对立而言的。它是随时空的不同而不同，时空的变化而变化。它不是静态的、绝对的，而是动态的，相对的。怎样才算高产？按什么指标体系来确定衡量？也是随时空的不同，衡量的指标体系各异。就不同的时间而言，某一块地过去生产一百斤或数百斤就算高产了，而随时间的推移，科技日新月异的发展，现在这一块地生产一千斤或二千斤，虽比过去增产十倍、二十倍，也不是绝后的产量。不同的空间，其高产也是各异的。在我国东部地区一般以一亩八百斤以上算高产田，而在西部地区一般一亩产五六百斤就算不少了。同是一个空间，不同的地块，如某省、区、县、乡、村的不同地块，一般存在上、中、下三等土地肥力的差异，上等地产八百斤不算多，下等地产三四百斤也不算少，生产四百斤就算高产了。不同的国家要求也不相同。如德国他们追求的不是高产，而是优质化、效益化。所以我们千万不要再以一个模式千篇一律地推行“高产田”、“吨粮田”。高产如何衡量？那就是从实际情况出发，市场的需求，农民的意愿，社会可以提供的生产能力以及自然中可以利用的能量来综合衡量，简而言之要以经济效益包括边际效益、边际产值、边际收入、等边际效益和总的纯收入等来衡量，与此同时，还要以社会效益（产品的数量、质量对社会需足的程度、产品的蛋白质、脂肪及其他成分的耕成以及农业劳动力利用与转出率等）和生态效益（生物能量的利用率、“三废”的净化处理率、污染、残留的状况和对自然资源的开发、利用、保护状况等）诸方面综合衡量某一农产品是否高产，除此之外还要看是否长期性、持续性高产，仅仅一年或一次性的高产，不是我们所期望的高产。相反，极大可能导致高产穷队，地力的破坏，生态的失衡和社会的动荡。

持续、稳定、协调之间也存在着联系与制约的关系。即为要持续必须稳定，为要稳定又必须协调，当然要持续也必须协调。用地必须养地，合理利用土地资源，必须有效地保护土地资源。整个农业部门也是如此。只有这样才能持续发展，土地才有后劲，农业才有后劲，以掠夺式地对待土地与农业，土地肥力必然枯竭、农业也必将衰退。当今世界持续（持久）农业（Sustainable Agriculture）已成为一个重要的发展趋势。农业受其自然特点的制约极大，一年不稳定影响来年，影响国民经济的波动。农业又是一个自然再生产与经济再生产相互交织的综合体，农业内部农林牧副渔与农村工业、农村商业、农村交通运输业、农村服务行业之间有着密切的联系，故农业的发展都要求各部门各方面的协调、支持与配合，一个方面不协调，如化肥、农药或电力方面不与农业相协调，即不及时、齐备供应，势必影响农业的全局。过去我们在农业上折腾，又波及到国民经济上折腾，或国民经济上折腾，波及到农业上折腾，其主要原因就是各部门彼此间不协调，不配合。大面积"吨粮田"为什么当前不宜推行，不是"吨粮田"本身，而是当前我国各部门与农业配合协调的条件不具备。这一浅显的道理，迄今有的干部仍不认识。

高产、优质、高效与持续、稳定、协调两大战略方针，我之所以视之为一个发展农业的战略方针整体，则是因为两者依然存在着相互联系与制约的关系。可以说两者谁也离不开谁而独立存在。高产、优质、高效是持续、稳定、协调发展的目的，持续、稳定、协调发展是高效、优质、高效发展的手段。目的离开手段当然达不到，而手段离开目的是无用的、盲目的。前述，我国的农业在当今世界商品竞争、市场争夺强敌如林的情况，不高产、优质、高效地发展是无法参与竞争并在竞争中取得胜利的，为达到高产、优质、高效，就必须持续、稳定、协调地发展我国的农业。如何打入国际市场，没有国际市场所需要的农产品的质，没有国际市场所需要一年四季均衡供应的量，是不可能的。同时没有你生产某一产品的个别劳动时间低于国际社会的必要劳动时间，也不可能在国际市场激烈地竞争之中长期立于不败之地。所以为要达到高产、优质、高效的目的，就必须采取持续、稳定、协调的手段，来发展我国的农业，我之所以认为国家先后提出的这两个战略方针是一个矛盾统一的整体的道理也就在这里。

三、不仅提出发展农业的战略还要采取切实有效的措施

如何高产、优质、高效？又如何持续、稳定、协调？是靠外力？还是靠内力？是主要靠外力？还是主要靠内力？我认为主要靠内力，辅之外力，即主要靠农业内部的力量，农业所蕴藏着的巨大潜力，主要靠农业的自力更生。同时，还要以外力，包括国外的资助、贷款、国民经济各部门的支援以及国家救济与补贴等。从我国 40 年实践的经验来看，主要靠外力是靠不住的，农业依然如此。在当前国家提出发展农业正确战略方针的同时，我拟提出以下战略措施，作为主要依靠农业内部力量发展农业。

第一，充分运用"三划一同"的工具，发挥对农业宏观调控的作用。所谓"三划一同"，就是农业区划、农业规划、农业计划、农业合同。"三划一同"所以能充分发挥其农业宏观调控作用，在于：① 与计划经济制度下指令性不同，它是指导性的；②与治标的办法不同，它是治本的。它是从农业的全局上、从农业的各个部门、各个方面统筹考虑，综合发展的角度进行布局与安排；③它不是或者主要不是依赖国家救济、补贴或依靠外来的其他力量，而主要是依靠农业内部的力量，用之挖掘内在的潜力来发展自己的工具；④它是以社会主义市场经济为基础来发挥其对农业指导，对农村市场的宏观控制；⑤与急于求成短期行为不同，它是根据农业的特点，长期

地、一环扣一环地、一步接一步地来指导农业发展的，所以现阶段，它是与社会主义市场经济发展相适应的工具，而又是符合中国与农村、农业、农民具体条件的手段。因为，市场经济的存在与发展，决定价值规律存在与起作用，决定生产者、经营者之间的竞争不可避免，农民既是生产者劳动者又是管理者经营者，为使其在商品竞争中取得优势，必须使其个别劳动时间低于社会必要劳动时间，为达到此目的，就必须保持其资源、技术（人才）与经济管理的优势，为保持这三大优势，只有用“三划一同”来指导。通过农业区划可以因地制宜、分类指导农业生产，可以合理开发利用保护自然与经济资源，有效地保持资源的优势；通过农业规划，能不断地分期分批实现农业区划所提出的轮廓指标，不断地有计划地长期地培养农业技术管理人才，以保持人才技术的优势；计划与合同是实现农业区划、农业规划指标和保持三大优势的具体形式。

随着商品经济、市场经济的发展，农民、农业企业越来越清楚地认识到只有，也只有宏观调控与信息指导，签订各项经济合同，才能比较好地销售自己生产的商品农产品，换回自己需要的使用价值——生产资料与生活资料，以解决买难卖难问题和提高其生产与生活水平，与此同时，也越来越清楚地认识到自己家底极为薄弱，经不起市场竞争的风险，十分渴望国家以“三划一同”为工具，按平等互惠的原则，运用经济杠杆，按质按量按时从他们生产者手中收购所需要的各种农产品，并大范围地把2亿农户及数以万计的农业企业的经济活动自愿地而不是强迫命令地有效地而不是消极地纳入国家计划之中。总的来说，“三划一同”的作用在于：为对农业综合体各部门各方面自觉地，依照社会主义市场经济的需要有效地布局与指导，调配与控制，而不致使经济系统、生态系统、社会系统任何一方面平衡的破坏；为对国家、集体、个体三者的利益正确处理，而不致使三者利益中任何一个方面受到损害；为对以市场为基础，计划为指导，宏观计划控制，微观市场调节的作用正确处理与发挥，而不致使任何一个方面位置颠倒，作用消退提供手段的保证基础。

“三划一同”所以具有以上的作用，就在于它们四位一体，形成一个科学的体系，即它们具有相似性、差异性、联系性、制约性与序列性，这就是说，它们都是具有以现在来推断未来的相似性质，又都具有科学性、实践性与政策性。但具有差异性，农业区划是农业生产的空间战略部署，农业规划是农业生产的时间战略安排，农业生产空间战略安排分期分批地具体化，农业生产的时间战略安排，必须依据农业生产的空间战略部署来制订，否则农业区划没有农业规划来使之具体化，来在实践中检验，必成为劳民伤财，束之高阁的一具空文；同样，农业规划没有农业区划作方向，农业规划便失去了科学性、实践性，变成脱离实际、脱离群众，“假大空”折腾农民的工具。同理，农业计划与农业规划，农业合同与农业计划的关系也是密切的，不能相互脱离．农业合同是国家宏观调控的有力的经济手段，是国家计划的具体化，数以万计的农业合同这一非指令性的经济手段落实与履行之日，便是国家经济计划落实之时，所以“三划一同”这一科学体系应作为我国社会主义市场经济在农业领域的重要手段，作为社会主义市场主体的生产者、经营者的农民不可缺少的发家致富的工具。“三划一同”应是有序的，即按照农业区划——农业规划——农业计划——农业合同一环扣一环地制订或签订，它们四位一体犹如四级火箭，依次排列，相互对接，各就各位，各发挥各的作用，这样才能把“卫星”——农业现代化送入“太空”。

第二，完善与强化社会化服务体系的职能作用。高产优质高效发展农业的战略方针，应视之为一个巨大的系统工程，要付诸实现，不仅把农业复杂的综合体各部门，而且还要把国民经济有关部门协调配合起来，缺一不可，在协调配合过程中各方面的利益包括国家的、集体的和个体的利益，各方面的效益包括经济的、社会的、生态的效益都要兼顾，为达此目的，完善与强化社会化服务体系是个重要环节。完善与强化了社会化服务体系，就可以充分发掘农业内部力量的潜力发展农业。即可以把农业内部资源进行优化配置，从而可以节约农业内部的社会劳动时间发展生产力。如何完善和强化社会化服务体系？首先从思想认识上入手，服务是生产力发展的必须。社会的分工，不是低三下四侍候人。就农业领域来说，为达到高产优质高效的战略方针，就要了解参与市场主体的农民的心理、心态与需求，因为他们是优化服务的主要对象。他们最渴望的是如何方便地便宜地把他们自己需要的生产资料买回来，生活资料买来，又方便地有利可图地把他们所生产的农产品卖出去；他们渴望及时地得到有关农业生产的各种信息。为此，他们最渴望社会化服务体系做他们想做而没法做到的事。当前为什么大面积高产而不能高效，前述，协调各方面来及时与之配合的条件不成熟，不配套。为使之协调配套必须完善与强化社会化服务体系。

第三，制定正确的政策，调集人的积极性，这是一项最基本的措施。农业如何提高土地利用率、生产率、资金的利用率、技术成果的转化率、农产品的商品率、生产者、经营者的利润率等，无疑，一个主要的问题在于提高产、供、销各环节的劳动生产率，发展生产力。提高劳动生产率，迅速发展生产力的办法什么是第一位的？问题的回答尽管是多方面的，基本上可分为两个观点：一是“物”。主张“人”“物”结合以物为主也包括在内；二是“人”。主张“人”“物”结合以人为主也包括在内。在当前市场经济实行的过程中，似乎“物”的观点有倾向性，即首先用“物”（包括钱）来提高劳动生产率。甚至说“有钱能买鬼推磨”（人的积极性）。生活中许许多多的类似事件也证明是这样。但生活中也有许许多多事件与此相反，而首先是提高人的积极性，提高劳动生产率，这种主张，在我国抗日战争、解放战争、建国后的若干年代都具有明显的倾向，但现在似乎倾向性不明显了，而向“物”的方面倾斜了。如从一些政策到研究性的文章中可以看到相当多的是如何研究采取“物”的办法解决问题，而不是或很少是采取研究“人”的办法，即不是或很少是如何研究不同类型、不同层次、不同地位和不同经济状况人的心理与心态，人的思想与问题以及人的思潮随商品经济与市场经济变化的趋向。特别是对9亿多农民这支世界上最庞大的队伍想些什么？想干些什么？赞成什么？需要什么？反对什么？厌恶什么？我们对之研究得很差，因而制定的政策往往脱离了他们的实际。只要把这支世界上独一无二的大军之心研究好了，他们的脉搏摸清楚了，制定出的政策当然是正确的，正确的政策一旦掌握了9亿农民大军之心，必将调集他们的积极性，变成为坚不可摧的物质力量，达到提高劳动生产率的目的。回顾抗日战争时期、解放战争时期，为什么以大刀长矛、小米加步枪武装的八路军、解放军能战胜以精良武器所装备的数百万日寇及八百万国民党军队？答案不首先是“物”，而是“人”。是指挥员、战斗员，是地下工作者，是仁人志士。70年代末期为什么国民经济由面临崩溃的边缘转危为安，农村经济由萎缩凋敝转向生机，不是天上掉下来了“物”，也不是国外送过来了钱（美元），而是正确的政策调集了城乡人民的积极性、主动性与创造性。当今尽管与过去历史不同，客观条件和人的思想变化都极大，是否仍然有可能运用政策调集变化了思想的人们的积极性？答复是肯定的。但政策必须是从实际中来，指导实际的正确政策，就农业政策来说，必须是从不同地区、类型的农村、农业、农民中深入调查研究的基础上制订和采取的不同政策，而不是从城市、从非农部门、从非农民（包括拿工资的干部）处统计与汇报的基础上制定与推行的政策，当前农村存在严峻的问题，最主要的原因也就在于此。如农民不愿种粮食，不愿多种粮食，更不愿种优等粮食。原因不是农民不喜欢种粮食，也不是不喜欢种优等粮食，而是价格政策不对头，比较利益差，甚至赔钱。江苏盐城市一位农民说得好；“只要政策对头，你们（指城市）2亿多人口，5 000万只菜篮子（四口一家），5 000万条米袋子，我们（指农民）9亿多农民，毫无问题都可装满。”现在全国范围粮食价格放开了，把农民进一步推向市场后，农民如何成为真正的市场主体，农村干部如何从催收催种，索物摊款的工作重心转向以市场需求为导向，帮助农民自己来作决

策，提高农民参与市场竞争的决策能力，这就要求政府应适时地制定教育政策，如加大智力投资政策、农村亿万个初、高中文化的成人培训政策、干部政治思想考核教育政策来提高农民、干部商品、市场、文化、思想的素质，以适应市场经济发展的需要。

总之，通过人的政策，把农村人才培养起来，农民干部的素质提高了，不仅为“三划一同”的进行与执行，为完善与强化社会化服务体系提供了保证，也为“二高一优”的实现和社会主义市场经济在农村健康地发展奠定了坚实的基础。

编写《农村经济学总论》二稿几个主要论点及编写要点*

张寄农

一、要反映客观实际情况和规律，而不宜主观地取舍材料，这是学科建设和编写教材的根本不同之处。

二、在观点上，要坚持真理，敢于创新，不受世俗流行的观点和现行政策的左右。

三、我们写的这本书，原名《农村经济学总论》，但现在看来，“农村”受传统观念的约束甚重，对分析客观现实，产生了不利影响，从时、空的观念来考察，产生乡村的概念远于“农村”，而乡村又会后于“农村”而终结，从现实来看，乡村可以包含着“农村”而“农村”却不能概括乡村、因此我考虑可否把《农村经济学》改为《乡村经济学》，这对于编写第四篇《部门结构》和第五篇《资源篇》都有很大方便，对于其他各篇也较“农村”好写。

四、既要写乡村经济的全貌，就必然要把非经济的各种行政部门写进去，而不宜将它们和乡村经济分割、甚至遗弃，但写非经济的行政部门，只能写它们对各经济部门的影响和作用，而不宜写它们的本身而成为“乡村社会学”，如写“婚、丧、嫁、娶”这些社会习俗如何影响乡村的生产和消费，但却不写“婚、丧、嫁、娶”本身的沿革和发展。

五、写第四篇的目的，是要写出目前和将来乡村经济部门结构的变化，既要写出乡村经济各部门目前和将来所含各部门之间的纵向联系，也要写出它们之间的横向联系尤其是目前它们之间横向的内在联系，因此要从农村经济的整体来写，找出规律，提出趋势和方向，而不是着重各部门本身的分析，也不能只罗列现象搞拼盘而不从实质上找出它们内在本质的联系。

六、这一篇可以着重写物质生产部门对乡村经济的关系，但还得要把乡村地区的消费经济有关部门写出来，在我们《总论》的《绪论》里已经提出，在生产和消费的关系上“消费是目的、生产是手段、不能为生产而生产”因此各篇都要贯彻这种指导思想。所以把旅游业（包括在乡村的休养、避暑、医疗，以及节假日到乡村别墅居住）作为消费生活的最高表现来写是应该的，因而在部门结构中出现旅游部门是必然的，而把旅游业作为发展乡村经济的重要部门之一，也是应该的，也就说把它作为乡村经济的主导部门之一，这更是客观的必然性，尽管这个部门，在目前的我国还很微弱，还没引起各个阶层的广泛注意，但将来会逐步的兴旺发达起来，这是一条必然的客观规律，不能因为目前不为人们所注意（甚至有些人还反对）而摒弃不写。

七、在写“乡村部门结构”的划分方法时，仍应坚持原提纲的指导思想，但具体内容可适当增减。

---

* 原载《乡村经济学科研究通讯》1991年第2期。这是在编著《农村经济学总论》时，主编组张寄农同志写给编著《总论》所有作者的一个通知。

我现在考虑这一部分可否这样写：

（一）首先把马列主义关于产业的物质生产和非物质生产、第一部类和第二部类的划分方法介绍给读者。

（二）再次把西方所用的三个产业划分方法的各种提法作全面介绍，并具体分析，这些提法的笼统性和不科学性、尤其着重指出这几种提法本身的不统一和相互矛盾的地方，这样就便于给创出新的提法、新的概念准备条件。

所以在这一段里要说清楚：

1. 第一、二、三产业到底是指什么？有几种提法？譬如说：有人说生物性物质生产为第一产业，非生物性工、矿业为第二产业，但也有人理解为一次性生产为第一产业，如采矿业即被认为是第一产业。

2. 第三产业的几种提法：

(1) 除了第一、第二产业的物质生产部门以外，都称之为第三产业，包括商业、交通、运输、财政、金融以及科技文教等部门。

(2) 也有人从劳动密集、资金密集和知识密集的程度划分为第一、第二、第三产业。

(3) 但也有人把“第三行业”中的某些部门称之为第四、第五产业。

（三）因以上对产业的提法很多，而且相互之间互有矛盾、非常混乱，因而就迫使我们重新考虑有必要给予比较客观、比较科学的概念。

到底什么是产业？产业结构？农村产业结构？农村产业结构和城市产业结构到底有什么区别？我初步考虑的不成熟的含义和概念如下，供大家讨论指正。

1. 产业是指在某种特定生产方式下，某个时期，有某种科学技术文化水平的适龄劳动者，对一定乡村地区（或外地区、甚至外国的）某种资源或服务对象、进行一次性或多次性的生产或劳务（包括体力和智力的劳务）服务的行业和部门、统称之为产业。

2. 这些部门和行业的内部之间或与外部之间，从不同角度产生的不同程度、不同层次的数量比例关系，以及相互之间的内部有机联系的关系，称之为产业结构。

3. 这些行业和部门的活动范围主要在乡村地区，所以称之为“乡村产业结构”，当然有些行业和城市有交差、或行业之间也有交差。但从主要的趋势看，是属于乡村地区范围的活动，所以就称之为乡村产业或乡村产业部门。

根据以上三点意见，在乡村地区、除了少数行政部门以外，都可以称之为产业部门了。这样对分析乡村的全面经济活动和产业结构，就有了有利的条件。

（四）据此，把乡村经济的所有产业部门，划分一下，可以把这些部门分为两大类。

第一类也可以称之为乡村经济的三大主导部门（本源性产业部门系统），即农业产业部门、独立的工矿产业部门以及旅游产业部门。

第二类即为这三大主导产业部门服务的所有其他行业和部门，我们把这些产业部门称之为三大主导产业的派生部门，或称之为附属部门。

由第一类部门和第二类部门密切合作，组成了乡村产业的三大经济体系，这个三大产业体系与城市经济体系相比是有它的特点的。

1. 农业经济体系，在目前和今后和城市相比总是比较多一些。

2. 乡村独立工业体系，是以本地区的自然资源和劳力资源为主体、间或有外地（甚至外国的）资源和劳力投入，但与当地总资源，总劳力相比总是数比重较小（而城市工业绝大多数资源来源于外地甚至外国）。

3. 旅游业，在今后我国将有很大发展，而且这方面的经济收入，将会逐步高于某些城市在这方面的收入。

我们所以把农村的产业分为本源性产业部门（主导部门）和派生部门（或附属部门）是根据乡村所特有的自然资源和社会资源，（包括众多的不同素质的劳动者，以及过去劳动者所创造的各种名胜古迹的建筑，各种历史文化遗产、各种物质财富和闲散的及在用的资金等等。）尤其是劳动力资源基本上都产生于本地区或居住于本地区、并从事各种不同的有机物质（农、林、牧、渔）、无机物质（工、矿生产）以及精神享受的产品（主要指旅游业服务产生的成果）的生产和服务，因而形成了乡村地区的三大主导产业部门（即本源性产业系统）。

其他部门，虽然也有相对独立性，但它们的劳动对象和劳动者，并不是乡村经济所特有的，如商业、交通、运输、邮电、信息，各种服务行业等等，在城乡之间都存在，而且在城市存在的更多，作用更大些。建筑、建材业也是这样，城市里有建筑，乡村也有建筑，当然乡村的建筑业，应尽量用当地建材资源和当地劳动者。

故此我们只能将这些部门作为与主导部门相对称的附属部门，因为它们在乡村经济中所占的地位是以上三种主导经济部门派生出来的，当然主导部门如果没有这些部门的服务，也会受到影响甚至窒息，但从它们所处的地位来讲，这些部门只能作为辅助部门，而不能称之为主导部门，偶尔在个别地区又是例外，如在渔港码头、火车、汽车站所在地，交通运输就是主导部门，但从农村经济的整体来讲，它仍然是局部的，仍然是派生的部门，仍然是为三大主导产业部门服务的部门。

（五）由此，我们可否把乡村经济的行业和部门，按其作用重新细分。

除了按有机物质生产部门系统，无机物质生产的工、矿系统部门，以及为消费生活服务的旅游业系统，三大产业系统的划分方法以外，还可以把乡村经济的非物质生产的各部门，按其作用划分为：

1. 流通及服务部门系统（商业，包括集市、市场、贸易中心、贩运以及为生产、为生活服务的各行各业）。

2. 保证及促进乡村经济部门系统（包括建筑、建材、交通运输以及邮电信息等部门）。

3. 经济调节部门系统（包括银行、金融、财政、税收、物价管理等部门）。

4. 行政调节部门系统（包括政策制定和执行部门、立法和执法部门、市场管理等部门）。

5. 生产力先导部门系统（科学技术、文化教育、卫生保健、节制人口、体育锻炼等——只要能提高劳动者的智力、体力的部门，统属这个系统）。

八、有了关于产业、产业结构和农村产业结构新的概念，以及（四）、（五）两项，关于划分农村产业系统和农村部门系统的方法，我们就有了对全国乡村地区，进行指导的理论。

我们可否根据全国乡村地区不同的自然资源，和社会经济资源的条件，把全国分为不同的乡村地区，分类指导，因地制宜地发展不同地区的优势，建立当地的主导部门，以及相应的产业结构和部门结构，可否把原提纲中的（四）扩大为一章，详加析述，我的具体意见是：

（一）扩大为乡村地区经济的写法。

1. 首先说明把全国（甚至可概括至全世界）乡村划分为不同经济类型，进行分区描述，分区分析的必要性。

2. 要写出各不同经济类型地区的概念，经济特点和作用。

3. 更重要的就是要理论联系实际，谈理论一定要有情况、数据作论据，要写出这一地区解放后 30 多年来的经验教训，要通过具体事例进行分析，不能简单化的概括。

4. 要和当前的政策密切联系起来写，要吃透领导的意图但不能受现实政策的限制，如果对目前政策有不同看法，可以提出不同评议，更要指出今后发展的趋势、目标和措施的建议。

（二）按照原来的《基本提纲》，把全国乡村初步分为七种类型，如果认为不合适，还可变更：①平原农作区经济型；②城郊区经济型；③内地水域及滨海渔区；④山区、林区经济型；⑤草原牧区经济型；⑥矿区经济型；⑦旅游及疗养区经济型。

（三）在阐述以上几种类型的经济区时，一定要用（三）、（四）、（五）三项所提的 概念和理论作指导，当然，如果现在流行的其他有关农村经济结构的划分方法和指标，与我们提出的理论和方法没有矛盾时，就尽量应用和介绍，如果有的“理论”和方法与我们的方法有矛盾，阻碍了我们的理论和方法，我们就要据实给以评论或批判。

九、以上是我对第四篇《部门结构》篇有关问题的几点系统的想法，如有不足或错误，还望及时提出讨论，如差错不多，就请按以上要求，先着手写，在写完二稿以后，再讨论。

两层分层抽样（大农户全面调查、一般农户抽样调查）是农业普查的一种重要调查方法

刘 宗 鹤

在世界农业普查中所使用的调查方法，一是全面调查，二是抽样调查。农业普查顾名思义是一种全面调查，但费用巨大，因而提出要用抽样调查。调查方法的研讨是世界农业普查中出现的突出问题，人们不免有许多设想。对我国农业普查的调查方法我们有三个设想：第一是大农户用全面调查，一般农户用抽样调查。第二是有的项目用全面调查，有的项目用抽样调查。第三是以乡镇为调查总体，利用普查框分别进行全面调查与抽样调查。三个设想的主要设想为大农户全面调查，一般农户抽样调查，并以此作为本文题名的注释。

第一个设想是，大农户全面调查一般农户抽样调查这一方法，在抽样理论中可归之于一种特殊的分层抽样。在调查时，可把调查分为两层，一层为全面调查（100%的抽样调查），另一层为抽样调查。在分析时，就可直接根据抽样理论对问题加以解释。

由于我国没有进行农业普查，研究时我们要利用世界农业普查的经验。世界农业普查的统计单位为 holding，意指农业经营单位。在美国、巴西则为农场，有大小农场之分，在中国、日本则为农户，有大小农户之分。根据 1970 年世界农业普查总结报告所提供的美国与巴西两国资料，可以看出他们是如何对大农场进行全面调查，如何对小农场进行抽样调查的（表 1）。

全面调查的单位数与抽样调查的单位数，集中表现在总体的抽样比上，在抽样比一定的情况下，可以比较不同抽样方法的优劣。上表美国对小农场抽 50%，小农场抽样个数为 36.5%×50%=18.3%，全部农场的抽样比为 63.5%+18.3%=81.8%。巴西全部农场的抽样比为 48.8%+10.2%=59.0%。

表 1

国名	大农场（%）		小农场（%）	
	个数	面积	个数	面积
美国	63.5	86.4	36.5	15.6
巴西	48.8	96.9	51.2	3.1

注：小农场在美国为农产品销售值在 2 500 美元以下者，在巴西为小于 10 公顷土地者。

其他如（前）南斯拉夫、博茨瓦纳、利比里亚、斯威士兰、坦桑尼亚、赞比亚、扎伊尔等国，对现代农场或国营农场采用全面调查，对小农场采用抽样调查（抽样比的统计表从略）。

在斯里兰卡，将经营单位按面积大小分为许多小层，对每个小层采用的抽样比如表 2 所示。

表 2

小层	经营单位大小	抽样比（%）
1	小于 1/8 英亩，小于最少牲畜数	不调查
2	小于 1/8 英亩，起码为最少牲畜数	2
3	1/8～1 英亩	5
4	1～5 英亩	10
5	5～10 英亩	10
6	10～25 英亩	20
7	25～50 英亩	50
8	50 英亩以上	100

表 2 所列的第 1 小层，为排除于调查范围以外的一层（在日本的东日本，最低下限为 0.1 公顷，西日本为 0.05 公顷，西班牙为 0.1 公顷），表 2 所列的第 8 小层，即 50 英亩及以上的层，抽 100%，即全面调查，其他小层进行抽样调查。

从以上世界农业普查经验看，实行这种调查方法的国家，其抽样比有所不同，美国由于农场数不多（270 万），且大农场比重大，小农场的抽样比也大（50%），全部农场的抽样比高至 81.8%。非洲国家由于统计基础薄弱，财力不足，抽样比有的国家还不到 1%。这种调查方法与只用全面调查的农业普查比较，其效果在于缩小调查单位数，而又能保证一定程度的代表性，即为我们能接受的抽样误差。

现在我们来研究我国农业普查是否也可以应用这种调查方法的问题。我国尚未实行农业普查，缺乏实际资料，为此，我们曾在河北省廊坊地区就专业大户与一般农户进行对比调查，取得了农户人口、农业劳动力、承包土地面积（亩）、化肥施用量（斤）与住宅面积（米^2）的调查资料。了解到大农户各项指标的方差（或标准差）比一般农户的为大，例如承包土地面积的方差，大农户为一般农户的 23.67 倍，化肥施用量大农户为一般农户的 8.29 倍，要减少抽样误差，方法之一是对大农户进行全面调查。为了弄清这一点，我们根据勒曼（Neyman）的分层最优配置定理进行了研究。由于手边缺乏适当资料，要说清这个重要问题，我们以 W・G・科克伦《抽样技术》第 3 版中所举 1930 年美国城市人口数为例。科克伦先对这个资料用简单随机抽样方法抽取 24 个样本城市，其抽样比为 3/8，并计算总体总数的估计方差为 5 594 453，抽样误差为2 365，作为与其他抽样方法对比的基础。其次，科克伦将 64 个城市分为两层，第一层包括大城市 16 个，第二层包括中小城市 48 个，每层按 3/8 抽样比抽取样本，即分层比例抽样，样本单位数与简单随机抽样时一样，仍为 24 个，则大城市抽 6 个，中小城市抽 18 个。计算总体总数的估计方差为 1 882 293，抽样误差为 1 372。科克伦举这个例子的目的，是为了比较几种抽样方法的抽样效果，他的分析到此为止，并不足以说明我们提出来的问题。为了进一步分析起见，我们仍从科克伦的大城市与中小城市适当配置样本单位数这个做法出发，利用分层最优配置中的公式 $n_h = n \cdot N_h S_h / \sum N_h S_h$，计算出大城市层的样本单位数为 18，中小城市层的样本单位数为 6，即 16 个大城市抽 18 个。乍一看，这种行为是不合理的，正确的做法是大城市抽 16 个，即对大城市全面调查，中小城市层抽（18－16）＋6＝8，合计抽取的样本单位数仍为 24 个。这样一来，大城市这一层因为全面调查就没有抽样误差了，对中小城市这一层样本单位数由 6 个加大为 8 个，虽然还有抽样误差，但为数也少了。这个问题借助数学方法会看得更清楚，即从总体总数分层估计方差公式 $V(\hat{y}_{st}) = \sum N_h (N_h - n_h) S_h^2 / n_h$ 的计算过程中可以明显地看出。因 $N_1=16$，$N_2=48$，$n_1=16$，$n_2=8$，则上式的计算过程为［16（16－16）53 843/16＋48（48－8）5 581/8］＝0＋1 339 440＝1 339 440，抽样误差为 1 157。从上式看，式中出现的 0，就是大城市这一层全面调查后，不再有抽样误差了，中小城市这一层由于加大样本量（8），故计算的抽样方差为1 339440，抽样误差为 1 157。其结果比简单随机抽样的 2 365，分层比例抽样的 1 372 为小，说明大城市全面调查中小城市抽样调查的优点。从理论上讲，样本单位数 n，可以最优配置样本单位数公式计算出来。这里用的 $n=24$，是一个设定数，不是从公式算出来的，这是与定理不相符的。我们再一次强调，以上分析在理论与具体计算上，也能说明大农户全面调查一般农户抽样调查，对减少抽样误差的效果。

从抽样理论看，要减少抽样误差，一是提高抽样比，二是通过大小农户的划分，以减少小农户层的标准差。我国农户多达 2.2 亿，增加抽样比，就要大量增加开支，要减少抽样误差，主要在设法降低一般农户的标准差。为此，我们研究了农业普查项目或指标的变异程度，从历史上分析了每户的耕地分配情况，计算结果是：土地改革前耕地的变异系数高达 199%，土地改革后降为 6.3%，20 世纪 80 年代按照劳动力数并兼顾人口数由农户承包土地（以裴辛庄 2 组为例），其变异系数为 35%。我国这种情况，说明项目的标准差是比较低的。

第二个设想是，有的项目用全面调查，有的项目用抽样调查。长期以来，我国有几个农业统计数字始终没有弄清楚，第一是耕地面积，第二是农业机械设备的现值，第三是农业资源，特别是自然资源。这些项目属于规模性质的项目（总量项目）或地区性质项目，重要而又长期没有弄清楚，以用全面调查为宜。其他项目则用抽样调查。在这方面可以借鉴印度的经验，印度规定（1985—1986）农业年度的农业普查及以后的农业普查，关于经营单位的数目与面积资料继续通过全面调查取得，至于与其他特征相关的资料则改用分层抽样，是靠每层中以 20%的村作为样本，调查其中所有经营单位来收集的。这是从不同性质的项目采用不同的调查方法的理论引申出来的一种方法，可以作为我们安排项目调查方法的依据。

第三个设想是，以乡镇为总体，利用普查框（或抽样框）进行全面调查与抽样调查。乡镇是进行全面调查与抽样调查的实体，两种调查工作的承担者。乡镇是我国的基层行政单位，又是一切经济工作的基层管理单位。由于乡镇所辖地区范围不大，对所调查的各种项目在一乡内变化也不大，在乡内进行抽样调查，可以满足有关项目的正确性要求，即项目资料对乡有代表性。在一乡之内，对大农户和国营农场实行全面调查，对一般农户实行抽样调查，对有的项目如农业机械与设备实行到村或村民小组的全面调查，对土地资源也用同样办法。对耕地面积和播种面积项目，在大农户实行全面调查，在一般农户则实行抽样调查。有的项目不是每个地区都有，如油茶、油桐，则在少数地区实行重点调查。

为了检验调查方法三个设想的可行性并确定抽样调查的样本容量，我们拟出了农业普查试点调查方案。这次试点调查选择在河北省石家庄地区辛集市（原束鹿县）城东办事处（相当乡）进行，并以乡为抽样总体，对乡以下单位（村与村民小组两级）采用二阶段（级）系统（等距）抽样法，即乡抽村、再在抽中村抽村民小组，对抽中的村民小组进行整群调查，其结果作为分析对比的基础。在使用这种方法中，我们总结了以下使用系统抽样法的规则，如果随机起点定在第一层，即第一个抽样距离内，则用一般系统抽样法，如果随机起点定在总数范围内而又大于第一个抽样距离，则用圆形系统抽样法。

乡抽村。试点方案是把辛集市城东办事处的村，按西、北、东、南地理位置顺序排队，形成以下顺序：留双营、林子营、裴辛庄、佃士营、撒马营、锚营、月耳营。并注意到村的大小，按各村户数计算抽样距离，7 个村共有 2 612 户，从中抽取 4 个村（第一阶段抽样单位数），则抽样距离为 2 612/4=653 户，现在随机数为 473 户，适在第一层之内，我们可用一般系统抽样法，并编制抽样计算表（表 3）。

表3

按地理位置排队村名	各村户数	累计数	抽中村号码
留双营	367	367	
林子营	81	448	
裴辛庄	619	1 067	473
佃士营	455	1 522	1 126（473+653）
撒马营	204	1 726	
锚营	600	2 326	1 779（1 126+653）
月耳营	286	2 612	2 432（1 779+653）

抽中村名：裴辛庄、佃士营、锚营、月耳营。

村抽村民小组。将抽中的4个村，按北、东、南、西地理位置顺序排队，形成圆形。在第一次圆形排队之后，接着在月耳营排上裴辛庄、佃士营、锚营，形成第二次圆形（这就是我们对圆形系统抽样法的圆形定义，如果只有一个圆形或展开为线性，则为非圆形而为一般形式）。我们抽中的4个村，共有35个村民小组，如果抽样时的随机起点为23，在总数范围内，而不在第一层内，正如我们总结的规则，要用圆形系统抽样法。抽出村民小组为第二阶段抽样。

在试点时，第一次抽5个小组，抽样距离为35/5=7，再从抽中的5个村民小组中分别抽20户、15户与10户（即从村民小组中抽户为第三阶段抽样），可用一般系统抽样法，全乡得到100户、75户与50户3个样本。

为了扩大样本容量，先要加大村民小组数，除利用第一次抽中的5个村民小组外，第二次从4个村中再抽5个村民小组，合计10个村民小组，其抽样距离为35/10=3.5，这样做既保留了第一次抽的单位，又增加了新抽单位，是一个扩大样本容量的简便方法。两次抽样可编制计算表4。

表4

圆形排列村名	村民小组数	圆形累计	抽中村民小组	
			第一次	第二次
裴辛庄	11	11		
佃士营	9	20		
锚营	11	31	23 30	26.5
月耳营	4	35		33.5
裴辛庄	11	46	37 44	40.5
佃士营	9	55	51	47.5 54.5
锚营	11	66		
月耳营	4	70		

两次合计抽10个村民小组，再从10个村民小组中分别抽20户、15户与10户，得到200户、150户与100户3个样本。这是试点时的办法。在农业普查时，可把两次抽样并为一次，即用35/10=3.5，作为抽样距离。

以上抽中的样本，均按4类指标加以分析。这4类指标是：一为平均数，如耕地每个地块面积（亩）；二为总数，如耕地面积（可结合每户耕地面积计算）；三为比率，如复种指数；四为比例数，如各项投入在总投入的比重。根据城东办事处5个村民小组的整群资料（295户），同类指标具有相同趋势，而且与前面所作历史分析的裴辛庄2组的情况一致（表5）。

表5

指标名称	变异系数（%）	
	一般资料	舍弃远离平均数之点
人均耕地	36.8	32.5
户均人口	30.2	28.7
户均劳动力	38.1	32.0
户均耕地	39.0	33.3

从表5数字看，趋势比较一致，一般资料的变异系数在30%以上，舍弃远离平均数之点的变异系数略低，为30%左右，这说明舍弃远离平均之点，可以降低变异系数。在上面样本资料中，我们发现100户样本对稀有项目（塑料薄膜投入占总投入的比重），还表现为不稳定状态。为了保证抽样结果对总体（乡）估计的正确性，并解决稀有项目问题（不可能完全解决，只有用全面调查才能解决）。根据不同样本容量的对比分析，我们认为要适应乡的要求，样本容量以抽200户为宜。因为是第一次农业普查，为了保证成功，样本容量要比150户适当再提高一些。在调查过程中，由于样本容量只有200户，也可把调查过程出现的误差压到最低限度。为了保证普查后各年具备与普查相同的项目资料，还可每年以乡为总体，抽取100户进行调查。

根据试点调查，从200户耕地面积在各户的分配情况，再一次看到远离平均数之点的问题。资料证明远离平均数之点对标准差的影响很大。因此，为了正确反映分布的概型，应当采取舍弃远离平均数之点的办法，至于舍弃之点如何处理，我们的意见是把所舍弃之点放在全面调查中，既可减少原分布的标准差，又能把农户安排在适当的地方，减少抽样误差。并在理论上，为大农户全面调查，一般农户抽样调查，找到远离平均数之点作为其另一理论根据。

从远离平均数之点理论，结合辛集市调查结果，我们建议凡耕地超过本乡平均每户耕地的2倍以上的农户作为大农户，这样，每乡约有50个大农户，把这个标准用在全国范围内看来是行得通的。

现在全国有乡镇55 838个（1990），如果进行农业普查，每乡抽200户，加上大农户（包括国营农场、联户、村乡办农业企业等）50户，每乡合计250户，全国为13 959 500户，占总农户（1990年为22 237.2万农户）的6.3%。根据辛集市抽样调查与河北省威县全面调查（国家统计局粮农培训中心主办）的经验，每户调查费用为7～8元，则全国调查费用一项需97 716 500～111 676 000元。这是现在国力所能承担的。

我国绿色食品发展的前景与对策*

贺锡苹　左常升

近几年来，“绿色食品”这一概念已逐渐为人们所熟悉和接受。它不仅是普通生产者和消费者所关心的问题，而且也日益为政府决策者所关注。但是，绿色食品的发展在我国毕竟还是刚刚起步，其前景如何，需要我们采取怎样的对策，这些都有待于人们的深入研究并给出相应的回答。本文就是在这个方面的一次初步探索。

一、绿色食品开发在世界范围的兴起

绿色食品目前在世界上有许多不同叫法，有的叫“生态食品”，有的叫“有机食品”，也有的叫“无污染食品”。虽然名称不一，但其内容基本上是一致的，指在农产品的生产过程中，不使用化肥及化学农药，主要依靠有机的、自然的和生物学方法，从而保证在所生产的食品中不含对人体有毒有害的化学物质，没有重金属等的污染。由此我们可以看出，绿色食品的出现，是与有机农业、生态农业、自然农业、持续农业等新的农业生产方式紧密联系在一起的。

从世界范围看，有机农业、生态农业等的出现，首先而且最主要的是由于环境保护的需要。近代产业革命以后，随着工业化与城市化的发展，人类征服自然的能力大大增强，人们的生活水平也得到很大提高。与此同时，人类社会发展对环境造成的污染与破坏也越来越严重。特别是二次大战以来，各国经济高速发展所导致的环境污染问题已变得相当尖锐，从空气到江海湖泊河流以至土壤，人类生存发展的环境几乎无处不受污染的威胁，有些地方已引发了一些灾难性的后果，如疾病流行、物种灭绝，生产力下降和人的健康水平的下降等等。就是在这种背景下，本世纪中期以后在世界范围内形成了规模空前、声势浩大的环境保护运动。这场运动的宗旨就是要通过人类有意识的努力，降低乃至消除社会发展对环境造成的污染与破坏，从而为人类未来的生活与生产创造一个美好的环境。环境保护涉及到社会发展的诸多领域，农业是其中一个重要方面。

从环境污染的后果来看，农业是直接受环境污染危害的产业之一。农业生产的过程本身就是动植物生长发育的过程。到目前为止，动植物的生长发育基本上还是处于周围的自然环境之中，直接从自然界获取水、空气、营养物等生命所必需的物质。因此，环境质量的好坏对农业生产有着直接的影响。由于动植物生长过程中与环境之间存在着持续的物质与能量的交换，因而其产品的数量与质量都在很大程度上决定于自然环境的状况。工业废气造成的酸雨和工业废水对灌溉用水和畜禽饮水、养殖水面的污染甚至会造成正常的农业生产活动无法维持。从造成环境污染的原因来看，工业的“三废”无疑是最大的污染源。在大多数情况下，严重的环境污染问题都是由于

* 本文为《绿色食品市场开发与培育》课题总结报告之一，1993年10月。

工业向外界倾倒和排放废弃物而造成的。工业污染由于其量大而且相对集中的特点，所带来的问题一般也比较突出。此外，当今的农业也是产生环境污染的一个重要因素。与古代传统的农业相比，近代石油农业或无机农业的兴起无疑是农业发展上的一大进步。化肥与化学农药在农业上的广泛使用，大大提高了农业的生产力水平，从而基本保证了人类生活水平的迅速提高和经济的迅速发展对各种农产品的大量需求。但是由于农业上对化肥、农药、农膜等的大量使用，由此而造成的环境污染与破坏也日益突出。如何防止农业对环境的污染，这个问题不仅涉及一般意义的环境保护，而且直接关系到农业本身的持续发展问题。因而它不仅引起了环境保护者的重视，也引起了广大农业工作者的关注。有机农业、生态农业、自然农业等就是为克服石油农业或无机农业所造成的日益严重的环境污染问题而提出来的。绿色食品作为这一新型生产方式的自然结果也应运而生。

绿色食品兴起的另一个原因是人们对食品卫生安全的日益重视。这一现象的产生是与社会的发展进步紧密相连的。当人们的基本食物需求得到满足以后，人们对食物问题关注的重点就会由以前的数量增长转向质量的提高，希望能够得到更多的营养丰富、品味好而且对身体没有任何危害的食品。特别是在发达国家，由于收入水平的提高，食物支出在人们生活费用中所占的比重已经很低。在这种情况下，许多人都情愿拿出更多的钱用来购买有利于健康与长寿的绿色食品。可以说，是经济的发展为绿色食品的消费提供了物质基础。另外，大量的研究成果已经表明，化肥及各种化学农药的使用已对人类的食品造成了很严重的污染，各种有毒的残留物质进入人体以后，确实会对人体造成一定程度的危害，有的甚至会直接导致疾病的发生，损害人们的健康。这也迫使人们不得不对食品的卫生安全给予足够的重视。

此外，长期以来一直困扰西方发达国家的农产品过剩问题也对绿色食品的开发起了催化剂的作用。欧美一些发达国家为了解决其严重的农产品过剩问题，除了向国外倾销和在国内实行降级使用之外，在生产上采取的一项重要措施就是实行休耕计划。这样做不仅是对资源的一种浪费，而且也耗费了国家大量的财力，其效果也并不理想。绿色食品的出现，为西方发达国家解决其农产品过剩问题提供了一条新的途径。绿色食品的生产与常规的生产相比，一般是对土地、劳动力等资源的需求量大，农产品单产水平较低。因而开发绿色食品不仅可以更加充分地利用资源，防止人为的资源浪费，而且有利于缓解农产品过剩的压力，在一定程度上还会减轻政府的财政补贴负担。正因如此，绿色食品的开发受到了政府的支持和提倡，一些国家已制定了相应的政策，对进行绿色食品生产的农户给予适当的资助，并通过立法的方式对绿色食品商标进行保护，从而维护了生产者的利益。这些措施对加速绿色食品的发展起到了重要的推动作用。

虽然绿色食品出现得比较晚，但其发展的速度却是很快的。据有关资料，自 1985 年以来，欧洲实行轮作制和使用有机肥的耕地已增加了 3 倍。到 1992 年底，英国、法国、德国、西班牙、意大利、丹麦和荷兰等国从事有机农业生产的农户已达 11 500 户之多，耕地面积达 75.1 万英亩。有些人甚至乐观地认为，如果欧共体能以每年数十亿美元的农业补贴中拿出一部分用于补贴只施有机肥而不施化肥的农民，那么按传统方式从事有机农业耕作的耕地面积很快就会占到欧洲总耕地面积的 20%。虽然这一说法未免过于乐观，但它表明人们对绿色食品的发展前景确实是充满了信心。

二、我国绿色食品发展的前景

要预测我国绿色食品发展的前景，我们必须把这个问题放在人类社会发展的大背景下，结合

我国的一些具体国情进行深入的分析。

绿色食品的发展首先是与环境保护联系在一起的。环境保护问题所以能在近半个世纪引起世人越来越广泛的关注，主要原因就在于世界经济的发展在某些方面已对环境造成了灾难性的破坏，并已开始威胁到人类自身的生存与发展。人类的生存与发展一时也离不开周围的自然与环境，人类对自然与环境的破坏，实际上是其自身生存条件的损害，这是不符合人类自身利益的。从长远看，随着现代科学技术的进步，人类征服自然的能力在不断增强。同样，人类破坏自然与环境的能力也在增强。如果人类不采取有效措施，有意识地对周围环境实行保护，那么，在社会发展过程中就很容易带来一些无法逆转的灾难性后果。这是人们不愿看到的。因此，我们可以肯定地说，环境保护问题今后将是伴随人类社会发展的一个持久的主题。发展绿色食品作为环境保护的一项重要内容，因而也就具有了一种持久而深远的意义。

绿色食品的发展不仅是一个环境保护问题，而且也是一个食品的卫生与安全问题，这一点与人类的生存有着更直接的关系。当前，绿色食品的需求还主要集中在发达国家，其中欧共体的消费量占世界绿色食品总产量的3/4。这表明，绿色食品的需求取决于经济的发展和人们生活水平的提高。由于我国目前生产力水平比较落后，人民收入水平还比较低，因而对绿色食品的需求与消费数量也很小。今后随经济的发展和人们收入水平的提高，国内对绿色食品的需求也会有很大增长。这将为绿色食品的发展提供持续而强大的推动力。

保护环境与发展经济作为人类社会同时面临的两大问题，从长远来说，它们是并不矛盾的，甚至还会相互促进。因为环境保护可以为经济的持续发展创造一个良好的条件，而经济发展也可以为保护环境奠定物质基础。但是从近期来看，这两者是有矛盾的。在现有的技术条件下，要发展经济，就不可避免地会对周围的环境造成一定程度的污染与破坏。而要进行环境保护，就往往意味着要对经济发展做出一定的牺牲，包括环境保护对各种资源的占用和对生产效率的影响。因此，决策者必须协调这两者的关系，并选择一种最佳的解决问题的方案。当然，由于所处条件的不同，决策者会做出不同的选择。从我们国家的情况来看，虽然环境与发展的问题都很紧迫，但是相比较而言，发展经济，尽快使我国的生产力水平赶上和超过世界发达国家的水平，是我们所面临的首要问题，这也是我们全党、全国的工作重心。当前其他一切工作，包括环境保护，都必须服务于和服从于这一中心工作。经济发展不上去，环境保护是没有意义的，也是无法保障的。

基于以上的认识，我们对绿色食品的发展应持一种务实的态度。从我国农业发展的现实状况来看，我国农业生产力水平还比较低，经过建国以后，特别是农村改革开放以来多年的努力，目前仅能基本解决全国12亿人的温饱问题。农产品的供应还并不充裕。而且随着社会的发展，耕地还会逐渐减少，人口也会继续增加，农产品供给不足的矛盾将会长期存在，甚至会更加突出。从我国和其他国家发展绿色食品的实践来看，生产绿色食品比生产普通食品不仅成本高，而且产量也低。在这种情况下，要想大面积地推广绿色食品是不现实的。可行的选择是视客观条件的许可程度，量力而行，逐步发展。

总之，对发展绿色食品，我们应树立一种长远的观念。既要正确引导，积极扶持，又要度情量力，逐步前进。不能盲目追求，一哄而上。相信随着农业科技的进步和我国农业综合生产能力的提高，我国绿色食品的发展前景会更加广阔。

三、我国绿色食品开发所面临的主要问题

我国自1990年开始发展绿色食品以来，已在全国200个企业中开发、生产了389个绿色食

品产品，而且规模还在继续扩大。应该说，绿色食品发展的势头是很不错的，但是，在发展绿色食品的过程中也遇到了许多困难。造成困难的因素很多，除了前面已经指出过的我国农业生产力落后和人民收入水平比较低下的因素之外，还有以下几个主要的具体问题：

1. 从供求关系来看，绿色食品的生产由于产量低，成本高，虽然市场价格比一般食品高，但仍不足以对生产者产生足够的吸引力。这是制约绿色食品供给增长的一个主要障碍。从需求方面来看，即使在收入水平很高的欧洲，一般家庭目前也还不愿支付生产绿色食品所需的30%～40%的额外费用。在我们国家，对绿色食品的有效需求就更显不足。目前我国对绿色食品的需求主要是来自少数高收入阶层和出口的需要。这种基本供求格局对绿色食品的发展是个很大的制约。

2. 由于起步较晚，我国还远没有建立起独立的绿色食品生产、储运、加工、销售体系。按照国外的通例，绿色食品从生产到储运、加工、销售，都必须遵守严格的标准，因为这一系列过程中任何一个环节上对食品卫生标准的破坏都会使绿色食品失去其特有的价值。建立绿色食品的独立产供销体系是保证绿色食品质量的内在需要。特别是现阶段我国的市场制度还很不健全，不法分子以假冒伪劣产品充斥市场的现象还很普遍。在这种情况下，这更加需要建立一个独立的产供销体系以保证绿色食品生产者和消费者的利益。

3. 绿色食品的生产需要一套与常规农业生产截然不同的技术体系，但我国绿色食品的生产技术还处于很落后的状态。这首先是由于农业科研工作的落后。在我国庞大的农业科研队伍中，目前还没有形成专门从事绿色食品生产技术研究的力量，这方面的研究成果寥寥无几。另一方面的问题是我国农技推广工作的落后。目前在我国的基层农技推广部门中，很少有人了解和掌握绿色食品生产的配套技术，农民中间这样的人就更少，几乎没有这样的人才。绿色食品归根到底要靠生产者来生产，离开掌握这些特定技术的人，生产便无法进行。同样，绿色食品的发展，也取决于其生产技术的进步。只有依靠技术进步，使其生产力水平提高了，绿色食品产业才能获得更大的发展。在这方面，我国的生产技术远远满足不了绿色食品发展的需要。

4. 我国一家一户的小规模经营方式也是发展绿色食品的一个不利因素。一般农户的土地经营规模通常只有几亩、十几亩，而且往往被分割成不同的地块。在这种情况下发展绿色食品生产是很困难的。这有两方面的原因。一是如此小规模的生产形不成批量产品。在只有少数农户进行少量生产的情况下，绿色食品的储藏、加工、运销等活动便难以有效地组织，而且也会大幅度地提高产品的销售成本，从而使绿色食品的生产经营活动无利可图。二是单个农户在自己的小块土地上从事绿色食品生产，如果他周围的农民仍旧沿用常规的方法，那么即使他严格按照绿色食品生产的有关标准进行生产，最后生产出来的产品也会仍然不符合绿色食品的标准。因为农业生产是一个高度开放的系统，周围农民所使用的化肥、农药会通过各种途径扩散到进行绿色食品生产的地块，从而对食品造成污染。但是要阻止周围农民使用化肥、农药等又是难以做到的，除非这些农民也自愿地选择了绿色食品生产。

5. 要制定一套完整的关于绿色食品的国家标准和商标体系的规则并在实践中执行这些规则，还是一项很艰巨的任务。首先，要借鉴国外的一些通用规则并结合我国的实际情况，制定我国自己的绿色食品标准，目前还存在许多技术上的困难。另外，即使有了规则，要把其付诸实施，还必须有一个健全有效的执行与监测系统。虽然我们国家已经设立了一定的绿色食品环保监测机构和食品监测机构，但这些机构从规模到技术人员的素质和仪器设施的装备程度，都远远满足不了绿色食品发展的需要。这个问题涉及的面比较广，既有经济的、技术的因素，也有行政的因素，因而解决起来难度也是很大的。

以上的几个问题，有的可以通过努力很快地予以解决，也有一些需要在实践中逐步地加以解决。为此我们应有充分的思想准备。

四、加快发展我国绿色食品产业的对策

为加快发展我国的绿色食品产业，我们必须同时抓好以下两个方面的工作。一要集中一定力量解决好绿色食品发展中的一些基础性问题，如绿色食品生产技术的研究与推广，绿色食品标准体系的制定与完善，以及相应的执行系统的建设等；二要切实解决当前绿色食品发展中所遇到的一些比较紧迫的问题，以及被一般人所忽视的一些重要问题。

根据我国国家的实际情况，当前要加快绿色食品的发展，主要应采取以下对策。

1. 加快建立独立的绿色食品市场流通网络。在市场经济条件下，流通对生产具有决定的意义。流通渠道畅通了，市场打开了，会直接推动生产的发展。如果流通不畅，产品没有销路，生产就会受到抑制。实践证明，不独立地建立绿色食品流通网络，把绿色食品与普通食品置于同一销售渠道，就很难保证绿色食品的质量，也难以树立绿色食品在人们心目中的特殊地位和良好信誉，这很不利于绿色食品市场的进一步开拓。绿色食品市场流通网络的建设必须注意以下几点。一是要设立绿色食品专营网络，以保证销售单位和产品的信誉，二是绿色食品专营店要集中设在城市中心的商业繁华地带和高收入阶层集中居住的地带；三是专营店要尽量兼营不同种类，不同品种的绿色食品，以方便消费者购买。

2. 绿色食品的开发要与传统的名优产品开发相结合。在长期的生产实践中，我们国家已经拥有了一大批人们公认的名优农副产品，如烟台苹果、莱阳梨、龙井茶、沙田柚等等，这些名优产品以其优良的品质和独特的风味，一直受到广大消费者的青睐。在这些产品中开发绿色食品，会进一步提高这些产品的品质和档次，提高它们在消费者心目中的位置。这样，即使产品的价格比以往高一些，也会继续受到消费者的欢迎。另外，绿色食品与名优食品结合起来，有利于尽快树立起它在消费者心目中的形象，从而更快地开拓市场。绿色食品作为高档消费品，如果仅仅具有卫生安全的特点而不同时具有优良的品质和风味，其价值就会大大降低，人们也就不会对它有很大的兴趣。当前我国开发的某些绿色食品所以受到冷落，主要的不是价格问题，而是品质问题，我们应该引以为戒。

3. 要把有药用价值的食品的开发与绿色食品开发结合起来。随着人们对健康问题的日益关注，日常生活中一些具有药用价值的食品越来越受欢迎。绿色食品与有药用价值的食品结合起来，会使这些食品同时兼有防病与治病的功用。这样就会提高这些食品的价值。我国有丰富的物种资源，在这一方面是有很大发展潜力的。另外，今后中药材的开发也应走有机农业的路子。这样不仅可以更好地满足医学方面的需要，而且可以进一步拓宽绿色食品发展的领域。

4. 发展绿色食品要注意对野生动植物资源的开发。野生动植物食品是一种天然的绿色食品。开发这些野生资源一般成本较低，而且产品的质量也较好。搞野生食品的开发，主要应抓好以下两点：一是采取适当措施，为野生动植物的生长创造更有利的条件，以进一步提高其产量；二是对野生动植物的生长环境实行有效的保护，防止这些生长环境遭到污染和破坏。

5. 要把绿色食品的开发与发展出口创汇农业紧密结合起来。当前，绿色食品的消费需求主要集中在发达国家。但是，由于各种因素的制约，这些国家的生产还满足不了其国内的需要，有些还要从国外进口。这对我们来说是一个很好的机遇。近几年来，我国的农产品由于质量问题在出口上受到很大制约，一些传统的出口产品在国际市场上所占份额逐渐下降。我们要发展出口创

汇农业，关键是要解决产品质量问题。发展绿色食品是解决这一问题的一个重要途径。与发达国家相比，在发展绿色食品方面我们国家是有很多优势的。我们有丰富的物种资源，有大量尚未受到工业与化学品污染或污染程度较低的土地，而且我们国家劳动力资源丰富，价格也比较低廉。这一切都是发达国家所无法具备的。我们要发展出口创汇农业，参与国际竞争，就应该充分地发挥自己在这些方面所拥有的比较优势。只有这样，我们才能够在激烈的国际竞争中取胜。

6. 要进一步扩大绿色食品开发的试点。当前我国绿色食品的开发试点不仅数量少，规模小，而且产品的种类也很少。这与我国作为一个农业大国的地位和我们丰富的资源禀赋是很不相称的。我们完全可以而且应该进一步扩大试点。另外，在试点的布局上，应优先考虑边远山区和经济不发达的地区。因为这些地区虽然经济落后，但发展绿色食品的条件比大城市郊区和沿海经济发达地区还相对优越些。此外，绿色食品的开发对带动落后地区的经济发展还会具有特殊的意义。

7. 要大力加强绿色食品的宣传，以便在全社会形成一种绿色食品意识。首先，要通过各种新闻媒介，树立并强化人们的环境保护和食品卫生安全观念，提高人们对绿色食品重要性的认识。另外，也要加强广告宣传，使绿色食品的商品标志能够在人们心目中留下清晰、深刻的印象。这对推动绿色食品的消费和生产是十分重要的。

全面推行城镇国有土地有偿使用的对策研究*

李士钦　乔晋声

一、城镇国有土地使用制度改革的目标

1. 坚持城镇土地的单一国家所有制。土地不同于其他生产要素，是不可再生的稀缺资源，同时又可以永续利用，因而一旦拥有就意味着垄断。如果土地归私人所有，必然会产生不顾土地功能区分和社会总体效益的倾向，造成土地资源的极大浪费。国家与土地所有者合二为一，则可以消除这种弊端。既然我国已经实现了城镇土地国有化，就应当坚持并强化这一制度，应在土地使用权上做文章，不应进行所有制变革。

2. 强化土地所有权与使用权的相互分离。改革的目标一方面要强化国家的土地所有权，从法律上确定土地所有者和土地使用者之间的租赁关系，土地所有者要凭借土地所有权向土地使用者收取地租，同时要对出租土地的用途、方式、期限做出规定。另一方面要强化土地使用权，土地使用者在缴纳土地出让金（即地价）后，拥有一定的自主权，有权出让、转让、抵押土地，在使用期内拥有占有权、收益权、转让权和抵押权。

3. 开放土地市场，允许土地流动，优化土地资源配置。开放土地市场，利用市场经济的微观机制，对城镇土地进行合理配置，既可做到节约、合理用地，又可做到提高土地利用的经济效益。当然，土地市场的开放必须在国家宏观控制下进行，土地的交易也是在法律允许的范围内进行，不允许发生土地投机现象。

4. 增加财政收入，促进国民经济的进一步发展。国外的地产业在国民经济中占有重要的地位，地产收入一般占到财政收入的1/3。而我国长期以来，在城镇建设中只投入不回收，结果造成城建资金越来越少，城镇基础设施欠账太多。因此，我们要通过城镇国有土地有偿使用，增加财源，积累资金，进一步推动城镇经济乃至整个国民经济的发展。

二、城镇国有土地全面实行有偿使用的基本原则

1. 应坚持用地必须交费的原则。凡使用城镇国有土地的单位，不论其性质如何，均须缴纳土地使用费（税）或土地出让金。

2. 要贯彻既积极又稳妥的原则。对于营利性企事业单位应坚持实行土地有偿使用，凡条件成熟的要尽快实施，条件尚不成熟的要积极地创造条件，待条件成熟后实施。对于那些负担能力较差的单位要区别情况，采取适当的减、缓、免政策。

---

* 原载《农村社会经济学刊》1993年第2期。

3. 须执行利益兼顾的原则。我国是社会主义国家，城镇土地归国家所有，因此，在土地使用费的收取和分配中要充分体现国家利益，保证国家的土地所有权在经济上得到实现，同时也要考虑地方和土地使用单位的利益，使地方和土地使用单位也得到一定的实惠，调动其经营的积极性。

4. 应遵循节约用地和合理用地的原则。珍惜和合理利用每一寸土地是我国的一项基本国策，城镇国有土地全面实行有偿使用也必须坚持这一原则，一方面要充分利用土地使用费这一经济杠杆，控制城镇发展规模，减少征地数量，节约郊区耕地，另一方面要及时调整城镇用地结构，提高城镇土地利用率，减少土地资源浪费，尽量做到优地优用。

三、城镇国有土地全面实行有偿使用的形式

根据我国当前的实际情况，以采取以下两种形式为宜：

1. 城镇国有土地使用权的有偿出让。各地县级以上政府机构（主要职能部门是各级土地管理部门），按照城镇发展规划，将城镇国有土地使用权转让给土地使用者。土地使用者都要与政府签订《城镇国有土地使用权出让合同》，土地使用者无论是内资单位还是外资单位，都必须缴纳土地出让金。取得土地使用权以后，按照合同的规定和城镇规划的要求进行开发利用和经营。土地使用权受让者，可以将土地使用权向银行抵押，以获得开发经营土地所需的部分资金。成片开发土地的使用者，除了自己用的部分土地以外，还可以把已开发的土地使用权，按照合同规定的各项条款，分块转让给别的土地使用者，或者在土地开发进程中就把部分土地的使用权分块转让给别的土地使用者；无论是小块土地或成片土地使用权的受让者，都可以在受让土地上按合同规定的各项条款建造地面建筑物预售或出售，并相应产生土地使用权的转让；所有出让的土地使用权，在出让年限之内可以根据合同规定的各项条款不断抵押和转让。

土地使用权的出让方式可以有三种，即协议、招标和拍卖。

(1) 协议出让。指出让方和受让方通过协商的方式有偿出让土地使用权。具体来说，一般是由土地使用者向政府提出用地申请，经批准后，再由出让方与受让方协商地价、用地年限、付款方式和时间以及用地的条件等。若双方达成协议，签订用地合同，便实行了土地使用权的出让。

这种出让方式，尽管有地价，但没有引入竞争机制，地价的确定、土地由谁使用等问题，都具有一定的主观因素，仍然存在一些弊病。这里的地价实际上不是市场地价，由此决定的土地市场是一种没有竞争的、不发达的土地市场。但这种出让方式，在土地使用制度的改革初期，作为一种过渡的形式还是可以采用的。

(2) 招标出让。指在规定的期限之内，由符合规定条件的单位或者个人以书面投标形式，竞投某块土地的使用权。土地招标小组（出让方代表）择优选取受让方。投标内容由招标小组确定，可仅限于出标价，也可既出标价，又提交一份规划设计方案。

这种出让方式，引进了竞争机制，体现了商品交换的原则。但在实践中，获得土地使用权的单位并不一定是出价最高的。因为在确定中标者时，既考虑到投标价，又要考虑投标设计方案，企业的情况，经全面综合评价后择优选定中标者。因此，这里的中标地价，也不是市场地价，由此决定的土地市场是一种不完全的竞争市场。

(3) 拍卖出让。指在指定的时间、地点，利用公开场合，由政府的代表者主持拍卖土地使用权。主持拍卖者一旦叫出底价，诸多的竞投者轮番还价，一个还价高出一个还价，直至再没有高

价还出时，拍卖者定锤成交，由出价最高者获得土地使用权。

这种出让方式充分引进了竞争机制，排除了任何主观因素，是公开的、完全竞争的土地市场，因而是最成熟的土地市场。

2. 城镇国有土地使用权的定期租赁。政府将城镇国有土地按规划用途和规定年限出租给土地使用单位，土地使用者按规定的费额每年向政府缴纳土地使用费（税）或租金。每年缴纳土地使用费（税）的土地使用权不能向银行抵押，更不能向别的土地使用者转让。如土地使用单位不再继续承租土地，应将土地交回政府。但是如果土地使用单位经政府同意，补交地价款后，可以向别的土地使用者出租、转让和抵押。

这种城镇土地有偿使用方式，主要适用于那些原来通过行政划拨无偿获得土地使用权的单位。这些单位无论是经营性的，还是非经营性的，均应与城镇土地管理部门签订《城镇国有土地使用权定期租赁合同》（当然也可以补交地价款后，签订《城镇国有土地使用权出让合同》），合同上要写明土地使用的用途、面积、位置、容积率、租赁年限及其区位等级。根据土地用途、等级，土地使用者按年缴纳土地使用费（税）或租金。

四、城镇国有土地有偿使用中存在的问题及对策

我国城镇国有土地收取土地使用费的形式始于1980年。1984年国务院批准在辽宁抚顺市征收土地使用费，但只限于使用土地的国营企业、集体企业和个人，而对于本身没有收入的机关、部队、学校、文教事业单位、市政、园林、绿化用地暂不征收土地使用费，对微利及亏损的单位酌情减、缓、免。此后100多个城镇也相继试行收费制，但均存在着按地区划分等级不细、差额幅度较小、收费标准偏低等问题，没有充分体现土地级差收益。1988年国务院发布了《中华人民共和国城镇土地使用税暂行条例》，规定在城镇、县城、建制镇、工矿区范围内使用土地的单位和个人，为城镇土地使用税的纳税义务人。

从这几年城镇国有土地使用费（税）收取情况看，目前存在着如下几方面的问题：①收费标准偏低，离完全意义上的有偿使用还有一定差距；②收费级别划分过粗，不能真正反映城镇的位置差别；③城镇土地使用费（税）减免范围过宽，减免对象也不尽合理，相当多应当缴纳费用的单位被列入了减免范围。

对此，应采取以下措施加以解决：第一，应尽快在全国范围内展开城镇国有土地分等定级工作，一级土地的级差收益最高，因而收费也最多，二级土地级差收益次之，收费也次之，以此类推。第二，要严格划分城镇土地用途，根据不同的用途收取不同的土地使用费（税）。对商业、高级饭店、金融、外商机构以及路、站、场等用地，因其级差收益最高，所以收费也应当最多；对于工业、仓库、商业副食以及有收入的企事业单位等用地，因其级差收益尚可，收费次之；对于行政事业单位用地，一般应按规定收取土地使用费（税），但对于那些财政确实紧张的单位，可以视具体情况暂时给予减、缓、免，不过要严格限定减、缓、免对象、范围和时间。第三，城镇土地实行有偿使用既要收土地使用费，又要征收土地使用税。国家既然已经决定征收城镇土地使用税并已开展多年，为了保证政策的连续性和税收的严肃性，应当继续保留这种形式，但是，土地使用税并不能代表有偿使用，它仅仅是有偿使用中的一小部分，要真正实行有偿使用，还需收取土地使用费。

五、城镇国有土地全面实行有偿使用的配套政策

城镇国有土地有偿使用制度的推行，是一个复杂的系统工程，受许多方面因素的影响，因此，我们还需制定一些相关的配套政策，这样才能保证其目标的实现。

1. 强化土地一级市场管理，逐步开放二级市场，把土地“隐形市场”逐步纳入合法轨道。 要想使土地使用制度改革得以顺利进行，必须加强对土地市场的管理，包括土地出让和转让市场。

一级市场是土地资源的初次配置，对土地的利用方向、利用结构、土地供给数量影响极大，因此国家一定要加强对土地一级市场的管理，加强宏观控制。二级市场是土地资源的再次分配，它关系到土地资源能否节约合理高效地利用，在二级市场上受土地资源的供求规律影响很大。因此，我们要充分利用市场机制的作用把二级市场管理好。目前大量存在的“隐形市场”就是土地的二级市场，我们应当尽快完善各种管理制度，把土地“隐形市场”逐步纳入合法轨道。

2. 加强土地市场的价格管理。 我国没有一个成熟的土地市场，土地价格也十分混乱，这样在土地使用权出让和转让中就可能会出现土地价格偏低或偏高的现象，因此，国家要尽快制定土地的价格控制政策，加强土地价格的宏观管理，使土地价格趋于合理，使国家免遭损失。

3. 理顺中央与地方土地收益分配关系。 在土地使用权有偿出让过程中，中央和地方财政关系至关重要，如果搞不好会影响已经普遍实施的有偿出让制度的进一步进行。当前，我国经济建设任务很重，国家财政十分困难，在这种状况下，土地使用费的分配应当先保证中央有一定比例的收入，然后再考虑地方利益。当然这个比例要确定的合理可行，既保证中央的收入，又要照顾地方的收入，该中央得到的地方一分不扣，该地区留用的中央一文不拿，充分调动地方有偿出让土地的积极性。

论农业经济图书室藏书增长问题*

李 丽 娟

改革开放以来，我国经济进入一个高速发展的阶段，农村商品经济也随着迅速发展。在这种新形势下，农经专业图书室收藏与利用的内容、方式方法是有变化的，怎样用社会主义市场经济的新思路去认识这一问题，关系到降低图书拒借率，提高藏书利用率，充分发挥藏书的作用，提高服务质量的问题。

农经图书室的藏书是通过长年累月，把零散的书收集起来，经过科学方法整理编排，形成完整的、系统的、有序的、科学的图书资料体系。它的藏书是供读者反复借用的，读者只有使用权，而没有所有权。它收藏的目的是为传播科学文化知识，传递农经科学情报知识，为教学科研服务；同时也是为了保存人类文化知识。因此，藏书与利用在专业图书室中存在一些特殊矛盾。

一、确定合理的藏书增长速度问题

当今，世界正处在文献信息爆炸性扩展的时期，据英国科学预测学家詹姆斯·马丁测算，人类知识在20世纪是每10年增加一倍，科学杂志每50年增加10倍。这些变化必然在我国得到反映，同样会出现知识信息与文献的爆炸性增长，这种增长趋势给予文献信息收藏利用单位以很大的推动，同时也带来了许多困难，这当然也给农经文献信息收藏增加了难度。

北农大经贸院藏书中，现有中文藏书4.1万册，外文藏书4 500册；每两年增加4 000余册，递增率近10%。由于书库空间日益紧张，图书管理也日益困难，至今仍有2万余册中文图书、1 725册外文图书未能开架借阅。在院图书室现有条件下，藏书空间以至购书资金都存在制约时，出于经济实效与管理效率的考虑，存在一种在一定条件下最适度的藏书增长速度。我们认为，以每年5%的藏书增长速度是适度的。但必须扩大书库空间，才能适应日益增长的藏书能力。

二、藏书应保持稳定状态

什么是稳定状态？稳定状态理论的中心思想是要求图书室不要无限制地发展藏书数量，而应当在发展到一定程度时，控制增长，购进图书的同时相应地处理数量相当的旧书，从而使藏书的实际增长等于零，所以也称作零增长理论。

稳定状态理论也适用于我院图书室的情况，一方面要做到精选藏书，使购进数量尽量少；另一方面则须以剔除旧书来实现。由于学校本科和研究生的专业设置仍在变动中，而本院书库空间

* 原载《农村社会经济学刊》1993年第3期。

有限，目前的藏书已超过饱和的规模，因此目前应采取控制措施，降低增长速度，使藏书保持一个稳定状态。

三、更新藏书观念

长期以来，我们曾一直把藏书多、规模大作为图书室发展壮大的主要标志。在这种思想影响下，购书愈多愈好，愈是价值昂贵的珍本古籍，愈要千方百计买来。而当图书入藏以后就无条件地认为这是国家财富，不管多少年来有无使用，图书在现阶段和以后是否具有使用价值，都要妥为保存，不肯废弃。然而近年来，人们开始转向对藏书质量的研究，强调对读者需求的满足率和藏书的相对利用率。在研究方法上也从定性描述转向定量分析。目前，多数研究认为，对读者需求的满足率达到80%左右；藏书的相对利用率达到100%，是评价藏书质量追求的基本指标。可以看出，这两个比率是相互制约且互为消长的，读者满足率要求愈高，必然大大增加藏书数量，从而使藏书利用率则愈低；反之，则变化方向亦相反。因而在精选入藏图书和剔除失效旧书时，要做到对每本书的借出率心中有数，以提高藏书利用率而不是增加藏书数量，来增大读者的满足率，并且要特别强调优质服务所产生的高利用率。

为此，农经图书室的藏书应做到少而精，有明确的采购方针，又严格控制入藏的数量；而且还要有较完善的复选与剔旧制度，及时去除过时失效和本室不适用的藏书。我们的做法是书库每搬迁一次，就剔除一批过时且长期无人借用的藏书。同时抛弃大而全、小而全，凡事靠自己的狭隘观念，树立依靠社会化的文献保障体制思想。

四、正确认识要求与收藏关系

有人认为：科学发展的速度要求一个图书馆尽可能地增加书籍的库存量，并且保证藏书的增长率与人类知识数目增长率相一致，这样才能满足不断增长着的需要。这里，对图书馆藏书完备性的要求，如果是指一个国家的图书馆事业的整体，当然是正确的。

但是，对一个大学中的一个专业图书室来说，也是不必要的。因为如果每个专业图书室都做到这一点，就会形成严重的社会性重复，是不经济的，这样的要求是难以做到的。据统计分析，农经专业文献收藏中的核心部分约占有关文献总量的25%左右，这25%可满足对该专业信息需求的75%以上。但若要满足其余25%的要求，则需增加三倍的文献收藏。这是一个学校专业图书室的人力、物力、财力都难以承受的。

根据我院图书室的专业性质、服务对象的基本要求，我们觉得确定一个相对保障率为75%的藏书方针是适当的。其余25%的要求则可依靠整个图书馆界的藏书。另一方面也将本室的藏书纳入学校图书馆的藏书规划之中，以便产生最好的图书投资效益。这样一种藏书方针，是能让图书使用者理解，又能让图书馆馆长接受的方针。

五、专业图书室可不必收藏贵重文献

农经图书室虽不承担文献资源保障的任务，但有一些保存本专业有关文献信息的职能。因此，与图书馆比较，在藏书建设方针方面是有所区别的。它可以在一定范围内系统地收集与保存有关文献信息。

考虑到专业图书室的经费、人力和库存空间以及安全条件有限，在系统地收集藏书时，对其中的贵重文献可不收藏。但可通过使用资源保障型图书馆的藏书来满足读者的需求。

贵重文献包括珍古籍、原版贵重外文书刊和一些特殊出版物。这不仅是由于这些书籍价格非常高，购买困难，而且入藏后保存与管理的条件也有一系列问题，如对于善本，为了防止损坏，就要有特殊的书库，还要有一些附加设备。对于外文原版贵重书刊，要有较高水平的分编处理，进入国家或地区的联合目录，并能提供面向全社会馆际服务的条件，专业图书室是不具备这些能力的。所以，即使通过各渠道获得的贵重文献，专业图书室也不宜收藏，而以转交有关资源保障型图书馆为好。

我们认为一个专业图书室只要能够确切掌握重要文献的收藏单位，使用起来并没有太大的不便。如果多数专业图书室能接受这一藏书建设方针，将节省相当大的文献资源投资。以外文期刊而言，本室已订6种外文期刊，虽不能说理想，但可供本院各专业师生及时了解有关学科进展与信息。

六、建立书刊剔旧制度

从藏书建设的系统性来看，采、分、编、流与剔旧，都是日常业务，因此采购与剔旧应同时进行，是可以统一起来的。

首先，要统一思想，加强复选工作。一般一年左右，即可以根据流通情况，对这时期入藏的图书进行复查，将其中不适合本室需要者予以剔除。

其次，对剔旧工作要有计划、经常性地进行。随着时间的推延，会产生许多自然淘汰的藏书。被剔旧的藏书：如有了新版本的旧教科书；没有保存价值的文艺书刊；与现实政策不符的政治思想教育方面的著作以及过时的专业书籍等等，复本量都很大，要随时积累有关资料，细水长流的处理，定期剔除一定数量。

由于高校各系专业图书室，一般都订有相当数量的报刊，有人曾经提出图书室期刊收藏的时间原则是：一般专业期刊5年剔除；重要期刊10年剔除，政治、文艺和科普期刊一年后即剔除。分工原则是：有些期刊校馆与系室都订，但过了一定年限，校馆继续保存，系室则可予以剔除；有些期刊由校馆订一两份供全校师生查阅，各系室不再订购；专业性很强的期刊，可只由系室订购及保存。

第三，剔除的图书要区分不同情况，作出妥善处理。对已完全失效的书刊，当作报废处理；有些书刊一时滞架，但难以判断日后是否需要，可先做“降级”处理，过一段时间后再作最后处理。

第四，所有剔除的图书都要有完备的手续，将有关的目录及时录账，注销清楚，避免发生书目与图书不符的情况。

图书室的藏书同大众图书馆藏书都是社会的财富，有严格的管理制度，要经过一定的手续才可以从财产中剔除。

总之，专业图书室要保持一个经常更新、能满足读者基本要求的藏书体系，从而对图书室的建筑设备可以作稳定性的考虑，节省不必要的开支，也可以避免因藏书的迅速增长而相应要求人员增长。这样对于专业图书室的健康发展，积极开展各项咨询服务都是有利的。

试析市场经济中的供求规律及市场特征*

俞家宝　詹玉荣

一、供求规律在市场经济中的主宰作用

供求规律就是在市场经济条件下，产品供不应求时价格上升，供过于求时价格下降；价格高时购买量或需求量下降，价格低时购买量或需求量增加，从而形成市场上的供求平衡。其实质是生产者或供应者愿意以多少劳动时间转让自己的产品，消费者或需求者愿意以多少劳动时间交换这件商品。不管生产者用了多少劳动时间生产这件产品，他必须与消费者或购买者协商一致才能互相交换，否则交换不能进行。一件商品交换是这样，社会商品交换总过程也是这样。

价值规律是指商品的价值是由社会必要劳动时间决定的。花费社会必要劳动时间多的商品价值量大，花费社会必要劳动时间少的商品价值量小。说的是价值形成的规律。若以历史考察，商品是按价值交换的。若把商品作为一个总体看，也会看出花费劳动时间多的价值量大价格高，花费劳动时间少的价值量小价格低。所以价值规律是确实存在，但它不是主宰交换的规律，不是主宰市场的规律。

在现实生活中，交换只是一瞬间完成的事。是由买卖双方共同决定的。不单决定于生产者生产这件产品花费的劳动时间，还决定于消费者愿意支付多少劳动时间（也可称之为价值或价格）购买这件产品。在供不应求的情况下，消费者可能愿意支付比生产者花费的劳动时间多几倍甚至几十倍的劳动去交换这件产品。在供过于求的情况下，消费者不愿意按生产者花费的劳动时间去交换这件产品，不论供应者是否愿意，他只能按生产者或供应者与消费者双方同意的价格进行交换，否则他的商品就卖不出去，价值不仅不能部分的实现，甚至完全不能实现。所以现实市场交换中，不是按高于商品的价值交换，就是按低于商品的价值交换。在交换中买卖双方总是一方想以较少的劳动换取另一方较多的劳动。虽然总劳动量不会因为交换增加，但是作为参加社会交换的各个分子，总是会有一部分人占有另一部分人的劳动。这就是在市场经济中供求规律作用的结果，而不是价值规律的作用。价值规律只是在生产过程中表现出它的规律性来。因为高于社会必要劳动时间的企业，他就要降低利润以至亏本，最后倒闭。但是交换是双方自愿的行为，商品能不能实现价值，就在于它能不能在交换的一瞬间完成这惊险的跳跃。价值规律不能说明商品能不能实现这一跳跃。一个商品即便是生产它的劳动时间低于社会必要劳动时间，也不一定就能完成这一跳跃。

在现实交换中，价值规律总是处于被违反的状态，且不受惩罚。但供求规律是不可违反的，如果我们把一个供不应求的商品，进行行政干预不允许其价格上涨，不允许需求者按自己意愿支

* 原载《农村经济研究》1993 年第 3 期。

付更多的劳动时间交换这件产品，那么这件商品在市场上就会消失，转入市场外交易或者我们就得抛售库存来压低价格。如果一个供过于求的商品不准许其降低价格，就必须实行保护价，无论哪种情况，我们都必须立即拿出钱来接受惩罚，支付违背供求规律的代价。现在世界上许多国家为政治的需要、社会的需要和宏观利益而支付的宏观调控费都是很高的，完全说明了供求规律的不可违反性。

价值规律的第二形态，在交换中也不起作用。因为各部门的劳动力，不管其是否大于还是小于社会必要劳动力，产品价值能否实现都是由需求决定。当需求变了，这个部门的劳动力可能是必要劳动力，也可能不是。一个部门的社会必要劳动力，也不是单由生产部门决定，而是由供求双方决定。当我们把商品价值大小做动态考察时就会发现，当该商品的社会需要量增加时，一些生产技术比较落后的企业，农业生产中边际生产力比较低的土地都会投入生产，生产该商品的社会必要劳动时间就增加了。当需求变小到供给量以下之后，一些生产技术比较落后的企业就要被淘汰，生产该种商品的社会必要劳动时间就会变少。由此可见，决定某种商品的社会必要劳动时间，不是当时生产该种商品的平均技术装备水平，平均技术条件下生产该种商品所花费的劳动时间，而是决定于社会对该种商品的需要量。社会必要劳动时间可以由劣等条件决定，也可以由中等条件决定，还可以由优等条件决定。

在市场经济的现实中，不存在由价值规律决定价格或准确反映商品价值的价格，也不存在计划经济的平均利润。从动态的角度看，企业的利润率，每年都不同，更不可能存在所有的企业都按平均利润率生产。一个产品在试销期、增长期、成熟期、衰退期的利润率是完全不同的。这个不同正好也是由需求变化引起的，绝不能用平均利润决定的生产价格作为国家控制价格的根据。在市场经济的现实中，按价值规律定价或按计划经济的平均利润率决定价格是行不通的，违背了客观存在的供求规律。

在市场经济社会中，从现象上分析，总是会实现供求平衡的。不过这种供求平衡不是按商品价值交换的供求平衡或等价交换的供求平衡，而是供不应求的商品价格上涨，抑制需求的供求平衡，或供过于求商品价格下跌刺激需求的供求平衡。按商品价值交换的供求平衡其实是不存在的。原因是：第一，从理论上说，交换是在自己有剩余时出现的。例如A、B双方交换都是按社会必要劳动时间生产的商品，当B拿出一个自己消费不了的剩余产品去与A交换时，这个剩余产品的边际效用对B来说很低了，对A来说可能很高，A可能愿意拿出一个含有较大劳动量的产品与B交换。若B很需要A的产品，同时还有C、D、E都需要A的产品，那么B、C、D、E都会愿意拿出一个含有较大劳动量的产品与A交换，这时A就会选择一个自己需要、含有劳动量又大的商品进行交换，这在市场经济中是一种普遍现象。第二，在现代社会中经济发展很快，市场需求的变化也很快，购买一个含有同样劳动量的产品，消费者愿意支付的劳动量不同。例如50米布需要5小时社会必要劳动时间，但产品供过于求了，或者生产的多了，或者消费者的兴趣转移了，消费者只愿意以3小时的劳动量与之交换，那么50米布的价值只能是3小时。第三，当技术进步以后，生产50米布的劳动时间只用2小时，而需求者的购买量也增加了，如果仍然愿意以3小时的劳动量进行交换，这个产品的价值就仍然是3小时。这也是市场经济中商品交换的普遍现象。

市场经济不是把计划建筑在价值规律基础上的经济形态。不要说价值本身无法计量，就是按生产价格计算价值也不能根据它作为制定和执行计划的手段。因为一个企业的每年利润率不同，一个产品的不同生命周期的利润率也不同。在利润高时，企业必须多提积累，多提折旧。在利润少时，企业就只能少积累，不积累、少折旧。如果只允许以生产价格为根据制定产品价格，企业不能在畅销时多获利润，在产品滞销时又不能降低价格，就会造成企业积累减少，企业产品滞销，扩大再生产受到影响，甚至为此而破产。所以在市场经济条件下，建筑在价值规律基础上的计划经济也必然是行不通的。

对市场经济来说，也不能依据价值规律作为宏观调控的根据，特别是不能用生产价格理论制定指导价格或保护价格。我们要保护的产品只能是市场有需求的产品，只能把生产或供应调控到与市场需求相当或稍大的范围内。如果把需求调控到适应生产量或供应量的范围内，让需求适应供应，只能是短期调整，最终还得调回到供应适应需求。如果我们保护的是没有市场需求或市场需求下降的产品，保护的结果只能是资源的浪费，财富的浪费，最终导致财政负担越来越大。市场机制不可能让没有需求的产品实现价值。因为市场经济不遵循价值规律，只遵守供求规律。商品交换是由供应者生产商品所花费的劳动时间和需求者愿意支付的劳动时间共同决定的。其中起主要作用的不是供应方而是需求方。早在100多年前空想社会主义者就作过一个失败的试验，他们让所有参加试验的人把自己的产品都标上所花费的必要劳动时间，拿到叫做“人民银行”的场所进行按等量劳动时间去进行交换，结果是人们需要的产品都被交换了，那些无人需要的产品都被留下了，它们的价值不能实现，“人民银行”最终只能倒闭。如果我们今天仍然按价值规律进行宏观调控，让所有的产品都按价值交换，其结果也只能是放大了的失败的“人民银行”的试验。

在市场经济中，一切经济活动都已商品化了，都表现为买卖双方的活动，包括资源的分配，产品的分配，都是由供求双方决定。谁的经济效益好，谁出的价格高，谁就可以购到资源。

市场经济可以接受计划，如根据宏观经济和社会总利益的需要，国家对经济发展速度、生产布局、经营规模等，可以提出计划目标，然后通过贷款、税率、利息率等手段调整企业利益或需求者利益，从而达到计划目标，但这要付出违背规律的代价。

危机是市场经济条件下的必然现象，但不是违背价值规律的结果，而是违背供求规律的结果。当需求变动以后，有些企业由于供应调整缓慢，或看不到需求变动的趋势，在需求已经减少、价格已经下降时，为了保住利润量仍盲目扩大生产，造成产品大量积压。也有些企业看到市场某需求大的产品价格上升，便盲目扩大生产以致产品大量过剩。无论是有需求的产品还是没需求的产品，都是在利润的驱使下扩大生产的。由于需求不足，产品价值不能实现，货币资金周转不灵，导致企业亏本破产，工人失业，致使需求越加不足，企业破产工人失业越来越多，最后出现危机。

是否所有的产品都按价值交换就不会出现危机呢？若从理论上推测，也许将来到共产主义社会，生产力高度发达，信息传递很快，产品结构调整很快，可能会做到。但在当前市场经济条件下，供求双方都追求各自的利益，生产结构的调整既受到人的利益的阻挠，又受到生产力不够的限制，必然存在着供应结构与需求结构的矛盾。而这个矛盾也只能一步步尖锐到危机暴发，然后再逐步缓解，一直到繁荣。随后又是一个新的循环。

二、市场经济的几个基本特征

1. 以利润为目标是市场经济中企业行为的动力，又是它的目标。就企业来说，什么赚钱就经营什么，什么方法赚钱多就采用什么方法经营。就其本质而言，它不承担任何社会责任，企业不管污染，不管供求平衡和社会福利。如果宏观利益不准污染，那就得立法，用法律或行政手段强迫企业承担社会责任。

企业是一个独立的法人单位，具有独立的决策权。企业可大可小都是以利润为标准确定规模。一个企业是否进入了市场经济，也要看它是否为了利润而从事生产经济活动，把利润作为经营目标。

2. 市场经济是法制管理。在市场经济中以法律为根据，以法律为准绳，法律是行为的界限。不违法就不能处置。在市场经济社会中，供求双方各自为追求自己的利益，必然会产生因谁多占对方劳动而发生利益冲突。法律就是分清是非的准绳，没有法律就不能保护经济活动中双方各自的正当权益，企业就没有行为准则，就不能真正独立，就不敢脱离行政领导。虽然行政领导干涉企业，会给企业带来一些不利因素，但行政领导的权利，则可以起到保护企业利益的作用，当企业受到社会上不正当的干扰时，政府主管部门就可以出面制止，因此没有健全的法律，企业就不敢脱离行政的保护，企业就不能真正独立，也就不可能完全转入市场经济。但光靠政策也不行，政策灵活性大，可以有不同的解释和理解，而且时效短。法律则用词严谨，不能随意解释。供求双方以法律为准绳，就有了保护自己权益的武器。

3. 竞争是市场经济的基本特征之一。在市场经济条件下，竞争是企业间关系的主要方面，尽管合作在市场经济中也是不可缺少的，但竞争则是市场经济区别于其他经济形态，特别是区别于计划经济的重要特征。市场经济就是利益机制，人的行为受利益驱使，竞争自然也就成了主要方面。

垄断，对一个企业来说可以不费力而赚取大量利润。任何一个企业都既是供应者，又是需求者。垄断企业作为供应者，面对的是众多的互相竞争的需求者，他可以毫不费力的靠提高价格获得垄断利润。作为需求者，它面对的是众多的原料供应者，它可以尽量的压低价格，以较少的劳动换取多量劳动。在计划经济体制下，企业具有双重任务，既要承担经营责任，又要承担政府的社会责任，垄断企业则更便于政府控制。但在市场经济中，由于垄断企业可以获取垄断利润，必然阻碍技术进步或不利于技术进步，只有竞争才能推动企业改善管理，改进技术，才能有力的促进社会经济发展。

竞争，就要有对抗力量，没有对抗力量形不成竞争。一个具有10亿、几十亿元资产的企业，对一个仅有几万元或十几万元的小企业不可能形成对抗的竞争。所以在市场经济中，必须反对垄断。当然作为一个企业希望垄断市场，而作为国家政府应该反对垄断，除制定反垄断法外，还必然培植抗衡力量。在农业中，农协也好，农业合作社也好，都可以形成农民的集体力量，形成一个有竞争力的抗衡力量。合作社是全世界农民共同选择的一个进入市场经济的好形式，我们也应加以利用，帮助农民组织流通领域的合作社，让农民用集体的力量去抗衡，去竞争。

4. 市场经济是高度讲信誉的经济。信誉是人的行为道德标准，也是企业经营行为的准则。在计划经济体制下，对不讲信誉的人，企业可以通过国家、政府部门解决。而在市场经济体制下，企业是自由交易，没有什么组织保证，要靠法律约束，在法律界限内就要靠信誉。没有信用，不讲信用，市场经济就无法活动。马克思说过，建立在经济发达基础上，反过来又促进经济发达的股份制、金融制度都是信用发展的结果。经济活动中并不都是一手交钱一手交货，交易过程中的时间差、空间差都必须有信用弥补才能衔接上。物资运输，货币周转中的安全、产品使用价值的承诺都必须靠信誉担保。一个不遵守合同，不讲信誉，用劣质产品骗人的企业在市场经济中就没有人愿意与他合作，与他交往，企业就很难生存下去。可见市场经济培育信誉，信誉也是市场经济发展的条件。

5. 市场经济要求产权明晰。所谓产权明晰就是经济活动中利益关系明晰。不仅盈利时应有明确的利润分配制度，亏损了也应有明确的责任制度。盲目投资造成的资源浪费必须有明确的惩罚制度。明确责任必须是自然人，不能是法人。只有自然人才能把利害关系落实到人的身上，责任心才强，才有活力。

6. 市场经济中的交换是自由让渡。各个企业和个人都是按照对自己有利的条件自由交换产品和劳动。自由交换是没有强制力量下的交换。交换双方是完全自愿的，而自愿并不一定都是等价交换才自愿，由于交换的条件不同，人们也常把自己较多的劳动自愿地换取较少的劳动。

国家可以用税收、利率、信贷、政策、法律等调整行业利润，但不能直接出面干涉交换。国家也可以通过制定保护价、吞吐库存产品调整市场供求量、调整市场价格。其作用也只在调整市场环境、交易环境、供求状态。参与市场交换的企业和个人仍然是自由交换。价格是在自愿交换下形成，价格自然带有主观评价性质。

7. 在市场经济条件下，农民（小生产者）必然分化。必然存在企业破产和倒闭。分化就是一部分企业和个人成功、发展，一部分企业和个人失败、破产。竞争就有成功和失败，分化是市场经济条件下供求规律作用的结果。某些国家曾出现中产阶级化现象，但这不是市场经济的结果，而是国家宏观调控的结果。例如实行累加的个人收入调节税，高额遗产税，对工人实行最低工资制和各种福利保证，实行保护中小企业政策等。但国家都为这些宏观措施支付了很高的代价。

粮食供需信息系统的研制与应用*

吴扬俊　王卫华

一、绪言

（一）粮食问题的重要性和复杂性

粮食问题一直是农学家、经济学家和国家领导者最为关心的研究课题，究其原因是因为粮食问题的重要性和复杂性。粮食是人类赖以生存的主要食物，又是畜禽的主要饲料。即使在现代社会，人们的食物构成发生了很大变化，但粮食在人类生活和社会经济发展中的重要地位并没有改变。“无农不稳”和“无粮则乱”是经历史检验的真理。

粮食系统是农业系统和经济系统中的一个子系统，它与系统内外存在着相互依赖的关系。粮食系统本身包括粮食的生产和粮食的消费两大过程，在粮食的生产过程中不仅有大量的科学技术问题，而且受政府的政策和生产者的积极性的影响；粮食的消费过程包括粮食的收购、储存、运输、加工和销售等一系列过程。就全国范围来讲，粮食的生产不仅有季节性，而且有地域性，粮食的消费有连续性和超地域性，如何协调粮食供需矛盾始终是重要的研究课题。总之，粮食问题是一个十分复杂的系统工程问题。随着时间的推移，旧的矛盾得到解决，新的矛盾又会出现。

（二）计算机信息系统

由于粮食问题是一个系统工程问题，它必然要应用多学科的知识和采用定性与定量相结合的研究方法。计算机的出现和应用给系统工程问题的研究提供了一个强有力的工具。在粮食生产和消费过程中，存在着大量的数据，如何收集、储存和处理这些数据，使其为研究人员和管理决策者提供更多的信息和辅助决策，这便是计算机信息系统的任务。

计算机信息系统按其辅助决策的程度可分为数据处理系统 DPS（Data Processing System）、管理信息系统 MIS（Management Information System）和决策支持系统 DSS（Decision Support System）。它们之间的层次关系如图 1 所示。

DPS 的主要任务是提高数据处理的速度和质量，减轻人们繁重的劳动，在系统的结构上，数据库是系统的核心，围绕各种各样的数据库，需要编制数据维护和处理程序；MIS 除了具有 DPS 的功能外，还应当辅助中层管理人员对常规的决策问题进行处理，系统的结构除数据库之外，还应当建立模型库；一个完善的 DSS 除了包含 DPS 和 MIS 的功能外，还应当辅助高层决策者对不常规的（半结构化或非结构化的）决策问题进行处理，在结构上除了数据库、模型库之外，还应当利用人工智能中的专家系统技术，建立知识库。

* 本文为 1993 年 5 月中国农业系统工程学会第四届年会优秀论文。

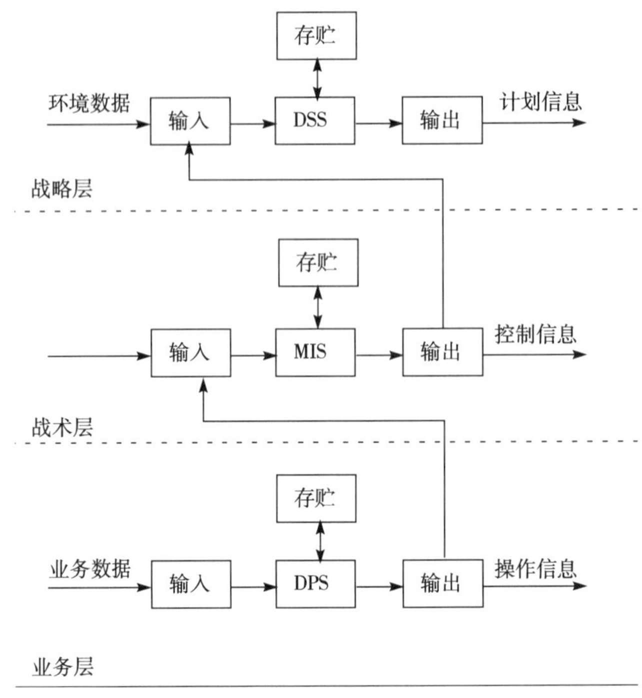

图 1　计算机信息系统层次结构

本系统的近期目标是建立一个较为通用的，可适用于全国、各省市或地区的粮食供需信息系统。

二、系统的功能与总体结构

（一）系统的设计原则

在设计本系统时根据软件工程的原理，考虑了如下的设计原则：

1. 实用性。本系统企图为各级粮食管理人员和有关粮食问题的研究人员提供一个支持工具，在系统设计时充分考虑了操作简单、具有容错的功能，输入输出画面力求美观，在人机交互的地方都要有适当的说明和解释。

2. 模块化和可扩充性。系统从主控菜单入手，每一个功能都自成一个独立模块，使软件的层次分明可读，系统设计时充分考虑了本系的应用环境、用户的要求和使用的时间都将不断变化，所以各模块都留有扩充的余地，系统的模块化结构为系统的扩充和移植带来方便。

3. 通用性。本系统不仅适用于全国的粮食数据处理，也可用于各省市和地区，当研究各省市的粮食问题时，根据系统所建立的数据库结构，输入本省市的数据即可运行本系统，这样使软件具有较广泛的推广价值。

（二）系统的功能和总体结构

根据确定的近期系统目标，经分析确定本系统的功能包括：数据管理、查询检索、统计分析、预测、粮食供需平衡计算和图形显示六大功能模块。并建立相应的数据库和模型库，其总体结构如图 2 所示。

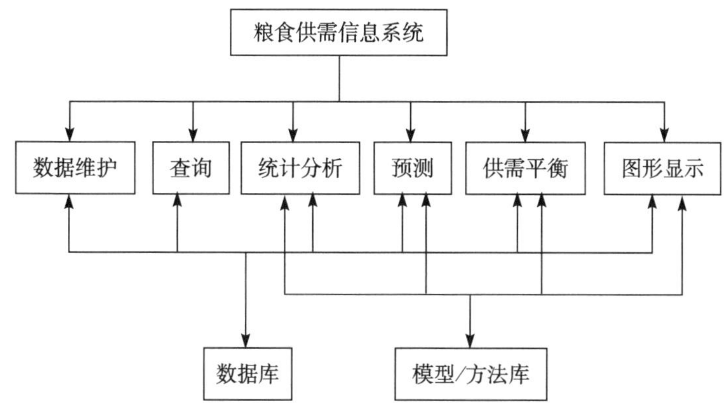

图2　粮食供需信息系统总体结构图

（三）系统的数据库

根据系统的功能，如何确定系统中应建立哪些数据库及每个数据库的结构是系统研制的关键。本系统作为粮食信息系统的一个初型，已建立11个数据库，它们的结构分别表示如下：

1. 历年粮食播种面积数据库。包含年份、农作物总播种面积、粮食作物播种面积和稻谷、小麦、玉米、大豆、薯类及经济作物播种面积等九个数据项。

2. 历年粮食产量数据库。包含年份、粮食总产、稻谷、小麦、玉米、大豆、薯类和其他粮食产量等八个数据项。

3. 历年人口数据库。包含年份、人口总数、市镇人口数、乡村人口数、人口出生率和死亡率等六个数据项。

4. 历年人均消费量数据库。包含年份、粮食消费量，食用油，猪肉、牛羊肉、家禽、鲜蛋、水产品及食糖消费量等九个数据项。

5. 粮食出口量数据库。包含年份、粮食出口量、大米、大豆出口量等四个数据项。

6. 粮食进口数据库。包含年份、粮食进口量、小麦、大麦、玉米、干豆和大豆进口量等七个数据项。

7. 畜禽生产数据库。包含年份、猪肉生产量、牛肉、羊肉、禽肉、牛奶、禽蛋生产量及役畜的头数等八个数据项。

为了研究各地区的粮食生产与消费情况，还需要建立某年各地区的数据库，它们的数据库结构与历年的数据库结构类似，一般可把年份数据项改为地区名称就可以。

研究粮食的收购、流通及粮食政策等问题时，还需要建立有关粮食的价格、收购量、销售量等数据库。为了研究粮食生产要素等问题，还要建立化肥、塑料薄膜供应及水利灌溉等数据库（本系统暂缺）。

（四）系统的模型/方法库

计算机信息系统中的模型库，一般存放面对决策问题的定量模型，而方法库存放通用的计算方法程序。由于本系统尚未考虑较复杂的辅助决策问题，只列出有关粮食供需预测问题，所以在程序设计中把预测模型与预测方法结合一起考虑。预测方法也只列出几种，其他的预测方法可根据需要继续扩充。

（五）系统的实现

本系统的开发策略采用原型法，即系统开发初期，在系统分析研究的基础上先建立一个系统的初型，经部分用户试用的基础上对初型系统进行改进与完善，经多次重复上述过程，使系统逐步成熟。

一个计算机信息系统的实现除硬件系统的选购、安装和调试外，在软件系统的设计可采用多种实现方法，一般用数据库管理系统对系统中的数据文件进行管理（包括数据库文件的建立、数据的输入、追加、删除修改等），国内常用的数据库管理系统是 DBASE Ⅲ、POXBASE 和 ORECAL 等，而有关预测、数学模型计算和图形显示等则要用高级语言进行编程。这种实现方法的优点是：由于使用了有较强功能的数据库管理系统，因而对系统中的数据管理和维护带来了方便，但是这种方法存在许多缺点，如定量模型的计算往往要使用数据库文件的内容，这就必须设计数据库文件与高级语言之间的接口；另一方面，在一个系统中要同时使用数据库管理系统和高级语言，势必大大增加了内存的占用，也不利于把系统编译成为一个可执行文件。由于本系统的数据管理不十分复杂，所以本系统的数据用顺序数据文件存储，全部程序用高级语言来实现。用高级语言管理数据比数据库管理系统的一个优点是每条记录和每个数据项的长度是不定长的，这样可以大大节省内存。

在高级语言中，由于 BASIC 语言同时兼备解释和编译两种功能，在系统的调试阶段，采用解释 BASIC 语言可大大节省程序的修改和试运行时间，当系统调试成功以后，可用 Turbo BASIC 等编译系统对其进行编译，产生可直接在操作系统状态下运行的程序，提高运行速度。BASIC 语言与 C 语言相比，其主要的缺点是编译后的文件长度较长，待系统运行成熟后可考虑用 C 语言进行移植。

系统的硬件采用在我国最为流行的 IBM PC/XT、PC/AT 或 386 系列微机，要求彩色显示器，内存容量在 640KB 以上。

三、系统的功能模块

（一）数据维护

数据维护包括：①数据输入；②数据修改；③报表打印。

1. 数据输入。为系统中各个数据库设计了屏幕的输入画面，例如粮食产量数据库的输入画面如下：

＊＊＊粮食产量输入模块＊＊＊

年份（输入 END 结束）：1989
粮食总产量（万吨）：40755
其中：稻谷（万吨）：18013
小麦（万吨）：9081
玉米（万吨）：7893
大豆（万吨）：1023
薯类（万吨）：2730

资料来源：本系统中的数据来自 1991 年中国统计年鉴。

2. 数据修改。当发现某个数据库中的数据有误时，可利用数据修改模块的功能显示该记录的内容，然后对错误数据进行修改，其屏幕画面与输入画面基本相同。

3. 报表打印。根据用户的需要可将数据库中的内容以报表的形式打印出来，例如要打印 1982—1990 年全国粮食情况的报表如表 1。

表 1　1982—1990 年全国粮食产量

单位：万吨

年份	粮食	稻谷	小麦	玉米	大豆	薯类
1982	35 450	16 160	6 847	6 056	903	2 705
1983	38 728	16 887	8 139	6 821	976	2 925
1984	40 731	17 826	8 782	7 341	970	2 848
1985	37 911	16 857	8 581	6 383	1 050	2 604
1986	39 151	17 222	9 004	7 086	1 161	2 534
1987	40 298	17 426	8 590	7 924	1 247	2 820
1988	39 408	16 911	8 540	7 735	1 165	2 697
1989	40 755	18 013	9 081	7 893	1 023	2 730
1990	44 624	18 933	9 823	9 682	1 100	2 743

（二）查询

查询模块可检索某个数据库中某条记录的内容，例如要查询 1989 年全国粮食产量的情况，其输出画面如下：

```
＊＊＊查全国历年粮食产量＊＊＊
请输入要查询的年份（按回车键结束）：1989
年份        ：1989
粮食总产量：40 755   万吨
其中：稻谷：18 013   占粮食总产量  44.20%
      小麦：  9 081   占粮食总产量  22.28%
      玉米：  7 893   占粮食总产量  19.37%
      大豆：  1 023   占粮食总产量   2.51%
      薯类：  2 730   占粮食总产量   6.71%
   其他粮食：  2 015   占粮食总产量   4.94%
------------------------------------------------
继续查询吗（Y/N)？
```

如果回答 Y 则继续查询，否则返回到查询菜单。

（三）统计分析

一个计算机信息系统的用途可概括为三个方面：一是利用计算机的快速运算等功能，帮助管理人员统计计算、打印各种报表，减轻繁琐的数据处理工作，提高数据处理速度和质量；二是为各种用户提供查询服务，使用户从中得到有用的信息；三是利用信息系统中的大量数据，根据用户的意愿，运用各种统计分析方法对其中某些数据进行加工处理，从中提取更深层次的信息，帮助决策者判断分析，起到辅助决策作用。由于统计分析与用户的意愿有关，作为例子本系统只列出以下的统计分析内容：

```
                    统计分析模块
====================================================
  1. 历年粮食播面、总产和亩产的增减变化趋势分析
  2. 历年人均粮食占有量的波动情况分析
  3. 经济收入水平与粮食消费量的关系分析
  0. 退出
----------------------------------------------------
请您选择（0～3）
```

有关上述内容的分析方法和分析结果详见第四部分专题应用。

（四）预测

有关粮食问题需要预测的内容很多，预测方法也很多，本系统作为初型，只列出以下的预测项目，根据需要可不断扩充：

粮食供需预测模块

1. 粮食总产量预测　　2. 人口预测
3. 人均粮食消费量预测　　0. 退出

请您选择（0～3）

有关定量预测模型，本系统只列出以下几种常规方法，人口预测模型自成一个子模块，其他预测模型根据需要可不断扩充：

预测模型

1. 一元线性回归　　2. 一元非线性回归
3. 多项式回归　　4. 多元线性回归
0. 退出

请您选择（0～4）

例如我们要预测全国粮食产量，采用多项式回归方法，则要根据时间序列数据的散点图，初步选择自变量的乘幂（2，3，4），若选择乘幂为3，则系统很快计算出预测模型为：

$$Y=14894.03-28.16X+21.45X^2-0.1X^3$$

并列出自变量的观测值、预测值、相对误差和相关系数（R＝0.9804）等，系统询问预报的步数，若要预测1992和1993年的总产量时，回答2，则可计算出1992年的粮食总产量Y＝45294.37，1993年Y＝46557.8系统还可显示回归曲线图形。

（五）供需平衡

本模块企图提供某年粮食总量供需平衡计算模型，以便在宏观上有一个估计，其计算公式确定为：

总产－口粮食品－饲料－工业用粮－种子－产后损失＋进口－出口＝新增库存

其中：口粮食品＝人均粮食消费量（含加工制品）×人口总数

饲料用粮＝主要畜禽产量×每公斤产量的粮食消耗量＋役畜口粮

工业用粮根据经验估计为总产量的一百分数（如1%～1.2%）

种子用粮＝该年粮食播种面积×每亩的用种量（约10～11千克）

产后损失估计为总产量的2%～3%

上述计算公式中，人均粮食消费量、人口总数、主要畜禽产品产量、役畜头数和粮食播种面积等，在国家的统计资料中可以查到，但对每千克畜禽产品所需的饲料粮、役畜的口粮标准等参数的估计比较困难，本文作者曾参考文献［1］中提供的资料对1980—1990年进行计算，计算结果几乎每年粮食都亏缺。由于时间关系，作者尚未找到比较科学的参数估计方法。

（六）图形显示

随着计算机应用水平的提高，应用软件都十分注重图形图像的开发，有些信息很难用语言和数字给予描绘，而用图形图像一目了然，“千言万语顶不上一张图”充分说明了图形的重要性。

本系统初步开发了以下的图形显示：

图形显示模块

1. 时序图　　2. 散点图
3. 直方图　　4. 圆饼图
0. 退出

请您选择（0～4）

例如我们要显示全国粮食产量的时序图，系统首先进入时序图形显示模块：

时序图形显示

1. 历年粮食播种面积　　2. 历年粮食产量
3. 历年人均粮食消费量　　4. 历年人口情况
0. 退出

请您选择（0～4）

当选择 2 时，系统询问用户要显示的时序图起始和终止年份，并请用户选择：

要作几条曲线（1～3）：3
＊＊＊＊＊＊＊选择项号＊＊＊＊＊＊＊
1. 粮食总产量　　2. 稻谷产量
3. 玉米产量　　4. 大豆产量
5. 薯类产量　　6. 其他粮食产量

若选择 1、2、3 则显示三条曲线（1949—1990）如图 3 所示。

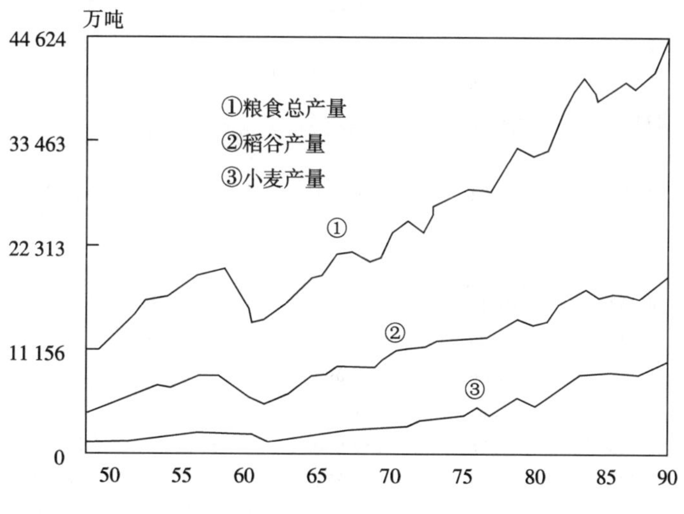

图 3　1949—1990 年全国粮食产量

四、专题应用

（一）全国历年粮食总产、播种面积和亩产的增减变化趋势分析

设 t 年粮食播种面积为 At、总产 Bt、亩产 Ct，调用系统中的数据库中有关数据，并计算

Ct=Bt/At/1000，及相邻两年的增减率 Rt1=（Bt−Bt−1）/Bt×100，Rt2=（At−At−1）/At×100，Rt3=（Ct−Ct−1）/Ct×100 计算结果显示如表 2。

表 2

年份	粮食总产（万吨）	增长%	粮食播面（万亩）	增长%	粮食亩产（千克）	增长%
1949	11 318					
1950	13 213	16.74				
1951	14 369	8.74				
1952	16 392	14.07	185 968		88.14	
1953	16 683	1.77				
1954	16 952	1.61				
1955	18 394	8.5				
1956	19 275	4.78				
1957	19 505	1.19	200 450		97.31	
1958	20 000	2.53				
1959	17 000	−15				
1960	14 350	−15.59				
1961	14 750	2.78				
1962	16 000	8.47	182 431		87.70	
1963	17 000	6.25				
1964	18 750	10.29				
1965	19 450	3.74	179 441		108.41	
1966	21 400	10				
1967	21 782	1.78				
1968	20 906	−4.03				
1969	21 097	.91				
1970	23 996	13.74	178 901		134.13	
1971	25 014	4.24				
1972	24 048	−3.87				
1973	26 492	10.17				
1974	27 527	3.89				
1975	28 452	3.36	181 593		156.68	
1976	28 631	.62	181 115	−.26	158.08	.89
1977	28 273	−1.26	180 600	−.29	156.55	−0.98
1978	30 477	7.79	180 881	.15	168.49	7.09
1979	33 212	8.97	178 894	−1.1	185.65	9.24
1980	32 056	−3.49	175 851	−1.71	182.29	−1.84
1981	32 502	1.39	172 431	−1.95	188.49	3.29
1982	35 450	9.07	170 194	−1.31	208.29	9.51
1983	38 728	9.24	171 071	.51	226.39	7.99
1984	40 731	5.17	169 326	−1.03	240.55	5.89
1985	37 911	−6.93	163 268	−3.58	232.20	−3.59

（续）

年份	粮食总产（万吨）	增长%	粮食播面（万亩）	增长%	粮食亩产（千克）	增长%
1986	39 151	3.27	166 399	1.91	235.28	1.31
1987	40 298	2.92	166 902	.3	241.45	2.55
1988	39 408	－2.21	165 184	－1.03	238.57	－1.21
1989	40 755	3.41	168 307	1.89	242.15	1.48
1990	44 624	9.49	170 199	1.12	262.19	7.64

通过上述的数据处理，再进行一些统计分析，从中可获取如下的信息（这只是其中的一部分）：

全国粮食总产方面：

• 41年来粮食总产的总趋势是持续增长，年平均增长4.354%；

• 41年中增长的33年，占80.5%；减产8年，占19.5%；即增产多于减产；

• 增减转移的可能性，增增是0.619，增减是0.167，减增是0.167，减减是0.02；

• 增产幅度大于5%的年份16年，大于10%的年份6年；

• 减产幅度大于5%的年份3年，大于10%的年份2年。

全国粮食播种面积方面：

• 粮食播种面积的总趋势是略微下降，年平均下降（1975—1990）0.43%；

• 下降的年份大大于增长的年份，其中1985年下降最多（－3.58%）。

全国粮食亩产方面（参考文献［1］、［3］）：

• 全国粮食亩产的总趋势是持续增长，经历了低速缓慢增长和相对高速但波动的发展阶段。1975—1990年平均年增长3.284%；

• 亩产小于100千克到100多千克经历了14年；从100多千克到150多千克经历了10年；从150多千克到200多千克经历8年；从200多千克到250多千克经历了8年，1990年第一次突破250千克大关，预计2000年前全国平均亩产超过300千克；

• 1975—1990年间增产幅度大于5%的有6年，其中1978，1979，1982，1983，1984，1990年大于7%，减产幅度大于1%有3年，其中1985年减产大于3%；

• 增产年多于减产年，持续增长的时间和幅度均大于减产，连续减产的可能性较小；

• 研究指出，增减的历史演变具有明显的准4年及其倍数周期的波动特性；

总产、播种面积与亩产之间的关系：（略）

有关粮食产量的增减及波动成因和机理，在学术界有很多争论，这里不再讨论。

（二）历年人均粮食占有量的波动情况分析

计算人均粮食占有量＝全国粮食总产/总人口数×1000千克和相邻两年人均粮食增长率，如表3。

表3

年份	人均粮食	增长%	年份	人均粮食	增长%
1949	208.95	12.71	1952	285.17	－0.5
1950	239.38	6.21	1953	283.74	－0.87
1951	255.22	10.5	1954	281.28	6.01

（续）

年份	人均粮食	增长%	年份	人均粮食	增长%
1955	299.26	2.45	1974	302.96	1.97
1956	306.79	−1.69	1975	307.86	1.59
1957	301.69	0.45	1976	305.50	−0.77
1958	303.06	−19.81	1977	297.69	−2.62
1959	252.95	−16.7	1978	316.62	5.98
1960	216.74	3.22	1979	340.49	7.01
1961	223.96	5.8	1980	324.77	−4.84
1962	237.76	3.26	1981	324.79	6.30
1963	245.76	7.59	1982	348.73	6.87
1964	265.96	0.83	1983	375.97	7.24
1965	268.18	6.59	1984	390.30	3.67
1966	287.09	−0.65	1985	358.15	−8.98
1967	285.22	−7.15	1986	364.17	1.65
1968	266.20	−1.79	1987	368.69	1.23
1969	261.52	9.55	1988	354.94	−3.87
1970	289.14	1.48	1989	361.61	1.84
1971	293.49	1.48	1990	390.30	7.35
1972	275.85	−6.39			
1973	296.98	7.11			

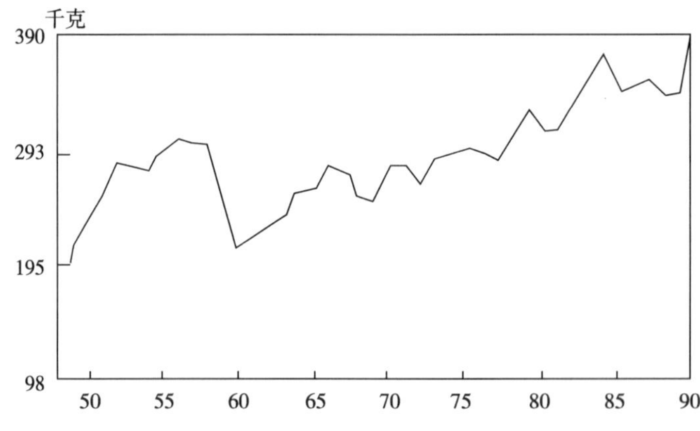

图 4　全国历年人均粮食占有量变化趋势

通过分析上述的数据和图形，可获得如下的认识：从人均粮食占有量，我国粮食供需情况可分为三个阶段：①从 1949 至 1956 年，整个国民经济进入恢复和迅速发展阶段，人均粮食从 208.9 千克迅速增至 306.79 千克；②从 1957 至 1977 共 21 年，虽然粮食总产缓慢增长，但人口增长较快，所以人均粮食占有量徘徊不前，且有所下降，三年困难时期人均粮食降到最低点；③从 1978 年以来，由于政策对头，人均粮食在 300 千克以上持续上升，到 1990 年人均粮食达到 390.29 千克。

（三）经济收入水平与粮食消费量的关系分析（略）

五、结束语

本系统只是粮食信息系统的一个初型，由于要建立一完善的信息系统需要很多人力、资金和时间，还需要用户单位的配合和支持，待得到有关部门的资助后，可把本系统继续完善和在实际单位中应用。

参考文献

[1] 刘志澄，黄佩民. 中国粮食之研究. 中国农业科技出版社，1989

[2] D. R. Adams，G. E. Wagner，Computer Information System：An Introduction South - Western Publishing Co.，1983

[3] 王馥棠，王石立. 40年来我国粮食产量历史演变特征的初步分析. 中国农业科学 . 1990（4）

[4] 吴扬俊，管理信息系统概论. 北京农业工程大学教材. 1989

市场经济与农业*

安希伋

我国经济建设目标是建立社会主义市场经济。这一目标已于1993年载入我国宪法。在我国，社会主义市场经济问题既是一个新鲜的经济理论问题，又是一个重大的实践问题。这篇短文力图以14年来我国以市场为取向的经济改革经验为依据，并参考资本主义市场经济发展的历史经验，讨论社会主义市场经济若干理论问题和市场经济条件下的农业问题。行文顺序为：市场经济界定，市场经济特性，及市场经济条件下的农业。

一、什么是市场经济——市场经济架构

究竟什么是市场经济？什么是社会主义市场经济？经济理论界有许多不同观点，主要表现在侧重点有所不同。本文给出下列界定供讨论：市场经济是个人和企业（含农户经济）作为独立的经济主体进行生产、消费和交换活动的一种经济体制；市场上实行等价交换；政府用立法与政策手段对于社会经济活动实行调节和管理。这一界定，可用一个市场经济架构及其运行图表之。世界上有各种不同的市场经济，例如美国、德国、法国的市场经济各有特色，主要是政府对于市场运作干预的手段和程度不同。

在现阶段我国社会主义市场经济中，实行多元所有制，公有制还居于主导地位。政府在对社会经济调控过程中，除了运用市场经济中一般的政策手段之外，还能够间接的通过国有财产代理人的作用影响社会经济运行。其中特别是调整分配过程，避免贫富悬殊。

二、市场经济特性

从上述市场经济基本概念，自然就引申出市场经济的特性。我把它概括为四个特性：①产权清楚，并有法律保障；②等价交换；③公开竞争，公平竞争；④在完全竞争条件下的自发性和盲目性与政府立法及宏观政策干预。

（一）产权清楚与法律保障

产权清楚是市场经济的第一个特性，也是建立市场经济的一个先决条件。商品是市场经济的细胞。商品交换是市场经济最基本的经济活动，并以此区别于各种非市场经济体制。而各种形式的商品交换，包括要素和服务在内，都是指买卖双方在市场上交换货物或要素的所有权或者使用

* 这是1993年7月间在中央农业管理干部学院根据中共中央组织部和国务院农业部通知和委托，为沿海沿江地区地县级农业领导干部举办的农村改革与经济发展研讨班的讲课提纲。

权。因此，任何个人或企业，只有拥有商品产权，才能走进市场，进行交换活动。也只有具备了这一条件,企业或农户才能有独立自主的经营权,并在市场中取得平等地位。产权不但要清楚,并须得到社会公认,用法律予以保障,任何人不得非法侵犯。只有这样,市场经济才能正常运行。

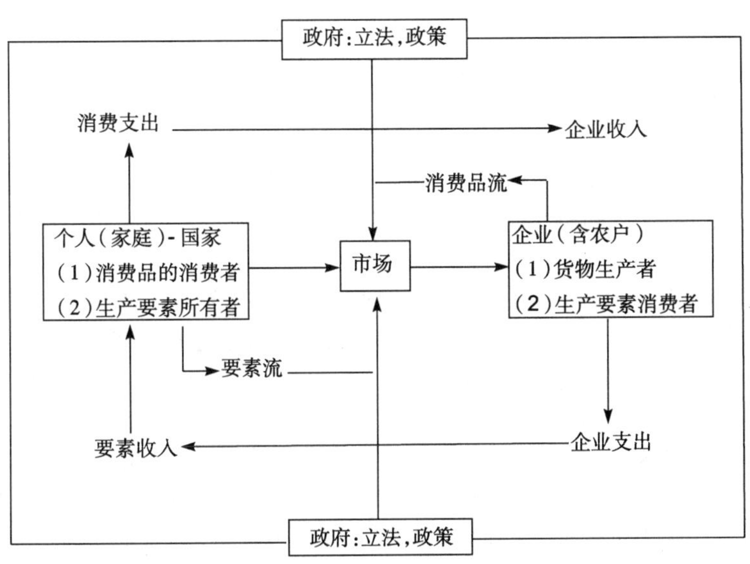

图1　市场经济架构及运行图

我国的经济改革，一开始就是首先从调整产权关系入手的。20世纪70年代末到80年代初，我国把集体所有集体经营的人民公社制度改为农户家庭联产承包责任制。这一改革的实质，主要是把农村土地所有权与土地使用权初步的分离开来，创设了一个二元的土地产权结构。事实上农民开始成了社会主义市场经济的主体。8亿农民进入市场这件事，虽然只是初步的、不完全的市场，仍然证明是一项具有历史意义的重大决策。

城市经济改革也是从产权关系调整开始的。工厂中较早的放权让利；继之以承包制、租赁制；一直到目前的国有大中型工业企业转换经营机制；都是体现为调整政企关系的产权改革。我们的目标是：力争较彻底地做到产权清楚和多元化，使企业拥有完整的独立自主经营权，真正成为市场经济主体。近年来股份制和农村中股份合作制的出现，说明产权关系改革已向着产权社会化和所有权与使用权相分离的方向发展。这是经济改革进一步深入的表现，也是市场经济发展的必然趋向。

我国产权改革已经走过了很长一段道路，也还有许多事情要做。按照市场经济的要求，农村土地产权关系还不够明确。主要表现在农民土地使用权不稳定和难流动。不利于激励农民对土地进行投资和逐步扩大经营规模，有效的利用我国相对稀缺的土地资源。我曾于1988年提出土地国有永佃制的主张，此其一。其次，乡村两级企业和国有企业产权仍不清楚。行政干预多，企业自主少。第三，现行金融体制不适应市场经济要求，离银行企业化和资金商品化的要求还有距离。近年经验证明：这种产权状况，既束缚了企业和农户的活动，又削弱了政府实施宏观调控和管理的效果，不利于国民经济高速、持久、稳定的发展。产权改革受到经济因素、社会因素、意识形态和心理因素的制约，涉及较多的现实利益关系。经验证明，这是经济改革的一个难点和关键所在，是市场经济基石，还需继续努力。

（二）等价交换

商品交换的规律是价值规律，贯彻等价交换原则。市场价格由供给和需求状况决定，并随供需变化而发生波动。波动围绕等价进行。价值运行是市场机制核心，导致社会资源优化配置。行政干预商品交换，包括政府规定价格，引起价格偏离，有损于资源有效配置。

我国价格改革是从20世纪80年代初开始的。主要过程是：逐步减少政府定价，扩大市场形成价格，建立一套新的价格体系。农业方面，先是削减农产品统派购部分在政府收购总量中的比重，扩大超购、议购比重，形成一种双轨制。从产品种类来看，先放开副食品和土特产，从1991年开始分省区先后放开粮食价格，取消指令性的订购任务。同时进行了农产品及其加工品的零售价格改革。农产品价格基本上已进入了市场交换的轨道。

工业品价格也是逐步放开的，也经过双轨制过渡阶段。到了1990年，全国消费品价格已放开了45%，生产资料价格40%。1991—1992年加快了价格改革进度。1992年底，绝大部分消费品进入了市场交换体系，仍实行计划价格的生产资料也只剩下了89种。其中有些公用事业性质的价格，可能不适合全面放入市场。

我国价格改革，相对于产权改革来说进行比较顺利。在货物市场运作条件下，就突出了金融市场改革和市场运作体系中的硬件和软件基础设施建设。利率、汇率必然逐步进入市场。这个过程会很长。可以设想，缺乏必要的交通运输和市场设施以及商品交换法规的市场经济，是难以运行起来的。可以这么说：没有人民自主的法制，就难有真正的市场经济。

（三）公开竞争，公平竞争

独立自主的企业和拥有生产要素的个人一旦涌入市场，便开展了竞争。在市场经济条件下，这种竞争是公开的，平等的，透明的，并且还是公平的。就是说，任何形式的不正当竞争都是非市场经济的。竞争是贯彻价值规律的保证，是市场经济的灵魂。在我国，随着产权逐步清楚和价格改革的深入，自然出现了公开竞争，为市场机制创造了条件。不过，由于经济改革进度不平衡、市场发育程度低和还来不及建立并完善市场经济法规，于是便出现了一些不正当竞争现象。例如假冒伪劣商品、骗买、骗卖、偷税漏税、操纵垄断、行政权力直接介入竞争、贿赂买卖等。在经济体制变革过程中，这些现象是很难避免的。这是一种过渡现象，需要通过深化改革、培育市场和加强立法等项途径，消除并防止不正当竞争的泛滥。即使在发达的市场经济国家，也有不正当竞争现象。就我国当前情况来说，既要大力反对不正当竞争，又不可由此而否定竞争在市场经济中的积极作用。

当然，贯彻竞争也不是没有条件的。竞争的结果是优胜劣汰。我们不能不从社会的角度考虑竞争结果。企业竞争中的弱者，可能导致破产。而企业破产首先要有个社会保障体系。农民承包土地，迄今仍采取平均分配的办法，绝大多数地区不用招标办法，这里也有个农民社会保障问题。竞争是市场经济的一个重要特征，而竞争机制的形成不但要有社会规范，并且还要有个过程。

在我国具体的历史条件下，有一个从垄断到市场竞争的发展过程，举个实例说明这一过程。北京郊区有1 034个千头规模猪场。在1992年以前，它们向大饲料厂买进配合饲料，向大屠宰厂出售肥猪。猪场同产前的饲料厂和产后的屠宰厂之间的经济关系，既是一种商业上的往来，又服从于统一的计划安排。看起来运转自如，井井有条。后来随着经济体制改革的深入，猪场、饲料

厂和屠宰厂各自作为一种相对独立的经济主体，都在追求自身的利益，这是建立社会主义市场经济的必然趋向。在这一转化过程中，猪场与饲料厂及屠宰厂之间的关系，越来越变成一种单纯的商业关系。可是，饲料厂和屠宰厂在原来的计划经济体系中，都是处在一种垄断、半垄断的地位。在其他饲料厂和屠宰厂建立之前，猪场同两厂之间是一种垄断竞争的关系。猪场为打破这种对它不利的局面，争取公平竞争，于是许多猪场自建小型饲料厂和屠宰厂，或者几家猪场联合办厂。从而缩减了两大厂的营业额。

京郊千头猪场发生的上述变化，作为一个具体的例证，说明以下三点：

第一，在我国条件下，从计划经济转向社会主义市场经济，在价格放开和产权逐步清楚的条件下，往往有一个从垄断竞争到公平竞争的过程。

第二，原来居于垄断地位的产业，往往规模较大，技术水平较高。而新办的与之竞争的产业，则往往规模较小，技术水平较低。所以，从技术经济观点来看，从垄断竞争到公平竞争的发展过程，显然是不合理的，因而是不可取的。

第三，但是从计划经济到社会主义市场经济的全面转换过程来看，上面说的从垄断竞争到公平竞争的转化又是合理的，完全必要的，公平竞争才能促进技术进步并优化资源配置。

（四）市场经济自发性、盲目性及政府立法和政策

不正当竞争带来市场混乱。治理之道在于立法，以保证市场竞争有秩序的运作。从这个意义来说，市场经济是一种法制经济。我国人大常委会已于1993年通过反不正当竞争法案。更有甚者，过于自由放任的市场经济，还会带来分配不均、乃至贫富悬殊；并污染环境，造成公害。为防止这些危害，实行市场经济的国家，无不逐渐增强市场经济立法和宏观政策调控。在我国，为了实现预期的经济增长和社会公平分配的目标，更会强化这种立法和政策调控的作用。这就要求政策目标要明确，经济指标要具体，相应的措施要可行又有效。发展趋势是：在改革计划经济体制的同时，逐步推行市场经济下的经济计划。

为了探索我国社会主义市场经济特色，有的经济学者在研究资本主义市场经济中的不同模式，并介绍了国外经济学者的两分法：即英、美“自由放任”的市场经济与德、日的社会市场经济。近年来，有的德、日经济学者也在推销他们的经济模式。我认为国外经验是值得研究并借鉴的。研究过程中，要做较深入的分析和比较。就上举两种模式而言，有几点值得注意。第一，英、德两国市场经济发展的历史背景不同，前者经过了工业革命，后者走普鲁士道路。历史背景当然在很大程度上影响市场经济模式的形成。美、日两国市场经济发展的历史背景大体各自与英、德相似。第二，二战后德、日两国经济快速恢复和发展，可能表现了社会市场经济的某些优点。不过，可能还有别的因素与经济发展速度有关。最明显的，例如德、日不像英、美那样背着沉重的军备竞赛包袱，拖了他们经济发展的后腿。第三，就日本而言，更强调宏观调控和行政管理，近年频频传出金融政治丑闻，导致全面的政治震荡。这种情况的出现是否与日本的市场经济运行模式有关，是一个值得研究的问题。

其实，历史上从来没有存在过什么自由放任的经济，英、美也绝不是自由放任的市场经济。从历史经验来看，任何国家市场经济模式的形成，首先是以各自的历史背景为基础的，并不是什么人主观选择的。第二，一种经济模式的形成，要经过摸索、探讨、借鉴，在实践中不断总结经验，这样才能形成符合本国特点的市场经济模式。

从产权、价格、竞争和经济立法及宏观政策调控工作来看，将近15年来，我国经济体制改革已经有了很大进展，带动国民经济高速发展，国民生产总值平均每年递增约9%。不过，从计

划经济体制改为社会主义市场经济是一个很复杂的过程，这种转变并不是风平浪静一帆风顺的，经过了各种各样的风险。例如作为改革过程的价格双轨制和经营权力下放，都曾发挥过积极作用，也带来许多弊端，造成经济、社会乃至政治上的损害。这里简要说明这两项重大的改革经验。

先说价格双轨制。价格双轨制是从政府统一规定物价改为市场形成货物价格的一种改革步骤。既保留了计划价格，又放开了市价，一物两价，高低不同。从原则上来说，仍实行计划经济的物资分配部分，按计划价格结算；改行市场经济的商品交换，采用市价。这项改革，是20世纪80年代前期首先在粮食分配和交换中实行的。当时有粮食统购价、统销价、增购价和市价，后来又有议价。以后扩展到农业生产资料价格，如化肥、农药、柴油等都采用价格双轨制。逐步推广到各种主要的工业生产资料，如钢材、木材、水泥、煤炭等也实行价格双轨制。在计划经济时期，上述各种物资的分配和流转是由特定的政府部门独家经管的，例如粮食部、供销合作社等这些业务部门作为政府的计划执行机关，他们的业务一般不直接涉及这些业务机关本身的利益。但是，一旦局部的有了市场，有了双轨价格，业务机关就会出现本身利益的追求。利用双重价格倒买倒卖的现象就时有所闻，甚至权钱交易也乘虚而入。这种不正当的经济活动，一直到1993年基本上全面放开物价之后，才逐渐归于消失。我们认为，价格双轨制本身是我国采取渐进方式推进经济改革的一个必要的步骤，而这种过渡性措施可能带来的弊端，又防不胜防。为了尽可能减少改革所付出的代价，像价格双轨制这种计划与市场浑然一体的过渡性措施，不宜拖得时间过长。

经营权力下放是指把原来中央独揽的经济事业经营权力局部地下放给地方政府。由高度集中改为分权。这一改变与财政分灶吃饭的财政新体制相配合，大大调动了地方政府从事经济建设的积极性。不过，从经济体制的性质来看，不论集权或分权，全民经营或地方国营，经营决策权都还在政府手中，并没有下放给企业。不同之处在于：原来有一个统一的国民经济计划，分权后，地方政府可以有各自的经济计划。这就是所谓的诸侯经济。20世纪80年代出现的自行车、手表、彩电等各省区重复设厂、产品积压现象，就是诸侯经济最明显的表现。在积极从事建设中带来了资源浪费。

由经营权力下放激发起来的地方政府投资冲动，到1992年有了很大发展。一方面各地各业互相攀比，追求自我发展；同时又是预算软约束，势如脱缰之马。1992年全社会投资增长了37.6%，年底在建规模达20 000亿元。其中很大一部分来之于地方投资。进入1993年，投资热潮达到了高潮。1～5月份国营企业投资增长69.3%。并且像滚雪球似的越滚越大。6月份新开工项目达8 733个，占上半年新项目的39.4%。在后来的整顿金融秩序工作中查明：仅国家银行违章拆借资金就达2 000多亿元，到8月15日为止，已收回了727亿元，约占总额的1/3。不但在同业之间违章拆借资金，而且还直接向非金融企业拆借资金，银行也直接自行投资，包括炒地皮、炒股票。在预算软约束条件下，资金来源除了银行违章拆借之外，还有社会上的非法集资和企业内部集资。再加上开发区热，跑马占地多达8 000多片。其中沿海8个省区，即辽宁、河北、山东、江苏、浙江、福建、广东和广西，各类开发区达到1 200个，七八月份经过整顿，撤销了1 000个，占地面积也从7 500平方公里减少到1 600平方公里。据不完全统计，到1993年6月底为止，全国有偿出让土地37 000多公顷，地价达826亿元。

上述由经营权力下放为契机的投资热潮，是1993年上半年通货膨胀的主要根源。大中城市物价上升达到了20%以上。这种情况直接威胁到国家经济的正常发展，危及人民正常生活。从这件事中可见，正确的政策不能仅仅着眼于鼓励人们从事经济建设的积极性，而且还要同时有个预算硬约束。谁投资、谁经营、谁负责。全民所有企业是这样，地方国有企业也是这样，集体所有的乡镇企业也不例外。由这一轮主要由固定资产投资热带来的通货膨胀，使人们得到一个共识：混合经济弊大于利，出路在于扩大改革、深化改革。既要给企业以独立自主的经营权，又必须有预算硬约束。只有在这种条件下，政府的经济政策才能奏效，长期经济目标才有实现的可能。根本上是一个产权要清楚的问题。

三、市场经济条件下的农业运行机制与农业政策

改革15年来，农业中的土地产权发生了很大变化，价格已经基本上放开了，市场竞争机制在逐步扩展，政府管理和调节农业的手段也越来越从原来的指令性计划体系向农业立法和农业政策手段转变，总之，农业经济体制已经并且还正在发生重大变化。尽管农业生产资料市场，农产品销售市场以及农业资金市场及技术服务还很不完备，但是，中国的农业还是在市场化的道路上不断前进。在中国的条件下，这种变化主要表现在3个方面：①农业生产随市场条件变化而变化；②农业生产率随市场变化、特别是价格的变化而发生波动；③农业生产结构随着社会需要变化不断进行调整。关于①、②两项变革情况，参阅本书“农业体制改革的社会经济效果”一文，这里主要讨论15年来农业生产结构的变化、市场发育与完善及粮食政策问题。

（一）农业运作机制的转化与农业结构调整

15年来，在市场机制作用下农业生产结构第一次较大幅度的调整，发生在80年代初期。1981年，全国粮食作物种植面积比国家计划减少333.33万公顷，经济作物面积相应的比国家计划多种了333.33万公顷。那一年政府计划全国种植烤烟面积60万公顷，实种93.33万公顷。1982年山东省棉花计划种植面积103.33万公顷，实种138.87万公顷。这次农业结构调整的动因，主要归之于市场机制——价值规律的作用。1981年农民种0.067公顷粮食（稻谷、小麦、谷子、玉米、大豆、高粱）税后平均纯收入为26.16元，棉花为99.83元，甘蔗为78.94元，烤烟108元。同年，不同农作物的成本收益率为：粮食57.1%，植物油料107.3%，8种主要经济作物70%。当时政府提出的经济体制是：计划经济为主，市场经济为辅。实行土地承包制的农户占全国农户总数的45%。农民，包括某些还未解体的生产队，在自身利益诱导下，规避计划安排，面对市场组织生产。

农业生产结构第二次较大的调整，发生在80年代中后期间。1985—1988年期间，农业总产值逐年递增约4.5%。粮食生产连年徘徊不前，农业结构发生了很大变化。适应社会需求的变化，非粮食生产部门比重迅速的连年上升。从经济体制转换的角度观察这一变化，很显然，这是价值规律第二次较大规模的对农业计划管理的冲击。这种经济运行机制的变化，虽然可能叫人感到有点措手不及，但是，它却正是我们进行经济体制改革应该预期到的结果。农业运行机制的转化，在某些沿海地区一直在持续发展。例如，到了1991年，广东省东莞市经营水产、水果、花卉和蔬菜生产的专业农户所占耕地已达当地总耕地面积的10%左右，平均每户耕地近1.6公顷，形成了有一定规模的专业化农业。1992年开始，市场机制作用和农业结构调整的速度进一步加快了。例如，江西省溧阳市1992年茶、桑、林、果和鱼畜养殖业产值在农业总产值中的比重上升到了46.3%。同年，吉林省德惠县利用多年滞销玉米作主要饲料发展畜牧业，以饲养肉鸡为主，追求农业附加值。户均获利8 031元，为4 310名剩余劳力创造了就业机会。

在价值规律作用下引起的农业结构调整，有下列3个特点：第一，及时的面对市场需求调整

农业生产；第二，发展那些经济效益较高的农业部门，特别是那些受稀缺因素土地制约较少的部门；第三，兴办农业附加值产业。经验证明，凡是这样做的地方，农民收入都有较大幅度的增加，市场也繁荣兴旺。反之，则产品滞销，农民收入减少。南方的籼稻和东北的玉米都是反面例证（关于粮食问题，留到下文讨论）。看来，沿着上述方向进行农业结构调整，符合市场经济特性和规律，符合国情，因而是合理的。在一个较长时期内还将持续发展。政府的任务在于善加引导并予以支持。

（二）农业“三高”方针

我国正处在从计划经济到市场经济的过渡时期，不同经济体制的交替，在观念上必然得到反映。例如，对于农业高产、优质、高效方针，有各种不同的理解和看法。基本上可归结为两种观点：一种观点是在计划经济体制下观察和理解这一方针的，另一种观点是就市场经济观察和理解这一方针的。主要区别在于：在计划经济中，只有一个独立的经济主体，这就是政府。高产、优质、高效就只能是政府这个唯一经济主体在农业决策中所追求的三个不同经济目标。在进一步阐述中，有人说在三个目标中高产居于首位，另有人认为高效应排第一。不同观点都是从政府这一经济主体出发来看问题的。在市场经济中，有三个独立的经济主体，即个人（家庭）、企业、（这里指农户）和政府。前两个主体在微观经济中做决策，政府主要进行宏观经济调控。一般来说，农户作为一个独立的经济主体，它的经营目标是取得较高的经济效果，产量和质量都服从于“高效”目标。个人则根据个人和家庭收入水平和家庭预算，决定所需求农产品数量和质量。在生活得到温饱之后，一般来说，随着收入增加，对农产品质量要求越来越高。细粮取代了粗粮，精米取代糙米，动物性食品和果品蔬菜需求逐渐增多。农户则根据消费者需求的变化，不断调整他们的生产结构，其中包括改进产品质量。从这个意义上来说，“优质”是消费者提出的要求，即个人这一经济主体提出的农业目标。为什么提出高产呢？这一农业方针的提出，有它特定的历史背景。传统上我国农产品供给比较紧缺，特别是粮食供给，预期今后还会继续紧缺。通过不断提高农产品产量，才能适当协调农产品供需关系，争取达到或接近农产品、特别是粮食的供需均衡，而调节供需关系的，则是政府宏观经济调控的一项重要内容。因此，可以说“高产”正是政府提出的农业目标。那么，高产、优质、高效是不是各自独立互不相干呢？恰恰相反，在社会主义市场经济体制下，三者之间有着内在的联系。如上所说，高效与优质是密切相关的，农户同消费者通过市场可以直接协调他们的目标。政府一方面可以通过经济政策引导农业提高产量；同时，也可运用适当的经济政策影响家庭预算，引导消费。例如引导消费者按照政府的长期经济计划调整他们的食品结构。可见，我们可以把高产、优质、高效看作一个有机的整体，三个经济主体各自按照它们的目标行事，最终实现政府提出的长远方针。我们认为两高一优农业方针的提出，意味着农业中计划经济的结束和社会主义市场经济的开始，它体现了农业在我国社会主义市场经济中的运行轨道和三个独立经济主体之间的密切联系。

（三）市场发育与完善

这里说的市场发育是指农业市场硬件、软件基础设施建设和市场法规制定的过程。硬件为道路、市场建筑、市场设施等。软件为运输、信贷、生产资料供应以及农产品运销组织等。农业生产具有分散性和季节性。上说硬件和软件基础设施都是针对这两大特性而提出的必备条件。特别是往往被人忽略的软件设施。农产品市场体系包括初级市场、批发市场和零售市场。传统的不完备的市场体系是经过长期演变形成的。社会主义市场中的农业市场体系是在全面规划下逐步建成

的。例如市场布局，必然受到许多因素的制约。在广大农村地区选择初级市场（集市），首先要考虑方便农民，减少交易费用。当前，农业市场发育还处在萌芽阶段，有大量工作要做，以期逐步建成比较发达的农业市场。

这里说的市场完善，除了上面说的土地使用权之外，是就市场机制和竞争状况而言的。现有农产品采购和农业生产资料供应商业单位，都是从原来执行政府购销计划的商业机关改建而来的，包括饲养业中饲料厂和屠宰场在内。非国营商业刚刚开始兴起。所以国营商业往往成为一种垄断、半垄断的商业。这就大大削弱了农产品贸易的竞争性。另一方面，农户生产规模极小，又缺乏农业运销合作组织，在市场上必然处于劣势，讨价还价能力很弱。再加上农业的分散性和自给性，又必然从供给方面引起价格波动，使农户处在一种十分不利的地位。从上节对于市场经济特性的分析中可见，这样一种农业市场，显然是有待进一步完善的市场。主要是：逐步缩小以致消除农业市场的垄断性，充分发挥市场竞争性，帮助农户联合起来组建自己的运销组织，通过农产品分级、加工、包装、贮藏、销售和采购生产资料，以谋求附加价值，并增强在市场上讨价还价能力。这要有个过程，这个过程急需加快，尽可能缩短双重体制的摩擦。

（四）粮食保护政策

随着农业市场活动的扩展，在市场竞争中，粮食生产的弱势表现得越来越明显。上面说的农业内部结构调整的结果，在一定意义上意味着农业生产要素包括劳力、资金和土地从粮食生产向非粮食生产流动；可能还在更大范围内向非农业部门流动。这就是我们说的粮食生产在竞争中的弱势。当然我并不是说通过市场竞争出现的这种要素流动是一件坏事。市场竞争是优化资源配置的契机，这是一件大好事。这里只是指出：近年来粮食生产在竞争中显露出来的弱势地位。

引起近年来粮食生产弱势的因素很多，这里只想指出一点：粮食生产弱势并不是一个偶然现象，它具有相当普遍性，它同农业生产的生物学性质和粮食生产较强的土地制约以及食品需求弹性较低的特点有密切的关系。特别是在我国，耕地是一个稀缺要素，目前的农户又是一种超小型的农业经营，这些特点就表现得更加突出。

粮食生产弱势是市场竞争的结果，要想改变这种状况，就需要有政府的干预。在国际上，随着市场经济的发展，许多国家在工业化达到较高水平之后，往往就把靠农业积累资金的政策改为农业保护政策，特别是保护粮食生产。保护程度，各国不同。全世界以日本农业保护程度最高，1986年日本农业生产者补贴等值为75，同年韩国为52，欧共体为50，巴西为15，印度为14，印度尼西亚为－4，墨西哥为－6，我国为－39，1982年为－12，1990年为－26。农业负补贴居世界首位。就是说，截至1990年，事实上我国还在实行农业积累的政策。

作为一个产业部门，农业在我国国民总产值中的比重已下降到了30%以下，退居于次要地位。从国际经验来看，早该改行农业保护政策了。但是，在政策选择问题上，我们碰到了很大困难。第一，农业人口还占总人口的70%～80%，实行农业保护政策意味着要少数人保多数人，难度很大。第二，迄今国营大中型工业企业还有2/3长年亏赔，不但拿不出钱来，它自己还要政府补贴维持。第三，农户经营规模过小，要求较高程度的补贴。并且，近年来政府财政赤字不断增加，难以应付新的政策性支出。还有，国内粮价已接近国际粮价水平，补贴粮食生产似不合理。

不过，从我国粮食供需状况来看，又有一个粮食安全和农民收入的问题。根据长期计划，预计到2000年时，我国粮食产量为5亿吨。达到这一目标，如不用行政措施，还须靠农民种植粮食作物的积极性。这也需要政府的保护措施。即使实现了这一目标，平均每人占有粮食数量也远达不到1984年的水平。根据澳大利亚国立大学的一项最新研究，到2000年时，我国粮食需求量将为5.47亿～5.93亿吨，粮食缺口可能占需求量的15％～20％。如果这个测算接近实际，那就不但有个进口粮食的外汇来源问题，而且还有个粮食安全问题，特别在世界上出现粮食危机的时候。并且，这样巨大的粮食采购，可能将震动国际粮食市场。

权衡轻重，粗略看来，势需实行粮食保护政策，保证国家粮食安全和8亿农民的正当生活。至于保护到什么程度，应从国民经济快速、持续、稳定增长的要求出发，经过调查研究，选择一个适度的粮食自给水平方案。肯定不会是全面的自给自足，但从近期来看，也很难实行进口10％以上的方案。至于执行粮食生产保护政策的资金来源，可以设想从即将开始的财政体制改革和整顿税制、税收中找出路。从长远看，保护程度可能逐步降低。

我国农业高产、高效与优质问题*

安希伋

农业高产、高效与优质问题，是一个很重要的问题。我想就这个问题提供一些情况，谈一点看法，并提出几个问题供讨论。我讲三个问题。

一、四十年来我国农业生产与效益变化过程及现状。

二、制约农业生产与效益的主要因素。

三、协调农业高效、高产与优质的可能。

一

四十年来我国农业生产与经济效益演变情况，大体可以分为四个阶段，即1952—1964年，1965—1978年，1979—1984年和1985—1990年。

1952—1964年间，依靠传统技术，前期农业发展很快，后来经过三年困难时期，农业受到挫折。在这个阶段中，尽管先后实现了农业合作化和人民公社化。但是基本上还是属于传统农业，自给性很强。一般来说，在传统农业中，农业经济效益（以下简称效益）还不成为一个重要问题，并且，当时我国实行有计划的产品经济体制，农业效益还没有提到日程。

从1964—1965年开始。我国进入了农业现代化初期阶段[①]大量使用商品性投入。先进技术取代传统技术。农产品商品化程度也有所提高。虽然仍在实行产品经济体制，但是农业效益已成为一个潜在问题。1965—1978年期间。农业增长速度加快了，粮食总产量和单位面积产量平均每年增长速度都超过了3.5%，但是农业效益很低。1983年我编过一个粮食全要素生产率指数（以下简称生产率）。以1952年的粮食生产率为一百，在那以后的二十六年中，一直到1978年，任何年份的生产率指数都没有达到1952年的水平，1976年最高也不过96[②]。

进入80年代，低效益趋势得到扭转。1979—1984年间，农业总产值平均每年增长7.7%。粮食单位面积产量平均每年增长4.9%。与此同时，农业生产率也迅猛提高。上面说的粮食生产率指数；1981年已升到134。另有两个国外研究报告说。1981年我国农业生产率比上年提高4.8%，1982年和1983年分别比上年提高8%，1984年比上年又提高了14%。[③]扣除风调雨顺因素。生产率提高速度也是世界上少见的。总算起来，1979—1984年间我国农业生产率提高了41%。[④]可见，这是一个高产与高效协调发展的时期。

1985—1990年期间，情况发生了一些变化。在此期间，农业总产值仍然增长了112%，即使在有争议的1985—1988年间，农业总产值平均每年也增长了4%。只是粮食生产徘徊罢了。关于

* 原载《人民日报》（摘登）、《农业经济问题》1993年第8期

生产率情况，平均每年增长 2.6%，高于六七十年代。远低于 80 年代前期。

不过，如果用农民收入状况反映农业生产的最后经营成果，情况大体是：1986—1990 年期间，农民平均每人名义收入增长了 58%，扣除通货膨胀因素，农民真实收入略有下降。用 1980 年不变价格计算，每个农民收入从 1985 年的 343.7 元降为 1990 年的 339.9 元。再看 1991 年情况，农民名义收入比上年增长了 3.5%，真实收入增长了 2%，扣除非农业收入，来自农业的收入只增长了 1%多点。（国家统计局历年出版的中国统计年鉴和关于 1991 年国民经济和社会发展的统计公报）还要看到，1985—1990 年期间，农业生产资料价格上涨了 58%，农村消费品价格上涨了 61%。再考虑到 1991 年我国国民生产总值增长高达 7%，而低收入的农民又占全国人口绝大多数。这个问题的含义，显然已越过了农业一个部门，而成了我国国民经济稳定、持续、协调发展中的一个带有全局性的问题。不但影响到国民收入分配，到头来也影响经济增长速度。

二

农业生产与效益不断发生变化，从我国四十年的经验来看，主要是经济体制、经济政策、农业技术和农业管理四大类因素共同作用的结果。它们是制约农业发展的主要力量。我们手头的材料只能做个一般的说明，还有待于深入调查研究。

如上所说，六七十年代我国农业高产低效；80 年代前期，高产高效；进入 80 年代后期，生产持续增长，效益较大幅度的下降；农民收入未能随着国民经济的增长而相应增加，这个变化过程，首先同经济体制的演变和经济政策的调整直接有关。

先说经济体制，经济体制的变化主要是 80 年代初期家庭联产承包责任制的建立，也包括同期中农产品市场局部开放，以及对非农业经营、劳动力流动和农村信贷管理的放宽。家庭联产承包责任制的基本特征：一是土地所有权与土地使用权相分离；二是有些农民说的“交够国家的，留够集体的，剩下都是自己的。”主要采取大包干形式，农民有了比较充分的经营自主权，可以自己决定生产什么和怎样生产。从而极大的调动了农民的生产和经营积极性，促进了农业的高产与高效。有一个外国研究报告认为，在 1979—1984 年间取得高产的因素中，各项经济体制改革占的份额为 52%；在高效因素中则占有 78%[5]。这种把经济体制数量化的方法，当然只能作为一种参考，不过它和当时一般说的“一靠政策”的意思，大体是一致的。

后来发现，大包干组织形式有许多缺点，主要是：第一、地块零碎分散、经营规模小；这是就大包干本身来说的。第二、公社遗留下来的经济、行政和社会职能，没有新的组织及时接管。这是大包干外围环境。于是 1986 年便提出了不断完善家庭联产承包责任制和发展服务事业的任务。各地经过试验，出现了各种各样的组织形式。根据农业部的调查，到 1990 年，全国实行两田制的村庄占总数的 38%。实行区域种植、分户管理的村庄，东部地区占该区总数 60%，中部占 30%，西部占 6%～7%[6]。还有别的一些组织形式，大多是针对上述大包干的缺点而设的，并取得明显成效。

不过，另一方面，实行区域种植的地方，往往由村里规定种植五统一或者六统一，包地农民主要是分管田间管理工作。农民虽仍自负盈亏，经营自主权却受到限制，两权分离的特征已经淡化。这种情况是不是影响农民生产和经营积极性，对于生产与效益有什么影响，怎样把土地并块和扩大经营规模与农民经营自主权结合起来，都是值得深入调查研究的问题。此外，许多实行这类新组织形式的地方，往往靠强有力的乡镇企业以各种形式补贴农业生产，或者直接补贴农民收入。究竟应该怎样看待这种补贴，它对于农业发展起到什么作用，留到下文再作讨论。

这里所说的经济政策，包括价格政策、投资政策、财税政策、金融政策、外贸政策以及外汇政策等，这些政策都对农业生产和效益产生促进或者阻碍作用。作用方式可以是直接的，也可能是间接的。四十年来我国各个阶段所实施的经济政策，无不在农业上作出反响。即使在计划经济时期。政策效应也得到曲折的反响。在这个问题上，已发表过一些较有系统的研究报告，这里只提一笔就够了。在1952—1978年间，国家进行了一系列大规模的水利工程和水土基本建设，在很大程度上较长期的保证了农业高产和稳产。其中1965—1978年阶段，对于农业技术现代化的投资，成为那个阶段农业高速增长的主要因素。1979—1984年间，农业投资继续增加，并实行优惠农业的价格政策，农工产品价格增长比例为50：20，刺激农民增产并增收。可是到了1985—1990年期间，农工产品价格增长分别为64%和60%，基本同步，相对来说，就失去了原来那种刺激农业的作用。再加上中央对农业投资比例大幅度下降，地方政府投资也偏向工业；农民土地投资风险增大；于是在许多地方出现了地力连年下降局面。为了实现农业持续增长。使工农协调发展，建议今后在作重大经济政策调整的时候，都要进行科学论证，并成为一种制度，目的是弄清新政策之所得与所失——有所得必有所失。

第三个制约农业增产与效益的主要因素是科学技术。马克思说：全要素“劳动生产率是随着科学和技术的不断进步而不断发展的”⑦。这是一条历史规律，科学和技术是生产力发展的源泉。这也是“科学技术是第一生产力”的理论根据。四十年来，我国农业科学技术有了很大进步。对于农业增产和高效、或者是缓解效益下滑，都起到了重大作用。现在科技在农业增长中所占的份额已达到30%～40%。

近年来，我国农业科学技术的发展，已进入了一个新的阶段。主要表现在以下几点：①从传统的单项研究进入了有针对性的多学科联合研究；②从单纯的或把主要力量放在提高产量的研究上，进而开始把高产、高效和优质三者作为共同的又互相联系的研究任务；③打破了科学研究、技术推广与生产实践互相脱节的状态。开始采取多种形式，把三者互相结合起来。例如技术培训，技术咨询、技术示范、技术转让，特别是经常性的技术交流。1990年我国已建成41万专业合作组织，7.7万个农业技术协会⑧。主要是民办，有的得到公助，这是农民互相交流经验迫切需要的一种组织形式。为了加快农业科技发展，尽快把科研成果运用到实践中去，建议三条：①上说农业科技方面的转变，还只是一个开端，应得到政府大力支持和推动。②有一个统计数字说，我们还有70%的农业科研成果没有得到推广。我认为所谓推广，并不是字面上的推一推才动一动，而是要建立一种能够自我运转的推广机制，为新科技流入生产领域创造一条畅通的渠道。公办、民办要互相协调动作。③以中国之大，任何一项实用科技都有地域局限性。另一方面，任何一个地方，任何时候，在农业技术和农业投入方面，必然有一个薄弱环节。推广的艺术在于：找出来并抓住这个薄弱环节用力气。还要常抓常变，才能不断增产增收。为此，必须花大力量提高农村教育水平。

最后说说管理。农业管理的范围很广，这里只谈两件具体的事情。第一件事，现在许多主要农业生产资料实行专卖，或半垄断商业。建议总结一下近年的经验，主要是弄清楚：这样做是不是缩短了商品流通过程，减少了流通环节，特别是节约了流通费用？是应该继续做下去，还是需要改弦更张。有些农产品，开放得也不够。例如全国80%的商品粮掌握在政府手中。这样做是有利于商品流通，或是更不灵活？是有利于买卖难，还是加重了买卖难？第二件事，各级地方政府设置的关卡很多，看来这是一个很难解决的行政和经济体制问题，但是我们总不能长期处在一种经济分割状态中，该下决心解决它。这里所以要提这个问题，因为它在制约着农业的健康发展。

三

大家都赞成农业既要高产，又要高效，还要优质。可是，如上所说，在现实生活中三者往往不一致。四十年来我们总是把高产放在第一位，定为衡量农业成败的唯一主要的经济指标。时至今日，也还有人继续持这种观点⑨。我认为应把高产、高效与优质适当的统一起来。

农民是要高效的。农业高效是农家增加收入的源泉。只要农民有了充分的经营自主权，高效必然是他们追求的首要目标，至少是主要目标之一。有人担心，农民为求高效，产量可能降低，事实证明，这种担心并不是没有根据的。可是我国人口众多，国家需要高产，这是一个矛盾。怎样解决这个矛盾呢？八十年代我们的经验已经证明：解决这个问题的主要手段是政府的经济政策，只要制定一套适当的价格政策、财税政策、金融政策、技术政策等，使高产可以得到高收益，农民自然会把高产与高效结合起来。在这方面，八十年代我们已有了许多经验，只是还需把它提高并系统化而已。关于优质，在商品经济中，主要是一个分等论价、优质优价问题。农民有了经营自主权，掌握了优质技术，只要优质商品收益大于劣质商品，优质商品必然取代劣质商品。

以上说的，是就短期经济运动而言的。并不适用于长期发展。从农业的长远发展来看，根据国际经验，农业规模经济是一个不容忽视的因素，这就提出了如何不断扩大我国农业生产规模的问题。近年来我们在各地试验过至少三种规模形式，但是似乎还不能取得有所抉择的结论。在我国东部地区，现在已到了决定规模形式的关键时刻。有的地方，从本质上看（以工补农），已走上了日本模式。而从国际形势来看，它是一种最没有竞争力的农业模式。在农产品国际贸易竞争中，日本农业是依靠国家补贴最高的农业，占农产品零售价格的70%以上，目前我国乡镇企业发达地区，还有力量补贴农业，可以维持低效农业于一时。但是作为一个农民占人口绝大多数的大国，从长远来看，日本模式并不是我国农业的出路。并且，错过了个历史时机，就会像日本一样，已不可能再改变农业模式。

注释

① 安希伋：对于1990年我国粮食生产与消费状态一个估计《农业经济论丛》1983年农业出版社

② 安希伋：论农业投资报酬运动规律与农产品成本变动趋势兼论若干农业技术和经济政策问题《农业技术经济》1984年5月

③ 文管仲（译者）：当代土地制度及其对农业发展的长远影响：现代中国情况（原文为英文）美国芝加哥大学经济系论文

④ 麦克米兰等：中国经济改革与农业生产率增长（英文）《政治经济学报》1989年第97卷

⑤ 同④

⑥ 农业部合作经济研究课题组：1990：中国农村土地承包制度及合作组织运行考察《农业经济问题》1991年8、9月

⑦ 《马克思、恩格斯全集》第二十五卷 第290页

⑧ 同⑥

⑨ 江苏省农村发展研究中心课题组：对苏南农业适度规模经营的研究《农业经济问题》1992年第3期

对剪刀差的基本看法*

俞 家 宝

一、引言

我国农经学界，大多数学者都认为剪刀差是工农业产品不等价交换及其发展趋势的概括。当把劳动生产率增长因素考虑在内之后，我国农经学者都认为剪刀差是指工农业产品交换时，农产品以低于价值的价格出售，工业品以高于价值的价格出售。

剪刀差不是国家与农民的关系，是工业与农业的关系，是工业利益阶层与个体农民劳动者之间的关系，是资本主义工业机械化、工厂化以后产生的。它存在的基础是工业机械化、工厂化大规模生产、农业是手工劳动家庭小规模生产或机械化家庭小规模生产。

等价交换是合理的抽象、在市场经济的现实中是不存在的。但是工农业产品的不等价交换基本上或绝大多场合下、它的基本趋势都是农产品的价格低于价值。工业品的价格高于价值，除去个别的或少数场合外，这种固定的只有利于工业品的不等价交换关系，不能不认为是一个规律，从我国和世界各国的经济发展史中获得的资料看，最少可以得出结论，剪刀差是工农业经济现代化，国民经济现代化过程中存在的工农业产品交换规律，它不是计划经济体制下特有、单一公有制下特有，也不是多种经济成分、市场经济体制所能取消的，它是建筑在一定生产力水平下的生产关系，是产生在一定的生产力发展阶段上生产关系。

二、证明

证明一　马克思的劳动价值学，认为商品的价值量决定于所消耗的社会必要劳动时间，而社会必要劳动时间，是在现有的社会标准的生产条件下，用社会平常的劳动熟练程度与强度，生产任何一个使用价值，所必要的劳动时间，如果工人、农民劳动的复杂程度、强度都一样的话，在相同的劳动时间内，工人、农民所创造的价值，即利润和工资部分应该一样，然而现实生活中，农民的劳动报酬和利润远远低于工人，除去利润不谈。我国工人的年名义工资是农民年收入的4倍，实际工资（加上各种补贴）更高。巨大的收入差别，用农民是简单劳动，工人是复杂劳动是不能解释清楚的。

证明二　从理论上说，农民一年的劳动价值，应包括已消耗的物质费用＋工资＋地租＋平均利润。农民的收入（一年）应该是工资加上扣除国家税收以后的地租和利润，而工人只有工资部分，应该低于农民的收入，但现实却相反。包括发达的资本主义国家在内，自有土地和各种生产

* 本文为农业部软科学委员会办公室主办的“关于工农产品价格剪刀差问题的讨论会”论文，1993年。

资料的农民，其收入也普遍低于工人，不过低的较少。大概农民与工人收入之比是 1∶1.2。美国以 1910—1914 年平价比例为 100，到 1980 年只有 80，即农民出售物品的价格上涨低于农民购置物品的价格上涨。不管美国农业有机构成高于工业，有全世界最高的农业劳动生产率，但美国农民仍要离开农村，离开种种不公平待遇，到城市去追求高工资，较短的工作时间、较良好的社交生产。

证明三　农民的劳动条件、劳动强度一般地说比工人劳动条件差、劳动强度高、当然也不否认有些工种、如采矿、纺织厂等的危险、噪音比农业高。劳动技术的复杂程度很难比较，一般地说农业生产技术比机械操作工人更复杂，特别是一个现代农民不仅要掌握使用机械的技术，还要掌握生物技术，还要掌握投资、市场知识，只不过农民从小随父母生产直接学习技术，不需要特别支付学习费用，而工人的子女只有进工厂后，才能学习技术，要支付培训费用罢了。

证明四　我国农民一年的劳动时间确实少于工人。少多少呢？按 1987 年统计，粮食每亩用工 14.67 个，按每个劳动力负担 5 亩耕地，复种指数 145%计算，全年劳动 106.36 天，从事经济作物生产的劳动天数要多。农民为从事农业生产要自己购买生产资料和销售产品。要从事副业生产、最少要劳动 155 天。一个工人全年满勤、最多 310 天。用农民劳动时数少为根据说明农民收入少，工人农民收入差距最多是 2∶1。

三、原因

为什么农民愿意（无论在哪种市场条件下都一样）或能容忍以低于价值的价格出售产品，以高于价值的价格接受工业品呢？原因是多方面的。

1. 工业使用高效率的机械化工具，工厂化劳动，农业使用畜力、手工劳动，家庭生产，是处于同一社会经济系统中的两种完全不同的生产方式。社会占主导地位的生产条件已经变了，农业低于社会标准生产条件，农业生产劳动时间，大于农业部门社会必要劳动时间，工业高于社会标准生产条件，工业生产的劳动时间低于工业部门的社会必要劳动时间。工业品与农产品交换时，农业超过社会必要劳动时间的部分不被承认，农产品的交换价值低于农产品本身的价值，而工业品的交换价值则高于工业品本身的价值。这是农产品价格低于价值，工业品价格高于价值的根本原因。

2. 在市场上，价格是由供求双方决定的。在现代化过程中，农产品常常供不应求，农产品为什么会以低于价值的价格出售呢？我们认为原因有三。一是消费者对农产品的需求增长慢于对工业品的需求增长。消费支出的比重倾向工业品，而购买农产品的比重下降。二是工业的劳动生产率增长速度快，农业的劳动生产率增长慢。虽然农产品的价格上涨幅度大于工业品，但价格上涨幅度的差额小于劳动生产率增长幅度的差。三是农产品的生产者，相对农产品的收购商、加工工业企业来说，数量多、竞争力量小，众多的农民相互竞争购置工业品、竞争出售农产品。收购商，工业企业面对众多、相互竞争的农民处于垄断和寡头垄断地位，他们为了自身的利益，可以压级压价，迫使农民接受，这就是农业生产已实现现代化，仍然是家庭生产的发达国家的农业，虽然劳动生产率增长很快，但价格不断下降，价格仍然低于价值的原因。

3. 农产品是生活必需品，有一个相对满足、基本满足的标准，当供应量特别主要农产品的供应量基本满足消费者的需求之后，需要量就基本稳定，农业生产者作为个体来说、仍然希望增加产量增加收入，必然导致市场总供应量增加，供应超过需求，农产品价格下跌。于是部分农民破产、农场兼并，兼并者扩大规模，农产品继续过剩，价格继续下跌。这种现象在农业现代化过

程中，以及这种农业现代化实现以后，仍然实现家庭经营、家庭劳动生产的农业是不可避免的现象。

四、对策建议

剪刀差既然是一个存在于现代化过程中农业家庭生产、家庭经营方式，生产力基础上的生产关系。是一个历史阶段的规律，那么在这种生产力基础上消灭剪刀差就是不可能的，但是历史也告诉我们，随着农业现代化程度的不断提高，农业劳动生产率的不断提高，剪刀差会不断缩小。因此，对策应该是：

1. 承认剪刀差的存在。

2. 通过转移农村剩余劳动力，不断提高农业现代化程度，提高农业劳动生产率，达到提高农业劳动生产率。

3. 在现有生产条件下，推行高产高效农业，通过提高土地生产率，达到提高农业劳动生产率。

4. 国家对剪刀差控制在农民可以接受的范围以内，超过了界限，国家要通过采取保护价等办法给农民补贴。

《农村经济学》绪论*

张寄农

乡村经济学是研究乡村经济建设和乡村经济发展规律的一门学科，因此要搞清乡村经济学研究的对象，首先要搞清以下几个基本概念。

第一章　乡村和乡村经济

只有科学地确定“乡村”这一概念的规定性和范畴，才能引出“乡村经济”的概念及其定义。

一、乡村概念的内涵

首先乡村是一个客观存在的地区性的社会经济实体。它是在一定的社会生产方式中形成、发展起来的，是人类社会劳动分工的产物。马克思曾经指出：“某一民族内部分工，首先引起工商业劳动和农业劳动的分离，从而也引起城乡的分离和城乡利益的对立。”(《马克思恩格斯全集》第3卷，第24～25页）社会分工与城乡分离是乡村的本质属性。其次乡村又是一种自然现象。具有特定的自然景观。如高山平川，河流湖泊，森林草原是它的天然景观；田园路网、水渠大坝、农舍村镇是它的人工景观。天然景观与人工景观交织成农村景观，这与城市景观有很大区别。因此乡村在空间上包括着自然景观和社会经济现象，正确理解乡村概念的内容，才有利于确切地分析乡村的变化及发展。第三，乡村还是一个历史、动态变动发展的概念。随着社会劳动分工与城乡分离的发展，乡村不断由低级向高级，由简单向复杂转化，因而它的内容的规定性也是不断变化的。马克思说：“一切发达的、以商品交换为媒介的分工的基础，都是城乡分离。可以说，社会的全部经济史，都概括为这种对立的运动。”(《马克思恩格斯全集》第23卷，第390页。）总之我们要从时空观念出发，要变动立体地从社会和自然两个方面，把乡村的社会职能和自然景观结合起来观察，才是正确认识乡村的科学方法。因此乡村的概念可以概括为：“乡村职能是在一定的生产方式、一定的历史时期、一定地区、具有一定自然的和社会职能特征的综合体，可以称为一定时间空间自然结构体系和社会结构体系的统一体。”

概括地讲：“城市以外地区，有关因素有关部门组成的综合体”即称为“乡村”。

二、“乡村经济”的概念和内容

从字面上讲，乡村经济就是“乡村”加“经济”，但对经济的含义和内容，由于马列主义经

* 原载《乡村经济学科研究通迅》1991年第2期。这部分为1985年《农村经济学》第二稿讨论稿。

典著作家，在《政治经济学批判导言》、《反杜林论》以及《社会主义经济问题》不同的著作里有不同的提法，因而人们在对待“乡村经济”的含义和内容时，也有争议：

首先是“四个环节，还是三个环节之争”，也就是说，经济的内容是包括“生产、交换、分配、消费”四个环节呢？还是“生产、交换、消费”；“生产、分配、消费”以及“生产、交换、分配”等三个环节呢？甚至还有的人提出，只研究生产有关的问题，不研究消费问题。

其次，在研究乡村产业体系方面又产生了一个中心，两个中心，和三个中心之争，也就是说有的同志认为乡村经济只有一个中心，就是农业生产中心，其他一切经济活动都是农业生产的派生物。但有的人认为还要加上一个工业中心，他的意见是“如果没有乡村的工业带动其他部门的经济活动，那么农村里仍然只有一个中心，只有农业经济，就谈不上乡村经济了”。还有的同志认为，从长远的观点说还要加上旅游这个产业，他主张：“农业、独立工业和旅游业是农村的三大本源产业，其他各业如食品工业、商业、交通、信息、服务等行业，都是派生的，都是附属于三大行业的。”

根据以上争论，我们认为乡村经济的内容应包括四个环节，对于“消费”应该放在乡村经济里研究，马克思说：“没有消费，就没有生产，而消费则把需要再生产出来”（《马恩选集》第二卷，P94）。我们的意见是：在生产和消费的关系上，消费是目的，生产是消费的手段，我们是为消费而生产，不能为生产而生产。因此应包括消费。

对于乡村产业体系的内容，我们同意三个中心的提法，农村的产业结构应该以农业、工业和旅游业作为三大支柱，即三大本源性产业，其他部门和行业都是围绕这三个中心，进行各种经济活动的，旅游业是消费经济的最高表现，在我国，不仅要在将来，就在目前也要尽快地发展起来，不仅要满足外宾的参观、旅游和休养，以赚取外汇，就是对内宾（国内的工人、农民、知识分子）也要为他们创造条件畅游各地名胜古迹和休养，以满足国内人民日益增长的物质生活和精神生活的需要。

因此考察乡村经济也要从时空观念出发，发展地、历史地、并要结合着自然景观、立体地综合考虑乡村经济的内容，并且不能从一国、一地、一时的现象和内容就给乡村经济断然下定义。

现在我国的报纸杂志所刊登的乡村（农村）经济的概念：是“农业是主体，从事农业活动的人口较多，其他部门经济活动大都或多或少的同农业生产联系，人口密度小、经济发展水平低”。

这个概念是一个中心论，而且指的是我国目前的乡村经济现象，它既没把乡村的自然景观包括在内，更没有发展地、变动的看到未来的乡村，所以我们认为这个定义不确切，有片面性。

我们认为乡村经济的概念，应该是这样的：“乡村经济是社会劳动分工发展的产物和人们在一定社会发展阶段上在乡村综合体内从事经济生产、交换、分配、消费活动的内容、方式和作用的总和”。我们认为这个乡村经济的概念比较全面，能够在国内、国外的任何时期都能通用。

三、乡村、乡村经济的范围类型和层次

由上可知，乡村是与城市相对应的地域概念，但我们却长时期里把乡村称作农村，人们所以习惯地把乡村称之为农村是由于在历史的长河中，我国乡村主要处于小农经济的自给自足的自然经济状态中，因而乡村经济就只有一个中心，即一个农业中心，其他行业或部门或多或少的都是农业生产有关的派生物，都是直接间接为农业生产服务或与农业生产有关系的，所以人们就很自然地，天经地义的把城市地区以外的地方称之为“农村”了。但是城市以外的地方称作乡村要比“农村”更确切，因为乡村包括着农村，但“农村”概括不了乡村的所有内容。

（一）乡村、乡村经济的范围

从客观实际和理论上来分析，凡是城市以外的地区都是乡村，(目前称之为农村)，乡村经济活动领域，从行业上分既包括着传统农业概念的农、林、牧、渔区，也包括着已建、待建、新建的工矿区，以及各种旅游点的三大本源性产业区，从行政的隶属关系来讲，既包括着生产生活设施比较简单的乡村居民点，也包括着分散在广大乡村居民点和城市之间星罗棋布的各种形式的大小集镇，在我国同时还包括着以县为单位相对独立经济区域的中心——县城。因为县城是一个县的政治经济文化中心，县的一切机构设施和经济行政活动都是直接、间接为全县广大农村服务的，因此县城应划在农村的范围之内，县城和城乡的关系如图1、图2。

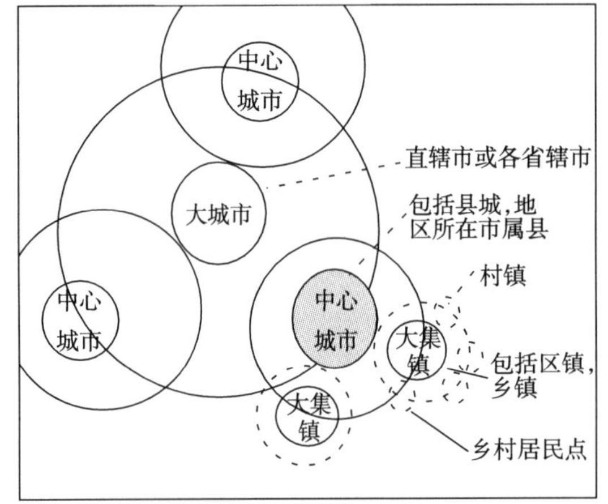

图1　城乡经济一体化横向联系模式示意图

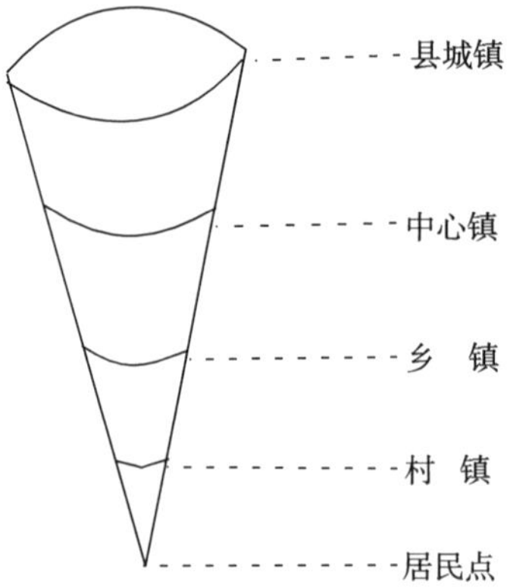

县城镇

中心镇

乡　镇

村　镇

居民点

图2　从纵向看乡村范围的层次示意图

从所有制的成分方面，有人认为属于农民或农民集体经营的可以划作乡村经济，属于全民国家所有的企业则不应划为乡村（即农村），我们认为以所有制为依据的划分方法是不科学的，因为乡村和乡村经济是个地域性的概念，不是所有制的概念，不管是全民所有制、集体所有制、个人所有制、或联营所有制，只要在同一地区乡村从事的经济活动，都应该算是该地区范围之内的经济活动。

（二）划分乡村和乡村经济的方法

我国乡村地域宽广，地理环境、自然条件、历史渊源和经济发展水平也不尽同，因而形成了各具不同特色、不同类型的乡村和乡村经济地区，根据我国现实情况可有以下几种不同的划分方法。

1. 根据地理位置不同，可以把我国整个乡村划分为沿海地区、边远地区和内地乡村三大块。根据和城市相邻的位置可称为城市郊区，细分起来又可分为近郊区或远郊区。

2. 根据地貌形态可以分为平原区、湖区和山区的乡村和乡村经济。

3. 根据资源和经济活动又可分为农区、林区、牧区、渔区、工矿区和旅游区。

4. 按照各地区的经济发展水平来分又可划为发达地区、中等地区或后进地区。

以上这四种划分方法和十几种类型，并没有严格决然分开的界线，而是互相交叉、相互重叠。如一个地区，既是平原地区又是城市郊区、经济水平又很可能是发达地区，因此，我们可以根据工作任务的不同，按实际需要划分不同的经济类型（略）。

第二章　乡村经济在国民经济中的地位和作用

乡村经济几乎包括了城市经济以外的所有产业部门，它的兴衰涨落直接影响到国民经济的全局。

第一节　农　　业

首先农业是乡村的最主要最基本的产业之一，它是人类生存发展的基础，也是国民经济的基础。

1. 农业是衣食之源。人们通过植物的栽培和动物的饲养，取得了这些物质。尽管现在人工合成了一些食品和纤维，但在很久的将来农业仍然是其他部门所不能代替的。

2. 农业劳动也为其他部门的劳动创造了条件。人类劳动的社会分工，从农业与畜牧业的分工，到农业与手工业的分工再到农业、手工业与商业的分工，以及后来发展起来的各种特殊部门和行业的分工，形成了各自相互独立而又彼此联系现代化的国民经济物质生产和非物质生产部门的整体。如果没有一定的农业劳动生产率不断提高，提供了剩余产品和农业剩余劳动力，其他行业就没法成为独立的劳动部门。

3. 农业是国民经济其他部门发展的基础。即农业为其他部门提供生活资料、原料和劳动力的数量，制约着国民经济其他部门的发展规模和速度。

农业主要在乡村，是乡村经济的基本产业之一，也是国民经济基础，从而也揭示了乡村经济与国民经济整体的内在联系。

第二节　乡镇工业

我们所说的乡村工业包括如下几大系列：

1. 直接间接为农业生产服务的产前产后的各种服务工业（如化肥、农具、农药、储存、运输），以及农副产品一系列多次加工的工业。

2. 以当地特有的工、矿资源为对象，独立的采掘业和系列的加工制造业。

3. 靠近大城市或沿海、沿江、沿河、公路铁路沿线交通发达地区，为城市的大工业加工配套的助手工业或与外商外资、合营输入先进技术、设备参与国际市场竞争的商品工业。

4. 我国特有的传统工艺产品工业。

5. 以及为城乡居民生活服务的各种手工业。

总之凡是大城市以外乡村的工业都称之为乡村工业。

在所有系列的工业当中，在经济成分上有国营的、集体的、个体的，还有联营的和中外合资经营的。

在技术设施的水平上，与大城市工业相比一般来说是设施简陋、技术落后，而尤以手工操作或半机械操作为主，但也要根据不同地区进行具体分析，如浙江、广东一带乡村工业就有很多产品是高精尖的电子仪器产品，它们的设备也多是高精尖的；当然在规模上与大城市的工业比起来不过是小而专罢了。

我国乡村建设现代化的内容，包括着农业现代化和农村工业化以及乡村居民生活现代化。所以乡村工业化是实现我国工业化的一个重要的组成部分，也是根据我国国情发展乡村经济的必然道路。

通观世界各国工业化的道路，可以作为实现我国工业化的借鉴。初期和中期的资本主义国家走的是变农村为提供廉价劳动力和提供初级产品的市场，大规模的、集中发展工业的资本主义大城市，对乡村进行剥削，使广大乡村变得穷困萎缩的道路。后来资本家懂得了，资本只有向乡村转移，才能使资本家获得更多利润，因而也促进了资本主义国家乡村的现代化。

在社会主义国家，从理论上讲，是讲工农联盟，提倡逐步消灭城乡差别，但实践中，理论和实践脱了节，不管是在苏联、在东欧、还是在中国，都走过了一段弯路，不是城乡差别逐步消灭而是有所扩大了。这都是由于各国所处的时代，以及所执行的不同政策造成的。如苏联从建国一开始，就执行优先发展重工业，优先发展生产资料的政策，但强调得过了头，就对农业和轻工业有所忽视、有所放松，既然城市轻工业都排不上位置，乡村发展工业就更排不上号了。虽然苏联从理论上，也不赞成资本主义的城乡对立，但实践的结果，却是城乡差别悬殊。

在东欧和中国在建国初期都是一边倒向苏联学习的，而在中国却又有中国的公社化和以粮为纲的特殊政策，阻碍了农村生产力和整个国民经济的发展，因而使我们走了更多的弯路，吃了更多的苦头，但也从反面学到了新的经验。

自从 1978 年 12 月 22 日三中全会以后，制定了农村综合发展的政策，在工业化的方针上，大城市、中城市和小集镇都要搞工业的方针，主张有集中、有分散、相对集中有分散，相对分散中有集中，全民、集体、家庭、个体一齐搞，各种经济成分共存，就能全国遍地开花，众多的劳动力都有了适当的劳动场所，每个人创造的价值超过了他自己的消耗，整个社会就有了剩余产品，国家就有了更多的积累，就能够带动文化、教育各方面的建设，某乡镇开一个工厂，不仅工厂本身可以获利，而且能够连锁地推动当地一片经济的发展。

例如河南省许昌市郊吴庄，耿海洲创办的“北方珍禽实验厂”，开始养鸡，以后养鹌鹑，开始由一户变为八户，原先只是本村本地饲养，以后又逐渐扩展到许昌以外的襄县、禹县、尉氏、开封、新郑、洛阳、驻马店、平顶山、周口、登封以及湖北省的老河口、光华等县，跨省跨地区的 15 个县市 176 户。每人收益，由 1980 年耿海洲个人收入 3 000 元到 1984 年 3 月 176 个专业户共计收入 41.1 万元，平均每户收入 2 335 元。

1983 年上半年又将鹌鹑加工成“松花珍珠蛋”，通过外贸在深圳和广交会试销，打开了销路，计划年产 1 000 箱（每箱 48 盒，每盒 12 枚，1.25 元，每箱 60），产值 6 万元，利润 2.6 万元。

1984 年又和深圳兴华股份公司达成协议，在许昌联办鹌鹑营养罐头食品厂，生产三种鹌鹑肉罐头（烧肉、香菇肉、肉丁），三种鹌鹑蛋罐头（珍珠、密质、皮蛋）。所有由产品兴华公司包销，暂定两万箱，每箱 24 筒，每筒 780 克，鹑蛋罐头每筒 50 枚，共需 2 400 万枚，不仅现有专业户养的鹌鹑有了出路，而且数量还不够用，还得继续扩大养鹑专业户。

有一些新建的小集镇，或者在原有集镇上扩建了新的加工厂以后，当地的饮食业、交通运输、邮局、商店以及一些文化娱乐场所也相应的发展起来了。所以这种良性连锁反应，是我国走向发展农村经济，缩小以致消灭城乡差别的一条新路子。

目前我国乡镇工业已先后在全国各地普遍开花。当然各地区的发展是不平衡的，有先有后，内容、形式、规模也各不相同，但从全国范围来讲，乡镇工业的发展，已经成为实现国家工业化的一支重要力量。

1. 首先是乡镇工业产值占国家工业产值的比重很大。1983 年农村工业产值（包括乡办工业

和村办工业）达799.2亿元，占全国工业总产值的13%，相当全国1957年工业总产值。1978—1983年农村工业产值每年以18.6%的速度递增，高于全国同时期工农业总产值递增7.6%的速度。1984年乡镇企业总产值达1709亿元，比上年增长40%，创造利润187亿元，向国家缴纳税金90亿元，均创造了历史的最高水平。

2. 乡镇工业的一些产品、产量占全国工业产品很大比重。如原煤1983年1.6亿吨，占全原煤产量的22.5%，水泥1 525万吨，占全国水泥总产量的14%，原盐142万吨，占全国原盐总产量的8.8%，特别是砖、瓦、沙、石灰产量占全国总产量的80%以上。

1984年纯工业企业增多，乡、村两级工业产值达1 035亿元，轻工业占52%，其中以农产品为原料的占54%，重工业占48%，其中采掘业占19%，原料工业占14%，制造工业占67%，原煤、水泥、粮食加工产量分别比上一年增长25%，27%，23%。

3. 出口产品增多，1984年据不完全统计，乡镇企业向外贸部门提供的出口产品总金额达7亿多元，若把乡镇企业与外商直接联营或来料加工、来料装配以及直接出口的产品算在内，1984年乡镇企业出口产品的总额达47亿元以上。

4. 乡镇企业品种齐全，有一批高精尖产品也能生产，如收录机、电视机等，更有一些产品还被用在导弹或卫星上。

5. 乡镇建筑工业队伍发展迅速，目前全国乡镇建筑队伍已发展到680万人，职工人数和竣工面积，均占同行业总数三分之一以上，已成为我国建筑业的一支重要力量。

6. 1984年我国乡镇企业，发展到606万个，就业人数达50 208万人，占乡村总劳动力的14%。1984年的特点之一，是农民联办和自办的企业增多，自办和联办企业的产值已达到乡镇企业总产值的一半以上。故此乡镇企业，造就了一批新的乡村工人、技术人员和企业家，成为乡村生产力发展的代表，更重要的是发展乡镇企业，可以充分利用我国的劳动力资源和闲散资金，促进农村商品生产、协调城乡经济、增加乡村居民收入、并能促进农业的发展和乡村集镇的建设。由此可见，乡镇工业既是乡村经济建设的支柱，又是国民经济发展中的重要生力军。

第三节　乡村旅游业

一、旅游业的含义

对于旅游业还没有确定的含义和概念，因而各国理解也不相同，我们认为狭义的旅游只是指单纯的易地游山玩水的活动，从广义的含义来说，凡是人们离开原来居住地点到另外一地工作、参观、学习、参加会议以及各种不同内容不同形式的运动会、比赛会、展览会、交易会、不同季节不同地点的探亲、访友、度假等，在一定时间又要返回原地，在这段外出时需要供给交通、吃、住和建筑设施的服务活动，统称为旅游。这些活动服务得到的收入应该统称为旅游业的产值。

当然一般说来专供人们游览娱乐的场所和服务才是指专业的旅游活动。这些活动场所的设施，除了很少几处设在几个大城市以内，如北京、南京、杭州、西安、济南的名胜古迹外，绝大多数是在城市以外的乡村地区的，所以我们把旅游业的绝大部分内容放在乡村经济内来探讨。

当然根据目前我国经营旅游业的企业，绝大多数都是国家统一经营而且经营机构又都常设在城市，尤其是在大城市。从表面上来看旅游业是城市经济的范畴，但从旅游资源的地点以及由于这些旅游资源而产生的实际经济收入多是产生于乡村，因此很大部分的旅游项目应该属于乡村经济研究的范畴。

旅游业分国际旅游和国内旅游，发展国际旅游是吸取外汇的重要途径之一，又是促进各国人民相互交往、扩大文化、经济技术交流、增进友好的形式。发展国内旅游，能够扩大就业机会、加速货币回笼、增加资金积累，又能促进城乡人民身心健康、爱国情操、智慧才能的增长，进而促进社会主义的物质文明和精神文明的建设。目前，从参加旅游的人员来分析，我国旅游业的重点着重接待外宾到国内旅游。对于国内人民的旅游还没提到足够重视的地位，因而乘车难、住宿难、吃饭难、收费贵的问题都没得到很好的解决，至于乡村居民（农民）到外地、外省、甚至外国去旅游，目前虽还不多，但已开始，并将随着乡村居民生产不断提高，收入不断增加而不断的增大，例如据上海市旅游局初步估计，1983 年全市通过旅行社组织的国内游客达 34.9 万人，其中农民有 1 万人，还有更多的人是自行出游。更有不少地区的农民直接乘飞机到广州、北京、桂林、杭州等地旅游，甚至个别的农民还到过法国、日本、美国等地旅游，因此概括说来旅游业是以旅游资源为凭借，旅游设施为条件，为人们进行旅行游览服务而盈利的经济部门。

二、旅游业是乡村经济的重要组成部分

现代旅游是供给和需求的统一体，旅游者从旅游的起点出发，沿途游览再回到原来的出发地区。如有温泉的地方，除了陕西临潼的贵妃池的沐浴外，在海南岛万宁和青海西宁开辟了温泉游泳，在北京小汤山和其他地方开辟了温泉医疗休养所；在沿海地带普遍开展了海水浴场和舢板游戏场，在海南岛将开办潜水旅游；在新疆、西藏的名川高峰，进行有组织的登山探险；在山区、森林地区，进行各种狩猎活动，在东北地区，则进行滑冰、滑雪的比赛以及大型的冰雕冰灯展览；在内蒙古、新疆的大草原，则举办赛马大会，骑马、骑骆驼的或坐马车骆驼车在草原奔驰，在牧民家做客；在云南滇池附近兴建旅游疗养区，民族旅游村和水上娱乐中心。

在设施建筑方面，除了在大城市中外合资建了一些西式高层建筑的饭店，旅馆并附有西洋设施外，如旋转餐厅、楼顶公园、各种健身房、娱乐场所外，在全国各地还按照当地传统，在中国的北方建立了四合院式旅馆，在黄土高原兴建窑洞旅馆，在内蒙古建立蒙古包式的帐篷旅馆，在新疆将在天池湖畔针叶林内建立瑶池山庄，在帕米尔东地区与昆仑山相接处风光宜人的地方，建造帕米尔山庄，在云南则按少数民族习俗建立竹楼旅馆。这些独具特色的设施和项目，丰富和发展了中国旅游产业的内容。

到 1984 年全国已建成具有现代化设施的大中型饭店 300 多家，床位 10 万张，专门用来接待外宾。

在交通设施方面，全国增设了许多进出境口岸，还开辟了许多新航线，仅北京一地，就有通向 18 个国家 22 个城市的航线 21 条，通向国内航线 203 条，年运量达 390 万人，还有通向全国 27 个省市自治区、直辖市及主要旅游城市的快车。

旅游业的各级结构也由过去几个热点城市向全国各地发展，1983 年全国已有 100 多处旅游点和几百条旅游路线，现在新的旅游点和旅游路线正在不断地增加。

旅游经济的经营结构也在发生着变化。既有国营经济为主体的全民所有制的中国旅行社，也有和华侨、外资合营的饭店，出租汽车，以及游乐场所等合资企业，还有正在不断出现的各地的个人和集资经营的联合企业。如四川郫县 14 户农民办起旅游公司，自筹资金 15 万元买三辆带空调的轿车和旅游车，除了本县附近的望从词、子云亭、都江堰、杜甫草堂等川西游览胜地外，还可远游成都、灌县、青城子、九寨沟、乐山、峨眉山等地的名胜古迹，平时还可以作为会议用车、婚礼用车和家庭包车。

由于我国旅游业的大力发展，国内外旅客不断增加，旅游产值也不断增大。1978 年接待外

宾（包括港、澳同胞）188万次；外汇收入（人民币）4.5亿元；1983年接待外宾（港、澳同胞）940多万次（外宾87万），外汇收入20亿元。

第四节　乡村市场

市场是社会再生产实现的重要条件，乡村是中国市场的主体。中国乡村不仅是城市工业品市场的主体，也是乡村商品经济发展后市场的主体。1983年农村商品零售总额占社会商品零售总额的58.6%。乡村集市贸易也有较大的增长。毛泽东同志曾经指出："随着农业技术改革逐步发展，农业的日益现代化，为农业服务的机械。肥料、水利建设、电力建设、运输建设、民用燃料、民用建筑材料等等将日益增多，重工业以农业为重要市场的情况，将会易于为人们所理解。"① 当前乡村出现的发展交通运输业高潮，就给予了我国汽车工业由停滞转向蓬勃发展的生机。

农业、乡村工业、乡村旅游业和乡村市场决定了乡村经济在国民经济中的重要地位。影响着国民经济整体发展的规模和速度。

第三章　乡村经济学的创建

第一节　创建乡村经济学的必要性和研究对象

一、创建《乡村经济学》的必要性

当前我国乡村发展的形势，正向着两个方向转化：一个是自给自足的自然经济正转向为专业化和多种经营的商品经济发展，另一个是传统的农业生产，正转向现代化的农业生产，这就是乡村出现的新情况和新问题。

在从自然经济向商品经济发展过程中，传统的种植业、林业、牧业、渔业，都由原先的自给自足性的生产，转向为出售的商品性生产。更重要的是原来被称为农村副业的各种加工业、手工业、交通运输、商业、建筑业以及各种各样劳务行业，都由原来附属于农业的副业，转向为独立的乡村重要行业了。尤其是乡村工业的产值比重不断增加，农业产值的比值却相对下降。这在各大城市郊区以及沿海城市和交通要道的中小城镇郊区，表现更为明显。

与这种状况相适应的是如何将沉睡在乡村的各种自然资源和社会资源加以充分利用，变潜在的资源为有用的物资。以加速实现全国工农业产值翻两番，和在20世纪末达到小康水平的生活目标。

其次是在实现商品经济的过程中，如何相应地解决在商品流通领域中出现的一系列的问题：如商业外贸（收购、物价、供应）、财政金融（资金、税收等），以及交通运输、信息传递等问题，都应被提到议事日程加以解决，以促进乡村居民各种生产的发展和消费水平的提高并要求从理论上加以说明。

更重要的一个问题，就是在我国人多地少的特定条件下，在乡村既要实现农业现代化，提高

① 《毛泽东选集》第5卷，第400页。

农业劳动生产率，更要解决劳动力本已剩余的基础上，新产生更多的劳动力如何安排的问题。

至于如何创建现代化社会主义新乡村、新集镇问题，如何把乡村中各行各业和各项建设具体的安排和规划，以使乡村居民在生产上能适得其所积极主动。在生活上能逐步提高，心情舒畅。并以此充分调动乡村居民的聪明才智，使他们在建设社会主义的物质文明和精神文明中，能够人尽其才，发挥更大的作用。这些问题在旧的农业经济学教科书里是根本没法概括进去的。

所以如何建设一个社会主义现代化的新乡村，既是摆在有关各级领导者面前需要加以解决的实际工作问题，也是给经济理论工作者创新学科新理论提出的新任务。

要解决这些问题，就需要对乡村的范畴、体系，以及各行各业的特点和相互关系，从理论上有明确的本质认识，才能整体的、综合的、系统的、科学而又相互联系的解决乡村中出现的各种新问题和新要求，不能用“水来土挡”的方法、片面的、支离破碎、盲目被动地解决那些不断出现的具体问题。

不少乡村实际工作者和县、区以上领导者来信提出：“目前各部门经济学政出多门，没有统一的口径和理论作指导，以致各地区条、块矛盾日益尖锐，阻碍着农村经济的正常发展和政治稳定，而《政治经济学》等基础理论书，又离实际工作太远，对解决农村的具体问题，就像隔靴搔痒，成效不大，因此迫切地需要一部既有经济理论，又能密切联系中国农村实际的《农村经济学》来填补这一真空。”

本着这种客观实际的需要，我们农村经济学科研究会的会员们有责任有义务尽我们所能，探索着创建我国第一部《乡村经济学总论》，这就是我们创编本书的宗旨和目的。

我们准备把这第一部《乡村经济学总论》写成具有规律性、实践性、探索性、理论联系实际的自学读物，主要读者对象是县级以上领导干部和管理干部，也可作为党校、干校的通用教材，并可作为财经院校、农业大学农经专业、综合大学青年学生的参考书。

二、乡村经济学的研究对象

根据以上对“乡村”“乡村经济”的分析，我们把乡村经济学研究的对象概括为：

“从纵向来说要立体地、综合地、历史地、变动地、系统地、科学地研究乡村（农村）地区、整体经济的发生发展的规律，从横向来说要研究乡村（农村）地区有关部门之间的内在联系和数量的比例关系。”

1. 它既要研究乡村的社会经济条件对乡村经济的作用和影响。也要研究自然景观和自然资源对乡村经济各部门，在不同时期产生的影响和作用。

2. 它既要研究乡村的生产关系，也要研究乡村生产力的开发利用与其产生的各种经济效益，以及一部分相应的上层建筑部门对乡村经济所起的作用与影响。

3. 在研究产业方面，既要研究农业产业系统，独立工业产业系统对乡村经济产生的经济效益与影响，还要研究旅游业对乡村经济产生的作用与效益。

4. 在研究乡村经济关系方面，不仅要研究乡村的生产、交换和分配，还要研究乡村居民的消费问题。

5. 在研究乡村部门之间的关系时，不仅要研究乡村的物质生产部门，如农村的三大本源性的产业体系，还要研究其他非生产部门的其他经济部门：如财贸、金融、交通、信息以及各种服务行业的部门，同时还要研究既非物质生产部门，也非经济部门，但对农村经济有直接间接影响的一些上层建筑的部门，如市场管理、行政管理、科学技术、文化教育、计划生育、保健卫生、文体活动等有关部门。

6. 研究乡村经济不能仅就中国一时、一地局限地孤立地研究中国的乡村，更要从整个国民经济的角度以及联系全世界的经济状况来进行研究。

第二节　《乡村经济学总论》的体系

《乡村经济学》研究的对象，包括的部门太多、面太广，它既要阐述乡村整体发生发展的规律和有关部门之间的内在联系，又要解决中国乡村当前和未来要发生的问题，因此要求这门学科是一门理论水平较高，又具有强烈的实践性和政策性的新学科；但中国乡村目前又处在现代化起始阶段，很多事物还不定型，还不容易找出相应的发展规律，因此在很多方面，又不得不借鉴外国的经验和规律，这就需要探索着创建一门古今、中外相结合、理论问题和实际问题都要解决的综合性的《乡村经济学》。

我们初步考虑把《乡村经济学》分成《总论》（概论）和分论（各论）两大部，也可称之为两大卷，分别进行阐述；做到有分有合，合则能说明整体及各部门之间的共同规律，分则又要解决中国乡村各不同地区各部门当前和未来要发生的问题。

在《总论》里，主要谈乡村经济整体的产生发展和运动的规律，以及乡村经济各部门、各有关因素之间，地区之间，城乡之间，国内和国外之间的内在联系和相互制约，相互促进的关系。

在这一部分可以从总的方面谈乡村的生产力和生产关系，经济基础和上层建筑，可以谈生产问题，也谈生活问题，可以谈生产性设施，也可以谈非生产性设施，可以谈乡村本身各个部门之间的关系，也可以谈乡村与城市之间的关系，甚至可以谈国外有关的问题，但是要着重谈抽象规律性的理论性的问题，至于实际问题，只能列举例子，不宜过多地具体分析。

在第二卷的各论里，着重分别就乡村不同地区有关生产和非生产部门及有关因素本身的性质、特点及其在整个乡村经济生活中的作用，作专题性的论述。如：农、林、牧、渔、工、商、交、信、财、金、旅游、各种服务行业以及环境、资源因素等问题。在这一部分，着重应用政治经济学、部门经济学，以及数学、系统工程学的理论和程式来解释和解决中国乡村目前存在和未来可能出现的问题，在这里也评论政策，但不是单纯地描述或解释政策，而是要指出制定政策的理论依据，更重要的是对乡村的任何有关经济问题，都要提出比较具体而又可行的建议和方案。

从现在起，先着手《总论》的探索性的撰写，它的内容体系，拟暂为十一篇：

第一篇　绪论

第二篇　乡村经济的产生和发展

第三篇　体制篇

第四篇　部门结构篇

第五篇　乡村资源篇

第六篇　乡村商品生产与商品流通

第七篇　乡村资金循环与资金利用

第八篇　乡村收入分配与扩大再生产

第九篇　乡村消费经济篇

第十篇　社会主义现代化新乡村建设

第十一篇　中国乡村经济的发展与世界经济的关系

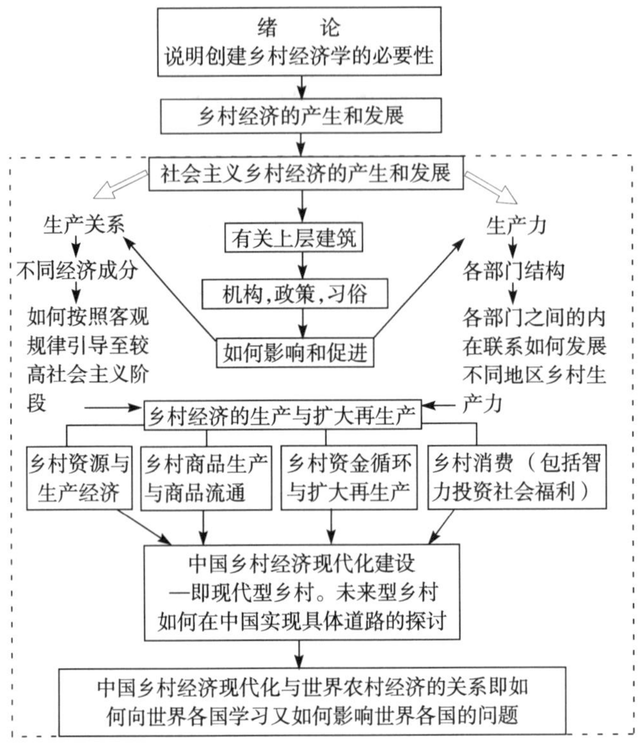

第三节 《乡村经济学》的研究方法

《乡村经济学》既是一门综合性的理论科学，又是一门实践性很强的应用学科，一门学科能否独立，有无适合自己研究对象的科学方法，来揭示乡村经济事物现象的本质和特征，是直接关系到这门学科能否创建和发展的根本保证。

乡村经济学的研究方法，除了一切社会科学都应用的马克思主义哲学和政治经济学的理论和方法外，还要有它自己的特殊方法。

在我们讨论的过程中，有的同志提出了①综合分析法；②经验比较法；③分类研究法；④概念引入法；⑤未来预测法等五种方法。另外有的同志强调了要用分析与综合相结合的总体法，在这个总体法里要贯彻四性，即系统性、结构性、过程性和功能性。还有的提出了信息论、控制论和生态平衡论。

在所有这些方法里，我们认为有两个最关键的方法即系统工程理论与实际相结合的方法，我们认为如果仅仅依靠编写政治经济学和农业经济学等部门经济学的编写方法，很难把乡村经济中存在的不同性质、功能各异的有关部门的相互依存、相互促进、相互制约的关系和内在规律说得清楚，写得明白。目前我国乡村的产业结构和经济结构已经发生并在迅速变化的过程中，我们探讨每一个经济问题，都不能“孤立”、“静止”地进行，必须从整体的、系统的角度进行分析，如研究乡镇工业就不能就乡镇工业而研究乡镇工业，而应该把乡镇工业作为乡村经济系统的一个组成部分来研究，找出它和整个乡村经济其他部门发展和制约关系的规律，像乡村地区的农业、商业、交通、运输、服务业、旅游业、邮电信息、科学技术、文化教育，甚至卫生保健都能直接间

接在不同程度上影响乡村工业的规模与速度（如农业的劳动生产率、农产品的商品率，农业部门的剩余劳动力的数量，都直接地给予乡村工业的发展以很大的影响）。

又如在农业生产领域内，如建立一个现代化的、工业化的大温室，那不仅需要生物本身的各种知识，而且还需要建筑工程、机械工程，以及物理、化学、气象等各方面的基本科学知识，只有把各种知识有机地结合起来，才能创造一个适宜于特定作物定向生长的人造环境，这称之为农业工程学。

乡村经济学却是一门综合定向发展的系统经济学科，这种学科所需要的知识，要比建造一个定向培育作物生长人造环境复杂得多，困难的多。因而乡村经济学在谈论各部门相互经济关系时，不能只说空道理，最好还应写出数据来说明相互之间相互影响的程度，以便决策者能依此做出相应措施，所以说乡村经济学也是一门经济系统工程学。

同时乡村经济学必须有自己的理论体系，但是怎样才能创立乡村经济学科学的理论体系，并使其不断丰富日益完善呢?

目前一部分看重理论的同志，急于创建崭新的学科理论体系，而忽视对大量乡村经济事实的调查和分析，从书本上摘引一些“理论”、“规律”的条条，企图用演绎的方法来解释中国农村的发展和现实问题，这是隔靴搔痒不能真正解决中国乡村经济问题的。

另外有更多的同志，目前对创建乡村经济学的科学理论体系缺乏兴趣，认为“远水解决不了近渴”，只重视解决当前乡村出现的一个一个的具体问题、具体事件，至于这些事件的解决对其他相关的事物有什么影响，对整个乡村经济将来的发展会有什么后果，都不能作出科学的预测，因为这些同志对乡村经济缺乏科学的系统的理论，所以他们在处理问题时就不能综合地、整体地、本质地观察和解决问题，因此提出的建议或方案难免支离破碎抓不到问题的实质，甚至会感到乡村经济迷离浑浊，杂乱一团，找不出解决问题的根本方法，所以这种孤立地就事论事的研究方法，也不能卓有成效地解决中国乡村经济的问题和发展。

我们认为研究乡村经济学正确的方法，就是理论和实际的密切结合，一方面是用马克思主义的哲学、经济学的理论做指导，在总结的基础上，指导中国乡村经济的发展，分析解剖中国乡村的实际问题。另方面在处理中国乡村经济在发展的过程中出现的新情况新问题，要进行大量的调查研究，在大量的典型事实的基础上，总结新的经验，并上升至新的理论，以不断地补充、修改和完善原有的理论，这样既能正确地解决乡村中不断出现的新的经济问题，又能使乡村经济学的理论体系不断充实和完善。

第四章　乡村经济学与其他学科的关系

第一节　乡村经济学与农业经济学的区别与相互关系

一、有无本质区别

有人认为没有本质区别，因为两者都是研究“农”（农业与农村）只不过是研究的重点和范围不同，但我们认为有区别，而且有本质的区别。

1. 研究的对象，内容和范围不同。研究的对象，一是农业，一是乡村；一是部分，一是整体；划分的尺度，一是部门，一是地区。农业经济只研究农业这一部门中经济活动和经济关系，即使是广义的农业经济，也没有超越出农业的生产、交换、分配和消费的经济活动，因而它包括的内容是单一的。而乡村经济包括农业和农业以外各生产部门和非物质生产部门的各种经济活动，所以它所包含的内容是多元的。

农业经济学是把乡村作为外部的客观条件来研究，而乡村经济学则把农业经济作为一个组成部分来研究，农业经济的范畴不能反映乡村经济的本质属性和其他部门与部门之间的关系。

2. 经济特点不同。农业生产是依靠生物本身的生长技能。通过人工培育取得产品的自然再生产和经济再生产结合在一起的生产活动，其他经济关系也相应地建在这种生产特点之上。而乡村经济则是多种生产和非生产部门活动的综合体，它不单有农业生产的特点，还有工业、商业、旅游业、交通、运输、建筑业以及各种各样服务行业各自的生产和非生产的特点，而这些特点，是完全不同于农业生产特点的，因为它们不具有自然再生产的过程。

3. 研究的目的不同。农业经济学只研究农业这一物质生产部门的生产、交换、分配和消费的内在联系及其发展变化的规律。发展农业的目的是提供更多更好的农产品，以满足人们物质生活的需要。

而研究乡村经济学的目的，是为了促进整个乡村的农、工、商各业的综合发展和乡村物质生活和精神生活的全面建设，不仅要研究生产部门的产、供、销问题，还要研究整个乡村的生活和消费问题，为乡村居民创造一个方便、舒适、安全和优美的生产和生活环境，建设一个现代化的社会主义新乡村，因而乡村经济学研究的范围更广，内容更丰富，具有更大的实用性，更深更广的理论性。

总之，农业经济学是部门经济学，只研究农业经济有关的生产、分配、交换和消费有关的问题，而乡村经济学则是地区经济学、却要综合地研究乡村各业（包括农业）各方面的经济，如何因地制宜，突出重点、发挥优势、全面地建设社会主义新农村的问题。所以乡村经济学与农业经济学的内容、范围和目的，既有区别，又有交叉。

二、乡村经济学与农业经济学的关系

两者的关系是固有的个性与共性的辩证关系：

农业生产的发展可以带动其他行业的发展，而乡村其他行业和部门的发展，又可促进农业的发展，因此可以说，只有乡村经济的全面发展，才有农业更扩大、更全面的生产，也可以说乡村经济的全面发展，是农业发展的重要原因和前提条件。如果只研究农业经济，不研究乡村经济，既限制了乡村经济的综合发展，又影响和阻碍了农业经济本身的发展（如农业剩余劳力没有出路，农民个人收入不能很快提高，农业生产缺乏更多的资金积累，扩大再生产的能力受到限制等等）。所以在我国要实现农业现代化和建设繁荣的社会主义新乡村，就必须研究并解决乡村经济建设中的一系列的问题。

以前只研究农业经济学不研究乡村经济学，用农业经济代替乡村经济的结果，出现了如下现象：

1. 乡村只搞农业生产，农民只能务农，办工业、办商业、办交通运输、建筑业、生活服务、文、教、体、娱就是不务“正业”。这样就限制了乡村的劳力、自然资源和旅游资源不能在更大范围、更大规模上得到充分合理的开发利用，阻碍了乡村生产力的发展。

2. 乡村商品经济不能很好很快的发展。

3. 单纯发展农业，就不可能根本改变乡村向城市提供粮食和原料的“殖民地”地位，城乡差别不是缩小、消灭，而是在不断地扩大。

4. 新中国成立30年来，农民为农业生产付出了极大代价，农业生产虽有发展，但乡村全面的物质生活和精神生活的建设却十分落后，这不能不说单纯的发展农业是乡村长期贫困落后的重

要原因。

所以如何在乡村打破过去半自然经济的局面，发展乡村的商品生产就必须研究乡村各行各业（包括农业）的专业化、社会化，才能促进乡村各行各业的发展，这不是任何人的主观愿望，而是乡村经济实体客观发展规律决定的。

同样，要研究乡村经济必然要研究农业经济，这也是一种客观存在的必不可分的关系，但是乡村经济学研究农业经济，只能从乡村经济全面发展的角度把它作为部门之一去研究。

三、从学科发展的本身来分析两者的关系

1. 从历史的发展看两者的关系。农业科学的发展历史说明，早期的农业研究是综合的，从19世纪开始，随着农业科学技术的进步，农业科学出现了大分化，形成了很多独立学科，但到20世纪50年代后期，又出现了综合的趋势，乡村经济学的发展也不例外。

在自然经济占统治地位的情况下，农业经济既是单一的又是综合的（如在中国男耕女织、从自然经济形成时期开始存在，直到目前某些商品经济不发达地区仍然存在），而在商品生产大发展的今天，农业经济学不可能把现代化农业、工业、旅游、商业、交通运输业等一系列的经济活动和经济问题，都作为自身的研究对象，即或像现在一样，只从农业经济的角度研究乡村经济，在农业经济学的教科书中，加进一些与农业生产特性无关的农村工业、农村商业等内容，仍然不能解决乡村发展中的全部问题，何况这种“扩大型的农业经济学”已失去了农业经济的本质特性，效果是不好的。正确的做法，只有根据实践发展的需要，从综合和分支两个方面加强乡村经济学和农业经济学的研究和建设；学科的界线本来很明确，部门经济学就是只研究一个部门的经济关系，乡村经济为何不能打破产业部门划分的老框框，另起炉灶呢?

2. 目前在如何处理乡村经济与农业经济的共性与个性的关系，如何恰当地处理乡村经济学与农业经济学的关系上，存在一些不同的看法。

有人认为：“科学的发展，在于专门学科领域问题研究的加深，而不是原有独立学科的合并。”“既不能把农业经济学的内容搬过去，成为乡村经济学的一部分，用限制和消灭农业经济学内容的办法创建乡村经济学；也不能把农业经济学无限地扩大成为乡村经济学。”

我们认为乡村经济学和农业经济学可以各自独立，相互并存，相互促进，谁也代替不了谁，但是对于两者共同的问题和交叉的内容，却是可以“合并”的。要解决好这个“共性”问题，必须搞清学科体系和教材体系两者的本质的不同，就能够比较容易地解决两者间的所谓“重复”、“代替”、“限制”等问题。我们知道：

（1）学科体系是客观实体的科学概括，乡村经济是个实体，范围很广，因此凡是与乡村经济有关的事物农村经济学都要写，一门课程的教材，就不一定什么都写，而是根据教学对象的需要和讲解者的能力，讲解客观事物的一部，大部或全部，多少有些主观取舍的成分。

（2）从教学的角度来说，可以讲农业经济学，也可以讲乡村经济学，两者可以并存，在有些交叉的地方，可以从不同的角度去讲，也可以避开不讲，但作为一门学科，并不存在谁“代替”谁的问题，而是谁“纳入”谁的问题。

以上两点说明了学科体系是客观事物的真实反映，不应该受到主观的愿望而有所取舍，不管是谁写，都应该把乡村经济的全貌和有关事物的内在规律写出来，正像人体解剖学反映的那样，不管是谁对人体进行解剖，都会对人体内部的结构得出完全一致的看法，因为客观事物的存在，不会因为人们的认识不同而有所变化的。所以我们要创建的乡村经济学的学科体系，在内容上应该尽量反映出乡村经济客观事物的必然性、科学性、逻辑性和完整性。

我们经常谈到的两者内容“重复”问题，实质上并不是这两门学科有什么重复，而是农业经济学和乡村经济学这两门课程的内容的重复问题。

譬如农业经济学的教材要讲农业的生产、分配、交换和消费这几个环节，乡村经济学的教材也要讲乡村各部门（包括农业）的生产、分配、交换和消费，在讲生产的时候，乡村的工业、商业、建筑，交通等的生产各有特点，和农业生产是不同的，当然应该分别讲，但是在讲交换、分配和消费等方面某几个或某一个环节的时候，农业经济学的教材和乡村经济学的教材就有重复，就有两者的共性。处理这个共性问题的方法，就是把这些有共性的环节都集中在乡村经济学里讲，而农业经济或其他部门经济在作为乡村经济学的一部分的时候，可以避开不讲或少讲。

如果把农业经济学（或其他乡村工业经济学、乡村商业经济学、乡村交通运输学等）在作为独立学科时，就应该把生产、交换、分配和消费每个环节都要写。但它们（各个乡村的有关学科）虽已各自成为独立的科学体系，如集中到《乡村经济学》的实体中，就成了《乡村经济学》的一个组成部分，也就只有一套生产、交换、分配和消费的体系。而不会因为分成了几门不同的经济学，乡村经济实体就变成了几套经济体系，变成了三重体或四重体。正像是在医学上，不论是五官科的耳、鼻、眼、喉、牙以及外科的手、脚、内科的五脏，在教学时各自讲解它们学科的器官作用时，都会讲到脑神经和血管的，尽管各个不同的科别都讲神经和血管，但在人体的实体中，只有一套脑神经系统和大小动脉系统，并不会因为不同部位和科别都讲到了它们，而人体中又会多出一套或几套脑神经系统或大小动脉的血管系统来。

所以说我们如果把学科体系和讲课体系的本质弄清楚了，在处理农业经济学和乡村经济学的内容“重复”时就容易解决了。

3. 我们认为解决教材内容重复的办法有二：

（1）乡村各有关部门经济学讲授的内容体系不变，另外找出一种办法，专门把各个部门组装起来，正像是自行车或汽车的组装车间一样，能在这里把各种各样的零件组装起来，成为一辆一辆的自行车或汽车。这样这门学科就可以容纳各种有用的“零件”永远不会发生什么“重复”问题。但用什么办法成为学科的组装车间呢？我们目前还没找到适当的答案。

（2）我们目前采用的办法是：在创建新的《乡村经济学》的时候，在《总论》里打破原来各部门经济学各自独立的旧有体系，组成以乡村整体为对象，各部门共有的生产、交换、分配和消费内容的共同体系，而在分论里（即各论）则把乡村经济有关各部门经济，都作为乡村经济学的一个组成部分，相对独立地阐述各自特点有关内容的具体问题。

我们所以这样做，因为任何部门经济学都有两重性，当它们不在乡村时，都可以成为独立完整的学科，如工业、商业、交通运输等行业都是如此（农业经济学虽有些例外，因为它本身就是农村的产物，但目前也有些变化，在城市里也有农业，如花卉生产，人工养蘑，人工养殖等，所以说也有两重性）但当我们以乡村整体为研究对象时，它们就失去了各自独立性，而成为整个乡村经济学的一个组成部分了。这样各部门经济学和乡村经济学之间，就无所谓相互重复、相互代替、相互限制的问题了。

第二节　《乡村经济学》和其他学科的关系

一、乡村经济学与乡村内部其他部门经济学的关系

学科的分类，是实践发展的必然结果，随着科学技术和国民经济的发展，一些新的学科不断

地创建出来，就乡村来说，除了已经有的农业经济学、畜牧经济学、林业经济学、渔业经济学、农业技术经济学之外，还有许多新的学科正在创建或筹建：如农村商业经济学、农村合作经济学、农民家庭经济学、农村工业经济学、农村金融学、农村市场学、农村货币经济、农村保险经济、农村集镇经济学、农村建设经济学等等。所有这些学科的创建，都从不同角度深化了乡村经济问题的研究，但这些学科，都和农业经济学一样，都是乡村的一个部门经济学，都不可能取代综合研究乡村地区整体的乡村经济学。

乡村经济学，既要从综合的角度去研究乡村的整体经济问题，协调乡村经济各部门之间的关系，找出它们之间相互依存，相互促进的关系和规律，同时也要分门别类地研究乡村各分支部门经济；综合研究的好处是全面性和系统性，分门别类研究的好处是深入和具体化。因此可以说，综合地研究乡村经济学可以从总体上指导分支学科的建立和发展，而分支学科的研究又可以深化乡村经济的总体研究，达到全面发展和繁荣农村经济的目的。由此可见，创建乡村经济学不但不排除农村各部门经济学的发展，而且还会促进它们的发展。

但由于乡村各部门经济学都具有两重性，它们不在乡村时，可以成为一门独立的学科（如：工、商、交等），而在乡村时，则把它们作为乡村经济学的一个组成部分来进行研究。也就是以乡村经济学各论或分论的形式出现了。在作为乡村经济学的分论时，则多着重于实际的应用，着重于把各独立部门学的原理和规律，如何结合不同乡村地区的环境和条件，以及不同时期的政策，进行分析比较；来改进和促进这一地区有关部门和整体农村经济的发展。而乡村经济学总论，则是从乡村经济的整体综合地研究各部门之间的联系和相互促进，相互依赖的关系，如乡村的部门结构，乡村经济的全面建设等等，以阐明各部门之间如何相互配合、发展及运动的规律。

所以说乡村经济学的创建，并不是简单地把各部门经济问题分篇章地编排在一起搞成拼盘，而是糅合在一起，成为相互联系的有机体。

二、乡村经济学和政治经济学的关系

1. 政治经济学只研究生产关系（当然也联系生产力与上层建筑）但乡村经济学不仅研究生产关系还要研究生产力，以及某些与生产力或生产关系有关的上层建筑部门。

2. 政治经济学研究的是国民经济的一般经济规律，而乡村经济学研究的是乡村各部门及各部门之间生产关系的特殊规律。以及一部分与城市有关的经济关系。

三、乡村经济学与乡村社会学的关系

乡村经济学不等于乡村社会学，它们之间有联系，但也有区别。

乡村经济学研究的重点是乡村经济，是研究乡村社会现象和乡村其他问题的基础。有关上层建筑和任何其他社会问题，则是作为联系问题而研究的。

而乡村社会学是社会学的分支，它和城市社会学、老人社会学、家庭社会学、社会心理学、社会生态学一样，都是研究社会某一方面问题的学科，乡村社会学研究的重点是乡村社会所有有关的社会问题，所以它和乡村经济学研究的对象是不同的，有人主张把乡村全面建设（包括政治法律、文化教育、体育卫生、民兵建设，以及农村婚姻，家庭、家族、社会习俗等）都纳入农村经济学的研究范畴之内，这是不妥的，因为这些问题都不是乡村经济的本身问题，而是乡村经济的外在条件，都是属于上层建筑的社会问题。

所以乡村经济学的研究对象和内容，只能严格地限制在经济问题的范畴之内，乡村经济学也研究有关的上层建筑，但只是作为经济关系的外部条件来研究，而不是研究那些问题的本身，因此我们不能把乡村经济学变成“乡村社会学”或研究乡村发展的“乡村学”。但是通过两大学科的协作却能把复杂的乡村社会和乡村中各种经济问题研究清楚。

第五章　关于创建《乡村经济学》的几点争论

从现实乡村经济建设，从学科本身的发展，以及培养干部和学生教学的三方面需要来看，创建《乡村经济学》是很有必要的。但直到现在，还有人认为没有必要，或暂时没有必要创建《乡村经济学》，主要论点如下：

（一）创建乡村经济学的条件还不成熟

“当前乡村出现的各种经济问题很多，迫切需要加以研究。但要急于创建《乡村经济学》条件还不成熟。”具体的理由很多，概括起来有以下两条。

1. 乡村经济的发展是有阶段性的。现在中国乡村虽然已经开始向商品生产转化，但工业化程度不高，有些事物还不够成熟。还没有足够的条件来阐明乡村经济的发展规律。

2. 从写乡村经济学的人员来考虑，现在的农业经济教学人员和研究人员，很多都是农业经济系的老毕业生。这些人过去学的都是农业经济学，都是从农业的角度来看待乡村问题的，对于其他行业一窍不通。由这些人来创建《乡村经济学》就会感到先天不足。譬如：过去曾有人写农村的商业问题，却不知商业有倒挂问题。这样写出来的书，不就成了笑话，也就没有指导作用了吗？

我们仍然认为，目前就应着手创建《乡村经济学》。理因已如前述，再补充几点：

(1) 一些资本主义国家和南斯拉夫，罗马尼亚社会主义国家的现代化乡村经济系统，已经发展到比较成熟的阶段。应该有人从乡村经济的角度，而不是单从农业经济的角度去研究他们农村经济的发展和发展的规律问题。但可惜目前在苏联、东欧有一些学者，虽然对于西欧乡村经济的研究有意识地超出了传统农业经济学的研究范围。但由于没有明确地提出创建乡村经济学。没有整体理论与方法。就影响了他们对西欧乡村经济系统发展运动规律和特征方面的认识。

(2) 我国乡村经济已开始走向现代化。近年来乡村产品的商品化、专业化发展较快。乡镇工业与三线建设地区的全民所有制工矿企业一起形成了庞大的乡村工业体系。从全国来讲，我国农业现代化和农、工、商一体化程度还不高，但是乡村工业化、乡村产品商品化、乡村劳动力转移等一系列现代化乡村经济系统的普遍性规律，已在我国某些乡村地区开始出现。

(3) 更重要的是我们创建《乡村经济学》的目的是揭示客观规律，事先指导人们进行某一方面的社会实践，少走弯路，而不是要人们造成了损失以后再去总结经验，当事后诸葛亮。

在这个问题上，我们要以城市经济学为借鉴，城市经济学是在第二次世界大战以后随着城市的迅猛发展而提出来的。在我国则在近些年来才提出来要创建城市经济学。由于城市经济学建立得太晚，发达国家在城市化时期缺乏一门学科作指导（我们国家也一样），因而使城市问题十分严重，积重难返。如果人们在城市化初期就认识到建立城市经济学的重大意义，就能在城市建设过程中得到比较科学的理论指导，今天世界上很多国家的城市问题就不会如此突出。

目前我国乡村经济正在向两个方向转化，现在就提出创建乡村经济学这个课题来，不是为时过早，而是恰到好处。因为创建乡村经济学可以使乡村经济的研究工作更加理论化和系统化。如果现在不着手创建《乡村经济学》，只是就事论事孤立的分析农村中的一个一个的问题。那么会因为缺乏科学的范畴和体系，就不能整体的、综合的、本质的观察问题、研究问题。就只能只见树木，不见森林，片面地、支离破碎地处理问题。这不利于卓有成效地研究和解决乡村的经济问题。就像我国前一阶段存在的农产品的提价问题那样。某种农产品少了就提价，多了就砍、就压。压得过火又少了，再提价，或者这个品种提价了，那个产品又少了。弄得收购政策制定者，手忙脚乱，不知其可。如果我们能够从整个乡村经济和国民经济的内在联系中按照客观规律，综合地、系统地、从根本上解决问题，就会有较好的成效，就能减少盲目性、被动性。

我们认为对编写《乡村经济学》人员的知识和业务水平能否胜任的问题可以解决。诚然，现在搞农经的教学和科研人员多数是旧农经系的老毕业生，对乡村的一些问题过去所学都是从农业经济的角度看待的。如果孤立停滞地看待这些人员，由这些人员来编写《乡村经济学》的书、确实有些困难。但任何人的思想、知识和能力都会随着时代的需要和各自努力而起变化。只要思想上认识到有必要创建《乡村经济学》，任何人（包括旧农经系毕业生或根本不是学农经的）都可以从头学起，缺什么知识就学什么，经过一段时间，任何人都会学到他应该学和能够学到的东西，都能用这些新的知识去弥补过去的缺欠，这样群策群力还怕一本或几本甚至几十本新的《乡村经济学》不能创建出来！

当然有些特别困难的问题。尤其是一些老农经系毕业生暂时不易较快学到手的业务知识，我们可以采取另外一种请过来的办法，请原来从事某方面有理论有经验的“里手”（内行）同志们来参加我们的编写和研究工作。

总之一句话，只要我们认定创建《乡村经济学》是一项利国利民的神圣事业。我们就能聚集各方有关人才群策群力的最后攻克各种难关，为我们的社会主义祖国创建出第一部《社会主义乡村经济学》来。

（二）充实、完善农业经济学就不必创建乡村经济学

“农业经济学中包括了乡村经济学，只要把农业经济学充实、改造、完善就行了。不必再创建什么《乡村经济学》。”

我们认为这种观点，是没有从本质上分清两种学科的区别，是把两种学科研究的对象混淆为一了。在前面谈乡村经济学的对象时已说清楚了。

我们认为要发展的看问题，不能把概念固定化一成不变，诚然在自然经济时代，乡村问题就是农业问题。在现代资本主义国家，由于工业革命以后城乡显著分离，乡村中的手工业作坊被城市的机械化大工业挤垮以后，乡村中就只剩下了农业，所以在他们的国家里，乡村问题也就是农业问题，但是时代在前进，乡村经济包含的内容已不单纯是农业。在目前和将来的中国乡村如此，在现今世界上其他国家也是如此，农业经济的问题的研究是代替不了乡村经济问题研究的。

（三）外国就没乡村经济学我们何必多此一举

也有人说：“资本主义国家只有农业经济学，就没有乡村经济学，何必多此一举，搞什么《乡村经济学》呢?”

前面我们已经谈过，到目前为止，大部分资本主义国家，乡村经济就是农业经济，这是客观存在的现实；但在研究一个地区是城市还是乡村的划分方法上也存在着一点问题；在欧美一些经济学者，经常把一两千人居住的小集镇都划归城市经济体系。所以在他们国家里把这些集镇划出以后，剩下的当然只剩几户或独户的农业居民了。而在我国乡村，尤其是北方的农村，一两千人的农村（实际上是200～300户的村庄）多得是，甚至400～500户，上千户的村庄（即2 000～5 000人）也不少，我们一向把这些大的村庄或集镇，称为乡村集镇，而不称为城市。相反，甚至过去在很长一段时间，我们在行政建制上把县城也算作农村。如过去的地区行政专署就是专门领导县及所属区、乡、及村镇的。而专署的所在地如石家庄、保定，都被划出来，成为省辖市的。而在市的同一地区，却又有专管农村的县，如山东省会济南市又存在着专管济南市区附近乡村的历城县。所以历城县，也就成为确确实实的乡村了。(在其他地区也有类似的建制。)

当然在国外，60年代以后，欧美各国已有些经济学开始由农业经济的研究扩展到整个乡村经济系统的研究了。但是由于研究方法和派别的不同。至今还没有正式提出乡村经济学这个概念。

我们社会主义制度下新中国的经济理论工作者和实际工作者，没有必要跟在外国人的后面跑，我们国家各方面工作的开展，包括乡村经济学的研究工作，都应当由我们自己，根据我国的实际情况，用马列主义毛泽东思想去研究和解决我们国家各方面的工作和实际的问题。当然我们要向国外学习一些我们没有而对我们有用的东西。做到他们有的我们要有，他们没有的我们也要有，不能因为外国没有《乡村经济学》，就限制我们自己去探索、去研究，去创建《乡村经济学》。

(四) 学科研究宜分不宜统

有人认为“现在各类学科发展的总趋势是分门别类越分越细。所以今后农业经济学的建设也是宜分而不宜统。不要企图用一门新的学科《乡村经济学》去包罗整个农业经济内容各个学科”。

在这段论述里包括着两种意见：①农业经济学是乡村的整体学科，它包括许多学科，其中也包括着乡村经济。②从学科建设来说，应该是分，而不要统(即综合)。

他的第一点意见，到底农业经济包括着乡村经济？还是乡村经济包括着农业经济，前面已分析过，不再多说。

现在就分和统的关系，加以分析。

学科发展总的趋势是越分越细。这是客观事物发展的必需，只有分门别类地把客观事物研究得越细越深，才能促进事物的发展，才能解决每项事物的新问题。这是问题的一个方面。但是不管什么事物如果只从一点、一个分支看问题，而忽视整体，只见树木不见森林，必然只会得出片面的结论，抓不到事物的全貌和本质，尤其是社会科学更是这样。乡村经济学是介于自然科学和社会科学之间的边缘科学。它的很多具体问题都是牵连着乡村的各个有关部门，甚至与整个国家的国民经济及世界其他国家的经济有关系。我们只有综合地整体地看问题，才能把问题解决的比较彻底比较完善。正像是在建筑业当中如果没有整体设计，单纯的生产各种原材料，虽然能把各种材料堆积成堆，但却不能建造出各种各样适用的房屋或其他建筑物。因此必须有总体设计图。在工业生产中，同样不能只有零件的生产车间，而没有组装的车间。如果只生产零件，而没有组装工作，任何机器、车辆、即使是一辆最简单的自行车也是生产不出来的。

由此推论在经济学当中，同样需要乡村经济学来综合研究乡村各部门经济。

所以在学科建设问题上，一方面是越分越细，分门别类的学科越来越多，但另一方面，是又一个新的趋势，新的研究领域和新的研究方法，正在形成和发展。那就是如何运用各个分支学科研究的成果和规律。把它们有关的部分，综合起来，组装起来，作为定向发展，定向培育的研究。这在生物科学研究方面已经有了定向培育的遗传工程学。在整个农业生产领域内也有了农业系统工程学。如建立一个现代化、工厂化的大温室，不仅需要生物本身的各种知识，而且需要建筑工程、机械工程以及物理、化学、气象学等各方面的基本科学知识，只有把各种知识有机的结合起来，才能创建一个适宜于特定作物定向生长的人造环境。《乡村的经济学》同样是一门定向发展的综合性经济学科。这种综合学科的研究方法当然很多，但主要的方法是学会综合的系统工程学，这一门学问，需要我们很好的学习，以武装头脑。学会“组装”乡村各有关部门经济的本领。

(五) 创建《乡村经济学》不是新鲜事

有人说“农村经济问题的研究，早在30年代就有老一辈的经济学家，社会学家成立了农村经济研究会进行研究了。现在又提出来讨论，并不是什么新鲜事，更谈不上什么‘创建’问题”。

我们承认这个历史事实，但是我们分析了农村经济研究会的有关材料以后，却得出了如下结论：

1. 农村经济研究会在当时的历史条件下，所研究的只是农业经济问题，而不是整个乡村各部门的经济问题。

2. 农村经济研究会研究内容的重点，在于乡村的生产关系，实质上所研究的只是政治经济学的一部分。也可以称之为乡村政治经济学。而不能说是乡村经济学。因为乡村经济学如果不研究生产力，就不能表现出农村各部门的生产特点以及相互作用，相互影响的关系。

3. 更重要的是农村经济研究会虽然研究了当时乡村的经济问题。却并未提出“创建乡村经济学”。

直到现在解放已经35年了。除了我们研究会的会员，在最近2～3年内才先后提出了“创建农村经济学”的建议以外，还没有听到任何老一辈的经济学家公开提出创建乡村经济学。所以我们说创建乡村经济学并不是早已有之，而是一件新鲜事。

但是我们乡村经济学科研究会的成员，是怀着敬佩和感激的心情，来看待30年代农村经济研究会以及在旧中国研究乡村建设的各学派经济学家和社会学家的，因为创建乡村经济学的倡导，一方面是乡村经济客观发展的需要，另一方面也是老一辈的经济学家和社会学家们给我们留下了宝贵的思想认识，研究方法和研究成果供我们吸取学习。因此我们能从他们那里从不同角度，不同程度，汲取了我们所要创建《乡村经济学》的各种营养。今后我们还将更广泛更深入地研究老一辈专家学者们的著作和事迹。以便批判地继承和发扬他们的观点、理论和研究方法，以充实、丰富我们《乡村经济学》的内容。

但是我们总感到冲劲十足，功底却很浅。因此我们准备用各种方式，诚挚地向老一辈的农村经济学，农村社会学的老一辈专家学者学习、请教，我们更殷切地希望老一辈的专家学者们重新出山，帮助并带领我们征服创建《乡村经济学》过程中将要遇到的各种问题和困难，使我们少走弯路，能把《乡村经济学》更快更好地创造出来。

节水灌溉方式的选择*

刘维峰　吴扬俊

当前各种节水灌溉方式（如低压管道输水灌溉、喷灌和滴灌等）的研究在一些试验区已取得满意的成果，已开始进入推广阶段。但是，对于某一个地区，究竟应该采取哪些节水灌溉方式和发展多大面积最为合宜，涉及该地区的自然条件、技术和经济等多方面的因素，这是一个比较复杂的决策问题，目前国内外还缺乏系统的研究。笔者采用定性与定量相结合的方法，对此进行了研究，所研制的软件可作为节水灌溉决策支持系统的一个重要软件。

一、节水灌溉方式的选择

一个地区节水灌溉方式的选择可按以下步骤进行：

（一）当地条件的定性分析

在广泛调查和分析国内外各种节水灌溉方式试验研究情况的基础上，结合当地的自然条件如气候、地形、水资源、土壤、作物品种等，经济情况如资金来源、各种节水灌溉方式的经济效益等和当地耕作制度，以及农民接受程度等因素，以节水、高产和高效为目标，经有关专家讨论，初步选定一些有可能实现的节水灌溉方式。

（二）数据收集与分析

为了对各种节水灌溉方式的发展比例进行定量计算，还需要收集大量的有关数据，包括计划总投资额、工程项目平均寿命、本地区可供灌溉水量、规划总灌溉面积，以及各种节水灌溉方式的试验数据，包括平均公顷投资（含水源工程投资的分摊）、每公顷年均净收入（指在某种灌溉方式下用经济灌溉定额灌溉，一年内种植各种作物所获净收入的公顷平均值）、每公顷年均耗水量（指在某种灌溉方式下一年内各种作物所耗灌溉水量）等，若本地区缺乏试验资料，可参考省内外条件类似地区的数据，如有可能应进行有关的田间试验，以便校核有关的数据。

（三）节水灌溉发展规模的确定

通过计算可以得出各种节水灌溉方式的优先次序、净现值、节水量、可灌溉总面积和所需的投资等数据，从而求出各种节水灌溉的发展规模。

---

* 原载《北京农业工程大学学报》1994 年第 1 期。

（四）节水灌溉工程设计及评价

最后进行详细的工程设计。在设计时由于考虑到水源、地形和田间管网布局等因素，会出现多种设计方案。因此需要对各种方案进行综合评价，从而选择出最佳的方案。评价指标一般应包括技术指标、经济指标、技术经济指标和其他有关指标（详见农田水利工程设计有关手册）。评价的方法可采用模糊综合评价法。

二、节水灌溉发展规模的确定

通过上述分析可知，合理确定一个地区的节水灌溉方式的发展规模是一个多目标、多层次因素的评价和选择问题，如图 1 所示。其中的准则层包括被灌溉的面积上产生尽可能大的经济效益（用各方案的净现值为指标）、节省灌溉水量和尽可能扩大灌溉面积，以增加产量，达到最佳的综合灌溉效益为目标。至于如何获得各种节水灌溉方式的组合方案 M_1，M_2，…，M_t 将在下面详述。由于影响备选方案的因素较多，需分两种情况分别进行计算：一是在投资总额一定的条件下计算出各种备选方案；二是在可供规划的灌溉面积一定的条件下计算出各种备选方案。

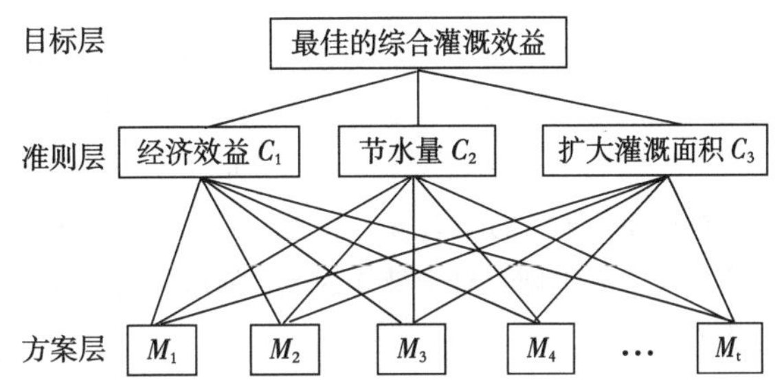

图 1　节水灌溉方式选择的层次结构图

（一）备选方案的形成

现以投资总额一定的情况为例。备选方案的计算包括以下 4 个步骤：①设适合本地区的节水灌溉方式有 n 种，工程投资总额为 E，将总投资额细分为 m 份，则每份投资 $A=E/m$，有 0，A，$2A$，…，mA 种可能的投资分配方案，将 $m+1$ 种投资分配方案与 n 种节水灌溉方式进行组合，可得 $(m+1)^n-1$ 种方案；②在这些方案中保留投资额不超过投资限额且净现值大于或等于零的组合方案，并按其净现值的大小进行排序；③对选出的方案分别计算各自的耗水量，把耗水量大于可供灌溉水量的方案剔除，在剩余的 t 个方案中，按净现值的大小排序，并选出其中前 10 个备选方案（当 $t>10$ 时），否则选择 t 个；④计算这 t 个（或 10 个）方案的耗水量、节水量及可灌溉面积，并形成 t 个备选方案。

（二）判断矩阵的建立

C_1-M 判断矩阵，即各备选方案相对于经济效益准则的相对重要程度矩阵，其形式为

C_1	M_1	M_2	…	M_t
M_1	U_{11}	U_{12}	…	U_{1t}
M_2	U_{21}	U_{22}	…	U_{2t}
⋮	⋮	⋮	⋮	⋮
M_t	U_{t1}	U_{t2}	…	U_{tt}

矩阵中 $U_{ij}=J_i/J_j$，i，$j=1$，2，…，t，其中 J_i，J_j 分别为方案 M_i 和 M_j 的净现值。

C_2-M 判断矩阵，即各备选方案相对于节水准则的相对重要程度矩阵，其形式为

C_2	M_1	M_2	…	M_t
M_1	V_{11}	V_{12}	…	V_{1t}
M_2	V_{21}	V_{22}	…	V_{2t}
⋮	⋮	⋮	⋮	⋮
M_t	V_{t1}	V_{t2}	…	V_{tt}

矩阵中 $V_{ij}=S_i/S_j$，i，$j=1$，2，…，t，其中 S_i，S_j 分别为方案 M_i 和 M_j 的节水量。

C_3-M 判断矩阵，即各备选方案相对于扩大灌溉面积准则的相对重要程度矩阵，其形式为

C_3	M_1	M_2	…	M_t
M_1	W_{11}	W_{12}	…	W_{1t}
M_2	W_{21}	W_{22}	…	W_{2t}
⋮	⋮	⋮	⋮	⋮
M_t	W_{t1}	W_{t2}	…	W_{tt}

矩阵中 $W_{ij}=G_i/G_j$，i，$j=1$，2，…，t，其中 G_i，G_j 分别为方案 M_i 和 M_j 的可灌溉面积。

准则层中各准则相对于最佳的综合灌溉效益目标的相对权重，采用人机对话的方式给出，不再构造判断矩阵。

三、模型中的参数及其计算

（一）备选方案的净现值

净现值是对投资项目进行动态评价的最重要的指标之一。净现值是指工程在使用年限内的总收益与总费用现值之差。这里假定工程的投资是一次性的，且当年完工投产，投产后每年的净收益相等，则净现值可按如下公式计算：

$$N=-K_o+J_{\Sigma}\frac{(1+i_n)^L-1}{i_n(1+i_n)^L}$$

式中：N ——净现值（万元）；

K_o——方案总投资额（万元）；

J_{Σ}——方案的年均净收益之和（万元）；

i_n ——标准折现率；

L ——工程的使用寿命（年）。

（二）判断矩阵的特征向量及最大特征根

对于判断矩阵的特征向量及最大特征根的计算，常采用和积法和方根法，它们都能保证计算的精度。这里采用方根法[2]，其计算步骤如下。

1）设某一判断矩阵为 B，计算 B 中每一行的乘积

$$M_i=\prod_{j=1}^{t}b_{ij} \qquad i=1,2,\cdots,t$$

2）计算 M_i 的 t 次方根 $\bar{w}_i=\sqrt[t]{M_i}$　　$i=1$，2，…，t

3）对向量 $\overline{W}=$（$\bar{w}_1$，$\bar{w}_2$，…，$\bar{w}_t$）归一化，即

$$w_i = \bar{w}_i / \sum_{j=1}^{t} \bar{w}_j \qquad i = 1,2,\cdots,t$$

则特征向量的近似值 $W=(w_1, w_2, \cdots, w_t)$ 中的各元素就是各因素的相对权重。

由于 C_1-M，C_2-M 和 C_3-M 中的各元素 U_{ij}，V_{ij}，W_{ij} 是由方案 M_1，M_2，…，M_t 各自对应的物理量直接两两相比而得出的，矩阵各元素之间满足

$$U_{ii}=1,\ U_{ij}=1/U_{ji},\ U_{ij}=U_{ik}/U_{jk}$$

$$V_{ii}=1,\ V_{ij}=1/V_{ji},\ V_{ij}=V_{ik}/V_{jk}$$

$$W_{ii}=1,\ W_{ij}=1/W_{ji},\ W_{ij}=W_{ik}/W_{jk}$$

$$i,\ j,\ k=1,\ 2,\ \cdots,\ t$$

当判断矩阵满足上述条件时，称该矩阵具有完全一致性，其最大特征根 $\lambda_{max}=t$，且除 λ_{max} 外，其余特征根均为零。所以，在计算出特征向量 W 之后，不需要再进行一致性检验了。计算流程图如图 2 所示。若可供选择的节水灌溉方式是喷灌、滴灌和管道输水，则节水灌溉的组合方式包括喷、滴、管灌组合，喷、滴灌组合，喷、管灌组合和滴、管灌组合等。

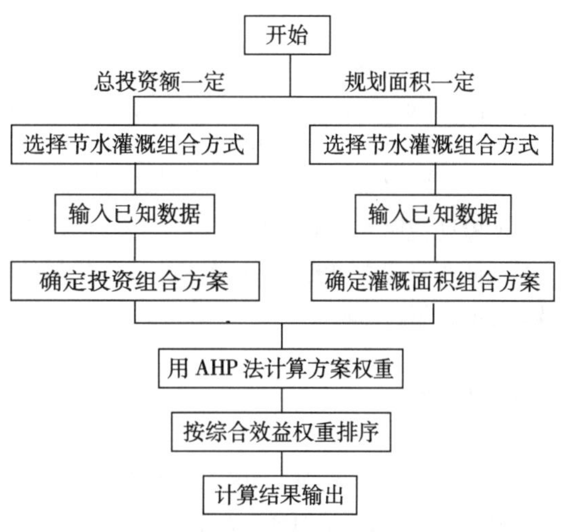

图 2　节水灌溉工程选择计算流程图

四、应用实例

现以河南省偃师县山化乡为例讨论本软件的应用。该地区年均降水 517 毫米，是严重干旱缺水地区，人畜饮水相当困难。1979 年开始打深水井，逐步解决了人畜饮水问题，并开始在大田进行滴灌试验。经过 10 多年的节水灌溉实践，取得了较好的经济效益和社会效益，并积累了较丰富的滴灌、喷灌和管灌的试验资料。目前正在较大范围推广试验区的成果，扩大节水灌溉的面积。根据本地区多年的实践经验，该地区可采用滴灌、喷灌和低压管道输水 3 种节水灌溉方式，项目的平均寿命为 10 年，基准折现率为 0.09，可供灌溉水量为 16 万立方米。各种节水灌溉方式的数据①如表 1。

表 1　山化乡各种节水灌溉方式的基本数据

单位：元

节水灌溉方式	公顷投资	公顷年平均净收入	公顷年平均耗水量/立方米
喷　灌	6 075	7 560	3 600
滴　灌	5 445	7 815	2 700
管道灌	6 855	8 100	4 500

假定经济效益、节水和扩大灌溉面积三者的权重分别为 0.4，0.3，0.3，当计划总投资额一定（120 万元）时，前 10 个方案的计算结果列于表 2。表中的 10 个方案是按综合灌溉效益的权

① 洛阳市水利水产局，偃师县水利局．洛阳市偃师县邙岭地区万亩农田节水高效示范与研究项目的可行性报告．1992. 14～17。

重大小排列的，各方案的投资总额都是120万元。从表2可以看出，在投资相同的情况下，该地区宜多发展滴灌，喷灌和管灌则不宜发展过多。

表2　山化乡投资总额一定情况下的计算结果

单位：公顷

方案	综合权重	净现值(万元)	节水总量(立方米)	可灌面积	喷灌面积	滴灌面积	管灌面积
1	0.093 954	985.3	1 004 959	220.33	0	220.33	0
2	0.092 776	970.6	993 352	218.06	19.73	198.33	0
3	0.092 089	965.8	985 688	215.80	0	198.33	17.46
4	0.091 597	955.9	981 745	215.73	39.46	176.26	0
5	0.090 910	951.1	974 081	213.53	19.73	176.26	17.53
6	0.090 418	941.2	970 138	213.53	59.26	154.26	0
7	0.090 224	946.3	966 418	211.26	0	176.26	35.00
8	0.089 732	936.4	962 474	211.26	39.53	154.26	17.46
9	0.089 045	931.6	954 811	209.00	19.73	154.26	35.00
10	0.088 359	926.7	947 147	206.73	0	154.26	52.46

实例验证说明本文中提出的方法是可行的。实际决策时，可根据各地区对经济效益、节水和扩大灌溉面积三者之间的不同权重要求或按规划的灌溉面积一定的情况下进行多次计算，从中选出最满意的方案。

参考文献

[1] 傅琳，董文楚，郑耀泉．微灌技术指南．北京：水利电力出版社，1988.8～10

[2] 许柏树．层次分析法原理．天津：天津大学出版社，1988.6～13

我国农业推广工作面临的形势与对策*

任晋阳

社会主义市场经济的确立，为我国农业推广工作提出了新的挑战，同时也提供了新的发展机遇。在挑战与机遇并存的情况下，我们只有认清面临的形势，抓住有利时机，采取积极的对策，才能使我国农业推广工作迈向新的发展水平。

一、我国农业推广工作面临的形势

（一）农业推广机构内外关系的重大变化

首先是推广机构与推广对象之间关系的变化。过去，推广机构面对的是“铁板一块”的大集体，主要采取行政命令式的推广方式；农民只有绝对服从，没有生产经营自主权。家庭联产承包责任制实行之后，特别是确立社会市场经济后，生产经营自主权逐渐转移到农民手中，生产经营什么、生产经营多少完全由农民自愿选择。推广机构与农户、推广人员与农民已不再是上下级的命令服从关系，而是变成了一种服务与被服务的关系。在这种情况下，推广机构能否享有较好的声誉，推广事业能否兴旺发达，最终还要看是否能为农民提供优质的服务。

其次是推广机构内部关系的变化。目前，国家政策允许农业推广人员利用自己的聪明才智搞有偿技术服务，进行技术承包，获取相应的报酬。推广人员之间的关系已不是过去的“平等”关系，而是变成了相互竞争的关系。

第三是推广机构与科研单位、大专院校之间关系的变化。过去，科研单位、大专院校有了科研成果，总是无偿将成果转让，它们对推广部门唯一的希望是通过推广应用对成果进行评价。现在，随着技术市场的逐步建立，科学技术实行有偿转让。推广机构与科研单位、大专院校的纯粹业务关系变成了遵循等价交换原则的技术经济关系和相互依赖的伙伴关系。

（二）加强农业推广工作的有利时机

推广机构内外关系的重大变化，不仅使推广机构面临严峻的考验，而且使推广机构的发展具有了动力和活力，为加强农业推广工作创造了有利的时机。

第一，农村经济的多元化发展，使农民对服务的需求表现出强烈的多样性和时效性。农民已不再满足于产中的技术服务，还需要产前生产资料供应和产后产品包装、运输、销售等服务，需要推广人员及时提供有关的市场信息、为其生产经营决策提供依据。这就要求推广人员调整知识结构，学习掌握技术以外的经济、社会等方面的知识，提高综合服务能力。从而为农业推广从技

* 原载《科技成果纵横》1994年第2期。

术服务型向综合服务型发展提供了契机。

第二，我们正面临新技术革命的挑战。如果我们能够注意当今世界农业科技发展趋势，结合我国国情采取相应的对策，在加强农业科技引进、研究、开发的同时，注重发挥农业推广在农业发展中的作用，增加农产品中的科技含量，就可以尽快缩小我国与世界发达国家之间的差距。

二、加强我国农业推广工作的基本对策

（一）实行农业推广战略的转变是指导农业推广工作的基本策略

过去，我国农业推广工作普遍存在着不太注重效率和效益，缺乏明确的经济观点；凭经验搞推广，不太注意国内外农业推广学的发展趋势和动向，表现在农业推广缺乏必要的理论指导；许多人错误地认为农业推广的对象是物而不是人，表现在只注意一时一事的推广效果而不注意推广之后的持续效果；农业推广作为一项社会事业没有得到法律法规上财力、物力、人力的保障，致使许多地区出现“有钱养兵，无力打仗”的局面。这种不合时宜的战略必须得到彻底改变。

首先，要贯彻执行《农业技术推广法》。1993 年 7 月，全国人大常委会颁布了我国第一部《农业技术推广法》。这部法律对我国农业推广组织体系，保障体系等做了明确的规定和说明，我们应认真贯彻执行这部法律，使我国农业推广走向法制轨道。

其次，树立推广对象是农民的观念，充分了解农民的心理和要求，研究分析农民行为规律，尊重农民意愿；发挥农业推广的教育职能，千方百计提高农民素质，培养农民自我决策和自我发展能力。改变“输血”方式为“造血”方式。

（二）改革国家农业推广体系

80 年代以来，我国农业推广机构的组织形式和管理体制为适应改革形势的需要，从县一级开始，把原来分散独立的县农科所、农技推广、植保、土肥等专业站和农业技术学校结合起来，成为试验、示范、培训、推广相结合的农业技术推广中心，乡一级也重建了与县中心业务相适应的农业技术推广站。实践证明这一改革措施是行之有效的。但是，目前中央、省地级各种专业站、所还处于分设状态，和县中心没有形成对应的管理指导关系，使农业推广组织管理方面出现了一些障碍。从发展的需要看，今后中央、省、地级农业推广机构也应建立农业技术推广中心。目前，我国正在利用世界银行贷款，逐步在全国范围内完成这一变革。可以预计，不久的将来适合我国国情的国家农业推广体系将建立起来并将发挥出更大的作用。

（三）充分发挥民间农业推广组织的作用

仅有政府农业推广组织进行推广是远远不够的，还必须依靠民间力量，发挥民间推广组织（例如农村专业技术协会）的作用。目前，我国已有这类组织 12 万多个，会员达 450 万户，分布于农村种植、养殖、加工、服务等 140 多个行业。这种组织在政府的扶持下，坚持民办、民管、民受益的原则，以农业科技的推广普及为突破口，以提高农民收入，繁荣农村经济为目的，千方百计满足农民需要。表现出极强的生命力，成为政府推广组织的必要补充。在一些地区这种组织的推广效果甚至超过了政府推广机构。国家应提倡多种经济成分和多种组织形式搞推广，国家推广机构应该利用这类组织民主性强、示范作用好等优势，通过农民的积极参与达到理想的推广效果。

（四）充分利用科研单位、大专院校的力量

农业推广是一种知识信息传递过程，科研单位、大专院校是知识信息的主要源泉。如何使“源泉”中流出更多更好的农民需要的科技成果，关键的问题是变科技成果的无偿转让为有偿转让。科技成果是商品，它具备商品的一切属性。因此科技成果的转让也应按价值规律实行有偿转让。具体来讲，推广机构应该：第一，根据推广实践的需要，向科研单位、大专院校提出科研委托任务，以解决农业生产中的关键问题。第二，购买它们已经成熟的科技成果。第三，选择在某些领域内有所专长的科研单位、大专院校，与它们建立长期的合作关系。

稀缺资源合理配置问题研究*

——以化肥为例

秦 富

［摘 要］分析稀缺资源及其合理配置的涵义；讨论稀缺资源合理配置的理论、在实践中的局限性及其合理配置的实践意义；制定化肥稀缺资源合理配置的方案；并提出促进农业稀缺资源合理配置的配额均衡模型。

一、稀缺资源及其合理配置的实践意义

（一）稀缺资源及其合理配置的涵义

稀缺资源是人类劳动创造的、相对于需求而言供给数量有限，非自由取用的、有价值的资源。既具有量和质的规定性，也具有时间和空间等多种属性。

稀缺资源的合理配置是经济中的各种稀缺资源在各种不同的使用方向和应用方法之间分配和选择的最佳化。即把稀缺资源遵循特定原则，如最大产量、最高产值、最大盈利等，分配于各种不同的用途，以这些有限资源生产出合计量最多的，或社会、经济生态效益最佳的，为社会所需要的产品和劳务。简而言之：提高稀缺资源分配的净效益。

（二）稀缺资源合理配置基本理论的讨论

稀缺资源合理配置的基本理论主要有：综合平衡理论、边际分析理论和福利经济理论。

对于综合平衡理论，稀缺资源的合理配置，①要受到资源非完全流动性的障碍。稀缺资源的综合平衡是全社会范围内有计划按比例进行的，但资源分布却具有地理性，非完全流动性阻碍着资源在全社会范围的优化配置。②生产者的经济人性质，决定了供求规律是必须考虑的重要因素，价高利多则生产积极性高产量也多；价低利少则反之。供求规律对生产的调节直接影响资源的配置，从而影响其合理配置的综合平衡。③计划的不完全性以及制定计划所依赖的预测手段本身的缺陷，也阻滞着稀缺资源配置的综合平衡。

对于边际分析理论和福利经济理论。①也要遇到资源的非完全流动性的限制。对于非完全流动性的资源来说，尽管有可能使每一区域的边际产值与边际资源成本分别相等，并使每一区域生产的边际替换率相等；但不同区域间却不能实行严格的等边际产值或等边际替换率准则，造成资

* 原载《农业技术经济》1994年第2期。

源配置的非最佳性。②要受到政府的干预。两种理论都是靠“看不见的手”支配经济活动的。但现实中不同经济体制的国家均不同程度地参与经济活动，进行政府干预。如对某些资源价格上限或下限的规定，实际上是重新规定了资源的配置方式，与完全按市场供求规律的优化配置会发生显著的偏移。③两种理论都以完全竞争和市场均衡为假设。然而现实中完全竞争常被某种程度的垄断所代替。垄断的特性决定了垄断生产者的边际收益线是向右下方倾斜的，不同于完全竞争的水平线，意味着资源利用和产品配置都处于较低的水平，而价格却较高，破坏了资源的优化配置：现实中遇到的更多的情况是市场非均衡，这时起决定作用的是短边原则。也使资源优化配置的均衡条件受到限制。

但这几种理论也给予研究稀缺资源合理配置问题若干启示：①要注意稀缺资源配置的综合平衡。从全局出发，考虑稀缺资源的需要与可能，统筹兼顾，合理安排，以避免区域间的不平衡发展。②要追求有限的资源发挥最大的效益。这就要使资源在不同区域间或不同用途间的配置构成符合最优配置的要求。社会不单是追求企业内部或单个部门或区域的利润最大化，而是要追求国民经济总量的最大化。③要考虑资源间及资源在区域间的替代、互补关系及其变化规律，使资源间的配合比例符合技术和经济要求。④要考虑稀缺资源合理配置所需的配套条件。

（三）稀缺资源合理配置的实践意义

农业是国民经济的基础。但农业的增长与发展、农产品产量的提高，却受制于农业生产中所依赖的农业资源，特别是成为农业增长与发展瓶颈的农业稀缺资源。表现在绝对量上的有限性及其配置格局对农业增长与发展的制约。

以农业生产中较重要的化肥资源为例，因各方面条件所限，我国化肥供应不论是目前，还是今后相当一段时期，仍将处于较低的水平。1990年农作物亩播面化肥施用量（折纯量）为11.6公斤，其中氮肥仅7.36公斤。供应不足的化肥，在不同区域之间的合理配置就尤为重要，但我国化肥施用中却存在着区域间的不平衡。

本文根据1991年中国统计年鉴资料，对全国及东、中、西部的粮食播面单产与化肥施用量（折纯量）进行了相关分析，得到全国及东、中、西部的生产函数如表1。

表1　全国及东、中、西部的生产函数

区　域	生　产　函　数	DW	R
全　国	Y=71.98+20.28F−0.25F2−0.003F3 (0.68) (0.79) (−0.14) (−0.08)	1.63	0.80
东　部	Y=289.13−19.22F+1.89F2−0.039F3 (0.07) (−0.23) (0.37) (−0.39)	1.49	0.77
中　部	Y=157.92+0.19F+0.958F2 (0.90) (0.01) (0.46)	2.12	0.79
西　部	Y=−366.13+274.36F−43.91F2+2.27F3 (−0.33) (0.61) (−0.72) (0.86)	1.52	0.79

根据生产函数，即可求得全国和东、中、西部在目前施用化肥水平（分别为11.64、14.99、10.31和8.92公斤）的边际产量分别为13.24、11.15、19.94、32.85公斤。意味着东部增施1公斤化肥增产粮食11.15公斤，而中西部却可增产粮食19.94公斤和32.85公斤，是东部化肥边

际产量的 1.79 倍和 2.95 倍。不同区域增产效果相差很大。

这种区域间化肥配置的不合理，造成有限资源的很大浪费。根据一定准则对现有化肥资源配置进行调整，即使在不增加化肥投入条件下，也可使粮食总产提高一定幅度。如从东部向中部或西部转移 1 公斤化肥，即可使粮食总产增加 10 公斤左右。可见供应不足的化肥资源在区域之间的合理配置具重要意义。

二、化肥稀缺资源的合理配置

本文以河北省为例，根据一定的原则和指标，选用聚类分析中应用最广泛的系统聚类法。并根据河北省情况和处理数据特点，选择适宜于分区的标准化变换，通过计算欧氏距离，运用离差平方和法对河北省进行分区。结果是（以 1990 年河北省统计数据，取阈值 4 为界）；Ⅰ区：石家庄市、石家庄地区；Ⅱ区：唐山市、秦皇岛市、承德市；Ⅲ区：保定市、保定地区、邢台市；Ⅳ区：张家口市、张家口地区、承德地区；Ⅴ区：邯郸市、廊坊市、沧州市、沧州地区；Ⅵ区：邯郸地区、邢台地区、衡水地区。

由于各区域化肥施用的品种及数量有较大的差异，为使所建各区化肥施用的生产函数具较大的可比性，本文选用折纯量为研究对象。根据 1991 年河北省统计资料，得到六个区域化肥投入的生产函数，如表 2。

表 2　河北省六个区域播面单产与化肥投入的生产函数（1990 年）

区　域	生　产　函　数	DW	R
Ⅰ区	Y1＝185.76－2.38X1＋1.97X12－0.07X13 （0.46）（－0.03）（0.34）（－0.57）	2.26	0.71
Ⅱ区	Y2＝382.71－83.82X2＋9.49X22－0.28X23 （1.31）（－0.59）（0.38）（－0.44）	1.88	0.83
Ⅲ区	Y3＝274.34－44.10X3＋5.47X32－0.162X33 （1.28）（－0.72）（1.00）（－1.05）	1.86	0.81
Ⅳ区	Y4＝85.17＋11.75X4＋1.78X42－0.082X43 （3.33）（0.69）（0.63）（0.65）	1.57	0.93
Ⅴ区	Y5＝530.48－170.91X5＋21.74X52－0.779X53 （3.38）（－3.22）（3.78）（－4.00）	1.32	0.82
Ⅵ区	Y6＝4.13＋25.74X6－0.234C62－0.016 6X63 （0.05）（1.84）（－0.28）（－0.96）	2.31	0.81

根据上述稀缺资源合理配置理论，并运用上述 6 个区域的生产函数，可得到化肥稀缺资源的两种合理配置方案：

（一）合计产量最高的化肥资源配置方案

生产实践明确地揭示出：有限的资源平均分配集中投入都不能达到合理化。只有依据等边际产量原则，充分考虑综合平衡和局部优势的要求，重新配置化肥在不同区域上的使用量，使其在各个区域所产生的边际产量相等，才可使全部区域的合计产量最大化。

根据表 1 所列各区域生产函数，依据等边际原则，进行计算机模拟（取步长为 0.1），得到追

求合计产量最高的化肥资源合理配置方案为 X1＝10.0，X2＝13.9，X3＝11.0，X4＝12.6，X5＝11.7，X6＝9.0，其边际产量为每公斤化肥（折纯）增加 17.4 公斤粮食。

这个合理配置方案与 1990 实际分配方案对照可以知道：在不增加化肥供应的前提下，依据稀缺资源合理配置的等边际原则调整现有化肥资源在各个区域之间的配置，由边际产量较低的Ⅰ区、Ⅱ区、Ⅲ区、Ⅳ区向边际产量较高的Ⅳ区和Ⅴ区转移，Ⅳ、Ⅴ区的增产高于Ⅰ、Ⅱ、Ⅲ、Ⅳ区的减产，调整结果是全省粮食单产提高 30.81 公斤/亩，粮食总产增加 315.6 万吨。与 1990 年实际化肥分配方案相比较，增产 13.39％，而化肥供应却保持不变。可见调整化肥资源在区域间的合理配置，实现粮食增产的潜力是很大的。

（二）总经济效益最佳的化肥资源合理配置方案

某个区域经济效益最佳的条件是该区域产品的边际产值与资源投入的边际资源成本相等。在资源短缺的情况下，根据各个区域边际产值与边际资源成本比值相等的准则，用上述类似的方法，即可求得各区域合计经济效益最佳的化肥资源的配置方案：

X1＝13.5，X2＝13.8，X3＝10.9，X4＝8.4，X5＝11.8，X6＝9.7。

此时实现了各区域边际产值与边际资源成本相等的准则。这个追求合计经济效益最佳的区域间化肥配置方案与 1990 年实际方案对比，结果是：增加产值 145.52 万元，增加的幅度 9.77％。而化肥供应总量却没有增加。

三、促进农业稀缺资源合理配置的配额均衡模型

稀缺资源供不应求和市场不完善决定了稀缺资源市场的非均衡性。要实现稀缺资源的合理配置，就不得不面对非均衡条件下，供不应求稀缺资源的配额均衡。这种均衡的位置是由供给中的短边所决定的，是一种受数量限制的短边均衡。

仍以化肥为例，化肥配额所赖以进行的原则是什么？要改变传统计划经济体制下有限资源按照平均原则或历史原则分配的低效率的状况，也要改变按目标原则该保的没有保，该压缩的没有压缩的状况，而要以市场经济等边际产量或产值原则为依据。这就要求各级部门必须要弄清各个地区资源投入的边际值差异。

如何实现配额调节呢？建立以边际效益为配置标准的配额均衡模型系统。

国家对省的配置：某省应分配农用物资数量＝A×全国单位粮食边际产值应得农资数量（全国可分配农资总量/全国总边际产值）×该省粮食边际产值＋B×全国单位非粮边际产值应得农资数量（全国可分配农资总量/全国非粮总边际产值）×该省非粮边际产值

考虑到农业中粮食总产量、农业总产值实绩的重要地位，可加入 C×全国单位粮食产量应得农资数量（全国可分配农资总量/全国粮食总产量）×该地区粮食产量和 D×全国单位农业总产值应得农资数量（全国可分配农资总量/农业总产值）×该地区农业产值两项。

省对各地区以及地区对各县的配置都可采用类似模型，进而形成一个边际效益和实绩标准综合考虑的配额均衡系统。

本文以河北省为例，在用系统聚类法将该省划分为六个区域并建立分区化肥投入与粮食产量间生产函数的基础上，计算各区化肥投入的边际产量；并根据该省及各区域的粮食总产量、农业总产值，运用上述配额均衡模型，将河北省 1990 年可配置化肥 145.21 万吨分配于各区的结果为：Ⅰ区：19.2 万吨；Ⅱ区：22.5 万吨；Ⅲ区：23.6 万吨；Ⅳ区：20.8 万吨；Ⅴ区：31.1 万

吨；Ⅵ区：29.2万吨。

在实践中，可改革化肥资源增量的投向，如政策性导向中给边际值较大的权重，以增加对中低产地区的化肥配额。为保证国家征购任务的完成，可相应增加中低产地区的合同任务，减少高产区的任务。中低产地区增产潜力大，依靠化肥增产的部分将大于合同任务增加的部分。合理配置稀缺资源的结果，是使各类地区同时得益，进而使社会生产的总效益提高，因而具有明显的实践意义。

关于粮食购销体制改革的一些认识*

俞家宝　詹玉荣

一、我国粮食体制改革取得的成绩是肯定的

近两年我国粮食购销体制改革，迅速地由统购统销体制向市场经济体制转变，成绩是肯定的。但由于配套措施没有跟上，也出现了一些问题。诸如国有粮食企业经营困难，职工收入下降，队伍不稳，以致粮价失控等现象。应该说这些现象是正常的，是体制转轨中的必然现象。就以1993年10～12月份出现的粮价大幅度上涨来说，虽然来势迅猛，但在国家宏观调控下迅速扭转。这不仅说明粮食进入市场经济后，政府有能力调控，而且也会调控。事实证明粮食进入市场经济不仅有利于农民，也有利于促进粮食企业的改革。解决了多年来粮食企业经营亏损和挂账问题。以粮食放开经营较早的广东省为例：1992年4～12月粮食企业减亏7.77亿元，减幅为66%。1993年1～10月又较上年同期减亏6.33亿元。广州市1993年头10个月已实现盈利1 580万元。可见粮食体制改革对稳定粮食生产、稳定粮食市场，减少国家财政补贴，改掉不利于粮食进入市场经济的各种障碍，使粮食真正成为国家宏观调控下的商品，已取得了显著成就。

二、粮食购销新体制的目标

改革粮食购销旧体制，建立适应社会主义市场经济要求的新体制，首先要明确这个新体制应达到的目标和满足的要求。我们认为这个新目标应当是：

第一，有利于促进粮食生产。我国对粮食的需求，现在仍处于一个增长阶段。我国粮食生产的潜力还很大，只要我们采取促进粮食生产的政策，粮食生产可以不断地满足我国粮食市场的需求。

第二，有利于稳定粮食市场价格。粮价是上涨趋势是毫无疑问的。所谓稳定是指能符合规律的上涨，而不出现大起大落暴涨暴跌。

第三，有利于保证全国粮食供求总量平衡和地区、结构的供求平衡。粮食是一种需求弹性大，供给弹性相对较小的产品。在一定的经济水平下，居民消费粮食数量是有一定的量，少了不行，多了也不必要，储存时间超过了期限就失去了使用价值。应该通过价格政策和进出口，达到粮食供求总量均衡。对各地来说，应充分合理地利用资源，发挥自己的优势，生产出经济效益最高的产品。但考虑到目前各地区收入差距较大，财政体制改革尚未完成，交通运输尚有困难，各地仍应基本上做到居民口粮供求平衡。同时也应力求结构平衡。结构平衡，一是指口粮与饲料的

---

* 本文是农业部软科学委员会办公室主办的“粮食问题的思考”专题讨论会论文，1994年。

供求结构，二是指口粮粮种结构。随着人民生活水平的提高，人们对口粮的需要已不限于小麦和水稻，对豆类、杂粮以及米面质量都有了新的要求，虽然数量上仍占少数，但在供给上也应力求与需要结构一致。

第四，有利于保证粮食安全。建国以来我国粮食生产曾因自然灾害和人为因素的影响，粮食生产波动有过深刻的教训。1959 年粮食生产减产幅度曾达到 15%。这虽然是特殊原因，但 1985 年也较 1984 年减产近 7%。如果遇上连年自然灾害，造成连续减产，就会出现很大的困难。为了保证粮食供给安全，必须要有足够的粮食贮备。

第五，有利于粮食市场上形成公平竞争。所谓公平竞争，一是指买卖双方都有平等的议价能力，无论是在收购市场上，农民与粮食收购企业，还是在销售市场上粮食销售商与居民消费者都应有平等的议价能力。二是指粮食收购企业之间，或销售企业之间都有大体相等的竞争力量，都有独自决定价格的能力，而不受任何一个企业的垄断和支配。

三、粮食购销新体制的要点

实现粮食购销新体制的目标，要求粮食购销新体制的基本要点是：

（一）建立国家与地方相结合的粮食储备

国家与地方的粮食储备的目的有两个：一是用于粮食安全保证。国家和地方的储备粮必须要恰当，储备过多，每年的处理量过大；过少又达不到安全保证。根据世界各国的经验和我国粮食减产的幅度，储备的安全比率大约应为总消费量的 17%，按全年收获 4 500 亿千克计算约为 765 亿千克。但我国粮食自给率高，农民有自己的储备，应在 765 亿千克中减去农民的自己储备量。在不掌握农民储备粮准确数字的情况下，可按粮食商品量的 17%计算约为 231.8 亿千克。二是用于平抑粮价。当粮食价格波动幅度过大时，可以用平价吞吐储备粮的方法平抑粮价。

动用储备粮是否会影响粮食的安全保证呢？我们认为是不会的。因为：

1. 储备粮每年都要处理陈粮购入新粮，可以动用被处理的陈粮。

2. 在丰年市场粮价下降幅度大时，国家可以多收购一些，可以略大于 17%。在歉年市场粮价上涨时，国家多吐出一些陈粮，一方面平抑粮价，一方面救济缺粮地区。这样储备粮会大幅度下降，只要不低于商品量的 7%（最近 10 年下降幅度最大的年份）仍可以稳定市场。

3. 我国是一个南北气候差异大的国家。粮食歉收的年份，可以通过提高粮价，鼓励粮食产区多生产一些。

4. 世界粮食市场已经形成。可以用进出口调节国内粮食市场。

（二）建立有利于粮食生产的国家储备粮收购价格

如果国家储备粮的周转期为 3 年，每年的收购量约为 255 亿千克，为粮食社会收购量的 9% 左右。足以影响粮食的社会收购价格。制定国家储备粮价格唯一根据就是达到该年粮食预测需要量所必需的收购价格条件。这个价格条件就是要保证种粮农民的收入能与全国人民的收入同步增长。达到这个条件就必须考虑：

1. 粮食的市场价或前三年的市场平均价，应该说是在现有粮食生产水平下，农民生产每千克粮食应获得的销售收入（即粮食每斤成本加利润）。

2. 如果全国物价上涨，粮食的价格也应当同幅度提高，否则就等于粮食价格下降。

3. 根据粮食生产边际报酬下降的趋势，要求粮食产量继续提高，粮食的边际成本也必然要继续提高。

4. 新增产的粮食也应该给农民带来一定的利润。

设：粮食当年或前三年的市场价格为 a；粮食播种面积不变的条件下，为达到粮食预测需要量，所需要的每亩增产量为 y；粮食的边际成本，即新增加量的每单位成本为 m；新增产的成本利润 r，则这个公式就是：

a＋a×（1－物价指数）＋（y×m÷预测需要量的亩产量）＋（r×y×m）

举例：如小麦每千克市场收购价为 0.8 元，达到预测需要量每亩产量要由 210 千克增加到 220 千克，增加量为 10 千克。假如小麦在亩产 210 千克时，每千克的边际成本为 0.25 元。现在要求小麦亩产达到 220 斤，物价指数为 110%，小麦的边际成本达到 0.314 元，若新增加产量的利润按成本利润率的 25%计算，那么就是 0.8＋0.8×（1－110%）＋（10×0.314÷220）＋（10×0.314×0.25）＝0.8＋0.008＋0.014 2＋0.003 7＝0.898。

这个价格不是保护价格，但可以起到保护价的作用。如果市场价格高于这个价格，农民按市场价出售，国家储备也可以按市场价格收购。由于储备粮价格是按总需要量，而且是保证农民获取有利收入的价格计算的。当粮食减产粮价上涨时，减产幅度只要在 12%以内，国家储备不收购、市场价格就不会高于 0.898 元/千克，如果粮食丰收增产不超过 5%，国家储备粮多收购 5%，也可以保持价格不变。

（三）国有粮食企业成为独立的粮食商品经营企业

国有粮食企业经营，以盈利为目的，以批发业务为主。零售业务，可以实行国有民营承包、租赁等形式，国有粮食企业不承担平抑市场粮价的作用。

国家粮食储备系统由国家或省市政府直接管理，与粮食企业彻底分开，无直接关系。当粮食在销售市场上波动超过合理界限的 10 个百分点时应进行干预。因为粮价比较低，购买粮食的费用在居民生活费用支出中占 6%～7%，10 个百分点是可以承受的。同时，粮价上涨 10 个百分点对其他物价的影响也不大。

（四）实行多渠道经营，成立农民粮食运销合作社

为达到粮食市场上公平竞争、稳定市场，防止少数粮食企业垄断购销，粮食市场必须实行多渠道经营，特别是要组织粮农参加粮食运输合作社，让农民组织起来，提高农民在粮食市场上的竞争能力和议价能力，也可以组织乡联社、县联社或直接参加粮食中央批发市场的交易，或从事粮食深加工。

城市居民也要组织消费合作社，经营粮食和初加工或经营粮食食品深加工，达到抑止销地粮食价格的作用。

论畜产品运销*

林智元

一、国民经济中各部门都离不开畜产品运销

畜牧业为人类提供最基本的生活资料，也是国民经济其他部门得以独立和发展的基础，没有畜牧业和种植业的发展，就不可能出现社会分工，也就不可能出现农业以外的部门和行业。国民经济各部门的进一步发展，是建立在农业劳动生产率不断提高的基础上。肉、奶、蛋、皮、毛、绒是人类最基本的生活资料，国民经济中任何一个部门的劳动者，都离不开对畜产品消费。在商品经济的条件下，各行各业的产品都要直接或间接的与畜产品交换，才能满足劳动者的基本生活需要。而要达到交换的目的，就必须要有畜产品的运销工作来完成。

在畜牧业的再生产过程中，生产是起点，消费是终点，运销则是中间环节，它是连接生产和消费的桥梁和纽带。发展畜产品运销，可以促进社会分工，促进畜牧业专业化、社会化、商品化发展；可以促进畜牧业企业不断采用新技术，改善经营管理和提高经济效益，可以促进畜牧业资源的开发利用，使农牧民更快的富裕起来，并为畜牧业现代化积累资金；可以进一步发挥畜牧业作为国民经济基础的作用等等。

二、畜产品运销的发展

（一）畜产品运销的发展，也就是畜产品商品量交换增加的过程

这表现在：畜产品数量的增加（见表1）。

表1　　单位：万吨

年度	肉类	奶类	山羊毛	纯羊毛	羊绒	蜂蜜	禽蛋
1985	1926	289	1.1	17.8	0.3	15.5	534
1991	3144	524	1.7	24.0	0.6	20.6	922
增长%	163	181	155	139	200	133	173

（二）肉禽蛋、大牲畜集市贸易成交额的增长

1985年肉禽蛋成交额为140.1亿元，大牲畜成交额为32.6亿元。1991年肉禽蛋成交额为705.5亿元，比1985年增长504%；大牲畜成交额为43.6亿元，比1985年增长134%。

---

* 原载《完善社会主义畜产品市场经济体制》，中国农业出版社，1994年5月。

（三）畜牧业由自给性生产转向商品性生产

我国的畜牧业正处在从自给自足的自然经济向商品经济转化。过去农牧民饲养的畜禽主要为了自己的吃用，而现在重点户、专业户和农牧场饲养的畜禽则是作为商品出售。1985年畜禽专业户提供的畜产品商品量，肉类55万吨、奶类22万吨、蛋类39万吨、毛类1.4万吨、蜂蜜5万吨、活畜1 056万头、活禽14 273万只，畜产品收入315 573万元。1989年分别提高到肉类122万吨、奶类61万吨、蛋类67万吨、毛类2.9万吨、蜂蜜9.5万吨、活畜970万头、活禽35 744万只、畜产品收入1 173 767万元。除活畜外，四年期间其他畜产品商品量收入都是成倍增长。如果按这四年的发展速度计算，1993年专业户的商品量比1989年还要提高一倍。这就是说，八年时间，畜禽专业户的商品量已经翻了两番。

（四）畜产品加工的种类与数量增多

随着商品经济的发展和人民生活水平的提高，绝大多数畜产品必须经过加工处理后，才能作为商品出售。我国的畜产品加工业著称于世，早在奴隶社会期间，就已经掌握使用陶瓷器封闭保存食物。《齐民要术》书中记载着肉脯、肉干、糟肉等制造方法。金华火腿不仅历史悠久，而且驰名中外，其制造方法在元朝时，由意大利传教士马可波罗传往欧洲。我国传统的肉类加工，还有腊肉、烤肉、板鸭、灌肠等。奶类加工，在汉文帝时代就有奶子酒，《齐民要术》中写有酸奶的发酵剂。蛋类加工有皮蛋、咸蛋、糟蛋等。现在肉奶蛋的加工更是多种多样，肉类的加工有按畜禽部位的分割肉、腌肉、熏肉、烤肉、咸肉、香肠、灌肠、肉松、肉干、肉脯；奶类有消毒奶、酸奶、奶油、冰淇淋、干酪。除肉奶蛋加工外，皮毛绒等的加工更是不可缺少，如毛纺工业、制革业、皮张工业，以及动物脏器生化制药工业。总之，畜产品的加工是运销工作的重要组成部分，通过加工促进畜产品向商品化发展。

三、运销职能

运销有在消费者与生产者之间进行交易的职能。宏观经济的职能是在生产者与消费者之间的鸿沟和差别上架起一座桥梁，使畜产品从生产领域顺利的流到消费者手中。具体的各种职能，可分为技术上和经济上两个类型的职能。技术上的职能是，收集、精选、贴标签、运输、贮藏、加工、包装、展出等。经济上的职能有，购买、出售、分配、信息、广告、贷款、咨询等。现把一些主要的职能叙述如下：

（一）畜产品收集

我国畜产品种类多，生产非常分散，没有成千上万的收购网点就难以收集、加工和销售。例如皮、毛、绒等畜产品遍布全国各地，他们都是生产规模小，零星分散不易集中，要想获得成批的原料来加工，没有成千上万的收购点是不可能达到目的的。

（二）精选

许多畜产品受品种和自然条件等因素影响，产品质量难以统一，要获得同样规格的产品，必须进行精选去杂工作，才便于包装、加工、运输、贴标签、展出等其他运销职能的完成。例如羊毛要分粗毛、细毛等不同的等级，同时要清洗去掉杂质才能进行加工。

（三）运输

许多畜产品是鲜活产品，它们不但数量多、体积大、不易包装，而且容易腐烂和造成损失。例如，猪肉的省际运输量有一两千万头，若要运输活猪体积很大，运输能力难以承担；若要运肉则需要大量的冷冻车厢。鲜蛋运输量每年一亿多千克，由于鲜蛋易破碎，运输过程中过去破碎率达 20%～30%，损失很大。羊毛 20 多万吨，要从西北运到东南沿海城市加工，不解决畜产品的运输问题，就不可能发挥畜产品的地域效用。

（四）贮藏

畜牧业生产有较强的季节性，但是消费则是要求均匀供应，为了保证满足市场的需求，必须在生产旺季多收购，并贮藏到淡季增加供应，这是解决供需矛盾最好的方法。一般说来，肉、奶、蛋采用冷库贮藏，皮、毛、绒则采用干燥通风贮藏。而活畜则不能贮藏，只能采用延长（或缩短）饲养期的办法来调节市场供需矛盾。因而贮藏与延长（或缩短）饲养期是增加畜产品商品时间效用最好的办法。

（五）加工

畜产品加工可以增进商品品质、减轻重量、缩小体积，便于运输、易于保存、方便销售、提高畜产品的价值和使用价值。总之，通过加工可以把畜产品从一种形态变为另一种形态，从而增加畜产品的形态效用。

（六）收购

我国从第一个五年计划开始，国营商业对畜产品的计划收购，主要是对生猪、羊毛、牛皮、蚕丝、鲜蛋等采取派购形式。经济改革后，实行合同收购与议购。但由于收购工作管理不好，曾出现抢购羊毛、蚕茧等畜产品的现象。为了保证国家有计划的收购，国家对某些畜产品又采取了专营的办法。随着经济改革的深入，所有畜产品的收购应全部放开，按市场经济进行调节。今后将出现国营商业收购畜产品相对减少，股份制与私有制企业收购的畜产品数量相对增多的现象，对这种现象的出现，不能认为是运销工作改革的失败。看运销改革成果的大小，不能单看国营商业收购畜产品的多少，而要看运销是否能促进畜牧业生产力的发展，看是否有利于消费者获得利益，看运销各项职能是否完成得好，看是否有利于畜产品流通。

三、畜产品运销今后要做好的工作

上述畜产品各种运销职能，目前在我国市场经济条件下还不能充分发挥应有的作用，今后应重点做好以下几方面的工作。

（一）实行多渠道经营

买卖职能是通过各种流通渠道来完成的，我国畜牧企业的生产规模小而且分散，要完成各种运销职能，必须有多种多样的和比较灵活的购销方式和方法。实行多种渠道经营，有利于发挥各种经济成分在贮藏、加工、保鲜、运输、包装和销售等方面的潜力，促进畜产品流通。

我国畜产品流通渠道，从产销形式分，一般有下列几种：①生产者——消费者，如自产自销

的专业户。②生产者——零售企业——消费者，如通过小商贩销售。③生产者——批发企业——零售企业——消费者，如通过食品公司批发给零售商销售。④生产者——总批发企业——批发企业——零售企业——消费者，如食品总公司批发给下属分工司，分公司再批发给零售企业，然后再卖给消费者。

畜产品商品流通渠道，从交换形式上分有下列几种：①专门对畜产品交换起媒介作用的商业（包括全民、集体和私人企业）。②农村集市贸易和城市农贸市场。③牧工商联合企业。④贸易栈与信托公司。⑤畜产品拍卖市场。⑥专门从事外贸的公司和企业。

国营商业是畜产品商品交换的主渠道，在流通中起主导作用，过去生猪、羊毛、蚕茧、鲜蛋等主要畜产品都是经过这条渠道输送到消费者手中，而现在通过集市贸易和商贩这两条渠道销售的畜产品愈来愈多。随着市场的竞争、多种渠道的发展、经过国营商业这条主渠道流通的畜产品数量将出现下降趋势。

供销合作社是群众性的组织，过去曾把基层供销社改为全民所有制企业，使生产与流通形成两种不同的所有者，造成相互对立，互不关心，这对发展畜牧业生产，加速商品流通是不利的。恢复供销社的合作商业性质，增强其组织上的群众性、管理上的民主性、经营上的灵活性，这对畜产品的运销有很大好处。

集市贸易通过生产者与消费者直接见面，避免中间环节，缩短流通时间，减少鲜活产品损失。畜产品种类繁多，零星分散，季节性强，不少是鲜活产品，有了集市贸易不但方便消费者，而且还可以增加生产者的收入。通过集市贸易的供求变化，价值规律可以自发的调节生产与流通，因而它是一种典型的市场经济流通渠道，所以社会主义的市场经济应当很好的利用它。

牧工商联合企业，可以使产、供、销紧密结合，减少中间环节；可以通过畜产品的加工增值，通过自己的销售减少工农业产品价格剪刀差的损失，从而增加企业收入；可以扩大生产规模，使人力、物力、财力更加集中，从而有利于提高劳动生产率和商品率。总之，牧工商联合企业是畜牧业专业化生产的一条重要销售渠道。

贸易货栈和信托公司，是为商品出售者承担代购、代销、代储、代运业务的一种特殊销售渠道。它只为买卖双方服务，收取一定的管理费，则不负责经营商品的盈亏。有了它们就能使运销工作顺利的进行，因此也是一条较好的流通渠道。

至于拍卖市场、期货市场、外贸市场，随着商品经济的发展也会不断发展。总之，发展多渠道经营畜产品是完善运销职能的关键。

（二）做好贮藏保鲜工作，发挥畜产品的时间效用

畜产品生产具有季节性，许多产品为鲜活产品不易保存，如鲜肉与鲜奶，在夏季高温时，一两天就腐烂变质。鲜蛋贮藏的时间也不长。目前我国冷库贮藏设备不足，经常出现库满不能收购鲜肉、鲜蛋、鲜奶，出现卖难情况。为了保证肉、奶、蛋等鲜活产品全年均匀上市，解决供需的时间矛盾，必须做好贮藏、保鲜、防腐、包装等工作，并大力提倡各种经济成分的运销部门投资兴建冷库，延长供应时间，以充分发挥畜产品的时间效用。

（三）加强信息和运输管理，发挥畜产品的地域效用

在市场经济中，信息就是财富、就是金钱。我国畜产品内外贸易，经常出现信息不灵通，如有的地方猪肉供大于求，有的地方猪肉供不应求，有时兔毛出口价高，有时兔毛又卖不出去。畜牧业生产周期性强，受自然再生产与经济再生产双重影响，产量容易发生波动，当市场某种因素

引起平衡价格和平衡供应量变化时，则会引起畜牧业的生产波动。例如兔毛出口价高，家家户户都养长毛兔，后因为不能出口，兔毛又卖不出去，使长毛兔饲养大起大落，形成蛛网定理中的扩散变动。又例如生猪生产，当需求弹性与供应弹性相等时，市场某些因素引起平衡价格与平衡供应量发生变化时，则出现蛛网定理中的循环变动。如：猪肉减少→肉价上升→母猪增多→仔猪增多→育肥猪增多；育肥猪减少←仔猪减少←母猪减少←肉价下跌←猪肉增多

为了避免畜牧业生产波动和产区与消费区的供求矛盾，必须注意生产与市场情况的变化，加强商品信息与运输管理，以避免买难卖难的产生，同时还可以发挥畜产品地域效用。

（四）大力发展畜产品加工业，以发挥畜产品的形态效用

我国畜产品加工业著称于世，有着悠久的历史，但由于过去商品经济发展缓慢，许多著名的畜产品加工业得不到弘扬。现在随着人民生活水平的提高和出口贸易、旅游等方面的需要，单一供应初级产品就不能满足市场需要。例如消费者过去吃鸡、吃鸭都是自己屠宰，现在城市居民不但要求出售者把鸡鸭屠宰好，而且还要求实行部位分割出售，最好是加工成烤鸡、烤鸭出售，才受到消费者的欢迎。我国许多人已进入小康生活。他们喜欢金华火腿、北京烤鸭、北京蜂王浆、山东扒鸡、广东香肠、皮鞋、皮衣、羽绒服、毛衣、毛裤、消毒牛奶、酸乳饮料、奶油、冰淇淋、干酪、肉松、肉干、肉脯、松花蛋、咸蛋、糟蛋、冰蛋等加工产品。总之，通过畜产品的初加工和深加工，才能充分发挥畜产品的形态效用。

以上各方面的运销职能，是运销工作的核心和基础，也是世界畜产品运销的发展规律。只有遵循这一规律，才能促进我国畜产品的运销。

沿海地区“三来一补”企业发展背景和前景的研究*

查振祥　甘立平

“三来一补”企业在很短的时间内扩展到我国整个沿海地区农村，带动了珠江三角洲农村经济的起飞，也带动了沿海地区经济的发展。在10多年的时间中创造了中国沿海经济发展史上的一个奇迹，其深刻的原因是什么？这种利用外资形式的前景如何？笔者试做一些探讨。

一、背景

“三来一补”企业在我国沿海农村的发展，是二次大战后国际社会产业结构的调整与我国改革开放结合的产物。二战后，国际社会的产业结构经历了由劳动密集型产业向资金、技术密集型产业的转变。在发达国家，这个转变是在20世纪60—70年代完成的，不过在世界各个区域速度不一致。在亚太地区，劳动密集型产业向资金技术密集型产业的转变，最先是50年代在美国开始的。美国在转变中所淘汰的大部分劳动密集型产业转移到了日本。日本吸收了这些产业，经历了十多年的发展后，于20世纪60—70年代开始转变，淘汰劳动密集型产业，转向资金、技术密度集型产业。日本淘汰的大部分劳动密集型产业转到了我国台湾和香港、韩国、新加坡等亚洲四小龙国家和地区。亚洲四小龙国家和地区经历了十到二十年的发展，进入80年代后，也面临着一个淘汰劳动密集型产业，向资金、技术密集型产业的转变。促成美、日和四小龙产业转变的内外压力是：①这些国家和地区经历了一段时间的劳动密集型产业的发展后，带动了经济的起飞，人均收入和工人工资水平大大增长，土地价格飞涨，劳动密集型产业赖以存在的基础——廉价劳动力和地皮——已渐渐失去。②这些国家和地区经济的发展、出口的增加，带来了币值的上升，使已经提高了的工资水平又进一步增长，拉大了与落后国家工资水平的差距，竞争不过落后国家的劳动密集型产业。如80年代香港一个工人月平均工资2 500港元，为内地工人月平均工资10倍。③经济的发展带来劳工的短缺，劳动力市场供不应求。1989年，我国台湾劳动力短缺约50万人，在我国台湾被认为是主要支柱工业的纺织、电子、家电行业，也普遍缺30%的劳工，使劳动密集型产业失去生存之地。④国际新技术革命带来资金、技术密集型产业的发展和新产品的开发，使劳动密集型产业的产品在国际市场上降为中低档产品，失去了国际市场的主导地位。如果没有80年代中国的改革开放，亚洲四小龙的劳动密集型产业以及美、日等国遗留的部分劳动密集型产业就走到了尽头，再也没有继承者，它们将在80—90年代在亚太地区自行消失。

* 原载《经济纵横》1994年第5期。

80年代中国向外部打开了大门，以优惠条件吸引外商前来投资，使亚洲四小龙及美、日的劳动密集型产业找到了适生地，将它们的劳动密集型产业转移到地域广阔、劳动力众多且价格低廉的中国沿海地区。一来可以减轻这些国家和地区在经济发展中对劳动密集型产业带来的压力，延缓劳动密集型产业的转变时间；二来可以利用中国沿海地区的廉价地皮和劳动力，通过劳动密集型产业继续积累资金，并最终完成劳动密集型产业向资金、技术密集型产业转变。中国沿海地区与亚洲四小龙和美、日等国的历史、地缘关系，使这种产业生存地点的转移具备了条件。而中国作为一个以二元结构为特征的发展中国家，城市对外资的吸收容量是有一定限度的，并且城市的地皮与劳工价格比广大农村又高得多，因此，相当大的一部分外资，要投到地域广阔、劳动力众多且价格低廉的农村中来，这就是我国沿海地区“三来一补”企业发展的背景。

“三来一补”企业的这种发展背景，对中国沿海农村地区是一个良好的机遇。我国沿海地区农村经过经济体制改革，土地经营实行了联产承包责任制，解放了大批的农业劳动力，这些被解放的农业劳动力面临着一个就业门路转移的问题。在城乡二元结构的国情下，农村劳动力只能就地转移，发展乡镇企业。在80年代以前，我国的乡镇企业以自营的、内向型企业为主，在资金、原材料、人才匮乏的农村，实在是一个艰难的选择，只能在城市国营经济的夹缝中求得生存与发展。沿海地区乡镇企业算是发展比较快的，但80年代以前，也只是在长江三角洲地区有一定的规模。随着我国城市中引进外资，大量建立三资企业，也给广大农村乡镇企业的创办者们很好的启示。农村有的是广阔天地和劳动力，对外商也同样有吸引力，因而也同样能引来金凤凰。把外部资本引进农村，资金、原材料、设备、技术、市场等问题全解决了，还为国家创了汇。经济发展速度突破了国内的财力物力的限制，可以在很短时间内带动经济的起飞。当然，农村引进外资的基础条件比城市要差得多，没有城市那么多的资金和人才。我国的农村，在城乡二元结构的体制和向城市倾斜的分配政策作用之下，资金和人才大量流入了城市，只剩下两个优势，即廉价的地皮和劳动力。这样农村乡镇企业引入外资，其特色必然与城市大不一样，难以大量举办对我方投资水平和人员素质要求较高的合资企业，只能以低层次的仅仅利用我方地皮和劳动力的“三来一补”企业为主。这是中国农村地区引进外资的一大特色，是特殊的历史条件的产物，和中国城市及亚洲其他国家所走的路都不一样。如果不采用这样的方式，许多第三世界国家在经济发展中所出现的“现代化的城市，落后的农村”的现象在中国一些地区也会重演。所以，对“三来一补”企业在我国沿海农村的发展，应该给予充分的肯定。

二、独特的性质

“三来一补”企业这样一种利用外资方式，其性质与三资企业大不相同，可以概括为四点：①暂时性。外商是在一定的契约期间内来我方组织生产，合同期满后，外商可以延续合同，也可以携带投资离去，有来去的自由，不像三资企业那样具有永久性。②被动性。我方不介入产供销过程，产供销全依赖外商，生产的主动权掌握在外商手中，我方虽然也花了一定的投资用于厂房和各种基础设施建设，但这种投资不是以入股的方式和外资融合在一起，而是由外商租用。③让利性。由于不是合股投资，而是出租土地房屋，我方也不参与利润分配，只收取固定的房租、土地费和管理费，它们总称为工缴费。这种工缴费的相对收益比参与利润分配要小得多，等于我方向外商让了利。④保险性。由于我方没有介入产供销过程，我方也就不承担经营风险，不管企业经营好坏，我方能获得固定的收益。

三、两种前途

“三来一补”企业最初集中在广东，1989年前，全国“三来一补”企业工缴费收入的90%还集中在广东省。近四年来，“三来一补”企业从珠江三角洲开始向沿海其他地区和内地延伸，福建、江浙一带，山东、河北、辽宁等沿海省份正兴起“三来一补”企业。除了沿海以外，“三来一补”企业也进入了内地，河南、四川两省的“三来一补”企业已有一定的规模，全国已有20多个省市办起了“三来一补”企业。全国“三来一补”企业工缴费的年收入，广东省所占的比重已降到了60%，其余40%来自沿海其他省市和内地。这是一个值得注意的动态。

造成“三来一补”企业向沿海其他地区和内地延伸的原因有三个：①珠江三角洲地区经过一段时间的发展，地皮和劳工价格日益上涨，一些外商开始将投资转移到地皮和劳工价格更便宜的沿海其他地区和内地，以继续获得较多的利润。②珠江三角洲地区经济已经起飞了，人们的目光开始转向更长远的经济发展，对“三来一补”企业的兴趣日益下降。③沿海其他地区和内地看到了珠江三角洲发展“三来一补”企业的作用，也正后来居上，全力吸引外商转移投资地点，来这些地方创办“三来一补”企业。

从以上原因看，“三来一补”企业由珠江三角洲向沿海其他地区和内地延伸，是一个趋势。这种延伸，对沿海其他地区和内地农村经济的发展，将会起重要的作用。

除了空间上延伸之外，在“三来一补”企业发展较早的珠江三角洲地区，“三来一补”企业正在发展中逐步转型，演变为三资企业和自营企业。演变的方式有以下几种：①外商将我方提供的厂房和土地的使用权买走，在20～30年内长期使用并一次性归还我方原来的厂房和土地的投资。一些新来的外商干脆自己负责对土地和厂房的投资，企业的全部投资渐渐由外商独自承担，企业性质向独资方向发展。②我方在原有土地、厂房投资的基础上增加新的投资，折成股份，将原“三来一补”企业改为合资企业，提取工缴费制度也改造为利润分成制度。③“三来一补”企业与我国自营企业联营，在产供销领域内进行合作，“三来一补”企业向合作生产企业方向转变。④“三来一补”企业到期后外商不再延期，将设备转给我方，成为我方自营企业。“三来一补”的转型，是“三来一补”企业发展的最终结果。

当然，“三来一补”企业的转型，是一个逐步的过程，必须是条件成熟一批，转型一批。这个条件是：①我方的资金力量，人员素质，技术与管理水平，原材料来源与产品销路的开拓。②外商的合作，转型后双方都能比以前获得更好的效益。在“三来一补”企业转型的历史时期，我们要不断地为转型创造条件，利用发展“三来一补”企业给我们已带来的各种成就，积极地积累资金，培养和引进人才，开拓市场，为经济发展水平上新台阶铺平路子。

耕地资产核算方法与实例分析*

贺锡苹　张小华

[摘　要] 着重研究狭义农地，即耕地，社会经济迅速发展，农地面临扩大与缩减的两种需求的影响。对农地资产估价核算乃是运用市场经济规律达到合理配置土地要素的一个重要环节。对农地地价评估可采用的方法主要有4种，并分别计算了1990年、1992年全国和各地区的耕地地价和总价值，经过初步分析得出5点启示。

[关键词] 耕地　地价　收益倍数法

一、耕地价格特点与估价意义

耕地价格主要有以下4个特点：

1. 耕地价格是以收益能力为基础。耕地有生产力和收益力两种能力。生产力是在特定自然条件下，耕地生产农产品的能力；收益力是耕地获得纯收益多少的能力。纯收益是由产量乘价格扣除成本而求得。产量决定于耕地生产力。在市场经济条件下价格还受供求关系的影响，它并不因生产它的耕地不同而有差别。生产成本则因耕地经济条件的不同而大小不等，所以耕地的收益能力构成耕地价格的基础。

2. 耕地估价困难。由于当前依法转让耕地实例较少，所以运用市场法较为困难，通常是用收益还原法来求地价。但耕地纯收益的确定，因受条件限制，不易做到十分精确，所以耕地估价工作的开展仍有相当难度。

3. 耕地在继续作为农用地使用时可按耕地收益确定价格。如果耕地转为非农用地，耕地市场售价应按未来期望收益扣除未来的开发成本定价，但这时耕地收益价格与市场价格的差距可能很大，会相差几倍甚至几十倍之多。

4. 耕地的价格可以说是一切其他用地价格的基础。农村非农用地的价格，在缺乏买卖实例和收益资料时，均可参照耕地价格来推算，必要时还可酌情加权处理。

多年来因土地禁止出租、买卖乃至转让，农村土地估价工作从未全面进行。在城市、工矿建设等用途征用农村土地时一直实行依法交纳农地征用补偿费。当前在我国开展农村土地估价工作具有4个方面的作用：

(1) 可进一步查清我国耕地资源价值的总量；

(2) 有助于确定耕地流转费的合理水平；

---

* 原载《中国土地科学》1994年第6期。

（3）能为农村土地转作城市用地补偿标准提供依据；

（4）可为全面衡量耕地质量性状变化提供指标和信号。

二、耕地价格评估方法

对耕地价格评估可采用的方法主要有4种，即收益还原法、收益倍数法、市场比较法和标准田法。

1. 收益还原法。其公式为：

耕地价格＝年耕地净收益÷收益还原率

耕地净收益＝耕地总收益－耕地总费用

2. 收益倍数法。它是由收益还原法派生的，但更为简便，即：

耕地地价＝年总收益×若干倍数

该收益水平是连续若干年的年耕地总收益的平均值。而倍数与土地集约度和收益率有关，一般在3～6之间。

3. 市场比较法。参照近邻地区买卖或租赁实例来比较估算耕地价格。在耕地转为非农用地时，耕地价格要受市场制约，而市场价格往往偏高。

4. 标准田法。这是耕地估价所特有的方法。先将耕地依其具体状况加以区分，然后在各地区内选出可作为标准的田块，再就此标准田按买卖实例或客观收益加以估价并评定分数，参照此标准田就可评出一区内各宗土地分数，最后由分数换算成地价。

上述4种耕地估价方法实际上可归为两大类，即收益法（包括收益还原法和收益倍数法）和市场法，而标准田法是综合上述两种并适应耕地特点的方法。

由于最近对农村土地使用权才明确规定可依法有偿转让，农村土地市场仍有待发育。因此系统而又全面的实例资料还很缺乏，使市场比较法一时还难以应用。这里研究的耕地的价格，不是耕地将转变为国家建设用地时的征用价格，加以评估的范围是以省为单位的全国耕地，所以对耕地的估价便以其收益为基础，采用收益还原法和收益倍数法。这样运用统计部门公布的1990—1992年度权威性数据分别估算出全国和各地区的耕地价格。

三、实例

我们分别采用收益还原法和收益倍数法计算了1990年全国和各地区的耕地地价和总价值，运用收益倍数法计算了1992年全国和各地区的耕地地价和总价值，由于耕地统计面积与概查面积相差较大，所以参照有关资料分别加以计算，以便比较核实。

用收益还原法计算耕地地价和总价值的基本公式有：

（1）全国耕地总价值＝单位面积耕地价格×全国或各地区耕地面积

（2）单位面积耕地价格＝单位面积土地净收益÷收益还原率

（3）单位面积土地净收益＝农作物种植业单位面积产值－单位面积成本－单位面积投资机会成本－单位面积税金

（4）农作物种植业单位面积产值＝全国或各地区农作物种植业产值①÷全国或各地区耕地

① 取自有关统计数据减去其中茶园、桑园、果园产值。

面积

(5) 单位面积成本＝单位物质费用＋单位面积平均劳务费

(6) 单位面积物质费用＝全国或各地区农作物种植业物质费用①÷全国或各地区耕地面积

(7) 单位面积平均劳务费＝单位面积标准用工×标准工值

(8) 单位面积投资机会成本＝单位面积成本×现行利率②

(9) 单位面积税金＝（单位面积产值－单位面积物质费用）×应纳税金比重（%）

收益还原率在理论上应是货币价格，即货币收益率。但现行银行利率包括通货膨胀因素和风险因素等，因而收益还原率中应扣除通货膨胀因素。另外土地风险较小，考虑到我国土地资源随着人口增加而更趋短缺的现实与土地收益稳定而又呈现增长的情况，所以收益还原率不应过高。参考国际经验，计算时采用了6%和8%两种还原利率，经过反复对比分析，确认以6%的还原利率较为适当。

农作物种植业费用包括种子费、肥料费、植保费、机械作业费、畜力作业费、排灌作业费等直接作业费、农业共同费、管理费用及其他费用等，即生产过程中实际消耗的劳动对象，使用的固定资产的磨损及服务性的劳务费用支出等都应包括在内。我们用收益还原法计算了各地的1990年农地价格。1990年全国耕地按统计面积计算的价格为2元/米^2。按概查面积估算的耕地价格为1.5元/米^2。

收益倍数法是按耕地年产值的倍数计算地价的方法。这是我国农村中早就存在的一种简易估价方法。建国以来国家有关征用土地的法令及1986年通过的《土地管理法》中所采用的土地补偿费基本上也参据此法。《土地管理法》第二十七条规定："征用耕地补偿费为该耕地被征用前三年平均产值的三至六倍"。经过对比分析以取4.5倍计算所取平均地价较为切合实际。具体计算公式如下：

耕地地价＝全国或各地区农作物种植业三年平均产值③×4.5倍÷全国或各地区耕地面积

耕地总价值＝全国或各地区农作物种植业三年平均产值×4.5倍

按收益倍数法，1992年全国耕地地价按统计面积为2.1元/米^2。按概查面积为1.6元/米^2，总价值为29.8亿元。

四、结果分析

对全国和各地区耕地价格的估算结果进行初步分析，可以得到以下5个方面的启示：

1. 通过评估方法的运用对比，可了解到在当前我国耕地价格估算中收益倍数法比收益还原法更为切实可行。其理由有二，一是收益还原法虽理论上合理，但因受产量、农产品价格、人工费用和物质费用多种因素的影响，仅因某项因素的误差就有可能使一些地区的价格呈较大的偏差。在我国当前转换体制的过程中，影响因素向市场机制的转换是不同步的，而且在不同地区呈现参差不齐的状态。如上海市1990年耕地产值为0.83元/米^2，比邻近的江苏省高出0.16元/米^2，但因上海市单位面积物质费用和单位面积平均劳务费用较高，结果估算出的江苏省的耕地地价竟比上海市还高。类似的情况也存在于广东省的耕地地价与北京市耕地地价对比之间。而像

① 取自有关统计数据减去其中茶园、桑园、果园物质费用。

② 在计算1990年地价时按当年银行利率8%计算。

③ 农作物种植业产值系取自农林统计中有关数据扣除茶园、桑园、果园产值后所得。

甘肃、宁夏省区的耕地地价还出现了与全国平均值差距偏大的现象，用收益还原法计算的耕地地价只有0.24元/米^{2}和0.23元/米^2。对比之下，如应用以反映耕地生产力为主，结合农产品价格收益的收益倍数法来估算耕地价格，相对来说其效果较好。另一理由是收益倍数法计算简便，易于掌握，在实际工作中也常被基层干部使用。在当前大面积估算农地价格中易于收到成效。

2. 根据1992年全国各地区耕地价格估算结果，全国地价可分为4类。按实际面积估算的地价可列表如下：

1992年全国各地区耕地地价按实际面积分类

地价（元/米^2）	所属省、市、区	实际面积（万公顷）	比重（%）
>3	广东、北京、上海、福建、浙江	724.8	6
1.6～3	江苏、天津、湖北、湖南、山东、江西、河南、安徽、四川、辽宁	4 918.8	40
0.75～1.6	海南、广西、河北、新疆、云南、吉林、西藏、陕西、青海、贵州、黑龙江	4 865.6	39
0.45～0.75	山西、甘肃、内蒙古、宁夏	1 868.5	15

注：全国耕地平均价格1.6元/米^2

第一类包括广东、北京、上海、福建、浙江五省市。这五个省市耕地的价格平均都在3元/米^{2}以上，这反映出耕地价格不仅受土地的生产力的影响，而且与经济发展水平，土地供求状况等也密切相关。广东省耕地价格高居全国前位，近期上升幅度也较大，概查面积价格1992年比1990年竟高出37%。北京和上海两直辖市耕地分别占全国耕地资源的0.32%和0.27%。由于城区有扩大趋势，位处城乡结合部的城郊耕地大多有转为非农用地的潜在可能性，因而其实际价格还会高一些，福建和浙江两省的耕地分别占全国耕地面积的1.26%和1.88%，与1990年相比，1992年耕地地价分别上涨29%和7%。这五省中广东、福建和上海耕地地价的上涨都超出同期全国耕地上涨的幅度，所以在耕地增值与耕地转作非农用地的开发建设过程中要切实加强管理。

属于第二类的有10个省市，依次为江苏、天津、湖北、湖南、山东、江西、河南、安徽、四川及辽宁。其耕地平均价格虽低于3元/米^2，但都高于全国平均价格而在1.6元/米^{2}以上。这些省份所处的经纬度与自然条件虽有差异，但耕地中按其实际垦辟时早晚和经营集约水平，大都可归于高产及中产地区，由于平均占有耕地数额有限，加之后备资源不足，所以应积极设法提高耕地的承载能力并改善其种植结构。作为经济杠杆的耕地价格是有力的调节手段，对其变动要善加引导，以期能提高资源配置中耕地效益。

归于第三类的依次有海南、广西、河北、新疆、云南、吉林、西藏、陕西、青海、贵州、黑龙江等11个省（自治区），其单位耕地的价格虽低于全国平均数，但仍高于0.75元/米^2。它们的自然与社会经济条件有较大差异，在农业类型上也有差别，据此又可大体分为4组：①即海南、广西、云南、贵州；②河北、陕西；③吉林、黑龙江；④新疆、青海、西藏。

第一组的4个省中桂、黔、滇三省地处西南边陲，目前农业经营粗放，生产力水平较低，但由于它的特殊地质（境内属碳酸岩类型的土地约占土地总面积的80%）和气候条件等，蕴藏有巨大的潜在开发优势。而海南省终年无霜，光、热、雨量充足，加以海域辽阔，后备土地资源较多，可望成为我国投资少，效益大的农业生产地区。

第二组的河北、陕西两省，虽都是开发较早的地区，但省内耕地的质量差异较大。河北省内虽有高产的山前平原，但也有低洼易涝、盐碱危害较重的黑龙港地区。而陕西除富饶的关中平原，北部是水土流失严重的渭北及陕北黄土高原区，南部是处于秦岭、巴山之间贫瘠山区，其间平坝、盆地及河谷面积不足10%，都是些农业基础较为薄弱，商品经济不发达地区，当地的耕地实际价格也低于全省的平均值。

吉林、黑龙江两省地处松辽及三江平原，土质肥沃，人均耕地较多，粮食商品率也位处前列，经营则较为粗放，地价偏低。

新疆、青海、西藏地处西部边疆，是维、藏等少数民族居住区，利用草地资源的畜牧业较为发达。新疆耕地大多位于河谷及边缘的盆地形成绿洲农业。青藏两省属3 000m以上的高寒区，其中仅海拔较低的局部河谷是主要农区，所以这两省区土地虽近全国的20%，而耕地却不足全国总耕地的1%。

第三类按耕地价格趋近虽可归为一类，但各省区间耕地条件存在较大差异，今后地价变动的趋势与幅度也会不同。所以在耕地的利用及管理上，运用地价表来调控时要因地制宜，有所区别。

低于0.75元/米^{2}的第四组为山西、甘肃、内蒙古、宁夏四省区，耕地地价还不足0.6元/米^2。参考收益还原法的估价，山西、甘肃、宁夏三省每平方米土地净收入不足0.015元。这说明这两个省份之内许多耕地已属边际土地。对农业发展应予特别关注，注意建立良好的生态环境，使农业发展与生态环境优化相结合，为此国家应结合扶贫给以较多的投资。

3. 从近期各地区地价变动幅度差异中可以看出，在相关的因素条件中气候、土壤等自然条件虽起重要作用，但因其相对稳定，而不如社会经济条件（包括经济位置）**对耕地提价必影响显著而又迅速。**快速的经济增长与良好的经济位置能体现出市场对耕地收益的拉动作用，其结果必然会提高耕地价格。京津沪三大城市耕地地价较高，原因也在于此。由此可见，在城市化的进展中，市场机制的充分发挥势必进一步推动农业的高产优质高效发展，耕地地价必然会持续上升，而且会使城市周边地区耕地价格高出其条件相近的一般耕地。

4. 从测算分析中还可看出农地转变用途改为非农用地时其地价变动趋势。农地转为国家建设用地，一直采用征用方式，近期随同土地市场的逐步发育，使征地补偿费在一定程度上能反映出耕地的市价，所以有人把它叫做征地价格，现在引用若干地区的征地价格同以收益法求出耕地价格进行比较，不难看出其间差异之大。

实证一，山东省烟台市牟平县1992年出让金为30.6元/米^2，而山东省耕地价格根据我们的测算仅为2.7元/米^2。

实证二，河北省石家庄市郊区1991—1993年耕地征用价格为75～165元/米^2，如按收益法测算则在3.6～4.8元/米^{2}之间，也相差极大。

实证三，据测算农村非农产业用地可达30元/米^2，按成本法推算农村村庄用地可达9元/米^2，二者为全国耕地的4～18倍。

由此可见，耕地转非农用地价格升高，这是一般经济规律，但过高是否会影响耕地保护和农业发展基础，则值得进一步仔细加以研究。

5. 对全国耕地价格估测结果加以分析之后，不难看出其积极作用有以下三点：

(1) 耕地是土地资源的一个重要组成部分，通过测算，求出大体近似的价格，对其分布与开发利用的现状及前景，加以适当调控，可使土地资源的利用更趋合理，并能从整体上提高资源配置效益。这对改变土地无偿使用产生的浪费应是一个有力的举措，它为耕地的价格提供了一个下限，说明它至少能值多少钱。

(2) 全国和各地区耕地价估算结果，能反映出各地区价格差异大体呈现一定梯度，其总趋势基本上与我国资源分布吻合。在依据自然条件求出耕地实物量的基础上，再估算出可以用货币来

表示的价值量，可用以说明其所以构成社会财富根源的原因，这对促进我国的环境、经济与社会的协调发展，提供了决策前提与依据。

（3）耕地是土地的一个组成部分，通过人工措施和自然过程，土地肥力可以取得恢复和更新。在已计算出地价的基础上，还可进而估测出对土地投入增值的效益。由于社会经济的发展，耕地与其他用地相比，其机会成本也会相应的提高。这对耕地增值的合理分配与有效管理都将是个有力的推动。尽管内陆与沿海的不同省份在自然与社会经济条件上存在一定差异，但在适宜农作的地方，耕地的垦辟与肥力的培育不仅是有代价的，而且其价值还是能够得到体现的，这可以地价逐年递增为据。

农业发展情景分析模型及其应用*

卢凤君

90年代既是国际环境变化剧烈的年代，也是我国由计划经济向市场经济转变时期，社会、经济、政治、技术等因素，将越来越强烈地影响着农业发展目标实现条件的创造能力和方式。在这种情况下，提出预见性和科学性较高的对策和建议，要借助适用于分析预测受不确定性因素影响问题的情景分析方法和模型。

一、情景分析模型的构筑方法

情景分析是适用于分析预测受不确定性因素影响问题的一种新的系统分析方法[1]。它通过合理地预测和构想出有重大影响的突发事件的出现和主导因素的剧变，对预测对象系统未来情景的影响，系统分析描述主题变化的未来情景和优化行为选择的途径，因此，它是适用于分析预测90年代我国农业发展未来情景的方法。因为农业发展是一个存在着多级反馈回路的复杂系统问题，所以选择系统动力学作为构筑情景分析模型的定量方法。系统动力学是一种以系统反馈原理为理论支撑的社会经济系统仿真方法，借助它建立情景分析模型，不仅能使情景分析方法的优点得以充分发挥，而且也可以使复杂主题的情景分析变得可行和有效。

结合运用情景分析与系统动力学方法所建立的模型具备两种功能：①帮助情景分析者构筑各种具有代表性的可能的主题情景和实现途径；②分析突发事件的干扰结果和优化决策者行为选择方案。

二、情景分析模型的构成

利用前面提出的方法，建立了涵盖四个主题影响域的情景分析模型，该模型由分别代表主题影响域的四个子模型IDi通过输入输出变量集Iij耦合而成（见图1）。该模型包括从四个主题影响域中选出来的53个功能变量，其中20个特征变量、22个关键原因变量、11个环境条件变量和9个行为选择变量；21个计算模块，161个主要方程，256个主要变量和参数（包括功能变量）[2]。

在四个子模型中，农业发展需求子模型是核心子模型，它包括的计算模块有：人均粮食消费需求计算模块；人均动物性产品消费需求计算模块；人均粮食生产需求计算模块；粮食播面单产需求和耕地、播面计算模块；由农产品消费需求限定的种养业产值计算模块：农业资金需求计算

* 原载《中国软科学》1994年第7期。

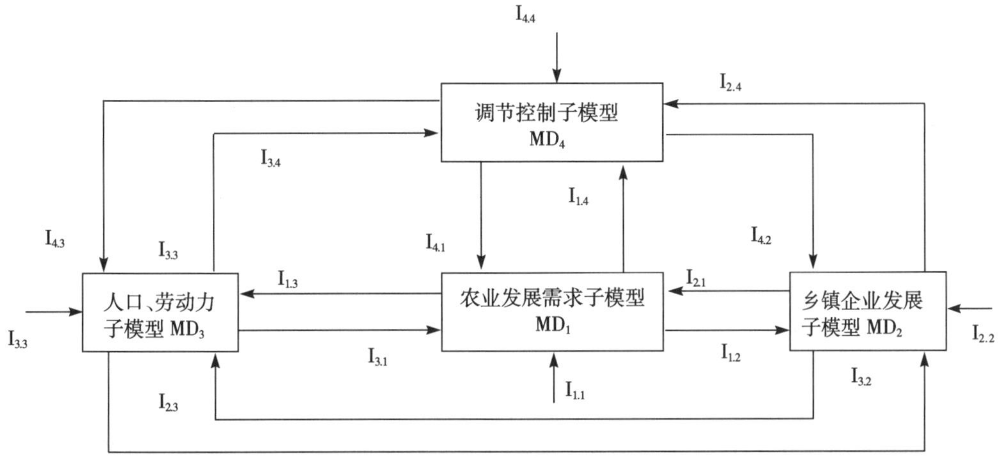

图 1

模块；农用化肥和农田机械化需求计算模块；农民人均纯收入计算模块等。

围绕对农业发展直接或间接影响最大的四个关键原因变量（乡镇企业的职工人数、固定资产、以工补农资金和上缴国家税金）所建立的乡镇企业发展子模型包括 5 个计算模块。围绕对农业发展直接或间接影响最大的四类关键原因变量（人口总量及城乡构成、劳动力总量及产业构成、农业劳动生产率及比较劳动生产率）所建立的人口劳动力子模型包括 4 个计算模块。以对农业发展有直接和间接影响的行为选择变量（城市企业、乡镇企业和农业税收率、农村贷款的产业构成、财政收入支持农业的份额）为核心，所建立的调节控制子模型包括 3 个计算模块。

三、情景分析模型的应用

利用系统动力学的 DYNAMO 语言，把所建立的情景分析模型编译成了包括 450 多条语句的计算机程序，借助清华大学编制的 PC-PDP 软件，通过人机对话，分别模拟了 90 年代我国农业发展两种极端情景（即最好的情景和最差的情景），一种介于两者之间的中间情景和四种在中间情景基础上形成的多视角反映体制改革和政策选择影响的情景。

遵循理论运用与实证分析有机结合、突出重点与兼顾整体有机结合、剖析历史与预测未来有机结合、定性分析与定量研究有机结合的原则，分析计算机模拟结果，得出了五点主要结论和建议。

1. 1990—1992 年间的农产品供给比较充足局面，标志着这期间我国农业发展所需支撑能力的提高与国民经济的发展基本上是适应的，但这种适应是在非农产业发展比较慢、就业结构非农化近于停滞、农民人均收入提高幅度较小的情况下形成的。从国民经济增长的波动规律看，这一状态将被非农产业的高速增长和就业结构的迅速转变所打破。如果国家、集体和农民不能适时适度地增加农业投资，从 1993 年开始，我国在许多方面将出现支撑农业发展能力不足的局面，而且随着支撑能力不足程度的不断加深，到 1995 年或 1996 年目前农产品供给景气的局面将全部消失，国民经济将再度进入受农业制约的低效益运行的状态，这将给实现 90 年代力争国民生产总值年均增长 8%～9%的速度目标带来很大困难。为了避免出现上述结果，国家要设法使高度重视农业的决策真正得以贯彻，扩大国家基本建设投资中农业所占的比例。

2. 要保证城乡居民生活水平差距在“八五”期间不再扩大，在“九五”期间略有缩小，到本世纪末大多数居民生活水平达到小康（农民人均纯收入1 000～1 300元），90年代的农民人均收入的年平均增长速度至少要达到7.5%，“八五”期间要达到7.8%以上。在农民人均纯收入的增量中，45%～50%要靠乡镇企业实现，50%～55%要靠增加农业产品数量、调整农产品结构和提高农产品价格来实现。为了保证农民人均收入的年均增长达到上述水平，乡镇企业和农业的净产值年均增长速度应分别不低于11%和6%。

3. 要保证90年代农业净产值年均增长速度达到6%以上，农业固定资产年均增长不应低于9%，10年累计全社会农业固定资产投资不应低于4 900亿元，最好达到6 000亿元以上。在90年代所需的4 900亿元全社会农业固定资产投资中，国家财政有能力提供800亿～1 000亿元，占16%～20%，为财政支出10年累计量的1.5%～1.9%；乡镇企业有能力提供1 000亿～1 200亿元，占20%～25%，为乡镇企业净产值10年累计量的1.9%～2.3%；其余2 700亿～3 100亿元需要农民自投或通过贷款自筹，占全社会农业固定资产投资的55%～64%，相当于农业净产值10年累计量的4.2%～4.8%。协调推动90年代的农业发展，中央的财政支农投资在区域上要有所倾斜。对于地方财力和乡镇企业支农投资能力强、农民自投资能力高的地区，中央的财政支农投资要少投放；对于地方财力和乡镇企业支农投资能力弱、农民自投资能力低、而农业在全国经济发展中有重要地位的地区，中央的财政支农投资要多投放。

4. 90年代社会经济发展需要农业系统生产肉蛋和水产品的能力提高80%～90%，其中由居民人均纯收入增加和人口城乡构成变化所产生的占80%以上，而由人口总量增加所产生的占不到20%。为了保证肉蛋和水产品生产能力提高的需要，应把口粮和饲料粮的生产结构从目前的1∶0.35逐渐调整到1∶0.6～0.7，把肉蛋生产的饲料报酬率从目前的不到1∶0.25提高到1∶0.33以上，把粮食总产从目前的4.5亿吨提高到5.1亿～5.3亿吨，把粮食播面单产从目前的每公顷3 900～4 000千克提高到4 400～4 800千克。

5. 90年代我国经济的高速增长会推动就业结构以较快的速度转变，并要求加快农业的商品化进程。预计到2000年非农产业占全社会劳动力的比重将由目前的40%提高到50%以上，这需要农业的商品化程度由目前的55%提高到70%以上。在社会劳动力资源净增加1亿多人的情况下，就业结构的这一转变将导致农业劳动力总量由上升转为下降，农业劳均播种面积由下降转为上升，进而使农田机械化替代农业劳动力的需求在90年代要比80年代有所增强。预测结果表明，到2000年农业劳动力总量将累计下降0.25亿～0.71亿人，农业劳均播种面积将增加0.02～0.08公顷，这需要农田机械化程度提高3%～6%。

参考文献

[1] 软科学研究方法，北京：地震出版社，1988

[2] 卢凤君．中国农业发展及所需支撑能力的系统分析．博士学位论文．北京农业工程大学，1992

农业企业管理学的形成与发展*

何 绍 唐

一、近代农业企业管理学的形成与发展

农业企业管理学或称农业企业经营管理学，在美国的教科书中有的称做“农场管理学”，在日本和德国的教科书中有的称为“农业经营学”、“农业经营经济学”和“农场经营学”等。它是随着社会生产力和商品生产的发展而形成和发展起来的。它在长期的企业管理实践活动中，积累了丰富的管理经验，在此基础上经过归纳、总结，上升到理论，并逐渐形成了具有规律性和理论性的科学。

这门学科的渊源可以追溯到古代农业经营思想和近代农场管理的理论与方法。从全世界范围来看，以德国为最早，在19世纪末到20世纪初，主要开拓者德国人艾瑞保（F. Aereboe）在他的代表作《农业经营学概论》一书中，把农场视为各种生产因素密切配合的有机体，详细论述了农业经营的本质和各部门之间的关系，和他同一时期的布林克曼（T. Brin kmann）著有《农业经营经济学》一书，对影响农业经营集约度的因素作了具体分析。这一时期的农业经营学家还有瑞士的劳尔（E. Laur）和美国的奥尔温（C. S. Orwin）等人。他们对这门学科的形成和发展作出了贡献。

农业企业管理在美国一般称为农场管理学。从19世纪中叶开始，美国专卖局对美国各地农场的成本问题进行了调查，以后有韩德等人对农场规模、作业组合、轮作制度的收益和农场业务活动进行过规划设计。本世纪初美国的沃伦（G. F. Warren）对农业经营成败的原因，在进行大量调查研究和分析的基础上，于1913年写出了《农场管理》一书，它对学科的发展产生了积极影响。此后，还有许多学者对农场管理进行过研究。第二次世界大战以后，随着经济发展和科学技术的进步，现代农场管理的理论和方法也有了很大的发展，有许多有关《农场管理学》著作和研究成果相继问世。如保斯（A. Boss）等著的《现代农场管理的原理和实施》，霍普金斯（J. A. Hopkins）等著的《农场管理原理》，海地（E. Q. Heady）等著的《农场管理经济学》等。70年代以后随着生产的发展、农场经营环境的变化，农场管理也有新的发展，比较近代的农场管理著作有卡斯特（E. N. Castle）等著的《农场管理学》、奥斯伯恩（D. D. Osburn）著的《现代农业管理》以及卡尔金斯（P. H. Calkins）等著的《农场经营管理》等著作，对这门学科的发展作出了贡献，并把这一学科的发展向前推进了一大步，使其不断充实和完善。

二、我国农业企业管理学的形成与发展

解放前我国农村经济处于半封建半殖民地状态，农业企业不发达，也没有形成系统的农业企

* 摘自《农业企业管理学》何绍唐、梁义主编，中国农业出版社，1994年8月

业管理科学。在高等院校农业经济专业开设的农业企业管理课程，主要是讲授美国的农场管理学，其中以金陵大学美籍教授卜恺所著的《中国农场管理》一书，作为教材流传甚广。

解放后，社会经济制度发生了深刻的变化，经过土地改革、互助合作运动和农村人民公社化，在农村逐步形成和发展了社会主义性质的农业企业；农业企业管理科学也逐渐地形成与发展起来，对农村经济的发展起到重要的指导作用和推动作用。我国的农业企业管理科学经过了一个长期的、曲折的发展过程，同时也是这门学科不断充实、提高和完善的过程，这一过程从解放到现在经过40多年，大致经历了三个大的阶段：

（一）农业合作化时期（从50年代初到50年代末期）

解放后经过互助合作运动和人民公社化，在农村建立起了以集体所有制为基础的农业企业（合作社、人民公社）和全民所有制的国营农场。农业企业的管理就成为发展农业经济的一个重要问题，并在高等院校的农业经济专业设立了这门课程，但，由于我国社会主义的农业企业刚刚建立、并且还很不完善，农业企业管理学也尚未形成，当时是采取一面实践，一面学习苏联的经验，在教学中采用苏联的教材、还请苏联专家讲课，讲授的内容是苏联集体农庄，拖拉机站和国营农场的组织与管理，课程名称叫做《社会主义农业企业组织》。50年代末期，人民公社体制的建立，客观上要求农业企业管理学要适应我国农村生产实践需要。在此情况下，在总结实践经验的基础上，由农业部组织高等农业院校编写出《人民公社经营管理学》，但这本教材在实际中采用时间不长。

（二）人民公社化时期（50年代末到70年代末）

这一时期的农业企业主要是“三级所有，队为基础”的人民公社和全民所有的国营农场，这种农业企业的组织形式经历了较长时期，在组织管理上发生过重大变化，农业企业管理学的内容和体系也发生了变化。为适应生产实际需要，于1962年由全国高等农业院校农业经济专业，组织编写了第一本全国性统编教材，《社会主义农业企业经营管理学》，这本教材比较系统地阐述了农业企业管理的基本原理和管理方法，全面介绍了农业企业的组织管理体制，生产方针与生产计划，生产要素的利用管理，生产过程的组织管理，企业的财务、成本、收入分配的管理，以及企业的经济活动分析等。教材基本上反映了当时的客观实际，在教学中广泛采用。但这本教材还未脱离苏联50年代农业企业管理学的框架，后来在“文革”中由于农业经济专业的改革，这门课程便停了。

（三）80年代到现在农业企业管理学的发展

1979年为适应全国农经专业的恢复和农村经济发展的需要，恢复了农业经济专业和农业企业管理学的教学，全国高等农业院校组织编写出两本教材，一本是《农村集体经济经营管理学》，另一本是《国营农场管理学》，这对当时教学的需要和学科的恢复与发展起到一定作用，作出了贡献。

党的十一届三中全会以后，农村人民公社体制实行了改革，在农村推行家庭联产承包责任制，建立起统分结合的双层经营体制。农村合作经济组织呈现出多种形式、多种经济成分和多种经营形式的格局，乡镇企业全面发展，农业企业管理也发生了很大变化。为适应发展新形式的需要，在农业部教育司指导下，全国高等农业院校再次组织编写了《社会主义农业企业经营管理学》教材，这本教材在学科体系和内容上有较大的改革。在继承前人经验和成果的基础上，还增

加了许多新的知识和现代管理的内容，同时也吸收外国在这一学科发展中的经验和成果。教材的科学性、系统性和实践性有了很大提高，并有所创新和发展。在全国高等农业院校农经专业普遍采用。

1987年国家教委提出在高等院校社会科学本科、经济管理类专业，开设《管理学原理》课程，并作为主干必修课，以加强管理学科的教学。有鉴于此，农业企业管理学也作相应改革。把原农业企业管理中的原理部分放到《管理学原理》学科中，而新的农业企业管理学着重阐述企业经营决策、经营预测、经营战略、经营计划、企业生产诸要素的有效利用、生产部门的组织、以及企业的销售、财务、成本、收入分配和经济活动分析等方面的问题，使这门科学更具有实践性和应用性特点。

当前农村产权制度改革中的问题、难点及对策*

许惠渊

自从1992年初小平同志南巡讲话以后，我国农村产权制度改革有了突破性进展，其主要标志是各级领导思想解放，由不敢触及产权问题到大胆开展试点，而且各地、各业、各类企业几乎全面展开，乡镇企业先行并取得成效，土地产权制度改革也出现可喜局面。然而，1994年与1992年、1993年相比，这场改革在一些地区出现“冷却”趋势。有人担心：农村产权制度改革可能要“泡汤”。有人说是“好梦难圆”。这种情况的出现，除了事物发展曲折性规律所决定外，还有理论的缺位，政策的滞后和实践中的难点所致。本文拟就笔者在参与京郊农村产权制度改革实践中所遇到的一些问题进行粗浅剖析。

农村产权制度改革的核心是产权明晰化。为了达到产权明晰，必须对原有的模糊产权进行界定，并且要保证产权的最终实现。它包括两个方面：一是要确定资产的终极所有权归属；二是落实法人财产权，即企业法人对资产的实际占有、使用、收益和处分权，以实现资产的保值、增值。为了促使生产要素的优化组合和合理流动，还必须对产权流转进行引导和组织。从我国农村的特点出发，实现以上产权改革的具体目标，主要通过推行股份合作制、股份制、组建产权市场等形式。然而，经过几年来的实践，大家都感到运作中问题和难点不少，加上理论和政策滞后，各地做法难免五花八门，因此，及时交流，逐步规范是至关重要的。根据北京市郊区试点情况，存在的问题和难点主要有：资产评估走过场；产权界定不合理；股权设置不规范；集体股代表难确定；治理结构难建立，等等。笔者拟就以上问题作些剖析。

一、关于资产评估问题

资产评估是产权制度改革的基础工作。过去我们搞的是清产核资，清产核资以账面值为依据，所得结果与资产的实际价值不相符。资产评估以现行市价为依据，它能比较准确地对资产的实际价值做出较客观的评定。然而，目前农村资产评估却存在走过场的现象。其重要原因是资产评估主体不能适应评估的需要。多数地区资产评估由会计事务所或审计事务所来进行，这本来是符合法律要求的，问题在于目前我国农村中此类具有评估资格的机构太少，有的一个县只有一、二个。加上会计和审计事务所大多由一些退休的财务会计人员组成，即便有几个注册会计师，也是年龄大、知识老化、力不从心。另外，按国家规定，评估要按资产量的比例收取评估费，一些

* 原载《中国农村经济》1994年第10期。

被评估单位难以接受。其结果往往是“低评”、“漏评”，降低集体股金额，造成集体资产隐形流失，在产权出售转让给个人时，集体资产流失更为严重。

为了防止集体资产流失，把好资产评估中的主体、范围和方法三关，应真正由具有评估资格的机构，按照规定的评估项目，采用科学的方法来评定农村集体资产。笔者认为，根据我国农村当前的实际，最好的办法是由各级主管集体资产的主管部门（如经管站）出面组织资产评估，人员经过严格训练，与会计、审计事务所配合开展资产评估工作。评估结果应由主管部门验证、确认，然后才能生效。这实际上是由政府出面来组织领导开展这项工作。在我国当前正处于计划经济向市场经济过渡的时期，采取这样的办法是适宜的。

农村集体资产评估中主要有两大难点：一是土地使用权，二是无形资产。土地使用权的评估所以困难，原因在于灵活性比较大，尽管国家一些有关的法律条文对土地使用权的作价有所规定，但可变动余地大。乡镇企业一般规模较小，本来资产就不多，土地使用权价值占据很大比例，相对加大乡村集体股的比重，社员职工个人股的比例过于小，股份合作制的“凝聚”功能和“激励”功能很弱。因此有的地方土地使用权不作价入股。笔者认为，根据我国农村企业规模一般较小，地缘性强等特点，在土地使用权评估中应当原则性与灵活性相结合。其一，土地使用权是一种无形资产，我国宪法规定农村土地归乡村集体所有，因此，企业改制时，原则上土地使用权应评估作价，否则，便造成集体资产流失。其二，评估计价应以《中华人民共和国土地管理法》作为基本依据，并根据被评估土地的社会特点、经济特点、自然特点以及各种（包括地区性的）有关土地管理方面的条例进行评估计价。其三，对于“封闭型”的乡镇企业，即企业职工都是本乡本村社员、无外地职工，企业规模又比较小的，为了改建股份合作制，经过乡村与企业双方协商，可以考虑暂不作价，等以后适当的时候再作价计股。这样做的目的是为保证产权制度改革的顺利进行。当然，最终土地使用权还是要作价计股的。除土地使用权外，对于其他无形资产的评估，主要掌握两条，一是无形资产的定义；二是无形资产计价。无形资产这个概念在国内使用的历史并不长，从人们的观念上讲，对无形资产尚未引起足够的重视，评估往往容易走极端。要么忽视无形资产，评估表上根本就没有无形资产项目；要么把什么东西都定为无形资产，随意抬高无形资产价值。因此，无形资产评估时，应掌握无形资产的无实体性，效益性，排他性等特点进行严格鉴定，应有专长技术人员参与，尤其对专有技术的鉴定，更要严格把关。在计价中，一般采用收益现值法和重置成本法是比较合理的，切忌拍“脑袋”定价。对于不可确指的无形资产（商誉），则应多方调查、测算、并经专家评定。

二、关于产权界定问题

产权改革的核心是产权关系明晰化。对于实行股分制、股份合作制过程中增量资产的产权关系一般说来是明晰的，因为它是股东所投入的部分。难点就在于原有集体经济组织的“模糊产权”如何界定。目前，对原有“模糊产权”的界定大体有三种做法：一是“拍脑袋”界定；即根据经验数据（各地互相参照的比例）界定，如“三七开”，即社员（职工）个人部分占30%，集体占70%；三是按物化劳动耗费和活劳动耗费的比例测算。然后按贡献大小，把个人的产权再界定到每个人。

界定产权，实质上是界定利益。笔者认为，对原企业产权的界定应本着“谁投入，谁所有；谁创造，谁受益”的原则来进行。一个乡（镇）村办企业，企业组建时及组建后所投入的资金全部都有账可查，对这部分，理所当然应是谁投入谁所有。而对积累部分（这部分往往很大）到底如何界定？根据马克思政治经济学原理，积累部分是由劳力和资金的结合而成的。劳力是形成积累的来源，资金是形成积累的条件。因此，对积累（产权）的界定本着这一原则来进行。按照这一原则，我们按企业历年人工费占总费用比例的平均数去计算社员（职工）个人在积累总额中所占的（产权）份额，余下部分为投资者在积累总额中的（产权）份额。由于劳力是形成积累的来源，因此，一些同志提出，界定给（社员）职工的比例应大一些，从实践看，这种看法是有道理的。但到底多大比例合适，应通过测算，一般说来，劳动密集型企业，职工所占的产权比例应比技术密集型企业的比例大。总之，应通过测算并结合各地的实际和各企业的特点来界定。至于每个（社员）职工产权，则应按贡献大小而定。实际运作中矛盾也较多，主要表现在企业领导人、技术骨干和一般工人之间的差距应多大为宜；老职工和新职工的贡献大小如何计算等等。我们在试点中，通过三个贡献要素来测算：一是工龄，二是能级（指岗位和能力）；三是效绩（工作效果）。由于这三要素在贡献中的作用不同，因而，我们采用给定不同权重的办法解决，一般工龄权重为0.2，能级权重为0.6，效绩权重为0.2。工龄按实际数计分，能级分为10分制评分，效绩按5分制评分，最后按以下公式计算每人的得分：

每个（社员）职工贡献分＝工龄分×0.2＋级能分×0.6＋效绩分×0.2

把每人的贡献分计算出来后，计算全企业职工的贡献总分，去除界定给职工部分的产权（金额），就得到每个贡献分所应得的产权（金额），然后乘以每个职工的贡献分，就得到每个职工应得的产权（金额）。以上计算方法，通过试点结果，一般比较符合实际，当然，在运作中还可以作适当调整。投资者所占产权（金额）的计算，多数乡（镇）村企业在始建和建立后，其全部投资都是乡（镇）村集体，那么，前面所计算的投资者产权份额应全部归乡（镇）村集体。如果原企业为多元投资，即有乡（镇）村集体投产，也有其他企事业单位的投资，甚至还有个人投资，则必须按各自的投资额占总投资比例以及投资年限计算。公式如下：

$$\text{每个投资者所占产权（金额）}=\frac{\text{该投资者投资额}}{\text{该企业投资总额}\times\text{投资者（产权）金额}\times\text{投资年限系数}}$$

$$\text{（投资年限系数}=\frac{\text{投资期}}{\text{企业存在期}}\times 100\%\text{）}$$

三、关于股权设置问题

就股份合作制而言，目前多数地区设股基本上分为三类五种，即乡（镇）村集体股，（社员）职工股，社会股三类，职工股又分为职工贡献股（或称劳动股，分配股，创业股等）和职工现金股，社会股分为社会法人股和社会个人股。这几种股中，集体股指乡（镇）村集体投入企业的股金，职工贡献股即原企业积累（存量资产）按职工贡献大小界定给每个职工的股权，它不能转让和继承，只有收益权而无处置权，职工一旦离开企业便归企业所有。职工现金股是企业进行股份合作制改造时以实物、技术、现金折成的股份，职工具有转让、继承权。社会法人股是社会企事业、社团法人入的股份。社会个人股是企业外的个人投入的股份。这种股权构架基本是可行的。但对乡（镇）村集体股至今仍然是争议的焦点。一些人感到集体股仍然产权模糊，有的地区已探索把集体股进一步量化到每个乡民、村民。有的地区提出不设集体股。

我们认为，对集体股要做具体分析。对于企业型的股份合作制，即集体股金投入一个股份合作制企业（这种企业大多是由原乡镇企业改造的），其集体股有设置的必要，且其产权应当说是明确的。乡镇企业改建股份合作制企业，本来乡（镇）村集体事实上给企业投入了资金，现在转

为股金，其数额一般较大，这部分资产的终极所有权当然应归属乡（镇）村集体。所以设集体股符合情理，顺理成章。乡（镇）村集体本身也是企业法人单位，如北京市郊区，一般乡一级叫乡农工商总公司，村叫村农工商总公司。因此，集体股是总公司对股份合作制企业投入的股份，从这个意义上说，这类集体股是法人股，而法人股本身的产权是明确的。当然，有些地区乡、镇村集体经济组织属于“政不政”、“企不企”的状态，这就有待于乡、镇村的体制配套改革。集体股属法人股性质不能因此而否定。

对于社区型的股份合作制，集体股没有设置的必要。因为一个乡、镇或村的集体经济组织改造成股份合作制，如果设置集体股，等于在乡、镇、村集体经济组织内部留下一个产权模糊的股份，其终极所有权仍然是本乡、镇、村的公民，与其保留这一块模糊产权，不如将其界定到底（即界定到每个乡、村民），这样有利于克服产权模糊所带来的种种弊端。一些地区在社区型股份合作制中设置集体股的初衷，是想解决乡镇村的村镇建设，行政开支和社会福利以及扩大再生产，补农资金等问题，这个考虑是应该的，但无需采用设置集体股的办法来解决，可以从分配中提留一定比例的积累来解决。

股权设置中还有一个优先股和普通股的比例和优先股的股利率问题。按照股份制的一般规定，优先股的最大特点是固定股利率，普通股的股利率是由企业经营状况的好坏所决定的。优先股的设置，目前主要存在两个问题，一是所占比例太大，二是股利率过高。有的股份合作企业不仅规定社会个人股为优先股，社会法人股，甚至职工现金股都定为优先股，且股利率定得很高，企业却难以承受。这实际上也是变相的集体资产流失。我们认为，第一，优先股应限于小范围内（如只限于社会个人股）。它不是基本股份，是一种特殊股份，比例过大，势必削弱以致失去股份制的功能。第二，优先股的股利率一般要高于同期居民银行存款利率，但还要参照企业股金收益率而定。

四、关于股份合作制企业内部治理结构的建立问题

股份合作制企业内部治理结构的建立目前大多是参照股份制的做法，即权力机构股东大会，决策机构董事会，执行机构经理层，监督机构监事会四位一体，各自独立又互相监督。这本来是一个很科学的机制体系。然而，在实际工作中往往走偏差，而且有的偏差甚远，以至于造成股份合作制企业的机制还不如原来的机制好。其主要表现：一是治理机构人员不是民主选举和聘任的，而是因循干部任命制的做法。二是集体股东代表的产生、委派及其在股份合作制企业治理结构中的位置难以确定；三是原党委会、职代会、工会与股东大会、董事会、监事会（即新三会与老三会）的关系，人选问题难处理。对于第一个问题，主要是思想观念问题，一些乡（镇）村领导抓“权”不放，有的提出由于股份合作制企业照样要接受党的领导，因而董事长和总经理等要职必须由乡党委（或村党支部）任命。有的是亲自走马上任董事长，一身兼任许多企业的董事长。其结果是实行股份合作制不仅达不到政企分开的目的，反而是乡村领导由原来间接干预乡镇企业的日常决策，变成直接参予企业的日常决策活动，政企更加不分。我们认为，股份合作制企业领导干部采用任命制是绝对不可取的，因为它是生产经营单位，不是政权机关，只有通过股东民主选举才能体现法人实体，才能政企分开，才能两权分离，才能加强对企业领导的约束力。至于乡（镇）村领导是否担任企业董事长等职务，一般说来，应不兼任为好，但根据我国乡镇企业的特点，如果有的企业领导力量薄弱，或者在改制前有的乡（镇）村领导本来就已兼任企业领导职务的，改制时找不到合适人选，在这种情况下，乡（镇）村领导兼任企业领导职务也可以，但

不能一人兼好几个企业的董事长，并且最好在兼了企业董事长后放弃乡（镇）村领导职务，这样便于政企分开。对于第二个问题，即集体股东代表的产生、委派和在企业任职问题，由于集体股是乡（镇）、村集体经济组织投入企业的股份，因而由乡（镇）村集体经济组织派出股东代表是理所当然的。现在基本上都是由乡（镇）村领导指定人选到企业或当董事长或当董事、监事长、监事等。集体股东代表到企业只有参予决策和监督的权利，而没有承担对集体股金保值增值的义务，换句话说，如果集体财产不能保值增值，集体股东代表应负什么责任并不明确。为此，集体股东代表应由乡（镇）村民代表大会选举产生，便于群众监督。或者乡（镇）村成立集体资产经营公司，负责管理、经营集体资产，集体资产经营公司实行独立核算、自负盈亏，使其本身具有自我约束力，集体股东代表由经营公司派出，这样，便形成对集体股东代表的约束机制。关于"新三会"和"老三会"的关系问题。为了防人浮于事，可尽量采取人员交叉任职的办法。

五、关于产权、股权流转问题

产权流转是产权制度改革的重要环节。为了促使生产要素的合理流动，优化生产结构，规范产权交易行为，应当逐步建立有序的产权转让市场。目前，农村产权交易比较混乱，大多没有一定的原则和交易程序，缺乏有效的管理，有的在交易时进行资产评估，有的根本就没有进行资产评估，往往由于低估集体资产，或拿集体资产进行私人交易，造成集体资产贬值流失。从我国以公有资产占主体地位这一特点出发，我们认为，目前应以政府出面组建有形的产权交易市场为宜。农村产权交易市场的交易内容可分为非票据性产权交易，指企业整体或部分产权的交易；票据性产权交易，指股份合作制企业股权证的交易。由于股份合作制各地发展不平衡，且股份合作制企业规模一般较小，因此，票据性产权交易只能限于一定地区范围（如一个县）进行，不宜也不能像股票市场那样大范围进行交易。而非票据产权，则可以在国内外市场进行交易。产权交易可以采取建立产权交易所的形式，作为产权交易的中介组织。产权交易所由政府出面举办，属非营利性的事业单位。这样的产权交易所既可以促使产权转让，又可以起到监督产权的交易行为，防止集体资产流失的作用。北京市第一家产权交易所——北京顺义产权交易所就是根据这一原则建立的，目前已经开始有序运行。它使农村产权交易由无序变为有序，比较有效地防止产权交易中的不正之风和犯罪现象的发生。

农村产权制度改革是一项复杂的系统工程，它不仅要认真解决产权制度中的各方面问题，而且还需要产权制度改革以外的其他各种改革配套进行，如金融改革，财政税收改革，企业注册登记制度的改革，干部制度的改革，乡（镇）村管理体制的改革等等。当前农村产权制度改革在一些地区之所以步履蹒跚，原因之一是各项改革未能同步进行，有些地区为保证产权制度改革顺利进行，出台一些临时性的条例，但不能从根本上解决问题。所以，加快农村乃至整个国家整体改革的步伐，这是至关重要的。

北方旱农区产业结构优化研究*

刘 德 纶

一、北方旱作农业发展及其问题分析

我国的干旱半干旱地区主要分布于东北、华北、西北等广大地区，包括16个省（市）、741个县，耕地面积达0.38亿公顷，约占全国耕地面积的38%。这类地区，地域辽阔，干旱严重，但资源丰富，是我国林业、牧业、煤碳、石油等的主要基地，乡镇企业等也有发展前景。加强旱地农业研究，探讨旱区农村经济发展，优化产业结构，推广旱农技术，尽快改变这一地区经济落后面貌，对实现我国农业现代化有重要战略意义。

尽管我国干旱与半干旱农业区面积广大，区内情况各异，可以划分成不同的经济类型，但其农业资源特点是，多数地区气候高寒干旱，年降雨量稀少；广种薄收、粗放经营、多灾低产、贫穷落后；有的资源长期得不到开发利用，有的资源则是掠夺性利用，遭受严重破坏，经济效益差；多数地区资金技术人才奇缺、管理落后；交通、信息、市场闭塞，远不能适应市场经济的需要；加上由于人口迅速增长，毁草毁树开荒种粮、草场过牧超载，生态植被长期遭受严重破坏，多数地区长期陷入生态系统与经济系统双重恶性循环的漩涡，严重地制约了当地社会经济与技术进步的发展。迫切需要进行综合治理和探索一条致富道路。

二、旱农区产业结构理论的演进

（一）旱农区产业结构优化应包括种植业结构、畜牧业结构、林业生态结构及非农产业结构，从而组成“两高一优”农业综合性开发结构

在旱地农业结构演化中，以技术进步为核心，由传统单一型向综合型、产量型向效益型、计划型向市场型的农业结构转换中，以内蒙古乌盟地区为例，由80年代前的广种薄收、“念草木经”、兴畜牧业，演进到水旱并举、建设3亩高产田，近年又在向多种经营、综合开发建没旱区“两高一优”、农工商贸综合发展转化，先后探讨过草地农业、生态农业、水旱并举农业、综合开发农业四种发展理论，并相应地指导了产业结构调整，各有一定成效。说明不同理论模式各有所长，也各有所短。从近年来武川县三间房村和大豆辅试区、固原县河川乡上黄村的实践来看，在实行综合治理，综合开发的基础上，农业生态系统和经济系统都得到好转，如武川县近年粮食总产已有稳定增长，粮食每公顷产量达750千克以上，农村人均收入1992年达到555元，探索出以科技兴农，走生态型农业之路和以水利兴农，并大力发展乡镇企业，走建设型农业之路，成效

* 原载《干旱地区农业研究》1994年12月。

显著。我们认为，不论因地而异提出何种理论模式，其核心思想应当是实行自给型农业、保护型林业、商品型畜牧业和效益型乡镇企业，走农林牧企综合开发，农工商贸综合发展之路，逐步向农业市场经济转化，以市场为导向，以“两高一优”为目的，以旱地农业配套技术为依托，以增加农民收入为核心，这将是90年代旱农区农业和农村经济发展的正确思路。

（二）产业结构优化规划，就是要在旱农区产业结构理论指导下选准主导产业、调整结构、提高效益

这是实现一定时期战略目标的一种有效手段，是规范和指导旱农区，特别是贫困旱区走向有效开发、脱贫致富、协调区内各种矛盾的行动指南，具有时间性与空间性相结合的特点，其作用是要促进旱区资源的合理开发利用和保护，创造经济、生态与社会效益；促进农村市场经济发展和市场建设；帮助农民脱贫致富奔小康。规划的原则是要遵循因地因时因区位制宜、量力而行、定性定量分析预测结合、分部分层决策与整体优化结合的原则。

主导产业的选择与产业结构优化是一项复杂的系统工程。特别是大范围的旱农区向效益型、生态型转变其难度就更大。因为旱农区大多是自然资源配置有缺陷，首先是缺水、使各种经济活动都受水的制约，要全面考虑水的开发、利用与管理；其次是资源配置的先天不足和分配不平衡，使旱农区的农业生产系统和经济系统极为脆弱，长期的多灾、低产、广种薄收，农业结构单一，交通落后，信息闭塞，陷入长期生态与经济恶性循环之中；再次由于旱农区域广大，区内社会经济条件也有千差万别，各有优势与劣势；对旱区产业结构的规划探讨应从上述特点出发，作出因地因时因区位制宜，实行分区分类指导和规划，选准突破口，扬长避短，发挥优势，以资源的合理组合和适度开发利用为基础，以年度较低成本和最大收入为规划目标的产业结合，进行总体设计，步入优化框架，以适应市场经济和资源合理利用的要求。突破传统规划以总产量和面积为主，转向以成本、利润与规模经济的关系为依据（见图1）所示。

图1表明，当单位产品成本从最低上升时，在一定幅度范围内，产业或产品部门的总利润仍可能是上升的，条件是投入的追加要小于产出的增加；如果用X表示产业（或产品）的规模，用Y表示单位产品生产成本，则规模经济（SEC）可以表现为：Y=f（x）。

设Q_1、（X_1、Y_1）为规模经济曲线上的利润最大点：P为单位产品市场价格，那么此时，它的单位产品生产成本为Y_1，它的年产量（规模）为X_1，由此可以得到：

产业（或产品）全年总收入 $TR=PX_1$

产业（或产品）全年总生产成本 $TC=X_1Y_1$

产业（或产品）全年总利润 $Pf=TR-TC=PX_1-X_1Y_1=X_1(P-Y_1)$（即图1中阴影表现的部分），在企业管理上，它们的关系是：当产品的市场价格和销售数量不变时，产品成本越低，利润就越大，总利润就越多。

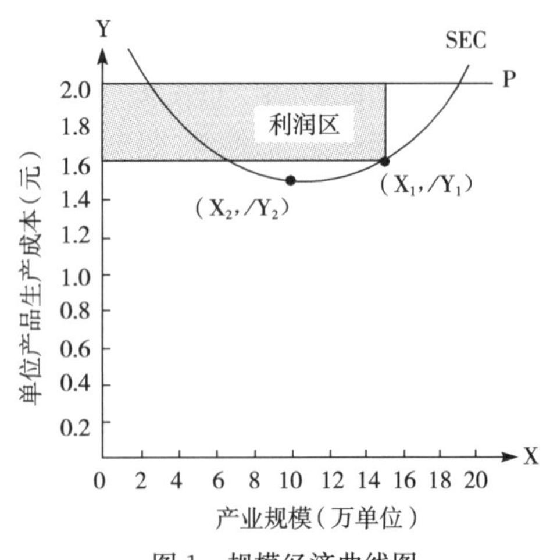

图1　规模经济曲线图

我们的目标就是要使旱农区的农牧民尽快缩小与较富地区（非旱区）的差距，做到有粮有畜又有钱、产得多、卖得出，变成钱，走种养加结合，农工商贸技综合经营之路，实现高产优质增值，转化增值，加工增值，开发

增值。

三、旱农区产业结构规划方法

借鉴发展经济学关于农业部门发展阶段理论，我国旱农区的农村经济从发展程度上可划分为两个发展阶段和三种发展类型，即封闭发展阶段和开放开发阶段；贫困型、温饱型和自立发展型；第一阶段是从绝对贫困向温饱型转化，为缓解贫困而作出努力，第二阶段是从温饱型向区域自立发展型转化，是为根治贫困而正在作出努力；通过改革开放十多年的艰苦努力，多数旱农区的经济已经走出了贫困型低谷，正在或已经进入温饱地区行列，但由于非旱农区自然条件得天独厚，经济基础较好，交通、技术、信息、市场等区位条件好，发展步伐正在加快，旱农区的产业结构转换又面临着新的困境。必须扶持和启动这类地区更快地走上自立发展之路，防止重新跌入贫困型泥潭是当前紧迫而现实的问题。那么，如何指导这类地区制订市场经济条件下的合理产业规划呢？

1. 要对特定的旱农规划区的发展条件，进行全面深入调查，如重点了解该地区农业资源、工业资源、矿产资源及利用，市场、劳力、资金、技术、经济区位条件及收入水平等。

2. 进行贫困根源及优劣势分析：如将发达旱区与自身现状进行对比，找出贫困根源及制约因素，分析潜在优势与显性优势。

3. 根据地区优势，确定地区最有发展前景的主导产业群及专业化方向，并根据地区投入产出关系确定相应要发展的辅助部门、社会化服务部门及规模。地区性专业化部门的决策方法，有区位商法、集中指数法、指数法等，而最常用的是区位商法。

4. 将规划设想要在本地区发展的各个部门的生产成本与纯收入（或利润），进行比较，并与其他地区已有生产或可能发展的相似部门的效益指标进行比较，以使确定规划的可行性；对规划某些主要外销的产品，还应计算出它们运到外地的总成本，以便进行比较决策。比较时可采用成本利益分析法。由于旱区的结构转换，一般需要数年才能完成，又由于货币具有时间价值，需要将各年的成本与利润的未来值，都按照一定的贴现率贴现为现值，再根据一定的标准进行评价。项目采纳与否，判断的标准是：①利益成本率＝总现值利润（B_{pv}）/总现值成本（C_{pv}），若 $B_{pv}/C_{pv}>1$ 则可采纳：若 $B_{pv}/C_{pv}<1$，则否决：②净现值，（$B_{pv}-C_{pv}$），若 $B_{pv}-C_{pv}>0$，则利润净增加，对地区经济发展有利，项目采纳；若 $B_{pv}-C_{pv}<0$，则为亏损，应否决。

5. 但由于某一项产业或产品，可以同时在多个地区发展，其中存在一个应在哪个地区发展，发展到多大规模最为有利的问题，这就需要作出区际比较。

设全社会仅存在旱农区与非旱农区两类农村经济，他们均有生产 X、Y 两种产品的可能，又已知 A 区的单位生产成本高于 B 区，用 C 表示成本，即 $C_X^A>C_X^B$，$C_Y^A>C_Y^B$，简单比较会发现 A 区生产 X、Y 产品的单位成本都高于 B 区，表面上看，A 区生产不利，不可能生产 X、Y 中的任何一种产品，但是根据比较利益原理，这种简单分析是不对的。

这里，若 B 区生产 X、Y 两种产品，而 A 区不生产；则 A 区对 X、Y 两种产品的需求只能通过输入来满足；但由于 A 区没有输出产品，缺乏交换的手段（缺钱）输入是不可能的；再从全社会角度分析，这种生产格局也不会存在；比较利益原则认为，B 区从事效益更高的产品生产，而从 A 区输入另一种产品，给双方都带来好处，可以实现优势互补；例如，A、B 两区的单位产品生产成本是（详见表 1）：

表 1　　单位：元

	产品 X	产品 Y
旱农区 A	150	110
非旱区 B	130	70

如果按照简单的成本比较原则，A 区生产任何产品都不利，但根据比较利益原则，由表 1 可知，150－130＜110－70，A 区生产产品 X 对社会有利；因为若两个区都分别生产 1 单位 X 与 1 单位 Y，则总生产成本为 460 元；若 A 区生产 2 单位 X 产品，B 区生产 2 单位 Y 产品，则总生产成本为 440 元，显然，在产出不变的情况下，全社会节约了 20 单位投资，这就是区域分工，结构优化的好处：在多区域、多部门规划中，比较利益效果就更显著。

6. 进行区内乘数分析，选择乘数效应最大的若干个产业部门即为该区的主导产业部门，以带动整个地区的经济发展，并形成主导产业群。

采用投入产出分析方法或经济计量分析方法均可确定各部门乘数的大小，如运用投入产出方法，设已知该地区的消耗系数为 a_{ij}（表现为矩阵形式）则可采用以下公式分别求出各部门的乘数的影响。

$$\begin{bmatrix}\Delta X_1\\ \Delta X_2\\ \vdots\\ \Delta X_n\end{bmatrix}=\left[\begin{bmatrix}1 & & & \\ & 1 & & \\ & & 1 & \\ & & & 1\end{bmatrix}-\begin{bmatrix}a_{11} & a_{12} & \cdots & a_{1n}\\ a_{21} & a_{22} & \cdots & a_{2n}\\ \vdots & \vdots & \vdots & \cdots\\ a_{n1} & a_{n2} & \cdots & a_{nn}\end{bmatrix}\right]^{-2}\cdot\begin{bmatrix}0\\ 0\\ \vdots\\ \Delta Y_i\\ 0\end{bmatrix}$$

式中：ΔX_i（i=1，2，…n）为 i 部门产值的增量；ΔY_i 为 i 部门最终需求量的增量。运用上式可分别求出每一部门单位最终需求量对各部门引起的各项增量之和；使地区产值增量之和最大的部门，即为乘数最大的部门；乘数较大的若干个部门即可作为主导产业群。

7. 协调安排各主导产业部门的具体项目及相关部门的项目，并选择安排在最优区位和可行的时间，以及制定政府、企业、个人应采取的政策、技术、管理和各种投入的有效措施，从而可形成一个具有定性定量分析，可操作性强，又有相应的政策与技术措施促证的旱作区产业结构优化规划。

四、旱农区产业结构优化规划实践——三间房村产业结构规划

在上述理论方法指导和实地调查研究的基础上，对内蒙古武川县三间房试区产业结构与社会化服务体系规划进行了初步探讨，并构思了旱农区微型的分层决策的产业结构优化模型。

三间房村位于内蒙古武川县城西北约 15 公里，全村辖 8 个自然村，总土地面积 1 775.8 公顷，其中耕地 867 公顷（实际调查数据约 1 257 公顷），1990 年底总人口 1 451 人，其中整半劳动力 728 人，占总人口的 50.07%，人均耕地 0.6 公顷，劳均耕地 1.47 公顷，有林面积 137 公顷，其中成片林 83 公顷，林带 30 多条，牧业用地 123 公顷，河流面积 152 公顷。当地属大陆性干旱地区，气候干旱少雨，1986—1990 年年平均降雨量 317.74 毫米，但雨热同季，对作物生长较有利，日平均风速＞8 米/秒的天数全年有 116 天，土壤风蚀沙化面积占土地总面积的 93%，而严重沙化面积达 48%；本地光能资源丰富，但无霜期短，年平均为 95 天，全年＞10℃的积温平均为 1 958.7℃，基本可满足当地一年一熟作物生长之需要。

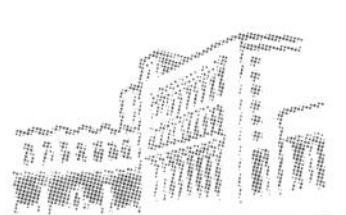

三间房村经济发水平较低，1990年农业总产值79.84万元，纯收入约40万元，人均纯收入550元，1990年粮食总产为57.8万千克，人均粮食397.5千克，基本达到全国平均水平。

（一）产业结构现状及分析

1. 产出结构现状是农业总产值从1986年的67.35万元，增加到1992年的85万元，7年增长26.2%，年平均递增3.97%（低于同期全国年平均递增速度4.83%），始终在低水平上徘徊，其原因是产业结构不合理。种植业产值一般年份都占到农业总产值的50%以上，而畜牧业产值比重始终不足30%。种植业比重过大，一是限制了农业总产出水平和效益的提高，因为种植业产出水平低，据测定该地区种植业价值型产投比为2.85∶1，畜牧业产投比为4.35∶1；二是种植业受环境条件影响大，十年九旱，单产低而不稳，总产也波动很大。

2. 投入结构现状是农户投入行为与投资主体逐利倾向相违背。从1986—1992年，农户家庭经营总支出中，农业支出5年平均占63%，而牧业支出仅占24.6%，种植业是投入大户，但种植业产出投入比远低于畜牧业，投入效益差。长期低产出低效益的原因，一是当地农民文化素质差，缺乏经营观念和商品意识；二是当地农畜产品市场不发育，市场狭小；三是长期的产品计划经济，受政府政策导向的影响；四是恶劣的气候条件，长期多灾低产，广种薄收，温饱即安，资金、技术、信息十分匮乏的影响。

3. 对土地利用不合理，乡镇企业不发达，庭院经济还刚刚起步等现状进行了分析，从而找出了三间房村的优势与潜力：①三间房村地多人少，人均耕地0.6公顷，在保证粮食自给并完成既定的商品粮任务前提下，有潜力腾出部分耕地发展经济作物和饲草；②境内有两条季节性间歇河流，部分为地下水富水区，如能适度开发地下水，并设法利用地表水，发展水浇地很有潜力；③劳动力资源丰富，现有劳动力728人，有较多闲置，可组织劳务输出或发展劳动密集型加工业；④市场有广阔的前景。目前农产品市场极不发达，粮食及畜产品市场容量都很小，随着市场经济的发展，南靠首府呼市，西向钢城包头，交通便利，推销方便；⑤近年来的科技推广，农民开始尝到了甜头，已由被动接受农业技术转向主动要求技术，蕴藏了巨大的发展潜力。

（二）规划指导思想与近期目标

1. 农业调整，拟由重粮轻经，重农轻牧，变为强化农牧结合，主攻单产，稳定总产，粮经草轮作，减旱扩水，旱水并举，压粮田增经作，适量还草退坡。

2. 牧业调整，商品畜拟由料变草，由大畜变小，以羊为主，发展羊兔鸡“三小”、适当扩大饲养，重点调整结构。

3. 林业变“花钱营造，重造轻管”为“造管并重、造管承包、包栽包活、齐抓共管、改善生态”。

4. 村办企业，拟以粮油兔肉系列加工为龙头，加快起步，创收致富。目标是建成商品型农牧业、保护型林业、效益型乡镇企业，有选择地发展工副业，增加农民收入，形成以农养牧，以牧促农，有草有树，农林牧副综合发展的村级旱区高产高效生态型农业。

（三）规划方案构想

1. 模型设计。采用了线性规划方法与分层决策结合，以规划年村级农业总产值为第一层决策目标，纯收入为第二层决策目标建立优化模型，共设置农林牧、工副业变量13个，土地、劳力、资金、水资源等约束条件12个，进行了牧业型、企业牧农型、微调整型、种植业水旱并举型四种模式的测算。牧业型即以农业为基础，加大畜牧业；企业牧农型即以农牧业为基础，发展系列加工；微调型即以现行结构为基础，主攻单产；种植业水旱并举型即以农为主，开发地下水发展水浇地。

2. 优化决策。对比测算结果，初步综合认为企业牧农型有发展潜力，总产值增长快，实施切实可行，以1990年不变价格计算，预期1995年农业总产值可达125.53万元，较“七五”期末1990年79.84万元提高57.27%，年递增9.47%，人均纯收入可由1990年的550元提升为700元，增长27.30%，由于当地基数低，耕地面积、粮食平均单产，人均收入等指标比实际数偏低，实现近期年递增9.47%的速度是有把握的，况且人均纯收入700元仍为全国农村的较低水平。优化后1995年的产业结构模式如表2。

表2　1995年三间房村价值型产业结构优化模式（%）

	总产值	种植业	畜牧业	林　业	工副业
“七五”平均	100	49.61	27.4	7.23	15.76
1990年	100	53.1	27.6	6.4	12.9
1995年	100	48.5	38.0	5.1	8.4

该价值型产业结构表明：①四大产业的结构将优化为1.28∶1∶0.13∶0.22；产出效益较好的畜牧业产值比重，将从“七五”期间的27.4%上升到38%，上升10个百分点，种植业产值比重将适当下降4个百分点；②农牧结构由1.8∶1调整为1.27∶1，土地、资金、草料、水资源等将得到最优利用。只有劳力还有剩余，对此可考虑组织劳务输出或发展劳动密集型企业或庭院经济；③种植业内部优化模式将是粮经草比例为7.3∶1.7∶1，水旱地比例为2∶8，粮食播种面积有所减小，而水浇地面积增加，经济作物、饲料绿肥有较大提高，能基本满足各方面的约束条件，并对主要农作物及畜牧业提出了调整方案。

（四）实施措施

较系统地提出了加快种植业、畜牧业、林果业、乡镇企业发展的产前产中产后的社会化服务体系和技术推广、农业开发、落实与完善责任制、引进资金、开拓市场、实现效益等配套政策和经济利益的激励机制。

对财政支持科技兴农的浅见*

金敬恩

一、依靠科技进步是发展农业的根本途径

科学技术是第一生产力的观点，已普遍为人们所理解和接受，并已为实践所证明。依靠科技进步在发展国民经济中的作用越来越充分显示出来，今后国民经济的发展和持续高涨，也必将越来越多地依靠科学技术的进步。

农业是国民经济的基础，农业能否持续稳定地增长，对整个国民经济的发展有着极大的影响。如何发展农业，中央提出了“三靠方针”，即一靠政策、二靠科学、三靠投入。这三者之间是密切联系的，政策是前提和基础，只有政策正确，理顺了生产力与生产关系、基础与上层建筑之间的关系，正确处理各方面的经济利益关系，才能充分调动广大农民的生产积极性。但如果只有农民生产积极性，而没有采用先进的农业技术，农业生产率和农产品产量就不可能有大幅度增长，农业也就不能得到迅速发展。依靠技术进步是发展农业的根本所在。当然，这需要投入大量人力、物力和财力，亦即需要投入大量的资金，因此，增加投入又是促进科技兴农的重要保证。

科技兴农是“二靠科学”的具体而形象的提法，就是要通过研究，不断推广应用新的农业科学技术和成果，达到增加农产品产量，提高产品质量，获得更大经济效益的目的。我国人多地少，要解决我国粮食问题，主要靠提高单位面积产量来实现。要不断提高单位面积产量，靠传统的农业技术是不可能的，必须不断研究和推广应用对增产有显著作用的新技术和新成果，才能使单位面积产量不断有新的突破，产品总量不断增加。随着人民生活水平的提高和出口的需要，不仅要求增加产品产量，而且要求提高产品质量，同时对生产者来说，还要求投入少、产出多，能获得更多的收益。因此，只有那些能达到优质、高产、低消耗，增产增收的农业科技新成果和新技术，才能为广大农民所接受和采用。这里所说的科技成果，是指经过试验研究所取得具有实用价值的新技术、新成果。它不同于农业生产中已广泛采用的一般常规技术，其特点是：一是新，二是增产或产品优质化效果好。随着科学技术的进步，总是以新的科学技术和成果不断代替常规的技术，当新技术、新成果被广泛推广应用以后，逐渐变成常规技术，此时又有更新的，效果更好的新技术和新成果来代替已有的技术，如此反复进行，就推动着农业不断发展，产量不断增长。一般说，采用新技术和新成果要比采用常规技术多增加投入，但它可以增加更多的产品，取得更多的收益，对生产者还是有利的。

二、大力开展技术推广是当前科技兴农的重要环节

依靠科技进步振兴农业，应包括三方面的内容：第一，科技成果的研究和提供。科技兴农，

---

* 原载中国农村财政研究会编，《全国农村财政优秀论文选集》，中国农业出版社，1995

首先应有为农业生产部门提供可供推广应用新的科技成果。这项任务是由有关农业科研单位来承担的，要求农业科研单位根据发展农业的需要，通过试验研究，为农业生产不断提供各种科技新成果和新技术，供选择推广之用；第二，科技成果的推广。这项任务是由各级推广机构和推广组织来承担，经过试验和示范，推广适合各地条件的新技术和新成果；第三，技术成果的应用。经过示范和推广教育，该项新技术已被广大农民所接受，并应用到实际生产中去，使科学技术真正变成了现实的生产力。在过去，我国农业科技水平总的说是比较落后的，党的十一届三中全会以后，特别是进入八十年代以来，依靠科技进步发展农业逐步得到重视和加强，农业科研事业有了较快的发展，但对技术推广工作重视不够，仍是比较薄弱的环节，许多新技术、新成果未能及时得到推广应用。造成这种情况的原因是多方面的，主要有：一是农村经济体制改革后，原有的四级科技网已不复存在，新的网络体系又未建立起来，致使技术推广工作一度中断。二是资金短缺。因为建设新的科技推广服务体系以及推广新技术需要大量的投资，根据有关国外一些统计资料表明，研究、开发、推广应用三者之间投资比例大致为：1∶10∶100。由于我国资金缺乏，不能不影响技术推广工作的开展。

技术推广是科技兴农必不可少的重要环节，大力开展技术推广工作，对推进当前的科技兴农，加速农业发展有着十分重要的现实意义。

第一，技术推广是加速科技成果转化为现实生产力的桥梁。任何一项农业科技新成果和新技术，都必须经过推广这个环节，才能应用到生产中去。过去由于对技术推广工作重视不够，抓得不力，许多已有的科技成果没有及时加以推广应用。据有关统计资料，我国近十年来重大农业科技成果已达25 000多项，但推广应用率不到30%，也就是说尚有三分之二以上未得到推广应用，没有转化为现实生产力，这不能不说是很大的损失。因此，除继续搞好科研工作的同时，加强技术推广工作，尽快将已有的科技成果推广应用于生产，转化现实生产力，发挥其增产增收作用，实为科技兴农的当务之急。

第二，从技术推广本身的投入产出关系来说，是投入少，产出多，效益好的事业。实践证明，凡是技术推广搞得比较好的地方，不仅增产效果显著，为国家贡献大，而且取得了较好的经济效益。不过，这种经济效益一般并不体现在技术推广组织自身的经济效益上，而是体现在社会效益上，亦即体现在采用新技术、新成果的农户收益上，取得增产增收的好效果。

第三，搞好技术推广可以促进科研的发展。推广新技术、新成果的过程本身就带有一定试验研究性质，将在推广应用中所发现的问题及时反馈给科研单位，为改进研究工作提供参考。同时由于技术推广工作的加速，给科研单位提出更高的要求，促使科研单位更快地为农业生产提供更多更好的科技新成果和新技术。

三、农财部门如何支持科技兴农，促进农业发展

科技兴农三方面的内容，对国家财政来说都应从不同程度上给予支持。根据财政资金分配渠道和各部门资金管理的范围和职能不同，农财部门在支持科技兴农方面，在当前应以支持技术推广为主要内容，以支持推广优良品种、农作物模式化栽培、地膜覆盖、优化配方施肥、节水灌溉、病虫害综合防治、机械耕作等农业科技新成果、新技术，以及畜牧业、林业、渔业方面的科技新成果、新技术为主要对象。整个技术推广包括试验、示范、推广三个过程。首先是进行小范围的试验，验证该项技术是否适应当地条件，是否有推广价值；如果是可以推广的，然后布点向广大农民进行示范，使农民认识并接受该项技术；最后指导农民把该项技术应用到实际生产中

去。试验和示范两个过程是在各级推广组织直接控制和指导下在小范围内进行的，属于中间试验性质，基本上不与广大生产者发生直接联系，该过程所发生的各种费用主要由各级推广组织来承担。在推广应用过程中，广大农民将各项新技术、新成果应用到自身的生产中，并取得效益，因此该过程所发生的各种费用，主要应由农户自己来承担。综上所述，农财部门在支持科技兴农中，在当前，应以支持技术推广为主，在技术推广中又应以支持试验、示范两个过程对资金需要为主。其中包括建立必要的推广机构、购置必要的仪器设备，强化推广手段，以及直接进行试验、示范等所需要的资金。体现国家财政对科技兴农，促进农业发展的支持。在推广应用过程中，除了支持为提高农民科学文化水平和对新技术的接受能力而进行技术培训所需要的资金外，直接由于采用新技术、新成果所发生的支出，应由农户自己负责解决。这也体现了农民是农业投入主体的精神。

为了更好地发挥财政部门支持科技兴农的作用，除适当提高科技兴农资金在支农资金中的比重外，还应从多方面积极筹集资金，增加支持科技兴农的资金来源，同时，还要研究根据不同的对象和内容采取不同的支持方式，把无偿支持与有偿支持很好结合起来，加强对资金使用过程的监督，使有限的资金发挥更大的使用效益。

农业普查中的两层最优配置抽样*

刘 宗 鹤

如何适应国情正确使用调查方法，是农业普查前需要解决的一个问题。对此，我们设想：第一，大农户用全面调查，一般农户用抽样调查；第二，有的项目用全面调查，有的项目用抽样调查；第三，以乡镇为调查总体，利用调查框分别进行全面调查与抽样调查。

本文着重就第一个设想——大农户全面调查一般农户抽样调查进行研究。

借鉴世界农业普查的经验是很有必要的。世界农业普查的统计单位是农业经营单位。在美国、巴西为农场，有大小农场之分；在中国、日本为农户，有大小农户之分。根据 1970 年世界农业普查总结报告提供的美国与巴西两国资料，可以看出他们是如何对大农场进行全面调查、对小农场进行抽样调查的（表 1)。

表 1　1970 年美国、巴西农业普查资料

农　场	美　国		巴　西	
	农场个数	(%)	农场个数	(%)
大农场	1 733 709	63.5	2 406 915	48.8
小农场	996 541	36.5	2 505 587	51.2
合　计	2 730 250	100.0	4 932 202	100.0

注：大小农场的划分，美国与巴西不同。在美国小农场为农产品年销售在 2500 美元以下者，在巴西小农场为小于 10 公顷土地者。

再看两国大小农场的抽样情况。在美国小农场抽 50%，小农场在全部农场的抽样比为 36.5×50%=18.3%，大农场全面调查，大小农场合计的抽样比为 63.5%+18.3%=81.8%。巴西小农场抽 20%，小农场在全部农场的抽样比为 51.2×20%=10.2%，大农场全面调查，大小农场合计的抽样比为 48.8%+10.2%=59.0%。

在斯里兰卡，经营单位按面积大小分为许多小层，每个小层采用的抽样比如表 2 所示。在表 2 中所列的第一小层，为排除在调查范围以外的小层（在日本，东日本最低限为 0.1 公顷，西日本为 0.05 公顷；西班牙为 0.1 公顷)，上表所列的第八小层，即 50 英亩以上的层抽 100%，即全面调查，其他小层依次按不同抽样比抽取。

从抽样理论看，要减少抽样误差，一是提高抽样比，二是降低标准差。我国农户多达 2.2 亿个（1990)，增加抽样比，就要大量增加开支，因此，在提高抽样比上，不能有过高的要求。现在我们从降低标准差上看看有没有潜力可挖。根据我国乡村改革过程中每户耕地的变化情况看，土地改革前每户耕地的变异系数($S\sqrt{x}$)，即标准差除以平均数高达 199%，土地改革后降为

* （原载《统计研究》1995 年第 2 期，并且选入《中国八五科学技术成果选》）

表2 1970年斯里兰卡分层抽样比

小层	经营单位大小	抽样比（%）
1	小于1/8英亩，小于最少牲畜数	不调查
2	小于1/8英亩，起码为最少牲畜数	2
3	1/8～1英亩	5
4	1～5英亩	10
5	5～10英亩	10
6	10～25英亩	20
7	25～50英亩	50
8	50英亩以上	100

6.3%，达到了高度的平均化，20世纪80年代实行家庭联产承包责任制，按照劳动力数兼顾人口数由农户承包土地，其变异系数为35%。这是从全部农户看的，如果把远离平均数之点（outlier）从资料中分出去，分列为一类，可以大大降低变异系数，如表3所示。

表3 4个农业普查指标的变异系数比较

指标名称	一般资料	舍弃远离平均数之后资料
人均耕地	38.8	32.5
户均耕地	39.0	33.3
户均人口	30.2	28.7
户均劳动力	33.1	32.0

远离平均数之点对统计资料的标准差［包括均方误（MSE）］影响很大，故统计学者谋求消除这种影响。那么，如何划分大农户与一般农户呢？从1992年5月对河北省辛集市城东乡415户的抽样调查看，我们建议凡耕地超过本乡平均每户耕地（城东乡为7.19亩）的2倍以上的农户，作为大户。这样，像城东乡这样的乡，每乡约有50个大农户。大于城东乡的乡镇，可能略多一些。这里用的是倍数，在南方地区耕地较少，北方较多，同样是可行的。至于各级政府的国营农场与村、乡办的农业企业则属于大农户层。

就笔者1990年6月在河北省廊坊地区就专业大户与一般农户进行的对比调查所取得的农户人口、农业劳动力，承包土地面积、化肥施用量与住宅面积的调查资料看，大农户的各项指标的方差（或标准差）比一般农户的大，例如承包土地面积的方差，大农户为一般农户的23.67倍，化肥施用量大农户为一般农户的8.29倍。要减少这种统计方差（或标准差），方法之一就是对大农户进行全面调查，对一般农户进行抽样调查。

我们对河北省辛集市城东乡进行了试点调查。这次模拟的普查是以城东乡为抽样总体、对乡以下单位（村与村民小组）采用二阶段（级）系统（等距）抽样调查，即乡抽村，再在抽中村抽村民小组，对抽中的村民小组进行整群调查（对小组内每个农户都调查）。这次调查共调查了4个村中的10个村民小组，合计415户，其中有大农户7户，占所调查农户的1.75%，一般农户408户，占98.25%。利用调查资料除检验前文所提3个设想，提出实施办法和步骤外，还特别把大农户全面调查一般农户抽样调查方法，概括为两层最优配置抽样，并把这个方法与简单随机抽样、分层比例抽样的抽样效果进行了比较，以说明两层最优配置抽样的优点。

计算结果显示，415户的方差$S^2=9.83$，大农户（7户）的方差$S_1^2=72.55$，标准差$S_1=8.52$，一般农户（408户）的方差$S_2^2=5.84$，标准差$S_2=2.42$。我们认为，根据以乡镇为调查总体的设想，把这些调查资料应用于典型乡镇，是一个很好的办法。从全国看，1990年总农户为22 237.2万户，全国乡镇总数为55 838个，平均每个乡镇有农户3 982.5户，以4 000户计，每个乡镇估计有大农户 4 000×7/415=67.6（户），以 70 户计，一般农户估计有 4 000×408/415=3 932.5（户），以 3 930 计。把这个 4 000 户的全国平均数的乡镇作为典型乡镇，进行一切计算与分析，看来也是可行的。

以乡镇为总体，其总农户数为 $N=4\ 000$ 户，大农户数为 $N_1=70$ 户，一般农户数为 $N_2=3\ 930$；大农户数在乡镇总农户数的比重为 $W_1=70/4\ 000=0.0175$；一般农户数在乡镇总农户数的比重为 $W_2=3\ 930/4\ 000=0.9825$；用 415 户资料作为所有农户的方差为 $S^2=9.83$，大农户的方差 $S_1^2=72.55$，大农户的标准差 $S_1=8.52$，一般农户的方差 $S_2^2=5.84$，一般农户的标准差 $S_2=2.42$。

到现在为止，我们还不知应抽取的样本单位数，用符号表示为 n，大农户的样本单位数为 n_1，一般农户的样本单位数为 n_2，我们用分层最优配置抽样公式求 n。

$$n_h = n \cdot (N_hS_h/\sum N_hS_h) \qquad h=1,2 \tag{1}$$

求 n，则式（1）变为

$$n = n_h/\frac{N_hS_h}{\sum N_hS_h} \qquad h=1,2 \tag{2}$$

采用公式（2）的原因有二：一是用两层最优配置抽样求得的 n，便于以此进行各种抽样方式的比较；二是用这种方法求得的 n、n_1 与 n_2，可适用最小总体方差公式 $V_{\min}$（$\bar{y}_v$）或最小总体标准误公式 $\sqrt{V_{\min}(y_v)}$。这是因为如果任意取 n 或根据别的公式计算 n，或用大于 100%配置样本法，都不能用最小总体方差公式。如果用大于 100%法配置样本，在 $n_1>N_1$ 时，即在大样本的情况下，大农户的抽取数大于大农户层的单位数，这当然是不合理的，只能使抽取的大农户数等于大农户层的单位数，即对大农户全面调查，把多余的样本单位数归之于一般农户，这样做，不能用最小总体方差公式，只能用一般的分层抽样公式。故在两层最优配置抽样情况下，必须用式（2）求 n。

求 n 时，我们先使 $n_1=N_1=70$，再用式（2），得

$$n = 70/\frac{70\times 8.52}{70\times 8.52+3.930\times 2.42} = 1\ 186$$

则 $n_2=1\ 186-70=1\ 116$，或用式（2）求得。

三种抽样方式下的抽样效果比较如下：

1. 简单随机抽样

$$V(\bar{y}) = S^2/n[(N-n)/N] \tag{3}$$

由式（3）得：$V(\bar{y})=0.005\ 8$，$\sqrt{V(\bar{y})}=0.076\ 4$

2. 分层比例抽样

$$V(\bar{y}_{st}) = \left[\left(\frac{N-n}{N}\right)/n\right]\sum W_hS_h^2 \tag{4}$$

由式（4）得：$V(\bar{y}_{st})=0.004\ 1$，$\sqrt{V(\bar{y}_{st})}=0.064\ 3$

3. 两层最优配置抽样

$$V_{\min}V(\bar{y}_{st}) = (\sum W_hS_h)^2/n - \sum W_hS_h/N \tag{5}$$

由式（5）得：$V_{\min}V(\bar{y}_{st})=0.003\ 6$，$\sqrt{V_{\min}(\bar{y}_{st})}=0.059\ 8$

三种抽样方式的标准差的比较如表 4 所示。

表 4

抽样方式别	$\sqrt{V}$	以简单随机抽样的$\sqrt{V}$为 100
简单随机抽样	0.076 4	100.0
分层比例抽样	0.064 0	84.2
两层最优配置抽样	0.059 8	78.3

从表 4 看，分层比例抽样比简单随机抽样的标准误降低 15.8%，而两层最优配置抽样比简单随机抽样降低更多，为 21.7%，说明了两层最优配置的优越性，但比分层比例抽样的标准误降低不多。

还有一点需要加以说明，用最优配置样本法式（2）求得的样本单位数 n 是很大的，不论大单位（如大农户、大城市）的比重大或小都是如此。在典型乡镇例中，总抽样比 $n/N=1\ 186/4\ 000=30\%$，大农户全面调查，一般农户抽样比 $n_2/N_2=1\ 116/3\ 930=28\%$。这一数字说明，用两层最优配置样本法抽取的样本单位数 n 尽管较大，但与所有农场（或农户）的全面调查比较，却要少得多，可以大大节约开支，这是两层最优配置样本法的一个明显优点。

试论市场经济条件下的企业价格行为*

孙世民　吴扬俊

一、前言

企业价格行为，是指企业为了实现其经营目标而根据企业内部情况和外部环境的变化，所作出的对价格的现实反应，即企业在利益机制的推动下，依据企业产品在市场上的地位及变化的市场情况制定或调整本企业产品价格的活动，亦即企业价格决策活动。

在市场经济条件下，企业是市场的主体，企业的价格行为直接影响着企业的经济效益。经过十多年的努力，我国的价格改革有了实质性的进展。过去高度集中的价格管理体制，已被当前灵活多样的价格形式所代替。在国家加强和改善宏观调控的同时，企业的价格权限极大地扩大了。据有关部门统计，1994 年国家指令性计划的产品在工业产值中所占比重已下降到 5%左右。国家定价的比重，在社会商品零售总额中也只占 5%左右，在工业企业销售的生产资料总额中约占 15%。市场机制已在商品市场中占绝对主导地位。

从我国的实际情况看，几十年一贯制的计划经济在人们头脑中根深蒂固，绝大部分企业只管生产不管销售，更无权定价。只是改革开放以来特别是从十四大以后，这部分企业才被推向市场，有了定价的自主权。从计划经济向市场经济、从国家定价到企业定价的转变过程中，许多企业由于缺乏产品定价的基本理论，不能科学地运用定价的策略、方法和技巧，从而制定不出合理的产品价格，也不能根据市场供求关系和竞争情况的变化及时地调整本企业产品的价格，使企业蒙受不应有的经济损失。也有的企业在制定产品价格时，不按经济规律办事，为了局部的利益随意哄抬或杀价，造成市场价格的波动与混乱，甚至影响了整个国民经济的稳定增长。为此，本文将从我国的实际出发，对社会主义市场经济条件下企业价格行为的原则、目标和主要内容及作用进行论述。

二、企业价格行为的原则

在社会主义市场经济体制下，价格决策既不是企业单纯追求利润的唯一途径，也不是企业完全独立的价格行为。企业在行使国家赋予的定价权利时应遵循一定的原则。

（一）符合价格运动规律的原则

从理论上讲，价格是商品价值的货币表现，产品的价格必须反映其价值。商品的价值是由社

---

* 原载《山东农业大学学报（社会科学版）》1995 年第 1 期。

会必要劳动时间决定的。在社会主义市场经济条件下，生产价格是价值的转化形态，是市场价格上下波动的轴心，是产品价格形成的基础。生产价格由成本再加上按资本计算的平均利润而得到。价格的运动规律要求生产者制定的价格既要补偿生产成本，又要有合理的盈利，但绝不能偏离其生产价格太远。

（二）依法定价的原则

企业价格行为必须符合国家的价格方针政策，并严格按照国家所赋予的定价权利和定价范围进行企业的价格活动，以保证国家对经济活动的宏观调控与管理，从而促进国民经济稳定协调地发展。

从根本上说，社会主义企业不能一味地通过抬高物价来增加收益。考虑到我国长期以来形成的短缺型经济，客观上就存在着物价上涨的动因，但是，企业不能利用抬高物价的手段来获得自己的收益。如果企业一味地追求利润，采取各种不正当的手段提高或变相提高价格，会使消费者的合法权益受到损害，这是国家的价格法规所不允许的。企业只有通过提高技术水平、管理水平、经营水平和劳动生产率，降低成本，才能实现企业利润的增加。

（三）利润最大化原则

在市场竞争日趋激烈的情况下，企业定价已成为促进生产、搞活经营的一个重要手段。因此，企业价格行为必须无条件地服从于生产经营活动的需要，确保企业获得最大的利润。也就是说，无论是定价的目标、策略，还是定价的方法与技巧，都应符合一定时期企业的生产经营目的，并同产品的性能、质量、特点相适应，为其长远的生产经营目标（利润最大化）奠定基础。需要指出的是，企业价格决策行为在服从企业生产经营活动要求的同时，还要充分考虑到它对社会整体效益的影响，绝不能以损害社会整体效益为代价来寻求企业利润的最大化。

（四）促进资源优化配置的原则

在市场经济条件下，一方面，企业拥有定价权以后，会使企业更好地利用价格参与竞争，因而可以促进市场经济的发展；另一方面，随着竞争的发展，在现实的经济活动中就有可能出现价格垄断现象，这又会阻碍竞争，也阻碍了技术进步和经济的发展。企业在进行价格决策时应自觉坚持公平竞争的原则，防止各种形式的有阻碍于经济发展的价格垄断现象发生，以促进人、财、物的合理流动，使社会资源达到合理配置和实现国民经济的良性循环。

三、企业价格行为的目标

企业在进行价格决策时应首先确定目标，只有目标明确，才能进行科学合理的定价或调价。企业价格行为目标从性质上可分为战略性目标和战术性目标。战略性目标是指企业需要一年以上的时间去完成的对企业长远利益有着密切影响的目标。对大多数企业而言，战略目标一般是指为实现一定市场占有率、销售量、销售区域及企业升级而进行的价格决策目标。战术目标是指企业在一年或一年以内完成的目标，也可能是短期内采取的临时性目标，其主要着眼点是现实的销售及特定的客源目标。

企业价格行为目标从价格决策的角度看，有以下三类。

（一）利润目标

利润目标是指企业以短期或长期利润最大化为目标。企业实现该目标的途径有价格和销售量两种。

从短期利润目标看，通常应用提高价格的方式来实现。这种途径适合于产品供不应求、竞争者较少的情况。

从长期的角度看，企业的利润目标通常是通过销售量的扩大来实现的。一般说来，企业追求的是长期利润，这是因为短期利润动机的过分强化会直接影响企业的市场占有率，为竞争者提供低价竞争的机会。

（二）销售目标

销售目标是指企业以扩大市场占有率和销售量为定价目标。对于追求长远稳定利润的产品，应根据这一目标进行定价。一般地，市场占有率的提高、销售量的增加，也就意味着利润水平的提高。企业可适当降低价格来实现这一目标，但应切记，过度的低价竞争对市场竞争者的参与者来说，无异于慢性自杀。

（三）稳定价格目标

稳定物价，建立良好的市场秩序，是我国长期以来一直坚持的基本方针，也是近几年来物价改革的目标之一。在社会主义市场经济条件下，企业的价格决策必须以这一目标为前提，价格的波动必须以国家颁布的价格法为准绳，在国家法定的范围内进行价格目标的优化及价格策略的选择。

四、企业价格行为决策系统

企业价格决策活动是一个非常复杂的过程，它涉及到政治、经济、法律、数学、行为科学等多种学科，我们称之为企业价格行为决策系统。下面将详细论述该系统的主要组成部分及其作用。

（一）合理核算产品成本

在市场经济条件下，企业作为自主经营、自负盈亏的生产者或经营者，必须以其收入抵补支出，否则就难以生存下来。因此，企业在进行价格决策时，应当使其价格高于或等于成本。企业为了使其价格决策有可靠的经济依据，必须进行成本核算。

在其他条件相同的情况下，企业产品成本的高低，决定着企业在市场上竞争能力的强弱。如果企业的个别成本低于部门平均成本，在市场供过于求的情况下，可以率先降低价格，以保持甚至扩大市场占有率；在市场供不应求其他企业大幅度提价的情况下，企业为了争取更多的顾客，可以少提或不提价。相反，如果企业的个别成本高于部门平均成本，则在竞争中总是处于不利的地位。因此，企业要想在竞争中求生存、求发展，就应合理地核算产品成本，并努力改善经营，提高劳动生产率，降低成本。

（二）准确、全面、及时地收集市场信息

准确、全面、及时的市场信息是企业在竞争中进行正确价格决策的前提和保证。市场信息有

来自于用户和来自于竞争者两类。首先，用户是企业的上帝，企业应充分了解用户需要什么样的产品，他们对本企业产品的质量、性能、式样、寿命、价格及售后服务等有何意见、要求和改进建议，企业在用户中的形象如何等。掌握这些信息的意义在于及时地调整价格或推出新产品，以争取更多的用户。其次，竞争者是企业的对手，他们的产品质量、价格水平、市场份额、企业形象、经济实力以及近期的经营动向都直接影响着本企业的利益。企业应当摸清这些信息，针对具体情况采取有利的对策，在竞争中取胜。

目前我国企业中，大都没有专门的市场信息管理机构。随着市场经济的不断发展，市场信息的重要程度日趋增强，企业应尽快设立专门的信息机构，以快速有效地收集、处理、加工各类信息，为企业的价格决策提供强有力的支持。

（三）充分考虑市场供求状况对价格的影响

生产结构与消费结构始终存在着矛盾，表现在市场上就是供给与需求的矛盾。不同商品存在着供不应求、供过于求、供求平衡三种状态，并且一种状态会随条件的变化转向另一状态。市场供给和需求的状况对价格有重要的影响，特别对市场经济条件下的企业价格决策更有着决定性的影响。

首先，需求与价格的关系。在供给不变的前提下，需求对价格的高低有直接的影响，需求量大，价格高；需求量小，价格低，需求与价格成正相关趋势。反过来，价格的高低对需求也有直接的影响，特别对市场经济条件下的企业价格决策更有着决定性的影响。

其次，供给与价格的关系。在需求量一定或不变的情况下，供给多，价格低；供给少，价格高，供给与价格存在负相关关系。相反，价格高，供给量多，价格低，供给量少，价格与供给存在正相关关系。

最后，供求状况与价格的关系。供求状况对价格的影响是：供不应求时价格上升，供过于求时价格降低，供求平衡时价格稳定。反过来，价格对供求状况也有影响，价格上升，商品会由供不应求向供求平衡、供过于求转化；价格下降，商品会由供过于求向供求平衡、供不应求转化；价格不变，供求关系不变。

（四）正确分析竞争对价格的影响

市场价格是在市场供求关系的影响下通过市场竞争来确定的。在市场经济条件下，产品价格除少数由国家确定、控制外，都是参与交换活动的经济单位在市场上竞争的结果。买者间的竞争导致价格提高，而卖者间的竞争使得价格下降。市场竞争是影响企业价格行为的又一重要因素。

对企业而言，最关心的是卖者间的竞争。而卖者间的竞争在很大程度上表现为价格的变化。当竞争者的价格变化时，企业应充分考虑以下六个问题：①竞争者为何要调价？②竞争者调价的意图是永久的还是暂时的？③如果本企业不打算作相应价格调整，对本企业的市场占有率及经济利益有何影响？④如果决定调整价格，幅度多大？⑤若不改变价格，通过其他营销组合能否取得相同的效果？⑥对每一种可能的方案，竞争者的反应是什么？通过对上述问题的分析与回答，做到知己知彼，在激烈的市场竞争中随机应变，不断取胜。

（五）科学地测定产品的需求弹性

由供求状况与价格间的关系可知，一种商品价格提高，需求量相应减少；反之则相应增加，这种因价格变动引起需求量的伸缩即为价格需求弹性，简称需求弹性。用公式表示为：

$$需求弹性系数=\frac{需求增（减）量}{原需求量}\bigg/\frac{价格减（增）量}{原价格量}$$

需求弹性系数反映了需求量随价格变动的程度，由于价格与需求的反向运动规律，需求弹性系数一般为负值，为简便起见，通常取其绝对值。

在竞争激烈的市场经济条件下，企业经常根据市场供求状况和竞争情况来调整产品的价格。调价幅度的大小是一个至关重要的问题，合理的调价幅度，可以增加销售量，扩大市场份额，战胜竞争对手，使企业在竞争中处于不败之地。价格需求弹性对企业调整价格的指导意义有以下三点。

1. 产品的需求弹性不同，定价策略不同。当产品富有弹性（需求弹性系数>1）时，价格变动比例小于需求量变动比例。对这类产品宜采用薄利多销的定价策略，作出低价或降价的决策；当产品缺乏弹性（需求弹性系数<1）时，价格变动比例大于需求变动比例。这类产品宜采用高价策略；当产品为单元弹性（需求弹性系数等于1）时，不少文献和学者认为此时无论提价还是降价对收入都没有影响，这是不正确的。经严格的计算可知，当产品的需求弹性系数为1时，提价和降价都会使收入减少，但适当提高价格可使利润增加。

2. 同一产品在不同时期或不同价格区段上需求弹性是不同的，因此，定价策略亦不相同。

3. 对于某些产品，在定价时还应考虑其价格的交叉弹性。价格的交叉弹性反映了一种产品价格的变化对相关产品需求量的影响。企业在进行价格决策前必须了解本企业产品的互补品和替代品。就替代品而言，对方提价，企业就应降价；对方降价，企业就应提价。

根据产品需求弹性的大小，可以计算出最佳调价幅度。至于调价幅度与需求弹性间的数量关系，作者曾在他文中进行过较深入的探讨，这里不再赘述。

需求弹性的精确测定是确定调价幅度的关键。我们认为，在实际应用中采取以下方法能够较准确地测算出产品的需求弹性。

首先，请有经验的销售人员、经营管理人员、企业领导及有关专家在详细分析产品质量和市场信息的基础上，利用自己的知识和经验进行主观判断，这称之为定性分析。

然后，可根据历史数据利用公式直接计算，也可先用历史数据建立需求函数，再由需求函数计算弹性，这称之为定量分析。

最后，将以上两结果按一定的比例进行加权平均，确定出产品的需求弹性，这称之为定性分析与定量分析相结合。

（六）准确估计产品的市场生命周期

产品的市场生命周期是指产品在市场上销售的寿命，即从投入市场到最后被市场淘汰所经历的时间，它一般包括投入期、发展期、成熟期和衰退期四个阶段。处于不同阶段的产品，其产量、成本、利润、市场需求及竞争情况等均不相同。企业应准确地估计产品目前处于生命周期的哪一阶段，以采取相应的定价策略。

可以采用定性分析与定量分析相结合的方法来划分产品市场生命周期的阶段。常用的定量方法有类比法、销售增长率比值法和普及率法三种。本文只列出销售增长率比值法：用Δy代表销售量的增长率，Δt表示时间的增加量，$\Delta y/\Delta t$即为销售增长率比值。

产品市场生命周期的分析及不同阶段上可采取的定价策略见表1。

表1 产品市场生命周期分析

	投入期	发展期	成熟期	衰退期
技术经济性能	优势地位	领先地位	一般	落后
生产成本	高	快速下降	缓慢下降转缓慢上升	快速上升
市场销售量	缓慢增长	快速增长	相对饱和	锐减
竞争情况	无	明显优势	竞争激烈	无竞争力
利润	低利或亏损	迅速提高	缓慢增长转缓慢下降	大幅度下降
$\Delta y/\Delta t$	＜10%	＞10%	0.1%～10%	＜0.1%
定价策略	撇油定价策略 渗透定价策略 满意定价策略	目标利润 定价策略	竞争价格策略	维持价格策略 歼灭价格策略

五、结语

市场经济条件下的市场竞争，在一定意义上就是价格的竞争。企业的价格行为是企业经营决策的重要内容。科学的价格行为，一方面可以增加产品的销售量，维护和扩大产品市场占有率；另一方面，可以促进企业加强管理、引进新技术，从而提高劳动生产率，降低产品成本，提高经济效益。企业在制定或调整产品价格时一定要树立系统观念、系统思想，从本企业的总体利益出发，既要充分考虑企业内部因素，又要重视供求状况、竞争程度、国家政策等外部环境的影响，以选择最有效的定价策略、方法与技巧。同时也应制定出与价格决策相配套的一系列切实可行的技术、经济、管理等方面的措施，为价格决策的实施提供坚实可靠的基础和保证。

参考文献

[1] 余兴发等．企业价格决策与管理．中国物价出版社，1993
[2] 张建民等．企业定价指南．西北工业大学出版杜，1993
[3] 陈乃新等．市场营销与管理．科技出版杜，1994
[4] 黄洪民．产品市场寿命周期与企业营销策略．经济管理，1994（3）
[5] 胡旭．产品需求弹性为1时企业调价对收入/利润的影响．价格理论与实践．1994（4）
[6] 张宇．从商品市场到要素市场．价格理论与实践．1994（5）
[7] 仲伟俊等．制造业企业价格决策方法及其决策支持系统研究．决策与决策支持系统．1994（4）
[8] 高鸿业等．现代西方经济学．经济科学出版社，1993

关于农业和有关产业联结问题*

陈　道

在谈论农业和有关产业联结以前，先回顾一下早期自给自足阶段时的情况。农民自耕而食，自织而衣，农闲时从事工副业。在交换方面，由日中为市，以有易无。进而去赶定期的集市。美国发展较晚，18世纪后期，有80%以上的人口住在农村，食物自给，农产品商品率不高。生产出的棉、麻、毛由家庭妇女纺织缝衣。养牛挤奶，自制奶酪。由于土地资源丰富，广种薄收，并用相当大的面积种植燕麦等饲料作物，饲养大群役畜，用来牵引大型简陋的农业机械。多余的农产品则卖给杂货商。由此观之，封闭时的家庭农场经营情况，分工合理，资源利用充分，相互结合是紧密而协调的。这正像现在所说的农工一体化的初型。

随着社会经济发展，社会分工和产业分化程度越来越高，相关的产业间有必要相互协作、联结。互相提供必要的条件，得到共同发展。一业所需，多业之所为备。狭义的农业指的是种植作物和饲养畜禽。它是一生物性产业，具有许多别于其他产业的特点。它和有关产业联系和结合上，存在着许多要研究的问题。以下就农业和有关产业的联系情况，说明农业和有关产业的相互依赖关系和农业所处的地位；进而谈到它们联系和结合问题；最后提到我国近时提出的农业产业化问题。

一、农业和有关产业联系情况

（一）从农业本身的特点，说明它需要有关产业配合、支持和必要

中国农区的农业，老早习惯上称为“种庄稼”，即种植作物。国外则把种植作物和饲养禽畜看作是农业的两大支柱。禽畜依靠植物为生，称它是第二性产业。作物生长很大程度依赖自然条件，靠阳光雨露和土壤养分滋长，需利用广阔的空间，所以它的产出是分散着的。而且大部分产品是体积大、比值小，要集中起来运往人口密集的城市。且种类繁多，除瓜果和很少量可以鲜食蔬菜以外，大都是原料性产品，需要进行后续性加工、多次深加工后才送到消费市场去，不同产品的加工需用专门的设备。为防止产品变质，许多产品需加以干燥或冷贮。为使季节性产出能够常年供应，就需仓库贮存。再说农业生产为达到高产、优质，防旱涝虫病等灾害，提高劳动和土地生产率，就需灌溉设备、农用机械、化肥、农药、农膜等等物质资料和技术及管理上的服务。把农业生产单位称作农场，在投产以前和生产过程中，需场外有关产业提供所需的物资和服务。农产品离开农场大门以后，甚至有些还在田间，就需要加工和运销方面的产业进行后续的许多工序，直到食品衣着进入消费市场，所以有把农业称作食物纤维体系。经济发展带动农业发展，农

---

* 本文正式发表于1995年8月。

业逐步走上工业化现代化，就更需要农外有关产业的支持和协作，提供许多先进设备器材和技术。

（二）关于和农业有关联的产业

先说Agribusiness这个词，有不同的汉译。我们按原义并参考日译，就把它译为“农业关联产业”。这一词是美国哈佛大学戴维斯（John. H. Davis）和戈德堡（Ray. A. Goldberg）两位教授于1957年首先提出的，后来得到普遍的承认。其含义就是现在所说的产前（Foreward）和产后（Backward）所包括的许多产业。农场经营称作产中（Farming）。实际上产中也需有关产业代为操作某些农事作业和提供信息等服务。产前部门投入性产业，有称为农基产业（Agri base Industry），意为农业生产的基础，又有称作上游产业；产后部门的后续性产业，有称为农联产业（Agri—related Industry），又有称下游产业。80年代有一期《科学的美国人》杂志上，在一满页上刊登了一个大图表，无序地分列出许多和农业有关联的产业的名称。包括范围很广，银行、保险、教育、科研、通信等等。有软件，有硬件。显然，关联产业中有直接关联，也有间接关联。例如钢铁业—机械业—农机械业，不同用途的农业机械需用不同品种的钢材。所以钢铁产业也和农业有间接关联。产前、产中和产后三部合起来范围就扩大了，有称之为农业经营综合体，有称农工联合企业，农业经营复合体等等。无论如何，关联着的产业并没有反映结合的形式和结合的松紧程度。它们仍是具有法权的独立的企业，似可称之为综合体或体系。

在这一综合体中，产前、产中和产后的价值和就业人数的比重，难以作出较准确的估计。这里以20世纪60年代美国估算的材料为例：产前投入170亿美元，产中为170亿美元，产后为450亿美元。它们的比重是1∶1∶2.6。70年代另一美国材料显示，原料性食品出农场大门时的价值为563亿美元，经过产后的加工运销程序到达市场，消费者在零售商店支付1 723亿美元，为1∶3.2。这说明产后部分远大于产前产中两部分。因加工运销业务有很多环节，总共支出的费用很大，增值盈利也很大。从发展趋势来看，投入的比重是，产后＞产前＞产中。关于从业人数，以1990年美国的情况为例，产前部门200万人，产中320万人，产后1 630万人，比重为9.8%∶14.8%∶75.6%，总共2 150万人，占美国总就业人数的21%。算是美国属前列的大产业集团了。

需要说明的是：①这里所采用的美国的估计数，仅反映一个经济发达国家又相当发达的农业的大体情况。和其他国家特别是发展中国家自然有所不同，可能差别很大；②产中农业生产部门看起来显得弱化，在美国，农业产值仅占国内生产总值的2%，而农业食物系统的产值就占到国内生产总值的18%。美国农业的就业人数仅占全国总就业人数的3%；而产前、产中、产后合起来就占到21%。农业和关联产业结合，互相促进，还可以增多就业人数，提高在国内生产总值中所占的比重；③人造食物就目前来说，还为时尚早，人工纤维虽然发展迅速，但还不可能完全代换棉、麻、丝、毛。农业依然是衣食之源，温饱的基础，关联产业应促进农业的发展。

二、农业和有关产业的联结

（一）合作社

在市场经济私有制的制度下，产业间的经济联系，一一通过市场自由交易。分散的农户或家庭农场，出售的产品为数很少，质量又不一致，和工商企业及其代理人进行交易，必然是议价能力差。最方便的保护措施是本着自顾互利原则，组织不同经营业务的或综合性的合作社。一般经营农产品初加工和销售、农业生产资料采购以及信贷等方面业务。美国经合作社销售的农产品大约占总销售量的31%；由合作社提供的农用物资约占总额的27%。有些国家在保险信息和咨询服务等方面也成立了专业合作社，法国称为“居马”（CUMA）的合作社。还购制大中型农机具共同使用。经营范围甚至扩大到制造某些生产资料设备，经营某些农畜产品的加工运销业务，包括储藏、运输和销售等业务。可以说已形成农工贸一体化的合作体制，完成产前、产后一些关联产业原来从事的业务。当然这一情况并不是普遍存在。西方国家农村中存在着多种多类的合作社，一农户常是几个合作社的社员。德国的合作社社员有1 100万以上，相当于农业人口总数的4倍。日本是一个小农经济国家。每户农用地面积平均为0.9公顷。而农产品商品率一般都在80%以上，如小麦95.7%、柑橘及牛奶在98%以上。日本合作社组织称“农业协同组合”（简称“农协”）。它普及全国，系统完整，经营多种业务。1986年，农户所用化肥的93%，农药的73%，农膜的65%，农机的46%是通过农协购进的。农户通过农协出售的大米、小麦、牛奶约占95%左右，果蔬，肉牛约50%左右。农协还兴建许多大型共同利用的设施，如粮食加工、育苗、选果、贮藏、饲料加工、运输等机械。它已成为把收购、加工及销售合为一体的组织。发展中国家的合作社同样也在发展。农产品销售合作社在东南亚和南亚地区发展比较普遍。如印度尼西亚97%的谷物通过合作社销售；印度农产品销售和农业信用等方面的合作社已遍及全国95%的村庄。其奶业、糖业合作社已发展成为农工贸一体化合作经济。至于非洲，高利贷盛行的国家，信用合作社发展较为普遍。拉美一些国家的农产品商品率较高，以加工和销售为主的农业合作社发展较为普遍，例如，在巴西，通过合作社销售的小麦和奶类产品，分别占其总量的83%和68%。

合作社最大的几个特点，一是自愿入社，入社出社自由；二是互利，合作社经营业务获得的盈余，在扣留发展基金及社会福利基金以后，按社员经由合作社销售和购买的金额的比例来分配，把盈利返还给农民。分散的产品由合作社批量出售，价格上已得到优惠，年终又返还部分盈余。农民自然乐意入社。虽然现在有些合作社用增股的办法来扩大经营规模，加强市场上的竞争力，从盈利中多支付一部分股息。而原来的分配办法，变化不大。三是民主管理，按制定的规章，投票选举管理及监察人员，最高权力归社员大会。

关于我国的合作社组织，早在20年代，一些社会经济学家已倡导组织运销、信用等合作社。国民党政府为使农民的贫困稍得到一些缓解，也支持这一事业。但各地办社情况差别很大。中华人民共和国成立以后，实行计划经济制度。政府统一计划生产和供应。农业在几年中由初级社、高级社发展为人民公社。虽然名称是农业生产合作社，实际上仍按政府的统一计划安排办事。工业企业多成为国营。流通环节中和农业有联系的主要业务由供销合作社承担。供销社起始提出的任务是，一方面承担国家计划产品的购销任务；一方面为农民推销产品，供应生产和生活资料，提供生产、生活、技术服务。在性质上，开始也提出，这一合作商业组织是农民在国家扶持下，自筹资金组织起来的。按自愿互利原则，实行入股分红。据称，农民社员已发展到1.6亿户。实际上，农民和它的关系仅是购买生产资料和出售产品。它已成为商业行政部门所属的企业结合事业的机构。农民早已看出它是官办的。它的基层网点约100万个，布满全国各地。垂直领导也系统完整，从中央的总社，省县市联社、乡镇村基层社、供销分店、代购代销店，各级社又专门成立农资公司。从业人员580万人。可以说。它是一官办的垄断性组织，成为农业和有关产业联结的中介组织。1995年5月，中华全国供销社在北京召开了第二次代表大会。第一次大会早在1954年开的。这次大会要求供销社要真正办成农民的合作经济组织，确定它是集体所有制性质。有关人员并认为“以合作制为基础的集体经济似应属于公有制的组成部分之一，既不是官办机

构，也不是单纯的商业经营单位。”“必须坚持民主办社；为社员群众服务。”这一根本性的改革何时实现呢？一些年来，农业生产资料如化肥、农膜等价格不断上升，存在着假劣，价高质次情况。农民的产品出售有时产生“卖难”情况，市场紧缺的又往往带有强制性的收购，正如顺口溜，“少了赶、多了砍，不多不少没人管”。问题根本原因自然是某些产品供需情况决定的。而农业生产周期长，滞后于市场变化，缺少信息和预见，只好处于被动局面。看来，在市场经济体制下，像我国的供销社，单一的流通渠道已不适应经济发展的需要了。

（二）产销合同

作为农业和有关产业的联结，可以称作产销合同。农场主和产前、产后的工商企业，交货前预先订立合同，这是一种短链比较简单的联结方式。反映双方相互联结的关系。不存在中介组织。在产销合作社及农工贸一体化中，有些环节也订有合同，提高某环节双方联结的可靠性和合法性。生产合同中规定生产者提供产品的规格、质量、价格及交货期等。对于农产品有时规定如何种植、收获和某些重要措施。例如甜菜厂和甜菜农订立的合同就订有形状、大小、含糖量、收获时的受损率等等。美国农产品经由产销合同的出售量占总量的比例，已由1960年的15.1%，增长到1980年的22.9%，而经由一体化的，1960年为3.9%，1980年为7.4%，两者相差很大。美国农场主认为合同比一体化简便灵活，减少工商代理人过多的干预农业生产。美国30年来甜菜总产量的98%通过合同出售；肉鸡、鲜牛奶也在90%以上，因为这些产品需要相互保证，才可以保持双方生产的正常进行。合同制是简而易行的联结方式，我国在许多方面也采用之。

（三）农工贸一体化

农业通过合同和合作社，仍不能离开市场，市场交易需要支付交易费，耗费相当多的人力、物力和时间。因而产生了把连续的生产阶段、加工阶段和运销阶段联结成为一体，使市场交易内部化。这一组织方式属垂直（或称纵向）一体化类型。农业上我国已习惯称此为贸工农一体化。它是在统一决策和领导下，几个阶段紧密的联结，协调地运转起来，取得较大的总经济效益。正像早期农民家庭内部分工协作那样协调。美国以垂直一体化形式生产的产量占农产品总量的比例，从1970年的4.8%上升到1980年的7.4%。比例最大的是甘蔗，为60%，其次为畜禽饲养、水果蔬菜等，大田作物较少。美国通过一体化和合同产销生产的产量占总产量29.3%。经合作社的占31%，大约还有40%的产量由农场主直接在市场出售。原苏联在农业集体化后的几十年中，为扩大经营规模，进行几次合并运动，这可以称作是平面或横向一体化。农庄和农庄间办一些庄际产业，如建筑材料、建筑工程，逐步扩大到共同饲养家畜以及农产品加工等。进而办起农业机械化、电气化跨单位联合企业。由于前苏联实行计划经济制度，农产品要由政府调拨，各生产单位不能自行进入市场。70年代初，进入加工厂的农产品仅占总量的52.4%，但同时期美国农产品的85%～90%，是先进加工厂然后方到消费者之手。70年代初，前苏联出现一些情况，如甜菜国营农场和制糖工厂结合成为一个企业，大型国营农场和集体农庄中举办有关的工业车间、小型工厂或加工厂。另外还出现一种长链的，称农工联合公司，即把农、工、贸结为一体，重点放在易腐烂不易运输的产品上，如水果生产和罐头工厂及销售企业结合，突出的是一个摩尔达维亚水果蔬菜加工工业联合公司，它拥有27个罐头工厂、28个国营农场所属的专业工厂、52座容量为5万吨的冷藏库和水果冷库、2 500辆冷藏车及各种汽车以及印刷厂和加固包装材料厂等等。前苏联把这个庞大的组织作为榜样。同一时期，东欧匈牙利、捷克、保加利亚、波兰等国，随之成立机构，推动设立横向及垂直联结的综合体。具体形式及名称不一，性质上是一致的。

前苏联是一个最早实行计划经济制度的国家，它推行农工一体化组织形式，是在农工贸分系统领导管理和产业分隔的基础上，使其有所联结，取得了一些效果。但也存在着一些问题，如管理人员和采用的管理方法不能满足新的要求，机械和配件、畜群和饲料不能很好地联结；结合单位在盈利分配上争执很大等等。

我国建国后，从50～70年代，农业上没有提出过一体化问题．而实际在国营农场中早已存在着这种形式。“一业为主，多种经营”是办场方针，意味着农场内部经营着几种产业。如黑龙江、新疆及海南等几大垦区的农场的规模都很大，距离大城市和工厂集中区相当远，它考虑到利用当地资源和实际需要，举办农业以外的产业。其中有为农业服务的，有和农业的生产关系不是密切的，也有结成一体的。例如，农业生产饲料—饲料加工厂—乳牛奶—乳品加工厂—出场销售。这样可以大大提高农场的经济效益和社会效益。

在80年代，我国畜牧业在改革开放政策推动下，有了蓬勃的发展，特别是实现牧工商一体化或同义的产供销一体化组织形式，更促进了畜牧业向前迈步。产生的背景是由于政策环境变化，计划经济体制转为计划经济与市场调节相结合，对于畜产品逐步放开经营，进入市场。在畜牧业发展过程中，深感原来把畜牧业的生产、加工和销售由三个行政部门分开管理的体制是畜牧业发展上的阻碍。经过几处的试办，把生产加工销售一体化经营得到的实绩展示出来，引起了领导和各方面的重视。有力地推动了畜牧管理体制的改革，转过来更推动畜牧业经营走向一体化。使十多年来，畜牧业得到持续的高增长率。道理很简单，畜牧业由封闭和分割的行政统管的情况下走出来，经加工运销进入市场，原来近于僵化的经济活动，恢复了活力。

三、关于“农业产业化”的初识

贸工农一体化，产供销一条龙，现在已经被一些人看作是我国农业的一个重要的经营模式。具体做法并不完全一致。有一种提法，“以市场为导向，公司企业为龙头，专业生产基地为依托，社会化服务为纽带，千家万户为辐射点，围绕着某种农畜产品的开发。”这一文字表述是很诱人的。近时见一新词——“农业产业化”。原来不了解这一词的确切概念，总以为农业本是一种产业，为什么要化呢？读了最近出版的《中国农业发展报告》简称农业白皮书。其中专业篇中有“农业产业化及其发展道路”专题。文中提出，农业产业化的基本含义是：“在市场经济条件下，通过将农业生产的产前、产中、产后诸环节联结整合为一个完整的产业系统，实现种养加、产供销、贸工农一体化经营，提高农业的增值能力和比较效益，形成自我积累、自我发展的良性循环的发展机制。在实践中，它表现为生产专业化、布局区域化、经营一体化、服务社会化、管理企业化的特征。”文中并提出农业产业化发展的四种模式，即①公司加农户型，双方建立合同关系；②专业市场加农户型，如专业批发市场加农户型；③合作经济组织加农户型；④中介组织加农户型，以山东省农产品生产加工销售联席会议（简称农产联）为代表。感到提出的基本含义相当全面。把农业引入产业群，走向市场。产前的一些产业可以从物质技术上支持它提高土地和劳动生产率；产后的一些产业可以把它产出的初级产品经过多次加工，增值增利，并要求其返利于农。这样可使农业逐步现代化，农民走上富裕之路。这确实是一种很好的设想和愿望。近期报道的一些材料，感到农业产业化的核心还是一般说的“产供销一条龙”，特别强调“龙头”的作用。“公司加农户”，公司是龙头。公司、企业资本雄厚，拥有技术和管理人才，一般经营着某种工商业。公司和一家一户如何联结？不论是什么所有制，它本身经营的目的是盈利，追逐高利。和农户订的合同保持公正不易。而且农业生产有风险，农民底子薄，双方经济实力相差悬殊，且不用剥削

这一词，是否会有亏待情况？如果“龙”是大型的，又得到有力的保护，是否会产生垄断的情况？还有一个问题。“合作经济组织加农户”是一种模式。原来我国存在着的供销合作社是否能办成真正农民的合作经济组织？这些都是实际问题，非语言文字所能解决的。

最后简单地说几句：

—农业目前仍是衣食之源，在国民经济中是一个重要产业。

—促进农业发展不能就农业谈农业，要由它的关联产业下手。产前的一些产业关系它的增产；产后的产业关系它的增值，如果返还一部分给农业，就是农民的增收。

—有人说：“没有农业现代化，就不可能有整个国民经济的现代化。”这句话的前面应增加一句：“得不到农业关联产业的支持，农业不可能工业化、现代化。”显而易见，例如，农用高新电子设备、高效农药等等不都是来自农业关联产业吗？

—农业和有关产业的联结的方式很多，“一体化”或说“一条龙”仅是方式之一。行政上最好不要作主观决定；新闻媒介最好别用热浪来推动。历史上有许多例子，前车可鉴。重要的是尊重一点农民的经营自主权，保护其生产积极性。实质的问题在于农民是否真正得到实惠。

我国粮食生产与市场问题分析*

刘 德 纶

民以食为天，国以民为重，农业是基础，粮食是万物之首。保证我国粮食生产持续发展和市场供给是关系到全国改革、发展、稳定的头等大事。过去这个问题曾长期困绕我们，改革开放以来我国粮食生产已先后登上3.5亿吨、4亿吨和4.5亿吨三个台阶。综合生产能力也已稳定在4.35亿吨以上，人均粮食占有量也稳定在378千克水平以上，加上少量的进出口调剂，已完全可满足国内消费需要，基本结束了我国人民长期不得温饱的历史，正在向小康生活迈进。但近年来随着改革开放的发展，人们食物结构的变化，粮食价格偏低，生产资料价格上涨，种粮比较利益差，又出现农民不愿种粮和卖粮难等问题，问题的结症何在，应采取什么样的国策和市场政策，本文拟对我国粮食生产与市场流通作探讨。

一、我国粮食总供给的现状分析

依据国际上公认的存粮安全线，粮食生产年度末的粮食库存量，应达到全年社会粮食消费量的16%～18%，即两个月左右的消费量。由于我国粮食生产年度是到3月底止，这样，年底的库存量则应相当于5个月左右的消费量，低于5个月，粮食供应就紧张，超出5个月粮食供应就宽松。我国自1990年国务院决定建立国家粮食专项储备制度以来，储备量不断增加，到1994年，全国粮食总库存量已可满足全社会6个月以上商品消费需要，显著地超出国际公认安全储备标准。总体说来，国内市场粮食供应充足，主要原因有三：一是农业生产的全面发展，可替代粮食的食用农产品多了；二是粮食的直接消费随着温饱问题的解决已处于稳定；三是由于科技进步，粮食消费相应节约了。

（一）粮食以外增加的食用农产品

1. 种植业中的油、糖、瓜、果、菜等。1991年与1983年比较，食用植物油增加295万吨，食糖增加263万吨，水果增加1 227万吨。增加的这些产量，若按热值含量折算，相当于增加了100多亿千克的粮食。

2. 养殖业中的草食动物牛、羊、鹅、兔等，1991年与1983年比较，牛肉增加122万吨，羊肉增加63万吨。这些增量，若按蛋白质含量折算，约相当于增加了30亿千克粮食。

3. 捕捞的水产品。已由1983年的349万吨增加到1991年的702万吨，净增加353万吨，若按蛋白质含量折算，相当于增加约50亿千克粮食。

---

* 原载《农村社会经济学刊》1995年第1期。

4. 由于用粮较少的家禽（包括禽蛋）等的产量大幅度增加。例如我国禽肉的肉料比是 1∶2.5（即 2.5 斤粮 1 斤肉），猪肉的肉料比 1∶4～5。1991 年禽肉产量达 395 万吨，比 1983 年净增加 272 万吨肉，若按标准的肉料比计算，养猪要用 120 多亿千克粮食，养禽只需 70 亿千克粮食，比养猪节约 50 亿千克粮食。

5. 由于品种、饲养技术、饲料配方的改进，提高了猪的出栏率，缩短了育肥期，据测算，可节约 1/4 饲料，我国猪肉产量由 1983 年的 1 316 万吨增加到 1991 年 2 452 万吨，按标准肉料比推算，可少用粮食 200 多亿千克。

（二）消费方面

“温饱”问题解决之后，直接消费的粮食在数量上达到转折点，而且由于科技进步，节粮因素增多，相应减少了粮食消费。例如：

1. 根据联合国粮农组织和国际卫生组织的测算，人体生理热能正常需要热量约为 10 032 千焦/日，这个标准可视为“温饱”水平。1983 年以来我国农民人均每日从食物中摄取的热量均超过 10 032 千焦，城镇居民更已达到这个水平。

2. 1985 年城乡居民直接消费的粮食人均 251.7 千克，可谓是最高点，以后趋于下降。这是“温饱”解决之后向吃好方向发展的必然趋势。全国城乡居民人均直接消费的粮食据测算 1991 年比 1985 年人均减少 17.2 千克，以此推算全国每年可减少约 200 多亿千克的消费量。

3. 在城乡居民粮食直接消费量减少的同时，肉、鱼、蛋、奶、菜、油、果、糖等副食品消费量也逐渐增加。副食品及其他食品在食品消费中所占的比重，1991 年与 1985 年比，城镇居民提高了 4 个百分点，由 83％提高到 87％；农村居民提高了 7.7 个百分点，由 54.6％提高到 62.3％；人均消费的肉、禽、蛋、鱼、虾等动物性产品的数量，农村居民提高了 22％，由 19.7 千克增加到 24.1 千克；城镇居民提高了 17.5％，由 36.6 千克增加到 42.9 千克。

（三）科技进步和农业科技的推广应用，使节粮因素增多了

1. 种植业方面，由于新品种的培育成功及其推广，科学种田，种子用粮在减少。与“七五”相比，每亩粮食播种面积平均少用种子 2.5 千克，一年可节约粮食近 50 亿千克。

2. 养殖业方面，由于推广生长期短、出栏快的畜禽优良品种、科学配方、营养丰富饲料的使用等，使家畜家禽的出栏率迅速提高。这样，出栏单位畜禽产品所消费的饲料粮就相对减少。

3. 食品加工中副食品的综合利用等，也节约了一定粮食。

综上所述，1991 年同 1983 年比较，增加的食物和节约的粮食就相当于每年增加了 400 亿千克的粮食。如果再加上其他难于用数据分析的因素，数量就更大了。

二、我国粮食买方市场的成因

近年来库存增多是好事，因为当前我国人均生产的粮食并不多，仍处于粮食生产、消费、库存的低水平上，但时而出现粮农卖粮难，原因何在?

（一）从生产方面看

我国粮食总产量 1991 年达到 4.35 亿吨，1993 年达到 4.5 亿吨，比 1983 年的 3.87 亿吨增加 0.63 亿吨，但同期总人口增加了 1.28 亿，人均产粮没有增加。

(二) 从产销平衡的情况看，平衡的基础还不稳固

1983—1991年的9年期间，人均粮食产大于销的有5年，销大于产的有4年。而且产大于销的人均量最多的年份也只有29千克。其中1984年当粮食产大于销人均12千克时就出现卖难，原因是前两年连续增产，累计库存增加较多，以及当时进口较多；1989年、1990年、1991年"卖难"，除了受进口因素影响外，也由于连续几年丰收，累计库存增加，以及不能及时加快发展优质产品，加剧了粮食品种结构与需要结构的矛盾，以及产区调出与销区调入的矛盾等。

(三) 从消费方面看

我国粮食资源（包括进口）的人均量并不高，本来不应该出现"卖难"。出现卖粮难的根本原因是我国人民的收入水平还比较低，远未达到较多转变消费构成的程度。因为，"温饱"之后，粮食消费量的增加，主要增在对肉、蛋、奶等产品的转化上。在发达国家，口粮只占粮食总消费量的10%～20%，饲料粮占70%～80%，食品加工粮占3%～6%。直接消费与间接消费的比例在1∶4以上。日本和韩国，口粮占粮食总消费的40%～60%，饲料粮占30%～40%。直接消费与间接消费的比例在1∶1左右。而我国，口粮占粮食总消费的70%～80%，饲料粮只占15%左右。直接消费与间接消费的比例只有1∶0.2左右。因此，在我国人民的膳食结构中，动物性食品的消费量与世界水平相差很大，尤其是我国农村，动物性食品明显偏少。

假如9亿农民每人每月增0.5千克的肉，每日可以增加蛋白质1.6克、脂肪10克，这仍远低于世界平均水平。但若按1∶3～4的肉料比推算，全国粮食消费将增加200多亿千克，那么目前的"卖难"问题完全可以解决，还可能出现粮食短缺现象。

(四)"卖粮难"的其他方面原因

一是品种结构不适合市场需要。如早籼稻卖难比较严重，而优质米、小麦都是短缺的；二是部门、地方利益影响着正常的粮食购销调存；三是进出口调节滞后。丰收了，粮食多了，仍然继续进口。其中1990年净进口78.9亿千克，1991年净进口25.9亿千克。但歉收年时反而出口；四是流通、交通不畅。

这表明目前我国粮食总量平衡的解决，库存增多，"卖难"等问题的出现，是在我国人民收入水平、消费水平较低的情况下出现的，仍然是低收入水平上的相对过剩。

三、我国粮食生产与调节供求平衡的潜力

(一) 粮食的综合生产能力不断提高，食物生产多样化发展

粮食的综合生产能力已达到4.5亿吨，特别是在我国贫困地区，粮食自给能力大大提高。国家重点扶持的331个贫困县和省级扶持的219个贫困县，1991年人均生产粮食已达到342千克。尽管这些地区的相当一部分人仍然缺粮，但状况已有很大改善。加上农业生产综合发展，食物来源多样化，对粮食消费的压力减弱了。

(二) 制约粮食生产的不利因素正在减少

1990年，世界银行中国局农业处处长J·R·德保发表了题为"1990—2000年中国粮食生产前景"的论文，他根据过去对中国农业项目管理的分析，认为中国无法在2000年实现5亿吨粮

食生产目标，其要点是：

(1) 受粮食生产物质条件的制约，如水利、农业科研与推广、化肥等生产资料满足程度低；

(2) 粮价和市场政策压抑了粮食生产和粮食的有效利用；

(3) 粮食的财政补贴过多影响了国家对增加粮食生产的投资。

随改革的深化，粮食已实现了购销同价，粮食流通也放开了，上述不利因素正在消除；当然物质投入的不足，仍然是重要的制约因素。据我国农业专家的测算，我国现有的农业技术若能得到推广，到2000年实现5亿吨的生产目标是没有问题的。关键是要走发展两高一优农业的路子，提高农业效益，在鼓励农民增加农业投入的同时，国家要确保扩大对农业投入；并逐步理顺粮食生产与需求的关系，形成有利于粮食生产依据市场需求变化来发展生产、组织流通的宏观环境，使粮食生产市场化。

(三) 建立了国家专项粮食储备制度，使调节丰歉、平衡供求有了物质条件，人民的“吃饭”问题更有保障

自1990年建立国家专项粮食储备以来。目前专项储备粮已有几百亿千克。从调节丰歉来看，80年代我国粮食生产比上年减产的共有4年，减产幅度分别是1980年减116亿千克，1985年减282亿千克，1988年减89亿千克，1991减110千克。这表明我国专项粮食储备完全可以弥补由于粮食歉收所造成的短缺现象。当然国家的专项储粮也不是越多越好。参照国际组织的标准，这项储备一般应占到当年粮食消费量的5%～6%为宜，目前我国的专项粮食储备已超过了这一标准，由于我国地域辽阔，交通、通讯不便，有的年份适当高些也是必要的。

四、增强粮食与食品供给的对策建议

90年代我国粮食生产和食品供给的三大制约因素是：①全国人口总量每年将增加1 500万人以上；②耕地面积逐年呈减少趋势；③即使2000年粮食总产量达到5亿多吨，人均粮食也仅能400千克左右。

由此越来越多的人已认识到，我国粮食与食品战略是：①在生产上应确立跳出现有耕地的小圈子，利用整个国土全方位开发农业资源。不仅要改造中低产田，还要开发利用荒地、荒坡、荒水、滩涂等农业资源。开发草原、山区、林业，发展立体农业、庭院经济等，以综合开发利用各种食物生产资源，广开食物源、营养源。②在消费上应确立改变单一粮食观念为现代食物观念。不仅要吃粮食，还要适当多吃肉、蛋、瓜、果、菜、水产品等，抓好“菜篮子”工程，逐步演化消费结构。

为此，对我国90年代粮食生产和食品供给的对策建议有：

1. 改粮食生产计划为食品生产计划。通过食品生产计划，推动农业资源和食物资源的开发利用。

2. 保护农业（特别是粮食）的生产力。现在我国粮食生产与销售，主要是比较效益差和结构性供求矛盾，以及人口增长的压力等，为此，一方面是要放开粮价把粮食真正推向市场，提高种粮效益，另一方面是要发展二高一优产品，调整结构，使生产与消费结构相适应，这是保护农业生产力的最好办法。

3. 促进养殖业的更快发展，优先发展饲料报酬高的肉鸡、蛋鸡等家禽，发展牛、羊、鹅、兔等草食动物。开发饲料饲草资源。

4. 研究开发食品加工技术。温饱问题解决之后，食物消费的数量将会相对稳定，而精细食品、高蛋白食物需求将会增加，为适应消费需求的变化，必须大力研究开发食品加工、保鲜、包装等技术，向居民提供方便、卫生、营养、低价的加工、半加工食品。

5. 加速农业技术的推广、提高生产效益。我国农业生产效益同世界先进水平比较，差距大、发展潜力也大。

(1) 粮食亩产量：我国 260 千克左右，世界平均 180 千克左右，最高的法国是 400 千克左右。

(2) 油菜籽亩产量：我国 73 千克，世界平均水平接近 90 千克，德国超过 210 千克。

(3) 猪的出栏率：我国 91%，国外一般为 150%。

(4) 猪的肉料比：我国是 1∶4～5，德国是 1∶2.7。

差别主要是差在科技水平上，差在良种和种养的方法上，据专家估计，1990 年科技进步对农业增长的贡献率已达 40%，但与世界 60%～70%的先进水平相比差距还很大。1984—1988 年间，获国家和部委级奖励的农业科技成果平均推广率只有 30%～40%，还有 60%～70%未被利用，科教兴农的潜力很大。

农业科技成果的供求矛盾与对策研究*

高启杰

促进农业科技成果供求平衡，是深化农业科研及推广体制改革从而依靠科技进步发展农业的需要，也是农村经济全面走向市场的必然要求。目前我国农村技术市场处于起步阶段，因而需要研究农业科技成果的市场形势，笔者试图择其要者发表一点浅见。

一、正确分析农业科技成果的供求矛盾

国家制定宏观的农技推广政策与技术市场价格政策，离不开对农业技术市场供求形势的分析。据估计，1949年以来累计形成各类重大农业科技成果达28 000多项，近10年平均每年提供7 000多项农业科技成果，但是平均推广率只有30%～40%（孙振玉，1993）。长期以来，人们认为我国农业技术推广率不高的主要原因在于农业推广的机制不健全，甚至认为农业科技成果市场是供大于求。应当说，这种思维方式阻碍了我国农业科技成果商品化及农村技术市场发展的进程。

从农业知识与信息系统理论上讲，农业推广系统是与农业科研成果产生系统及农民用户系统密切相连的。因而分析农技市场形势时，有必要区别一下“潜在需求”与“有效需求”以及“无效供给”与“有效供给”，将有效供给与有效需求进行比较才能正确估计供求矛盾（高启杰，1994）。无效供给产生的原因主要来自三个方面：一是我国农业科技成果的水分含量较大，而现实中又主要采用项目推广方式，重点推广那些获奖的项目，这无疑夸大了农业科技成果的供给总量；二是我国农业科研活动缺乏面向市场需求适时调整的运行机制，因而现有的许多农业科技成果的适用性较差，这主要表现在技术的先进性、经济的合理性、生产的可行性以及应用的风险性等方面不够理想；三是农业科技成果的供给结构与需求结构不适应，长期以来过于重视农产品产中技术、常规技术以及基础技术的研究，而对产前产后技术、高新技术以及应用和发展型技术的开发重视不够。要增加农业科技成果的有效供给，就必须以适用技术为中心。

在研究农业科技成果的需求方面，人们往往只看到我国是个农业大国，农民人口多，因而对农业科技成果的潜在需求大。然而却忽视了市场学意义上的“有效需求”。应当认识到，有效需求不足是我国现阶段发展农业科技市场的一个重要障碍因素，这主要表现在三个方面：一是现代高新技术对用户素质的要求较高，需要农民有较高水平的知识、技能以及良好的技术采用态度与观念，而我国农民在这方面的整体素质较低；二是要求农民有一定的经济实力，从而形成一定的技术市场购买力，然而近几年来我国农民收入增长缓慢，整个农村市场严重乏力；三是农业生产的比较利益低，削弱了农民对农业技术的购买意愿。因此，提高有效需求，一方面要增加农民收

* 原载《农村社会经济学刊》1995年第4期。

入，缩小工农业产品价格剪刀差，提高农业生产的比较利益；另一方面要增进农民的科技知识与技能，改变他们对待新技术的态度与观念，使之成为一个积极的用户系统。

二、培养积极的用户系统

有效的农业技术信息系统应当是，农民会积极主动地开发信息、接受信息、寻找他们认为是有用的各种信息，向信息系统提出要求并且能够行使一定的影响力（Roeling，1988）。我国农业推广与信息系统效率不高的一个根本原因就是用户系统庞大、分散而且素质不高，需求拉动机制不明显。1978年后，农民家庭逐步取代了过去的生产队而成为推广服务的直接对象，因而用户数量急剧膨胀，可大多数农民的教育水平低，技术操作能力差。据国家统计局1989年抽样调查，我国农村劳动力中，文盲半文盲占总数的22.57%；具有小学文化程度的占38.67%；初中占31.40%；高中占6.80%；中专占0.45%；大专及大专以上占0.08%。这样，农民虽然是农业科技成果的需求者、采用者和受益者，但是他们不善于将自己的需求明晰化，对于农业科学技术没有自觉的要求，因而难以形成紧密的利益团体和积极的用户系统，而且多数农民由于经济力量薄弱，有较强的风险躲避意识，不敢轻易采用农业革新技术，其结果是由农业生产的外来者即政府充当用户的代表，自上而下地依靠行政指令来推广农业技术。这种做法固然有一定的效果，但存在一个突出的问题就是农业推广中忽视了农民、农业及农村发展的实际需要。尽管政府对增加农产品的供给有强烈的愿望，但是农民对农业科技成果的需求拉动却严重乏力，因而农业推广不可能取得持续的效率。

未来发展中，应当注意培育积极的用户系统，使其对农业科研与推广系统的参与逐步由消极的卷入参与过渡到积极的影响参与（高启杰，1994）这就需要在农村发展中加强对人力资源的开发，提高农民的素质，使之成为较好的领导者、企业家和决策人，并且帮助他们有效地建立自己的组织。并且能够使研究及推广机构关注他们的现实需要与潜力。在目前我国政府研究、推广机构及地方组织行使信息系统职能极其有限而农民组织又未全面制度化的情况下，可以考虑建立一种介于农民和政府机构之间的中间组织，来激励政府机构为农民服务。如果说近期技术推广机构主要是提供技术创新，那么这种中间组织的任务就是开发人力资源，在农民和政府机构之间起一种缓冲器的作用，为制度创新作些尝试（高启杰，1993）。我国近几年农村专业技术协会（研究会）的产生与发展也说明了这一点。据中国科协统计，1992年，我国已有各种农村专业技术协会12万个，会员达451万户，分布于农村种植、养殖、加工和服务等140多个行业。这些专业协会多数是从事科普、技术推广与服务工作，在一定程度上活跃了农业信息系统。未来的中间组织及其他干预团体要发挥传播媒介在信息系统中的作用，给用户提供评价信息质量的标准，在实践中加深对政策和法律的理解，利用说服、动员、培训、传递信息、技术支持、创建组织或其他沟通方式来引导用户在知识、技能、态度和抱负上发生改变。

为了培育积极的用户系统，还必须相应地减轻农业技术进步的制度约束，例如完善农村市场制度、产权制度及土地流动制度，扩大农业生产的经营规模，采取有力的农业保护政策与倾斜政策，提高农业生产的比较利益，从而增加农民收入等。

三、形成有效的技术扩散机制

对于产权难以私有的带有社会公益性的农业技术，应当由政府农业推广体系无偿进行推广。

据统计，目前全国乡镇以上推广机构有22万多个，拥有职工117万多人，其中乡镇推广机构19万多个，有87万人。还有33.6万个村级农技服务组织和13万多个农村专业技术协会、研究会以及数百万个科技示范户（何康，1994）。全国基本上建成了以县农技推广中心为龙头，乡镇农技站为纽带，村农技服务组织为基础的推广服务体系，初步形成了上下相通、左右相连、专群结合、多层次、多渠道的农业服务网络，在农业技术扩散中发挥了重大的作用，从而使目前科技进步在农业生产中的作用由70年代的27%提高到40%左右。然而，随着市场经济的发展，传统的技术扩散机制的弊端日益暴露，表现在科研及推广的目标、内容、组织体系、方式与方法同市场经济的发展不相适应。当前特别突出的有三点：首先，由于科技体制不顺，科技单位与科技人员属部门所有，活动经费短缺，工作条件与待遇不好，科技人员的积极性得不到充分发挥，科技成果及科技人员通过市场走向农村的渠道不畅；其次，所扩散的技术项目市场导向性较差，没有真正反映农民用户系统的需求；其次，所扩散的技术项目市场导向性较差，没有真正反映农民用户系统的需求；再次，多元化的推广组织之间缺乏有效的合作，造成不必要的竞争和社会资源的浪费。

为形成有效的技术扩散机制，近期应重点考虑以下几个方面：

1. 强调科技成果的市场导向与整体观念。这要求科研系统了解目前农民的分化现象及需要层次，研制开发适用于不同地区、不同部门、不同产品及不同类型农民的适用技术，提供综合的信息咨询服务。按照现代市场营销的观点，农业科技成果的内容应当包括核心产品、形式产品和延伸产品等三个层次，今后在农业科技成果转化过程中要特别注意开发形式产品及延伸产品，通过综合服务来提高农业科技成果的价值。

2. 拓宽农业推广内容，提高科技人员素质。发达国家农业推广的内容很广，涉及到农民生产及生活的各个方面，例如，美国农业推广的内容就包括了农业生产技术指导与资源的开发利用、家政推广、青少年四健教育及农村社区开发等几个方面。拓宽内容才能拓宽市场，更好地满足用户系统的需要。这要求推广人员具备更高的素质，未来需要把对推广人员的职前与职后培训系统化、规范化、制度化。

3. 改革科技体制完善多元化的推广组织。改革科技体制要实现人才的合理流动，在人事、职称及考核与奖惩工作上形成一套健全的机制，使科技人员特别是基层推广人员能安心工作。完善多元化的推广组织就是要把现存的各种政府的和民间的组织有机地结合起来，既能发挥各自的优势，公平合理地竞争，又能相互合作，形成网络，实现农业推广多元化整体型的改革目标。

4. 探索适宜不同类型农业科技成果推广的运行机制。例如，物化程度较高的、产权可以私有的农业硬技术成果可以全部或大部分推向市场，实行有偿服务，而对一些公益性的农业科技成果，如粮棉等大田作物的栽培技术、节水技术等，必须由社会或非私有企业承担农业技术创新的费用，在短期内就不宜全面推向市场，可采取政府扶持和市场机制相结合，使国家、成果持有单位、技术推广单位和成果使用单位都获益。同样，对种植业与畜牧业技术以及农业和农村非农产业技术成果也要区别对待。

四、建立和完善农业技术市场

现在农业科技成果所面临的是一个缺少购买力的或者说刚刚启动的市场，推广的效益主要体现在社会效益上，科研及推广部门不易获得自身的经济效益，因而实行有偿服务的难度较大。这使得我国农业技术市场的发展远远滞后于其他市场，在整个技术市场体系中也处于明显落后的地位。以1992年为例，我国28个省、市、自治区的技术市场成交额中与农业技术有关的部分只有10.25亿元，占7.24%（Wei，1993）。这一数字同我们这样一个农业大国是很不相称的。而且农业技术市场体系内部结构也不合理，主要只侧重于产品市场，而其他形式的市场很不成熟。

应当认识到，随着市场经济的发展，技术市场的内容更丰富，其交易形式也将趋于多样化。从理论上讲，农业技术市场的内容应当包括硬技术和软技术两部分。前者包括为农业生产提供的良种、化肥、农药、农机及其他先进的农用生产资料；而后者包括科研成果的转变、先进的工艺流程、科技信息及咨询服务等。因此，在我国未来农业技术市场的建立与完善过程中，首先应当拓展内容，即除了农技产品市场外，要更多地发展技术开发、信息咨询、技术服务、技术入股、技术人才及技术培训等多种形式的农业技术市场；其次要建立完善的交易机制，使进入技术市场的技术产品，价格实行市场调节，由交易各方根据技术成果的经济、社会及生态效益、研究成本、成熟程度、使用范围以及技术成果拥有者的权益和承担的风险等来确定；再次就是要造就一批素质高的农业技术市场经纪人，把未来的工作重点放在技术市场从业人员的在职培训上，同时通过深化科技体制改革，形成一种促进人才的合理流动的运行机制。

五、加强政府的财政支持与宏观管理

解决农业科技成果的供求矛盾，还需要通过制定相应的法律、政策予以支持，并对其进行宏观管理。

首先是要给予财政支持。由于农业科技成果中多数具有明显的社会公益性，所以其成本不是作为农业科技市场主体的农民及农业科研与推广单位所能承担的。加上农业生产的比较利益低，农业科技成果的研制与推广必须得到政府有力的财政支持。据统计，我国的农业科研经费仅占农业总产值的0.25%左右，而世界银行建议发展中国家的农业科研经费应占农业总产值的1%～2%，且推广经费应高于科研经费（朱希刚，1994）。1990年，我国农业推广经费只占农业总产值的0.19%，而工业化国家80年代初就达到0.62%，低收入国家也达到0.44%（孙振玉，1993）。今后必须保持相对稳定的投入政策，各级政府财政支出中应尽早明确规定农业科研及推广经费支出的比例，并使其增长速度略高于农业总产值的增长速度。

其次是要进行宏观管理，这主要体现在协调与调控两种职能上。在解决农业科技成果的供求矛盾方面，政府的协调功能主要反映在农业与其社会环境的相互关系上，使农业科技成果供求系统各要素之间、系统与环境之间经常保持协调。例如，国家、科研推广单位与农民三者之间利益的协调，农业推广的政策、科技与物资三种投入的协调，农业推广与农业教育及农业科研三者之间关系的协调等。近年来，参与农业技术市场的主体越来越多，这是一个可喜的现象，然而各主体之间常缺乏必要的合作，而是从自身的利益出发选择其经营的内容、规模及方式，以获得自身的最大利益，因而表现为各自为政，条块分割，造成资源浪费及利益冲突，如果这种自发倾向超出一定的限度，就会损害国家利益和长远利益。因此，国家应当制定相应的政策与法律，对各类组织的活动进行调控，建立公平合理的竞争机制，发挥多元化主体的整体功能。同时，要针对目前农村技术市场上出现的各种问题，加强法制建设，用法规来规范技术市场及其交易行为，保证农业科技成果的质量。

利用经济控制论模型减少粮食产后损失*

池仁勇　王以廉

对浙江省和南方其他省市调查研究的结果表明，我国以水稻为主的粮食的产后损失率高达15%，这意味着每年全国要损失600亿千克粮食，而发达国家的损失率只有5%。为了减少粮食产后损失，人们往往只注重技术的研究，但收效甚微。为了从根本上控制粮食产后损失率的增长，必须调控影响损失的主导变量——农业经济政策，采用经济控制论的方法，对粮食产后损失系统进行调控，使系统逐步趋于收敛状态。

粮食产后损失系统受各种因素的影响，在社会、技术、自然条件既定的情况下，经济状态变量通过对农民行为的影响而影响损失。

不加任何调控措施的损失线性模型为

$$\sum\nolimits_1\begin{cases}X(k+1)=AX(k)+Q\\Y(k)=CX(k)\end{cases}\tag{1}$$

采用调控政策后的损失控制论模型则为

$$\sum\nolimits_2\begin{cases}X(k+1)=AX(k)+BU(k)+Q\\Y(k)=CX(k)\\U(k)=FX(k)\end{cases}\tag{2}$$

式中：$X(k)=(x_1(k), x_2(k), \cdots, x_n(k))^{\mathrm{T}}$ 为第 k 年状态向量；$Y(k)$ 为第 k 年系统输出值，与损失率 $Y'(k)$ 的关系为 $Y'(k)=Y(k)+D$；$U(k)=(u_1(k), u_2(k), \cdots, u_m(k))^{\mathrm{T}}$ 为第 k 年控制向量；A，B，C，Q，D，F 分别为 $n\times n$，$n\times m$，$1\times n$，$1\times n$，1×1，$m\times n$ 维常数矩阵。

由于系统$\sum_2$的状态向量不能直接从输出端观测到，决策者不能直接掌握状态变量，因此无法对系统进行有效的控制。为了解决这个问题，使决策者无须对实际经济状态进行调查就能知道状态值，现对控制系统设计一个状态观测器。

实际上状态观测器相当于决策者的“调查分析部门”，它可把损失率 $Y'(k)$ 中隐含着的经济状态的信息 $X(k)$ 估测出来，从而可作为决策者制定经济调控政策的依据（见图1）。

为使状态观测器估测到的经济状态变量值与实际相符合，要求

$$\lim_{k\to\infty}(Z(k)-X(k))=0$$

那么，先确定矩阵 $\overline{G}$ 使

$$[Z(k+1)-X(k+1)]=(A+\overline{G}[Z(k)-X(k)]\to 0\tag{3}$$

简化式（3）并代入式（2）得

* 原载《北京农业工程大学学报》1995年第4期。

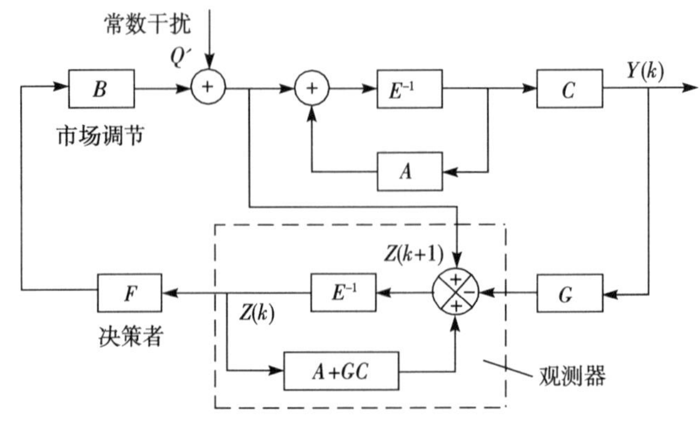

图 1　损失控制论模型框图

$$Z(k+1)=(A+\bar{G})Z(k)+BU(k)-\bar{G}X(k)+Q$$

令 $\bar{G}=GC$，则有

$$Z(k+1)=(A+GC)Z(k)+BU(k)-GY(k)+Q$$

为了方便求解 G，先看系统 $\sum_2$ 的对偶系统

$$\sum\nolimits_3\begin{cases}\bar{X}(k+1)=A^{T}\bar{X}(k)+C^{T}U(k)\\ Y(k)=B^{T}\bar{X}(k)\end{cases}\tag{4}$$

那么，求 G^T 相当于系统 $\sum_3$ 在状态反馈 $\bar{U}(k)=G^{T}\bar{X}(k)$ 的作用下，闭环系统

$$\bar{X}(k+1)=(A^{T}+G^{T}C^{T})\bar{X}(k)\tag{5}$$

的极点配置。

通过对粮食产后损失系统的分析，可选择如下状态变量：①农户经营规模 x_1（公顷/户）；②农户人均收入 x_2（元/人）；③每公顷产后处理劳力投入 x_3（人/公顷）；④农户粮食收入占总收入的比重 x_4（%）；⑤费用收益率 x_5（%）；⑥劳均产量 x_6（千克/人）；⑦每公顷收入 x_7（元/公顷）。为便于农业经济决策部门操作，同时考虑变量的可控性和能控性，选择尽可能少的控制变量对受控状态进行有效控制。根据对损失系统的分析，调控变量选择如下：①50 千克粮食的价格 u_1（元）；②劳力投入 u_2（人/公顷）；③费用 u_3（元/公顷）。

对分别代表浙江省不同经济发展水平的金华、嘉兴、宁波 3 个地区的具有不同生产规模的 360 户农户进行跟踪调整并作损失测定，根据所获资料（200 多组数据）求得状态变量矩阵参数的估计结果如下：

$$C=(0.015,0.002,-0.312,-0.051,-3.20,0.001,-0.029)$$

$$D=42.3$$

$$A=\begin{pmatrix}1&0&0&0&0.06&0&0\\2&0.89&0&-0.539&0&0&-0.29\\0&0&0.9&0.002&0.155&2.4\times10^{-5}&0\\1.5&-1.6\times10^{-2}&0&0.960&4.0&0&0.01\\-0.03&0&0&2.539\times10^{-3}&0.86&0&8.57\times10^{-4}\\150&0&-0.153&-1.41&0&0.89&1.0\\0&0&0&0&10.8&0&0.74\end{pmatrix}$$

$$Q=(0,208,2.327,-7.8,0.1,-501,-6.11)^{T}$$

$$B=\begin{bmatrix} 0 & 7.89 & 1.2 & 2.7 & 0.143 & 0 & 7.76 \\ -0.05 & -4.2 & 1.0 & 0.018 & 0.067 & -7.08 & 2.24 \\ 0 & -0.77 & -0.01 & -0.529 & -0.014 & 0 & -1.0 \end{bmatrix}^{T}$$

通过对系统（5）的极点配置，求得

$$F=\begin{bmatrix} 0.12 & 0.0034 & -0.01 & -0.05 & -0.11 & 6.0\times10^{-4} & -5.2\times10^{-3} \\ 0.201 & -1.8\times10^{-3} & 0.0501 & 0.12 & -0.20 & 2.4\times10^{-4} & 2.0\times10^{-3} \\ 0.102 & 1.8\times10^{-3} & 0.028 & 0 & -0.50 & 1.7\times10^{-3} & -3.5\times10^{-2} \end{bmatrix}$$

$$G=(-5.0\times10^{-3},\ 0.11,\ 0.02,\ 6.5\times10^{-2},\ 1.0\times10^{-3},\ 0.5,\ 0.57)^{T}$$

分别对模型$\sum_1$和模型$\sum_2$进行运算，其结果如图 2 所示。结果表明，不采取必要措施，系统损失将会增加；通过制定经济调控政策，可以有效地减少粮食产后损失。模型分析结果分别在宁波、金华、嘉兴得到证实。

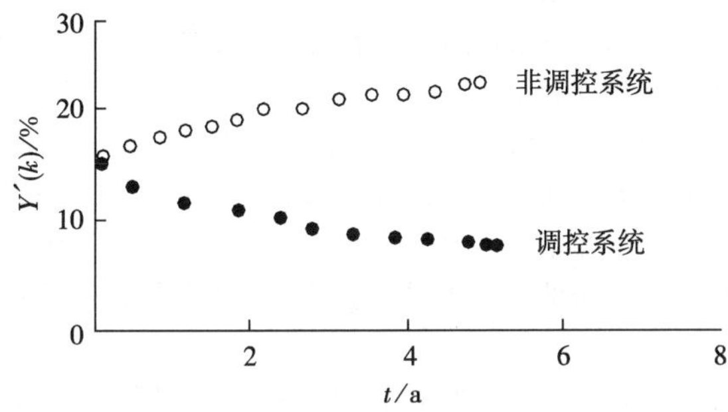

图 2　调控系统与非调控系统的损失率 $Y'(k)$ 变化趋势

参考文献

[1] Chi Renyong, Zhuge Genzhang. Loss assessment and factor finding analysis of grain postharvest system. In: Naewbanij J O, ed. Proceedings of the Thirteenth ASEAN Seminar on Grain Postharvest Technology, Bangkok, 1992. 370～392

[2] 李植芬，何　勇．粮食产后处理系统损失的测定分析．农业工程学报，1989（4）：9～15

[3] 李植芬．粮食产后损失的构成分析及防止对策．浙江农业大学学报，1991（4）：389～395

全国粮食产后损失抽样调查及分析*

詹玉荣

一、研究目的

粮食是人类最基本的生存资料，人类生活的第一需要，在国民经济中占有重要地位。粮食问题无论现在还是今后，都将是制约国民经济发展的一个十分重要的经济问题。解决粮食问题，除增加生产、改进流通措施外，减少粮食产后损失也是一个很重要的方面。因此研究粮食产后损失情况是一项具有重要现实意义的课题。

对于这一问题，国际上早在70年代初FAO（联合国粮农组织——编者注）就建立了“粮食产后损失防止研究”项目，开始了对粮食产后损失及减损对策研究。1977年东盟各国在国际援助机构的资助下，也建立了“东盟粮食产后项目”研究。另外，联合国粮农组织、美国、澳大利亚、加拿大、英国、德国等国的援助机构还联合组成了“援助粮食产后系统集团”，从事粮食产后问题的研究。

我国党和政府历来十分重视节约粮食的工作。党中央、国务院曾专门发出通知，把世界粮食日所在周作为“爱惜粮食，节约粮食”宣传周。但是专门把节约粮食作为一项科研工作，却开展的不多。近些年来除浙江省农产品产后技术开发研究中心对浙江省的粮食产后损失作过调查，并较系统的研究外，尚无人作过系统研究。

我国粮食产后损失究竟是多少，众说不一。世界上一些研究粮食产后损失的专家认为：发展中国家粮食产后损失在20％～40％。一位美国专家在我国江南调查，认为我国粮食产后损失率在30％以上。我国一些专家估计粮食损失率为16％。浙江省的调查结论是14.8％。究竟我国粮食产后损失率是多少？损失在哪些环节上？损失的原因是什么？为探索上述问题，在农业部政策研究会和软科学研究中心的资助下，我们组织了北京农业大学农业经济管理学院、华中农业大学农经学院的本科生150名、硕士生3名、博士生1名，选择全国22省574个县1 400多个调查样本，按农户、粮库、食堂、饭店、城市居民分组；以水稻、小麦、玉米、其他粮食为调查项目；按收获、运输、储藏、加工、销售、消费六个环节的损失进行了调查研究。调查方法采用调查员直接深入调查点，按统一调查表格、口问手写进行实地调查。这种原始的调查方法，可能会因调查对象不同，经历经验不同对粮食损失率估计数会有高有低。但我们考虑因调查样本平均量大，它也是农民多年积累的经验数字，高低相抵后其数字会更接近于实际。

二、22省574县1 400个点调查结果

粮食损失一般讲应包括粮食使用价值的降低与量的减少两个方面。因为粮食质量方面的损失

* 原载《中国粮食经济》1995年第4期。

指标较复杂，本次调查中没有把质量方面的损失列入，只是从粮食产后的收获、运输、加工、储藏、销售、消费六个环节对粮食的数量损失进行调查。根据本次调查所获得的4万多个数据，通过分组、加权平均计算，我国当前粮食产后各个环节的损失情况如表1。

表1　全国22省574县1 400调查点粮食产后各环节损失情况

1992年6月调查　　　　单位:%

环节	损失率% \ 粮食种类	小　麦	水　稻	玉　米	其他粮食
收割	手工收割	2.55	1.7	0.79	2.25
	半机械收割	3.45	2.32	0.83	2.48
	机械收割	4.75	12.1	10	4.29
田间运输	人工运输	1.31	0.60	0.38	0.72
	畜力车运输	1.99	1.31	0.57	2.02
	机动车运输	1.34	1.06	2.94	4.07
脱粒	人畜脱粒	2.56	1.84	0.70	1.61
	机械脱粒	1.99	1.41	1.38	1.29
农户贮藏	水泥仓库	2.37	2.32	3.22	3.18
	席箔仓库	4.15	2.33	4.6	0.87
	木板仓库	4.4	2.6	4.3	1.28
	其他仓库	3.19	3.49	4.86	1.95
县乡仓库	水泥砖木仓	0.19	0.33	0.28	0.14
	简易露天仓	0.37	0.61	0.37	0.93
运输	火车　袋装	0.338	0.333	0.405	1.2
	火车　散装	0.906	0.98	0.314	2.7
	汽车　袋装	0.586	0.417	0.343	0.763
	汽车　散装	1.567	1.206	0.505	3.7
	其　他	0.095	0.284	0.135	0.207
加　工		3.45	5.10	1.44	3.90
销　售		0.34	0.013	0.68	0.70
消费	学生食堂	5.1	598		
	机关食堂	9.963	1.07		
	工人食堂	3.19	3.3		
	其　他	7.8	3.17		
	大饭店	6.48	1.76		
	小饭店	2.46	3.31		
	家　庭	4.41	6.86	7.28	

注：该项统计资料是经济学硕士周珍凤同志统计整理完成。

根据调查粮食总量中计算出小麦、水稻、玉米，其他粮食的六个环节损失率情况如表2。

若按当前我国已形成的4.5亿吨的粮食生产能力推算，年损失量为0.815亿吨，即1 630亿斤。根据推算我国当前粮食产后综合损失率为18.125%。这一数据与国外一些研究数据相较为低，其主要差别是国际上估计我国收获过程损失率为15%，贮藏损失率为5%～12.5%，而我们调查的结果分别为4.9%和2.11%。但该综合损失率又较国内一些专家经验估计数据为高，其差别如下表3。

表 2 单位：%

粮食种类 \ 损失率 \ 环节	收获	贮藏	运输	加工	销售	消费	总损失率
小　麦	6.82	2.1	0.7	3.45	0.34	4.41	17.82
水　稻	4.16	1.92	0.64	5.10	0.01	6.86	18.69
玉　米	3.53	2.97	0.34	1.44	0.68	7.28	16.24
其他粮食	6.12	1.25	1.71	3.90	0.70	6.08	19.76
推算各粮种综合损失率	4.9	2.11	0.725	3.75	0.325	6.31	18.125

表 3　国内专家经验损失率与调查损失率的比较

单位：%

	收获	贮藏	运输	加工	销售	消费	合计损失率
经验数	2～3	0.2	0.1～0.3	2～3	0.2～0.4	3～4	7.5～10.9
调查数	4.9	2.11	0.725	3.75	0.325	6.31	18.125
差　距	1.9～2.9	1.9	0.425～0.65	0.75～1.75	0.75～0.025	2.31～3.31	7.23～10.6

三、减少粮食损失的对策

1. 加强教育和粮食消费管理。据我们调查，消费中的粮食损失率占粮食各环节合计损失率的 1/3 强。消费中浪费的主要原因是认识问题，而不是或主要不是粮价太低问题。西方经济发达国家的人民，收入远较我国高，粮食价格与其收入相比也很低，但是他们吃饭可以说并不浪费。而我国有些人近年来却把浪费粮食当作摆阔气、“有钱的标志”，一些干部只注意抓粮食增产不注意抓粮食节约。我国为了能增产 3%的粮食总量，不仅需要各级干部、农民倾注全力，还要提高粮价、增施 150 万吨化肥、增加 45 亿千瓦时电、增加 1 300 万马力的农用动力和 2 000 万亩灌溉面积。如果我们能像抓增产那样狠抓节粮，只需要花费较少的宣传费就可以达到节约 3%的效果。可见采用有效的宣传教育方式，把爱惜粮食作为道德标准和提高人的文化素质来抓，从小做起，层层做起，形成以节约粮食为荣的风尚，这是一件值得重视的大事。在尚未完全养成节约粮食习惯之前要加强管理，必要时可实行一定的强制措施。如国家有关部门在饭店增设浪费税，凡顾客实际消费不足预定的 50%（或更多或可少些）者，饭店应代替国家执行值 1 罚 1 的浪费税。对不执行的饭店，国家则加倍处罚。

2. 改进粮食加工企业管理，提高加工收获机械性能。据调查我国机械收割损失率与发达国家 5%的损失率近乎相等。但机械收割比手工收割高了两个百分点。特别是玉米机械收割损失率竟高达 10%，必须引起注意，否则随着机械收割率的提高，将会进一步加大粮食损失而相对降低了粮食增产。此外不同型号的加工机械其出米率、出粉率差别较大，提高加工机械性能也是增产粮食减少浪费的重要途径。国家有关单位应把减少粮食损失作为审定推荐粮食加工机械的重要指标和考核粮食企业经营管理的成果指标，来改进粮食企业的经营管理和加工机械的性能。

3. 根据调查，县乡仓库粮仓储存损失率最低。水泥仓对小麦玉米有明显的减损作用。在目前我国农民还不得不自己储存原粮的情况下，应提倡有条件的粮食部门、粮库要开展“代农储存”或“粮食银行”，并帮助农民设汁推广一些适合农民使用的水泥仓库。在贫困地区，国家也可通过发放无息或低息贷款，帮助农民建立一些水泥粮仓，以减少粮食的仓储损失。

4. 实行粮食多渠道经营，发挥各种经济成分经营粮食的积极性。据了解目前我国露天存放粮食仍有300多亿千克，其中部分是短期周转，可以露天存放外，大部分应存入仓库。全靠国家投资建库，显然资金有困难，解决问题的出路就是在确保国家掌握必要粮源的前提下，允许多种经济成分经营粮食，多渠道办粮储业，特别是要鼓励农民组织粮食股份合作社，经销粮食，把粮食经营中所得利润返还给农民。

5. 采用新技术节约工业用粮。我国目前工业用粮的年直接消耗2 200多万吨。据资料介绍：把高度酒转化为低度酒，粮食酒转化为水果酒，蒸馏酒转化为酿造酒，可节粮食200多万吨。普通味精转化为强化味精可节粮40多万吨。在酒精行业中应用固化细胞技术，可以使酒精产量提高0.4%以上。另外，食品工业的废渣，每年有500多万吨，利用现有技术，可以提取大量淀粉和蛋白质，可达到节粮20万吨的效果。

最后，有条件的地方要统一组织灭虫灭鼠服务，以减少粮食的虫鼠损耗。

总之，节约粮食是一项长期的、广泛的、多方面的工作。其中解决人们的节约粮食的观念教育，使每个人都树立起以节约粮食为荣的思想是一项重要工作。只有在人的观念上得到真正认识，人们才更会在不同部门、不同技术措施上提出更多更适宜的节粮措施，才能把已经生产出来的粮食，从各个浪费环节上夺回来，在人类生活中发挥更大的作用。

我国实行粮食市场收购的可行性分析*

詹玉荣

粮食收购体制是粮食流通体制中的一个基本环节，也是粮食流通体制改革中最难解决的一个环节。它涉及到国内粮食市场稳定；国家财政；粮食生产者利益；粮食商业加工业和消费者的利益。

粮食合同订购是我国当前粮食收购体制中的主要内容，是继续坚持合同订购，还是需要改革，各方意见大相径庭。我们通过对我国粮食购销体制的历史分析，通过对当前粮食收购环节的外部环境；近几年粮食收购体制改革的经验和对世界各国粮食收购制度的分析，提出了对我国粮食收购体制改革的看法。

（一）粮食收购体制改革的目标

实行粮食收购体制改革，应首先明确一个好的收购制度的标准是什么，我们认为应当是：①粮食收购方式必须适应我国建设社会主义市场经济体制目标模式的要求。②有利于增加种粮农民的收入。③有利于实现粮食总量供求平衡和结构供求平衡。④有利于粮食生产的稳定增长和实现粮食供给略大于需求。⑤有利于保证低收入者的基本口粮需求。⑥有利于不断提高粮食质量，提高粮食生产效率。

（二）世界各国的粮食流通制度改革目标与最近几年改革的趋势

世界各国粮食流通制度的共同目标，是保持国内粮食价格稳定。但不同国家又有不同的目标，大体上可分为两类：一类是发达国家，主要是保护农民收入。另一类是发展中国家，主要是保护消费者利益。不管是发达国家还是发展中国家，最近几年共同的发展趋势是：①减少国家干预，扩大市场调节，扩大农民的经营自主权和灵活性。②增加对农业的支援，一方面增加对农业的投入，另一方面要实行优惠政策，提高粮食的收购价格。

（三）我国粮食收购环节的环境变化

我国粮食收购环节的环境主要有如下变化：

①我国实行社会主义市场经济的体制已经确定。②国有粮食购销企业将实行政企分开。尽管企业仍然承担政策性经营，但以盈利为目的的企业经营体制已经确定。③大部分农产品均已实行市场购销。④粮食多种渠道流通已初步形成。⑤我国粮食人均占有已达到 390 公斤的水平。在粮食

---

* 原载《农村社会经济学刊》1995 年第 6 期。

生产、流通、消费中已形成不同的利益集团。粮食生产的主体是承包户的农民，他们生产粮食的目的是满足自己粮食需要和出售。他们与过去的生产队不同，单纯用行政手段对他们的生产计划已不起约束作用。

（四）什么是粮食市场收购

我们认为对粮食市场收购含义的理解，应包括如下五个方面的内容：

1. 供求规律是粮食市场收购遵循的基本规律，粮食供过于求时价格下跌，供不应求时价格上涨。

2. 粮食生产者、粮食运销企业都是独立的商品生产者、经营者。

3. 进入市场的生产者、经营者、消费者亦即买方和卖方均处于平等竞争的地位，优胜劣败，效益好的企业生存和发展。竞争和供求平衡价格是市场运行机制。

4. 为了避免市场经济运行中出现的各种弊端，国家必须进行干预。国家干预是在市场机制充分发挥作用的基础上对市场运行的调整。而不是国家宏观控制下的市场调节，也不是宏观控制与市场调节相结合。

5. 市场收购中的国家宏观调控的力度和措施，取决于国家的政策目标，市场运行偏离目标的程度和国家财政的能力。

（五）哪一种收购方式有利于实现粮食收购体制应达到的目标

1. 从世界各国来看，市场经济体制的国家，有的实行市场收购，有的实行国家收购，但实行国家收购的粮食价格必然反应供求关系，反应各方利益，并要求国家财政补贴。国家收购量越大或国家干预市场越多，补贴就越多。而实行市场收购不仅符合市场经济体制，补贴相对来说也少。

2. 国家订购可以通过不断提高粮价增加农民收入，但国家不断提高收购粮价，就必须不断提高销售粮价。消费者就会把对粮食销价不断上涨的不满指向国家。如果国家控制销售粮价，就必须由国家财政承担补贴。其后果是：①国家财政负担越来越重。②消费者吃惯了的低价粮，一旦提高粮价又会引起不满。③粮价不断提高，必然引起需求弹性相对大的肉、蛋、奶、菜、瓜果价格的上涨。④根据级差地租和边际理论，提高粮食收购价格的一种作用就是刺激劣等地和边际效率低的生产单位投入粮食生产。这虽然扩大了粮食生产，但影响资源的合理利用和配置。

3. 合同订购虽然也能实现粮食总量供求平衡，但因它是按供应实现的供求平衡，其必然是两种后果：①不断提高订购价，必然加重财政负担。②订购价低，农民种粮积极性下降，粮食产量徘徊，只能是长期低水平的供求平衡。而市场收购是以市场需求确定市场供应。需大于供，价格上涨，刺激生产。市场需求增量小时，价格相对低，供应量也小，是按需求实现的供求平衡。

其次合同订购也很难实现结构平衡，一是合同订购品种只有 4 种。二是计划很难量准人们对各种粮食品种的需求。而市场收购通过市场机制做到结构供求平衡比较容易，做到总供给略大于总需求也比较容易。

再者合同订购对提高收购质量也不是一种有利的收购方式。因为：①国家订购粮食企业是接受委托单位，不愁销路，检查不严，尤其是歉收时更容易不顾质量。②农民也往往把质量差的交给国家，把质量好的送到市场上卖好价。③合同订购的质量差价不合理，也往往助长了农民不注意提高粮食质量。如果市场收购，粮食质量直接影响粮食企业的经济效益，收粮时检验认真，并确保优质优价。否则收不到好粮食直接影响经济效益。同时认真执行优质优价也鼓励农民提高粮食质量。④合同订购方式有利于保持国有企业在市场上竞争能力。而市场收购是让国有企业通过竞争不断提高经营能力，不断改进技术成为主渠道。这种方式形成的主渠道交易费用低，经营效率高，不但不需要国家财政补贴，反而会上交国家财政利税。

4. 实行市场收购，国家可以不直接进入粮食市场，只用储备粮调节粮价。消费者将会感谢国家控制粮价上涨的幅度。同时国家用储备粮价格使粮食运销商不能压价，保证粮食价格有一定的上涨，也使粮食生产者感到满意。

5. 实行市场收购以后是否不容易控制粮价？粮价波动一般情况下是由两个原因引起的，一是粮食生产成本和运销成本提高。二是供求不均衡。粮食和运销的社会平均成本上扬一般不应平抑，需要平抑的只应限于供求不平衡引起的价格波动。合同订购从表面上看比市场收购容易控制粮价，但事实上并非如此。因为：①国有粮食企业实行政企分开并改造为现代企业已成定局，企业经营以利润为目标，不应再承担，也不能再承担调控市场粮价的任务。②1993 年粮价上涨的经验证明，粮价上涨是企业利益的要求，国营粮食企业不可能主动的平抑粮价。③1979 年改革开放以来的经验证明，国有粮食企业很难分开政策性亏损和经营性亏损，财政补贴额很大。

实行市场收购后由政府控制粮价，表面看来很难，事实上则不难。第一，市场供求双方好比天平的两端，在供求平衡时价格一般不会波动，只有在一端大一端小时价格才会变动。并由价格波动引起一方下降而达到平衡。例如，供不应求时由于价格上扬减少需求而达到平衡。而政府用抛售储备粮调控则是增加供给一方与需求一方平衡。当供过于求时，政府用增加储备的方法达到平衡。政府通过国家储备粮的吞吐来调控粮价是不难的。第二，我国粮食需求增加的幅度是有规律的，可以做到比较准确的预测，困难的是供给量的变化不易控制。一般情况下，我国粮食产量波动在 3.5%左右，少数年份可达 7%左右，几十年中会偶然出现 15%的波动。假设当年减少 3%，再加上需求年均增加 2.2%，按年市场粮食需要量是 1 000 亿千克计算，则需拿出 55 亿千克粮食就可以平抑粮价。第三，国家每年都可以制定一个刺激粮食生产的目标价格，即达到粮食供求平衡所必须的刺激粮食增产的价格水平。当市价低于目标价格时，就会有部分粮食转产，来年粮食将供不应求。如果市场粮价过高，超过目标价格，就会刺激粮食增产过多出现供过于求。政府以目标价格为尺度，当市价低于目标价格时，政府就以目标价格收购粮食作为储备粮。在市价高于目标价格时，政府就用目标价格出售储备粮，市价必然回落。

通过上述分析，我们可以得出的结论是：①以低于市场价向民农订购粮食用于政策性经营是把应由全社会成员承担的义务转嫁给了粮农是不合理的。②不断提高订购价可以刺激粮食生产，但粮食企业只负委托责任，不负责盈亏，必然加大国家财政补贴。③订购部分管死，市场部分完全自由，无论粮价多高，只要存在市场交易，市场价必然高于订购价，农民卖订购粮总感到吃亏。④由企业进入市场收购，把订购粮的政府行为变为企业行为，政府就可以超脱出来对市场进行干预。⑤政策性经营部分其经营成果不能与工资、奖金挂钩，不能激发企业经营活力，必然人浮于事，经营成本高。⑥政府通过制定目标价格和储备粮手段可以用比较少的财政支出达到调控粮价，促进粮食生产的目的。⑦改合同订购为市场收购显然是一个好的政策选择。

我国玉米消费结构分析*

谭 向 勇

玉米是重要而特殊的粮食品种，不仅可以作为口粮消费，而且是现代饲料工业和畜牧业发展的基础。随着经济的发展以及人们收入水平的不断提高，动物性食品的需求量将不断增加，玉米的经济重要性将越来越明显。玉米的消费需求主要是口粮、饲料、工业使用和食品加工、出口、种子及库存增加等方面。本文的目的是要说明我国玉米目前的消费结构及其发展前景。

一、口粮消费

玉米作为口粮直接食用在一些国家或地区是常见的现象。在我国一些地区（如东北、西北、西南等），玉米甚至是最主要的食用粮食品种。但从我国总体情况来说，玉米被人们看作是“粗粮”。随着经济的发展和人们收入水平的提高，人们对低级产品的需求量会逐步减少，对高级产品的需求量会逐步增加。近年来，我国城镇居民人均肉类消费需求量增长和粮食消费需求量下降的速度比农村快一些，这是由于城镇居民收入增长的速度快于农村居民收入增长的速度（1993年城镇居民收入增长10.2%，农民仅3.2%）。但城乡居民的粮食和肉类消费变化的趋势是相同的。就农村居民粮食消费的结构来看，细粮的消费比重在增加，粗粮的消费比重在下降。粗粮消费比重的下降从一定意义上表明，人们直接消费玉米的比重在下降。1993年农村住户调查资料表明，农民人均玉米消费量仅20. 25千克，占粮食总消费量（266. 02千克）的7.61%，低于稻谷（51.17%）和小麦（31.91%）的消费量，也低于其他粮食品种（9. 31%）的消费量。城市居民玉米口粮消费量比农村居民要少。综合各种因素测算，我国玉米口粮消费量约为2 000万吨，占玉米总产量的20%左右。另外，各地区农民玉米消费量差别较大，最高的吉林人均消费水平为101.12千克；最低的上海仅为0.10千克。超过全国平均水平的有11个省、自治区（吉林、辽宁、黑龙江、内蒙古、贵州、河北、云南、天津、陕西、山东、北京），其他省、自治区都低于全国平均水平。

粮食及玉米的口粮消费总的趋势是不断下降。应该说，我国这种口粮消费水平下降的趋势还刚开始，还将有一个发展的过程。根据发达国家的经验，最终的口粮消费将稳定在一个水平上。当然，由于人们对食品多样性的要求和出于健康的考虑，再加上人们长期形成的消费习惯，粮食及玉米的口粮消费还是会有一些波动的。例如，近年来大中城市居民对玉米面需求增加就是一个例证。

* 原载《中国农村经济》1995年第11期。

二、饲料消费

人们对粮食直接食用量的下降是由于非粮食产品（主要是畜产品，当然也包括水产品、园艺产品等）消费水平增加造成的，也就是说，畜产品消费对粮食消费有替代作用。经济发展必然造成人们对口粮需求的下降，对畜产品需求量的增加。这是一条经济发展及食品结构变化的客观规律。畜产品消费量的增加要求畜牧业必须有一个大的发展，畜牧业大发展要求必须有雄厚的饲料基础，而饲料基础的核心是玉米。因此，大量的玉米消费是饲料消费。

玉米是现代饲料的主要来源，现代配混合饲料比重的60%是玉米。玉米之所以被用作重要的饲料原料，不仅是由于玉米的产量较高，而且由于玉米作为饲料的营养成分也较好。技术分析测定：100千克玉米籽粒的饲用价值，相当于燕麦135千克，高粱120千克，大麦130千克，稻谷150千克。同时，玉米的鲜嫩茎叶，多汁爽口，营养丰富，也是良好的青饲料。因此，玉米是近代世界上用于生产肉、禽、蛋、奶、鱼等畜产品和水产品的最重要的饲料来源，有“饲料之王”的美称。

我国改革开放以来，粮食产量稳步增长。玉米产量的增长，带动了我国畜牧业和水产养殖业的不断增长。如果把粮食总产变化的趋势与畜牧水产品增长的趋势相比较，粮食增长速度并不快，但畜产品增长速度却较快，据此，有些外国专家认为，中国的粮食产量不实。实际上并非他们认为的那样。正是玉米的增产支撑了畜牧业的稳定发展。在粮食总产量增长的1986年、1987年、1990年，玉米增产量占粮食增产总量的比重分别为57%、68%和49%。当然，这里面还有畜牧业技术进步等原因。由此可以看出，玉米在我国畜牧业发展中发挥着重要的作用。

玉米作为饲料消费在我国有两种情况。一是加工生产成现代配合饲料。我国目前有饲料工业企业近4 000个，年产值200亿元，年饲料产量在3 000万吨以上。假如按60%的比率折算，年消耗玉米1 800万吨。随着我国畜牧业的进一步发展，特别是现代饲养技术的推广和普及，对工业饲料的需求量将会不断增加。因此，对玉米的需求量会随之增加。二是传统的把玉米直接用于饲料的消费。在农村中，把玉米直接作为饲料消费的主要是大牲畜、猪和家禽。1992年底我国有大牲畜13 485万头，其中马、驴、骡、骆驼占20%，牛占80%；猪存栏38 421万头。如此大的存栏量基本上散养在农户家中，其中，大牲畜主要是役用。在传统农区，这些大牲畜、猪以及家禽大多是按传统方法饲（喂）养的，玉米粒作为精饲料被直接喂饲或者是经简单的加工（如粉碎、煮烧等）后喂饲。据专家估计，这种传统的饲喂方式每年估计消耗玉米4 000万吨左右。从一般技术角度讲，混合饲料比直接喂饲玉米可以提高玉米利用率20%以上。也就是说，把4 000万吨直接饲喂的玉米加工成配合饲料，可以增加玉米800万吨，相当于我国1992年玉米总产量的8.4%。因此，改变传统的把玉米直接用作饲料的方法，发展饲料加工业，对提高玉米的饲料效用是非常重要的。

根据上述分析，我国目前大约有5 800万吨玉米是以现代的和传统的方式用作饲料的，也就是说占我国玉米总产量的61%。这与玉米专家佟屏亚先生估计的70%左右大体一致。

根据居民纯收入、恩格尔系数以及人均摄入的热量、脂肪、蛋白质数量等指标，可以划分我国居民食物消费结构的不同阶段。1978年以前，我国属于食品短缺阶段，粮食生产处于重要地位，畜牧业相对处于次要地位；1979—1984年属食品数量补偿阶段；1985—1990年属食物消费基本稳定阶段；1991—2000年我国将处于营养质量改善阶段。这一阶段对畜牧业

的发展将提出比较高的要求，也就是说，饲料工业对玉米的需求量将急剧增加。根据新的发展趋势，到2000年我国工业饲料发展目标为年产量1亿～1.2亿吨，也就是说，用于工业饲料的玉米将由目前的不足2 000万吨提高到7 000万吨，增加5 000万吨。另根据我国食物发展战略设计的2000年人均54千克动物性食品的目标，需要的饲料谷物为54千克×12亿×7千克＝45 360万吨。其中，粮食的比重按60％计算，需粮食27 216万吨。这个数字是我国1992年玉米总产量的2.85倍。当然，我国的动物产品不都是用精饲料转换的，用于饲料的粮食也不完全是玉米。这里只是想说明，我国畜牧业的发展对玉米需求量的增长速度和幅度都将是比较快和比较大的。

三、玉米的食品加工和工业使用

玉米是重要的工业原料。科学技术的发展使玉米的用途越来越广泛。从食品的角度分析，玉米可以加工成一般玉米面供人们食用，也可以加工成精制玉米粉、玉米米、葡萄糖浆、玉米膨化果、玉米油、啤酒等各种产品。现代医学证明，玉米食品有较高的营养价值和保健作用。因此，玉米食品的需求量将不断提高。从工业使用的方面来看，玉米加工品有着广泛的工业用途，如：淀粉工业、医药工业等。据原商业部测算（齐庆中，1992年），我国目前用于食品工业及工业使用方面的玉米大约占玉米总产量的5％左右。以1992年为例，消耗玉米约500万吨。随着食品工业和相关工业的发展，对玉米的需求量总的来说会不断增加。

四、玉米的出口

从世界谷物贸易来看，玉米是重要的谷物贸易产品。世界上玉米出口量最大的是美国，占世界总出口量的60％，其次是中国（14.3％）、法国（9.8％）、阿根廷（8.4％）和匈牙利（2.9％），剩余的国家只占50％。

总的来说，我国是一个粮食短缺的国家。从1976年开始，我国粮食进口逐年增加，1981年达到最高点。随着1984年我国粮食的大丰收，1985年和1986年我国变成了粮食净出口国；1986年后由于农业生产的徘徊，又变成了净进口国；1991年后又变成了净出口国。我国进口粮食的主要品种是小麦，出口的主要品种是玉米。我国出口玉米的原因主要有两个：一是玉米在国际市场上容易销售，一些发达国家由于其畜牧业发展对饲料的需求量比较大，玉米在世界市场上比较受欢迎；二是国际市场上玉米价格高于国内市场价格，并且我国玉米生产比较集中，出口在运输费用等各方面都较有优势。我国玉米出口主要集中在东北产区。玉米出口主要是从大连等港口运出。1992年我国出口玉米1 043.56万吨，进口玉米126吨。

1992年我国玉米出口占我国粮食总出口量的70％。日本、韩国、香港、东南亚国家、独联体国家是我国玉米主要的出口市场（见表1）。韩国与我国建交后，由于特殊的地理位置，已成为我国玉米出口的最大市场；独联体由于经济状况的变化以及外汇支付能力不足，近年来进口数量下降；东南亚国家进口数量有所增加。

从发展的角度来说，像我国这样一个粮食及饲料短缺的国家是不会长期大量出口玉米的。另外，从国际、国内玉米价格水平的变化情况来看（见表2），国内玉米的价格逐步接近或超过国际市场价格，玉米的出口价格优势即将不复存在，玉米的出口需求将下降或消失，我国甚至会变为进口玉米及其他饲料谷物。

表 1　我国玉米主要出口地区分布

单位：万吨

国家或地区 ＼ 年份	1987	1988	1989	1990	1991	1992
总　量	171.43	145.85	349.67	288.70	748.71	1 043.56
香　港	5.32	10.73	57.24	66.70	218.36	260.92
朝　鲜	8.71	7.55	12.35	15.04	16.53	51.63
日　本	30.63	31.44	129.12	82.81	173.18	208.92
泰　国	—	1.58	—	—	—	22.41
马来西亚	12.64	7.70	8.57	1.37	13.34	54.83
新加坡	4.52	1.67	11.24	11.86	34.04	29.82
印　尼	24.84	28.32	—	—	3.54	1.50
斯里兰卡	—	—	—	—	—	5.79
伊　朗	—	—	—	—	—	4.54
韩　国	—	—	—	—	—	304.68
（原）苏联	—	—	116.49	96.55	92.52	96.26

资料来源：《中国对外贸易年鉴》。

表 2　玉米国内、国际价格比较

单位：元/吨

年　份	国内		国际价格＊＊	年　份	国内		国际价格＊＊
	订购价格	市场价格			订购价格	市场价格	
1980	196	382	1 083.6	1988	305	514	920.2
1981	196	361	1 126.6	1989	326	719	954.6
1982	196	386	946.0	1990	326	669	937.4
1983	196	387	1 169.6	1991	326	580	920.2
1984	196	337	1 169.6	1992	394	576	984.4
1985	264	344	963.2	1993＊	464	762	751.3
1986	292	422	756.8	1994＊	836	1 050	741.4
1987	305	463	653.6				

＊　1993 年、1994 年的数据为 8 月份价格水平。

＊＊　汇率按 1 美元＝8.60 人民币计算。

资料来源：《中国统计年鉴》、《国际经贸消息报》和农业部、内贸部有关资料。

五、玉米的损耗及其他

玉米损耗是玉米消费（浪费）的重要一项。我国粮食损耗一直是一个有争论的问题。有人估计我国的粮食损耗高达 25%，但也有人估计 20%左右，还有人认为仅 5%。由于计算的方法及口径范围不同，估计值有差别也是正常的。根据北京农业大学俞家宝教授等主持完成的农业部粮食损耗调研项目（1992 年底对 22 省 574 个县 1 400 个样本做了调查）的结果，我国玉米的产后损失率为 16.24%（详见表 3），略低于水稻（18.69%）和小麦（17.82 %）的产后损失率。所谓产后损失率，是指从田间收获到居民家庭消费全部过程损耗的粮食占粮食总产的比率。如果按上述研究的比率计算，1992 年我国玉米损耗量高达 1 650 万吨，比吉林省 1992 年玉米总产量（1 327

万吨）还多323万吨。这是一个惊人的数字。

表3　玉米产后损失率

单位:%

项　目	明　细　项　目		平均或合计
收　获	手工收获	0.79	3.53
	半机械收获	0.83	
	机械收获	10.00	
	田间运输	1.79	
	人工脱粒	2.56	
	机械脱粒	1.99	
贮　藏	水泥仓	3.22	2.97
	席窇仓	4.60	
	木板仓	4.30	
	其他仓	4.86	
	霉　变	1.23	
	鼠　害	1.89	
	虫　害	1.20	
运　输	火车袋装	0.41	0.34
	火车散装	0.31	
	汽车袋装	0.34	
	汽车散装	0.51	
	其他运输	0.14	
加　工	出粉率不足造成的损失	1.14	1.44
	粉尘、玉米粉撒漏损失	0.30	
销　售	鼠　害	0.11	0.68
	虫　害	0.28	
	霉　害	0.16	
	其　他	0.13	
消　费	剩饭丢弃	3.40	7.28
	虫害、受潮面粉丢弃	3.88	
合　计			16.24

资料来源：根据俞家宝、谭向勇等《粮食产后损失分析》（内部研究报告，1993年12月）有关资料整理。

粮食损耗从一般意义上来说由于技术的原因，总是不可避免的，但在一定技术条件下总是有一个量的规定性。一般认为，正常的粮食损耗率为5%。如果我国玉米损耗率能降低10个百分点，这样就可以节约大量的玉米。假如按1992年总产量（9 538.35万吨）计算为954万吨，几乎相当于黑龙江省的总产量。随着我国科学技术的进步，玉米价格的提高，玉米消费方法和习惯的改善，玉米的产后损失率将会有所下降。

另外，种子消费也是玉米消费的一个方面。在一定的技术条件下，单位面积种子消耗量一般是个常数。随着科学技术的进步，特别是播种和栽培方式的改进，种子需求将会下降。从我国玉米生产发展的趋势判断，玉米播种面积将会逐步扩大。因此，玉米种子的需求量会有所增长。目前，我国玉米种子需求情况是，每公顷需种子约25千克，播种面积为2 100万公顷，玉米种子的总需求量约为52万吨。

库存增加也是玉米需求的一种形式。出于粮食安全的需要，国家或社会总是要储备一些粮食，在粮食丰收年往往要增加库存量，在粮食减产年则减少库存量。世界粮食库存量一般占消费量的比重约为20%左右(1985年21.2%，1988年24.0%,1991年19.8%)(粮农组织,1992年)。我国的粮食储备品种结构(指政府周转粮食库存)1984年为大米31.9%,小麦31.2%,玉米31.26%,大豆4.72%,薯类2.66%(邓一鸣等:《粮食流通:市场主体运行,国家宏观调控》第219页,经济管理出版社1993年)。如果按上述两个系数计算,1992年我国玉米的库存量估计约600万吨。由于我国玉米产量1992年低于1991年和1990年,再加上对玉米需求量的上升趋势。因此,1992年相对于1991年和1990年来说,玉米库存量可能是减少了,而不可能增加。就发展趋势来说,我国玉米库存增加量不会有较大的增长速度,这是由玉米需求总的来说大于玉米供给所决定的。

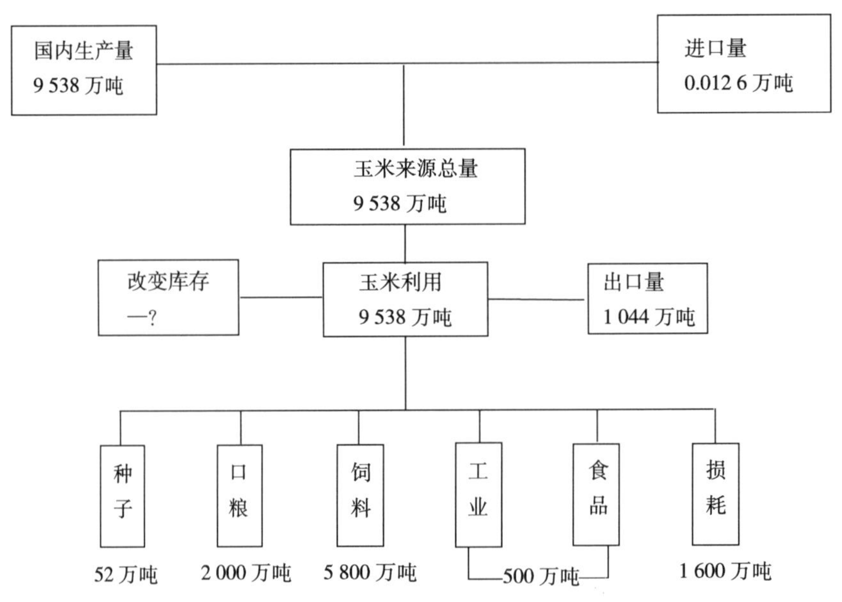

图1　玉米供需平衡图（1992年）

六、玉米供求平衡图及需求总量预测

根据上述各节的分析，我们以1992年的数据总结一下我国玉米的供给与需求状况。图1是玉米的供给与需求结构图，具体数据是根据上述各节测算出来的。数据是很不精确的，只是想从消费结构及大体数量概念上反映我国玉米消费的基本状况。1992年我国玉米总产量为9 538万吨，进口量为126吨。玉米来源总量约为9 538万吨。出口量为1 044万吨，饲料5 800万吨，口粮2 000万吨，食品及工业加工500万吨，种子52万吨，损耗1 600万吨。库存减少不清。上述几项综合平衡，需求大于供给。原因估计有三个方面：一是损耗与其他消费项目有重叠；二是库存减少只考虑了政府周转库存，没有考虑到社会库存；三是我国的各项统计数据口径不一致，有时误差较大。

从上述结构图的发展角度来分析，可能减少的项目有库存、出口量、口粮、损耗等项，变化不大的是种子，有可能大幅度增加的是饲料和工业及食品消费两项。增长的数量将取决于整个经济的发展速度以及经济结构的调整情况。总的来说，我国玉米市场的需求将逐步大于供给，需大于供的矛盾将会逐渐加重。

乡镇企业发展与小城镇建设关系研究*

洪 乌 金

一、问题的提出

我国建国以来走的是一条城市工业化——企业国有化——人口乡村化的工业化道路。这条道路曾经发挥过积极作用，但也带来了诸多问题：①由于走城市工业的封闭式发展，使农民（含集体和个人）办工业的积极性受到抑制。一方面，国家工业化资金不足、能源紧张、原材料短缺；另一方面，农民的剩余资金、技术，乡村中地上、地下的资源，得不到利用；②由于采用工农业产品价格剪刀差的方法为城市工业提供积累，致使农民收入低，农业落后；③由于城市工业重型化，资本排斥劳动，加之城市每年还有约400万待业青年需要安排，所以大量农业剩余劳动力滞留乡村。同时，由于我国实际走的主要是一条发展大城市和特大城市的城市化道路。鉴于政府财力有限。其结果是：城市化滞后，具体表现：①城市化水平极低；②城市化进程缓慢；③城市体系失衡。一是特大城市过大，二是中等城市发展不足；三是小城镇这个城市化的基础发展很差。总之，传统的工业化、城市化道路，使我国形成二元经济结构，大量农业剩余劳动力转移不出来。

严峻的现实逼迫我们从国情出发，去探索一条具有中国特色的工业化、城市化道路。我国的基本国情是：①人多、地少，尤其是农民多，耕地少，农业剩余劳动力转移任务大；②经济发展较快，但人均国民生产总值较低，资金不足；③资源总量可观，但按人口平均资源量少（尤其是土地）。基于国情特点，具有中国特色的工业化、城市化道路应当是：城市工业和乡村工业、国有工业和民营工业并举；控制大城市的规模，合理发展中等城市，积极发展小城镇（含卫星镇）；以乡村工业化推动乡村城镇化，使城市化与工业化同步发展。这条道路的必然结果是：①发挥城、乡两个积极性，使乡镇工业和小城镇也得到发展，从而加快我国工业化、城市化进程，实现城乡共同繁荣富裕，逐步消除“双二元结构”；②解决大量农业剩余劳动力向非农产业转移。可见，发展乡镇企业（指非农产业）与建设小城镇相结合是我国工业化、城市化的一个战略问题。

二、乡镇企业是小城镇建设的“发动机”

1. 促进小城镇人口数量的迅速增加，加快小城镇的形成和发展。乡镇企业的发展，特别是实行相对集中布局，建立乡镇工业小区，它不仅促进了乡镇工业上规模、上水平，而且由于企业集中，对第三产业形成规模要求，带动了第三产业的发展，吸纳了大批农业剩余劳动力，为小城

---

* 原载《中国农村经济》1995年第12期。

镇的形成和发展提供了条件。

2. 为小城镇建设积累资金。乡镇企业的发展成为小城镇建设的主要资金来源。一般每年达数亿元。

3. 乡镇企业成为小城镇经济发展的“生长点”，带动小城镇经济的振兴。原来的小城镇多为消费型城镇，只是低层次服务生产流通的“集散地”、乡村的“办公室”，对周围乡村几乎没有什么扩散效应。乡镇企业的发展，给小城镇带来新兴的产业，使小城镇经济活力大增。新建的小城镇和小城镇新区大多是工业型，即“工业兴镇”的。一般乡镇工业的产值占全镇总产值的60%～70%，甚至更多。

4. 实现小城镇功能的转变。旧的小城镇大多规模小、功能单一。一般只是商业功能，乡镇企业的发展，通过空间上与小城镇建设相结合，促进了小城镇的繁荣，不仅集市贸易更加兴旺，还建立了各种专业和综合的批发市场，而且发展了工业以及新兴的第三产业（文化、科技、信息等），实现了由单一的商业功能向工业、交通运输、商业等多种经济功能转变，由单纯经济功能向多功能——经济、科技、信息、文化、教育等转变。

5. 推动小城镇体制的改革。随着乡镇企业的发展并与小城镇建设相结合，必然有一部分外来人员和本镇农民到镇区来建厂、办店、务工、经商，这就迫使小城镇进行体制改革。首先，是劳动就业制度的改革。一是打破城乡分割的就业制度。过去城镇劳动部门，只管居民，不管农民，现在要求城乡协调并逐步实行城乡一体化的劳动就业制度；二是变计划经济时期的统包、统配制度为双向选择、自主择业的制度。即由城镇或工业小区与劳动服务公司联系，由企业等用工单位与劳动者直接洽谈就业。其次，是户籍管理制度的改革。即改变过去农民户口不能到城镇落户的制度。

三、小城镇是乡镇企业发展的“推进器”

1. 统一、及时地为乡镇企业提供信息。过去乡镇企业分散布局时，影响其发展的一个重要原因是通讯落后，信息不灵，难以及时了解外界市场和技术的变化。乡镇企业与城镇建设结合后，小城镇通过镇信息服务系统统一、及时地为乡镇企业提供信息，促进了乡镇企业的发展。

2. 使乡镇企业获得集聚效益。小城镇建设后，各种生产要素、各类企业向小城镇集中，产生“孵化效应”，使乡镇企业获得集聚效益和规模效益。乡镇企业在小城镇比分散布局，可节约土地20%～30%，基础设施与城镇共建共用，电讯线路可节约30%～40%，交通运输线路缩短20%～30%，企业之间，便于分工与协作，节约了交易费用。

3. 促进乡镇企业的技术进步。由于小城镇有良好的基础设施环境，又引进一些技术层次比较高的产业，特别是在东南沿海地区一些城镇，由于建设标准比较高，成为客商投资的“引力场”，引进了一些高新技术产业，为乡镇企业的技术进步提供了好的条件，促使经济增长方式由粗放型向集约型转变。

4. 便于统一防治工业污染。乡镇企业分散布局扩大了污染面。小城镇建设招商时，对引进有污染的工业项目要严格执行项目审批程序及环境影响评价制度，并对有污染项目适当集中，统一防治，这就能有效地保证达到环境要求标准。

5. 促进乡镇企业的改革。小城镇是培养企业新机制的沃土，有力地促进了乡镇企业的改革。主要表现在：①促进乡村集体企业进行突破社区性的改革。小城镇招商包括镇外乡村集体企业。这些企业实际上是社区政府所有，且办在所属社区，在迁镇办厂时需要进行诸如股份制、或股份

合作制和其他同原社区利益关系的改革；②借鉴“三资”企业的先进经验，改革乡村集体企业。小城镇特别是沿海经济发达地区的城镇，引进了一部分“三资”企业，国外企业的一些有活力的经营机制管理经验对乡村集体企业的改革具有重要的借鉴意义；同时，由于小城镇集中着不同所有制和经营形式、不同行业的企业，它们之间的联系与协作越来越多，其联系与协作（尤其是三资企业）必然要按照国际惯例行事，这就促进企业逐步趋向现代企业制度和经营形式的改革。

四、乡镇企业发展与小城镇建设互促共进中的制约因素和存在问题

1. 认识不足。各级领导中有一部分人对小城镇在我国经济社会发展中的重要地位和作用、乡镇企业发展与小城镇建设的互促共进关系以及农民进城、建城等问题的认识不足。因而就很难把小城镇建设列入政府的工作日程，更不可能形成一套支持小城镇建设的政策和措施。

2. 缺乏统一、专门的领导、协调机构。小城镇建设涉及城建、乡镇企业、土地、财政、金融、交通、电讯、环保、公安、民政等诸多部门。建设部内有村镇建设司，是抓小城镇建设的，但它是专业部不是综合部，没有协调职能。与小城镇建设关联最大的是乡镇企业，它归属农口，农业部内设有乡镇企业局。地方各级政府管城建和乡镇企业的部门分属两个领导系统，上面讲到其他有关方面也分属政府各职能部门。这些部门对小城镇建设都从不同角度做了许多工作，但出现多头领导，政出多门的问题。

3. 乡镇企业发展不足，布局分散和社区制约。乡镇企业发展方面存在的问题不少，与小城镇建设关联比较大的主要是：

（1）乡镇企业发展不足。一是企业规模小。二是产业结构不尽合理、层次较低。工业行业结构中层次比较低，资金密集型和技术密集型行业居次要地位；三是经济效益低。上述状况表明，乡镇企业在就业岗位、技术、资金上对小城镇建设和发展推力不足。

（2）企业布局不合理。宏观（区域）布局上，乡镇企业分布极不平衡，东部地区分布量大，中西部地区分布量小，因而影响区域之间乡村城镇化的不平衡。微观布局上，处于一种“天女散花”式的分散、无序状态。

（3）乡村集体企业社区性的制约。目前乡村集体企业归属社区，社区政府（指乡镇政府和村民委员会）拥有对村集体企业的领导权、收取利润、管理费、税收，以及解决本社区农业剩余劳动力的就业和干部政绩考核等。企业要迁至小城镇，社区政府生怕丢失上述权利和利益，因而想法设法阻挠。

4. 小城镇建设规划工作薄弱、城镇规模小、设施落后。小城镇建设的制约因素和存在问题较多，其中影响乡镇企业发展的主要有：

（1）规划工作薄弱，布局不够合理。小城镇建设一般都做规划，但有的地方规划工作薄弱：①镇址选择不周，布点多。多数地方是按行政区划建立小城镇。县一级缺乏按照经济合理的原则，在上一层次（即更大范围地区）的规划指导和现有城市（尤其是中心城市）格局来考虑本县（市）的小城镇建设布点，因而，有的镇址区位欠佳，布局分散、混乱，有的镇没有纳入本地区城市网络之中，孤岛一个，难以接受城市的辐射。②镇区内部布局不够合理。有的小城镇，工业区、商业区、生活区、文化区不配套。也有的行业规划不合理，一些污染严重而且当地目前又没有治理的工业项目，如电镀、铸造、印染、造纸等也进了小城镇，污染了环境。

（2）规模小、效益差。一是镇区面积小，二是人口少。所以辐射力弱，效益差。

（3）设施落后，建筑呆板。设施落后，一是不少小城镇的道路、供水、排水、电力、通讯等

公益和市政府设施严重不足；二是标准低，完好率差。还有建筑呆板、千篇一律，没有自己的特色和风格，不能适应经济、社会发展和人民生活提高的需要。

小城镇建设中上述问题，直接影响乡镇企业和整个城镇经济、社会的发展，以及对乡村的辐射作用。

五、乡镇企业发展与小城镇建设互促共进的对策

1. 提高对小城镇建设的认识。一是对于大量农业剩余劳动力，现有的城市可吸纳的数量是很有限的，主要还是靠小城镇这个“吸收器”来吸纳，同时，也缓冲跨区域流动的劳动力对城市的压力；二是到20世纪末，我国人民要达到小康生活水平，在乡村主要靠发展乡镇企业，而乡镇企业离开小城镇这个良好的载体其发展就会受很大的制约；三是小城镇建设主要依靠政府的财政是不可能的，而采取农民进城、建城的办法是可行的。上述这些问题只有为各级领导所认识，方能把小城镇建设作为乡村经济与社会发展工作的一项主要内容列入各级政府的工作日程。

2. 建立小城镇建设统一的领导、协调机构。建议从中央到地方（特别是县和乡镇）建立各级政府的小城镇建设统一的领导机构。以县（市）为例，即建立由县（市）领导人主持，建设、乡镇企业、土地、财政、金融、工商、交通、电讯、环保、公安、民政等有关部门参加组成的小城镇建设与发展委员会。其职能：一是制订小城镇建设与发展规划；二是统一进行小城镇建设试点；三是筹措和管理小城镇建设基金；四是从宏观政策和组织领导上协调各部门（单位）为支持小城镇建设，各司其职，协同作战。委员会下设工作班子（办公室），负责小城镇建设的日常工作。

3. 加快乡镇企业的发展和提高，增强对小城镇建设的推力。主要有以下几点：①加快乡村集体企业产权制度改革的步伐，使企业真正成为市场的主体，以适应社会主义市场经济体制的要求。②改善企业组织结构，逐步实现规模经济。一是扩大企业规模；二是加强经济联合，组建企业集团。③调整结构，逐步实现行业结构的合理化、高度化。一是要大力发展第三产业，繁荣城镇经济，增加吸纳农业剩余劳动力的能力；二是调整工业内部行业结构，逐步增加资金、技术密集型行业特别是高新技术行业的比重，以带动区域经济的全面高涨。④改善经营管理，提高经济效益，以增加对小城镇建设的资金贡献能力。

4. 引导乡镇企业集中布局，创办乡镇工业小区，并与小城镇建设结合起来。乡镇企业分散布局，不仅是占地多、基础设施各搞一套投资大、交易费用高、交通不便、信息不灵，影响乡镇企业本身的发展，而且严重制约着小城镇的形成和拓展。因此，各地应引导乡镇企业实行集中布局、创办乡镇工业小区，当然一些不宜集中的采矿业、手工业、一部分第三产业等还是分散发展。创办工业小区应同小城镇建设相结合。其好处是：基础设施和社会公建项目，小城镇已有的，可以共享，新建的共建共用，可节约投资。同时，由于小城镇集中着众多的生产要素成为经济发展的“增长极”，可发挥其带动作用，而且还可以得到城市（特别中心城市）的经济、技术、文化、信息等辐射。这对乡镇企业的发展有极重要的作用。但这里需要解决乡村集体企业的社区制约问题。其根本办法是企业独立化。一是将乡村集体企业进行股份制和股份合作制改造，同时扩股，并使乡村集体不成为控股者。这样，企业就可以摆脱社区控制。二是拍卖。在上述办法未实现之前，可采取一些过渡性措施，即企业迁入小城镇后，其隶属关系不变，销售收入、增加值、利润等指标仍由原社区统计，企业在原社区承担的“以工补农”、“以工建农”等任务不变，税收由所在小城镇财政部门收取，并以不低于50%的比例，返还原乡镇财政部门。

5. 统一规划，合理布局。小城镇建设一是具有长远性特征，基础设施一旦投入并非易改；二是具有全局性特征，它关系到自身的经济、社会乃至整个区域经济与社会的协调发展。因此，其建设规划与布局必须注意两点：一是要有发展观点、超前意识，坚持高起点，避免出现新的浪费和被动局面；二是要以系统理论为指导。在宏观上，小城镇的选址、规划与布局要符合城乡一体化和区域经济与社会发展总体规划的要求，使小城镇成为区域经济网络中的一个“结点”，从而使整个地区逐步形成：中心城市——卫星城市——县城——建制镇——集镇——相对集中的居民区，这样一种梯度辐射，各具特色，功能互补，结构合理，协调发展的城乡一体化体系。以克服一些地方存在的布局分散、混乱。在微观上，小城镇建设要实行功能分区：工业区、商业区、生活区、文化娱乐区。工业区内部布局要合理，以便统一防治工业污染；基础设施要完备、配套，功能齐全，以为乡镇企业以至整个区域经济发展提供一个良好的环境，使区域经济跃上一个新台阶。

6. 注重规模，讲求效益。小城镇建设要有一定规模和辐射半径，容纳更多的人口；基础设施建设应达到一定的标准。这样，小城镇才能有较好的经济效益和社会效益。目前应重点抓（中心城市的）卫星镇、县城关镇和建制镇的建设与发展，以防止遍地开花。

中国粮食市场组织体系研究*

詹玉荣

一、我国粮食市场组织体系建立的必然性和必要性

市场是商品经济发展的必然产物。哪里有商品经济哪里就必然存在市场。在不同的生产方式下商品交换关系的性质不同，与其相适应的市场性质也不同。就国内而言，我国市场经历了前资本主义的市场，半殖民地半封建的市场和社会主义性质的市场。我国的粮食市场也与社会性质相适应，经历了由封闭的地区性的，受行会、斗局、牙行、帮派操纵的封建式的粮食市场发展到既受外国侵略者和官僚资本操纵，又被行会把头把持的半殖民地半封建性质的粮食市场。到解放后建立了适合我国国民经济发展需要的社会主义性质的粮食市场。改革开放以来，我国实行了社会主义市场经济。粮食生产者的主体是农村集体经济中承包土地的农民和国营农场承包的农业工人。这些粮食生产者都有一定的个人生产资料和劳动产品的所有权。而粮食的主要来源是经营分散规模较小机械化程度低的集体所有制的农民承包户。为了满足全社会人民对粮食的需要，必然存在着粮食所有者与粮食需求者的交换。交换时又必然要通过市场。因为第一，我国实行改革开放以来，国营经济、集体经济、合资经济、个体经济都有相当程度的发展，随着产权的明晰，属于不同所有者的产品交换的种类和批量越来越多，越来越频繁。不同所有者之间与粮食者的交换也更多更频繁。如何完成好粮食所有者与需求者之间的交换，在市场经济条件下必须通过市场才能实现。因此建立粮食市场体系，完成好粮食流通，保证人民口粮和工业用粮的需求，建立适合我国国情的粮食市场体系是我国国民经济发展的客观需要，是社会主义经济发展的必然结果。

第二，粮食是人们每日不可缺少的生活必需品。随着人民生活水平不断地提高和经济的发展，人们对粮食需求的种类品种，加工程度越来越高。现在已和过去那种只购买原粮做饭充饥的时代完全不同了，人们不仅越来越要求吃精米精面，而且吃粮食加工品的比重也越来越大，花样品种越来越多，食品工业用粮的需求量也越来越大，这种变化也要求粮食必须通过市场交换才能更好地实现。

第三，粮食是畜禽养殖业的饲料来源，如何满足国营、集体、个体多种经济成分的畜禽养殖业对饲料粮的需求，企业之间也必须通过粮食市场进行交换。

第四，粮食还是许多化工医药工业的重要原料，为了满足需求、实现粮食供求平衡，粮食市场也是一个重要的调控环节。

第五，我国实行市场经济之后，粮食生产都仍然处于规模小，生产量小，分散经营的状态，

* 本文为国家自然科学基金资助项目“中国粮食市场组织体系研究”课题总报告。

如何把大量分散的和季节性收获的各种粮食集中起来，再适时的均衡的销售到各地区各种消费者手中，也必须通过市场的吞吐才能更好的达到总供求平衡和季节、地区的供求平衡。

第六，粮食市场是粮食流通的重要环节，也是国家宏观调控粮食在时间、空间供求平衡，平抑粮食价格的重要环节和条件。

第七，运用市场机制为发展粮食经济创造更充分的条件。通过市场可以更灵活的运用价值规律和供求规律调节粮食供求，发展国内外粮食贸易。特别是世界绝大多数国家实行市场经济的条件下，要打入国际市场，与世界经济接轨，更快的发展我国的粮食经济，也必须建立健全我国的粮食市场体系，才能更好的促进我国社会主义经济的更快发展，促进我国市场经济条件下，市场体系的完整和市场经济的发展。

二、建立粮食市场组织体系的依据和条件

（一）国家政治经济发展的需要是建立粮食市场组织体系的首要依据

粮食是人们赖以生存的最基本的生活资料和生产资料。粮食生产的发展关系到国家的稳定和社会的发展。为了满足和提高人民的生活需要和国家经济发展的需要，党和国家历来十分重视粮食生产的发展，把提高粮食生产作为重要的政治任务来抓，并取得了辉煌的成就。1950 年全国粮食总产只有 13 215 万吨，到 1994 年已达到 44 510 万吨，45 年间粮食总量增加 31 295 万吨，粮食亩产由 77 公斤增加到 406.3 公斤。取得了占世界 5%左右的耕地，养活了占世界总人口 20%的人民，这是一个巨大的成就。

发展粮食生产是增加粮食的主要手段。如何把生产出来的粮食从时间上、空间上满足人民和社会需要，即通过购销满足社会需求则是另一个重要问题。为了做好这一工作，新中国成立以来我国政府在粮食购销体制上大体经历了如下三个阶段，细分也可以说经历了七个阶段。

第一阶段，1949—1953 年是粮食自由市场阶段，由于国有粮食企业的加入，使自由市场制度得到了改善，遭过打击违法活动，开展省间调运，加强了计划管理，遏制了国民党统治时期粮食供应紧张、囤积居奇、价格暴涨的局面，稳定了市场。但当时人均占有量只有 288 公斤，商品粮包括实物税在内商品率 1952 年只有 26%，资本主义私营粮商在流通组织中仍占优势（见表 1），限制了国民经济的发展。

表 1　1950 年全国粮食流通组织经营比重表（%）

项目 \ 构成	国营商业	供销合作社	私营商业	国家资本主义合作商业
社会商业经营比重				
其中：批发额	23.2	0.2	76.1	0.1
零售额	14.5	0.4	85	0.1
粮食商业经营比重				
其中：收购	23	0	77	0
销售	20	0	80	0

资料来源：《粮食流通概论》、《当代中国的粮食工作》。

第二阶段，1953—1957 年。1953 年 11 月发布〈关于实行粮食计划收购和计划供应的命令〉从 1954 年开始，在全国实行统购销制度。又从 1955 年开始实行三定办法、把农户分成余粮户、自足户和缺粮户。给每个农户定产、订购、定消费量，同时在城市对居民和工商业实行定销。1956 年实现农业合作化后，由合作社调节社员口粮的余缺，并规定在“三定”之外增加的产量

国家只增购40%。其余由合作社自由支配，在这个时期粮食购价大致等于销价。

第三个阶段，1958—1961年，是大跃进人民公社化时期，由于订购指标过高，再加上过分集中的指导生产和自然灾害影响，严重的打击了生产者的积极性，造成了粮食产量大幅度下降、1961年比1957年减产30%。国家又不得不实行高征购，只给农民留下每人每天0.5公斤的消费标准。1961年又提高了收购价格，(提价幅度为25%)，统购价明显超过统销价。

第四个阶段，1962—1965年，国家实行调整政策。采取了提高统购价格；开放农村粮食集贸市场；固定征购指标一定三年不变。1963年，1965年两次提高统销价，并通过给消费者加工资的办法达到购销价格持平。

第五个阶段，1966—1976年文化大革命阶段。实行统一收购、统一销售、统一调拨、统一库存的更加集中的政策。取消粮食集贸市场，征购指标一定5年不变。超购加价30%，从1966年开始到1978年12年统购统销价未动。并缩小了地区差价。

第六个阶段，1979—1984年这个阶段由于农村实行联产承包责任制，减少征购任务，提高统购价格20%，超购加价50%，重开粮食自由市场，开始了议价收购。并在完成征购任务后，允许多渠道自由购销粮食。由于统销未变，国家财政补贴日益增加，粮食产量获大幅度增加，1984年人均粮食达到390公斤。也可以说这一阶段开始向适合于市场经济要求的粮食购销体制过渡。在财务方面从1979年开始把国家对粮食企业的政策性补贴，同企业经营成果划分开来，实行收支两条线。并划定了中央财政和地方财政补贴范围，初步确定了粮食财务分级管理，财务收支分级负责的格局。实行粮食企业利润留成，减亏分成、粮食企业基金等措施、把政策性补贴与企业经营区别开来，做到粮食企业在执行国家政策、完成粮油订购任务的条件下，实行独立核算、自负盈亏、扩大企业自主权，1984年开始推行粮食企业的利改税。1987年开始推行企业承包责任制，使企业自主经营、自负盈亏。

第七阶段从1985年开始，用合同订购取代统购，粮食订购品种减少为水稻、小麦、玉米和大豆主产区的大豆四种。提高玉米、大米订购比例价，并减少合同订购增加议购，逐步减少统销面。实行化肥、柴油和预购订金的三挂购政策，实行粮食双轨制，形成了初级市场，扩大和发展了粮食区域性批发市场。具体做了如下工作：

1. 逐步调整合同订购数量。1985年开始实行合同订购，当时确定订购量为790亿千克，但由于当年减产282亿千克，市场粮价上升，该年实际只完成576亿千克，完成75.4%。1986年定购任务调减为607.5亿千克，1987年又调减为500亿千克，此后合同订购大体维持在这个数目，相应的扩大了市场收购比重。由于市场价不断上涨，扩大了牌市差价，但由于粮价上涨，农民生产积极性高，促进了粮食生产。

2. 合同订购外粮食实行委托代购和议转平收购。1986年减产订购后，由于没有相应调减平价销售部分，导致平价粮销售出现缺口，为此，国家委托地方粮食部门代收部分议价粮转平价销售，但由国家议转平的议价低于市场价，农民不愿意出售，国家又将议价转为合同订购，1989年国家宣布取消议转平收购任务。

3. 实行化肥、柴油和预购订金三挂钩政策。为了减轻订购难度，给农民一定的经济补偿，同时又不会因提高粮价而引起价格连锁反应，1987年国家决定对合同订购部分实行“三挂钩”政策。但由于挂钩数量少，农民所得实惠不多，1989年又提高了“三挂钩”标准。三挂钩虽然增加了农民收入，但模糊了粮食的真正价格，扰乱了化肥、柴油的正常分配，影响其他生产的用油、用肥。而且兑现手续复杂，漏洞多。

4. 实行专项储备。1989年、1990年连续两年大丰收，为缓解粮食生产区卖粮难，1990年9

月国务院决定建立粮食专项储备制度，在不到一年的时间内，中央和地方收购专项储备几百亿公斤，缓解了卖粮难，阻止了市场粮价下跌的幅度，保护了农民生产积极性。专项储备当前存在的问题是：①货款不落实，贴息不到位；②保护价低；③仓储不够不能敞开收购。

5. 建立中央和地方批发市场。由于议价经营比重逐步增大，目前已达到700亿千克，为把议价粮纳入规范化轨道，1990年5月国务院批准郑州建立中央粮食批发市场，随后，长春、九江、武汉、芜湖等地相继建立了玉米、大米等粮食批发市场。1993年又出现了粮油期货市场，尽管粮食批发市场的交易量还不够大，不够规范，但已初步形成粮食市场体系。

6. 放开粮食购销价格。1992年4月广东宣布放开粮食购销价格，1993年1月浙江宣布放开粮食价格，1993年4月北京宣布放开粮食价格，1993年9月全国除少数边远地方和贫困地区，有的是稳购放销，有些地方是减购放开销价之外，大部分县都已放开粮食价格。现在以市场经济为导向的粮食体制改革仍在深化，正在逐步实现粮食商品化，经营市场化，调控系统化。为了保证粮食市场正常发展，国家已决定建立保护价制度和粮食风险基金。

7. 为了进一步发展粮食生产，深化粮食流通体制改革，国务院于1993年11月4日发出了《九十年代中国农业发展纲要》提出：国家鼓励和扶持发展粮食生产。全国的粮食产销要按照以省（区）为单位自给有余或基本自给、就近调运的原则，合理布局。到20世纪末，大多数省（区）要以本省（区）为单位做到粮食总量基本自给，少数调入粮食的省（市、区）要按照互利的原则，与邻近的粮食调出省（区）建立长期稳定的粮食产销关系；粮食调出省（区）仍要从全局利益出发，发挥当地产粮的优势，根据本省（区），国家和调入省（区）的需求，组织商品粮的产销；有条件做到粮食自给的省（区），要积极发展粮食生产，力争做到粮食消费自给。各地都要因地制宜，建立自己的商品粮生产基地。要根据市场需求，调整粮食的品种结构，大力发展优质粮品种，增加饲料用粮。长江中下游和东南沿海地区要多生产优质稻谷；黄淮海地区、东北地区要积极发展小麦、玉米和大豆生产。

《纲要》还提出，要在巩固完善现有商品粮生产基地的基础上，新建226个，使全国高品粮基地县达到500个，商品粮的综合生产能力达到全国商品粮产量的一半，并使其建设成为生产商品粮为主的高产、优质、高效农业基地，同时，把黑龙江、新疆、内蒙古三大垦区建设成为以生产商品粮为主的农业商品基地。

但是随着粮食改革的深化也出现了一些新问题即：①近几年以来出现了粮源偏紧；②粮价上涨；③流通混乱，个体粮食经营户越来越多，扰乱了正常收购秩序；④全国的商品粮出现了难调、难控。为了进一步发展农业生产，做好粮食工作，深化粮食流通体制改革，1995年2月在中央农村工作会议上江泽民同志指出："要千方百计夺取今年农业丰收，特别是抓紧粮食生产。我们这样一个拥有12亿人口的大国，粮食必须立足自给，供求必须基本平衡。我们必须从政策上，战略上认识粮食问题的特殊重要性。近几年，有些沿海发达地区粮田面积大量减少，单产下降，靠从外地采购大量粮食过日子。这种状况必须迅速扭转。从一个省来说，必须把解决吃饭问题的基点放在增加本地粮食产量上，首先要保证今年粮食生产有较大增长。"江泽民同志还指出："要确保'九五'期间生产1万亿斤粮食和农民生活达到小康水平。实现这两个目标，必须下决心调整国民经济结构，调整国民收入分配格局。在确保农业持续稳定发展的前提下，安排整个国民经济的发展规模和速度、安排工农业两大门类资金投入的比例。"并提出"党政主要领导同志要实行严格的责任制。哪个省'米袋子'出了问题，由那个省的书记、省长负责"。李鹏同志在会上也指出"中央要求省一级政府要把当地粮食平衡的责任担起来，把自己吃饭的责任担起来、落实'米袋子'省长负责制。这是解决粮食问题的关键一条。朱镕基同志在参加出席八届全国人大三次会议的广西代表团审议会上强调指出“粮食实行地区自求平衡，并不是要求各地区自己平衡，更不是要求各地区自给自足，而是要根据在全国已形成的经济区划、充分利用各自的农作物及其他经济作物的生产优势、发挥市场对资料配置的基础作用，进行专业化协作，实现高质量、高效益、优质互补的规模经营。陈俊生同志在《关于沿海发达地区粮食生产问题》一文也指出：“实现粮食供需平衡、可考虑在中央和省、自治区、直辖市之间实行分级负责制，中央主要负责关系全国大局的宏观调控，协调产区与销区之间的供求关系，完善粮食风险基金制度，粮食储备制度，统筹进出口调剂保持全国粮食供需的总量平衡。”

以上回顾及引证中央领导同志的指示是想说明：①为了解决我国人民的吃饭问题，几十年来党和国家一直十分重视粮食流通问题和不断地调整粮食流通机构，适应国家经济发展的需要。②我国粮食市场的变化，始终要适应粮食流通的需要、适应国家经济发展的需要。③建立粮食市场组织体系，必须根据中央的指示精神，以国家的大政方针为依据，才能建成促进我国粮食经济发展，促进粮食流通，能充分发挥市场机制作用的粮食市场组织体系。

（二）建设粮食市场组织体系不能脱离我国粮食生产区域的自然环境特征和销区特征

粮食供需状况如何，始终是关系到国民经济和社会发展全局的大事。粮食需求的均衡性多样性与粮食生产的季节性，区域性存在着时间和空间的总量平衡、结构平衡的矛盾。建设粮食市场组织体系，其目的是要把粮食产区农民生产出来的粮食通过市场集中起来，又通过市场顺畅的分散到需要粮食的各个地方。因此必须要考虑粮食产区和粮食销区的粮食市场配置问题，而粮食市场的配置又必须要以我国粮食生产区域自然特征和我国粮食销区的特征为依据。

我国粮食主产区的自然特征是：

1. 我国粮食主产区在东半部。我国耕地主要集中在东部和南部，垦殖指数已达20.5%，其中黄淮海平原占全国耕地的22.1%，长江中下游及干支流沿岸耕地占全国耕地的19.4%，东北平原耕地占全国耕地的17%，黄土高原耕地占全国耕地的9.5%，四川盆地的耕地占全国耕地4.9%，上述地区集中了全国耕地的73%。而占全国土地面积52.8%的西北半部地区的耕地，只占全国耕地7%，垦殖指数只有2.1%。根据国家统计局1994年底统计：东北区生产玉米占全国总生产量的33%，大豆占50%。黄淮海区生产小麦占全国总量的53%，玉米占34%，大豆23%。长江中下游区生产稻占全国总量的57%。可见我国的主要粮食生产在东部和东南部。

2. 由于自然条件和历史形成了我国主要粮食分布在三个地带上。即东北的玉米带，黄淮流域的小麦带，长江中下游的水稻带。

3. 近些年来我国因农业现代技术应用和受价格成本利润等经济因素影响。南方地区粮食增长中心逐渐西进，全国粮食增长中心逐渐北移。据统计1978—1994年整个南方地区增产25.1%，沿海仅增产18.0%，而长江中部地区增产35.4%，增加量占南方地区的比重达47%，总产所占比重达36.1%。1984—1993年南方地区粮食生产下滑，总产下降了12.4%，而长江中部地区继续保持稳定发展势头，西南地区增长趋势更明显，成为南方地区新的粮食增长点。若就全国来看，1949—1978年全国粮食总产增长1.7倍，其中55.6%来自南方地区。1978—1984年南方地区虽然仍居全国粮食生产的主导地位，但地位已逐步下降。而此时东北的粮食生产地位逐步提高，增产幅度为35%，增加量占全国比重达18.3%。1984—1989年，全国粮食增长中心继续北移，在南方地区减产的情况下，黄淮地区仍增产了15.7%，总产在全国比重达28.5%。1989—

1993年黄淮和东北地区共同形成了全国粮增长中心，北移倾向更加明显。全国粮食增产12%，一半来自黄淮平原，一半来自东北。1993年它们的总产量在全国的比重已达46.3%。

我国粮食销区的特征则表现为：

1. 改革开放以来，我国大城市特大城市迅速扩大，城市周围耕地迅速减少，珠江三角洲、长江三角洲、京津唐地区、胶东半岛、辽中南地区形成了五大城市群，并呈现如下特点：首先，非农业比重高，工业结构各具特色。在五大城市群中。珠江三角洲第二，第三产业产值占GDP为90.2%，第一产业只占9.79%。京津唐地区非农产业占GDP的89.47%；第一产业只占10.73%，辽中南地区为87.61%，沪宁杭地区为78.12%，胶东半岛为77.40%。其次是城市密度大，城市规模结构各异。我国五大城市群城市密度，珠江三角洲每万平方公里8.51个，胶东半岛3.59个，沪宁杭地区2.32个，辽中南地区2.17个，京津唐地区1.15个，都比全国平均0.52个高出了许多。第三个区域性基础设施水平较高，交通、电讯等基础设施完善程度高。都形成了水陆空多种运输方式相结合的比较完善的交通网络，区内外联系十分方便。这一特征必然使粮食出现供应量大，供应集中，粮食消费市场网络稠密，销售批发市场规模大，并对粮食总量的供求平衡，对粮食市场的稳定影响大。

2. 城市人口增长过快。以北京为例，根据1995年4月北京市计委、统计局、公安局、计生委对全市范围内人口调查情况统计，北京市外来人口已达329.5万人，接近全市户籍人口总量的1/3，人口来源已涉及全国各省，其中来自河北、河南、安徽、浙江、江苏等六省的占76.7%，进京人流中以农民，尤其是青壮年农民居多、约占总流动人口数的90%常住人口已超过200万在朝阳、海淀、丰台、石景山四个城乡结合部的郊区集中了全市60%以上的外来人口。又据劳动部官员称，每年从农村释放出的劳动力就达2 000万。

3. 老城市扩大延伸，新城市迅速发展。改革开放以来，我国建设发展很快，特别是近些年来城市向外延伸速度很快。北京打通二环之后又打通三环，车辆依然拥挤不堪。以前近郊碧绿的农田、现在已被一幢幢高楼所代替，并继续向纵深发展。上海迅速向浦东发展，天津正在向海边发展，广州的发展俨然成了一个新城。又据民政部统计，我国设区的城市已达到622个。城市的扩大，农转非农人口的增加必然引起商品粮巨增，对国家、对地区的粮食总量平衡造成巨大压力，给粮食市场增加混乱。另一方面则又因大批青壮年流入城市，造成粮食生产劳动力的不足，影响了粮食来源与供应。但是这批农民劳动力进城，又缓解了城市建设中劳力不足的矛盾。这一客观事实也要求粮食市场配置上给予方便，才能满足城市商品粮的正常有秩序的供应。

（三）建立粮食市场体系要考虑历史和人们生活习惯形成的原有的粮食市场情况

解放前，就国民党统治区而言，中国的粮食市场，是一个半殖民地半封建社会条件下的粮食贸易。这种粮食贸易和流通的特点是：二三十年代粮食市场主要控制在粮食行会，大粮商、粮食把头手中。因外国粮食进口免税，粮食市场受外国粮食进口影响很大，市场没有自主权，具有明显的半殖民地半封建性。到后期粮食市场主要控制在官僚资本手中，他们与外国进出口商勾结，通过贷款，援助、私人贸易等多种形式控制垄断粮食市场，把持粮源，谋取暴利。粮食市场，有市无粮，黑市投机倒把猖獗、粮食价格瞬息万变，粮食市场已处于崩溃状态。但就20～30年代所形成的粮食市场而言，南方稻作区形成的粮食市场，主要是依靠长江水系顺流而下，在河流交汇处的城镇形成初级市场，经过集中再顺流而下至县城，再至省城，形成湖南长沙米市，江西南昌米市，安徽芜湖米市，江苏无锡米市等所谓江南四大米市场。然后再沿长江运至上海消费或转口，形成以长江水系为输送渠道的粮食流通网络。

在当时南方公路铁路不发达的条件下，利用水系自然形成的粮食运销渠道，在今天它仍然是最经济实惠便利的粮食运销线。充分利用长江水系航道使广大农民从大小不等的支流干流将粮食主产区生产的粮食运送到大小集市，进而运往城市仍是一个最佳选择。因此粮食市场的建设应充分考虑到历史上形成的这一特点，充分发挥自然条件优势，对充分发挥市场的效益是有重要作用的。

旧中国北方最大的粮食市场在天津。天津之所以成为北方以小麦杂粮为主的粮食中心市场，一是因为天津地处渤海边，又与京浦京汉二铁路相连，同时也是河北五大河流的交汇口地理位置优越，便于粮食集中，又便于粮食转口。二是天津是我国北方的最大城市又与北京接邻是粮食的主要消费区。三是天津的仓储业、银行业、保险业、粮栈、斗局、中介人组织配备齐全，为粮食贸易提供了较好的交易条件。如今京津唐仍是一个城市集中的粮食大消费区，充分利用天津北京相连的优势，配置好这一粮食消区的粮食市场体系将对全国粮食市场体系的形成具有重要作用。

解放前各省城也都是省内交通便利，人口集中的政治经济中心，也是粮食集散消费中心，历史上也是省内粮食调剂的消费中心。如今省城规模更加扩大，人口、粮食消费量更多更大，交通出路也非昔日所比，充分发挥省城的优势，充分发挥省城的领导、调控作用，建好省城为中心的粮食批发市场，是建好全国粮食市场体系的重要环节。因此借鉴历史形成的粮食市场体系的经验，对我们更好的建立完善粮食市场体系是十分有益的。

（四）建立粮食市场体系要考虑我国历年来产销区粮食购销物流总量和流向

粮食的产销区既不同于一般行政区，又有别于经济协作区，它是一种独立形成的特殊区域。所谓粮食产区是指生产条件好，粮食产量高，而且除区内自身消费外还有大量商品粮调出的区域。据一些专家认定，粮食商品率应在35%以上才能定为粮食产区。粮食销区是指区域内粮食的生产量低于消费量，粮食供给满足不了需求，要从区外调入商品粮的区域。根据中国社会科学院袁永康同志研究，按各省净定购量；人均粮食占有量；农业人均定购量；粮食商品率；粮食调出（入）量等5个经济指标，结合各省地理位置的相邻性，把我国粮食产销区划分为八个区域。即①华北缺粮区（北京、天津河北、山西、内蒙古）；②东北余粮区（辽宁、吉林、黑龙江）；③东南沿海缺粮区（福建、浙江、上海）；④黄淮平原余粮区（河南、安徽、山东）；⑤长江中下游余粮区（江西、湖南、湖北、江苏）；⑥华南缺粮区（广东、广西、海南）；⑦西南缺粮区（四川、贵州、云南、西藏）；⑧西北自给区（陕西、甘肃、青海、宁夏、新疆）。在这些区域中，根据袁永康同志对1990年资料分析。东北区、黄淮区、长江中下游区及西北区，国家定购粮食量占产量的20%左右。华北区、东北沿海区、华南区、西南区均低于15%。东北区、黄淮区、长江中下游区，农业人均净收购量基本在86公斤以上。而华北区、东南沿海区却是负数。就是说该区不仅没有征购，相反还返销部分粮食。若从价粮购销差来看，华北区，东南沿海区和华南区均为负数，即该区域平价收购满足不了销售，须通过议价收购或调入来弥补。东北区、黄淮区和长江中下游区及西南区、西北区平价收购量可以满足该类地区内的平价销售量。若从购销差数对比来看，东北区、长江中下游区、黄淮区为调出区。即平价收购量大于销售量，表现为粮食产区平价调拨与平价收购方向一致。若从粮食流量与流向来看，我国各粮食生产区域内，基本上以本区主产粮为主要消费粮，辅以售余购缺。其各种粮食的区域流量及流向情况，如表1：

表1　我国各品种粮食区域间流向及流量（包括平议价）

单位：万吨

区域 品种	华北区	东北区	黄淮海区	长江中下游区	东南沿海区	华南区	西南区	西北区
小麦	+210	+164.1	−399.6	+228.1	+95.5	+87.2	+52.1	+92.8
水稻	+260	+190.2	+252.3	−769.5	+247.0	+188.0	+79.0	+116.0
玉米	+218.1	−361.3	−65.8	+180.3	+88.1	+67.8	−1.3	+56.2
大豆	+36.7	−88.7	+65.9	+105.9	+12.0	+40	+4.6	+27.0
其他	+7.1	+5.0	+10.0	+11.2	−17.4	−9.0	−22.4	−29.8

注："+"号表示调入，"−"号表示调出。

引自：邓一鸣主编：《粮食流通：市场运行、国家宏观调控》，经济管理出版社，1993年版第196页。

以表1可以看出：华北区四种粮食均需调入。黄淮区小麦玉米调出水稻、大豆及杂粮需调入。东北除玉米大豆调出外，小麦、稻、杂粮需调入。东南沿海和华南地区四种粮食均需调进。西南区除玉米、杂粮外，其他三种也需调进。西北区麦、稻、玉米、大豆也均调入，但量不大。由表1还可以看出，我国主要粮食产量在东部，粮食销区也主要在东部。北部各粮食产区互有调进调出，而南部及东南沿海各区均为调入。总的流通流向则是：①流向大中城市。随着京津沪等一批现代化大城市的膨胀，粮食消费量将以较快速度上升。②流向沿海地区。现已确立的经济特区和开放城市，形成了沿海开发带，对粮食需求量日益增大。粮食区域流通规模也呈扩大趋势，总量已达15 000万～17 500万吨，预计20世纪末可增加到20 000万吨。流通品种将出现大米、小麦、大豆、玉米、杂粮并存的状况。根据丁声俊同志的研究，我国将形成东北粮食流通走廊，长江粮食流通走廊、西南粮食流通走廊、北京粮食流通走廊等四条粮食流通"大动脉"的中国粮食流通格局。配合粮食流向总格局，在人口集中、交通便利销量甚巨的东部中心城市和在稻、麦、玉米三个粮食生产带的人口集中交通便利的东部地区配置粮食中心市场，并向西部呈扇形辐射的市场分布局，是较为合理的。

（五）建立粮食市场组织体系不能脱离我国现有粮食市场的状况

我国实行改革开放以来，随着粮食市场的开放，各地都根据当地的粮食经济特点组建了各式规模不等的粮食市场。截止到1993年夏，全国已形成了两个全国性、12个区域性粮食市场。1994年全国建有以农产品交易为主的集贸市场84 463个、城市最终消费市场17 880个，这个市场网络是我国进一步完善全国粮食市场体系，形成全国性的粮食市场网络的基础。同时经过几年的模索已取得了不少经验和成果。为了进一步深化粮食经济改革、搞好市场流通，在市场组织建设已取得的成果基础上，总结经验、兴利除弊，进一步充实、提高、完善、系统化、规模化、规范化是建设我国粮食市场组织体系的捷径。

三、我国建立粮食市场的模式

（一）粮食市场配置的设想

1. 中央级粮食批发市场的配置。我国地域广阔、人口众多，粮食生产与消费量巨大，主产粮食的品种区域性强，又由于自然条件影响各年粮食收成丰歉不一。粮食生产的季节性与消费的经常性；粮食生产品种的地域性与消费的多样性，全国性的矛盾，要求必须把各种粮食通过集中、运输、贮备、流通加以解决。而在市场经济条件下，这一过程的中心环节必须由粮食市场来完成。根据上述建立市场体系的依据和条件以及现有粮食市场状况，我们认为在东部接近粮食主产区的交通便利、消费集中、吞吐能力大的城市设置几个由国家控制的中央级粮食批发市场。这就是：

（1）以郑州为中心建立以小麦主为的中央级粮食批发市场。郑州地处中原产麦中心地带，交通方便，便于南北东西各方交易。它既可调剂南北稻麦供需，又可调剂东北玉米和西部杂粮的供需。并有几年来从事粮食交易和管理的经验。以郑州为中心建立中央级批发市场、充分发挥郑州地理位置、交通枢纽、麦产中心的优势，在粮食市场配置上是合理的、重要的。

（2）以上海为中心建立以稻谷为主的中央级粮食批发市场。上海地处长江口，人口众多，工业发达、水路陆路交通便利，粮食消费量大，历史上就是长江中下游稻谷和面粉的集散中心。在上海建立中央级粮食批发市场，可以充分利用长江水路便利，发挥其吸收中游余粮区的稻谷，满足我国最大城市的粮食需要和调剂南方缺粮区的需求。同时还可以发挥其吸收进口，吞吐北方小麦玉米的调剂作用。并可以充分合理的调剂沪杭一带经济高速发展区域的粮食需求，保障这一区域粮食的供求平衡。近几年来上海粮食批发市场的作用已越来越明显，特别是稻谷价格的指导作用和影响力越来越大，办好上海粮食批发市场，对国家调控稻谷市场具有重要作用。

（3）建立以天津为中心的中央粮食批发市场（地址可选在京津之间如廊坊等）。天津地处京津唐大城市群之中、东临渤海、西连京汉、京九、京包、京沈等主要铁路干线、还是津浦铁路的起点，它通过铁路可与东北、华北、内蒙、山西等省相连。历史上就是东北、华北粮食的重要吞吐港。在天津建立中央级粮食批发市场，既可以从水路和陆路吸收东北的玉米、大豆，又可以沿各铁路线吸收余粮供给京津唐城市群粮食消费，同时还可以与东南各省交易。可成为华北地区的重要粮食调控市场。

（4）建立以广州为中心的中央粮食批发市场。广东和闽桂历史上就是缺粮区。从清康熙 61 年（1722 年）进口暹罗米 30 万石到广东、福建、宁波出售至新中国成立以前，一直是我国南方进口洋米的集散地。新中国成立后特别是改革开放以来，广东经济发展迅速，粮食需求缺口越来越大、需要从国外或国内其他省份调入粮食也越来越多。在广州建立中心粮食批发市场，对国家调控缺粮区域粮食需要，或依照比较利益原则判断粮食进出口贸易量和贸易种类，均可以广州中心市场粮食吞吐状况作为调控依据，它应是我国主要缺粮区域中由国家控制的中心调控枢纽。

（5）以长春为中心建立以玉米为主的中央批发市场。长春位于我国玉米主产区的中心地带，全国十大产粮县吉林省就占了 6 个。东北生产的玉米，对全国畜牧业所需的饲料用粮以及工业用粮都占有重要地位。在长春建立以玉米为主的中央级批发市场，不仅可以掌握本省玉米的输出，还可以掌握和吞吐黑龙江省以及内蒙和辽宁北部地区等玉米生产区域玉米的输出和供求信息，便于国家调控全国粮食需求的平衡。

建立由国家调控的五大粮食批发市场，其作用：①掌握稻、麦、玉米等主要粮食的来源，便于国家从宏观上调控国家粮食总量和结构的平衡；②在重要粮食消费区建立由国家调控的粮食批发市场，便于国家调控粮食需求，稳定粮食市场；③便于国家掌握全国的粮食生产与消费的动态及信息，作为国家通过吞吐储备粮或调整价格或发布有关政策法令的依据。

五大中央粮食批发市场的参加者应为：①国家粮食储备机关；②各省市的粮食公司；③直辖市的粮食企业；④大城市工业消费集团单位以及国家根据粮食供求状况，随时批准的可以进入市场的机构和单位。

建立中央级五大粮食市场的基本原则，当前仍可按照国务院 1990 年第 46 号文件对郑州粮食批发市场规定的八条政策进行。即：①市场管理机构是非盈利性的服务性的事业单位。②进入批

发市场的粮食价格由商业部和国家物价局根据粮食供求情况和国家有关政策规定制定上下限价格，具体价格通过市场的公平竞争形成。③进入批发市场成交的粮食，由市场管理机构签发准运证、交通运输部门要给予支持。对有准运证的粮食出境，各级地方政府一律不得封锁。④进入粮食市场的粮食批发企业，禁止进行场外批发交易。⑤在现货批发的基础上，允许远期合同根据市场交易章程在中心批发市场内转让，但必须与现货交易严格区分。⑥商业部对各省自治区直辖市要有配额指导。⑦进入中心批发市场的粮食批发企业，须由县级以上粮食行政部门同意，工商行政管理机关核准登记，并经商业部评准。⑧建立一定数量的中央调节粮，作为仰平粮价的吞吐粮。

上述五大粮食批发市场是国家监控我国稻、麦、玉米主要粮食的中央级批发市场。这种配置设想没有涉及到中、西部地区。其原因是当前我国中西部地区仍属于粮食低产区，粮食输出量不大，其重点是自己发展粮食生产解决自给问题。在省内建立属于国家二级区域性的中心粮食批发市场就可以解决问题。待中西部生产粮食有了大幅度增长，并有较大数量输出时，可以择其发展优势大的省二级粮食批发市场上升为国家一级粮食批发市场。如为了调剂西北与各省间的杂粮贸易，可设想在西安或兰州组建国家级的杂粮交易中心。若就粮食期货市场而言，目前其重要程度并不明显，随着我国经济的发展和市场体系的完善、期货市场必然出现。而现有的由中央监控的五大粮食批发市场，随其业务的扩展，在现有的郑州、上海二个批发市场进行期货交易的基础上逐步向上述5个市场拓展。由现货转为短期，逐步发展为运期期货市场。其中主要用于饲料粮的玉米期货应先开展起来。

2. 建立以直辖市省城为中心的二级区域性粮食批发市场。现阶段我国粮食流通中，省内粮食流通约占90%，一般情况下，省城是本省内最大的粮食消费中心，是本省粮食的主要集散地，也是全省的政治经济文化的中心。从粮食物流方向和对粮食实行全省调控、贯彻执行国家粮食政策考虑，建立以省城为中心的二级区域性粮食批发市场是必要的。但影响粮食物流方向的因素是多样的，比如历史形成的原因，或自然地理条件或交通便利，或大工矿企业建成都会影响粮食物流流向。因此省级二级粮食批发市场不一定就只建一个，也可以是两个或三个。如安徽的芜湖、江西的九江、福建的厦门、广东的汕头、山东的济宁等在历史上都曾是重要的粮食集散地。在这些地区如果粮食流通需要仍可设二级粮食批发市场。再如重要的粮食生产大县粮食商品率高，输出量大像吉林的榆树县，其玉米作为饲料粮运往全国各地也可以考虑设二级粮食批发市场，作为省内粮食或省际间粮食调剂中心。市场的参与者，供方主要是省粮食储备局，省内粮食供销批发部门、粮食加工企业、外贸进出口单位。销方是省内工商粮食消费集团，省际间的二级批发市场参与者，以及根据粮食供需和流通的需要，可随时吸收的粮食交易者等。

3. 建立以县或地区为中心的三级粮食批发市场。县或地区的粮食市场，是一个县或地区的粮食交易中心。既吸收集中全县或地区生产的粮食，又要做好全县或地区以内和以外的粮食交易。这是收购粮食的重要市场，是关系粮源的一级市场。它应是常年开放的规范化的交易场所。凡有资格参与粮食经营活动的国营、集体、私营、个人都可以进入市场，如供方有粮食收购站、供销社收购部门、个体粮食收购商。销方有粮食销售批发商、供销社销售批部、外贸收购商、粮食加工企业等。这一级市场的功能是组织产、购、销直接见面，进行粮食余缺及品种调剂；组织需粮单位与粮食生产者联购、联销、代销、代储或者产、购、销一体化经营，为客户牵线搭桥参与省际间或地区间的批发业务。

4. 乡镇粮食集贸市场。这一级市场是乡镇居民购买粮食的场所也是农民出售粮食的地方。市场交易范围比较小但比较活跃，参与者成分复杂，比较难管理，当前也是最不规范的一级市场。因此这一级市场，要以农村粮站为依托，以农副产品集散地为中心，积极培育初级粮食市场。在市场上对出售和收购粮食者、要提倡公平交易、自由买卖、防止欺行霸市、限制投机倒把、鼓励正常合法经营等。

5. 城市消费市场。目前城市粮食消费仍以国营粮店为主、个体粮商仍居辅助地位。但就目前来看国营粮店出售的原粮价低质次，拓宽经营的方式，主要是馒头、大饼、挂面、切面等初加工食品，而居民希望购买精米、精面的议价粮店却很少。这部分子市场、大部分给了“平价”自选商场和个体粮商。为了搞好这类消费市场，国营粮店不仅有供给低薪市民所需求的平价粮店，也需要为薪金较高的一部分工薪阶层提供质好价高的议价粮店。

根据上述设想我国粮食市场体系，即形成为以广州、上海、郑州、天津、长春五个位于我国东半部稻、麦、玉米、大豆粮食主产区和主要消费区的城市，建立由中央监控的一级粮食批发市场向外辐射，一头与省（直辖市）二级粮市场，县地区三级粮市场粮食主产地的乡镇集贸市场相连接。一头又与省二级、县地三级和城市基层粮店、个体粮商连接，形成全国的粮食购销市场网络体系。如图 2 所示：

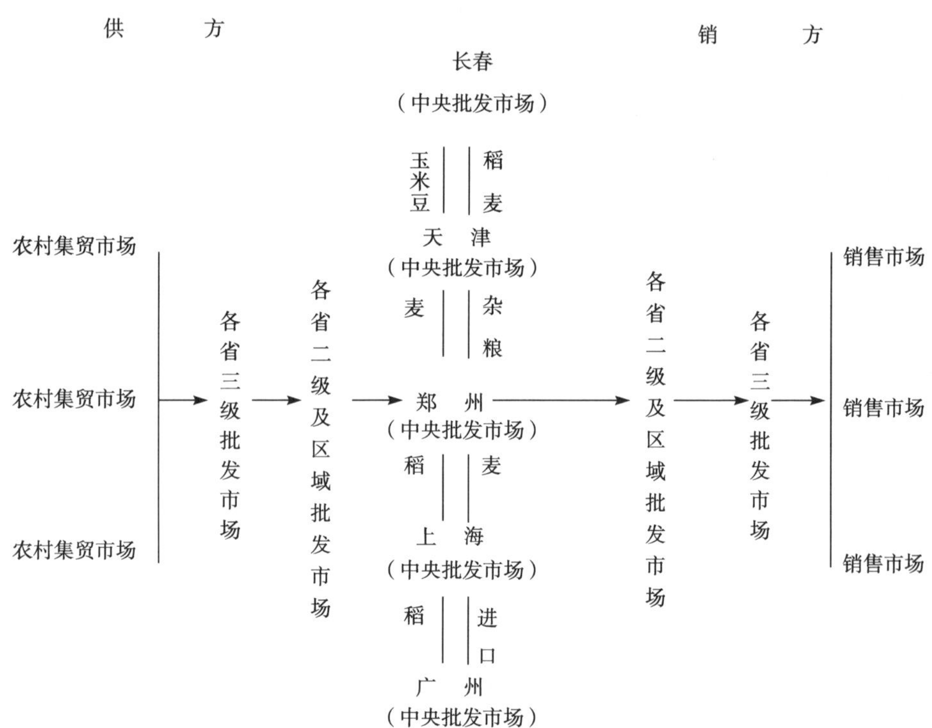

图 2　全国粮食购销市场网络体系

（二）粮食市场体系建设的步骤

市场体系的建立与完善需要一个过程。我国实行粮食市场经济时间还不长，不论在经济发展程度、从业人员的业务素质，以及粮食市场的内部组织管理和系统管理上都还处在建设改进和完善的过程中。同时还涉及到进入市场的国营粮食公司、粮店，供销合作商业以及配套的银行保险等服务设施都需要有一个适应过程。因此不可能一朝一夕或一道命令就可以完成。还需要从粮食市场战略目标；市场体系；内部管理；政策法规、法律、金融与粮食运输等多方面相互配套相互完善中逐步得以实现。因此建立我国的粮食市场体系，应在现有的粮食市场基础上，在地域上、时间上，重要程度上分层次有重点的由点到面、逐级负责完成。

首先国家重点建设和完善郑州、上海，吉林、天津、广州五大中央市场。

第二各省政府要首先建立完善好本省内的一两个二级粮食批发市场。它既是国家二级重点粮食批发市场，负有全国省际间的粮食调剂任务，也是省内的粮食调控中心。如在长江中下游的湘、赣、皖、苏五省要首先完善武汉南昌芜湖芜锡的二级批发市场，形成以上海为中心的我国以稻米为主的粮食流通市场。吉林省重点建立完善以长春为中心，以玉米为主的玉米大豆批发市场。河南应进一步完善郑州以麦为主的粮食批发市场。即使不在这一粮食流通通道上的省也应完善自己以省城为中心的粮食批发市场，形成省内的粮食调控中心。

第三地区或县要重点抓好县级粮食批发市场和粮食集贸市场。特别是农村粮食集贸市场是粮食收购集中的源头，其量大、任务重、政策性强、工作繁杂，并具体的联系着农民的切身利益和关系着粮食生产的发展。因此县一级政府积极抓好粮食市场的建设和管理，是建立健全全国粮食市场体系的重要坏节。

第四抓好粮食消费市场。这是牵涉到我国几亿居民粮食消费的大问题。当前粮食消费市场在人民生活水平还不太富裕，粮食市场还处在改革探索和建立完善的过程中，为了保证城市居民的粮食消费，实行“两条线运行”的方针是正确的。“两条线运行”既可以加强国家对粮油市场的宏观调控和管理，确保供应和稳定市场粮价，保证城镇居民口粮供应，又使粮食有序的流通。目前不少地方采取凭本或卡或票等平价向低收入居民供应口粮，其好处是：①保证城镇居民低收入者生活用粮的基本需要；②限制投机；③相对的控制了农村人口盲目流入城市对稳定社会秩序有好处。但应注意的是：①平价供应不应是平均供应、应规定收入标准。如中小城市人均月收入在100元以下者可以享受平价供应，大城市应规定在生活水平平均收入线以下的给予平价供应等。平价粮的供应量不易过高，现在人民生活水平有了较大的提高，主食消费已相对减少，要根据不同消费水平的城镇，通过调查测算出低收入者的平均粮食消费而定。如定的不适当，既增加国家补贴，也起不到平价供应的效果。③粮食部门要积极发展高价优质粮商店或叫议价粮店，满足收入较高者和低收入者对部分精米细粉的需要、使没有享受平价供应粮者有购粮的处所，也使低收入者得到优质粮的补充和调剂，也补足了平价粮限量后之不足。④多开设粮食制品加工业和商店以满足市场需求。

（三）规范粮食市场内部组织

1. 粮食市场首先要明确组织管理系统。即明确开办的管理者和设立市场委员会等。

2. 有明确的审核机构，对进场交易者进行资格审定。包括资格审定、资金审定、经营经验，必要的商业设施，商业信用等审定，合格者发给营业执照和进场交易证书，办理登记编号手续等。

3. 市场要有明确的交易规则和交易方式和自律规则。如指定交易品种和质量标准；实行公开拍卖形成价格；实行看样现货交易；明确成交品成交手续；实行平等竞争；实行保证金制；限制价幅，限制购额等。

4. 市场要具备一定的硬件设施和软件设施，就目前来看，我国粮食市场的基础设施表现出明显的不适应。首先是市场硬件设施包括仓库、烘干设备、运输手段、通讯条件等不适应。以吉林玉米市场为例，过去粮食不足，仓库的需求量不大。1984年以后粮食急剧增加，仓库就成了一个非常突出的问题，至少是造成“卖粮难”的一个重要原因。大量玉米及粮食收购后没地方存放，损失严重。玉米及粮食烘干设备短缺，不经过烘干没办法入仓。运输方面问题更突出一些，市场上有需求，有供给，但运输能力不足，一方面造成供给过剩，另一方面造成需求难以满足。为此，政府必须从多方面努力，逐步在主要产粮区投建一批现代化的仓库，并鼓励社会各方面建设仓库，同时开放社会仓贮业，逐步缓解仓库紧张的状况；在东北地区适当增加玉米烘干机的投入量，减少玉米因水分过高难于入库并造成严重损失的问题；积极开发各种运输渠道，在东北特别是晖春的开发，为玉米及其他产品的运输创造条件。其次是市场软件设施较差，主要表现是质量等级不规范，市场法规不健全，市场信息不灵，市场缺乏透明度等。应积极组建国家信息中心，其中重要的组成部分是市场信息，避免目前多头搞信息的分散状态。信息必须是集中的、统一的、共享的。就玉米市场信息来说，还可以采取一些具体的方法，提高玉米市场透明度。比如，从每年的四月份开始到十月份，每月进行一次玉米产量的预报，每次可用不同的方法（如自然因子测试法、专家估产法等）预报，以告诉所有的玉米市场参与者未来的玉米产量，从而有效地指导玉米市场的发展。

此外要规范各种主要粮食的质量标准，要有科学的检测手段，尽快的改变靠眼看，手摸，牙咬等不科学不规范的粮食检测办法。

5. 市场应有配套的服务机构。包括结算中心，负责成交合同的鉴定认可和合同保证金的收取，交易金额结算转账等。信息中心负责公布当日成交量和成交价格等。市场仲裁机构调解市场纠纷。以及相关的金融、运输、通信、保险、法律、会计、食堂、旅店、商店、卫生、警卫等进驻机构。

6. 建立法律监督机构，以确保市场交易有法可依，以法制场。

7. 在初级农贸市场和消费市场组建粮食行业协会。发挥粮食行业内部自我管理，自我监督的作用，以及传达国家政策法会、自律守法经营以保证粮食集贸市场和消费市场有序正当的经营。

8. 培养一批懂业务、懂法律的公正廉明的粮食中介人。在市场管委会的领导下由他们组成中介组织服务于供销双方，起到农民与市场之间的中介搭桥作用。

四、国家对粮食市场的宏观调控

（一）通过组织机构进行行政管理调控

在全国应有一个主管部门负责市场机构的管理与监督。在中央由农业部、内贸部、供销合作总社等有关部门参加组成统一的粮食市场领导小组、协调省间市场粮食流通，调控和管理中央一级粮食市场和省级二级粮食市场正常运行。

在初级集贸市场和消费市场上，要通过工商管理局监督市场零售价。通过组织行业协会监督粮食市场批发价和零售价，监督执行法律法规情况。

同时国家要组织粮食市场信息中心，及时掌握各地粮食市场动态，以便适时的通过组织手段、法律手段和经济手段对粮食市场进行宏观调控。

（二）通过法律法规对粮食市场调控

国家行政部门通过制定各种法律法规，如粮食市场组织法、粮食市场交易法、市场管理法、

违反粮食市场流通惩罚条例，粮食商经营规则以及建立执法机构以保障立法执行，保证粮食市场正常运行。

（三）国家通过经济手段进行调控

1. 国家储备局参与各级粮食市场交易。通过吞吐粮食平抑粮价，稳定市场。国家储备局根据当年的粮食产量，劳动生产率增长情况，农民预计增加收入的幅度三个指标，按农民收入每年增加 6%，劳动生产率提高 2%，粮价上涨 6%的幅度确定收购价。在供过于求时储备局按这个价格收购。当欠年时或粮价超过预定价格时，储备局可依据收购价加运费，加储运成本，加利润确定市场批发价，当市场粮价高于这个价格时按这个价格抛售粮食以平抑物价。

2. 通过银行控制贷款额，贷款期限和超期加息的办法从资金上给予限制和调控。

3. 通过粮食进出口贸易调控粮食总量的需求和结构需求。

4. 通过国家对粮食价格补贴和制定限制粮价的幅度的办法平抑粮价。粮食价格补贴可以补给生产者，也可以补给消费者，国家根据全国粮食的供需形势采取不同的补贴办法，达到宏观调控的目的。

5. 通过税收及调节税率的方式调控市场。如通过市场税率的变化，调控进入市场的粮食量、粮食品种等。

农业节水决策支持系统*

吴扬俊　刘维峰　范子文

一、农业节水问题的紧迫性

在我国按人口平均的水资源量（2 700 立方米）仅为世界的 1/4，全国有 45%的国土处在年降水量小于 400 毫米的干旱缺水地带，而且水资源的时空分布很不平衡，南方和北方的水资源相差十分悬殊。随着国民经济的不断发展，工业和城市生活用水将不断增加，水资源的供需矛盾日益尖锐，水资源的短缺已成为制约工农业发展的重要因素，而且还会给生态环境带来极为不利的影响。但另一方面目前农业灌溉水的有效利用率还很低，如华北地区渠道灌水有效利用率仅为 0.4 左右，井灌水为 0.7 左右。如何解决上述的水资源短缺问题已成为十分紧迫的任务。

二、农业节水的主要措施

解决一个地区的缺水问题，首先必须以系统的观点全面考虑本地区的自然、经济和社会发展的条件，制定本地区的水资源发展规划。一般来说，解决缺水问题不外从开源、节水和科学管理等方面进行。开源措施包括兴建水库，调蓄当地的水源，实现从多水地区向缺水地区引水，打井开采地下水等。节水是指用尽可能低的用水定额争取达到尽可能高的效益或在规定的生产水平下，尽量提高单位水体的使用效益。节水的实质是合理地利用现有的有限水资源，以达到高产高效，实现经济用水。开源必须以节水为前提，在节水基础上开源，既可减少开源的规模，降低开源的成本，又可以达到高产高效。

在农业上的节水措施概括起来可包括：①工程措施：如兴建小型水库、水池，调蓄当地水量；灌溉渠系统工程配套；渠道衬砌防渗；低压管道输水，减少水量的损失；大力推广喷灌、滴灌等节水灌溉技术。②农艺措施：如塑料薄膜覆盖，或秸秆覆盖以减少地表水蒸发；培育和推广抗旱农作物品种；调整耕作制度和使用科学的水肥结合技术，以达到既节水又高产的目的。③管理措施：调整农作物的种植结构；在田间灌溉中降低灌溉定额；实行小畦灌溉、细流灌溉；统一调度水的使用，实现科学优化用水；搞好量水设施，制定合理水价等。

上述的农业节水措施，从另一角度可概括为硬技术和软科学两个方面。长期以来，在我国曾存在重视硬技术的研制与投入，而轻视软科学的应用倾向，因而不能收到长久的经济效益和社会效益。软科学是为各级管理部门制定决策，帮助科学管理的科学。大量的实践表明，软科学常常是硬技术研制和推广的先导，只有科学的决策才能指导硬技术朝着合理的方向发展。

---

* 原载《决策与决策支持系统》1996 年第 2 期。

三、国内外研究综述

（一）国内外农业节水研究概况

我国是世界上历史悠久的灌溉农业大国，农业节水的研究历来受到重视，全国各有关的科研院所、大专院校及一些灌区都进行过节水的基础研究和实际应用研究。70年代以前主要研究农作物的耗水规律，作物灌溉水量与产量之间的关系，灌溉定额和灌溉制度及灌溉水量的合理利用等。随着国民经济的飞速发展，水资源的供需矛盾日益尖锐，各种节水灌溉新技术、新的灌溉方式的研究不断增加。近几年农业节水研究已从单项的技术问题研究和局部的试验研究向综合的区域性的研究方向发展，普遍应用系统工程的方法，从一个地区的自然、社会和经济条件角度出发，研究水资源系统的宏观规划与水资源的联合调度与优化分配；根据当地水资源条件研究该地区的合理产业结构，农业的种植结构及耕作制度等，研究的目的是追求整个地区经济的综合协调发展和高产高效。

80年代世界的农业灌溉以每年平均1.2%的速度扩大，但到1986年灌溉面积也只占耕地面积的15.4%，少于10%的还有74个国家，其中四分之三是非洲和拉丁美洲的发展中国家，在那里有大量的耕地和大量的未开垦的处女地等待灌溉，只要有水灌溉就可变为良田。然而，水资源是有限的，如何发展节水农业一直受到各国的重视。由于各国的水资源条件、经济发展水平、耕种制度和传统的灌溉制度不同，各国的农业节水研究方向也不尽相同。如埃及、印度和巴基斯坦等国家，他们是古老的灌溉农业大国，多以地表水引水灌溉为主，由于它们的物力、财力有限，所以它们是以改造传统的灌溉渠系，发展地面节水技术为主，对新的节水灌溉技术，由于需要大量资金，目前尚处于试验研究阶段。而以色列、沙特阿拉伯等国家，农业灌溉的历史短，灌溉的规模较小，水资源短缺，灌溉水源以地下水为主，这些国家凭着“石油美元”的资金优势，大力引进和发展喷灌、滴灌等新的灌溉技术。以美国为代表的国家，由于原有的农业灌溉基础好，地面灌溉也很发达，同时经济实力雄厚，因而在农业节水方面，既重视改造传统的灌溉体系，又大力发展新的节水灌溉技术，以达到综合的农业节水。

（二）国内外农业节水决策支持系统的研究概况

70年代在国外提出决策支持系统（decision support systems，DSS）的概念，决策支持系统是在数据处理系统的基础上发展起来的计算机信息系统，它帮助高层管理部门制定决策，在技术上它吸收了系统工程的理论和方法，强调定量化方法与决策者的定性经验相结合。在国外已从概念和方法的探讨、小型系统的开发研究到实际的推广使用，也有应用到水资源规划、灌溉管理方面，如美国加州州立大学1990年开发的CIMIS系统，主要包括重点农业区内的70多个气象站的资料，由水资源局管理运行，可及时地向农户和草场管理者提供有关的气象信息和根据气象信息估计的参考蒸腾值（ETO），以提高灌溉水的利用率。由该大学的农业工程系与水资源局共同开发的灌溉评价专家系统，包括综合调查、沟灌、畦灌、手动/侧向喷灌、线性移动喷灌、树下喷灌及微灌等七个灌溉系统的评价程序。评价的目标是通过测算配水的均匀度和灌溉效率，估计节水和节能的潜力，并针对系统存在的问题，提出具体的建议和措施。由美国卡罗内达州大学开发的水资源管理决策支持系统（water resource management decision support system，WRMDSS）。包括微型机的支持环境、地区的水资源监控系统、水供给系统、水库管理系统、计算机辅助计划制定系统、地区气候观测和预报系统及知识库为基础的专家系统。

国内的决策支持系统研究始于80年代，与本课题有关的系统如：由厦门市集美农业区划办公室与有关单位在1988年开发的县级农业气象和水资源信息系统，它由基本支持系统；信息处理子系统；辅助决策子系统和统计计算软件包组成。对气象和水资源数据进行分类整理，建立了20多个数据库，存储专家有关知识，在计算水库蓄水量，估计稻田保灌天数、异地引种、作物最佳种植区域等方面具有辅助生产决策能力。由清华大学在1990年开发的京津唐水资源分析决策支持系统，该系统对制定京津唐水资源供水计划的战略决策提供支持，它由基础模型库、宏观模型库及管理系统、规则库及生成系统和报告生成及文件管理系统等部分组成。该系统的辅助决策模型包括多目标决策和系统动力学模型。该系统可进行远程通信，可将屏幕显示内容投影到屏幕上，从而有利于支持会议的群决策。另外，国内外还研制了一些水资源管理的计算机软件系统，这些系统也具有某些辅助决策功能，如原东德研制的计划灌溉的信息咨询系统 IBSB-1，该系统能有效地为灌溉农户和管理机构提供信息服务，是水资源计划系统中的一个子系统。国内武汉水利电力学院根据湖北省漳河灌溉试验站的实测资料，编制了中稻需水量的预报程序，可进行短期需水预报。

四、农业节水决策支持系统的总体设计

（一）系统设计所遵循的原则

1. 实用性。本系统是一个面向实际的应用系统，系统的功能应尽可能与用户要求一致。考虑到系统的用户并非计算机专业人员，所设计的系统操作应比较简单、易学，人机界面友好，输入数据应有汉字提示，且有一定的容错能力。

2. 科学性。要求本系统中的数学模型比较真实地反映客观实际中各影响因素之间的关系；模型中的参数比较准确。

3. 通用性。要求本系统对我国干旱地区的农业节水决策有一定的通用性，对不同地区只要求对系统稍加修改并可适用。

4. 可扩充性。随着时间的推移，决策环境和需要决策的问题都会发生变化，因而要求系统具有可扩充性。另外，系统本身在开发和应用过程中也需要不断地扩充和完善。为了使系统具有可扩充性，系统的结构采用模块化，各子系统留有程序接口。

（二）系统的总体功能框架

农业节水决策支持系统由四个子系统构成，如图1所示。

1. 水资源分析计算子系统。该子系统的功能包括：对当地可利用的地下水和地表水资源情况的搜集和分析；对年降水量进行预报和降水规律分析及对水资源的供需平衡进行计算。

2. 农业灌溉水优化利用子系统。本子系统包括以下三个部分：

一个地区不同子区之间的灌溉水量优化分配，本模型针对一些不仅有地下水而且还有水库水作为农业灌溉水源的地区，如何划分种植子区，在各子区之间如何分配水库水和抽取本子区的地下水，使得全区的种植结构合理，年经济效益较高，又使子区的地下水不至于过量开采，保护全区的水资源环境。

一个子区内不同作物之间的灌溉水量优化分配，本模型主要确定该地区的适水作物种植结构，解决在有限水资源条件下如何确定各种作物的种植面积和水量的分配，使该地区的年纯收入最大。

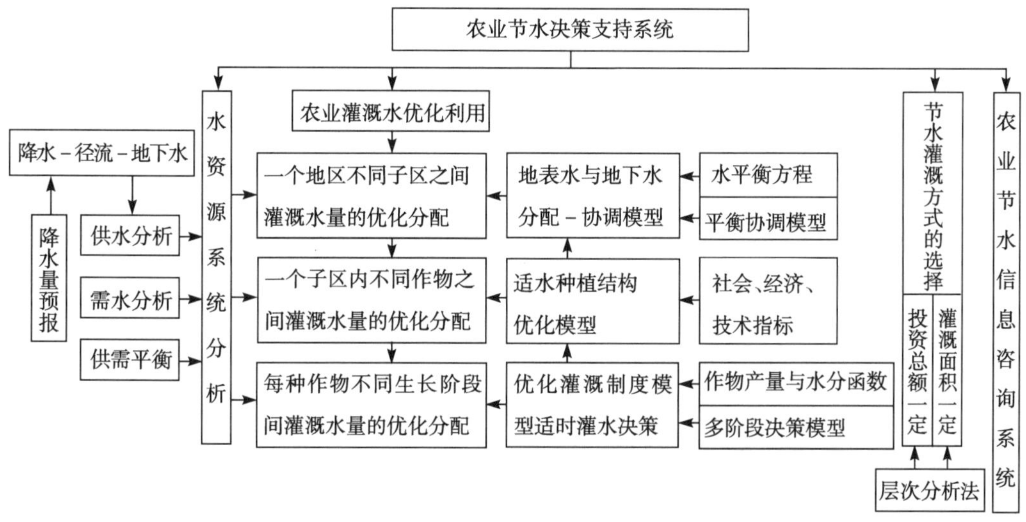

图1　农业节水决策支持系统总体功能框架

每种作物在不同生育阶段之间的灌溉水量优化分配，本部分的功能是确定主要作物的经济灌溉定额，优化灌溉制度和进行实时灌水决策。

上述三个部分构成一个地区农业灌溉水量优化利用的整体，以期提高用水效益，为农业节水科学决策提供坚实的基础。

3. 节水灌溉工程选择与评价子系统。本子系统以最佳的综合灌溉效益为目标，考虑了尽可能大的经济效益、节省灌溉水量和尽可能扩大灌溉面积为准则，可进行各种节水灌溉方式（包括喷灌、滴灌和管道输水等）的选择并确定其发展的规模。

4. 农业节水信息咨询子系统。该子系统可向决策者提供有关的信息支持。包括有关的农业、水利等方面的数据管理与查询，有关报表打印，并可从有关数据库中分析出模型运算时所需的数据。

（三）系统的实现

根据系统的功能要求，本系统采用比较成熟的二库（数据库和模型库）结构，数据库管理系统采用目前最流行的汉字 FOXBASE，各子系统的辅助决策模型由高级语言实现，并将模型嵌入程序之中进行管理。系统的接口包括人机接口、程序间数据接口和语言间的接口。

系统运行的硬件环境是 IBM PC 系列微型机，具有 1M 以上的内存，带硬盘、高分辨率(768×1024)彩色显示器和 24 针的汉字打印机一台。支持软件包括汉字操作系统、汉字 FOXBASE 2.0 以上版本及 GWBASIC 语言。

参考文献

[1] 袁文芝，严世华．建立节水型经济乃当务之一急——访国务委员陈俊生．科技日报．1990－03－24（1）

[2] 中科院地学部．华北地区水资源合理开发利用．水利电力出版社，1990

[3] 谢桂秀等．美国加州农业节水和水管理进展．农田水利与小水电，1992，(2)：40
[4] Johuson L E. Water Resource Management Decision Support System. Journal of Water Resource Planning and Management. 1986，112 (3)：308～325
[5] 厦门市集美农业区划办．县级农业气象和水资源信息系统．计算机世界，1988. 3. 30. (14)
[6] 翁文斌等．京津唐水资源分析决策支持系统．清华大学课题报告，1990，12
[7] Karl-o，Wenkel Hermann W Meler. Computer Application in Food Production and Agricultural Engineering，35～45. Proceeding of the IFIP TC5 Working Conference on Food Production and Agricultural Engineering Havana，Cuba，26～30，October 1981
[8] 吴化南，肃乾英．章河水库灌溉区灌溉用水预报．灌溉排水，1990，10 (3)：24～27
[9] 刘维峰，吴扬俊．节水灌溉方式的选择．北京农业工程大学学报，1994，14 (1)

信息在德国生猪及猪肉市场中的运用*

——德国在改善生猪及猪肉市场透明度方面的一些做法

谭 向 勇

德国是一个高度发达的市场经济国家。保证市场规范有效地竞争是政府的基本任务之一。为了完成这一基本任务，政府在改善市场透明度方面做出了许多努力。所谓市场透明度就是市场的可见度，就是所有市场参与者对市场发展变化的现状和未来的了解程度。如果市场参与者都能清楚地了解到市场发展变化的状况，微观方面就可以做出合理的决策，提高竞争能力，减少投机现象；宏观方面就可以保证正常合理的竞争状态，提高市场效率。

生猪及猪肉市场是德国非常重要的食品品种市场之一。德国的食品消费结构中动物食品占有绝对的优势，而猪肉消费在动物食品中占有较大的比重，1993 年猪肉消费占肉类总消费量的 60%。因此，德国政府非常重视改善生猪及猪肉市场透明度的工作，在各方面做出了大有成效的努力。改善市场透明度的努力是多方面的，为了评述的方便，我们把它归纳为三点，即改善生猪及猪肉市场数量透明度、质量透明度和价格透明度。下面分别予以介绍。

一、改善生猪及猪肉市场数量透明度

改善数量透明度的目的是让所有市场参与者知道目前和未来各类猪及猪肉有多少。主要的措施是通过统计和预测提供市场信息。

在数量统计方面，德国每年进行三次存栏抽样调查，即 4、8、12 月底。统计的指标非常精细，主要指标有仔猪存栏，活重低于 50 千克的青年猪存栏，育肥猪存栏（其中又分为三组，即 50～80 千克、80～100 千克、100 千克以上），青年猪和育肥猪存栏合计，50 千克及以上的种公猪存栏，50 千克及以上的母猪存栏（其中包括怀孕母猪和其他未怀孕母猪存栏），猪总存栏等。另外每两年的 12 月份进行一次普查，全面摸清生猪生产的基本状况。这种精细的统计，使人们比较系统全面地了解到仔猪存栏的基本情况。另外再附以地区分布图形，使人们不但有总量和结构的概念，而且形成空间分布的概念。

在基本的统计基础上，一些信息中心和大学及科研机构定时地对生猪生产的未来进行预测，在德国目前具有代表性的是霍茵海姆大学农业政策与市场研究所的定期预测，主持人是在欧洲生猪及猪肉市场研究方面较有名气的 Boeckenhoff 教授，这项预测已持续了 40 多年。预测的准确性不断提高。预测的是生猪的出栏头数或生猪产量；预测的数据取自生猪存栏的统计资料，预测的

* 原载《农业技术经济》1996 年第 5 期。

方法是一般简单回归分析，预测的时点3个月、6个月、9个月以及更长的期限，每年进行3次，预测经专家讨论修正后形成最终公布数据，预测的结果定期在《农业经济》杂志上发布，同时也在一些信息报刊上公布（可参考柯炳生的《联邦德国生猪生产预测方法》一文。见《农业技术经济》1990年第4期），从而引导生猪及猪肉市场的合理运行。有关生猪及猪肉市场的数量状况，如市场供给量、库存变化量、外贸进出口量、消费者的消费状态、生产量与消费量之间的关系等指标，有关部门（如统计局、海关、其他协会组织等）经常公布，从而使生猪及猪肉市场的基本数量非常清楚，有利于市场参与者在经营数量方面做出合理的决策。

二、改善生猪及猪肉市场质量透明度

随着人们生活水平的提高，人们对猪肉质量的要求也越来越高。因此，提高生猪及猪肉市场的质量透明度，可以帮助消费者在购买商品时做出正确的选择，生产者生产有利于自身利益的生猪，运销者营运更有目的性。

生猪及猪肉质量是一个非常复杂的问题。在德国关于生猪及猪肉质量的内涵及测定指标目前还没有一个固定统一的标准，但一般认为主要有以下几点：一是营养价值，主要从脂肪、蛋白质及其他方面来分析，主要评价指标是瘦肉率；二是健康价值，主要从动物健康状况、卫生状况、饲料来源、动物营养、肉类加工等方面分析，主要评价指标是生猪及猪肉的检疫情况、食品检验情况、猪肉成分含量、产地来源、屠宰日期等；三是消费价值，主要从肉与脂肪的比例关系，消费时重量和体积的损耗等方面来分析，主要评价指标是瘦肉率、肉质状况等。四是享乐价值，主要从颜色、气味、味道、硬度等方面分析，主要评价指标是肉质纹理状况、胴体性别、屠宰日期等；五是名望价值主要从价格、订货来源（如特产）等方面来分析，主要评价指标是社会的价值观念。另外还有所谓的伦理价值，主要考虑社会的自然的责任感，主要评价指标有饲养规模、育肥方式、品种特点、饲料状况、货物来源、运输过程，屠宰方式等。总之，生猪及猪肉的质量问题涉及面较宽。只能是某些因素是主要的，其他因素则相对处于次要的地位。

德国在改善生猪及猪肉市场质量透明度方面首先是确定生猪的等级标准。德国目前生猪等级一般分为五级，另外还有三级等外（主要是屠宰母猪），划分等级的标准主要是根据胴体重在50～120千克之间时的瘦肉所占比重多少来确定的。一级为≥55%；二级为<55%、≥50%，三级为<50%、≥45%；四级为<45%、≥40%；五级为<40%。屠宰企业严格按照此标准划分等级。以1992年为例，德国生猪一级占53%；二级占35%；三级占8%；四级和五级占1%；等外三级占3%；不同的等级获得不同的价格。1993年一级到等外每千克屠宰重的价格分别为2.65、2.39、2.07、1.69、1.49、1.79马克不等。第五级的价格仅是一级价格的56.2%。这种等级标准的规定以及不同等级价格水平的公布，使猪肉市场的质量状态比较清楚地展示在市场参与者的面前，有利于营销活动。

另外是从法律上规定生猪及猪肉的商标化。所有生产中的生猪都必须有耳标记，标明此猪是哪个农场生产的；所有在运输中的活猪都必须有运输所必需的各种证明，主要有生产者证明、兽医检疫证明、运输单位证明；所有的屠宰企业屠宰的猪肉必须有自己厂家的标记、卫生检疫标记、等级标记以及屠宰日期标记；所有在零售店的猪肉都必须有来源标记、质量标记、重量标记、价格标记、保质期标记等。如果是生态猪肉的还要附加有关生态单位组织的特殊标记和说明。这就使各个环节上的生猪及猪肉都有自身的状态说明，从而保证了有效的生猪及猪肉质量市场透明度。

再次是政府及各种协会定期或不定期举行各种类型的生猪及猪肉展览会，从而评比出优质产品。例如种猪展览会，展示优良品种，提高生猪优良品种率；育肥猪展览，从形态上传播优质生猪的状态，另外，还有屠宰机械展览，等级标准分检机械展览等。从而为质量透明度的改善提供服务。

另外是严格的卫生检验。首先是生产阶段的卫生检验。这项工作是由政府农业部门的兽医局完成。法律规定每装卸一次必须检查一次。也就是说，养猪户每半年从兽医局获取一份没有疫病的证明，有了这样的证明才能继续生产。假如发现某农场有传染病，或临时发现某农场或区域有疫情，经兽医局确定后，警察局将封锁并销毁疫区的所有生猪，并进行严格的消毒处理。政府对受损失的农场给予部分补贴。其次是在屠宰前后的卫生检疫，屠宰前后的卫生检疫是由政府指定的专职兽医承担的，检疫费用由屠宰厂承担，屠宰前检疫出来的生猪不能进行屠宰，屠宰后检疫有问题的猪肉不能进入市场。其中一些问题不太严重的，可以进行降级使用。德国每年都在屠宰环节检疫出一定比例的不能进入市场的生猪与猪肉（见表1）。再次是零售环节的卫生检疫，这是由内政部系统的经济检查机构承担的，他们随机从零售商那里购买样品，进行检疫，对于不合格的厂家或商店进行严厉的处罚，在一个商品过剩的国家，这种公开的惩罚几乎等于封闭商店。严格的卫生检疫以及结果的公开，使质量市场透明度大大提高。

表1　没有通过质量检疫的生猪

单位：千头

	1970	1980	1987	1988	1989	1990	1991*	1992*
被检查的生猪	28 899.0	37 113.9	38 283.3	37 640.5	35 306.9	37 198.3	42 760.9	39 285.8
•不合格	48.8	68.6	69.6	68.0	62.3	64.5	92.2	86.0
•接近合格	135.4	32.3	19.2	18.1	15.0	16.0	21.7	20.1
•劣质	126.3	186.2	154.0	140.2	124.2	121.7	184.8	134.1
没通过检疫的生猪比重（‰）	10.8	7.7	6.3	6.0	5.7	5.4	7.0	6.1
•不合格	1.7	1.8	1.8	1.8	1.8	1.7	2.2	2.2
•接近合格	4.7	0.9	0.5	0.5	0.4	0.4	0.4	0.5
•劣质	4.4	5.0	4.0	3.7	3.5	3.3	4.3	3.4

注：①*资料为全德数据。

②不合格的生猪彻底销毁；接近合格和劣质的可以降级使用，如经特殊（如高温）加工后做成食品，或加工成肉粉作饲料等。

三、改善生猪及猪肉市场价格透明度

20世纪60年代前，德国生猪的市场价格主要靠活猪交易市场形成。由于生产规模较小，生产单位很多，最好的交易方式是集市交易，各类市场参与者定时定点地集中在一起，通过激烈的讨价和多次的交易活动，一方面完成了交易过程，另一方面形成市场公认的价格，所有市场参与者基本上是把上次交易形成的公认价格作为参照，来决定这一次交易的价格水平，整个生猪交易就是这样连续不断地进行着。到70年代后，生猪生产的集中化和专业化，使生产规模急剧扩大，屠宰企业工业化，运销部门专业化，一方面是规模扩大，另一方面是市场参与者人数减少。另外，市场基础设施逐步现代化，如公路及运输条件、通讯条件等，在这样一种背景下，传统的价格形成与方式已不适应新的形势。一种新型的价格形成及传递方式开始产生，并且政府在这种新型的方式中起着非常重要的作用。

这里以巴登符腾堡州仔猪价格形成及传递为例作一说明。该州在 Schwaebisch Gmuend 有一个仔猪价格信息中心，该中心部分地由州政府财政资助。此中心选择有代表性的仔猪生产农场和仔猪运销商，这些样本必须在每周五的 13：00 把本周所出售和贩运的仔猪数量、价格用国家的格式传真到信息中心，信息中心经过整理后，于下周一 13：30 把仔猪市场价格综合信息传真给各样本单位，主要内容为各主要地区优势仔猪和一般仔猪的成交头数、最低价格、最高价格、平均价格。另外还附上样本自己的价格，以便样本自己比较其价格是否合理。以 1995 年第 50 周（即 1995 年 12 月 11 日至 17 日）为例，笔者访问的一位仔猪运销者上报的优质仔猪价格平均为 93 马克，中等仔猪价格为 73 马克，而信息中心提供给他的价格为：优质仔猪价格平均为 93.4 马克（最低为 85 马克，最高为 99 马克），中等仔猪的价格平均水平为 70.3 马克（最低为 68 马克，最高为 71 马克），这样运销者就可以通过比较得出结论，他给的优等仔猪价格为中等略偏下水平，中等仔猪的价格给的过高了。这为他下周的运销过程的价格决定起着非常重要的影响作用。从上可以看出，仔猪价格的形成如同交易所证券价格的形成，它把价格的形成过程与仔猪实际的交易过程分离开了，从而节约了交易成本，另外，价格传递是非常快的，从而有效地保证了仔猪价格的市场透明度。生猪价格的形成与传递也基本上类似。在德国各州几乎都有各种类型的专业信息中心，从而使生猪及猪肉市场价格透明度保持高度清晰。另外，各种价格快速传递给样本单位外，一般都尽快用大众媒体公布，如《农业通讯》（Landpost）上有上周各种生猪及猪肉的价格，有全德的、原西德的、有东德的、各州的、各主产区的等，市场参与者可随时得到各种市场价格信息，以便做出合理的决策。

有关其他市场价格信息，市场参与者可随时从有关单位和传播媒体上获得，例如地区差价、质量差价、价格的发展变化、外贸价格变化、生产者价格、消费者价格、运销收益等。这些价格信息随时由各类信息中心、海关、运销协会、合作社、研究机构等整理发布。因此，市场参与者对整个生猪及猪肉市场价格的各个方面和环节都是非常明了的。

四、几点启示

德国是一个发达的市场经济国家，在改善市场透明度方面有许多有益的措施值得我国借鉴。首先是在市场管理的目标上要明确，政府必须保证市场的合理有效竞争，为此必须通过各种努力，不断改善市场透明度；其次，改善生猪及猪肉市场透明度要从三个方面做出努力，即数量透明度，质量透明度和价格透明度。只有这样才能保证市场透明度的完整性；再次，有关生猪及猪肉市场的各种数据要逐步规范化、区域化和公开化，所谓规范化就是要从制度上保证各种市场数据的及时、准确、统一地上报和整理；区域化是指在各不同区域加强工作。应有全国的，但更应注重区域市场的数据，因为生猪及猪肉市场的活动一般都是有一定的区域性，比如在中国是否重点考虑在地区级范围内先建立信息中心，服务于本地区内的和周围地区的市场参与者，在市场信息方面搞全国范围的集中统一数据，实际上是意义不大的；所谓公开化就是要客观地、及时地告诉市场参与者，目前的各种市场状况是什么样以及未来如何发展变化，各种信息不能只停留在计算中心或只供政府部门或研究单位使用，应提高市场数据的全方位利用，为全面改善市场透明度服务。

我国是一个市场经济刚开始起步的国家，有许多工作需要做，就改善市场透明度方面也只能是有先后次序的工作，逐步采取措施。但重要的问题是要明确有哪些任务需要去完成。

三大作物生产机械化发展制约因素的定量研究*

焦长丰

[摘　要] 三大作物水稻、小麦、玉米在粮食生产中占有重要的地位，研究三大作物生产机械化的发展基本上可以全面反映粮食生产机械化发展中面临的问题和障碍。本文运用模糊数学理论和专家调查方法定量研究三大作物生产机械化发展制约因素的影响大小（简称制约力），以图在定性研究的基础上向定性与定量结合前进一步。

[关键词] 水稻　玉米　小麦

三大作物生产机械化发展的制约因素很多，大致可分为政策、经济、自然、规模、工艺、科技、能源七大类，每一大类又由若干具体制约因素构成，如下图所示。

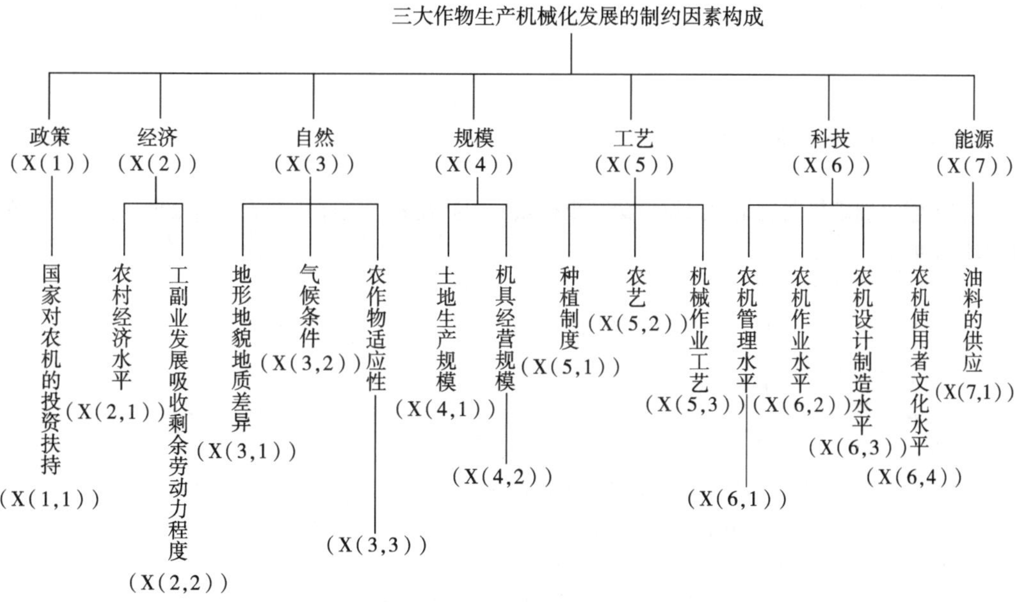

由于制约因素很多，各个因素制约力在不同地区、不同作物或同一地区不同发展阶段是有所不同的，因此很难定量化。为了对三大作物生产机械化的制约因素及其制约力大小进行科学排序，以利于抓住解决问题的关键，本文将模糊数学方法与专家调查方法结合起来进行综合评价。评价时域为现阶段，区域为全国，对每种作物分别得出相应的模糊关系矩阵。

---

* 原载《农业机械化论坛》1996年第3期。

一、模糊关系矩阵的建立

模糊矩阵的建立，主要是对每种作物每个制约因素对制约力隶属度的确定，由于各因素的制约力都是相对的，因此全部采用专家调查法确定隶属度，调查对象是国内外十多个从事该领域研究的高级科技人员。具体计算过程从略，这里分别给出三大作物生产机械化制约因素制约力的模糊矩阵。

	（一）水稻			（二）小麦			（三）玉米		
X（1，1）	0.3	0.6	0.1	0.2	0.5	0.3	0.4	0.4	0.2
X（2，1）	0.7	0.2	0.1	0.7	0.3	0.0	0.9	0.1	0.0
X（2，2）	0.5	0.2	0.3	0. 6	0.4	0.0	0.5	0.5	0.0
X（3，1）	0.6	0.3	0.1	0.2	0.7	0.1	0.2	0.7	0.1
X（3，2）	0.1	0.5	0.4	0.2	0.5	0.3	0.1	0.4	0.5
X（3，3）	0.2	0.4	0.4	0.0	0.1	0.9	0.1	0.2	0.7
X（4，1）	0.4	0.5	0.1	0.6	0.2	0.2	0.5	0.4	0.1
X（4，2）	0.1	0.6	0.3	0.5	0.4	0.1	0.3	0.6	0.1
X（5，1）	0.8	0.1	0.1	0.5	0.5	0.0	0.6	0.2	0.2
X（5，2）	0.6	0.3	0.1	0.0	0.7	0.3	0.1	0.6	0.3
X（5，3）	0.3	0.5	0.2	0.2	0.6	0.2	0.2	0.6	0.2
X（6，1）	0.5	0.4	0.1	0.3	0.6	0.1	0.3	0.5	0.2
X（6，2）	0.7	0.2	0.1	0.4	0.5	0.1	0.5	0.4	0.1
X（6，3）	0.9	0.1	0.0	0.4	0.6	0.0	0.7	0.3	0.0
X（6，4）	0.3	0.6	0.1	0.3	0.6	0.1	0.3	0.6	0.1
X（7，1）	0.3	0.3	0.4	0.3	0.5	0.2	0.3	0.5	0.2

二、各因素权重的确定

权重值的确定依据也是专家调查法，根据收回的调查表，经过科学的数据处理，得各层次的权重结果如下：

第一层次X（I）：

X（1）=0.08；X（2）=0.21；X（3）=0.12；X（4）=0.1；X（5）=0.16；X（6）=0.3；X（7）=0.04

第二层次X（I，J）：

政策：X（1，1）=1

经济：X（2，1）=0.56；X（2，2）=0.44

自然：X（3，1）=0.46；X（3，2）=0.29；X（3，3）=0.25

规模：X（4，1）=0.57；X（4，2）=0.43

工艺：X（5，1）=0.34；X（5，2）=0.33；X（5，3）=0.33

科技：X（6，1）=0.24；X（6，2）=0.18；X（6，3）=0.38；X（6，4）=0.2

能源：X（7，1）=1

各因素的相对权重A（I，J）=（I）×X（I，J），计算结果为：

A（1，1）=0.07

A（2，1）=0.12；A（2，2）=0.09

A（3，1）=0.06；A（3，2）=0.03；A（3，3）=0.03

A（4，1）＝0.06；A（4，2）＝0.04

A（5，1）＝0.06；A（5，2）＝0.05；A（5，3）＝0.05

A（6，1）＝0.07；A（6，2）＝0.06；A（6，3）＝0.11；A（6，4）＝0.06

A（7，1）＝0.04

三、三大作物生产机械化发展制约因素的排序和分析

根据计算结果，得出三大作物生产机械化发展制约因素的排序如下：

$$A(2,1)\rightarrow A(6,3)\rightarrow A(2,2)\rightarrow\left\{\begin{matrix}A(1,1)\\A(6,1)\end{matrix}\right\}\rightarrow\left\{\begin{matrix}A(3,1)\\A(4,1)\\A(5,1)\\A(6,2)\\A(6,4)\end{matrix}\right\}\rightarrow A(5,2)\rightarrow$$

A（4，2）→A（3，2）→A（5，3）→A（7，1）→A（3，3）。

由排序结果我们可以看到，“农村经济水平”对三大作物生产机械化发展影响最大，其次是“农机设计制造水平”以及“工副业发展吸收剩余劳动力程度”，“国家对农机的投资、扶持”及“农机管理水平”的作用也不可忽视。通常认为“能源”是现代化农业发展的主要制约因素，计算分析表明，在我国现阶段三大作物生产机械化发展中，能源制约作用并不是很大，这与我国石油工业的发展、国家支农政策及当前机械化水平还不高有关。随着现代农业和商品经济的进一步发展，农村用油的需求量将急剧上升，能源因素的制约作用将会逐渐加大。

农村经济水平直接决定了农民对农机的购买能力以及用机械作业替代手工劳动要求的迫切程序，因此对三大作物生产机械化的影响最大。我国农机化发展的一条重要经验教训就是农机化的发展要与农村经济水平相适应。当前必须解决好两个问题：① 调动农民增加农业生产投入的积极性，农业生产机械化投入既是物质投入，又是科技投入；②鼓励农民集资购买农机具，把家庭联产承包和集体统一经营农机具结合起来，不应把家庭联产承包同壮大集体经济，开展社会化服务割裂开来，要改变只分不统的状况，逐步实现农机化相对集中和规模经营。

农机设计制造水平包括性能和制造工艺、产品质量两方面，对三大作物生产机械化发展的作用仅次于农村经济水平。农机设计制造水平又主要是由农机工业和农机科研两方面决定的。农机企业微利，农机科研部门资金短缺，纷纷转向别的生产部门和研究领域，对农机设计制造水平的提高是非常不利的。适应不同地域、不同自然条件的农机制造、科研的合理布局在中国这样的大国是非常必要的，否则就对三大作物生产机械化的全面发展带来非常不利的影响。

三大作物生产机械化制约因素的制约作用虽然有大有小，但彼此是互相联系的。农村经济水平与机具经营规模、土地生产规模互相牵制，农机设计制造水平又与国家对农机的政策不可分割。因此，在减少主要制约因素的制约作用，促进三大作物生产机械化发展的同时，别的制约因素必须统筹兼顾。

四、三大作物生产机械化发展难度的综合比较

综合比较是进一步计算每种作物生产机械化各种制约因素的综合制约力，以对它们进行科学排序和分析。

综合比较值为D（D（1），D（2），D（3））。“D（1）”表示综合制约力“大”，“D（2）”表示综合制约力“中”，“D（3）”表示综合制约力“小”。

$$D=\begin{Bmatrix} D(1) \\ D(2) \\ D(3) \end{Bmatrix}=R\times A$$

R模糊关系矩阵，A为各因素权重矩阵A=（A（1，1），A（2，1），…，A（7，1））。由于每种作物有对应的模糊关系矩阵，所以分别计算其综合评价值。

（SD表示“水稻”） $D(SD)=R(SD)\times A=\begin{Bmatrix} 0.521 \\ 0.329 \\ 0.147 \end{Bmatrix}$

（XM表示“小麦”） $D(XM)=R(XM)\times A=\begin{Bmatrix} 0.38 \\ 0.48 \\ 0.13 \end{Bmatrix}$

（YM表示“玉米”） $D(YM)=R(YM)\times A=\begin{Bmatrix} 0.447 \\ 0.407 \\ 0.136 \end{Bmatrix}$

根据模糊数学的最大隶属度原则，水稻、玉米生产机械化发展制约因素综合制约力“大”，小麦生产机械化发展制约因素综合制约力“中”。下面再分析水稻、玉米生产机械化发展制约因素的综合制约力哪一个更大一些。

为了更充分地利用综合评价带来的信息，我们可以用评价向量的分量形成权重，对各评价值进行加权平均，得总分。D=（D（1），D（2），D（3）），令

$W_j=D_j^k/\sum D_j^k$ （1） j=1，…，m，这里m=3

取k=1（k是幂），k的取值大小不影响总分的顺序。

再对每个评价值打分，制约力“大”为1，制约力“中”为0.5，制约力“小”为0，V=（1，0.5，0）。

利用公式（1）得

$$W(SD)=\begin{Bmatrix} 0.532 \\ 0.33 \\ 0.147 \end{Bmatrix} \quad W(YM)=\begin{Bmatrix} 0.451 \\ 0.411 \\ 0.137 \end{Bmatrix}$$

$$D'(SD)=V\times W(SD)=0.688;\ D'(YM)=V\times W(YM)=0.658$$

因为$D'(SD)>D'(YM)$，所以水稻生产机械化发展制约因素综合制约力更大一些。通过以上计算，可以对三大作物生产机械化发展制约因素综合制约力进行如下排序：

D（SD）>D（YM）>D（XM）

由此可见，水稻生产机械化在现阶段全国三大作物生产机械化发展中困难最大，其次是玉米生产机械化，相比之下，小麦生产机械化发展困难要小一些。三大作物生产机械化发展主要障碍的共同点是农村经济水平不高，技术难点各有不同，水稻生产机械化发展的主要技术难点是栽插和收获机械化，玉米生产机械化发展的主要技术难点是收获机械化，小麦生产机械化发展关键是提高经营规模，推广现有的成熟技术。三大作物生产机械化的发展一定要与农村经济水平相适应，在此基础上克服难点，不断前进，才是正确的道路。

我国农村居民收入分布的统计模式*

杨 汭 华

对个人收入分配所服从的统计分布进行研究是一个接近于经济计量的问题。统计分布是用来描述随机现象的基本工具，是建立数学模型的基础。确认支配我国农村居民人均纯收入分配的统计分布，对于分析农村居民人均纯收入分配状况、规范农村居民收入分配，具有应用统计及实际经济分析两方面的重要作用。

一、收入分布偏性测度

中国农村住户调查资料表明，人均纯收入分布的偏性特征具有一般性。近年来这种特征具体表现为个人收入分布的右偏状态。其特征参数峰度和偏度主要用于测定变量分布的正态性，若两参数都接近于零，则可以推断总体的分布是接近于正态的。

峰度检验是检查一种分布的尖峭程度和两尾长短的很灵敏的方法。峰度中含有四阶中心矩，两尾处的子样元素对于峰度的大小所起的作用很大，如果样本单位在两尾处偏离正态，这种偏离会明显地在峰度上反映出来。经测度，我国农村居民收入分布峰度数据阶段性的大小说明了纯收入分布于峰度上偏离正态的程度，1978 年以前，收入的集中程度偏高，两尾很短，峰度不会很高。1980—1984 年人均纯收入变异程度低，平均程度高，两尾较短，收入众数水平的集中度高，该阶段峰度的变动趋势是逐渐变小，这是收入差距逐渐拉大，但两尾变异仍然较小的必然结果。1985—1989 年收入变异程度加大，于 1988 年基尼系数第一次超过 0.30，收入的右尾分布变异范围大，其四阶中心矩对峰度的影响远大于众数集中程度对峰度的影响，致使该阶段峰度远大于 1980—1984 年。但是，随着收入水平的提高及收入差距的加大，收入水平的集中程度不断下降，右尾对峰度的影响渐弱，峰度则呈下降趋势，这是一个必然的量的平衡过程，1989 年之后峰度的变动即呈这种趋势。

偏度检验是检查分布的对称性。经测度，我国农村居民收入分布偏度数据变动平稳。1978 年收入水平虽然高度集中，偏度仍达 1.76，1980—1984 年偏度之所以缓慢下降，是收入众数组向平均收入靠近，收入分布两尾变异范围小的缘故。1985—1992 年偏度多在 2 以上，其量的变动在缓慢下降中有所反复。考察中国农村住户调查资料，随着收入水平的提高，低收入层次户数频数逐渐减少，高收入层次户数频数逐渐加大，众数组向平均收入组靠近的过程中经历了由集中到分散再集中的变动过程，这是偏度在下降的总趋势中呈现反复的原因所在。如 1988—1990 年众数组频数的分布就无明显的集中特征，此后的年份众数组则有所收敛，再观察众数组与平均收入

* 原载《农村社会经济学刊》1995 年第 6 期。

组的距离，前者总是迟滞于后者似已成为一种规律性。

对峰度及偏度的正态性进行检验。使用统计量 $U_1=(g_1-0)/\sqrt{\frac{6}{n}}$，$U_2=(g_2-0)/\sqrt{\frac{24}{n}}$ 式中 g_1、g_2、n 分别为峰度、偏度及样本容量，选定显著性水平 $\alpha=5\%$，则 $U_\alpha=1.96$。先对最小的峰度、偏度进行检验，若其统计量大于临界值 U_α，则其他年份的峰度及偏度也必然为非正态性，就不必再行检验。1984 年峰度为 0.16，偏度为 1.28，样本容量为 31 375 户，统计量 $\mu_1=11.57$，$\mu_2=46.28$，与临界值相比较，可得该年收入分布显著不同于正态分布的结论。那么，实证判断结果为 1978—1992 年收入分布显著地异于正态分布，表现为尖顶的右偏分布。

二、收入分布模式检验

根据前述定性分析的结果，对中国农村居民人均纯收入的总体分布及各样点区域分布进行对数正态分布统计检验。以 x 表示家庭人均纯收入，设 x 符合对数正态分布 y=lnx。

人均纯收入 x 是一种连续型随机变量，则 lnx 也是连续型变量，其分布函数 F（y）则为连续型函数。这样，可以采用 K 检验（柯氏检验）作为检验农村居民人均纯收入分布模式的统计方法，该方法的原理是：

（1）建立原假设 H_0：变量是服从 $F_{(y)}$ 所确定的分布。

（2）统计量的构造：

$$\left.\begin{array}{l}\text{给定}\longrightarrow\text{理论分布函数 } F_{(y)}\\ \text{样本（容量 n）}\rightarrow\text{经验分布函数 } Fn(y)\end{array}\right\}\rightarrow D_n=MaX\mid Fn(y)-F(y)\mid$$

柯尔莫哥洛夫证明了：如分布函数 F（y）是连续函数，则当 $n\rightarrow\infty$ 时，对任意 $\lambda>0$，下列等式成立：$\lim\limits_{n\rightarrow\infty}P\left(Dn<\frac{\lambda}{\sqrt{n}}\right)=Q(\lambda)=\sum\limits_{k=-\infty}^{\infty}(-1)^{ke^{-2x^2\lambda^2}}$

由式中可见，$Q(\lambda)$ 是累计频率，选 Dn 作为统计量，$Dn=\frac{\lambda}{\sqrt{n}}$，由临界概率 α 查 K 检验的 $Q(\lambda)$ 数值表即得 λ_0。

（3）得出统计结论：若实际计算值中 $Dn=Max\mid Fn(y)-F(y)\mid<\frac{\lambda_0}{\sqrt{n}}$ 则可接纳原假设的分布类型，否则，拒绝原假设的分布类型。

由以上步骤可见，柯氏检验方法中 Dn 为实际分布与理论分布的最大累积频率绝对差。该值越大，实际分布与理论分布在量上的拟合差异越大。这种差异在多大程度上能够被接受，取决于显著性水平 α。在 α 一定的情况下，临界值 Dn 也随之而定，若 $Dn<D_0$，即可认为实际分布与所假设的理论分布是一致的。否则，拒绝接受实际分布符合理论分布的假设。如果减少显著性水平 α，则 D_0 值提高，相应地实际分布就可能在 D_n 较大的情况下通过检验，这样必然降低检验的准确性。为了使所选显著性水平与现行对资料可靠性的要求（95%）相一致，α 选为 5%（α=1−95%），查 K 检验表得 $\lambda_0=1.36$。这样做，可以在进行检验的同时，用这一检验标准评价不同区域样本资料的质量。

进行收入分布状况考察时，对样点的选取考虑了两个因素：一是资料的可得性；二是资料的有效性。以江苏省的人均纯收入作为对比基准，由资料的可得程度及收入水平的高低、经济发展状况，兼顾地区类型，于东部地区选取了五个样点，包括北京、江苏、浙江、广东、福建，中部

地区以河南省为代表，西部地区选中等收入水平的宁夏。运用样点资料进行分析的具体思路是：对各个样点分别进行收入分布检验，对农村居民收入分布的整体状况进行规范化判定，对两者进行对比综合分析，得出农村居民收入分布规律性的结论。现将各样点及全国农村居民人均纯收入在不同年份的分布拟合检验结果列于表1。

表1　农村居民收入分布对数正态拟合结果

年份		1980	1981	1982	1983	1984	1985	1986	1987	1988	1989	1990	1991	1992	1993
北京	Dn	0.039	0.029	0.072	0.071	0.040	0.011	0.034	0.037	0.007	0.017	0.013	0.041	0.037	0.032
	D_0	0.059	0.059	0.062	0.062	0.062	0.040	0.041	0.041	0.041	0.041	0.041	0.041	0.041	0.042
	Dn	0.059	0.014	0.067	0.017	0.028	0.019	0.034			0.020	0.016	0.025	0.041	0.045
	D_0	0.026	0.027	0.028	0.029	0.029	0.020	0.020			0.021	0.021	0.021	0.021	0.021
广东	Dn						0.001	0.010	0.003	0.020	0.022	0.025	0.049	0.025	
	D_0						0.025	0.025	0.025	0.027	0.026	0.027	0.027	0.028	
福建	Dn						0.080	0.050	0.029	0.053	0.032	0.025	0.023	0.029	
	D_0						0.033	0.032	0.032	0.032	0.032	0.032	0.032	0.032	
浙江	Dn						0.026	0.020	0.024	0.018	0.025	0.026	0.059	0.071	
	D_0						0.026	0.026	0.026	0.026	0.026	0.026	0.026	0.026	
江苏	Dn						0.019	0.007		0.017	0.020	0.013	0.006	0.038	
	D_0						0.023	0.023		0.023	0.023	0.023	0.023	0.023	
河南	Dn						0.020	0.043	0.081	0.078	0.019	0.034	0.021		
	D_0						0.021	0.021	0.021	0.021	0.021	0.021	0.021		
宁夏	Dn		0.068	0.053	0.027	0.029	0.017	0.037	0.070	0.038	0.057	0.043	0.039	0.072	
	D_0		0.059	0.062	0.062	0.062	0.041	0.041	0.041	0.041	0.041	0.041	0.043	0.043	
全国	Dn							0.022	0.017	0.043	0.013	0.032	0.030	0.018	

注：Dn、D_0 为家户—收入检验数据，Dn、D_0 为人口—收入检验数据。显著性水平为5%。

（一）样点检验结果的特点

1. 影响拟合效果的主要因素是基尼系数。各样点的拟合结果表明，在人均纯收入达到一定水平后，基尼系数大，拟合程度相对较高。如广东基尼系数最大，通过率最高。浙江人均纯收入水平高于江苏，但基尼系数稍低于江苏，通过率则低于江苏。在农村经济发展的中下收入阶段，基尼系数的增大促使效率提高，进而促使个人收入水平提高。所以，较高的收入水平往往与较大的基尼系数相伴，样点检验较高的拟合优度多是出现在收入较高的年份。在较高的收入水平上，影响收入分配的因素相对稳定，实际收入分布的规范性相对较高。较低的收入水平往往与较低的基尼系数相联系。在低收入水平上，收入分配的平均程度高。同时，影响收入变动的因素稳定性差，变异性强，导致检验结果不理想，如河南省。

2. 低收入组的实际户数对理论户数存在着程度不同的系统性偏差。检验结果表明，浙江、江苏、河南及宁夏各年份的低收入层次（小于平均数组），实际频率程度不同地小于理论概率。就某区域来说，随收入水平的提高，系统性偏差的程度减弱，这可能来自政府对低收入人口的扶助措施。当收入水平较低时，这种行为的力度较大，收入水平逐步提高后，这种干预渐弱。

3. 实际分布与理论分布的中心轴对称性一致。所有受检年份（包括未通过检验的年份）的共同特点是，实际频率与理论概率累积至50%时所在组是一致的。这是农村居民农户—收入分布呈对数正态分布的定性证明。

4. 未通过检验的年份拟合特点。所有未通过检验的年份表现出部分收入层次实际分布与理论分布的定量拟合效果差，但两者的拟合趋势一致。表现在定性特征上，两者的中心轴对称一致。未通过检验的年份与造成拟合效果差的原因有关：一是系统性偏差强，使拟合差异的累积值超过 D_0 的允许值，即 D_n 主要来自系统性偏差的积累，这种情况多出现在低收入年份；二是部分收入组实际频率与理论概率的较大差异是 Dn 值的主要来源，这种情况多发生在高收组，表现出当收入超过 1 000 元/人时，高收入层次的不稳定加大到一定幅度后，导致某一高收入年份不能通过检验。

（二）中国农村居民家户一收入分布拟合特点

中国农村住户调查的总规模很大，1985 年至 1993 年始终保持 66 000 户左右的总体水平，由于取样的全面性，该样本应该说具有充分的代表性。但是，抽样比小，调查户老化的问题普遍存在，区域收入分配的经济、非经济因素等不可测性差异的影响，对收入分配状况检验结果产生综合性效应，其方向及程度与各样点的个别反应是不同的。所以，对全国农村居民收入分布状况简单地利用确定的临界值水平去衡量是不适宜的。应运用比较的方式，将全国总体拟合效果与各样点的拟合效果进行比较，以便对前者作出客观的判断。

1. 定性检验结果一致。总体检验的受检年份为 1985—1991 年，检验结果表明正态分布的中心轴对称性更加显著，平均数组高度拟合，两者的偏差仅为 0.001～0.002，全部拟合偏差最大不超过 0.02，最小可完全吻合，多数情况下小于 0.01，Dn 多出现在低收入组，高收入组则呈现较高的拟合性。与总体拟合结果相比，样点 Dn 出现在高收入组的情况多，影响了高收入组的拟合性，且平均收入组的拟合效果差。另外，总体分布的低收入组在不同年份有强弱不等的系统性偏差。如 1985 年、1987 年、1989 年、1990 年这种偏差就比较明显。1986 年、1988 年这种偏差就比较微弱，尤其是 1988 年，实际分布与理论分布的拟合程度相当高，低收入组基本上不存在系统偏差。

2. 定量检验结果较好。将表中总体分布的检验结果与样点的检验结果进行比较，总体分布的统计量 Dn 值在各年中处于中等偏低的水平，这就说明总体分布的整体拟合效果优于样点的拟合效果。

以上两方面说明各样点的分布与总体分布属于同种类型，前者可看作是从后者中抽取的代表性不同的样本，样点分布具备的特征基本反映了总体分布的特征。

三、基本结论

农村居民收入分布具有理论上的规定性，呈对数正态分布模式。其特点是众数人口的纯收入水平滞后于总人均纯收入水平。该分布经对数化后服从以对数平均数 μ、对数标准差 σ 为参数的正态分布。

以上基本结论可以这样理解：众数人口的人均纯收入与总人均纯收入之间的差距，也许正是推动整体低层次收入水平提高的“势差”或“动能”，在此作用力的牵引下，低收入人口以总人均纯收入作为“看得见的目标”进行追求。各级高收入层次对中低收入层次起着“示范引导”作用，刺激其提高收入水平。同时，高收入层次的平均积累要远远大于中低收入层次，这样，积累越高，投资量就越大，生产的增长就越迅速，形成收入分布的偏态。这种状况对于某一阶段来说，收入的分配可能很不平等，但从长远来看，这种效应会“滴漏”到低收入层次，最终会弥补眼下的差别，逐步实现公平与效率的协调。这种解释符合一部分人先富起来，实现共同富裕的目标。

我国农业的三大变化与若干政策选择*

——一个阶段性的农业现代化过程

安希伋

在国民经济持续高速增长中，我国农业正在经历着一场急剧的深刻变化。主要表现在三个方面：从传统的粮、棉、油生产为主转向粮、棉、油、畜、果、菜、渔综合性生产；从自给、半自给性农业转向商业化农业；从劳动集约农业转向资本集约农业。这种转变是国民经济工业化发展到一定阶段之后的一种必然趋势，并不是我国独有的经济现象。不过，由于我国又正处在从计划经济到社会主义市场经济转轨过程之中，自然又有它独具的特点。怎样引导这一变化过程顺利地发展，直接涉及到8亿农民的收入和生活状况，涉及到全国粮食自给水平，也涉及到国民经济增长的速度。这就提出了一个重大的政策选择问题，主要是如何协调多方面关系的问题。

一、农业的三大变化

总的来看，我国农业生产呈现持续发展的势头。1990—1995年期间，农、林、牧、渔业产值增长了43.5%，平均每年递增7.3%（按可比价格计算）。但是，各业增长速度却有很大差别。同期，渔业产值增长了1.1倍，畜牧业75.6%，林业43.5%，种植业只有23.3%，而全国粮食总产量仅从1990年的4.46亿吨增加到1995年的4.67亿吨，平均每年递增率为0.9%，低于同期的全国人口净增长率（1.15%）。[1]

农业部门结构的调整还表现在农用地结构的变化上。在1990—1994年期间，我国农用地（不包括林地）扩大了15.8%。其中耕地却从99 305千公顷减少为94 907千公顷，减少了4.4%。种植业所用耕地在农用地中的比重从93%降为76.7%，园地从4.2%上升为8.6%，水产养殖业面积从2.8%上升为4.1%。

农业部门结构的调整是合乎经济规律的。从微观经济机制来看，增长较快的部门是利之所在，生产要素所趋；就宏观经济运行来说，它构成了我国高速经济增长的一个组成部分。如上所说，畜牧业产值平均每年递增率在13%以上，渔业接近20%。新兴农业部门的增长速度远高于国民经济增长速度。应该说，农、林、牧、渔业作为一个整体来看，也可以划入高速增长部门（平均每年增长率为7.3%）。

90年代前期，农、林、牧、渔业的年均增长速度，远高于1985—1990年间的速度（年均4.5%），接近于我国农业飞跃发展的1979—1984年时期（年均7.6%）。不过，从农业各部门对

* 这是1997年初写的一篇论文。

于农、林、牧、渔业增长的贡献来看，90年代前期却同80年代前期大不相同。1979—1984年间的高速增长，主要来源于传统农业中粮、棉、油大宗农产品的持续大幅度增产，而在1990—1995年间，则更多得利于新兴农业部门的成长。可见，农业部门结构调整同农业生产力发展的客观要求，有着内在的联系。

在农业部门调整过程中，我们遇到的问题是：怎样保持国民经济和农业内部部门之间的协调发展。例如，如果粮食生产的增长速度继续停留在这样低的水平上，势必降低我国粮食自给水平，可能下滑到国家政策难以接受的低水平。

从农村经济整体来看，非农产业发展更快。在同一时期中，非农产业在农村经济中的比重由53.9%升为77.1%，相应的农、林、牧、渔业降为22.9%。在这一变化过程中，出现了相当普遍的兼业化现象，特别是在东南沿海地区，即我国稻谷的主要产区，已经走上了日本农业的道路。这种变化，是资源结构优化的体现，特别是为农村剩余劳动力开辟了一条重要出路。1994年底全国乡镇企业在业职工1.23亿人。不过，另一方面，在农户经营规模不断缩小和兼业条件下，农业的前途又如何呢？这是日本经济学家早已就日本农业提出的一个问题，有一种危机感。

我国传统的以粮、棉、油为主的农业，农产品商业化程度很低，而新兴的畜牧业、林果业、菜业、渔业则基本是商品性生产，它们是适应国内外市场需求发展起来的。所以，农业部门结构的调整，还意味着农产品商品化程度的提高。1995年商品率较高的畜牧业产值已占到农、林、牧、渔总产值的30%，渔业升至8.4%。随着大批农民持续的向非农产业转移，粮食商品率也有提高的趋势。

农产品商品化水平的提高，带来了一个新的产业部门，那就是农产品运销行业。主要包括：农产品加工业、仓储业、运输业以及农产品及其制品的批发与零售商业，人们生活中不可缺少的蔬菜，正成为一个行业。这些正在蓬勃发展的新兴行业，是农业生产的延续，成为农业与非农部门以及消费者之间的纽带。因此，它的发展状况如何，已成为制约农业生产发展的一个关键性因素，它使农业的面貌有了根本改观。

我国不但出现了一个农产品商品化的浪潮，而且，农业经营已经表现为相当高度的商业化水平。农业生产的主要投入物，如化肥、农药、农业机械、农用薄膜以及饲料都是工业产品，这就大大加强了工农业之间的相互依赖。起联系作用的是另一个运销行业，即农业生产资料运销行业。农畜产业日新月异的新品种，也正以新技术载体的身份出现在市场上。不但是农业生产投入物，而且随着我国农业劳动力绝对数的减少，劳动力的机会成本也在从零值变为正值，这就意味着一个农业劳动力市场的萌动。关于土地，有的地方已在试验把土地承包制转向租赁制。在我国推进社会主义市场经济大潮中，农业中的生产物资、产品、劳力和土地都在走向市场。

农业的商品化还从农民生活方面表现了出来：1995年农村居民平均每人生活消费支出中（1 310.36元），现金支出部分（859.43元）已占到66%。[2]

以上所说的农业商品化情况，既是我国经济高速发展的结果，也是经济体制转轨的重大成就。不过，不论农产品市场或农业生产资料市场，都还很不规范，主要是缺乏公平竞争，经济效率较低。这里也有一个政策选择问题。

在传统概念中，所谓农业，往往指的只是农业生产活动。这种传统观念与自给性农业是相一致的。基本上从生产者之手直接到消费者之口，没有什么中介环节。现在随着农产品和农用品两大运销行业的发展，再加上已在起动中的农业金融行业，我国正在出现一个复杂的农业系统。在这一系统中，从生产者之手，到消费者之口，层层提升农产品的附加值。消费者支付的价款，在农业系统内的各个环节上进行分配。各个环节所占份额，也随着农业系统的扩充而不断调整。在

现代农业较为发达的美国，70年代末期，农业生产者所占的比重已降为12%左右。用传统的自给性农业的观念来看，这种农业系统几乎是难以想像的事情。但又是一个必然的趋势。

在我国，农业系统的建立还刚刚起步，前途不可限量。在这个会持续膨胀的过程中，如何协调系统内外各个环节之间利益关系，便成了农业政策的一个新领域，也是当前社会上议论较多的农业产业化的一个核心问题，特别是如何处理行政与企业间的关系问题。

我国农业从劳动集约经营向着资本集约经营的转变，大体始于90年代初期，1992年我国农业劳动力绝对数量开始逐年下降。1995年比1990年减少了3.3%。这是我国农业史上的一个转折点。当然，这里说的资本集约，只是相对于我国传统农业而言的，从国际上来说，劳动集约仍是我国优势所在。发展劳动力的加工贸易，依然是适合当前国情的一项重大发展战略。不过，1990—1994年间我国农、林、牧、渔业总产值平均年递增率为6.61%，而投入的物质费用、劳动力数和耕地面积的平均每年变化率则依次为8.48%、−0.56%、−0.18%。[3]农业经营方式呈现出明显的变化。劳动力投入开始减缩，资本较大幅度的增加。

当然，农业劳动力数量的减少，并不意味着农村地区的充分就业。这是两个不同的概念。非农产业就业机会、工资水平以及农业劳动力边际报酬的变化，其间有着复杂的联系。这些都是制约劳动力就业的重要因素。

农业（狭义）劳动力的另一变化，表现在劳动力素质的下降。这主要由于青壮年和有文化的劳动力转出较多，留在农业中的老弱劳动力比重越来越大。特别是传统的粮、棉、油大宗农产品生产部门，不利于农业进一步的发展。

农业资本集约化进程直接表现在农业投资和物质费用的快速增长。1980—1990年间，物质费用平均逐年递增率已达到7.6%，1990—1994年间又升至8.48%。资本集约化表现在农业生产的各个方面，包括：新建生产用房，如畜舍、仓库等；农用机械，如收获机械、饲养机械、运输机械等；水利设施，如新建灌溉系统、畜舍给水系统、开挖鱼塘等。在北京郊区，传统的土渠畦灌系统，平均每亩水利投资为80元，改为低压管灌，投资高达275元，为前者的3.4倍，农业资本集约化水平有了很大的提高。它的优点是：同土渠畦灌相比，每亩可增产粮食40千克，节约耕地10%，节约用水50%。预计七八年即可收回全部投资。[4]一则投资报酬不低，同时不但增加了有关国计民生的粮食生产，而且节约了水、土两项我国极为重要的稀缺资源。

劳动集约农业的一个优点是精耕细作，这一优良传统，是几千年以来我国农业生产持续增产的重要因素之一。虽然增长缓慢，但与长期处于停滞状态的欧洲农业相比，显示了我国悠久农业文化的优势。资本集约农业，是与技术革新相联系的。上面说的灌溉设施的改进，就是资本集约—技术创新的体现。其他，如一代一代更新的优良种植业和畜牧业品种，不断改进的农业机械，饲料配制方法，层出不穷的种养业保护设施等，都体现了资本集约化过程中高新技术的进步。在经济发达国家，早已出现了全封闭的计算机控制的自动化养禽场、养猪场。这项技术在我国也已开始萌动。不论中外，这种发展趋势，都是合乎客观经济规律的，只是早晚、快慢不同罢了。

农业资本集约化过程中，也出现了许多政策问题，例如资金来源问题和技术不断革新问题。这也是引导经营形式转变，即从粗放（资源）经营向集约经营（效率）转变的一条重要途径，目的在于，用技术优势取代资源消耗型经济，从而提高国民经济发展的净增率。

二、若干政策选择

关于经济政策问题，上文在讨论我国农业三大变化中已经涉及一些课题。总的来看，我们所说的政策选择，主要有两大类：一是如何协调农业内部部门之间，包括农业产中、产前和产后之间，以及农业与国民经济之间的关系。第二是有关各方面的利益关系。这篇短文只是把我们认为意义重大的若干政策问题提出来，进一步讨论要留给专门研究工作。

（一）粮食政策

美国世界观察研究所的李斯特·布朗提出“谁来养活中国”的问题。这种提法，从人类历史经验来看，是没有根据的。芝加哥大学的盖尔·约翰逊已对这一论题作过反驳。[5]从我国来说，问题的核心，是如何选择一个适合的粮食自给水平。关于这个问题，本文作者曾在1988年和1994年作过两次探讨，[6]现在我国又有了新经验。

从1990—1995年间我国生产情况来看（平均每年递增0.9%），我国粮食缺口似乎将日益扩大。而1994—1995年和1995—1996年间我国粮食生产却连续两年分别增长了4.5%和3.2%（按1996年底估产4.8亿吨计），这就说明：我国粮食生产的增长速度是随着环境的变化而变化的。除了天气因素之外，主要是社会经济条件的变化，以及技术进步状况。既不必为低增长而悲观，也不可为高速增长而自满。从我国90年代前期粮食生产停滞，到中期高速增长的经验可以说明：通过一个适当的粮食政策，调整粮食生产的社会经济环境和技术条件，粮食增产速度有可能保持在一个适当的水平上。就我国现实情况来看，年增率0.9%以下和3%以上的增长速度，都是不可取的。前者将大幅度降低我国粮食自给水平，后者可能会不利于我国经济的发展速度，不但要改变粮食生产为工业化积累资金的传统政策，还需要实行工业反哺政策。根据一个粗略估算，粮食生产平均逐年增长的可行速度大约在1.5%到2.4%之间。最低也须高于人口增长率，最高不宜超过全部自给的水平。

选择一个适当的粮食增产速度，主要取决于粮食自给率目标和膳食改善的进程，这是两个重大的经济政策。例如，把粮食自给率定在95%以上，粮食增产率就要高一些。如果定在90%以上，增产速度就可以低一些。从粮食需求状况来说，把居民膳食改善政策定得宽松一些，粮食增产需快一点；反之，则可放慢一点。粮食生产、粮食消费和粮食贸易是一盘棋。其间利弊得失，变化很敏感。不过，从政策选择来说，存在着很大空间。关键在于选择一套协调各方面关系的优化政策。主要是把粮食自给水平与经济增长速度摆平的问题。

（二）土地政策

土地联产承包制同自给性农业是相协调的一种土地使用制度，十几年来，对农业生产的持续增长发挥了重大作用，并且还起到了社会保障功能。现在随着农业商品化的发展，作为农业基本生产资料的土地，是需要能够流动的，主要是土地使用权的流动。土地能够流动，才便于经济部门的顺利调整，优化资源配置。对于农民来说，也有利于鼓励投资，逐步形成规模经营。特别是大宗农产品生产，例如粮食生产，半公顷的土地生产规模，既不足以维持一家生计，也缺乏市场竞争能力。并且，从日本等国的经验来看，也很难依赖保护政策，维持大宗农产品的有效经营。

为了适应农业变化的需要，近年来许多地方都在试验和探索土地使用权流转模式，各有章法，起到了推动农业转变的作用。应该将它规范化，逐步纳入法制轨道，建成一个与农业进一步

发展相适应的土地制度。

（三）金融政策

农业三大变化的顺利发展，需要有一个金融体系为之服务。产前、产中、产后行业都要兴办基础建设，都需要融通资金。有了一个金融体系，可以广泛的吸收闲散资金，运用资金，同盲目的资金流动相比，能够提高资金利用效率。在现代经济中，金融像人体中的血脉一样，具有对各个部门、各个环节，以及经济整体进行调节的作用。所以，通过一个较为健全的金融体系和适当的金融政策，可以引导农业按既定经济政策全面的发展。我国已开始建立一个农业金融体系，为了及时满足农业发展的需要，建议加快建设进度，其中也包括吸收外资在内。

三、结束语

第一，我国农业出现的三大变化，实质上是在新的条件下我国农业现代化的过程。这个过程是伴随经济结构的不断地调整进行的。没有经济结构的调整，也就无所谓农业现代化。可见，三大变化是一个整体，互相有机地联系在一起。因此，经济政策要从这一整体出发，各种经济政策需要相互协调，互相关联，才有助于充分发挥政策作用，引导农业健康发展。特别是着眼于制度创新、技术创新以及组织创新，这是经济发展的源泉，也是我国农业现代化的源泉。

第二，农业系统本身也是一个整体，产中、产前和产后行业互相促进。例如，农产品加工业对于农业生产有带动作用，体现了波及效应。不但为之拓宽了市场，而且它对原料质量的严格要求，会促进农业技术进步。反之，只有技术进步，才能提升国内、国际市场的竞争能力。农业不同部门的调整，也是如此。近年来，吉林省玉米滞销，长途运输成为一个瓶颈。现在就地发展畜牧业，变玉米输出为畜产品输出，取得了很大成效。

第三，我国正处于经济转轨过程之中，旧企业改革的关键是把行政与企业分开。新兴企业采取什么经济模式，关乎全局。首要的选择，应该是独立的企业制度。行政功能当然绝不可忽视，主要是制定并掌握经济政策，协调各方利益关系，避免再一次政企不分的毛病。

参考文献

［1］黄加才．“八五”时期农村经济发展成就与“九五”发展展望．中国黄金海岸年鉴．群言出版社．1996

［2］中国黄金海岸年鉴．1996

［3］朱希刚．农业技术进步经济贡献份额测算并简论农业技术进步政策．农业技术与农业发展．中国农业科技出版社．1996

［4］郑大豪等．论灌溉水的经济利用．来源与［3］同

［5］D. Gale Johnson：Population，Food and Trade，这是作者于1996年9月18日在澳大利亚University of Adelaide为Joseph Fisher Lecture in Commerce作的一个学术演讲，引自该大学出版的CIES News letter，Nov. 1996

［6］安希伋．中国粮食政策选择及其世界意义．1988年世界粮食大会文选（The Altenatives and World Impacts of Food Policy in China，“1988 World Food Conference proceedings”，volume Ⅱ，

1988)

[7] 安希伋．我国粮食需求与供给：1980—2010．农村社会经济学刊．1995（2）。又被收入张培刚主编的《发展经济学与中国经济发展》，1996，经济科学出版社，英文本将在1997年国际农业经济学家协会出版的 Agricultural Economics 杂志上发表。

我国大中型国有工业企业改制过程中的负债问题*

马威　卢凤君　杨达新　陆永辉　刘振

随着公司制的实行和现代企业制度试点的推进，我国大中型国有工业企业的改革将进入新的阶段。把已有的大中型国有工业企业改制成为能适应市场经济要求，产权明晰、权责明确、政企分开、管理科学的规范公司（包括独资公司、有限责任公司、上市与不上市的股份有限公司），迫切需要配套解决3个方面的问题：一是尽快建立起合理的国有资产的管理、经营体系，抑制国有资产流失，清晰国有资产产权关系，使国有资产产权具体化、人格化；二是积极推进职工住房商品化和社会保障体系的建设，减轻历史沉积下来的国有企业公费住房、医疗和退休金负担，使亏损破产企业的职工的基本生活有保障，保持社会稳定，为国有企业改制创造良好的外部环境；三是国家要有条件、有步骤地注入大中型国有工业企业改制所需的启动资金，分批分期地替企业向银行偿还一部分长期借款，变这部分负债为国家持有的企业股金，把过高的资产负债率降到合理水平，使改制后企业的破产概率不高于国家所能承受的限度。笔者在假设第1和第2方面的问题能得到较好解决的情况下，遵循理论应用与实证分析相结合、重点突出与整体兼顾相结合、历史剖析与未来研究相结合、定性分析与定量研究相结合的原则，重点探讨解决第3个方面问题的途径和前景。

一、国有工业企业改制与降低资产负债率的关系

理论与实践均表明：①合理的负债有利于企业将偿债能力、营运能力和盈利能力保持在较好的状态；②资产负债率超过合理的范围后，企业的亏损概率和破产概率呈非线性急剧增加；③合理的资产负债率因企业的行业类别、技术水平、资本构成、区位环境等不同而有所差异，但一般为0.4～0.5。

通过对1993年国有工业企业财务统计资料的分析发现：我国75%以上的国有工业企业的资产负债率都在0.65以上，远远高于合理的资产负债率；这些企业的偿债能力比正常水平低32%，营运能力低36%，盈利能力低64%。1994年1～8月份平均，国有工业企业的亏损面为41.3%，亏损率为37.7%。

基于上述的理论分析及实际财务统计数据所显示的情况和图1描述的因果关系，可以认为要使改制后的国有工业企业的破产率不超过社会保障能承受的失业水平，国家财政必须注入资金，替企业偿还一部分所欠银行的借款，变部分债务为国家持有的企业股本，降低资产负债率，同时促进金融体制改革。

* 原载《中国农业大学学报》1997年第4期。

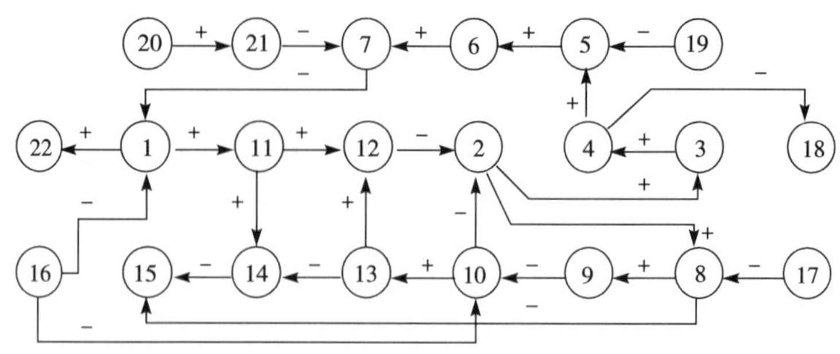

图 1　国有工业企业改制与降低资产负债率之间的因果关系

图 1 中的数字标号代表的因素含义如下：①国家财政注入的国有工业企业改制资金；②国有工业企业资产负债率；③国有工业企业破产概率；④国有工业企业职工下岗率；⑤需要国家财政支出的解决国有工业企业下岗职工的救济金；⑥国有工业企业改制对国家财政注入资金的需求；⑦国有工业企业改制对国家注入资金需求与财政实际支付能力的差额；⑧国有工业企业实际资产负债率与合理资产负债率的差额；⑨国有工业企业亏损概率；⑩国有工业企业改制过程中能吸收的非国有资金；⑪国家持有的国有工业企业股金；⑫国有工业企业的资本金；⑬国有工业企业改制后所吸收的非国有股金；⑭国有工业企业改制后国家对企业的控股能力；⑮国有工业企业的改制速度；⑯国有工业企业的盈利能力和营运能力；⑰国有工业企业的合理资产负债率；⑱社会安定程度；⑲社会保障体系的完善程度；⑳国家财政收入；㉑国家财政对国有工业企业改制的实际支付能力；㉒国家金融体制改革的速度与效果。

考虑到国家财政的状况及能用于国有企业改制的实际支付能力，笔者认为国家财政注入的改制资金只用于减少国有大中型企业的长期过度负债，企业过高的流动负债主要应依靠以下 2 种方式解决：一是转换企业的经营机制，提高产品的适销水平和盈利水平，以提高对流动负债的偿还能力；二是改善市场环境，提高企业信用，逐步减少三角债，以降低企业的流动负债水平。

二、国有工业企业改制与降低资产负债率的关系模型

由图 1 可以看出：国有工业企业改制与降低资产负债率之间存在着由多级反馈回路构成的复杂系统关系。考虑到数据资料收集的困难和我们的研究是一个长期的不断认识、不断探入的过程，本文中只围绕复杂系统关系的一部分，建立简化数学模型，定性与定量结合研究国有工业企业改制与降低资产负债率之间的关系。

（一）目标方程

在国有工业企业改制过程中，每年一定资金（国家财政资金与非国有资金）的投入，可使一批国有工业企业达到合理的资本金长期负债率。就整个国有工业企业（包括改制和未改制的）而言，整体的资本金长期负债率将随着逐年资金的投入而逐步趋于合理化，致使整体资本金长期负债率与合理的资本金长期负债率的差距缩小，直到完成改制之时，整体资本金长期负债率达到合理的资本金长期负债率水平，故将目标方程确定为

$$J(t)=|A(t)-E|\rightarrow\min$$

式中：$A(t)$ 为第 t 年的资本金长期负债率；E 为合理的资本金长期负债率。

（二）相关模型

在给出目标方程后，要具体求出全部国有工业企业改制所需的年份和改制速度，还必须建立下述相关方程。

资本金长期负债率方程为

$$A(t)=B(t)/C(t)$$

$$B(t)=\alpha(t)B(t-1)-X(t)-Y(t)$$

$$C(t)=\beta(t)M(t)+S(t)+N(t)$$

式中：$B(t)$ 为第 t 年未改制及已改制的国有工业企业长期负债总额，亿元；$C(t)$ 为第 t 年未改制及已改制的国有工业企业全部资本金总额，亿元；$X(t)$ 为第 t 年国家财政投入的国有工业企业改制启动资金数额，亿元；$Y(t)$ 为第 t 年国有工业企业吸收非国有资金入股数额，亿元；$\alpha(t)$ 为第 t 年国有工业企业长期负债自变化指数，它是由 $X(t)$ 和 $Y(t)$ 以外因素引致的；$\beta(t)$ 为第 t 年国有工业企业资本金自变化指数，它是由 $X(t)$ 和 $Y(t)$ 以外因素引致的；$M(t)$ 为第 t 年尚未改制的国有工业企业国有资本金总额，亿元；$S(t)$ 为第 t 年改制后的原国有工业企业中国有资本金总额，亿元；$N(t)$ 为第 t 年改制后的原国有工业企业中非国有资金总额，亿元。

国家财政每年投入国有工业企业的改制资金方程为

$$X(t)=G(t)K$$

$$G(t)=G(t-1)(1+F)$$

式中：K 为国家财政收入可用于投入国有工业企业改制的最大比例因数，为常数，且可估计；F 为国家财政收入增长比率，为常数，可预先给定；$G(t)$ 为第 t 年可供注入国有工业企业进行改制资金的财政收入，其值取第（$t-2$）年的国家财政收入总额，亿元。

非国有资金对国有工业企业改制的参股（非国有资金可以是除国家资金以外的、集体和外资等资金）方程为

$$Y(t)=hX(t)$$

式中：h 为 $Y(t)$ 与 $X(t)$ 的比例因数。在后面的模型计算中，h 取不同的常数值，来进一步研究国有工业企业改制时间进程与非国有资金投入的相互关系。

对于每一个国有工业企业，吸收非国有资金并非易事，因为它取决于一个地区或企业的盈利能力及偿债能力。统计资料表明，只有上海、北京、广东这几个经济发达地区企业的偿债和盈利状况较好，其他地区的国有工业企业偿债和盈利状况均较差，因此 h 的取值不会太高。

国有工业企业每年改制的规模方程为

$$D(t)=\frac{[X(t)+Y(t)](1+E)}{J(0)-E}$$

式中：$D(t)$ 为第 t 年进行改制的国有资本金总额（亿元）；$J(0)$ 为国有工业企业改制前的资本金长期负债比率（在此取1993年的值）。

国有工业企业改制速度方程为

$$u(t)=\frac{D(t)}{M(t-1)}=\frac{[X(t)+Y(t)](1+E)}{(J(0)-E)M(t-1)}$$

式中：$u(t)$ 为第 t 年国有工业企业改制速度，这个方程反映的是第 t 年实现改制的原国有工业企业的资本金与上年未改制国有工业企业资本金的比例。

国家对国有工业企业改制后的控股能力方程为

$$P(t)=\frac{S(t)}{S(t)+N(t)}\leqslant g$$

$$S(t)=S(t-1)+D(t)+X(t)$$

$$N(t)=N(t-1)+Y(t)$$

式中：g 是第 t 年国家持有股份占国有工业企业总股份比例的期望值，为常数，可预先给定。

（三）模型的运算结果

在模型运算前先作一些基本的、合乎逻辑的假设：所有的国有工业企业自 1995 年起按上述模型改制，1994 年末未改制的资本金 $M(t_0)$ 和长期负债 $B(t_0)$ 等指标以 1993 年末数据为准进行计算；并设财政收入 $G(t_0)$ 为 1993 年的数据，设基年为 1995 年；并设 $\alpha(t)=1$，$\beta(t)=1$。E 可计算或由估计给出。这样可综合给出表 1。

表 1　模型变量的基年（1995 年）**取值**（亿元）

B	M	S	N	G	E	K		g	F		
7 676	12 618	0	0	5 088	0.45	0.01	0.02	0.5	0.05	0.075	0.10

将表 1 中的基年值和常数值代入目标方程即可计算出不同情况下国有工业企业改制所需年份，再代入相关模型中，即可求出在不同情况下的 $u(t)$，$P(t)$，$B(t)$ 等各项指标数值。表中 $M(t_0)=12\ 618$ 没有扣除国有小型工业企业，因为数据收集较为困难，另外考虑到它在整个国有工业企业资本金总额中所占比例较小。T 与 h 呈非线性变化的关系，见根据计算结果绘制的图 2。可以看出：在保证国家控股的前提下，适当吸收非国有资金参股，对于国有工业企业的改制非常重要，它可以大大缩短改制所需的时间。

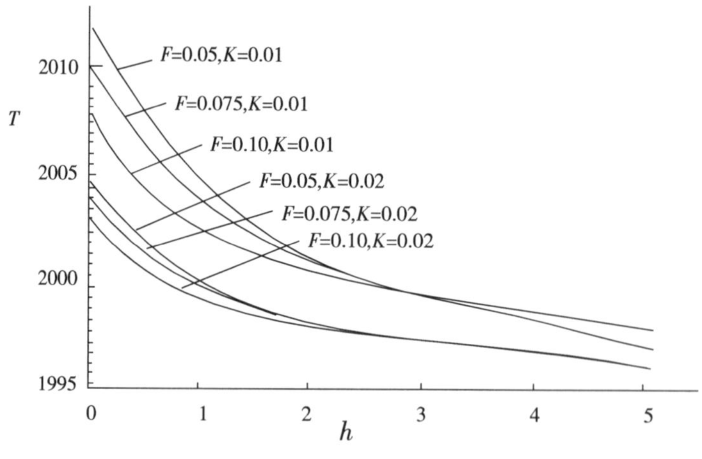

图 2　实现股份制所需年份 T 与 h 的关系

（四）结论与建议

（1）国有工业企业资产负债率高是影响国有工业企业改制的一个重要因素。国家通过投入改制启动资金及吸收一部分非国有资金，用于冲减企业的部分长期负债，使国有工业企业资本金长期负债率降低，而资本金长期负债率的降低又可导致资产负债下降。

（2）在保证合理的资本金长期负债率为0.45的条件下，根据国家财政收入增长率为5%，7.5%，10%三个比率，国家财政投入国有工业企业的改制启动资金为财政收入的1%和2%2种比例计算出的国有工业企业改制的6种与时间进程相关的方案中，国有工业企业改制完成的时间最短需3年，最长需16年。

（3）在大部分国有工业企业资产负债率较高的情况下进行改制，不能期望在很短的时间内完成。由于在改制的实际操作中，国家投入的改制启动资金受国家财政收入及国家财政支出结构的限制不会很大，同时受国有工业企业偿债能力及盈利能力普遍较低的影响，吸收的非国有资金也不会很大，因此用4～6年进行国有工业企业的改制比较可行。

参考文献

[1] 方正，钟伟．建立现代企业制度的八个难点．经济管理，1995（1）：24～27

[2] 中国统计年鉴．北京：中国统计出版社，1993．253～264

[3] 国家体改委综合规划司编．中国改革大思路．辽宁：沈阳人民出版社，1995．84～93

山区庭院经济多种经营模式及实施途径设想*

李志民

［提　要］通过对庭院经济多种经营的概念分析及发展模式探讨，总结适合山区庭院经济发展的基本模式和设想。

［关键词］山区庭院　模式　设想

一、庭院经济多种经营模式概念

庭院经济有狭义和广义之分。狭义的庭院经济指以农户房前屋后的小块空地为基点，重点发展种植、养殖业。广义的庭院经济指以庭院为中心，以房前屋后的空地，加上自留地、自留山、自留塘为基地，发展种植、养殖、林果、服务以及加工等各类生产的实体。它有别于过去自给性、补充性的庭院种植、养殖。山区庭院经济多种经营模式指依靠信息、领先科学技术进行集约化能量投入，充分合理地利用庭院空间以及间隙时间，产出大量的商品性产品，投入市场，获得较高利润的一种生产经营组合。

任何方案设想，不是天上掉下来的，也不是地上长出来的，山区庭院经济多种经营模式的设想也不例外。它也是根据客观经济规律，山区特点和实际，对既定的空间（山区农家院及其三自留）合理布局（平面和立体或天空、地面、地下）基础上，以有限的能量（农户的人力、物力、财力及信息）在最佳的时间（春或夏或秋或冬）投入取得最优效益程序的安排，亦称“时空能优化组合”。

随着社会主义市场经济体制的建立，庭院经济多种经营要向规模化、产业化发展，其基础仍然是庭院，但是经济实体运行全远远超出庭院，规模扩大，产供销一体化则成为趋势。本文以参加河北省科委委托的“八・五”、“九・五”试验区的攻关课题“庭院时空能优化组合”的实践，提出多种经营模式设想及其实现途径，以其与各位共同磋商。

二、山区庭院经济多种经营模式设想

综观中国各地山地、丘陵地及较崎岖的高原地的各种社会、经济、自然条件下的各种不同规模、不同条件的庭院，从时空能三维综合考察，运用时空理论、极核理论、生态原理，对庭院经济高产、高效、优质、低耗的多种经营模式作如下设想：

---

* 原载《中国农学通报》1997年增刊。

（一）以舍饲畜禽为主的庭院优化组合模式

这种模式有猪、鹅、兔组合和牛、羊、鸡组合2种。

1. 猪、鹅、兔组合是将食粮畜（猪）和食草禽畜（鹅、兔）搭配饲养。适合较小庭院经营。猪圈修在离住房远一些的贫脊的院角，采用节能保暖式的圈舍，兔窝可修建在住房两侧的边角地面上，鹅栏采取平养式，鹅笼可放在兔舍下面。猪要采用瘦肉型的品种，鹅要选择产蛋率高、生长迅速的品种，兔可用肉、毛兼用品种，肉贵时可赚钱，毛贵时仍然可获利，对各种畜禽饲养采取科学饲养方法，可应用中国农业大学在“七家试区”研究推广的冬暖夏凉的猪舍，2.5m×3m的圈里一年可出栏10头猪；鹅、兔食青菜、野草，山区到处都有，可节约宝贵的粮食。

2. 牛、羊、鸡组合是以草食牧畜（牛、羊）为主，配以食粮禽（鸡），适合于庭院较大的丘陵地区饲养。该地区农户产粮较多，或草料易买，而且秸秆可作为牛、羊的饲料，粮食可作为鸡的饲料。同时丘陵山区农户还可与草原农户联营，夏秋季（4～9月）牧草丰盛，在草原吊架子，秋末冬初牧草枯萎时，在丘陵区用粮育肥，加速出栏。

牛、羊栏可修在庭院围墙内侧左右两边或一边，鸡舍可建在地势高燥通风向阳的地方，采用中国农业大学在“七家试区”推广的节能保暖鸡舍，13m×6m可饲养蛋鸡500只，每只以10元获利，一年可获利5 000元。牛的品种以苏门达尔、夏洛来、草原红杂交改良品种为好；羊以舍饲的小尾寒羊较合适；鸡用产蛋率高的优良品种为妙。

（二）以贮、加、服为主的庭院优化组合模式

这种模式有加、贮、种或养结合，商、饮、养或种结合，劳务、种、养结合。

1. 加、贮、种或养结合是在庭院加工、种植、养殖基础上，有效地利用地下贮藏增值，根据调查，北方山区农家庭院有50%的户有一地窖，有的建在果树、菜地下面，有的建在房屋山墙边，有的则建在住房底下；南方山区农家也依山就坡建有藏洞。农家地窖、藏洞的容积在10～40立方米。利用这些窖或洞不仅可以为加工业贮存原料，经过粗加工、精加工就可增值，而且可以在收获季节收购贮存果品、蔬菜，待淡季出售，也可增值。以贮5 000千克果菜计，在3～4个月以后出售，可增加收入1 700～2 100元。

2. 商、饮、种或养结合是利用在大城市郊区或小集镇上，以及车站、码头、公路、水路近旁的有利位置，可以开设商店、饮食店，为过往客商、游人提供服务，利用庭院种植稀有名贵蔬菜，寄养活鱼、活虾、甲鱼、鲜蟹等，满足客人的特殊需要。也可用饮食、饭店的剩菜剩饭养猪、喂鸡，变废为宝。

3. 劳务、种、养结合是利用家人的一门或两门技术（如木匠、裁缝、石匠、画匠、铁匠、理发匠、兽医、植医、人医等）为附近的农家付出劳务，在自家庭院又布以种植、养殖。种植规格，养殖圈舍、品种、饲养的已如前述，此不赘述。

（三）以立体配合的庭院优化组合模式

这种模式有屋、院、窖结合，葡萄、红果、草莓、窖藏结合，果菜、禽畜、沼气或地热，或太阳能结合，观赏鱼、鸡、猪塘鱼结合。

1. 屋、院、窖结合是在屋内开设缝纫、工艺、磨面、碾米、绘画等业；院里种瓜或点豆、或植树、或种果，养鸡或养牛，或喂猪，或喂兔；在地窖贮果品、蔬菜。这种模式的农家庭院，劳动力要多，并有一技之长，能发挥每个人的特长，人尽其用。

2. 葡萄、红果、草莓，窖藏结合是在庭院矮墙外或道旁或院中甬道边种植葡萄，塔架上房，为人们搭设凉棚；在院里栽上红果（梨、苹果、海棠、柑橘、石榴、荔枝等）；果树下边种草莓；在院里的山坡开挖洞穴，或在屋子底下修建地下室，形成多层次的经营。

3. 果蔬、畜禽、沼气或太阳能、风能或地热结合，是在庭院里挖掘一个永久性的沼气池，使它成为种植、养殖和环境良性循环的中介，接通生物链条。在北方山区光照充足，也可利用太阳灶、太阳热水器充分利用太阳能；在南方山区或沿海山区，还可利用风能；在有地热资源的山区（如河北隆化、赤城，湖南张家界市）庭院也可利用地热开展庭院种植和养殖。

4. 金鱼、鸡、猪、塘鱼结合是山区庭院依山就坡，在屋顶修鱼池养热带观赏鱼，屋里修建蛋鸡舍，底下修建猪圈，猪圈则直接与鱼塘连接。观赏鱼池为鸡、猪夏季防晒，冬季保暖，换金鱼池水可饮鸡、猪。多余水可洗涮猪圈，鸡刨下的剩料及粪可以由猪捡食，鸡、猪粪随清洗圈水流入鱼塘，肥水养鱼。

三、实现庭院经济多种经营规模化产业的途径

前文所述，庭院时空能优化组合能使各家各户庭院经济长足发展，但不是合力。要形成合力就要走规模化、产业化的途径。除笔者在以前有关文章中提出的要有宽松的政策环境、形成社会化服务环境、造成庭院经济者高素质环境和造成庭院多种经营获利环境外，还可走一条专业公司龙头带动千家万户发展的有效途径。这就是河北隆化县张三营镇何国林、沈丽华夫妇所走的路子。

何国林、沈丽华夫妇 1982 年从庭院养牛（合伙养 1 头牛）起家，是地道的庭院经济。目前已形成下属三个牛场，占地 11.7 公顷的“承德国林畜产品开发公司”，是一个远近闻名的育肥、屠宰、饲料加工多种经营的个体私营庭院经济。他本人被评为“养牛状元”，成为隆化县的龙头企业，走出“公司带农场”、“公司加农户”的规模化、产业化的路子，取得良好的效益。其机构图和成本效益分析、投入产出比分析如图 1、表 1、表 2。

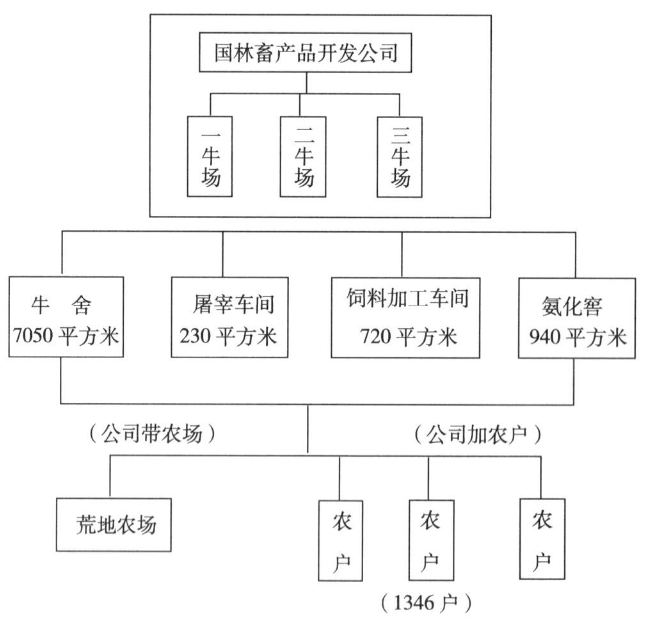

图 1 “承德国林畜产品开发公司”机构图

表 1　单位成本计算表

项目	数量（千克）	金额（元）	项目	数量（千克）	金额（元）
架子牛	400	3 000	折旧费	—	60
精饲料	225	270	维修费	—	10
粗饲料	1 620	212.5	运输费	—	400
人工费	0.08	50	其他费	—	56
医药费	—	85	合　计	—	4 239.5
电　费	—	16			

资料来源：国林畜产品开发公司提供资料。

表 2　国林畜产品开发公司肉牛育肥投入产出比计算

	项　目	用（重）量	折能标准	总能量（10^6 卡）
投入	劳力（个）	0.08	3.5×10^6 卡/个	28
	饲料（千克）	225	4.32×10^6 卡/千克	972
	饲草（千克）	1 620	0.04×10^6 卡/千克	64.8
	架子牛（千克）	400	5.0×10^6 卡/千克	2 000
	合计	—	—	3 064.8
产品	育成牛（千克）	500	5.0×10^6 卡/千克	2 500
	牛粪（千克）	1 500	3.2×10^6 卡/千克	4 800
	合计	—	—	7 300
	投入产品比	—	—	1∶2.38

资料来源：国林畜产品开发公司提供。

销售收入：①活牛出售 4 500 元/头，牛粪出售 150 元/头，共 4 650 元。②屠宰分割肉出售 4 955元/头，牛粪出售 150 元/头，共 5 110 元。

利润：①出售活牛获得纯利 241 元/头，以出栏 5 000 头计，总利 120.5 万元。②出售分割牛肉纯利 1 142.35 元/头，以屠宰 5 000 头计，总利润 571.18 万元。

据研究分析，何国林、沈丽华夫妇可供庭院经济多种经营的规模化、产业化经验的三条：

1. 增强龙头凝聚力。国林公司从半头牛、3 平方米的发展为拥有三个牛场、牛舍 7 050 平方米；有屠宰车间和冷库 230 平方米，饲料加工车间 720 平方米，氨化窖 940 平方米的大企业。1995 年饲养量已达万头，出口香港 6 500 头。目前正与北京天外公司洽谈，与大工商企业联姻，成为大公司的一部门，将肉牛养殖的链条拉长，搞肉牛屠宰、鲜肉分割、精细加工，产供销一体化，征得县、镇领导大力支持进一步壮大“龙头”实力，增强凝聚力和带动力。

2. 公司带农场。国林公司和隆化县农业局所属的荒地农场联营，其形式是国林公司从“隆化大牲畜市场”购回架子牛，交给荒地农场育肥，待育到500 千克时，由国林公司出口香港，销往北京。公司与农场结算将育成牛与架子牛的重量之差的款付给农场。以此形式，每年可育成牛 800 头，从此救活了荒地农场。

3. 公司加农户。国林公司和隆化县 1 346 户农民签订合同。由国林公司购进苏门答尔、夏洛来、草原红改良的小牛，由农户从 4 月到 9 月在草山草坡放牧，待山草枯萎之时，已吊成架子的牛，由公司回收，集中育肥。公司与农户结算，按架子牛与小牛重量之差的款付给各个农户，带动千家万户农民脱贫致富。

展望未来，国林公司正根据区位理论、极核理论、效益原则，挖掘企业自身的潜力，高质定位，诚交朋友，瞄准市场，在规模化、产业化、带农户的路子上会越走越宽。

我国选择性农业保护政策的研究*

焦长丰　白人朴

由于农业的基础地位和农业生产的风险性，各国政府都重视对农业实行保护。农业保护政策是旨在促使农业健康发展、增加农业部门利益而制定的一整套政策体系。农业保护政策形式多样，各国在实施农业保护政策中既促进了本国农业的发展，但同时也都产生了一些不良后果。笔者拟通过对日本、美国和欧共体等工业化国家农业保护政策选择及其效果的比较研究，探讨适合我国国情的农业保护政策。

一、日本、美国及欧共体农业保护政策的选择及实施效果

发达国家农产品生产严重过剩，因此所选择的农业保护政策主要集中在市场领域。边境贸易保护、对农产品价格和农民收入的直接支持是日本、美国及欧共体农业保护政策的主要内容和共同之处，但是由于国情不同，各国的实施办法和保护力度有很大的不同。

日本对农产品实行进口数量限制是其边境贸易保护政策的主要手段[1]。美国农业是一个典型的出口型产业，美国政府采取了许多措施鼓励农产品出口，如向农产品出口商提供出口补贴，通过双边或多边谈判及协议，促使贸易伙伴国降低关税和非关税壁垒，疏通扩大农产品出口的渠道等。在保护本国农产品市场方面，美国政府也采取了一些限制进口的措施，但它基本上是一个对世界各国开放的市场[2]。欧共体各国实行于1960年制定的共同农业政策旨在保护农业的边境贸易。欧共体的最低保护收购价一般高于世界市场价格，为了把国内价格维持在一个较高的水平上，保护共同体内部生产者的利益，它通过征收较高的“差价税”来限制进口，欧共体农产品过剩严重，为了扩大出口，也对主要农产品进行出口补贴，欧共体对粮食的出口补贴约占其对粮食部门预算援助的60%[3,4]。

日本和欧共体严格限制农产品进口的政策背景是由于它们的农业生产成本较高，导致国内农产品价格大大高于世界市场价格，尤其是日本；美国不存在这种价格差异，所以选择了基本对世界开放的政策，欧共体和美国都存在严重的农产品过剩，所以都选择了大力鼓励农产品出口的政策。

除采取边境贸易保护外，日本还对稻米采取了最复杂的价格支持方案[1]。80年代中期以前，美国的价格和收入支持政策的主要表现形式为以“抵货价格”为核心的无追索贷款和政府收购储藏；80年代以后美国政府引入了直接补贴措施（变相的价格和收入支持），一是政府根据农场主按要求停耕的土地给予损失补贴，二是政府确定一个高于市场价格的目标价格，根据目标价格与市场平均价格之差，对农民按其生产量的多少予以补贴[3]。欧共体的市场干预价格，即最低保护

* 原载《中国农业大学学报》1997年第2期。

收购价每年是不同的，政府负责以最低保护收购价收购愿意出售的全部符合指定质量的农产品。如果生产量超过最大保证数量，干预价格自动降低。在实行保护收购时有时间差价，从每年10月起到次年5月止，收购价格按月增加，避免了在收获季节后国家必须立刻付出大量收购资金的问题和减少了国家仓储压力[3,4]。

日本、美国和欧共体的价格收入支持政策的共同之处是只对那些愿意参加政府计划的农民有效，如按要求停耕一部分土地。美国、欧共体的保护性收购主要由私营企业完成，而日本基本上则由农业合作协会独家承担。日本选择对稻米实行最大最复杂的支持价格的政策背景是因为稻米是日本人的主食，85%的农场是兼业农场[1]，因此与稻米生产有关的选民很多，政治家通过对稻米实行较高的支持价格可以获得较高的边际政治收益，即得到更多选民的支持。美国和欧共体选择的价格收入支持政策的背景主要是为了稳定农民收入，防止农产品过剩和保护农业资源。由于边际政治收益的差别，日本价格收入支持政策的发展是非正常的，而且调整难度大，美国和欧共体却相对理性。

日本、美国和欧共体还根据本国的情况制定了其他一些保护政策，如粮食安全储备、水土资源保持和作物保险计划等。综合比较，日本农业的保护程度大大高于美国和欧共体。

日本农业保护政策的积极意义在于成功地促进了国内食品问题和贫困问题的解决，但同时也带来了一系列问题，具体表现在：①政府和消费者负担加重；②农业成为封闭农业，违反了日本战后繁荣的基础——贸易自由化原则；③保护了无效率的小农场，给农业结构调整带来困难[1]。

美国农业的价格和收入支持政策的目标可以归纳为3点：①把农业家庭的平均收入提高到与非农业家庭收入相适应的水平；②缩小农产品价格波动；③调节农业生产。以这3点来衡量价格和收入支持政策的效果，那么哪一个方面也没有真正达到，但是在3个方面都有一定的成效[2]。美国农业对外贸易保护政策效果是显著的，因为其农产品出口确实有了很大增长。美国农业保护政策的缺点是使政府背上了沉重的经济负担。

欧共体农业保护政策的效果也是明显的，但是与日本一样，国内市场价格高于国际市场价格，国内市场存在价格扭曲现象，迫于GATT（关贸总协定）乌拉圭回合多边贸易谈判的压力，不得不对共同农业政策作一些调整[4]。

二、我国农业保护的现状和紧迫性

目前国际上通用的衡量农业保护水平的指标是生产者补贴等值PSE①（Producer Subsidy Equivalent）。国际经济合作与发展组织（OECD）自1987年起也开始采用这个指标[6]。我国农业保护水平的发展与变化见表1。

表1　我国农业的PSE

单位：%

年份	1982	1984	1986	1988	1990	1992
PSE	－12.27	－25.71	－38.40	－21.40	－26.10	－18.50

① PSE的基本含义是：如果没有政府资源调动政策的影响，农业部门收入增加或减少额的变化情况。百分比PSE形式表示政府资源调动政策从每100元农业生产者价值中抽取（或补贴）的资源数量，或从农业部门征收（或补贴）的资源价值（补贴）相当于农业生产者总价值的百分比[5]。

由表 1 可以看出，我国政府对农业一直实行负保护，即通过价格、税收等经济手段迫使农业为工业发展做贡献——PSE 的负值大表示农业为工业提供的剩余高，正值大表示工业反哺农业的量度很大。发达国家的 PSE 都很高，见表 2。

表 2　PSE 的国际比较（%）

国家或组织	日本	美国	欧共体	中国
PSE	75.0	42.0	50.0	−38.4

值得注意的是，1986 年以来，发达国家如日本、美国等的农业保护水乎都呈增长趋势，虽然我国农业负保护水平有所下降，但差距仍然很大。与大多数发展中国家相比，我国农业保护水平也是很低的[5]，已经严重影响了国民经济的正常运行，具体表现在：

(1) 工农业发展比例严重失调，90 年代初期以来，工农业发展速度之比一直在 4∶1 左右，远远超过我国当前工农业协调发展的正常比例 2.5～3.0∶1；

(2) 农业综合生产能力没有得到明显改善，甚至有下降的趋势（耕地减少、水土流失和环境污染等），使未来几年增加农产品有效供给的难度进一步加大；

(3) 农民收入增长缓慢，不仅严重影响了农民奔小康，而且减少了工业品的市场容量，制约了工业化进程。

因此，我国加强农业保护已刻不容缓。

三、我国农业保护的特点及政策的选择性

我国是一个发展中国家，与发达国家情况不同。日本、美国和西欧一些发达国家当前的农业保护政策主要是通过对农产品市场的干预以解决农产品过剩问题。我国在较长时期里农业面临的主要问题是农产品有效供给不足，因此农业保护的重点在生产领域，但这并不是说市场和流通领域保护不重要。由于市场失灵和粮食流通不畅，我国也存在阶段性和区域性粮食过剩问题，因此发达国家的许多经验值得借鉴。

我国农业保护水平如此之低，许多有识之士纷纷提出了分阶段提高我国农业保护水平的量化指标，以期尽快赶超其他发展中国家的农业保护水平，但是更重要的是借鉴发达国家成功与失败的经验，制定出一套适合我国国情的农业保护政策。这样即使短期内不能迅速提高农业保护水平，从长远看也是更有益的。农业保护政策范围很广，我国农业保护政策的选择性原则是：

(1) 我国迟早要加入关贸总协定，因此要考虑避免违背乌拉圭回合多边贸易谈判农业协议的要求；

(2) 考虑我国的特殊的国情，有些农业保护政策在我国不宜实施，有些保护政策即使可以实施但也必须根据我国国情选择适合的操作办法和保护力度；

(3) 认真研究发达国家具体保护政策的选择背景和实施效果，少走弯路。

四、我国选择性农业保护政策框架的设计和实施难点剖析

乌拉圭回合多边贸易谈判农业协议要求对贸易产生扭曲的国内保护政策予以削减，如价格支持、营销贷款、投入补贴及某些有补贴的贷款计划等。对贸易不产生扭曲的国内保护政策（称“绿箱”政策），免予削减承诺，它是指政府执行农业计划的费用由纳税人负担而不是从消费者转

移而来，而且对生产者没有影响。具体是：政府一般性服务（如农业科研、市场促销和基础设施服务等），粮食安全仓储和国内援助，与生产不挂钩的直接收入支持，作物保险与收入安全计划，结构调整援助等[8]。

我国农业保护的重点在生产领域，结合乌拉圭回合多边贸易谈判农业协议要求，对农业生产领域的保护政策的框架设计如下：

（1）在增强农业投资力度中重点加大以育种科研为核心的农业科研的投资力度。发达国家农业科研经费占农业总产值的比重平均为0.87%，发展中国家为0.26%，而我国还不到0.10%。在农业科研投资中，育种科研投资应放在首位，因为在农作物增产的42个主要限制因素中，传统技术育种长期投资的纯收益率在10%以上的水稻占16个，小麦占14个，玉米占11个[9]，远远高于改善农业基础设施的投资报酬（因为我国在这方面几十年的积累投资已很高，再增加投资的边际报酬必然相对低一些）；但这并不意味着改善农业基础设施不重要，这方面投资也亟待加强。政府增加农业投资时，必须考虑轻重缓急，使有限的资金取得最大的收益，同时要借鉴欧共体国家的经验，将一部分政府投资用于引导农民投资，并最大限度地减少影响农民投资积极性的因素，如减轻农民负担（对农民投资有“挤出”效应）。

（2）调整农业结构，推进农业产业化进程。我国农业长期不能摆脱“过密型增长”的困境，使得对大量分散农户的增加投入诱导机制很难发挥作用。日本农业生产领域最大的经验教训就是工业化进程中没有适时进行结构调整，保护了无效率的小农场，给农业结构调整带来更大困难。

（3）保护农业资源和生态环境。农业资源保护包括人力资源开发、控制耕地减少和水土流失等。

农业投资的周期长、效益低，在农业生产领域实施农业保护政策的最大难点是“口号农业”。我国正走向社会主义市场经济，根据公共选择理论，解决这个问题的唯一办法是增加农民的参政议政比例。农民参政议政比例的提高，各级政府领导实施农业保护政策的边际政治收益增加（更多人的支持），边际政治成本也相应减少（较少人的阻碍），农业保护率必然提高。

由于我国存在阶段性和区域性粮食过剩问题，因此流通领域的市场保护也很重要。流通领域的市场保护政策应更多地吸取日本的教训，借鉴欧共体和美国的经验，特别是欧共体的经验。具体政策框架设计如下：

（4）价格支持政策虽然不包括在“绿箱”政策之内，但是为了稳定农产品供给，各国都会继续实行。我国是发展中国家，对具体农产品的支持总额可以不超过该产品生产总值的10%[8]。在价格支持政策设计中，首先应当取消500亿千克合同定购粮，因为这部分粮食大部分转化为粮食购销部门的利益，国家和农民都没有得到好处。农民作为理性的经济人必然追求自身利润的最大化，合同定购价和市场价的差别是显然的，这种公然的利益剥夺必然遭到农民的反对，也会挫伤农民生产和投资的积极性。取消了500亿千克合同定购粮，国家可根据农业生产成本和国际市场粮价设计合理的市场干预价。要避免日本高支持价格的不良后果，日本高支持价格导致产生与世界封闭的农业，也给农业结构的调整带来困难，但并没有影响工业化进程。我国由于不可能在工业领域产生像日本那样近乎魔幻般的“暴发户”，过高的支持价格必然引导工业资本过度回流，从而影响工业化进程，同时也会像日本、美国和欧共体那样，国家财政背上沉重负担。日本、美国和欧共体的价格支持政策都是政府和农户的一种契约行为，农民既享受权利，也承担义务。我国也不例外，可以通过调查，确定既有利于促进农业健康发展又可以被农民接受的义务。按农产品保护价格收购，美国和欧共体主要由私营公司承担，日本主要由农业合作协会承担，事实证明前者是富有效率的，我国也不能由国营粮食部门独家收购。

（5）边境贸易保护。乌拉圭回合多边贸易谈判农业协议要求各成员国将非关税壁垒转化成关税，并对关税进行一定的限制。过去关税在我国边境贸易中并没有发挥应有的作用，进口许可证和配额保护已受限制（配额保护既容易扰乱进口秩序，也容易产生腐败）。我国可以借鉴欧共体的差别关税政策设计合理的关税保护，过低不能起到保护国内市场的作用，过高既不利于我国的粮食进口，也违背了乌拉圭回合多边贸易谈判农业协议的要求。

（6）粮食市场促销和安全储备。欧共体十几个国家实行统一的粮食价格，而我国一个国家却有可能产生十几种粮食价格，这严重违背了市场经济原则。市场在粮食资源的高效配备上还远没有发挥作用，国家应当为建立健全统一的粮食市场制定一些政策。对于国家粮食安全储备，应当政企分开。借鉴欧共体的经验，国家出资承担专储粮食收购费用，享有专储粮的所有权，收购中应当实行季节差价，减少国家仓储压力和资金支付困难。现有的国营粮食仓储设施应当对社会公开，允许私人储备经营。

除了上述几点，国家还应当建立作物保险计划。在农业流通领域实施农业保护政策的最大难点是对现有的国营粮食部门实行彻底的改革。对现有的国营粮食部门实行彻底改革的最大障碍是过分强调“主渠道”作用，诚如日本农业协会是日本农业流通体制改革的最大障碍，日本农协也有一个神话般的口号“农协属于农民，由农民组成，为农民服务”[1]。在经典经济学中，农产品市场是最接近完全竞争的市场，而我国农产品市场却近乎垄断经营，当然没有什么效率可言。

参考文献

[1] 速水佑次郎．日本农业保护政策．朱钢，等译. 北京：中国物价出版社，1993.47～117

[2] 徐更生．美国农业政策. 北京：中国人民大学出版社，1991.115～155

[3] 农业部国外农业调研组．美国、欧共体对粮食的调控政策．国际社会与经济，1995（10）：15～17

[4] 农业部国外农业调研组．欧盟国家的农业保护政策．国际社会与经济，1995（11）：18～20

[5] 程国强．农业保护与经济发展．经济研究，1993（4）：27～34

[6] 柯柄生．中国粮食市场与政策．北京：中国农业出版社，1995.172～174

[7] 中央政策研究室、国务院发展研究中心《农业投入体制、机制、效益》总课题组．农业保护：现状、依据和政策建议．社会科学，1996（1）：56～71

[8] 农业部国外农业调研组．加入世界贸易组织对中国粮食安全的影响．国际社会与经济，1996（4）：1～6

[9]《中国农业科研优先序研究》课题组．我国粮食单产潜力和科研优先序研究．中国农村观察，1995（3）：1～14

我国粮食供给波动原因的系统分析*

焦长丰　白人朴

我国的粮食供给主要靠自己解决，其波动的大小对国民经济发展影响很大，因此，分析粮食供给波动的原因对政府制定宏观政策具有重要的现实意义。

在有关分析我国粮食供给波动原因的大量文献中，很少有涉及波动的传导和放大过程，并对其进行系统分析的。通过系统分析可以发现，即使没有外来因素的干扰，粮食供给系统内部也会产生自激和振荡。在分析粮食供给波动原因时，必须分清系统内和系统外原因：系统外原因不具有直接传导和放大的功能，对波动的影响是通过系统内原因起作用的；系统内原因都有传导的功能，但只有一部分具有放大的功能。对于放大功能，必须对供给数量、供给价格和供给心理3个因素进行定性与定量相结合的分析。

我国粮食供给波动的产生和传导如图1所示。

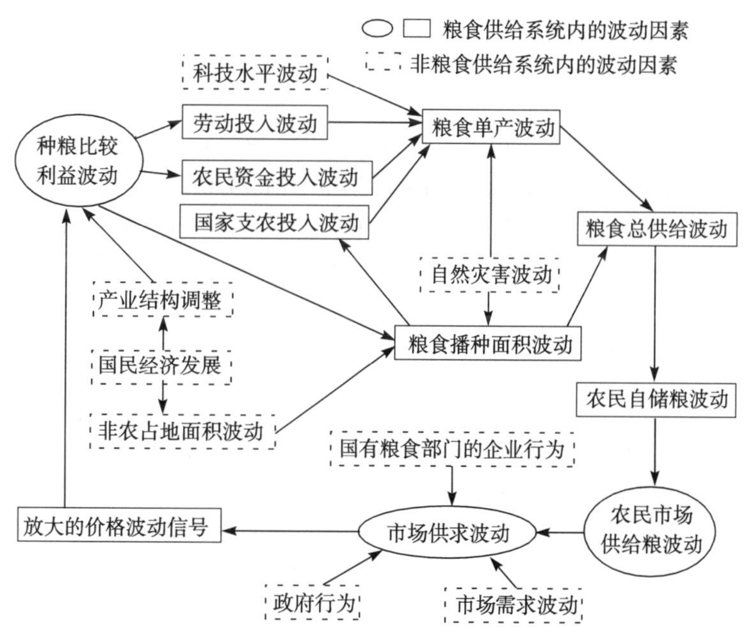

图1　我国粮食供给波动的产生和传导

图1分为上、下两半部分：上半部分种粮比较利益波动导致粮食总供给波动，称为生产波

* 原载《中国农业大学学报》1997年第2期。

动；下半部分粮食总供给波动导致种粮比较利益波动，称为市场波动。可看出波动的连续传导特征及生产波动和市场波动的相互作用。除了政府的目标是促进发展、保障供给、力图平抑粮食供给系统的波动即起到负反馈作用，其余的波动传导都是正反馈，即逐步放大粮食供给波动。由于生产波动的产生和传导比较简单、直观（即符合市场行为，价格提高或投入增加，粮食总供给增加），本身又不具有放大功能，因此下面主要分析粮食市场波动产生、放大的原因和传导过程及政府行为。

一、分散的小农户经营形式及不完全信息的非正常价格预期是农民市场供给粮波动放大的根本原因

我国粮食生产总量的70%左右是自给自足的非商品粮生产，首先要满足农民自用[1]，真正进入流通的商品粮（包括国家定购粮）只占粮食生产总量的30%左右，主要用于城镇居民口粮、饲料工业用粮和种子用粮等。当由自然灾害等其他原因导致粮食总供给发生波动时，农民除完成国家500亿千克定购任务（约占商品粮总需求量的40%左右），再向市场出售多少余粮带有很大的随机性，不完全由当年收成状况决定。对此可以简化为如下函数表达式：

$$S = f(y_t, y_{t-1}, p_t) \tag{1}$$

式中：S 为农民完成国家定购任务以后向市场出售的余粮；y_t 为当年收成状况；y_{t-1} 为上一年收成状况；p_t 为农户判断的当年市场价格走势。以 S 对这3个参数求偏导，得

$$\partial S/\partial y > 0, \partial S/\partial y_{t-1} > 0, \partial S/\partial p_t < 0 \tag{2}$$

其中

$$|\partial S/\partial p_t| \gg |\partial S/\partial y| > |\partial S/y_{t-1}| \tag{3}$$

$\partial S/\partial p<0$ 表示由于农民小规模的经营方式，一家一户独立搜集信息、进行分析判断，因此很难掌握真正的市场信息；价格上升时农民总是凭直觉认为价格还将继续上升，采取的对策是惜售；反之市场价格下跌时，采取的对策是抛售。$|\partial S/\partial p_t| \gg |\partial S/\partial y|$ 表示由于农户间经营规模、文化水平等存在诸多的相似性，因此他们的对策具有趋同性和攀比性[2,3]，这样，农户判断的当年市场价格走势对他们向市场出售余粮的影响比当年收成状况和上一年收成状况的影响要大得多。$|\partial S/\partial y| > |\partial S/\partial y_{t-1}|$ 表示当年收成状况对农民向市场出售余粮比上一年收成状况的影响大。

对式（1）求全微分，得

$$dS = \frac{\partial S}{\partial y}dy + \frac{\partial S}{\partial y_{t-1}}dy_{t-1} + \frac{\partial S}{\partial p_t}dp_t \tag{4}$$

综合式（2），（3），（4），可以看出，当粮食收成变化而市场价格基本稳定时，农民市场供给粮食的变化幅度远不如价格同时变化时农民市场供给粮的变化幅度大。由于某种意外因素导致粮食市场价格非正常上升时，即使当年收成状况好，农民市场供给粮仍然减少，从而粮食市场价格进一步上升，反之粮食市场价格进一步下跌。这就是我国粮食供给系统内部的自激和振荡。由于农民非正常的价格预期，收成状况波动导致的市场供给粮波动幅度被放大了。

现在讨论完全自由竞争情况下的我国粮食供求波动[4]。

农民市场供给粮的波动并不必然导致市场供求波动。供求波动还取决于市场需求波动状况。粮食作为生活必需品，需求弹性很小。如果政府没有特殊的干预行为，比如平抑和吞吐，国有粮食部门的企业行为又是规范的、合法的，即不能随便动用国家储备粮等为企业利益服务，所有的企业行为必须通过正常的市场购销完成。在满足这2个前提的条件下，我国粮食市场供给量和需

求量的"线性化"一次函数均衡模型如下：

$$\left.\begin{aligned} &D_m=S_m \\ &D_m=a+bp_m \\ &S_m=c+d\hat{p}_m \\ &\hat{p}_m=p_{m-1}+\rho\ (p_{m-1}-p_{m-2}) \end{aligned}\right\} \quad (5)$$

式中：a，b，c，d 和 ρ 均为已知常数（$d<0$，$b<0$，$\rho>0$）；D_m，S_m，$\hat{p}_m$，p_m，p_{m-1} 和 p_{m-2} 分别为当月商品粮需求、供给、农户期望价格、实际销售价格、前 1 个月销售价格和前 2 个月销售价格。该模型的特点是：①与传统蛛网模型相比，引入了期望价格的概念，并且 ρ 为正，表示当价格上涨时农户判断的价格是继续上涨，当价格下跌时农户判断的价格是继续下跌（由于国有粮食部门体制上的缺陷和粮食市场的不稳定性，不完全信息的非正常价格预期也适用于国有粮食部门的企业行为）；②粮食供给需求的戈德温蛛网模型的时间是以 a（年）为单位，而以月为单位分析更符合商品粮供求波动的特点；③戈德温蛛网模型分析的供给函数是 $d>0$，本文分析的 $d<0$ 的商品粮供给函数更符合我国商品粮供给的实际情况，即当 $p_{m-1}>p_{m-2}$，价格上涨时供给量减少，当 $p_{m-1}<p_{m-2}$，价格下跌时供给量增加。

式（5）均衡解存在的条件是：①$d-b\neq 0$；②（$a-c$）/（$d-b$）>0。$d-b=0$ 和（$a-c$）/（$d-b$）$=0$ 可以由图 2 中的 1－1 和 2－2 两线表示。图 3 示出传统蛛网模型的供给与需求曲线。

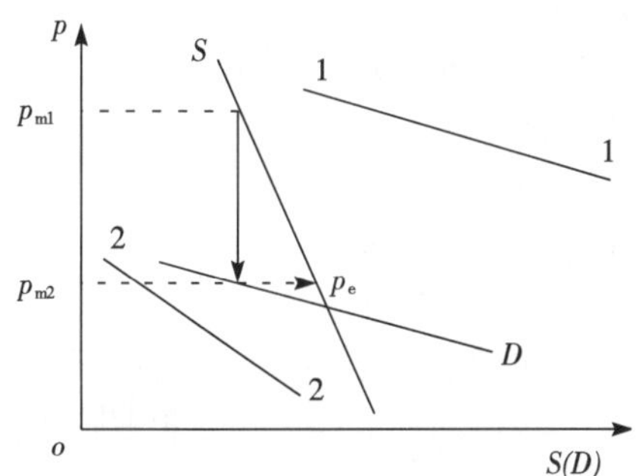

图 2 我国商品粮线性均衡模型的供给与需求曲线

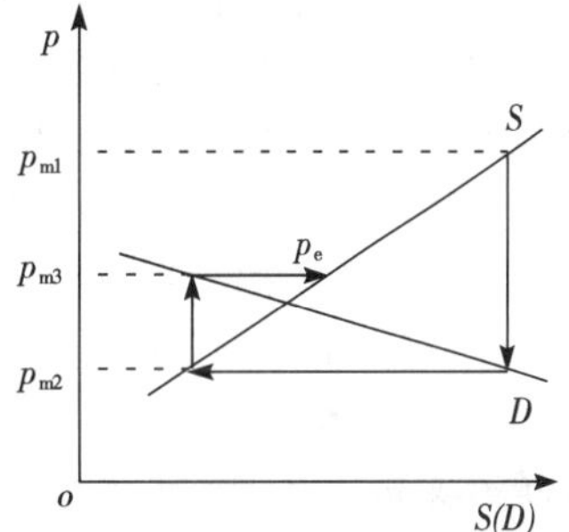

图 3 传统蛛网模型的供给与需求曲线

式（5）均衡解存在的情况下，实质性稳定条件为

$$\begin{cases} d/b<1 & \rho<1 \\ d/b<1/\rho & \rho>1 \end{cases}$$

对我国商品粮供求模型的分析表明，在完全自由竞争的市场条件下，商品粮供求很可能没有均衡点，此时市场是失控的波动，价格以供给与需求曲线为上、下界自由变化，对国民经济破坏很大，即使均衡点存在，蛛网模型的收敛也有严格条件。在发达国家，不可能出现 $d<0$ 的向右下方倾斜的供给曲线，粮食供求的均衡点一般也都存在。我国粮食供求波动有其独特的特点，政府对粮食市场的宏观调控更有必要。

二、宏观调控机制的不健全及非宏观调控的政府行为不能有效平抑供求波动

在农民市场供给粮波动的情况下，自由竞争的市场必然导致供求波动，并且波动状况很可能

是失控的、难以收敛的，因此平抑波动必须依靠政府的力量。如果政府能够适时进行有效的宏观调控，比如当市场粮价上升时政府及时抛售储备粮，反之进行市场收购，就能够平抑市场供给波动。通过前面的分析可以看出，政府行为一方面起到供给需求差额的数量调节作用，更主要的是一个合理的吞吐和抛售价格能够改变农户不合理的价格预期，从而诱导农户增加或减少市场供给粮，起到事半功倍的作用。改变农户不合理价格预期的另外一个方法是加强舆论宣传，及时免费向农户传递粮食市场信息。

政府进行宏观调控时，必须有一套健全的运行机制，尊重市场对粮食资源配置的基础性作用，同时必须培育多个市场主体，只有打破部门垄断，在竞争的环境下才能建立合理的监督约束规则。

在加强政府宏观调控的同时，2 个经济理论问题必须澄清：①政府调控和市场一样都存在失灵，政府调控的作用不能夸大；②并不是政府的行为都是宏观调控，如果不是出于弥补市场缺陷的作用而采取的政府行为，就不能划为宏观调控的范畴，如合同定购政策、省长负责制就不属于严格意义上的宏观调控。国家合同定购政策实际上放大了粮食供求波动，因为合同定购政策减少了农民市场供给粮的基数，使得同样的农民市场供给粮变化量引起的市场扰动幅度加大了。

如果进一步增加国家合同定购粮的比重，直至农民除了自用粮以外，基本上完全实行合同定购，这时的市场价格是稳定的，不存在供求波动和价格放大。表面看这是解决复杂波动问题的唯一办法，事实上它是以长期的供给短缺 Q_2-Q_1 为代价的，如图 4 所示。西方经济学家将物价冻结造成的供给不足称为“短缺性通货膨胀”。实行完全合同定购政策的结果必然是“短缺性粮价波动”，即粮价波动事实上是存在的，只是用行政手段使之成为隐性的。“短缺性粮价波动”比一般意义上的粮价波动危害更大，否则国家就不会放弃统购统销政策。

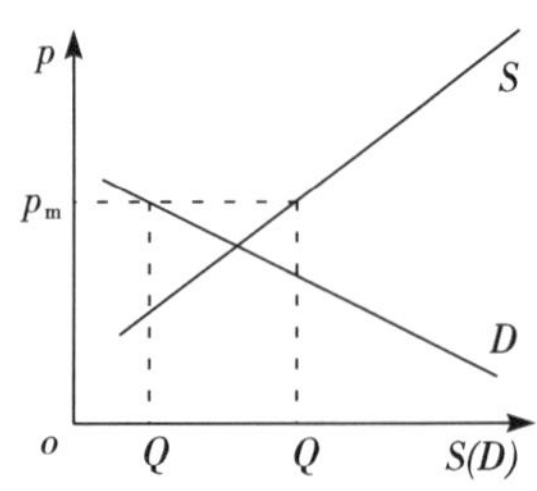

图 4 我国商品粮完全合同定购的供给与需求

三、放大的价格波动信号和粮食的非市场定价调价是种粮比较利益波动的根本原因

通过对粮食供求波动蛛网模型和政府行为的分析，农民市场供给粮的波动常常导致产生放大的价格波动信号，用 β_1（$=(\Delta p_m/p_m)(\Delta S/S)^{-1}$）表示。$\beta_1$ 又称农民市场供给粮的价格弹性，它表示农民市场供给粮变化 1%，价格变化 β_1%（β_1 一般大于 1）。如果考虑粮食总产量的价格弹性，则价格波动信号的放大幅度更大，用 β_2（$=(\Delta S/S)\beta_1(\Delta y_t/y_t)^{-1}=(y_t/S)\beta_1$）表示。

假设粮食总产量变化时，农民自用粮和国家定购粮一般不变，农民自用粮占粮食总产量的 70%左右，国家定购粮占粮食总产量的 12%左右（500 亿千克/4500 亿千克），则农民市场供给粮只占粮食总产量的 18%左右，即 $\beta_2\approx5.6\beta_1$。

放大的价格波动信号必然导致农民种粮比较利益发生剧烈波动，从而进一步引起农民资金投入和劳动投入的波动。即使去除价格波动信号的作用，农民种粮比较利益也容易发生波动，原因是粮食的非市场定价和调价政策。粮食价格扭曲是指粮食对其他工农业产品的比价不合理，正确的比价必须由市场来决定，而不是由政府算出来的。资源分配理论[5]可以很好地说明这一点。

设农民市场供给粮的一部分在 n 个生产饲料的企业进行分配，合理分配的含义是使粮食在各企业的投入产出效用最大，否则就存在粮食的浪费和 GNP 损失，即

$$\left.\begin{aligned}&\max F=f_1(x_1)+f_2(x_2)+\cdots+f_n(x_n)\\&\text{s. t. } x_1+x_2+\cdots+x_n=S_1\end{aligned}\right\}\tag{6}$$

式中：x_i 表示农民市场供给粮在第 i 个企业的分配量；$f_i(x_i)$ 表示 x_i 的单独投入对第 i 个企业产出的影响。式（6）规定约束条件的极值问题可以用拉格朗日乘数法求解。作拉氏函数

$$L=[f_1(x_1)+f_2(x_2)+\cdots+f_n(x_n)]+\lambda(S_1-x_1-x_2-\cdots-x_n)\tag{7}$$

极大值应满足条件

$$\left.\begin{aligned}&\frac{\partial L}{\partial x_1}=0,\ \frac{\mathrm{d}f_1(x_1)}{\mathrm{d}x_1}=\lambda\\&\frac{\partial L}{\partial x_2}=0,\ \frac{\mathrm{d}f_2(x_2)}{\mathrm{d}x_2}=\lambda\\&\cdots\\&\frac{\partial L}{\partial x_n}=0,\ \frac{\mathrm{d}f_n(x_n)}{\mathrm{d}x_n}=\lambda\end{aligned}\right\}\tag{8}$$

常数 λ 为最优粮食资源分配时应达到的统一粮食边际产出，其单位是千克/千克，如 $\lambda=2$，表示用 1 千克粮食生产 2 千克饲料，可以实现粮食的最优分配，各企业会自动努力实现这个目标，这就是最合理的饲料与粮食的比价。如果人为地确定饲料的价格是 2 元/千克，而粮食的价格定为 3 元/千克，显然交换比例就是 $\lambda=1.5$，其结果是生产饲料的企业增多，市场供给粮供不应求，拉动价格上涨。为了解决生产饲料企业过多的问题，政府重新定价，结果可能是 $\lambda=3$，又导致卖粮难。总之，合理比价不通过市场来决定简直是不可想像的。市场定价合理性的前提条件是有多个买方和卖方。显然买方市场并没有形成，因此政府取而代之，必然也引起农民的种粮比较利益发生波动。

从图 1 可以看出，粮食总供给波动的直接原因是粮食播种面积的波动和单产的波动，但深层次的原因是种粮比较利益的波动。引起种粮比较利益波动的主要原因是农户小生产与大市场的矛盾及政府行为不能有效地实现负反馈作用。

四、主要结论

（1）分析了粮食供给波动产生或传导的系统内和系统外原因及不同原因在系统中的不同功能，重点分析了市场波动的放大和传导过程。

（2）分散的小农户经营形式放大了农民市场供给粮的波动。完全自由竞争条件下的我国粮食供求波动模型不同于其他发达国家的供求波动模型，很难有均衡点，即使有，收敛也有严格的条件，因此政府宏观调控更有必要。

（3）政府行为与宏观调控不完全是一回事。现有的宏观调控机制不能有效地平抑粮食供求波动，有的政府行为放大了粮食的供求波动。

（4）经过粮食供给系统的传导，粮食波动价格被严重放大，加上粮食的非市场定价和调价，农民种粮的比较利益极易波动，农民种粮的比较利益的波动是粮食供给波动的深层次原因。

参考文献

[1] 柯柄生．中国粮食市场与政策．北京：中国农业出版社，1995.117
[2] 潘盛洲．粮食市场波动的原因分析及对策建议．经济研究，1990（12）：60～61
[3] 国家计委农经司、国家统计局农调总队．中国粮食供需平衡问题研究．中国农村经济，1996（1）：6
[4] 龚德恩译．动态经济学．北京：中国人民大学出版社，1990.103～109
[5] 北京大学中国经济研究中心．经济学与中国经济改革．上海：上海人民出版社，1995.296～312

论农村专业技术协会及其技术推广功能*

任晋阳　柏长青

［摘　要］农村专业技术协会是广大农民群众为满足专业技术的需求创造出的农民自我推广服务组织。这种组织上联政府农业科研、农业推广单位，下传千家万户，采用研究者、推广者和采用者相结合的方式，形成了一种崭新的需求型技术推广机制。这种机制使推广中的单向信息传递转变为双向信息沟通，改善了农业科研、推广、生产相互脱节的状况。

一、技术需求：农村专业技术协会兴起的直接原因

20世纪70年代末，中国农村实行的经济体制改革确立了农户经济的主体地位。自此，中国农村翻开了历史上崭新的一页，进入了一个新的发展阶段。在人们享受农村改革带来的巨大成果的同时，一些迫在眉睫的新出现的重大现实问题又摆在我们面前。其中最为引人注目的问题是：在新的形势下，如何将现代科学技术要素不断引入农业和农村，更确切地说是推广到超小规模经营的、组织化程度很低的千家万户。虽然政府农业推广组织在农村科技推广中仍发挥着巨大的作用，然而，农村经济体制改革后，由于受人力、物力的限制和“断奶”、“脱钩”等政策的影响，政府农业推广组织在服务关系上，难以更好地直接向独立经营的、极度分散的农户提供技术服务；在服务内容上，由于政府主要考虑向农民提供关系到国计民生的专业技术服务，难以满足分工分业的发展和产业结构调整后农民迫切需要的诸如种西瓜、食用菌与养甲鱼、鹌鹑、牛蛙、蝎子等等多种多样的专业技术需求。那么，在新的条件下，什么样的组织形式才能在服务关系上建立政府推广组织与分散独立的农民之间的联系，在服务内容上满足农民多种多样的技术和经济利益的需求呢?

在寻求解决上述重大现实问题答案的过程中，我们发现，80年代以来出现的以专业户为主体、以农民技术员和科技示范户为骨干，按照自愿、自主、互利原则形成的农民自我推广服务组织——各种类型的农村专业技术协会却悄悄扮演着重要角色。这类组织介于政府推广组织和农户，政府科研组织和农户之间，发挥着新的联结和纽带作用，它们已经成为我国农业技术推广队伍中一支重要的组织力量。

二、分布范围广、活动形式多：农村专业技术协会的发展概况

农村专业技术协会分布的范围广。其最早出现在1980年，散见于河北、山西、辽宁等10多

* 原载《农业技术经济》1997年第3期。

个省份，经过10多年的探索和实践，从数量和质量上都有很大的提高。居中国科协统计，1995年全国已有农村专业技术协会13万多个，会员农户500多万，占全国总农户的20%左右，分布于全国除西藏以外的所有省、市、自治区。全国已建立起跨地区各级专业性联合会1 700多个，其中地区性联合会800多个，省级联合会24个，跨省的有40个。中国农业专业技术协会也于1995年11月在北京成立。

农村专业技术协会分布的门类广。如果将这些门类分为粮食作物、经济作物、养殖业、瓜菜业、林果业和其他等7个行业，根据已有的不完全统计，各行业所占比例不等。养殖、瓜菜、林果三个行业在协会分别占30.1%，13.9%和19.9%，三个行业共计占协会总数的63.9%，明显高于其他行业。从总体上分析，这三个行业成为协会主要生长点的原因是：第一，社会需求的增长为协会的发展提供了更为广阔的市场空间；第二，其利润较粮食作物和经济作物的高；第三，其产品都具有鲜活特点，在运输过程中易腐变质，生产经营的市场风险大、交易成本高。单个农户受规模小，实力弱的限制，需要组织起来降低市场风险和交易成本；第四，技术、资金条件限制较小。这几个行业在过去虽然不是农村的主导产业，但广大农民都很熟悉，特别是农村中有许多掌握这些行业的生产经营技术的能人，可以说有人才条件。这几个行业相对于加工等行业不需要更多的资金投入，可以说资金限制较小，所以，这几个行业农民进入相对较容易；第五，在农民从主要粮食作物和经济作物生产向种植蔬菜、林果和养殖等行业转移过程中，需要组织起来互相学习和掌握实用技术，更需要有组织地引进先进的、科学的生产经营技术。

分布在粮食作物和经济作物的协会平均比例分别为9.1%和11.1%，低于养殖、瓜菜、林果行业，而经济作物协会的分布又稍高于粮食作物。这样分布的原因是：第一，政府推广组织和供销服务组织对粮食作物和主要经济作物的产中技术服务和产前、产后供销服务功能较强，农民有相对好的技术条件，所以他们容易得到满足；第二，这些行业的利润偏低，农民受比较利益的驱动，没有更为迫切的追求欲望；第三，由于利润的高低和政府服务功能的强弱决定经济作物协会比粮食作物协会更容易生存和发展。

根据以上分析可知，协会的行业分布状况多取决于以下几个要素：社会需要、行业利润、市场风险、政府组织服务功能、产品特点、行业的要求条件等。

农村专业技术协会活动形式多。不同地区、不同经济发展水平、不同行业的协会其活动形式都有所不同，所以协会活动具有多形式特点。如果将协会活动内容概括为技术服务，技术经济服务（从事简单的产前、产后的供销服务），技术经济实体（建立经济实体，开展全方位、系列化的综合服务）三种形式，根据中国科协对全国4 153个重点农村专业技术协会的资料统计，各种形式的协会数和所占百分比如表1。

表1　4 153个协会活动形式

活动形式	技术服务	技术经济服务	技术经济实体
协会个数	2 135	1 517	501
比例（%）	51.4	36.5	12.1

从表1中数字可以看出，以技术服务（交流）为活动内容的协会在现阶段仍占大多数，占约一半左右，而创办经济实体开展综合服务的协会仅占协会总数的10%左右。就一个地区来看，随着经济的发展，前一种活动形式的协会所占比例逐渐减少，而后两种活动形式的协会所占比例逐步增大，就全国情况看，协会活动内容和地区经济发展水平有关。东南沿海地区，经济发展水平较高，以技术服务（交流）为内容的协会就相对少，而以技术经济服务和技术经济实体为内容的

协会相对多。而欠发达地区的协会，经济条件有限，不仅协会数量少，而且大多只能维持以技术服务（交流）为主要活动内容。

技术服务型协会大多分布于大田作物和一些主要经济作物，原因是生产资料供应和其产品的销售问题由政府组织来承担，有比较畅通的渠道，或者政府实行专营（如棉花），一般不需要协会来解决。但这类协会经济效益差，而社会效益好，其维持和发展需要政府的大力支持。山西省襄汾县永固乡棉花协会就属于这种类型。

技术经济服务型协会已从产中的技术普及推广向产前、产后延伸，但由于经济实力不强，还不能提供全方位的系列化服务。通常可以提供产前生产资料统一供应，而产后服务只限于帮助会员联系销售渠道。江西省修水县划坪乡花椒协会就属于这种类型。

技术经济实体型协会为会员提供产前、产中、产后的系列服务，会员可以“不出村”或“不出乡”就得到全方位服务。协会为增强服务实力兴办经济实体，靠实体的收入来提高协会为会员服务的能力。陕西省白水县西固乡苹果技术协会就属于此类型。

三、技术推广：农村专业技术协会的主要功能

作为一种推广组织，农村专业技术协会将研究、推广、采用三者相结合，因而在技术推广中表现出很强的生命力。

首先是研究与推广相结合　从体制上看，我国农业科技成果的研究和推广是相互脱节的。研究由许多农业科研部门、农业大专院校承担，而推广则由农业部系统的农业推广部门承担，两个环节由于体制不顺，不能保持密切的联系。一方面研究成果难以及时转移到推广部门；另一方面，由于研究立项得不到推广部门提供的农民需求信息而有可能脱离生产实际，造成有限的科研经费浪费的现象时有发生，科技成果适用率不高、转化率低。虽然近年来科技体制改革鼓励科研单位搞推广，但由于科研单位在面向生产实际中存在“无钱、少腿”和缺乏推广经验等问题，效果不甚明显，对许多农民来讲是“远水不解近渴”。

农村专业技术协会是由农村中的能人牵头成立的组织，聚集了同专业的许多能工巧匠。他们不仅有吸收新思想、新技术的优势，而且有根据本乡、本土的实际情况，研究开发新技术的能力。协会研究开发的技术表现出明显的实用性。即：协会研究的新技术对农民来讲本身就是实用的，对有目的选择引进的技术还经过开发和再创新的实用化过程，对研制开发之后的实用技术，协会本身又承担了推广的职能，并在推广实践中重新发现新的问题，作为研究和引进新技术的依据，形成了一个“研究→推广→再研究→再推广”的良性循环。

第二是推广与采用相结合　协会起源于农村，深深扎根于农村，协会成员大部分来自农村，对农村的情况和农民的需求有亲身的感触和深入的了解，从而使协会在技术推广过程中，始终能根据农村、农业和农民的需要进行。无论是推广手段还是推广技巧，甚至推广语言，都会使农民乐意接受和信任。实际上，许多农民就是协会组织的成员，协会的推广过程也就是协会成员采用技术的过程。这些人既是科技的推广者又是直接受益者，因而增强了农民接受科技的内在动力，大大缩小了科技与生产结合的时空，加快了科技转化为现实生产力的速度，也使协会成为政府推广组织和农民建立联系的有效组织形式。

第三是协会形成了需求型技术推广机制　计划经济体制下，农业推广以完成和实现政府的推广目标为己任，科技成果推广是从上到下一级一级地传递下来的，农民自己不需要考虑这一方面的问题。虽然现在环境条件变了，但政府推广体制仍然是通过计划安排进行推广，推广的科研成

果还是科研单位的研制成果，其推广机制基本上还是供给型的。协会集技术的研究、推广和采用为一体，对技术更注重适用性和实用性。协会这一推广机制是实际需要拉动的，属于需求型技术推广机制。这一推广机制从一项专业技术上很好地解决了体制上各环节相互脱节的问题，为我国科技体制的改革提供了有益的启示。

第四，协会表现出较强的技术开发与研究功能　协会是在农业商品化、现代化的推进中而出现的，其生长点主要出现在农业产业结构调整后农村新的行业上。这些行业遇到的问题对政府农业科技研究、推广部门来讲也是新问题。在得不到及时有效社会化服务的情况下，协会成员中的一些“土专家”、“田秀才”，因陋就简，利用已有知识和技能通过专家、教授的指点，搞起科研，有的还办起科研所。一大批适用、实用的科技成果，在政府不出钱、不设编制的情况下，在农村各地涌现。实际上，许多发展较好的协会已成为农村新技术的研究开发基地，成为当地农业技术的新来源。如四川省简阳县柑橘协会，自办柑橘研究所，建起科学实验大楼，建成了组织培养室、塑料大棚等基地设施，研究出适合本地生产的多项技术。其中“柑橘菌根容器育苗技术”获四川省“星火计划”项目三等奖。山东省莱芜市牛泉镇长毛兔协会，先后承担 8 项科研课题，有 3 项通过省地级鉴定，其中“人工控制仔兔性别”和“预产期内诱导、调节母兔分娩时间”两项科研成果，得到来自中国农业大学、山东农业大学等单位的专家教授的现场鉴定，并被给予高度评价。专家认为两项技术分别达到国内和国际先进水平。

第五，协会成为专业技术推广基地　协会采用需求型的技术推广机制，主动上联科研院所、大专院校和学术团体，下传千家万户，成为专业技术通向农村的重要渠道。一个协会就是一项专业技术的试验和示范基地。如江苏省常熟市吴市镇豆类蔬菜技术协会，在推广种植荷仁豆的过程中，针对当地不了解荷仁豆的生长特性、栽培技术的状况，选出协会内具有一定经验的会员举办培训班，聘请上海农科院的专家授课。通过培训，会员不仅掌握了荷仁豆栽培技术，而且示范帮助了周围的农户。1993 年全镇荷仁豆蔬菜种植户发展到 6 540 户，其中 2 000 户仅荷仁豆一项亩产值近万元。

协会还是一个技术学习和培训基地。几乎每一个协会都采用短期培训班的形式向会员传授专业技术知识。此外，协会为促使知识技能的增长，还采取了一些其他形式，如举行专题技术交流会、座谈会、发放自办小报或刊物等形式。协会在换届选举、工作经验总结、表彰等会上，都将专业技术的交流和提高作为会议的重要内容；座谈的形式一般是遇到技术难题后，一些会员共同协商对策，交流思想，以达成对问题及对策共同一致的认识；发放自办小报、刊物是效果较好的形式，许多发展较好的协会都有自己的刊物或小报，登载的内容除专业技术外，还包括有关国家政策、生活常识等知识，文章的作者有专家教授，有政府专业技术干部，还有协会会员，这些刊物向下免费向会员发送，向上免费向政府有关部门和协会顾问发放，成为协会上下联系的载体，也成为协会对外信息交流的主要阵地。如河北省河间市国欣棉花协会办的《凤欣科普》已成为深受农民欢迎并在当地颇有影响力的刊物。

参考文献

[1] 中国科协普及部．全国农村专业技术协会（研究会）经验交流会资料选编，1992
[2] 农业部农村经济研究中心课题组．中国农村专业技术协会的研究，1993
[3] 孙炳耀等．社会中间层：改革与中国的社团组织．中国发展出版社，1993
[4] 姚监复等．中国农村民间组织——农村专业技术协会的研究．中国农业科技出版社，1996

[5] 任晋阳．农业社会化服务的新发展——关于农村专业技术协会的思考．中国改革报，1995.11.24
[6] 任晋阳．农村专业技术协会与中国农业科技进步．中国农机化报，1996.2.15
[7] Deniel Benor and Michael Baxter，Training and Visit Extention，The World Band ，1984
[8] Michel M. Cernea，《Putting People First：Sociological Variables in Rurul Development》，Oxford University，1991

我国粮食供给波动的预测*

焦长丰　白人朴

我国粮食总产量和粮食总产量的环比增长率［（当年粮食总产－上年粮食总产）÷上年粮食总产×100］的变化曲线见图1。

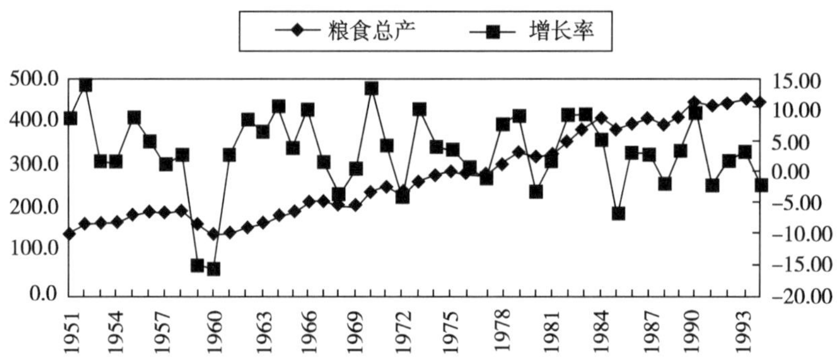

图1　我国粮食总产量和粮食总产量的环比增长率

由图1可以看出，我国粮食总产量基本上是沿着一条向上的趋势线变化，总量是在波动中增加，属于典型的古典式波动。我国粮食总产量的长期预测极大地受限于历史数据的不足和基期的不同选择。例如，如果以1984年为基期，到1994年平均年增产0.84%，以这一增长率和1994年的实际产量来进行线性预测，则2010年的产量应是5.05亿吨。如果以1985年为基期，到1995年平均年增产2.10%，以这一增长率和1995年的实际产量来进行线性预测，则2010年的产量应是6.23亿吨，两个预测数据差1.18亿吨。如果用其他方法预测，两个不同基期的结果也差0.5亿～1亿吨。长期预测建立在40年历史数据基础上，提高准确性的难度是很大的。由于我国粮食总产量的波动更明显地表现在粮食总产量的环比增长率的波动上，粮食总产量的环比增长率是短期预测的重要指标，它的预测对国家制定下一年的粮食政策有非常重要的意义，因此对粮食总产量环比增长率的预测具有重要的现实意义。

粮食总产量的环比增长率的波动虽然完全是离散的，但它的一个显著特点是只与预测前一年的粮食总产量关系密切，因此选择随机过程中马尔柯夫链数学模型预测不失为一种有效的方法。马尔柯夫链是一种随机时间序列，它表示已知系统的现在状态，则系统未来状态的规律就可确定，而不管系统如何过渡到现在的状态。

---

* 原载《预测》1997年第3期。

一、马尔柯夫链的建模与预测方法

设有随机过程 $\{X_n, n\in T\}$，若对任意的整数 $n\in T$ 和任意 $i_0, i_1, \cdots, i_n\in I$，条件概率满足：

$$P\{X_{n+1}=i_{n+1}\mid X_0=i_0, X_1=i_1, \cdots, X_n=i_n\}=P\{X_{n+1}=i_{n+1}\mid X_n=i_n\} \qquad (1)$$

则称 $\{X_n, n\in T\}$ 为马尔柯夫链，我们记 $P\{X_{n+1}=j\mid X_n=i\}=p_{ij}$（$i, j=1, 2, \cdots, n$）；表示 n 时刻系统处于状态 i 的条件下，在时刻 $n+1$ 时系统转移到 j 的概率；将 p_{ij} 依次排序，可得如下矩阵：

$$P=\begin{bmatrix} p_{11} & p_{12} & \cdots & p_{1n} \\ p_{21} & p_{22} & \cdots & p_{2n} \\ & & \vdots & \\ p_{n1} & p_{n2} & \cdots & p_{m} \end{bmatrix} \qquad (2)$$

该矩阵称为转移概率矩阵。

将数据序列分为若干种状态，记为 $i_1, i_2, \cdots, i_n$，数据序列由状态 i_x 经过 m 步转移到 i_y 的概率为 m 步转移概率，记为 $P_{ij}^{(m)}$

$$P_{ij}^{(m)}=M_{ij}^{(m)}/M_i \qquad (3)$$

其中，$M_{ij}^{(m)}$ 为状态 i_x 经过 m 步转移到 i_y 状态的次数；M_i 为状态 i_x 出现的次数。由于数据序列最后的状态转向不确定，因此计算 M_i 时要根据转移步数 m 去掉序列最末的 m 个数据。

通过观察状态转移矩阵即可预测未来的发展变化，在编制预测表格时，选取离预测年较近的几个年份，转移步数为预测年和选取年的差，对概率矩阵求和，其和最大的列向量的状态为预测状态。

二、我国粮食总产量环比增长率波动的预测

选取1979年以后我国粮食总产量增减的历年数据进行处理（因为1979年是我国粮食生产发生制度性变革的一年，即联产承包责任制的推行，制度变革对粮食生产的影响是巨大的，两种生产制度下的粮食生产波动放在一起比较容易失真），分成4个状态，状态分类见表1。我国粮食总产量、增减的历年数据和各年的状态见表2。

表1　我国粮食生产波动状态分类

状态（%）	编　号
>6	1
[3，6]	2
[0，3]	3
<0	4

表2　我国粮食总产量、增减的历年数据和各年的状态

年份	粮食总产（百万吨）	增长率（%）	状态	年份	粮食总产（百万吨）	增长率（%）	状态
1979	332.1	8.96	1	1981	325.0	1.37	3
1980	320.6	−3.46	4	1982	354.5	9.08	1

（续）

年份	粮食总产（百万吨）	增长率（%）	状态	年份	粮食总产（百万吨）	增长率（%）	状态
1983	387.3	9.25	1	1989	407.6	3.43	2
1984	407.3	5.16	2	1990	446.2	9.47	1
1985	379.1	−6.92	4	1991	435.3	−2.44	4
1986	391.5	3.27	2	1992	442.7	1.70	3
1987	403.0	2.94	3	1993	456.5	3.12	2
1988	394.1	−2.21	4	1994	445.1	−2.50	4

根据表 2 构造转移矩阵，由于年数较少，选取离预测年较近的三年作为起始年份进行预测，因此应当构造三步转移矩阵。$p^{(1)}$、$p^{(2)}$、$p^{(3)}$是对 1995 年粮食总产量环比增长率进行预测的一步、二步、三步转移矩阵。

$$p^{(1)}=\begin{bmatrix}1/4 & 1/4 & 0 & 2/4\\ 1/4 & 0 & 1/4 & 2/4\\ 1/3 & 1/3 & 0 & 1/3\\ 0 & 2/4 & 2/4 & 0\end{bmatrix}\quad p^{(2)}=\begin{bmatrix}0 & 1/4 & 2/4 & 1/4\\ 0 & 1/3 & 0 & 2/3\\ 1/3 & 1/3 & 0 & 1/3\\ 2/4 & 1/4 & 1/4 & 0\end{bmatrix}\quad p^{(3)}=\begin{bmatrix}1/4 & 2/4 & 0 & 1/4\\ 0 & 1/3 & 2/3 & 0\\ 1/2 & 1/2 & 0 & 0\\ 1/4 & 0 & 0 & 3/4\end{bmatrix}$$

根据转移矩阵，可编制 1995 年预测表格如表 3。

表 3　1995 年预测

起始年份	起始状态	转移步数	1	2	3	4
1994	4	1	0	2/4	2/4	0
1993	2	2	0	1/3	0	2/3
1992	3	3	1/2	1/2	0	0
合　计			0.50	1.33	0.50	0.67

由表 3 预测 1995 年粮食总产量增长率处于状态 2，即 3%～6%之间，实际增长率为 4.83%，预测正确。同理可编制 1996 年预测表格如表 4。

表 4　1996 年预测

起始年份	起始状态	转移步数	1	2	3	4
1995	2	1	1/4	0	1/4	2/4
1994	4	2	2/4	1/4	1/4	0
1993	2	3	0	1/3	2/3	0
合　计			0.75	0.58	1.17	0.50

由表 4 预测 1996 年粮食总产量增长率处于状态 3，即 0%～3%之间，实际增长率为 2.87%，预测正确。

根据 1995 年和 1996 年的预测结果可以看出，马尔柯夫链预测方法用于中国粮食总产量环比增长率波动的预测具有较高的准确性。依据上面同样的方法，对 1997 年的粮食生产进行预测，结果见表 5。

表 5　1997 年预测

起始年份	起始状态	转移步数	1	2	3	4
1996	3	1	1/3	1/3	0	1/3
1995	2	2	0	2/4	0	2/4
1994	4	3	1/4	0	0	3/4
合　计			0.58	0.83	0	1.58

由表5预测1997年粮食总产量增长率处于状态4，即小于0，粮食减产，这将严重影响20世纪末粮食生产再上新台阶，要改变这种局面，政府必须一方面对1997年的粮食市场进行宏观调控，加强舆论宣传，使农民增产增收，另一方面地方政府也不能因为1996年的粮食丰收而盲目乐观，要抓好1997年的粮食生产。做到这两点，1997年粮食总产量环比增长率就可能会大于0，即粮食总产量在1996年的基础上再上一步。

三、主要结论

1. 新中国成立以来，我国粮食总产量在增长中波动，波动更明显地表现为粮食总产量环比增长率的剧烈波动，给政府短期宏观调控带来很大的难度。

2. 受限于历史数据的不足，我国粮食总产量长期预测的准确性很难提高，因此对粮食总产量环比增长率的短期预测具有更为重要的现实意义。

3. 计算表明马尔柯夫链预测方法用于我国粮食总产量环比增长率波动的预测具有较高的准确性，对政府制定下一年的宏观调控政策具有很强的指导性。预测1997年中国粮食供给增长率将小于0，即粮食减产，这将严重影响20世纪末粮食生产再上新台阶，要改变这种局面，除非政府采取强有力的宏观调控手段。

参考文献

[1] 中国农业年鉴．农业出版社，1980—1996

[2] 陆大绘．随机过程及其应用．北京：清华大学出版社，1986

对我国饲料市场需求的探讨*

秦 富

一、国内若干种饲料粮及饲料需求估计

不同的专家从不同的角度对中国的饲料粮及饲料的需求作出不同的估计，主要有：

(1) 到2000年，中国饲料用粮要占当年粮食总产量的33%以上，年饲料用粮达1 650亿千克。

(2) 目前中国用于饲料的粮食约占粮食总产的30%，若将糠麸、饼粕、糟渣等副产品计算在内，全国用于畜牧业的饲料粮已达2亿吨以上。

(3) 目前中国用于饲料的粮食约占粮食总产的30%，而世界的平均数已高达40%，发达国家为60%～70%。同国际相比较，中国用于饲料的粮食还将进一步提高。

(4) 要满足2000年养殖业对饲料粮的需求，按1995年饲养水平，需饲料粮2.1亿吨。

(5) 未来中国饲料工业发展目标：2000年配合饲料生产能力达1.0亿吨，产量达到7 000万吨；2010年配合饲料生产能力达到1.3亿～1.5亿吨，产量达到1亿吨。

(6) 农业部信息中心预测：对于1997年的畜牧发展，有两种判断，如果畜产品增长速度仍保持在12%左右，推测畜产品总产量大约在8 700万吨上下，所需饲料玉米在9 900万吨左右；如果畜牧发展速度降低到10%，畜产品总量为8 600万吨，饲料玉米的需求将在9 700万吨左右。并认为第一种的可能性较大。

不论哪种估计，都预示着未来中国对饲料粮及饲料的需求均有大幅度的上升。

二、配合饲料需求大幅度上升的可能性不大

(一) 近年配合饲料价格的变化支持了这一观点

图1反映的是1994年1月以来猪、鸡配合饲料的价格月变动情况。

从图1可见，两种配合饲料的价格在1995年8月前确实表现为总体不断上升的趋势。其中猪配合饲料的价格从每千克1.12元几乎是直线上升到2.01元，平均每千克饲料上涨0.89元；鸡配合饲料的价格从每千克1.25元也持续上升到2.20元，平均每千克上升0.95元。但在1995年8月之后，情况出现了变化，鸡配合饲料的价格基本趋于稳定，到1996年12月仍保持在2.18元/千克，每千克比1995年8月只减少0.02元。猪配合饲料的价格，不但没有继续上涨，反而平均每千克减少0.15元。这表明：近16个月来配合饲料供求总体平衡与局部供过于求并存是对

* 原载《农业技术经济》1997年第4期。

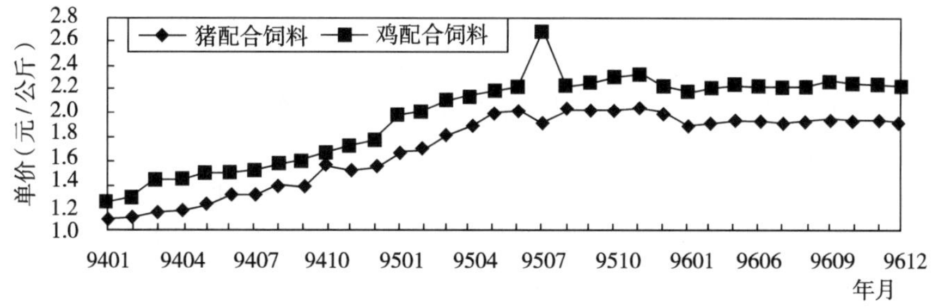

图1 1994年1月—1996年12月配合饲料价格变化情况

中国饲料市场的客观判断，而这时期的配合饲料生产总量不过只有4 858万吨。

更重要的是：1995年8月之前配合饲料价格总体上升的趋势中，很大程度上是由饲料原料—玉米价格（及其添加剂）的上升所引起的。从1994年1月到1995年8月间，玉米价格从0.82元直线上升到1.65元，平均每千克玉米上升0.83元，这个数据是同期鸡配合饲料价格上升的87.4%，是同期猪配合饲料价格上升的93.3%。与此同时，1995年8月后，玉米价格的下降则从另一个方面证明了饲料需求不强劲的问题。可见，近年饲料价格的总体上升与饲料原料更为相关，并没有表现为强劲的需求增长所拉动。

（二）全国范围不同区域的饲料企业都存在亏损

依据中国饲料工业统计资料，1995年度时产5吨以上的配混合饲料厂中，除浙江、云南等省统计数据中未出现亏损，天津市数据不全，江苏省、江西省没有统计数据除外，其余的省、市、自治区都存在不同程度的亏损。表1对全国23个省、市、自治区饲料企业的亏损比例作了分析。

表1 1995年中国23个省市自治区饲料亏损企业占饲料企业的比例

单位:%

省份	亏损比例	省份	亏损比例	省份	亏损比例	省份	亏损比例
海南	100.0	辽宁	27.8	四川	22.0	福建	12.5
青海	40.0	新疆	27.3	河北	20.0	广西	12.2
安徽	38.1	山东	25.5	甘肃	20.0	陕西	8.3
广东	31.8	吉林	23.5	河南	19.0	上海	5.6
湖南	29.1	山西	22.2	内蒙古	16.7	黑龙江	5.3
湖北	29.0	贵州	22.2	北京	14.6		

资料来源:《中国饲料工业统计资料》1991—1995年。

表1中可见，23个省、市、自治区的饲料企业，尽管时产已在5吨以上，但都存在不同程度的亏损，至于亏损企业占全部饲料生产企业的比例，就更值得重视了：23个存在亏损的省份中，有15个省份亏损比例不低于20%，这意味着存在亏损的省、市、自治区中，65%的省份每5个小时产5吨以上的饲料生产企业就有1个亏损企业。

客观地讲，时产5吨以上的饲料生产企业，相对于中国的饲料原料和畜牧业发展现状而言，可算得上在生产规模方面有经济效益了，而整个1995年度，尽管饲料的价格有波动，但总体趋势上升的客观事实不容置疑，而大量的大规模生产企业亏损就无疑可判定：不仅没有明显的供不应求的迹象，而且不得不导出另外一个结论：各省份的配合饲料，同样存在着供求总量基本平衡、局部地区供不应求与供大于求并存的问题。只有这个结论，才能较圆满地解释中国各地饲料企业普遍存在亏损的原因。

(三) 现有的开班率状况也从另一侧面证明了上述结论

1995 年中国饲料企业的平均开班率只有 1.2，各省、市、自治区之间的差异就大了。开班率超过全国平均水平的只有北京、广东、湖北、安徽、陕西、上海、福建、广西、河北、浙江 10 个省份，而且只有最前面的 4 个省份开班率未低于 1.5，其余 6 个省份均在 1.5 以下；江苏、江西两省免强达到全国平均水平；剩余 17 个省、市、自治区均在全国平均开班率之下。尤为严重的是：这 17 个省份中，四川、吉林、甘肃 3 个省份的开班率只有 1，这意味着 3 省只各自利用了双班生产能力的 50%；辽宁、云南、新疆、山西、宁夏、海南、青海、内蒙古、贵州 9 个省份的开班率尚不到 1，这意味着这些省份所生产的饲料量尚未达到其单班生产能力。现实提醒我们：中国饲料市场的需求并不像想像的那样旺盛。因为，中国较大范围这样低的开班率很难与饲料市场需求旺盛的假定相容。

综上分析，不难得出这样的结论：中国饲料市场需求短期内大幅度上升的可能性并不是很大，特定条件下，配、混合饲料的生产能力不是严重不足、而是相对过剩。现阶段饲料的供求总量在某种意义上讲供不应求的矛盾并不很明显，总量上供求趋于平衡，但不同区域饲料的局部剩余与短缺并存。

三、饲料市场需求不会大幅度上升的原因分析

(一) 从消费习惯方面看，中国人均肉类消费在短期内大幅度提高的可能性不大

消费习惯是长期的特定地理区域下，通过社会、经济、民族、宗教等多方面的活动形成的，而且也是在短期内不易改变的。

有关资料表明:无论是发达的还是发展中的东方国家,人均畜产品的消费量都显著低于西方国家。发达国家中如日本就显著低于美国、法国;中等或低收入国家如中国、泰国、埃及、印度等,又显著低于匈牙利、巴西。中国历史上就以素食为主,中国台湾省在人均国民收入不断增长并超过 1 万美元后,人均肉类消费多年来基本稳定在 60 千克左右。1995 年,上海农村住户人均纯收入已达 4 246 元,但人均肉食及其制品消费量也仅 22.4 千克;北京农村住户人均纯收入3 224元,人均肉食及制品消费量只有 17.8 千克。中国其他地区的肉食消费也表现出同样的特点。

消费习惯决定了中国城镇、农村居民人均肉类消费数量短期内大幅度提高的可能性并不是很大，人均动物性食品消费量的增加短期内不会明显地刚性推动着饲料需求的倍数增加。

(二) 家庭副业式畜牧业生产方式的存在及其定型模式，决定了未来可预见时期内，农民家庭畜产品生产对饲料同样不会有大幅度的需求

从饲料产品结构的实际情况看，猪饲料占有较大的比重，而中国养猪业中约有 60%为农户养殖，很少使用商品饲料（有的专家估计，中国目前集约饲养只占畜牧业的 20%左右，还有70%～80%的分散饲养基本没有使用商品饲料）。与此同时，中国水产养殖中所消耗的商品饲料比例也很小。如 1995 年水产品产量为 2 300 万吨，其中养殖产量为 1 380 万吨，占总产量的 60%。若按 1∶2 鱼饲料转化系数估算，养殖水产需要用鱼饲料 2 760 万吨，而当年实际只生产水产饲料 100 万吨，这意味着水产品生产中，商品饲料所占比重尚不到 4%。

可见，中国农民受传统小农经济生产方式的影响，不论是养猪还是养鱼，均以非商品饲料饲养为主，短期内均不会派生出对饲料需求的大幅度增长。农民的家庭式，自给自足性畜产品生

产，决定了其连带的饲料产品在广大的农村并没有想像的那么大的市场需求，这意味着至少在短期内，对未来饲料市场需求的估计，只能以消费水平相对更高的城镇居民为对象，估计结果则是不言而喻的。

（三）收入水平提高与人均动物蛋白消费量增长之间并未呈现出明显的正相关关系

从图 2 可知，1979 年到 1995 年农村居民人均纯收入从 160 元迅速提高到 1578 元，增长近 9 倍，而这期间农民人均猪牛羊肉消费量仅从 6.5 千克增长到 11.3 千克。特别值得注意的是，自 1991 年以来随着收入增长，猪牛羊肉消费不仅没有增长，而且表现为下降的趋势。这期间农民人均家禽消费增长更是缓慢，仅从 0.4 千克增长到 1.8 千克，平均每年每人增长尚不到 50 克。非常明显，农民人均纯收入增长对肉类消费的带动作用并非想像的那样强劲。

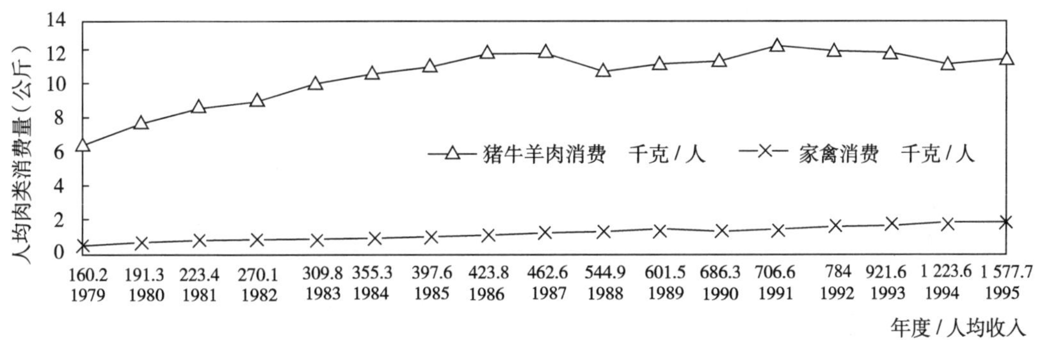

图 2 近年农民收入增长与人均肉类消费量之间的关系

资料来源：中国统计年鉴，历年。

改革开放以来中国的城镇居民的收入增长相当快，但他们的肉类消费量基本稳定，这同样证明了收入增长并未带来肉类消费的明显增长，因而也不会派生出对饲料需求的显著增长。

（四）草食性动物对料食性动物的替代可明显地减少对饲料的需求量

由于粮食的短缺，必将导致饲料粮食的紧张，因而必须找到缓解饲料粮短缺的途径。在这种宏观经济背景条件下，自然产生了草食性动物对料食性动物的替代问题，主要表现则是发展养牛和养羊生产。大量增加牛羊生产，牛羊肉的价格必然相对下降，进而必然产生对猪肉、禽肉以致禽蛋、水产品等耗粮动物产品的替代，这种草食性动物对料食性动物的替代直接意味着对饲料需求的减少，这就是替代品的连锁反应。事实上，1992 年以来国务院已连续召开三次会议，部署利用农作物秸秆发展养牛生产，突出强调利用非常规饲料，节约粮食，发展肉类生产，走适合中国情况的畜牧业发展道路。秸秆养牛已被列入国家农业综合开发项目在全国推广。1995 年秸秆养牛、养羊示范县数已达 119 个，占中国总县数的 5.4%，却生产中国牛肉产量的 25.11%。据有关专家测算，秸秆养牛可节省饲料粮 23，在农作物秸秆利用率还不到 10%的情况下，中国牛羊的 23、牛羊肉的 34 已经出自农村。如果利用率达到 25%，又可增加多少牛羊肉、节省几千万吨饲料粮?

未来草食性动物对料食性动物的进一步替代将成为必然，这种替代必将明显地减少畜牧业生产中对饲料产品的市场需求数量。同时，粗饲料对精料的替代，同样直接预示着对配合饲料需求的减少。

随着技术的进步，粗饲料资源的开发利用逐步成为现实并且成效显著。1995 年共配制青贮饲料 7 500 万吨，氨化秸秆 2 200 万吨，饲料资源的开发和饲料工业的发展，使粗饲料替代粮食的作用越来越突出。1995年青贮、氨化秸秆的使用共节约粮食1 980万吨，已远远超过该年生产配合饲料所节约粮食的数量（估计在1 300万吨左右）。随着青贮、氨化技术的不断改进，再加上青贮饲料、氨化秸秆本身的成本优势，未来粗饲料对饲料的替代将有增无减而且会不断增强，这必然导致畜产品生产对配合饲料需求的相对减少。

（五）畜产品结构中，生猪的比重下降将成为客观必然，生猪比重降低意味着对饲料需求的相对减少

近年中国肉、蛋、奶、水产品产量呈现全面增长势头，从1985年到1995年间，中国畜产品平均增长率高达11.4%，其中猪肉年平均增长仅8.3%，明显低于畜产品平均增长数，直接表现为畜产品结构中生猪比例的降低。

中国肉类结构中，猪肉所占份额已由1978年的94%下降到1995年的69.4%，同期禽肉所占份额上升到17.8%，牛、羊肉的份额分别上升到7.9%和3.8%。可见，生猪在畜产品中所占的比重已发生明显的下降。这种下降也直接表现在饲料结构中猪饲料比例的降低。猪料在配合饲料中所占比重已由1991年的44%下降到1995年的43%。猪料比重下降还可得到世界总体发展的实际所证实。目前世界配合饲料的构成中，猪料所占比例仅为31%，这个比例比1995年的中国猪料所占的比重要低得多。随着中国经济发展和人民生活水平的提高，对水产品和牛羊肉的消费仍将是上升趋势，这意味着猪料比重下降应为客观趋势。

（六）农业生产中的三元结构也将进一步减缓对饲料的需求

科学试验和经验表明，人畜对粮食的要求很不相同。饲料用粮主要是玉米和其他杂粮，要求粗粮化、高产化、品种多样化；口粮消费则表现为数量增长减缓，向高质量、精加工方面转化。如玉米，口粮要求籽实化，而畜用常常要求未成熟时收割。人畜分粮，实行农业生产的三元结构化，已经势在必行。为此，国家也作了有关的规划，力争使粮食作物、经济作物、饲料作物在2000年达到3∶1∶1，逐步将6 000多万亩绿肥用作饲料或肥饲兼用，实行过腹还田；而且规划黑龙江、吉林、山东、河北、山西、河南一带为饲用玉米的种植基地等。三元结构模式一旦形成，将大大缓解饲料与粮食之间的争粮矛盾问题，同时也会明显地减少对饲料粮的大幅度需求。

（七）现有的5 000万吨以上的糠麸，2 000万吨以上的糟渣、近3 000万吨的薯类资源，对精饲料均有明显的替代作用

如果充分利用这些饲料资源，同样可在一定程度上减少对精饲料的需求。

四、对2000年中国配合饲料市场需求量的初步估计

（一）依近年来配合饲料的实际增长情况对2000年饲料的需求量预测

配合饲料，特别是全价配合饲料，具有不同于一般商品的特点，这就是保质期较短。一般的全价配合饲料，秋冬季保质期只有2个月，春夏季仅有1个月。因而配合饲料的生产量只能根据市场的需求量来确定，而不能大量地生产出来贮存待售。这一方面表明配合饲料需要严格执行以销定产的原则，另一方面表明配合饲料库存积压的比例不会也不可能很高。就实际情况而言，每个配合饲料生产厂家，都是在接到消费者的订单后才进行配合饲料的生产的。这意味着用每年配合饲料的生产量近似地替代（因缺少的不仅是需求统计，而且包括消费统计）该年配合饲料的市

场需求具有明显的可信度。换句话说，各个时期配合饲料的市场需求量变化情况，可通过同期生产量变化情况反映。这正是本文第一种估计的理论和实践依据。

那么，用生产量反映的配合饲料需求量是怎样变化的呢？总体上讲，1978—1996年的18年中，配合饲料的需求量表现出两个特点：一是呈现为快速增长的特征，18年间平均年递增率高达28%。二是表现为随时间变化配合饲料需求量的递增率逐渐下降的总趋势。具体地，“六五”期间平均每年递增高达58.4%，“七五”期间的年递增率就下降到15.79%，“八五”期间的年增长率进一步下降到9.2%。进入90年代后，从1991年到1996年间，年递增率只有7.85%。具体到各年间的变动波动较大，1992—1996年分别比上年增长的百分数为4.12%、1.81%、14.25%、14.79%和4.98%。

客观地讲，饲料行业经过近20年的发展，已经具备了一定的规模，以往那样高的年递增率已经成为过去。当我们用近期数据为基础预测未来的增长速度时，基数已变得很大，年递增率不可能很高。结合前面的具体分析，综合考虑上述不同时期（年度）的实际变化情况，本文提出三个年递增率：7.85%（90年代前6年的平均增长率）、4.98%（1996年比1995年增长的百分数）、6.5%（介于前述二者之间）；并以1996年为基础，预测2000年配合饲料的需求量分别为6 900万吨、6 200万吨、6 560万吨。估计未来4年年递增6.5%以下的可能性较大，2000年配合饲料的需求量估计在6 500万吨以下。

（二）依2000年畜产品发展估计对2000年配合饲料需求量预测

1995年在消耗4 858万吨配合饲料的条件下（无疑是在农副产品下脚料、干鲜饲草、以及其他非配合饲料的共同支承下实现的），生产出肉类总产量5 260万吨，蛋类产量1 677万吨，水产品总产量2 517万吨，其中养殖水产品1 353万吨。

据专家预测：1995—2000年，肉类年递增为2.8%～3.4%，蛋类年递增3%，奶类年递增10%。据此可计算出2000年中国的肉类总产量（按上限估计）将达到6 200万吨左右（与农业部提出的增加1 000万吨肉类相近），蛋类产量将达到1 940万吨，奶类产量在1 080万吨左右。另据渔业发展规划，2000年水产品产量达到3 200万吨，其中养殖占60%约为1 920万吨左右。2000年和1995年相比，肉类增量为1 000万吨左右，蛋类增量260万吨，奶类310万吨，养殖水产品增量为570万吨左右。

根据饲料专家的研究结果，目前中国规模养殖的比重：猪在15%～20%，禽肉在40%左右，禽蛋在60%左右。

即使按专家估计中较高规模化程度，到2000年达到30%（强调指出的是：这里尚未考虑牛羊以草食为主省料的因素，这意味着对配合饲料需求的估计仍然偏高），1 000万吨肉类增量中约有300万吨主要是通过配合饲料转化而来的（不成规模的一家一户养畜，使用配合饲料的情况很少，这是由前述农业的生产习惯和消费习惯决定的，更是由利用农副产品和青饲料的经济理性所决定的），按目前国内平均饲料转化水平生猪的料肉比3.5∶1计算，2000年比1995年增加配合饲料需求在1 000万吨左右。

现有的禽蛋生产能力已多次显示出总体供求平衡、局部供过于求的态势，在这种大背景下，只依靠城镇居民人口的增长，在短短的5年内尚不足引起禽蛋规模化养殖的大幅度提高，这意味着约有近160万吨禽蛋需要增加对配合饲料的消费，按目前国内蛋鸡的平均料蛋比3∶1计算，需要增加近500万吨的配合饲料消耗量。

奶类增加310万吨，尽管有高估的成分在内（因为并没有明显的证据表明中国人，特别是中国南方的农民有如此高的消费奶类的偏好)，但充其量不过需要增加消费配合饲料 100 万吨左右。

至于水产品，据水产专家估算，即使是按新增 1 000 万吨水产品计算，除去捕捞不需要增加配合饲料的需求，大部分淡海水养殖产量主要靠浮游生物、青饲料和小杂鱼外，所需要增加消费的配合饲料也远在 500 万吨之内（具体辅证见前述有关生产习惯方面的讨论)，这意味着新增的 570 万吨水产品所需增加的配合饲料尚不到 300 万吨。

综合肉、蛋、奶、养殖水产品产量增加所引起的配合饲料消耗的增长可知，2000 年比 1995 年增加约 1 900 万吨左右，届时配合饲料的市场需求量在 6 800 万吨左右。即使仅扣除 5%的高估量，2000 年较为可信的配合饲料的需求量仍将在 6 500 万吨以下。

两种估计得到非常相似的结论,至于 2000 年配合饲料的市场需求量是否真的会表现为较缓慢的增长,而不会大幅度的增长,只能靠时间来检验了。在此只依据重新估计趋势,作些相关的讨论。

五、结论

在未来可预期的时期内，不论是饲料价格的变化，还是全国范围饲料企业的亏损状况，也还是较低的饲料企业开班率，都预示着配合饲料需求大幅度增长的可能性不大。

其原因不仅来源于广大中国农民的消费顺序的不可逾越，而且由于城乡居民的消费习惯和消费偏好，还有广大农民的生产习惯方面的明显制约和影响，此外还得到收入增长与动物蛋白消费增长关系的辅证。

以此为依据，不论是按不同时期配合饲料的市场需求变化实际，还是综合考虑未来畜产品的总体发展，都得到 2000 年配合饲料的市场需求量在 6 500 万吨之内的估计结论。

这一结论，揭示出目前饲料企业遍地开花的盲目性，地方平衡与地方割据的矛盾，未能依据区域优势进行区域分工和区域协作，以及未考虑饲料布局的动态性特征等问题。

这一结论，还指出未来草食性动物对料食性动物的替代、粗饲料对精饲料的替代、畜群结构的变化、农作物生产中的三元结构趋势、糠麸等农副产品利用等对配合饲料市场需求减少方面的若干影响。

参考文献

[1] 杨庭楷．中国饲料产业发展与政策．“中国粮食及农业：前景与政策”国际研讨会，1996

[2] 贾幼陵．畜产品供求发展与政策．“中国粮食及农业：前景与政策”国际研讨会，1996

[3] 中国饲料工业办公室．中国饲料工业统计资料（1990—1995）．中国饲料工业办公室，1996

[4] 中华人民共和国农业部．中国农业发展报告 96，中国农业出版社，1996

[5] 中国饲料．1996 年第 9、17、18、19、21 期

[6] 97 农产品市场预测．市场报，1997，1.7

[7] 玉米市场．仍然供大于求．经济参考报，1997，1.6

[8] 华思言．人畜分粮势在必行．中国饲料，1996（16）

[9] 全国饲料工业办公室、饲料工业发展“九五”和“2010”年专题规划

[10] 卓友瞻．大力发展渔业为保障粮食安全作贡献。“中国粮食及农业：前景与政策”上标国际研讨会．1996

[11] 王宏等．从粮食问题看我国动物营养及发展趋势，中国饲料．1996（10）

乡村集体企业股份合作制改造的理论思考*

洪 乌 金

我国乡镇企业（这里指乡村集体企业，以下称乡村企业），以它具有比国有企业较有活力的运行机制，取得了迅速的发展，对发展乡村经济和促进国民经济发展作出了重大的贡献。但是，随着社会主义市场经济体制的逐步确立，乡村企业的弊病和弱点越来越显露出来。其根源是产权模糊。具体有三点：①所有权主体虚置。事实上产权主体早已外化，变成了乡（镇）政府所有。②没有确立企业法人财产权，所有者和经营者的权责不清。一是社区乡（镇）可以随意侵犯企业的自主权、高索取，而不承担风险责任。二是承包经营者只享受利益，而不承担责任。③出资者不享有收益权。由此可见，乡村企业进行产权制度改革与组织创新势在必行。

乡村企业以股份合作制为主要形式的产权制度改革与组织创新于80年代中期在广东、浙江、山东等省的一些企业开始试点，小平同志南巡讲话以后，试点普遍陆续展开。但时至今日，进展缓慢。其重要原因之一是理论滞后。下面就乡村企业股份合作制改造的一些理论问题作一思考。

一、乡村集体企业存量资产产权的界定

产权界定是乡村企业产权制度改革的核心和关键，也是企业组织创新的前提和基础。在乡村企业产权制度改革中对存量资产的所有权归属看法不一，一曰归职工所有，理由是企业的资产是职工创造的，谁创造，谁所有；二曰归乡（镇）政府所有，理由是乡办乡有，村办村有，谁办，谁所有；三曰社区社员集体所有，理由是企业占用的土地是社员集体所有的，企业的原始积累是社区社员集体投入的，贷款兴办的企业其风险的最终承担者是社区集体社员。产权界定的具体方法也各不相同。主要有：①全部划为乡村集体股，然后吸收社会法人股和个人股，理由是集体资产不能分割、不能流失。②将集体存量资产作价折股后，一部分留作乡村集体股；另一部分售给社员，但购买有限额。③按照一定原则将集体存量资产划成两部分，一部分归集体，一部分归职工、社员个人，然后吸收新股。目前，这种做法居多。其中又分两种：一种是集体占小头，个人占大头。如广东宝安县一般集体股占30%～40%，福利股（分给社员的）占60%～70%，这部分只作为分红，不能抽资、抵押、继承、赠送、转让和流通；另一种是集体占大头，个人占小头。如山东淄博市周村区将企业净资产的70%划为公股，30%折股量化到创办该企业的职工作为基本股；④有人主张将集体存量资产作价折股后，全部划分给个人，但只有分配收益权，没有处置权。理由是产权清晰，所有权还是集体的，不是私有化。⑤根据集体存量资产来源的不同划分为两部分即投入部分和积累部分，投入部分划分为乡村集体股，积累部分，一部分划归乡村集体

* 原载《农业经济问题》1997年第4期。本文系国家自然科学基金项目《乡镇企业运行机制研究》成果的部分内容。

股，一部分划归企业职工集体股，然后再吸收新股。⑥在第五种方法划分为两部分的基础上，将后者量化到职工头上，但只享受分红权，没有所有权，也不能抽资、抵押、继承、赠送和转让，并按1∶0.5～1的比例配职工个人现金股，然后再吸收新股。

上述各种做法或主张的共同目的都是为了明晰产权并建立多元产权结构，扩大企业规模（即大多采用吸收新股或配股的办法）。但各不相同，第一至第四种方法的特点也有缺点，即对集体存量资产一锅煮，没有区别其不同来源，第一种做法既不完全符合实际，也难于达到明晰产权、转换机制的目的。第二种做法，售给社员部分，社员要花钱买，其实和第一种相同。第三种做法，总地说来还比较好，但缺乏充分的理论依据和量化方法，同时也难以操作，例如出现“正三七”开与“倒三七”开之别，孰为合理？第四种方法，从某一角度看有一定道理，但尚难为人们所接受，也不符合集体资产的保值和增值的原则。第三、四种方法，分给个人部分没有明确“个人”是社员还是职工。第五、六种方法，明确了集体存量资产的两种不同来源即投入和积累，两种方法共同点是都设立“企业职工集体股”。第六种与第五种不同之处是从积累中拿出一部分量化给职工个人。

对企业存量资产权属的界定，我们的看法是：乡村企业的所有权应当在尊重历史、尊重实际的情况下界定。依据国务院颁布的《中华人民共和国乡村集体所有制企业条例》规定：“乡村企业归举办该企业的全体劳动农民所有。”在这一前提下，应本着“谁投入、谁所有，谁创造、谁收益”的原则，平等协商，逐一界定。具体操作时，应按照集体存量资产形成的来源，首先应把存量资产分为投入和积累两部分。

投入包括原始投入和追加投入（均含贷款投入），这部分从总体上讲应当归社区社员集体所有，归企业职工集体所有是不合适的。因为职工不是企业所有者（至于部分职工是本社区的社员则是另一个问题）。这里应当指出的是：在投入中特别是原始投入，随着企业的迅速发展，这部分在存量资产中的比例不大甚至非常小，在量化时不能单纯地与现在的资产等量齐观，问题主要还不在于资金的时间坐标，而在于它发挥的“奠定”和“启动”作用，其绩效比目前的等量资产大几倍、十几倍，甚至几十倍。我们认为，投入部分可以划出一部分归社员个人作为分配股，只有收益权而没有处置权。因为第一，集体投入中有一部分是农民入初级合作社时的财产，后来转为高级合作社时，被剥夺了，无偿充公，现在将这部分被剥夺的财产归还给社员，是理所当然、无可非议。第二，投入中有一部分是贷款，其债务的最终承担者是社员。这两部分本应是社员所有，但考虑到现在已经是在统一的集体所有之中，故采取只归还其收益权的办法。为改善股权结构，获得分配股的社员应按一定比例（如1∶0.5～1）购买新股。

积累部分的界定，按照积累是由劳动力和资金结合而成的原理。劳动力是形成积累的来源，资金是形成积累的条件。因此，对这部分产权的界定应按劳动与资金两方面分配。北京市郊区一些企业采取按企业历年人工费占总费用比例的平均数去计算职工在积累总额中所占的份额，余下部分便是投资者的份额，具体应通过测算确定①。积累中职工所得份额，我们

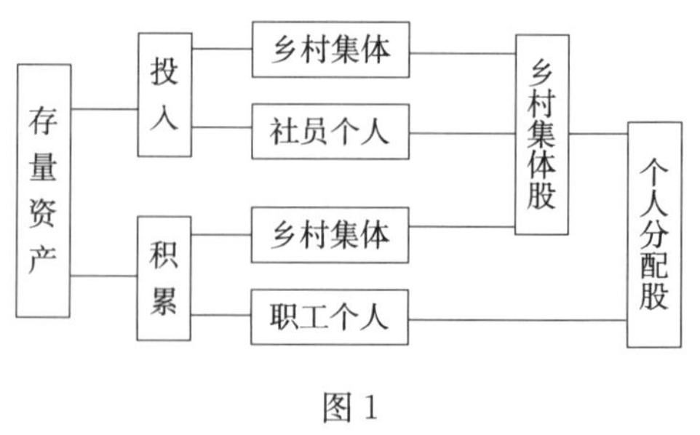

图1

① 许惠渊：乡（镇）村集体企业改建股份合作制的具体运作，《农业经济问题》，1993年第7期。

认为不设企业职工集体股，应采取直接分给职工个人作为分配股，也按一定比例（如1∶0.5～1）购买新股。量化给职工个人的产权应按其贡献大小而定。“试点中系按工龄、能级（指岗位和能力）、效绩（工作成果）三个要素，并依这三要素在贡献中作用的不同给予不同的权数来测算”。这里特别指出的是：积累部分量化给职工个人时，切忌平均主义，要合理确定企业经营者、技术骨干和一般工人的差距，客观地承认他们的功勋，给予较多的股份。

经过上述界定，乡村企业存量资产的产权就很明晰了（见图）。

二、股份合作制企业股权设置中的几个问题

乡村企业实行股份合作制改造，一般都吸收新的资金等生产要素，这样企业的总资产包括乡村企业（经评估的）存量资产和新投入的增量资产。根据调查点和面上的材料，其股权一般设置是：乡村集体股、职工集体股（或称企业股）、职工社员劳动贡献股、社会法人股、个人股、外资股。

目前股权设置上存在一些问题，且有些问题看法也有分歧，需要研究解决。这些问题是：

（一）设不设乡村集体股

一些同志认为乡村集体股仍然产权模糊。我们认为有必要设置乡村集体股。因为：①在企业的创办和发展中乡村集体投了资，设乡村集体股顺理成章，它符合乡村企业产权改革要保证集体资产保值、增值的原则；②乡村集体经济组织相当于“法人”，乡村集体股相当于法人股，应当说产权是明确的；③乡村集体股分红主要用于社区发展经济，办企业，以工补农和以工建农，减轻农民负担和办公益事业，实有必要。

（二）设不设职工集体股（或称企业股）

我们认为设立“企业股”不仅是产权模糊，而且不符合国际惯例。国外公司法规定不允许设企业股。这是有一定道理的，股份合作制企业亦然。因为：①企业成为自己（企业）的出资者即股东是没有道理的；②如果企业破产，企业股对本企业的投资将无法用来抵债，这就减少了实际总资产，侵犯了债权人的利益；③违反了股东平等的原则，企业股东与外部股东所掌握的信息量是不相等的，从而企业股东可能操纵股价（内部转让也有价格的涨落问题）。至于有的同志认为设置企业股为解决企业发展资金的需要，这大可不必，企业发展所需要资金，有其主要来源股本金，此外，还有公积金。

（三）职工股权的分散与集中问题

我们认为职工中的股权还是分散与集中相结合为好，即一方面，要体现合作制的本质特征，股权要分散，要求职工持股，以调动其生产积极性，当然，职工持股，并不一定要人人有股；另一方面，股权应适当集中，鼓励“能人持大股”，从某种意义上讲，能人对企业生产经营有着决定性作用。国内外的经验证明了这一点。但大股应是通过投入形成的，而不是靠量化实现的。

（四）设不设优先股的问题

目前股份合作制在优先股问题上，主要存在两个问题，一是优先股股权比例过大。二是股利率过高。有的股份合作制企业不仅规定社会个人股为优先股，连社会法人股、职工现金股都定为优先股，且股利率定得很高。这样，容易出现年终分红时，企业难以承受，乃至“挖空企业”，

实际上也是一种变相的集体资产流失。同时还挫伤了普通股东的积极性。我们认为，股份合作企业，一是具有合作性质的一面，二是经济实力较小，故不设优先股。

三、股份合作制企业分配制度安排中的问题

目前各股份合作制企业都讲分配制度是实行按劳分配和按股分红相结合。但税后利润的分配都是：弥补以前年度亏损，提取公积金、公益金、任意公积金，余下部分按股分红。

从各地的股份合作制企业的分配制度看，有以下几个问题需要进一步研究：

（一）没有体现“劳动联合”的合作制特征

各股份合作制企业都讲实行按劳分配，其“劳”指的都是工资，我们认为股份合作制企业（或前面讲的合作制企业）的“劳”应当是指“劳动”。为此建议从税后利润提出一定比例（企业外部股东少的企业其比例应相对大些，反之，则小些）按照出资者与劳动者合一的职工当年的劳动贡献（即合作制的惠顾原则）进行分配（非出资者职工不得参与这部分的分配），以体现股份合作制企业的“劳动联合”特征和所有权的实现形式。

（二）按股分红比例过大

有的企业除提留10%公积金、5%公益金外，余下部分几乎全都按股分红，且都是兑现现金。我们认为，此种做法欠妥。国外股份制企业一般股份分红只占税后利润的20%～30%，我国资金短缺，如果分红率太低，不具有对股东的吸引力，分红率比国外适当高一些是应当的，但过高是不利于扩大再生产的。同时还应考虑到股份合作企业分红率应相对低于股份制企业。浙江省一些企业采取将税后利润的一部分作为“股东增值”（应称扩股分红为宜），这样既解决了扩大再生产的需要，又不至于留下很大一块产权模糊的公积金，还满足了股东的分红欲望（不仅是现金分红），也避免了将生产资金转化为消费资金的缺陷，一举多得。

上面两点在具体确定按劳动分配与按股份分配的比例、按股分红中扩股分红的比例，以及按劳动分配与现金分红之和占税后利润总额的比率不便统一规定，但在操作时，应具体考虑以下因素：①企业外部股份在股权中比重的大小。企业外部股份少的按劳动分配的比例相对可以大些，以满足出资者、劳动者合一的股东的愿望，体现股份合作制企业的“劳动联合”的特征。②企业的资产和税后利润总量的大小。经济实力强的、利润总量大的、现金分红的比例及按劳动分配和现金分红之和占税后利润总额的比率可以大些，这样，也不至于影响企业扩大再生产，又能充分调动股东和劳动者的积极性。

四、改革宏观管理体制，营造企业外部环境

乡村企业建立现代企业制度不仅仅是企业内部体制的改革，而且涉及外部管理体制的改革。因此，不能单项独进，必须和相关的宏观管理体制的改革配套进行，以便为现代企业制度的建立和运行创造良好的外部条件。其配套改革主要有：

（一）分解乡（镇）政府的双重职能，实行政社、政资、政企分开

乡村企业存在的问题之一是所有权主体虚置、政企不分。乡（镇）政府具有两种职能。即取

代合作经济组织行使资产所有者职能和作为乡村行政管理者行使社会管理职能。这种双重职能使乡（镇）政府可以随意干预企业的各种行为。这是乡村企业中存在政社、政资、政企不分的主要渊源。为此，必须分解这种双重职能。乡村企业的股份合作制、股份制改造为分解这种双重职能提供了前提条件。其具体做法可将承担的所有者身份分解出来，让其只作为社会管理者而存在，即乡（镇）政府只有行政管理职能，与企业的经济利益关系只是征收税金和管理费。乡村企业改革后，社区社员集体所有的财产应由乡村合作经济组织或已建立的集体资产经营公司，代表社员集体行使集体资产的所有者职能。主要有投资、管理监督、分配收益三项职权，即代表集体经济组织投资扩大再生产或兴办企业，代表集体资产所有者委派董事参与管理和监督集体资产的运行以及获得和分配集体资产的收益，保证集体资产的不断增值。

（二）建立和完善法制

尽管乡村企业从80年代就进行以股份合作制为主要形式的产权制度改革和组织创新的探索与实践，但一直处于没有明确的全国统一法律、法规做保障的环境中运行。1994年全国人大颁布的公司法没有包括股份合作企业，致使股份合作制试点企业面临着与现行的法律、法规不协调问题：一是我国工商行政登记企业的经济性质是按所有制标准界定的。二是信贷制度是对不同所有制企业实行区别对待政策。三是我国的民法、经济法都是以所有制关系为界定标准，并以此作为制定政策、规定企业行为的主要依据。所以股份合作制企业在工商登记、信贷和解决经济纠纷时都遇到麻烦。对此，我们认为应当借鉴国际依据企业财产责任形式和财产组织形式对企业进行管理和定性的通行做法。国际惯例的企业类型是：独资企业、合伙企业、公司制企业、合作企业。我国应增加股份合作制企业。在法律、法规未解决之前，对乡村合作经济组织控股的企业还应按集体所有制企业定性和管理。

（三）培育和完善市场体系

企业要成为自主经营、自负盈亏的市场竞争主体，就必须完善市场体系。除完善商品市场外，目前最迫切的是培育产权市场和要素市场。建立和完善产权市场是产权制度改革的重要环节。因此，要从目前的企业内部产权转让逐步发展到企业外部产权转让，以优化生产要素配置。在要素市场中，比较迫切的是完善以下市场：金融市场、技术市场、经理人市场、劳动力市场。

（四）建立社会保障制度

要实现企业的自主经营、自负盈亏，必须使企业在劳动用工方面有充分的自主权，做到职工能进能出，这就需要有相应的社会保障制度（包括职工暂时失业生活保障、医疗保险制度、养老保险制度等）相配合。这样职工才能无后顾之忧，股份合作制改造才能顺利进行。我们认为可试验由乡（镇）政府、企业和劳动者个人共同负担，全社区统筹管理的社会保障制度。保障先从职工迫切需要的失业、待业救济开始，然后随着经济条件的改善再逐步扩大到医疗保险制度，最后再到养老保险制度。

甘肃省饲料工业发展中的问题与对策*

杨 汭 华

饲料工业是确保传统农业向现代农业转变，实现农业产业化的重要基础。先进国家的经验表明，没有发达的畜牧业，就没有发达的农业，而发达的畜牧业又必然依赖于发达的饲料工业。大力发展饲料工业已成为我国1995—2010年国民经济发展规划中的重要领域。饲料工业属于资源密集、技术密集的产业，其发展水平受到区域资源和区域经济的影响。为了促进西部贫穷后进地区饲料工业的发展，我们以甘肃省为例进行案例调查，以期寻找发展对策。

一、甘肃省发展饲料工业具有良好效应

1. 生态效应。甘肃省生态恶劣，植被稀少，森林覆盖率仅8%，水土流失严重，生产力低下。尤其是中部18个干旱县，人畜共粮的状况延续至今，迫于粮食压力，农业过分开垦荒草地，广种薄收，畜牧业发展也因缺乏充足的物质基础而处于超载状态。发展饲料工业，对于减轻畜牧业造成的资源环境负荷、使之得以休养生息、改变掠夺式经营的状态、恢复和增强生态系统的生产力、促进农牧结合和畜牧业可持续发展至关重要。

2. 节粮效应。粮食不足是制约甘肃经济的瓶颈因素。表现在产量低而不稳，平均每三年波动一次，单产徘徊在250～270斤的水平上，人均占有量仅相当于全国水平的70%。口粮所占比重大，饲料用粮、食品加工用粮及工业用粮合计不到20%。一般年份粮食供给缺口在1%～2%，靠市场调剂可基本持平，遇到灾害年份，粮食供给则大幅度趋向紧张。粮食对经济发展仍处于刚性约束阶段，粮食不安全的问题长期存在。甘肃饲料工业发展近15年来，全省共生产配合饲料120万吨，以每吨配合饲料节省25%的粮食计，取得了相当于51.33万公顷耕地的粮食产量的巨大效益，节粮效应非常明显。

3. 市场效应。甘肃是我国的六大牧区之一，群众具有较好的养殖基础及养殖习惯。由于经济发展落后，传统的散养比重大、饲养周期长、畜禽良种化率低、个体生产力差、养殖成本高等原因，养殖产品难以形成商品优势。畜牧业生产优势地位的下落，不仅不利于畜牧业作为甘肃农村经济支柱产业作用的发挥，从长远来看，也不利于全国经济发展战略重点向中西部逐步转移。饲料工业发展起来之后，规模养殖业从无到有，起到了良好的示范带动作用。猪、鸡的肉料比分别由1990年的1∶4.2和1∶3.8降低到1995年的1∶3.8和1∶3，猪的育肥期也普遍由12个月以上增重120～150斤的出栏标准缩短至6～7个月出栏，促使猪、牛、羊和鸡的良种化程度分别达到40%、34%、40%和70%，畜产品商品率达63%，与全国平均水平相比虽然还有一定的差

* 原载《调研世界》1997年第4期。

距，但毕竟为养殖产品走进市场、占领市场、开拓市场准备了条件。

4. 连带效应。作为中间产品，工业饲料的发展可以起到带动种植业、推动畜牧业和拉动市场的作用。由于人口、粮食、畜牧业发展趋势及市场的耦合效应，目前饲料工业主要分布在河西走廊和兰州、白银、天水三市的近郊，这一带的饲料总产占全省总产量的70%，保证了这一区域的饲料供应和饲料工业的发展，既可以稳定全省饲料市场，又可以带动全省饲料工业的发展，起到了调剂地区余缺、促进区域发展的作用，还可以进一步带动中部地区退耕还林还草、调整种植业结构的进程，为畜牧业发展奠定坚实的物质基础。

二、甘肃省发展饲料工业面临的困境

甘肃饲料工业起步于80年代初，经历了起步—布局—发展—提高四个阶段，对畜牧业生产贡献率达30%，发展潜势很大，但从调查情况看，该省饲料工业要持续发展还面临着诸多问题。

1. 历史“包袱”沉重，削弱了企业参与市场竞争的能力。截至1995年底，全省时产1吨以上的72家饲料企业中，国有粮食系统饲料企业54家，占75%，是饲料生产的主体。在与合资、集体饲料企业同等的国民待遇下，这些企业或拿不到社会平均利润，或处于半停产、停产状态，亏损面达80%，形成饲料行业日益明显的两级分化。具体表现在三个方面：

（1）用人问题是粮饲企业的沉重背负。发展饲料工业，这无疑为落后地区开辟了新的就业门路。但是，由计划经济体制承袭下来的固定用工制度以及在经济不景气的大背景下，国有企业同时肩负着饲料生产和社会安定的双重责任，义务多于权利，劳动合同流于形式，变相的大锅饭损害了职工的生产积极性。而另一方面，国有饲料企业因与集体、合资企业的人事、工薪制度存在强烈的反差，造成高素质的技术及管理人员流失严重，造成竞争环境实质上的不平等。

（2）企业主管部门尚存主渠道心理障碍。目前，除粮食系统外，其他的饲料企业都直接面向市场，市场观念、竞争意识和市场应变能力不断增强。而粮饲企业长期习惯于等、靠、要的官商作风，在寻找出路的问题上，业务主管部门受主渠道心理支配，等待观望，要价过高，资产增值过多，在实行股份制、合营或兼并的改革中都缺乏实质性进展，加大了企业亏空程度。

（3）市场营销观念淡薄。饲料企业是高科技产业，需要粮食、机械加工、化工、电子、动物营养等多方面的知识。而目前国有企业厂长、经理多由粮食部门转入，年龄偏高，观念陈旧，知识欠缺，主导思想上不重视产品质量、不注重成本管理、市场培植与开拓，早期占领的市场由于饲料产品质次价高，难以为消费者认可而不断让位于合资及集体企业。

2. 饲料行业管理滞后。一是行业管理还未引起充分重视。当前，该省饲料行业的归口管理已基本摆顺，但支持系统尚显薄弱。由于无经费来源渠道，部门割据没有完全解决，大环境不适应，无法集中人力、物力、财力来协调和解决饲料工业发展中的一些关键问题。饲料企业盲目上马，重复建设，浪费了大量资金，难以实现对整个行业的宏观调控。二是饲料质量管理不完善。现行管理标准已滞后于管理工作的需要。表现在产品覆盖面及检验项目过窄过少，如目前仅对100多种饲料产品订有质量标准，实际需要远多于此。配合饲料有国家标准，占较大比例的混合饲料无监测标准。监测项目过少，仅对钙、磷、脂肪、粗纤维、水进行测定，按照全营养标准，缺乏对维生素、微量元素的监控。这样不利于企业在产品质量上求精求高。在饲料监督检验环节上，由于监测体系规模小、装备水平低、技术力量不足，加上市场庞杂，无法进行经常抽检，监测重点只能放在饲料产品上，监测对象则为大中型企业。部分质检权甚至直接下放给少数企业，这就使饲料原料及大量饲料加工点的质检成为薄弱点，而饲料生产呈小农经济、兼业、专业户和工厂化生产并存的状态，决定了产品质量及成本差异大。

3. 饲料产销方面也存在不少问题。主要有：一是原料玉米价格波动过大。玉米是甘肃三大粮食作物之一，在口粮中一般不到10%，满足自给外还有部分外调，总量上不存在短缺问题。

供求矛盾主要来自区域间生产的不平衡。河西地区是玉米的主产区，产量占全省玉米总产量的40%以上，满足自给外约60%调出。广大的河东地区玉米生产率仅及前者的1/4，人畜共粮比重大，玉米供求有缺口，受周边地区及社会玉米供求大环境的影响，价格波动有所加剧。如1994年玉米平均价格 0.76 元/千克 、1995 年上半年为 0.96 元/千克、下半年猛涨至 1.4 元/千克。1996 年上半年为 1.5～1.8 元/千克，10 月份之后又回落 0.46 元/千克。这种状况下首先受到冲击的是养殖业，高价位的工业饲料使养殖成本上扬，难以进入市场。散养户恢复传统的饲养方式，大型养殖场转为自配饲料，更多的养殖户则由于产销价格倒挂、生产经营资金短缺等一系列问题而陷入困境，并波及饲料生产，加大了饲料工业发展的难度。二是饲料生产缺乏养殖业的有力牵动。目前饲料工业的消费对象主要是少数以盈利为目的的养殖场（户），养殖户仅占农户总数的 4%，90%以上的农户处于传统的散养状态，难以形成对工业饲料的强劲需求。1995 年全省配混料总产为 95 万吨，除外调 10%及少量鱼、虾料外，形成 85 万吨的有效供给。养殖场、户生产的肉蛋奶折合产肉 15.6 万吨，耗料 62.4 万吨，占饲料有效供给的 73%。其余配混料进入农户，可产肉 6 万吨。工业饲料合计产肉 21.6 万吨，仅占全省肉蛋奶折肉总量 74.6 万吨的 29%，这意味着 70%以上的养殖产品来自散养方式，养殖业与饲料业呈低度相关。三是养殖业缺乏竞争能力和市场拉力。养殖业市场波动状况是饲料需求的“晴雨表”。目前养殖业存栏基数低、散养比重大、集约程度低，养殖成本高，市场竞争能力差。另一方面，社会经济发展水平低，农民人均纯收入已多年位居全国末位，城市人均纯收入也多年位居全国后位。工业化、城镇化步子慢、流动人口少，消费水平低、市场需求拉动小。两相不利之下，加剧了市场竞争的程度。全国统计价格显示，1995 年甘肃禽蛋、禽肉零售价比其他地区高出 15%～20%。受价差影响，陕西鸡蛋长途贩运至兰州仍较当地产品具有明显的竞争优势。兰州 70%的肉鸡市场被山东、河南、陕西等外地冻鸡占领，造成本地产品滞销。养殖业滑坡是 1995 年饲料企业亏损面达 80%的主要原因之一。

4. 饲料生产的规模与布局有待调整。具体表现在：其一，饲料生产与养殖业严重脱节。甘肃位居西北第一饲料生产大省。1995 年底，时产 1 吨以上的饲料企业年双班生产能力已达 200 万吨，而从养殖业现状估计，对饲料需求上限在今后的一段时期内保持在 100 万吨水平上，目前的设备开班率不到 50%，外加 1 105 个农村小型配、混料加工点，形成规模大、投入高、产出低的虚架子，远远脱离了养殖业的现实需要。就粮食系统饲料企业而言，1995 年双班生产能力达 60 多万吨，实际生产量不到 9 万吨，开班率仅 15%。供求结构方面，混合料比重较大份额来自小型饲料加工厂（点），质量低劣，必须压缩。1995 年配合料占配、混料产量的 47%，其中全价料是市场需求的主体，已由 1990 年占配合饲料的 25%～30%、1994 年的 40%增至 1995 年的 70%，目前至少缺 3/4，饲料添加剂和浓缩饲料量难以满足此项需求。在蛋能比例方面，自 1980 年以来，饲料中蛋白质比例一直徘徊在 13%左右，与 20%的参考标准有一定差距，直接影响了饲料转化效率的提高。其二，饲料工业布局有待完善。饲料行业是微利型的支农产业，产品销售覆盖半径以 50～100 公里为宜。饲料企业建在大中城市及市县市交通沿线，便于原料采购、缩短运途、节省费用。目前全省 86 个县（市、区）中，76 个有饲料厂（或车间），除甘南等部分牧区县没有投资建厂外，其他均有 3 000～5 000 吨级的饲料企业，布局基本合理。存在的问题是，配混饲料加工企业数量过多，容积式配料方式比重大，技术改造落后，产品质量差。小型饲料加工场

（点）的发展没有进行有效地控制，对饲料大厂冲击很大。缺乏在料型和品种上粉料和颗粒都能生产、预混料、浓缩料、全价配合料都能加工的骨干企业，不利于全省地区饲料工业的协调发展。

5. 可持续发展方面还存在以下问题。一是饲料工业基础建设和技术改造资金短缺。企业效益滑坡造成贷款困难，利息高，额度小，影响企业再生产的顺利进行。二是饲料工业一线科技人员严重不足，职业培训体系尚未建立。因此，饲料生产、经营部门配方设计能力差，对新技术、新成果的吸纳能力低，质量管理薄弱，产品质量差，产前、产后服务不成体系。三是省属饲料科研机构虽已确立，由于设备落后，人才分散，运行机制不健全，低水平重复研究和验证性研究多，创造性研究少，科研经费没有归口单列，绝对投入低，致使大量基础性、前沿性研究无法开展。

三、促进甘肃省饲料工业发展的对策

饲料工业作为一个新兴产业，必须采取切实可行的措施加以扶持和引导。

1. 要加快饲料企业尤其是粮饲企业的改革，为企业参与市场竞争创造相对平等的环境。改善企业的经营环境。要加快落实企业的经营决策权、定价权、分配权、尤其是用人权，在保证国有资产增值的前提下，赋予企业更多的转让、兼并权利。二是企业要把自救的重点放在提高产品质量、力创名牌产品上。饲料是一种特殊的产品，直接关系到农民尤其是贫困地区农民的切身利益。应当有规范的饲料质量标准，从原料进厂、饲料加工到合格品出厂要层层把关，严格登记。这样做，一方面能够为企业争取更多的用户，提高产品的知名度，扩大市场占有率，另一方面能够避免饲料质量纠纷，维护企业的合法权益。三是市场开拓的成本份额要加大。粮饲企业要从哺育养殖基地及营销队伍开始，以点带面，提供必要的行销费、技术推广费，为饲料产品打开销路，平抑饲料市场不正当的行销挤兑行为，再度发挥主渠道作用。

2. 增强企业的抗逆能力。一方面，饲料企业要力图纵向发展，逐步形成原料—饲料—养殖—市场的稳定链条并不断强化，增强企业抵御种植业、养殖业及市场风险的能力，保证原料生产者和养殖者的收入稳定提高。另一方面，饲料企业要发展横向联合，以利于消化风险，优化生产要素组合，上规模、上效益，逐步诱导出与养殖业水平相匹配的饲料生产水平和结构，带动饲料工业落后地区和经济效益较差地区的企业发展。

3. 完善行业管理基础工作。应逐步完善本地区饲料工业的管理标准、产品质量标准、卫生标准、核算办法、立项审查、工程验收等。严格控制新建配、混合饲料企业的审批，禁止时产 1 吨以下的场（点）进行商品性生产。完善省地县三级质量监测网络，强化饲料产量的监测检验，为实现全行业的标准化管理做好基础工作。

4. 促进行业科技进步。一是联合高校和省内外饲料行业的科技力量，联合攻关；二是加大饲料科技投入，力争在饲料基础研究和应用研究两方面取得突破；三是积极引进开发饲料新工艺、新技术，提高饲料行业科技含量，开发高科技产品，抢占市场，谋求发展。

5. 推进饲料产业化进程，逐步建立“产加供销”一体化生产体系。针对甘肃省饲料行业分散、规模小的问题，今后必须大力推进饲料产业化进程，建立具有区域特色的饲料生产基地、饲料加工、饲料销售及饲料市场等环节有机连接的一条龙饲料产业，实现资源优化配置，提高经济效益和社会效益。

市场经济与农村的发展*

焦 长 丰

市场经济为农村带来了广阔的发展前景，世界各国普遍看好我国的市场潜力。这个巨大的市场潜力是随着中国农村的一步步发展而逐步显露的，中国未来最大的消费市场在农村，因此将市场经济与农村发展结合研究具有很重要的现实意义。

新中国成立以后，我国实行高度的计划经济，但很多年份，农村的市场都还是部分存在的。农民允许有少量的自留地，可以将自己的剩余产品拿到集贸市场出售，换取其他生活必需品。70年代末实行联产承包责任制以后，农民充分享有了集体土地的经营权，生产积极性得到极大提高，农村剩余产品越来越丰富，农村市场也越来越活跃，但这种市场的辐射范围是很小的，基本上是面向当地的，功能也是很简单和不完善的，因此只能称为“小市场”。农民在较小规模土地上分散经营的“小生产”方式与“小市场”的矛盾并不是很突出。农民只负责初级农产品的生产，农产品的销售、供应由庞大的国营粮食部门垄断经营，农产品的深加工由其他工业部门完成，这样农业作为一个完整的产业链是分离的，即产、供、销和农、工、商脱节。由于农民只能得到农业产业链利润中很小的一部分（初级产品的利润率都很低），他们在迅速解决温饱问题以后，收入增长非常缓慢，农村剩余劳动力的转移也非常困难。产、供、销脱节，农民不知道市场究竟需要什么，因此盲目生产，造成很大的损失和浪费。随着社会主义市场经济理论的确立，全国改革开放的步伐明显加快，统一的大市场逐步形成。农民“小生产”与“大市场”的矛盾日益尖锐。为了缓解这个矛盾，全国兴起了农业产业化的浪潮。农业产业化的实质是以市场为导向，以种养业为基础，以加工增值为重点，实行贸工农一体化的经营方式。农业产业化是针对传统经济体制下形成的农业产业被分割、农工商分离、产供销脱节、城乡分离格局，不适应市场经济发展要求而提出来的[1]。有人将联产承包、乡镇企业和农业产业化称为中国农村变革的三次浪潮。联产承包是农民要成为土地的主人，乡镇企业是农民要分享工业利润，农业产业化是农民在务农、务工的基础上还要经商，分享商业利润。

农业产业化的组织形式。一般来说有三种：①公司＋农户；②专业市场＋农户；③集体经济或合作组织＋农户[2]。这三种形式的本质特点是寻求合作，是一种自愿合作，这与1952—1958年的农业合作化运动在制度上有相似的一面，不同的是农业产业化是以市场为导向。1958年夏的人民公社化制度创新，彻底剥夺了农民自愿合作的权利，代之以强制合作。同是合作，意义大不一样。农业生产较为分散，劳动的监督成本较高，如果废除了退出合作的权利，对合作社的激励结构具有显著影响[3]。偷懒成了最大的受益，劳动生产力下降。为了降低监督成本，解决劳动激励问题，联产承包制是最好的办法。联产承包的起始阶段农户基本上是完全分散经营的，虽然

---

* 原载《软科学》1997年第4期。

导致了农业产出的极大提高，但也付出了一定的代价，农业机械化水平不断下降，农田水利化水平停滞不前，抗御自然灾害的能力越来越弱，农业化肥的施用量超常增长，浪费严重，造成很大的环境污染。中国农业离现代农业的距离越来越远。完全的分散经营也不适应市场经济体制的要求，对农民收入增长的制约作用越来越大，因此农户又开始寻求新的合作。中国农业走过了曲折的发展历程，即计划经济体制下的自愿合作（1952—1958）→计划经济体制下的强制合作（1958—1978）→计划经济体制下的完全分散经营（1978—1990）→不完全市场经济体制下的自愿合作（1990—），转了一圈，又回到了自愿合作的道路上，但已绝不是一般意义上的轮回。中国人多地少，要提高农业产出量，要搞市场经济，要建立现代化农业，自愿合作的农业产业化形式是必然选择。

农业现代化包括生产技术现代化和基本制度现代化两部分。农业产业化是农业现代化中基本制度现代化的一个不可缺少的组成部分。西方发达国家在农业现代化过程中为什么没有特定的农业产业化阶段，甚至也很少有人提及？因为农业产业化对它们不成问题，它们的农业一开始就是市场导向的，农业本来就是一体化的（AgriculturalIntegration）。类似农业产业化的组织结构现在已经很成熟了，法国的奶牛场合作社，几百家农民联合起来，生产各种奶制品，还有谷物农场联社，谷物的运输、储存等都是联合行动，和美国农产品竞争。日本的水果联合会也有好几万农民参加，推动这些合作的力量是市场。建立在市场经济条件下的农业现代化必然是这条路，即把农业当企业来经营。美国农业也是面向市场的，但是农户之间的联合较少，这与它的每个农场的规模比较大有关。

中国农业的根本出路在于现代化。农业现代化是一个内涵很广的概念，不好操作，其中各个组成部分的发展在不同阶段也有一个轻重缓急的问题，既要均衡发展又要重点突破，农业产业化就是内地当前需要重点突破的部分。原因是：①可以解决农民小生产与大市场的矛盾；②可以促进适度规模经营的发展，产生规模效益；③可以推动农产品深加工技术的发展，将农产品深加工和销售的增值效益部分返还到农民手中；④可以将农村剩余劳动力向产前、产后环节转移，促进农村就业结构的转变，为农民致富奔小康创造条件。农业产业化的口号现在很热，但是推进农业产业化的难度是很大的，因为农业产业化与机构改革和转变政府职能联系在一起。农业产业化要求产、供、销一体化，打破部门分割，现在粮食生产归农业部，供、销归内贸部和外经贸部（进出口），生产、加工又可能归到别的部门，这样相互的协调就很困难。有人建议：由于县一级政府的宏观调控职能相对较弱，容易统一起来，因此推进农业产业化的重点在县一级政府，采用自下而上推动的办法，这是很有道理的。

农业产业化是市场经济与农村发展的一个很好的结合点，但是我国农村的发展绝不能靠单项突破获得成功，必须既有单项突破，又有整体推进。农村的问题症结在城市，农业的问题症结在工业。城市国有企业的转轨困难重重，不能有效地对农村形成辐射或生成新的经济增长点吸收农村剩余劳动力，这是农村问题在城市的由来。新中国成立以后，农业为工业的发展提供了大量的原始资本积累，限制了农业的发展，现在已到了工业化中期阶段，应当反哺农业，可实际情况是农业继续为工业发展作贡献，政府对农业的保护率依然为负，这是农业问题在工业的根源。城市改革的滞后限制了农村的发展，农村市场潜力不能充分发挥反过来又影响城市改革的继续推进，这是一个恶性循环。

针对上述两个问题，农村的发展必须走好两步棋：①打破县以下城乡壁垒，改进现有的户籍管理制度，建立中国特色的小城镇，鼓励农民非农就业，促进乡镇企业的规模经营，最终把农村土地上承载的过剩农业人口转移到城镇。农村剩余劳动力的转移是其发展的关键，由于城市改革的滞后和吸收剩余劳动力的限制，只能把希望寄托在农民自办小城镇，就地转移劳动力上。这在全国已有许多成功的经验，关键是政府要积极引导和扶持，用市场的原则办小城镇，谁投资谁受益。②对中国农业进行有效的选择性保护。中国是一个发展中国家，与发达国家情况不同。日本、美国和西欧等发达国家当前的农业保护政策主要是为解决农产品过剩问题，通过对农产品市场进行干预，平衡农产品供求，稳定提高农业生产者的收入。中国在较长时期里农业面临的主要问题是农产品有效供给不足，因此农业保护的重点在生产领域，但这并不是说市场和流通领域不重要，由于市场失灵和粮食流通不畅，中国也存在阶段性和区域性粮食过剩问题，因此发达国家的许多市场保护经验值得借鉴。中国农业保护政策的选择性原则是：

——中国迟早要加入关贸总协定，因此要考虑避免违背乌拉圭回合多边贸易谈判农业协议的要求；

——考虑中国的特殊国情，有些农业保护政策在中国不宜实施，有些保护政策即使可以在中国实行也必须根据中国的国情选择适合的操作办法和保护力度；

——认真研究发达国家具体保护政策的选择背景和实施效果，少走弯路。

农业保护政策实施的难点是“口号农业”（地方政府实际投资力度不够）和对现有的国营粮食部门实行彻底的改革。解决这两个难点同样要靠市场力量的推动，逐步培育多个市场投资主体和经营主体。

市场经济条件下，农村的发展必须借助多种因素的共向作用，是个系统的概念。当前农业产业化是“头”，农民兴办小城镇和政府对农业的有效保护是两翼。农村发展问题的解决对中国对世界都是一个巨大的贡献。

结论：①农业产业化是市场经济对农村发展的必然要求，是农户自愿合作制度的复归。②农业产业化是农业现代化中基本制度现代化的不可缺少的一部分，推动农业产业化的难点是政府转变职能。③农村问题在城市，农业问题在工业。解决这两个问题，政府一方面要打破城乡壁垒，鼓励农民自办小城镇，实现农村剩余劳动力的就地转移，同时要加强对农业的选择性保护。农业产业化是当前农村发展的“头”，农民自办小城镇和政府对农业的保护是两翼。

参考文献

[1] 何林祥．构成完整的农业产业链．中国农机化报，1997.6.10

[2] 白人朴．农业产业化实践与探索．北京：中国农业大学出版社，1996.56～73

[3] 林毅夫．制度、技术与中国农业发展．上海：三联书店上海分店，1992.27～31

德国粮食产量的调查方法*

肖 海 峰

由于德国从事粮食生产的农场大多数都是中小型农场，因而德国的粮食产量也是通过对播种面积和单产两大因素的调查而间接确定的。粮食播种面积是在每年一次的“土地使用主调查”中确定的，而每一种粮食作物的平均单产则是通过“农作物生长情况及产量报告制度”和“特别产量调查”两种方法综合确定的。

一、粮食播种面积的调查

粮食作物以及其他农作物播种面积的调查是德国“土地使用主调查”中的一项重要内容。“土地使用主调查”的主要目的是了解农场所拥有土地的数量，变动以及使用情况。农作物种植情况凋查的主要指标是各类农作物以及每一类农作物内部各个具体品种的播种面积和休闲耕地的面积。“土地使用主调查”的调查单位（或调查范围）是拥有至少1公顷农用地的农场，或农场的规模虽然在1公顷以下，但它所拥有的植物或动物生产单位，至少相当于1公顷农用地上一年的平均产值。对于相当于1公顷农用地上一年平均产值的植物与动物生产单位，德国在农业统计中都作了详细的规定。例如，30公亩（1公亩=100平方米）的蔬菜面积或8头牛，就相当于一年1公顷农用地的平均产值。给调查范围规定一个下限，目的是为了减少调查费用。那些规模在调查下限以下的农场对于调查结果可靠性的影响是非常小的。“土地使用主调查”在每年的1—5月份进行，1月初，州统计局将调查表等材料发出去，5月14日以前再将所有的调查资料收回进行处理。农作物种植情况的调查，每四年进行一次全面调查，中间三年采用抽样调查的方式。德国农业统计法中规定，抽样调查的样本容量为110 000个农场，大约占全面调查时被调查农场数的11%。但实际所调查的播种面积的比重要远远高于这一比例，因为样本的抽取是采用分层抽样的方法，因而规模较大的农场被抽中的可能性高于规模较小的农场。由于每个州不大，再加上通讯计算设备先进齐全，因而德国采用以各个州为抽样总体直接抽选样本农场的方法。先按每四年一次全面调查所获得农场规模的数据将农场分为不同的组（层），在每组（层）中，再以随机的方法抽取样本农场。在以样本农场各种粮食作物的播种面积来对总体的粮食作物播种面积推算时，采用简单估计的方法。

1992年开始的欧盟共同农业政策的改革给粮食播种面积的调查提供了一条新路。为了解决越来越严重的农产品过剩问题，欧盟决定从1992年开始大幅度降低农产品的干预价格水平，这导致了整个农产品价格水平的大幅度下降。为了使农民不受或少受损失，对于不同的农产品政府按播种面积给予农民直接补贴。为得到补贴，农民必须填写补贴申请表。而补贴申请表中的项目

* 发表于《统计研究》1997年第5期。

基本上与“土地使用主调查”中的调查项目差不多。为了避免为同样的数据而进行两次调查，从而减轻统计调查给农场主造成的负担，巴登州统计局于1996年在两个县搞了一个从农民所填写的补贴申请表中取得有关“土地使用主调查”所要获得的信息的试验项目。这个试验项目的目的就是检验这种做法在组织上和调查时间上的可行性。可以设想，如果这项试验能够取得令人满意的结果，则在不远的将来粮食播种面积的调查就不是通过现行的“土地使用主调查”，而是直接从农民所填写的补贴申请表中获得了。

二、粮食单产的调查

（一）农作物生长情况及产量报告制度

1. 农作物生长情况与产量报告制度的组织结构。为了实施农作物生长情况与产量预报制度，各州都分成若干个报告区，这些报告区的构成与大小是根据区域特征来确定的，即尽可能地将地区特征相同的归在同一个区内，地区特征不同的归在不同的区内。一个报告区可以包括一或几个相邻的城市，县，乡，也可以包括某一个县，乡的部分，在特殊情况下也可以只包括一个农场。每个区内都有一个或两个报告员。他们负责对这个区的粮食作物及其他农作物的生长情况进行观察，对单产进行预计。报告员为州统计局的名誉工作人员，他们从事这项工作是没有报酬的。报告员必须是具备一些基础知识的，有经验的并熟悉当地情况的农民或与农业有关的人员。一些从事农作物生长情况以及产量预报所必需的专业知识，是通过州统计局组织一些专门的培训班及州统计局所发的“农作物生长情况以及产量预报手册”来获得的。

2. 农作物生长情况与产量报告制度的实施。德国农作物生长情况与产量报告在每年4，6，7，8，9，10，11月各进行一次。根据不同农作物生长情况及收获时间的不同，每个月所报告的内容有所侧重。每年4月初，各个报告区的报告员从州统计局得到一本“农作物生长情况与产量报告手册”。在这本手册中，除了包括有关农作物生长情况与产量报告的信息外，还有报告员每个月应填写的报告表的模式。通过这些模式，使各位报告员在每年报告工作开始时对全年每个月的工作有一个概括的了解，做到心中有数。在每个报告月初，报告员从州统计局得到一张正式的表格，报告员要将这张表完整准确地填写，并在规定的期限（4月份为15日前，其他报告月为每月月底前）内寄回州统计局。报告员在填写正式报告表之前，应将所要求的内容填写在“农作物生长情况与产量报告手册”上的报告表的模式中，以便报告员在以后查用。报告员在填表时，主要以自己的观察为基础，因为农场主并没有法定的义务向报告员提供自己农场里有关作物生长情况及对预计单产的判断。但报告员可以向有经验的农场主，朋友或邻居询问他们的看法，作为填表的参考。

农作物生长情况与产量报告制度中所要调查了解的主要内容是作物的生长情况及对单产的预报。除此之外，还必须说明气候及病虫害方面的情况，因为这些方面的信息对估计单产增加或减少的幅度是非常重要的。对农作物生长情况的判断是利用打分的方法来进行的，分数是在1～5之间并保留一位小数。打分的具体标准如下表：

分　数	生长情况
1.0=非常好	远好于正常情况
2.0=好	好于正常情况
3.0=中等	正常情况
4.0=差	差于正常情况
5.0=非常差	远差于正常情况

由于土壤条件，气候条件，经营方式，施肥水平及病虫害程度的不同，造成在同一个报告区内的作物生长情况也不会完全相同。在这样的条件下，报告员就要给本报告区内的作物生长情况打一个平均分数，以代表作物生长情况的总体平均水平。平均分数的计算方法是：先将整个报告区按农作物生长情况的不同，分为几个部分，对每个部分给出一个分数，而后以播种面积作为权重，计算出整个报告区的平均分数。

在粮食的生长发育期内，就开始对粮食的单产进行预估，目的是为了尽可能早地对粮食产量有一个概括的了解。报告员对粮食单产的预估都是根据当时的作物生长情况及气候条件作出的。由于气候条件是处于变化之中的，因而对粮食单产的预估也是重复进行的。德国从每年的6月份开始对各种粮食作物单产进行预估，然后每月一次，一直持续到10月份。由于各种粮食作物的成熟期有所差异，因而每次预估的重点也有所不同。在粮食的生长发育期内对粮食单产进行预估，其准确程度与报告员的经验有很大的关系。报告员根据粮食作物的种植密度，生长的整齐程度，穗的大小，每穗中子粒的数量及质量，田间杂草多少等方面的情况对粮食作物单产作出估计。同时报告员还尽可能地询问当地有经验的农场主，了解他们对粮食单产的估计，结合自己的估计对粮食单产作出比较可信的估计。在接近粮食作物收获期时，报告员还采用“查穗数粒”法对粮食单产估计，即报告员在某一地块中选取几个1平方米的样本点，查清每个样本点上的穗数及每穗的粒数，再称出籽粒的千粒重，由此而推算出某一地块的单产。报告员对粮食单产估计的精确度还通过样本点的实割实测来进行进一步的提高。在一块地的对角线上尽可能多地选取样本点进行实割实测，特别是当一块地中，作物生长情况不均衡时更要如此。德国把对各种粮食作物单产的最后一次估计称为最终估计。最终估计已处于粮食的收获期，这时实际上已有好多地块收割了。因而报告员在对粮食单产作最终估计时，通过询问尽可能多的农场主来获得更为接近实际的单产水平。

如对粮食作物生长情况的评价一样，同一报告区内不同地方粮食单产水平是不一样的。这样报告员就必须以不同单产水平的播种面积作为权重，计算出该报告区的平均单产作为上报州统计局的粮食单产水平。

（二）农产量特别调查（农产量抽样调查）

1. 农产量特别调查的组织机构。德国食品，农业及林业部中有一个“农产量特别调查”专家委员会，它是由联邦食品农林部，联邦统计局，谷物土豆研究所，各州统计局及各州食品农林局的代表组成。这个专家委员会的主要任务是制定“农产量特别调查”的执行规则，处理各州调查所获得的原始数据及确定农产品的产量。各州也成立了相应的工作组，主要任务是采取合适的措施来保证“农产量特别调查”的顺利实施。县一级也成立了“特别调查小组”，每个小组由2名调查员和一名替补人员组成。调查员由州统计局提名，州农业局任命。为了对调查小组的工作进行指导，帮助及监督还设立了监督员，监督员由各州统计局委派。各州还选定一个国有的农产品检测研究所来对收割的粮食样本进行脱粒、称重、测定。测定的内容包括水分含量、不完善粒及杂质含量。

2. “农产量特别调查”的抽样方法。农产量特别调查是采用三阶段抽样来抽选样本的，即以各个州为抽样总体，直接抽取农场，在抽中农场中抽选地块，在抽中地块中再抽选样本点。德国农业统计法规定：在农产量特别调查中，全德国所有样本地块的数量不得超过14 000块。这个样本地块总量在各个州及各种农作物之间的分配方案，是在联邦统计局计算的基础上，根据附属于联邦食品农林部的“农产量特别调查专家委员会”的意见由联邦食品农林部决定的。

样本农场的抽选是由州统计局来进行的。对“农产量特别调查”中所涉及的每个粮食种类分别抽取一套样本农场，并且某一农场被抽中为某一粮食种类样本农场的可能性与这个农场种植该粮食种类的面积成比例。每种粮食作物样本农场抽选的基础是上次“土地使用主调查”中所获得的有关该种粮食作物播种面积的数据。在抽选样本农场的过程中，为了减少工作量和调查费用，一般将粮食种植面积较少的农场排除在外，这个界限是由专家委员会来确定的。样本农场的抽选过程是这样的：首先将全州粮食种植面积在一定规模之上的所有农场，按行政区域（地区，县，乡，农场主姓名）排队，并将对各种粮食作物的播种面积分别进行累计，以某一粮食种类的总累计播种面积除以该粮食种类准备抽取的样本个数得到抽样间隔，在第一个抽样间隔中，用随机数发生器找出一个随机数，那个农场的播种面积的累计数包括了这个随机数，那个农场便是第一个样本农场；由随机数加上一个抽样间隔便可找到第二个样本农场的位置，以此类推，便可找到所有的样本农场。在样本农场抽选出后，州统计局还给每个样本农场确定两个替补农场，某一样本农场的替补农场就是在农场排队表中紧随着样本农场之后的两个农场。在样本农场由于某种原因不存在了或没有种植某种粮食或种植面积没有达到专家委员会所确定的最低的调查界限的情况下，用替补农场来代替原来所确定的样本农场。为了不使粮食产量特别调查给被调查农场造成很大负担，德国每年都进行样本农场的轮换。样本农场抽选的基础是每 4 年进行一次的“土地使用主调查”的全面调查，在某一次“土地使用主调查”全面调查之后的 4 年中，每年都重新抽选一次样本农场，这样做就避免了在 4 年中，同一农场被多次抽选为同一粮食种类样本农场的情况。

样本地块是由调查员和样本农场主共同选定的。如果农场只有一块地种植某种粮食作物，则这块地就为样本地块；如果一个农场中种植某种粮食作物的地块有 2 块以上，则用抽签的方法来选取一块地作为样本地块。在抽签时，如果各地的面积差不多，则每一块地用一个签，如果各块地的面积差别较大，则按面积大小的不同给予不同的签数。

由于采用一般的大规模收割脱粒方式所得到的粮食单产与只收割样本点并在实验室脱粒而获得的粮食单产肯定是有差别的，为了修正这种差别，德国还在样本地块中选取部分地块，对其面积进行准确测量并将其用一般的收割方式全部收割。由样本点割测而得到的粮食单产与全部收割而得到的粮食单产的差别就可得出一个修正系数。每个州的每种粮食作物都计算一个这佯的修正系数。用这些修正系数来对由样本点割测所得到的各种粮食单产进行修正。对某一粮食种类，每 6 个样本农场中选取一个农场的地块作为全面收割的地块。全面收割地块所在的农场是以样本农场按地区及农场主姓名排队而得的序列为抽样框，用简单系统抽样的方法抽取的。

3. 农场中调查工作的实施。农场中的调查工作是由调查员来负责进行的。在每一样本地块中确定 5 个面积为 1 平方米的样本点，这 5 个样本点应当分布在从离农场最近的一个角开始所画的对角线上。样本点的收割是采用大小为 1 平方米的方框。在收割过程中掉的穗必须拣起，5 个样本点的粮食作物必须分别装入专门用于邮寄的袋中，在收割的当天就寄往由州统计局的所确定的农产品检测研究所。

被选为全部收割的地块必须在调查员的监督下且在同一天内全部收割。而后对这块地收获的粮食进行称重并测量其面积。为了测定粮食的水分含量，杂质比例及不完善粒的比例，在收割过程中要抽取部分样本，装入特定的容器中并马上封好，寄往农产品检测研究所。

4. 粮食单产的计算。在“农产量特别调查”中所涉及到的粮食种类，各州的单产是样本点的平均单产与这个州修正系数的乘积。某一州样本点的平均单产是所有样本地块单产的算术平均数；修正系数是所有全面收割地块修正系数的算术平均数，某一地块的修正系数是全面收割所得单产与通过样本点割测得到的单产之比。运用修正系数来对由样本点割测所得的单产进行修正，

就可将由于样本点割测与大规模收割而造成的单产误差排除掉了。“农产量特别调查”所涉及到的粮食种类的全德国单产水平是以各州播种面积为权重的各州已修正过的单产的加权平均数。

对于那些在“农产量特别调查”中并未涉及的粮食种类，单产是根据“农作物生长情况及产量预报制度”中对这些粮食作物单产的估计数和“农产量特别调查”中涉及的粮食种类的抽样调查结果与其产量预报结果之差来计算的。将各种粮食作物单产的“农产量特别调查”结果与“产量预报”结果相比较，人们发现，在大多数的情况下，“产量预报”给出的单产水平低于“农产量特别调查”确定的单产水平。首先计算出“农产量特别调查”中所涉及到的粮食种类的通过“农产量特别调查”及“产量预报”两种方法所获得的单产偏差系数，然后用这个偏差系数去修正那些在“农产量特别调查”中没有涉及到的粮食种类的，通过“产量预报”所得的单产数字，便得到了没有进行抽样调查的粮食种类的单产数值。“农产量特别调查”专家委员会有权对偏差系数的大小根据他们的判断进行调整，决定根据某一种或某几种粮食作物来计算偏差系数。

有关县乡级某种粮食作物单产水平也是采用同样的方法来计算的，即用全州通过“农产量特别调查”及“产量预报”两种方法所获得的单产水平的偏差系数，去修正县乡级通过“产量预报”而获得的粮食单产数值，便得到了县乡两级各种粮食作物的单产。

我国饲料工业和饲料市场需求问题的探讨*

秦　富

一、配合饲料需求大幅度上升的可能性不大

（一）近年饲料价格的变化趋势

从1994年1月以来猪配合饲料、鸡配合饲料的价格按月变动情况来看，两种配合饲料的价格在1995年8月前确实表现为总体不断上升的趋势。其中猪配合饲料的价格从每公斤1.12元几乎是直线上升到2.01元，平均每公斤饲料上涨0.89元；鸡配合饲料的价格从每公斤1.25元也持续上升到2.20元，平均每公斤上升0.95元。但在1995年8月之后，情况出现了变化，鸡配合饲料的价格基本趋于稳定，到1996年12月仍保持在2.18元/公斤，每公斤比1995年8月只减少2分钱。猪配合饲料的价格，不但没有继续上涨，反而从1995年8月份的2.01元/公斤，逐渐下降到1996年12月的1.86元/公斤，平均每公斤减少0.15元。

这表明，近16个月来配合饲料供求总体平衡与局部供过于求并存是对我国饲料市场的客观判断，而这时期的配合饲料生产总量不过只有4 858万吨。

更重要的是，1995年8月之前配合饲料价格总体上升的趋势中，很大程度上是由饲料原料——玉米价格（及其添加剂）的上升所引起的，而1995年8月之后配合饲料价格的下降也没有理由不把玉米价格下降作为一个主要原因。

从1994年1月到1995年8月间，玉米价格从0.82元直线上升到1.65元，平均每公斤上升0.83元；这个数据是同期鸡配合饲料价格上升的87.4%，是同期猪配合饲料价格上升的93.3%。与此同时，1995年8月后，玉米价格的下降则从另一个方面证明了饲料需求不旺的问题。

可见，近年饲料价格的总体上升与饲料原料更为相关，并没有被强劲的需求增长所拉动。

（二）全国饲料企业的亏损状况

依据我国饲料工业统计资料，1995年度时产5吨以上的配混合饲料厂中，除浙江、云南等省未出现亏损，天津市数据不全，江苏省、江西省没有统计数据也除外，其余的省市自治区都存在不同程度的亏损。从饲料原料大省到饲料原料贫省，绝大部分的省市自治区的饲料企业，尽管时产已在5吨以上，但都存在不同程度的亏损。仅仅是统计在内的数据就表明：地处沿海、经济又发达的广东省亏损企业个数却最多，高达34个；即使是该年第一产肉大省四川也有24个饲料企业亏损；玉米产地吉林尽管只有21个厂家有统计数据，其中即有3个企业暂停，4个企业亏损；该年第一玉米生产大省山东55个统计企业中也有14个亏损。

---

* 原载《科技导报》1997年第8期。

至于亏损企业占全部饲料生产企业的比例，就更值得重视了。23个存在亏损的省份中，有15个省份亏损比例不低于20%。这意味着存在亏损的省市自治区中，65%的省份每5个时产5吨以上的饲料生产企业就有1个是亏损企业。

（三）现有的开班率状况

1995年我国平均的开班率只有1.2，各省、市、自治区之间的差异就更大了。开班率超过平均水平的只有北京、广东、湖北、安徽、陕西、上海、福建、广西、河北、浙江10个省份，而且只有最前面的4个省份开班率未低于1.5，其余6个省份均在1.5以下；江苏、江西两省勉强达到平均水平；剩余17个省市自治区均在平均开班率之下。尤为严重的是，这17个省份中，四川、吉林、甘肃3个省份的开班率只有1，这意味着3省只各自利用了双班生产能力的50%；辽宁、云南、新疆、山西、宁夏、海南、青海、内蒙古、贵州9个省份的开班率尚不到1，这意味着这些省份所生产的饲料量尚未达到其单班生产能力。

综上分析，不难得出这样的结论：我国饲料市场需求短期内大幅度上升的可能性并不是很大，特定条件下配、混合饲料的生产能力不是严重不足，而是相对过剩。现阶段饲料的供求总量在某种意义上讲供不应求的矛盾并不很明显，总量上供求趋于平衡，但不同区域饲料的局部剩余与短缺并存。这就是对我国近期饲料市场需求的总体判断。

二、精饲料市场需求也不会大幅度上升

（一）从消费顺序上看，占中国人口80%以上的农民，尚未进入对肉类需求大幅度增长的时期。对精饲料的潜在需求大幅度增长的条件尚未成熟

在目前社会经济发展条件下，对于不少农村来说，冰箱仍然作为一个大件，没有相当的经济实力是可望不可及的。主要原因有两个：一是婚丧嫁娶需求大量的货币资金，农民表现为比市民更强烈的“灵活偏好”需求。二是我国的社会保障体系尚未建立起来，特别是农民的养老和医疗保障问题，从过去到现在一直是制约农民投资于消费领域的重要因素，农民不得不自己为自己保险。明显的表现是：有固定收入来源的城镇居民即使借钱也愿意购买冰箱，然而家中存钱过万的农民，也很少去购买它。1985～1995年间，平均每百户城镇居民冰箱拥有量从6.58台迅速增长到66.22台，冰箱普及率上升60多个百分点；这期间农村居民则仅从0.06台增长到5.15台，普及率仅上升5个百分点。

毋庸置疑，冰箱是农民实现对肉类的长年消费的不可逾越的制约因素。农民只有在满足了必要条件——冰箱之后，才可能实现对肉类的长年消费，这就是本文侧重讨论的消费顺序问题。正是这个消费顺序的不可逆性以及农民对冰箱这个大件的有效需求不足，才导致农民对肉类需求未能大幅度增长。

（二）从消费习惯看，我国人均肉类消费在短期内大幅度提高的可能性不大

有关资料表明：无论是发达的还是发展中的东方国家，人均畜产品的消费量都显著低于西方国家。发达国家中如日本就显著低于美国、法国；中等或低收入国家如中国、泰国、埃及、印度等，又显著低于匈牙利、巴西。我国历史上就有以素食为主的习惯。我国台湾省在人均国民收入虽不断增长并超过1万美元，但人均肉类消费多年来仍基本稳定在60公斤左右。1995年，上海农村住户人均纯收入已达4 246元，但人均肉食及其制品消费量也仅22.4公斤；北京农村住户人

均纯收入 3 224 元，人均肉食及其制品消费量只有 17.8 公斤。我国其他地区的肉食消费也表现出同样的特点。

此外，我国的山地面积是平原面积的 2.8 倍，而不少山区的农民，在其肉类消费结构中，草食性动物羊肉、牛肉的消费量占有较大的比重，而对料食性动物产品的需求相对而言更小。

可见，消费习惯决定了我国城镇、农村居民人均肉类消费数量短期内大幅度提高的可能性并不是很大，人均动物性食品消费量的增加短期内不会明显地刚性推动饲料的需求。

（三）农民家庭畜产品生产对精饲料不会有大幅度的需求

从饲料产品结构的实际情况看，猪饲料占较大的比重，而我国养猪业中约有 60%为农户养殖，很少使用商品饲料（有的专家估计，我国目前集约饲养只占畜牧业的 20%左右，还有70%～80%的分散饲养基本没有使用商品饲料）。与此同时，我国水产养殖中所消耗的商品饲料比例也很小。如 1995 年水产品产量为 2 300 万吨，其中养殖产量为 1 380 万吨，占总产量的 60%。若按 1∶2 鱼饲料转化系数估算，养殖水产需要用鱼饲料 2 760 万吨，而当年实际只生产水产饲料 100 万吨，这意味着水产品生产中，商品饲料所占比重尚不到 4%。

可见，我国农民受传统小农经济生产方式的影响，不论是养猪还是养鱼，均以非商品饲料饲养为主，短期内对精饲料的需求不会大幅度增长。农民的家庭式、自给自足性畜产品生产，决定了其连带的饲料产品在广大的农村并没有想像的那么大的市场需求。

（四）收入水平提高与人均动物蛋白消费量增长之间并未呈现出明显的正相关关系。对应的结论是：未来人们的收入增长同样不会带来人们对畜产品消费的显著增长。因而也就不能推导出对精饲料所产生派生需求的大幅度增长

上面的结论得到两方面数据的支持。一是，广大的农民近年收入增长很快，但并没有因此而大大地提高对肉类产品的人均消费量。1979 年到 1995 年农村居民人均纯收入从 160 元迅速提高到 1 578 元，增长近 9 倍。而这期间农民人均猪牛羊肉消费量仅从 6.5 公斤/人增长到 11.3 公斤。特别值得注意的是，自 1991 年以来随着收入增长，猪牛羊肉消费不仅没有增长而且表现为下降的趋势。这期间农民人均家禽消费增长更是缓慢，仅从 0.4 公斤增长到 1.8 公斤，平均每年每人增长尚不到 1 两。二是，改革开放以来城镇居民的收入增长相当快，但他们的肉类消费量基本稳定。

三、我国饲料工业目前存在的问题

（一）各地盲目发展饲料工业

我国饲料生产真可谓是遍地开花，除西藏没有饲料加工企业外，其余的省、市、自治区都有。每个省内部也广而布之，有的省仅时产 1 吨以上的饲料企业就近 2 000 个，如四川省 1995 年底为 1 814 个。而 1992 年多达 2 100 个。

到 1995 年底，我国时产 1 吨以上的饲料加工企业已达 12 678 个，这意味着平均每个县有近 6 个饲料加工企业。相对于该年 4 858 万吨的饲料总产量而言，平均每个企业每年只生产出 3 832 吨饲料。

由此可见，我国各地盲目发展饲料工业的结果必然是低效率投资、重复建设、低生产水平、低经济效益运行。它不仅带来饲料行业由于重复建设而引起的资源浪费，而且必然导致饲料生产

厂家经济效益低和普遍存在亏损的现象。随着市场经济的深化，竞争激烈的程度将有增无减，特别是近年建设的饲料企业投入运行之后，竞争将进一步加剧，部分不具备规模经济的企业无疑将不能长期生存。

（二）地方平衡与地方割据的困境

我国经济发展的惯性模式是着重于各地的平衡，对应的投资规划和具体的投资分配也体现为明显的地方平衡特征，饲料行业的发展以及对应的投资分配等也是如此。但在实际发展过程中，多年来的地方平衡并未能达到地方均衡发展的目标，不少方面却导致了地方割据的局面。这不仅表现为粮食紧缺时限制饲料粮省际、地区间流动等，而且表现为各地都尽可能地为当地的生产企业（包括饲料企业）提供各种优惠，而尽可能地通过各种关卡限制外地企业参与当地的竞争（近年的“米袋子”省长负责制，确实有提高我国粮食安全程度的积极作用，但也同时具有阻碍粮食产品纳入市场经济、参与市场竞争的消极作用）。因此，必然形成各地都是小而全而不是大而专的产供销模式。

要与市场经济体制相适应，考虑地方平衡是必要的，但消除地方割据更是必须的。这意味着我国的饲料生产迟早也得参与区域间的合理分工和有机合作。它要求饲料生产必须具备资源优势或市场优势或技术优势。如市场优势方面，饲料生产主要表现为与畜牧业发展及其品种结构变化相适应，并非所有的地方都需要大量的饲料，只有畜牧生产大省才会需要大量的饲料；也并非所有的畜牧品种都需要较多的饲料，因为草食性动物需要的精饲料相对有限。

（三）未能依据区域优势进行区域分工和区域合作

我国某些区域，尽管并不具备资源优势，但也发展了不少饲料生产企业，其结果不言而喻。如生产饲料玉米不具优势的浙江省，饲料资源比较短缺，饲料原料的自给率很低，玉米、豆粕、鱼粉、氨基酸等，均主要依靠从省外调入，有的还需通过进口解决，因此饲料生产受资源价格等因素牵制较大。该省粮食部门的饲料工业从1992年开始产销量就呈下降趋势（从115万吨降到1995年的93万吨），市场占有率也逐步缩减（从过去的70%～80%下降到37%），亏损面从1994年的13.2%上升到1995年的28.6%。

这些饲料原料供不应求的省份，不但随着产地市场的波动而波动，而且受饲料原料供给省份的制约较为严重。一旦玉米欠收，这种制约就更大。就目前体制条件下（如“米袋子”省长负责制），从经济理性而非行政干预讲，只有当产地饲料原料有剩余时，才可能调给短缺省份。这意味着越是饲料短缺的年份，饲料原料短缺的省份所受的制约和波动越严重。为缓解这个问题，这些省份，即使在气候、地理条件不大适应的地方，也不得不扩大玉米生产，被迫地为适应饲料原料的需求而发展并无优势的玉米生产。长江以南省份扩大玉米种植面积基本上属于这种类型。

（四）尚需考虑饲料生产布局中的动态性特征

随着社会经济的发展，保持较高的环境质量已日益成为人们关注的热点。饲料生产企业的产品，直接为畜牧场提供原料，然而畜牧场空间运动的一般规律是从城市到农村、从中心到边远，这是一种不得不考虑的必然趋势。这意味着为动物生产提供原料的饲料厂家也将不得不适应这种动态发展趋势。因而决策者不能没有长远的考虑，不能今天建设，明天拆掉，一轮又一轮地重复浪费。

四、对我国饲料需求的预测

(一)草食性动物对料食性动物的替代可明显地减少对饲料的需求量

近年我国的粮食问题不仅引起国人的普遍关注，而且也为世界各国所重视。由于粮食的短缺，必将导致饲料粮的紧张，因而必须找到缓解饲料粮短缺的途径。而草食性动物对料食性动物的替代是解决这一问题的根本出路，具体而言就是发展养羊业。因为大量增加牛羊肉，其价格必然相对下降，从而必然产生对猪肉、禽肉以至禽蛋、水产品等耗粮动物产品的替代，这意味着对饲料需求的减少。

事实上，1992年以来国务院已连续召开3次会议，部署利用农作物秸秆发展养牛生产，突出强调利用非常规饲料，节约粮食，发展肉类生产，走适合我国国情的畜牧业发展道路。秸秆养牛已被列入国家农业综合开发项目并在各地推广。1995秸秆养牛、养羊示范县达119个，虽仅占我国总县数的5.4%，却生产出全国牛肉产量的25.11%。据有关专家测算，秸秆养牛可节省饲料粮2/3。

未来草食性动物对料食性动物的进一步替代将明显地减少畜牧业生产中对精饲料产品的市场需求数量。

(二)粗饲料对精饲料的替代，同样直接预示着对精饲料需求的减少

随着技术的进步，粗饲料资源的开发利用逐步成为现实并且成效显著。1995年共配制青贮饲料7 500万吨，氨化秸秆2 200万吨。饲料资源的开发和饲料工业的发展，使饲料替代粮食的作用越来越突出。1995年由于青贮饲料、氨化秸秆的使用，共节约粮食1 980万吨，已远远超过该年生产配合饲料所节约粮食的数量(估计在1 300万吨左右)。随着青贮、氨化技术的不断改进，再加上青贮饲料、氨化秸秆本身的成本优势，未来粗饲料对精饲料的替代将有增无减。这必然导致畜产品生产对精饲料需求的相对减少。

(三)畜产品结构中，生猪比重降低意味着对饲料需求的相对减少

近年我国肉、蛋、奶、水产品产量呈现全面增长势头，从1985年到1995年间，我国畜产品平均增长率高达11.4%，其中猪肉年平均增长仅8.3%，明显低于畜产品平均增长数。

我国肉类结构中，猪肉所占份额已由1978年的94%下降到1995年的69.4%，同期禽肉所占份额上升到17.8%，牛、羊肉的份额分别上升到7.9%和3.8%。可见，生猪在畜产品中所占的比重已发生明显的下降。这种下降也直接表现在饲料结构中猪饲料比重的降低，猪料在配合饲料中所占比重已由1991年的44%下降到1995年的43%。在配混合饲料总产量排在前15位的省份中，有9个省份猪料所占比重呈现下降趋势。

猪料比重下降还可得到世界总体发展的实际所证实。目前世界配合饲料的构成中，猪料所占比重尚不到1/3(仅为31%)，这个比例显然比1995年我国猪料所占的比重要低得多。随着我国经济发展和人民生活水平的提高，人们对水产品和牛羊肉的消费仍将是上升趋势，这意味着猪料比重下降应为客观趋势。

值得重视的是，肉类结构中猪肉比重的进一步下降必将产生两个方面的影响，一是导致猪料在配合饲料中所占的比重进一步下降；二是导致饲料需求总量的相对下降。这是因为目前料食性动物中，生猪的饲料转化率要比家禽、水产品都低得多。

（四）我国饲料产品将供过于求

从需求角度讲，1995年我国人均肉食消费达到39. 3公斤，已超过世界人均占有水平，但继续大幅度增长的可能性较小；蛋类产量达到1 500万吨，人均占有16.2公斤，也已接近世界发达国家水平。这意味着我国人民对肉类消费的需求大幅度增长的可能性很小，从而也不会引致对精饲料的大幅度需求。供给方面，“八五”期间我国配混合饲料产品产量年均增长率为9.24%，已基本适应饲养业发展的需要（前面已作了详细论证）。这说明，近年我国各地盲目发展的饲料工业，其饲料产品的供给能力已有超过需求的潜在问题。

（五）三元种植结构将进一步减缓对精饲料的需求

改革开放后，人民生活水平提高，推动了饲料工业的发展，饲料用粮在粮食总产量中的比重也越来越大。1978年饲料用粮比重仅为11.2%，1987年达到21.3%，1995年上升为30%。

“粮食＋经济作物”是我国传统的二元种植结构。饲养业长期作为家庭副业，附属于种植业。在整个种植业结构中，由于没有饲料作物的专用面积，不但难以解决饲料粮的自给问题，而且受粮食丰欠的影响很大。这种饲料作物附属于种植业的二元结构模式，已严重不适应饲料行业的发展。实行人畜分粮的三元种植结构，已经势在必行。为此，国家也作了有关的规划，力争使粮食作物、经济作物、饲料作物在2000年达到3∶1∶1，并逐步将6 000多万亩绿肥用作饲料或肥饲兼用，实行“过腹还田”。并且规划黑龙江、吉林、山东、河北、山西、河南一带为饲用玉米的种植基地。三元种植结构模式一旦形成，将大大缓解饲料粮与口粮之间的矛盾，同时也会明显地减少对精饲料的大幅度需求。

（六）其他替代的饲料资源也将减缓对精饲料的需求

现有的5 000万吨以上的糠麸、2 000万吨以上的糟渣、近3 000万吨的薯类资源，对精饲料均有明显的替代作用，如果充分利用这些饲料资源，同样可在一定程度上减少对精饲料的需求。

面对世贸组织的俄罗斯农业*

方康云

1995年，“乌拉圭回合最终协议”中的农业协定各项条款正式生效。其主要内容包括：

首先，各成员要逐步取消非关税壁垒，代之以逐渐降低的关税保护和确定市场最低准入量等，来扩大成员国在农产品市场的准入条件。

其次，各成员要减少对农业的国家支持。一方面从1995年开始到20世纪末，以1986—1990年的年均补贴为基数，减少出口补贴36%，对受补贴的农产品出口量减少21%；另一方面，规定成员国减少对农业的内部支持，以1986—1988年为基期，发达国家要求减少20%，发展中国家要求减少13.3%。

鉴于以上，使得俄罗斯农业处于进退维谷的困境中，一方面是，近几年的经济转轨和农业变革，使原已困难重重的农业陷入更大危机之中，与发达国家和世界的差距更加拉大，大部分本国农产品已丧失了在国内外市场的竞争力；另一方面是，俄罗斯想要加入世界贸易组织，就必须承担“乌拉圭回合最终协议”规定的义务。

事实上俄罗斯转向市场经济后，一方面实行农产品对外贸易的自由化，对农产品的进出口均无配额、许可证限制，也不再给予任何形式的补贴。另一方面处于严重经济危机中的俄罗斯政府已不具备对农业有较大支持的能力，俄政府对农业的国家支持已从1991年的19%减至1995年的3.8%，但这种看似合乎乌拉圭回合农业协定的短暂做法，仍对俄农业发展造成严重危害。

面对这种两难的境地，俄罗斯众多的政府官员、专家和农业生产者，要求对本国农业实施保护，对农产品出口予以补贴，对农产品进口进行限制的呼声渐高。其具体原由有：

1. 发达国家乃至世界各国，实际上始终对本国农产品给予有力的支持，对农产品贸易进行有效的限制，就连农产品生产发达的欧盟和农业条件得天独厚、农产品出口居世界领先地位的美国，对农业的支持和补贴在全球已是不争的事实。而农业生产处于不良气候条件的特殊情况和经济转轨的非常时期的俄罗斯，对农业予以支持、对农产品贸易进行保护就不足为怪、理所应当了。

2. 发达国家除运用关税保护本国农产品生产外，更多的是用非关税措施限制农产品进口。例如，日本虽然对进口大米规定的关税率只有15%，但国家垄断着大米的批发贸易，实际上等于禁止了大米的进口，只是“乌拉圭回合”的农业协定生效后，日本才被迫最低限度地开放了大米市场。又如，芬兰的农产品平均关税仅为11.2%，但将其所有进口税费补贴等加在一起后，实际进口成本是：牛肉和牛奶341%，猪肉270%，羊肉390%，黄油566%，乳脂454%，干酪305%，小麦352%，大麦、燕麦、玉米236%，蔗糖307%。

---

* 原载《世界农业》1997年第8期。

3. 俄罗斯农业生产与发达国家相比较，产品效率低而生产成本高。因此无法参与世界农产品市场竞争。据研究统计表明，原苏联1公顷耕地的自然生产率比美国低64.3%，比西欧低50%，而单位农产品耗电量是美国的5倍，每头奶牛产奶量只是美国的33%，产蛋量是美国的85%，俄罗斯农业要想在不良气候条件和不完善的农业经济体制状况下，达到现有国际水平，在短时期不可能。如果在此期间，俄罗斯放弃对农业的支持和保护，则等于自毁农业和粮食及食品安全，其严重后果将不堪设想。

4. 实际上，俄罗斯实行激进的改革以来，实行的是对外贸易的自由化，取消了对外贸易的国家垄断，短短的几年就使得俄罗斯农业形势更加严峻。其主要农产品的进口关税为：肉及制品、奶及制品、蛋和其他畜产品15%，马铃薯25%，砂糖20%，粮食1%，白菜10%，进口保护水平超过15%的农产品为数不多。而莫斯科、圣彼得堡等大城市还单有特别优惠的进口制度，这使得大城市的食品供应的一半以上来自进口，尤其是莫斯科竟多达80%。基本上依赖进口，如表1所示。

表1　1994年1～10月莫斯科市主要食品的供应

农产品种类	总供应量	供应来源		
		本国	独联体	其他国家
肉及折合为肉的制品（千吨）	343.86	69.30	69.98	204.38
奶及折合为奶的制品（千吨）	1 242.18	533.40	100.75	608.05
蛋及折合为蛋的制品（百万枚）	233.48	217.70	5.78	～
植物油（千吨）	33.96	17.50	0.06	15.40
糖（千吨）	36.10	3.90	5.50	26.70

俄罗斯实行农产品对外贸易自由化的后果主要是，外国（包括独联体其他国）出口商抢占国内市场，使本国农产品销售量锐减，农产品生产处于严重危机中，从而丧失了粮食及食品安全。为此，俄罗斯有关官员和专家，对申请加入世界贸易组织问题，主动采取既要积极又要谨慎的态度。其理由是，转向市场经济后要求俄罗斯必须尽快与欧洲及世界经济一体化，不加入世界贸易组织这一多边贸易体系是不可想像的；加入世贸组织有利于俄罗斯改革的深化和加速，最终达到提高国力和人民生活的目的，可利用世界贸易框架中维持国际贸易秩序的体系，包括利用解决国家间争议的机制，从而促进和保证俄罗斯与其他成员国和地区集团的经贸关系转向长期稳定的经济、法律、权利基础之上。

以上看法越来越多地取得了俄罗斯朝野各方面的共识。在此基础上，俄罗斯政府已开始进行探索和改革，即完全取消生产和分配的中央集中计划体制和对外贸易的国家垄断；统一外汇市场的汇率和较充分地保证了经常项目下的卢布兑换；在更大范围内推进和发展私有化；对经济的干预，国家已采取一定的经济调节手段；重视发育和运用市场力量。与此同时，还将采取以下对策和办法。

1. 在加入世界贸易组织的谈判中制定加入条件，用以促进俄罗斯经济问题的解决。这些加入条件有：相对地拒绝接受降低现有关税的束缚；具有建立对一定的农产品给予补贴的自由和使用价格及财政杠杆的权利，同时也承担相应的义务；特别强调俄罗斯农业的巨大差距和特殊性，以争取给予农业必要保护的最大自由度。

2. 按比较利益“两利相权取其重，两弊相权取其轻”的原则，在对俄罗斯农业生产各个部门、各种产品进行研究分析的基础上，促使有竞争力或有竞争潜力的部门和产品，参与世界市场竞争；而对缺乏竞争力的农产品相对实行保护政策。例如，种植业比畜牧业与西方国家差距小一些；农业产前部门比产中部门竞争力较大等。

在种植业中，由于自然条件使俄罗斯不少品种的小麦质量高于外国同类小麦，俄罗斯和哈萨克斯坦生产了占世界一半以上的价格最高的小麦；除玉米之外的谷物的收购价低于进口价，葵花子也具有较高的盈利率。这些具有相对竞争优势的农产品，在国家有关政策和资金的支持下，应该大胆地参与世界农产品市场的竞争活动，并通过竞争活动进一步发展壮大。

但是类似甜菜这一类的农产品，就必须采取综合有效的保护和扶持政策及措施，否则，前景令人悲观。这是因为，由于全面私有化，甜菜生产的集约化水平，在近几年急剧下降，制糖工业的现代化设备水平很低，只占总设备的30%，而且合乎标准的设备不足40%。加工成1吨糖所需甜菜是德、法等国的近1.5倍，且质量低下，包装技术及材料落后陈旧，毫无竞争力，极低的进口关税对其无疑又是雪上加霜。

俄罗斯的畜牧业生产十分落后，这既有其本身生产效率低下的原因，也有种植业方面的问题。其饲料报酬低，畜产品质量不高。根本无法与西方国家相比，在世界市场上毫无竞争力，这就要求国家予以重点保护。否则连在国内市场上也会被进口畜产品排挤出局。

3. 进一步修正和完善农产品进口机制和制度，进口农产品的总量和构成，应以不危及本国农业经济为前提。原则上只进口国内供不应求的商品。采取惯用的配额限制，并统一由国家农业食品部掌握分配进口配额、视国内农业生产水平和状况而进行调整和控制。还要对部分特殊食品的对外贸易实行国家垄断。

4. 采取的农产品保护措施除关税外，还应有补贴、间接税、食品卫生安全等广泛的非关税措施。还要确立进口食品的安全证明和通行证制度，实行食品生产和销售许可证体制等。

5. 建立健全有关法律法规，主要有：保证国家粮食及食品安全、提高国内及进口食品质量、保护公民健康以及有关农工生产的国家调节的法律法规，还要有，作为农业部门法律基础的其他法律法规，如土地和森林等资源方面的法典等。

6. 切实加大国家对农业支持的力度，对农产品商品生产者采取农产品价格倾斜措施，落实国家给予农业的各项财政预算，缩小工农业产品价格剪刀差，制定保证农产品竞争力行动大纲，提高农产品现代加工能力，提高农业生产效率和农产品加工质量，引导农业尽快走出危机，加速农产品参加国际竞争步伐。

中国农业的自然与社会特征*

俞家宝　詹玉荣

第一节　中国农业的自然特征

一、中国农业历史悠久

中国农业已有八九千年历史。中国古书《易经》、《淮南子》、《史记》都记载着中国古代原始社会有关炎帝族和黄帝族两大氏族的传说。炎帝发明耒耜和播种五谷，黄帝的妻子嫘祖创始养蚕。原始氏族社会末期，黄帝族的后裔，名后稷，因善于种田，被中国人民尊为谷神。应该说当时农业生产已有相当发展。

据考古发掘材料证实，距今7000至4000年前，中国黄河流域已有种植粟的遗迹，长江流域最早种植水稻，距今也有7 000多年历史。据甘肃等地出土的炭化小麦推算，小麦栽培有4 000多年历史。中国养猪开始于新石器时代，距今约有9 000多年历史。中国养马约有7 000年历史，养牛有6 000年历史（详见表1）。

表1　中国主要农产品栽培、饲养起始年代一览表

农产品	最早栽培或饲养的起始年代	考古发现的地点
水稻	公元前5000年	浙江余姚河姆渡遗址和桐乡罗家角新石器时代遗址
粟	公元前5000年	河南裴李岗和河北磁山遗址
小麦	公元前2000年	新疆孔雀河流域新石器时代遗址，甘肃民乐县六坝乡西灰山遗址
玉米	公元1555年	1555年的《巩县志》就有关于玉米记载
大豆	公元前1100—1600年	卜辞中贞问“受菽年”已发现二片记载有月份：为2月用3月
茶	公元前200年	西汉王褒《僮约》中记载有“罗茶武阳”“蒸茶尽具”之句，可见当时饮茶已成日常生活
棉花	公元300—900年	新疆民丰县东汉墓出土文物，新疆巴楚县晚唐遗址
麻类	公元前2000—3000年	浙江吴兴钱山漾遗址
果树栽培	公元前1100—1600年	浙江河姆渡遗址、陕西西安半坡遗址、浙江吴兴钱山漾遗址
蔬菜栽培	公元前5000—6000年	甘肃秦安大地湾新石器时代遗址、陕西西安半坡遗址
猪	公元前7000年	广西桂林甑皮岩遗址

* 原载郭书田主编《中国·韩国现代农业体系和发展战略》，中共中央党校出版社，1997年。

（续）

农产品	最早栽培或饲养的起始年代	考古发现的地点
马	公元前2000—3000年	山东历城子崖新石器时代遗址、河南汤阴白营新石器时代遗址
牛	公元前4000—5000年	浙江余姚河姆渡和桐乡罗家角新石器时代遗址
羊	公元前5000年	猪牛的考古遗址中多有羊的材料
蚕	公元前5000年	浙江余姚河姆渡村、山西夏县西阴村

中国原始农业经过前期刀耕阶段，进入后期锄耕阶段时，虽然采集、渔猎仍占重要地位，但中国主要的粮食作物、家畜均已开始栽培和饲养，这时黄河流域栽培的作物有粟、黍、大麦、大麻、大豆，家畜有猪、马、牛等，长江流域除种植水稻外，还种木薯、芋等。到了夏、商、周时期，不仅作物种植类更多，而且开始了果树和蔬菜栽培。到了汉代，小麦已上升到与粟同等地位，果树、蔬菜品种已有很大发展，荔枝、龙眼、橄榄、柑橘等已大量栽培，并可利用温室栽培葱、韭等蔬菜，还引进了葡萄、苜蓿、亚麻等作物。

在中国发明栽培粟、稻的同时，也发明了石斧、石耜、石镰、骨镰、蚌刀、石磨盘、石臼、木杵等翻土、松土、收获、加工的工具。到了夏、商、周时期，出现了青铜农具，并发明了除草、碎土的农具。春秋战国时期，由于发明了冶铁技术，随之出现了铁制农具，建造了带铁刃的耒耜、铫、镈、鑁、镰、铚等。这一时期创造的脱粒工具连耞，效率很高，一直流传到现今仍有使用。到了汉代，铁制农具已相当普及，并不断完善和提高，重要的农具创新有以下几项：第一，发明了犁壁，使犁铧不仅能松土，还能翻土、灭茬、开沟、起垄。第二，发明了播种用的耧，包括种子箱、排种器、输种管、开沟器、牵引架、覆土器等装置，从开沟播种到覆土，可以一次完成，可以说是现代播种机的雏型。第三是提水工具：创造辘轳、翻车和渴乌。辘轳不仅提高了汲水效率，还可以在深处汲水。翻车也叫龙骨水车，不仅大大提高了灌溉效率，还可用于排水。渴乌，是利用虹吸原理吸水的工具，可以说一直沿用至现代。到北魏时期，铁制农具已有30多种，从耕地、播种、中耕除草、灌溉、收获、脱粒到加工所需要的各式农具，基本上都已研制出来。到了宋、元时期，农具发展到100多种，几乎把农业生产上所需要的各式农具都创造出来了。

随着农作物栽培的开始，中国农民不断地总结经验，也创造了一整套适合中国自然条件特点的耕作制度。原始社会末期采用刀耕火种，用石刀、石斧砍伐树木，烧荒开垦土地，用木棍播种，种一年后撂荒，由自然恢复土壤肥力后，再种。到石器时代后期，实行锄耕，利用石耜、石铲翻土、碎土，做到了可以连作几年，撂荒几年的熟荒耕作制。到夏、商、周时期就学会了中耕除草、壅土的耕作技术和选种的栽培技术。春秋战国时期，中国人民掌握了筑坝、修渠的水利工程技术。农民学会了灌溉技术。由于铁制农具的发明，耕牛的使用，生产效率提高，农民又创造了垄作和施肥的耕作方式，依靠人力恢复土壤肥力。根据《吕氏春秋·任地》，有“五耕五耨”可使“大草不生，又无螟蜮”的记载。说明这时中国农业已开创了精耕细作的耕作制度。汉代在垄作技术的基础上，又发明了代田法、区田法。① 在施肥技术上，懂得了基肥和追肥，人畜肥要腐熟后施用，以及轮作中栽培绿肥的技术。在选种上学会了穗选法。在这一时期耕作技术已趋完

① 代田法：将宽2米的田分成三个垄沟，三个垄，每个垄沟宽、深各33厘米。垄宽和垄沟宽相同，每年更换一个位置，开垄沟时，将土作垄，把谷种在垄沟内，禾苗长大后，将垄上的土逐渐培到苗根。这种耕作方法，适宜抗旱。区田法：是把农田分成上农区、中农区、下农区三种。上农区挖一个方、深20公分的小区，每小区相隔30厘米，每亩可挖3 700个小区，在小区内施肥播种。中农区和下农区的土地小区要挖得更大一些，相隔更宽一些，每亩小区更少一些，适合山坡地和贫瘠的土地。

善。西汉时期还掌握温室的栽培技术。系统地反映这一时期农业技术的著作，是北魏时期贾思勰所著《齐民要术》。

隋、唐、宋、元时期，农业耕作技术主要集中在农田水利建设和施肥技术上。这时期发明兼有排灌功能的堤堰、陡塘、圩田、梯田的耕作方法。过去丘陵、山地多采畲田耕作，由于顺地势耕作，水土流失非常严重。发明了梯田耕作方法后，基本上控制住了水土流失。在施肥技术上创造了堆肥、沤肥、捻河泥和饼肥发酵后施用等技术。在种植技术上，汉代广东等地就有早中晚稻栽培或双季稻，唐宋时期就有了稻麦连作的两熟制。南方丘陵地区还发展了水稻与荞麦、大豆等杂粮的轮作。反映这一时期的农学著作是《陈甫农书》。

明、清时期在耕作技术上的发展是复种技术，发明了各种间作、套作方式，形成二年三熟制的种植技术。这一时期农学著作很多，约有300多种，著名的是《农政全书》，它不仅总结了中国农业生产技术，还介绍了西方农学。

现代中国农业，在传统农业技术的基础上，吸收世界各国先进技术，改变了农业长期发展缓慢的态势。特别是1949年以后，农业生产有了较快的全面增长。从1949—1994年在人口由54 167万人增长到119 850万人的情况下，人均占有粮食由208.9千克 增长到370.9千克。油料由4.7千克增长到16.55千克，棉花由0.8千克增长到3.5千克，猪牛羊肉由4.06千克增长到30.62千克。40多年来农产品增长较快的原因从根本上说是：农业科学技术发展很快；工业的发展为农业的投入提供了大量的物资；中国共产党和政府推行了一系列促进农业科技进步、鼓励农民生产的有效政策。

二、中国农业地域辽阔、地形复杂多变

中国领土位于欧亚大陆的东南部，东临太平洋，西北深入亚洲内陆，北起北纬53°多的东乌苏里江北面的江心，南至北纬3°52′的南沙群岛的曾母暗沙，东起东经135°的黑龙江与乌苏里江汇合处，西至东经73°多的新疆乌恰县以西的帕米尔高原。南北距离5 500公里，东西距离5 200公里。

中国地形总的来说西高东低，地处西南的青藏高原和西部边缘的帕米尔高原有许多高大山脉向东向北延伸，逐步降低至东部沿海地区海拔较低的平原。形成了一个明显的以青藏高原为最高，逐步降至东部平原的三大阶梯。第一阶梯从大兴安岭至太行山、巫山、云贵高原东缘一线以东的地带。这一地带除少数高山：如台湾山地、长白山、武夷山等在海拔1 000米以上外，大部分是1 000米以下的山地、丘陵和500米以下的平原。这一地带约占全国土地总面积的1/3。第二阶梯从第一阶梯的西缘至青藏高原东缘、北缘，即横断山以东、昆仑山、祁连山以北的广大地带。这一地带大部分在海拔1 000～2 000米以上，其中：天山、阿尔泰山在4 000米以上，阴山、秦岭在2 000米以上，内蒙古高原、云贵高原、黄土高原、塔里木盆地在1 000～2 000米之间，准葛尔盆地、四川盆地大部分在500米以下。这一地带约占全国土地面积的40%以上。第三阶梯是青藏高原，这一地带海拔迅速上升。阶坎明显。高原的北缘昆仑山、阿尔金山、祁连山北坡急降至塔里木盆地和河西走廊，落差达3 000米。青藏高原平均海拔4 000米以上，高原上横亘着众多山脉，峰高谷宽，气候寒冷、湖泊众多、光照充足，约占全国土地面积的26.7%。

从海拔高度看，中国地形大体上是：海拔500米以下的土地面积为241.7万平方公里，占总土地面积的25.18%。海拔500～1 000米的土地面积为162.5万平方公里，占16.93%。海拔1 000～2 000米的土地面积为239.9万平方公里，占24.99%。海拔2 000～3 000米的土地面积

为 67.6 万平方公里，占 7.04%。海拔 3 000 米以上土地面为 248.3 万平方公里，占 25.86%。

中国山区面积大、海拔差别大、山脉走向多变，平原少。中国山区通常包括：山地、丘陵与高原。总面积约为 66 200 万公顷，占土地总面积的 69%。山地约为 31 666.7 万公顷，占土地总面积的 33%，丘陵约为 9 600 万公顷，约占 10%，高原约为 24 933.3 万公顷，约占 26%。山区有全国 69%的县、有 1/3 人口、4/10 的耕地和丰富的水资源和林木资源。

大部分山脉在 1 500～6 000 米之间，海拔差别大。基本走向是：①东西走向的有三列，最北一列的是天山、阴山，位于北纬 40°～43°，东西长 1 500 公里，南北宽 250 公里；中间一列是昆仑山、大别山、秦岭，位于北纬 32°30′～35°；最南一列是南岭，位于北纬 24°。②南北走向是地处中国中部的贺兰山、六盘山、横断山等把中国分成东西两大部分。③东北西南走向的分布在东部，第一列是大兴安岭、太行山、武陵山、雪峰山。第二列是长白山、千山、武夷山。第三列是台湾的山脉。④西北东南走向的分布在西部，有祁连山、阿尔泰山、喜马拉雅山。这几种走向的山脉，把中国大地分划成许多网格，形成了许多光、热、水、土资源组合。

平地，包括盆地和平原。盆地约为 18 266.7 万公顷，占全国土地面积的 19%。除四川盆地外，大盆地都在西北干旱地区，分布着沙漠和戈壁。平原约为 11 533.3 万公顷，占全国土地面积的 12%，较大的平原有：东北平原约 35 万平方公里，华北平原约为 31 万平方公里，长江中下游平原约 20 万平方公里。稍小些的平原有珠江三角洲平原、黄河河套平原、成都平原、关中平原等。

三、土地面积总量大，包含多种类型区和地带

中国总土地面积约 960 万平方公里，占世界陆地总面积的 6.4%，居世界第 3 位。

中国东南面临太平洋，西南是青藏高原，东部海拔低，中西部多山，海拔高，分布广，面积大，山脉走向多变。形成了东部亚热带水热资源最丰富，由东南到西北水资源递减，由南向北，随纬度热资源递减的分布规律。海拔升高引起了热量资源垂直变化。一般是每升高 100 米，气温平均降低 0.5℃～0.6℃，在北方地区，每升高 100 米，≥10℃，积温减少 150℃～200℃。由于水、热资源的水平与垂直分布，形成了由热带到高原寒带的 14 个热量带和湿润、半湿润、半干旱、干旱四个地带。

14 个热量带及其所占的土地面积大体上是：南热带、中热带、北热带与低山热带共占全国总土地面积的 1.2%，南亚热带占 4.0%，中亚热带占 13.9%，北亚热带与低山亚热带占 7.0%，南温带占 16.6%，中温带占 30.4%，北温带占 1.3%，高原温带占 12.6%，高原亚寒带占 6.8%，高原寒带占 6.2%。

由于降水量南多北少、东多西少，形成了三条分界线，可划分四个地带。第一条湿润半湿润的分界线，大体上是从横断山以东与秦岭、淮河一线为界，以东以南是湿润地带；以北以西至第二条界线是半湿润地带（中国东北地区的北部和东部也是湿润地区）。湿润地带约占全国土地总面积的 32.2%，干燥度<1.0。包括：中国的南方诸省、山东半岛、大兴安岭、小兴安岭、长白山以东地区，是水田和不需要灌溉的旱作区。第二条界线大体上从大兴安岭西侧的喜桂图，经过索仑、通辽、赤峰、张家口、榆林、渭源、昌都，最后至西藏错那。这条线以东是半湿润地带，以西是半干旱地带。半湿润地带约占全国土地总面积的 15%左右，干燥度在 1～1.5 之间，包括大兴安岭中南部、东北平原、华北平原、横断山区等，为旱作需季节灌溉的地区。第三条分界线是半干旱与干旱的界钱，大体上是从满洲里，途经乌珠穆沁、甘肃省的靖远、敦煌、青海省的格尔木、西藏自治区的当雄、葛尔。这条线以东是半干旱地带，以西是干旱地带。半干旱地带占全

国土地面积的22%，干燥度在1.5～4.0之间，包括内蒙古高原、黄土高原中部、西部、青藏高原东部、南部，是旱作低产区，以草原和半荒漠草原为主。干旱地带，占全国土地总面积的30.8%，干燥度在4以上，是以荒漠为主的干旱地区，是灌溉农业区。

从土地资源利用的角度看，中国土地基本上可划分为农区、农林牧区和牧区三大部分。从大兴安岭东侧，向南经乌兰浩特、开鲁、承德、建平、绥德、渭源、南坪，沿横断山至木里，再到南贡山画一条线，该线以东以南是中国的东南部。这一地区水、热、光、土资源结合协调，年降水量大，每公顷占有水量约8 000多立方米，平原、盆地、谷地多，是中国的农区，集中了全国耕地的90%以上。在这一地区以秦岭、淮河为界又可分为南方、北方两大块，南方水热资源充足，但平原少，丘陵多，主要有长江中下游平原、淮河平原、成都平原、珠江三角洲平原，是中国水稻的主产区，可以一年两熟或多熟，水田面积约占全国水田面积的90%。北方，平原面积大，除东北平原和华北平原外，还有三江平原、渭河平原、汾河平原等中小平原。这一地区光、热条件好，降水偏少，并主要集中在夏季，雨热同季有利于农作物生长，是中国的主要旱作区，旱地面积约占旱地总面积的85%以上，是一年两熟、两年三熟、一年一熟的地区，这个地区冬春季降水少，一般需要灌溉。

以满洲里、西乌珠穆沁旗、乌拉浩特、靖远、向西沿祁连山北侧至敦煌、再向东南至夏河、若尔盖、玉树、林周至吉隆画一条线，该线以北以西是中国的牧区，基本上是由阿尔金山、祁连山以北的蒙新高原和以南的青藏高原组成。这一地区光照好、降水太少，蒙新高原海拔较低，热量条件较好，有灌溉就有种植业生产，青藏高原海拔高，气候寒冷，植物生长期短。

在农区与牧区之间是一个横卧中国中部、东北西南向的狭长的农林牧地带。南北跨26个纬度，海拔高，地形变化大，水热资源既成水平分布，又成垂直分布，水、热、光、土资源组合复杂，形成了一个农林牧混合交错的类型区。该地带的北部是湿润的北温带和中温带的大兴安岭林区，南部是东喜马拉雅山林区和横断山林区，藏南和中部高山是高原温带和中温带草地。这一地区耕地较少。

四、农用地分布相对集中、质量差异较大

中国农用地：耕地、林地、内陆养殖水面集中在东南半部，草地集中在西北半部。

耕地的93%集中在东南半部，垦殖指数已达到20.5%。其中黄淮海平原占全国耕地的22.1%，长江中下游、干支流沿岸耕地占全国耕地的19.4%，东北平原耕地占全国耕地的17%，黄土高原耕地占全国耕地的9.5%，四川盆地的耕地占全国耕地的4.9%。上述地区就集中了全国耕地的73%。占全国土地面积52.8%的西北半部的耕地，只占全国耕地的7%，垦殖指数只有2.1%。

耕地质量一般较好，55%的耕地分布在水热量条件较好的平原地区，还有占总耕地面积17.8%的耕地分布在水土热量条件较好的山间盆地、谷地、洪积扇小平原和水平梯田上。质量好和较好的耕地占耕地总面积的72.8%。① 从耕地利用的实际情况看，高产田约占耕地面积的32.2%，中产田约占27.5%，低产田约占40.3%，即4 000多万公顷，其中涝洼盐碱耕地800万公顷左右，较严重的有280多万公顷，低产水田约有270万公顷，风沙干旱地约有900万多公顷，坡耕地约2 000万公顷。

---

① 参见《中国农业自然资源经济研究》，程鸿、倪租彬、康庆禹主编，农业出版社，1993年版第80～81页。

林地集中，97%的有林地和95%的蓄积量集中在东南半部。其中85%的面积和90%的蓄积量又集中东北三省、西南三省（四川、云南、西藏）和南方9省区。华北地区森林面积少。西北半部森林极少，有林面积仅占全国的3%和蓄积量的5%，林地质量差异很大。中国现有林业用地26 743万公顷，占全国土地面积的27.8%，其中有林地只有12 465.3万公顷，仅占林业用地的46.6%，疏林地占7.3%，灌木林地占10.9%，未成林、造林和苗圃占2.8%，无林地占32.4%。

林业结构上，用材林、防护林、经济林、薪炭林的比重大体上是19∶3∶3∶1。在树种结构上针叶林与阔叶林比重大体上为1∶1.03。

中国草地主要分布在西北高寒、干旱地区，生产期短，产草量普遍不高，高产草地很少。估计优质高产草地的面积约为13.5%左右，优质低产，中产的面积较大，约占50%左右。由于西北半部，降水量年际变化大，产草量年际变化也大。

内陆水域的特点是：水域面积大，可养殖面积小，分布集中，水质水量时空变化大，开发利用程度低。主要分布在东南半部，约占全国水域面积的74.4%，可养殖面积的91.2%。其中又集中在南方，其水域面积约为925万公顷，水源较稳定，水质好，已养殖水面占可养殖水面的85%左右。北方水源不够稳定，已养殖水面占可养殖水面的45%左右。北方可养殖水面的水源补给来自降水和冰雪融化，因此，年际变化大，而且夏季水量多，冬季水量少。泥沙淤积严重。部分受到工业废水废物的污染。

五、光、热、水资源丰富，东部农区组合较好，时空分布不均衡

中国各地全年光辐射总量在3.3×10^9～8.8×10^9焦耳/平方米之间。≥0℃期间的光合有效辐射量在1.6×10^9～2.6×10^9焦耳/平方米之间，绝大部分在2.0×10^9焦耳/平方米以上。年日照时数在1 200～3 400小时之间，≥0℃期的积温，绝大部分在2 500～8 000℃之间，与世界上同纬度的国家相比，光能资源较丰富或近似。

日照最少的地区是四川盆地、贵州大部分地区和台湾的东北部，日照百分率在30%以下，日照时数在1 400小时以下，个别地方不超过1 200小时。西藏的林芝、察隅也是日照较少地区，日照百分率在40%以下，年日照时数不超过1 500小时。全国日照以四川、贵州为低中心，向外日照时数逐步增加，东南沿海地区为2 000小时，华北、东北为2 400～3 000小时，内蒙古、准噶尔、塔里木、柴达木、西藏的西南部、藏南谷地，年日照百分率在70%以上，日照时数大于3 000小时。柴达木盆地的冷湖地区为全国最多日照区，年日照百分率在80%以上，日照时数在3 600小时以上。

日照季节的变化大，一般秋冬季节日照多于春夏季。大致是：东北、内蒙古、华北地区秋冬季日照最多，夏季少。新疆则是秋季日照最多，夏季少。长江中下游日照最多的是夏季，春季最少。东南沿海和华东地区是夏秋季最多、春季最少，贵州、四川日照夏季最多，冬季最少，云南则是冬季最多，夏季最少，西藏秋冬季最多，夏季日照少。

中国气温由南向北逐步下降，冬季南北气温相差大，夏季气温相差小，特别是日最高气温相差很小。南北温差平均每一纬度只有0.2℃左右。最热月平均气温除去天山、大小兴安岭、青藏高原低于20℃以外，其他地区都在20～28℃以上。

年平均气温大致是：南岭以南20℃，长江流域16℃，黄河流域12～14℃，东北、内蒙古为10℃，大小兴安岭、青藏高原大部分低于0℃，藏北最低在零下8℃。塔里木、吐鲁番在10℃以

上，新疆其他地区除天山、阿尔泰山外，都在0℃以上。冬季气温比世界同纬度地区低6℃～18℃，夏季高1℃～4℃。

≥10℃以上的积温大体上是：最低的是青藏高原、东北北部、内蒙古东部，在2 000℃以下。向南至长城以北地区在2 000～3 000℃，由长城向南至淮河秦岭在3 500℃以上，再向南至南岭在4 500～6 000℃。由南岭至南海沿岸在7 000～ 8 000℃。雷州半岛、海南岛、台湾在8 500℃以上，四川盆地在5 500～6 000℃之间，云南高原和新疆南部在4 000～5 000℃之间。淮海平原、山东约在4 000℃以下。河西走廊、新疆北部、陇东、山西约在3 000℃以下。

中国平均年降水量629毫米，总降水量约为6亿立方米。降水大都集中在夏季，除长江以南至南岭以北地区及新疆西北部山地夏季降水量占年降水量的40%以下外，一般地区都在40%以上。华北、东北地区夏季降水占年降水量的60%。拉萨以西至雅鲁藏布江谷地夏季降水占年降水量的75%～80%。冬季降水大部分地区仅占年降水量10%以下。

中国降水东部多于西部，南部多于北部，沿海多于内地，山区多于平原。南方占全国土地面积的36.6%，占有83.5%的径流量，北方占有63.4%的土地，只占有16.5%的径流量，东南部外流流域，占土地总面积63.8%，年降水量为890毫米，占有全国总水量的90.5%，径流量的95.4%，西北内流流域占土地面积的36.2%，年降水量只有160毫米，占有全国总水量的9.5%，占径流量的4.6%。

降水年际变化大，越是降水量少的地方，年际变化越大。南方降水量大，年变率一般为10%～20%，年径流量，一般年份为最小年份的2～4倍。北方降水量小，年际变化大，降水年变率除东北较小外，一般在25%～40%以上，最大值与最小值可差十几倍，一般年份为最小年份的3～8倍。

六、生物种质资源非常丰富，开发利用的很少

我国栽培的作物和饲养的畜禽品种类型多，能适应全国各地的特殊的自然环境。全世界栽培作物约1 500多种，农作物660多种，有1/5起源于中国。畜禽中如太湖猪、关中驴、北京鸭都是世界著名良种。中国畜禽品种的特点是地方性强、耐粗饲、抗病性强、适应性强、繁殖力高，但生长慢、产量低。

中国猪主要是脂肪型和肉脂兼用型。优良的品种多集中在长江中下游和华东沿海平原。绵羊基本上是粗毛羊品种，包括内蒙古绵羊、哈萨克绵羊、藏系绵羊三大品系。特点是耐粗饲、蓄脂能力强、产毛量低。羔皮绵羊中优良品种有新疆库车羊、青海贵德紫羔、杭嘉湖的湖羊等。山羊的优良品种有马头山羊和贵州的白山羊。山羊的特点是产奶性能差、产绒性能好。黄牛的主要品种是役用牛型和肉乳兼用型种。较著名的役用黄牛品种有秦川牛、南阳牛、鲁西牛、晋南牛、延边牛等。肉乳兼用型牛有内蒙古牛和哈萨克牛两种。水牛分为役肉兼用型和沼泽型两种，集中分布在南方。牦牛有青藏高原型和横断山型两大品系，特点是耐高山缺氧的气候条件。马的品种有蒙古马、哈萨克马、西藏马、西南丘陵小型马等。

淡水鱼有700多种，58个亚种。以鲤科为主，计有119属、400多种及44个亚种，占中国淡水鱼种的56.4%。

野生、半野生植物种类很多。维管植物约3万种。种子植物2.5万多种。有经济价值的植物有：纤维植物438种，淀粉植物145种，含蛋白质和氨基酸较高的植物有260种，油脂植物374种，芳香油植物285种，药用植物288种。野生动物资源中有一定经济价值的鸟类有329种，哺

乳类动物 188 种。

上述野生动、植物资源中开发利用的潜力很大。据了解，对野生植物资源已开始有一定研究的种类只占 15%，进行过化学分析的只占 8%，真正利用的只占 2%。

七、土地资源人均占有少，后备少

土地资源总量虽然有 96 000 万公顷，但人均仅 12 亩，仅相当于世界人均占有量的 33%。中国耕地面积不断下降，以 14.3 亿亩计算，人均仅 1.2 亩，不足于世界平均水平的 30%。林地 18.4 亿亩，人均林地 1.53 亩，仅相当于世界平均数的 14%。草地 42.9 亿亩，人均草地 3.58 亩，约相当世界平均水平的 38.5%左右。

中国农业已经历八九千年的历史，土地开垦充分，土地垦殖率已达到 15.3%，高于世界 11%的水平。宜垦土地资源已不多，扩大耕地的潜力不大。据估算：可开发利用的农林牧地约为 18.8 亿亩，大部分为宜林、宜牧地，可开发为种植农作物和人工牧草的荒地约 5 亿亩，其中天然草场约占 2 亿～2.5 亿亩，只适合开垦为饲草基地，宜农荒地最多不超过 2 亿亩，质量较好的和中等的仅 1.5 亿亩。这些荒地主要分布在新疆、黑龙江等边远地区，开荒成本高，即便全部开垦出来，也只能增加净耕地 1 亿亩，草地已开发利用的约占资源总量的 92%，尚可扩大约 8%。内陆可养水面约为 5 752.7 万亩，尚可扩大 202.5 万亩。可见土地后备资源已不多。

八、自然条件组合的负面，给农业生产带来一定的威胁

中国总土地面积中有 70%是海拔较高的山地和高原。海拔 1 000 米以上的土地面积占总土地面积的 57.9%，这种地形和水热资源的时空组合，使得生态环境一旦遭到破坏便很难恢复。南方山地多，地形起伏，坡度大，降水量大，山坡植被一旦遭到破坏，土壤易被侵蚀、冲刷，甚至造成山石裸露。北方年降水量少，气温低，植物生长慢，夏季雨量集中，又多暴雨，坡地植被破坏后，容易发生水土流失。低洼地易发生盐碱化和地下水质矿化。特别是黄土高原和土石山区，土质疏松，遇到夏季暴雨，极易造成严重的水土流失。西北干旱地区，虽有大面积的盆地和谷地，但降水极少、风沙大，植物生长缓慢，植被遭受破坏后，易受风沙侵袭，造成沙漠化，河谷平原低洼滩地排水不良，易生盐碱化。青藏高原，气温低，植物生长一年只有 3～4 个月，高寒草原的生态系统十分脆弱，一旦遭到破坏也很难恢复。

九、土地中受到风沙侵蚀、水土流失、易涝和盐渍化面积大，难以利用的面积大

中国史前沙漠化土地约 12 万平方公里，由于近代人类经济活动不当，主要是滥垦、滥伐、滥牧造成的现代沙漠土地 5.6 万平方公里，现在正在演变的潜在沙漠化土地约有 15.2 万平方公里。三项合计约为 32.8 万平方公里，约占国土面积的 3.4%。受到沙漠严重威胁的地区主要是内蒙古东南部及长城沿线地区，这一带降水少、风沙大，受到沙漠化威胁的土地占当地土地面积的 60%以上。此外鄂尔多斯高原、陕北、山西西北部、宁夏东南部科尔沁草原、辽河流域西部也受到沙漠化威胁。全国受到沙漠化威胁的耕地近 700 万公顷，草地近 1 亿公顷。

水土流失面积目前仍有 130 多万平方公里。比较严重的第一是黄土高原，水土流失面积高达

40多万平方公里，其中的丘陵沟壑和高原沟壑最为严重，约有27万平方公里，约占黄土高原的74%。第二是江南的丘陵山区、秦巴山区、岷江、金沙江上游两岸、四川省、云南省水土流失都日趋严重，估计在34万平方公里，占当地面积的20%。北方的土石山区的太行山、燕山、大兴安岭等地，水土流失面积约有57万多平方公里，占当地面积的50%。受到水土流失危害的耕地约4 000万公顷。

土地的次生盐渍化面积也在不断扩大，以黄淮海平原的面积最大，西北干旱地区的盐碱化程度最高，全国盐碱地面积约为3 333万公顷。盐碱化程度不同的耕地约有733.3万公顷。

中国土地中难以开发利用的面积很大。沙漠面积6 400万公顷，占土地总面积的7.4%，戈壁面积4 600万公顷，占土地总面积的5.9%。高寒荒漠面积约有15万平方公里，约占土地总面积的1.5%。主要分布在西藏北部。此外岩山裸露的光山秃岭，即石山约有43万平方公里，占土地总面积的4.5%左右，主要分布在西北、青藏高原冰碛地带。

第二节　中国农业的社会特征

一、中国农业正由传统农业向现代农业转化

1957年中国完成了农业的合作化以后，就提出了进行农业技术革命的目标。其内容是实现农业机械化、水利化、电气化、化学化。这个技术革命的目标，现在看来并不完全科学，但在当时确实是想改革传统的农业技术，实现现代农业技术。1964年提出了实现农业现代化的目标，由于各种原因，这一目标被搁置了。1978年又重提逐步实现农业现代化目标。

实现农业现代化的意图，是把中国以铁木农具为主，以人力和畜力为主要动力，以世代相传的农业生产经验为主的传统农业生产，改造为应用现代农业科学技术，现代工业为农业提供的生产资料和现代管理方法的社会化农业。从而达到农产品产量、农业劳动生产率、农业生产的经济效益不断增长，农民收入不断提高，农业生态环境不断改善，节约农业资源，促使土壤肥力不断提高，使农业生产适应国民经济对农产品不断增长的需求。

根据中国农业劳动力多、人均耕地少、有较高传统农业技术的国情，中国实现农业现代化将是一个较长期的过程。在这一过程中将同等重视提高劳动生产率的措施和提高土地生产率的措施，把既提高土地生产率又提高劳动生产率或主要是提高土地生产率的措施放在首位，以便解决对农产品不断增长的市场需求。把继承传统农业技术和现代农业高新技术结合起来。把发扬传统农业技术有利于提高土壤肥力和保持，改善生态平衡，和利用现代农业技术能较快提高农产品质量和劳动生产率的长处结合起来，弥补两者的不足。达到既充分合理利用资源，又保护生态平衡的目标。

为了实现农业现代化，在战略上，把发展农业科学技术和发展农业教育放在首位，把发展农业生物技术科学和提高农民文化、技术素质、开发农民的智力资源作为重点。其次是增加农业投资，进行农田、水利建设，建设稳产、高产农田，实行农田综合开发。第三是发展农用工业。第四是改革农业管理体制，制定一整套适应市场经济体制的法规和政策体系，做到有计划、有步骤地实现农业现代化。

中国农业从总体上说，虽然仍处在手工劳动、畜力动力为主的阶段，但现代化水平已有较大提高。1994年农业机械总动力已达到33 801.2万千瓦，每亩耕地平均已有2 364千瓦。有大中型

拖拉机 69.4 万混合台，每千亩平均 0.48 台，小型及手扶拖拉机 823.5 万台，每千亩平均 5.75 台。大型机引农具 98.1 万台，每千亩平均 0.68 台，联合收割机 6.39 万台，每万亩平均 0.446 台。农用载重汽车 74.9 万辆，每千亩平均 0.5 辆。渔用机动船 35.1 万艘。年化肥施用量 3 317.9 万吨（100%有效成分），每亩耕地的平均施用量已达到 23.2 千克。农村用电量已达到 1 473.7 亿千瓦小时，每亩平均用电量已达 100 多千瓦小时，或每个农村人口用电量平均达 172 千瓦小时。灌溉面积已达到 4 879.2 万公顷，其中机电灌溉面积约占 64.6%。①

农业科学研究和农村教育已有很大发展。全国有高等农业院校 59 所，中等农业技术学校 377 所。从事农业科学研究和技术推广的农业技术人员约 50 多万人②，农民的文化素质已有很大提高。平均每千个农业劳动力中有大专文化程度的 1.7 人，中专文化程度的 7 人，高中程度的 80 多人，初中程度的 374.3 人，小学程度的 382.1 人，文盲半文盲 152.9 人。③

中国农业在由传统农业向现代农业转化的过程中，将是传统农业技术、生产方式与现代农业技术、生产方式长期共同采用的局面，既有传统农业的特点又有现代农业的特点，最终将融合为一个既继承了中国传统农业的精华，又充分吸收了适合中国国情的现代农业科学技术，既具有现代农业一般特征又具有中国特色的现代农业。

二、中国农业正由计划农业向市场农业转化

中国从 1953 年起对粮棉油实行统购、统销后，一直实行统的比较死的计划农业体制。从 1979 开始的以市场经济为导向的国民经济体制改革，是以改革农业管理体制为发端，逐步深入到国民经济各部门，并逐步明确了改革的目标模式是社会主义市场经济。改革的深入又回到农业，要以市场经济为目标模式，深化对农业生产、流通、消费的全面改革，使之适应市场经济的要求。

事实上，农业实行家庭联产承包制以后，农户已成为农业生产的主体，农户经营农业生产的目的除满足自身需要外，就是为了获取货币的收入，改善自己的生活。由国家以较低价格对农产品进行统购、派购，国家下达农业生产计划的计划农业经济体制，与农户的经营目的相矛盾，不符合农民利益的计划指标，农民已不执行，低价的统派购任务也遇到农民的抵制。从 1979 年开始，在较大幅度提高农产品收购价格的同时，逐步取消了猪肉、蔬菜、麻类等农产品的统、派购制度，1985 年又将对粮食的统购制度改为合同订购，并逐年减少订购数量和统销数量。积极投资建设农产品初级市场、批发市场、最终消费市场、期货市场，全面向市场农业转换。

由计划农业向市场农业过渡，不能要求过急，它涉及到国有商业、合作社商业、银行、信用社的改革，农民获取信息和进入市场竞争的能力，市场建设，国家对市场的管理等，处理不好就会影响农业生产的发展、农民的收入、国家财政和城市居民的生活。只能采取逐步放开、逐步改革、逐步提高价格，使各方面逐步适应、逐步过渡的方法。预计市场经济的框架到 2000 年才能基本完成。在当前农民和农村基层干部还不完全适应市场经济，商业改革还在进行中，市场法规不健全的条件下，为了保证农产品市场供求平衡，保证农业生产稳定增长，农产品价格平稳提高，农民的收入逐步增加，加工工业和农产品消费者有能力承受提高后的农产品价格，国家采取

① 《中国统计摘要》1995 年，中国统计出版社，第 61、72 页。

② 《中国统计年鉴》1994 年，中国统计出版社，第 574、577、603 页。

③ 《中国农村统计年鉴》1994 年，中国统计出版社，第 47 页。

了对粮、棉、烟、蚕茧等重要农产品实行国家定价的订购政策，其他农产品均由农民根据市场需要自由种植、自由出售。对棉花、烟草、蚕茧等由国家制定保证农民利益的价格，委托指定的商业部门收购。对粮食实行国家订购一部分、到市场收购一部分的政策。订购部分由国家定价和决定订购数量，委托国有粮食商业部门收购。并制定了保护价、风险基金和储备粮制度，实行中央和省市两级调控的管理制度。

当前农业市场化进程的基本情况是：①农产品商品量约为55%，其中粮食约为45%，肉类约为81%，水产品约为94%。国家订购部分占商品量的比例棉花约为71%，烟叶约为66%，粮食约为48%①。②1994年全国建有以农产品交易为主的集贸市场84 463个。其中乡村初级市场为66 583个，城市最终消费市场17 880个。乡村初级市场成交额约为4 412.5亿元②，占农林牧渔总产值15 750.5亿元的28%左右。农民所需要的农用生产资料90%以上都是从市场上购买。③市场体系建设很不完善，虽然农产品初级市场、批发市场、期货市场、最终消费市场都已建立起来，但离规范化的市场交易还相差甚远：农民获取信息能力和手段很低。农户经营规模小、无力全面系统地收集信息，基本上没有现代化的信息收集、加工手段。政府又缺乏信息收集、整理、加工的机构和人才，向农民提供的信息不准确，经常造成误导，失去农民的信任。市场交易法规不健全、不能强有力地制止各种非市场力量对市场的干扰。

中国在由计划农业向市场农业的过渡中，计划农业的成分与市场农业的成分将是一个此消彼长的过程。在这一过程中，将调整社会各阶层的利益关系。道路可能是曲折的，也可能出现反复，但最终必然实现市场化。

三、家庭联产承包责任制是中国农业的主要经营形式

在1956年刚完成农业合作化的时候，在浙江的永嘉、安徽的阜阳等地的某些农业合作社在当地基层干部的帮助下，实行过包工包产到户的管理办法。1959年农业生产出现倒退的时候，在河南等地某些农业生产合作社又自发地搞包产到户的管理办法。1964年西南、西北一些地方又搞起包产到户的管理办法，这几次比较大的包产到户现象的发生都被认为是对合作化、集体化的否定，都被制止了。

1978年底中国共产党召开了十一届三中全会，重新确立了实事求是的思想路线，制定了《关于加快农业发展若干问题的决定（草案)》，确定了对人民公社的管理体制进行改革。长期被“左”倾错误政策压制的农民的生产积极性，一下子爆发出来，联产计酬、包工到组、联产到劳、包产到组、包产到户、包干到户等各种激励农民生产劳动的管理办法，先后被各地农民创造出来。1980年中国政府充分肯定了各地农民的创造，尤其是对包产到户、包干到户的办法。既允许实行又鼓励各地推广、完善。包产到户、包干到户最受农民欢迎，特别是包干到户，以责任明确、方法简单，易为广大农民掌握，并迅速被广大农民选定，到1984年实行包干到户的社、队占到99.1%。这一形式被稳定下来，成为最主要、最基本的形式，并定名为家庭联产承包责任制。这一经营形式的基本特点是：①农业生产、特别是种植业生产的基本经营活动或全部经营活动交由社员户家庭承担，合作社集体根据实际能力承担全部或部分产前、产后的经营活动和生产

① 引自中央政研室、农业部农村固定观察点办公室：《中国农民的市场化进程》，《中国农村经济》，1994年第2期，第37～43页。

② 《中国统计摘要》1995年，中国统计出版社，第103页。

过程中的部分服务，或不承担经营活动，只负责部分的管理和协调工作。②土地的所有权归集体，按人口或按劳动力平均分配给社员使用，使用权长期固定不变，必要时可适当调整。③根据社员家庭分得的土地使用面积决定承包经营责任。承包经营成果由社员家庭负责，不论盈亏，都必须按承包的土地面积缴纳国家税收和按合作社集体的规定上缴给合作社提留。④合作社集体在把农业生产交给社员户经营后，集中力量从事一家一户做不了或做不好的农业生产活动，如统一安排农田水利建设、统一购买化肥、统一销售产品等，以及从事工商业经营，即集体统一经营活动。

农业生产主要由家庭经营，是中国农民在农业实现合作化后，创造和选择的一个符合中国国情的经营形式。它保留了农业合作社集体统一经营可以集中资金、人力和统一利用资源的优越性，又克服了集体劳动无法进行监督的缺点，由于家庭经营成果完全归家庭所有，激励了农民生产、劳动、经营的热情。农业生产从1978—1994年一直保持了较快的增长速度，虽然粮食生产在1984年以后增长缓慢，其他产品均增长较快。农业总产值1978—1994年年均增长6.25%。猪牛羊肉由1978年的856.3万吨，增长到1994年的3 692.7万吨，年均增长9.57%。同期，水果由657万吨增长到3 499.2万吨，年均增长11%；糖料由2 382万吨增长到7 345万吨，年均增长7.3%；棉花由216.7万吨增长到434.1万吨，年均增长4.43%；油料由521.8万吨增长到1 989.6万吨，年均增长8.73%；粮食由30 477万吨增长到44 510万吨，年均增长2.4%。①

家庭联产承包责任制遇到的最大困难是：经营规模小；家庭人口变化后承包的耕地数量是否要调整。经营规模小只能随着农村经济发展，农村劳动力转移逐步解决。而承包地的调整，农民认为是可以解决的，但这一问题的难点是：不调整会影响农民家庭的收入和口粮消费，调整就会影响农民对土地的长期才能见效的投资。为了解决这一两难问题：第一，各地农民创造了把承包地分为两部分，一是口粮田，种植农民自己消费的口粮，二是责任田，种植作为商品出售的作物。当人口减少，减少口粮田增加责任田，人口增加，则增加口粮田减少责任田，这样承包地可以长期稳定不变。第二，中国政府制定了土地承包期30年不变的政策，允许并鼓励土地承包权转让。这两项措施可以缓解家庭联产承包责任制中土地承包制的矛盾。

在乡镇企业发达的农村，劳动力大部分已转移到二、三产业，许多家庭无力再照顾承包的责任田。为了避免农业生产衰退，各地采取了如下办法：①鼓励无力经营农业的农民把全部承包地或部分承包地转让给善于经营农业的农民，鼓励他们多承包土地。②集体拿出部分租金把分给农民承包的土地再租回来或集体统一耕种或承包给少数善于经营的农民。③承包地可以作为股权交给农业合作社，由集体统一耕种或交给少数农民承包，股权可以分红。④由集体统一种植、农户进行田间管理和收获。⑤由集体收回承包地，由专业组承包经营。

从长期的发展趋势看，土地集体所有、农户承包长期使用、农业生产家庭经营的格局不会变化。目前实行专业队、组承包经营的，在劳动生产率进一步提高后，可能向家庭经营转化。

四、中国农业生产单位规模细小，农产品运销单位规模庞大，农产品需求市场大

中国农户土地经营规模究竟有多大，没有一个精确的统计。1994年乡村总户数为23 165万

① 根据《中国统计摘要》1995年，中国统计出版社，第65～68页数据计算平均数。

户，1993年耕地面积为9 510.1万公顷（按90年代平均每年减60.6万公顷耕地计算），1994年约为9 449.5万公顷，约为14.174 25亿亩，户均耕地仅为6.12亩。据《中国统计摘要》公布的抽样调查资料，1994年平均每户经营耕地面积为10.54亩，而且从1985年以来这个数字基本上变化不大。按这个数据，中国耕地面积就不止14.17多亿亩。FAO1990年生产年鉴（第44期）公布的资料，中国耕地为14 717.4万公顷（约为22.76亿亩），户均耕地为9.83亩。不论户均耕地是6亩多，还是10亩，都能说明户均经营规模很小。

郭书田高级经济师主编的《变革中的农村与农业》一书中，公布了“对全国205个县5 389个村的调查，现阶段土地承包规模的结构是：承包5亩以下的农户数占总农户的比重为54%；6～10亩的农户数占28%；11～15亩的农户数占11%；16～20亩的农户数占5%；20亩以上的农户数占2%。农户承包以小规模为主，而且存在进一步小型化的趋势；1984年承包10亩以下的农户数占总农户数比重为78%，1990年上升到84%；户均土地经营规模由1984年的9.3亩下降为1990年7.6亩。从东、中、西三大地带看，承包10亩以下的农户数所占比重，东、中、西部分别为90%、73%、99%，从户均土地经营规模看，东、中、西三大地带呈明显的梯度分布，分别为4.6亩、7.3亩、9.7亩。”这个调查，从各方面验证都证明是较真实地反映了中国农户经营规模。

中国也有经营规模较大的农户。在苏、鲁、浙、闽、鄂和内地的新疆、黑龙江、内蒙古等地都有承包几十亩土地和几百亩土地的大户，但所占比重很小。

从每户拥有的生产资料和提供的产品、产值看也是很少的。1994年平均每户拥有的生产性固定资产只有2 308.19元①，约相当于北京一平方米公寓房的购买价格。比两个农村居民生活消费支出稍多一点（农村居民1994年平均每人生活消费支出为1 020.60元）。1994年平均每个农村居民购置生产性固定资产的支出只有46.24元，1993年平均每百户农民有汽车0.33辆，大中型拖拉机0.64台、小型及手扶拖拉机8.4台，机动脱粒机5.57台、胶轮大车9.6辆，抽水机2.87台，役畜59.98头，产品畜53.15头。1993年平均每户农村居民饲养猪1.54头，家禽6.43只，羊0.26只。1994年农林牧渔业总产值为15 750.47亿元，平均农村居民每户约为6800元。还低于两个城镇居民年平均全部收入（居民平均每人为3 502.31元）②。

在小规模经营的情况下，为了应付自然灾害和市场风险，往往采取多产品经营方法。据中央政研室和农业部的调查：生产一两种产品的农户只占总户数的13.2%，生产三四种产品的农户占总户数的28%，生产五种以上农产品的农户占58.8%，最多的户生产十几种农产品。出售一两种农产品的农户占总户数的33.5%，出售三四种农产品的农户占14.6%，出售五种以上农产品的农户占16.5%。①这么细小的规模，在市场上基本上无价格谈判能力。

中国主要农产品粮、棉、油基本上是由国有粮食商业和供销合作社经营。经过体制改革，国家、省、市（地）、县兴办的粮食公司和各级供销社，虽然说都是独立核算、相对独立经营的企业，相互之间存在着竞争关系。但是，即便不考虑在计划经济体制时期长期形成的上下级关系，仅就每一个经营实体来说，其经济实力相对于农业承包户农民，都是一个庞然大物。县粮食公司是最基层的粮食运销经营实体，乡级粮食收购销售站，是县粮食公司的派出单位或承包单位。一

① 1993年数据来自《中国统计年鉴》1994年，中国统计出版社，第338、340页；1994年数据来自《中国统计摘要》1995年，中国统计出版社，第57页。

② 引自中央政研室、农业部农村固定观察点办公室：《中国农民的市场化进程》，《中国农村经济》，1994年第2期，第37～43页。

个县粮食运销公司面对的是10万至几十万户出售粮食的农民，他们运销的能力从几千万千克到几亿千克。大县有能力把粮食运销到全国各地，或从全国各地购入。供销合作社以乡为单位设置，他们面对的也是几千户农民。私人运销商虽然规模较小，但相对于生产规模小、商品规模更小的农户来说，他们的规模也是较大的。从客观上说，私人运销商也必须达到一定规模，才能获得利润。

中国农产品市场需求大是由于：①城镇人口量大，1994年为34 301万人。②农村农民之间的相互交换量也相当大。除去其他农产品不说，仅从食品看，1994年社会食品零售总额为9 291.1亿元，相当社会消费品零售总额16 052.5亿元的57.9%，1994年城乡集市贸易成交额为8 981.6亿元，其中65%以上为农产品成交额，总成交额中约有27%为农民间相互交易。从购买量看：仅城镇居民1993年购买的粮食约326亿千克，猪牛羊肉约为69.23亿千克，蔬菜约为402亿千克，家禽12.3亿千克，鲜蛋28.8亿千克，社会集团、饮食业的粮、油、肉、蛋的购买量也很大。①

农业生产单位规模过小，运销单位规模过大，市场需求量又大，在利益的驱使下，运销商往往把农村初级收购市场的价格压得很低，又把最终消费市场价格抬得很高。典型的例子是1995年春季山东大白菜在山东农村集市0.08元/千克，北京消费市场价格则高达0.6元/千克，相距500公里，价格相差如此之大。

五、中国农业中自给性生产量大

中国主要农副产品收购量占产量的比重大体是：粮食36.6%，食用植物油72.4%，棉花90.7%，猪肉59.7%，牛肉83.6%，家禽38.2%，鲜蛋35.5%，水产品46.5%，甘蔗80.2%。社会农副产品收购总额占农业总产值的48.4%。

中国农副产品自给量大的原因：①中国农村人口多，即便是已从事二、三产业的农民家庭也不愿意放弃承包耕地，习惯自己种养、自己食用；②中国农民过去生活水平较低，收入提高后要求改善生活；③中国农民有自给性生产习惯，每家每户都饲养畜禽，自宰一头，出售一到两头；④中国饲料工业不够发达，粮食收购价格偏低，配合饲料价格偏高，农民直接将粮食作为饲料喂养畜禽；⑤中国农产品流通费用高、加工费用高。而中国农业劳动力又过剩，凡是可以不加工或加工简单，农民家庭可以做的加工工作如屠宰、腌制肉蛋等，农民就愿意自己加工食用，自给性也很高。

自给性高、商品率低，再加上农户生产规模小，容易造成较大的市场供应量波动和价格波动，见表2。

表2　集市贸易价格（以上年价格为100）

	1980年	1985年	1988年	1989年	1990年	1991年
粮食	94.6	101.8	124.2	136.6	81.4	80.6
食用植物油	95.7	108.0	118.5	135.4	95.2	92
鲜菜	107.4	121.6	130.1	99.8	95.2	102.2
干菜	100.2	106.7	121.1	112.5	91.8	101.5

① 1994年数据来自《中国统计摘要》1995年，统计出版社，第98、102页；1993年数据根据《中国统计年鉴》1994年，中国统计出版社，第262页数据计算得来。

（续）

	1980年	1985年	1988年	1989年	1990年	1991年
肉禽蛋	97.7	117.2	136.7	113.7	95.9	92.3
水产品	106.9	126.2	127.9	111.7	95.4	100.1
鲜 果	106.6	129.2	122.2	101.1	92.2	111.7
干 果	106.6	104.1	119.4	124.9	91.9	94.7

资料来源：1991年以前为城乡集市贸易价格平均数，1991年为县城集市贸易价格；1991年前数据引自《中国国内市场统计年鉴》1991年，中国统计出版社，第436页；1991年数据引自《中国统计年鉴》1992年，中国统计出版社，第254页；1994年数据引自《中国统计摘要》1995年，中国统计出版社，第45页。

六、中国农业劳动力数量大

中国农业劳动力资源总量非常大。1994年从事农林牧渔业生产的劳动力高达32 690万人。比美、日、德、英、意①、法、加拿大等七国的1992年总就业人口29 327.2万人还多。②

中国农业劳动力总量一直到1991年无论绝对数量、相对数量都是增加的。1991年以后才逐步下降。见表3。

表3　乡村劳动力基本情况

单位：万人

	1988年	1989年	1990年	1991年	1992年	1993年	1994年
乡村人口数	83 725.4	87 831.0	89 590.3	90 525.1	91 154.4	91 333.5	91 526
乡村劳动力	40 066.7	40 938.8	42 009.5	43 092.5	43 801.6	44 255.7	44 654
农林牧渔业劳动力总数	31 455.7	32 440.5	33 336.4	34 186.3	34 037.0	33 258.2	32 690
比 重（%）	78.5	79.2	79.35	79.3	77.71	75.2	73.2
工 业	3 412.8	3 255.6	3 228.7	3 267.9	3 468.2	3 659	3 849
建筑业	1 525.5	1 501.8	1 522.8	1 533.8	1 658.8	1 886.8	2 057
交通运输邮电通讯业	607.3	614.2	635.3	655.0	706.3	799.9	908
商 业	657.1	652.4	693.2	722.8	813.7	948.8	1 084
金 融	19.6	21.3	23.3	25.9	25.1	31.5	
其 他	2 388.7	2 453	2 569.8	2 700.8	3 092.5	3 671.6	

庞大的农业劳动力数量，并不是农业生产的需要，而是农业劳动力供应过剩。由于土地的公有制和家庭联产承包制的推行，农业劳动力都是家庭成员，在家庭范围内劳动力供给大于需求，剩余劳动力不表现为失业，只表现为劳动力利用率低。

为证明农业劳动力需求不足，供应过剩，中国许多农业经济学家作了大量研究。大家公认的农业剩余劳动力是1．2亿人左右，而且还有增加的可能。因为：①在农业机械利用程度不断提高的情况下，每个劳动力经营的耕地面积越来越少；②在农业劳动力80%以上又用于粮食生产的情况下，每个农业劳动力生产的农产品增长不大（见表4）；③实际上每亩粮食生产所需要的劳动日数不断下降，6种粮食（稻谷、小麦、谷子、玉米、高粱、大豆）生产每亩用工，1978年为

① 意大利为1991年数，引自《中国统计年鉴》1994年，中国统计出版社，第741页。

② 1993年数据引自《中国统计年鉴》1994年，中国统计出版社，第327、328页；1994年数据引自《中国统计摘要》1995年，中国统计出版社，第60页。

28.6个，1980年为22.9个，1983年为16.57个，1987年为14.67个，1992年为13.45个①。

表4 每个农业劳动力经营的耕地面积与生产粮食、肉类的变化

年份	每个农业劳动力经营的耕地面积（公顷）	每个农业劳动力生产					
		粮食（吨）	肉类（吨）	棉花（千克）	油料（千克）	鲜蛋（千克）	水产品（千克）
1983	0.31	1.22					
1984	0.308	1.28					
1985	0.319	1.25	0.063	0.013 4	0.050 8	0.016 9	0.022 7
1986	0.316	1.28	0.070	0.011 3	0.047 2	0.017 8	0.026 4
1987	0.310	1.31	0.072	0.013 5	0.048 6	0.018 8	0.030 4
1988	0.300	1.25	0.079	0.013 0	0.041 3	0.021 8	0.033 2
1989	0.295	1.26	0.081	0.011 6	0.039 6	0.022 0	0.035 2
1990	0.287	1.34	0.086	0.013 4	0.047 9	0.023 6	0.036 7
1991	0.280	1.27	0.092	0.016 4	0.047 4	0.026 7	0.038 8
1992	0.280	1.30	0.100	0.012 9	0.047 0	0.029 2	0.044 6
1993	0.286	1.37	0.120	0.011 0	0.053 6	0.035 4	0.054 2
1994		1.36	0.13	0.013 3	0.060 0	0.045 0	0.065 5

资料来源：根据《中国统计年鉴》1994年，中国统计出版社；《中国统计摘要》1995年，中国统计出版社；《中国农村统计年 鉴》1994年，中国统计出版社的有关资料计算得来。

农业劳动力过剩、就业需求不足，影响了农业生产规模扩大。大量闲置的农业劳动力在全国流动，估计全国常年流动的农业劳动力约在6 000万以上。剩余劳动力不能投入生产，创造财富，不仅是劳动力资源的浪费，而且还影响了农民收入提高。实际上过剩农业劳动力的存在，也是推动农产品价格上涨的一个重要因素。

七、中国农业社会化、组织化程度低

中国农民加入的经济组织有如下几种类型：①社区性合作社；②供销合作社；③信用合作社；④专业技术协会；⑤由公司牵头组织农户加入的农工商一体化组织等。

农工商（贸工农）一体化组织。中国在80年代初，曾有农工商组织的发展，当时想作为改革人民公社单一经营的组织形式。人民公社解体时，有些人民公社或大队就改名为农工商总公司。这里所说的不是这种农工商总公司。这里所说的农工商一体化或贸工农一体化是由一家农产品加工企业或农产品贸易企业牵头组织农户参加。把农产品的生产与工业企业的加工与内外贸销售统一组织起来，保证了农产品的销售和农民利益。这种形式在山东、上海、浙江、江苏都有相当的发展，效果也较好。但有些农工商一体化组织遇到市场波动时，与农民争利，失去农民的信任，解体的也不少。总的来看，发展这种组织形式的条件尚不充分，现有数量也不多。

中国社区性合作社有200多万个，是农户普遍参加的组织，但大部分合作社只能为社员提供少量服务，多数还无力组织生产资料购买和产品销售，只有少量经济实力强的合作社服务工作较好，但也很少组织产品销售活动。

供销合作社是50年代初建立起来的农村商业合作组织。目前入社农民有1.6亿户，有基层社3.6万个，入社股金80多亿元，自有资金700多亿元，年经营额达8800多亿元，是一个经济

① 资料来源：《中国农村统计年鉴》1985、1989、1994年，中国统计出版社。

实力强、分布广的商业性合作社组织。不过供销社的名称与实际并不相符：①供销社在一段时间内改为国有商业，遗留下来的许多问题，还未完全解决；②尚未实行利润返还的合作社原则，农民只把它当做一个一般市场上的产品购买者看待；③经营费用高，盈利不大，甚至亏损，在初级市场上不能有效地保护农民的利益，农民也不把供销合作社看做自己的产品销售组织。目前正在进行的供销社增强为农民、为农业服务的制度改革并不容易，还要经过一个较长时间才能完成。

信用合作社也是50年代建立起来的，当时全国绝大多数农民家庭都加入了信用合作社，现有股金90多亿元，融资能力已达到3 700多亿元。中国信用合作社名义上是集体所有制合作金融组织，但在几十年的发展过程中，出现过几次由“民办”改“官办”的反复，实际上已成为国有农业银行的基层组织。现在虽然努力把它改为真正农民的合作金融组织，但做到理想的程度还非常困难。

1994年全国农村有专业技术协会（研究会）16.3万个，分布在粮食、棉花、食用菌等140多个专业门类中。其中有技术服务的约占总数的48%，有购销服务的占46%，创建有经济实体即建立了股份制合作企业的约占协会总数的6%。这些专业技术协会是在市场经济条件下，由农村中技术、经济管理能力强的农民发动组织的，除帮助解决技术问题外，正在向帮助农民进入市场、在市场上保护农民利益的方向发展。

专业技术协会深受农民欢迎，现正以每年4%～5%的速度发展。但从总体上看，不仅数量少，而且服务的内容多数还限于技术交流，要发展成为一个有经济实力的真正农民的组织，尚须时日。

中国农民当前加入的经济组织种类已不少，有些如社区性合作社、供销合作社、信用合作社，不仅规模大，而且也发展了几十年，但是这些组织中，真正能做到帮助农民进入市场并保护农民利益的还不多，有些还与农民争利。新兴的做得好的组织形式，目前尚少，管理也不完善。小规模经营农户组织化程度低，不适应市场经济的要求，这种状况必须改变，也急需改变。

中国现阶段农业的基本经营制度*

俞家宝　詹玉荣

第一节　统分结合、双层经营体制

一、中国农业的主要经济形式

中国农业的经济形式或中国农业的所有制形式，是分析中国农业经营制度的基础。农业企业的所有制不同，其经营制度也不同。当前中国农业企业分属于三种经济形式：第一种是农民组成合作社后，将土地等原属私有的生产资料改为合作社集体所有，形成为集体所有制农业，它是中国农业经营的基本形式，经营着占全国约95%的耕地。第二种是在国有土地上，由国家投资开发形成的国家所有制农业，它经营着约占全国近5%的耕地。第三种是由农业劳动者个人或家庭投资经营的个体所有制农业。这种经营形式经营的耕地甚微。

（一）集体所有制农业

1. 中国集体所有制农业的产生与演变。1952年中国在全国范围内完成了改封建土地所有制为农民土地所有制的土地改革，随后不失时机地组织农民加入农业生产互助合作组织，于1956年底实现了农业生产合作化。在土地改革完成以后，农民家庭私有土地的质量、数量是按人均计算的，大体均衡。在农业合作化运动中，由初级农业生产合作社转为高级农业生产合作社。初级社的土地采取入股的形式，土地仍为农民私有。高级社时在征得农民同意后，将农民私有的土地无偿地转变为合作社集体所有。对其他生产资料如耕畜、农具等按折价入股的办法，转归集体所有。1958年农业生产合作社转为人民公社，实行人民公社、生产大队（原合作社）、生产队（由几户或十几户农民组成的集体生产组织）三级管理体制。生产队为基本核算单位。土地归生产队集体所有，集体使用。由生产大队统一规划、管理。1984年人民公社解体后，土地仍归原生产队集体所有，承包给农民使用，耕畜、农具等生产资料折价分配给农民，少数地方仍保留了集体所有。

2. 中国集体所有制农业的基本特征。中国集体所有制农业的土地等生产资料属于参加该集体的全体成员集体所有。成员离开这个集体，就不再是这个集体的成员，也就不再占有集体的生产资料。属于集体的财产，不经过全体成员的同意，任何人无权处置。

因不同地方的经济发展水平不同，生产资料的集体化程度也不同，有的仅实行土地的集体所

* 原载郭书田主编《中国·韩国现代农业体系和发展战略研究》，中共中央党校出版社，1997年。

有，有的有大量的集体财产，除去土地集体所有外，还有大型农业生产工具，各种动力机械以及集体兴办的工商企业等。

集体所有制农业与外部的经济关系，是平等的经济合作与竞争关系，按市场交换原则办事。

集体经济组织与成员的交换关系，根据不同的情况，采用不同的处理方式。第一种方式，集体经济实力雄厚，可以为集体成员提供低偿或无偿服务，集体成员可以无偿或低偿使用属于集体的工具、机械、肥料、灌溉、动力等；第二种方式是，集体经济组织与成员采用真正意义上的市场交换关系；第三种方式是，集体经济组织的成员每年要为集体经济组织提供一定数量的劳动积累、资金积累；第四种方式是，集体经济组织的成员在属于集体所有的工商企业、农业企业中劳动，实行按劳分配的工资制；第五种方式是，集体经济组织的成员利用属于自己私有的生产资料，从事生产经营活动；第六种方式是集体经济组织的成员在集体所有但分配给个人使用的自留地、自留山和宅基地上经营家庭副业。

（二）国家所有制农业

1. 中国国家所有制农业企业的产生与发展。在中华人民共和国成立前，只有少数经营地主和资本主义农场。因此，在新中国成立后，通过对资本主义农场进行社会主义改造而建立的国有农场很少，绝大多数国有农业企业，都是由国家投资，开垦国有荒地而建成的国有农场、国有牧场或由国家投资兴办的渔业公司、畜牧兽医站、排灌站、种子公司、肥料公司、农药公司、饲料公司、农机服务公司等国有企业。

50年代初，以安置复员转业军人为契机，开始大规模开垦荒地建设国有机械化农场。1994年农垦系统国有农场已有2 157个，职工517万人，耕地449.1万公顷，农业机械总动力达977万千瓦，大牲畜228万头，固定资产投资额112亿元，1994年国民生产总值452亿元，利税48.7亿元，出口商品总额74. 6亿元。年粮食总产量1 079. 5万吨，棉花50万吨，糖料635万吨，天然橡胶30. 4万吨。

2. 中国国家所有制农业企业的特点。国家所有制农业企业的基本生产资料，诸如土地、森林、矿山、水域、机具、船舶、厂房等都属国家所有。由国家委托给政府主管国有农业的部门管理。在国有农业企业中实行大农场套家庭小农场的双层经营体制，并允许职工经营家庭自有经济，允许职工购置并私有生产资料从事家庭生产活动。国有农业企业也可以吸收职工入股投资。

国家对国有农业企业采用委托、租赁、承包等管理形式。1979年以来，国有农业企业实行独立核算、自负盈亏、亏损不补、利润不上缴的财务包干管理制度。企业把土地等生产资料交由职工承包经营，建立家庭农场。可以单户承包，也可以联户承包（承包方法与集体所有制农业基本相同）。国有农业企业对所属的工业、商业、建筑业、运输业等企业，实行独立经营、自负盈亏或承包经营。国有农业企业对外部企业，均采用市场形式。

（三）个体所有制农业

中国农业中的个体所有制经济，有少部分是边疆或山区一直未加入农业生产合作社的小农，他们利用属于自己的土地、耕畜、农具从事生产。大部分是1979年农村经济管理体制改革以后，发展起来的。在这部分人中又分为两种情况：一种是承包集体土地的农民，由于善于经营积累了资金，他们或者不再承包集体的土地，或者承包土地很少，基本上不再经营种植业。家庭收入主要的或绝大部分来自家庭投资经营的牧业生产，如家庭养猪场、养鸡场等。另一种是城镇居民投资兴办的养牛场、养禽场等。

个体所有制农业是利用或主要利用家庭私有的生产资料，依靠家庭成员或少量雇工经营。因受家庭投资能力、家庭劳动力的素质和数量的制约，以及生产场地的限制，其经营规模一般较小，主要是利用特种生产技术，从事特种农产品生产（如药材等经济作物）。

除去上述三种农业经济形式外，还有少量的、主要靠雇工经营的私人资本主义式农业。他们一般是投资开发并承包属于国有或集体所有的耕地、荒山、荒水、荒滩。由于规模大，多采用雇佣大量工人的办法。此外，中国农业还有极少量的中外合资企业，一般是境外投资者与集体所有制或与国家所有制农业合资，主要经营水果业或畜禽养殖业。

二、统分结合、双层经营体制的产生

统分结合、双层经营是中国公有制农业，即国家所有制农业、集体所有制农业采用的经营体制。是 1979 年以后，农村经济管理体制改革的产物。

（一）1979 年以前农业集体统一经营的弊端

中国集体所有制农业，在 1958 年实行人民公社化后，建立了政社合一的领导管理体制，即乡人民政府与人民公社合一。既是政权组织，又是经济组织、社会组织。1961 年对公社体制作了调整，改公社所有制为“三级所有，队为基础”的所有制，即确立了生产资料的公社、生产大队、生产队三级所有，以生产队所有为基础（即土地、耕畜、农具等主要生产资料归生产队所有）的管理体制。生产队实行独立核算，自负盈亏，统一经营农业生产。但是在生产队里社员仍是集体劳动，实行评工记分的分配办法，社员按所得工分，分配集体收入。这种集体统一经营的管理体制，虽然有一定的积极因素，例如能够集中生产队的人力和资金兴办农田基本建设，但确有许多阻碍生产发展的弊端，主要有以下几个方面：

1. 政社不分，侵犯社员的经济利益。虽然说公社可以承担一定的社会职能和执行政府政策，但政社合一实际上是把人民公社变成了国家基层政权，侵犯了社员的经济利益。第一，人民公社作为国家一级政权，它无力抵制政府各部门下达的各种不合理摊派，一些应由国家财政投资兴建的公共事业，都由公社无偿或低偿抽调生产队的人力、物力、财力兴办；第二，公社作为政权组织，用行政办法管理经济，必须执行国家下达的指令性计划。生产队作为公社管理领导的一级组织，又必须服从公社的领导，也就不可能独立自主经营；第三，公社一级领导和工作人员，属于国家干部，由政府发工资，不受生产队经营成果的影响。

2. 分配上的平均主义使偷懒和搭便车的问题很难解决。第一，评工记分的方法，表面上看，通过民主评定每个人的劳动质量和数量，可以起到互相监督的作用。实际上，只能采用不管劳动效果，男劳力记 10 分，女劳力记 8 分的平均分配办法，很难激励每个劳动者的积极性。

第二，生产队干部虽然能对社员劳动进行检查，但由于种植业劳动的分散性，对劳动的检查要花费大量的时间，每块土地耕作难度的差异，更增加了对劳动质量检查的难度。生产队干部对偷懒者忽视农活质量的处罚也难以奏效，偷懒和搭便车成了克服不了的难题。最终形成干与不干一个样，干多干少一个样，干好干坏一个样，严重抑制了社员的生产积极性。

3. 生产队集体统一经营效率低。其原因很多：第一，生产队干部素质低。他们缺少现代科学技术知识，缺少开发、利用资源的能力。大多数只能做到按常规耕种，带领社员劳作。不少干部还缺少为社员服务的责任心。第二，生产队干部缺乏民主管理的意识，社员也缺少参与管理的积极性。大量剩余劳动力又聚集在种植业上，劳动的边际效益很低，甚至成为负值。第三，由于

生产队没有经营自主权，也就不能有效地把劳动力、土地、资金等资源组合成最优利用结构，也就必然造成经营成本高和资源浪费。

4. 生产队虽然不能充分利用资源，却把可利用的资源完全控制在集体经济组织手中，造成了：第一，资源不能流动，不仅限制了生产队本身的资源利用，也制约了社会范围的资源配置。第二，社员因无生产资源或只有权经营极少的自留地，喂养少量的畜禽，社员家庭的剩余劳动力和剩余劳动时间，只能白白流失。

上述弊端，在集体统一经营的农业，特别是统一经营的种植业上表现最明显。

（二）家庭联产承包责任制的确立

为了克服集体统一经营农业生产的弊端，从1979年起，对人民公社管理体制实行改革。确立了调动几亿农民的积极性，保证农民物质利益和农民的民主权利的指导思想，一切政策都要符合生产力发展的需求，以调动农民的积极性为准绳。这为家庭联产承包制的出现和确立准备了思想基础。

家庭联产承包制的改革包括如下三方面的内容：一是确立家庭联产承包；二是改组人民公社；三是组织多种形式的合作经济组织。

1. 建立家庭联产承包责任制。中国农村集体所有制经济开始改革时，只是想改变对生产队的行政干预，保证生产队的经营自主权。但是改革的指导思想深入到广大农村之后，就超出了原来的设想。仅仅落实生产队经营自主权已不能满足广大农民的要求，特别是集体经济薄弱的地区，农民要求深化改革，并创造了包产到组、包产到户、包干到户、专业承包等形式。其中包干到户（大包干）由于责任明确、方法简单、利益直接，最适合于种植业，最受农民欢迎。这种由安徽省凤阳县小岗村农民创造的形式，中共中央、国务院认为是来自农民创造的生产形式，最符合生产发展的要求。因此，又总结了各地农民的创造，把包产到户、包干到户定名为家庭联产承包责任制，并加以提倡。农民选择了包干到户，并迅速普及到全国。包干到户这种家庭联产承包制的具体做法是：由村集体经济组织（还未建立集体经济组织的，由村自治机构代行）作为发包方，社员作为承包方，签订承包土地的合同，把适合社员家庭经营的项目转给社员家庭承包经营。每个社员承包规模的大小，根据每个社员的经营能力确定，经营能力强的多承包，经营能力弱的少承包。但是由于：第一，土地资源相对少、劳动力相对过剩；第二，承包规模太小，决定着承包户的收入的多少；第三，承包土地的使用费用很少，或者说没有。因此，社员都想多承包。在这种情况下，按经营能力承包土地在多数地区是行不通的。大部分只能把土地按社员家庭人口数量均等地（包括土地质量和数量）分给农民承包。少部分按家庭劳动力数均等地承包。土地所有权仍归集体所有，农民家庭对承包土地有经营权、使用权，但不能买卖。耕畜、农具或由集体统一管理，统一使用，或由农民民主讨论确定价格，卖给某一个农民，即折价到户。农民经营承包的耕地所获的收入，要依法缴纳农业税，并向集体上缴经集体讨论规定的、用于发展集体生产的公积金，及用于集体福利的公益金和用于干部补贴的管理费，统称上缴“集体提留”（两金一费）。集体提留约占经营承包土地收入的3%～5%。承包收入的其余部分全部归承包户所有。农民把这种承包责任制形象地说成是“交足国家的，留足集体的，其余都是自己的”。

2. 改革政社合一体制。扩大生产队的经营自主权与推行家庭联产承包制，必然要求改变人民公社政社合一的用行政办法管理生产的领导方式和管理体制。中共中央和国务院于1984年撤销人民公社，建立乡人民政府，行使政府职能，并成立集体经济组织管理原人民公社的集体经济。这些集体经济组织有的叫经济联合社，有的叫农工商总公司，管理经营原公社兴办的属于全乡人民集体所有的企业。原来的生产大队和生产队有的也建立起相应的村级经济合作组织，经营管理村集体经济。形成了既有集体统一经营层次，又有农户家庭承包分散经营的双层经营体制。

3. 改革单一的人民公社形式为多样性合作组织形式。家庭联产承包责任制建立起来之后，单一的社区性生产合作，就不能满足农民发展经济改善生活的要求，一些地方的农民又发起组织了多种形式的农畜产品的专业合作组织，还有运销合作社、合作基金会、医疗合作社以及从事技术交流的专业协会等。

（三）家庭联产承包责任制的特点

1. 把原属于集体所有的土地，通过签订承包合同，承包给农户家庭经营，农户对承包的土地有经营权、使用权。农户家庭经营承包地，所需要的农具、肥料、灌溉设施由自己购买。集体经济力量雄厚的由集体购置，无偿和低偿提供给承包户使用，形成了集体所有与家庭私有并存的格局。

2. 农户家庭承包经营之后，就成为具有经营决策权的独立经营自负盈亏的农业生产者，成为一个具有积累资金和再生产机能的经营实体。

3. 集体统一经营部分，仍然属于全体社员集体所有，仍然实行集体统一经营。集体统一经营层次与家庭承包农户之间的关系，是两种独立经营实体之间的关系。集体经营层次有责任帮助承包户搞好家庭经营，并为承包户提供社会化服务，承包户有责任完成承包合同规定的义务。集体的经营成果属于全体集体成员，按全体成员讨论通过的管理章程中规定的收入分配办法，进行分配。除去承包合同规定的农户要向集体上交的集体提留款和劳动积累工外，集体需要承包户的物资或劳务时，都根据市场价格购买，或付给报酬。

（四）家庭联产承包责任制的作用

1. 家庭联产承包责任制，实现了除土地以外的各种生产资料的农民家庭所有制和劳动力的流动。这就使农民可以充分发挥自己的能力，利用自己积累的资金或借贷，利用家庭生产资料如住房、庭院，利用自己家庭的剩余劳动力或雇请劳动力兴办第二产业或第三产业。家庭联产承包责任制为农村个体企业、私人企业的发展，创造了资金和劳动力条件。

2. 农业劳动力流动后促进了农村经济全面发展。农业劳动力除一部分流向城镇补充城镇劳动力不足外，还把科学技术、工商企业的管理经验、各种信息、资金回流到农村，加速了农村地区工商业的发展。另一部分种植业剩余劳动力则流向了农村地区发展起来的工业、商业和林业、牧业、渔业。除提高了种植业的劳动的边际生产率外，还使农村的土地资源和林业、牧业、渔业资源得到开发利用。

3. 土地的集体所有制，既防止了农民因各种原因而丧失土地，又保证了农业劳动力向工商业转移后，土地以较低的转移成本向种田能手集中。不会产生像土地私有制条件下，需要扩大土地经营规模的农民必须高价购买或租用土地的现象，而能把资金留在农业生产上，购买其他的农用生产资料，促进农业生产的更快发展。避免了在小土地私有条件下，已从事工业、商业劳动的农民不愿放弃土地，而经营种植业的农民在扩大土地规模时困难多的弊端。

4. 家庭联产承包责任制，适合农业分散劳动的特点，适合种植业从种到收没有中间产品，只能在收获后，从最终产品上体现日常劳动效果的特点。家庭联产承包责任制，保留了集体统一经营层次，可以发挥集体规模大，有利于集中资金和劳动力的好处，又克服了集体统一经营时分配上的平均主义和偷懒。由血缘关系形成的家庭，父母子女在一起，生活上互相依靠，利益关系

密切，劳动中可以作到各尽所能，密切协作，有效地提高了农民的生产积极性和投资积极性。

三、统分结合、双层经营的含义与内容

（一）统分结合、双层经营的含义

统分结合、双层经营的具体做法、含义在国家所有制农业中和集体所有制农业中基本相同，在这里就不再分别论述，仅以集体所有制农业为对象进行分析。

按集体所有制农业来说，统分结合、双层经营是中国社区性农业集体经济组织的经营体制。所谓社区性集体经济组织即指在人民公社解体后，在原生产大队（行政村）或原生产队（自然村）经全体成员讨论同意后，重新组建的合作组织。一般以全体农村居民为成员，实行土地、基础设施和其他财产的集体所有制，实行集体统一经营与家庭分散经营的双层经营体制，综合经营农工商各业。所谓统分结合、双层经营体制，是指在土地等基本生产资料集体所有的基础上，把适宜家庭生产经营的部门、项目，交给家庭生产经营，如种植业和畜、禽养殖业等。适合集体统一经营的部门、项目和生产环节，如工业、商业、水利设施等，仍由集体统一经营和统一管理，有的生产部门和项目如水果、山林，既可统一经营，又可家庭经营。集体统一经营和家庭分散经营，是一个社区经济组织内，根据各个生产部门的经济活动的特点，为达到满意的经济效果而采取的生产资料和劳动力结合的方式。集体所有的生产资料与集体劳动相结合，是集体统一经营。集体所有的生产资料和农户私有的生产资料与家庭劳动相结合，是家庭经营。同属一个社区经济组织的经营活动，是统分不同的两个经营层次。

“承包”是表示家庭经营后与集体之间的责、权、利关系。表示承包户仍是集体的成员，表示承包户只能享有承包合同规定的权利，表示承包户在承包合同规定的范围内，实行独立经营、自负盈亏。集体对其经营风险不承担责任。

（二）统分结合的内容

在统分结合、双层经营的体制中，统分结合体现在如下四个方面。

1. 所有权上的统分结合。土地、农田基本设施，归集体所有，耕畜、农机具基本上归家庭所有。集体统一经营的成果归全体成员所有，家庭经营成果归家庭所有。

2. 在经营权上的统分结合。涉及整体利益的重大经营事项，诸如企业收入分配等，必须由农民代表大会集体统一决策。家庭承包经营部分，在承包合同确定的经营范围内，由家庭自主决策，超出承包合同范围，使用集体土地，必须经集体同意。

3. 在劳动方式上的统分结合。凡是需要集体统一进行的自然资源开发，如开垦荒地、荒山、荒水，进行农田基本建设，则由集体统一组织劳动，分工协作，也可以采取由农户承包的办法。兴办集体企业，则由集体招收劳动力并按技术专长，统筹安排。家庭经营部分，则以家庭为单位组织劳动。

4. 收入分配上的统分结合。社区集体经济组织的干部报酬，集体提留的比例，积累的使用，由集体统一决策。集体企业的工资标准，由集体企业决定。集体经营收入，由集体确定分配办法。家庭经营的收入，上缴税收和集体提留后，自主决定积累和消费。

此外，集体的统一经营和统一管理，根据需要和可能，还包括：统一购买化肥、农药等农用生产资料，统一出售家庭生产的各种农产品，统一规划耕地，统一管理灌溉、排水设施、防治病虫害等。

（三）处理统分结合的原则

把集体统一经营与家庭分散经营结合好，就能充分发挥家庭经营的积极性，又能发挥集体统一经营的优越性，"统"的过多，会压抑和束缚家庭经营的积极性。"分"的过多，则不能充分发挥集体统一经营的优越性。从统分结合做得好的经验看，一般采用如下原则：第一，集体经济比较发达，干部素质较高，大部分劳动力已转入集体统一经营的企业的地方，统的内容可以多一些。相反，集体经济薄弱，主要靠家庭经营，集体"统"的较少，只作些协调和力所能及的服务工作。第二，单家独户无法进行或不易搞好或经营效益低的生产项目、生产环节，应统一经营。家庭可以独立经营的生产项目、生产环节，尽量交给家庭经营。第三，对劳动质量、数量不便于监督、统计、计量的生产部门，应承包给家庭经营。这就是所谓的"宜统则统，宜分则分"的原则。

第二节　集体统一经营层次的发展

一、家庭经营层次需要集体统一经营的支持

为了说明农村经济需要集体统一经营层次的发展，必须把家庭经营层次与集体统一经营层次分开来分析。当我们把两个经营层次分开后，就看到如果只有家庭经营，就像只有集体统一经营一样，存在着许多弊端，主要是：

（一）在市场经济体制下，小规模家庭经营存在着许多难以克服的困难

1. 家庭农业生产规模很小。全国平均每户承包耕地不足0．5公顷，商品量小，在市场上没有价格谈判能力，无力承受较大的交易费用。由于商品量小，只能在产地销售。形成产地的供过于求，必然被压低价格。

2. 信息收集困难。由于规模小，不能花费较大的资金收集信息。信息不灵难免盲目生产、盲目上市、盲目确定投资方向。

3. 家庭经营规模小、抗御自然灾害和市场风险的能力低。往往采取保守决策或稳妥的经营策略，制约了商品农产品的增长和随市场需求变化调整结构的能力。

4. 家庭经营规模小、积累少、投资能力低。有的家庭或缺少技术或缺少劳动力或缺乏经营能力，必然影响农业增长的速度。

（二）土地经营规模小、零散，限制了土地的合理利用和高效农机具的采用

1. 农业生产，特别是种植业生产实行家庭经营后，作物种植安排只能在家庭承包地范围内进行，回旋余地小。家庭经营只能考虑家庭的需要和收入，对社会效益、生态效益很难顾到。

2. 家庭经营对有些农业技术如采用良种、施用化肥、实行间套作、使用薄膜覆盖等有积极作用。但也由于家庭经营规模小，地块分散，很难采用马力大、成本低、效率高的农机具。

3. 由于家庭劳动力少、资金少，很难单独进行土壤改良、兴修水利等农田基本建设。

（三）家庭经营也会使发展生产的动力下降

中国农业生产自给性比重很大，再加上承包土地时，是按人口平均分配，大多数农民收入差

距不大。当温饱问题一解决，很容易产生小富即安的思想，缺少竞争压力，特别是在中等收入和低收入阶段，很难开发新的资源。

（四）家庭经济规模小，分散，很难集聚资金发展较大规模的企业

很多家庭手工业长期处于农业的副业地位，发展缓慢。

二、发展壮大集体统一经营层次的作用

1. 集体统一经营层次是实现共同富裕的有力保障。平等经济学证明，共同富裕，提高低收入者的收入水平，有利于低收入者培养子女，进行智力投资；也有利于低收入者进行生产投资。承包户之间虽然可以互相帮助，但只是友谊，不是义务，不可能是大量的，经常的。集体统一经营层次发展壮大后，就可以从制度上，帮助低收入者发展生产，改进技术或者吸收他们到集体兴办的企业中劳动，从而提高他们的收入。

2. 如果没有集体统一经营层次，家庭经济就是个体经济，只能沿着小农轨道走，这就违背了走社会化大生产的基本原则。

3. 集体经济壮大后，就可以弥补家庭经营规模狭小的不足。使资金、技术、劳动力等生产要素集中使用，购置大型的农业生产工具，举办家庭无力实施的农业技术措施，如统一种植计划，统一机械耕作，统一防治病虫害，统一灌溉等。

4. 实力雄厚的集体经济，可以运用组织功能和经济实力收集信息，掌握市场，批量购买良种、化肥、农药，抵御自然灾害，承担市场风险。集体还可以集中每家的小量商品加工贮藏，运到批发市场销售。家庭经营有集体的产前、产后服务，就可以安心组织生产活动。

5. 集体经济发展了，就可以用较多的投资，发展农村公用事业，发展文化、教育、卫生保健等。

三、壮大集体经济的途径

（一）发展壮大集体经济包括的内容

第一是发展壮大统一经营层次的集体所有制经济，壮大这一层次的集体经济实力，可以形成统一的物力和财力，是强化为农户服务能力的物质基础，是增强集体凝聚力，实现共同富裕目标的经济保障。第二是使承包给家庭经营的集体所有的生产资料增值。这部分生产资料，虽然仍归承包户家庭使用，但所有权归集体，升值后所带来的效益部分归承包户，可以提高承包户的收入，部分归集体，可用于发展集体经济。

（二）发展壮大集体经济的指导思想

实践经验证明，只有集体统一经营，或只有家庭经营，都不能充分利用资源，都不利于实现农业生产的更快增长和更快地增加农民收入。因此，在发展家庭承包经济的同时，也要发展壮大集体经济。发展壮大集体经济首先要有一个正确的指导思想。中国以前过分强调集体经济，忽视家庭经济，实现家庭承包制以后，有些地方又忽视集体经济发展。重新提出发展集体经济层次后，有的地方又不分具体情况，要求过高、过快，造成了一定的损失。总结经验，当前发展、壮大集体统一经营层次，要明确以下指导思想。

1. 当前大多数地方还处在一个低水平的集体经济阶段。这个阶段可能是一个相当长的过程。要求发展集体经济不能过急、过快。尚无集体统一经营层次的地方，应从小事作起。如举办为农户生活服务的小商店，为农户代购化肥、种子、农药，为农户推销产品等，逐步积累，逐步壮大。

2. 各地方要根据自身的经济状况，确定本身的集体化程度。有条件的地方，除小农具私有，化肥、农药由家庭投资外，大中型农机具等完全由集体购置，由集体统一安排耕作，农户只负责日常田间管理，产品归农户。有的也可由有条件的农户从事农机服务。

3. 在一个合作组织内，不同的生产部门可采用不同的集体化程度。一般地说，投资较大，适合集中劳动的部门，如加工业、采矿业等，集体化程度可以高一些；适宜分散劳动的部门，如种植业，集体化程度可以低一些。

4. 发展、壮大集体统一经营层次，不能无偿、低偿抽调家庭经营层次的财产，不能抽调已承包给农户经营的土地。

5. 集体统一经营层次，不要求是纯集体所有，可以吸收农户入股，吸收外部资金入股，实行股份制或股份合作制的混合经济。发动农户入股，不能强迫，股金分红办法，由股东协商确定。

6. 国家应给予支持。国家可以通过政策性银行给予低息贷款，通过政府部门给予物质和技术帮助，培训干部，帮助发展集体经济。也可以通过政策，鼓励城市工业与农村举办股份制企业。国家还可以通过免、减税收政策，帮助发展集体经济。

7. 集体经济的发展方向、速度、规模，应由自己确定，在法律允许的范围内，政府不要干涉。

（三）发展壮大集体经济的途径

1. 发展集体企业是壮大集体统一经营层次的主要途径。在土地承包给家庭经营以后，合作组织应以兴办新企业来发展壮大集体经济。根据本地的自然资源，地理位置，劳动力素质，技术优势，资金来源，管理能力，以高效益为目标，选择适合的经营项目。如利用境内的荒地、荒山、荒水、滩涂等发展水果、淡、海水养殖、林场、牧场等开发性农业。再如利用国家不便于开采的矿产资源，开办小型矿业，以及兴办建筑业、运输业、各种加工业、旅游业等第二产业、第三产业。

2. 发展集体统一经营层次，重点要放在村级合作经济上。农村社区性合作组织约有近60%是在原生产队基础上设置的，约有40%的社区性合作组织是在原生产大队或以村为单位设置的。以生产大队或村为单位设置的呈上升趋势，而且增势较大。发展集体统一经营的企业应把重点放在村一级。因为：第一，人民公社时期的社队企业，就指的是公社、大队办的企业，所以，发展村办企业有一定的基础。第二，为承包户提供产前、产中、产后服务，也以村为单位有利。因为村规模较大，干部管理能力也较高，把服务组织与集体经济组织统一起来，服务职能就有经济实力。第三，合作化以来积累的资金，与外部的经济联系，以及对村内各方面利益协调，过去都集中在村一级，有资金、有管理经验。第四，村是一个自治单位，设立了村民委员会自治组织，可综合利用经济、行政、法律、教育等手段发展和维护集体财产。

3. 建立集体财产的管理制度。农村集体统一经营的资产已近2 000亿元，集体财产的管理制度尚不健全，侵占、挪用集体财产，拖欠集体提留的现象，时有发生。为了防止集体财产流失，当前急需抓紧制定集体财产使用管理制度，固定资产折旧制度，财务管理，审计监督制度以及土

地改良、提高土壤肥力的制度等。

4. 选择一个好的领导班子。 没有一个好的领导班子，就不可能把集体经济办好，领导干部要有全心全意为农户服务的思想，为发展农业生产，建设新农村，改善农民生活，任劳任怨，廉洁奉公。要树立农民是主人，干部是公仆的思想，要学会经营管理企业的本领，要懂得和了解所分管企业的业务技术知识。从各地办合作组织的实践经验看，一个好的合作组织的领导干部，都必然具有上述基本素质。

第三节　统分结合、双层经济体制的完善与发展

一、家庭联产承包责任制的完善与发展

（一）当前家庭承包经营的状况

1. 自1983年在全国范围内完成家庭联产承包制改革以来，一直稳定运行。 实行以家庭联产承包经营为主的社区性合作组织占社区性合作组织总数的98%。家庭承包的耕地面积，占集体总耕地面积的97.4%。农村经济第一产业收入的95%，粮食作物收入的99%均来自家庭经营。

实行专业队（组）承包的社区性合作组织，约占合作组织总数的1.9%，专业队（组）承包的耕地，约占集体总耕地的2.6%。此外，全国尚有7 000多个合作组织，拥有21万多公顷耕地仍实行集体统一经营、统一分配。

家庭联产承包方式有三种：一是把全部承包田，按人口平均分配承包到家庭，这种方式大约占60%多。二是把全部承包田，按全社劳动力平均分配，承包到家庭。就是每个劳动力平均分配的承包田，乘该家庭的劳动力数，就是该家庭承包田的面积。这种方式大约占33%。三是把承包田划成不同的田块，或是把某块耕地、林地、水塘、果园、菜田、温室等在全体农民大会上招标承包。这种方式大约占6%。

2. 根据典型调查，家庭承包户的经营状况在一个合作组织内，大体可分为如下四种类型。 第一种，独立经营能力强的户，农机具、车辆基本齐全，劳动力、资金充足，生产技术经营管理能力强。这类承包户占总承包户的8%左右。第二种是基本独立经营户。有足够的畜力、农机具、车辆、劳动力，资金较充足，生产技术、经营能力较高。这类承包户占承包总户数的45%左右。第三种是经营能力低，农户生产资料不足，畜力、农机具、车辆一般为数户所有，资金短缺，劳动力够用或较弱，技术和经营能力较低。这类承包户占总承包户的40%左右。第四种是基本无独立经营能力户，资金短缺，劳动力少，没有技术，不善于经营。这类承包户占总承包户的7%左右。上述是河北省几个村调查的一些数据，不能代表全国的情况。但是这四类承包户在全国各个合作组织中都是存在的，比重有所不同。从发展看，承包户的这四种状况中，经营能力低的户和基本无经营能力户在承包总户数中的比重将会下降，但在一个比较长的时期内不会消失。

（二）完善家庭承包经营采取的措施

从家庭承包经营状况的实际出发，完善家庭承包经营，主要采取了如下措施：

1. 根据各承包户的经营状况，合作组织集体统一经营层次的实体，要为不同农户提供不同的服务和帮助，克服家庭生产的困难。

2. 完善承包合同。合作组织与农户签订承包合同时，要明确规定土地所有权与经营权，明确发包方与农户承包方各自的权利和义务，使承包合同法制化、规范化。

3. 稳定土地承包权。土地承包以后，要稳定土地承包权，承包地的数量和地块不轻易变动。原因是：第一，土地承包是家庭承包经营的具体体现，土地承包权的变动，很容易造成家庭承包经营不稳定的错觉。第二，土地承包权长期稳定不变，农户才能获得对土地的中长期投资的收益。第三，当前农民的收入主要来自种植业的经营。稳定的土地承包权，就保证了农民收入的稳定来源，使农民有安全感。

稳定土地承包权，就是要有较长的土地承包期，国务院决定一般耕地承包期30年不变。荒山开发可以50年不变。

稳定土地承包权，是现阶段应采取的政策，从长远看，家家户户承包土地并不是方向，应随着经济的发展，鼓励已从事非农产业并有了稳定收入的农民放弃耕地承包权，或者在保留承包权的条件下，把土地的使用权转让给其他农户，逐步把土地向种田能手集中。

4. 鼓励土地使用权转让。土地，一方面是农业生产最稀缺的资源，另一方面又是农民取得收入的依靠和来源，起着保险和福利作用。所以农民不愿意放弃土地承包权。为了充分利用土地资源，充分发掘每块土地的增产潜力，使农民增加收入，特别是使农民从扩大土地经营规模上增加收入，应在稳定土地承包权的同时，鼓励土地使用权转让。就是说，应鼓励那些已从事其他产业并取得稳定收入，可以不从事农业生产的农民，在土地承包权不变的条件下，把土地的使用权，转让给从事农业生产的农户。转让使用权可由合作组织出面组织，也可以由农户自由选择，由转让与接受转让的两户协商签订转让年限与转让条件。

5. 鼓励和帮助承包户发展家庭经济和家庭手工业，办家庭小商店，搞运输，利用院落发展果树、蔬菜、养殖畜禽等，增强农户家庭经济实力。

6. 通过制定法律，确认和保护家庭承包经营责任制不受侵犯，确保其独立经营者的地位。

（三）家庭联产承包合同的基本内容

为了稳定和完善联产承包责任制，明确发包方与承包方各自的权利与义务，确保双方各自承担的责任，必须制定承包合同，其内容包括如下几方面：

1. 在遵守国家法律和社章的前提下，合作组织管理委员会与农户签订承包合同。合同签订之后，应具有法律的约束力，确保双方全面履行合同规定的内容，不能随意更改和解除。

2. 合同首先要明确发包方是合作组织管理委员会（未建立合作组织的，可由村自治机构代行），承包方是家庭或专业队、专业组。承包范围包括：耕地、果园、茶园、桑园、林地、草地、荒山、农业机械、水利设施、工副业生产设备、生产用房等。承包后，所有权仍归集体，承包者只有经营权和使用权，不能买卖和随意更改合同规定的使用范围。

3. 合同的基本内容包括：承包期；承包土地的质量和数量，土地外其他财产的价值；承包地的用途，及土地外其他财产的用途，增值和折旧；发包方对承包户应尽的责任，承包户应上交集体的提留和应提供的劳动积累工，以及违约处理，合同的变更与解除，合同纠纷的调节与法院裁决等。

4. 合同的管理。应由政府的合作经济管理部门承担合同的日常管理。县、乡两级可设农业承包合同仲裁委员会，负责合同纠纷的调解与仲裁。村设承包合同管理小组，负责合同签订的指导工作和纠纷调解。

二、集体统一经营层次的完善与发展

（一）集体统一经营层次的发展现状

当前中国社区性农业合作组织的经营现状，大体上可分为三种类型：第一种类型是土地及其他生产资料都是集体所有，统一经营、统一分配、统一核算，按照经济责任，划分管理层次，把劳动报酬与经济责任和取得的经济效益挂钩，通过奖罚进行调节。这类社很少，不足社区性合作组织总数的1%。第二种类型是实行双层经营，集体统一经营层次有不同程度的发展，家庭经营层次也有不同程度的经营规模。这类占85%。第三种类型是集体所有土地上的家庭经营。村、社集体的有价资产基本上都转归家庭所有，集体基本上没有统一经营项目，只能为承包户家庭提供一些简单的服务和一些必要的管理工作。这类约占14%。

虽然绝大部分社区性合作组织都实行双层经营，但统分结合的程度是不同的。又可划分为三种情况：第一种是集体经济实力雄厚，农业由社员家庭承包经营，二、三产业由集体统一经营，集体能为社员家庭提供多方面无偿、低偿服务，在分配上有能力调节从事不同产业社员的收入。这类约占20%左右。第二种是集体经济有一定的实力，集体有能力承担需要统一建设和服务的农业项目，有20%以上的劳动力在集体经营的企业中劳动，农业生产由家庭承包经营，经济实力较强。这种类型约占40%左右。第三种是集体经济刚刚发展，规模小，收入不高，集体经济可以为承包户提供一些管理性服务，如统一组织排灌，防治病虫害，农田基本建设等。尚无能力在资金上，物资上支持承包户。农业生产靠承包户独立经营。这种类型约占25%左右。

上述情况说明社区性合作组织完善与发展的潜力很大。

（二）完善与发展集体统一经营层次

1. 健全合作组织。中国尚有占总数1/5的农村未设置社区性合作组织或组织机构很不健全。因此，完善与发展双层经营体制，首先要发展和健全社区性合作组织。发展社区性合作组织必须根据当地农业生产发展的需要，农产品商品化程度，家庭承包户的要求，并具备了条件，方可由农民自愿组成。合作组织的名称，一般可称作“合作社”，社的规模可大可小，核心问题是合作社能为社员作好服务，能帮助承包户解决困难，满足他们希望合作社解决、并有能力解决的事情。

有了合作社组织，土地及其他集体财产就有了组织载体。解决了由村自治机构以基层政权组织代管集体土地无法承担发包方应承担的经济责任的不合理现象。

有了合作社组织，就可以开发利用资源，发展集体统一经营层次。明确产权，确立法人代表，执行权利。

2. 已建立合作社组织的，要健全管理机构和各项规章制度。合作社干部要有明确分工，要按照合作社的原则和各社的实际制定各种规章制度。

3. 完善合作社职能。当前社区性合作社有如下几方面职能：第一，服务职能。为家庭承包经营户提供产前、产中、产后的各种服务。第二，协调职能。指协调集体与承包户之间，承包户相互之间利益关系的职能，例如协调各承包户负担的农业税、政府各部门的摊派，国家对农产品的订购任务等。公平合理地协调各承包户负担的集体提留、集体积累、承包任务等。第三，管理职能。主要指对土地等集体财产、集体企业的管理。例如确定承包者资格、承包中标的、承包方式、土地承包量、承包期限、土地的发包与收回、土壤肥力升级等。第四，积累职能。上述合作社职能，能够完全履行的还不多，大多数只能履行某项职能，或某项职能的几个项目。要随着合作组织经济的发展，逐步做到履行全部职能。

（三）健全合作社的集体积累制度

健全的集体积累制度是增加集体积累，防止积累流失的保证。建立健全集体积累制度包括：建立健全劳动积累义务工制度，社员集资制度，集体提留与使用制度，服务收费标准，集体企业收入分配制度，集体财产管理、使用、补偿制度。健全集体积累制度的核心问题是使社员充分体会到集体积累能给自己带来利益。为了做到这一点，全国各地社区合作组织正在进行集体财产股份化改革。

（四）进一步推进集体产权的股份化改革

中国农村在80年代中后期，先后在山东、广东、浙江等地出现了集体经济股份化改革的典型。进入90年代后，全国各地农民纷纷仿效，出现了股份合作制改革高潮。

1. 集体产权股份化改革的起因。实行家庭联产承包制后，解决了农业生产过程中的偷懒和搭便车的问题。但集体统一经营层次仍然存在着：第一，产权结构单一、封闭，限制了吸收集体外资金。因此，不能激励社员关心集体财产增长。在集体财产形成过程中，每个成员所作的贡献是不同的，每个成员的集体财产所有权也应不同。由集体财产带来的利益，也应根据每个成员的集体所有权的大小进行分配，但集体没有按所有权分配，只有按劳分配，即只能按当年的劳动分配。集体财产是过去劳动形成的，过去劳动不参与分配，社员也就不愿意把当年劳动转变为积累，特别是家庭承包经营后，有些农民没有进入集体企业劳动，不能得到集体财产带来的利益，也就不爱护集体财产。第二，没有社员参与集体统一经营层次管理决策的保证机制。社员应该有权利参与合作社的管理决策，如果合作社干部拒绝社员参与管理，拒不执行社员的共同决策，社员就有权撤换合作社干部，这就是保证机制。保证机制不是文字所能解决的，也不是政府的政治要求所能解决的，保证机制必须掌握在社员手中。如果合作社干部不给社员民主权利，社员就可以利用自己手中的民主保证机制，给合作社一个威胁，致使合作社干部不敢不实行民主，不敢不执行民主决策。这种保证机制不是一个，而应是一个系列，如选举权、入社退社自愿、退社可以带走股金、土地，社员可以与合作社交易，也可以不与合作社交易等。但集体经济没有这种机制，社员虽然可以离开集体，但离开集体就失去了集体财产的所有权，而不能带走自己的一份。所以，人民公社时期干部如不实行民主，社员也不能离开集体。集体经济实行民主集中制，在执行中是集中多、民主少。集体经济缺乏强有力的民主权利的保证机制，不仅容易造成集体经济的决策失误，而且直接影响社员的劳动积极性。

不解决上述问题，就不能做到使社员像爱护自己的财产、关心自己的财产增长一样去爱护集体财产、关心集体的财产的增长。特别是集体经济发展到一定程度之后，迫切需要解决这些问题。集体经济股份化改革，就是为解决这些问题进行的探索。

2. 股份合作制改革的做法。农村兴起的股份制改革，最初只是对原社区性集体经济的所有权和产权结构进行改革。大体上有三种形式：第一种是把社区性合作组织的集体财产折股分配给每个社员，股权是指在完成各项扣除后，剩余利润的分配依据，股权不能买卖、转让、抵押、继承。但社员可以得到股权带来的实际利益。第二种是原社区合作组织的集体财产，折股后不分配给社员，允许社员购买，购买量由合作社社员集体决定。第三种是把社区合作组织的集体财产折

股分配给社员后，社员再按一定比例购买一定股份，追加投资。社员对进行了上述改革的合作组织都叫股份合作社。

当股份合作制改革传到各地以后，就冲破了集体经济所有权改革的局限，出现了农民按股份合作制原则兴办新的企业和按股份合作制原则改革家庭承包经营制度和土地制度的现象。

3. 集体财产评估与股东资格。股份化改革的第一步是对集体财产进行评估。股份化的集体财产只包括可经营性财产或生产性财产，不包括办公用和公共福利事业占用的财产，即非生产性财产。第二是确定股东资格，一般情况下，凡是该社区内的合作社社员，都有资格成为股东。但在实践中各种特殊情况很多，例如合作化时入社成为社员，后来迁出了，或者转入城市成了工人，或者结婚后退出了该合作社，大凡这种情况都算脱离了该集体，尽管为集体财产的形成作出过贡献，也不再有资格成为股东。再如合作化后迁入，并已成为社员，或婚嫁到该社，并参加该社的集体活动，尽管时间不长，对集体财产形成贡献不大，都可以取得股东资格。这种情况产生的原因，一是大多数合作社的集体财产都是最近十几年形成的。二是由农民的习惯、思想意识决定的。

4. 股权设置。各地股权设置并不统一，多数设三种股：第一是集体股，集体财产清产核资后，留下50%作为集体股，仍属合作社集体所有，这部分股权分得股息，用于集体经济扩大再生产、公共福利事业、办公费用、补助家庭承包户等，也有的合作社认为集体股权比例过大，影响社员股分红，而且集体股一般由干部代表，在股东大会上占的股东比例也大，影响社员的民主权，决定取消集体股，由股东大会确定办公费、积累的扣留比例，专款专用便于监督。第二是个人分配股，是指集体财产折股分配给社员个人的份额。有的地方做法简单，凡具有股东资格的成员，16岁以上的一人一股，16岁以下的一人半股。有的地方做法精确些，设有：①劳动积累股。参加集体生产劳动或承包耕地一年得0.1股，10年得1股，参加劳动年限越长的得股越多。②岗位技术股，合作社的领导干部、技术人员、劳动模范因其在集体财产形成过程中，贡献较大，每人可多得1～5股。③原始资金股。指凡是带土地入社，并缴纳入社股金的原来的老社员，现在仍为社员的每人可增加0.5～1股。把上述三种股分别计算到每个社员，就是每个社员的股数，把每个社员的股数汇总，就是全社的总股数。把评估后的集体财产总额，除以总股数就是每股金额。社员的情况每年都有变化，因此，需要调整个人分配股，或增或减。多数合作社是三年调整一次。个人分配股只限于分红，不能买卖、抵押、继承。第三是募集股，也叫个人现金股。有的合作社规定，个人分配股确定以后，个人要拿出等额的现金入股。或由社员自由购买股份，用以扩大股金。个人募集股是社员私有的股金，可以买卖、转让、抵押、继承。有的合作社规定个人募集股只能卖给本社社员或卖给合作社集体。

5. 股份合作社的组织机构。股份合作社成立后，一般按股份公司的组织机构进行组织建设。设董事会、监事会、股东大会或股东代表大会。由董事会聘请经理，负责日常经营活动。

6. 实现了股份化改革的集体统一经营层次，出现了一些可喜的现象。第一，由于社员有了剩余产品的索取权。剩余索取权的大小决定于社员对集体财产形成所作的贡献。于是，集体积累就等于社员个人积累，积累带来的利益仍然归社员个人所得。这就增加了社员对增加集体积累的兴趣。第二，集体财产越多，积累越多，社员个人剩余索取权越大，获得的利益越多，促使社员关心集体经济的发展，关心集体经济的经营效果，投资效果。出现了社员积极要求参与管理，社员监督干部，月月公布财务账目，社员大会讨论投资方向的现象。第三，剩余索取权，既激励社员劳动，又激励社员互相监督。

三、统分结合、双层经营的完善与发展

统分结合、双层经营体制将有一个由低级到高级不断发展完善的过程。中国学者一般认为这个过程将是三个阶段。

第一阶段，大多数合作社以家庭经营为主，集体经营层次薄弱，服务功能薄弱。家庭经营农业生产主要靠人力、畜力耕作，农业生产力水平较低，农业产出率低。集体无经营项目或经营项目很少，或盈利率低，服务项目很简单，主要是统一防治病虫害、统一安排灌溉等。在这一阶段，一方面要扶持家庭经营充分发展，帮助社员办家庭工业、商业或联户办工业、商业。另一方面要建立健全合作社组织。培养选拔热心合作社事业、为社员服务、善于经营管理的人才，通过社员选择组织成合作社领导集体。集体从力所能及的服务项目入手，逐步积累资金，逐步壮大集体经济。当干部树立起威信以后，可以发动社员集资兴办一些风险小的二、三产业。在这个阶段国家要在资金、技术、管理上给予扶持。

第二阶段，集体统一经营层次有了一定的发展，经济实力增强，统一经营的内容逐渐增加，有能力进行一些农业基本建设和公共福利事业，集体有能力做一些产前、产中、产后的服务项目。例如统一耕地，统一播种，统一防治病虫害，统一灌溉，统一购买化肥、农药，统一销售农产品等。家庭经营的实力已有较大增长，兼业户已占总农户的较大比重，农业收入在兼业户总收入中的份额已下降。在这个阶段应继续积累资金扩大集体统一经营规模，并进行技术改造，提高市场竞争能力，并逐步购置农业生产机械、加工机械、运输机械，帮助社员家庭进行土壤改良，鼓励兼业户社员转让土地承包权，鼓励种田能手多承包土地。

第三阶段，集体经济已有相当大的发展，经济实力雄厚，90%以上农业劳动力已转入二、三产业。家庭经营规模相应扩大，土地已集中在少数种田能手，或土地仍分散在兼业承包户手中。这一阶段，家庭承包经营可能出现三种情况：第一种是农民不愿放弃土地承包权，仍要求家庭经营，大多数变为兼业，大部分农业生产作业，由集体采用机械统一耕作，农户只负责少量的田间管理工作，或由家庭收获，或由集体统一收割，按承包地分配收获物。第二种是把土地和农业生产工具都转交给少数从事农业生产的家庭承包户，集体给予适当帮助。第三种是：把土地收回集体统一经营，承包给专业队、组。由于专业队、组是由少数几个精通农业生产的劳动力组成，农业生产的经济效益也会较好。在这一阶段，合作社兴办的集体企业，应突破社办规模，可由联社在交通方便的地方办企业。取得规模效益和信息效益。

中国粮食生产的技术效率

田 维 明

一、技术效率与粮食生产

在过去的20年中，我国的粮食生产实现了举世瞩目的增长。尤其重要的是，这一成就是在农业自然资源由于非农业生产竞争而趋于下降的背景下取得的。对于我国粮食生产未来的发展前景存在着不同的见解。持怀疑观点者如布朗（1995）认为，中国粮食生产将由于资源流失和环境压力而出现下降，并造成对国际粮食市场的冲击。持乐观态度者如林毅夫等人（1996）则认为，中国粮食生产仍存在着相当大的增产潜力。这种见解上的重大差异反映出，对我国粮食问题仍需要做深入研究。

本文采用前沿生产函数方法分析我国粮食生产的技术效率及其决定因素。根据定义，前沿生产函数反映出在既定技术条件下可以实现的最大产量，技术效率则是实际产量与最大产量的比率。技术进步导致前沿生产函数向上移动，技术效率提高则使实际生产点趋近该投入水平下的最大产量。如果我国的粮食生产已经达到了技术前沿，那么为了实现产量的进一步增长，政府的政策选择或是通过加强技术研究来向上移动生产函数，或是通过对粮食生产实行保护，以引导生产者增加投入。在另一方面，如果粮食生产技术效率较低，那么通过采取消除效率限制因素的政策措施，也可以实现粮食产量的增长。在后一种情况下，政府可以避免补贴农业的巨大财政负担，同时也可以回避国际社会要求我国削减贸易保护的压力。

对我国粮食供给问题已经有大量的研究。与以前的研究相比，本文的两个突出特点是，第一分别估计了籼稻、粳稻、小麦和玉米四种作物的随机前沿生产函数，而不是“粮食”的常规生产函数，从而获得了有关粮食生产的更多技术细节；第二利用了Coelli（1994）所发展的同时估计前沿生产函数和技术效率决定因素的技术，这一方法可以避免传统的两阶段估计方法存在的参数偏差。本文的第二部分介绍随机前沿生产函数方法，第三部分讨论估计结果及其对政策制定的意义，最后一部分是本文的结论。

二、模型

自从随机前沿生产函数方法问世以来的20年中，这一技术被广泛用来分析技术效率问题。很多学者从不同方面对Aigner等人（1977）最初提出的模型进行了改进，其中的一项重要发展是将技术效率作为生产单位自身条件的函数。在分析技术效率决定因素上，最初采用的做法是先估计随机前沿生产函数，然后利用得到的效率指标与选择的解释变量进行回归，从而确定这些因素对技术效率的影响方向和程度。然而，从统计技术角度说，利用这种两阶段估计技术得到的参数是有偏的和低效的。Battese和Coelli于1993年提出一种同时估计随机前沿生产函数和技术效率函数的技术，这一方法特别适用于时间序列与截面混合数据。模型可以表示成如下形式：

$$Y_{it}=x_{it}b+(V_{it}-U_{it})$$

$$i=1, \ldots, N;\ t=1, \ldots, T, \tag{1}$$

此处 Y_{it}为生产单位 i 在第 t 年的产量（或其对数），x_{it}为与之相对应的 k 种投入数量（或其对数），b 为随机前沿生产函数的未知参数（1×k 向量）。V_{it}假定为服从正态分布的随机变量，其均值为零，方差为 σ_V^2，并且独立于 U_{it}；U_{it}为反映生产单位 i 在 t 年的技术效率损失的非负随机变量，通常假定服从均值为 m_{it}、方差为 σ_U^2 的半正态分布。在这一模型中，$m_{it}=z_{it}d$ 为一效率损失指数，z_{it}为影响生产单位 i 技术效率水平的 p 个变量，d 为对应的待估计参数。这些参数反映出变量对技术效率的影响程度，负值表明该变量对技术效率有正的影响。

虽然上述随机前沿生产函数具有参数线性特性，但是由于回归方程的误差项不同于最小二乘法的古典假定条件，因而不能用这一方法来估计有关参数。根据 Battese 和 Corra（1977）建议的方法，令 $\sigma^2=\sigma_V^2+\sigma_U^2$ 及 $\gamma=\sigma_U^2/(\sigma_V^2+\sigma_U^2)$，因而有参数 γ 的取值在 0 与 1 之间。经这一处理后，估计模型时可以采用在该区间内搜寻的方式得到一个 γ 的初始值，然后利用非线性估计技术得到所有参数的最大似然法估计量。对 γ 估计值的统计检验可以反映出生产单位间技术效率的变异是否具有统计显著性。

生产单位 i 在第 t 年的技术效率采用以下公式计算：

$$EFF_{it}=E(Y_{it}^{*}\mid U_{it}, X_{it})/E(Y_{it}^{*}\mid U_{it}=0, X_{it}) \tag{2}$$

这里 E（.）表示对括号中数学式求期望值。当用 Y_{it}作为随机前沿生产函数的因变量时，Y_{it}^{*}为实际产量；当用产量的对数值作为因变量时，Y_{it}^{*}为 EXP（Y_{it}）。

本文中随机前沿生产函数采用了超对数函数形式，其数学表达形式如下：

$$LnY_{it}=b_0+b_1LnL_{it}+b_2LnF_{it}+b_3LnOM_{it}+b_4(LnL_{it})^2+b_5(LnF_{it})^2+b_6(LnOM_{it})^2$$
$$+b_7(LnL_{it})(LnF_{it})+b_8(LnL_{it})(LnOM_{it})+b_9(LnF_{it})(LnOM_{it})+b_{10}T+(V_{it}-U_{it})。 \tag{3}$$

式中：Y 为作物产量（500 克/亩），L 为劳动投入（工日/亩），F 为以 1984 年不变价格表示的肥料投入金额（元/亩），OM 为以 1984 年不变价格表示的其他物质费用（元/亩），T 为时间趋势变量，随机误差项 U 和 V 的定义如前面所述。

与国内农业生产函数研究中常用的科布一道格拉斯函数形式相比，超对数函数中产出对要素投入的弹性是可变的，要素间的替代弹性也不再限制为 1。在模型估计过程中，可以利用如最大似然值比值检验方法来确定这两种不同的数学函数形式哪一个与所使用的观察数据更相一致，相应的虚假设为 H_a：$b_4=b_5=b_6=b_7=b_8=b_9=0$。当统计检验结果拒绝该虚假设时，我们说超对数方程能够更好地反映所研究的生产技术过程。

农作物生产的技术效率受到很多因素影响，从性质上可以划分为以下类型：

1. 生物因素。生物因素包括作物品种特性、复种制下前后季作物间的相互影响、土壤特性、作物生长期自然灾害的影响等。生产者通过田间管理措施可以控制或影响其中的一些因素。

2. 人力资源因素。人力资源体现在制定生产和经营管理决策所需要的知识和技能上。教育、培训和从实践中学习可以导致人力资源的积累。此外，外部技术服务可以作为对生产单位自身人力资源的补充。

3. 社会经济条件。社会经济条件包括生产单位所在地区的经济发展水平、政策和组织制度环境。在我国，农作物生产仍在一定程度上受到政府干预，不同地区由于市场条件差异和财政能

力差异而实行不同的干预政策。土地制度可能是一项对农作物生产技术效率有重大影响的政策。

由于数据限制，本文在建立模型时未能包括上述全部因素。在实际估计的模型中，效率函数表示为以下形式：

$$m_{it}=d_0+d_1DT_{it}+d_2FL_{it}+d_3LEA_{it}+d_4LA_{it}+d_5IAS_{it}+d_6MCI_{it}+d_7AS_{it}+d_8T_t \quad (4)$$

式中：DT 和 FL 分别为旱灾和水灾成灾面积占农作物总播种面积的比例；LEA 为根据国家统计局农村住户调查资料计算得出的农村劳动力教育程度指标；LA 为农村人口人均耕地面积；IAS 为有效灌溉面积占耕地总面积的比重，用于反映农业生产条件；MCI 为复种指数；AS 为农业部门在国内生产总值中所占的比重，用于反映经济发展水平，为消除偶然变动的影响，采用了三年移动平均值的形式；T 仍然为时间趋势变量，用于反映未包括因素对技术效率的综合影响。需要注意的是，上述资料均为各省平均情况，与成本调查点没有严格的对应关系，与所分析作物也没有严格的对应关系。

从模型设定上可以注意到，在前沿生产函数部分和技术效率函数部分都包括了时间趋势变量 T。若前者中该变量的系数为正值，那么前沿生产函数逐步向上移动，这一变化常被解释为存在技术进步。与之相对照，若后者中该变量的系数为负值，那么技术效率逐步得到改善。

估计随机前沿生产函数时，各作物的投入产出数据来自于 1983 年到 1995 年分省农产品成本调查资料。成本调查数据虽然由于样本规模和抽样方法缺陷存在缺乏统计代表性这一问题，但这一资料能够提供投入和产出数据的对应关系，并且覆盖了所选择作物的主要产区。此外，成本调查资料可能较少受到政府行为的扭曲。模型中技术效率解释变量则根据统计年鉴资料推导得出。

为了反映地区间土地质量、气候条件和种植制度差异等因素对产量的影响，在前沿生产函数中还增加了作物和地区虚变量作为解释变量，其定义见表 1。

表 1　虚变量定义

粮食品种	定　义
籼稻	中籼稻 MR=1，其他季节籼稻 MR=0 晚籼稻 LR=1，其他季节籼稻 LR=0
粳稻、小麦、玉米	以单熟制为主的省区（内蒙古、辽宁、吉林、黑龙江、甘肃、青海、宁夏、新疆）NR=1，其他省区 NR=0

三、估计结果

在估计模型时，利用最大似然值比值检验方法对超对数函数与科布—道格拉斯函数两种数学函数形式的优劣进行了统计检验。结果表明，对于所有四种作物，科布—道格拉斯函数形式均被拒绝。表 2 仅报告了超对数函数的估计结果。

由表中结果可以看出，在所有四个方程中，γ 均高度显著。由此可以得出结论，四种粮食作物生产过程均存在着显著的效率损失。这也意味着，由于忽略了技术效率这一因素，利用传统方法估计的生产函数不能够正确地反映我国的粮食生产过程。

表 2　我国粮食作物随机前沿生产函数估计结果

变　量		籼　稻		粳　稻		小　麦		玉　米	
		参数	t 值	参数	t 值	参数	t 值	参数	t 值
常数项	b_0	2.478	2.70	−2.209	−2.25	1.844	2.16	6.604	8.76

（续）

变量		籼稻 参数	籼稻 t值	粳稻 参数	粳稻 t值	小麦 参数	小麦 t值	玉米 参数	玉米 t值
Ln (L)	b_1	−0.200	−0.36	1.806	3.99	0.357	1.14	0.064	0.25
Ln (F)	b_2	0.077	0.10	1.587	3.77	1.544	5.06	1.003	2.41
Ln (OM)	b_3	2.515	3.71	1.808	4.78	0.395	0.87	−1.416	−4.54
Ln $(L)^2$	b_4	−0.081	−0.79	−0.237	−3.52	0.089	2.54	−0.169	−3.21
Ln $(F)^2$	b_5	−0.070	−0.55	−0.068	−1.23	0.183	4.16	−0.397	−5.10
Ln $(OM)^2$	b_6	−0.204	−1.73	−0.102	−1.72	0.228	2.95	0.133	2.23
Ln (L) * Ln (F)	b_7	0.359	2.42	−0.072	−0.65	−0.207	−3.79	0.284	2.13
Ln (L) * Ln (OM)	b_8	−0.116	−0.73	−0.051	−0.60	−0.004	−0.05	−0.004	−0.05
Ln (F) * Ln (OM)	b_9	−0.225	−1.26	−0.212	−2.11	−0.567	−5.35	0.257	1.90
T	b_{10}	−0.001	−0.30	−0.009	−2.47	0.015	5.13	0.015	5.58
MR	b_{11}	0.196	11.67						
LR	b_{12}	−0.037	−2.33						
NR	b_{13}			0.094	3.72	−0.062	−2.44	0.166	5.98
σ^2		0.012	7.47	0.010	10.87	0.021	7.28	0.030	4.43
γ		0.191	2.22	0.033	2.85	0.489	5.48	0.808	11.85
Constant	d_0	1.163	5.39	−0.313	−3.80	−0.090	−0.43	−0.764	−2.07
DT	d_1	0.539	2.62	0.085	0.69	0.822	3.40	1.094	3.14
FL	d_2	0.715	3.97	0.055	0.43	1.497	5.89	0.206	0.76
LEA	d_3	0.314	1.37	1.144	9.27	−1.786	−6.68	−0.733	−2.31
LA	d_4	−0.204	−4.53	0.006	0.60	0.045	1.95	−0.028	−0.71
IAS	d_5	−0.476	−2.90	−0.071	−1.00	−0.149	−0.99	−0.094	−0.54
MCI	d_6	−0.185	−2.28	−0.089	−2.61	0.565	6.06	0.206	2.02
AS	d_7	−0.915	−3.52	0.634	5.16	−0.438	−1.43	2.013	2.94
T	d_8	−0.020	−2.55	−0.027	−7.52	0.008	1.10	0.024	1.91
似然值		274.3		173.7		208.8		203.2	
平均技术效率		0.952		0.887		0.868		0.879	
观察值个数		318		206		311		268	

由于超对数模型反映要素间复杂的相互关系，不同作物模型中同一变量的估计参数符号、大小和统计显著性存在明显差异。在这种情况下，投入产出关系的动态变化可以更好地用产出对投入的弹性系数变化来反映。表3报告出计算得到的投入弹性系数。

表3　1983—1995年期间粮食作物投入弹性的变化

年份	籼稻 劳动	籼稻 肥料	籼稻 其他投入	粳稻 劳动	粳稻 肥料	粳稻 其他投入	小麦 劳动	小麦 肥料	小麦 其他投入	玉米 劳动	玉米 肥料	玉米 其他投入
1983	0.015	0.077	0.283	0.005	0.240	0.336	0.204	0.407	0.050	−0.067	0.247	0.005
1984	0.034	0.042	0.248	0.038	0.238	0.328	0.188	0.409	0.050	−0.041	0.249	−0.013
1985	0.032	0.012	0.239	0.087	0.264	0.357	0.177	0.403	0.094	−0.044	0.271	−0.020
1986	0.026	−0.004	0.249	0.085	0.253	0.352	0.174	0.373	0.115	−0.049	0.292	−0.009
1987	0.039	−0.022	0.227	0.096	0.240	0.330	0.152	0.369	0.139	−0.023	0.243	0.026
1988	0.081	−0.039	0.194	0.090	0.214	0.297	0.152	0.376	0.130	−0.027	0.239	0.027
1989	0.061	−0.077	0.139	0.076	0.185	0.269	0.145	0.339	0.145	0.002	0.191	0.080
1990	0.070	−0.102	0.121	0.102	0.176	0.256	0.133	0.328	0.143	0.003	0.163	0.116
1991	0.071	−0.079	0.138	0.092	0.144	0.219	0.111	0.364	0.120	0.041	0.159	0.102

（续）

年份	籼稻			粳稻			小麦			玉米		
	劳动	肥料	其他投入	劳动	肥料	其他投入	劳动	肥料	其他投入	劳动	肥料	其他投入
1992	0.043	−0.090	0.156	0.137	0.157	0.234	0.102	0.319	0.156	0.028	0.174	0.109
1993	0.078	−0.090	0.204	0.161	0.171	0.244	0.118	0.288	0.209	0.022	0.174	0.103
1994	0.061	−0.134	0.141	0.117	0.097	0.158	0.116	0.278	0.217	0.072	0.089	0.161
1995	0.097	−0.143	0.071	0.123	0.096	0.153	0.115	0.287	0.196	0.103	0.026	0.203

注：计算投入弹性时仅使用了时间序列完整的省份的数据，弹性值对应于样本的几何平均值。

由计算结果可以看出，不同投入的弹性系数有不同的变化趋势。除小麦外，所有作物的劳动投入弹性系数均趋于提高。与此相对照，四种作物的肥料弹性均下降。其他物质投入弹性在小麦和玉米两种旱地作物生产中呈现上升，但在两种水稻生产中趋于下降。需要注意到的一个情况是，籼稻的肥料弹性多数为负值，玉米的劳动投入弹性和其他物质投入弹性在早期也出现负值。除数据质量因素外，造成这一情况的主要原因可能在于我国所实行的特殊的农村政策。

在50年代到70年代期间，我国实行了优先发展工业的战略，农业生产则依靠推行高度劳动集约的生产技术，以节约现代投入。在人民公社制度下，农村劳动资源被充分调动起来从事以农业为主的生产活动，然而，激励机制的严重扭曲导致普遍性的出工不出力现象。在这一体制下，粮食生产中劳动的边际产出可能非常低，在某些情况下甚至可能为负值。70年代末期开始的农村经济改革使这一状况出现改变。在家庭联产承包责任制下，农民可以相对自主地决定资源配置。从农产品成本调查资料可以观察到，改革初期单位面积粮食生产中的劳动投入出现大幅度下降。此外，这一变化还伴随着劳动效率的提高。作为其结果，劳动的边际产出可能得到提高，这反映在劳动投入弹性呈现出的上升趋势上。然而，由于我国农村仍存在着劳动力的严重过剩，劳动投入弹性必然处于较低水平。在所研究的四种作物中，小麦的劳动投入弹性变化趋势与其他作物不同。从成本调查数据可以观察到，北方地区小麦样本点的机械化水平高，劳动投入低，但产量也低，这可能是造成劳动弹性变化与其他作物不相一致的原因之一。

从70年代中期开始，我国农业生产中化肥施用量出现快速和稳定的增加。随化肥施用水平的提高，其边际产出趋于下降。表3中的数据反映出，目前化肥的增产作用在小麦生产中仍较明显，但在籼稻和玉米生产中已经很低。籼稻的化肥弹性为负值缺乏合理性。除了投入水平可能已经超过经济合理性标准外，数据质量是造成问题的一个主要原因。

成本调查资料反映出，小麦和玉米生产中的其他物质投入水平远低于水稻。一般而言，水稻生产地区通常具有较为完善的农田基础设施，经济发展水平也较高，因而其他投入的供给和需求均处于较高水平，边际产出趋于下降。在小麦和玉米生产中，增加其他物质投入仍可以产生明显的经济效益。

根据上述结果可以得出如下结论，在目前的技术条件下，通过增加劳动和化肥投入而实现粮食增产的前景不容乐观，特别是水稻，虽然小麦生产中增施化肥尚有较好的经济收益。在另一方面，在小麦和玉米生产中增加其他投入仍具有经济合理性。

在随机前沿生产函数中加入的所有虚变量均具有统计显著性。估计结果表明，平均而言，在相同的投入水平下，中籼稻要比早籼稻产量高20%，比晚籼稻产量高23%。此外，种植中籼稻可以使冬季作物有较长的生长时间，从而得到较高产量和收益。这一情况有助于理解为什么经济改革开始后，华中地区普遍从“三熟制”退回到“双熟制”。实行单熟制的北方地区粳稻和玉米产量较高，而小麦产量则较低。从技术上说，在实行多熟制的地区，作为夏季作物的粳稻和玉米其生长期需要受到限制，以保证冬季作物生长要求，从而对产量产生不利影响。与此相对照，种植春小麦的北方省份生产期短，单产普遍低于冬小麦。

如预期结果一样，自然灾害降低了粮食生产的技术效率。估计结果表明，同一自然灾害对不同作物产生的影响不同，不同自然灾害对同一作物产生的影响也不同。玉米对旱灾敏感，籼稻和小麦对水旱灾害均敏感。自然灾害变量的系数表明，玉米和小麦两种旱地作物生产的技术效率受气候条件的影响程度高于水稻，籼稻受影响的程度高于粳稻。造成这一差异的原因可以部分归于生产条件的差异。在我国，水稻产区通常具有较好的水利设施，因而抗御自然灾害的能力较强。两种水稻作物相比，籼稻为南方地区的主要粮食品种，广泛分布在各种生产环境中；粳稻主产于北方，由于降雨较少，生产通常限制在具有良好灌溉条件的局部地区，因而对灾害的抗御能力较籼稻更强。

生产函数估计结果没有能够证实劳动力教育程度与技术效率之间的稳定关系。根据所得到的变量系数可以得出，在小麦和玉米生产中，教育程度对技术效率存在积极影响，而粳稻生产中出现的情况正相反。造成这种不一致性的原因可能有，在目前的生产技术体系下，劳动力受教育时间可能并非是粮食生产中所需要的知识和技能的适当指标，此外受教育程度较高的农民常常更多地从事非农业活动①。

估计结果表明，籼稻生产的技术效率与土地规模正相关，而小麦生产中出现的情况正相反。作为籼稻主产区的南方省份人均土地面积远低于全国平均水平，因而更可能存在土地规模效益。相比之下，北方小麦产区人均土地面积较大，但产量低于中部土地规模较小的省份，因而造成技术效率与人均土地面积间的负相关。

灌溉条件对技术效率有着积极的影响，虽然仅籼稻方程中该变量达到高度显著。如前面所述，旱灾对小麦和玉米两种旱地作物的技术效率产生重要的影响，这一情况从另一方面证明了发展和完善灌溉设施的必要性。

提高作物复种强度对小麦和玉米生产的技术效率有不利的影响，然而水稻生产中情况则相反。在我国的高强度种植制度中，水稻通常为核心的夏季作物，补充以小麦、大麦和油料等冬季作物。一般而言，随复种强度提高，冬季作物生长期缩短。此外，水稻收割后稻田含水量通常偏高，影响冬季作物的生长发育。在水稻产区，为保证水稻生产，玉米通常被挤到缺乏设施的旱地、坡地种植，因而产量较低。上述情况有助于解释复种强度与旱地作物技术效率的负相关关系。

变量AS被用来反映经济发展水平对粮食生产的影响。估计结果表明，AS与粳稻和玉米生产的技术效率存在负相关，但与籼稻生产技术效率存在正相关。从理论上难以事先判断该变量的参数符号。在现行政策体制下，一方面中央政府要求农业省份保证粮食生产，另一方面这些地区又缺乏扶持粮食生产所需要的财政能力。农业省不仅农村基础设施通常较差，而且价格扭曲程度往往也较为严重，从而降低了对粮食生产者增加生产和提高效率的激励。

需要注意的是，不同作物方程中时间趋势变量的系数存在明显差异。根据所得到的具有统计显著性的系数，籼稻生产存在技术效率的改善，而小麦和玉米则表现出较强的技术进步特征，粳稻在出现前沿生产函数下移的同时技术效率趋于提高。在生产函数和效率函数中都包括变量T引起的较强多重共线可能是导致这种不一致性的重要原因。

① 根据所采用的定义，变量LEA为劳动力教育程度的一个加权指数，因而权重选择也可能对结果产生影响。为了确定敏感性程度，在本项研究中比较了三种不同的权重组合。结果表明权重对估计结果没有明显的影响。

估计结果表明，地区间技术效率水平存在着显著差异。表4列出了技术效率提高潜力较大的省份。根据上述结果，广西和贵州是仅有的两个技术效率较低的籼稻主产区。这两个地区技术效率低的主要原因是自然环境条件较为恶劣，基础设施薄弱。在过去的十多年中，东三省粳稻生产增长很快，虽然其技术效率较低，但在样本期其技术效率提高速度快于全国平均水平。安徽小麦和四川小麦及玉米生产的技术效率低，同样也主要是由于特殊的气候条件。由结果还可以看出，复种强度高的地区，旱地作物生产的技术效率普遍较低。特别值得注意的是，粮食主产区极少有技术效率偏低者，这一情况表明，就技术效率而言，目前粮食生产的地区布局基本上是合理的。

表4　技术效率提高潜力较大的省份

粮食品种	主　产　地	次　要　产　地
早籼稻		上海
晚籼稻	广西	
中籼稻	贵州	
粳稻	辽宁、吉林、黑龙江	北京、河北、内蒙古自治区
小麦	安徽、四川	浙江、福建、江西、湖北、湖南、贵州、云南
玉米	四川	浙江、湖北、湖南、广西、贵州、云南

注：①此处粮食主产区指产量占全国产量5%或以上的省份。

②具有较大技术效率潜力的省份指技术效率水平比平均水平低5%或以上的省份。

图1反映出各种作物技术效率随时间的变化。在样本期间，粳稻生产技术效率提高最为明显，其次为中籼稻，双季籼稻、玉米和小麦的技术效率基本稳定。从图中还可以观察到，除粳稻外，其他作物的技术效率具有相类似的波动特征。例如，1988年、1991年和1994年技术效率同时出现下降，1989—1990年，1993年和1995年技术效率则同时出现上升。1991年和1994年的波动可以部分归咎于气候因素。1989—1990年和1993—1994年期间的政策和市场条件有利于粮食生产，而1985—1986年和1991—1992年期间出现的情况则恰好相反。

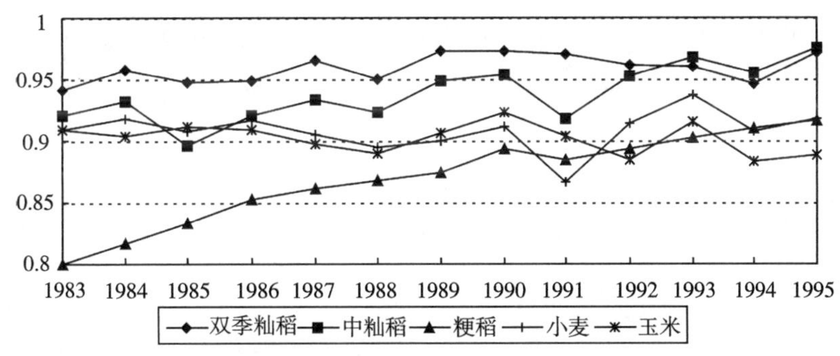

图1　技术效率的变化趋势

注：图中反映的技术效率变化依据的是有完整数据序列的省份的平均值。

四、结论

本项研究的结果表明，粮食生产中劳动投入的边际产出已经相当低，因而难以依靠增加劳动投入来实现进一步增产。随着过去20年中化肥施用量快速增长，其边际产出也趋于下降。虽然小麦生产中增施化肥仍具有经济上的合理性，但增产潜力可能极为有限。此外，施用化肥对环境产生的影响也是一个需要考虑的因素。概括地说，本项研究的主要发现是，我国不可能延续过去的道路，靠增加传统投入（特别是化肥）来实现粮食产量的持续增长。

由于靠增加投入来实现增产的前景不容乐观，提高技术效率则成为一种可选择的出路。虽然防灾减灾和改善水利设施有助于改进技术效率，但实现这一目标的边际成本将快速上升，从而限制了可以实现的程度。扩大农户土地经营规模也是可以考虑的一项选择。虽然采取这一措施的财政费用低，但改变土地制度存在严重的社会和心理障碍。提高复种强度引起水稻和旱地作物技术效率的反向变化，其潜力受到生物技术因素和经济因素的限制。虽然这一研究未能确认教育与技术效率间具有一致性的关系，提高教育水平的长期利益决不应该被忽视。从长远看，通过研究和开发不断提高技术边界将是唯一可持续的出路。

参考文献

[1] Aigner, D. J. , Lovell, C. A. K. and Schmidt, P. (1977), "Formulation and Estimation of Stochastic Frontier Production Function Models", Journal of Econometrics, 6, 21～37

[2] Battese, G. E. and Coelli, T. J. (1993), "A Stochastic Frontier Production Function Incorporating a Model for Technical Inefficiency Effects", Working Papers in Econometrics and Applied Statistics, No. 69, Department of Econometrics, University of New England, Armidale, pp. 22

[3] Brown, L. R. (1995). "Who Will Feed China?", Earthscan Publications

[4] Coelli, T. J. (1994), "A Guide to Frontier Version 4. 1: A Computer Program for Stochastic Frontier Production and Cost Function Estimation", Department of Econometrics, University of New England, Australia

[5] 林毅夫，沈明高，周皓（1996）. 中国农业科技优先序. 北京：中国农业出版社

论社区股份合作经济的制度优势*

俞 勤

农村集体经济实行股份合作制改革是我国农村继实行家庭联产承包责任制之后的又一次重大变革，是广大农民在改革实践中的一项创举。农村股份合作制改革发育于20世纪80年代中期，商品经济比较活跃的地区，如广州的天河区，深圳的宝安区，浙江的温州市，以及安徽的阜阳和山东的周村等地区。到了80年代后期，股份合作制的发展趋于成熟，并且呈现出旺盛的生命力，成为理论研究和实践探索的热点。

农村股份合作制的改革大体可分为两种形式，一种是将农村中的集体企业及个体、私营企业改组成股份合作制企业；另一种是在原集体经济基础上进行股份合作制改造，形成社区型股份合作经济。本文将就社区型股份合作经济的概念，及制度形式加以分析，并对比原集体经济及统分结合的双层经营体制阐述股份合作制的制度优势。

一、社区股份合作经济的类型

在社区范围内实行的股份合作制是以自然村及行政村为地域范围，在原集体经济基础上，引入股份合作制机制，改变原有的产权结构及组织形式，把集体资产的全部或部分进行清产核资，划分为集体和个人两类股份，平均分配给社区内的全体成员，原合作经济组织按股份合作制机制运作。这种股份合作制带有很强的社区特征。

首先，在组织形式及组成成员方面，是以特定的农村社区组织为基础，将原集体经济积累的财产折成等额股份量化到个人，所有权属改组成立的股份合作经济组织，形成新型的业缘组织形式，且与原地缘组织范围一致，在自然村一级组成“股份合作经济社”，在行政村一级组成“股份合作经济联社”。第二，只有本社区内的成员才有完全意义的股东身份，有权获得股份合作社按人口分配的股份，取得股权证书，但股权不能转让、抵押、继承和买卖，成员离开本地区就失去了股东身份，因此股权被限定在社区范围内不能流动。第三，社区内成员作为该组织的劳动者即是天然的股东。在股权划分上体现每个成员对土地等生产资料的均等占有权。同时，股份合作经济组织除发展生产外，还兼顾社区内的文教卫生及公共福利设施建设，具有福利性及行政自治功能。

社区型股份合作经济组织从组建方式来看，可分为以下几类：

第一类是综合型。即将原集体所有的全部资产，包括固定资产、流动资产、土地等经资产评估后，折成等额股份，量化到社区内的每个成员，形成股份合作经济组织。这一类较有代表性的

* 原载中国农业大学《社会科学学报》1998年12月第4期。

如深圳宝安县横岗镇三级股份合作制。

第二类是土地型。即将土地的所有权或承包权、使用权评估作价，一般按当地政府规定的征地价或收益价，或综合几个因素定价折成股份，分股到人，社区成员拥有相当于应承包土地的股份，作为按股分红的依据，土地则由社区股份合作经济组织统一管理。这一类型以广东南海市的土地股份合作制最具代表性。

第三类是资金型。即在原社区性合作基金会的基础上，引入股份制机制，吸收集体积累资金和农户家庭积累资金入股，建立起来的社区合作经济组织内部管理和融通积累资金的服务性组织。这一类型的主要形式是各地出现的社区型股份合作基金会。

此外，以技术、劳力等要素入股的做法在一些地方也较普遍。技术入股为当地经济发展提供了有力的技术支持。劳力入股解决了部分物质积累较少地区实行股份合作的困难，也使外来务工人员获得平等的剩余分配权。如山西大同左云县秦家山村实行的劳力入股型股份合作制。

二、社区股份合作制的一般组织机构及管理

社区型股份合作制的一般组织机构通常设有股东大会作为最高权力机构；重大决策和重要人事任免只有提交股东大会通过才能生效，由股东大会选举产生董事会和监事会。设董事长作为法人代表。董事会是常设权力机构，实行集体领导，负责在股东大会闭会期间执行大会决议，决定重大决策，决定经营管理计划、财务分配方案、人事任免等事项；由董事会聘任经理（社长）主持日常经营管理工作。监事会是股东大会领导下的常设监察机构，与董事会并立，独立行使对董事会、总经理和高级管理人员的监督职能。在股东人数较少的情况下，也有不设董事会，而直接由股东大会选举经理（社长）作为法人代表，并负责日常工作。

三、社区型股份合作制的股权设置及分配方式

社区型股份合作制一般设有集体股、个人分配股或合作股，募集股或现金股等。集体股是进行股份合作经济改造时普遍设置的。它是指一个社区内全体社员作为一个整体所共同拥有的股份，其来源是乡村集体经济组织的历年积累或直接投资形成的资产存量。

集体股的设置有其历史原因和现实基础。在股份合作制创立初期，制度本身并不完善，为体现股份合作制运作的公有制性质，保留一部分不可分割的公共积累，并使其占用控制权，以保证集体财产不断扩大。随着股份合作制改革的深入，集体股的设置也带来了一些问题。集体股名义上归全体成员共同占用，实际上是由乡村政府或集体经济组织作为代表行使所有权。这在很大程度上并未改变建立股份合作制前的产权关系状况。随着股份合作经济的不断完善和规范，集体股的比重由建制初期的80%～90%下降到10%～30%，采取的主要办法是将集体股配售给社区成员，或将其转化为优先股，固定股本降低比重，使乡村政府或集体经济组织不能再参与经营决策。

在社区股份合作制中除集体股外，还设有个人分配股（或称合作股）、募集股（或称现金股）。个人分配股是社区股份合作经济改革中，将原集体资产经核定股份后，无偿量化到个人名下的部分。凡本社区成员均可获得股份，因此具有福利性质。个人分配股所占的比重从30%到60%不等。它并非完全意义的股份，不能抵押、转让和继承，或被限定在合作经济组织内部转让或继承；但股东有以下权力：①按股取利；②通过股东大会参与经营管理；③监督财务状况，提

出建议和质询。

募集股是社区内的成员以出资认购方式形成的股份。在一些地区募集股的范围扩大到了社区以外，募集股的股东除本社区成员外，还包括外来人员、华侨等。募集股多设置为优先股，以体现其集资性质。

在社区型股份合作制中，剩余收益的分配方式实行按股分红。在股权分配过程中，主要依据劳动能力或工作贡献及其差别分配股权并经过一段时间（一般为两到三年）进行调整。也有一些做法是将当年劳动按劳动时间和职位不同折成股份，分配时再按股分红。

四、社区型股份合作制的基本性质

社区型股份合作制是以保存原集体经济积累，满足农民对集体财产的产权要求为目的，借鉴城市国有企业股份制改造的做法而创立的制度形式。

首先，股份合作制实行劳动合作与资本合作相结合，以劳动合作为基础。这主要表现在全员均衡持股。特别是在社区型股份合作制中，社区成员几乎无差别地获得原社区经济组织资产折股，从而使每个劳动者同时又是所有者更加具体和明确。第二，股份合作制企业的经营决策方式采用现代民主管理方式和相应的“股东大会一董事会一经理”组织结构，原则上实行一人一票制，这样从组织原则和组织形式上保证了民主管理的实施，体现出其有别于传统集体经济管理方式的优越性。第三，股份合作制的剩余分配实行按劳分红和按股分红相结合。既肯定现代经济体系中资本的价值和重要程度，形成有效吸引资本的集资机制；又肯定劳动创造价值，形成充分调动劳动者积极性的激励机制。

五、社区型股份合作制的制度优势

社区股份合作制作为一独立的制度形式，有别于传统集体所有制和统分结合的双层经营体制（见表1），体现出其相对的制度优势。

表1　社区股份合作制与统分经营体制和传统集体经济的比较

	社区股份合作制	统分经营体制	传统集体经济
成员（股东）资格	基本限定在社区内部	有社区界线	有严格的社区界线
产权结构	均衡持股，共同占有	农民拥有土地长期使用权	集体共同占有
民主管理决策权	一人一票为基础，民主管理	农户自主经营	依靠领导决策
剩余分配制度	股权按劳分配与按股分红相结合	上缴税费后剩余归己	集体积累
经营规模	不受限制	家庭规模	以生产队单位
经营范围	多种经营	农业，兼营其他	单一经营（农业或其他）
适应市场机制	基本适应，风险较小	被动适应，风险大	不参与市场经济

传统集体经济是以维护国有经济，保障计划经济的运行为目的的。它割断了劳动者与市场的联系；使资产归集体成员共同所有，取消了成员个人所有权，“人人所有，人人没有”；生产管理中的过分集中和分配上的平均主义使农民生产缺乏主动性、积极性，干与不干、干多干少都一样。这一制度的种种弊端，使我国农村经济长期停滞，终于引发了70年代以家庭联产承包为主要内容的农村解决体制改革。

家庭联产承包责任制是把原集体土地按每户农民家庭人口数均等地分给农民承包经营，由各户农民完成与承包土地数量相应的国家税收、订购任务和应交的集体提留，剩余部分归农户所有。以家庭承包责任制为基础的统、分结合的双层经营体制充分地调动了农民生产的积极性。同时也暴露出其自身的局限性：①家庭经营规模小；在市场经济中盲目性较大，无法根据市场需求变化很好地调整产品结构；②土地规模零散，限制土地的合理利用和资源的优化配置；③资本积累和资金实力相对较小，无法与大资本在获利丰厚的产业竞争。

社区型股份合作制是市场经济条件下农村经济进一步发展的产物。首先，社区型股份合作制是适应市场经济要求的现代经济组织形式。从产权结构来看，原集体经济中成员个人只有名义上的所有权，并无具体体现；在统分经营体制下，农户拥有土地使用权，与村经济组织的其他财产无直接关系，也不关系这些财产的经营情况。股份合作组织与其成员有明确的产权关系，成员以所持股份拥有股份合作社的资产。从组织形式及决策方式来看，传统集体经济依靠行政领导，由上级下达指令计划，农民只有服从，也没有参与经营决策的制度保障。在统分经营体制下，往往缺乏统一经营，只由农民自主经营，独立决策，从而不可避免的带有主观随意性，凭感觉行事，缺乏科学管理。股份合作制有完整的组织形式能够保证民主管理和监督的实施。从分配制度来看，原集体经济实行评工计分，因缺乏依据和监督，只能是平均分配，越来越穷。统分经营体制下，农民有了除集体提留外的剩余收益，而农户经营的不稳定性使收入得不到保障。股份合作制在保证成员获得按劳分配的收入的同时，还可以获得按股权分配的剩余收益，成员劳动积极性得到充分发挥，生活水平不断提高，使社区成员达到共同富裕的目的。

其次，统分结合的经营体制由于受家庭经营规模的影响，限制农机的使用农业生产大部分处于自给自足的状态，股份合作经济组织可以在社区范围内根据实际情况，综合利用土地，统一规划，合理使用农机、化肥等，提高劳动生产率，提高商品率。

第三，统分经营体制下农户只从事农业，收入相对偏低，不放弃土地承包权的前提下农户经营也在向二、三产业发展，这就造成一些地区农业生产兼业化，农民收入也不稳定。股份合作制在稳定农业生产的同时扩大经营范围，发挥股份合作制的筹资功能，集中资金投资兴办大型项目，从中获得丰厚的利润，使股份合作经济组织的经济实力不断增强。

总之，社区型股份合作制是在实践中由农民创造的，也是农村在市场经济条件下，求得生存和发展的必然选择，并正在成为广大农村经济体制改革中可供选择的重要制度形式之一。

粮食流通体制改革与市场体系建设：回顾与展望*

柯 炳 生

改革开放20年来，我国的粮食政策发生了重大的改革和变化。造成这种重大变化的原因一方面是由于改革的需要，另一方面也是一系列国民经济总体情况发展变化的结果。回顾我国粮食政策改革的历程，总结改革的经验和教训，对于准确分析评价我国目前的粮食政策，明确今后进一步深化改革的方向，具有重要的意义。本文试图对我国近20年来粮食政策的改革历程进行归纳分析总结，并对其深化改革提出展望和建议。

一、粮食政策目标的变化

我国粮食政策的目标在过去的20年中发生了重大的变化，主要表现在以下几个方面。

1. 为工业化发展提供积累不再是重要目标。在改革开放之前的计划经济体制下，农业被视为积累资金、支持城市工业发展的重要来源，粮食的收购和消费价格定的很低，以降低工业生产的劳动成本和原料成本。为达到此目标，采取了强制性的国家统购派购政策。这个目标在改革开放以来随着国民经济的迅速发展逐渐弱化。自80年代中期以来，农产品市场不断放开。先是水产品、水果、蔬菜，然后是畜产品和油料作物。尽管粮食的市场尚未完全放开，国家仍然保留着订购政策，但是其政策目标已经发生了根本性的变化。现在主要是出于稳定市场的考虑而不再是通过订购政策继续让农业为工业发展做贡献的考虑为主了。政策发生这种变化的根本原因是工业经济的巨大发展，使得国家的总体实力大为加强，不再需要通过农业为工业发展提供积累，进入了工农业平行发展的阶段。

2. 补贴城市消费者的目标明显减弱。计划经济条件下的粮食政策是以保护城市消费者的利益、对消费者实行高补贴为核心的。这种补贴是通过牺牲生产者利益的强制性低价格收购和国家财政价格补贴来实现的。所有具有城市居民户口的人都享受这种补贴的好处，不管收入水平如何。而现在，随着人们生活水平的大幅度提高，粮食在居民消费中所占的比重大大下降，由改革开放初期的20%以上降低到现在的5%以下。除了极少数家庭之外，城市消费者对粮食价格的承受能力已经不是问题了。除了在某些城市对一个很小比例的城市贫困人口仍然实行一定的补贴之外，粮食政策对消费者的补贴已经完全不存在了。在这方面也不存在着对决策者的压力。事实上，对顺价销售的高度强调，已经意味着毫不把消费者的承受能力当作一回事了。

3. 外汇收入和平衡目标已经大为弱化。改革开放以前，农产品出口曾经是我国外汇收入的重要来源，粮食贸易额很小，主要是因为国内供给紧张很难出口，而又由于外汇短缺而不能大量

---

* 此文是农业部纪念中国农村改革20周年理论研究会上的报告。

进口。改革开放以来随着外贸出口总额的迅速增长，农产品出口在外贸出口总额中的比重大大降低，由70年代末期的20%降低到目前的5%左右；贸易平衡状况由赤字变为连年盈余；外汇储备大幅度增加，目前已经超过1 400亿元。所有这些因素都使得农产品出口创汇的意义大大降低，不再是农业政策的重要目标。粮食的进出口贸易已经不再受外贸平衡和外汇短缺的压力了，起决定性作用的已经是国内外的价格比较和长期粮食安全战略等因素了。

4. 农民收入目标的重视程度大大提高。农民的收入问题日益获得了较高程度的重视，尤其是90年代初期以来。目前这个目标的重要程度似乎已经接近生产目标（粮食安全目标）。在各种官方文件中，农民收入已经是一个重要的农业经济发展指数。到2000年农民收入的目标是1 200元（1990年价）。国家开始将农民收入的增加幅度也列入年度目标。例如，1998年的农民收入增加目标定为4%～5%。农民收入问题获得了日益重视的原因是，农产品供给状况大为好转，城乡居民收入差距日益加大，多年来在2.5∶1左右。农民的收入问题不仅是一个经济问题，而且日益成为一个社会和政治问题。农民收入问题既直接影响到农村人口向城市的流动和压力，也影响到城市工业品的农村市场购买力。1997年下半年以来整个国民经济的市场低迷和供给过剩问题，农民收入增长缓慢所导致的农村市场不景气被普遍认为是最重要的原因之一。而与此同时，农产品的供给却出现了持续的过剩现象，使得长期以来对供给不足的担心大为减轻。正是基于这样的原因，对农民的收入问题就给予了日益高度的重视。

5. 保持市场稳定的目标。农产品市场稳定已经是日益重要的一个农业政策目标。在计划经济条件下，价格完全由政府控制，价格往往一定几年乃至十几年不变，所以也就没有价格波动问题。如果说价格有变化的话，也完全是由政府的意愿而定的。随着经济体制的改革的深化和市场经济体制的逐步引入，市场波动问题也出现了，并日益突出。80年代中期以来，农产品生产和供给方面的波动常常引起强烈的市场价格波动。1993年和1994年度的粮食和农产品价格的大幅度上涨被认为是造成当时高通货膨胀的重要原因。1997年以来粮食和其他农产品价格的大幅度下降是一个最新的市场波动例子。

6. 长期粮食安全与粮食主权。粮食安全与主权是一个极为重要的政策目标。通过提高生产量来保障食物供给是长期以来我国农业政策的一个头等重要的目标。改革开放以来尤其是90年代以来随着农产品供给形势的大大改善，这个目标的强调程度似乎有一定的减弱，而且强调的重点也从单纯地强调数量变为日益重视质量和品种。但是，这个目标仍然是我国农业发展最重要的目标。

我国是不会将自己的粮食问题依赖于世界的。我国的许多决策者和学者都同意布朗的观点，认为不能依靠世界来养活我国，但是他们却不同意布朗的我国不能养活自己的观点。我国将努力不断改善国内的农产品供给数量、质量和品种，以充分满足日益增长的人口和日益增长的消费标准的需要。不过，这并不意味着拒绝农产品的国际贸易。加强国际农产品贸易的重要性，既是我国要加入关贸组织的需要，也是发挥国际比较优势的需要。即便对粮食这样最重要的农产品，我国也不追求完全的自给率。1996年发表的粮食问题白皮书明确提出粮食的自给率目标是95%。这大致相当于净进口2 500万吨。到2030年，国内粮食消费将达到6.4亿吨，净进口量不超过3 200万吨。按作者的判断，这些数量是就一般情况而言，并不一定排除在一些个别年份中，粮食的净进口超过上述数量的可能性。这个95%自给率目标最重要的含义可能并不在于95%的数字指标，而在于它表明我国将保持一个对世界适度开放的粮食市场。

7. 对国有粮食经营企业和国家财政支出负担的关注大为提高。从1996年夏粮收购开始，订购价格提高了约40%。而提价之前，市场价格已经开始从高峰值下跌。到1997年夏季，市场价

格跌落到与订购价格持平并继续下跌。到1997年年底，订购价格已经变得高于市场价格，其中稻谷的差价最大，达15%～20%，小麦约10%，玉米持平。只有大豆的市场价格没有发生多少变化，仍然高于订购价格40%左右。1997年夏季开始，国家宣布实现粮食的保护价收购政策，保护价格也高于市场价格。

这种价格关系变化的直接后果是国家用于粮食补贴的财政支出直线上升。政企不分、国有粮食部门的低效率和保护价格制度设计与执行方面的漏洞，是造成补贴飙升的内在原因。

在这样的背景下，如何减少国家的财政支出负担，变成了一个突出的粮食政策目标。用财政支出对粮食进行价格补贴本来是一项为了实现有关政策目标的政策手段，而现在如何减少补贴却变成了目标本身。在某种意义上讲，甚至变成了短期内最重要的目标。

与减少财政支出相关联的是保证国有粮食部门数百万职工的福利问题。国有粮食部门的低效率，有相当一部分是企业本身难以解决的体制问题，包括就业制度、养老制度、医疗制度、住房制度等等。这些问题使得企业的非经营负担（成本）太高，没有国家的补贴就不足以同其他经营单位竞争。换言之，没有国家的补贴，相当一部分企业就要破产。因此，如何既要减少国家财政负担，同时又要确保国有粮食部门保持生存力，就成为当下粮食政策中带有核心性的目标了。

综上所述，我国粮食政策目标的变化都是一系列客观环境条件变化的结果。条件中最重要的是经济总体发展水平的大大提高。政策目标集中体现了决策者的价值取向和对形势的判断。除了最后一点较为复杂之外，其他所有变化趋势都是合理的，体现了我国从不发达经济向发达经济转换，从计划经济向市场经济转换的特征。

二、粮食政策改革历程

我国粮食政策改革的历程并不是直线发展的，而是具有阶段性的。上述的变化仅是就总体发展趋势而言。在具体的发展阶段上，还是有一些起伏的。我国粮食政策措施的重要变化大体可以划分为以下几个阶段。

第一阶段：1978—1984年。这是市场化改革的起步阶段。首先，在维持原有购销政策不变的情况下，对长期以来过低的国家粮食收购价格进行了大幅度调整。1978年决定，从1979年起，粮食统购价格提高20%，超购部分在此基础之上再加价50%。从70年代末期到80年代中期，粮食市场逐步放开。对自由市场粮食贸易，经历了从严格禁止，发展到部分许可（允许农民直接零售，禁止私商长途贩运），进而又发展到默许。

第二阶段：1985—1990年。这是“双轨制”的建立和稳定（调整）阶段，改革的重点是国家收购政策。1985年，“双轨制”正式确立，这是粮食收购政策改革中的重大突破。其最重要的意义在于正式确立了自由市场交易的合法性。尽管由于后来粮食生产的波动使得原来计划实行的自愿合同收购又演变成了强迫性的国家订购，但是，由于允许完成订购任务后开放自由贸易市场，并且订购数量不断调减，由开始的790亿千克贸易粮（包括农业税）降低到1986年的615亿，又降低到1987年的500亿千克，粮食的市场交易量（包括国有粮食部门的议价收购）不断迅速增加，很快超过了订购数量。订购价格在1987年和1988年也略有增加。

造成80年代初期以来市场逐步放开的主要原因是粮食的供给情况发生了根本性的变化。一方面，粮食生产的连年大幅度增加扭转了长期以来的严重短缺现象，还在1984年出现了新中国史无前例的全面过剩。城市居民和工业的粮食需求已经不必需要通过强制性的收购政策来实现。农民有余粮可卖，而国有粮食部门的收购能力却相当不足。另一方面，1979年提价之后，出现了价格倒挂，订购价格高于统销价格 20%，而超购价格高于统销价格 80%，这种价格倒挂不得不由国家财政予以补贴。在连年大丰收的情况下，农民出售的超购粮食大幅度增加，使得财政支出日益不堪重负，1984 年国家粮油补贴支出占当年财政支出的 13.5%。遏止财政补贴支出的继续增加可能是建立“双轨制”的直接原因。但是“双轨制”的实际重要意义远远大于此。由于其明确地肯定了自由市场粮食交易（包括收购、批发、零售）的合法性，从而是粮食政策从完全的计划经济转向市场经济过程中的非常重要的一步。

第三阶段：1991—1993 年，这是继续市场化改革阶段，改革的重点是国家平价销售政策。城市居民的定量口粮价格（统销价格）自 1966 年起到 1990 年的 25 年间长期维持不变，而订购价格却不断提高，使得价格倒挂幅度不断增加。取消超购时，订购价格高于统销价格 65%，1990 年达到 75%。这种价格比例关系，既使得财政负担沉重，也妨碍了任何进一步的粮食政策改革。因此对销售政策的改革就成为当务之急。改革的最大障碍是对消费者承受能力的判断，包括实际经济承受能力和心理承受能力。

1991 年，城市平价供应（统销）粮食价格大幅度提高 50%。统销价格在冻结 25 年之后，这是第一次变动。此项政策具有重大意义，打破了消费价格不可变动的禁忌，开始扭转了以消费者为中心的政策倾向。同时，消费者对提价的平稳反应，增强了对消费者经济承受能力和心理承受能力大大提高的认识，为后来的进一步改革，最后彻底取消定量供应制度打下了基础。

在 1991 年成功提价的鼓舞下，1992 年订购价格提高 20%，同时将城市销售价格再提高 50%，从而实现了购销同价。对消费者的价格补贴由暗补改为明补；对国有粮食企业的价格补贴相应取消，财政只补贴经营费用。

在成功地大幅度地提高了统销价格之后，大大增强了对统销制度本身进行改革的信心和基础。在小平同志“视察南方”讲话的鼓舞下，从 1992 年开始，广东等一些地方率先开始进行取消统销制度的改革试验。由于进展顺利，全国各地迅速推开，到 1993 年下半年，全国各地基本上全部取消了粮票和统销制度。尽管在 1994 年粮食价格暴涨时一些城市又重新发放了各种形式的粮食供应票证，但是都是发给低收入阶层而非全体城市居民，并且不久之后也又取消了。

第四阶段：1994—1997 年，这是建立适应市场经济发展的宏观调控体系的探索阶段。改革的重点是建立中央与地方分权（决策分散化）的稳定市场波动机制。

实际上，决策的分散化在 1992 年就已经开始了。1992 年开始的统销政策的改革和订购政策的改革，改革的形式和进度等都由地方政府决定。建立中央和地方两级粮食风险基金，也是分散稳定市场责任的表现。而最突出的措施是 1995 年提出的米袋子省长负责制，将稳定粮食市场的责任直接落在各个省自己的肩上。1998 年中央进一步将订购粮食的定价权放给了各省。决策分散化的最主要目的是减轻中央财政在稳定粮食市场方面的负担。

1993 年年底之后的粮食市场价格大幅度上涨，使得粮食政策的市场化改革进程受阻，原计划于 1994 年实行的“保量放价”政策并没有得到落实。出于对城市粮食供给不足的担心，再度提出对收购市场进行管制。1994 年，国务院两次发出通知，规定“除承担国家粮食收购任务的单位和具备规定资格并经核准的粮食批发企业外，其他单位和个人都不许到农村直接采购粮食”。这是针对当时市场价格大幅度上涨所采取的应对措施。后来随着市场粮食价格的逐步稳定，对收购市场的控制并没有严格实行。为了保证订购任务的完成，1994 年订购价格再次较大幅度提高，约为 30%。1996 年，订购价格再次提高约 40%。订购价格低于市场价格 20%左右。1997 年夏季以后，全面持续出现市场价格低于订购价格的情况。国家用于粮食价格补贴的财政支出直线上升。

1994年建立实行粮食风险基金制度和粮食保护价格制度，这是针对粮食市场的波动问题，试图建立适应市场经济体制的宏观调控体系的努力。从名称和形式上看，是对市场经济国家粮食市场调控政策的借鉴，但是在实质上，却有着很大的不同。其中政企不分是主要原因。由于政企不分，政府不是完全使用经济手段，而只是部分地使用经济手段，并主要通过行政命令责令粮食企业执行政府稳定市场的职能，结果良好的政策愿望不能得到很好的实现，反而造成了一系列新的问题。由于国家不是买断进入储备的粮食，而只是对粮食企业给予补贴，使得企业利用政策性业务和经营性业务不分套取国家补贴成为可能；由于国家并不按保护价格买断农民的粮食，而只是对粮食企业按保护价收购上来的粮食给予补贴，又使得企业利用保护收购套取国家补贴成为可能（只要保护价与市场价之差小于国家补贴，粮食企业就可以通过按高保护价格购入，再按低市场价格销出而获利）。

与此同时，一些学者也对省长负责制提出了异议，认为，尽管在短期内省长负责制可以起到提高地方政府重视粮食生产、增加农业投入等积极作用，但是从长期效果看，却对资源的合理利用和比较优势的发挥不利，也容易造成市场的分割。因此，这一阶段的改革，仍然属于探索性质的，仍然有许多需要加以完善的地方。

第五阶段：自1998年起，这是改革的深化阶段，改革的重点是“四分开、一完善”。对于这一阶段的粮改政策的评价和前景展望，将在下面专门阐述。

综上所述，我国粮食政策的具体措施与政策目标的变化相适应，也发生了重大的改革和变化。改革最大动力是财政支出的压力。就改革的总体发展方向来看，大体有以下特点：第一，粮食流通逐渐放开，从极为严格的市场控制逐步向市场化发展。第二，粮食政策的决策从高度的集中逐步向分散化发展。第三，市场管理和调控的重点从数量管理为主转向价格管理为主。第四，国家的补贴从对消费者补贴为主转向对国有粮食部门补贴为主。这种变化的总体趋势是适应了我国建设社会主义市场经济的需要。

三、深化粮食政策改革的若干思考

在讨论深化我国粮食政策改革时，首先最重要的是要明确改革的目标是什么。如果目标不明确的话，很容易为当前的一些表层矛盾所迷惑，从而不能作出科学可行的决策。

根据上述对我国粮食政策目标的分析，我国粮食政策改革的最终目标是建立起一种高效率的稳定市场机制，使得国家财政以最小的支出，实现最大的粮食供给安全和粮食价格稳定。换言之，应当建立起一种高效率的粮食政策体系，其高效率体现在：政府能够以尽可能少的财政投入，取得尽可能大的粮食安全和市场稳定目标。为了实现这样一种目标，有许多可供选择的政策措施。政策效率的高低，取决于政策手段的科学性和合理性；不同的政策手段，其效率的高低差异可能非常之大。

在具体探讨如何建立和完善起这样一种机制之前，有一系列重要的认识问题需要作出澄清和回答。

第一，稳定生产和稳定市场供给的关系。这是源和流的关系。只要生产稳定发展，市场供给就决无短缺之忧；农民生产出来的产品，无论通过什么流通渠道，最终总是要出售给消费者。反之，没有生产的稳定保障，市场供给稳定的保障就很难；生产不能稳定发展，仅靠市场控制手段强制收购，会伤害农民的积极性，虽可有一时之效，但其长期效果却如饮鸩止渴。这本来是个简单的道理，改革开放前的教训也记忆犹新，但是一遇到具体政策问题，很多人的态度还是颠倒了生产与供给的因果关系，将精力过分集中在市场控制手段上。真正解决问题的办法是对供给总量的调节，而不是对流通渠道的调节。

第二，粮食的特殊性与市场控制的关系。在讨论我国的粮食政策时，粮食的特殊性一向是一个重要因素。粮食的最大特殊性在于，其是人类生存最为基本的必需品。强调粮食的特殊性，主要是怕出现市场供给严重短缺的情况。这里有几个问题需要进行进一步的分析。首先，具有特殊重要意义的不是所有粮食，而仅仅是口粮。饲料粮、加工业用粮的重要性相对而言要小得多，不会比肉蛋果菜更重要。我国粮食的人均产量已经达到400公斤，远远超过口粮需求。在未来相当长一个时期内，我国的口粮需求完全可以得到充分的满足，不会出现绝对短缺。其次，如上所述，市场能否稳定，关键是生产，而不在于市场控制。只要生产出来了，农民最后必然会将粮食出售给消费者。最坏的情况也不过是在相对短缺的时候，市场价格高一些。此外，粮食还有一个特殊性：作为千家万户生产的产品，粮食市场是具有高度竞争性的，很难实现市场价格垄断，国有企业都做不到，私商更做不到。尽管由于粮食生产受气候条件制约较大，为了防止年际之间的生产波动引起价格的过度波动，政府可能还是应当对粮食这种特殊产品采取一些不同于其他农产品的特殊政策。但是这种特殊的政策不是市场控制，而是采取“专储粮”政策和进出口调节等经济手段。通过这样调节供给总量而不是调节流通渠道的办法，是最有效的和最根本的防止数量短缺和价格波动措施。

第三，农民收入与粮食政策的关系。粮食价格高当然有助于增加农民的收入，但是无法通过不断提价来增加农民收入，这已经是共识了。还有一个已经为国际所公认的道理是：通过价格政策来保证农民收入，是一种效率很低的办法。为了使得农民多增加一元钱收入，政府通过粮食价格政策所需要支出的费用，要远远大于一元，甚至高达几元。因此，发达国家吸取了几十年的教训，开始放弃保护价格政策，而采取直接给农民补贴的办法。我国现行的政策，一方面想对农民实行价格保护，为此国家支出了大量补贴（且不论有多少真正到农民手中）；另一方面，又花费很多力气向农民征税（农业税和农林特产税），这不能不说是一种矛盾。如果确实认定国家现在已经具备了反哺农业的实力，那么是否可以设想先取消对农民的征税呢？如果国家还有实力补贴农民的话，那么与其把钱花在推行效果并不显著的保护价格政策上，不如直接将钱补给农民，或者直接投入农业，用于农业基础设施和农民生活设施的改善，既可以提高粮食生产力，也能更好地将补贴的好处直接发放到农民手中，而不至于流失在低效率的流通过程中。

第四，国有粮食部门中政策性经营和盈利性经营之间的关系。这是不相容的关系。追求盈利是企业的基本和最终目标，是企业要生存的必要条件，也是完全合理的。而政策性经营，必然是亏本性经营，要求企业不顾自身利益去稳定市场，企业对此是不会有积极性的，因此政府通过提供补贴的办法，给企业以补偿。然而，客观地、现实地看，对于每一个具体的企业来说，在其政策性经营活动中，也是以盈利为目的的；政策性经营不能从市场交易中获利，企业必然千方百计争取从政府的补贴中获益。如果正当途径的补贴数额不足以弥补其成本或者其获利要求，就必然发生两种情况：或者不很好地执行政策，或者采取不正当手段获取额外补贴。在现今的客观环境条件下，不靠经济手段，而期望靠行政手段使得国有粮食企业去稳定市场，是不现实的。稳定市场是政府的目标，企业包括国有企业并不把稳定市场当作自己的经营目标，这是一个现实，不管我们是否愿意承认。正确认识并承认国有粮食企业追求盈利目标的现实性、合理性和必然性，对制定更为科学有效的粮食市场政策措施具有非常重要的意义。

第五，解决财政支出压力与建立高效市场运行机制的关系。这是最容易产生误区的问题。在本质上，二者不是平行的关系，在同等条件下，是市场运行机制的效率最终决定财政支出的压

力。不建立一个高效率的市场运行机制，国家要想实现稳定市场等政策目标，财政支出的压力是无法减轻的。只有建立起一个高效运转的市场机制，才能从根本上截断对国家财政的依赖和压力。而在实践中，人们为目前的财政压力所迫，往往倾向于本末倒置，舍本求末，采取不顾一切，想方设法，先把财政包袱卸下再说的态度。这样做的结果，往往是适得其反。时间跨度越大，问题就越明显。我国国有粮食企业的亏损挂账，计划在 5～10 年内消化解决。在这么长的一个时期内，如果不是建立起一个容易运转并且高效运转的市场体制，而是仅靠一些临时性的措施，是难以行得通的。某些措施，作为权宜之计临时在短时期内一用可能会有些效果，但是却不可能在 5～10 年这样一个长时期中维系下去。

第六，国家宏观调控与市场配置资源的关系。市场经济条件下也需要国家进行宏观调控，这是毫无疑义的。但是，现在似乎有一种泛化宏观调控的现象，把什么都往宏观调控这个筐里装。如果宏观调控是想调什么就调什么，想怎么调就怎么调，那与计划经济就没有什么区别了。十五届三中全会的决定明确指出“要深化农产品流通体制改革，主要由市场形成价格，在国家宏观调控下充分发挥市场对资源配置的基础性作用。加强和改善国家对粮食这一特殊商品的宏观调控，保护农民积极性，保证供给和价格基本稳定”。这十分明确地说明了市场的作用是基础性的，要充分发挥；国家宏观调控的介入，是在此基础之上，对市场不完善之处的调控。实际上，宏观调控要发挥有效的作用，也是要承认、尊重、遵循和适应市场规律的，例如供求规律，企业行为规律，等等。对什么进行调控可以由决策者主观决定，但是如何才能进行有效的调控，如何才能实现调控的目标，却不是由主观意志或者愿望决定的事，而是取决于调控措施是否科学、合理、可行。在市场经济中，需要国家做裁判员，但是国家如果不顾市场的基本规则，随意乱吹哨子，则结果可想而知。宏观调控的核心在于对“宏观”的调控，国家通过储备吞吐和进出口调节市场供给总量，从而起到调控市场的作用。如何进行科学的储备吞吐和进出口调节，是应当注意和研究的关键。

对上述这些重要问题的不同认识，直接制约着我国粮食政策的进一步深化改革。对这些问题方面认识准确，取得共识，是粮食政策深化改革成功的首要条件。

四、深化粮食改革的难点与建议

尽管我国的粮食改革政策已经取得了重大的成绩，但是也不容否认，目前的粮食政策仍然存在着许多不完善之处。其中最突出的问题就是国有粮食部门的效率低下和资金运营混乱，在短短的六年期间就造成了 2 140 亿元的亏损，平均每个月一个亿，每个在职国有粮食企业员工 7 万多元。在这样的背景下，1998 年提出对原有粮食政策进行深化改革的决策，是极为必要和及时的；所提出的“四分开，一完善”的总体思路也是正确的。

然而，由于上述认识方面问题的存在，在具体政策措施的细化和落实过程中，仍然存在着很突出的政策措施与政策目标的不协调问题，具体的政策措施不能满足政策总体目标的要求，仍然有大量的工作要做，仍然需要不断提高完善。

目前制约我国粮改政策的有一系列因素。这些因素环环相套，缠在一起，非短时期内所能理清，结果使得为了解决老的问题的措施还没有发挥出作用，新的问题已经变得突出了。这些制约因素，既有粮食市场本身的原因，更有粮食市场本身之外的因素。从根本上说，我国粮食进一步深化改革中的最大难点是国有粮食企业的改革。而定购政策的改革（不一定是取消）又对国有粮食企业的改革起着相当的牵制作用。没有这两个方面的改革成功作为基础，整个改革就难以顺利推进。

我国粮食政策目前面临和所要解决的突出问题为：第一，如何解决国有粮食企业 2 000 多亿元的新老亏损挂账。第二，国有粮食企业能否和如何不再形成新的亏损与挂账，不再增加中央和地方政府的财政支出负担。第三，如何保证市场的稳定，使得供给数量获得切实的保证，市场价格不出现暴涨或者暴跌。价格不暴跌就是保证了农民的利益，这对保证粮食生产长期稳定增长具有重要意义；价格不暴涨就是保证了消费者的利益和社会稳定，这对保证大量下岗职工的基本生活保障具有突出的现实意义。

解决新老财务挂账问题，现在的思路是除了靠中央和地方财政之外，要求主要靠国有粮食收储企业自己消化。按目前的状况来看，难度很大。要实现这一点，首先的前提条件是要求国有粮食企业不能形成新的亏损和挂账，并且要有较大的盈利。粗略地算一下，现在亏损和挂账的 2 140亿元，假定利息全部由中央和地方政府负担，而本金平均在 7 年内消化，每年的消化额将为 300 多亿元。这意味着，国有粮食企业为了实现消化挂账目标，每经营一斤粮食，至少需要多赚一毛五分钱利润，利润率在 20%以上。这是一个极高的超额盈利要求。如果其中挤占挪用的 800 亿元的利息也由企业负担，要求就更高了。

目前解决挂账问题的核心是要确保实现顺价销售。实现了顺价销售，就不会发生新的亏损；实现了顺价销售，才有可能消化原有亏损。这里有两个问题需要回答：第一，能否实现顺价，或者在什么情况下可以实现顺价？第二，如果实现了顺价，会不会导致出现其他问题？

为了回答这两个问题，首先要回答什么是顺价。按有关文件的规定，顺价销售的价格以原粮购进价（按订购价、保护价加权平均计算）为基础，加上当期合理费用和最低利润确定粮食的出售价格。在政企分开的市场经济国家中，这种顺价是任何一个企业生存的最基本常识，即使最愚笨的经营者也无须国家来做这种要求和提醒。原因极为简单，任何一个企业做不到这一点，就得破产关门；亏损是企业的事，与国家没有直接关系。

对于我国绝大部分非国有粮食经营者来说，实现顺价销售似乎并不是一件很难的事。否则就难以解释近年来非国有粮食经营一直在蓬勃发展了。非国有经营者可以实现顺价销售，而国有粮食部门却难以实现顺价销售，原因何在？原因在于国有部门的成本太高。在收购价格和销售价格均相同即购销差价相同的条件下，对非国有经营者可以是顺价，对国有企业却不是顺价。要实现顺价，国有粮食企业所要求的购销差价要远远为大。这意味着要实现顺价，国有企业只能以比私商低的收购价格购进，或者以比私商高的消费价格卖出；在开放的市场条件下，国有企业面临着非国有经营者的激烈竞争，很难做到这一点。缺乏竞争力，是国有部门难以实现顺价的根本原因。

要解决国有部门的顺价问题，有两种思路：一是实行垄断，将非国有经营者通过强制性的行政措施排挤出市场；二是通过提高国有部门的经营效率来降低成本。

按照第一种思路，如果能够顺利实现对市场的垄断的话，价格自然可以顺上去。然而问题在于，粮食市场的特殊性，是非常难以实现垄断的。一些国家的经验均表明，只有对某些特殊农产品的市场才能够实现有效的垄断。这些能够被垄断的农产品的特征是：该产品都是商品性生产，生产者自己消费的比例很低；并且只有经过了某个集中的营销环节之后才能被消费，即必须要经过一个瓶颈才能进入市场，从而使得对市场的控制可以通过卡住瓶颈环节来实现。例如，甘蔗和甜菜必须经过榨糖厂这个加工环节才能进入消费市场，牛奶只有经过牛奶加工厂之后才能变成各种可以销售的奶产品，等等。只有当存在这样一个瓶颈的时候，市场控制政策才有可操作性和可能性。因为政府可以通过对瓶颈环节的监控，来实现对产品市场的垄断；由于榨糖厂和牛奶厂的

数量是有限的，政府的控制相对较为容易和可能。欧盟对甜菜和牛奶的补贴与市场控制就是通过控制相应的两个加工环节来进行的。否则，如果该产品不必通过这样一个集中的瓶颈环节就可以进入市场，则政府就难以实现控制。因为一方面是数量巨大的生产者，另一方面是数量巨大的消费者，要对他们的直接交易进行控制，难度很大。

粮食就属于不具备这种瓶颈特征的产品。第一，粮食虽然也必须要经过加工，但是绝大部分粮食只需要很简单的加工即可以进入消费，粮食加工厂遍布农村，不能构成一个瓶颈环节。第二，一些粮食可以直接进入消费过程，例如用做饲料，或者用做酿造业，而畜牧场、饲料加工厂、大小酿造业工厂也是数量庞大，难以监控。第三，粮食易于储存，农户自己可以很容易地储存一二年而不成问题。第四，粮食易于运输。第五，粮食交易量可以很小，尤其是加工成米面的粮食可以以很小的数量直接出售给消费者。所有这些特点都与牛奶、糖料等产品不同，是很难进行市场控制的。如果只想控制收购环节，而不控制批发、加工和零售环节，则更是难上加难。因为粮食流通方式、流通渠道、消费方式等方面的多样性使得人们有种种办法躲避对收购的市场控制。对于那些到城市农贸市场或者走街串巷出售大米的农民，很难弄清他们的粮食的来源。那些大米既可能是他们自产的，也可能是从其他农民那里收购来的；既可能是他们从农民手中收购了稻谷之后加工成了大米，也可能是农民自己将稻谷加工成大米之后再卖给他们的；如果说根据他们大批量的收购还可以断定是收购行为的话，那么他们小批量的多次购买，就难以断定是收购行为还是自我消费购买行为。如此等等，使得对粮食收购的市场控制相当困难。

第二种思路是一种根本性的解决办法。然而困难在于，企业改革是一个复杂的过程，涉及到就业制度改革，社会保险制度改革，企业内部管理改革，以及产权制度改革，同时还受到政府职能转变过程的制约。所有这些改革，都非一日之功，非短期内所能立竿见影生效。第一，国有粮食企业面临着的最大问题之一是冗员太多，1997年国有粮食企业从业人员比1978年增加了175%，达到317万人，即使扣除从事粮油加工和城镇销售的人员，仅粮食收储企业人员也高达180万人，比1978年总数多50%。据测算，大多数企业仅需要现有人员的一半到1/3，而国有粮食企业减员增效的目标是在三年之内减少一半人员。即使这个目标能够如期顺利实现，也需要三年的时间。第二，退离休职工，住房和医疗等各项福利负担，也是影响企业经济活力的重要因素。第三，也是一个更为重要的因素，这就是政府对企业的干预，要求企业承担稳定市场的责任，例如，规定企业必须按政府制定的较高价格收购粮食（在粮食供应紧张时按政府规定的较低价格出售粮食），而对由此所可能产生的经济后果却不承担全部责任（仅付给一定的补贴），也容易使企业陷于困境。第四，收储业务和附营业务分离之后，一方面有利于防止附营业务占用政策性贷款，防止不合理的挂账，但是另一方面也应当看到，附营业务一般增值较大，而收储业务增值较小。市场营销的整个过程之所以能够增值，在于其提供了三种效用：时间效用（收储），空间效用（运输）和形态效用（加工）。收储提供的主要是时间效用。对于粮食这种产品来说，收储的增值较少，而且农户也可以容易地储存粮食，从而形成与国有粮食收储企业的市场竞争关系。因此，收储与附营业务分开之后，仅仅从事收储，其盈利空间即使不考虑私人粮商的竞争，也会由于农户本身的储粮行为（根据市场价格决定储存或者出售）受到极大的制约，不可能很大。因此，在短期内，除非发生大幅度的通货膨胀现象，否则大部分国有粮食企业实现顺价是有困难的。

在考虑到上述种种因素之后，难免会对我国的粮食政策深化改革前景提出一系列值得认真思考的问题：

第一个问题：假定通过动用强制性的行政手段控制市场使得粮食企业实现了顺价，那么将会出现什么局面呢?在粮食经营的经济关系方面,国家、企业、农民和消费者的利益关系是互相制约、此消彼长的。在国家财政支出不变的情况下,企业利益的增加如果不是来自于其内部效益的提高,那么只能是来自对生产者利益的剥夺,或者是对消费者利益的剥夺,或者是二者兼而有之。通过强制性的顺价来剥夺消费者(以及生产者)的利益,是否值得的?在大部分国有粮食企业的经营效率没有获得根本性改善的情况下,顺价实质上是让消费者来承担和消化粮食企业的巨额亏损。这会引起多大幅度的价格上涨?粮食价格的较大幅度上涨会不会导致连锁反应,再次出现 1993 年底和 1994 年的通货膨胀现象?广大下岗职工是否会承受得起新一轮涨价?

第二个问题:如果一定要消费者来消化承担国有粮食企业过去几年中形成的亏损挂账,是否还有政策效益更高一些的办法?反正是羊毛出在羊身上,如果每年再增发 300 亿元国债,直接弥补住已经发生了的大窟窿,是否会更为有效一些?或者,中央只负责解决 1 200 多亿元的亏损挂账,而挤占挪用的 800 亿元由地方政府负责消化解决。

第三个问题:如果通过垄断来实现国有粮食企业的市场盈利,那么,国有粮食企业还会有改进管理和效率的积极性吗?在任何国家中,在任何产业部门中,垄断从来都是与效率格格不入的。

第四个问题:如果一部分(不管这个部分有多大)国有粮食企业在未来相当长一个时期内实现不了顺价怎么办?粮食的价格不一定日日上升,但是,粮食企业已经收储的粮食的储藏成本和费用却是日日上涨的,对顺价出售的价格水平要求也相应日日提高。"资金封闭运行",极为重要,可以防止挪用国家贷款,但是却不能防止出现新的亏损挂账。任何一个行业部门,不可能长期维系全行业每个企业均盈利,即使假定大多数国有粮食企业可以实现顺价,但是也总会有一些企业经营管理不善,出现新的亏损挂账,这是一个必须采取理性的态度加以正视的问题。对于这些出现新的亏损的国有粮食企业无非有三种办法:第一,继续允许在农业发展银行挂账,这相当于国家财政负最终责任。第二,继续由政府实行补贴。这时要回答的问题是:该由哪一级政府负责解决?第三,让那些亏损严重的国有粮食企业破产。这时要回答的问题是:破产之后谁来执行原企业承担的订购粮收购任务?

第五个问题:如果粮食订购政策与国有粮食企业的改革有不协调之处,应当如何解决?国有粮食企业是最后一块与省、市(地区)、县、乡各级行政区划严丝合缝相契合的经济板块。这是因为粮食订购任务是按各级行政区划层层分解下来的。国有粮食企业按行政区域划分的经济板块,既不允许有破损,也不允许有交叉,主要是因为粮食订购任务是按行政区域分解的。在订购价格已经改革为由各省参照市场价格制定的情况下,订购数量如果不能立即取消的话,是否至少可以改革一下其分解方法?比如说,只分解到市(地区)或者县一级?这样,不同的国有粮食企业可以在彼此之间展开竞争,经营效率高的可以不断扩大发展,而经营不善的允许破产或者为其他企业吞并,而并不影响整个市(地区)或者县的粮食订购任务的完成。

我国的粮食改革涉及面很广,复杂性很强,难度很大,是一场非短期之内可以毕其功于一役的攻坚战。上述的种种问题,在理论上或许都不难解决,但是在实践中,所涉及到的经济、社会和政治影响因素都很复杂。十全十美、尽善尽美的方案是不存在的。对于改革决策来说,只能说哪一种方法更为现实可行一些,哪一种措施对解决哪一个问题更有效一些,哪一种方案对长期发展更为有利一些。笔者从解决目前所面临着的难点和所需要克服的制约因素出发,提出以下今后继续完善和深化粮食政策改革的几点建议:

第一,按照"四分开、一完善"的总体思路,首先切实划分中央与地方的粮食责权。中央通过直属储备库的建设,通过进出口,集中力量搞好全国的粮食总量平衡。通过掌握中央直属库中

的专储粮和进出口体系，切实保证 3.5 亿城市人口的粮食安全问题。联合国粮农组织的粮食安全标准是保有全年消费 17%～18%的储备，我国城镇人口即使按 50%的标准，有 350 亿斤粮食也就足够了。中央只负责此项开支，每年每斤按一毛钱计算，不过 35 亿元的支出。如果考虑到进口粮价格成本较低，可以有较大进口差价盈利（每吨 20～40 美元），则中央所需支出就更少了。

第二，给国有粮食企业卸下历史包袱，使之能够轻装上阵，在同一起跑线上参与市场竞争。原有的亏损挂账可以考虑由中央解决（或者中央与地方共同解决），挤占挪用的部分由地方政府解决。地方政府对今后所属的国有粮食企业负监管责任，出现新的亏损由地方政府负责。这也有助于加强地方对推动国有粮食企业改革，提高国有粮食企业经营效率的积极性。

第三，给国有粮食企业增加内部改革压力。只有将国有粮食企业推向市场，企业的效率才能真正获得提高。如果摆脱了包袱，摆脱了不合理的行政干预，绝大部分国有粮食企业是有竞争力的。对那些经营状况长期得不到改善、效率十分低下、继续出现新的亏损的企业，及时发现并实行破产制度和员工下岗制度可能是十分必要的。

第四，与国有粮食企业改革的需要相配套，在订购价格已经参照市场价格制定的情况下，改革定购粮的收购方式，不再层层分解下达指标，而是按一定的行政区域，进行总量收购要求。这样做，也还可以彻底地实现农民售粮的户交户结。

第五，继续建设好粮食的期货市场，鼓励国有粮食企业和农民生产者合作组织，积极利用期货市场进行套期保值，通过套期交易实现规避市场风险和价格保证。

中国非国营企业集团治理结构特征*
——浙江乡镇企业集团现行治理结构

李 平

中国的国营企业和非国营企业均不同程度地普遍存在着产权模糊的现象，但非国有企业与国有企业产权模糊的成因和表现形式不同，存在着一定的特殊性。非国有企业产权模糊已成为这类企业进一步发展的障碍。自20世纪80年代后期企业在产权方面进行了一系列改革，包括对企业实行股份制改造、组建企业集团改变产权结构、给予企业管理人员和职工一定的股权激励等，这些改革对提高企业效率都起到了积极的促进作用。但是，至今为止，产权模糊的现象并没得到根治，其原因与目前的市场环境、相关集团的利益关系、政策环境、社会和经济背景等因素密切相关。本文是以非国营企业中的主要成分乡镇企业为对象，具体揭示浙江省乡镇企业集团的核心企业，即集团公司中产权模糊问题，讨论这类企业中所有者缺位或虚位的形式及其产生这一现象的历史原因，由此而造成的治理结构上的一些扭曲现象及其潜在危害；同时指出产权模糊在特定条件下的另一结果，即经营者的老板意识，它对这些集团公司的发展有着促进作用。

1996年作者查阅了浙江省28家被政府批准为国家级的乡镇企业集团的章程等有关资料，并对其中两家，即横店和万向集团作了实地调查和个案分析。本文的讨论是以常规的公司治理结构为依据结合所调查企业的实际情况展开的，其目的是通过对这类企业治理结构特点的深入剖析，为企业产权制度的进一步改革提供参考。

一、所有者缺位及其历史成因

产权是所有权、经营权、转让权、分配权的总称。治理结构是指所有对公司经营和管理具有直接决定权的人员之间的关系，主要指股东会、董事会和高层管理人员三者之间的关系。通过一定的治理结构，所有者将自己的资产交由公司董事会托管；公司董事会是公司的权力机构，拥有对高层经理人员的聘用、奖惩以及解雇权；高层经理受雇于董事会，组成在董事会领导下的执行机构，在董事会授权范围内经营企业。现阶段中国的企业一般还不存在这种典型意义的治理结构，乡镇企业中存在的一个突出问题是所有者缺位，所有者缺位使产权模糊、治理结构扭曲。浙江省乡镇企业集团核心企业的所有权缺位有三种类型：第一种所有者虚位，乡政府掌握着企业的控制权。这类企业一般以乡集体为最大的股东，企业法人股和村集体股次之。对其中11家集团核心企业资本结构进行分析结果如表1：

---

* 本文发表于《中国农村观察》1998年第1期，收录于中国人民大学复印报刊资料：《乡镇企业与农场管理》1998年第9期。

表1　浙江乡镇企业集团的股权结构

国家资本金	乡资本金	村资本金	法人资本金	个人资本金	外商资本金
3.71%	38.71%	15.64%	35.01%	2.91%	4.02%

其中的乡或村集体股是属于乡或村社区成员共同所有，不分解到人。社区成员一般没有自己的成员组织和推举的领导。乡或村政府是社区成员集体所有权的代表。社区成员只是名义上的所有者，对企业几乎没有任何控制权、分配权、转让权，真正的产权控制在乡或村政府手中。因此，它是一种所有者虚位的企业。

第二种所有者虚位，企业的控制权掌握在最高层董事长手中。与第一种类型企业相比，它们虽同样是所有者虚位，但由于实行了“政企分开”，乡村政府丧失对企业的控制权，企业的控制权几乎完全由董事长掌握。例如，横店集团的核心企业横店集团公司，它的所有权名义上归全体职工共同所有，但他们对企业的控制权无法体现。这是又一类型股东虚位的企业。

第三种大股东缺位的企业。乡集体的股份、外商股份、个人股份均明晰，但占极小份额，而大股东不明确，大股东缺位。这类企业如浙江的万向集团公司。无论上述哪一种企业，它们共同特点是：所有者或最大股东缺位或虚位，企业的控制权几乎完全掌握在董事长或乡、村政府高层领导手中。分析这些企业的创立和发展历史将有助于了解它们成为所有者缺位或虚位的企业的原因。

所有者缺位与企业创立和发展的社会、经济、法律环境密切相关。下面列举一些主要原因：①所有者的权力被忽视（如所有者虚位的企业）。乡、村办企业在初创时期，原始资本的来源大多是乡、村集体农业生产的积累。乡或村社区成员是这些企业理所当然的共同的所有者。由于他们没有自己的成员组织，一般由乡或村政府作为他们的代表来控制企业。但事实上，从一开始所有者对企业的权力就被忽视，乡政府长期掌握着所有者的权力。所有者及其权力名存实亡。②私营企业挂集体牌子。一部分乡镇企业是在1978年改革之前创立的，当时个人办企业被看作是资本主义尾巴而受限制。在这种情况下，为了求得一个合法身份，个人或合伙企业挂上了乡或村集体企业的牌子。即使改革开放后创立的乡镇企业中也仍有这种做法。私人的资金、集体的牌子成为产权模糊的根源之一。90年代实施明晰产权举措时，集体和私人的份额很难划分清楚，一些资本所有权无法落实，造成一部分资本的所有者缺位。③缺乏产权意识。出资方无意识关心所出资金是资本还是债权，更谈不上以法律的形式来加以确定，而多数是依靠行政手段来确定的。企业可凭着某一领导人的一句话，将资本变为债务，将所有者变为债权人，这是所有者缺位的重要原因。④“政企分开”过程中造成的股东缺位。乡镇企业“政企不分”是指企业的所有权和控制权掌握在政府手中，政府过多地干预企业经营和管理活动，使得企业决策不能优化、经营管理者积极性下降。从80年代末开始，一些企业在当地政府的协调下实行“政企分开”，将产权在乡政府与企业经营管理者之间进行重新划分。这种产权的划分，后来在一些地方演变成了单纯划分所有者权益中乡或村集体权益的份额。具体划分时，一方当事人是乡村集体所有权代表——乡政府领导人，另一方是企业的高层管理者——企业的创始人；上级政府领导作为中间协调人。由于企业规模不断扩大，管理者的政治、经济、社会地位也在不断上升，在谈判的讨价还价中，处于有利地位，加之上级政府的态度往往倾向于企业，结果是乡村集体的权益份额极小，甚至为零。它直接导致企业部分股东缺位。权益的这种划分方式造成企业新的产权不明。下面的案例将有助于进一步了解所有者缺位或虚位的原因。

所有者缺位的历史成因——案例

一、万向集团公司

1969年集团的创始人鲁冠球与本村的其他三人合作办起了铁匠铺，这就是集团的前身。创立时，只有7个员工，84平方米的场地，几把榔头，几个墩子，铁匠铺总共4 000元资产，主要生产和修理小农具。场地是乡集体的。当时不允许存在私有企业，因此，挂名公社集体企业。在初始资本中，个人份额和公社份额各占多少，当时未作明确划分。1988年在上级政府的协调下，从企业总资产中划出750万元，场地作价作为乡政府出资的股份，从而"明晰了乡政府与企业的产权关系"。结果是乡村集体股、外部法人股、外商股、社会个人股和职工个人股的总和只占股份总额的24%，余下76%股份的所有者不明。

二、横店集团总公司

1974年末为了寻找蚕茧出路，委派现任集团总裁、当时的横店大队党支部书记徐文龙筹建丝厂。丝厂的初始资金主要是借入资金，一是银行贷款，二是向39个大队的社员借入50 254元借款。公社曾出资2 000元"补贴"徐文龙个人垫支的开办费。丝厂投产三年就创利36万元，还清了所有的借款。这就是横店第一个像样的工厂。这些企业初创时期的资金应作为借款还是作为资本是很难清楚的问题，现在均算作借款。如果当初都是借款，自有资金就是零，换句话说，企业没有真正的所有者，同时，企业无法进行工商登记。所有这些问题都是很难回答清楚的。

1984年末，随着企业规模的不断扩大，涉及的行业数量增多，已有企业17家。企业创始人徐文龙提出组建横店工业公司（后称总公司)，同时向乡政府提出"彻底的政企分开，镇政府要花钱，我们给，但不叫上缴利润，叫资助，或者叫政府为企业服务的有偿赞助。这个意见被开明的书记所接受，并得到市里的支持。"① 就是如此简单，一个乡属集体总公司，变成了企业职工共同所有的"社团所有制"。这种所有制的特点是：企业全体职工在名义上共同拥有企业，实际上谁也没有，所有者的权力没有得到体现。

二、所有者缺位与治理结构中存在的问题

企业在所有者缺位或虚位的情况下已经出现或正在出现的问题是多方面的。首先，名义上的集体所有，实际上的少数人所有。由于社区成员集体所有权名存实亡，"人人所有，成了人人没有"，企业的控制权掌握在乡、村政府高层领导人或企业高层管理者手中，后者实际上成了企业的所有者，社区成员的利益直接受到损害。第二，人事问题。董事会成员和董事长无法按公司法规定由股东大会选举产生和撤换。在第一类所有者虚位的企业中，董事会成员是由各出资人选派，选派人员的人数一般按出资份额确定。董事长一般由最大股东选派，也就是由乡政府委派。而后两类企业中的董事会成员或董事长的产生过程缺乏规范性和必要的制度。例如，万向集团公司的董事会成员是由企业党政主要领导干部和职工代表参加。其中的职工代表是由职工代表大会选举产生，其中的党政领导成员的产生过程不很明确。这类企业的董事长往往由企业的第一代德高望重的创始人担任。尽管集团创始人的敬业精神、见识才干和经营业绩是无可非议的，但已经出现和可能出现的具体问题有三类。①以这种方式产生的董事会成员或董事长能否代表企业利益？当经营不善时由谁能控制和撤换他们？从理论上说，企业（所有者）的目标与其经营者的目

---

① 徐文荣：《横店之路》，人民出版社，1994，第68页。

标并不总是一致的。所有者追求的是企业利润或权益的最大化，管理者往往追求企业的扩张速度，以此提高其个人人力资本（知识、才能、地位）的价值和提供人力资本指挥劳动所取得收入的最大化。因此，当他们过分或单纯追求个人的地位和名誉时，有可能出现低效投资或无效投资，企业效益和长期发展就有可能遭到损害。在这种情况下，由谁能监督和撤换他们。②第一代董事长由于年龄等原因需要退离岗位时，第二代接班人如何产生？第一代创始人大多已是50～60岁，实际问题已摆在面前。③由于股东缺位，高层管理者任命自己的亲属出任要职，无人能加以控制。其直接危害：一方面他们对自己的亲属部下有可能放松控制，另一方面影响其他人员的积极性。第三，整个治理结构由于缺少了最高层次的股东会，使董事会和总经理的职能均超常规地提高一个层次，管理者对企业的控制程度超越任何西方发达国家的企业。这就是股东缺位企业治理结构的扭曲现象。

企业治理结构扭曲——案例

一、万向集团公司章程中规定董事局和总裁的职权

万向集团公司章程中规定董事局职权：①决定集团公司的发展方向和重大经营决策；②审定集团公司的中长期发展规划及年度生产经营计划；③审定总裁任期目标，审议总裁年度工作报告；④审定集团公司工资、奖金分配方案及集团福利事项；⑤审定公司年度财务预算、资金运用、利润分配方案和各项基金分配比例；⑥审定集团公司机构设置及人员编制方案；⑦审定重大基本建设、技术改造、新产品开发计划和实施方案以及技术协作、组建和创办中外合资和股份企业等；⑧任命总裁，审定总裁提名的副总裁人选；⑨决定集团公司及下属企业分立、合并、停业、解散等重大事项。⑩制定和修改集团公司章程；⑪万向集团章程规定的职权。

按照规范的公司制的治理结构和我国的公司法，对公司的发展方向、重大的投资计划、公司的分配方案、公司财产的变更（分立、合并、停业、解散）、制定和修改公司章程等方面的审批权在于股东会，而董事会只有建议和制定或提出方案的权力。万向集团公司的章程中第一、第五、第七、第九条应是股东会的权力范围。由于股东缺位，万向集团章程中反映出的问题是：董事局几乎集股东会和董事会的权力于一身，这是股东缺位企业出现的治理结构扭曲的典型事例。

万向集团公司章程中规定的总裁的职权：万向集团章程中规定“总裁为公司的法定代表人”，总裁的职权为：①组织实施董事局会议决定和决议，负责处理集团公司的日常事务；②组织制订集团公司发展规划和年度生产经营计划草案，报董事局批准实施；③组织编制（或变更）内部组织机构方案，提交董事局审议。提出对集团公司高级职员的人选提名和奖惩建议，经董事局批准后任免和奖惩，对其他中层干部进行任免和奖惩；④提出集团公司财务预算和利润分配方案；⑤审批有关集团公司合同、报告、文件，组织制定各项管理制度；⑥组织协调集团公司各部门、各分公司的工作；⑦合理调配各项资金的使用方案；⑧董事局闭会期间行使董事局授予的各项职权和承担相应责任。

与我国的公司法规定相比，这一章程至少有两个不符合常规之处。①公司的法定代表应该是董事长。②万向集团公司章程规定的总裁的职权第二条（制定发展规划和年度经营计划）、第四条（提出集团公司财务预算方案、利润分配方案、投资方案）均应属于董事会的职权范围，而总裁只有执行这些计划、方案的职权。董事局的职权下放到总裁是由于股东缺位造成的又一奇特现象，形成委托代理关系的扭曲的连锁反应。

二、横店集团总公司

到1995年为止，横店集团总公司下属各子公司、分公司的新项目开发和投资、新企业的开

办和老企业的关停并转、以资产作抵押等重大投资、所有权的变革和转换均由集团公司有关部门评估，由总裁拍板定案，而不是由全体社团成员共同决定。公司的分配方案实际上也是以同样的方式确定的。高层管理者掌握着所有者及其代理者（董事会）的双重权力。企业的治理结构实际上只有一个层次构成。

三、产权模糊与高层经理的老板意识

在股东缺位的企业中，由于没有所有者过多的干扰，高层管理者的积极性明显提高，同时出现了一种老板意识。高层管理者的老板意识，表现在他们在人事安排上常常安排他们自己的亲属，他们怕企业的控制权落在他人手中；还表现在他们的行为和企业目标的长期化。高层管理者头脑中老板意识的存在，犹如所有者和经营者合一，使所有者和经营者之间的目标矛盾淡化，同时抑制了企业管理者行为的短期化和低效化，既拥有个体企业和合伙企业的好处，又具有公司的优势，这种老板意识存在，是企业经营获得成功的原因之一。管理者产生老板意识，除股东缺位或虚位这个原因外，还由于其他历史原因。

出现老板意识的另一个重要原因是他们确实是企业所有者，创办企业的初始资本中有他们的一份。许多知情者认为，一些企业的董事长确确实实是企业的所有者，但出于当时的政策原因，他们不能强调私人对企业的所有权，只能打着集体所有的牌子，否定对企业的所有权。那么，在改革开放后的今天，他们为什么不愿公开承认他们是企业的所有者呢，也许仍是出于对企业或个人发展的考虑。根据企业发展历史分析，万向和横店集团公司的初始资本中实际上有现任董事长、企业创始人鲁冠球和徐文荣的一份（见产权模糊的历史成因——案例）。

中国正处在从计划经济向社会主义市场经济转变时期，经济、法律、意识等许多方面存在着与市场经济不协调之处。以上所述的许多奇特现象，在西方发达国家也许无法想像，可在中国经济发展的特定阶段确实发生和存在。这些现象是暂时的，它们将随着社会、经济的发展而改变或消失。目前许多乡镇企业在设法明晰产权，一般的做法是：首先，尊重历史，按初创时期的出资状况明晰所有权；然后，将无法明晰部分的权益，采取几种方法按股份份额落实到人：一是出售给企业内外部个人；二是按贡献大小分配给管理人员，或分配给社区成员。明晰产权有助于所有者出于自身的利益对企业的管理者和乡、村政府进行监督，提高企业的效益。当然，从乡镇政府或管理者直接控制企业向明晰产权的转变过程是一个缓慢的、艰难的过程，绝非一朝一夕之事。

应该指出的是，尽管这些企业存在产权模糊、企业股东缺位或虚位、治理结构中存在不符常规之处，容易出现或已经出现了一些问题，但迄今为止，他们是成功的乡镇企业代表。它们往往具有下列特征：①规模较大。它们的资产在1亿元以上；年销售额在2亿元以上；年实现利税在2 000万元以上，主要产品在国内市场的覆盖率较大。②外向型的发展目标。产品外销和组织机构向国外扩展并举，跨国公司是它们的远期目标。③通过兼并、分离、合营等多种方式，形成了企业群体——企业集团。这一群体中的成员企业的所有制类型多种多样，有国营企业 、集体企业、合伙企业、个体企业。它们大多数是通过股份制的形式，形成资本联合，构成母公司—子公司—孙公司的资本结构。一部分是通过合同的形式形成比较固定的联系。④具有严密的制度，有效的监督、控制、奖励机制。⑤先进的技术。注重引进人才和设备，注意产品的开发和人员的培训。⑥多角经营，注意开辟新的投资渠道。⑦企业的经济效益高出乡镇企业平均水平。

完善我国保险中介人制度的探讨*

任素梅　张　巍

在保险经济还不十分发达的时期，保险供给与需求之间的联系主要是通过直接成交的形式来实现的。在现代保险市场中，直接结合的形式日益减少，间接结合增多，要实现间接结合必须有保险中介，保险中介又可称作保险辅助人，包括保险代理人、保险经纪人等。在保险业发达的今天，保险中介对保险经济关系的形成和实现，起着非常重要的作用，它已成为当今保险市场重要的组成部分。《中华人民共和国保险法》（以下简称《保险法》）和《保险代理人管理暂行规定》的颁布实施，标志着我国在法律上对保险中介市场给予了肯定，目前我国保险中介人市场正处于从起步快速发展的转折时期，不可避免地存在这样或那样的问题，如何使我国保险中介市场快速、健康地发展呢？笔者谈些粗浅的看法。

一、保险代理人与保险经纪人的含义

保险中介机构主要包括保险代理人、保险经纪人。

保险代理制度是代理保险公司招揽和经营保险业务的一种制度。从事代理活动的人称作保险代理人。“保险代理人是根据保险人的委托，向保险人收取代理手续费，并在保险人授权的范围内代为办理业务的单位或者个人。”（见《保险法》第122条）保险代理人的权限，通常是在代理合同或授权书中予以规定，一般为招揽和接收业务，收取保险费，签发保单，勘察业务，审核赔款等。保险代理人必须具备法律规定的条件，经过考核和政府主管部门的批准，方能取得资格。此外，在经营过程中，政府主管部门对其有专门的管理规定。

“保险经纪人是基于投保人的利益，为投保人与保险人订立保险合同提供中介服务，并依法收取佣金的单位。”（见《保险法》第123条）保险经纪人有专门的保险知识，比较熟悉保险市场情况，能够争取到较好的保险条件，一般说来，保险经纪人不直接承保保险业务而是代替保险需求者购买保单，他们通常是代表客户利益并代其安排投保和为其提供咨询服务。由于保险经纪人的地位特殊，责任重大，各国对保险经纪人的要求都比较高，通常规定保险经纪人必须具备一定的资格和条件，并经政府指定部门批准，方可营业。保险经纪人可以是自然人，也可以是保险经纪公司形式的企业法人。但我国《保险法》规定，保险经纪人经营主体只能是单位。

实行保险代理制度和保险经纪制度，是保险业发达国家的保险公司招揽业务、推销保险的重要方法。保险公司通过保险中介人的活动，促进保险商品的营销，推动保险业务的开展。目前在我国保险代理制度已初具规模，保险经纪制度在沿海经济发达地区开始形成和发展，《保险法》

---

* 原载《内蒙古保险》1998年第2期。

及时地予以规范，是非常必要的。

二、我国保险中介人制度的发展现状及存在问题

在我国保险市场上，保险代理人起步较早，规模较大，业务份额较高。但在相当一段时间里，由于保险市场发展不完善，仅原人保公司采用了保险代理人制度，并且代理人主要是单位团体。随着我国市场经济体制的建立，保险业迅速发展，各保险公司纷纷采用代理人展业，而且代理人的队伍，也从单位团体逐步扩大到个人。目前据不完全统计，我国城乡专职、兼职代理人达25万人左右，他们通过各种途径和方式进行展业，全国近十年的保费收入中，每年保费收入的40%左右是通过保险代理人取得的，有些地区甚至超过60%。我国目前的保险经纪人制度尚不发达，各地发展也不够平衡。在经济发达的沿海地区发展较快，深圳市成为我国保险经纪人发展较快的城市。其他地区有的设有保险咨询和顾问等中介机构，但由于主体不足，规模太小，大多未形成实体组织，对中介人市场的作用和影响不大。

存在的主要问题：

1. 不规范的现象比较多。由于保险中介的法律制度不完善、监管乏力等，使保险中介市场出现以下不规范的现象：一是有一部分保险中介人未取得金融监管机关颁发的经营许可证就同保险公司签订代理协议，无证经营。二是代理人利用个别保险公司急于扩展业务，提高市场占有率的心理，签订了低费率、高回扣的协议，争取到业务后，代理人从中获取正常费率与低费率的差价和高回扣的手续费，侵犯了投保人和保险人的经济利益，影响了保险市场的正常发展。三是有的代理人不择手段与个别企业的主管或财务负责人串通，利用假保单或假收据套取保险费中饱私囊。四是有的兼职代理人利用上下级行政管理关系强迫下属单位买保险。

2. 保险中介人整体素质偏低。一是有的保险中介机构是在《保险法》和《保险代理人管理暂行规定》出台前设立的，未进行过认真培训和考核。二是部分代理人员职业道德水平低。如为了拉关系或为了照顾亲朋好友而不顾职业道德，损害保险公司的利益和声誉。三是业务水平低、服务质量差。有关保险法规规定保险代理人除具备年龄、文化程度等基本条件之外，还必须具备一定的保险专业知识。但目前有的代理人对一些险种的基本条款解释不清，对投保人提出的问题不能圆满回答。

三、完善保险中介人制度的建议

1. 进一步完善保险中介的法制体系。根据保险市场法制的需要，适时地修改、充实保险代理人管理的规定、管理经纪人的规章，并建立与之相配套的管理体制和管理措施等，以便依法从严规范保险市场。如制定《保险中介机构职业道德规则》以约束保险中介人的职业行为，等等。

2. 建立对中介人的正规培训体系，提高中介人的思想素质和业务水平。组织代理人、经纪人学习保险法规及涉及保险的政策文件、国家法律及公司内部的规章制度等，提高思想素质和法制观念。

加强业务培训。培训形式可多种多样，如集中培训、个别指导；分层次培训和普遍培训等。通过培训使代理人员熟练掌握保险合同的主要内容、保险费的计算方法等专业知识，提高其业务水平。

3. 建议将代理人资格考试作为一项经常性的工作。目前的一年一、两次的考试远远不能满

足业务发展和保险公司运作的需要，变为经常性的工作后，保险公司可根据自身的需要，随时从参考人员中录用成绩合格者，除根据考试成绩外，还要进行面试，对应聘者进行观察，了解其心态，语言表达能力，询问其从业动机，对保险业的认识，能否吃苦耐劳等。这样做可以使保险公司不断补充优秀人才，淘汰不能胜任工作的代理人，将有助于提高代理人员的整体素质水平。

4. 严格保险中介机构经营资格考核。不仅在其开业前进行资格审核，合格后允许开业，在开业过程中也要随时加以考核，发现问题，及时依法处理。

独联体国家的农业近况*

方康云

农业在独联体国家一如既往地被视为国民经济的基础部门，其农业产值平均占国民经济生产总值的12%。其中，格鲁吉亚占50%以上，摩尔多瓦、乌兹别克、吉尔吉斯、亚美尼亚等国均占30%以上，阿塞拜疆占27%，乌克兰占20%，白俄罗斯、哈萨克均占12%，只有俄罗斯占9%，但与西方发达国家相比较，比重仍然是很高的。为此，独联体各国对本国农业的改革和发展是极为重视的。

1. 继续推进农业私有化。目前，独联体各国农业经济体制改革的重点依然是继续努力推进对公有制经济的改造，使之向私有化全面过渡。家庭农场得到了较大发展。1991年家庭农场劳动者为37.7万人，到1996年已超过200万人，截至1996年，独联体国家已注册的私人家庭农场共76.55万个，共拥有农用地3 350万公顷，平均44公顷，家庭农场面临的最大问题是生产资金极度紧缺且贷款无门，生产规模狭小，产品在整个农业总产量中所占份额很少。

时至今日，各国除积极扶持和发展私人家庭农场、租赁制、股份制和合作制等之外，仍存在着公有制形式的大型社会化生产。主要有良种繁育农场、实验农场。大型农业生产与小农业即家庭农场、居民农业生产之间的比例在不断向小规模变化，例如，在俄罗斯，二者比例1990年为76∶24，到1994年已变为60∶40。

从以上可以看到，独联体各国当前的农业经济特点是：以私有制为目标，保留一定的公有制组织形式，多种经济成分并存的混合经济模式。

2. 农业投入逐年减少。近几年，独联体所有成员国对农业的投入都在减少，阿塞拜疆和俄罗斯对农业的投资，1991年分别为国民经济总投资的15%和18%，到1995年仅为3%。白俄罗斯1991年为26%，到1995年仅为9%。同期，哈萨克分别为28%和2%，摩尔多瓦分别为34%和11%，乌克兰分别为22%和8%，乌兹别克分别为25%和8%。

由于投资的逐年恶化，使俄罗斯农工综合体1996年计划上马的77个项目仅进行了1项，已动工的建设项目，年投资总额也只完成了26%。

国家对农业投资的严重不足，致使企业自有资金成为投资的基本来源。但是，目前农业企业的销售收入只能勉强偿还债务和支付工资，所以农业投入实际已变为口惠而实无。

3. 农业生产连续下降。独联体国家除亚美尼亚外，农业总产值逐年递减。以1991年产值指数为100%，则1992—1996年的指数分别为91%、89%、77%、73%、68%。

在种植业方面，播种面积减少，1996年比1995年减少2 800万公顷，下降14%，使得农作物产量不断降低，粮食产量90年代初年均在2亿吨水平上，到1995年降至1.23亿吨，1996年

* 原载《世界农业》1998年第2期。

又降至1.2亿吨，减产最多的是土库曼和乌兹别克，粮食缺口已高达1/3，只有白俄罗斯和哈萨克产量提高了，分别为650万吨和1 160万吨，比1995年分别提高18%和22%。

甜菜生产1996年比1995年又下降了10%，减产最多的国家有俄罗斯和乌克兰。

向日葵1995年喜获丰收，达到740万吨，比1990年增产12%，但是1996年遇到不良气候，又有较大减产，特别是俄罗斯，总产量比1995年减少1/3。

在畜牧业方面，独联体的牲畜总头数，1996年比1995年减少10%。其中，奶牛减少7%，猪减少10%，羊减少19%，与1990年相比较，牛和猪减少1/3以上，羊减少1/2，格鲁吉亚、摩尔多瓦等国的牛减少近1/2，亚美尼亚、格鲁吉亚、哈萨克、吉尔吉斯、俄罗斯、乌克兰的羊只头数均减少1/2左右。阿塞拜疆、亚美尼亚、格鲁吉亚、吉尔吉斯、摩尔多瓦、塔吉克、乌兹别克等国猪的头数只是1991年的1/3左右。

1996年，独联体生产的屠宰肉总计为1 000万吨，比1995年减少7%，比1990年减少47%。除乌兹别克因牛羊头数增加而增加了肉的产量外，独联体其他国家，在近5年内减产50%左右。

1996年独联体生产牛奶7 000万吨，比1995年减少7%，比1990年减少31%。近5年间，白俄罗斯、格鲁吉亚、摩尔多瓦等国的牛奶产量减少30%～50%，仅土库曼、乌兹别克因奶牛头数增加，产量有所提高。

4. 农业生产结构改变。在前苏联时期，各加盟共和国按专业分工，发挥各自的土壤、气候和传统优势进行农业生产。经济转轨后，独联体各国为了保证本国粮食和农业原料的自给，纷纷改变自己的农业结构，扩大非本国传统优势作物的种植面积。原来的农业地域性生产分工优势被打破，规模经营、专业化生产条件丧失。例如，土库曼的粮食作物种植面积，从1991年的占全部农作物种植面积的19%，增加到1996年的49%，而饲料作物种植面积则从占总种植面积的26%降至8%。结果使畜牧业生产遭受严重破坏，乌兹别克的粮食作物种植面积也由1990年占24%增至1996年的40%。

5. 食品加工业前景不妙。由于农业生产和原料基础持续下降和弱化，加之加工企业财政条件恶化，从而大大降低了独联体国家主要食品的安全保证，1996年与1995年相比，独联体食品加工业生产总值下降8%～10%。只有亚美尼亚、白俄罗斯、哈萨克、乌兹别克的加工业产值增加了5%～25%不等。大多数成员国，目前一方面加工企业生产能力和经济效益不高，产品质量低下，缺乏市场竞争能力，受到大量进口食品的排挤而积压，另一方面居民购买力又在不断下降，加之众多居民自己从事农业生产和畜禽饲养，直接生产肉、奶、蛋、蔬菜、水果等食品。除满足家庭生活外，剩余食品上市销售。这一切，对独联体国家食品加工业的发展，可谓雪上加霜。

食品加工业中最具典型意义的是酒类产品的生产和销售，酒是独联体各国广大居民的重要消费品之一，1996年独联体面临着严重危机，由于所有制私有化后的生产失控和对外经济贸易的自由化，国家对酒类产品的生产和销售失去了垄断控制权。致使近5年间，白兰地酒减少70%，香槟酒减少15%，伏特加和甜酒减少10%，啤酒减少50%。

与此同时，1996年独联体各国酒类产品的价格也下降了，其占1995年价格的比重分别是：俄罗斯、塔吉克为73%，阿塞拜疆、乌克兰为78%；格鲁吉亚为85%；摩尔多瓦为89%；亚美尼亚、白俄罗斯为93%。乌兹别克和吉尔吉斯酒价有所上涨，分别为114%和128%。

从事酒类产品生产的企业增长很快，其中主要是非法生产者，大量非法生产的酒类产品和合法进口及非法走私入境的国外酒类产品，铺天盖地进入独联体各国市场或非法交易，致使合法的工业生产者逐渐被排挤出局，例如，俄罗斯合法生产的酒制品的比重，从1993年占总量的82%，降至1995年占总量的30%。据统计，俄罗斯市场上40%的伏特加酒，是通过非法渠道进入国内的。

其结果是，独联体大多数国家的传统名牌酒商标被损害，低劣假冒酒充斥市场。合法酒厂财务恶化，国家资金严重流失，人民健康受到威胁，为此，独联体成员国于1995—1996年，共同制定并通过了旨在保障对酒类市场实行国家监督和保护合法生产企业利益的标准文件，以恢复国家对酒类生产和销售的控制。

6. 农业生产潜力遭受破坏。独联体各国的农工综合体部门，均面临着国家投资的严重不足和自身财政的巨大困难，加之农业技术和机械设备的昂贵，使得农工综合体普遍停止了固定资产的购置和更新。例如，俄罗斯1996年销售的拖拉机、谷物收割机、饲料收割机和播种机只是正常年景的59%、55%、49%和48%。分别比1990年减少93.4%、88.9%、85.7%和96.4%。有60%的食品加工企业近几年从未增添和更新过工艺和设备，致使这些企业的固定资产损坏高达40%～60%。已经接近食品工业生产潜力消失的边际。

上述种种所带来的严重后果之一是，独联体各国人均占有的主要农产品和食品大大降低。

面对复杂而维艰的严峻形势，独联体各国均根据本国农业存在的实际问题，加大政策的调整和改革的力度，与此同时也在研究和探索整个独联体成员国之间的合作和协调。主要有：

尽快制定和通过协调一致、共同遵守的规则，以便于对各国农工综合体各部门的生产、加工和销售等环节上予以有力的支持；建立优惠的信贷和税收制度；鼓励私人资本和外资对农业的投入，结合各国通货膨胀的实际情况，保证工农业产品价格的均衡；扼制农工综合体供应和加工环节垄断的消极影响；完善核算体制和克服成员国之间不支付或缓付农产品货款的影响；为农产品和食品优先在独联体国家之间交换创造有利条件；保证独联体内经济联系的继续深化与协调发展，以形成共同农业市场和建立合作互利的经济伙伴关系。

尽快制定和通过各国农业生产专业分工方向和农工综合体各部门合理配合的共同纲领，以便于发挥各国的农业生产和加工优势。在努力做到自我基本保障的同时，加强各国间农产品和食品的顺利交换和补充供应。例如，乌克兰、摩尔多瓦可供应糖、植物油、大米、蔬菜、水果、水果罐头、酒等；高加索地区国家可供应早熟反季蔬菜、热带和亚热带水果及酒等；哈萨克及中亚国家可供应用以制作高质量面包的小麦、棉花和早熟反季蔬菜、畜产品及热带水果；俄罗斯、白俄罗斯可供应硬小麦、黑麦、植物油、马铃薯、亚麻、畜产品、鱼、马及毛皮兽等。

还应规定限额机制，保证部分农产品和食品的销售。建立保证商品生产者和采购者在农产品和食品供应与采购上双方责任的机制等。

北京市零售业的过度竞争及解决途径*

唐 建 华

20世纪90年代以来，随着零售企业数量的迅速扩大，零售商经营形式的多样化，国外零售企业的准入，北京市零售业面临激烈竞争的局面。作为过度竞争的直接后果，近年来零售业的平均利润率大幅下降。如何通过调整竞争策略，使北京市零售业尽快走出困境并健康发展，是北京市零售业面临的紧迫问题。

一、过度竞争的原因分析

1. 供求失衡。首先是供给的短期急剧膨胀。自90年代以来，北京零售业发展突飞猛进。以营业面积超过1万平方米的百货商店为例，现已建成大型百货商店48家，目前正在封顶和正在建设的还有120座，总面积达560万平方米。北京将成为世界上拥有大型百货商店最多的城市。同时，以经营食品和日用百货为主的超市、仓储式商店、连锁店也后来居上，现已有33家超市连锁数百家店。与此同时，境外零售业在严格的准入条件和审批程序下，也开始进入北京零售市场。尽管它们数量有限，但由于它们均为欧美等国家和地区经济实力强、具有商业零售的先进管理经验、在国际上知名度较高的公司，其管理机制、人员素质、经营手段、商品价格、服务水平等，较之国内零售业具有明显的比较优势，因而对国内零售业带来的冲击已日益显现。加上传统的各种零售形式，使得北京零售业在短短的10年内供给量迅速扩大。

其次是需求量的相对减缓。近10年来，随着经济的快速发展，居民收入和生活水平的提高，北京居民的消费总需求得以相应增长。然而，随着改革的进一步深化，特别是住房、医疗、教育制度的改革逐步全面推开，居民消费取向随之变化，由此导致的居民消费资金分流，制约着消费者商品购买力的扩充。换言之，居民对零售业需求的增长速度滞后于居民收入增长速度，更滞后于零售业的发展速度。

零售企业供给的急剧增长和零售业需求增长的相对滞后，使京城零售业在短短的10年内，便由卖方市场转向了买方市场，导致了零售市场竞争的加剧。

2. 结构趋同，布局集中。除了零售商数量的急剧增加，零售企业的结构趋同也加剧了竞争。大家在同一区域布局，同一档次空间展开竞争，绝大部分商场没有明确的市场定位，人云亦云，看到哪家店赚钱，就采取相同的策略。如在90年代初期，随着燕莎、赛特的开业，由于采用了高档收入区域定位，弥补了市场空缺，带来了较好的效益。于是，许多商家便掀起向豪华型转移的高潮，但由于脱离了市场实际，导致失败，又开始涌向中高档，几十家店又集中在一个层次空

* 原载中国农业大学《社会科学学报》1998年第1～2期合刊。

间。近年来，大型百货店又争开超市、专业店，又与现有其他零售形式发生了结构重叠，这些都加剧了竞争。

空间分布上的过分集中同样是如此。近年来，搞各种商业区就是一个例子。将几个大商场集中在某个区段，附之以大量的中小商家。在周边零售商不断分流购买力的情况下，这种人为集中商业的结构造成供需的反差，必造成过度竞争之状态。

3. 竞争手段单一化。10 年来市场的突如其来的变化，使各个零售商均在准备不足的情况下，采用了价格竞争的手段。从市场学的角度看，价格竞争是一种传统的竞争方式，它是指销售者为适应市场环境变化，把商品价格调整到正常价格水平以下或以上，以排斥竞争对手，赢得市场的一种市场营销策略。无论是过去还是现在，价格竞争比其他竞争手段都来得更快，更简单，而且效果也最明显。以格兰仕这一名牌微波炉的价格策略为例，当它在 1997 年 8 月在原有价格基础上降价 40%后，其销量有了较大幅度上升，市场占有率达到 58.9%。进入 9 月份，格兰仕为了退出微波炉市场的过度竞争，将价位复原，结果销量骤减。这时，其他同类产品竞相打出降价牌，格兰仕市场占有率因此大幅度萎缩，较 8 月份降了 10 多个百分点。为了抢占市场份额，巩固其在微波炉市场的老大地位，10 月份又作出 40%的大幅降价，销量较 9 月份有了明显回升。显然，价格竞争是竞争对手极易仿效的一种方式，很易招致竞争对手“以牙还牙”的报复，并且往往导致两败俱伤。以降价的方式来扩大市场份额，可获一时成功，但对企业扩大再生产，提高产品质量及售后服务，对生产企业的长远发展，都是十分不利的。

过度竞争的结果，必然导致零售行业整体状态恶化，行业的平均利润率下降。因而企业破产是不可避免的，近年来各种零售形式的商家均有倒闭的现象便能很好地证明这一点。

二、过度竞争的解决途径

在现有状态下，如何通过调整竞争策略，缓解过度竞争，保持行业的健康发展，已成为北京市零售行业的当务之急。

1. 通过市场细分，选择目标市场，确定零售企业的市场定位。就像生产企业无论多大实力，都无法生产所有的产品满足所有消费者的所有需求一样，零售企业无论多大，也不可能提供所有的商品满足所有顾客的所有需求，就个别零售企业而言，究竟选择哪部分消费者哪部分需求作为自己企业的服务方向，这就是零售企业根据市场细分来选择目标市场的过程。然后根据选择的目标市场，确定企业的市场定位，考虑企业的市场营销组合。换言之，就是做好顾客区隔，打出明确的企业理念，这是零售企业缓解竞争的一个重要手段。

从目前北京市的现状看，也具备市场细分的条件：首先，随着人民收入水平的提高，人们的需求向多元化方向发展；其次，随着收入差距的拉大，确定存在着不同的消费阶层。据统计，代表贫富差距的基尼系数在我国已达 0.3；再次，各种零售形态均有其不同特点和适应空间。

从目前北京市零售行业的现状来看，尽管许多零售企业处于维持经营状态，但仍有些商家以其敏锐的目光，选择自己特定的消费人群，以明确的理念步入市场，取得了较好效益。燕莎商城是北京典型的面向高收入消费者的大商场，在百货商场的销售额中排列第五；国美一手遮住家电市场 1/3 的份额，国美电器总公司携 8 个分店 5 000 多平方米的营业面积，一年从大商场中分出几个亿的销售额；菜市口百货商场以其金饰品占其总销售额 55%的经营特色，取得了人均利税和人均销售额分列北京市商业企业第二和第三的骄人业绩；与双安、当代两大商城毗邻的双榆树商场，及时调整定位，以出售主副食品为主，在夹缝中获得生存，销售额逐年上升。总之，纵观现

在效益高的商家，无一不是以其自身的明确定位为基础的。选择适合于自身的消费群体，研究其价值取向，进一步收集商品信息，设计商品布局，确保商品搭配覆盖既定的消费群体，再辅之以与特定消费群体收入水平相匹配的价格、渠道和促销手段，必将使各商家在不同领域展开经营，相对缓解竞争压力，带来良好的收益。

2. 提高零售企业的市场运作能力，使竞争手段多元化。零售企业选择了目标市场，确定了市场定位之后，需要进一步根据这种定位来调整自己的市场营销组合手段，多方位展开竞争。

（1）提供优质服务。在买方市场条件下，零售企业之间的竞争，很大程度上是服务的竞争，因为服务才是零售企业提供的真正产品。零售商只有强化服务观念，改进服务手段，改善服务设施，提高服务档次和提供及时、周到、优质、高效的服务，才能在竞争中处于不败之地。以效益较好的蓝岛大厦为例，在其经营过程中，蓝岛制定了完整的服务章程，其中包括12项系列服务的具体规定：如何赔偿，如何解决投诉，如何退换商品，如何调试商品，如何送货上门等等，件件规定得详细周到，宗旨就是一个：满足顾客需要。再以王府井百货大楼为例，近年的服务战略中的一项是推出“一团火满意系列工程”，不但承诺保质量、重维修、保退换，还开展培训使用商品活动，使销量大增。

（2）优化产品结构，注重商品质量。零售企业是以商品作为依托来赢利的，所以商品的结构、数量和质量直接影响着产品的销量。首先，商品的结构要由本企业的市场定位而定。以目前各家商场争相调整自身产品结构为例，如西单赛特已将食品排除在商品结构以外；而其对面的西单购物中心，则专门辟出大量空间让给食品，甚至专门举办食品节用以促销；女士商城经过几年的周折，终于提出“淘汰男性用品，中性用品，走女士商品专业化经营之路”的产品构成。显然，产品结构已成为许多商家关注的要点。同时，商品的质量也是企业生存的根本，产品质量的好坏，直接关系到企业的声誉及销售额的稳定。

（3）选择适当的价位，提高企业赢利水平。并非只有低价格才是消费者决定购买的唯一因素，不同的消费人群有其不同的价格接受能力。零售商只有采取与自己的目标市场相一致的价位，才能取得最佳效益。如燕莎的定位是高收入消费人群，相应采用的是高价位，取得的也是高收益。但若以降低价位来吸引更多的消费者的话，便模糊了本身的市场定位，不仅失去了原有的顾客群，降低了销售额，同时也会由于低价格降低了自己的赢利。反过来以平价的家乐福为例，该公司为全球最大的跨国超市连锁集团之一，共拥有277家连锁店，年营业额超过330亿元，作为平价超市概念的创始者，它的目标人群是中低收入阶层，所以它的进货原则是：在同等质量条件下进价格最便宜的商品。短短几年，尽管少有广告，但价格低、商品好使其知名度颇高，营业利润也一年比一年高。从此可以看出，价格是以自己的市场定位作为基础的，这样可以避免价格的恶性竞争，保持商家相应的利润水平。

（4）重视流通渠道的选择。企业的赢利水平除了取决于商品的售价以外，很大程度上还取决于商品的进价和流通费用，而流通渠道的选择直接与这两项相关。首先，是建立零售企业的“集团军”，要么以资产为纽带创办互通有无、联购分销或分购联销式的经营联合体：要么利用大商场的信誉和进货渠道，搞连锁经营，以这两种方式来实现规模经营，降低进货价格和流通费用。其次，尽量缩短销售渠道，减少流通环节。销售渠道的长短直接关系到流通费用的高低，其中包括正常费用和回扣，和国外零售业相比，我国零售企业的回扣问题始终没有解决，这直接关系到商品质量及进货成本。所以，尽量缩短销售渠道，辅之以统一配送制度，便可提高进货透明度，降低流通费用，使企业有更大的运作空间，提高企业竞争力。

（5）加强促销，树立企业良好形象。竞争的加剧必然导致促销的发展，而促销策略的选择和促销手段的多样化则是促销成功与否的基础。蓝岛大厦自1993年开业至1998年，共举办了5届消夏文化夜市，加上每年长达两个月的文化购物节活动，一次次将购物推向高潮。“蓝蓝的夜，蓝蓝的梦”，成为蓝岛的象征。这种独特的以文兴商的促销活动，建立了企业的良好形象，为企业带来的是不凡的业绩：开业两年，销售额就成为北京市商场的第3名；第三年还清银行贷款本息；五年内企业总资产额从1.4亿上升到5.5亿，增值近4倍；在近两年北京商场效益全面滑坡的局面下，利润率仍然在增长。再以菜市口百货商场为例，该商场地处消费水平偏低的宣武区，交通拥挤，没有一个停车位，设施仍停留在80年代初期，但长期的电视广告为其树立了“黄金饰品专业店一条龙服务”的企业形象，在商界独树一帜。各个超市、仓储、连锁虽没有大规模做广告，但却以其独特的“每日特惠”商品会员卡、注重商品陈列的独特促销方式吸引了众多消费者。

总之，竞争方式是多样化的。如何根据企业特点，提高企业在市场竞争中的运作能力，是每个零售企业面临的根本任务，也是避免零售企业过度竞争的可行途径。

3. 进行经营变革，谋求新的经营模式。北京市零售行业从卖方市场转向买方市场，供过于求的状况业已形成。如果说市场定位只是同一块蛋糕上不同份额的分割的话，那么如何将蛋糕做大，也就是扩大需求，则是缓解竞争的根本途径。

首先是扩大零售商的经营范围，改变零售企业仅靠零售经营获利的单一方式。可以对商场所建房产进行股份制改造，利用房产本身的产权交易，通过转让房产的部分产权，收回企业初期投资，减轻零售业的贷款压力。企业在债务结构合理的前提下经营和发展，对市场要素变动带来的利润率变动的承受力会大大增强，特别是一些大型百货商店，利用资产重组，向购物中心发展。把部分物业产权转让给专卖店、餐馆、洗衣店、电影院等，形成餐饮、娱乐、购物、休闲于一体的购物中心，创造出与传统商店截然不同的经营模式。

其次是开辟异地市场，扩大需求范围。北京的零售商业已趋饱和，将其经营范围扩展至外地和农村市场，无疑会扩展其竞争的外部空间。北京王府井百货商店近年来相继在南京、成都、广州开设了分店，西单商场也在远郊区县开了分店，已经显示了良好效果。

最后，缓解北京市零售商业目前的过度竞争状况，固然需要零售商从自身条件、经营状况出发，确定市场定位，并据以调整其竞争策略。但这些零售企业的微观调整措施成功与否，还须政府通过对零售行业进行宏观调控来加以配合。简单来说，一是要控制零售商的总量规模，要在城市化过程中统一规划，严格审批建地；二是要合理布局，使其与消费者的需求相符合。

总之，北京市零售商业只有将其传统的价格竞争为中心的策略转向多元化竞争策略再辅之以相关的调控措施，才能尽快走出困境，走上持续健康发展之路。

京郊农业产业化经营模式的选择*

刘德纶

一、京郊农业产业化经营组织形式的现状

从本质上说，农业产业化经营是多元参与者主体形成的经济利益共同体。它的核心内涵是“风险共担，利益共享”。是否建有这种利益共同体，是判断某种经营实体是否是从事农业产业化经营及其能否正常运行的经济学基础。其目的是各参与者主体对共同体的投入和他们在其中的产权能得到承认，得到可以接受的回报，以及通过利益共同体的高效率运作使其共同目标和各参与者主体的个别目标得以实现。要实现这两个目标，还必须要有一个好的组织形式来维系，按照相应的制度来运行。这种组织根据参与主体的构成和与农户联结紧密程度大体可以划分为三种类型。

（一）“农业加工企业＋农业生产企业”

这是京郊较为重要的一种农业产业化组织经营形式。形成这种组织形式主要原因：一是北京市在80年代初兴建的一批“菜篮子”工程时，建立了一批从事工厂化农产品生产和加工或饲料加工业。这些独立的企业在市场经济转轨时期和农户一样难以独立生存，客观上产生了寻求合作、加强同产前、产后的联系，共同抵御市场风险的必要。于是在有关部门的行政干预和协调下，以一批骨干农产品生产加工企业为龙头，联合同类型的其他企业，并与相关的上下游企业联合，形成了一批“农业加工企业＋农业生产企业”的经济利益共同体，如顺义鲲鹏食品集团。二是由于北京对某些高档农产品的需求以及在丰厚的利润回报的吸引下，一些国内的工商企业和国外资本投资于农业领域，以先进的技术、雄厚的资本和当地的农业生产企业联合，实现农产品生产、加工、商贸一条龙，如卡夫食品公司、正大集团等。

（二）“公司＋农户”

“公司＋农户”是最先兴起的农业产业化的形式之一。公司和农户通过彼此间在资金支持、技术服务、生产资料的供应和产品的销售等环节实现系统内“非市场安排”，从而降低了各方的交易成本，使各参与主体的利益最大化。

在畜牧产业一体化中，“公司＋农户”是一种普遍的组织形式。其具体作法是：公司与农户签订产销合同，由公司提供种苗、饲料，在生产过程中提供技术指导、防疫等服务，农户按合同规定向公司交售农产品。这种经营模式有效地解决了从计划经济向市场经济过渡时期广大农户进

---

* 原载《中国农村经济》1998年第6期。

入市场的风险问题。面对风险与机遇并存的市场，公司和农户紧密连在一起，一方面可以发挥整体优势，另一方面可以较合理地保证和实现各参与主体间经济利益。

（三）农民自我兴办的专业合作组织

农民专业合作经济组织是以农户家庭经营为基础，在自愿的前提下，以市场为导向，以提高农民市场竞争力为目标，以增加成员收入为目的，实行资金、技术、生产、供销、加工等互助合作和服务的经济组织。它是农民为了解决自身直接进入市场须支付昂贵的交易费用问题。北京的农民专业合作经济组织主要有农产品销售型和技术服务型，也有较高级的农产品产加销一体化经营型。

二、京郊农业产业化经营组织形式的效果评价

（一）"农业加工企业＋农业生产企业"评价

由于京郊较多地方是以农业生产企业和集体经济组织为基本生产单位，农业生产有一定的规模。北京市共有万头规模的猪场150多个，5 000头规模的猪场近百个，5万只以上的蛋鸡场126个，各种乳品加工厂140多个。因此，京郊农业产业化经营的主要形式是农产品加工企业联合农业生产企业而形成的经济共同体形式。这是北京农业产业化的特色。这种组织形式集农产品加工、生产、贸易、出口等环节于一体，产生规模聚合效应，可节约各环节的交易费用，增强企业的抗风险能力，对于农业生产力水平的提高和促进北京农产品质量的改善，保证农产品的有效供给有着重要作用。

但这种农业产业化经营组织形式无论是在组建之初还是在实际运行中都有许多困难，遇到很大的阻力。京郊现有的农业生产企业和农业加工企业经济成分极其复杂，有国有的、有集体的，而且在行政上隶属于不同系统。农业生产企业多属于农业局、畜牧局，加工企业多属于轻工局、商委、经委和农场局等不同的系统，分别由各自具有刚性利益格局的农、工、商不同部门分管。集体办的企业隶属于资产实际产权主体缺位、政企合一的集体经济组织，产权关系不明晰。如果不改变传统管理体制把这些经济成分不一、利益分割、多头行政管理的农业生产企业和加工企业联合起来，想实现其效益高的一体化经营是不可能的。由于管理和协调成本太高，许多企业都不愿参与这样的一体化组织，即使在行政的干预下被强行结合在一起，也很难做到"风险共担，利益共享"。另外这种模式将分散的农民排斥在一体化经营系统之外，或将农民变为获取工资的劳动者，会严重损害农民对农业生产的积极性。

（二）"公司＋农户"评价

"公司＋农户"这种产业化经营组织形式是在计划经济向市场经济过渡时期，一些企业和农民意识到产销分离对农业经营的不利影响，农产品加工企业或销售组织为了得到稳定的货源、降低经营成本而和农户之间在利益上达成的一种妥协。这是按照自愿互利的原则，用契约的形式将千家万户联合起来，形成"风险共担，利益共享"的经济共同体。这种共同体一头紧密连着市场，另一头与农户相连，在市场与农户之间搭起一座桥梁，帮助农民与市场有效联结，是农业产业化启动初期功不可没的一种组织形式。

以大发肉鸡公司为例。该公司实行肉鸡"一条龙"经营模式，在肉鸡饲养阶段与农户合作，采用"公司＋农户"的模式，由大发肉鸡公司提供鸡苗、饲料（现金交易）。农户自己提供饲养

场所、劳动力，按计划定时向公司交售出栏肉鸡，公司负责收购合格肉鸡。在这种经营模式下，公司1997年从农户收回1 200万只肉鸡。据测算，如果这1 200万只肉鸡由公司来饲养，需投资近1亿元。与农户联合，大大节约了公司的资金，缓解了公司资金不足的矛盾，降低了经营成本。农民通过与公司的直接联系，解除了市场风险，能够在公司的指导下，提高肉鸡饲养水平，获得新的技术，并能获得一定的经济效益。

虽然“公司+农户”经营模式在沟通农户与市场的联系，减少农民生产的盲目性，弱化农产品市场风险等方面都具有积极意义，却不能期望它成为农民进入市场的理想中介。理由是：

1. 作为理性的商业公司，它的根本目的是追求利润最大化。与农户加强联系乃至结成利益共同体只是为了在市场体系不健全时期获得稳定的原材料供应、持续的货源，或是降低购进成本，以提高经济收益，只有在从经济共同体中的获利大于从市场交换中的获利时，他们才会愿意与农户联合。同样，作为利益共同体的另一主体——农户也是如此。因此，公司和农户的关系在经济上是对立的，各自是独立的经济单位，都是以追求利润最大化为目标。公司与农户之间只是一种外在的结合，农户与公司的农产品交换过程也只是市场交易行为，其实质仍是一种纯粹的买卖关系。

2. 在“经济共同体”内部，公司与农户主体地位不对称，导致了双方在责权利上的不平等。进入农业领域的这些公司从事某一产业在一定区域内具有双重垄断性质：一是在对农民出售的农产品上，具有垄断收购的性质；二是在其加工或销售市场上具有垄断销售性质。例如某一企业凭借雄厚的资本、先进的技术进入某一产业，由于收购垄断，在产品的加工和销售上一般会占有主力地位，成为该行业的大厂商，获得垄断地位和垄断利润（见表1）。

表1 “龙头企业”产品占北京市场份额表

公司名称	产 量	年销售额（万元）	市场占有率（%）
鲲鹏食品集团	猪肉35万吨	150 000	38
大发肉鸡公司	鸡肉4万吨	63 362	45
顺义前鲁鸭厂	北京鸭200万只	6 000	60
北京市牛奶公司	消毒奶7.6万吨	35 200	60

资料来源：北京市计委郊区处。

制度理论认为，在充满不确定性的市场体系中，市场主体在具体交易的“合作博弈”中对“合作剩余”的分割取决于交易双方的谈判能力。在超微型化的家庭经营的农户与这些具有双重垄断地位的大公司结成的利益共同体中，农户的谈判地位是极其弱小的。在农户与公司的商品交换中，公司明显占有买方优势（具有寡头买方垄断的价格决定性质）。

以大发肉鸡公司与农户签订的合同为例：在合同中，甲方（公司）的责任共有7条，分为按计划提供鸡雏，负责技术指导，收购毛鸡，偿付货款等，并未提到违约的处罚措施。而乙方责任则多达14项，如必须按甲方的计划饲养，必须用甲方提供的饲料和药物，必须养甲方提供的雏鸡，必须将毛鸡销回公司等，并详尽地规定了违约责任。双方的责任明显不对称。公司与农户之间无论是合同的签订、价格的决定等都是由企业作出，农民处于被动接受的地位。因此，不能说这一对主体之间的地位是平等的，契约是公平的，条件是合理的。农户在肉鸡整个生产阶段都受公司的高度控制，经营没有自主权。这样的安排是出于保证产品质量的需要，但这也是公司通过技术控制达到垄断经营权获取农户生产者剩余的一种手段。为了加强这种垄断，他们在整个价格体系的制定上基本上都不约而同地采取了偏离市场价格体系的策略。在各个环节采取高价位，特别是在生产资料上利用其专卖权采用高价位手段，以提高农户的成本，从而在产品回收上可以高于市场价格收购，防止农户毁约以达到垄断收购的目的。因此，企业以高于市场的价格回收产品，并不能真正形成对农民利益的保护。以大发正大公司为例（表 2）：

表 2 市场价格与公司价格对照表（1997 年 7 月）

	鸡苗价（元/只）	饲料价（元/吨）	毛鸡价（元/公斤）
市场价格	3.2	2 300	7.20
公司价格	3.9	2 500	8.00

资料来源：个人调查。

假定饲料转化率相等，都为 2.2∶1。肉鸡体重长到 2 公斤时出售。

以市场价格计算：农户收益＝毛鸡价×体重－（饲料消耗×饲料价＋鸡苗价）

＝（7.20×2）－［（2×2.2×2.30）＋3.2］

＝1.08 元

以公司的保护价格计算：农户收益＝毛鸡价×体重－（饲料消耗×饲料价＋鸡苗价 ）

＝（8.00×2）－［（2×2.2× 2.50）－3.9］

＝1.10 元

每只利润仅相差 0.02 元，在公司的精心核算下，农民实际上并不能从公司那里得到比市场上更多的利益。在公司与农户这种垄断与被垄断的关系下，由于主体地位的不平等，农户也不可能分享产品在加工增值或流通销售环节的利润。即使是有，也是由于公司的怜惜和同情，不能有保障，因为以保护价格以及其他形式对农民利益的保护只能是政府而不是企业的职能，公司对农民的补贴只是为了稳定原材料的生产和供应。鲲鹏肉联厂通过二次分配返回给农户的利润在 1995 年和 1996 年分别为 196 万元和 80 万元，分别占当年公司盈利的 5%和 2.5%，相当于每头猪返回 10 元钱或猪活重价格上涨 1%左右。而生猪加工后的利润比例一般为 30%以上，农民所得的利润是极低微的。在整个产业链上，利润分布密度极为不均。

3. 从节约交易费用来看，“公司＋农户”的组织形式优势并不明显。交易费用是指进入市场必然发生的费用支出，如搜集、加工、整理信息以及协商谈判、履约、市场管理等必须支付的一定费用，这些费用都属于非生产性成本。①交易费用理论是内部组织经济学中关于市场与组织选择的基础理论。它以交易成本的大小为基础对交易方式进行分析，从而判断将交易委托给市场还是委托给组织内部。② 在“公司＋农户”组织形式下，公司作为其核心，要与众多的农户发生多次直接的对接。在龙头企业规模小、带动农户少时，龙头企业直接与农户进行利益协调比较容易。随着产业化经营发展，龙头企业带动的规模扩大，农户增多，有的实行跨区域经营，龙头企业直接与单个农户对接，其沟通、谈判、监督等成本就很高了。据调查，到目前北京市的许多公司已不愿意和农户直接接触，主要原因就是农户规模太小，公司与农户在订立合同和事后监督中成本太高。鲲鹏肉联厂脱离了与单个农户的联合，转而与规模大的集体猪场联合。大发公司则采取在农户与公司之间培植出“中介”服务组织的方式。这个服务组织代表农民利益，并由它负责计划制定、执行，提供技术、运输等服务，公司只与此中介服务组织联系，减少公司 与农户之间的交易次数，形成“公司＋中介经济组织＋农户”模式，节约了更多的交易费用。

4. 从风险的防范和责任承担上看，风险承担主体仍然是农民。农业的生产风险较大，有技

① 张军：《现代产权经济学》，上海三联书店，1991 年，第 7 页。

② 肯尼思，W·克拉克森：《产业组织：理论、证据和公共政策》，三联书店，1989 年，第 2 版。

术风险、自然风险、市场风险等。市场风险包括产品市场风险和要素市场风险，即产品价格下跌和要素价格上涨的风险。“公司＋农户”模式从表面上已将风险转移给了公司，但实际上，没有一个公司愿与农户共担风险，特别是技术风险和自然风险。在调查中，我们发现许多公司尽管也向农户提供一些技术服务，但这些风险完全由农户承担。如大发公司和前鲁鸭场与农户签订的饲养合同中都有这样一条规定：“若饲养过程中出现意外，如烈性传染病或人力不可抗拒的自然灾害，须立即向甲方报告，双方议定处理意见，但甲方不承担任何经济责任”。即完全由农户承担自然风险。

在市场风险上，公司与农户的关系是一次性买断。市场风险有风险损失，也有风险收益。农户通过这种方式来回避市场风险损失，同时也回避了风险收益。而一旦发生市场不景气或公司没有争取到重要合同时，公司会很快停止向农户出售下一批生产要素，从而使农户停止下一周期的生产，造成农户固定资产闲置。而公司却避免了巨额的固定资产闲置和员工失业的风险，实际上是将风险损失转嫁给了农民。因此，市场风险收益的获得者是公司，而自然风险、技术风险、市场风险损失的承担者仍然是农民，并不能改变农业高风险的状况。例如1996年，北京的猪群发生蓝耳病，养猪户基本上无钱可赚，许多农户还因独自承担严重的风险损失而破产。

综上所述，公司与农户在经营层面上的结合，看似形成“利益均沾，风险共担”的经济共同体，但实际上由于主体之间地位不平等，利润不能共享，风险不能共担，一旦市场出现对某一方经济利益有较大冲击时，就会导致这种关系的变形或解体。

（三）农民专业合作经济组织评价

农民专业合作经济组织是在农民走向市场过程中逐渐自发组织起来的一类市场中介组织，这类组织大都是按照“合作社原则”组建起来的，即在保持农户家庭独立经营的前提下，实行自愿参加，自由退出，民主管理，以服务为目的，合作组织盈余按社员业务交易量分配给全体社员。这类组织有如下一些功能：①通过联合购买农用生产资料和组织农产品的联合销售与运输，实现产前与产后的规模经济，减少农民的购买和运输成本。②协调农民的生产性活动，解决生产中出现的外部问题。③提供生产中的技术指导和市场信息，减少信息的垄断和不对称的现象。④代表农民出面与有关部门交涉，维护农民利益，农民既是农产品的生产者，又是加工、销售或服务组织的成员。这种组织能在产前产中产后与农户紧密结合起来，减少农民的生产性成本和交易成本。

从国际经验来看农民合作组织是解决小农户与大市场矛盾的一个有效途径。世界上许多国家都选择合作社作为与工商业资本抗衡、保护农民利益的重要组织形式，合作社在农业市场化和现代化的过程中占有非常重要的地位。

京郊农民专业合作经济组织目前尽管还不规范，不完善，还不是完整意义上的合作社，但它作为农民自己的合作经济组织在农业产业化中起了很重要的作用。农民专业合作社作为广大农民联合自组性组织，组织农民共同进入社会化大市场，将市场关系内部化，形成合作制机制，有效地调节和实现成员之间的合法权益，合理分享市场交易利益，比其他组织更为直接，更为农民所信赖，是一种有效的产业一体化组织载体。

三、京郊农业产业化经营模式的选择

（一）组建农业企业集团

京郊农业生产的基本单位大部分仍是国有、集体的农业生产企业，而不是以农户为主的基本生产单位。他们与农户一样面临着规模经济不明显、交易费用大、风险过度集中的问题。一批企业在市场竞争中经营困难，而另一些企业形成优势，急于吸纳新的生产要素，扩大发展。对此，最经济的途径是打破条块分割的多头行政管理体制，以骨干企业为主体，运用联合、合并、收购、兼并等资本运营方式，把多个企业围绕优势产业进行联合，通过产权制度改革和企业组织结构调整，组建成农业企业集团，实行以产权为纽带的农业产业一体化经营。这样既可节约市场交易费用，又产生规模效益和增强抗风险的能力。例如，北京市奶业集团的建立就是采用这种模式，实现了奶业产业一体化经营，在实践中取得了显著的效益。总公司为解决现有乳品加工企业数量多、规模小、布局分散、产品结构雷同、重复投资、各自为政、内部竞争等种种弊端，进一步壮大乳品企业的实力和竞争力，按照现代企业制度的要求，适时地把原市牛奶公司、双桥乳品厂、南口乳品厂和中瑞奶业培训中心 4 家国有企业的资产进行优化重组，组建北京市牛奶（集团）公司，实现了产业经营与资本经营更高层次的结合。他们的做法是采取先联加工、后联牛场，先联国有、后联其他，先松散、后紧密，通过购并、联合、控股参股、出售租赁、契约等各种手段，构建成产加销一体化的母子公司体制，实行集团化、一体化经营。如今，北京市奶业集团在集团化、一体化经营方针的指导下，已发展成为在全市具有行业垄断地位、在全国同行中处于技术领先、效益领先、综合实力强、竞争力强的大型奶业一体化经营企业集团。

（二）发展“公司＋中介组织＋农户”模式

以“公司＋中介组织＋农户”模式代替“公司＋农户”模式是北京市农业产业化发展过程中一种新出现的趋向。关键是这种中介组织目前在北京主要是以盈利为目的的纯商业性中介，不利于对农民利益的保护。要充分发挥“公司＋中介组织＋农户”模式的作用，这种中介必须是代表农民利益的组织，即应发展以为农户服务为第一目的的农民合作组织，形成“公司＋合作社＋农户”的模式。

（三）发展京郊地区专业合作经济组织

尽管这类农民自办的组织在京郊还很少也不规范，目前主要以农民专业协会、农民服务协会、产销协会等形式存在，但它代表着农业产业化经营模式发展的一个方向。从世界农业一体化经营的经验来看，发展农户合作经济组织是实现农业市场化、现代化的重要途径。在推进产业一体化经营过程中，应逐渐按照国际公认的合作社原则，即“罗奇代尔原则”加以规范和发展，使之成为既适应市场经济需要，能维护农民利益，又具有自我管理、自我服务、自我发展能力的与农户风险共担、利益共享的经济共同体。

另一种是在专业合作经济组织的基础上，根据我国的实际情况进行创新，以专业合作经济组织为基础吸收股份制的长处建立起来的股份合作企业。在这类组织中，农户以入股形式进入第二、三产业，不但能获得生产者利益，还以股东身份分得投资收益。同时，它以资产为纽带将农户与股份合作经济组织结成紧密的经济共同体。例如，礼贤镇在蔬菜服务组织的基础上，成立产销协会，按股份制原则，组成包括国家、集体、个人各方资金的龙头企业，对基地生产实行全方位服务。如能在产业化过程中加以规范和引导，这种组织形式将可能成为农业产业化经营的重要形式。

一场诱致性制度变迁*

——改革开放以来中国农村经济制度变迁的反观与思考

冯 开 文

1978年之后，一场以诱致性为主要特色的制度变迁①在中国农村悄然地发生了。这场变迁体现出了一些与改革开放以前截然不同的重要特点，也蕴含着一系列值得认真总结的经验。

一、变迁的突出特征

1. 新出现的获利机会是制度变迁的动因之一。中国农村的改革发端于大包干。农民选择大包干在于对新的获利机会的追逐和对历史实践的反思：合作化时农民就有互助合作和个体经营两种积极性；人民公社集体劳动导致越来越多的窝工浪费、消极怠工、劳动效率低下；公社体制下的自留地上，创造出高过集体几倍乃至10倍的产量；包产到户一次次的尝试、复兴，以及由此带来的增产增收，使农民最终选择了大包干制度。以大包干为起点的家庭联产承包责任制的创新，带来了明显的制度绩效：1984年全国粮食总产已超过8 000亿斤，粮食长期短缺的矛盾得到缓解，甚至出现“卖粮难”的问题。但在这些剩余的数量因土地报酬递减和制度激励递减而不断减少的情况下，新的制度需求必然产生出来，以实现新的经济增长；而在生产资料变得供不应求，价格也足以使农民踟躇不前的情况下，大量出现的剩余劳动力也迫切需要新的就业机会。正是基于对农业以外的获利机会的捕捉，农村中小企业蓬勃发展起来。

家庭联产承包责任制和农村中小企业这两次重大制度创新，为新的一系列创新提供了可能。如同乡镇企业最早借用了农业中的责任制一样，新的一系列创新有些是信息成本②很低的“学习”过程，如国营农场形成大农场套小农场的格局、鱼塘水泽湖海的大面积承包都是责任制在农村被广泛“学习”的结果。而吕梁、延安地区的四荒地拍卖，则如乡镇企业的创新一样，在寻找农业以外的获利机会。更吸引人的是创新，其中有些是为了减少摩擦成本，如北京顺义的集体农场，便通过利益的重新界定，成功地减少了摩擦成本：前提是乡镇企业的发展使农业劣势尽显，而劳动力大量转移出去就给重新装备农业、实现规模经济，以改变种田人获利少的状况提供了可

---

* 原载《中国农村经济》1998年第7期，《新华文摘》1998年第10期转载。

① 林毅夫将制度变迁划分为诱致性变迁和强制性变迁，分别指由响应制度不均衡时的获利机会自发引起的和由政策法令引起的制度变迁。见林毅夫《关于制度变迁的经济学理论：诱致性变迁和强制性变迁》，载《财产权利与制度变迁》，上海人民出版社、上海三联书店1994年版。

② 据汪丁丁的分类，交易成本可分为信息成本和摩擦成本，分别指对付不确定性（因信息不完备而致）增加激励的成本。见汪丁丁：《经济发展与制度创新》，上海人民出版社1995年版。

能，于是有了集体农场的制度创新。由于集体农场这一制度安排，有利于乡镇企业和农业的协同发展，在当地是一个乡镇企业工人（获得稳定的工资和可靠的粮食供给）和农场农民（获得农业的规模收益和休闲以及乡镇企业的补贴）都赞同的帕累托改进性的制度创新。山东平度等地的“双田制”这种安排，也在谨慎地降低摩擦成本，力求在双方自愿的基础上促成土地经营权的流转，改变均田、小规模的土地经营方式，以提高农产品的商品率。

股份合作制则是另一类制度创新。它推进到了产权的界定层次，公有产权与个人的关系、公有财产与个人私产的结合方式，都是这一制度安排的主要内容。不论是采用折股量化到人还是虚置股份到个人，还是其他方式，它都体现了新的公平原则，即对原公社平均主义的抛弃和新的差别共有观念的树立；它都是基于一个事实，公产私产特别是私有财产数量有了明显增加；也都基于这样一个预期：对公财私产的重新组合会给农民带来更多的获利机会。为此，不惜设计出这种信息成本较高而摩擦成本相对较小的“过渡性”的制度安排①。

农业产业化则是为了从外延上扩大农业的规模，通过贸工农、产供销一体化，提高商品率和专业化程度及科技含量，使农业形成实力强劲的各产业的联合体，以新的姿态进入市场，从而在社会经济大循环中分割平均利润率，同时避免规模不足带来的效益损失，并在产业化体系中实现各循环的平均利润率。

2. 制度变迁是一个渐进的过程。由于改革开放后中国农村的制度变迁是由一群人追逐获利机会而导致的，这种制度变迁就必然是一个不断创新的渐进过程。首先，这种创新需要一个对其他制度安排的比较选择的过程，它会因经济发展水平和知识准备程度参差不齐，形成对制度不均衡造成的获利机会各不相同的认识，这必然使他们形成不同的制度创新抉择。其次，制度创新导致制度集合的改变，新的制度安排会在学习、比较之后产生，使制度变迁成了一个连续不断的过程。再次，因为学习和借用会节省信息成本，学习、借用等低成本的制度创新就成了制度变迁的重要内容。因此，不是突变式的全局性的革命，而是渐进的制度变迁成了中国农村制度变迁的又一个突出特点。

3. 初级行为主体日趋活跃。改革开放后，初级行为主体空前活跃。首先，他们调整越穷越光荣的旧观念为致富光荣，这就使开启新的致富手段，包括通过制度创新追逐新的获利机会，成为可能并理直气壮。其次，他们的经营能力普遍提高，由种粮大户、专业户的出现到乡镇企业家，致富带头人的纷纷涌现，表明他们的实践经验在不断增加，涉足的经济领域越来越广，由此，必然使他们的制度创新能力和为新制度实施所必备的谈判能力大大增强。其三，由于上述原因，农民的知识准备程度也在大大提高，比如经济较发达地区农民已很少是昔日“躬耕垄亩”者，他们的知识水平也有了较大的提高。这些就为学习、比较、选择、创新提供了准备。可以说，初级行为主体的活跃，是形成农村风逐浪高般的制度创新壮观景象的重要原因。

4. 制度供求不均衡。已有的研究表明，诱致性变迁容易造成制度供给的不足，因为搭便车是创新过程中的固有问题，所以诱致性变迁呼唤着强制性变迁的加入，以形成制度结构的最优（均衡）状态。但我们不能不清楚地看到，强制性变迁的加盟，依然没能改变制度供给不足的状态。农产品流通环节不畅，农产品价格相对于农用生产资料价格依然较低，在农产品供求关系已由总量矛盾为主转变为结构性矛盾为主之后继续沿用工业化战略，迟迟不推出比较优势战略等等问题的存在，都是制度供给不足的写照。这一系列问题悬而未决，固然与农民的知识准备不足、

① 因为是劳动的联合又是资本的联合，这二者是相互排斥的，股份合作制易走向合作制和股份制。

信息不完备有关，但也与政府过于“冷静”，在试验、谈判、界定、创新制度等制度建设方面的投入不够、步子不大有一定的关系。另一个突出问题，就是土地制度变迁迟缓，成了制度供给不足，从而影响制度结构的重要原因。家庭联产承包责任制这一制度安排实施之后，带来了地块分割细碎、基础设施弃置、重新调整土地对投资预期的不利影响等负面效应。在政府大力推进农业产业化这一强制性变迁的今天，小面积精耕细作与农业规模经营、人口迅速增长与耕地面积基本不变、农村各产业联合起来走向市场与土地使用权的流转仍然相当缓慢等一系列矛盾相应产生，说明土地制度和农业产业化之间有一定的矛盾。但调地的交易成本太高，使土地制度的变迁只能在稳定承包权的基调上调整。

5. 制度安排形式日趋多样化。多样化是制度变迁呈现出的一种整体特征。产权制度已形成公有产权和私有产权、混合产权齐头并进的态势，公有产权也出现了集体公有、公有权与使用权分离、公有权折股量化到人等多种形式；流通体制由国家垄断变成了个人、合作社、合伙企业、集体等各“家”共营的局面；土地制度在大包干的基础上孳生出了“两田制”、家庭农场、集体农场和社区性股份合作制等安排，等等，说明制度形式的多样化，是新一轮制度创新最引人之处。

“游戏规则”（制度）多样化必然导致玩游戏的角色（组织）多样化。仅拿合作组织来说，不仅产权安排实现了对单一公有产权的根本改观，而且组织形式也根本改变了以生产合作为主（供销合作和信用合作社很快变成了“国有企业”）的结构，形成了多种形式如雨后春笋般纷纷涌现的局面。股份合作有社区性和专业性；农村专业合作组织在专业户的基础上形成专业协会、研究会等多种合作经营组织，1994年底，全国已有各类专业合作组织16.3万个，兼跨140个门类，形成了技术普及推广型、技术经济实体型、技术经济服务型等多种形式①；供销合作社也在支农和民办、合作的宗旨下进行改革，取得不断发展；合作金融组织中信用社的群众性、民主性和灵活性伴随着信用社的产权制度改革而逐渐恢复，乡村集体经济组织及其成员按合作社原则组织起来的农村合作基金会也迅速发展起来，1984—1993年底，全国共建立基金会128 400个②；此外，劳动群众为解决住宅问题而兴办的住宅合作社、事业性的“合作医疗”组织，为发展区域经济而组织的区域合作组织（如三峡地区经济开发区）的蔚然而兴，已使合作超出了农业，越过了农村的边界。

二、经验的初步总结

这一轮诱致性制度变迁之所以能取得明显的经济绩效，主要是因为：

1. 国家首先由利益主体自己实施制度创新，然后给予界定和规范化，而不像新中国成立至改革开放前那样，去自告奋勇地代表农民的意志，替农民安排未来的目标及一系列的行为规范。在制度创新中，经验的作用不可忽视，而国家比起初级行为主体来，为此付出的信息成本要高得多。有一个深刻的说法是，怎么种地农民最清楚。今天我们也强调说，在市场化改革的“游戏”中，国家不要既当裁判员又当运动员，是因为这样做既要付出较多的信息成本，又要付出较高的摩擦成本。运用国家的权力去界定制度并使之规范化，应该是理性国家的良性选择。

2. 注重创新有可能带来的实实在在的经济绩效。诱致性制度创新尽力捕捉的是制度不均衡

① 姚监复等：《农村专业技术协会的研究》，中国农业科技出版社1996年版，第12～13页。

② 萧灼基主编：《（1994—1995）中国金融分析与预测》，中华工商联合出版社1995年版，第171页。

时的获利机会，在当今制度供给仍然不足的情况下，仍会有一些新的由需求引致的诱致性创新发生。广东深圳万丰村实施的“共有制”，已再次引起了理论界的关注。这是一种以财产社会化为特征，具有多元产权主体，生产资料共同占有，政企完全分离，按劳分配、按股分配和社会福利保障相结合的一种新的公有制的实现形式，也是一种引人注目的诱致性创新。其之所以获得理论界的认可，同样是因为其对获利机会的积极捕捉，而且，实践已经说明了制度创新带来的良好绩效：万丰村经过10多年发展“共有制”经济，实现了集体资产大幅度增值、扩张，村民生活家家户户都达到或超过香港中等生活水平①。这同样告诉我们，制度创新，特别是诱致性创新，要积极捕捉现有体制下无法抓住的获利机会，还要注意以此使农民收入增加，不要为了创新而创新。

3. 制度创新努力与其他制度安排相协调，既要借用、学习既有的正式制度安排、非正式制度安排以及意识形态，又要防止不加选择比较地移植。为过去太多的一哄而上，我们付出的信息成本已经太昂贵了。而今天由于初级行为主体知识准备不足，次级行为主体仍理性不足，简单地照搬照抄仍然难免。

4. 诱致性创新和强制性创新，都力求注意照顾到农民的意愿，使农民增加收益。改革开放前的合作化和人民公社化中，由于忽视了农民的意愿，造成了制度执行中的一些不应有的挫折和失败；今天农业产业化的制度安排中，“合作社＋农户”的形式备受推崇，就是因为在农业比较利益低下的客观存在下，如果没有这种制度安排，弱质的农业与非农产业的联合，容易直接使非农产业分割较多的农业剩余，从而使农业难以从联合体中获取平均利润率。而合作社则是代表农民意志的农民自己的组织，可以代表单个农民进行市场谈判，从而有效地降低了交易费用；更重要的是，合作社自己可集资兴办非农产业，形成“合作社＋农户＋基地”甚至更长的生产链条，进入市场，而其利润返还的原则、一人一票的原则、自愿的原则，都可以使农民获得预期收益，并免于利益的损失，免于造成强者愈强、弱者（农业）愈弱的局面。

① 见《改革实践之树常绿》，《经济参考报》1997年10月28日。

试论农村股份合作制原理*

王 立 诚

一、股份合作制是一种合作制

股份合作制就是一种合作制，而不是纯粹的股份制，只是吸收了股份制的某些组织方法而已。

合作制的基本目标是保障广大劳动者的应有的权利，并且力求使它们生活得更好一些。合作社的定义，简而言之，就是一部分劳动群众为了改善生活条件或生产条件自愿地联合起来共同经营的一种经济企业。

股份合作制是我国农民的创造，又是世界合作社制度结合中国实际的新的发展，一些学者过去曾评论它“非驴非马”（既不是股份制，又不是合作制），这是一种肤浅的见解，其实它就是“合作制”，因为：① 它是劳动者的联合。② 世界上的合作社制度历来就是实行股份制的。

当然，也不乏有一些空想社会主义者，过早地主张废除私有制，实行公有制，按需分配。这就限制了社员个人的积极性，妨碍了生产力的发展。这一点我们在后面还要详细讨论。

其实早在17世纪，如荷兰的彼杰尔·科尔涅乌斯·普罗克波依等合作社会主义者就是主张合作社应保存小私有甚至允许雇工的。而世界著名的英国兰开夏郡的罗虚代尔公平先锋社，就是入股的（社员每人28磅股金），自1844年创建，到20世纪30年代发展到4万余社员，扩大了经营范围。法国的许尔克和哈斯、查理·季特等都是主张社员集股的。当前世界如荷兰，社员股金分红比例还不断增长。可以说，一百多年以来，世界上的合作社就是有股份的。

二、合作经济是商品经济的产物，它不单是生产关系的社会化，更重要的是生产力的社会化

合作制是在欧洲产业革命以后随着资本主义商品经济的发展而出现的一种社会、经济组织形式。它和商品经济保持着一种互相依附的天然的血缘关系。在商品经济条件下，它既是从宏观上调节经营者、劳动者、消费者之间诸经济关系的一种控制手段，又是从微观上调节并合理组合生产与经营诸要素的一种控制方式，而这一切，都是为了进一步实现生产社会化这一过程的。

正如列宁所说的：“商品经济的基础是生产社会化”。众所周知，无论是资本主义商品经济还是社会主义商品经济，都具有共同的经济规律，这就是价值规律。马克思主义认为，在商品生产条件下，产品不是作为生产者的直接使用价值而生产，而只是作为交换价值而生产的。马克思指

---

* 原载《农村合作经济经营管理》1998年第8期。

出："要成为商品，产品必须通过交换，转到把它当作使用价值的人的手里。"因此，发展商品经济必须具备两个基本条件，一是生产者的生产和经营必须是从属于一定的社会分工体系的；二是生产者对于他的劳动成果的所有权，以及他和其他生产者、经营者发生经济关系时的完全的自主权。这样才能发展商品交换，促进生产社会化。

这就涉及怎样正确理解马克思主义生产社会化理论的问题。我国许多年来人们对于马克思主义生产社会化的理解往往只是局限在生产关系的社会化这一方面，却很少注意生产力的社会化这另一重要方面。其实，与前者相比，后者是更富有本质意义的。生产力的社会化是长远的任务，是不可能随着生产关系的社会化而毕其功于一役的。在我国，长期以来，对于合作制的研究局限于对所有制的调整、改革的论证。现在看来，根据邓小平理论的指导，很可能已经到了应该从生产力社会化的角度重新研究合作制的时候了。

合作制，在不同的历史时期与社会制度下被赋予不同的任务及功能。但是，无论如何，它的功能是不可能超出它所依附的商品经济条件的。回顾欧洲合作运动的早期历史，很明显一条经验就是：在形形色色的合作实验之中，凡是顺应商品经济发展规律的一般都得到成功，反之，往往归于失败。前者如上述的英国罗虚代尔公平先锋社是最早的一种保护劳动者和消费者利益，避免商人重利盘剥的消费性质的合作，它之所以获得成功，发展很快，成为后世合作事业的楷模，主要是因为它顺应了商品流通与交换的规律，组织消费者占领自己的消费市场，对中间商人展开了经济斗争。其他如法国的毕舍（1796—1865）创办的手工业合作社，德国雷发巽创办的农村信用合作社，其成功的原因皆本于此。而与之相反，凡是违背商品经济发展规律的合作实验则往往失败，例如法国傅立叶（1772—1858）创办的"法朗吉"（是一种自给自足的农业合作社），英国欧文（1772—1858）创办的"哈摩尼新村"（在北美殖民地印第安纳州建立的实验区）以及在伦敦创办的"国民平衡劳动交换所"等等，尽管他们抱着崇高的社会理想，他们的主张闪烁着睿智和哲理的火花，但是无法补救其空想的实质，因为他们企图倒退到自给自足的乌托邦式的自然经济历史阶段，当然为资本主义商品经济的历史潮流所不容，卒归于失败。又如法国的蒲鲁东（1809—1865），他是无政府主义的创始人，主张人群之间只有"契约"关系，反对任何权威的干预，他正当地为反对中间商人的重利盘剥而义愤，但是却错误地主张建立"交换银行"，企图超越商品经济社会发展的历史阶段，过早地实行劳动产品的直接交换，他的实验终归于失败。

在社会主义制度的国家里，对于合作制的指导违背了社会主义商品经济的客观规律以致造成失败的教训，在前苏联，在中国均有之，如中国的人民公社运动，发展"政社合一"、"一大二公"、"产品经济"。确实带有浓厚的空想社会主义的色彩，脱离了商品经济的现实。

马克思认为合作制的发展"有其社会必然性"。他科学地看到了合作制是资本主义商品经济条件下"必然"的产物。而列宁在逝世以前的遗著《论合作制》中则终于认识到："在我们看来，单是合作社的发展就等于社会主义的发展。"对此，他有一段解释："在生产资料公有制的条件下，无产阶级对资产阶级取得了阶级胜利的条件下，文明的合作社工作者的制度就是社会主义制度。"一作者注）。这一点，我们在研究社会主义商品经济和邓小平理论时也是值得借鉴的。

三、合作制又是不同历史时代文化、社会的产物

合作制本身就是一种社会群体组织形式，是人际关系的一种调节力量，合作制的产生离不开它所处的历史时代的民众文化教育水平和占主导地位的社会思潮。

综观欧洲早期合作事业先驱者的思想，无不受中世纪末人文主义思潮的影响，如最先提出

“合作”这个概念的思想家欧文，他就深受边沁（1748—1832）功利主义的影响，他们的口号是：“最大多数人的最大幸福。”他们主张“社会是个人之总和”，社会的幸福即个人的幸福之总和。其他诸家之思想，如加以考证，几乎无不受英国“大宪章”运动以来民权运动思潮的影响，或者受法国大革命前蓄积多年的“人权”、“民约”及“自由、平等”思潮的影响。另外，在当时的欧洲，不可避免地还混杂着教会改革中所发展起来的“人道主义”、“博爱”思潮的影响。因此，在今天的改革中的社会主义中国，作为一个巨大的农业国家，就应更加努力地维护农民的利益并使他们早日富裕起来，实现邓小平关于小康社会的伟大遗愿。实现党的十五大所号召的“要尊重农民的生产经营自主权，保护农民的合法权益，切实减轻农民负担，使广大农民从党在农村的各项政策和工作中得到实惠。”我认为这也是一种社会主义条件下的人文主义。

一定的社会思潮不能脱离一定的民众文化、教育水平。合作制是一定的民众文化、教育水平与进步的社会思潮相结合的产物。历来的合作事业的先驱者都是十分强调教育在合作事业发展中的作用的。18世纪瑞士合作思想家柏斯泰洛齐（1746—1827）就是亲身倡导合作教育的教育家。英国合作思想家威廉·金（1786—1865）就是在白莱顿首先创办消费合作专门学校以宣传其“共同店”思想的。列宁晚年在《论合作制》一文中指出民众教育的重要性，他说：“必须让全体人民在文化方面经历整个发展阶段。”“使我国居民文明到能够了解人人参加合作社的一切好处，并把参加合作社的工作做好。”

1937年国际合作社联盟代表大会的专家委员会制定了合作社原则，这是合作社运动的历史经验总结，已为世界所公认，其中一条就是：“所有合作社都应对其社员、领导者、职工和一般群众进行合作社经济和民主原则以及技术知识的教育。”

以上说明合作事业不仅仅是一种经济开发事业，更重要的它还是动员农民劳动者为保护自己的应有权利而进行的一种社会开发的事业。我们应该从社会可持续发展的角度来研究合作制，绝对不可以忽视合作制在社会学上独有的意义。

我国土地改革以后，在农村中一度出现的农业社会主义思潮冲击了理应发展的马克思主义的社会主义思潮，因而在很长时期以内，运动出现了很大的偏向，背离了社会主义商品经济的轨道。同样，我们对于合作民众的文化教育也不够重视，而在文盲和无知的条件下是无法健康地发展合作事业的。

公正地说，我国农村合作运动的早期领导人邓子恢同志是十分重视合作社的民众教育的。我本人有幸多次聆听过他在这方面的教诲。在他的指导下，农业部于50年代创办了合作干校。但是，当他离开了合作化运动的领导岗位之后，我国合作化就逐渐成为一种纯粹的政治运动了。合作社（公社）蜕变成为向农民收取贡品的政企合一组织，愈来愈失去其社会的、教育的特性及功能。

当前，在国家实行改革时期，研究农村合作，既不能丝毫忽视在我国占主导地位的社会主义原则对于合作经济的指导，而在实际工作中还要十分重视关于合作知识的教育和文化教育，我国当代的农村合作既是为提高农村生产力水平，发展社会主义商品经济服务的，同时也应该是为实现社会主义指导原则和农村社会主义精神文明建设服务的，它是融经济开发与社会开发于一炉的伟大事业。这就必须十分重视对农民和乡村干部的合作教育。

我还认为，在长期稳定农户家庭联产承包制的基础上，在农村中广泛推行股份合作制，进一步把农产品的生产、加工、运销这一个链条由农民办的合作社独立经营并把所得利润的大部分返还给农民，必有利于使农民、手工业者早日富裕起来，可以形成强大的社会购买力，实现我国农村这个“世界上最后的巨大市场”的应有的地位，挽救目前国内企业的供大于求的萧条状态，还有利于发展国际贸易。这是值得我党和政府重视的一件大事。用现在流行的一个词汇来表达，就是“合作社＋ 产业化”，我相信这是发展国民经济的必要的基础。因此，我建议自上而下普遍举办农村的合作学校或合作经济知识的新的培训，并抓好典型示范，发展合乎世界合作社潮流的新型合作制度。

四、对于社会主义市场经济下合作制功能的一点思考

社会主义市场经济也是一种商品经济。设想在商品经济条件下，合作制有两项基本的经济功能。①调节经营者和劳动者与消费者之间的经济关系。②调节并合理地组合生产与经营及发展的诸要素。

历史上，在资本主义的商品经济条件下，存在着劳动阶级与资本家阶级的对立，合作制是劳动者为了保护自身的利益，抵抗资产阶级剥削的一种组织形式。按照马克思的理论：“共产主义并不剥夺任何人占有社会产品的权利，它只剥夺利用这种占有去奴役他人的劳动的权利。”因此，可以理解为在劳动者占有生产资料的前提下，用自己占有的那份财产参加社会联合，实现马克思所谓的“自由人的联合”，形成社会化的所有制，也就是我们现在说的“股份合作制”。

还应该正确理解劳动和资本的关系，在资本主义制度下，劳动和资本处于对立的地位，资本支配劳动，社会主义就应改变这一现实，劳动者应当家作主，支配社会财富。但是在所谓的“集体经济”中，劳动和资本均处于游离状态，劳动者的主人地位并未真正落实。而股份合作制做到了劳动者与资本的协调，赋予劳动者以管理自己的财产的民主权利，限制了乡村行政领导人的权力，劳动者有了权利也就有了责任，这实际上就是马克思的“自由人联合体”的一种形式。

在社会主义市场经济条件下，实行生产资料的公有制和各种经济成分并存，上述的两项功能之中，第一项功能仍然保留，还有着一定的作用；但是，看起来，第二项功能的重要性越来越加大了，这是生产力发展的需要，特别在我国，从国民经济的宏观管理上暂还不具备使农业生产各要素自由流动与组合的市场机制，那么，为了实现粮食及农业生产流通的适度规模，就只有靠合作制在较小的范围内实现生产要素的比较完善的合乎经济效益原则的组合。

按照生产经济学的理论，这些要素在农业中大体是：土地、劳力、资金、技术、管理等，还可以根据实际情况，加以具体分解。我个人认为，通过在微观范围内完善生产要素的组合及互补，在一些地区继续稳步提高农作物生产和农民收入是可能的。

在当代的中国，所谓农业合作，其实质的作用是生产、经营各要素的组合，这是因为，从我国国情出发，除了专业化的流通领域的合作事业外，研究农村合作离不开对原有社区性集体经济的组织形式的深刻改造，因为这种经过初步改造的形式还占着相当大的多数，即所谓“以农户家庭联产承包制为基础的统分结合的农业双层经营体制的合作经济组织”。有的学者认为，这种社区性合作经济不适于搞股份制，再搞就是彻底的“私有化”了。诚然，它是可以发展变化的。但是，即使大大退一步说，农业回归到农民小生产的独立经营，它也只会更迫切地需要合作服务的，否则生产就会波动。而稳定发展农业生产却是不能拖延的任务。因此，不如对这种社区性合作经济组织进行进一步的改造，关键在于长期坚持农户家庭承包制经营为基础并打破其社区的封闭性，从发展生产，提高效益的需求入手，科学地、合理地组合并配置其生产、经营各要素，处理好投入与产出，一定规模的产出与应有的投入的关系，甚至组成跨地区，跨行业的联合，这就要运用股份合作制的原则。事实上，在我国广大的农村，这种社区性农村股份合作制的典型已经出现了，不过还不大为人们所注意罢了。

因此，当我们讨论农村合作制的发展及其形式时，着眼点是不是应该从实证出发，放到农村生产力的发展的实际需要上面，考察和比较最有利于生产发展的较好效益的形式，逐步摆脱50年代以来在所有制和生产关系变动中长期形成的经验主义的思维方法（或者是彻底的集体化，或者是完全的私有化）。我认为，应该承认，农户承包经营，数十年不变，已经是一种经营权和所有权的分离（或者如一位印度学者所说的是一种“中间类型的合作制度”），在这种形式下，也是可以办好股份合作的。

论我国农业经营组织的发展趋势*

谭向勇

随着党的十五大胜利召开，我国社会主义市场经济体制的建立速度将进一步加快。如何组建适应市场经济发展的农业经济组织体系是一个艰巨的长期的任务。本文的观点是："农户经济—— 合作社经济——股份制经济"是我国农业经济组织的基本发展趋势。

一、我国农业微观经营组织的最基本形式是农户（家庭）经济

新中国成立初期，我国进行了大规模的土地改革运动，消灭了封建的土地制度，确立了以农户为农业基本经营单位的农业微观组织形式。这一变革解放了农业生产力，极大地促进了农业生产的发展。为了解决农户生产规模过小以及不适应社会化大生产的要求，随后又进行了农业合作化运动。这一基本思路是正确的，符合世界农业发展的一般规律。

50 年代中期以后，由于经济发展中极"左"思想占据了统治地位，从而使我国农业发展偏离了上述轨道。我国后期的农业合作运动实际上已违背了自愿互利以及民主的农业合作基本原则，农业合作化实质上变成了农业集体化。合作化与集体化在性质上是完全不同的。1958 年后的人民公社化使集体化达到了极点，农业的基本经营单位变成了政企合一的半军事化的实体，这种实体实际上变成了传统计划经济体制运行的微观基础。这一体制剥夺了农民对生产资料(特别是土地）的占有权和农业生产经营及农业收入分配的自主权，使农民完全处于一种被动的地位。在这种体制下，农业基本建设等方面取得了一些成就，但这是以农业发展缓慢甚至停滞和农民生活的贫困化为代价的。1978 年开始，我国对农业经济体制进行了较大幅度的改革，逐步废除了长期实行的人民公社制度，建立了统分结合的农户家庭承包责任制。我国的农业生产力得到了较大的解放，我国的农业经济发展取得了举世公认的成就。毫无疑问，农户家庭承包责任制优越于人民公社制。

但是，随着我国社会主义市场经济体制的逐步发展和完善，家庭承包责任制的缺陷也越来越突出，市场经济要求产权必须明确，但目前我国农业产权基本上不明确，特别是土地；市场经济要求企业必须不断改进技术，扩大规模，创造利润，而我国目前农业没有真正的企业，农户生产是短期行为，农户生产规模（主要指土地面积）反而有变小的趋势，商品率较低，农业市场化困难重重。另外，从统分两个方面来看，统的主体在弱化，甚至在一些地区已消失。面对这样的现实，我们必须进一步完善家庭承包制，并在此基础上重新构筑我国农业的微观基础。

上述问题的一个根本原因是我国现存的土地制度问题。土地的集体所有制在实践中没有很好地落实，造成了实际上的土地无人所有；由于土地按人口和等级（级差地租）的平均承包，造成

---

* 原载《农村合作经济经营管理》1998 年第 8 期。

了土地承包的零碎和经常的不平衡，农户经常由于人口的变动而要求调整承包数量，土地使用权经常变动，农户短期行为严重，土地质量下降。目前多数地方完善土地承包的办法，实际上是每过3～5年进行一次调整，利用平均主义的办法缓和矛盾，这并不能从根本上解决问题。人口是个变量，按人口变动来调整土地承包数量，必将使土地问题越来越严重。

我们认为，必须改善我国目前的土地承包政策，应按现有人口永久地把土地承包给农户（在政策上或法律上可选择50年或100年不变的提法）。以后不再因人口的变动而调整土地承包，使农户具有对土地的永久使用权；可以有偿转让土地使用权，任何组织和个人无权随意调拨土地。从而使土地使用处于相对稳定的状态。提高土地质量，逐步形成土地市场；加速土地使用的集中化，逐步形成现代市场经济条件下的家庭农场。另外，在土地承包的操作上，可考虑以村或生产队为单位把现有的土地进行评价定级，所有的土地都按相应的等级系数折成标准单位，现有每个家庭（或联合起来的家庭）可按其自愿永久承包一块优等地或劣等地，如果是优等地，面积自然小一些；如果是劣等地，面积自然大一些。对那些不准备长期务农的家庭自然是承包一块优等土地；对一些准备长期从事农业经营的家庭则会集中承包大面积的劣等地（如荒山荒地等）。这样可以提高土地的利用率，解决目前土地使用零碎的问题。为了使土地永久承包具有权威性，国家可以颁布《土地承包法》，用法律的形式把土地永久承包固定下来。

随着时间的推移，土地的永久承包必然造成在农户之间的不平衡。只有不平衡，才能形成现代的家庭农场，才能充分合理地利用土地、提高土地的利用率，创造更多的社会财富。如果过分地强调平均主义，是不利于农业生产力发展的。从社会发展的角度来看，必然是一部分农村人口脱离农业和农村，到城市工业中生存和就业。土地市场的逐步形成必然使一部分家庭失去土地，但由于土地使用权是有偿转让的，失去土地的补偿可以支持其在非农产业中就业。当然，根据实际情况，政府应帮助失去土地的农民通过培训重新就业。中国社会已经有了较大的进步，人们的基本生存条件已经有了保障。因此，今天的失去土地与过去的失去土地在性质上和后果上都是完全不同的。

顺便需要强调的是，不能用传统的观点看待农户（家庭）经济。在现代条件下，农户家庭可以容纳较先进的生产力，农户可以进行较大规模的生产经营。欧美发达国家的家庭农场或家庭企业不能等同于传统的小农经济。如果土地问题解决了，农户可以逐步地扩大土地经营规模，同时也可以扩大畜牧业的生产，也可以进行农业产前、产后的相关经营活动。随着经济的发展，目前所谓的农户承包经济、农户个体经济、农户庭院经济等等就会融为一体，形成现代的适应社会主义市场经济要求的农户（家庭）经济。

二、适应市场经济的要求，重新发展农业合作社

由于农业生产的特殊性，农户经济的扩大受到一定的限制。在现代经济条件下，农户经济是不能与工商业企业经济相抗衡的。市场经济的精髓是竞争，没有竞争就没有效率和进步。政府的一个重要职责就是保证市场的公平竞争。农户由于规模相对过小，单个农户很难与大的工商企业相竞争。因此，相对扩大农户规模，提高农户在市场上的谈判地位和竞争能力是政府的一项重要职责。世界各国基本上都是采用建立农业合作社的方式来解决农户缺乏竞争地位的问题。合作社解决了农业市场化中经营分散和规模狭小的问题，使具有特殊性的农业与现代经济相协调。当我国在完善土地制度、建立起真正的农户经济的基础之后，必须重新发展农业合作社。这是经济发展的必然。

农业合作社是在农户自愿互利、民主公平的基础上建立起来的农民自己的非营利的经济组织，是为了提高农民的市场竞争力以及政治地位的社会经济组织。农业合作社包括农业生产合作

社、农业信用合作社和农业供销合作社等具体形式。其中农业供销合作社处于最突出的地位。供销合作社代表农民直接与市场打交道，购买农业生产所需的各种生产资料，销售各种农副产品，获取各种市场信息，解决农户难以适应市场的各种困难。农业供销合作社就像一个大公司一样，各社员户实际上是公司下属的一个企业或车间。合作社是农户自己的，是为农户服务的。随着经济的发展，合作社将逐步趋于专业化，如养猪合作社，蔬菜合作社等；合作社的规模也越来越大，以适应市场越来越激烈的竞争。

在欧美发达的工业化国家里，合作社是农业发展中非常重要的经济组织，他们是农民自己的组织。在技术方面，起到了技术推广和社会服务的作用，它是高新技术传递给农民的最有效的渠道；在经济方面，它为农民参与市场活动提供服务，提高了农民的市场地位，保护了农民的经济利益；在社会方面，它为农民提供了一种参与社会活动的有效组织，是农民社会交流的方便场所。在亚洲的一些国家或地区，如日本、韩国、我国的台湾省等，农业合作都有较大的发展，农会（协）组织在农业发展中起到了非常重要的作用，使这些国家或地区的农业实现了现代化。

我国及其他一些社会主义国家曾经也搞过农业合作，但后来都演变成了农业集体化。农业合作化与农业集体化是完全不同的。农业合作社是农民自己的经济组织，是服从于农民的利益的；而集体化后的集体经济在很大程度上是代表着国家的利益，农民处在被领导的地位。在实际运行中往往变成了集体经济的领导人与农民之间的利益冲突。以往的那种集体经济剥夺了农民对土地等基本生产资料的直接占有权和使用权。实践已经证明，过去那种集体经济绝大多数是不成功的。尽管国内确实有一些搞得很好的集体经济，如华西村、大邱庄等，但这些典型具有很大的特殊性和偶然性，不能代表集体经济的一般发展状况。

上述分析表明，农业合作社是解决农户经营规模小的最有效方式，这是被世界各国的实践所证明了的。我国也应走这条发展的道路。

三、逐步发展以农产品加工为主的农业股份制企业

随着社会经济的发展，农业现代化的水平会越来越高，农产品的加工比例和加工深度也有新的要求；另一方面，农业生产离农产品消费越来越远。这就要求有现代化的农产品加工企业与之相适应。这些现代化的加工企业往往是由农民或合作社以股份制的方式组建起来的。农业生产发展了，农民收入水平提高了，农民可以提供这些股份；农业生产现代化水平提高了，农业中的劳动力就会大量分离出来，这些分离出来的农民正可以经营农产品加工业；农产品加工的利润一般较高，农民自己来经营可以进一步提高农民的收入；农民办起了加工企业还可以与其他工商加工企业相抗衡，在农产品加工的层面上保持竞争，既有利于农民的利益，也有利于社会经济的合理竞争。

在目前的农业产业化过程中，“公司＋农户”的模式成为一些地区解决农业小生产与大市场矛盾的创举。从表面上看是大市场与小生产相结合的模式，但实际上这些公司与农户之间在利益上是不一致的，他们之间的关系是对立的，是市场上的买与卖的关系。因此农户处在市场竞争的不利地位，农民的利益是没有保障的。过去我国的国营农产品收购公司都不能很好地维护农民的利益，如果是非国营的公司就更难保护农民的利益了。因此，“公司＋农户”如果没有农民自己的股份制企业的制约条件，农民肯定是处于被剥削的境地。因此，建立农民或合作社自己的股份制企业是非常重要的。

世界大多数国家农业经济发展的道路都是“农户（家庭）经济——合作社经济——股份制经济”。尽管各国都有其自身的特殊性，但都必须遵守农业经济发展的一般规律。

农业产业化中“龙头企业”的作用与发展分析*

牛　霞　张惠良

农业产业化是我国农村继家庭联产承包责任制的不断完善、巩固、发展和乡镇企业异军突起之后又一重大战略思考。产业化是培植发展农村经济新的增长点，是实现农业“两个根本性转变”和“第二次飞跃”的有效形式。

一、农业产业化与龙头企业的关系

农业产业化的目的就是把被传统计划经济切断的各个产业链连接起来，按照现代市场经济的要求，重新优化组合，形成一种新的经济均衡循环过程。作为当前农业产业化经营形式，就是以企业为龙头，带动农业产、供、销诸环节，实现农业产业化经营。可以说，龙头企业是农业产业化经营体系中的核心，产业化进程的快慢、规模大小和经济效益的高低，直接取决于龙头企业经营市场化的程度。

所谓“龙头”是指产业化链条上与市场衔接最紧密、起主导作用的一个中间环节。它可以是加工企业，也可以是经济实体型的行业、专业协会等。要实现农业产业化的经营体系，关键是龙头企业建设，这是因为：

第一，龙头企业是农业产业化的中间项节。龙头企业一头连着分散在千家万户的生产者，一头连着国内外广阔的消费市场，能够有效解决长期困扰农业的“卖难”、“买难”的小生产与大市场的矛盾。

第二，龙头企业是实现农产品增值的“后续车间”。龙头企业将农户提供的初级农产品，经过加工、储藏、分类、包装等各环节，提高其技术含量，增加了产品的附加值，从而使原料变成能够满足社会各种需求的商品，提高农业经济效益。

第三，龙头企业通过与农户建立契约关系或产权纽带关系，从法律上明确了龙头企业与农户之间的权利和义务，从而结成利益共同体，改变了单纯由农民承担市场风险的状况，使农业也向其他产业一样，提高了农业比较利益。

第四，龙头企业发展壮大有利于推动农业现代化进程，对农业生产率的提高、农业区域化、专业化的形成起着重要的推动作用，表现在：龙头企业分担了技术进步、资金投入以及市场带来的经营风险，解除了农民的后顾之忧，可以使农民集中精力从事产品生产；在龙头企业带动下，

---

* 原载《首都经济》1998年第12期。

农产品生产者易于形成专业化经营、规模化生产，促进农户合理增加对农机、技术、化肥、农药等农用资料的投入，加强农业基础设施建设；龙头企业不仅在种植业内部吸纳着一大批农业劳动力，而且在本身企业产品的生产环节、推销环节吸纳了一大批劳动力，为农村的剩余劳动力提供了就业门路。

二、大力培育和发展产业化的龙头企业

在农业产业化进程中，理想的龙头企业应该具有大（规模大、牵动面大）、高（科技含量高、附加值高）、外（外向型、外延性强）、新（新材料、新工艺、新产品）、多（多种所有制、多种经营方式、多种经济组织形式）的特征。但是不可否认，由于我国农村社会经济条件的巨大差异，培育和发展龙头企业必须要结合当地经济条件，防止“大跃进”式的人工拔高现象。具体思路有：

1. 当地政府应制定切实可行的农业产业指导政策和相应的产业扶持政策，在信贷、利率、税收等方面给予一定的政策优惠。吸引多种所有制、多种经营方式、多种经济组织形式的企业投入到当地农业产业化的进程中来。

2. 打破所有制、区域、行业、部门的界限，通过市场调节，政策引导，广泛吸纳产业链各个环节的资金，通过产业内部资金重组，形成一些股份制龙头企业。

3. 对一些有前途的农副产品加工及商贸企业，或嫁接改造，或积极引进国内外新技术、新产品和先进设备，扩大规模，提高产品的质量和档次，增加出口制成品和精深加工产品的比重，通过契约合同等形式，与基地、农户联合，推动农业产业化发展。

4. 有计划有重点的选择一批档次高、销路广、效益好的项目和产品，通过优惠政策、良好的社会经济环境以及投资环境，吸引外商或独资或合资兴建龙头企业，并通过多渠道组建“龙头”。

5. 把工商企业引入农业开发领域创办龙头企业。工商企业进入农业领域，一是突破了农业产业化经营仅局限于农业内部的农工商，使多种投资主体进入农业，实现了工商农三大产业真正的联合；二是突破了部门利益和地区封锁导致的狭隘经济，在企业与农业的有机结合中，形成了新的良性经济循环。这“两个新突破”具有现实意义和深远历史影响，预示着我国农业未来发展的一种模式。从工商企业的角度来分析，农业虽有生产周期长、生产时间集中、风险大等特殊性，但其投资回报率并不低。而其他行业的激烈竞争，已使各商家的投资回报率呈下降趋势，选择合适的投资领域已经成为各商家的关注热点。

三、龙头企业与农户的关系

作为农业产业化核心的龙头企业，要想健康持续稳定地发展下去，除了要建立和完善自身经营机制外，更主要的是要与农户建立稳定的联系。从目前看，龙头企业与农户的关系，按双方运行机制的不同分为紧密型、半紧密型、松散型。紧密型是指龙头企业与农户结成以资产一体化经营为纽带的紧密型的利益共同体，并负责筹集生产资金，提供生产资料、技术培训、产品销售等全过程服务，承担投入、技术、市场风险，农户承担部分风险。企业负责生产计划制定和组织实施，是生产经营活动的组织者和决策者。农户是生产主体或近似于企业的生产车间，负责按照龙头企业制定的生产计划、技术规程和要求进行生产，依照合同约定保证按时、按量交售产品。半

紧密型是指由龙头企业与农户以合同、契约的形式共同建立生产基地，龙头企业负责种苗、技术、销售，农户负责生产及其管理，产品由龙头企业以保护价收购。龙头企业与国内外市场相连，与农户之间形成风险共担、利益共享的经营体系。松散型是指龙头企业与农户主要通过市场进行交易，这种类型的龙头企业一般没有固定原料基地，与农户没有合同契约，对农户没有扶持政策。企业收购农户的产品，价格随行就市，农户靠企业信誉组织生产，企业与农户的关系是一种不固定的松散联系。

目前，由于我国农业产业化的进程尚处于“初级阶段”，大多数龙头企业与农户的关系是以半紧密型或松散型作为基本的运行机制，即大多数龙头企业主要靠与一家一户的农民建立代购户联系，因而在运行中往往暴露出一些问题和缺陷，主要表现在：①龙头企业与农户利益分配机制还不规范。由于双方的经营目的和重点不同，当二者利益一致时，农户能够通过龙头企业销出产品，得到一定的资金和技术支持。相反，当农户要求分享农产品高额利润，要求联合起来自销产品，要求企业承担价格风险等等时，企业不仅很难给予满足或支持，甚至可能反过来对农户施以压抑、控制或转嫁风险。②龙头企业与农户缺乏约束机制，使双方的利益难以得到保障。以经济利益为纽带，形成互惠互利、共兴共衰的关系，是农业产业化经营持续发展的内在动力。当龙头企业的经营目标与农户生产趋向吻合时，尚能与之同舟共济、共享利益。一旦企业利润减少或经营思想不健康，就会发生损害农户利益的现象。由于农户自身缺乏组织，没有对企业的约束监督手段，因而无法保护自身利益。可见，在实践中进一步完善龙头企业与农户之间的利益调节机制，有效地规范龙头企业与农户之间的约束机制，乃是完善和稳定两者的关系，使龙头企业健康、持续、稳定发展，进而推动农业产业化向广向深发展。

四、解决制约因素的对策

1. 建立良性循环的利益机制，以提高经济效益为目标，重视农民利益。龙头企业与农户之间的利益调节机制包括利益创造和利益分配两方面。利益分配是利益机制的关键，其目标是如何把龙头企业和农户之间的买卖关系变成利益调节关系，形成风险共担、利益共享的经济利益共同体。使农民在生产经营活动中，不仅获得农产品原料的收益，还能得到加工和销售中返还的一部分利益，获得更大的规模效益。由于农业产业化是一个渐进的过程，所以龙头企业与农户从初级阶段的利益纽带发展成比较成熟的利益共同体，需要有一个发展、探索的过程，需要因地制宜采取多种形式。具体有：

（1）龙头企业对农户开展技术培训，提供优惠价格的农业生产资料，建立相对稳定的购销关系。这是目前许多龙头企业与农户在初始阶段进行连接的最普遍形式。

（2）以相当稳定的价格（或保护价）通过合同建立龙头企业与农产稳定的购销关系。龙头企业按照市场要求，根据自己的经济实力和掌握的市场信息，在种植之前和农户签订合同，规定收购价格、质量标准，不管市场行情如何变化，保证按合同价格收购产品，价格一般比市场价要优惠。

（3）龙头企业与农户在建立稳定购销关系的同时，从加工、销售经营所得利益中，按交售实物量返还一部分给农民，也可建立风险基金，帮助农民规避市场风险。这样，双方的经济利益将连接得更紧密一些，农民利益也得到更好的保护。比如当市场价上涨，超出部分（市场价与合同保护价的差额）可按一定比例返还给农户，同时按一定比例建立风险基金；当市场价下跌时，损失部分先由龙头企业按一定比例承担，其余额再由风险基金来弥补。

(4) 龙头企业与农产之间采取股份合作制等形式，以土地、资金、劳力、技术共同参股，使企业与农户形成以产权为纽带的新的资产关系，融合成经济共同体，相互依存，风险共担，利益共享。

(5) 龙头企业可采取反租倒包的形式，向集体经济组织长期租用土地、山林、河滩等生产资料，并进行农业基础设施建设和改造以及基本生产要素的投入，然后再分块承包给农户，由龙头企业为农户提供统一的产前、产中、产后服务。

总之，龙头企业与农户形成经济利益共同体的过程中要因地制宜，采取多种形式，重视农民利益。在经济利益共同体中，处于产中地位的广大农户是最朴实的"经济学家"，农民积极性的高低与其收益的多少呈正相关，要确保对农民物质利益的激励。

2. 建立有效规范的约束监督机制。为了充分发挥龙头企业在农业产业化过程中的重要作用，建立和完善龙头企业与农户的利益调节机制，有必要建立有效规范的制衡机制，为此需要作好以下工作。

(1) 合同约束机制。龙头企业在产供销各个环节上都要与农户签订双向合同，约束双方的经济行为，合同不仅要规定双方应尽的责任和义务，而且还要规定对双方的约束。

(2) 制订、完善和实施农业法规，以法规约束龙头企业与农户的市场行为。任何单位或个人不得平调实体的财产，切实保护实体利益。允许龙头企业与农户按自愿的原则，自由组合，选择合适的经营项目和合作方式，不搞行政指令。

(3) 各级司法部门要加强对合约的法律监督和仲裁，维护合约的严肃性。

(4) 积极推进股份制和股份合作制，使农民能够有决策参与权、收益分配权、管理人员选择权。通过股份和合同作为纽带，把龙头企业与农户紧密地连接在一起，成为真正的利益风险共同体。

五、未来我国农业产业化发展展望

产业化、专业化是农业发展的必然趋势。以农户为基本生产单元的局面，在我国农业生产力水平较低的状况下，短时间内难以改变。未来产业化的发展，是在现阶段农业产业化的基础上走向高级阶段。在未来的农业产业化模式中，目前重中之重的龙头企业（从目前来看，与农业或农户发生着直接的联系）将由于社会化及专业化的进一步提高而逐渐地从农业中分化出来。一部分成为以农产品为原料的工业，一部分成为以农产品为营销的贸易公司，一部分将继续留在农业之中，成为农业的服务部门体系。一家一户的农户将联合起来，建立维护其自身经济利益的协会组织，做自己的经济利益代言人，或者雇用经纪人。代言人或经纪人，必须为农户说话，代表农户争取利益，在为农户争得利益的同时，这些经纪人获得其应得的佣金。这些经纪人可以是独立的人，也可以是经纪人公司。农户通过经纪人获得当今农业的最新发展信息和以农产品为原料的工业、贸易行业发展的最新动态。通过经纪人建立产业联系，使农业产业化纳入真正意义上的市场经济，从而获得更大的经济效益以及社会效益。

对推进我国基本实现农业现代化的几点认识*

柯 炳 生

响应党的十五届三中全会《决定》和江总书记“有条件的地方要率先基本实现农业现代化”的号召和要求，一些发达省份和地区正在积极制定农业现代化的纲要，一些学者也在积极进行研究。这里谈一下自己的几点认识。

一、提出发达地区率先基本实现农业现代化的要求非常及时和必要

这主要是因为：第一，一些发达地区，已经提前实现了小康目标。这就亟需明确下一步农业发展的目标和方向。提出发达地区提前基本实现农业现代化的要求，是非常及时地为这些地区指明了今后的努力目标和方向；第二，我国各地发展很不平衡，及时地提出发达地区的发展目标，对欠发达地区也是一种启示；第三，为了实现到21世纪中叶整个国民经济基本现代化的目标，农业不能拖后腿，农业基本现代化的进程必须加快；第四，世界经济一体化的进程是大势所趋，面对世界市场和发达国家农业的压力，我国农业尤其是沿海地区农业只有尽快推进现代化的进程，才能提高竞争力，

二、农业现代化是一个相对的、动态的农业发展过程

农业现代化是从传统农业和不发达农业转变到现代发达农业的过程。其相对性一方面表现为纵向比较，即自身与以往的落后状态相比，另一方面也表现为横向比较，即与国外现代发达农业的水平相比。尽管各个国家或者地区的条件和情况特点各不相同，不具有完全的可比性，但是，在最基本的特征方面，应当是共同的。例如，农业现代化不仅表现在农业的装备和投入水平方面，更主要的是表现在农业的产出水平方面；不仅表现在农业生产本身的过程中，而且还表现在农业的产前和产后关联活动过程中；不仅表现在农业的技术层面，而且还表现在农业的组织层面；等等。

农业现代化的动态性表现为：随着科技革命成果不断地应用于农业，农业的发达程度总是不断地提高的，对农业现代化的理解和要求也不断提高，不可能有一个绝对的、固定的现代化的标准和模式。我国基本实现农业的现代化，本质上是从根本上改造传统农业，大大缩小与发达国家农业的差距水平，在一些方面达到世界先进水平，在总体和平均水平上大体接近发达国家的水平。不能拿发达国家几十年前的标准作为我国未来现代化的标准。

---

* 本文完成于1999年4月28日。

对农业现代化的内涵理解有一个不断发展的过程，迄今在本质上有所共识，但是在具体表述上所强调的重点和详略程度各不相同。我理解农业现代化有三大总目标：农业生产目标、农民收入目标和农村环境目标。我理解的农业现代化是：具有发达的基础设施、先进的科学技术、高效的组织方式和完善的服务体系，土地产出率、劳动生产率和资源利用率均较高的一种生产发达、农民富裕、环境优美的具有一定国际可比性的先进农业发展状态。

三、农业现代化离不开其他国民经济部门的现代化

可以说，农业是国民经济中其他各个部门的基础，而国民经济其他部门的现代化是农业现代化的基础。因为，农业现代化需要高质量、低价格的各种装备和生产要素的支撑，需要高效率的农业产前、产中、产后服务部门的支撑，需要高收入非农业消费者市场需求的支撑，等等。此外，可能更为重要的一点是：农业要实现现代化，必须大量减少农业劳动力，大力降低农业劳动力在社会总就业中的比重。而所有这一切，都依赖非农业产业的发展。在时间上，可不可以说，是其他国民经济部门带动农业实现现代化，是其他部门而不是农业率先实现现代化？纵观世界，农业发达的国家都是非农业高度发达的国家。没有哪一个国民经济总体不发达的国家的农业是发达的。即：农业不可能率先实现现代化。这与“工业是先导”的道理是一致的。认识这一点对正确地推动我国农业现代化具有重要意义。

我国一些地区将农业现代化和农村现代化并列起来抓，这是有道理的。由于我国农业劳动力和农村人口向现有城市的转移受到各种约束，我国农业现代化的过程中农业与非农业部门的关系可能有一些特殊性。在某种意义上，我国农业现代化和农村现代化的关系，是农业现代化和非农业部门现代化关系的一种反映，是互为依存、不可分开的。

四、制定农业现代化的目标应当从实际出发，兼顾激励性和可能性

党的十五大提出到21世纪中叶基本实现整个国民经济的现代化，而农业又不可能领先于工业等非农业部门实现现代化。因此，我国基本实现农业现代化是一个较为长远的目标，需要坚持不懈地做几十年努力才有可能实现的目标。一些地区可能率先基本实现农业现代化，尤其是在某些单一方面突出地走在前面。然而，就大的区域的农业整体而言，比如一个省或者一个地区，恐怕难以在很短时期内就基本实现农业现代化。

如果不从实际条件出发，不切实际地提出在较短时间内实现或者基本实现农业现代化，那么就可能出现以下几种不健康的情况：一是标准定得太高，时间定得太短，到时候根本做不到；二是标准定得太低，实现倒是能实现，但是不能算是现代化；三是造成弄虚作假风，通过虚报数字达标；四是超出农民的能力，强迫农民搞达标。

不过，如果将目标定得太远，只有一个远期目标，那么，又不利于起到在当前和近期内的激励作用。我认为，较好的做法是针对具体情况和条件，制定出不同时期的具体努力目标。这些目标不必也不可能是现代化的终极目标，而是推进现代化过程中的阶段性目标。有关地区和部门可以按时期制定出推进农业基本实现现代化的发展纲要。这样做到长短结合、远近结合，既有科学性，又有可行性。

在具体提法上，可以划分出近期、中期和远期三个阶段。在具体做法上，可以有两种思路：一种思路是不制定全国统一的目标和指标标准，各地制定自己的具体推进农业基本现代化发展纲

要，其中重点明确地定出近期和中期发展目标，实现了这些目标就是推进了现代化的进程。另一种思路是制定出全国的近期、中期和远期发展目标和相应的具体指标，而各个地区可以提出到哪一年实现这些指标。发达地区的率先就可以表现在较早实现这些针对全国的具体指标方面。这种思路与小康目标的做法类似。

五、农业现代化指标体系的制定要科学合理

从不同的角度，根据强调的重点的不同，人们提出了不同的农业现代化指标体系。由于各地的情况很不一样，所以很难有一个共同认可的标准指标体系和标准值。国外发达国家的农业均很发达，但是却也没有一个公认的指标体系和标准。这里从农业现代化的总目标出发，对指标问题提出以下一些基本的想法。

首先，指标体系的确定应至少注意三个原则：第一，主要特征原则。要紧紧围绕现代化的最核心目标，突出重点，指标要尽可能少而精，而不能不分轻重，搞各种指标的大堆罗列；第二，易操作性原则。指标要易测算，易确定。有的指标虽然从理论上很重要，但是不好准确测定，可操作性较差，也不宜选用；第三，独立性原则。各种指标之间的相关性不能太强。各种指标应当是相互补充的关系，而不是相互重复。

根据这些原则，可将农业现代化的指标体系分为三组，即农业外部条件指标、农业内部条件指标和农业生产效果指标。三组指标分别反映农业的外部经济条件、投入水平和产出水平。具体说明如下：

第一，农业外部条件指标。这方面的主要指标包括：①社会人均国内生产总值。这个数值越大，整个社会就越发达，对农业的支撑条件就越强大，农产品需求的市场也越广阔。②农村人均纯收入。这个指标值越大，农民对农业投入的能力就越强。③农业就业占社会总就业的比重。这个指标值越低，非农业部门就越发达。这个指标的另一个直接含义是一个农业劳动力能够养活多少人口，这个比例越低，意味着每个农业劳动力所能养活的人口就越多。这也正是发达农业区别于传统农业的最主要特征。其他相关的指标还有：农业在GDP中的比重、农产品商品率、恩格尔系数、城镇人口比例。这些指标均与农业就业比例密切正相关，只要农业就业比例低，这些指标值必低或必高，因此属于农业就业比重的相关指标。

第二，农业内部条件指标。可以细分为三个方面：①劳动条件指标。在我国，农业机械化率是这方面最基本的指标。很难想像，一个大量依赖手工和畜力的农业是现代化农业。②劳动者条件指标。可以用初中以上人口比例做指标。相关指标有农业劳动力的人均受教育年数、文盲率、农业科技人员比例等。③科技进步贡献率。这是一个综合性的条件指标，反映科技进步成果对农业生产的作用。

第三，农业生产效果指标。也可以分为三个方面：①劳动生产率，可以分别以实物量计（按粮食当量折算）和以增加值计，即有农业劳均增加值和农业劳均生产量两个指标。这两个指标反映出农业收入目标的实现程度。②土地产出率，为便于不同产品的比较，以增加值计。这个指标直接反映了农业生产目标的实现程度。在我国土地资源极为有限的条件下，这个指标尤其具有重要意义。③资源环境指标。由于各地自然资源条件情况和特点很不相同，这方面的指标较为复杂。就全国而言，森林覆盖率是一个普遍意义相对较强的指标。

上述指标体系思路，是十分概略的。所提到的各个具体指标，只不过是农业现代化过程中所必然会反映出来的基本共同特征和表现。这也是推进农业现代化中应当予以注重的主要着眼点。

六、农业现代化的参考指标体系与标准

农业部农村经济研究中心根据上述各个方面的考虑，从现实基础和方便指导、易于操作出发，综合各地的经验、做法，提出了一个全国基本实现农业现代化的参考指标体系。其中将阶段性标准分为起步标准、初步实现农业现代化标准和基本实现农业现代化标准。分别从农业外部条件、农业本身生产条件和农业生产效果三大方面着眼，将评价指标确定为十项：社会人均国内生产总值、农村人均纯收入、农业就业占社会就业比重、科技进步贡献率、农业机械化率、从业人员初中以上比重、农业劳均创造国内生产总值、农业劳均生产农产品数量、每公顷耕地创造国内生产总值、森林覆盖率。各项指标按阶段性分为起步标准（近期目标）、初步实现标准（中期目标）和基本实现标准（远期目标）。起步标准大体是发达地区的已经大体达到的高限标准，后两项标准值大致按照起步标准翻一番和翻两番分别确定（表 1）。

表 1　农业现代化的参考指标体系与标准

指标名称	单位	1997 年全国平均	起步阶段标准	初级阶段标准	基本实现标准
1. 社会人均 GDP	美元	730	800	1 500	3 000
2. 农村人均纯收入	元	2 090	3 000	6 000	10 000
3. 农业就业占社会就业比重	%	49.9	40	20	10
4. 科技进步贡献率	%	40	45	60	80
5. 农业机械化率	%	32.4	40	60	80
6. 从业人员中初中以上比重	%	53.5	55	70	80
7. 农业劳均 GDP	美元	490	600	1 000	2 000
8. 农业劳均生产农产品数量（粮食当量）	吨	2.6	3.0	6.0	10.0
9. 每公顷耕地农业总产值	美元	2 300	2 500	5 000	8 000
10. 森林覆盖率	%	13.5	15	20	25

注：1～3 为农业外部条件指标；4～6 为农业生产本身条件指标；7～10 为农业生产效果指标。各项指标均可以根据统计年鉴数据计算出来。

提出以上想法，并不是否定各地提出的一些指标体系和数据。我的理解是，那些指标是当地结合本地的实际基础条件，提出的未来一个阶段的农业和农村发展目标。这些目标实现了，就是农业和农村的一大进步。至于如何评价其现代化水平，不过是一个定义问题。各个指标之间，也不一定要人为地确定一个权重值，然后去加权了之后，与别的地方比较。各地情况不同，只能进行单一指标的比较，而难以进行农业现代化总体状态的绝对比较。例如，我们只能说美国的农业劳动生产率更高一些，而以色列的土地生产率更高一些，而很难笼统地说美国农业和以色列农业哪个更为发达一些。

七、我国推进农业现代化应重点注意的几个问题

第一，必须坚持家庭承包经营为基础、统分结合的经营制度。推进农业现代化，与农民家庭承包经营制度是不矛盾的。国外发达国家的农业也都是建立在家庭农场的基础上的。应当承认，我国超小型的农户经营规模，是推进农业现代化的一个非常不利的约束条件，经营规模的扩大是现代化农业的必然要求。但是，也应当看到，经营规模扩大的实现途径是多种多样的。一方面，可以在农民自愿和保持土地原承包权不变的原则基础上，土地的使用权可以流转和集中，从而形

成规模较大的家庭农场。另一方面，农户也可以在不改变各自土地占用规模的条件下，实行一定的产前、产中和产后联合，从而也可以实现经营规模的扩大。要严格防止借现代化之名，违反中央政策，侵害农民的土地承包权和经营自主权。

第二，必须将科技进步作为推进农业现代化的基本动力。农业现代化说到底是农业科技化。没有现代科技成果的不断开发和应用，就谈不上农业现代化。只有靠科技才能实现高产、优质、高效，只有靠科技才能提高劳动生产率和资源利用率，只有靠科技才能提高市场竞争力。建议：①把增加对农业科研的投入作为增加农业投入的重点。农业科技成果的应用对象是农民，大多具有很强的社会效益。但是，农业科技工作的社会公益性很强。因此，在鼓励社会多元化多种形式增加投入的同时，政府应当大力提高对农业科技的财政支持。我国的农业科研的投资强度（农业科研经费占农业国内生产总值的比例）仅为0.36%，不到世界平均水平的一半，相当于发达国家的十分之一，显然太低。②把对研究尤其是基础性研究的投入作为对农业科技投入的重点。农业科技包括研究、开发和推广。国家投入的财力有限，应当将重点放在研究方面。研究与开发和推广的关系，是源与流的关系。没有大量的研究成果作为支撑，开发和推广就是无源之水。一些地方拿出了较多的钱搞示范园区，而用于研究方面的钱却太少，这不能不说是一种缺憾。③把农业技术开发和推广体系的重点转向社会化。继续深化政府农业推广体系的改革，大力提倡和鼓励涉农企业的技术推广，逐步形成以企业、专业协会、专业合作社和各种产业化组织为主的多元农业科技推广体系。国外发达国家的普遍经验已经表明，只有多元化的农业科技推广体系才能够满足农民的需求。从我国的实际情况看，受国家财政能力所限，就更应鼓励社会技术推广服务体系的发展。

第三，加强公共性基础设施建设。加强道路、水利、农田等基础设施方面的建设，对推进农业现代化具有重要意义。农业生产基本条件的改善和抗御各种自然灾害能力的提高，改造大批的中低产田，一方面要靠农民和农村集体自身的资金积累，国家也要量力而行，给予尽可能的支持。就对农业的支持而言，同样的钱，用在基础设施方面所起的作用要比通过市场来支持农业效果好得多。国外发达国家的经验已经证明了这一点。

第四，加强农业市场体系和产业化组织的建设。农业作为一个产业部门，显著的特点是生产规模太小。即使对美国的占地数千公顷的大农场而言，其在总的市场中所占的份额也是微不足道的。这与其他产业有着显著的不同。而“小生产、大市场”的矛盾在我国表现得尤为突出。在可预见的将来，农业的生产规模不可能有根本性的改变。因此，必须通过市场组织的发育，通过产业化的链条，通过各种新型的合作社等农民自己的组织，将农户与市场更好地连接起来。一方面可以使得生产更好地适应市场的要求，另一方面也有可能使得农民分摊到一定的产后增值收益。

第五，加快农业产业结构调整，加快农业劳动力向非农业的转移。如前所述，农业就业在社会就业中的比例的降低，是农业现代化的一个重要前提条件。加快劳动力转移会有两个方面的促进作用：一是农业劳动力减少后，平均生产规模就会扩大，这对提高农业劳动生产率有利；二是非农业人口增加之后，对农产品的需求增加，从而扩大了市场容量，也会促进农业现代化发展。对这后一点的重要作用，联想到我国目前的农产品过剩状态，看得就更清楚了。应当积极推进城市化的发展进程。

论农民专业技术协会向专业合作社发展*

俞　勤

一、农业技术互助是农民进入市场经济后的第一需要

（一）农民的两种身份和两个困难

我国经历了农业生产从集体统一经营向农民家庭承包经营的变革，这一变革基本上是与农村经济管理体制由计划经济向市场经济的转变同步的。家庭承包经营要求自主经营、自负盈亏，而市场经济体制则要求农民成为独立决策、利益明确的经济主体。可以说这两者是我国农民在目前生产力水平上符合自身发展，满足自身利益的最有效的基本制度。而这两个基本制度也使农民的身份由集体经济劳动者改变为农业经营者，由单纯完成农业计划改变为市场经济的主体。

家庭承包经营和市场经济体制对推动我国农业发展起到了积极作用，自改革以来我国农业国内生产总值以年均5%以上的速度增长，农业生产结构也日趋满足消费结构的变动要求。但是，农民在欢呼第二次解放的同时，却发现市场经济并不像他们想像的那样美好。市场竞争是毫不讲情面的，缺乏技术、信息不灵、受市场的任意摆布使他们遇到了种种困难。

在这些困难中，缺乏技术表现得最为明显。农民在集体经济中劳动了20年，他们掌握的往往只是自己分工的那部分技术。但是今天，他们必须掌握农业生产技术的方方面面，从播种、施肥、灌溉、防治病虫害到收获、储藏、运输、贩卖，从家畜生产、育肥、防疫、配制饲料到运输、出售；而且随着市场的变化，他们还需要不断学习新技术。在市场竞争面前，是否掌握技术关系到农民的成败，学习技术也成为农民的第一需要。

农民的另一个主要困难是在市场中的地位问题。农民作为小规模的商品生产者，面对着各种各样的农产品销售商、加工商和农业生产资料的供应商。这些商人相对农民在市场中具有地位优势，可以通过压级压价和农民之间的竞争获取更多的利润；而个体农民的选择余地往往较小，加上信息不灵、较高的交易费用和难于承担时间拖延的损失，使他们经常处于被动的地位。因此，农民作为市场主体，如何获取在市场中应有的地位，能够按合理的价格销售产品，避免交易欺诈是农民的第二大需要。

（二）农业科技是农民增产增收的第一要素

十五届三中全会《关于农业和农村工作若干重大问题的决定》中指出："农业的根本出路在科技，在教育"，提出科教兴农"是实现我国农业和农村跨世纪发展目标的十大方针之一"。这是对我国几十年来领导农业的经验总结，是对世界各国农业发展和现今科学技术的重要作用的新

* 原载中国国家统计局《调研世界》1999年第4期。

认识。

经济增长理论的最新研究认为“知识和专业化可以带动劳动和资本收益的递增、总产出规模收益的递增，知识积累是现代经济增长的源泉”。这个结论和马克思主义经济学认为的“复杂劳动创造的价值是简单劳动创造价值的倍数”是一致的。其实，人能够从事农业生产，本身就是知识积累的结果。不过在古代，人们积累的知识还很少，生产更多地是依赖重复性的体力劳动。但到今天，生产力已达发展到相当高的水平，直观经验加体力劳动是远远不够的。例如一些在科技理论基础上开发的新技术可以通过改变动植物的遗传和生长发育环境，获得更高的单位产品产量和满足人类需要的产品品质。一些发达国家科技进步在生产增长的贡献率达到70%，我国农业增长中科技进步的贡献率也已接近50%。

我国现有3.5亿农业劳动力，85%以上集中在18亿亩的耕地上，平均每个劳动力只有6亩耕地。专家预测到2030年，中国人口达到峰值时仍有2亿农业劳动力，平均每个农业劳动力大约拥有10～12亩耕地（其中林、牧、渔业大约有3 000万～5 000万劳动力），每户农民大体上拥有耕地1～1.5公顷。这个数字不甚精确，但足以说明我国农业不能像美国农业那样，通过不断扩大每户耕地规模和实现高度机械化以达到高劳动生产率、高收入。我国农民要想与城市居民的收入同步增长，主要应依靠提高农业的科学技术水平。

未来我国农民收入增长的情况是：①通过增加每个劳动力的平均耕地面积，到2030年农户年平均收入增加大约1%～1.5%。②通过提高农产品价格增加的收入受到居民购买力和国际农产品价格的双重影响增幅狭窄，大约为1%～2%。③由于科技水平提高，从1978年到1995年我国粮食等单位面积产量年均增长在3%以上，蔬菜、水果、鱼等的产值增长由于质量提高和产品结构调整则更高。④通过农业科技进步，作物的单位面积产量增长潜力很大。仅将现有谷物平均亩产量的400千克提高到已大面积实现的1 000千克，产值的年增长率就可达到2.7%左右。此外，通过调整结构、提高质量，单位面积产值的年增长率至少在4%以上。

从现有发展来看，农业科技的主要作用有：

1. 农业科技可以通过改变动植物遗传创造更高的单位产量和更符合人类需要的产品品质。

2. 农业科技可以通过改变水的分布、节水、保水和增加土壤肥力、改善土壤理化性状提高水土资源的利用效果。

3. 农业科技可以创造出适合动植物生长的小气候环境和减少病虫侵害。

4. 农业科技可以创造出适合动植物生长发育的营养配方，提高报酬率。

进入21世纪后，农业科技的发展会更快，为农民增产增收的贡献会更高。在诸多增产增收因素中，提高农业中的科技含量所占比重最大，今后30年它完全可能使农民的年均收入增长3%以上。

（三）农民专业技术协会在科技兴农中具有突出的作用

农业科学技术知识只有传授给农民才能形成生产力，在这一点上农民和工人有很大不同。在工业生产中，社会分工与协作要求复杂的技术表现为简单的操作。一般工人负责一道或几道工序，他们只需掌握几种专门的生产技能。而从事动植物生产的农民则不同，一个农户往往要栽培几种作物和饲养一定数量的家畜、家禽，他们必须完成自始至终的整个过程，掌握诸如作物的习性、化肥和农药的使用、产品的分级与营销等各种农业科技知识和操作技能。

把农业科技知识转化为农民的技能有两条途径：一是农业科学家把创新的技术知识通过各级技术推广站传授给农民。二是农民通过边干边学掌握技术知识并获得技术创新。这两个转化过程中，农民专业技术协会具有特殊的作用：

①农民专业技术协会把新技术本地化。通过协会中的示范户试种、试验演示，使之变成农民会操作的技术，并让农民看到这项技术的实际经济效果。②农民专业技术协会可以把农民自己在边干边学中的技术创新，以至一个微小的新发明迅速普及到所有会员。③农民专业技术协会通过对比创新技术，研究讨论会员的实践，使新技术更完善和使之更易掌握。④农民专业技术协会是传递信息的有效组织。它能迅速纠正错误信息，较准确地筛选出价值大的优良技术供会员采用。⑤我国农民文化水平普遍较低，只靠推广站人员讲解，一些地方农民对新技术理解不了，要么学了一部分要么学走了样。如果有专业技术协会，会员中一部分文化水平较高的农民先掌握，再带动其他农民一边看、一边操作，这样新技术就能更快更准确地得到推广。正是由于能够发挥上述这些特殊作用，凡是有农民专业技术协会及协会发展快的地方，农业科技的普及和推广速度就快。

当前我国参加各种农民专业技术协会的农户只有500万，仅占总数的2.5%。但也有些地方农民专业技术协会办得很好。据1995年底统计，山西省的县、乡、村三级各类专业技术协会有8 507个，会员达34.18万人。山东省宁津县农协总会6个，乡农民专业技术协会38个，村级分会246个，吸收会员达3万多户，占全县农户总数的38%①。农民专业技术协会发展的不平衡说明对其认识还有差距，专业技术协会还很不完善，不能完全满足农民发展进步的需要。今后除了加强对农民专业技术协会重要作用的宣传外，还应通过进一步解决农民进入市场的困难，使农民专业技术协会在市场经济体制下获得更大的发展。

二、农民专业技术协会向专业合作社发展

（一）专业合作社是解决农民进入市场困难的最佳选择

当前，我国农民集体统一销售的农产品所占比重很小是造成农民进入市场困难的主要原因。据中央政策研究室和农业部固定观察点办公室20世纪90年代初对全国29个省、直辖市的7 448个农户在大宗农产品销售方面的调查显示：集体统一运输、统一结算的村占4.1%，集体代签销售合同的村占21%，集体提供销售信息的村占31%②。有关部门1993年在大钟寺农产品批发市场所作的60份蔬菜的销售调查显示：完全自产自销的农户占50%，其中采取几家合作形式出售自产蔬菜的农户占40%。即使像山东省寿光县这样著名的蔬菜商品生产基地，几十万农户生产的蔬菜中70%以上是农户自己送入市场销售的③。单个农民进入市场时的购销量很小，面对比自己大几十倍、几百倍的农产品收购商、生产资料供应商很难取得平等的市场地位，其价格损失是不可避免的。

农民只有联合起来形成大规模销售和购买组织，才能提高自己的竞争能力和谈判地位。在不同组织形式中专业合作社是一种较好的选择，它与其他农民进入市场的中介组织比较有如下优势：①合作社是社员自己投资兴办、自己参与经营管理的。它与私人商业或龙头企业加农户的公司不同，这些中介组织和农户的产品交换不论是通过合同，还是通过供应种子、种苗等生产资料并回收产成品都是一次性的。中介组织的盈亏与农民无关，农户与之的关系是单纯的商品交换关系。而合作社是社员自己的商业组织，社员与之交易后，交换关系并未完全结束，只有到年终结

①②③ 杨欢进，杨洪进．组织支持，农业产业化的关键．管理世界（京）．1998年第4期。

算时盈余返还给社员之后才算完成。利润返还保证了社员与合作社交易时不会吃亏。如果合作社发生了亏损，社员还要承担有限责任，这也加强了社员对合作社监督管理的责任心。②社员是合作社的所有者。合作社的职员和经理作为雇员，要一心一意为社员谋福利，为自己工作的合作社提供服务，这样既不会欺骗社员，也不会形成官僚作风。合作社的运行和职工活动受社员的监督，工作绩效差的职工可以被辞退。③合作社的经营成果与社员的利益是一致的。合作社越发展社员的经济利益也越大。而中介组织与社员的利益是矛盾的，其获利越多农民所得可能越少。同时合作社还可以利用自己掌握的大量农产品和采购订单加强自己的谈判地位使社员获得最大收益。④合作社的重大经营活动都要经过社员的民主决策，社员对合作社经营情况比较清楚，通过合作社进行购销比较放心。⑤合作社是农民进入市场的稳定渠道，利益分配上具有优越性。在没有合作社的情况下，农民的产品只能通过中介组织进入市场，如果农民直接上市与消费者进行交易，需要承担运输费、市场推广费等各种流通费用和信息不灵所带来的市场风险。有了合作社之后，合作社可以代替农民与中介组织进行交易或直接进入市场，这就避免了在供过于求时中介组织利用农民卖跌不卖涨的心理而大幅度压价；在供不应求时减少不必要的中间环节，保证农民获得适当的高价收入。

（二）农民专业技术协会转化为专业合作社的有利条件

农民专业技术协会的基本职能是帮助农民掌握农业技术知识，但在帮助农民进入市场方面也有很多有利条件，这使其有可能发展成为专业合作社。①农民专业技术协会（以下简称协会）可以帮助农民解决进入市场所需的技术问题。农民依靠“协会”的技术支持，根据市场需求变化调整农业生产。②“协会”在自愿民主互利等方面取得了农民的信任，具有建立专业合作社的群众基础。③“协会”负责人一般都是农民中的能人，有较高的技术和组织管理能力，在农民中有一定的威信，他们可以成为专业合作社的组织者和管理者。④“协会”在市场经济条件下有了一定的处理集体与成员之间经济利益的经验，为其按合作社原则发展提供了条件。⑤有些“协会”已经具备了经营种子、种苗、种禽蛋的能力。为专业合作社从事经营活动奠定了基础。⑥“协会”在有些地区已具备了相当的规模，向专业合作社转化可以使其在市场经济中发挥更大的作用，更能保护农民的利益。

三、农民专业技术协会向专业合作社转化应注意的问题

（一）对专业合作社的认识问题

首先，专业合作社与过去的集体经济组织完全不同，它是一种企业经济组织形式。合作社的创始人虽然希望通过合作社来实现公有制社会，但它是通过逐步积累合作社的不可分财产，而不是把社员所有的生产资料公有化来实现的。合作社可以容纳不同的所有制。合作社可以有公有财产和社员私有的生产资料，可以有统一的经营部分和社员个人的经营部分。例如共同使用的仓库，几个社员共同投资兴建，建成后各自使用属于自己的部分。仓库可以共同维修，但不统一经营。经营的内容可以相同也可以不同。但加入专业合作社的社员一般都有类似的经营内容。例如葡萄合作社，入社的农民不一定都是葡萄生产专业户，但多少都种植葡萄。他们组织起来，形成一个围绕葡萄生产、加工、销售组建的企业组织。在葡萄合作社里有利用股金共同购买的生产资料，也有用合作社积累购置的不可分割的财产，还有属于社员各自的生产资料。社员退社时，合作社中不可分割的那部分财产除属公共积累外可以以退股方式返还给退社人员。

其次，专业合作社是为了解决独立经营的农户在产前、产中、产后遇到的各种困难而建立的自助、互助性的专业服务组织。它以服务为宗旨，不以盈利为目的，经营活动中的利润除必要的积累外要返还给社员。另外，参加合作社的农民并不一定必须有耕种土地的所有权。在资本主义国家许多农户的耕地是租来的，有些国家的土地是国家交给农民长期使用的，这些都不影响组建合作社，可见土地所有权并不是决定农民参加合作社的必要条件。在我国农民已获得了充分的自主经营权，是社区性合作社的社员也就有权加入各种专业性合作社，不应受土地所有权的制约。

（二）组建专业合作社应遵循办合作社的原则

专业合作社起到了保护农民利益、帮助农民发展的作用，组建时必须贯彻执行合作社的通行原则——罗虚代尔原则。罗虚代尔先锋是世界上第一个建设成功并巩固下来的现代合作社。国际上已公认这一原则在世界各国农业、手工业、消费、保险、医疗等各行业的合作社中是适用的。罗虚代尔原则包括的主要内容有：①自愿原则。不论是加入或退出合作社都应是自愿的，而且合作社为社员服务或社员是否接受这种服务也是自愿的。②民主原则。合作社实行一人一票制，少数服从多数，不实行民主集中制。合作社是无上级的组织，其中央机构、各地方机构和基层机构之间没有上下级关系，各个合作社之间也不承担经营责任。一个农民可以是中央合作社的社员，也可以仅是基层社员。任何级别的合作社的最高权利机构都是社员大会或社员代表大会，对合作社的重大事项的决定必须由社员大会或社员代表大会绝大多数通过，一般重要事项也必须由简单多数通过。民主原则保证了社员参与合作社的经营管理活动和在社内享有平等的权利。这一点很符合农民的心理要求，也是合作社能否形成民主参与、民主监督、激励社员爱护合作社、保证决策正确和提高经济效益的关键。③利润返还原则。合作社与社员之间的交易按市价进行。合作社取得的利润应按社员与合作社交易额的多少进行利润返还。利润返还充分体现了合作社不以盈利为目的的宗旨，同时也保证了不论市场如何变化，社员都愿意与合作社交易。利润返还并不是合作社不留积累，合作社利润的分配中多少用于积累、多少用于社员福利、多少用于利益返还都要由社员大会或社员代表大会决定。④股金不分红或限制股金分红的原则。这条原则表示合作社是劳动的联合，而不是资金的联合。社员入社时缴纳的股金是为了购买社员联合劳动所需要的生产资料或提供合作社启动运行所需要的资金，这些资金不是为了盈利，不是获取剩余的手段。合作社的理论承认价值是劳动创造的，资金不创造新价值，因此也不应分红，这一点与马克思主义理论相符。在我国这样一个资金短缺、劳动力大量过剩的国家里，鼓励人们节省消费支出、实行股金适当分红，鼓励剩余多投资具有现实意义。有些合作社采取入社股金不分红，多投资的股金实行分红，这种做法既坚持了合作社的原则又能多吸收资金，也是一种两全其美的方法。

今天，我国市场经济迅速发展，农产品的流通领域、流通量迅速扩大。农民专业技术协会在作好农业技术推广、更新服务的同时，应不失时机地转变为专业合作社，向农业流通领域发展。这是适应我国科技兴农、迎接新世纪现代化农业科技发展的需要，也是解决农民进入市场、扩大经营、积累资金、迅速发展的需要。这一转变将使我国农业专业技术协会在市场经济大潮中发挥更大的作用。

德国生猪及猪肉质量的保证措施*

谭向勇　肖海峰

生猪及猪肉的质量问题涉及面较宽，在德国对于生猪及猪肉质量的评价主要考虑以下几个方面：①营养价值。主要从脂肪、蛋白质等方面来分析，主要评价指标是瘦肉率。②健康价值。主要从动物健康状况、卫生状况、饲料来源、动物营养、肉类加工等方面分析，主要评价指标是生猪及猪肉的检疫情况、食品检验情况、猪肉成分含量、产地来源、屠宰日期等。③消费价值。主要从肉与脂肪的比例关系，消费时重量和体积的损耗等方面来分析，主要评价指标是瘦肉率、肉质状况等。④享乐价值。主要从颜色、气味、味道、硬度等方面分析，主要评价指标是肉质纹理状况、胴体性别、屠宰日。⑤名望价值。主要从价格、订货来源（如特产）等方面来分析，主要评价指标是社会的价值判断。⑥伦理价值。主要考虑社会的自然责任感，主要评价指标有饲养规模、育肥方式、品种特点、饲料状况、货物来源、运输过程、屠宰方式等。在以上对生猪及猪肉质量评价所考虑的几个方面中，营养价值和健康价值是主要方面。

为保证生猪及猪肉的质量，德国政府主要采取的措施有：

1. 严格控制饲料的生产和使用。为保证消费者的健康不受到损害，德国饲料法规定：在猪的饲养中，严格禁止使用激素；抗生素类物质只允许有限度地使用。饲料生产厂家必须严格遵守饲料中各种成分的最高限量，并且必须标明饲料中的各种成分的含量以及使用方法。而生猪饲养者必须在生猪屠宰前的一定期限内停止使用含有抗生素类物质的饲料，这个期限随抗生素种类的不同在7～21天之间变动。生猪饲养者必须认真遵守停止使用含有抗生素类物质饲料的期限，否则在生猪屠宰前后的检验中，如果发现有这类物质的残留物，则生猪生产者将受到严厉的惩罚。

2. 严格控制药品的使用。为保护消费者的利益，德国专门制定了兽药法，对药品的使用做了详细的规定。德国兽药法规定：生猪饲养者在购买药品时，必须到为其牲畜作过诊断的兽医那里，或者出示兽医的处方到兽药的生产者处购买，必须严格按照兽医的指示或处方给生猪服用。兽医也必须在对生猪进行了符合程序的、认真负责的诊断之后，才能开出处方并售给饲养者药品。出售给饲养者药品的数量要准确，同时还必须标明使用方式、时间以及在生猪屠宰前的多长时间必须停止使用等信息。兽药生产企业、兽医还有义务将每种药品购买者的姓名、地址记录在簿，兽药购买者要将其所买兽药的来源、种类以及数量记录清楚，所有记录都必须至少保存3年，以便在以后发生问题时，能够很快查清责任。

3. 严格执行检疫制度。德国动物检疫法规定：每半年必须对所有的生猪饲养企业进行一次检疫。这也就是说，生猪饲养企业每半年从兽医局获取一份经过检疫以后没有疫病的证明，有了这样的证明才能继续进行生产。除了每半年一次的定期检疫之外，生猪饲养企业以及所有在职业

* 原载《世界农业》1999年第1期。

上与生猪有关的人员都有义务，在疫情发生时或有疫情发生苗头时，都必须及时地向有关机构，如兽医局、警察局或县乡政府报告，同时将病猪进行隔离。在兽医将疫病的种类、状况以及原因确定之后，根据不同的具体情况及时采取相应措施。主要措施有：封锁发生疫病的农场或整个地区；限制人员流动、生猪贸易与运输；销毁区内的所有生猪及猪肉制品；进行彻底、严格的清洗及消毒处理。政府对在消灭疫病过程中受到损失的农场提供部分补贴，补贴额的多少以不同种类生猪的一般价值为基础，但最高额不得超过 2 500 马克。在某些情况下，例如，当生猪饲养企业没有及时报告疫情，或者没有执行动物防疫法的有关规定，则政府可以减少或完全不给受损失的生猪饲养企业提供补贴。

4. 严格执行生猪屠宰前后的检验制度。对生猪在屠宰前以及屠宰后进行卫生检验，是德国为保证上市猪肉卫生质量的最主要的措施。德国肉类检验法规定：除生猪的紧急屠宰可在屠宰前不进行检验之外，其他所有的生猪，无论是工厂化屠宰，还是家庭屠宰，都必须在屠宰前和屠宰后进行卫生检验。所有的屠宰企业以及家庭在屠宰之前，都必须到兽医局或由兽医局委托的兽医处登记，在兽医对生猪做出卫生检验合格并发给屠宰证之后，才可进行屠宰。屠宰厂如果在得到屠宰证 24 小时之内仍未进行屠宰，则屠宰证自动作废，该屠宰厂若要实行屠宰，则必须重新申请屠宰证。对家庭屠宰来说，屠宰证的有效期为 48 小时。在没有屠宰证情况下屠宰的生猪，猪肉不能上市。生猪检验人员在检验时，必须对生猪做出标记，以便在生猪屠宰后能够知道这头猪是从哪个屠宰厂来的。屠宰前检验合格的生猪在屠宰后还必须进行猪肉卫生检验，旋毛虫以及残留物质检验，根据这些检验结果对猪肉卫生质量给出评价。只有检验合格的猪肉才能进入市场，不合格的猪肉要送到专门地点彻底销毁。

对屠宰前检验不合格的生猪，如带有可以传染给人的疾病，或有这种可能性的生猪；正在发烧的生猪；怀疑饲养者没有遵守在屠宰前的一个时期中不能服用抗生素类物质和服用了严格禁止饲喂物质的规定，都不能发给屠宰证，并且这些生猪都要尽可能地送往专门的屠宰厂——隔离屠宰厂进行屠宰。对于那些病情严重不能自己走上运输卡车或有严重外伤的生猪，则可就地屠宰，屠宰后的胴体则必须在 3 小时之内运往隔离屠宰厂。如果运输时间超过 1 小时，则运输车内的温度必须低于 4℃。在隔离屠宰厂对猪肉进行检验，除常规检验外，针对这些屠宰前检验不合格的生猪还特别要进行细菌检验，经过检验，若是合格猪肉，则可上市，但必须标明这些猪肉是来源于特殊屠宰，并且只能在特定的销售点上直接出售给最终消费者，而进一步的加工，比如加工成香肠式火腿是不允许的。经过检验为不合格的猪肉则送往专门的地点销毁。

与正常屠宰相对应的另一类屠宰为紧急屠宰。所谓紧急屠宰是指由于某种事故的发生，必须对生猪马上屠宰。在紧急屠宰之前，若情况允许，要尽可能地对生猪进行检验，并要尽可能地送到屠宰厂进行屠宰。若在检验之后没有可能将生猪送往屠宰厂，则可就地屠宰，并尽可能在 3 小时之内将猪胴体送往屠宰厂进行猪肉检验，若检验合格，则猪肉可在全德国范围内销售。

在紧急屠宰前，如果担心在兽医到来之前，生猪就会死掉，或者根据动物保护有关规定，在动物受伤后必须马上屠宰，则可不必进行检验就可屠宰。在这种情况下，生猪胴体必须马上送往隔离屠宰厂进行包括细菌检验在内的肉类检验。如果经检验猪肉合格，则在作出明显标记（表明该猪肉来源于隔离屠宰厂）后允许在专门的销售点直接售给最终家庭消费者，而不允许出售给饭店之类的公共用餐机构。

在农场中紧急屠宰的生猪，无论是否进行了屠宰前的检验，只要胴体在屠宰后 3 小时之内无法运送到屠宰厂（或隔离屠宰厂），则都作为家庭屠宰。在对猪肉进行检验之后，若为合格猪肉，则也只允许在该家庭范围内食用，而不允许出售。无论是在屠宰厂、隔离屠宰厂，还是在家庭屠

宰后，检验不合格的猪肉，都必须送往专门地点销毁。

5. 对猪肉的零售环节进行检验。这也是保证市场上猪肉卫生质量又一重要措施。政府有关部门随机从零售商那里购买样品进行检验，对于出售不合格猪肉的商店进行严厉的处罚。在一个商品过剩的国家中，这种公开的处罚几乎等于封闭商店。

6. 严格执行生猪的等级标准。德国目前生猪等级分为五级，另外还有三级等外（主要适用于屠宰母猪）。划分等级的标准主要是胴体重在50～120千克之间的瘦肉率，一级为≥55%；二级为50%～55%；三级为45%～50%；四级为40%～45%；五级为<40%。屠宰企业严格按照此标准对生猪划分等级。对不同等级的生猪支付不同的价格，并且价格差别较大。这样就提高了饲养者生产高质量生猪的积极性。

7. 实行生猪及猪肉的商标化。所有生产中的生猪都必须有耳标记，标明此猪是哪个农场生产的；所有在运输中的活猪都必须有运输所必需的各种证明，主要有生产者证明、兽医检疫证明、运输单位证明；所有屠宰企业屠宰的猪肉必须有自己厂家的标记、卫生检疫标记、等级标记以及屠宰日期标记；所有在零售店的猪肉都必须有来源标记、质量标记、重量标记、价格标记、保质期标记等。如果是生态猪肉的还要附加有关生态单位组织的特殊标记和说明。这就使各个环节上的生猪及猪肉都有自身状态的说明，从而保证了生猪及猪肉的质量。

8. 优质评比与展览。政府及各种协会定期或不定期举行各种类型的生猪及猪肉展览会，例如种猪展览会，展示优良品种，提高生猪优良品种化；育肥猪展览，从形态上传播优质生猪的状态；另外，还有屠宰机械展览，等级标准分检机械展览等。这些都为改善生猪及猪肉质量起到了促进作用。

中国农业增长（1981—1995年）：需求角度的分析*

王 秀 清

一、引言

作为国民经济重要部门之一的农业，与其他产业部门存在着密切的联系。农业的发展通过产业关联而影响其他产业的发展，其他部门的变化也会通过产业关联而影响农业。现代农业，一方面表现为来自农业部门以外的物质和能量进入农业系统，从而打破农业系统自身的封闭循环，实现农业增长；另一方面，还表现在越来越多的农产品需要经过加工之后才能进入居民消费领域，即农业产业链条的延长。因此，对农业增长的分析不能仅仅局限于农业自身的投入及其效率，还必须同时考虑其他部门发展对农业的影响。

然而，时至今日，有关中国农业增长方面的研究，大都沿用新古典经济增长理论的分析思路，把农业的增长归因于各种投入增长及投入效率的变化。冯海发（1992）沿用索罗的思路，分析了总要素投入增长和总要素生产率提高对1949—1990年农业产出增长的贡献；顾焕章、宋俊东等（1991）沿用丹尼森经济增长因素分析的思路，研究了劳动力、土地、化肥、农机和有机肥等要素投入增长及技术进步对1965—1988年农业增长的贡献；林毅夫（1992）进一步分析了制度变迁对中国农业增长的贡献；樊胜根（1992）则分析了农业研究对1965—1989年农业增长的贡献。这些文献都是从供给方面来研究各种因素对农业产出增长的作用，其暗含的理论假定是所生产的农产品完全能够销售出去，不存在非均衡现象，因此只需考虑如何增加供给。从90年代以前供不应求的实际生活来看，这种假定是合理的。但是，进入90年代中期以来，水果、棉花和蔬菜等部分农产品的相对过剩意味着需求对农业增长的制约日益明显，对农业增长的分析不能再仅仅局限于供给，必须考虑需求的变化对农业增长的作用。

从需求角度分析农业增长，不仅要考虑居民消费变化对农业生产的影响，还要分析其他产业的生产活动对农产品的中间需求。因此，一般宜采用一般均衡的分析方法。钱纳里（1986）在探索工业化与经济增长的关系时，运用投入产出分析方法研究了需求结构变动对经济增长的作用，并结合经济增长因素分析方法，从供求两方面同时揭示了经济增长的源泉。武央和薛天栋（1998）等最早运用钱纳里提出的方法研究了需求结构变动对中国经济增长的贡献，齐舒畅（1998）等也运用投入产出分析方法研究了需求变动和技术进步对中国经济增长的贡献。他们在研究过程中都分析了最终需求和技术变动对农业增长的贡献。然而，由于分析重点在于整个经

* 原载《中国农村经济》1999年第5期。

济，有关农业的分析并不深入，仅仅从经济整体上说明最终需求、自给率、出口需求和技术进步对农业增长的贡献，没有能够揭示农业增长中有多少份额来源于农业自身、有多少份额来源于其他部门，也没有进一步揭示不同产业部门的技术变化和最终需求变动对农业增长的贡献。

本文旨在沿用齐舒畅等学者所使用的方法，进一步从需求角度分析中国农业增长的原因，期望得出较全面的解释，弥补仅仅从供给角度分析农业增长的缺陷。研究中所用资料来源于中国1981年、1983年、1987年、1990年、1992年和1995年可比价投入产出表，所研究的“农业”是指包含种植业、畜牧业、林业和渔业在内的“大农业”。

二、产业关联与农业发展

自20世纪70年代末农村改革以来，中国农业乃至整个国民经济都获得了飞速的发展，综合国力日益增强。农业的快速增长，为解决工业化过程中所面临的食物问题作出了巨大的贡献。与此同时，农业与国民经济其他产业部门之间的联系日渐紧密，农业关联产业对农业发展的影响亦更加明显。

居民对农产品消费变化。中国农业的产出规模由1981年的430 616亿元发展到1995年的12 036亿元，年平均增长约7.62%。从需求角度来看，所增产的农产品，有55.46%用于包括农业自身在内的各个产业的中间需求，有33.81%直接进入居民消费，有11.21%形成资本，有1.63%出口到国外（表1）。这意味着农业的增长不完全是因为居民对农产品直接消费需求的扩张，还有很大份额是源于居民对农产品加工品需求的增长。

农产品需求构成变化。从需求构成的变化来看，包括消费、资本形成和净出口在内的农产品最终需求比重呈现下降趋势，而中间需求的比重则呈现出不稳定的微弱上升趋势（表1）。出口需求的比重在80年代不断上升，进入90年代则不断下降，与此相反，进口份额却由80年代的逐步降低转为90年代中期的不断上升；资本形成的比重整体呈上升趋势，特别是1995年高达8.52%，其中有80%是用于库存；直接消费的比重由1981年的45.2%下降为1995年的37.9%。中间需求比重的上升意味着农业与其他产业的联系越来越紧密。

表1　农业产出及其增长额的需求构成

单位：万元，%

年度		中间需求	消费	资本形成	出口	进口	其他
	农业总产出			构　成			
1981	43 066 370	52.52	45.21	3.70	2.01	－4.36	0.92
1983	51 382 570	52.40	41.09	5.46	3.64	－2.24	－0.35
1987	66 049 360	46.90	47.08	4.75	4.16	－2.51	－0.39
1990	76 620 000	53.70	40.13	4.83	4.21	－2.44	－0.42
1992	84 499 830	48.97	46.50	4.14	2.80	－1.97	－0.45
1995	120 360 900	54.41	37.89	8.52	1.76	－2.58	0.00
	农业增长额			构　成			
1981—1983	831 620	51.79	19.75	14.56	12.09	8.73	－6.92
1983—1987	14 666 790	27.62	68.08	2.27	6.00	－3.44	－0.54
1987—1990	10 570 640	96.22	－3.32	5.30	4.51	－2.05	－0.66
1990—1992	7 879 830	2.94	108.46	－2.51	－10.88	2.67	－0.69
1992—1995	35 861 070	67.21	17.59	18.84	－0.69	－4.03	1.07
1981—1995	77 294 530	55.46	33.81	11.21	1.63	－1.59	－0.52

中间需求结构变化。从中间需求的构成来看，食品工业、农业和纺织业一直是中间需求的主体。1995 年，食品工业、农业和纺织业在农产品中间需求总额中的比重分别达到 38.96%、31.67%和 10.99%。从动态变化来看，进入 90 年代，纺织业的比重有所下降，而食品工业、木材加工及家具制品业、缝纫及皮革制品业的比重则呈上升趋势（表 2）。这意味着食品工业比纺织工业对农业增长的作用更大。

表 2　对农产品中间需求的结构变化

	1981 年	1983 年	1987 年	1990 年	1992 年	1995 年
中间需求合计（万元）	22 619 276	26 925 850	30 977 521	41 148 291	41 380 085	65 483 734
农业	30.03	26.19	30.83	32.83	28.26	31.67
化学工业	5.71	5.93	5.37	6.88	5.24	4.87
木材加工及家具制品业	0.33	0.88	0.32	0.35	0.42	0.70
食品工业	37.64	30.53	36.10	32.82	39.56	38.96
纺织工业	10.78	9.25	11.94	12.24	12.32	10.99
缝纫及皮革制品业	1.71	1.21	1.95	2.28	2.31	2.86
造纸及文教用品工业	2.49	2.46	2.58	3.29	3.42	3.42
商业饮食业	1.14	1.76	8.12	5.89	4.78	3.25
其他产业	10.17	21.79	2.79	3.42	3.69	3.28

农业与其他产业关联程度变化。农业与其他产业的关联表现在两个方面：一是农业的前向关联，它反映农业与以农产品为原料的其他产业之间的联系，主要通过前向直接连锁效应、前向总连锁效应和感应度系数来衡量；一是农业的后向关联，它反映农业与为农业提供投入品的其他产业之间的联系，主要通过后向直接连锁效应、后向总连锁效应和影响力系数来衡量。由表 3 可以看出，农业与其他产业之间的前向关联和后向关联程度都呈现出日益加深的趋势，说明农业与国民经济各个部门之间越来越成为一个有机的整体。从关联程度的比较来看，1995 年前向总连锁效应为 2.12，后向总连锁效应为 2.08，感应度系数为 0.83，影响力系数为 0.75，说明前向关联程度比后向关联要大，这意味着农产品加工业比农业生产资料工业与农业的联系更紧密，农产品加工业对农业发展的影响程度要大于农业对农业生产资料工业发展的影响。不过，从上述六项指标值的动态变化来看，后向关联程度的增强速度快于前向关联，说明虽然目前的农业依然是前向关联较强而后向关联较弱的基础性或上游性产业，但是这种关联程度的差别正日益缩小。后向关联程度的加强意味随着农业现代化水平的提高，有越来越多的由其他产业提供的现代生产要素被引进农业部门，从而促进农业劳动生产率的提高。

表 3　农业与其他产业关联程度的变化

	1981 年	1983 年	1987 年	1990 年	1992 年	1995 年	平均值	变异系数%
后向直接连锁效应	0.27	0.29	0.31	0.34	0.35	0.45	—	—
后向总连锁效应	1.49	1.58	1.63	1.72	1.81	2.08	—	—
影响力系数	0.67	0.69	0.68	0.67	0.67	0.75	0.69	4.41
前向直接连锁效应	0.50	0.51	0.46	0.52	0.48	0.53	—	—
前向总连锁效应	1.89	1.97	1.91	2.09	1.97	2.12	—	—
感应度系数	0.86	0.87	0.82	0.86	0.78	0.83	0.84	3.69

资料来源：施发启、李强、薛天栋（1998），pp44～63。

综上分析，中国农业的发展不仅受到居民对农产品直接消费扩张的影响，同时还受到农产品加工业发展的影响。前向关联程度的加深意味着农产品加工业对农业增长的作用日益增强，后向关联程度的加深意味着农业的发展将会带动农业生产资料工业的进一步发展。然而，产业关联程度深化究竟对农业发展影响程度如何，各个关联产业部门对农业增长的贡献有多大，还需要我们做进一步的分析。

三、农业增长原因分解

（一）分析方法

通过两个时点投入产出表的对比可以研究产业关联对农业增长的影响。假设 X_i、A_i 和 F_i 分别代表产出向量、投入产出技术系数矩阵和最终需求向量，下标 0 代表基期，下标 1 代表报告期，则有如下关系存在：

$$\beta X = B_0 \beta F + \beta B F_0 + \beta B \beta F$$

其中，$B_i = (I - A)^{-1}$；$\beta X = X_1 - X_0$；$\beta B = B_1 - B_0$；$\beta F = F_1 - F_0$ 根据上述公式，农业增长的原因可以分解为最终需求效应、技术变动效应和相乘效应。齐舒畅（1998）等运用这一方法研究了中国各个产业部门的增长及其原因，但是所得出的结果仅仅反映了总体上最终需求变动和技术体系变动对农业增长的影响，没有进一步分析不同产业部门发生的最终需求变化及技术变动对农业发展的具体影响。为此，我们进一步将上述公式针对某一具体部门（如农业）而改写为：

$$\begin{aligned}\beta X_i = & (b_{i1}^0 \beta f_1 + b_{i2}^0 \beta f_2 + \cdots + b_{in}^0 \beta f_n) \\ & + (\beta b_{i1} f_1^0 + \beta b_{i2} f_2^0 + \cdots + \beta b_{in} f_n^0) \\ & + (\beta b_{i1} f_1 + \beta b_{i2} f_2 + \cdots + \beta b_{in} f_n)\end{aligned}$$

式中第一个括号内各项分别表示不同部门产品的最终需求变化对农业增长的贡献；第二个括号内各项分别表示不同部门技术变化对农业增长的贡献；第三个括号内各项分别表示不同部门最终需求与技术交互作用对农业增长的贡献。如果把每一个括号内的第一项相加，就可以得出第一个部门对农业增长的贡献总额，其他部门的贡献总额依此类推。依此则可以详细测算不同产业部门的发展变化通过产业关联对农业增长的作用程度。

（二）分析结果

根据前面两个公式，分别按 1981—1983 年、1983—1987 年、1987—1990 年、1990—1992 年、1992—1995 年和 1981—1995 年 6 个时间段计测了农业增长及其原因，所用资料均为 18 个部门可比价投入产出表，结果如表 4 和表 5 所示。表 4 列举了各个时段的农业年均增长率及各个因素对农业增长的贡献率；限于篇幅，表 5 仅仅列出 1981—1995 年这一个时段内各个部门对农业增长的贡献率。

从表 4 可以看出，中国农业在 80 年代前期增长迅速，之后则增长迟缓，1992 年以后又步入快速增长的轨道。1981—1995 年的 14 年间，农业年平均增长 7.62%，其中有 6.5% 是由于最终需求扩张带来的，而国民经济整体上的技术变化对农业增长的作用为－9.8%，需求与技术的交互作用也为负贡献，说明中国农业的发展仍然属于依存于需求扩张的发展类型。在所分析的各个时段中，只有 1981—1983 年和 1987—1990 年这两个时期，技术变动和需求变动对农业增长的贡献为正值，其中，1987—1990 年尽管农业增长缓慢，但技术系数变动的贡献率高达 35%。不过，从

表 4 无法判断究竟各个部门对农业增长的贡献有多大，也无法判断哪些产业的技术变化有利于农业增长，哪些不利于农业的增长。

表 4 农业增长原因

年 份	农业年增长率%	农业增长	技术贡献	需求贡献	交叉贡献
1981—1983	9.23	100	16.71	72.08	11.21
1983—1987	6.48	100	－56.11	192.71	－36.60
1987—1990	2.07	100	35.09	61.99	2.92
1990—1992	2.02	100	－11.160	247.24	－35.64
1992—1995	12.51	100	－4.51	114.93	－10.42
1981—1995	7.62	100	－9.81	165.31	－55.50

表 5 则弥补了表 4 的缺陷，不仅分解出不同部门对农业增长的贡献，而且详细揭示了不同部门发生的技术变动及需求扩张对农业增长的作用程度。首先，从部门贡献来看，1981— 1995 年 7 729亿元的农业增长总额当中，57.8% 源于农业自身的变化；20.6% 来自食品工业；8.2% 来自缝纫及皮革制品业；2%来自造纸及文教用品业；1.96% 来自商业饮食业；－0.13% 来自纺织业；9%来自其他产业。其中，食品工业和皮革制品业对农业发展的波及效果较大，商业饮食业对农业发展的波及效果还较弱，纺织业则具有微弱的负效应。第二，从技术系统变化的贡献来看，除农业部门自身的技术进步对农业增长的贡献为 100 199 亿元以外，其他各个产业的技术变化对农业增长的贡献均为负值，因而技术系数变动在整体上对农业发展表现为负效果。其中，食品工业技术变动对农业增长的负效应最大，约 413 亿元；其次是纺织业 8 215 亿元；缝纫及皮革制品业 6 713亿元。第三，从最终需求贡献来看，各个产业最终需求扩张对农业增长的贡献均为正值，其中，在 1 277 718 亿元需求贡献总额当中比重较大的依次是农业 419 919 亿元、食品工业 3 682 亿元和缝纫及皮革制品业 1 710 亿元。

表 5 各部门对农业增长的贡献（1981—1995 年）

单位：万元，%

	技术贡献	需求贡献	交叉贡献	总额	份额
农业总产出增长	－7 581 927	127 777 647	－42 901 221	77 294 499①	100.00
部门构成：					
农业	1 009 984	41 998 857	1 700 673	44 709 514	57.84
化学工业	－337 702	962 934	－619 486	5 746	0.00
木材加工及家具制品业	－28 020	604 938	－227 636	349 282	0.45
食品工业	－4 134 365	36 823 443	－16 751 017	15 938 062	20.62
纺织工业	－825 401	1 233 063	－504 256	－96 593	－0.13
缝纫及皮革制品业	－673 380	17 100 825	－10 079 828	6 347 618	8.21
造纸及文教用品工业	－216 560	4 152 356	－2 357 887	1 577 909	2.04
商业饮食业	－25 611	1 670 434	－129 769	1 515 054	1.96
其他产业	－2 350 873	23 230 796	－13 932 016	6 947 907	9.01

注：①因四舍五入而出现一些计算误差，使得农业增长额跟表 1 不完全一致。

由此可见，中国农业的增长不仅仅来源于对农产品直接消费需求的扩张和农业部门自身的技术进步，很大程度上还受到其他产业发展的影响。食品工业、皮革制品业和纺织业产品最终需求的扩张通过产业关联而促进农业的发展，而这些行业的技术进步又使得农产品利用效率提高，从而一定程度上抑制农业的增长。例如纺织业，虽然纺织品最终需求扩张对农业增长的贡献达 12 313亿元，但由于纺织行业技术变化对农业增长的效果为－8 215 亿元，技术与需求相互作用的

效果为－5 014亿元，最终使得纺织业对农业发展的影响表现－916亿元。也就是说，农产品加工业的发展对农业增长具有“双刃剑”的作用。

四、结论

本研究结果表明，中国农业与其他产业的关联程度日益加深。虽然前向关联程度强于后向关联，但这种差异正逐渐缩小。前向关联程度加深意味着农产品加工对农业发展的影响越来越明显，而后向关联程度加深意味着越来越多的现代农业生产要素被农业所使用，农业劳动生产率日益提高。关联程度提高对农业发展的作用十分复杂，既有促进也有抑制。促进表现在需求扩张对农业增长的拉动，抑制表现在技术变动对农业增长的制约。从作用效果来看，1981—1995年期间，中国农业增长有165.3％源于各行业最终需求变动对农业的拉动，有－9.8％源于各行业技术变动对农业发展的制约，中国农业的发展仍然属于依存于需求扩张的发展类型。从部门贡献来看，7 729亿元的农业增长总额中有57.8％源于农业部门自身、20.6％源于食品工业、8.2％源于缝纫及皮革制品业的发展。

参考文献

[1] H. 钱纳里等（1986），吴奇等译．工业化和经济增长的比较研究．上海：上海三联书店，1989

[2] 樊胜根等．中国农业研究和生产增长．载20世纪90年代中国农业发展论坛．北京：中国人民大学出版社，1992

[3] 冯海发．总要素生产率与农业发展．载20世纪90年代中国农业发展论坛．北京：中国人民大学出版社，1992

[4] 顾焕章，宋俊东等．中国农业技术进步与种植业协调发展．农业部“七五”重点课题研究报告，1992

[5] 林毅夫．制度、技术与中国农业发展．上海：上海三联书店，1992

[6] 齐舒畅等．中国产业结构变化分析．载李强，薛天栋主编．中国经济发展部门分析兼新编可比价投入产出序列表．北京：中国统计出版社，1998

[7] 施发启等．中国产业部门连锁分析．载李强，薛天栋主编．中国经济发展部门分析兼新编可比价投入产出序列表．北京：中国统计出版社，1998

[8] 武央，薛天栋等．中国工业化进程中的产业结构转换．载李强，薛天栋主编．中国经济发展部门分析兼新编可比价投入产出序列表．北京：中国统计出版社，1998

我国会计监督制度创新探索*

伍建平　张娣杰　杨秋林

我国自从计划经济向市场经济过渡以来，企业的所有制形式趋于多样化，资产所有者和代理人之间的委托一代理关系也越来越复杂。会计作为衡量代理人经营业绩的经济信息，关系到各利益主体的经济利益。因此，企业的所有者、经营者、投资者、债权人以及国家税收机关都非常重视和运用会计信息。近年来，我国财务制度与会计制度的改革取得了重大进展，对于提高财会工作质量发挥了重大作用。但是这些改革着重于财务通则和会计准则的制定与实施，对于会计监督制度改革的力度不够，加上我国财会人员管理上普遍存在的"内部人控制制度"，致使会计信息失真严重。这不仅造成企业内部管理混乱，亏损严重，而且导致国家税收流失，误导投资者决策，并使经济诈骗流行，严重危害国家经济秩序。分析我国会计信息失真产生的原因，除了一些会计人员道德水平低、业务素质差以及执法不力等因素外，最重要的是会计监督制度存在缺陷。因此，必须进行会计监督制度创新，从制度上保证会计信息的质量。

一、"内部人控制制度"评说

现代企业制度普遍采用所有权与经营权分离的管理模式。企业的经营者掌管企业资产的使用权，属于企业的"内部人"。根据委托一代理理论，经营者必须向所有者报告企业经营的成果，并接受所有者的监督。会计信息作为反映经营者经营成果的最重要的信息来源，是所有者对经营者实施监督的最有效手段。但是如果经营者掌握企业内部会计的人事任免权和业务指导权，就容易控制会计信息的输出，制造对自己有利的虚假的会计信息，隐瞒对自己不利的会计信息，形成对企业的完全控制。这就是所谓的"内部人控制制度"。由于我国的企业财会人员管理制度上，仍然沿用计划经济时期的财会人员归企业领导人直接管理的制度，企业领导人有条件利用虚假会计信息谋取企业小团体或个人的私利。但是国家作为国有资产的所有者，在要求企业领导人实现国有资产的保值增值以及监督企业领导人的经营行为上，却缺乏有效的监督制度措施。这是导致我国会计信息普遍失真的主要原因。

"内部人控制制度"的危害在于：①它使企业各项内部监督制度形同虚设。由于企业会计人员听命于企业领导，因此，会计人员在行使"会计法"所赋予的会计监督职能时要承受很大压力。相反，许多企业会计人员迫于"压力"或"私利"，可能利用自己的业务专长，与企业领导"合谋"做假账。企业的会计核算和会计监督制度，如会计人员岗位责任制、内部牵制制度、财产清查制度、内部审计制度等等，就有可能成为一纸空文。②它使监督成本过高。如果企业会计

* 原载《中国农业会计》1999年2月。

人员与企业领导合谋做假账，由于企业方面占据较多的信息，国家作为外部监督者占据较少的信息。根据信息不对称理论，监督的成本很高。这就是为什么对于许多造假账的违法案例，国家需要花费许多人力、物力和财力，才能把事件的原委搞清楚。

二、会计监督制度的国际比较

在会计监督制度改革上，比较我国和西方发达国家会计监督制度的差异，借鉴西方发达国家的经验，是有益的。

1. 会计的职责。在我国，根据《中华人民共和国会计法》，会计人员在从事会计核算同时，还承担会计监督的职责。但是由于会计人员通常由企业领导任命，不具备独立的监督地位，这种监督职能较弱。在西方，企业内部的会计人员仅仅进行会计核算，会计信息质量监督的职责，在企业内部由内部审计机构承担，在企业外部，企业会计报表必须经由注册会计师审计后才具有法律效力。

2. 内部审计机构。我国企业的内部审计机构由企业领导任命，直接对厂长、经理负责，因而审计主体对审计对象不具有独立性，内部审计机构难以对厂长、经理的违纪行为加以查处。西方企业一般采用股份制形式，企业的内部审计一般归最高权力机构——董事会（或监事会）直接领导，权力很大，独立性很强，在一定程度上能够实施对企业经理的监督。

3. 民间审计机构。在西方发达国家，民间审计机构十分发达。民间审计机构或会计师事务所对所审核的会计信息的真实性和合法性承担无限赔偿责任，责任重大，因而工作认真，社会信誉很高。在我国，许多会计师事务所挂靠政府部门，工作缺乏独立性，而且受行业垄断和恶性竞争的困扰，社会信誉尚未建立起来。另外，社会对民间审计的认识和需求还不足。

4. 政府审计机关。政府审计是最高层次的经济监督。在我国，政府审计机关是行政机构的一个部门，归地方政府领导，工作独立性不强，容易受到地方领导和说情风的干扰。在西方发达国家，政府审计归议会领导。主要审计政府行政机构的开支情况，或只对重大经济事件进行专项审计。

5. 审计手段和技术。我国审计工作要求对会计凭证逐笔审查其真实性，对资产逐项清点，要求做到账实、账款、账据、账账、账表五相符。然而，由于会计原始凭证数量庞大，来源复杂，逐笔审查实际很难做到，只能采取抽查和重点调查的方式。在不少西方发达国家，规定企业必须实行单一户名制度，限制现金使用，严格单据管理，同时运用计算机联网，对账、核账，并对会计报表进行分析，一旦发现异常变动现象，立即展开针对性调查，对造假者形成极大威慑。

上述比较说明，我国会计监督制度存在着许多需要改进的地方。为了强化监督，保证会计监督有力有效，提供会计信息的质量，会计监督制度的创新势在必行。

三、会计监督制度创新的原则

国内外的经验证明，会计监督制度创新具有一般的共同原则。一个理想的会计监督制度应当具有公开性、独立性和牵制性。①公开性：是指会计信息发布具有公开性，或者说透明度。②独立性：是指监督者能够获得充分授权，对被监督者实施监督。③牵制性：是指会计监督人员执法的公正性也应该受到监督。

一个理想的会计监督制度是：会计监督人员具备完全的信息，企业的财务状况的一切发生和变动情况尽在掌握之中；会计监督机构具备足够的权力对会计信息造假和违纪违规行为进行处理；而且其自身的运作受到社会舆论和公众的监督。在这种制度下，我们可以肯定，会计信息质量的总体状况是好的。

四、会计监督制度创新的主要内容

为了从根本上改变我国会计信息失真的状况，我国一些地区和部门借鉴国内外实践经验进行了许多会计监督制度创新试点，已在全国推广。

1. 村务公开制度。从1995年起，我国河北、河南、山东等省，开始在农村基层推行村务公开制度。其核心内容是：①民主理财委员会产生制度。民主理财委员会由村民代表会议民主选举产生，经村党支部同意，报乡（镇）政府批准；②民主审议制度。村集体经济的村务收支预算、决算方案，基本建设投资计划等重大财务事项，必须提交民主理财委员会审议通过；③开支审批制度。村集体经济的财务开支，统一实行“一支笔”审批制度，村委会主任为财务审批人，开支审批有权限限制；④财务公开制度。各村要设置1～3块财务公开专栏，每月公开会计科目余额表、现金收支明细表、各项欠款明细表，计划生育罚款、水电费、宅基地收费等情况，每半年公布一次；⑤审计监督制度。民主理财委员会对村集体经济的财务定期（每半年）进行内部审计，发现问题，提出质询，并向村委会提出处理意见。

村务公开制度中，监督主体是广大村民，被监督者是村干部和村会计。它对于防止村干部腐化，搞好干群关系，起到很好的作用。目前我国许多农村已经实行了村务公开制度。

2. 会计委派制度。我国一些地方专门设立一个会计委员会（或会计服务所），向各企业委派会计人员，并向企业收取一定的费用，用于发放会计人员的工资和福利，会计人员的人事关系隶属于会计委员会。它改变了过去由单位领导任命的方式，因而解决了会计监督工作的独立性问题，使他们可以大胆监督企业经营者的行为，保证会计信息的质量。但是，这种方式也会带来副作用，这种制度下，由于会计的人事关系不属于企业，其对企业经营关心的积极性受到影响。这种利益的不一致容易引发会计人员与企业领导之间的对立，在实际推广过程中应加以引导。

3. 内部审计制度。我国股份制和股份合作制企业，借鉴国内外公司制的财务监督方法，企业的内部审计机构由董事会委任，审计工作直接对董事会负责。董事会赋予审计人员足够的权力对企业经理的各项业务进行审计、监督。

4. 注册会计师制度。在我国，由于法制环境尚不够健全，有些会计师事务所为了争抢客户，采取不正当竞争手段，不惜以放弃原则为代价来满足个别客户的不正当要求，从而使事务所的信誉受到损害。我国会计师事务所还受行业垄断、缺少国家的法律支持等因素的干扰。为了保证会计师事务所的健康发展，国家正在采取措施，整顿会计师事务所，使之发挥会计监督的更大作用。

5. 稽查特派员制度。国家向国有大中型企业派出稽查特派员，稽查特派员不参与企业生产经营活动，其主要职责是对企业的经营状况进行评价。稽查特派员制度是我国国有企业管理方式改革的重大举措，对于推进国有企业改革具有重要的意义。

农田灌溉管理体制的改革*

陈 宝 峰

［摘　要］探讨大中型灌区的灌溉管理体制改革问题。以河南省昭平台灌区为例，采用实证与理论分析相结合的方法，分析了现行管理体制的不足，提出了一个与市场经济相适应的灌溉管理体制模式，并对采用这种管理体制模式时可能遇到的几个问题进行了分析，给出了相应的对策。

［关键词］灌区　灌溉管理　体制改革

近年来，随着经济体制改革的深入，在我国灌溉事业中一直发挥着重要作用的大中型灌区，其管理体制不适应市场经济的要求给灌区的经营管理带来了各种各样的困难。因此，对灌区的灌溉管理体制进行深入的研究、寻求确定灌溉管理体制的改革方向，成为解决我国大中型灌区灌溉管理问题的当务之急。笔者以河南省昭平台灌区为研究对象，对现有的灌溉管理体制进行分析，提出了灌溉管理体制的改革方向及具体的管理体制模式，研究结果可供昭平台灌区及其他灌区的灌溉管理体制改革参考。

一、现状分析

昭平台灌区位于河南省平顶山市西部，灌溉受益范围为平顶山市的鲁山、宝丰和叶县 3 个县的 24 个乡镇。灌区设计灌溉面积为 5．1 万公顷，目前实际灌溉面积仅为 2 万公顷左右①。

灌区现有的灌溉管理体制是由灌区管理机构和灌区地方政府及有关部门相互结合构成的。灌区管理方的核心管理机构为昭平台灌溉管理处，具体负责整个灌区的供水、配水，灌区规划及干渠的维护工作。其上级单位是昭平台水库管理局，下面沿干渠设有若干个管理段，分别负责向所辖区内的灌区配水及工程的管理工作。灌区受益方的主要管理单位是乡镇水利站，主要负责本乡镇灌溉工程的管理、规划、施工及灌溉的组织工作，它本身是乡镇的一个业务单位，人、财、物受乡镇政府直接控制，业务上受县水利局指导。水利站对外部直接同灌区管理段发生联系，负责协调灌区管理部门之间的放水、引水、计量、收费以及一些工程管理中的责任划分问题。整个管理组织结构如图 1 所示（图中实线表示直接的业务或工作联系，虚线表示单位之间有信息沟通）。

推动灌溉管理组织运转的基本力量有两种：一是行政，二是经济。灌溉管理部门与灌区地方水利部门之间主要是经济关系，是供水与交费的关系；乡和村，以及村组与农民之间主要是通过行政手段在维系；而乡政府与水利站之间既有经济联系，又有行政干预。整个管理组织的运转过

* 原载《中国农业大学学报》1999 年第 2 期。

① 昭平台水库管理局管理处．昭平台水库灌溉调整查报告．1996

程如下：当农民或灌区的乡镇地方政府认为出现了旱象需要灌溉时，乡镇水利站即把所辖区域的需水情况通知相应的灌区干渠管理段，管理段又把此情况上报给管理处，灌溉管理处再对各个段报的情况进行汇总，决定供水后把情况反馈给乡镇水利站，水利站借助乡村政府的行政力量组织灌溉；灌溉结束后，由乡镇水利站同干渠管理段结账，按供水量，缴给灌溉管理段一定的水费。

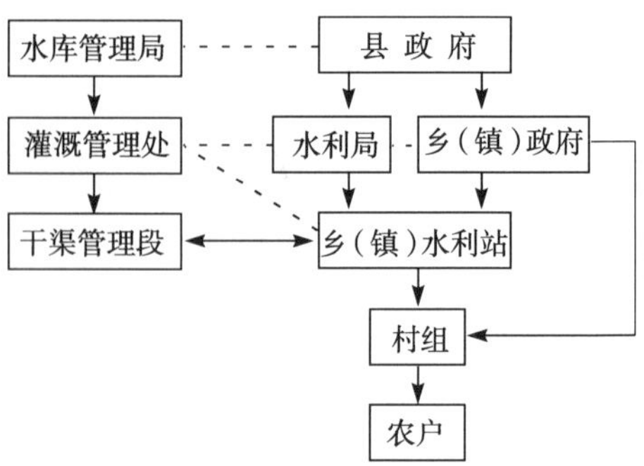

图 1　灌区灌溉管理组织结构

这一管理体制在实行承包责任制前是比较成功的，各方都比较满意；但农户承包责任制完全推广后，它的弱点便逐渐暴露出来，尤其是随着市场经济机制的全面引入，这一管理体制已完全不能适应，越来越表现出对灌溉工程及灌溉管理的无能为力。这突出反映在以下几个方面。

一是对灌溉工程的日常管理不力。虽有管理责任划分，但划分的管理责任落不到实处，实际上是处于无人负责状况。水利工程经常遭到人为的破坏，加上自然失修、破损，致使水利工程的完好程度严重下降，难以保证正常的输水。

二是灌溉不能及时进行。从经济利益考虑，乡政府往往同农民及灌渠管理方的看法不一致，农作物有了明显旱象，需要灌溉，而水库也存有水，但乡政府不同意放水。最近几年，这种情况频频发生，引起了农民的强烈不满。

三是灌溉时秩序混乱，效率低下。由水利站负责把水从灌区管理部门接过来后，通知有关村组进行浇地。至于地怎么浇，先浇哪儿，后浇哪儿，用多少水量，却无人管。浇地时，各家各户一齐上，在渠道上到处扒口子。为了抢水，农民之间经常发生争执。这种状况严重影响到灌溉效率。灌区秩序混乱问题在许多灌区都很严重。

四是投资不足，经费缺乏，从经济上不能支持灌溉系统的正常运转及发展。现在对灌溉系统的投资，主要来自国家投入，个别乡镇用一些水费投入及农民的一些劳动积累。这 3 部分投资加起来数量有限，远远满足不了灌区的发展及更新改造对投资的需求。灌区的整个运转经费，无论是水利站还是灌区管理部门的运转费用，都是靠农民上交的水利费，由于目前的水费很低，有时连日常的人员开支及活动经费都难以满足，日常的渠系维修、管理费更谈不上。整个灌溉系统的管理费用异常紧张，难以维持正常运转。

对于这些问题，人们可以找出各种各样的原因，但归根求源还是体制问题，现有的管理体制，已经不能适应农村新的经济形势，不能适应社会主义市场经济的要求。为了解决灌溉管理中存在的这些问题，必须对现有的灌溉管理体制进行改革，建立符合社会主义市场经济规律、与现有农村家庭经营相适应的灌溉管理体制。

二、改革设想

对现行的灌溉管理体制进行改革并构建新的管理体制，应遵循下列基本原则：①新的管理体制应该建立在市场经济基础之上，整个管理体制的行为应该遵循市场经济规律。②责权明确，管理方便。责权明确指的是灌溉管理体制内各主体单位应该有明确的责任和相应的权利，并且要责权相称，使所负的责任与所享有的权利一致起来。管理方便指的是整个管理体制操作运转方便。

③要充分吸收原有体制中的合理成分。

根据以上原则所考虑的灌溉管理体制基本模式如下。

1. 组织结构。在整个组织体系中，核心组织单元有以下3个（或称3层）：灌区管理单位、乡镇水利服务站（由现在的乡镇水利站转化而成，也可称为乡镇水利服务公司）和农户。这三者都是各自独立的经营单位，灌区管理单位作为灌溉的供水方，农户作为用水方，乡镇水利站作为插在双方的中间服务单位，但这三者之间又密切相关，有着实质性的经济和物质联系。灌区管理单位的上级昭平台水库管理局、乡镇政府、县水利局和有关业务及行政部门不再直接介入灌溉过程的直接管理，而主要通过法律、经济等手段对这些独立的经营单位进行引导、控制和管理。整个管理组织结构如图2所示。灌区管理单位作为一个独立的经营单位，直接同乡镇水利服务站发生联系，而在实际运行中，它可通过下设组织（如现在的灌区管理段）或派出固定的人员同各乡镇联系等；但这只是一种独立经营单位内部的管理形式，不会影响到灌区管理单位同各乡镇水利服务站的实质关系。同样，乡镇水利站与农户之间，还需要通过某种方式发生关系，可以按照渠系设立管理小组，例如每一斗渠设立1个管理小组，乡镇水利站通过斗渠管理小组与斗渠所覆盖的灌溉受益农户发生联系，或者按村组划分，每村组设立灌溉管理小组，借此建立与农户之间的联系。

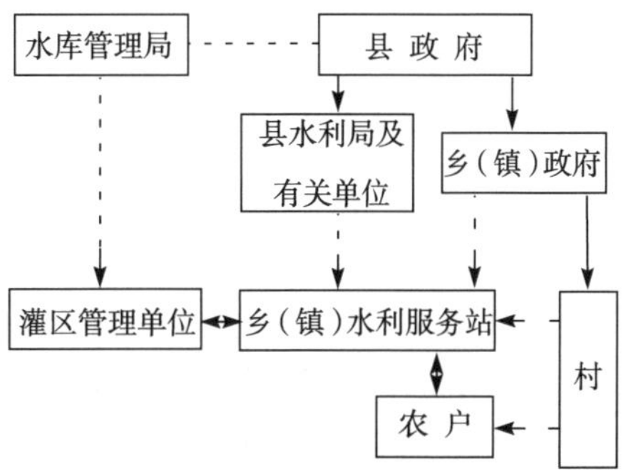

图2 改革后的灌溉管理组织结构
（虚线表示间接联系）

2. 责权划分。灌区管理单位对灌溉工程的国有资产部分有经营管理权，有权要求灌区内各乡镇水利站执行经协商制定的灌溉计划，有权要求它们配合进行干、支渠的整修及建设，有权按照所提供的灌溉水量获取相应的水费，并对水价有决定权。其责任是：对干、支渠进行维修和保养，保证能发挥正常输水功能；根据灌区各乡镇提出的灌溉方案制定整个灌区的灌溉方案，并按照所确定的方案给各乡镇水利服务站及时配水；制定整个灌区的灌溉工程发展计划，并据此对灌区各乡镇水利工程发展给予指导等。乡镇水利站对灌溉工程的集体资产部分有经营管理权，有权要求受益农户配合进行水利工程的整修和建设。其责任是：负责乡镇辖区内灌溉工程（除干、支渠外）的日常管理和维修；把从干、支渠引来的水顺利地送到用水农户的田头；对整个灌溉过程进行组织管理；制定乡镇内灌区的灌溉发展计划，并对拟建的灌溉工程进行规划、设计和投资等。农民有权得到良好的灌溉服务；其责任是按照所得到的灌溉服务交纳水费，并积极配合乡镇水利站进行水利工程的建设和维修。乡镇政府及水利主管部门和有关行政单位有权依法对灌溉管理单位进行监督和管理，并负有对整个灌溉管理工作的指导、支持、协调等责任。

3. 运行机制。灌溉管理体制主要按照市场经济的规律运行。农户按照效益最大化原则进行生产经营，根据投入与产出的关系，产生了灌溉需求，愿意支付一定的灌溉费用进行灌溉。这一需求通过乡镇水利服务站和灌区管理单位的供水活动得到满足。乡镇水利站和灌溉管理单位在完成灌溉输水任务后获得源源不断的水费收入，就有了对灌溉工程进行投资和管理的动力，并且千方百计地提高灌溉工程的灌溉效率，效率的提高能给管理单位带来较好的效益。水费标准的最终决定权在灌溉用水的供应方，但在具体确定水价时，必须充分考虑用水农民的支付意愿，只有当供水方所要求的水价与农民的支付意愿一致时，才会形成现实的水价。各级行政主管部门，为这一运行机制的顺利实现进行监督、指导，并提供支持和保障。

这种管理体制是在市场经济基础上建立的，整个体制的运行以市场经济规律作为动力；乡镇政府退出了对灌溉工程经营管理的直接干预，减少了管理环节；各方责权分明，责权基本上能做到相应相称；保留了灌区管理单位与乡镇地方管理单位相结合的长处：这种管理体制基本上可以消除现有管理体制的一些弊端。当然，这一灌溉管理体制具体实施起来可能还有许多地方需要加以完善、调整和补充。

三、需要解决的几个问题

灌溉管理是农村经济管理中的一项重要内容，牵扯着方方面面，情况非常复杂。旧的管理体制运转了许多年，已形成了定式，当采用新的管理体制时，需要重新调整各方面的关系，这些关系如果处理不好，新的管理体制就很难顺利运行；另外，在旧有的管理体制下有些问题一直没有很好解决，若新的管理体制不能很好地处理这些问题，也不能顺利运行。下面讨论采用新的灌溉管理体制将会遇到的主要问题，探求可能的解决途径，以此来保证所提出的新管理体制的顺利实施。

1. 乡镇水利服务站与乡镇政府之间的关系。作为乡镇集体财产代理人（至少在目前是这样认为的）和对全乡镇的社会经济发展负有重要使命的乡镇政府，可以采用类似于股份制企业的股东对企业的管理方式一样，建立一个水利管理委员会来对水利服务站进行管理。管理委员会由乡镇政府主管领导、各灌溉受益村负责人和水利站职工代表组成，各成员分别代表资产所有者（乡镇政府负责人和村负责人可被视为集体资产代表人）、农民（村负责人是由农民直接选举产生的，在一定程度上可以认为他们代表农民的利益）和水利站的利益。管理委员会是非常设机构，根据工作需要不定期召开会议，负责推荐任命水利服务站负责人，审查灌溉工程规划和重大投资项目，通过这些工作来实现对水利服务站的管理，但管理委员会不介入服务站的日常经营活动。管理委员会与股份制企业的董事会不同的是，资产所有者不企求水利服务的利润回报，追求的是灌溉工程管理的良性循环，灌溉效益的最大发挥。

2. 除灌溉外的其他水利工作问题。现在的水利站负责的是全乡的所有水利工作，即除灌溉之外，还有排涝、防洪、水土治理等项工作。按照前面提出的新灌溉管理体制，乡镇水利服务站虽然是灌溉管理方面的一个独立经营的经济实体，但其他的水利工作还是应该由水利服务站承担。这是考虑到：①若水利服务站仅负责与灌溉有关的工作，就需要重新设立机构去完成其他的水利工作，这样将加大管理成本；②现在的水利站已承担了这一部分工作，让它把这些工作继续下去，顺理成章；③有些工作如排涝作为田间工程需同灌溉工程一起统盘考虑、统一规划，由同一机构管理，便于统一规划。但是，水利服务站承接的这部分水利工作中，有些是属于公益性质的，没有近期的直接的经济效益或经济效益难以直接衡量，不能对其经营，承担这部分工作有可能对水利服务站成为一个独立经营的经济实体有影响。要解决这个问题，关键是划清灌溉管理与其他水利工作的经济界限，灌溉的收支与其他水利工作的收支严格分开。其他的水利工作中有些是社会效益明显而经济效益不明显的工作，但其费用都是可以核算出来的，水利服务站完成了这些工作，应该得到相应的费用补偿。费用应由乡镇政府通过财政支付或向群众摊收等手段筹集。如果这部分费用有保证，不同灌溉服务合在一起，那么，此时的水利服务站将成为一个以灌溉为主，并兼营由乡镇政府委托的其他水利服务业的经营单位，仍将是一个独立经营的经济实体。

3. 灌溉投资中的农民劳动积累问题。从理论上讲，新的灌溉管理体制解决了投资机制问题，经营单位具有内在投资动力，但有一个问题应引起注意，这就是在新的管理体制内如何利用农民

的劳动积累。农民的劳动积累，曾是现有灌溉工程的主要投资来源。管理体制改变后，乡镇水利服务站作为独立经营的经济实体，应当成为干渠以下所有灌溉工程的投资者，按道理不应该再用农民的劳动投入；但要做到这一点，需有一个前提条件，即灌溉水价应足够高，高得足以把所需的农民劳动投入也包含进去，而这是不可能的。考虑到这种情况，在新的灌溉管理体制下，仍需利用一部分农民的劳动投入。利用农民的劳动投入需要水利服务站做好一系列工作。这些工作包括：①向农民进行宣传。让农民知道，上交的水费并不是灌溉的完全成本，还需要用一定劳动投入做一些补偿。②要公平。这包含两层意思，一是不同的农户若从灌溉工程中获得的受益相同，那么他们所投入的无偿劳动量也应该相同，二是农民的劳动投入对象，应与他们的收益来源相一致。只有做到这两点，才能使农民感到公平，愿意进行劳动投入。③乡镇政府支持，帮助做一些组织工作。如果能做到、做好以上3个方面的工作，在新的管理体制下也可以继续利用农民积累这一投资来源进行灌溉工程的建设。

除了上面讨论的3个问题外，还有其他的一些问题，如自流灌区的地表、地下水资源统一管理问题，怎样在新的管理体制中体现农民的意愿等问题都值得讨论，但在这里不可能一一讨论，有些问题，待实践中逐渐探讨解决。改革后的新的灌溉管理体制只有在实践探索中才能不断得到完善。

参考文献

[1] 湖北省水利厅水库管理处. 增强经营意识推进灌区管理. 水利工程管理技术，1996（6）：33～35

[2] 王志远. 政策落实理顺水价事企分离——谈国有大中型企业改革的出路. 中国水利，1998（1）：37

合作金融组织的制度性绩效探析*

何广文

合作金融组织的制度性绩效，主要是指合作金融组织发展运行过程中所涉及到的制度性安排的各方面实际运行的绩效。合作金融组织是按合作制原则建立和安排的，因而，考察合作金融组织发展运行机制的制度性绩效，主要应通过对于构成合作制原则的各要素贯彻落实绩效的分析来实现。

一、对以社区为依托的我国农村信用合作社的合作性的理论质疑

根据中国人民银行1997年颁布的《农村信用合作社章程（范本）》和《农村信用合作社管理规定》的界定，中国农村信用合作社实际上是一种以乡为依托建立起来的社区性合作经济组织。但我国理论界曾对以“乡—村—组”为依托而建立起来的带有一定地域概念的社区性经济组织是否属合作经济曾有过较为激烈的争论。它作为一种经济职能和社会职能合二为一的混合性经济，对其持肯定意见者认为，这种“社区性经济组织”“已在一定程度上具备合作经济的内涵：①具备独立的或相对独立的合作主体。②初步形成了合作所有制关系。③一定程度上贯彻了民主、自治的原则。④基本上坚持了自愿互利原则。⑤开始将契约机制注入地区性合作组织内部”（吕书正，1990）。“它在民主办社、互利互惠、限制股金分红、建立公共积累等主要制度方面，都与国际合作社联盟章程的规定完全吻合”（夏英，1998）。持否定意见者认为，“社区性合作经济组织”从一开始就带有“官办”和“行政”色彩，从实际职能上看，只不过是国家行政机构在农村的延伸，只能用行政方法无条件地执行上面的各种指令，不是农民的合作经济组织①。我国现实中的“乡—村—组”系统只是典型的行政系统，而不是一个经济系统，更不是合作经济的组织系统（李庆曾，1998）。它在发展中沿袭了以行政区划划界的办法，区域内的农户一般都是天然的合作经济组织成员，农民只有入社的义务，没有退社的权利，这种封闭发展的方式，不仅违背了合作经济自愿互利的基本原则，而且人为地限制了生产要素的流动空间（郭晓鸣/刘宇，1998）。“地区性经济组织作为我国农村最庞大和最完备的正规组织体系是无论如何不容忽视的，完全撇开另起炉灶发展合作经济组织并不是一种有现实意义的发展选择，必然会遇到组织资源尤其是领导人才资源匮乏的严重制约。就现实而论，地区性合作经济组织是我们发展合作经济必须充分加以改造利用的必不可少的组织基础”（郭晓鸣/刘宇，1998）。

社区性金融合作，也是世界各国信用合作运动中的一种较为重要的金融合作形式，既有

* 原载《中国农村经济》1999年第2期。

① 农业部经济政策研究中心/中国社会科学院农村发展所经济增长课题组：1988。

以经济区域为依托而建立的合作金融组织，也有以行政区域为依托而建立的合作金融组织，并且以经济区域为依托而建立的合作金融组织占主要部分。我国农村信用合作社，基本上均是以行政区域为依托而建立的。笔者认为，不能以其是否依托于行政区域而断定其是否具有合作性，而要从其金融活动的内容上来把握，要看其是否坚持了合作制原则。为此，可以认为，按照合作制原则规范后的中国农村信用合作社，已具有了合作经济组织发展的制度框架，虽然在其发展运行中缺乏一定程度的制度绩效，但不能因此而否认其所具有的合作特性。

二、为社员服务的绩效不突出

国外合作金融组织，在对社员发放小额贷款时，只要社员信誉良好，无无故拖欠贷款的记录，一般是发放信用贷款、不要求提供抵押品或质押品。而我国国有商业银行和农村信用合作社，一直为信贷资产质量低下所困扰，为了减少贷款风险，优化信贷资产增量结构，在对社员和非社员发放贷款时一般均要求提供抵押品或质押品，而加入合作金融组织的社员一般经济力量薄弱，能够提供抵押品的社员是相当有限的，大部分社员，特别是经济欠发达地区的大多数社员，不能利用农村信用合作社的信贷资源来促进经济发展，对于农户社员增加农业投入起不到推动作用。中国人民银行在1997年底的《农村信用社改进和加强支农服务的十条意见》中已提出改进贷款管理方式的要求，放宽农户小额贷款条件，对信誉较好、无拖欠贷款记录的农户可采取信用贷款的方式，不必担保抵押。并且提出，就全国而言，农村信用社新增农业贷款占各项贷款的比例不低于40%，到2000年，全国农村信用社农业贷款余额占各项贷款余额的比例，要由1996年的24%提高到35%，对社员发放的贷款不低于50%。这虽是实现为社员服务的绩效的良好开端，但在实际工作中，这种制度性设计的绩效常因信用合作社组织管理者执行制度的随意性而流失。其中以对社员发放的贷款不低于50%的绩效流失最为严重。信用合作社对个体农户社员发放贷款常常无抵押品，风险较大，不少信用合作社就采取增大对于效益较好的法人社员的放款的办法，来满足对社员放款总体要达到50%以上的制度性要求，而结果是个体农户社员依旧求贷无门。

三、决策机制绩效较差

制度变迁理论认为，有效组织是制度变迁的关键，而组织是否有效，要看组织是否具有实现组织最大化目标所需的技术、知识和学习能力，即创新能力。在组织创新能力形成过程中，“企业家”的作用是至关重要的。因此，为了培育合作金融组织的创新能力，构建有绩效的决策机制，国外现代市场主导型合作金融企业领导者一般均是职业化的银行经营专家，企业家构成了合作金融组织上的实际内容，是合作金融企业活动诸要素结合方式和不断创新的组织者和指挥者，既是合作金融企业利益的代表者，又是社员利益的维护者。而我国行政主导型合作金融企业的经营管理者，是由人民银行作为政府的代表进行资格审查后任命的，虽然可以保证合作金融企业管理者由内行担任，甚至是由专家担任，但导致他在许多方面均具有与市场主导型合作金融企业家不同的行为特征（如表1所示），不能产生熊彼特意义上的中国型合作金融企业家。

表 1　市场主导型合作金融企业家与非市场主导型合作金融企业家的区别

	中国非市场主导型合作金融企业领导人	市场主导型合作金融企业领导人
职别	与国有银行等级相适应的职务等级	职业化的银行经营专家
职责	由行政任命的官员，强调行政等级资格，因而以国家产业政策为重	由选举和招聘等形式产生的企业家，不分等级，是合作金融组织社员利益的代表，对合作金融组织及其社员全面负责
权力	信贷规模扩张、利率浮动等方面自主权很小	是合作金融企业经营决策的主体，决策充分自主
利益与风险	收入与经营业绩不挂钩、旱涝保收、不承担经营风险	收入与经营状况挂钩，个人收入的增长有风险，承担一定的经营上的风险
成功与否的评价	以仕途升迁作为自我成就的评价标准	以合作金融组织发展、财产增值作为事业成就大小的衡量尺度

行政主导型合作金融企业的决策机制是不完善的：

(1) 其发展方向、目标市场定位，较大程度地取决于政府和中央银行的行为，缺乏独立的发展取向。

(2) 合作金融的产生和发展运行机制模式均是由政府设计的，全国性“一刀切”，一种模式统一推进，发展运行缺乏个性。

(3) 新中国成立以来，中国农村信用合作社一直是被动地执行中央银行决策和农业银行决策，不存在具有独立人格的决策主体。

(4) 没能正确认识合作金融业在经济和社会发展中的地位和作用，对合作金融业发展道路和发展模式缺乏独立设计。

为此，一要完善决策集团，建立理事会，成为其决策机构；二要完善决策程序，实现科学化和民主化。

四、城市信用合作的发展步入误区：城市合作金融的制度性绩效不可能实现

误区主要是出现在城市信用合作社向合作银行的转化过程中，其具体表现在：

1. 商业化和公司化。合作银行虽然在名称上保留了“合作”，但它是商业银行，这样，根据《商业银行法》第 2 条、第 17 条，合作银行的组织形式就只能是建立在《公司法》基础上的公司，而合作社与公司是两种相互独立的企业形式，如果合作银行为合作社性质，又要采取公司形式，在法理上是矛盾的。因而，合作银行不应该是合作社。也正因为如此，为正视听，在强大的理论压力和来自各方面的责难面前，1998 年初，中国人民银行决定把城市合作银行更名为城市商业银行。

2. 行政性地取消原城市信用合作社的法人地位，实行一级法人制。虽是按照现代企业制度的模式建立起来的，但缺乏现代企业所具有的有效的公司治理结构：一是出资者（即股东或股东代表）虽然“确实在位”（吴敬琏，1997），但合作金融组织的实际控制权力掌握在由政府选派或指定的高层经理人员手中，不能确保他们按照出资人的利益和合作银行自身的经营目标而有职有权地有效工作；另一是在由计划经济向市场经济过渡的转轨时期，经理人员损害合作银行股东或

外部股东利益行为的“内部人控制”① 现象不可避免。

3. 贪大求洋，“一刀切”，统一搞成商业银行，是行政干预的产物，是行政主导型统治的计划经济向市场经济过渡过程中对原有“大一统”体制的留恋、继承和回归。

五、激励机制绩效缺乏

规范化的合作金融组织为了最大限度地满足社员的资金需求、促进社员经济发展，充分发挥激励机制的作用，业务策略偏向贷款期限长期化、放款额度小型化、贷款总额中社员贷款所占的比重不断增加。而我国农村信用合作社却表现出相反的业务特征，激励机制绩效缺乏。

1. 信贷期限结构趋短化。据对河北沧州某信用合作社联社的调查（表2），20世纪90年代初以来，其一年以下的贷款所占比重持续增长，1997年达到98.78%，1993年以来，三年期以上的贷款就没有了。中国有相当部分的农村信用合作社仅发放一年期以内的短期贷款。

表2　1990—1997年沧州市某信用合作社联合社贷款期限结构表（%）

	1990	1991	1992	1993	1994	1995	1996	1997
1年及1年以下	73.30	81.72	62.62	60.87	69.51	79.78	98.45	98.78
1至3年	26.70	18.22	35.32	39.13	30.49	20.22	1.55	1.22
3年以上	0.00	0.06	2.07	0.00	0.00	0.00	0.00	0.00
合计	100.00	100.00	100.00	100.00	100.00	100.00	100.00	100.00

资料来源：据河北沧州市某信用合作社联合社提供的资料整理。

2. 农户存贷款剪刀差。多年来，在农村金融市场的管理上忽视农村经济结构的多样性、复杂性、分散性对金融服务要求的零星性和季节性，而与城市金融市场的管理“一刀切”。片面强调官方金融在农村金融市场中的地位和在农村经济发展中的作用，片面强调官方金融业——国家银行——的发展，其结果是农村信用合作社“三性”名存实亡，农村信用合作社成为国家银行的基层组织，被“官办化”，合作金融组织实际上的缺位。其主要表现是：官方金融组织一方面面对的是在经济发展中资金奇缺的农户，另一方面却表现出资金运用上的严重不充分。在农村信用合作社从农户吸收的储蓄存款在农村信用社存款总额中所占的比例不断增长的同时，农户从农村信用合作社所获得的贷款占农村信用合作社贷款总额的比重却在不断降低。从表3所示农村信用社农户贷存比可以看出，改革开放以来，除1984年贷存比达0.41外，其余年份均在0.35以下，且从1984年以来，农村信用社农户贷存比一直是趋于下降，1996年已降至0.19，即农村信用合作社向农户发放的贷款还不到其从农户吸收的存款的1/5，农户资金严重“非农户化”，使原本就短缺的农村资金外流到城市和其他行业。农村信用社吸收的农户存款余额的增长快于农村信用社对农户发放的贷款余额的增长，形成农村信用社“农户存贷款余额增长趋势剪刀差”（图1、图2、图3），并且，该剪刀差呈现逐渐扩大之态势。

---

① 美国斯坦福大学教授青木昌彦在考察和研究了东欧和独联体国家经济体制转轨过程中企业的情况后指出，“内部人控制”是“转轨过程中所固有的一种潜在可能现象”（参见青木昌彦：“对内部人控制的控制：转轨经济中公司治理的若干问题”，载《改革》，1994年第六期）。

表3　中国农村信用社农户存款、贷款余额增长变动表

单位：亿元

	1980	1982	1984	1986	1988	1990	1991	1992	1993	1994	1995	1996
存款	117	228	438	766	1 142	1 842	2 317	2 867	3 576	4 816	6 196	7 671
贷款	16	44	181	258	372	518	631	760	881	1 081	1 360	1487
贷存比	0.14	0.19	0.41	0.34	0.33	0.28	0.27	0.26	0.25	0.22	0.22	0.19

资料来源：根据历年《中国统计年鉴》、《中国金融统计年鉴》整理。

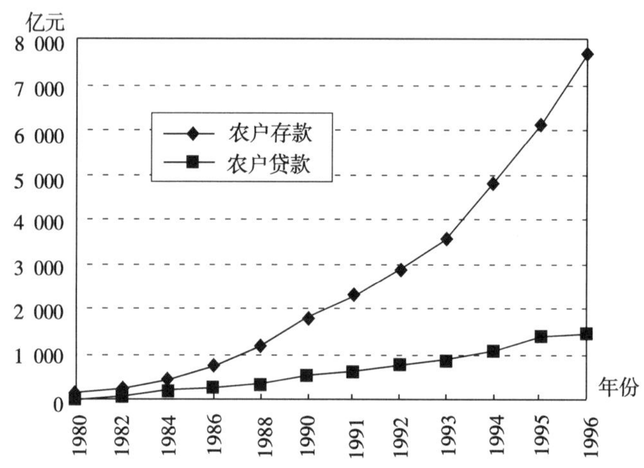

图1　中国农村信用社存贷款余额增长趋势剪刀差

据对河北沧州市某农村信用合作社联合社20世纪90年代初以来情况的调查，农户存贷款增长变动也存在相同的趋势（图2）。见表4，从1984年至1996年，北京市农户从农村信用合作社的贷款占农村信用合作社贷款总额的比重由15.43%下降到0.44%，而在此期间，北京农户储蓄存款在农村信用合作社存款总额的比重却由43.14%上升到67.14%。因而，北京市农村信用合作社社员存贷款剪刀差状况就更为明显（图3）。存在"存贷款剪刀差"，不可避免地造成农村资金流失，呈现农村资金城市化、"一江春水向东流"和"孔雀东南飞"① 之景。1991年至1995年的5年间，通过金融渠道从农村净流出的资金高达2 557亿元②，其中相当部分是通过农村信用合作社渠道流出的。就1996年而言，中国农民家庭在农村信用合作社的储蓄存款为7 670.6亿元，而农户从农村信用合作社获得的贷款只有1 486.6亿元，农户贷款仅占农户储蓄存款的19%，通过信用合作社流失的农户资金达6 184亿元。以此出发，我国这种合作金融运行机制特征可以称为"城市和工业导向的金融体系"（张晓山，1998）。

"存贷款剪刀差"产生的根本原因在于制度性功能与盈利性功能的冲突和"内部人控制"的失控。

---

① 我国经济发展水平表现出较为明显的区域性特征，东南部地区投资环境明显优于中西部。从事投资和生产经营活动所获得的利润及级差地租收入，在东南部地区要高于中西部地区。在货币资金商品化、银行经营活动商业化过程中，银行以利润为经营目标，中西部地区银行吸收的资金大量流向东部和东南部地区，以寻找更好的投资机会。"一江春水向东流"和"孔雀东南飞"是对这种资金流向状况的形象描述。

② 《1996年中国农村经济发展年度报告——兼析1996年发展趋势》（经济绿皮书），中国社会科学出版社，1996，第169页。

表 4　北京农村信用合作社储蓄存款及农户贷款占存贷款总额比重变动表

年份	1984	1985	1986	1987	1988	1989	1990	1991	1992	1993	1994	1995	1996
农户贷款	15.43	10.2	6.97	5.25	4.62	3.23	2.64	2.21	1.36	0.89	0.64	0.60	0.44
储蓄存款	43.14	52.46	54.85	57.21	56.16	62.75	65.13	66.27	63.37	62.81	62.16	64.47	67.14

资料来源：根据历年北京金融统计和北京金融年鉴整理。

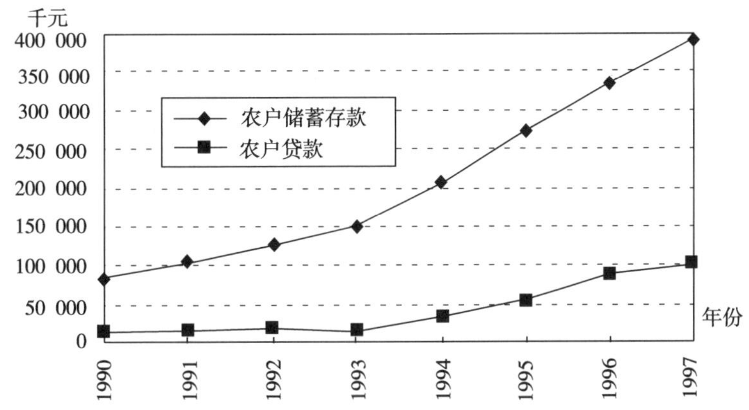

图 2　中国河北沧州市某农村信用合作社联合社农户存贷款总额发展趋势图

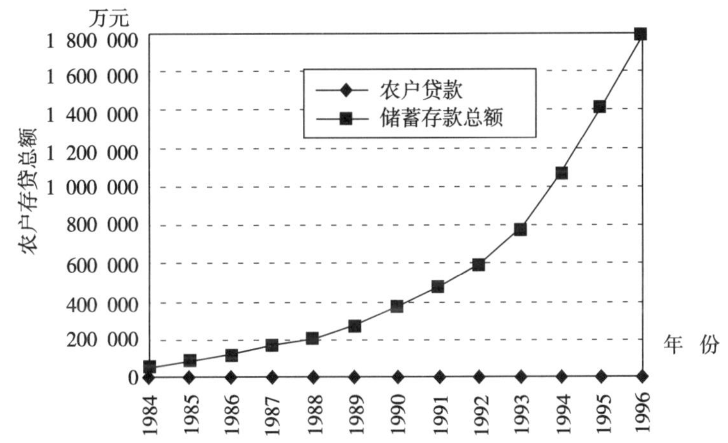

图 3　北京市农村信用社农户存、贷款变动趋势图

农村信用合作社的制度性功能集中体现在其合作性，促进组织内部成员经济增长、保证组织内部成员的利益，不追求盈利的最大化。随着 20 世纪 80 年代初开始的金融体制改革的不断深入，农村信用合作社与农业银行的关系不断理顺，两者之间的关系逐渐由非市场化的彼此依赖关系向市场化的竞争关系转化。在资金、人、财、物等方面，农村信用合作社的独立性不断增强。为了在竞争中立于不败之地，农村信用合作社经营活动的资金自求平衡要求日益强烈，农村信用合作社经营行为倾向比较利益选择，在盈利动机的驱动下，把资金更多地投向获利机会较大的乡镇企业、个体工商户，甚至出现中西部地区农村信用合作社，把资金投向经济发达的东部和东南沿海地区，致使农村信用社贷款中农户贷款的增长速度低于农户在信用合作社存款数量的增长速度，农村信用合作社贷款构成中农户贷款占比呈现下降趋势。

现代合作金融组织的运行，与现代公司的运行类似，所有与控制在一定程度上是分离的，因而合作金融企业的经营管理者（内部社员）现实地掌握着对合作金融企业的控制权，即存在着“内部人控制”现象。尽管经营管理者受到理事会的监督，合作金融组织社员也保持着对经营管理者的最终控制，但内部社员不拥有合作金融企业的全部资产的事实是不可抹杀的，内部社员利益与外部社员利益的冲突也就不可避免。改革开放以来，对农村信用合作社，我国进行了以恢复“三性”和搞活业务经营为主线的改革，农村信用合作社组织上的群众性得以一定程度的恢复、经营上的灵活性得以充分体现，但农村信用合作社经营管理上的民主性却流于形式，下放给农村信用合作社的经营自主权事实上均落到了农村信用合作社的内部社员手里，外部社员不能有效地对内部社员的行为实施最终控制，出现“内部人控制失控”①。这样，缺乏有效约束的内部社员把握的合作金融组织的经营行为，偏离合作金融宗旨和原则，产生社员存贷款剪刀差，也就得以解释了。

① 青木昌彦：“对内部人控制的控制：转轨经济中公司治理的若干问题”，载《改革》1994年第6期；费方域：“控制内部人控制——国企改革中的治理机制研究”，载《经济研究》1996年第六期。

粮食保护价格政策的基本原理及其运行机制的国际比较*

肖 海 峰

保护价格政策在国外称为保证价格政策或支持价格政策。对粮食等农产品实行保护价格政策，是欧美等市场经济国家中政府所广泛采用的最重要的农业价格政策措施。随着我国经济体制由计划经济向市场经济的转变，农产品市场运行机制的逐步建立和完善，我国对粮食也实行了保护价格政策。那么，保护价格政策的基本原理是什么？为什么在计划经济体制下不实行保护价格政策，而在市场经济条件下却要实行保护价格政策？保护价格政策的作用效果是什么以及有哪些适用条件？我国与欧盟、美国的粮食保护价格政策在保护价格水平的确定方法、价格支付方式、保护范围、资金保证方式以及执行机构等方面有何不同？本文试图对这些问题作一些分析。

一、粮食保护价格政策的基本原理

粮食保护价格政策是指：政府事先给实行这种政策措施的粮食品种规定一个政策价格，如果市场价格高于这个政策价格，则政府对市场活动不加直接干预；如果市场价格降低到这个政策价格水平时，则政府将出面，按这个政策价格进行收购，从而使得市场价格不会降低到这个由政府所确定的政策价格水平之下。政府所确定的这个政策价格就称为保护价格或支持价格。实行粮食保护价格政策的目的就是保证农民的收入并稳定粮食市场。那么，为什么在计划经济条件下，不需要实行保护价格政策，而在市场经济条件下保护价格政策就成为保证粮农收入并稳定市场的一个非常重要的政策措施呢？这主要是因为：在计划经济条件下，粮食的价格为计划价格，农民生产出售的粮食越多，所获得种粮收入也就越多，也即政府农业政策中最重要的两个目标，产量目标与收入目标是一致的。但在市场经济条件下，粮食价格为市场价格，其是由市场供求决定而形成的价格，农民生产的粮食越多，所获得收入却并不一定越多。由于粮食是人们最基本的生存必需品，因而它的需求价格弹性非常小。这样在粮食获得丰收而影响消费者需求的其他因素如收入，消费结构、人口数量及结构没有发生太大变化的条件下，粮食的市场价格将会降低，并且由于粮食具有很小的价格弹性，粮食价格的下降幅度会大于需求数量的增长幅度，这样对农民整体来讲，会导致农民种粮收入的下降。而今年农民种粮收入的下降，会直接导致下一年农民种粮的减少和粮食供给的减少，从而引发粮食市场的振荡。为了保证农民的种粮收入不至于过低，并且稳定粮食市场，政府就必须对粮食实行保护价格政策。

---

* 原载《中国农村经济》1999年第2期。

保护价格政策的作用效果可分为保护价格水平在均衡价格之上和保护价格水平在均衡价格之下两种情况来分析。

(一)保护价格水平高于市场均衡价格

在图1中,DD为需求曲线,SS为供给曲线,P_c为均衡价格,Q_c为均衡数量。在实行保护价格政策并且保护价格水平P_i高于市场均衡价格P_c时,需求曲线则变成DD′,因为在保护价格P_i水平上,政府参与收购,可以认为在这一价格水平上,市场需求是无限大的。作用效果有以下几个方面:①造成结构性过剩。结构性过剩不是季节性和偶然性的过剩,而是由于农业部门的生产能力太大而决定的长期性过剩。过剩数量为Q_2-Q_1;②农民获益,农民净收入的增加量为面积P_iP_cOA;③消费者受到不利影响,表现为支出价格的提高和消费量的减少(消费者剩余减少);④政府要付出财政府补贴以处理过剩问题。主要措施有:实行出口补贴,将过剩农产品出口;将过剩农产品用于援助项目;降级使用以及销毁过剩农产品。

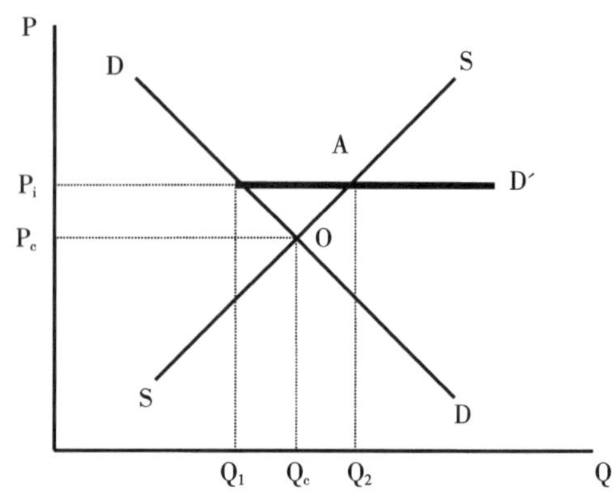

图1 保护价格政策的作用效果

(二)保护价格水平低于市场均衡价格

由于供给和需求价格弹性的不同,农产品市场波动有三种不同的形式。一是当供给的价格弹性小于需求的价格弹性时,市场价格在波动中逐渐趋于均衡价格,称为收敛型波动,(图2);二是当供给的价格弹性等于需求的价格弹性时,市场价格以相同的幅度进行波动,称为循环波动(图3);三是当供给的价格弹性大于需求的价格弹性时,市场价格以逐渐扩大的幅度波动,称为扩散型波动(图4)。在以上三种形式的市场波动中,若实行保护价格政策,并且保护价格水平低于均衡价格,则会产生如下的作用效果:①在收敛型波动中,保护价格P_i会阻止市场价格波动到P_i以下,并可加速使供求尽快达到均衡点;②在循环型波动中,保护价格P_i可以缩小循环波动的幅度;③在扩散型波动中,保护价格P_i可以阻止市场价格波动幅度的进一步扩大。无论在哪一种形式的市场波动中,保护价格政策都对生产者有着非常重要的保护作用。

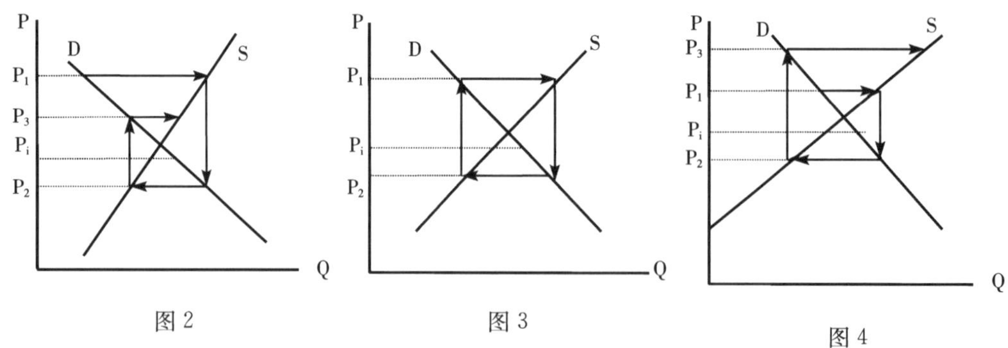

图2　图3　图4

欧盟实行的保护价格政策属于第一种类型,也即保护价格水平在均衡价格之上,而我国现行的保护价格政策则居于第二种类型,也即保护价格水平在均衡价格水平之下。尽管这二者在保证

农民收入和稳定农产品市场这一农业政策目标上的作用效果是相同的，但在作用程度上还是有差别的。欧盟将保护价格水平定在高于均衡价格，有提高农民收入的作用，而我国保护价格水平低于均衡价格，对农民收入只有一定的保护作用，即保证农民的收入水平不至于由于粮食丰收而发生大幅度的降低。

保护价格政策能否达到预期的政策目标，取决于一系列条件。保护价格政策取得较好政策效果的前提条件有以下几个：①必须实施贸易保护措施，从而使得实行保护价格政策所带来的好处只为国内生产者所得。如果没有必要的贸易保护措施，当世界市场价格低于国内保护价时，则世界市场的产品就会涌入国内，这样一方面实施保护价格政策带来好处为国外生产者所得，另一方面可能由于政府财政补贴加大而导致保护价格政策无法继续执行。②农产品需求与供给的价格弹性都要很小，乃至近似无弹性。只有在需求的价格弹性较小的条件下，从市场上取出一个不大的供给就可以引起价格一个较大幅度的上升，这样可以减少政府实行保护价格政策的政策成本。只有在供给的价格弹性比较小的条件下，本年政府实行保护价格政策所带来的价格上升不会导致下一年农产品供给的大幅度增加。③保护价格与出口价格之差，或者保护价格与降级使用后取得的价格之差不应太大。实施保护价格政策（保护价格水平在均衡价格之上时）一个非常重要的后果就是会产生严重的过剩问题，解决过剩问题主要的办法就是补贴出口和降级使用。如果保护价格与出口价格或者保护价格与降级使用所获得价格之差较大，则意味着政府的财政补贴也就越大，也即政府实施保护价格的政策成本越高。

二、粮食保护价格政策运行机制的国际比较

纵观对粮食实行保护价格政策国家的情况，尽管粮食保护价格政策的基本原理都是一样的，但各国在粮食保护价格政策的具体运行机制方面还是有区别的。下面就对欧盟、美国以及我国的粮食保护价格政策从保护价格水平的确定方法、价格支付方式、保护范围、资金保证方式以及执行机构等几个方面进行比较分析。

（一）保护价格水平确定方法的比较

确定一个合理的保护价格水平，是粮食保护价格政策能否实现其政策目标一个非常重要的方面。但无论是在理论上还是在各国的具体实践中，目前都还没有一个公式，其可用来确定其一国合理的粮食保护价格水平。从理论分析以及各国具体的政策实践中可以总结出，确定一个合理的粮食保护价格水平必须要遵循以下几条原则：①保护价格水平要能够达到保护生产者利益的目的。为此，粮食的保护价格必须能够补偿农民的种粮成本并有一定的利润。②保护价格水平要适合消费者的承受能力。因为保护价格水平的高低将直接影响到可能的市场价格水平的高低，如果保护价格水平定的太高，市场价格水平也将提高，超出了消费者的承受能力，那么这个保护价格水平就是不合理的。③保护价格水平要与国家的经济实力相适应。因为在执行粮食保护价格政策时，粮食的收购、贮藏以及过剩粮食的处理，都需要政府支付大量的财政补贴，并且保护价格水平定得越高，则政府的财政补贴数量就越大，因此一个合理的粮食保护价格水平必须要与国家的经济实力相适应。④保护价格要有季节差价。由于粮食等农产品具有收获集中而常年消费的特点，因而从本次收获到下次收获之间，随着时间的推移，损耗及贮藏成本是在不断增加的。保护价格也应随着时间的推移而阶段性地提高，以弥补农民贮藏粮食的损耗及贮藏成本。保护价格要有季节差价具有以下几个方面的好处：a. 当市场价格低于保护价时，农民可并不一定急于将粮

食按保护价卖给政府，而可以等待以后某一时刻市场价格回升到合适价位到市场上出售。以获取较高收益。如果市场价格长时间不回升，则可再按保护价卖给政府，由于保护价有季节差价，此时农民所获得的保护价应该能够弥补这段时间的损耗及贮藏费用。具有季节差价的保护价格政策可以给农民更大的选择余地。b. 可以减轻政府收购资金及仓容的压力，在一定程度上也可以减少政府实行保护价格政策的政策成本。⑤不同粮食品种之间的保护价格水平要合适。粮食保护价格为农民安排下一年的种植计划提供了一个决策的依据，他们将把不同粮食品种的保护价格水平作为最低价格来安排不同粮食的种植计划。如果粮食品种 A 的保护价格水平定的偏高，而 B 的保护价格水平偏低，则会导致农民扩大 A 品种的种植面积而缩小 B 的种植面积，最终造成品种 A 供给过剩而品种 B 供给不足的情况。因而不同粮食品种之间保护价格水平的高低需要相适宜。适宜的标准应该是根据不同粮食品种的保护价格所计算的农民种植各种粮食作物所获得的平均利润应该相等。

从各国的实践来看，在确定保护价格水平时虽然考虑了上述各项原则，但由于考虑角度不同，因而确定保护价格水平的具体方法也就不一样。美国确定保护价格（抵贷价格）水平的方法在 1996 年新农业法案实施前后略有不同，1996 年以前的确定方法为：以前 5 年生产者价格在扣除最高与最低两个年份的价格之后的平均值的 85％作为基准抵贷价格，在此基础上，农业部长有两项抵贷价格调控权，一是根据期末库存消费比的情况降低抵贷价格，幅度不超过 10％，二是根据美国农产品在国际市场上的竞争况再降低抵贷价格，幅度价为不超过 10％，同时政府还设定了最低抵贷价格，也即农业部长在对基准抵贷价格调整后所得到的抵贷价格不能低于最低抵贷价格。1996 年以后美国抵贷价格的确定方法为：基准抵贷价格的计算方法同以前一样，但规定了最高低贷价格，农业部长对基准抵贷价格的调控权也变为：当期末小麦的库存消费比位于 15％～30％之间，玉米的期末库存消费比位于 12.5％～25％之间，抵贷价格可降低 5％，若期末库存消费比率超过以上值，则可降低 10％。

保护价格在欧盟被称为干预价格。在理论上欧盟干预价格水平是根据欧盟内部谷物主要过剩区——法国南部 Loiret 县的生产成本来确定，而在实际上，它是根据以往市场价格为基础，各成员国政府为有利于本国生产者而争论所形成的一个妥协价格。干预价格水平低对谷物主产国来说，可以使农民的利益得到保护，但对于不是主产区，也即生产成本较高的成员国来讲，起不到保护作用，因而生产成本较高的成员国希望干预价格水平定得越高越好，但干预价格定得越高，谷物过剩问题就越严重，包括主产区成员国在内的各成员国的财政负担就会越重，这样主产区成员国并不希望干预价格水平定得过高。所以说欧盟的干预实际上是各成员国农业部长开会争论而形成的一个妥协价格。

在 1998 年的粮食流通体制改革之前，我国粮食保护价格水平是由各省根据定购价格水平来确定的。由于政府在确定定购价格时已考虑了粮食生产成本、农民种粮收益以及政府的财政负担能力，因而以定购价为依据来确定保护价有其合理的一面。但是定购价是我国粮改过程中一个特定阶段的产物，随着粮食流通体制市场化进程的加快，其必将退出历来舞台，这样保护价水平的确定就丢失了参照物。因而以定购价为依据确定保护价就又有不科学的一面。正是由于这个原因，在 1998 年的粮食流通体制改革中，国务院规定：由省级政府按照能够补偿生产成本并使农民可以得到略低于正常年景的适当收益，同时兼顾财政承受能力的原则确定。新的保护价格确定方法与旧方法相比，在科学性方面大大迈进了一步，但是在保护价格的确定中，仍没有确定季节差价。当市场价格低于保护价时，农民为了减少贮藏费用，会将粮食急于卖给政府，这样使得农民失去了获取高于保护价格水平的价格机会，又加重了政府收购资金和仓容压力。因而我国粮食

保护价格水平确定需要完善的一个方面就是保护价要有季节差价。

（二）保护价格支付方式的比较

欧盟、中国、美国在保护价格的支付方式上也是不同的。欧盟与我国保护价格的支付为一次性支付，也即当市场价格低于保护价格时，政府有关部门就按保护价格买断农民要出售的粮食，粮食就归政府所有，而不再归农民所有。我国在按保护价收购农民粮食时，在数量上没有下限限制，政府收购机构与农民直接发生关系。而欧盟则有下限限制，一般卖给政府干预收购机构的谷物，每批至少要达到180吨。由于单个农民要出售的粮食往往达不到这样多，所以实际上欧盟的粮食干预收购机构所面对的通常是批发商人，而不农民，这样农民实际上所得到的价格水平低于保护价格，其差额为收购和批发费用。

美国粮食保护价格的支付方式为选择性支付。它的运行机制为：当市场价格低于政府事先所规定的保护价格（在美国称为抵贷价格）时，农民可以将粮食抵押给政府，按照抵贷价格（单位农产品所获得的贷款为抵贷价格）水平获得贷款，以后在政府所规定的时期内，如果市场价格始终较低，农民就可以放弃对粮食的所有权而不必归还贷款，这样就相当于按抵贷价格将粮食卖给政府；如果市场价格发生了较大幅度的上涨，涨到抵贷价格之上，则农民有权将粮食赎回在市场上出售，并归还政府的贷款及利息。由此我们可以看出，美国保护价格的支付方式有其特殊性，政府在给农民支付保护价格时，并未买断农民的粮食，也即所有权仍属于农民。农民可根据今后一定时期内市场价格的变化情况，来决定是将粮食卖给政府还是偿还贷款，赎回粮食的所有权。这样政府对农民粮食保护价格的支付就是一种选择性支付，并且选择权在农民手中。

美国的选择性支付方式与欧盟、中国一次性支付方式的区别在于：欧盟、中国的一次性支付方式，在避免了市场价格跌到保护价格以下给农民造成损失的同时，也使农民丧失了在政府收购以后获取当市场价格超出保护价格带来较高收益的可能性；而美国政府的选择性支付方式，既为农民躲避市场价格下跌风险提供了保障，又为农民保留了将来按较高的市场价格出售粮食而获取较高利益的机会。因此，美国粮食保护价格的选择性支付方式与欧盟和中国的一次性支付方式相比，在对农民利益的保护方面效果更好一些。

（三）保护范围的比较

当市场价格跌到保护价格水平之下时，政府按保护价是收购农民要出售粮食的全部呢，还是只收购其中符合政府所规定条件的部分，这就是粮食保护价格政策的保护范围问题。保护范围的大小与一国的政策背景、政策目标和国家财力有很大关系。从世界实行粮食保护价格政策国家的情况来看，基本上是发达国家如欧美实行限量保护政策，而发展中国家如中国则实行全面保护政策。美国的粮食保护价格政策仅适用于哪些与政府签订合同的农场主，也即当市场价格低于抵贷价格时，政府只给哪些与政府有合同关系的农场主发放抵押贷款，提供价格保护。欧盟的粮食保护价格政策实际上也是一种限量保护政策。与美国的限量保护政策不同的是，欧盟的粮食保护价格政策适用于所有的农场主，但是对欧盟粮食生产数量作出限制。从1988年开始，为了解决日益严重的谷物过剩问题，欧盟实行了谷物最高保障数量政策。所谓最高谷物保障数量是指政府所希望的谷物生产量上限。按照1988年《农业稳定法》的规定，目前欧盟最高保障数量为1.6亿吨。如果本年欧盟的谷物产量在1.6亿吨之内，则下年的干预价格水平不会自动降低，若本年的实际产量超过了最高保障数量，则下年的干预价格水平要自动降低3%（自动的意思是不需要经过欧盟部长理事讨论）。除此之处，近年来按干预价格收购粮食的质量要求也越来越高，干预收购时间也由原来无限制变为从每年的10月1日到来年的5月31日。

我国现行的粮食保护价格政策为一种全面保护政策。中央政府一再强调，要按保护价格敞开收购农民要出售的粮食，不限收，不拒收，不准压级压价。但在各地的实际执行过程中，由于财力及仓容问题，有不少地方并未真正做到按保护价敞开收购农民的余粮。在理论界，也有不少人认为介于我国的财政负担能力及粮食储备设施状况，也应该像欧美那样实行限量保护政策。我认为这种观点是不正确的，原因是我国粮食政策的背景、目标与欧美是完全不一样的。欧美粮食存在着严重的过剩的问题，它们的政策目标是如何减少粮食产量以解决过剩带来的财政负担过重的问题；而我国恰恰相反，长期来看粮食供给偏紧，我们的政策目标是提高粮食产量以实现粮食的供需平衡。如果我国也实行限量保护政策，则必然会影响农民的种粮积极性，从而难以保证我国粮食产量快速稳定的增长。这与我国农业政策的目标是背道而驰的。事实上欧盟在80年代中期谷物出现明显过剩以前对粮食也并未实行限量保护政策。因而我们应该说，我国中央政府目前所实行的按保护价格敞开收购的政策是正确的。

（四）保护价格政策资金保证方式的比较

有效实行粮食保护价格政策，必须要有充足的资金做保证。对因实行粮食保护价格政策而发生的亏损，美国政府通过财政预算支出予以直接补贴。经国会讨论通过后，美国政府从财政预算中直接拨款，由农业部下属的农产品信贷公司以无追索贷款的形式支付给农民。其中除贷款资金有可能收回外，其他的粮食储存费和资金占用利息都没有可能收回。欧盟是通过建立市场风险基金来为粮食保护价格政策提供资金保证的。欧盟在共同财政预算中设立了欧洲农业指导和保证基金，其中有很大部分用于维持包括粮食在内的农产品保护价格政策的顺利运行。我国也建立了粮食风险基金，但与欧美的不同之处在于，我国建立了中央和省两级粮食风险基金，有的地方在省以下也建立了粮食风险基金，从而形成了多级风险基金的格局。这也正是我国粮食市场风险基金的问题所在。多级粮食市场风险基金，从表面上来看，各级政府都粮食市场负有调控责任，会使整体调控实力增强。但从实际效果来看，多级市场风险基金，就意味着市场上有多个调控主体，不利于分清责任，不利于提高调控效率，也不利于全国统一粮食市场的形成。我们应当明确，实行粮食保护价格政策，是一种政府行为，是政府的责任并且是中央政府的责任，因而我国粮食市场风险基金的改革方向应是逐步从多级市场风险基金向中央一级市场风险基金过渡。

（五）保护价格政策执行机构的比较

粮食保护价格政策是政府为了稳定粮食市场，保证农民收入而对市场采取的一种干预措施，这种特性就决定了粮食保护价格政策的执行机构只能是非盈利性的，能够体现包括生产者，营销者和消费者利益在内的广大公众利益的政府机构，而不是以盈利为目的的商业机构。因为只有这样，才能使粮食保护价格政策得以实施，并实现其政策目标。从世界各国的情况来看，凡是实行粮食保护价格政策的国家，大都政府设立有关机构以保证粮食保护价格政策的顺利实施。美国是由农业部下属的农产品信贷公司来执行包括粮食在内的农产品支持价格政策。欧盟农产品保护价格政策是由欧盟设在各成员国的农产品干预中心来执行的。欧美粮食保护价格政策的执行机构并没有自己单独的粮食仓储设施，对在执行粮食保护价格政策中收购上来的粮食，政府委托那些设施卫生等方面符合规定条件的私人仓储公司或农民合作组织代为储存，在储存过程中所发生的损耗，保管等方面的费用，则完全由政府承担。这些受政府委托的仓储企业，由于并不拥有该粮食的所有权，所以只负责储藏，而不得动用粮食，并且必须保证严格按政府的指令处置这些粮食。

在1998年的粮食流通体制改革之前，我国粮食保护价格政策的执行机构为国营粮食部门。由于国营粮食部门身兼二任，集政府职能与企业行为一身，并当二者出现矛盾的时候，国营粮食企业，往往出于自身利益的考虑并不严格执行政府对市场的干预职能，所以导致政策效率大打折扣和政府不能实现粮食保护价格政策的目标。为解决这一问题，在今年的粮食流通体制改革中，政府决定彻底实行政企分开，建立专门的机构和独立粮食储备库系统来执行粮食保护价格政策。

与欧美不同的是，我国政府粮食保护价格政策执行机构有自己粮食储备库系统。这样尽管政府会要花大量资金用于粮食储备系统的建设，但从我国的具体国情来看，这样做是合理的。因为在欧美，由于法律法规比较健全，仓储企业不敢动用政府的委托代储粮，这样就能够保证保护价格政策的实施以及政策目标的实现。而在我国，粮食的仓储企业为国有企业，长期以来存在着政企不分的问题，各项法律法规制度又不健全，如果现在就采取委托国有粮食企业代储的办法，很难保证粮食保护价格政策的顺利实施以及受委托企业完全按政府意图行事，所以我国目前还应建立独立的粮食储备库系统，以保证粮食保护价格政策的顺利实施。

参考文献

[1] 柯炳生．中国粮食市场与政策．北京：中国农业出版社，1995

[2] Plate/ Boeckenhoff. Grundlagen der Agrarmarktpolitik，BLV Verlagsgesellschaft Muenchen Wien Zuerich，1984

[3] 兰庆高．农产品市场理论与实践．沈阳：辽宁大学出版社，1990

[4] 张文宝，冀名峰．美国农业政策的新变化．农村经济研究参考资料．1997（8）

[5] 郭炜．进一步完善粮食保护价格制度．中国农村经济．1997（7）

农业技术产业化及其成果与服务的价格问题*

郑大豪

一、农业科学与农业技术

当讨论农业技术产业化问题时，很容易把它与农业科学研究活动联系起来，然而农业科学与农业技术是有区别的。两者的区别源于科学与技术的区别。搞清两者的内容与性质，不止是个概念或纯理论问题，还有利于恰当安排农业科学研究活动与农业技术研究及其产业化的政策，从而有助于促进农业科学与技术的全面发展。

按照中外权威词典的解释，科学是指反映自然与社会规律的知识体系，也可以说是对自然与社会现象的观察、鉴别、描述、调查与理论阐述。科学的特点是不管已有的认识对人类暂时是否有利，也不管你应用或不用它，它都是客观存在的。科学是普遍真理。它不应也不会形成专有，从而也不能构成对某种科学的专利权。而技术则是人类在改造自然，改造社会的反复实践中积累起来的经验和知识。也可以说技术是科学知识的应用。技术是在科学发现基础上的发明与创新。它可以享有专利权。

按照大多数科学家的共识，科学的内容可以分为数学、物理、化学、天文、地理、生物、文学、历史、哲学、政治、经济和法律 12 大门类。基于这种认识，很难从科学中严格地分离出可称为农业科学的内容来。特别是现代农业的发展，突出地说明了农业必须综合应用各门类科学的知识。因此，可能只好这样认识农业科学：它是数理化、天地生、文史哲、政经法科学中有关农业的部分。农业技术就不同了，它可以明确地定义为人类应用科学在农业的反复实践中积累起来的经验和知识。

检验一项农业科研成果是否已成为一种技术，那就看它是否已能在农业生产中应用。要检验这种技术是否可以成为商品，或者说是否可以投入产业化经营，那就看这种技术是否存在市场需求。

只要一项科学或技术研究方向正确，虽然暂时未取得可投入应用的成果，它也为农业科学技术积累了科技进步所必要的知识。由于农业技术产业化可以为农业技术发展提供更大的利益驱动；同时可以吸引来自各种机构，特别是企业的资金和物质支持，因而农业技术产业化会对农业科学技术发展提供更切实有效的经济方面的动力。

二、农业技术产业化的特点

农业技术作为商品进行生产时，具有与其他商品生产营销行业一样的性质，都是为社会提供

* 原载《农业技术经济》1999 年第 3 期。

产品和服务，以赢利为目的的产业部门。由于它的生产并不是农业生产本身，而是为农业和为农业的制造业服务的部门，它属于第三产业。这样，农业技术产业化是否可作这样的理解：使农业技术的研究、中试、制备与推广全面实现商业性经营。

在我国实行市场经济并不断深化改革的情况下，已经为农业技术产业化提供了相应的经济环境与基本条件。但由于农业技术毕竟是与一般生产、消费服务不同商品，并且由于我国大部分从事农业技术工作的人员，对实行农业技术商业性经营还不习惯，不熟悉，因此研究清楚农业技术产业化的一些特点和要求，对于顺利开展工作显然是必要的。

（一）农业技术产业化的前提是市场需求及其效益

在传统计划经济条件下，许多农业技术研究其实只是根据增产增收要求，根据领导、社会、一部分农业单位或农民的要求，甚至只是本单位部分人员要求，根据自身条件立项的。直到取得成果，才发现与市场需求脱节或不完全相符，不能实现商业性经营，从而不能充分转化为生产力，这当然就不能实现产业化了。市场需求不同于各方面提出的要求，它必须联系可能接受这项农业技术的生产经营单位的社会经济与文化技术条件。目前，我国绝大部分这样的单位还是生产规模很小，文化水平不高的农户。在市场经济下，这些条件集中反映为接受一项农业技术可能并愿意支付的价格。当农业技术能以较低的价格出售时，需求量就大；反之，需求量就小。目前我国不少农业技术商品化程度低，不能实现产业化，主要是由对这种与价格直接联系的市场需求了解不够造成的。对农业技术的需求基本上可分为两类：一类是一般商品性需求，由购买单位按价格支付；一类是公益性需求，由政府或各受益单位共同按价支付。农业技术的产业化建设，不能只根据各方面提出的要求，更重要的是以这两类需求为依据确定农业技术产业的内容和规模。

在充分了解一项农业技术的市场需求之后，这项技术产业化是否成功，还决定于它的生产经营是否取得适当利润。如果一项农业技术的生产经营经常亏损，那就谈不到产业化了。这就要求准确计算一项农业技术在不同销售量下的生产经营成本和单位产品或单位服务成本，并与一定需求量下的价格作比较，计算并追求最大收益，以利农业技术产业的更快发展。如果这项农业技术的一般商品性销售不能弥补成本，但可以取得明显的社会效益，那么政府和有关机构就应支持这项农业技术产业，给于经济支持，使这项技术的一部分或在一定时期内成为公益性的农业技术产业。这种情形，农业技术研究单位和政府有关部门应事先作出调研与安排，才能促进农业技术产业化的顺利发展。如果一项农业技术虽然科技含量很高，但缺乏一般商品性需求，也缺乏公益性产业的经营条件，这项技术暂时就不宜作产业化安排。这种情形正是农业技术产业化的一种体现。

（二）农业技术的两种形态

农业技术既然是农业生产经营经验和知识的积累，它就可以分成两种形态：一种是已经物化的农业技术知识积累，形成农业技术产品，如新式耕作机械、灌溉和植保装备，高产优质种子、种畜，农产品运销设施等等。这类农业技术产品的需求量、生产、销售和价格等因素的确定，与其他产业的商品生产经营相似，有丰富的经验可供借鉴。而且由于这类农业技术产品是在专门技术条件下用工业方法生产出来，便于得到专利保护或不易被仿制和盗用，因而它们的产业化是比较易于实施的。另一类则是还停留在经验、知识或信息形态的农业技术知识，它暂时只能通过农业技术人员的活动提供技术服务。这部分技术知识产业化的关键，是使它的服务价格能弥补研究和推广它的费用并有盈余，从而足以靠自身力量经营并发展。如果某项农业技术可以取得巨大社会效益，但不易取得收入，或取得的收入不足以补偿研究和推广所支付的费用，那么这项技术就不宜作为商品实施产业化经营，而应作为政府支持的农业技术推广事业，按公益事业的要求安排它的发展。

农业技术知识由于受农业生产周期长的制约，它们的研究周期一般较其他产业长，但却易学易懂，面对广大农民和其他农业生产者，社会效益显著。它的成果一般经一二次指导传授后，即可次第扩大传播；通过培训、广播、电视、出版等媒介，更可广泛传播，使大量农民和其他农业生产单位获益。而这类农业技术的研究者由于并不能持续取得报酬，因而收益很少。如密植、稀栽、抛秧、整枝、农家配合饲料等都属于这类农业技术知识。它们是不便也不应作专利保护的，以不作商业安排为宜。若把这类农业技术知识的研究和推广纳入商业经营，不但不易实施，而且会大大延缓农业和国民经济发展，是十分不利的。从事这类农业技术知识研究与推广的机构和人员，应从政府和有关公共机构中得到足够的经济支持和激励。

（三）农业技术产业化的经营特征

与一般商品生产和消费服务不同，农业技术要求具备专门知识的科技人员长期潜心研究。使这些研究人员分心于商业经营，或使农业技术经营者只以部分精力从事研究，都不利于提高研究与经营效率。因此，从农业技术的研究和经营两方面来考虑，都要求建立从事农业技术经营的专业机构。这种经营机构可以附属于农业技术研究单位；可以由专职的农业技术经营公司来承担；也可以由政府的农业技术推广机构提供经营服务。生产农业技术的研究单位与生产易腐农产品、在产销链中处于被动地位的小农户不同，它们可以用自身的知识优势与技术经营单位建立起平等的业务关系，甚至居于主导地位，因而不难主动搞好与经营单位的合作。

在实现产业化的情况下，农业技术研究与经营出现低水平重复的情形是不可避免的。在对某项高新技术存在旺盛需求，当时又缺乏有效协调的情况下，高水平重复也可能出现。在比较发展的经济中，农业技术研究与经营发生一定程度重复并不完全是消极的现象。只有存在重复才能引发竞争，才能促进研究成果质量的提高并改进服务。当然，竞争会形成研究资源一定程度的浪费，但与技术研究的垄断比较，竞争机制利大于弊。

（四）农业技术产业化的政府职能

在传统计划经济时期，政府对农业技术的研究与推广起着主管一切的作用，从单位、人员、经费到设施的安排到科研成果的认定与推广，都由主管部门负责。实践表明，这不利于农业技术研究直接面向农业生产者需求。然而这并不是说农业技术产业化不需要政府的管理和服务，相反，政府适当而积极的管理是促进农业技术产业化的有力手段。根据以上分析，政府在农业技术产业化方面的作用应包括：①制定农业技术商业性经营政策法规，规范研究和经营者行为；②农业技术研究与经营单位及其主要人员的资格认定；③组织公益性农业技术研究并给予足够的经济支持；④保护农业技术研究者的利益，鼓励并帮助专有农业技术申办专利；⑤利用掌握的信息与政治影响，制止过度的低水平重复；高水平农业技术研究需投入大量科研资源，这类研究应由政府作出规划，允许各具特点和不同适应性的研究适度重复与竞争，以便有利于对关键技术的验证；对于关系全局的高科技重点研究，就应由政府组织优势资源，协作攻关进行；⑥查处伪劣产品与不合格服务，实行奖惩。

三、农业技术的价格

在市场经济中，谁为一种经验和知识积累付出了劳动和资本，谁就可以拥有这种技术的产权，以商品交换的方式投入应用。

顺利实施农业技术产业化的一个关键环节是要科学地确定农业技术价格。一项农业技术，不论是物化技术还是技术知识，它们价格中的基本部分应和其他商品一样，包括转移来的物质资料费用（C）、智力和体力劳动报酬（V）和按平均利润率计算的利润与税金、利息等剩余收入（M）。农业技术价格中一个特殊因素是它们存在研究风险，这是一般商品通常不存在的。越是艰难的研究，需要的时间可能越长，需要投入的劳动和资金也可能越多。但无论多么艰难的研究，我们总是假定并预期它一定会成功，否则就不会上这个项目。因此，使一项农业技术研究成功需要的特定条件只是时间。尚未获成果的研究无非是占用了研究资金，这些被占用的资金可以各按当时的利息率动态计算补偿。农业技术研究并不能随意延长研究期限以多获这种报酬，因为时间延长，会错过对一项技术的需求时机。这项价格因素，不妨称之为研究风险报酬。不难看出，如果农业技术价格中缺少这项报酬或报酬不足，投资者就不会把资金投向农业技术研究产业。

农业技术成果价格中最不易准确计算的是由供求关系形成的差价。如果某项技术成果当时能提供的数量十分稀少，或者高产、优质、增收作用十分显著，它就会引发强烈需求，导致较大的正差价；若当时类似技术成果很多，而增产、优质、增收的作用又较小，对这种技术的需求就会比较疲软，它就可能遭致负差价，使成果价格偏低。农业技术成果价格中的这项数值，一般要在上市时才能最终确定，因此只能通过市场调查或试销测定。对农业技术的需求当然也可以通过宣传、广告、培训、示范等手段来促进，因此农业技术价格中的这部分差价是需要在经营过程中不断调整的。

有一种观点认为农业技术价格中还应考虑技术复杂程度因素。其实这项因素已包含在消耗的物质资料、劳动报酬与风险报酬中。而且，在农业技术的产业化经营中，农业技术价格很大程度上决定于供求状况。一项农业技术水平再高，科技含量再多，如果没有市场需求，虽然也为科技发展做出了贡献，但是它的交换价值却是社会所不承认的。

这样，农业技术成果的价格可示如下式：

$$\text{农业技术成果价格} = C + V + M + \text{研究风险报酬} + \text{供求差价}$$

产业化的农业技术成果当然并不只为本单位或只为另一个单位服务，它还必须作为商品尽量扩大销售与服务范围，以便降低单位产品或单位服务成本；同时取得尽可能大的社会效益。单位农业技术产品或服务的平均价格可示如下式：

$$\text{农业技术产品或服务的平均价格} = \frac{\text{农业技术成果价格}}{\text{产量或预期服务次数}} + \text{单位产品或服务的经营费用}$$

农业技术成果既然可以分解为单位产品或单位服务进行销售，那就和其他商品一样存在边际成本和供给量概念，有相应的边际成本曲线或供给曲线。单位农业技术产品或服务在市场上销售时，当然不会只出现平均价格，它们的市场价格受当时当地需求状况的影响。既然是产业化经营，农业技术经营单位就应根据供给与需求变化，恰当地确定不同地域与不同情况下的价格，尽量扩大经营收益与社会效益。

外商直接投资的规模研究*

傅晓涛　傅泽田

中国自实行对外开放政策以来，外国直接投资（FDI）就成为中国政府引入外资的一个重要方面，从1984年至1998年，中国FDI总量便以年均40.14%的增长率高速增长，目前FDI的流入量已占到当年固定资产投资的15%左右，到1996年，中国已成为世界上第二大外资输入国，直接投资规模在中国引入的外资中的比重也不断提高，从1993年开始FDI占到当年利用外资总额的70%以上，已成为中国利用外资的主要形式。随着FDI的大量流入，它对国民经济的重要性与日俱增，对FDI规模的研究也就越来越迫切。

一、规模研究的必要性

谈到规模研究必要性问题，必须从FDI的正负效应的比较入手。

1. 资金效应。利：解决中国投资基金不足，弥补投资缺口。弊：增加中国基础货币供给，冲击货币政策造成通货膨胀。中国金融机构自1994年来就有大量存差，年存差量大于4 000亿元，因此，中国不存在投资基金不足的问题，相反，其负面效应却越来越大。

2. 资源配置效应。利：增加就业，利用闲置资源。弊：与国内争夺人才等稀缺资源。应当看到，FDI在解决就业上起了很大作用，但从动态的角度来看，能增加就业的只是新增的FDI流入，而非已有的大规模存量。另一方面，外资和内资的人才战、资金战等却愈演愈烈。

3. 市场竞争效应。利：增加市场竞争机制，推进国有企业改革。弊：占领国内市场，冲击内资企业尤其是国有企业，形成垄断。从目前的情况来看，市场占有、国企困境、垄断形成等问题越来越严重，而市场竞争机制的增加不只是取决于外资，内资企业包括国企之间的竞争也起了很大作用，况且，对外资过多的优惠政策无形之中削弱了竞争机制。

4. 生产方式效应。利：带来先进的管理方式和技术。弊：大量重复引进、低层次引进造成了国有资产的流失。利的方面是FDI的最重要的影响，这主要与引资的质量有关，而不是引资的规模。弊的一面对中国造成了大量的损失。

5. 国际收支效应。利：资本项目顺差，带动经常项目中的出口。弊：利润汇出、垄断等问题造成内资出口企业竞争力下降。这里，资本项目的顺差是暂时的，而利润汇出是长期的。1993年，外资企业利润汇出仅为2.3亿美元，1994年为4亿美元，1995年猛增到99.5亿美元，1996年为116.8亿美元，1997年更升至190亿美元，占当年实际利用FDI额的40%以上。考虑到FDI投资收益的时滞，利润大量汇出将持续较长一段时期。

---

* 原载《中国农业大学学报（社会科学版）》1999年第3期。

总的来说，FDI的影响是双刃的，总体效应取决于利弊综合比较。随着FDI的持续流入，它的效应是向着负方向变化的。

二、经济增长框架下的FDI规模

中国的外资流入主要有两种方式，外债和外商直接投资。由于以外债方式流入的外资受资国承担着投资风险，并有明确的还本付息规定，因此，外债规模的控制受到普遍重视，对外债规模的研究也成为外资规模研究的重点。目前国内还未对FDI规模做专门研究，FDI规模的确定往往借用外债规模的指标衡量，以偿付能力为基础，综合考虑国际收支状况等其他因素（于文华等，1997）。但是，利用FDI只有利润汇出、撤资的可能，这里的偿付能力只能是一个模糊的概念，很难度量。

美国经济学家H. 钱纳里和A. 斯特劳特在《外援与经济发展》一文中提出了"两缺口"模型。模型中指出，一国经济的发展主要受两大约束：一是投资约束，主要指经济发展受到国内储蓄的制约；二是贸易的约束，指经济发展受到商品和劳务进口的制约。为使经济（GNP）达到一定的增长目标，投资率须达到一定的水平。在投资率未达到所需的水平前，GNP的增长将低于目标，此时应使投资按其最大的投资率增长。在投资率达到所需的水平后，如果未来国内所能提供的潜在储蓄能力在数量上不足以弥补为使GNP按预定的增长目标持续增长所需的投资，即存在着投资—储蓄缺口，就应该利用外资。所需净流入外资的数量，等于投资与储蓄的差额。若此时没有外资流入，或净流入国外资本的数量小于投资—储蓄缺口，经济增长将达不到预定的目标。这是从投资约束的角度考虑问题。另一方面，如果未来的出口不足以抵偿为使GNP按预定目标增长所需的进口，即存在着贸易缺口（也有称为外汇缺口）时，也应该利用外资来弥补。所需净流入外资的数量应等于进口与出口的差额，否则，经济增长也将达不到预定的目标，这是从贸易约束的角度考虑问题。一般情况下，从这两个不同角度计算出的对外资的需求量可能并不相等，这时所需外资净流入的数量，应取两个差额中较大的，这样才能保证GNP的增长达到预定目标。

一国经济的发展与投资是密切相关的，投资规模应与当时的经济发展相适应。"两缺口"模型将外资规模的确定纳入到了经济增长的框架中，将外资规模与经济增长有机地结合在一起。但模型是对外资总规模的确定，并没有给出FDI规模的确定方法，模型中主要从资金不足即储蓄不足的角度考虑。中国自进入90年代，除1993年，每年的储蓄额均超出投资总额，因此，不存在储蓄缺口。而90年代又是FDI大量引入时期，90%以上的FDI都是1990年以后引入的。该模型的建立过于粗略，误差太大。本文将对中国的FDI规模做系统研究，以得出中国的适度FDI规模，使FDI更好地促进经济发展。

三、FDI适度规模的确定

在经济学中生产函数能反映投入要素与产出之间的关系，通常以资本与劳动力作为投入要素建立生产函数，由于中国存在大量的隐性失业人数，比较了C－D（Cobb－Douglas）生产函数、CES（Constan Elasticity of Substitution）生产函数等，效果均不理想。通过对产出和投资的散点图比较，发现两者极为相似，因此建立简单的线性函数，反映经济增长和投资之间的关系，由于投资存在一定的滞后期，模型中选取投产期三年，

$$Y_t = \alpha I_t + \beta I_{t-1} + \gamma I_{t-2} + \mu$$

其中 Y 代表产出，I 代表固定资产投资。代入表 1 数据回归结果得：

$$Y_t = 2.148\,7 I_t - 0.334\,4 I_{t-1} + 1.336\,5 I_{t-2} + 2\,957.619 \tag{1}$$

$$R^2 = 0.991 \qquad F = 916$$

t 统计量：5.09　-0.39　2.37　4.55 标准差：0.09　0.51　0.16　5 918

指标显示，模型表现良好。

表 1　FDI 与经济增长的总量指标

单位：亿元、万人

年份（t）	总产出（Y_t）	固定资产投资（I_t）	FDI 流入量（$I_{f,t}$）	内资量（$I_{d,t}$）
1982	5 294.7	1 230.4	8.14	1 222.26
1983	5 934.5	1 430.1	12.55	1 417.55
1984	7 171.0	1 832.9	29.23	1 803.67
1985	8 964.4	2 543.2	48.78	2 494.42
1986	10 102.2	3 120.6	64.73	3 055.90
1987	11 962.5	3 791.7	86.13	3 705.57
1988	14 928.3	4 753.8	118.88	4 634.92
1989	16 909.2	4 410.4	127.74	4 282.66
1990	18 547.9	4 517.0	166.81	4 350.19
1991	21 617.8	5 594.5	232.39	5 362.11
1992	26 638.1	8 080.1	607.03	7 473.08
1993	34 634.4	13 072.3	1 585.39	11 486.91
1994	46 759.4	17 042.1	2 910.28	14 131.82
1995	58 478.1	20 019.3	3 133.27	16 886.03
1996	67 884.6	22 913.5	3 469.18	19 504.82
1997	74 772.4	24 941.1	3 751.72	21 189.39

资料来源：历年《中国统计年鉴》。

找出实际内资随产出和时间变化的规律；给定产出的增长速度，求出投资的需要量和实际内资量预测数，就可以求出实际外资总量的人民币预测数；根据汇率的估算，得出 FDI 的美元数。

先看内资的情况，根据广义加速原理，固定资产投资受总产出增量及其分布滞后的影响，以 b 代表系数，(表示随机误差)，下标 t 代表时间，有方程：

$$I_{d,t} = b_0 \Delta Y_t + b_1 \Delta Y_{t-1} + b_2 \Delta Y_{t-2} + \cdots + \varepsilon_i \quad (i \to \infty)$$

Koyck 假定认为，滞后系数 b_i 随滞后期按指数衰减，对上式作 Koyck 变换，得到：

$$I_{d,t} = a \Delta Y_t + b I_{d,t-1} + c + \mu$$

其中，a、b、c 为待定系数，μ 为误差项。代入表 1 数据，有：

$$I_{d,t} = 0.326\,4 \Delta Y_t + 0.950\,5 I_{d,t-1} + 162.624\,6 \tag{2}$$

t 统计量：4.06　17.56　0.53

标准差：0.080 4　0.054 1　308.244

$$R^2 = 0.991\,1; F = 613$$

回归结果显示，对 I_d 模型设定正确，反映了现实情况，可以作为进一步推导 FDI 的依据。

合并公式 (1)、(2)，给定预期增长率，使得预期总产出 $Y_{t+1} = (1+\eta) Y_t$，得到 FDI 人民币的预测公式：

$$I_{f,t+1}{}^* = I_{t+1}{}^* - I_{d,t+1}{}^* \tag{3}$$

观察公式（3）发现，式中除 η 是给定的经济增长率外，其他变量皆为前期的数据，即为外生变量，从而第 $t+1$ 期FDI可测，公式合理。利用公式可以分别计算出1996、1997、1998年的FDI流入量为人民币3 448.91、3 595.50、3 601.85亿元，折合美元为414.82、433.73、435.05亿美元，与实际误差为2.44、18.84、19.58亿美元，效果较好。假定人民币实际汇率保持在现阶段的美元兑换8.3元人民币的水平。在不同的产出增长率下，对FDI的适度规模作估计（表2）。

表2 FDI的适度规模

单位：亿美元

年 份	增长率%		
	7	8	10
1999	494.74	508.06	534.70
2000	472.30	509.43	584.49

1999年中国经济预期增长率为7%，从模型的计算结果可知，FDI的适度规模为494亿美元。从表2中可以得出以下结论：①随着给定经济增长率的提高，FDI适度规模相应增加。这是因为，FDI应与经济的增长相适应，给定经济增长率越高，则产出变动越大，从而要求更多的FDI。②当经济增长率为7%时，2000年FDI的适度规模将开始变小；当经济增长率为8%时，适度规模与1999年基本持平；当经济增长率为10%时，适度规模将继续增长。根据中国经济的现状，2000年的经济增长与1999年基本相同，因此，FDI的适度规模将变小或持平，保持在500亿美元左右。

四、成熟债务国的FDI规模管理

世界各国的发展实践证明，没有任何一个国家能够永远保持资金净流入。资本经过一段时间净流入之后，必然要转为净流出。根据这一规律，按照资本及其收益的流向、动因以及国际收支的状况，可以将实行开放政策的国家划分为四个发展阶段，即：成长中的债务国、成熟的债务国、新的债权国和成熟的债权国。各阶段经济运行反映在国际收支中的基本特征是：

成长中的债务国阶段，即利用外资加速发展本国经济的初始阶段，由于资本的投入到回收客观上存在一个时间差，这一阶段的经济运行反映在国际收支中的典型特征是：进口大于出口，其贸易逆差主要通过资本净流入，即资本往来的顺差弥补，从而保持国际收支平衡。

成熟的债务国阶段，即还本付息和投资分红的高峰阶段，也是资本的收获、回收阶段。这一阶段的经济运行反映在国际收支中的典型特征是：还本付息和投资分红超过资本流入量，形成资本及增值收益的净流出，国际收支经常项目差额必须依靠商品和服务贸易提供顺差来平衡。

新的债权国阶段，即对外贷款和投资快速增长阶段，这一阶段的经济运行反映在国际收支中的典型特征是：商品和服务贸易的持续较大顺差为对外贷款和投资快速增长提供了资金来源，形成资本净流出。

成熟的债权国阶段，即投在国外的资本的增值收益回流阶段，在这一阶段，随着对外贷款和投资存量的增加，资本及增值收益的回流逐年增多，最终将赶上并超过年资本流出额，成为国际“食利者”国家。

资本是为增值而生存的，借入外资和外商的投资是需要回报的，流入的资本总要流出。现在流入量越大，将来流出量也越大，而且流出的总量必然要大于流入的总量，利用外资实质上只是利用一个资金流入流出的时间差。因此，一个国家只要进入"成长中的债务国"轨道，就不可逆转，终究会步入"成熟的债务国阶段"。种种迹象表明，中国处于"成熟的债务国"阶段。

第一，从1992年开始，中国对外借款的还本付息额激增，使利用借贷资本从净流入转为净流出，中国吸收外商直接投资和利润分红汇出间的差额也在缩小，模型的计算结果表明，外商直接投资的增加额将很有限或减少，而利润汇出将逐步变大，形成净流出。

第二，由于付息和投资分红的快速增长，从1993年开始，中国的劳务与资本收益已转为逆差，且逆差额逐年上升，主要依靠货物贸易顺差来弥补，才保持国际收支经常项目的平衡。

表3 外资的净流入额

单位：亿美元

项目	1991	1992	1993	1994	1995	1996
中长期借款	63.92	67.87	65.43	100.14	126.41	94.70
还本付息	38.04	156.68	84.95	132.19	128.88	122.88
差额	25.88	−88.81	−19.52	−32.05	−2.47	−28.18
直接投资	43.66	110.07	275.15	337.67	375.21	417.26
分红汇出	0.10	0.22	2.30	4.00	99.53	116.79
差额	43.56	109.85	272.85	333.67	275.68	300.48

资料来源：历年统计年鉴。

表4 经常项目差额

单位：亿美元

项目	1992	1993	1994	1995	1996	1997
经常项目差额	64.62	−119.02	76.57	16.18	72.43	297.17
货物贸易差额	51.82	−106.55	72.90	180.50	195.35	462.22
劳务与收益差额	0.63	−24.20	−9.69	−178.67	−144.22	−159.22

资料来源：历年统计年鉴。

当一国处在"成长中的债务国"阶段，由于经济技术基础薄弱，资金匮乏，劳动者素质不高，管理水平较低，利用外资必然会要求采取数量扩张型的模式。但当一国处在"成熟的债务国"阶段后，经济增长就必然要求从数量扩张型向质量效益型转变。因此，对直接投资的规模和结构应加以管理和控制。

1. 从流入着手管理和控制FDI规模。①控制外资来源，长期以来，由于地缘和血缘的关系，中国吸收的FDI主要来源于港、澳、台及亚洲的"近亲"和"近邻"国家和地区，在改革开放初期，中国处于"成长中的债务国"阶段，投资资金严重不足，这部分外资流入既解决国内投资资金不足的困境，又对其他外资的流入起带动作用。目前阶段，投资的技术层次的提高是我们的第一目标，相对于发达国家，港、澳、台资本在技术创新和开发能力方面较弱，对这部分资本应逐步控制。香港已回归祖国，澳门很快也将回归，对港、澳资本应看作内资，逐步取消或部分取消各项优惠政策。1997年，港、澳资本占直接投资额的42%，因此，中国引入的真正外资并不多，引资任务仍很严峻。②控制外资的投向，从外资引入开始至今，外资的投向一直集中于一般加工工业和房地产业，对中国急需优先的农业、能源、交通通信业和高科技的比重偏低，列入我国鼓励类首位的农业吸收的直接投资一直徘徊在2%左右。尽管我国也采取了一定的措施，在1995年公布了《外商投资产业知识目录》，将外商投资项目划分为鼓励、允许、限制和禁止四类，由于缺乏配套措施，对鼓励类的优惠倾斜力度和对禁止类的监控力度不够，因此作用不明显。应该看到，改革开放后的中国大市场是我们的最大优势，也是我们吸引外资、获取技术的最大筹码，在

引资中应切实做到“以市场换技术”的公平交易，而不是为弥补资金缺口。对鼓励类的可以制订政策，让出一定的市场。

2. 优化国内生产要素，减少经济增长对外资的依赖。同内资相比，FDI的流动性强，属于敏感性投资，存在撤资的风险，给国民经济造成极大的影响。因此，规模管理的一个重要任务就是提高内资和劳动力的生产效率。内资的生产效率的提高，在既定的经济增长率不变的前提下，可以减少适度规模，中国在引资中的主动性将增强。其实归根到底，引入FDI就是为优化国内生产要素，这才是经济持续增长的关键。

3. 吸收外资和对外投资相结合。世界著名跨国公司问题专家、英国的J. H. 邓宁将一国的对外直接投资的发展分为五个阶段：第一阶段，人均国内生产总值很低，吸收的外国资本和本国对外直接投资都很低；第二阶段，经济有所发展，投资环境开始改善，外国直接投资有所增加，开始对外投资；第三阶段，经济发展进入工业化中期，吸收直接投资开始有所选择，同时开始大量对外直接投资；第四阶段，经济发展进入一般发达国家行列，对外直接投资超过吸收外国投资；第五阶段，经济发展进入先进发达国家行列，对外投资和吸收投资趋于一致。中国目前处在基本跨越了第二阶段，进入第三阶段的状态。近年来，在外商直接投资的带动下，中国有些行业的生产能力和竞争能力具有相当规模；同时国内市场日趋饱和，已从卖方市场变为买方市场。因此，应积极转向对外投资，将中国产业结构调整下来的适用技术和固定资产推向国际大市场，同时，优化引资结构控制引资规模，提高产业结构。使引资和对外投资有机结合，促进经济的发展。

参考文献

[1] Chenery, H. B. and Strourt, A. M.. Foreign Assistance and Econnomic Development, American Economic Review, September 1966, 679～733

[2] Pindyck & Rubinfeld, Econometric Models and Econometric Forcast, 2nd Ed., McGraw-hill Book Company. 1981

[3] 李子奈．计量经济学——方法与应用，清华大学出版社，1997

[4] 历年《中国统计年鉴》

[5] 王曦．论中国外商直接投资的规模管理．经济研究，1998 (5), 30～35

从农村居民资金借贷行为看农村金融抑制与金融深化*

何广文

居民资金借贷行为包括居民融入资金和融出资金两方面的内容。融入资金是指居民从金融机构（银行和非银行，如商业银行、信用合作社、基金会等）和其他渠道借入资金。融出资金是指居民以获取收益或保证资金安全为目的的资金运用，包括居民将其所获得的收入以储蓄形式存入银行、信用社等金融机构，或是通过一定方式借给其他个人或组织使用，或是进行以获取收益或控制权为目的的投资。居民资金借贷行为，可以居民资金借贷规模来衡量。农村居民的资金借贷行为，与其收入的增长基本上是同趋势变动的。居民资金借贷行为在很大程度上左右着其收入的增长速度和增长潜力。因此，研究农村居民资金借贷行为，对于促进农村居民收入的增长，具有相当重要的理论与实践意义。有鉴于此，作者在本文中基于对浙江、江苏、河北、河南、陕西的21个县的365个家庭的问卷调查资料，对农村居民资金借贷的行为及其行为产生的根源、规范农村居民资金借贷行为的对策进行了探讨。

一、农村居民资金借贷：出现扭曲的行为特征

1. 借款更多地依赖非金融渠道。就调查农户各渠道存贷款笔数所占比例而言，61.9%、19.84%的存款活动分别是与农村信用合作社、农业银行之间发生的，而从农村信用合作社、农业银行借款却分别仅占30.63%、3.6%（从其他银行借款占1.8%、合作基金会占0.6%、其他非银行金融机构占2.4%），其借款行为的60.96%是与民间放贷主体之间发生的。

2. 农村居民放款，表现较突出的情结关系，且以抵押担保或合同方式建立借贷关系的比例较低。农村居民不仅是农村金融市场上资金的需要者，同时还是农村金融市场上资金的供给者。在他们向农村金融市场供给资金时，不仅表现为将储蓄存入银行，有时还表现为直接的对外放款。但就其放款的笔数分析，93.95%的放款行为是在亲戚、邻居和朋友之间进行的，其余部分是在乡镇企业、农村合作基金会、农村基层机构等之间发生（分别占2.2%、1.65%、0.55%，其他关系人所占比例为1.65%）。在发生借贷行为时，以合同形式表达借贷关系的仅占15.3%，其余84.7%的部分仅是口头协议或是根本没有协议。设置抵押者仅占贷款总笔数的6.1%，93.9%的部分均没有设置抵押，或是农民碍于情面而不设置抵押。

3. 非生产性目的的资金借贷比重较高。1996年至1998年6月期间，被调查农户中186个有

* 原载《中国农村经济》1999年第10期。

借款经历的农户，涉及贷款323笔，用于购置生产资料的仅占总笔数的32%，其余均用于与生产无关的婚丧嫁娶（7.45%）、建房（20.5%）、人情往来（4.35%）、临时性生活困难（11.18%）和其他方面（24.53%）开支等。由此可以认为，农村居民借款的自偿性较差，这也是农村资金借贷风险较大的原因之一。

4. 融入融出资金利率较高，且抵押能力较弱，按期还款比例较低。一年期借款的平均月利率为9.54‰，最高月利率达30‰，是同时期正规金融渠道贷款利率的三倍。其一年期放款的平均月利率为8.28‰，最高放款月利率为32‰。农户之所以花较高成本融资，是因为农村资金市场资金供给总量严重不足。同时，在融入资金活动中，占总笔数89.82%的融入行为没有设置抵押，仅有10.18%的融入活动设置有抵押品，其资金到期还款率仅为57%。

5. 农村居民储蓄呈现资金来源多样化、储蓄为预防性储蓄（目的非生产化）。改革开放以来，农民已彻底改变了过去单一从事农业生产的局面，经济结构多样化格局已基本形成，因而，其储蓄资金来源较为分散。收入除来自种植业（占23.5%）外，还有打工收入（26.1%）、经济作物收入（7.8%）、个体商业（11%）、个体运输（5.8%）、干部工资（4.3%）、教师工资（2%）及其他来源（19.4%）。以前种植业收入在农民总收入中占绝对地位的状况已经改变，打工收入在储蓄资金来源中占有较为重要的角色。就其储蓄目的而言，用于来年购买生产资料者仅占8.3%，用于保障以后生活与孩子上学目的的储蓄家庭，占被调查户的58.1%，无目的的储蓄占16.9%，其他目的占16.6%。从总体上，农村居民储蓄可以归结为一种以预防为主的保障式储蓄。并且，在储蓄存款中，65%的存款是定期存款，35%是属于活期存款。从储蓄机构来说，是高成本资金来源占较大比重。

6. 信用合作社是农村居民金融活动的主要金融中介。在农民借入资金的活动中，占总笔数30.63%的借款活动是与信用社之间发生的，是除民间渠道外的主要借款渠道；占总笔数61.9%的存款行为与信用社有关。由此也表明，农村居民对正规金融机构仍然有较强的依赖，农村居民仅是在正规金融渠道无法满足其资金需求和金融服务要求的情况下，才形成对非正规金融渠道的需求。

从现代市场经济的金融市场观出发，在上述特征下，可以得出结论认为，农村居民的借贷行为是严重扭曲的，是不适应现代市场经济发展需要的。

二、金融抑制：农村居民资金借贷行为扭曲的根本原因

农村居民的资金借贷行为发生的过程，实际上是一个资本形成过程和资本重组过程，根据现代经济发展理论，这两个过程的效率及其相关的资本形成机制和资本重组机制，则取决于金融业的发展状况。对发达国家和发展中国家的农村居民来说，这两个过程是完全不同的。经济发达国家，金融深化度较高，已建立了健全的农业信贷资金供应、服务体系，信贷资金供应和服务能力相对过剩，资金买方市场已经形成，因而，农户的借贷行为主要表现为以银行信贷资金借入为主的行为特征，农户的资金需求，可以通过信贷资金的供给者与农户在信息完全对称情况下的竞争而得到满足。而发展中国家的农民借贷行为则不同，因为存在着“金融抑制”（Financial Depression）（麦金农，1973；肖，1973），金融体系的重要特征是“金融的二元性”（Financial dualism）（迈因特，1978），即现代金融部门和传统金融部门并存。同时，国有银行垄断经营，利率扭曲、资金总量矛盾突出、信用工具不足、信用形式单一，“补贴性信贷利率和信贷配给”（肖，1973）存在，信贷资金配置效率低下。面对这种欠深化的金融格局，发展中国家农户的借贷行为就远比

经济发达国家农户借贷行为复杂。罗纳德·I·麦金农（1973）和 Pischke/Adams/ Donald（1987）在考察了农民与正规金融组织之间的借贷交易行为后得出结论认为，能获得正规金融机构组织贷款的农民仅是一小部分①。我国农村居民资金借贷上的行为特征，正是对这些经典结论的最好论证。改革开放以来，中国不仅在农村金融组织体系、农村金融机构的管理体制上有了较大的完善，而且在农村资金借贷利率、信贷管理等方面均有较突出的改进，但农村经济发展中金融抑制的特征仍然较为明显。其突出表现和由此而造成的影响是较为深厚的。

1. 农村金融市场开发深度仍然有限。在农村信用合作社与中国农业银行彻底脱钩、中国农业发展银行的机构下伸以后，虽然在农村金融市场上业已形成了农村信用合作社、农业银行、农业发展银行三足鼎立的局面，但对于中国大多数地区（特别是落后地区）的农村居民而言，面对的仍然仅有农村信用合作社。一是中国农业发展银行主要从事农副产品收购贷款、商品粮基地建设贷款、农村基建贷款等，根本不与个体农户发生信贷业务关系；二是中国农业银行在很多乡镇及其乡镇以下的地带，根本没有分支机构，原来不少设置在乡镇的分支机构，在 90 年代初以来“减员增效”的呼声中被大量撤并；三是曾被人们作为正规金融组织之外金融深化特征重要方面的农村合作基金会，由于其一开始就不具备法律地位、管理不够规范、发展过快出现了一些问题，在 1996 年 8 月国务院《关于农村金融体制改革的决定》就已明确，对其要进行整改，1999 年初已被“一刀切”全部停业清理整顿。因此，作为农村金融体系的基础，农村信用合作社事实上已成为农村居民金融活动的主要中介，在不少边远的农村地区甚至是唯一的合法金融机构。在农村信用合作社因种种原因不能满足农村居民资金需求的时候，农村居民只能更多地依赖于非金融渠道融通资金。

2. 信贷管制的解除，并没能给农村金融机构信贷规模的扩张带来和煦春风。1998 年开始，中国人民银行对各商业银行不再实行信贷规模控制，而是实施资产负债比例管理，从而结束了我国多年来在信贷管理方面“规模控制”的历史，农村信用合作社与各商业银行一样，可以根据其负债规模来安排其资产扩张行为。但是，一方面，大多数农村信用合作社均受到资产质量低下的困扰，为了减少贷款风险，优化信贷资产增量结构，要么“惜贷”②、要么提高对贷款对象的质量要求、要么片面强调贷款抵押和担保；另一方面，为数众多的农村信用合作社，高负债营运，超负荷经营，资产负债比例已远远超过人民银行资产负债比例管理的要求，资产扩张被严格限制。结果必然是抵押能力本来就有限的农村居民，不能利用农村信用合作社的信贷资源来促进经济发展，在自有资金不能满足生产和生活需要时，不得不求助于民间借贷，贷款更多地通过非金

---

① 在非洲大约仅占 5%，在亚洲、拉丁美洲或许仅有 15%，并且这些贷款都集中在少数大生产者手中。常常是只有总人口 5%的借款者得到了总贷款数额的 80%，即是说，在典型的低收入国家，不到 1%的农民却得到了增加的贷款总额的大约 80%的贷款，仅有 15%的农民得到余下的 20%，而 80%多的农民不能得到贷款［见 Pischke/Adams/Donald（1987）第 43 章］。尽管“农民需要的资本远超过他们能够进行的储蓄”［（美）爱德华·约翰·雷，见 Pischke/Adams/Donald（1987）第 6 章］，但“即使是在农业占国民生产总值比重相当大的国度，商业银行仅将其贷款总额的 5%～10%贷给农业部门，并且，其中大部分资金贷给了大农户、农场和农业销售公司”［（意大利）阿拉尔多·莫里，见 Pischke/Adams/Donald（1987）第 49 章］。据查理·尼斯勃根对智利农村传统信贷市场的抽样调查，估计只有 30%的农村人口是国家金融机构、经济改革机构和私人商业银行的客户。其余人口中的大部分，主要依靠非正式信贷市场，甚至银行的部分客户也要依靠非正式信贷市场［（美）罗纳德·I·麦金农（1973）：1988，第 80 页］。由于正规金融机构对农村人口放贷具有规模小、监测难、风险大等特点，正规金融机构一般不愿意为农民个人提供贷款服务。中国社会科学院农村发展研究所刘建进曾研究发现，平均每年只有 34.4%的农户可以从正规金融机构提取贷款，参见徐笑波等《中国农村金融的变革与发展》，1994 年，P218。

② 银行或信用社在有贷款需求、有资金来源、贷款申请者符合放贷条件的情况下，也不发放贷款。

融渠道求得。同时，与正规金融部门相比，民间借贷手续简单，没有僵化的规章制度。亲戚朋友之间的借贷，一般均是以社会学意义上的信用为基础，很少需要抵押和担保，虽然可以承担较低的交易费用，但需要支付比通过正规金融渠道高出许多的利息。

3. 因为存在金融抑制，农村金融市场的发展远远落后于城市金融市场。在农村金融市场上的交易手段落后，现代化的有价证券交易系统，根本不可能延伸到农村乡镇，农村居民能够参与交易的金融商品相当有限。在上网交易风靡世界的今天，他们甚至连参与各种常规的金融商品如股票、国库券、金融债券、企业债券的交易的机会均难以得到，对各种衍生金融产品的交易，如期货、期权交易、股票指数交易、汇率期货交易、货币互换交易等，有些人可能更是闻所未闻。因而，从被调查农户的投资性质和投资渠道选择结构状况分析，他们只能从本地实际情况出发，在储蓄之外首选的投资渠道为合伙投资（18%）和集资入股（18%）方式，风险相对较小的金融资产投资虽然是农村居民较为青睐的理想的投资选择，但是因交易条件所限而常常好梦难圆（购买国库券、金融债券、股票、企业债券分别仅占7.9%、1.1%、2.2%、4.5%；其他投资占48.3%）。正是由于金融抑制，金融投资渠道单一，为数较多的农村居民才不得不冒较高的风险将其储蓄资金通过民间渠道而贷放给个人。

4. 正是由于农村金融市场开发程度不够，农村保险市场也不发达。不但表现在保险服务网络不健全，保险宣传不够，农村居民对保险认识理解和接受程度有限，而且保险理赔服务上的不到位，促使农村居民的储蓄行为表现为一种以预防为主的保障式储蓄。在被调查的农户中，仅有35.1%的农户有投保行为，自愿投保者只占到被调查农户的17.8%，在有投保行为的农户中，经推销、亲朋介绍和宣传教育后投保者占48%。占投保农户14.8%的出险农户中，有15.8%的出险户没有得到理赔，41.2%的保险事故没有及时得到理赔，且有23.5%的保险事故不是按照保险合同进行理赔的。因此，有38.4%的投保者认为投保不值得。农户投保以家庭财产保险和人身保险为主，农作物保险水平很低，降低了农业抗风险能力，不利于提高农户投资的积极性。因此，改革和完善我国的农业保险制度，增强农户对保险的理解和接受程度，使农业保险在为农业和农户服务方面发挥更好的作用。

5. 农村储蓄资源的利用率较低。一方面，农村正规金融组织超负荷经营的现实，决定了目前的资产负债比例管理情况下，与以前贷款规模控制时代的信贷运行效率相同，农业银行、农村信用社，仍然不能从存款规模的增长中获得贷款规模的扩张，组织存款的积极性均不高；另一方面，正规金融组织组织存款的利率低于民间借贷的利率，加之农村居民从正规金融组织获得贷款的机会较少的现实的昭示，对农民储蓄积极性也产生负面影响。因而，农业银行、农村信用社的储蓄动员功能未能得到充分发挥。据全国农村固定观察点办公室测算，80年代后半期，农民闲置资金的一半以上没有存入银行、信用社。在较早阶段，或经济欠发达地区，由于农民储蓄的利率弹性不高，这个比例还要高些（叶兴庆，1998）。三是农村正规金融组织资金来源与运用上的“存差”越来越大，农村资金运用上的严重不充分。首先表现为在农村信用合作社从农户吸收的储蓄存款在农村信用社存款总额中所占的比例不断增长的同时，农户从农村信用合作社所获得的贷款占农村信用合作社贷款总额的比重却在不断降低。据调查资料分析，1996—1998年上半年，农户累积借款总额2 291 073元，储蓄总额2 771 040元，表面上看来似乎存贷基本平衡，但农户从银行、信用社等正规金融机构获得的贷款仅为贷款总额的13.94%，从私人或其他非金融机构取得的贷款占贷款总额的86.06%，大部分资金借贷是在农村内部解决的。而农户在正规金融机构的存款占存款总额的99.59%。贷款占存款的13.99%，农业资金通过正规金融机构的存贷差转移和流失2 373 487元，农民以净存款人的身份为其他经济部门贡献了金融剩余（麦金农，

1996；张杰，1997)。其次表现为农户在农村信用合作社的存款的增长速度远远高于农村信用合作社对农户的贷款的增长速度，形成农村信用社“农户存贷款余额增长趋势剪刀差”(存差，也可以称为农户存款利用率)(何广文，1999)。

目前，发达国家农村金融组织的存贷款业务活动中也表现出巨大的存差，如1998年8月末，日本信用农业协同组合联合会的贷存比仅为14.2%，但这种现象是在农村经济已有较大的发展、农村积累层次较高、农村领域内的商业金融服务网络较为健全的情况下出现的，而中国农村正规金融组织大量存差在农村经济发展水平较低、农村积累层次较低、农村领域内商业金融服务网络又不健全的情况下就较早出现，对中国农村经济发展产生的影响肯定是不利的，这也是我国农村经济增长乏力、农民收入增长趋缓的主要原因之一。

三、完善农村金融组织体系，推进金融深化，规范农村资金借贷行为

农村经济的发展从根本上决定着农村金融业的发展，农村经济市场化的程度也决定着农村金融深化的层次，农村经济发展的规模和层次决定着金融业的规模和层次。农村家庭联产承包责任制的实施、双层经营体制的建立，已彻底打破了原来单一的农业经济格局，农、林、牧、副、渔、工、商、交、运、服务等各行业的发展，集体、个体、私营、合伙、合作、股份制等各种经济成分自由竞争局面的形成，使得农村居民的经营活动范围已摆脱一家一户的小农经济、自然经济状况，出现资金集约与劳动集约的交叉、资金集约与技术集约的交叉、多产业的交叉、多种经营方式交叉的多元经济、混合经济。不仅产生规模不等的借贷资金需求，而且产生多层面的金融服务要求，农村金融深化的经济基础和经济体制基础已经存在。为了克服农村经济活动中的金融抑制对农村经济发展所带来的不利影响，规范农村资金借贷行为，必须强化金融体制和金融政策在农村经济发展中的作用，走向金融深化。

作者认为，要推进农村金融深化，需要从完善农村金融服务的组织体系和利率市场化两个方面努力，其中完善农村金融服务的组织体系是关键。农村金融服务体系的建立和完善的过程，实际上是一个金融制度变迁的过程。由于农村金融业在农村经济发展中的特殊地位，中国农村金融制度变迁的过程，显示出较为明显的以政府为主体的强制性变迁过程的特征。但是，强制性制度变迁结果的一个重要特点是制度供给不足，并存在较为明显的市场化的收缩效应。第一，从预定改革方案中可以预见到新的金融抑制现象的可能存在；为了实现规模经营，按照预定的改革方案，中国银行、中国工商银行、中国建设银行在农村的分支机构将逐步撤出，这对中国农村经济发展中的金融深化来讲，是一次机遇，但对于农村金融深化更是一次挑战。在农村经济较为发达的地区，他们的撤出，无疑将加剧金融抑制，或是产生新的金融抑制现象。第二，农村信用合作社难以规范成真正的适应农村经济发展需要的合作金融组织；1996年8月，国务院部署了按照合作制原则重新规范农村信用合作社的改革，意在恢复农村信用合作社的合作金融性质，适应农村经济发展新形势和发展新阶段的要求。但是，一方面，新中国成立以来，中国农村信用合作社一直是在被动地执行中央银行和农业银行的决策，是农业银行的基层分支机构，不是具有独立人格的决策主体，在与农业银行彻底脱钩后，很难适应变化了的市场；另一方面，在专业银行向商业银行转轨的进程中，由于受到商业银行的示范，以及出于生存与发展的需要，信用社也走上了商业化经营的道路。由于存在巨大的历史惯性，局面很难改变。第三，为了走出长期亏损的困境，近年来，农村信用合作社走上了规模经营、合并与集中之路，主要措施在于撤并基层业务网点，减少机构；1998年底，具有独立法人地位的农村信用合作社个数比1990年减少了20%，其继续

运行的结果无疑会产生新的农村金融抑制和强化农村金融抑制。中国人民银行还曾规定，中国农村信用合作社的所有信用代办站点一律撤消，而农村信用合作社的存款中90%以上是农民储蓄，其中50%左右的储蓄业务是集中在农村信用代办站点，信用代办站点的撤消无疑是使农村信用合作社远离田野和乡村，将降低农村信用合作社在农村吸储的力度，减少了农民与农村信用合作社接触的机会，将更加远离农民，新的金融抑制必然产生。第四，各种自发产生的农村民间非正式金融制度（“三会一部”），作为一种制度安排，对中国金融制度结构的变迁具有特殊意义，是体制内金融制度（国有银行和信用社）所提供的信贷供给不能适应体制外产出增加（农村非公有经济发展）的金融需求而不断内生出来的。在80年代和90年代上半叶，在对待农村民间非正式金融机构发展的问题上，我们一直采取的是一种模棱两可的态度，但当认识到它的发展可能排挤并威胁到被国家控制的正式金融机构的发展时，我们采取的“不是在严加监管、不断完善对其管理的条件下鼓励其发展的政策，而是基本上采取了抑制其发展，看到一些问题就把他们关掉的政策，以确保国家银行对银行业的控制”（樊纲，1999）。各种自发产生的乡村非正规金融组织，以其实行民用民管的制度优势，将村民的储蓄和借贷活动联系在一起，有效地实行贷款监督，既以低廉的交易成本给予农户获得小额贷款的机会，又保障本机构的贷款得以回收，为解决这一对长期困扰正规金融组织的难题找到了途径。这有可能成为乡村基层社会继农村生产责任制之后又一项重大的制度创新（朱玲，1995），是农村金融制度变迁在特殊环境下采取的一种特殊方式，是新的金融体系挣脱现行法律法规羁绊的表现（李建华，1998），虽然适应农村经济的发展，符合诱致性制度变迁的发展过程，但却与中央政府的改革思路不一致，其发展甚至受到来自各方面的压制和排挤，至少政府没曾明目张胆地支持其发展，从其产生的那一刻起，就一直只能以“灰色”的方式推进。第五，在中国内地农村乡镇，特别是经济欠发达地区农村乡镇，农村信用合作社是唯一的正规金融组织，独享农村金融资源，形成事实上的垄断经营，没有与之竞争的其他金融运作形式和金融机构存在，不但造成农村居民融资渠道单一，而且垄断性经营的存在会通过降低效率方式阻碍金融深化。

综上所述，中国农村金融组织体系是相当不完善的。为此：①要继续完善农业银行的经营管理体制，以“三农”为中心，改善经营方式，改善信贷投资结构。②有必要适当放宽农村金融业和农村金融市场的限制，放松农村金融市场准入，在可能的范围内允许和扶持其他形式的金融组织的发展，例如鼓励农村民营金融业的发展，特别是建立在农村居民自愿基础上的规范化的合作金融组织的发展。以利于在农村金融市场上形成一种金融竞争的局面，便于各种形式的农村金融机构改善金融服务，深化储蓄资源的动员，促进农村资金市场均衡利率的形成，排挤农村高利贷活动，使农村金融体制改革的目标模式在竞争中自然而然地形成。③继续按照合作制原则规范农村信用合作社。当前，农村信用合作社发展中还存在不少困难，管理体制与完善的合作制还有较大差距。但是，农村信用合作社在目前面临着一种发展的大好时机，一是商业金融收缩在农村的业务网点，为信用社让出了一部分业务空间；二是“三会一部”的全面清理整顿，在农村金融秩序进一步好转的同时，也为农村信用合作社的发展提供了良好的空间。“三会一部”的关、并将释放出相当大一部分业务，农村有部分以前是通过“三会一部”来满足的资金需求，有待于信用社来满足。但是，对农村信用合作社而言，也将造成一些负面的影响，如就全国而言，农村合作基金会吸收的存款化股金是1 600多亿元，它的清理整顿，对信用社的影响主要在于：①因为合作基金会大部分在信用社开户，农民在合作基金会的存款化股金，很大部分在清理整顿过程中是要被农民提走，一部分转移到商业银行，成为商业银行的资金来源，一部分变为农民手持现金；②在清理整顿过程中，信用社要购买合作基金会一些质量优良的资产，对农村信用合作社的资金实力将产生一定的影响。③以前在宣传中，信用社与合作基金会均是农民自己的组织，现在基金会被清整，对基金会的信任危机可能波及到信用社，引起信用社资金来源的减少。在机遇与挑战同时存在的情况下，农村信用合作社能否把握时机，在工作方式、经营作风、信贷投向选择等方面予以调整，弥补因“三会一部”退出农村金融市场后所留下的市场信贷主体缺位，也是按照合作制原则进一步规范农村信用社的重要课题。

参考文献

[1] 李建华．农村金融制度变迁时期的灰色金融业．经济学动态．1998（9）

[2] 迈因特．发展中国家的经济学．商务印书馆，1978

[3] 叶兴庆．论我国农村金融抑制与金融深化．现代金融导刊．1998（3）

[4] 樊纲．克服信贷萎缩与银行体系改革——1998 年宏观经济形势分析与 1999 年展望．经济研究．1999（1）

[5] 何广文．合作金融组织的制度性绩效探析．中国农村经济．1999（2）

[6] [美] 罗纳德·I．麦金农．经济发展中的货币与资本．上海三联书店，1988

[7] [美] 爱德华·S．肖著．经济发展中的金融深化．上海三联书店，1988

[8] 张杰．中国国有金融体制变迁分析．经济科学出版社，1998

[9] 张杰．中国的货币化进程、金融控制及改革困境．经济研究．1997（8）

[10] Pischke/Adams/Donald，1987：《Rural Financial Markets in Developing Countries》The Johns Hopkins University Press

有效市场理论与方法*

王卫华　赵冬梅

有效市场假设（Efficient Markets Hypothesis，简称EMH）是西方经济学中最经典和最基本的理论之一。有效市场理论以市场价格与信息利用之间的关系为研究核心，对市场运行机制进行深入描述和揭示，对于指导市场的管理和运作具有极其重要的意义。进行市场有效性的研究，就是来判定市场是否有效、评估其有效程度、并分析其影响因素。本文在对基本概念和基础理论进行系统阐述的基础上，对有效市场理论和方法的最新研究进展进行了评述，并从机制上对有效市场的形成及影响因素进行了深入探讨。

一、有效市场假设

EMH最早是由Paul Samuelson[1]在1965年提出的。他指出，在一个信息通畅的市场上，如果价格的变化能完全反映所有市场参与者的期望和所拥有的信息，则价格变化是无法预测的。1970年，Fama[2]把这一假设归纳为一个众所周知的公理，即在各种信息集合的结构对市场参与者是已知的条件下，“价格完全反映所有的可得信息”。

在EMH提出后的三十余年中，尽管该假设无论在学术研究还是在商业实践中被广泛应用，但迄今为止并未得到证明或证伪。也就是说，经济学界对于市场是否有效的问题并未有定论。

EMH所阐述的信息与有效的概念是反直观的。市场越有效则价格变化越随机；最有效的市场的价格变化是完全随机和不可预测的，这是众多市场参与者利用信息追求利润这一行为的必然结果。由于不可控制的贪婪与获利欲望，投资者竭尽全力地追求信息优势，而他们这一行为的结果，就是使其信息融入市场并最终消除获利机会。在统一市场和无成本交易的条件下，如果这一过程是在瞬间完成的，则价格一定总能完全地反映所有的信息，而依靠信息的交易不能得到额外利润（因为这种利润已被获取）。

Grossman等人[3,4]的研究则指出，信息流畅的完全的有效市场是不可能的。因为如果市场是完全有效的，则收集信息的报酬为零，在这种情况下，人们没有理由去交易，市场最终也就会崩溃。市场无效的程度则取决于投资者在信息收集和交易方面愿意付出的努力。因此，只有存在足以补偿交易和信息收集成本的利润机会，即市场无效的情况下，才能出现不退化的市场均衡。按Black[5]的理论，这种利润可以认为是愿意从事这种活动的经济地租，这些地租是由噪声交易者支付的。所谓噪声交易者是指那些把噪声当做信息去指导自己交易的人。

尽管关于EMH的统计分析、数据库和理论模型都有了很多进展，但大量实证研究的结果不仅未能统一认识，反而使正反双方的争论更难解决。主要原因之一是EMH本身并不是一个严格

* 原载《中国农业大学学报（社会科学版）》1999年第4期。

定义的可以实证性地拒绝的假设。为了使它具有可操作性，必须确定并研究其他的一些结构问题，如投资者的偏好、信息结构等。这样关于EMH的检验就变成了对几个辅助假设的检验，而对这样一个联合假设的拒绝无法告诉我们与实际数据相悖的到底是联合假设的哪一个方面。

其实，对EMH的实证检验并非衡量一个给定市场效率的最好手段。更重要的是关于一个特定市场相对效率的概念。如期货与现货市场，拍卖与交易市场等。相对效率的概念，既不是完全的绝对市场概念，也不是与之毫无关系，但可以采用更为简单的类比的方法来确定。物理系统中常把效率定义为能量或燃料转化为有用功的相对比例。所以，一个发动机的效率为60%是指燃料能量中平均有60%转化为动力，而有40%则损失为其他形式的功，如热、光、声音等。

因此，从实际的观点来看，EMH是理想化的，在现实经济中是无法实现的，但它可以为测量相对效率提供理论基础。

类似于统计动力学中热平衡的概念，可以得出关于EMH的一个更实用的提法，即：尽管存在偶然超额利润机会，但从平均意义上说，如果没有某种竞争优势，如优越的信息、优越的技术或金融创新，就不可能持久地得到这种利润；换句话说，在一个有效市场上，持久地得到正利润的唯一方法是发展某种竞争优势，在这种情况下，利润可以看成是一种经济地租。

二、市场有效性的三种形式

为了对EMH进行检验，根据价格所反映的信息的内容差异，有效市场被表达为三种不同的形式，即弱式、半强式和强式。

1. 弱式（Weak Form）。弱式是指当前价格完全反映了包含在历史价格中的所有信息。因此，如果弱式假设成立，则通过考察历史价格序列对未来进行预测是没有用处的。如果研究过去的价格及其变化没有价值，技术分析方法就没有价值。所以，弱式假设的成立是对技术分析方法的否定。

2. 半强式（Semi-Strong）。半强式是指当前价格不仅反映所有历史价格信息，而且反映所有有关的可公开获得的信息，这些信息包括财务报表、实际经营情况报导和公司兼并消息等。进一步说，在半强式有效市场中，分析家和投资者并不能靠对公开信息的获取和分析来得到持久的额外报酬。

半强式指出，只要信息是可公开获得的，就会被价格吸收和反映。虽然这种调整在瞬间不一定是正确的，但它会在很短的时间里修正并使信息得到正确反映。这样，投资者想通过基本分析方法获利是十分困难的。

3. 强式（Strong Form）。强式进一步指出，不仅所有公开信息没有用处，而且所有信息都是无用的。也就是说，任何可得到的信息，无论是公开的还是内部的。都不能用来获得持久的额外报酬。

半强式只能通过检验每天的各种公告对价格的影响来进行间接检验。强式的检验需要更间接的方法，通常采用对互助基金市场运作行为进行检验的方法。

EMH的严格形式是指符合下列两个条件：①价格序列变化是独立的；②其变化存在固定分布，即分布是重复的。这两个条件在实际中是指价格任何时候都能反映所有公开可得的信息；如果新信息成为可以得到的，价格马上进行调整并反映它。

但在不严格的、更一般的有效市场模型里，允许市场存在一些不完善之处，如交易成本、信息成本、信息传播延迟等。但有关的研究已证明，这些不完善之处只是导致市场不有效的潜在根

源，而在实际工作中，这些因素的存在并不足以破坏市场的有效运行，即不能保证可以得到额外利润。

三、随机游走假设

随机游走假设（Random Walk Hypothesis，简称RWH）是关于金融市场价格的最早的模型之一。在很长的一段时间里，RWH被认为与EMH是等价的。现在人们已认识到，这两者之间彼此既不是必要条件，也不是充分条件。但在有关EMH的实证分析中，RWH具有核心地位。随机游走假设通常是指有效市场的弱式。RWH理论的建立是为了对一些实证研究结果和所发现的一些实际现象进行理论上的解释和归纳。这一领域包含了众多的方法和理论，统称为RWH。

早期的EMH研究主要是围绕RWH的检验进行的。最早的RWH检验是1937年由Cowles和Jones进行的，他们对股票收益的历史数据序列的升降符号变化频率进行了比较研究。其后，Cootner，Fama等人[6,7]也先后进行了关于RWH检验的研究。所有这些研究的结果都表明股票价格的历史数据是支持RWH的。

Lo和MacKinlay[8]利用在RWH下收益方差线性变化的事实，用美国1962至1985年间每周股票收益指数进行了方差比率的检验，结果表明拒绝RWH。他们发现，方差的增长以快于线性的速度领先于持有期，这表明周收益间是正相关的。奇怪的是，他们的研究还表明，对于单个股票来说，是满足RWH的。

French和Roll[9]证明了一个与之相关的现象：周末和交易所休假日的股票收益方差远低于市场开放时，说明交易活动的进行是会导致价格波动（volatility），这正是Black所说的噪声交易者的表征。

对于持有期远长于一周的情况，如3～5年，Fama等人利用1926—1986年间美国股票收益指数进行了研究，发现具有负相关关系。虽然他们所估算的相关系数偏大，但并不能拒绝RWH。

Lo考虑了股票市场价格的另一种情况，即长周期记忆。具有长周期记忆的时间序列通常具有高度的持久性，所以遥远过去的观测值与长远将来的观测值的关联并非无足轻重。大自然对于长周期记忆的偏爱在许多自然科学领域中得到证实，如水利学、测量学和地理学等，有人认为经济时间序列也有此类特性。利用最新的统计技术，Lo对长周期记忆进行了检验，而结论是股票价格并不支持长周期记忆。所以，对RWH偏离的情形可以完全由描述短周期相关的传统模型来解释。

四、噪声

噪声是相对于信息而言的。人们按信息去交易可以获得利润；如果把噪声当作信息去进行交易，就不能够得到所期望的利润。噪声交易是市场不完全的根源，也是市场流动存在的基本条件。

只存在信息交易而无噪声交易的市场是不存在的。在市场交易中，不同的交易者一定都有各自不同的信条。信条的差异来自于信息的差异。占有某种信息的交易者知道其他人都有自己所占有的信息，因而交易会十分谨慎。噪声交易是把噪声当信息去进行交易。尽管从客观的角度来说，他们不应交易，但他们靠噪声去交易是自愿的，可能他们认为自己交易所依赖的是信息，也可能他们仅是喜欢交易而已。

噪声交易者越多，市场流动性越强。但噪声交易者把噪声带入了价格，所以价格既反映了信息也反映了噪声。随噪声交易的增加，价格中就会包含有更多的噪声，而真正掌握信息的交易者的收益就会更多，从而吸引更多的信息交易者加入，而且已有的信息交易者会占有更大的头寸，在信息上支出也会更多，所以价格会更加无效。Kyle[10,11]用数学模型对这一结过程及结论进行了详细说明。由此可见，市场流动所必须的东西正是导致价格更加无效的东西。

信息交易者所占有的头寸并不会大到足以消除噪声。一方面，他们的信息只是提供了一种获利的可能，但并不能保证利润。占有更大头寸意味着具有更大的风险，所以占有额是存在限制的。另一方面，许多信息交易者不能确定他们交易的是信息而不是噪声。这种信息交易者所表现出的行为与噪声交易者并无不同。

噪声交易者带入价格的噪声具有积累性，就像一个醉汉会离起点越来越远一样。信息交易者所起的作用就是补偿这些偏差。价格偏离价值越远，就会有更多的信息交易者加入，而且占有更大的头寸。因此，价格将随时间趋于其价值，价格偏离其价值越远，其回归就会越快。Summers[12]指出，这移动往往十分缓慢使人难以感觉，以至于技术分析者无法利用价格偏差来获利。

价格和价值粗略来看，都像是非零均值的随机游走过程。价格是其价值的一个噪声式估计。价格和价值变化的平均比率随时间而变。价值过程的均值将会因口味、技术和健康变化等而变化，价格过程的均值将因价格和价值变化的关系而变化，价格将趋于价值。

五、弱式的实证检验方法

有效市场弱式的实证检验主要是检验相继的或延迟的价格变化间的独立性。这方面的研究一直比较混乱，也存在许多争议，Cootner[13]对一些早期的研究工作进行了汇总和分析。

按照近期的研究成果，这些检验方法可归为两大类：检验价格趋势以判定是否可建立获取超额利润的交易系统；另一类是对这类交易系统进行直接检验。

1. 模拟检验。Harry Roberts[14]用随机数表产生一系列的价格变化数据，画在图上以描绘Dow Jones指数，将之与实际数据进行比较，以考察其行为。结果表明，两者具有极相似的模式，说明实际结果是随机变动的。

2. 序列相关性检验。这种检验是确定一定时期内价格变化的相关性。如 t＋1 时的价格与 t 时价格间的关系。相关系数在－1 到＋1 间取值。Fama 的研究表明，Dow Jones 指数每日价格在各种延迟下的相关系数都近于零。其他商品价格、其他单个股票价格的研究也有同样结论。

3. 游程检验（Runs Test）。用相关系数评估一个特定序列的独立性存在一个潜在的问题。因为相关系数是受个别的大数值数据的影响，即最大的数据或最小的数据会对确定相关系数的计算结果产生不正常的影响。为了克服这一可能的缺点，一些学者采用了游程检验。

这种方法忽略了序列中数字的绝对值，而只观察其符号。只计同方向的游程数（符号的连续序列），然后将观察到的实际游程周期数与随机产生的价格变化序列的游程数相比较。人们发现两者间没有明显不同，研究结果进一步强化了 RWH。

4. 过滤检验。上述方法都是对价格变化的独立性进行检验，而过滤检验则是对特定的机械交易策略进行直接检验。

过滤检验是基于这样的前提：即一旦价格变化超过一比率，则将继续在同一方向变化。所以有下列类似于著名的 Dow 理论的规则[15]：

当某日价格上升比率达到 X%，买入成为多头，并持有该证券直到从下一个高点下降 X%时

卖出成为空头；保证空头直到从下一个低点上升达到 X%时买入再成为多头。

可以看出，选择高的过滤值会降低交易次数，减少错误信号，但也会减少潜在的获利机会；相反，选择小的过滤值会保证分享大量价格变化带来的利益，但其缺点是进行交易的次数多，相应地要付出较高的成本，而且按错误信号交易的可能性也会增加。

R. A. Brealey[16]的研究表明，只有当过滤值取很小时，才存在依靠简单策略获利的自动交易系统。如果考虑到过多的交易次数导致的巨大的成本，这种情形下获利其实是不可能的。对其他交易系统的类似研究有类似的结果。这表明，获利的自动交易系统是不存在的，从而为 RWH 提供了支持。

5. 分布模式。按统计学的原则，随机事件的分布应是正态分布，因此，如果价格的变化比率是随机事件，则其分布应近似完全正态。Fama 的研究表明，价格变化率与正态分布性偏差很少，从而证实了这一点。

6. 逆转效应。最近研究发现，在某一段时期内，运行差的股票在其后时段里运行良好，反之亦然。如果这是真的，则可导出基于技术分析的易于实施的交易策略；即买入最近不好的，卖出运行好的。这称为逆转效应。这一效应如果在许多投资者采用后仍成立，将否定 EMH。

六、结论

市场有效性在西方经济学中是一个经典问题，而在我国则是刚刚被人注意。市场有效性研究的核心是关于“有效市场假设”的设定与检验，本文系统地介绍了“有效市场假设”的基本思想和基本理论。在其“有效市场假设”的三种基本形式，即弱式、强式、半强式中，对弱式的研究是最重要的。本文对弱式的主要实证检验方法进行了述评。“随机游走假设”是“有效市场假设”的早期版本，与“有效市场假设”弱式基本等同，目前仍被广泛应用。此外，本文还从噪声交易理论出发，对市场有效性的机理进行了探讨。

参考文献

[1] Paul A. Samuelson, “Proof That Properly Anticipated Prices Fluctuate Randomly”, Induotrial Management Review, 6, Spring 1965, pp41—49.

[2] Eugene F. Fama, “Muhiperiod Consumption-Investment Decisions”, American Economic Review, March, 1970.

[3] Sanford Grossman, “Further Results on the lnformational Efficiency of Competitive Stock Markets”, Journal of Economic Theory 18, June 1978, pp81—10l.

[4] Sanford Grossman and Joseph E. Stiglitz, “On the Impossibility of lnformationally Efficient Markets”, American Economic Review 70, June 1980, pp393—408.

[5] Fischer Black, “Noise”, the Journal of Finance, Vol41, NO. 3, July 1986, pp529—543.

[6] Paul Cootner, “Stock Prices: Random vs. Systematic Changes”, Industrial Management Review 3, Spring 1962, pp24—45.

[7] Eugene F. Fama,“The Behavior of Stock Market Prices”, Journal of Business 38, january, 1965, pp34—105.

[8] Andrew W Lo, (ed.), Marke Efficiency, Edward Elgar Publishing Limited, 1997.

[9] K. R. French and Rechard Roll, "Stock Return Variances: the Arrival of lnformation and the Reaction of Traders", Graduate School of Management, UCLA Working Paper, July, 1985.

[10] Albert S. Kyle, "Market Structure, Information, Futures Markets, and Formation", International Agricultural Trade, Westview Press, 1984, Boulder and London, pp45—63.

[11] Albert S. Kyle, "Continuous Auction and lnsider Trading", Econometrica 53, November 1985, pp1315—1335.

[12] L. H. Summers, : Do We Really Know That Financial Markets are Efficient?", Jorunal of Finance 41, July 1986, pp591—602.

[13] Paul Cootner (ed.), The Random Character of Stock Market Prices, MIT Press, 1967, Cambridge.

[14] Harry Roberts, "Stock Market Patterns and Financial Analysis: Methodological Suggestions", Journal of Finance, March 1959, pp1—10.

[15] Eugene F. Fama, and Marshal E. Blume, "Filter Rules and Stock Market Trading", Journal of Business 39, January 1966, pp. 226—241.

[16] R. A. Brealey, "An Introduction to Risk and Return from Common Stocks, MIT Press, 1969, Cambridge .

论中国农业合作制度变迁的格局与方向*

冯 开 文

一、问题的提出

寻找最佳的制度结构和接近最佳制度结构的途径，一直是经济学者关注和研究的问题。对于中国农业合作制度的变迁，不少学者从新制度经济学的一些基本理论如交易费用、产权、国家、效率等出发，集中探讨了中国农业合作中的某些重要问题，并由此对新制度经济学的理论进行了重大的创新（林毅夫，1990；周其仁，1994；郭剑波，1994；伍山林，1996）。这些学者们都自觉不自觉的借用了D·C·诺斯和林毅夫对制度变迁类型的划分，诺斯认为制度变迁是一个追求潜在利润的渐进的制度交替过程（D. C. North，1990），而林毅夫则认为制度变迁是人们在制度不均衡时追求潜在获利机会的自发变迁（诱致性变迁）与国家在追求租金最大化和产出最大化目标下，通过政策法令实施的强制性变迁（林毅夫，1989），但这并不意味着探寻最佳的制 度结构只能从二者中选择其一。

新制度经济学在交易费用不为零和存在制度且制度（包括产权）并不总是有效等假定下，研究国家、制度以及制度变迁。新制度经济学认为，制度变迁究竟按哪一种方式演进，不但取决于意识形态、以及传统、习惯等非正式制度安排；还取决于以往的制度变迁路径的影响即以往制度变迁的方式、数量、种类以及原因等；还取决于各行为主体的表现，比如其个性与理性程度等；还取决于外部性的大小、潜在利润的多少等等。在一场强制性制度变迁中，国家以及国家信奉的主流意识形态，即在一个社会里占主导地位的意识形态，举足轻重。

但问题是，诱致性变迁难免外部性和“搭便车”等问题出现，可以化解外部性的国家也总在边际收益＝边际成本的前提下实施制度创新，加上对产出最大化和租金最大化目标的追求，国家导致的政策失败（制度失败）和产权的无效率是一种常见的现象（林毅夫，1989）。

因此，我们假定，在正交易费用和制度安排并不总是有效的条件下，要接近或形成最佳的制度结构，就须：

（1）应使诱致性变迁与强制性变迁配套协调实施，以收取长补短之效；

（2）使国家尽可能的保持理性，并使国家理性、群体理性符合个人理性而不是相反；

（3）使意识形态等非正式安排与正式安排及正式安排的变迁协调而不是相反；

（4）使制度变迁既依赖既往的制度变迁路径，又要大胆创新；

（5）产权形式要趋向多样化。

我们将选择中国农业合作制度及其变迁，来检验上述假定。

---

* 原载《中国农村观察》1999年第3期。

二、变迁的轨迹

(一)新中国成立前的农业合作制度变迁

新中国成立前的农业合作制度变迁，在根据地以外的地区，缘于国家追求增加财政收入、银行振兴等潜在收益，以华洋义赈会倡行合作救灾为开端，以1928年国民党政府合作事业指导委员会的设立和1934年《合作社法》的出台为标志，迈上了国家单方面实施、推动制度变迁的途径。由于资金来源和规模受到较大限制、也不能有效减少农民加入的交易成本，这场强制性制度变迁致使一方面信用合作大发展，一方面高利贷盛行乡间；虽然合作社在保甲制下普及到保，而农业生产却日趋凋敝。

根据地的农业合作，主要体现出诱致性特征。采取了农民自愿的方式，"民办公助"是政府行为的主调。才溪乡的耕田队和耿长锁的合作社等都采取了灵活的资源配置形式和收入分配方案，努力寻找按劳分配和按股分红的适当比例。但是，由于规模的扩大受入社农民退出权的限制和交易成本的制约，寻找合理的分配方案交易成本就很高，不合理的分配又加大了入社农民的退出行为，从而增加了组织成本，合作社的经济绩效并不理想，只能实现较小的规模经济。

可见，强制性变迁和诱致性变迁都会面临交易成本与规模扩大的矛盾，由于交易成本的存在，规模扩大并不等于经济绩效提高。根据地以限制合作社的规模来减少交易费用，即在生产水平低的情况下，以追求较小的规模经济为目标的做法，是历史已经验证了的理性选择。但后来的变迁恰恰忽视了这条成功的经验。

(二)告别私有产权并极力追求"公平"(1949—1978年)

关于农业合作的重大决策形成于1953年以前。决策依据是对当时出现的两极分化、中农化、富农经济等现象的综合分析，对旧中国农村贫困状况的估计和原因探讨，以及政府强烈的想把中国引向富强的使命感；也体现对意识形态绩效的追求，对不公平增长方式的舍弃和对公平增长方式的偏好——这表现为对收入分配差别的刻意缩小和以产权的不断公有化为缩小分配差别的手段。而库兹涅茨的研究表明，"收入分配不平等的长期趋势可以假设为：在前工业文明向工业文明过渡的经济增长早期阶段迅速扩大，而后是短暂的稳定，然后在增长的后期阶段逐渐缩小。"[①] 约翰逊也说，"经济平等的成本对任何希望增长的处于发展中的经济社会来说，可能都是巨大的；特别明显的是，从历史上看经济增长的极大突发，一直是同极大的意外收益的前景和结果相联系的，所以，一个热望取得迅速增长的国家过于强烈的坚持旨在保证经济平等和公平收入分配的政策，似乎是不明智的。"因为这将限制对资本的积累和投入，而大多数情况下，经济增长必须以收入差别为前提①。因此，政府当时对公平增长方式的选择，成了社会稳定的前提，但也由此丧失了不少的经济增长机会，制度创新的绩效也大受削减。这可以从合作社的产权制度变迁中看出。互助组为初级社取代，是因为其规模效益有限，更因为它依然是较完整的私有产权。当时条件下最有效的产权形式——初级社的效率尚未发挥出来就为高级社所代替，原因之一就是高级社是较完整的公有产权。人民公社取代高级社，则说明国家除了要用产权的公有化实现对社会经济资源的控制外，还要通过建立全新的、完备的社区治理机构来控制农民甚至农民的思想。

---

① X・kuznets,"Economic Growth and Income Inequality", *American Ecnomic Review*, Vol. 1, March. 1955, P. 18.

初级社既成功地分割了私有产权，又通过给予农民较完整的退出权以形成社内农民的自我实施机制，有效地化解了合作社解散的风险。初级社以使农民获得较互助组更大的剩余享益权作为交换条件，从农民完整的私有权中，分割出一部分归合作社控制的剩余控制权，以私有土地入股的形式构筑了合作社的共有产权结构；生产股份基金的交纳无疑又增加了合作社的产权权重。由于农民拥有较完整的退出权，而退出的自由度与合作社的经营风险成正相关，农民不仅可以实施对合作社的监督，使合作社的管理者努力改善合作社的经济绩效，还可以参与合作社的分配等重大制度决策。对于社员来说，拥有较完整的退出权意味着拥有较完整的剩余控制权和剩余索取权；这使他们可以较自由地退出，也使他们倾向于维持合作社的稳定运转，从而自觉形成一种防范大多数社员退出以至合作社解散这一风险的自我实施机制（林毅夫，1990）。

较完整的退出权是初级社制度的关键。但形成初级社自我实施机制的还有意识形态的作用。国家借自身暴力潜能的比较优势，特别是在生产公共物品方面的规模经济优势，在农业合作之初实施了大规模的意识形态灌注，这使全新的主流意识形成了一种重要的行为规范。其内在规定之一就是支持合作社，要求农民加入合作社。这就使单个农民退社的风险和不确定性成倍加大。

另一原因是合作社增加了对生产监督管理者的激励，给他们以较多的剩余权，如地位的改变（从地位低下的“泥腿子”到一方的领导）以及相应的收益（荣誉以及误工补贴）等（A. Alchian、and H. Demsetz，1972）。

最重要的在于合作社是一种由私有、共有和公营组成的混合型产权结构。除了由公营带来和用于公营的公共积累产权归属不明外，每种产权都能获得其相应收益；而公共积累这时所占比例并不高，《农业生产合作社示范章程草案》中规定，初级社应留全年收入的5%～10%作为公积金，1%～2%最多3%作为公益金。产权不明晰带来的负面影响并不突出。

此外，初级社既继承了由私有观念形成的标准行为，又承继了相沿已久的农民间合作互助的传统，从而借传统的“行为标准化”功能减少了交易费用。

总体来看，初级社就是马克思所说的“重新建立”的“个人所有制”。马克思曾指出：“从资本主义生产方式产生的资本主义占有方式，从而资本主义私有制，是对个人的、以自己劳动为基础的私有制的第一次否定。但资本主义生产由原自然过程的必然性，造成了对自身的否定。这种否定不是重新建立私有制，而是在资本主义时代成就的基础上，也就是说，在协作和对土地及靠劳动力本身生产的生产资料共同占有的基础上，重新建立个人所有制。”① 初级社的产权明晰形成了对社员和合作社的双重激励，这也符合马克思合作思想的本意。但因为它与主流意识形态的规定、国家的工业化目标和控制农村社区目标，都存在明显的距离，所以较早地被高级社替代了。

高级社使集体公有产权成了唯一的产权类型，因此，农民的退出权大受限制。而生产责任制不能解决因产权不明晰而带来的分配不合理，和由此产生的激励严重不足的问题。加上农民的意识形态、传统、习惯并没有发生根本性的变化，公有产权的实际经济绩效并不理想。但是，国家及其代理人并没有去仔细研究产权结构及其实施机制，而是认为现有组织的规模不够大、产权公有程度不够高、国家没有控制农村社区，从而使高级社的缺陷在后起的人民公社中放大，高级社时开启的实施机制探索也受到更大程度的限制，意识形态日趋刚性，终致公社制度成为一种追逐理想的冲动，而被现实撞得粉碎。

---

① 见《马克思恩格斯全集》，第23卷第832页。

（三）1978 年以来制度变迁的整体扫视

与改革开放前的强制性制度供给不同，1978 年后的制度变迁是以初级行为主体①对潜在的获利机会的积极追求为主因的一场诱致性变迁。从大包干到乡镇企业的崛起，到股份合作制的实行，到农业产业化，制度变迁是一个不断认识获利机会、不断实现潜在收益的过程；制度变迁从发生到推广，总是一个不断"学习"——信息成本很低的借用和移植的过程；从收益分配的角度看，也是一个不断追求帕累托最优、不断接近帕累托最优的过程。

1978 年以来制度变迁是一个对多种互补性制度不断选择的渐进变迁过程。各种制度间不但存在互补竞争关系，而且其间的替代也注意寻找交易成本低的变迁路径，双轨制②至今还是一种有效选择。在大包干依然发挥巨大作用的同时，产权形式和实施机制的创新日趋繁复多样化，合作制度也成了大的制度分蘖母体。

1978 年以来变迁还以初级行为主体日趋活跃、国家行为日趋冷静为表象，后者集中表现为国家角色由市场上的运动员＋裁判员向裁判员的转换，以及主流意识形态由刚性（僵化不变）变为弹性（富有包容性和对现实的适应性）。

1978 年以来的制度变迁，正因为有这些特点才会获得良好的经济绩效。但是，这场制度变迁却又明显表露出制度供给不足的弊端。在市场化进程中，土地使用权的流转迟缓，就是农村经济制度需求难以满足的原因之一，也是合作制度创新成效有限的原因所在。

三、农业合作的难题

中国农业合作的道路充满曲折艰难，要面对太多的困难和复杂的矛盾。

（一）公平与效率的两难选择

直到今天，人们还在争论：合作社究竟应该是什么？不同的回答是因为对公平与效率的不同取舍。穷人希望合作社充满公平色彩，但合作社又要在竞争中求生存。所以，合作社只能是劳动者在合乎国家法律及其他制度规定的前提下，遵循合作社原则实现劳动的联合和资本的联合，通过资本的集中运营和劳动的分工协作，采用按劳和按资相结合的分配制度，以改善劳动者经济状况的经济组织。

我们不认为合作社应仅以劳动的联合或以劳动的联合为主，相应合作社也不应仅仅采用按劳分配的制度，那样就会把合作社局限在劳动的联合中，把合作社的产权制度限制在公有的范围内。现实表明，没有资本的联合并以之为基础，任何社会生产将成为空中楼阁；历史也表明，把可以容纳多种产权形式的合作社局限于劳动的联合中，将合作社等同于社会大生产的一个车间，否认合作社中存在的各种经济利益和产权关系，明显是苏联模式的翻版，是对合作社内在含义的扭曲。

我们认为合作社要兼顾公平与效率。从合作社的发展史以及世界各国信奉的罗虚代尔原则中

---

① 初级行为主体是指制度变迁或创新中，制度安排的最初的、自发的设计实施者。中国农村的初级行为主体就是指富有创新精神的农民大众。

② 指中国经济体制变革的方式之一：即在旧的经济体制外对其实施局部的、渐进的变革，建立新体制，使新旧体制在并存中竞争，以此逐渐累积全面改变旧体制的费用和经验，并最终取代旧体制。

可以明显看出，合作社要发展壮大并同时对社员实行利润返还，就必须改善内部管理，完善各项制度，甚至要不断提高社员素质，充分实现效率；马克思恩格斯也讲过合作社要有自己的经济利益，要改善社员的生活。但中国的合作社却长期奉行“无盈利主义”，致使今天人们还谈“合”色变，将合作等同于财产的归并。这就是过去将合作等同于“公平”——极度平均比的负面效果之一。可喜的是，改革开放以来，合作社已渐次恢复了其本来面目，并逐渐适应商品经济尤其是市场经济体制，日趋成为市场中追求利润最大化的、以合作原则组织起来的、生机勃勃的经济组织。合作社选择了公平与效率兼顾，就从公平与效率的两难选择中解脱出来了。

（二）意识形态流变造成的内在不协调

中国的合作思想和理论主要是一种舶来品。建国前的合作社主要依托西方的社会经济理论，建国后的合作社则仿苏联模式。无疑，西方的社会经济理论与中国农民的传统、习惯、观念之间，不仅存在距离，可能还有难以弥合的鸿沟。建国前华洋义赈会极力推行合作救灾成效甚微，原因就在于，受灾的农民并没有进行合作的理念。同样，马克思主义的合作理论要为农民所接受，也需要一个较长的过程。何况，我们接受并用作指导的合作理论偏离了马列主义合作理论的精神，因此加大了实施农业合作的难度，使我国的农业合作走了一段不应走的弯路。

马克思主义经典作家的合作理论是灵活的，他们认为无产阶级夺取政权后，合作经济可以在一段时期内与国有经济并存，合作社有其独立的经济利益；合作社内部可暂存雇佣关系，但要加以限制；对于既是劳动者又是私有者的小生产者，不能采用剥夺的方式，而要建立各种合作社使他们逐渐过渡到共产主义（社会主义）。合作社只是一个向社会主义过渡的“中间环节”，并非社会主义或共产主义性质的①。因此，马克思恩格斯论述了多种合作社模式，如“合作工厂”、“合作贸易”、“合作生产”、丹麦社会主义者提出的“股份合作制”——将农民的“土地结合成一个大田庄，共同出力耕种，并按入股土地、预付资金和所出劳动力的比例分配收入”、法国巴黎公社将要建立的合作联盟、俄国农村公社中的“劳动组合关系”、当然还有马克思恩格斯论述最多的集体所有制的合作社②。可见，经典作家并没有给出组建合作社的固定模式。

斯大林则将合作社等同于集体所有制的经济组织，并坚决主张用这样的合作社去取代小农经济。斯大林简单的抛弃了布哈林先发展市场关系使农民摆脱贫困再组建多种形式的合作社、要用实际利益吸引农民等正确主张，把合作社的建立与建成社会主义、实施工业化战略、“全盘集体化”“消灭富农”等同起来，使苏联斯大林时期的合作化、集体化实际上变成了建立社会主义制度安排的政治运动③。

由于苏联的集体化曾作为一种成功的经验广泛流传，由于中国的领导人，特别是毛泽东更多的吸收了斯大林而非马克思恩格斯的合作思想④，斯大林的合作思想成了中国农业合作方面的主流意识形态，就使中国的农业合作制度的变迁不能不体现出较多的苏联模式的印痕。而中国传统

---

① 见《马克思恩格斯选集》第2卷第132～133页；《马克思恩格斯全集》，第36卷第415～416页。

② 见《马克思恩格斯全集》，第16卷第218页；第36卷第415～416页。《马克思恩格斯选集》第4卷第312、314页；第2卷第634～635页；第4卷第295～316页。

③ 见《斯大林全集》，第6卷，第211页；第11卷第142页；第12卷第144页。《布哈林文选》上册，第422～424页。

④ 见《毛泽东选集》，第3卷，第928～936页；第4卷第1430、1437、1439页；第5卷第117、121、176、177～179、182、193、213、238、243～245、257～258页。

的小农经济依然占主导地位，相沿千年的旧意识形态、习惯、传统都未发生太多改变，苏联模式一旦成为中国社会的主流意识形态，并将决定制度创新的规模和方向时，就会与农民—— 小生产者依然坚持的旧意识形态（根深蒂固的私有观念等）、传统（相沿已久的劳作生活格调）和习惯（散漫悠闲的个性）相矛盾，就需要他们形成一种新的标准行为以取代相沿已久的传统和习惯。仅此一点，农业合作制度的变迁就只能是一场高交易费用的强制性变迁。

（三）改造对象——个体小生产的高度稳定性

受上述意识形态规定的制约，当时的农业合作不仅要改变人们的旧传统、旧意识、旧习惯，还要同时改造小生产、取消小生产。改造小生产任务相当艰巨，因为，自近代以来小生产呈现出的分化趋势是：解体与稳定并存，而稳定是主调。解体是因为其小规模、低水平的特性，稳定则缘于其内在的产权制度。由于稳定的自给自足的经济制度（产权制度和分配制度合一）对国家和社区的治理机构来讲，是可大大节省交易成本的，它们都倾向于使其稳定延续。还由于资源禀赋的刚性制约，以及自身仅够自给的经济规模，农户便自觉的削减交易量，使初始产权的交易受到限制，由之衍生的剩余控制权和剩余享益权的交易成为常态。加上这种经济制度小而全，自身对外界环境有较强的抵抗能力；以及近代社会的变迁较少触及社区的治理机构——制约小生产的政治制度，小生产的制度环境并没有发生根本性变化，小生产基本是稳定的。从这个意义上讲，改造个体小生产，就不能停留在规模扩大和产权的公有化程度上，还要以社区治理机构的改变作前提。因此，这场制度变迁是大规模、高难度的，加上要面对的是千万个与小生产、传统社区治理机构、旧习惯、旧意识形态、旧传统有千丝万缕联系的小农，制度变迁的交易成本很高。为此，要么是一边累积变迁所需的费用，一边渐进的变迁；要么就一气呵成，用提高速度来减少交易费用。但实践证明，后者容易煮夹生饭，还会使强制供给的制度安排陷于无效。

（四）规模与效率的矛盾困境

从建国前的农业合作中就可以看出规模与效率的明显矛盾。那时的矛盾表现为规模过小，难以形成规模经济，扩大规模又面临因农民退出带来的高交易费用。后来的规模过度扩大，如高级社和人民公社，又产生了较高的监督费用，导致合作组织的效率难以实现。加上分配制度极不合乎帕累托效率原则，追求不伤害任何人利益的平均化分配，却使大多数人的利益受到损害，以致组织中出现大量的机会主义、“搭便车”和偷懒行为，不断侵蚀组织的制度结构并最终使之陷于无效。

（五）产权兼容性与目标单一性的矛盾

在前面我们给出的定义中，合作社可以兼有劳动联合和资本联合、按劳分配和按资分配的功能，因此，合作社必然会兼容多种产权形式。因为分配制度是对剩余权的规定，不同的剩余权必须以不同的初始产权为前提。初级社制度中就存在私有、共有、公营多种产权形式。但受主流意识形态的规定，我们组建的合作社只是以改造私有权、向社会主义过渡为目标。由此又引出一系列难题：要改造小生产、改造传统的社区治理机构、改造农民的思想等等，最终陷入了无效率的困境。解决这类问题，就需要从使意识形态富有包容性入手，营造多种产权形式竞争改进的良性状态。这是改革开放后制度变迁呈现出的喜人特征。

此外，个体分散经营带来的高交易成本，农业比较利益低下与支援工业化的任务，解决民贫与国弱孰先孰后等等，都是农业合作面临的难题。

四、突破诱致性变迁与强制性变迁选择上的两难困境

上述难题，归根结蒂是制度变迁方式选择的问题。要化解高交易费用，国家不惜改造传统的社区治理机构，强化意识形态灌输，追求对旧政治制度、旧产权制度、旧意识形态的迅速替代。由此带来的一厢情愿，却造成制度安排的无效率状态。但如果听任制度安排自发的创新，在新中国成立前，实现最低规模经济尚是一道难题，如何满足国家追求最大规模经济以实现产出和租金最大化的愿望呢？建国后特别是高级社后的农业合作制度变迁，因规模较大而产生过高的监督成本，同样陷于无效状态。这似乎已经说明，从诱致性变迁与强制性变迁二者中任选其一，都难免要陷入制度变迁方式选择上的困境。

透过1978年后以诱致性为主的制度变迁，我们看到：农业合作制度变迁中，诱致性变迁易导致供给不足、强制性变迁易忽视初级行为主体利益的难题，居然有了破解可能，这就是使初级行为主体具有活力，不断实施创新，国家理性地做最终决策，形成一个上上下下协调实施制度变迁、诱致性变迁与强制性变迁配套进行的良性状态；这就是主流意识形态趋向弹性、包容并与其他的意识形态协调的和谐状态；这就是正式制度安排的变迁较多的照顾到初级行为主体的传统、观念、习惯的宽松状态；这就是制度变迁不抛弃过去的路径并在过去的路径上大胆的不断创新的理性状态……无疑，这一状态将不断接近制度变迁的最佳状态——制度安排协调配套实施从而使制度供给与制度需求渐近均衡的状态。我认为，这是中国农村改革最大的贡献之一，也是1978年以来这一轮全局性改革最成功的经验之一。

综上所述，农业合作中面临的难题，可以归结为对诱致性变迁与强制性变迁的两难选择问题；因此，破解难题的手段就是努力使诱致性变迁（创新）与强制性变迁（创新）配套协调实施。农业合作的实践反复证明，只有这样才能接近甚至达到制度变迁最佳状态——制度供给与需求均衡的状态。

参考文献

[1] 林毅夫．集体化与中国1959—1961年的农业危机．政治经济学杂志（美国）．1990年12月号，第98卷第6期

[2] 周其仁．中国农村改革：国家与所有权关系的变化——一个经济制度变迁史的回顾. 中国社会科学季刊.（香港）1994年夏季卷，总第8期

[3] 郭剑波. 人民公社产权制度——对排他性受到严格限制的产权体系所进行的制度分析. 经济研究．1994年第7期

[4] 伍山林. 制度变迁效率评价——以中国农村经济制度变迁为例. 经济研究. 1996年第8期

[5] Nuoth，Douglass. C. ."Institutions，Institutional Change and Economic Performance"，Cambridge University Press. 1990

[6] 林毅夫．关于制度变迁的经济学理论：诱致性变迁与强制性变迁．卡托杂志（美国）．1989年第1号，第9卷

[7] Alchian，Armen A.，and Harold Demsetz. "Production. Information Costs，and Economic Organization". American Economic Review"，62（December）．1972

从土地改革转入农业合作化的制度变迁机理分析*

——对有关的几种观点的评析

冯开文

一、对土地改革意义的重新认识

关于中国土地改革和农业合作化，著名于世的是革命两阶段论，即认为中国土改是为了变地主的土地所有制为农民的土地所有制，而合作化则是要引导个体农民走社会主义道路。这是革命的两个不同阶段。土地改革之所以成为第一个阶段，是因为封建的、半封建的土地所有制是旧中国最落后最反动的生产关系，是近代中国被压迫的根源，是国家工业化民主化的基本障碍，具体说来，封建制度的落后性、反动性表现为占农村人口不到10%的地主富农占有全国耕地的70%～80%，收取五成至七、八成的高额地租并辅以高利贷盘剥①。

无疑，土改是一场经济变革。但这场变革却难以用"生产力决定生产关系的原理或者技术变迁决定制度变迁的理论"② 来解释。无法想像，新中国的成立，民众的解放，会带来农村生产力的明显的发展，从而引起变更生产关系的要求。实际上，土地改革是选择变更生产关系以促进生产力发展（不一定从生产力的要求和决定性作用出发），这一做法的开端，为后来农村政策的创新与变迁铺设了一条轨道。因为，土地改革时，生产力并无明显发展；另外，土地改革有一个明显的思路就是使拥有较多劳动力、从事农业生产的农户获得土地，实现耕者有其田。而历史已经证明，精耕细作的中国农业，已陷入不断过多地投入劳动来换取较少的产出率这样一种高水平均衡的陷阱中，跳出而不是重复旧有的循环，不外乎增加资本投入以促进技术进步和改变经营制度两种，前者的优势在于地富，而后者则在政府，政府不选择拥有较多资本而土地产出较多的地主富农，而是把劳动力较多的贫雇中农作为依靠对象，是与新国家政府的意识形态选择相联系的。比如战争中形成的人多力量大的观念，以及从马列经典中吸取的消除剥削的做法等，在中国，从历史长河中看，地主富农与一般农民并非一成不变，而他们都是土地私有者。区别只在占有的质和量不同，以及是否参加和参加多少劳动这样一个政治条件，他们都拥有的对土地等财产的私有权，都有可能剥夺别人的剩余劳动。事实已经证明，土改之后出现了土地买卖和租佃以及雇工现

---

* 原载《中国农史》1999年18卷第3期。

① 许涤新主编：《政治经济学词典》，人民出版社，1980年，第220页。

② D.C.诺斯等：《制度创新的理论：描述、类推与说明》，见《财产权利与制度变迁》，上海三联书店、人民出版社，1994年。

象，说明改变地主土地所有制并不能消灭剥削，而土改后大家几乎都得劳动。这就告诉我们，土改不仅为首先变更生产关系开了先河，也为经济变革中注入太多的政治意味，这就使我们难以单从经济领域探求土改的合理性。经济变革富有政治意味也是合作化和人民公社化的突出特点，都是为了建立马列主义毛泽东思想所设计的社会主义制度。

土改显示出的另一个趋势就是安排上实现了由竞争性地权向替代性地权的转变。在封建社会农村，在地富和其他个体农民之间存在着对土地产权的竞争关系，允许土地买卖就是竞争的公开法则，竞争中优胜劣汰的结果是地权趋于集中（原来的地主、富农和一般的农民都会成为拥有较多土地财产的人），进而影响社会公平与秩序。这时国家或国家的代理人便出面调整仲裁，新的国家仍会锲而不舍地完成自己的使命。也就是说，国家对于农村来讲，其职能就是对产权市场施行调控。而随着土地产权的集中向地主——自耕农——新的地主——新的自耕农而循环不已，国家政权也由此陷入了地权集中——调控（改良）——改朝换代（政治革命）——平抑地权（新国家的制度创新）——新的地权集中——调控——新国家覆亡这样一个稳定性循环之中。在这两个循环中，地主和大大小小的自耕农一直是封建政权改良、改革天平上的砝码，从来没行完全一边倒。土地改革的意义不仅在于变地主土地所有制为农民土地所有制，更在于地主变成了自耕农，从而实际上使农村成了清一色的自耕农，变成了小农经济的汪洋大海，这就使土地产权完全归于自耕农，地主失去重获地权的可能，在经济上实际被消灭了，从而使历史上循环不已的竞争性产权不复存在，而代之以自耕农对地主地权的替代关系，这同样为后来的合作化开了先河；合作化可以说是地权在替代中走上了社会主义公有制的单轨道，而人民公社则足更大范围、更快的公有制追逐私有财产的过程。

上述循环是否能被打破，一个关键环节就是新国家实施的制度创新。理性的创新追求帕累托改进或者最大限度地降低交易费用。实现的途径主要有制度外创新和一致同意。北魏和唐是均田制实施的代表时期，其中体现出了突出的制度外特色。当时都处于大乱之后，土地的主人大批逃亡，土地大量荒芜，从而给新生政权提供了制度创新的“真空地带”，使它得以在旧制度外（官僚、贵族、豪强地主大量兼并土地是旧制度的基本安排）从事摩擦成本很小的制度创新。新中国的土地改革结局仍是均田化，但自宋特别是清乾隆朝之后，土地相对于剧增的人口已相当稀缺；而官公田在民国时期已快速私有化；加上新旧政权的快速交替，支持旧政权的农村“精英”还来不及随之撤退，这些地主富农分子仍因拥有较多土地财产而影响举足轻重——这与中国民间的自治传统以及社区治理权习惯地集中于“社区精英”有关，所以，上地改革不具备这样的体制外特色。

不仅如此，改革面对的阻力相当大，难以形成一致同意。一方面，旧中国的土地占有关系并非我们信以为真的那样：占人口10%的地主富农占有70%～80%的耕地，而占人口90%的农村其他人口只占有20%～30%的耕地。旧中国时期人们进行的大量调查以及新中国的调查统计都说明当时地主富农占有耕地的比例为一半稍多，而其他农村人口占有不足一半。① 来自毛泽东的《兴国调查》、《寻邬调查》的国民党农民部占人口10%的地主富农占有70%～80%耕地的说法，错在前者将归地主富农“把持”、当地全部人口受到实惠的公田算成了地主富农共同所有②，后者错在取材于不足据的北洋政府《民国七年农商统计》，章有义等已指出其中的谬误百出③。另

① 郭德宏：《中国近代现代农民土地问题研究》，青岛出版社，1993年，第9～42页。

② 《毛泽东农村调查文集》，人民出版社，1982年，第105页，第199～200页。

③ 章有义：《本世纪二三十年代我国地权分配的再估计》，《中国社会经济史研究》，1988年第2期。

一方面，新中国成立后人地关系的紧张程度并没有得到多大程度的缓解，并没有辟出可供分配的土地，也没有出现大战之后人口锐减的情况，这就势必要从一部分人手中夺取耕地分给另一部分人，必然要发生激烈利益冲突；而且由于富农占有一部分耕地受到了保护（自耕和资本主义部分），实际地富占地的比例还要下降，这就难以确保在分田中不动中农土地。也就是说，土地改革使一部分富农、中农的利益受到了伤害。以前我们只是从农村人口的比例，看到贫雇农占大多数，忽视了各阶层农民都是单独的利益主体，而且反对者因为有更多的土地等财产要失去，反对的声浪可能并不低沉。这就难以形成一致同意，土地改革必须要变成一场国家入主的强制性变迁。土地改革是国家进行全国性的制度变迁的一场初战，通过给予一般农民土地财产，国家成功地介入经济领域，并使农村中最穷苦一部分人和他们一条心。这样，国家就可以由此找到与农民在意识形态的共鸣点，使一系列后续的制度变迁顺理成章。这才是初战告捷的含义。国家追求经济绩效以外的绩效，从这时就已经开始了。合作化和人民公社都是积极追求意识形态绩效的非帕累托改进式的制度创新。

二、从土地改革向农业合作化转变的关键——意识形态重建

关于国家如何代表了农民的意志，有一种政治分配、政治收回的新说法。这种说法认为土改是基于对农业剩余的追逐，因为以往的农业剩余并没有成为工业化的积累，而是变成了地主的地租，因此，把农民变成国家的自耕农，有利于国家财政收入的增加。比如，解放后国家取得农业税率达11%，高于明清和民国时期（该文认为，民国时期农业剩余率达30%多）。我们在前面已经说过，因为地富和其他农民都可以变成私有者；土改后确实又出现了旧地权制度重新复制的迹象，增加财政收入这一经济绩效已受到侵蚀，从而更符合土地追求经济绩效以外绩效的逻辑。但更重要的是该文认为，国家通过这样一场政治运动形成的私有权分配，把自己的意志灌输其中。当国家感觉到私有产权制度实际上有大量农业剩余被农民均分而不利于工业化积累时，就可以使用渐进的手段取消农民的私有财产而被视为合法。①

这里，土地改革被认为是为了意志的灌输作准备的，并不惜为此付出昂贵的交易成本（如时间和费用），那么，这个意志到底是什么？为什么这种意志的灌输可以使农民在失去土地所有权之后不但没有选择反抗而视为合法？而且，必须看到，这个“意志”和人民政府消除剥削并使地权实现由竞争性向替代性的转变密切相关；也是解释国家为什么在并非体制外和并非一致同意的情况下，实施和能够实施土改这场经济绩效并不太理想的制度创新的关键。这个问题也与土地改革和农业合作化的关系密切相连。我们认为这些问题，不能仅从获得农业剩余支持工业化，即国家财政收入最大化这一途径来看，更要看到国家特别是共产党领导的人民政府对政治支持锲而不舍的孜孜以求，可以说，为此付出的努力绝不亚于对财政收入最大化的追求，新中国成立前，共产党政权为了追求政治支持，可以雷厉风行地倡行土地所有权变革，也可以回到和风细雨的减租减息政策中去；土地改革本身就既是一场经济变革，又是一场政治运动，土地改革要完成的并不仅仅是这种意志的灌注。即使是这种意志的灌注，也绝不是通过私有产权的分配就能换来的。如果是这样，封建国家也可以通过王朝建立之初的地权变革向农民灌输自己的思想。却为何要在后来因剥夺农民私有权而遭到抵抗甚至造成王朝覆亡？共产党国家是怎样避免这一冲突的呢？避免

① 周其仁：《国家与所有权关系的变化》，《中国社会科学季刊》（香港），1994年夏季卷。

这一冲突绝不是仅通过私有产权的分配（像封建国家所做的那样）能够实现的。

新中国政府之所以能在给予农民所有权之后又迅速收回这种私有权，是因为国家“费力费时”地创新了一种全新的主流意识形态；是因为国家灌注这种主流意识形态的方式有了根本的不同，而全新的主流意识形态，就为土地改革及其后的一系列制度创新提供了设计框架。换句话说，这一系列改革成了主流意识形态的表现形式，土地改革也是其中一步，而不是土地改革之后才开始的这种意识的灌输。

这种主流意识形态的创新是对中华文化的继承和创新，而更重要的是创新，创新完成了主流意识形态的转轨。这种创新可以追溯到新文化运动甚至更早的西学东渐，在此过程中人们渐渐使传统意识形态（以仁为代表）中的仁义有了新义：即不是被动地接受看似平等、实际却有差别的“爱”，而是应自由地、平等地、真切地相互友爱；“仁”应该是自发的而非强加的一种真情流露，是一种内在修养的表现；“仁”还渐渐表示出平等地兼相爱、交相利的主旨。这就使其代表的意识形态主流发生了转换，和历史上非主流的均平思想交汇在一起。鲁迅对“仁”即是吃人的揭露，孙中山的平均地权主张，毛泽东代表中国共产党提出的新民主主义，就是新中国成立前意识形态创新的重要成就。但更重要的是，身为无产阶级先锋队，立志解放全人类的中国共产党人，把社会主义、共产主义传到了中国，并使人们渐渐地了解，社会主义是未来社会的美好蓝图：社会主义国家实行人民当家作主的无产阶级专政，社会主义奉行公有制和按劳分配，社会主义经济有计划地运行，社会主义连着最美好的共产主义……。这是高出以前任何时期的意识形态创新，高出了改朝换代层次（如均田制和土地改革），也高出了平均地权等乏力的、缺乏实现手段的意识形态重建，是一种让老百姓十分喜欢（高于其传统理想层次）却不能立即搞清楚（与现有知识存量有相当差距）的意识形态。

结合中国人文化水平很低的现实，全新的意识的重构并非土改后才开始的，而是土改尚未结束时就已经变成为行动的具体部署了。在《中国革命和中国共产党》中，毛泽东就指出，由于中国革命是“新民主主义的革命，而中国革命又处在20世纪30和40年代的新的国际环境中，即处在社会主义向上高涨、资本主义向下低落的国际环境中，处于第二次世界大战和革命的时代，那么，中国革命的终极前途，不是资本主义的，而是社会主义的和共产主义的，”① 这个终极前途并非遥遥无期的，“完成中国资产阶级民主主义的革命（新民主主义革命），并准备在一切必要条件具备的时候把它转变到社会主义革命的阶段，这就是中国共产党光荣的伟大的全部革命任务。每个共产党员都应为此而奋斗，决不能半途而废。”这是1939年就已提出的目标。次年，毛泽东将这一理论提炼得更加成熟，指出革命要分两步走，但我们共产党绝不能就此将共产主义收起，因为共产主义是无产阶级整个的思想体系和社会制度。“是自有人类历史以来，最完全最进步最革命最合理的”，今天“惟独共产主义的思想体系和社会制度，正以排山倒海之势，雷霆万钧之力，磅礴于全世界，而葆其美妙之青春”，“中国的民主革命，没有共产主义去指导是决不能成功的，更不必说革命的后一阶段了。”由此，共产主义（社会主义）之美妙开始深入人心，只是我们现在还不能迈出向着共产主义的第二步而已，但第一步明白无误是朝向共产主义的，而且需要共产主义去指导。最明显的是在党的七届二中全会的报告中，毛泽东讲得更透彻：“古代的封建的土地所有制，现在被我们废除了，或者即将被废除”。这“使我们已经或者将区别于古代”，但仅此还不够，“占国民经济总产值百分之九十的分散的个体的农业经济和手工业经济，是

① 《毛泽东选集》，第二卷，第650页、第651页。

可能和必须谨慎地、逐步地而又积极地引导它们向着现代化和集体化的方向发展的，任其自流的观点是错误的”①。指出中国革命在全国胜利并且解决了土地问题之后，还存在着两种基本矛盾：工人阶级和资产阶级，中国和帝国主义国家的矛盾。而我们在进入城市之后，在城市里应该依靠无产阶级，而非贫民阶级，更非资产阶级②。说明全国解放后建立社会主义制度（不止是经济制度）是早已定下来的基本任务，而在农村中推行的社会主义的具体措施和政策也基本形成。土地改革在社会主义这个目标下，就像建立新政权之前还要肃清国民党残部一样，只是一个附带的小步骤，只是给社会主义这个主角的出台提供一点过渡时间，准备一些条件，它自己也成了向着社会主义序列中的一环。要不然。1952 年 6 月 6 日毛泽东怎么会在中央统战部的一个文件上这样批示：“在打倒地主阶级和官僚资产阶级之后，中国内部的主要矛盾即是工人阶级与民族资产阶级的矛盾，故不应将民族资产阶级称作中间阶级”。③ 要不然，毛泽东怎么会在全国土改还未结束的 1952 年 9 月，就讲到从现在起就要开始用 10 年到 15 年的时间基本上完成到社会主义的过渡，而不是 10～15 年之后再过渡。④ 可见，在民主革命中，共产党人就已经定下了社会主义的目标及实施步骤、依靠对象、主要矛盾、具体措施等一系列内涵，在焦急地等待着迈向社会主义的那一天，一旦夺取政权，很快就没有了在社会主义之前搞一个新民主主义阶段的闲情逸致，在农村中也打消了土改之后 10～15 年再向社会主义过渡的念头。可见，社会主义是主流意识形态的核心构件，土地改革、农业合作化、人民公社化都是主流意识形态的实施步骤；由于意识形态创新过程中主要是一种理论创新，在土改中发动群众，在合作化中、人民公社化中大力宣传，以使老百姓知之较少的社会主义深入人心，就成了一个必须的、成本高昂的制度安排实施过程。好在意识形态创新中付出的高成本已经减少了实施成本，加上既往的经验也大大减少了实施中的交易成本，所以，新创的意识形态必然要顺理成章地实施。

经验的作用在于，社会主义的意识形态创新和灌注能够奏效，或者说农民会相信并选择社会主义，是源于共产党及其所代表的阶级与农民阶级的多次合作的成功，以及这些经验积累给农民阶级带来的不容置疑的信赖感。第一次内战结束的时候，大多数农民像民族资产阶级一样退出了工农政治联盟，但坚守在这个联盟中的农民马上分享到“分田分地真忙”的快乐；抗日战争中农民又从合作中获得了减租减息等实惠，第三次内战中则有更多的农民分享了政治合作带来的甘甜。政治合作就这样与经济果实的分享建立了似乎固定的联系，在文化水平较低，又没有独立思想、只充分相信经验的农民心中，形成一种牢固的信念，这足以使他们放弃对未来不确定性的忧虑，放心地搭上了通向社会主义的便车，又一次自然而然地选择了与国家的合作，由于选择服从国家的领导而共同努力谋福利的合作形式，农民们进而遵从国家选择的意识形态社会主义，以及合于社会主义的政治制度和经济制度创新。⑤ 这就是意识形态巩固工农联盟的神奇作用。当社会主义的进程遭到挫折时，或者因为“剪刀差”式的剩余索取使老百姓饿肚子时，他们中会有人选择经济上的机会主义行为，如初级社、高级社时的退社行为，如公社体制的消极怠工行为，但他

① 《毛泽东选集》，第二卷，第 686 页。

② 《毛泽东选集》，第四卷，第 1430 页，第 1432 页。

③ 《毛泽东选集》，第四卷，第 1427 页。

④ 薄一波：《若干重大决策与历史事件的回顾》，中央党校出版社，1991 年版，第 213～214 页。

⑤ 依 D.C. 诺斯的观点，经济制度决定于政治制度，而意识形态则为制度变迁设定了范围，也就是说，意识形态制约着政治制度，政治制度决定经济制度。见 D.C. 诺斯：《制度、制度变迁与经济绩效》，上海三联书店，上海人民出版社，1994 年。

们始终坚守在工农政治合作中，并认同来自工人阶级——国家方面的经济制度创新。这全是因为他们对主流意识形态的依从和信赖，而主流意识形态决定和影响着政治制度。这也是三年困难时期没有发生农民反抗的原因之一。

如前所述，土改和合作化是意识形态绩效良好的制度创新，创新不仅带来了源源不断的农业剩余，而且建立了以社会主义为依归的农村政治制度，使集体主义、社会主义、共产主义深入人心，但是，当这一意识形态的内涵变化太快（比如公社化时就跑向共产主义），就必然要求政治、经济制度做相应的快速改变，从而影响老百姓对制度的适应能力；同样，当主流意识形态的规定始终处于刚性状态（如规定社会主义必须实行纯而又纯的公有制），也会限制经济制度和政治制度创新的获得利机会的出现，农民们难以得到实惠，就易于产生对主流意识形态的疑虑，易使意识形态失去减少其他制度安排费用的功能。这是农业合作化给我们带来的深刻启示。

显然，从土地改革向农业合作化的转变，是一个意识形态、政治制度和经济制度多线复杂变动的过程。虽分属民主革命和社会主义革命的两个阶段，但土地改革已开启了变更产权促进经济增长和追求制度创新的意识形态绩效的先河。因为社会主义这一意识形态的重构从土改以前就开始了，而土地改革、农业合作化及人民公社都是“社会主义”所规定的必备步骤，而这些包含经济目标和政治含义在内的制度变迁，之所以能够在并非体制外、并非一致同意的情况下形成，就是缘于意识形态对行为选择的界定作用，对经济制度框架的设计功能。而意识形态的重建以及对农民的灌注，则完全由于过去多次政治合作打下的经验基础及意识形态本身的全新特征。这样去看从土改到合作化的迅速转变可能会更周详一些。

深圳市宝安县横岗镇的股份制经济*

俞 家 宝

我们考察深圳市宝安县横岗镇实行的股份制经济体制之后，深感他们采取集体经济股份和个人股份相结合的新经济体制的实践，有着重要的理论意义。马克思《资本论》中曾经指出：在协作和对土地及靠劳动本身生产的生产资料的共同占有的基础上，“重新建立个人所有制”（马克思恩格斯全集23卷832页），对此经济学界众说不一。有人说，是指消费品的个人所有制，有人说是指劳动者劳动力的个人所有制……。我认为，研究横岗镇的股份制经验，有助于我们正确理解马克思关于“重新建立个人所有制”的观点。

一

横岗镇是一个靠引进外资和发展“三来一补”加工业而迅速富裕起来的、全国百颗明星镇之一。该镇有52个自然村，1.1万人口，有“三来一补”企业592家，厂房86万平方米，固定资产2.9亿元，其中集体财产2.3亿元。工农业总收入1.7亿元，其中来自“三来一补”企业的工缴费收入占92%。平均每人有固定资产近2万元，平均每人收入1.5万元。为了管好、用好、并使集体财产不断增值，镇党委认为必须对现行的集体所有制模式进行改革，其中心目标是使每个集体成员都像爱护、关心自己的财产那样爱护、关心集体的财产；像关心积累自己的财产那样关心积累集体财产。他们经过调查研究，并与村干部和群众广泛协商，拟定了实行集体经济股份制的办法。具体做法如下：

1. 把全村的集体财产拆成股份，一半为集体股，一半为集体成员股。凡在本集体范围内参加集体活动，完成集体交给的责任和义务的16岁以上的劳动者，每人占有一股，16岁以下者每人占半股。脱离这个集体后，就不再占有股份。

2. 个人股记入个人名下，但不能转让，不能提取、不能抵押、不能流通，不能继承。

3. 村集体经济所获得税后利润，按股份分红。集体股用于扩大再生产和集体福利事业，成员股份分配给集体成员个人。

4. 村成立股东大会或代表大会，并选举董事会，由董事会聘请总经理负责日常经营工作。重要工作由董事会或股东大会决策。

横岗镇改革的特点是：完全保持了集体所有制的公有制性质和集体经济的更快发展。成员的股份虽然记入个人名下，但在“五个不能”的规定中，确定了它的公有性质，特别是脱离了集体就失去了股权的规定，保证了集体公有制不可分的性质。集体股占利润50%的规定，又保证了集

---

* 原载《中国农村政策问题研究》第2卷。

体经济的优先增长，使集体财产更快增值。同时，每个成员又都有真正的、平等的生产资料所有权，不仅是名义上的，而是实实在在的得到生产资料所有权带来的利益，体现出这种公有制是联合起来的“个人所有制”。

横岗镇从1989年开始进行的改革试验，在短短的两年中已初步显示出效果。这就是集体成员要求发展集体经济，增加积累，增加投资，约束消费分配，并积极参与集体经济的经营决策。如在六约管理区的太和等4个村，1989年讨论分红方案时，股东大会讨论了当前银行贷款利息重的情况，决定放弃当年分红，以便能一次还清贷款，使集体企业有更充足的自有资金，体现出集体的成员真正把集体经济当做自己的企业经营。又如六约村的干部过去因主观片面决断投资项目，曾被外地骗走100多万元。实行股份制后，股东们看到经营成果与自己的利害关系，积极参与经营决策，干部行为受到约束，一切大事都由股东大会决定，避免了决策失误。近年来该村兴办鸡场、果场样样效果好。现在，股东和社员的观念都在转变。股东们理直气壮的要求严格监督村经济账目，干部们也不敢胡来，积极加强财务管理工作，做到日清月结，定期公布。

从当前看横岗镇改革，还有些问题尚待研究。如不分劳动好坏和对集体财富增长贡献大小，人人占有一股，显然过分平均了。又如何根据集体经济发展程度确定集体股与成员股的比例也是一个重要问题。再如，在本村内非本集体的劳动者，虽然创造了利润，但无股权又不能参加利润分配，这似乎有些不大合理。

二

横岗镇实践的意义，主要在于他们在所有制的改革上跨出了新的步伐。近几年，我国农村一直在探索如何完善集体经济的模式，克服集体经济以往存在的某些弊端。以往出现的集体经济成员不大关心集体的财产，对干部的作风也缺乏约束机制等问题。其根本原因，仍然在于集体的成员没有把集体财产当作个人财产看待，或者说，没有当作是联合起来的个人财产看待。横岗镇的股份制实践在解决这一问题上前进了一步。那么，横岗镇的改革会不会增加了个人消费减少了积累？表面看起来或直观的感觉都会得出这个结论。实践上，正是由于增加了这部分消费资金，才产生了在总产品分配中约束消费基金增长、增产利润部分的机制。由于增加了这部分资金，才换到集体成员关心集体经济增长像关心自己财产增长一样的积极性，从而才会减少集体财产的流失和使用中的损失和浪费，才会提高投资效果、生产经营效果、降低成本增加利润。所以不论从一段时间看，还是从长期看积累不仅不会减少，反而会增加。

所有制的改革是最深刻的经济关系的变革，涉及多方面的经济利益关系。横岗镇的改革仅仅两年时间，很难展示出它的全部面貌，我们也很难一下子看清楚，它是不是“重建个人所有制”的唯一形式和最好的形式？都有待于继续深入的观察和探索。

农业推广中改变农民行为方法体系的构想*

李志民　郑　丽　王晓玲

农业推广是改变农民行为，再由农民改变农业和农村。按照这条轨迹，农业将迅速发展，农村将加快繁荣，农民将提前进入小康；按照这条轨迹，农业科技成果，将迅速转化为生产力。那么如何改变农民行为？运用改变农民行为的“农民心理理论”、“认知理论”、“交往理论”、“学习理论”和“扩散理论”等，结合笔者参与河北省“八五”攻关示范区进行农技推广的实践，对有中国特色的改变农民行为的方法体系进行构想以期与同行切磋。

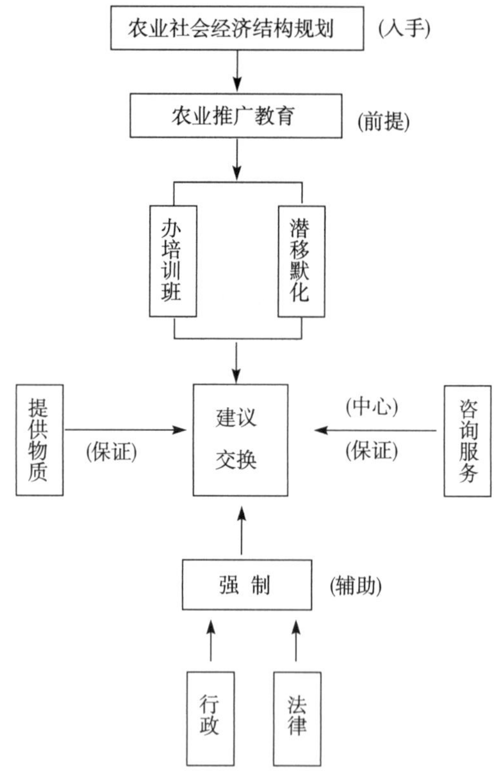

图 1　改变农民行为方法体系的示意图

* 原载全国农业技术推广服务中心、中国农业技术推广协会编：《建设有中国特色的农技推广事业》，中国农业出版社，1990 年版。

一、改变农民行为方法体系的分析

在高度集中的计划经济体制下，改变农民行为的方法多数地方是以“强制”方法为主，即由领导者层层布置，下乡蹲点，甚至动用公安司法部门，强制推行他们认为“有效”的新技术。然而在由计划经济体制向市场经济体制转轨之机，加上《农业技术推广法》的贯彻执行，单纯用强制方法不灵验了，代替它的应有一个完整的改变农民行为的方法体系。即从改变社会经济结构规划入手，以农业推广教育为前提，以建议、交换为中心，以咨询服务、提供物质为保证，以强制为辅助的方法系列（见图 1）。

二、改变农民行为方法体系的分析

（一）从改变农村社会经济结构规划入手

这是农业推广中改变农民行为的首要方法。农民都盼望过上美好幸福的生活，要改善生活必须运用新技术、先进的管理方法。农业推广者一方面帮助农民了解社会结构、经济结构的改变与他们幸福愿望的关系，探索改变结构现状的办法和途径，提出实现幸福愿望的关键措施。北京农业大学为技术依托的河北省隆化县“八五”攻关试验区——七家乡，在 1991 年进行全面详细的调查，深入研究基础上，做出了《七家乡经济技术生态优化组合的总体规划》，通过“山、川、院生态优化的设想”，做出以红果高产优质，红果加工，庭院时空能优化组合，川地粮食高产等 4 个攻关课题的规划，以及农产品加工、阳坡石质山地绿化等 2 个开发课题的具体规划。引导农民了解影响他们贫穷落后的社会和经济因素，帮助农民认识到要改变贫困面貌，必须走生态经济技术优化的路子，采用试验、示范、推广方式，引进北京农业大学的先进技术和先进管理方法。在七家乡社会经济、技术规划基础上，由张仲威教授牵头，组成北京农业大学 25 位教授、副教授，以及隆化县 20 位科技人员参加的试区工作，协同攻关、改变农民行为，进而改变七家乡面貌全方位的技术推广，取得了良好的效果，为改变农民行为的其他方法奠定了基础。

（二）以农业推广教育为前提

改变农村社会、经济结构规划，是一项设计方案，是改变农民行为的理想。理想要变成现实，还需要艰苦细致的工作，首要是农业推广教育。

1. 办培训班。这种方法能影响农民长期行为变化，是一项长期效应的方法。当农民参加管理和技术培训班后，掌握了农业生产，农村经济发展的技术和艺术，不仅他本人实用，而且可扩散到其他农户。办培训班的好处是面对面的教授，教师的一招一式，音容笑貌，对农民都有感染力，是传授知识量多，快速的好办法。这种方式还可使农民不仅知其然，而且知其所以然。其缺点是教师在班上讲的是过去的经验和外地的经验，以及书本上的知识，能不能与当地情况结合？还需潜移默化的示范。

2. 潜移默化。即在农民无意识的情况下，接受推广教育，改变行为。这种方法由推广人员首先经过试验，拿出样板，让少数农民或个别农民获利，做出实事，让农民看。从农民心理角度分析，农民是最务实际的，当别人取得效益后，他就积极去仿效，于是这项技术就得到推广。在七家乡推广节能猪舍，推广人员只抓了孙化清等 3 户农民修建起新式猪舍，经过半年实验，孙家和于家同时买同窝仔猪，饲料也大体相同，新圈 110 千克，旧圈 55 千克，相差一半。榜样的力量是无穷的，半年的功夫，节能猪舍发展到45户，养猪100多头。这项技术已潜移默化传授到本县大庙乡、荒地乡、张三营镇等，改变了农民沿用“汉代式猪圈”的行为。

（三）以建议和交换为中心环节

1. 建议。针对某一问题提出解决方案的方法。采取这种方法要求推广者与农民有共同语言，即对推广某种新技术的内容，推广途径的看法一致；推广人员对农民了如指掌，并有一套行之有效的高产、高效、优质、低耗的栽培技术；农民有足够的资金采纳推广者的建议，如“八五”隆化县七家乡试区就提出了“五个转移”的建议：即由治坡向治川、治院转移；由外延向内涵转移；由生产向素质转移；由单一向综合转移；由单纯技术向经营管理转移。由于该建议符合当地、当时的实际，受到群众欢迎，受到专家的肯定，前述四个攻关子课题中的庭院时空能优化组合和山楂果肉粉加工已提前完成，被专家鉴定为：“国内领先水平。”

2. 交换或交流。推广者和农民间的服务、物品的交换、流通的形式，是改变农民行为的中心之一，运用这种方法在市场经济体制下，更显重要。因为这种办法要求交换双方各自有利可图；一方对另一方提供的物品或服务表示满意，采取有偿服务。这种方法对迅速满足个体或群体的需要非常有效。在七家乡推行的红果无公害的生物农药、瘦肉型种猪和仔猪、1～9号高油玉米品种、高赖氨酸玉米、青系水稻品种、美国D-01杨树苗等先进技术，都是农民认为有利可图，农民积极提供资金，农学系、药植所、林科院的专家提供技术，并给予具体指导，通过试验、示范、推广，取得了巨大的经济效益。

（四）以咨询服务和提供物质为保证

1. 咨询服务。当推广人员提出某项建议之后，农民还没有接受正在将信将疑时，就要集中力量为农民提供咨询服务，包括提供申请贷款、申报项目、会计核算、计划方案、签订合同、销售广告、产品价格、市场行情、统计核算、经营税收等咨询服务。这种服务是有偿的，农民要按时间或项目付给报酬。若推广人员本身知识不足，还可向农民推荐专职人员如会计师、审计师、公共关系顾问等。在七家乡推行节能猪圈、鸡舍的技术提出后，大家认为这是一项十分有益的利国利民的好事。但在农民行为改变的初期，就需要推广人员苦口婆心的咨询服务。北京农业大学和隆化县技术人员到各村去演讲新猪圈、新鸡舍的结构和好处，还到农家庭院具体规划设计指导，并利用街头广播、走家串院、手把手地教。“一传十，十传百”，这项建议终于推广开了。

2. 提供物资。农业推广人员的建议提出之后，农民采纳建议除了知识不足外，还会遇到物资上的不足。此时采取向农民提供实现新技术所需的必要的物资是行之有效的方法。如上例中，当经过苦口婆心地咨询服务后，农民大量采取新的节能保暖的猪圈后，北京农大畜牧系专家又提供了六个不同猪龄的饲料配方，由“七家乡科技开发服务公司”加工成配合饲料，供应农民。并从天津引进瘦肉型优良品种种猪3头，保证农民所需仔猪的供应。在河北徐水提出推广日光大棚种植蔬菜建议后，帮助农民组成农民蔬菜协会，保证了徐水县3万亩瓜菜种子、化肥、塑料薄膜、大棚架材的供应，使大棚蔬菜的建议落到实处。

（五）以强制为辅助

它是由行政领导者行使权力的方法，迫使农民接受某一技术。这种方法热热闹闹，奏效也快。若确有效益，农民对领导者感激不尽；若没有效益或效果不大，领导前脚走，农民后脚改，有的甚至地头按新技术办，地里边仍是老办法。在由计划经济体制向市场经济体制转轨之机，随

着《农业技术推广法》贯彻执行，让农民自愿接受农业技术的精神深入人心。强制方法的作用会大大减弱，也会被广大农民和农业推广者所抛弃。代之而行的将是文中提出的改变农民行为的方法体系。但是，在新技术推广初期，在确实证明有效技术推广时，也可作为一种辅助的方法。总而言之，改变农民行为方法体系中各方法之间是相互联系的，而不是孤立的。该方法体系如何能运用自如，真正发挥作用，主要取决于推广人员与农民之间关系的好坏，相互信任程度、彼此利害冲突的大小，以及农业推广人员技术推广的力度和农民给农业推广人员多大的推广范围而定。七家乡“八五”攻关试区的技术推广的经验证明，实现这一改变农民行为的方法体系是可行的，但需要做许许多多的艰苦细致的工作，创造实现改变农民行为方法体系的良好环境。

三、实现改变农民行为方法体系的环境分析

为更好地将改变农民行为方法体系的构想变成现实，将科技成果通过农民行为改变，进而迅速变成生产力，需要拓宽如下环境。

（一）宽松的政策环境

各级政府要坚决贯彻《农业技术推广法》，真正落实让“农民自愿接受农业技术”的精神，对于硬行推行某项技术确实对农民造成损失的，一定要给予赔偿，维护农民的切身利益。与此相关联的，还要从各级财政收入中保证农业推广机构的事业费和部分科研费，要维修农业推广网，要接上农业推广线，要请回农业推广人。对于乡（镇）一级的“五站”人员编制、经费预算尽快落实。充分发挥改变农民行为的对应因素（农业推广站及其成员）的积极性。

（二）强大的舆论环境

加强宣传，努力提高各级领导对改变农民行为在农业推广中的重要性的认识，普及改变农民行为的理论和方法体系，不仅有高瞻远瞩的改变社会经济结构的规划，使农民能看到今后5年、10年的目标，引进改变农民行为的驱动力；而且有具体的农业推广教育，具体推广技术建议，并给予咨询服务，提供物资保证。农民行为改变则顺理成章。

（三）社会化服务环境

农民接受新技术、新成果、新思想，要有一个信息、技术、资金、销售、物资的综合服务体系，旨在解除农民接受新事物的后顾之忧，有利于改变农民固有的行为。目前农村科技服务存在三方面不足：一是服务体系不健全；二是服务面窄，仅限于种子、化肥、农药等技术方面；三是服务质量难以保证。为了尽快改变农民行为，社会化服务应做到四点：一是完善社会化服务体系；二是逐步扩大服务内容，在社会主义市场经济体制下，尤其要加强信息和销售服务；三是推广人员要转变观念，由坐等农民上门求教改为走出门下乡串村去服务；四是建议农民自己组织起来，通过各种农民专业化协会满足需要。

（四）高素质环境

高素质包括两方面，一是农业推广人员，“打铁先得本身硬”，只有推广人员能力强，技术硬，才能将适用技术推广给农民，才能成为改变农民行为的推动力；二是农民的素质，这是改变农民行为的重要环节，因为农民素质是改变农民行为的内因，外因要通过内因起作用。农业推广

人员为提高农民素质，可以通过办培训班和潜移默化的方法，对农民进行教育，使他们学习、认知新技术，激发农民对新技术的期望，并抓住率先改变行为的农民，试验示范，尔后推广扩散到整个农民群体。

（五）人际和谐的环境

农业推广中改变农民行为是一种人与人的影响和被影响的关系，而不是人与物、物与物的关系。在农业推广人员和农民的交往中，一定要相互沟通，达到相互理解，相互信任。有了这个人际和谐的关系，改变农民行为也就水到渠成了。

（六）获利环境

任何新技术的推广，都应为农民带来利益。否则农民不予接受。当某一技术经过试验，确实对农民有利，农民就会自觉去学习，其行为得到改变。要追求获利环境，就必须选择切合实际的推广技术和项目。推广人员脚踏实地，任劳任怨与农民交朋友。想农民之所想，急农民之所急。使农民从采取新技术中获得优厚的利润，有中国特色的改变农民行为方法体系的推行就会得到成功。

再论生态经济理论在农业资源调查和农业分区综合研究中的应用*

刘书楷　郭象贤

当前农业区划工作的重点，正在转到资源的综合评价与开发和区域综合发展规划等新的领域，开展资源经济、区域经济和生态经济的理论与应用研究，已成为重要研究内容之一。

从生态经济观点看，资源就是资源生态经济系统，区域就是区域生态经济系统，对资源的综合评价与开发和对区域的综合发展规划与开发，客观上都有自然、经济、技术的问题，必须统筹兼顾生态、经济、技术三个系统及其生态、经济、社会三个效益的总体结构和功能，更有成效地加强整体性综合研究，为决策管理科学化提供依据。

作者曾于1984年农业区划研究会上提出一篇《运用生态经济理论开拓农业资源调查和农业区划研究新领域》的论文，现对有关问题作进一步探讨。

一、生态经济科学是资源综合考察评价与开发和农业区划与规划综合研究的一项重要基础理论和方法论基础

生态经济科学是世界上新兴的富有活力和对经济社会发展有重大影响的学科。农业生态经济学家把农业视为一个巨大的复合系统，以生态系统和经济系统的联系，结合和统一的运动规律为研究对象，通过综合考察评价和分析论证揭示其本质和规律性，协调人与自然、生产、生活与资源、环境的关系，为合理开发利用资源进行区域开发提供依据。它把自然生态社会经济和技术诸因素融为一体，具有其他农业学科所没有的整体综合性特点，对加速农业全面、稳定、持续的发展，有特殊的指导作用。

农业生态经济一词，科学地反映了农业生产的本质及其整体性和综合性。从本质上说，农业是人类同自然界和生物界打交道的经济活动，是人类通过社会生产劳动，利用自然环境，提供的条件和资源，促进和控制生物体的生命活动过程，以取得符合人类生活需要的产品，它是自然、技术和社会经济三因素的生产综合体，这三个方面的因素在生产中相互联系、相互作用，构成为一个有机的整体。农业生产的自然再生产必须通过多层次的循环运转，才能构成万物自然繁衍生息的全部过程。但是，只有自然再生产并不能构成为农业生产，它只为农业生产提供了自然基础。作为农业，还有赖于人为因素与自然生物因素的结合，要依靠社会经济技术条件，通过人的社会生产劳动对自然、生物的干预，按照一定的经济目的适应、利用和改造自然资源与环境，经

* 本文为1987年全国农业区划学会成立大学暨第一次学术讨论会论文。

过栽培、饲养、抚育、繁殖、加工等生产过程，并通过相联系的运输、销售、分配、消费等完整系统，以促进自然物质和自然力转化为人们需要的各种产品，这就是农业生产的经济再生产过程。它与自然再生产过程交织在一起，构成为完整的农业再生产过程。从系统科学的观点看，农业再生产过程是一个综合的复合系统，它是由生态系统和经济系统构成的，这个复合系统可称为农业生产系统或农业生态经济系统，由此可见，农业生态经济科学完整地体现了农业生产的本质特点，为一切农业技术和农业经济科学，也为农业资源开发和区域规划与开发的研究，提供了必须遵循的出发点和基础。

根据我国的经验，作为一门学科，农业区划学应以农业生产条件与农业资源等生产力诸因素和农业生产各门类，及其结构的地域分异规律的综合研究为对象，是为因地制宜合理开发利用资源，实行生产合理布局和制定农村区域规划提供科学依据的，它的研究范围同样也涉及到广义农业的总体和整个农业再生产过程，涉及农业生产系统的两个多层次的生态系统、经济系统和技术系统。因此，从研究对象的实体来看，农业资源和农业区划与区域规划的综合研究，虽然主要限于农业资源与农业区和农业生产布局，而自成为一个独立的学科体系，但联系到农业生产和农村经济整体来看，其研究对象的实体则是农业再生产过程的某些侧面或农村生态经济系统的某些不同层次的分支系统。农业和农村生态经济系统是农业资源和农业区划及区域规划与开发综合研究的客观基础和立足点，为了开创农业资源和农业区划及区域规划与开发的新局面，有必要运用农业生态经济科学的理论方法来加强和完善这项工作。这不仅有其客观的必然联系，而且至少有以下几点好处：①它有利于从整体和综合角度开拓原有农业区划工作的新领域；②有利于研究与实践的统一和结合，明确研究的目标；③有利于加强综合分析研究；④为提高研究成果及其应用的科学性与实用性，提供方法论的依据。

二、用生态经济理论，开拓农业资源综合考察评价和农业区划及区域规划与开发综合研究的深度和广度

农业生产系统就是农业生态经济系统，它是农业生态系统、农业经济系统和农业技术系统的综合体。而农业资源是农业生产的基本条件，它包括自然生态、社会经济和技术三大要素，是农业生产系统的一个分支系统。农业区则是有空间特殊性的农业生态经济系统。每一个农业区都是由农业生态系统和农业经济技术系统构成的地域单元。所以，只就农业资源调查和农业区划的研究而说，也只有从农业生产系统的整体出发把生态和经济两个系统有机联系起来，才能开阔视野胸有全局，从全面联系中揭示事物发展的规律性，使现有的工作进一步向深度和广度发展。这里须着重研究的问题，主要有以下几方面：

首先，就农业资源调查和资源区划来说，过去资源调查一般多停留在只是查清资源种类、数量、质量、分布和对自然的生态适宜性评价方面。这是基本的工作，当然还要继续进行，但从生态经济的观点看还不能止于此。农业资源调查相应地加强整体观点和综合性是十分必要的。笔者认为在这方面要做的工作还很多，主要应联系农业生产和人类生活需要，对资源、环境与人口和经济发展进行统一研究；在重视自然资源条件的同时，也要加强社会经济条件的调查研究，并把二者统一到农业再生产系统中去；对环境条件和资源的评价，要在继续做好生态适宜性评价的基础上开展综合性评价，即生态经济评价，依据综合评价找出当地的有利与不利因素和资源优势；同时，还要深入了解当地的资源结构与功能，为建立合理的农业生产结构与布局，合理安排生产力，实行资源的合理开发、利用、整治、保护和管理，提供决策依据。

农业资源包括自然生态、社会经济和技术等多方面的内容。每个方面又由许多种资源所组成，并各自形成多层次的资源系统。因此，对农业资源的调查研究，必须强调综合考察、综合评价、综合分析论证，以期取得最佳综合效益。而这些方面的研究，却正是过去工作的不足之处，这是一定要花大力气的。

农业资源区划是在资源调查基础上进行的，但并不要求对各种资源都搞区划，而是根据发展生产和改善环境的需要，对那些有显著地域差异，而且常年对农业生产有重大影响的主要资源和限制资源，根据其地域分异和分布规律，分别不同情况划分单项的或综合的农业自然区或农业自然经济区，分区评价资源的优势和不利方面，提出合理开发、利用和适应，改造的途径和措施，为农业技术改革区划和农业区划提供科学依据。农业资源区划应侧重于自然区划。农业综合自然区划实质上应是农业生态环境条件的区划，这是农业区划的重要基础。按照这种农业生态区划来规定农业布局和指导生产，有利于农业资源的综合开发、利用、改造和保护，为因地制宜发展农林牧副渔各业提供科学依据。

其次，就农业部门区划和农业技术改革区划来说，这两种农业区划相对于综合农业区划，可称为广义的部门区划或专业区划，其编制须与相应的资源调查和区划相衔接，并以之为依据。

从农业再生产的总过程看，不仅包括生产过程也包括流通等过程。农业部门结构复杂多样，而部门区划的内容则广泛涉及农林牧副渔业和乡镇企业。作为分部门的农业区划，每一部门都是多层次，多部类结合的综合体，自成分立的系统。所谓农业部门区划，就是依据广义农业各部门、各主要品种的特性和各地区的生产条件、生产特征，按其生态适应性和地域分异规律，并考虑国民经济需要，进行分区划片，分区制订合理的部门结构与布局，确定相应的农作制度，选建相应的各种商品生产基地，它是进一步制订综合农业区划的基础。农业各门类区划应该重视用生态系统的观点划分相应的生态适宜区，但它又不等同于农业生态区划，特别是农业生态系统是开放式的人工生态系统，如果只从自然生态和技术因素考虑划分适宜区，而舍弃了有关的历史条件，社会经济因素的作用，这样划出的生态适宜区仍然不能全面反映部门农业区的客观实际，由此而确定各区的发展方向和建设途径不可能是科学的。鉴于现有的农业部门区划大都只是侧重从自然生态条件和技术条件考虑划分生态适宜区，而不考虑或忽视了历史，社会经济的影响和社会需要，因此有必要强调部门区划的综合性，要求从部门经济的角度加强社会经济问题的研究，可以认为，农业部门区划既不是纯粹的自然生态区划，那就应该是实质上的农业部门生态经济区划。

至于农业技术改革区划，主要是在资源调查基础上，为改善农业生产条件分别不同地区采取不同技术体系和技术措施的区划。农业技术体系和措施的内容和研究范围，涉及农业生产的各个方面，但可归纳为生物措施和机械（工程）措施两大类。农业技术系统既是农业生态经济系统的一个子系统，农业技术改革区划就不应脱离一定地区的生态条件和社会经济条件，也不能离开农业生产整体的要求。

第三，就综合农业区划和区域综合发展规划来说，综合农业区划是综合性的农业总体区划，是农业区划体系的主体和核心，区域综合发展规划，则涉及农村的社会经济、科技等更为复杂的领域。这里着重就前者加以论述。

农业是一个高度综合性的多部门结合的经济。为了综合考虑一定地区整个农业的发展，统筹兼顾各种条件因素、部门和措施。必须从农业生态经济系统的整体出发，研究它们之间的依存关系和合理结合，按照农业地域分异规律和农业生产布局规律，划分综合农业区，并分区从农业总体的发展上考虑区内农业资源的综合评价，综合开发利用，研究农、林、牧、副、渔、种、养、加、产、供、销、建、运、服（务）各业的合理结构与布局，分析生态区农业发展的方向和主要矛盾，改其建设途径，并在研究内容上，突出生态农业这一重点。综合农业区划要反映和运用农业自然生态规律，又要遵循农村经济发展的规律，为指导农业生产和编制农业区域规划提供全面依据。

根据长期的实践，我国综合农业区划积累了丰富经验，已总结出围绕农业生产发展的条件、特点、潜力、方向和途径，进行综合分析的完整体系。不少县级综合农业区划重点研究了农业资源的综合分析评价，总结当地历史经验，综合分析农业生产现状，调整农业结构与布局，研究提出农业发展方向和建设途径等问题，也建立了自己的研究体系，这无疑兼顾了农业生产的自然生态、社会经济和技术等因素的统一和综合。但也有许多地方目前在综合分析研究中普遍存在着不足之处，例如：缺乏明确的生态经济系统观点，往往忽略了生态与经济、生产、生活与资源，环境的辩证统一关系，忽视生态平衡与经济平衡的内在联系，及其对合理利用资源和发展生产的关系；不够重视资源保护和环境保护，缺少针对性的防治对策；不能兼顾生态效益和社会经济效益的一致性；等等。这就显然违背了综合分析研究应该遵循的生态经济学原则。因此必须加强相应的研究内容，才能进一步提高综合分析的质量。

再从生态系统观点联系目前农业发展的新形势来说，各地现有的综合研究在内容上还不同程度地存在着主题不够突出的问题，而且联系商品生产和农业现代化也不够。按照生态系统和生态经济系统的理论观点，生物有机体和生产部门及其结构是整个农业生产的主体，环境条件和资源是生产的基础。因而，综合农业区划和区域规划研究的实质内容是农业地区布局和农业生产结构，其他研究内容则是由此而派生的。在综合农业区划和区域规划中必须把区的专业化商品生产和商品生产基地的选建问题作为研究的主要课题之一。各农业区农业生产结构的确定，应围绕农业区的发展方向，按照专业化生产与多部门综合发展相结合的原则，考虑与当地资源结构、技术结构和市场需求结构相适应，以促进农业的“两个转化”，全面满足社会需要。当然，综合农业区划和区域规划要研究的问题很多，但只要突出这个主要课题，相应地带动其他问题，进行动态的综合研究，就能把综合分析工作不断引向深入，而更具有科学性和实用性。

三、按照生态经济原则，确定资源评价与开发和区域规划与开发效益目标和综合分析指标，以求得最佳综合效益

根据上述分析农业资源开发和农业分区及其规划与布局，都各自构成为一个多层次的生态经济系统，而系统是由部分组成的整体，所有部分相互依存，彼此协调，共同完成一系列目标。从生态经济系统的角度对农业生产进行整体性综合分析，可大致归纳为三个整体性系统分析程式：

（1）农业再生产过程⊃农业自然再生产过程×农业经济再生产过程（“⊃”代表包含，“×”代表相交。下同）；

（2）农业生产综合体⊃自然生态因素×社会经济因素×技术因素；

（3）农业生产系统⊃农业生态系统×农业经济系统；或农业生态系统×农业经济系统×农业技术系统＝农业生态经济系统。

这三种分析程式，是农业生产分析，也是农业资源调查和农业区划及区域规划与布局从全局出发进行综合分析研究，必须具有的生态经济系统观念和依据。农业发展的目标应该包括“三个方面”达到“三个效益”，这就是：建设一个发达的现代化农业，富裕的农村和良好的环境，提高生态效益、社会效益和经济效益。这既是发展农业生产的基本目标，也是进行农业资源评价与

开发和区域规划与开发必须确立的终极目标。

那么，怎样兼顾“三个效益”实现最综合效益呢？这首先要明确三个效益的实质意义和指标，并正确处理三个效益的相互关系，使多元目标达到总目标的统一。

首先，所谓生态效益，就是依据生态平衡规律，使自然界的生物系统对人类生产、生活，环境条件所产生的有益或有利的结果。它可以表现在近期，也可以表现于未来，是关系到人类最根本利益的效益，因而是经济效益和社会效益的基础。表明生态效益的指标可以有多种，例如土壤肥力、水土保持、森林覆盖率、绿色覆盖率、环境质量等。反映自然资源利用上的指标则有：

（1）自然资源生产率$=\frac{\text{有用成果}}{\text{资源投入量}}$

（2）自然资源更新系数$=\frac{\text{资源再生量}}{\text{资源消耗量}}$

（3）自然资源利用效率＝资源生产率×资源更新系数

这三个指标如以货币计价，也可反映出资源利用的经济效益。

反映自然资源量及其利用生态效益的生态评价，一般可采用多级的生态适宜性分级方法，例如通常用的“三适宜性”、“四适宜性”分类，把自然资源对农作物或畜禽等生产的适宜程度划分为“最适宜”、“适宜”、“不太适宜”、“不适宜”等几个等级。农业自然资源利用的生态效益目标和根本标志是：①按照生态平衡规律指导农业生产，协调人与自然的关系；② 合理地正确开发利用资源，保护和增进资源再生产能力，使可再生资源永续利用；③建立合理的农业生态系统，提高其物能利用率和转化率，实行生态良性循环；④ 使生产、经济的发展与资源、环境的保护和改善同步。

其次，要重视经济效益。农业资源评价和开发利用以及区域生产发展的中心目标，是要提高经济效益，建设起一个发达的农业和富裕的农村。这就要求遵循经济规律和自然规律，用生态经济学的理论原则和技术经济指标，来分析评价资源利用和生产现状，并提出发展方向和途径，以期最大限度地取得投入少、产出多、成本低、收效快、效益大。

反映农业资源利用和生产经营的经济效益指标，可用实物形态和价值形态来表现。实物形态指标，是依据农业生产资源各要素的属性、特点，采取自然计量单位计算的指标。例如：人均产量、劳力产量、亩产量、人均商品产量等。而价值形态指标，是依据产品实物量乘以单价的货币量计算的指标。其特点是不同形态的产品转化为货币，其适用范围广，而且是反映经济循环所不可代替的指标。价值形态指标体系可由下列一组指标组成：①反映生产效率高低的土地生产率、劳动生产率和商品生产率等；②反映占用资源、资金的资源利用率和资金利用率。即实际发挥效益额与占用额之比；③反映产业结构的产值构成指标，如各业的投资与收入的比例，各类产品的产值比例等。由于农业经济再生产和自然再生产是交织在一起的，对经济效益的评价分析，大量的还要结合生态评价进行，把生态评价指标转化为经济评价指标。目前，国外流行对生态系统运用影子价格（Shadow Prica）。进行近似的经济计价，也是可取的一种经济评价方法。

再次，还要考虑社会效益。所谓社会效益，是指利用资源进行农业生产经营所产生的社会影响和效益。它包括局部利益与整体利益关系问题，眼前利益与长远利益关系问题。目前常说的社会效益，即主要集中在一点：满足社会需要的程度；衡量和评价社会效益的指标，可以有多种。例如：完成计划产品产量、品种、税收、利润、人均产值，人均产量和人均消费量，每农业人口或每农业劳动力可提供的农产品产量和可供养非农业人口的数量，以及劳动力就业与转移，等等。社会需要在一切社会都是存在的，但只有社会主义条件下才会受到最大的重视。这是社会主义生产的目的所决定的。我们考虑资源利用和产业结构等方案，都要遵循社会需要与地区优势、国家计划与因地制宜相结合的原则，以求获得最佳经济效益与生态效益、社会效益的统一。

综上所述，资源调查和区域综合研究所要求的最佳目标，必须以生态效益和社会效益为基础，以经济效益为中心，以求得三者的辩证统一，达到最佳综合效益的终极目标。

以上述目标作为分析依据，对照我国现行的资源和生产评价分析方法和指标，就应在原有相应工作基础上加以必要的改进和补充。例如，对目前通用的资源质量及其合理的适宜性分级分类分析方法和指标，就不能只限于进行生态适宜性评价，不能只囿于采用土、气、水、植被等生态因子指标，而应适当增加诸如劳动力、技术条件、交通运输、经济地理位置、级差收入和社会需要等指标。从农业生态经济整体上全面考虑主导因素和限制因素，按短线因子决定适宜分级，就是说，要从生态适宜性评价转向整体综合性生态经济评价。

总之，要使资源调查和区划工作向深度、广度和精度发展，目前亟需结合实践研究如何应用生态经济的理论方法，以开拓思路和新的研究领域，加强和提高综合分析工作。

中国社会主义初级阶段经济组织形式结构与目标模式*

袁若飞

当前我国的经济组织形式主要有：国营企业、地方国营企业、二轻企业、大集体企业、城市个体企业、农村地区合作经济、乡镇企业、私人企业、外资企业、联营企业等等。各种经济组织形式占总体的比重与地位称经济组织形式结构。经济组织形式结构随时间、空间、条件的不同而有所区别。本文认为我国社会主义初级阶段中后期（2040年左右）经济组织形式结构的目标模式应是，国营企业为主导，乡镇企业为主体，城乡多种经济组织形式并存。全文共分四部分。

一、改革开放12年来乡镇企业的经济运行轨迹

乡镇企业是以中国农民为主体兴办的自主经营、自负盈亏的经济组织。其特点是以集体所有制为主，多种经济成分并存；以工业为主，多种行业兼营；以低技术为主，多种技术层次并蓄；以小规模为主，大中小并举。改革12年来，乡镇企业得到了惊人的发展。

1. 乡镇企业总产值有了较快的增长，由1978年的493亿元，增加到1990年的9 581亿元，年递增速度为28%，详见表1。

表1

	1978年	1980年	1985年	1990年
总产值（现价亿元）	495.1	665.1	2 755.04	9 581.1
年递增速度（%）		16.14	32.87	28.30

2. 1984年个体经济开始有了发展，其1990年的产值比重为27%，但乡村二级集体经济1990年总产值比重仍占65%，详见表2。

表2

	1978年		1980年		1985年		1990年	
	产值	%	产值	%	产值	%	产值	%
总产值（亿元）	495.13	100	665.1	100	2 755.04	100	9 581.11	100.0
其中								
乡办	281.71	56.9	372.98	56.08	1 160.59	42.13	3 431.61	35.82
村办	213.42	43.1	292.12	43.92	913.05	33.14	2 822.15	29.46
联户					245.00	8.89	726.62	7.58
个体					436.41	15.84	2 600.72	27.14

* 原载张毅主编：《奔向二十一世纪的中国乡镇企业》。

3. 乡镇企业1990年的产值结构，是以工业为主，占74%，农业占1.6%，建筑业占10.2%，交通运输业占6.9%，商业服务业占7.3%，详见表3。

表3

	1978年	1980年	1985年	1990年
合计	100	100	100	100
其中				
农业	7.52	6.10	2.17	1.58
工业	77.81	77.45	67.00	74.07
建筑业	7.05	9.06	15.07	10.16
交通运输业	3.82	3.73	6.95	6.88
商业服务业	3.79	3.67	8.81	7.31

4. 对农村贡献增大。用于农村各项建设事业费用由1978年的31亿元增加到1990年的105亿元；用于支农建农费用由1978年的26亿元增加到1990年的78亿元；支付职工的工资由1978年的88亿元增加到1990年的1 130亿元。三项合计由1978年的145亿元增加到1990年的1 313亿元，平均每个农业人口得到的从1978年的18元提高到1990年的156元。吸纳农村剩余劳动力，由1978年的2 826万人增加到1990年的9 265万人，平均每年吸纳536万人，详见表4。

表4

	1978年	1980年	1985年	1990年
农村各项建设事业（亿元）	30.9	48.7	83.1	105.34
补农建农费（亿元）	26.3	22.7	30	77.8
职工工资（亿元）	87.7	119.4	472.1	1 129.6
三项合计（亿元）	144.9	190.8	585.2	1 312.7
农业人口（万人）	79 014	79 565	80 757	84 142
每个农业人口平均（元）	18.34	23.98	72.46	156.01
吸收劳动力（万人）	2 826.6	2 999.7	6 979.0	9 264

5. 乡镇企业在国民经济的地位日益提高。乡镇企业产值占社会总产值的比重由1978年的7.2%提高到1990年的25.3%；乡镇工业产值占全国工业产值比重由1978年的9.1%提高到1990年的29.8%；乡镇企业产值占农村社会总产值的比重由1978年的24.2%提高到1990年的59.1%；乡镇企业劳动力占农村总劳力的比重由1978年的9.2%提高到1990年的22.6%；乡镇企业的上缴税金占国家税金的比重由1978年的4.2%提高到1990年的13.9%。详见表5。

表5

	单位	1978年	1980年	1985年	1990年
一、职工人数	万人	2 826.6	2 999.7	6 979.0	9 264.8
占农村劳动力	%	9.2	9.4	18.8	22.6
二、总产值	亿元	495.1	665.1	2 755.4	9 581
占社会总产值	%	7.2	79.7	16.6	25.5
占农村总产值	%	24.2	24.8	43.4	59.1
三、工业总产值	亿元	385.8	515.4	1 345.9	7 097
占全国工业总产值	%	9.1	10.0	19	29.8
四、利税总额	亿元	110	144	425	1 012
其中　税金	亿元	22	26	137	391
占全国税金	%	4.2	4.5	6.7	13.9
纯利润	亿元	88	118	288	621

总之，乡镇企业以其自身符合当前生产力水平的经济机制，顽强而充沛的活力，冲破重重困难，改变着人们片面的传统观念，塑造了异军突起的形象。不仅开发了农村资源，为社会创造巨大财富，为市场提供大量有效供给，吸纳成亿农村剩余劳动力，繁荣农村经济，帮助农民脱贫致富，稳定农村政治局势；而且对我国社会经济变革产生着极为深远影响，乡镇企业发展长远目标是实现农村工业化，这有利于国家工业化和农业现代化，是促进二元经济结构一体化的纽带和桥梁。

二、社会主义初级阶段经济组织形式结构目标模式的剖析

我们提出的社会主义初级阶段经济组织形式结构目标模式即国营企业为主导，乡镇企业为主体，城乡多种经济组织形式并存，不是凭空臆造出来的，而是从客观实践的发展过程中得出来的一般规律。我们的依据有如下几点：

1. 1990 年少数先进地区乡镇企业产值占社会总产值的比重已达到 50%左右，如广东省顺德县 1990 年达 77%，预计 2000 年达到 82%。

2. 各地乡镇企业总产值占社会总产值的比重不可能同时达到 50%，必然存在着先后差别。不仅在东部沿海地区与西部不发达地区有差别，就是在东部沿海地区中各县、乡之间同样有差别，以宁波市 1989 年为例，鄞县的比重已达到 68%，而宁海县的比重只占 40%。即使到 2040 年，仍会有一部分乡镇企业发展差的县、乡仍不能达到 50%。

3. 以全国平均而言，乡镇企业产值占社会总产值的比重由 1978 年的 7.2%增加到 1990 年的 25.2%，预计到 2000 年达到 33%，即三分天下有其一，预计到 2040 年左右达到 50%的可能性是很大的，到那时乡镇企业就是半壁江山，成为国民经济的主体经济组织形式自然是水到渠成。详见表 6。

表 6

		1978 年	1990 年	1995 年	2000 年	2010 年	2020 年	2030 年	2040 年
年递增速度	乡镇企业		28.04	14	12	10.5	8.5	6.5	5
	其他企业		15.34	9.5	8.5	7.5	6.2	5.0	4
	以其他企业为 1		1.82	1.47	1.41	1.4	1.37	1.3	1.25
年末总产值	乡镇企业	393.1	9 581	18 447	32 509	88 233	199 491	37 472	609 975
	其他企业	6 354	28 388	44 689	67 196	138 493	252 339	411 685	609 394
	全社会	6 848	37 969	63 136	99 705	226 725	452 230	786 157	1 219 369
乡镇企业产值占社会总产值%		7.2	25.23	29.22	32.61	38.92	44.11	47.63	50.02

4. 乡镇企业产值平均年递增速度快于其他企业，我们将乡镇企业与乡镇企业以外的其他企业的平均年递增速度作了对比，1978—1990 年 12 年中乡镇企业的年平均递增速度 28%，其他企业为 13%，乡镇企业年递增速度是其他企业的 2.1 倍。详见表 7。

表 7

时　间	1981—1983	1984—1985	1986—1988	1989—1990	1978—1990
乡镇企业	14.59	65.91	36.57	16.84	28.04
其他企业	8.76	16.87	18.12	11.61	13.29
以其他企业为 1	1.66	3.9	2.01	1.45	2.1

5. 乡镇企业这种经济组织形式更适合当前社会主义初级阶段的生产力水平，企业活力强。下面我们将乡镇企业与国营企业两种经济组织形式的经济运行机制和动力机制作一比较。

(1) 自负盈亏，利益直接，职工没有铁饭碗可端。乡镇企业规模较小，自负盈亏后，工人收入多少与经营好坏密切挂钩，盈利多了可以多分；亏本了国家不补，工人收入减少，甚至被辞退回家种地。因此职工在动力和压力双重作用下，凝聚力较大，积极性较高，风雨同舟，和衷共济，工厂有了困难，发不出工资，职工不但没怨言，甚至借钱给企业渡过难关。而国营企业工人报酬与经营好坏联系不紧密，企业亏本了国家补，企业盈利了分到每个工人不多，这样就影响到职工劳动积极性的调动。

(2) 自行分配，多劳多得，没有大锅饭可吃。一些经营好的乡镇企业，收入档次拉开：厂长经营得好，超额完成上缴利润基数多的，其工资比工人平均工资可高出二倍；工人之间实行计件工资制，最高的工人工资比最低的多二倍；对具有真才实学，确有较大贡献的技术人员给予较为优厚待遇；对推销人员的工资与销售收入挂钩，销售收入多，工资就高于一般工人工资。这样就可调动各方面积极性。而有些国营企业差距没有拉开，干好干坏差不多，干多干少差不多，这种平均主义大锅饭，越吃越使人懒惰，难于调动职工劳动积极性。

(3) 自我调节，适应市场环境，没有铁拐杖可拄。乡镇企业经营主要靠市场调节，原料要到市场上去采购，产品要拿到市场上去推销，成长于市场竞争的大风大浪之中。在价值规律的大学校里摸爬滚打，竞争意识较浓，对市场信号反映灵敏。相反国营企业等靠要的依赖思想较严重，对市场信号麻木不仁，人们对此作了形象的比喻，国营企业遇到困难找市长，乡镇企业遇到困难找市场，这种差别正反映着不同经济机制的差别。

(4) 自主经营，决策链短，拦路的婆婆少，市场机会容易抓住。乡镇企业实行经营承包制以后，所有权与经营权分离，厂长对生产经营有决策权，且所有者与经营者离得不远，一有什么重大问题很快能凑在一起商量解决，这样容易抓住市场机会。而国营企业决策链长，要搞一个新产品开发项目，往往辗转十几个单位，盖上几个图章，花好几个月才能办完手续，等到投产，市场机会早已错过。又如乡镇企业推销产品的人员有权根据产品供求关系在一定范围内升降价格。可是国营企业推销人员不能灵活处理，往往在市场竞争中处于被动挨挤的局面。

(5) 自我优化，劳动人事制度灵活，职工没有铁交椅可坐。乡镇企业干部采取任期制，能上能下，能官能民，今天被选上，就当厂长，明天落选，就成为农民。工人采取合同制，企业有活干，就在厂里当工人；厂里活少，一部分工人回家种地。因此职工为了能继续留任，任何时候也不能松劲懈怠。相反国营企业干部只能上，不能下，工人只要不到退休年龄，干得不好也不能辞退，这样容易产生“磨洋工”。

(6) 国营企业在国民经济中有着不可替代的主导作用，目前国民经济中国营企业产值占主要地位，是国民经济的主体经济组织形式，即使将来主体地位让位于乡镇企业，但始终发挥其主导作用。国营企业控制着国民经济的重要经济命脉和稀缺资源的开发供应，对于缓和市场供求矛盾，保证市场基本需要，避免社会经济震荡等方面有着不可替代的主导作用。另外国营企业实力雄厚，技术先进，对加快我国现代化进程，参与国际市场竞争等方面亦有不可低估的主导作用。因此，国营企业是我们国家长远的希望所在，是国民经济的顶梁柱，全国人民应同心协力搞好国营企业经济改革，提高其活力，确保其主导地位，任何贬低其主导作用的思想和行为都是有害无益的。

三、几种不同观点的商榷

近年来对乡镇企业的迅速发展，褒贬不一，下面针对一些主要问题，谈谈我们粗浅的看法，和大家一起讨论，求得共识。

1. 乡镇企业发展速度快于国营企业的原因何在？我们认为乡镇企业这种形式更适合于当前生产力水平和思想觉悟水平，更易调动职工劳动积极性。可是有人回避这个问题的真谛，反说“乡镇企业产值有水分”，“乡镇企业靠搞行贿和偷税漏税发展起来的”。我们不否认乡镇企业在发展过程中出现过类似这样或那样的问题，这正是需要对乡镇企业加强宏观控制的内容之一，但这些问题与发展的大局相比是次要的，如果以这些问题否定大局，未免失之偏颇。下面仅就国营企业和乡镇企业的税收负担作一比较，以1990年为例，国营企业的税收负担是10.85%，而乡镇企业只有4.28%，但是国营企业的亏本是由国家财政补贴，扣除亏本补贴后的税收负担为7.8%。另外乡镇企业除了上缴国家税金外，还要负担农村各项事业建设费用和支农建农资金，这样实际税费负担为8.25%，是国营企业税收负担的104%。

2. 乡镇企业的发展速度能否继续领先？乡镇企业产值比重能否提高到50%左右？我们的回答是肯定的。目前乡镇企业发展速度快的原因主要有三：一是乡镇企业经济机制灵活；二是基数低；三是植根于广大农村。潜力较大。至于第一个原因，国营企业随着经济体制改革，企业活力会逐步提高，但在短期内仍会有一定差别。至于第二个原因，随着乡镇企业的产值基数增大而对发展速度的影响会逐渐消失。至于第三个原因，由于乡镇企业植根于广大农村，受广大农村干部和农民的支持，这对发展速度的影响可以说是方兴未艾。当前，由于存在着工农产品价格剪刀差，诱使农民对比较利益的执著追求，另外由于国家对乡镇实行财政包干，基层干部的奖金有赖于乡镇企业上缴利润，必然驱使农村干部热心发展乡镇企业，这两股力量的结合，构成乡镇企业发展的强大动力，体现出百折不挠的顽强生命力，不管外界如何压、挤、砍、批，照样是义无反顾、直走不回，有人描写乡镇企业是草根企业，野火烧不尽，春风吹又生，其奥妙就在于此。对乡镇企业发展的潜力切不可低估，农村人口与城市人口之比是8∶2，农村的自然资源与城市比是9∶1，只要不改变现有城乡分界，不随意改变现有企业所有制，乡镇企业的发展速度在近50年内不会低于国营企业，这是以多胜少的法则在起作用。

3. 乡镇企业总产值占社会总产值的比重接近或超过50%以后，能否算为经济组织形式结构的主体？我们认为衡量一个经济组织形式在经济组织形式结构中是不是主体，主要看它的比重是否接近50%，有些好心人担心乡镇企业成了主体，那么国营企业摆在什么地位？我们认为国营企业主体地位让位于乡镇企业，也无损于国营企业主导作用的发挥，两者相辅相成，国营企业与乡镇企业的关系好比牛头与牛身的关系，尽管牛身比牛头大，但牛身在牛头的指挥下行动，尽管如此，牛身毕竟是牛的主体，作为主体的乡镇企业的作用自然非同小可，宁波人说得好，乡镇企业一“感冒”，全市经济就要“咳嗽”。

4. 乡镇企业高速度对于国民经济、国营企业是有害？还是有利？我们的回答基本上是肯定的。可是有人却说“乡镇企业规模小，技术落后，经济效益差，趋同现象严重，与国营企业争资源、抢饭吃，是以小挤大，以落后挤先进”。对此我们不能苟同。

无可讳言，乡镇企业与国营企业相比，的确规模小，技术落后。从方向上来看，大规模优越于小规模，可获得规模效益，但不能以此为理由取消小规模，相反必须坚持大中小并举，即使工业化发达的资本主义国家也存在着大量中小企业。同样道理，高技术优于低技术，可获得技术效益，但不能据此为理由取消低技术，相反要坚持高中低不同技术层次相结合。

从经济效益来看，乡镇企业利润总额于1990年首次超过国营企业，销售利润率明显高于国营企业，但从销售利税率来看仍然低于国营企业，详见表8。

表8

	乡镇企业	国营企业	以国营企业为1
销售收入（亿元）	4 681	9 445	0.49
利润总额（亿元）	266	246	1.08
税金（亿元）	199	1 025	0.19
利税总额（亿元）	464	1 271	0.36
销售利润率%	5.76	2.6	2.18
销售利税率%	9.41	13.45	0.73

从国民经济发展全局来看，国营企业与乡镇企业应适当分工：在市场方面，国营企业应侧重城市市场和国际市场，乡镇企业应侧重国内农村市场；在产品档次方面，国营企业侧重高精尖产品和精加工行业，乡镇企业应侧重一般产品和初加工行业；在原料来源方面，国营企业应侧重发展非农原料的加工业，而乡镇企业应侧重发展以农产品为原料的加工业；在行业重要性方面，国营企业应侧重涉及国家经济命脉的关键行业，而乡镇企业应侧重经营日用品生产。要注意我们这里所说的侧重，在实践中难于做到泾渭分明。因此目前产业的趋同现象应当说双方都有责任，单独归咎于乡镇企业是不公正的。

在商品经济中，各种经济组织形式都是平等竞争的关系，既有互相挤的一面，又有互相促进、补充的一面，权衡轻重，应是补大于挤，今后国营企业和乡镇企业之间的关系将发展成你中有我、我中有你、谁也离不开谁。在这种情况下，我们的政策应是鼓励竞争，哪一方面竞争落后了，应总结教训，迎头赶上。

5. 农民办工业是不是不务正业？应该承认，办工业本不是农民的特长，但还应该承认一部分甚至大部分农民抛下锄头、镰刀，拿起榔头，操纵车床，已是历史发展的必然趋势，总会有大批农民脱离农业转向工业，而中国大量办农村工业则是特色；是农民抗逆工农产品剪刀差扩大、城乡壁垒加固、二元经济强化的对策。要不要发展乡镇企业的分歧正反映着各种经济利益主体的利害矛盾，广大农民在中国共产党的领导下，看到了伟大、光明、灿烂的希望，办起了集体工业，增强了支农、建农的实力，提高了农民收入，乡镇企业高度发展的地区明显地缩小了工农差别和城乡差别，触动了某些人的既得差别利益，这理应受到共产党人的支持和歌颂，可是少数自称是共产党人却变成了拦路的叶公，岂不发人深省！

6. 国营企业的主体地位让位于乡镇企业是历史的前进还是倒退？在社会主义初级阶段，应该坚持公有制为主体的方针，但过去在所有制改革中，片面的认为公有制程度越高越好，不顾现实生产力水平盲目追求又大又公，过快地进行个体转集体，小集体转大集体，集体转国营，过早地否定私有制，影响了生产力的发展。改革开放以来，国营企业的比重日益下降，而乡镇企业的比重日益上升，这是人们思想观念更新的结果，这种经济组织化程度的下降，从长远发展的趋向来看，似乎是后退了一步，其实退到了更适合当前生产力水平的基础上，这样做可更快地发展生产力，有利于发挥社会主义制度的优越性，今天的退一步，正是为明天进二步打下坚实的基础，这是经济组织形式结构革命的不断革命论与革命发展阶段论辩证的统一。

四、几点建议

发展乡镇企业既是8亿农民的心愿，也是12亿中国人民的共同长远利益，历届党和政府的领导人对发展乡镇企业作过很多正确的指示，为了使乡镇企业今后更加持续、协调、健康地发展作者提出一些不成熟的建议，仅供决策领导机关参考。

1. 强化中央一级乡镇企业管理机构。目前大部分省（市）乡镇企业局是一级厅局，直属省（市）领导，而中央管理乡镇企业的机构仍是农业部领导下的司（局）级单位，与省局是平级关系，这样对开展工作极为不利，建议目前把乡镇企业司改为乡镇企业总局，将来独立成乡镇企业部，与农业部平行，共同受国务院农村经济委员会（或办公室）领导。这样更有利于乡镇企业的发展。

2. 划清主管行政管理机关的行政管理、行业系统的行业管理和所有者的经济管理三者的责权界限。我们认为乡镇企业管理机构是政府管理乡镇企业的行政管理机关，具有指导、管理、监督、协调和服务的职能，有条件的地方可以设立供销服务公司，协助乡镇企业做好供销工作。行业管理只是提供本行业市场信息和技术咨询，实行低偿服务。但有些行业机构借行业管理之名，实行"条条专政"甚至改变所有制，把乡镇企业变为其他经济组织形式，对此应加以纠正。所有者是乡（或村）范围的全体农民，由代表全体农民的集体经济组织行使财产所有权，依法决定企业的经营方向、厂长人选、经营承包对象、税后利润的分配比例。但需尊重企业厂长的经营权。

3. 严格控制乡镇企业的经济组织形式结构。坚持以乡（镇）、村集体企业为主体，这是巩固社会主义制度的根本措施，也是我们伟大光明灿烂的希望所在，对此不能有丝毫的疏忽和懈怠，在集体经济为主体的前提下，亦应适当发展个体经济或私人企业等其他经济组织形式。

4. 改善企业环境。在信贷、税收、物资、价格等方面继续进行支持和管理；特别对老、少、边、穷地区的乡镇企业给予必要的优惠；逐步缩小指令性计划范围，扩大指导性计划范围，增强市场调节，硬化预算约束，规范企业行为，促使企业自我控制、自我调节、自我发展，克服消费偏好、经营掠夺等短期行为；加强审计监督，严肃法制，杜绝瞒产私分、贪污、盗窃、偷税漏税、抗缴应缴利润等违法乱纪现象。

5. 经常不断帮助乡镇企业练好内功。继续完善乡镇企业经济机制，推进技术进步，培养技术管理人才改善企业经营管理，提高产品质量，加速资金周转，迅速扭转经济效益下滑的趋势，在严峻的、激烈的市场竞争中，保持清醒的头脑，讲究战略战术，争取竞争胜利，兢兢业业地发展我们的事业，为中国人民做出更大的贡献，只有这样，才不辜负全国人民对我们的厚望。

6. 用党的方针政策统一思想。不断加强宣传教育，使全国人民认识到，农业问题、农民问题、农村问题始终是中国长治久安，国富民强的根本问题。只有农村工业化，才有中国的工业化和农业的现代化；只有农业的丰收，才有国民经济的繁荣昌盛；只有九亿农民的小康，才有城市人民的富裕；只有广大农村的安定，才有全国人民大团结。因此，全国人民都应共同关心乡镇企业的发展。

我国农业普查设计问题研究

刘 宗 鹤

前言

这篇论文的内容是由大家共同完成的。1989年3月第一次向北京市就农业普查问题作初步了解时，得到北京市统计局农业处张宝诚处长及平谷县统计局王嘉祥局长、通县统计局张德福局长等的支持。同年5月由当时在校的硕士生黄锦龙、钟梅青、王俊友，本科生王翼朝（女）、侯锐（女）、曹若珺（女）、张鸿梅（女）分别到平谷县靠山集乡、大兴庄乡和通县漷县乡做了关于农村统计表格及调查方法的研究，写出平谷、通县调查总结，以及苗玉良同志1990年2月关于湖北省广水市农业普查有关资料情况的调查，对于本文第一部分提供极为丰富的材料，有益于结合统计信息阐述问题。1990年先后对湖南、河北、河南三省的耕地、水利及农业机械的现值统计问题，以及三省的其他农业资源情况做了全面了解。其中包括湖南的郴县地区、零陵地区，河北的藁城市、张家口市，河南的信阳地区，并对河北的藁城市、新城县、万全县的土地利用现状调查（土地详查），做了深入研究，认为是搞清行政村及以上行政单位土地利用的好办法。1991年继续了解吉林、黑龙江、广东、广西、海南等省（自治区）及深圳市的农业生产及农业资源情况，得到各省市统计局领导同志的指导和帮助，取得了不少资料，丰富了论文内容。参加的人有硕士研究生黄锦龙、邓小刚，博士研究生高启杰等。

本课题本应在1991年底前完成，由于1989年研究工作因故延缓，根据农业普查设计所作的各种设想，未能在实践中作试点调查。为完成这项工作，特于1992年5月到河北省石家庄地区辛集市做了农业普查试点调查，以检验原有设想的可行性与正确性。辛集市的吴根深副县长亲自指导，由于调查经费不足，辛集市特给予资助，使调查工作得以如期完成。参加调查的教师有赵莉红（女），本科生李富云、李光成、王远庆、何建平（女），推广班专科生李振中、王中瑞、陈明、孟繁军、梁金英（女）等。这次试点调查的主要目的在于探讨和比较以乡为抽样总体、随机抽取不同样本容量的效果，并以国家统计局农村司粮农培训中心所提供的河北威县农业普查试点的调查表内容为依据，按调查要求，对土地利用及农机具以村或村民小组为对象进行全面调查，对其他项目则在农户中进行抽样调查。

在3年研究过程中，写出不少论文。硕士研究生黄锦龙、钟梅青分别写出硕士论文《中国首次农业普查指标设计及其可行性分析》与《农业普查方法研究》。黄锦龙论文以“良”通过，钟梅青论文以优异通过。此外，还在1989年11月写有《农业普查的内容及意义》一文，在农村统计研究会上宣读。1991年4月10日写有《中国农业普查项目及调查方法设计》一文，在中国统计学会第6次统计科学讨论会上宣读。通过王俊友在河北廊坊地区关于农业大户与一般农户调查，1991年7月26日写有《中国农业普查中抽样调查与全面调查结合问题初探》一文，在农村统计研究会上发表。1991年12月10日适应研究工作的需要，译有《1990年世界农业普查方案

（摘要）》一文。1992年3月24日，因holding有许多译名，针对我国情况，写有《世界农业普查方案中holding译名问题》一文。1992年4月拟有《河北省辛集市城东办事处农业普查试点方案》。在农业普查研究中阅读了大量中外有关文献，其中重要的有：W·G·科克伦著《抽样技术》（第3版）；FAO编：Report on the 1970 World Census of Agriculture；FAO编：Programme for the 1990 World Census of Agrcuiture。

在农业普查研究中，我们形成了几个重大的设想，其中最主要的是以乡为抽样总体，在乡内进行农户抽样调查。由于我国已有工业普查的经验，农业普查的统计单位（农户）要比工业普查多出几百倍，一个统计单位的调查项目又比工业普查多，加上农村文化比城市低，故农业普查将要带来的困难，不知要比工业普查多多少。为了实现农业普查，最切实可行的一个办法，就是用抽样调查来进行农业普查。这就是我们要研究的一个主要目的。以乡为总体进行抽样调查是一个新问题。我国最近几年有人提出在乡内搞抽样调查，以取得一乡的重要情况，但是没有得到统计界的有力支持，例如湖北蕲春县统计局就这样做过。从国外情况看，加拿大提倡的小区统计（small area statistics），可以把乡作为一个小区，用模型估计的方法估计乡的情况，为了使估计结果准确可靠，也可用较为昂贵的全面调查方法，但是抽样调查却比全面调查便宜多了。我们认为，要在中国实现农业普查，全面调查会带来很大困难，如果在全国范围内，以乡为抽样总体进行抽样调查，将是一个切实可行的办法。关于这一点的详细论述，就是本课题的一个主要内容。我们在论证之后，并且主张每乡抽取200户。以后在农业普查的年份，可用100户的抽样调查作为有关资料的年报内容，以形成科学的、连续的农业普查体系，以便于作各种项目的长期比较。

本文在写作中关于土地改革前后土地分配情况的资料方面，得到本校社会科学部刘廷晓教授的多方搜集，使论文具有历史特色。

因为本课题属于宏观管理统计范畴，在论文中尽量利用现在和历史的有关统计资料，并对文中的概念与说明予以量化。这样一来，文中除属性的认识外，还能有一个明确的量化认识。在论文中我们将始终贯彻这一点，以显示论文写作的一个特点。

一、我国农村调查统计制度的现状及农业普查问题的提出

在申请国家自然科学基金资助项目之前，鉴于国际农业普查工作的开展及我国农村联产承包生产责任制的推行，国家统计局农村司曾介绍国际农业普查实施情况，特别是1982年度杭州农业统计工作会议上介绍了美国及其他国家的农业普查情况。针对当时情况，于1987年写出《我国农业普查设计中的几个问题》一文，在1988年北京农业大学《农村社会经济学刊》试刊第一期上发表。文中提出了：（一）农业普查的目的、内容和分析；（二）调查方法的选择；（三）农业普查抽样方法的应用；（四）需要考虑的其他问题：①国营农场用长表，一般农户用短表问题；②如何控制与核查农业普查中的误差问题。在国家自然科学基金会对所提项目批准给予资助后，于1989年5月起在北京市平谷县与通县进行了现有统计制度的调查，在平谷县的靠山集乡与大兴庄乡，以及在通县的漷县乡着重调查了当前农村统计中的调查项目与收集资料方法，为我国农业普查设计研究工作做准备。这里只举漷县乡及通县的情况为例，漷县乡早在元代至元13年（1376）为漷州，明代洪武14年（1381）降州为县，清代废县并入通州，即今之通县。该乡为古今交通要道，现为种植业与乡镇企业并重之乡。1988年全乡有耕地46 463亩，村26个，人口23 171人，整、半劳动力11 243人。

由乡县填报的定期报表有：早春作物播种面积表；春播作物播种面积表；夏播作物播种面积

表；全年农作物播种面积核实表；经济作物全年预计；近郊商品菜播种面积；附：近郊区蔬菜填报目录；蔬菜产销月（季）报；养猪生产；家禽季报；牲畜季报；城乡社会总产值；农村社会总产值；工农业总产值；农业总产值；主要农产品半年报；主要农产品产值全年预计；主要农产品商品量全年预计；干鲜果品（分类）产量调查表。上述报表计有项目 1 358 个，由乡县综合填报的项目有 29 个。

由乡、县填报的年报有：乡、镇基本情况表；劳动力使用情况；耕地面积；年内减少耕地项目一览表；经济作物及其他作物播种面积和产量（及附记部分）；北京市商品菜生产报表；干鲜果及花椒产量；干鲜果商品量；大牲畜头数；乳牛头数；生猪头数；山绵羊头数；国营集体饲养家禽；农户养鸡、鸭、兔情况；养蚕养蜂；农业现代化；主要农机具数量年报；大中型拖拉机数量；大型机引农具及其他机械数量；手扶拖拉机及拖带农具；国营农林牧渔场统计；农村专业户户数统计表；农村专业户主要产品产量；农村专业户主要产品商品量；农村专业户基本情况卡片；××年乡镇经济卡片；农村专业户专业生产类别目录；上述报表计有项目 1 403 个，由乡县填报的综合报表有 442 个项目。年报中还包括有由县计算的社会总产值、国民收入、商品产值、主要产品产量、商品量，计有项目 747 个，农业总产值项目 590 个，农业净产值项目 615 个。

通县在漷县乡设有农产量调查与农村住户调查点。农产量调查计有夏（秋）粮作物逐地块估产情况等表格 11 种，上述表格计有项目 1 436 个，由乡、县综合填报的项目有 194 个。

另外，漷县乡统计科设计的夏收粮食产量查棵数粒推算表 1 张，计项目 800 个。平谷县靠山集乡与大兴庄乡也有类似情况，且表格张数与项目数更多。

农产量调查设有综合表，综合表计有农作物秋冬播种面积等表格 6 种。计有项目 886 个，由乡、县综合填报的项目 44 个。

农村住户调查表格有现金实物收支登记账等 12 种，计有项目 797 个，由乡、县综合填报的项目 110 个。

农村住户综合表有农村住户及从新合作经济组织得到的分配收入等 8 种，计有项目 482 个。

由乡镇企业局制发的统计表有乡村企业概况表等 20 种，计有项目 2 312 个，由乡、县综合填报的项目有 52 个。

上述各种表格列表 1 如下，并计算表格数、调查统计项目数及综合填报项目数：

表 1　乡县农村调查统计表及项目数（1988 年通县漷县乡）

表格名称	表格数	调查统计项目数	占总项目数（%）	综合填报项目数
定期报表	19	1 358	11.9	29
年报	27	1 403	12.3	442
社会总产值等	12	747	6.5	
农业总产值	15	590	5.2	
农业净产值	14	615	5.4	
农产量调查	12	1 436	12.6	194
查棵数粒推算表	1	800	7.0	
农产量综合	7	836	7.8	44
农村住户调查	12	787	6.9	110
住户综合	8	482	4.2	
乡镇企业调查	20	2 312	20.2	52
合计	147	11 426	100.0	871

以上调查统计表格不包括水利系统、国土局系统发往乡县报表的项目数（例如，湖北省国土局发往湖北广水市的土地调查表7张，计项目133个），也不包括各单位到乡镇进行专题调查的项目数。在以上表格中还不包括农村住户现金收支及实物收支逐天记账的项目数在内，如果加上这些，则农村调查的项目数就更多了。

从表1农村表格的组成情况看，定期报表与年报为农村的重要表格，为国家各级行政单位（乡、县、省、中央）提供农业生产者（农户）的生产条件与经济活动情况。两种报表的项目占总项目数的24.2%，而农产量调查与农村住户调查，全国只调查846个县（1984），就省、县、乡而言属于抽样性质，其内容只涉及农作物产量与农民收支方面。表格中的社会总产值、国民收入、商品产值、主要产品产量、商品量，以及农业总产值及农业净产值属于计算表格性质。这里还不包括1991年后的国民生产总值与各业增加值的计算。乡镇企业表格虽属于农村性质，但主要不是农业方面的表格。故在农村表格中应以定期报表与年报为核心，以组成国民信息系统中的食品农业统计，从表中所列的表格与项目看，食品农业统计堪称是完备的。

表1中关于综合填报项目数是指县对各乡分别汇总时所列的项目数，并不把所列项目数乘以汇总的乡数得出项目总数（因乡数各地不相同）。同样，如表中的农村住户，乡对各抽样户分别汇总时只列出项目数而不把所列项目数乘以户数得出项目总数。综合报表项目数由于性质与调查统计项目数不同，故在表中调查统计项目数之后，单列综合报表项目数以示区别。

定期报表与年报是农村的核心统计报表，之所以如此，还因为其中带有农业结构性质的项目，如农业用地、耕地面积、农作物播种面积、大牲畜头数、乳牛头数、劳动力使用情况、大中型拖拉机数量、大型机引农具及其他农业机械数量、手扶拖拉机及拖带农具等项目。据河北省反映，这些项目在年报中都有。这也是与联合国粮农组织关于1990年农业普查方案中提到的应以反映变动缓慢的农业结构的主要目的相一致的。

农村统计表格中既然有了这些项目，农业普查本来是可以不搞的，而且一年一次，在世界各国中也是少有的。在我们所调查的各省中，有的同志提出的意见就是以此为根据的。但是20世纪80年代以来，我国农村实行了联产承包生产责任制，一家一户作为一个农业生产单位，要从2亿多农户中收集以上农业结构性的统计资料，看来是不容易的，何况又在全国实行市场经济之后，把经济效益看做是一个重要标准，要花一大笔钱去搞由下到上的报表制度就更感到困难了。即使不再恢复报表制度，而由下而上的收集资料方法的准确性也是值得怀疑的。因而在现在情况下，提出隔一段时间（10年）在我国进行农业普查，以收集结构性项目的资料，看来是非常必要的。

二、世界农业普查的发展

农业普查（agricultural census）作为一种全面收集农村社会经济统计资料的一种调查方法，在国际上已经被广泛采用，成为国家综合统计体系的重要组成部分。20世纪30年代以来，世界农业研究所（ⅡA）（罗马）与联合国粮农组织（FAO），曾先后拟定了7个农业普查方案。在他们的积极倡导下，世界许多国家进行了农业普查，参加的国家与地区数在不断增加（表2）。

表2　实施农业普查国家和地区数量的变化

年　份	1930	1950	1960	1970
参加国家与地区数	63	73	94	102

1980 年世界农业普查方案所涉及的年份中（1976—1986），当时预计有 92 个国家已完成或正在进行农业普查。1990 年农业普查方案是国际上 10 年一次的第七次方案（由 FAO 制定）。

1930 年方案是在农业信息存在着大的缺口，甚至发达国家的农业统计资料来源也没有好好加以组织的情况下提出来的。因此要求农业普查提供所需大量信息以填补这个缺口。可是由于调查的范围广泛，且把重点放在农业产出上，这就使许多国家在进行第一次农业普查时经历了很大的困难。召集与培训大量普查现场人员就是一件不容易的事，而完成冗长的调查表使调查人员与被调查者疲于奔命；资料质量也是一个严重问题，资料加工花费了很长时间，实践证明这次普查是浪费的。另外这次方案提出的标准表式没有考虑地区的需要；方案也疏忽了方法问题，只注意了 what（什么），忽略了 how（怎么做）。

1940 年方案克服了前一次方案的缺点，分门别类解答问题。上次提出的标准表式只作为一种类型，不要求普遍加以施行。这次方案重点放在方法论上，这就为以后各次方案开辟了一条新路，可惜的是这次方案对方法本身并未加以系统研究。1940 年适在第二次世界大战中，各国未能完成这次农业普查。

1950 年方案，从收集资料困难与否出发，各国根据情况分别使用短表（short list）（方案 A），长表（expanded list）（方案 B）。在美国短表用在小农场（抽样调查），长表用在大农场（全面调查）。这次方案进一步限制了调查内容，如不调查农业的产出，把力量集中在农业的结构方面。

1960 年方案，在普查中引进了抽样调查。各国的抽样比例少的为 0.5%，多的达到 31.8%（美国）。各国一般都在普查后抽取 5%或 10%进行汇总，以先期得到普查结果。这次方案中准许以地区方案补充基本方案，并把全部提出来的普查项目，按照主题排列成为 10 节，每节包括前言、长表的建议项目（短表印成粗体字）、定义与说明以及制表计划。

1970 年方案引进了一些附加特点，其中专设一节讨论农业 holding 与工业的结合问题，在这一节中建立了“holding 类型”论题。在前言中继续阐述早已提出的方法论问题，详细说明抽样方法的应用，对发展农业普查的灵活性有重要意义，包括预先试验调查、试点普查与资料质量核查。1970 年方案第一次明白地规定农业普查在整个农业统计系统的地位，并指出农业普查为建立农业统计调查计划提供了一个最优化的基础。其资料可以作为一个水准，也可以作为辅助信息来改进现行农业统计的各项规定。

1980 年是前次方案的继续，在保持农业结构的同时继续扩大普查范围。有些国家对实行现在这样大的范围仍有困难，而其他国家却嫌范围小，希望用更广泛的范围进行农业普查。

1990 年方案认为各国的经济与统计的发展有着广泛的前景，因此应当支持他们发展与实施适应本国情况的农业普查。在这种情况下，方案主张农业普查只能有一个有限的范围，范围大了反而引起混乱。这次方案重视农业普查与更频繁的农业抽样调查与非农业普查（调查）间的互相依赖关系，进而要求形成国民经济的统计信息系统。

随着农业普查在各国的普遍展开，农业普查从理论到实践渐趋完善，但在不同国家却是有差别的。下面仅就普查较为发展的美国、日本与印度作一简单介绍，以资借鉴。

美国的农业普查始于 1840 年，每 10 年进行一次。自 1920 年起改为每 5 年一次，一般在尾数 4 或 9 的年份进行。农业普查由美国商务部普查局执行。普查的内容和调查方法通过协商加以确定，协商成员由普查咨询委员会、联邦政府、州政府、农场组织和大学代表组成。普查范围包括全国 50 个州。在调查方法上，则结合本国特点。1970 年美国有农场 2 730 250 个，其中大农场占 63.5%，为 1 733 709 个，进行全面调查；小农场（农产品销售量在 2 500 美元以下者）占

36.5%，为996 541个，按50%的抽样比抽取小农场数为498 271个。近年来美国采取邮讯调查方式。

美国政府对普查极为重视，宪法中有关普查条文的规定，使普查合法化。

表3　日本1950年以后历次农业普查简表

实施日期	普查名称	普查内容
1950年2月1日	1950年世界农业普查	农业户调查、农业事业体调查
1955年2月1日	昭和三十年临时农业基本调查	农业户调查、农业村落调查
1960年2月1日（林业地区调查日期为8月1日）	1960年世界农林业普查	农业户调查、农业事业体调查、农业村落调查、林业户调查林业事业体调查、林业地区调查
1965年2月1日	1965年农业普查	农业户调查、农村合作经营体调查、大规模农业户调查、农业村落概况调查
1970年2月1日（林业地区调查日期为8月1日）	1970年世界农林业普查	农业户调查、农林事业体调查农业村落调查、林业户调查林业事业体调查、林业地区调查
1975年2月1日（冲绳县调查日期为1974年12月1日）	1975年农业普查	农业户调查、农业事业体调查农村环境综合调查
1980年2月1日（冲绳县调查日期为1979年12月1日，林业地区调查各都道府县均为8月1日）	1980年世界农林业普查	农业户调查、农业事业体调查农业村调查、林业户调查、林业事业体调查、林业地区调查

日本1950年首次参加世界农业普查，同时开始组织实施林业普查。除每10年参加世界农业普查外，其间每5年单独组织一次农业普查。农业普查实施的年份（即逢五逢十的年份）以外的年份，每年还由农林水产省直属的统计信息机构组织与普查同样的调查项目的抽样调查，使每年均具有同样调查项目的资料，以便比较研究。

日本的农业普查是由统计机关在全国范围组织实施的，但由于日本南方与北方气候差别较大，北海道与冲绳县的调查项目与其他地区不同。

表3在调查内容中列有农业户调查、农业事业体调查、农业村落调查，大规模农业户调查，农村环境综合调查。

日本把大规模农业户调查单列，与美国对大农场进行全面调查且用长表具有同样意义。不过日本对一般农业户也进行全面调查，这与美国对小农场进行抽样调查是不同的。

日本农业普查是由农村水产省经济局统计信息部农村统计课来承担。

日本都道府县为47个地方自治体，平均每个都道府县的农业户约为10万户，都道府县负责对市区町村的普查指导员进行技术指导，并负责对调查结果的审查和汇总。

日本市区町村为地方自治体，全国约为3 247个，每个都道府县平均的市区町村约为69个，每个市区町村的农业户为1 500户。市区町村具体负责调查区的划分，选派调查指导员和调查员并给予指导，还要负责调查结果的审查。

日本指导员均由都道府县知事任命，全国有指导员11 000人，平均每个市区町村的指导员为3人左右。每个指导员负责指导19名左右的调查员。指导员的任务是在技术上对调查员给予指导，并负责调查结果的审查。

调查员应当精通调查区内的农业情况，并能胜任统计调查工作和为被调查者所信赖。调查员从农业户户主中选派，并由都道府县知事任命。调查员负责填写调查表。

农业村落是农业户调查汇总和农业村调查的基层单位，全国有市区町村 3 247 个，每个市区町村有 43 个村落，合计全国有 18 万个村落。每个村落平均有农业户为 33 户，全国约有 4 700 000户。

调查区基本上是按农业村落或者按大的村落来划分的，全国有 21 万个调查区，每个调查区约有 22 个农业户。

日本农业普查对农业户虽为全面调查，但仍使用抽样方法。1980 年农业普查仅为农业户的 5%，作为汇总对象，而全部汇总则在两年后由电子计算机来进行。

1980 年 7～8 月份组织实施事后抽样调查，检查农业户调查结果是否正确和对调查结果进行最后的修正，以期达到调查结果正确无误。事后调查对象是从农业户调查区中随机抽取 1%的样本调查区，对其所有农业户进行事后调查。

印度是一个统计科学发达的国家。印度第一次农业普查是以 1970—1971 农业年度（1970 年 7 月至 1971 年 6 月）作为基准期进行的。对大约 90%的经营面积（它具有详细的土地记录），进行了全面调查，对其余的区域，则通过住户的抽样调查收集到所需的数据。第二次农业普查是从 1976—1977 农业年度为基准期，主要采用了抽样调查（在印度第一次普查（1970 年）之前的 1950 年和 1960 年的两次世界农业普查，是通过“国家抽样调查”，即对住户进行抽样调查而得到的。）第三次和第四次农业普查是分别以 1980—1981 农业年度和 1985—1986 农业年度为基准期进行的。第五次农业普查是以 1990—1991 农业年度为基准期，其现场工作正在进行中。第三、四、五次的农业普查采取了与第一次农业普查相同的方法。

印度的大部分邦，据统计，大约有 90%的经营面积有土地记录。土地记录包括表格和登记册，记载着与土地使用有关的全部数据，它维持村作为正常税活动的一部分，这些邦称为有土地记录的邦（land record state，简写为 LRS）。在这些邦中，农业普查是对现有的土地记录中得到的数据进行重新汇总，而土地记录则是合并经营单位的所有地块信息的结果（包括村内的及村外的）。在无土地记录的邦（NLRS），农业普查所要求的数据则是通过住户抽样调查来收集的。抽样调查采用二阶段分层设计，以邦内的小区（大约 100 村为一小区）形成层，村为第一阶段抽样单位，经营单位（住户）为第二阶段抽样单位。通常从每个层中（包括若干小区）抽取 20 个村，每个抽中村，所有经营单位按拥有土地的多少分为以下 5 类：①少于 1 公顷土地；②1～2 公顷土地；③2～4 公顷土地；④4～10 公顷土地；⑤10 公顷以上土地。对①～④类按圆形系统抽样方法抽取 25%样本，对于⑤类的经营单位则进行全面调查。这和美国大农场（土地多的）进行全面调查，小农场进行抽样调查的作法是相似的。

印度从第二次农业普查开始，把“投入调查”也作为农业普查的一部分。由于所要求的投入无法从村中的土地记录中取得，对投入调查资料，则是在所有邦中按两阶段分层抽样进行。第一阶段，在 1976—1977 农业年度抽取 2%的村，可以对国家提供可靠的结果。为了对区级（district）（约 1 000 个村）提供可靠的结果，在 1981—1982 农业年度，将抽样比提高到 7%。

在印度通过投入调查收集了以下 6 个方面的信息：①经营单位（农产）的地块数目；②在可浇地与干旱地上的所有种植作物；③化肥、粪肥和农药的施用；④牲畜；⑤农机具；⑥农业信贷。

在印度有土地记录的邦，前三次农业普查收集有 5 个主要特征的数据：①经营单位（农户）的数目和面积；②租赁关系；③土地利用；④可灌溉的作物面积；⑤种植方式。这些数据都是在

土地记录的完全信息基础上收集来的。而1985—1986农业年度的农业普查及以后的农业普查，经营单位的数目和面积的数据可继续通过全面调查得到，而与其他的特征相关的数据则在每层中以20%的村作为样本，靠调查其中所有经营单位收集来的。这是从不同项目采用不同调查方法的理论引申出来的一种抽样方法，值得进一步研究，并为以后的农业普查开辟新的途径。

印度农业普查的实际工作基本上是由负责收集年度农业统计资料的税务工作人员实施的，这些人员大约有13万人。实地调查工作一般由税务人员监督，每个邦的全部指导工作由一名被指定为农业普查专员的高级税务官员兼任，并由一名专职的统计官员协助工作。包括大约40名官员的中央统计单位，在技术委员会指导下，负责最后核定所有技术细节，如范围、方法、调查表、培训手册的起草、汇总程序等。技术委员会由实地调查专家和数据主要用户的代表组成。

上面提到的世界农业普查的发展历史及美国、日本、印度三国经验，有的我们已经指明应当学习的，有的我们虽未点明，但在实际应用中，却是可以供参考的。例如，日本调查人员的选拔与要求，印度的不同项目采用不同调查方法的实践与理论，值得我们再一次提出。

三、农业普查统计单位 holding 的译名

“holding”作为农业普查的统计单位，其重要意义是很明显的。因为统计单位是一个实体，是普查或调查所收集的项目数据的承担者。任何收集到的数据都从属于具体的统计单位，是统计加工分析的主体。由于holding的含义甚为广泛，在辞典上即使与农业普查有关的含义也有出入。例如梁实秋主编的《远东英汉大辞典》（1977年台湾版），holding词条下：①土地、small (1arge) holding，小（大）土地；②（复数）（股票、债券等）财产，holding in a business company，在某公司的股份。《综合英汉大辞典》（1948年10月商务印书馆版），借用《简易牛津字典》词条（1934年第3版）：①租借地、拥有地、拥有的财产（如股票等）；②所有权。

在农业普查或调查中holding却具有确定的定义。例如，1980年联合国粮农组织（FAO）世界农业普查方案上，规定holding用于农业普查是一个农业生产的技术、经济单位。包括所拥有的牲畜与全部土地，全部或部分作农业用，并且置于一人或多人管理下，不论他们的名目、法律形式、规模或位置。holding作为一个技术、经济单位，在单一管理下，一般具有同样的生产资料，如劳动力、农场建筑物、机械或役畜。前几次的农业普查同样采用这个定义。

1990年农业普查方案，holding的定义改为：农业holding是农业生产的一个经济单位，在单一管理下，包括所拥有的牲畜与全部使用的土地，全部或部分作农业生产用，不论其名目、法律形式或规模大小。单一管理可由一个人或家庭，或由两人或更多人或家庭联合，由部落或种族，或者由法人，如公司、合作社或政府机构担任。holding的土地可包括一个或多个地块（parcels），位于一个区域或更多区域内，或在一个或多个地区或行政区内。设定各地块分享同样生产资料，如劳动力、农场建筑物、机械或役畜。

以前为什么要用“技术单位”一词，技术单位在联合国统计中是指直接由经营单位从事生产、组制成品或提供服务，或生产这些产品与服务的一个阶段，所经营的一个环节或一个部门。例如纺织厂的纺纱、织布与印染的各个部门，是一个纵向结合的例子。而肉类包装厂的油脂、熏肉或肉食品罐头，则为横向结合的例子（联合国1971，第16页）。一般技术单位的概念用在以前各个农业普查方案中，以指明一个单位在同样管理下，具有同样生产资料，如劳动力、机械与役畜（见FAO 1967，第12页；FAO 1976，第16页）。在方案中地块分享同样生产资料的规定一般应当严格执行。另外，在地理位置上，技术单位意指地块位于一个区域或更多的区域，或在一

个或多个地区或行政区内。这与农业面积抽样框图中的开区段法（the open-segment method），地块可位于一个区域或多个区域的规定是一致的。

1990年方案中为什么又改为经济单位呢？早在1970年方案中就引进了一些附加特点，其中设立一节讨论holding与工业的结合问题，说明holding在许多方面与工业的establishment（经营单位）类似，经营单位就是一个经济单位。而技术单位是与holding定义中的地块分享同样生产资料同义的，故在定义中无需借助中间概念（即技术单位），即可把holding直接表现为经济单位，不必更新holding的原有定义内容。

世界农业普查关于holding的定义及变化经过已如上述。由于各国情况有所不同，holding的译名各国因而有异。大致可分为三类：

第一类，如美国、埃及，holding为普查的统计单位，译为农场。美国1970年农业普查的农场总数为2 730 250个，其中大农场数占66.5%，小农场数（按1970年美国规定凡销售额在2 500美元以下的农场为小农场）占36.5%。对小农场抽取50%进行调查，可见全国调查的工作量不是很大的。

埃及也以农场作为holding的译名。1981—1982年度农场总数为2 864 432个，农场总面积3 832 464公顷，每个农场平均3.08公顷，农场地块数为5 453 039块、每个农场平均地块数为1.9块，可见其农场总数是不多的，规模也是不大的。

美国与埃及都以农场作为holding的译名，有其客观原因，也有其历史原因。美国在殖民地时代，开始移民每户可以得到土地多至1平方英里（2.59平方公里）。后来移民多了，减至每户半平方英里。200年来，1947年有耕地17 717.3万公顷，1989年增至18 991.5万公顷，而农场个数却由1970年的273万个，1980年的244万个，减少到1989年的217万个。到1989年每个农场平均有耕地87.32公顷。具有建立大型农场的历史和客观条件。

埃及的沙漠占全国土地的90%以上，全国约99%的人口集中在尼罗河两岸、苏伊士地峡区和沙漠中的少数绿洲，这些地区的面积仅占全国总面积的4%左右。阿斯旺坝以下的尼罗河谷开阔，两岸多泛滥平原，一般宽3～16公里，开罗以北东西宽约250公里、南北长160公里的尼罗河三角洲，十分适宜农业生产。形成埃及目前农场规模不大（每个农场3.08公顷）的原因，是与农业的长期历史发展，特别是1952年的土地改革有关，这是没收地主土地，并把土地分给以前的佃农与农业工人，以促进合作农业发展的结果。

第二类，为以农业户或农户作为holding译名的，如日本。1979年日本每个农户仅有耕地1.14公顷。日本的农业大部分是由农业户经营的，农业户经营的农用地是分散的，一般不存在美国式农场的形式，因而在日本农场的概念是不成立的。

日本在1980年农业普查中对农业户做了如下定义：所谓农业户是指截止1980年1月1日（冲绳县截止日期1979年12月1日）经营耕地面积，东日本（指北海道、青森……冲绳县等33个都道府县）在10公亩（0.1公顷）以上（这与法国、西班牙、意大利的普查最低限额0.1公顷相似），西日本（东日本以外的都、道、府、县）在5公亩（0.05公顷）以上。并规定在调查日前一年内，所经营农业的农产品销售额达到10万日元以上的户（1970年规定为5万日元以上，1975年规定为7万日元以上）。在农业户定义中，并对经营农业、经营耕地作了解释，所谓经营农业是指为了出售和自家消费为目的，从事耕种、养畜、养蚕和以自家生产的农产品为原料进行加工制造。所谓经营耕地是指水田、旱地和果树园。除了一般的旱地外，还应包括牧草栽培地、温室等占用地。这个农业户的定义，从1950年世界农业普查以来基本上没有变化。农业户拥有地分类为：①耕地，包括水田、旱地、果树园地；②割草放牧地；③山林；④住宅地和其他土地

（不调查）。

以上两类是就地块的大小或农场规模的大小来确定的。

第三类，以经营单位（establishment）作为 holding 译名的，印度就是这类国家。从有关近期资料看，印度仍使用 1980 年农业普查方案关于 holding 的解释，并提出农业普查中收集数据的基本单位是“农业经营单位”。我国国家统计局农村司在河北省威县的农业普查全面调查的试点调查中，就是用经营单位作为 holding 的译名的。

根据联合国定义：经营单位（establishment）是一个经济单位，是拥有或控制一组活动与资源的单一实体。通常在一定位置上，但有时却分布在广阔的地区内，直接生产同类产品与服务。对此有各种单独的记录可资应用，即由这些记录提供有关所生产的产品与服务的数据，以及直接间接用于生产的材料、劳动力与自然资源的数据。经营单位常用作工业普查或其他工业调查的统计单位，在许多情况下 holding 与 establishment；概念相似，故有理由采用经营单位作为 holding 的译名。

我们已对 holding 在世界各国的译名做了初步讨论，由于资料有限无法做深入探讨。至于 holding 在中国的译名，则是一个需要认真探讨的问题。由上面的研究看，holding 已由土地、财产发展到作为一个经济单位，结合中国农村联产承包生产责任制，译为农户是恰当的。因为农户已作为一个生产单位，遍及全中国，为数已达 2.3 亿个，其他为数甚少的国营农场、合作社、联合体等形式，以农户为主加以概括，也是恰当的。日本以农业户作为 holding 的译名，其他农业合作经营体、大规模农业户等形式，以农业户为主加以概括，也是这个意思。中国农户耕地少，据 1988 年统计，每户只有 0.46 公顷，低于日本的 1.14 公顷，仅为它的百分之四十。显然，不能如美国一样，用农场作为译名，只能如日本一样，用农户作为译名。至于几个标识（identification）项目，如 holder，househood 与 holding 在一起应用，由于其性质相同，holding 译为农户更显得恰当。

holding 译为经营单位是一个更高层次的概括，适于在新的国民经济核算体系中应用。例如 1989 年中国农户为 21 504.0 万个，国营农场 2 137 个，则全国农业经营单位可以得出一个总数，即把农户和国营农场加在一起。又如河北省威县农户数为 100 982，如果加上联产 155 户，村办农业 513 个，乡办农业 3 个，国营农场 11 个，则为 101 664 个农业生产经营单位。工农业或整个国民经济的经营单位也可得出一个总数，在统计上显然是方便的。但用在具体的农业普查上，我们把一个农户说成一个经营单位，张××经营单位，李××经营单位，我们总觉得不如用农户更为确切。

四、农业普查项目的确定

在解决 holding 译名问题之后，确定农户的目录就是一个我们首先要做的工作，即 1990 年农业普查方案提出的农业普查两个目的中的一个目的，为其他农业调查提供农业统计单位 holding（农户）的调查框（包括农业抽样调查的抽样框）。

农业普查本身也需要普查框。在我国农业普查框应当是按农户编制的，由于 1990 年进行了人口普查，农户目录可在人口普查的基础上编制，加上中国户口制度比较完备，农村的户口登记册和乡镇现有的其他材料，就可以形成一个完备的农户目录，即农业普查框，农业普查框应当包括乡镇的全部农户。为了完善普查框，先要对农户下一个明确定义，我国农业统计中对农户的定义为：凡从事农业（农、林、牧、副、渔）生产的常住户口，不论居住在城镇或乡村，均作为农户来统计。凡不从事农业生产的五保户和临时户口而从事农业的户不应包括在内。对农户有的国家规定有一个下限，如前举日本对东日本凡耕地在 0.1 公顷以下者不在普查范围之内，西班牙等国也有同样下限规定。我国农业普查和其他调查由于我国每户耕地面积少（据 1990 年统计为 0.43 公顷），故不作下限规定。

1990 年世界农业普查方案的另一目的，也是最重要的目的，是收集变化缓慢的农业结构方面的资料。这就是我们要确定的农业普查项目。农业普查项目是指农户的某一特点的特定信息。普查项目与定期报表、年报及其他表格项目同属于国家统计信息系统，普查与其他报表的关系是分工协调的关系。普查的目的是收集农业结构方面的资料，而其他调查则收集社会经济运行方面的资料，互相结合互相补充以形成整个的农业统计信息系统，作为国家统计信息系统的一个组成部分。凡长期变化不大的农业结构资料属于农业普查项目，其他项目则由抽样调查或其他调查收集，而不归入普查项目。故普查与其他调查各有分工，而又同处于一个大系统之中，因而要进行适当的协调工作，使调查工作处于有效而又不遗漏不重复的状态。在这些资料来源联系中要按照以下要求进行：①概念、定义与分组标准的统一；②合理利用有效的统计资源；③限制普查范围，以防止普查或调查带有过多的项目，以加重被调查者或调查者的负担；④避免公布互相矛盾的统计资料；⑤提供交叉表以分析各种统计资料；⑥保证所有收集到的统计资料充分加工、分析与有效利用。

农业结构项目是农业普查的主要项目，包括生产的结构，如种植业（农作物面积）、畜牧业（牲畜头数）和其他辅助活动（ancillary activities），以及生产要素（条件）的结构，如劳动力、土地与水利、农业机械与设备、农村建筑物等。

表 4　1990 年世界农业普查方案对农业普查项目做了如下分类（category）

类别编号	类别名称	类别编号	类别名称
01	标识（identification）	06	作物
02	一般特征	07，08	牲畜（分属两类）
03	人口学的与人体测度的特征	09	机械与设备
04	就业	10	建筑物与其他营造物
05	土地与水	11	辅助活动

01 类：标识。本类用以识别农业普查有关的各种单位：holding（中国为农户），holder（主持人）。

本类建议项目：

农户住址、户主姓名等

定义从略（后同）。

02 类：一般特征。本类包括主持人的法定地位，雇佣经理，农户的其他经济活动等。

03 类：人口学的与人体测度的特征。本类为描述主持人及其家庭成员的项目。

04 类：就业。本类提供有限范围的就业资料，包括主持人的家庭成员，主持人以及主持人的家庭成员以外的农业工人。

05 类：土地与水利。本类提供农户的土地与水资料的基本资料。这一类又分为两小类项目，051 为属于农户级的项目，如地块的数目与总面积、土地的出租、是否实行轮休制等。052 则为属于每个地块的项目，如地块的位置、总面积、面积的占用等。建议项目，有编号者达 51 个项目。本类属于土地利用与水利资料利用的项目，为农业生产的重要条件。为国内外人所重视。

06 类：作物。包括农户作物栽培的主要资料。本类也分为两小类，061 农户级的项目，062

为每个地块的项目。在 062 小类中作物分为两个小目：一为临时性（短期）作物（temporary crops)，另一为永久性（多年生）作物（permanent crops)。本类附录 1，按字母表列出的作物、植物学名称与编号；附录 2 作物表分为临时性作物与永久性作物两类。按编号多达 274 个。

07，08 类：牲畜。本类提供农户的牲畜系统与类型，以及拥有牲畜的总头数。本类项目的基准时间为查点日。

09 类：农业机械与设备。本类是指农户所用的机械与设备。

10 类：建筑及其他营造物。本类是指由农户用于非住宅建筑的资料。

11 类：辅助活动。本类是指农户进行的林业与渔业活动。

1990 年世界农业普查方案，就有编号的项目计算有项目 236 个，这里不包括所列农作物（临时性作物与永久性作物）名称的项目数。

上面列举的 1990 年农业普查的各类项目（带有编号的）表，这是粮农组织（FAO）向世界各国与地区提供的一个参考项目表。如何结合中国实际情况加以选择或补充，或提出新的要求是一个值得研究的问题。我国国家统计局农村司拟定的并在河北省威县实施的农业普查方案，就是研究这个问题的有益结果。我们把这个研究结果加以适当修订列为几个农业普查表，于 1992 年 5 月在河北省石家庄地区辛集市城东办事处（相当一个乡）试行，并提出农业普查第Ⅰ表（一）农业劳动力利用情况、农业土地利用情况（农用地总面积、播种面积）；第Ⅰ表（二）生产用房屋及建筑物、役畜、种畜、产品畜情况、补充资料（主要是投入调查）。农业普查第Ⅰ表（一）（二），向在乡内随机抽取的农户进行调查；农业普查第Ⅱ表农业机械与设备以及农具；农业普查第Ⅲ表土地资源及其利用情况。这两个表由乡镇下的行政村或村民小组填写。

在试点调查过程中，发现河北省威县农业普查方案，有的项目还存在问题，例如农业普查Ⅰ（一）表中关于农业劳动力的职业，指标解释中要求“按劳动者主要从事的职业填写”，调查中发现，“主要从事”这一标准难于掌握，特别是种植业中的粮农、棉农、菜农和果农，更难区分。辛集市是河北省的产粮区，同时又是棉花产区，差不多每户都种粮、也种棉。播种面积粮多棉少，投入工则棉多粮少。何谓“主要从事”，没有一个准确的标准。农户自己说不清楚，调查人员亦难判断。因此，如果找不到易于操作的划分职业标准，不如在首次农业普查中，取消“职业”一项。

又如农业普查Ⅰ（一）表中，关于农业劳动力的指标解释，“指直接从事农业生产活动累计时间在 6 个月以上的劳动力”，在调查时难操作。因为每个劳动力负担的耕地面积少，本次试点调查每个劳动力平均负担耕地只有 3.5 亩左右。且播种、耕作、收获等主要农事活动又大量使用农业机械，直接从事农业劳动生产活动的累计时间大多不足六个月，特别是北方复种指数较低的地区，累计时间就更少；同时，累计时间计算上也很难弄清楚。因此，建议改为“从事以农业生产为主业的劳动力”。已领到工业、商业、运输业执照的人员，乡镇企业的正式工作人员，长期外出做工的人员，即使农忙季节也从事农业劳动，仍不能计算为农业劳动力。

又例如农业普查Ⅰ（二）表中，关于生产用房屋及建筑物，其中的机、电井、泵站、涵闸等四项，均不属于个别农户所有，而是集体所有、集中管理。因此，不应由农户填报。可像农业机械设备一样，由村或村民小组填报。

又例如农业普查Ⅰ（二）表中补充资料，属于投入调查性质，其中小型铁木农具，种类繁多，价值低，且可使用多年，在当年总投入中比重微小，属于低值易耗品性质，在首次农业普查中可以删去不必调查。

还有农业普查Ⅰ（二）表中，关于畜禽圈舍，它应当是生产用房屋，是农户的固定资产。但仅仅解释为“有顶有墙、能遮风蔽雨”不妥。调查中发现，有的农户的猪圈，虽符合这项指标解释，但不够固定资产的价值标准。有的猪圈是用捡拾到碎砖烂瓦修成，屋顶不过2平方米，很简陋。有的和自用厕所合用顶棚，其价值主要是为数甚少的人工费用。这些建筑物均属于低值易耗品性质。因此，建议在生产用房屋的解释中，注明固定资产的限额应在200元以上。

河北省威县农业普查表包括的项目数据实际项目数计算为511个。

五、农业普查方法的设想

在农业普查中所使用的重要调查方法，一是全面调查，二是抽样调查。调查方法的研究是世界农业普查方案中提出的突出问题，不免有很多设想。我们对农业普查的调查方法有三个设想：第一是大农户用全面调查，一般农户用抽样调查。第二是有的项目用全面调查，有的项目用抽样调查。第三是以乡镇为总体，利用抽样框分别进行全面调查与抽样调查。

现在谈第一个设想：大农户用全面调查，一般农户用抽样调查。

在1970年世界农业普查中，有许多国家使用了抽样调查方法（表5）。

表5　1970年世界农业普查中使用抽样调查的国家

国　名	已调查的holding数	所估计的总数	抽样比（%）
（前）南斯拉夫	644 376	2 600 140	24.8
美国	2 231 960	2 730 250	81.8
巴西	2 912 216	4 932 202	59.0
多米尼加共和国	15 295	253 300	6.0
博茨瓦纳	1 159	48 014	2.4
喀麦隆*	7 000	926 000	0.8
中非帝国	2 560	280 635	0.9
乍得*	3 508	344 250	1.0
刚果*	3 600	137 883	2.6
加纳	58 370	805 200	7.2
莱索托*	2 560	187 421	1.4
利比里亚	4 602	121 745	3.8
马拉维*	5 340	885 000	0.6
塞拉利昂*	1 575	286 137	0.6
斯威士兰	1 499	39 377	3.8
坦桑尼亚	16 245	1 800 000	0.9
多哥*	2 793	232 657	1.6
赞比亚	9 890	767 990	1.3
扎伊尔*	15 000	2 941 294	0.5
斐济	16 769	33 521	50.0

注：*不包括现代化holding。

上述国家的抽样比，少的为0.5%，多的达到81.3%。其中美国、巴西，对大农场采用全面调查，对小农场采用抽样调查（小农场在美国为销售值在2 500美元以下者，在巴西为小于10公顷土地者）。为什么大农场全面调查，小农场抽样调查？这是因为根据勒曼（Neyman）分层抽样最优配置定理，每层样本单位数的配置（确定）是按以下公式求得的，即从 $n_h=n\cdot\frac{N_hS_h}{\sum N_hS_h}$ 求得的，这里 n 为全部样本单位数。根据定理求得，n_h 为某一层样本单位数，N_h 为某一层总体单位

数，S_h 为某一层的总体标准差。如果有的 n_h 大于 N_h，则 N_h 全部调查，即全面调查，其他层为抽样调查。特别是只有大小两层时，一为大农场，一为小农场，由于大农场 S_h 大，抽样单位数多，以至达到 $n_h=N_h$，则进行全面调查，大的一层出现大 S_h 的情况就可避免。这点 W・G・科克伦在《抽样技术》第 5 章第 5 节和第 8 节做了理论的阐述。

根据 1970 年世界农业普查总结所提供的美国与巴西两国大农场与小农场的情况，可以看出他们是如何对大农场进行全面调查，对小农场进行抽样调查的（表 6）。

表 6　美国、巴西大小农场的个数与面积的比例

国名	大农场（%）		小农场（%）	
	个数	面积	个数	面积
美国	63.5	86.4	36.5	13.6
巴西	48.8	96.9	51.2	3.1

美国对小农场抽 50%，抽样比例为 36.5%×50%＝18.3%，则全部农场抽样比为 63.5%＋18.3%＝81.8%。

巴西小农场抽 20%，抽样比例为 51.2%×20%＝10.2%，则全部农场抽样比为 48.8%＋10.2%＝59.0%。

其他如（前）南斯拉夫、博茨瓦纳、利比里亚、斯威士兰、坦桑尼亚、赞比亚等国，对现代化农场或国营农场采用全面调查，其他小农场采用抽样调查。

在斯里兰卡，将 holding 按面积大小分为不同的小层，对每个小层分别采用不同抽样，如表 7 所示。

表 7 中所列第 1 小层，为排除于抽样范围之外的一层，前面已提到日本、西班牙所作的下限限制，斯里兰卡也属这一类情况。表 7 中所列第 8 小层，即 50 英亩及以上抽 100%，即为全面调查。

表 7　斯里兰卡各小层的抽样比

小层	holding 大小	抽样比（%）
1	小于 1/8 英亩，小于最小牲畜数	不抽样
2	小于 1/8 英亩，起码为最小牲畜数	5
3	1/8～1 英亩	5
4	1～5 英亩	10
5	5～10 英亩	10
6	10～25 英亩	20
7	25～50 英亩	50
8	50 英亩及以上	100

据统计我国国营农场 1989 年为 2 137 个，农业专业大户据硕士研究生钟梅青（《农业普查方法研究》一文论及这个问题）估计，国营农场与专业大户合计约为 3.343‰。而美国（1970）大农场个数为 63.5%，故我们对其进行全面调查的效果不明显。

为了研究这个问题，我们对河北省廊坊地区的专业大户进行了调查，取得承包大户（30 户）的农户人口、农业劳动力、承包土地面积（亩）、化肥施用量（市斤）与住宅面积（m^2）的调查资料。为了作承包大户的对照资料，同时调查了普通农户（30 户）的上述 5 项资料。计算出有关指标：总农户数、总人口数、每户人口数、总农业劳动力数、总化肥施用量（市斤）、每户化肥施用量（市斤）、总住宅面积（米^2）、每户平均住宅面积（米^2），并在此基础上计算出方差［$\sigma^2=\frac{\sum(X-\overline{X})^2}{n}$］、标准差［$\sigma=\sqrt{\frac{\sum(X-\overline{X})^2}{n}}$］与变异系数$\sigma/\overline{X}$，列表8～表12如下：

表8　农户人口数

农户类别	户数	人口数		离　差		
		总计	每户人口数	方差	标准差	变异系数
普通农户	30	126	4.2	1.13	1.06	0.25
承包大户	30	156	5.2	3.06	1.76	0.34

表9　农业劳动力

农户类别	户数	农业劳动力		离　差		
		总计	每户劳动力	方差	标准差	变异系数
普通农户	30	47	1.57	0.25	0.5	0.32
承包大户	30	69	2.3	0.77	0.88	0.38

表10　承包土地面积（亩）

农户类别	户数	承包土地面积（亩）		离　差		
		总计	每户土地（亩）	方差	标准差	变异系数
普通农户	30	198.5	6.62	13.67	3.70	0.56
承包大户	30	960.5	32.02	323.70	17.99	0.56

表11　施用化肥量（市斤）

农户类别	户数	施用化肥量（市斤）		离　差		
		总计	每户施化肥	方差	标准差	变异系数
普通农户	30	33 850	1 128.33	293 124.64	541.41	0.48
承包大户	30	100 900	3 363.33	2 434 678.16	1 559.06	0.46

表12　住宅面积（米^2）

农户类别	户数	住宅面积（米^2）		离　差		
		总计	每户面积	方差	标准差	变异系数
普通农户	30	3 009.5	102.33	1 834.73	42.83	0.42
承包大户	30	3 586.9	119.56	2 889.13	53.76	0.45

以上表8～表12的分析方法分别列有方差、标准差与变异系数。一般说，各种方法都从离差这一点说明问题，但各有其不同作用。方差便于计算（在计算过程中不开方）和应用，为数理统计分析所应用；标准差则为抽样误差表现形式的核心部分。方差与标准差两者有一定数量关系，即一为平方，一为其平方根。至于变异系数，由于利用平均数，改变了方差或标准差在抽样误差（简单说，为S^2/n或$S/\sqrt{n}$）的作用。例如，承包土地面积的方差，承包大户为普通农户的23.76倍，但变异系数两者均为0.56，可见这种方法掩盖了方差（标准差）的离差作用，从而忽视承包大户与普通农户的差别，不利于问题的分析。因此，这里只从普通农户层与承包大户层两者之间的方差加以比较，并看出方差在抽样误差中的地位，以及如何在调查中避免大农户出现的大方差，使农业普查效果好。在比较中可以看出，承包土地面积的方差，大户为普通农户的23.67倍，化肥施用量前者为后者的8.29倍。而每户人口数、每户农业劳动力数、每户住宅面积，则

相差不多，承包大户分别为普通农户的2.7倍、3.1倍与1.6倍。从项目性质看，相差悬殊的承包土地与化肥为生产资料，其中承包土地为基本生产资料或劳动资料，而化肥则以物资形式投入农田来提高农作物产量。承包大户所承包土地数量多但质量较次，每户化肥多但每亩施用化肥则较少（普通农户每亩施化肥170.53市斤，承包大户为105.05市斤），只能在果树成熟前实行果粮粗放间作，以得到较多的收入。至于农户人口数、农业劳动力数与住宅面积（m^2），每户相差不多，这是由这些项目的性质决定的。

我们知道，项目方差的大小对抽样误差的大小有直接关系。这是由于抽样误差的基本公式为S^2/n，S^2（方差）大则抽样误差大，S^2的大小是项目本身性质确定的，而n的大小则由调查者所确定，大样本抽样误差小，小样本抽样误差大。因此，为了保证一定的抽样误差，必须运用样本量n的大小来达到这个目的。此外还可采用各种有效的调查方式，以减少抽样误差。例如，用不放回抽样方式，即用公式$S^2/n\ (N-n)\ /N$以降低抽样误差。又如在分层抽样中利用勒曼（Neyman）最优配置原则，选择全部样本单位数与每层样本单位数，以得到最小方差。在农业普查中，对大农场进行全面调查，也是一种降低抽样误差的方法。

由于现在手边缺乏适当的材料，要说清这个重要问题，只好借用科克伦《抽样技术》中所举1930年美国城市人口数为例，说明农业普查中大农场全面调查小农场抽样调查这个重大理论问题。设$n=40$，对这项城市人口资料，用简单随机抽样方法抽出样本，并计算总体总数的估计方差为2 014 003，抽样误差为1 419。其次将64个城市分为两层：第一层包括大城市16个，第二层包括中小城市48个，按5/8的抽样比例抽取样本，样本单位数仍为40个，则大城市抽10个，中小城市抽30个。计算总体总数的估计方差为677 626抽样误差为823，在下面我们除用分层最优配置样本原理外，还用大于100%的配置样本方法，即大城市全面调查，多余的样本单位数归之于中小城市，以降低抽样误差。

为了解决我们提出的问题，我们现在仍从科克伦提出的大城市与中小城市适当配置样本单位数这个做法出发，利用勒曼最优配置关于抽取各层样本单位数公式$n_h=n\dfrac{N_hS_h}{\sum N_hS_h}$计算出大城市层的样本单位数为18，中小城市层为20，即从16个大城市抽20个，乍一看，这种行为是不合理的，正确的作法是在大城市层抽16个城市，即对大城市全面调查，在中小城市层抽40－16＝24（全部样本单位数仍为40个），换句话说，中小城市层抽20－16＋20＝24，这样一来，大城市这一层因为全面调查就没有抽样误差了，对中小城市这一层样本单位数由20加大为24个，虽然还有抽样误差，但为数不大了。这个问题可从总体总数分层估计的方差公式

$$V(\hat{y}_{st})=\sum N_h(N_h-n_h)\frac{S_h^2}{n_h}$$

的计算过程中看得特别清楚，由于$N_1=16$，$N_2=48$，$n_1=16$，$n_2=24$则上式计算过程为：

$$\sum\left[16\times(16-16)\frac{53\ 843}{16}+48(48-24)\frac{5\ 581}{24}\right]=0+267\ 888=267\ 888$$

即为总体总数大一层全面调查，小一层抽样调查的方差，其抽样误差为518，从以上计算式看，式中的0就是大城市全面调查后不再有抽样误差了；中小城市这一层由于加大样本量（24），故计算的抽样误差为518。

在这里我们还看出几种抽样方法的比较效果：①简单随机抽样（不分层）的抽样误差为1 419；②按5/8比例分层抽样的抽样误差为823；③大城市层全面调查，中小城市层抽样调查的抽样误差为518。由此可见，具有大小分层条件后，采用大的层全面调查，小的层抽样调查，可

以降低抽样误差。上述三种抽样方式的样本单位数均为 40，从理论上讲，这个样本单位数 n，可以从勒曼最优配置样本单位数的公式计算出来。

在这里，我们再一次强调，以上分析从理论上与具体计算上说明了大农场全面调查、小农场抽样调查在减少抽样误差中的效果了。还有什么理由不用这种抽样方式进行农业普查呢？问题在于各国的情况不同，有的表现在全面调查的效果上，有的表现在抽样调查的效果上。在我国由于大型生产单位只有 3.343‰（关于这个数字，以后还有论证），能在这方面减少抽样误差的效果不大。在我国主要还是在农户抽样误差的效果上。现在我们从这方面来分析这个问题。

在了解目前我国农户土地分配情况之前，让我们回头看看我国的历史情况，使我们能对土地分配的变化有个大体上的理解。我们先看看土地改革前的情况，那时的土地分配是极不平均的。本文以《上海经济周报》第 12 卷第 14 期于颖所写《土改后京郊农村》一文为依据，算出土地改革前京郊槐房村的土地分配情况，如表 13 所示。

表 13　京郊槐房村土改前各类农户土地拥有情况

阶级别	户数	所有土地（亩）	每户平均土地（亩）
地主	32	4 356	136.13
贫雇农	178	305	1.71
其他农户	121	1 765	14.59
合计	331	6 426	19.41

由表 13 资料，列出标准差与变异系数的计量，如表 14 所示。

表 14　标准差与变异系数计算表

阶级别	户数（f）	所有土地（亩）（fx）	每户土地（$\overline{X}$）	$(X-\overline{X})$	$(X-\overline{X})^2$	$f(X-\overline{X})^2$
地主	32	4 356	136.13	116.72	13 623.558 4	435 953.868 8
贫雇农	178	305	1.71	−17.7	313.29	55 767.222 0
其他农户	121	1 765	14.59	−4.82	23.232 4	2 811.120 4
合计	331	6 426	19.41			494 532.211 2

$$\overline{X}=\frac{\sum fx}{\sum f}=\frac{6\ 426}{331}=19.41(\text{亩})$$

$$\sigma=\sqrt{\frac{\sum f(X-\overline{X})^2}{\sum f}}=\sqrt{\frac{494\ 532.211\ 2}{331}}=\sqrt{1\ 494.66}=38.65(\text{亩})$$

$$\frac{\sigma}{\overline{X}}=\frac{38.65}{19.41}=1.99(\text{倍})$$

从统计指标分析看，标准差达到 38.65 亩，变异系数为 1.99 倍（即标准差为平均数的 1.99 倍）。这种现象在社会经济统计中是很少出现的。一般只把变异系数看做百分数，为倍数的情况几乎看不到。可见土地改革前北京郊区的土地分配情况是极不平均的，地主的土地每户达到 136.13 亩，而贫雇农只有 1.71 亩。因此，为了实现“耕者有其田”，发展农业生产，必须进行土地改革。

土地改革以后的土地分配情况有了很大变化，达到相当均匀分配的水平。这里以山东老根据

地沂蒙山区沂南县历山乡为例。(1951年11月1日《上海经济周报》第13卷第18期漆琪生所写《山东老根据地农村经济概况》一文)，本文把该乡土地改革后的土地分配情况改写为统计表，列之如表15所示。

表15 历山乡土改后土地分配情况

阶级别	户数	人口	占总人口数的(%)	土地(亩)	占土地总数的(%)	平均每户分地(亩)
地主	5	28		51.9		10.38
富农	9	46	3.7	94.7	2.5	10.52
老中农	112	514	27.6	1 688	28.2	15.07
新中农	297	1 378	68.5	4 143.65	69.2	13.95
贫农	1	4	0.2	7.9	0.1	7.9
合计	424	2 010	100	5 986.15	100	14.12

根据上述资料计算有关指标：

每户平均土地 $\overline{X}=\frac{\sum fx}{\sum f}=\frac{5\ 986.15}{424}=14.12$

标准差 $\sigma=0.89$

变异系数 $\frac{\sigma}{\overline{X}}=\frac{0.89}{14.12}=6.3\%$

与土地改革前比较，不论标准差与变异系数都显著降低了，说明土地的分配情况是均匀的。

由农业合作社、农村人民公社改变为农户联产承包生产责任制，由农户按劳动力与人口承包土地，因而每个农户的耕地又趋于平均化。兹以河北省辛集市（原束鹿县）城东办事处（相当乡）1991年底的情况为例，说明农户的耕地分配情况。这里举裴辛庄村第2组（71户）为例，其耕地在各户的分配情况如表16所示。

表16 1991年裴辛庄2组土地拥有情况

农户按耕地面积大小分组	农户数	农户按耕地面积大小分组	农户数
0～2	1	8～10	13
2～4	6	10～12	3
4～6	22	12～14	2
6～8	24	合计	71

该队农户的耕地分配集中在4～6，6～8，8～10三组，三组小计户数为59户，占总户数的83.0%，可见其分配集中在4～10这一区间内。全组每户的平均耕地为6.66亩/户，标准差为2.33（亩），变异系数为35%，其分配是相当均匀的。

如果把土地改革前、土地改革后与联产承包生产责任制的土地的分配情况做比较如表17所示。

表17 三个阶段土地分配情况比较

项　目	每户平均土地（亩）	标准差	变异系数（%）
土改前	19.41	38.65	199
土改后	14.12	0.89	6.3
联产承包生产责任制时	6.66	2.33	35

由于每户耕地不同（原因不限于不同时期，而且处在不同地区），用变异系数进行比较是适当的。从这个指标可以看出土地改革前土地分配是极不平均的，土地改革后采取按人均分土地的办法，变异系数只有6.3%，联产承包生产责任制采取按劳分配兼顾人口的办法，变异系数提高为35%。这就是当前我国耕地的分配情况，为实行抽样调查提供计算抽样误差的客观依据。

自从联产承包生产责任制实行后，耕地在各户的分配情况变异系数提高为35%，这是否为一特殊问题，还是个一般问题呢？这就是说只有每户耕地指标为35%，别的指标有没有同样趋势的问题，如果有同样趋势则为一般问题，没有则为特殊问题。河北辛集市城东办事处（相当乡）9个村民小组（整群抽样）的结果表明，许多指标具有同样趋势，这是一个一般问题，即我们称之为多主题（多目标）的问题，如表18所示。

表18　城东办事处9个村民小组几个指标的变异系数

指标名称	变异系数（%）	
	包括远离平均数之点	舍弃远离平均数之点
人均耕地	36.8	32.5
户均人口	30.2	26.7
户均耕地	39.0	33.8
户均劳动力	38.1	32.0

从表18数字看，大致与裴辛庄二组的情况相似。表中包括远离平均数之点的变异系数在30%以上，舍弃远离平均数之点的变异系数在30%左右。这说明舍弃远离平均数之点，可以降低变异系数。裴辛庄二组属于后一种情况，表中户均耕地为33.8%，裴辛庄二组为35%。

这个问题的进一步研究，要求解决某种统计方法是否适合多主题（多目标）的问题。据研究，抽样方式中的简单随机抽样与一般等距抽样，能保证项目及其计算指标的一定正确性，即其变异系数大致有同一趋势。关于特殊的抽样方式，如对称等距抽样，按有关标志（亩产）排队，并考虑辅助标志（如播种面积）情况，再进行对称等距抽样，可以保证亩产这个指标的正确性，但对其他指标则不一定能保证。多主题问题就本文抽样问题谈，我们应当这样考虑，农户大小属于不同性质的样本，研究大小农户的某一类指标则为不同性质样本的同性质指标问题，如本文表8、表9谈到的承包大户与普通农户的人口数与劳动力数，说的就是这一点，再有不同性质样本的不同性质指标，就是表8～表11中所说的。还有同一性质样本同一性质指标，就是如表11所说的。第4种情况，就是同一性质样本不同性质指标，如本文下节表23所说的。多主题问题是一个比较复杂的问题，本文对此不打算做深入研究。至于远离平均数之点，将在下一节讨论。

我们上面论证的户均耕地的变异系数问题，足以说明耕地分配是均匀的，故在这种客观情况下进行抽样调查是可行的，在理论上是有根据的。

以上讨论了这样多的问题，证明了这样多的看法，归结一点：对大农户进行全面调查，对一般农户进行抽样调查，这就是我们对农业普查方法的第一个设想。

第二个设想是有的项目用全面调查，有的项目用抽样调查。

我国长期以来，有几个农业统计数字始终没有弄清楚：第一个是耕地面积，第二个是农业机械设备的现值，第三个是农业资源（表19～表21）。

表 19　我国耕地变化情况（1952，1987，1985，1990）

单位：万亩

年份	耕地面积合计	水田	旱地	水浇地
1952	161 878	38 730	112 595	4 844
1978	149 084	38 130	110 864	33 822
1985	145 269	37 549	109 130	32 312
1990	143 510.8	38 278	105 232	83 225

1952 年为国民经济恢复时期的最后一年，以这一年为基数，与 1990 年比较，38 年来耕地面积减少 18 367 万亩，这是一个值得注意的情况。另一个情况是耕地面积减少最多的一年是 1985 年，其增减原因分析，如表 20 所示。

表 20　耕地面积变化原因

单位：万亩

一、年初实有耕地面积	146 780.6
二、当年增加耕地面积	383.1
其中新开荒地面积	327.7
三、当年减少耕地面积	2 396.9
其中：（1）国家基建占地	201.4
（2）退耕造林面积	911.8
（3）退耕改牧面积	491.2
（4）当年乡、村集体基建占地	133.5
（5）当年农民个人建房占地	145.5
四、年末实有耕地面积	145 269.4

据了解，耕地面积的问题可概括为：①耕地面积统计数字不实。据河北藁城、新城、万全土地利用现状调查（详查）耕地面积有所增加，但有的县却有所减少。据在湖南了解的情况，湖区有 10%～15%不实之处，湖南山区根据规划有 50%可垦荒地。②耕地面积减少，但有未核减者，如藁城市，几年来农民建房占地未核减。旧的房基地变成瓦砾堆，新占耕地一大片成为新的村庄。有只报减少不报增加者。③乡村办企业占地很普遍，最近开发占地更严重。④规划的土地数，用航测资料，且因资料尚未利用没有受到干扰，比统计数字准确，如湖南郴州市、零陵地区。⑤要注意与耕地有关的水利资源数字，各个地方都有潜力。从全国数字看水田减少不多，水浇地且有增加。有人反映水浇地没有人管，其数字就实在。⑥耕地的质量在水田旱地上得到反映，比土壤调查更有经济意义。土地利用现状调查（土地详查）为行政村提供土地利用资料。如果农业普查把土地利用落实到户，在全国范围内这个调查工作量是很巨大的，是一个值得研究的问题。不如把土地利用落实到村民小组，结合农户调查资料加以推算，这就是我们在这方面的设想。

农业普查需要解决的第二个问题，即农机具现值调查统计问题。在年报中我们有下列统计表，例如 1989 年全国主要农业机械年末拥有量（见《中国农村统计年鉴》1990）。

从表 21 资料看，其计量单位均为实物单位，而未用金额表示，即无货币表现的指标，这是现有统计资料亟需解决的问题。故在农业普查中应当用价值量指标，以弥补实物量指标不足。如何取得这项资料，各地办法不同，如有地方（湖南江华瑶族自治县）采取由农调队与经管站推算的办法，其结果相差达3.78倍。由于农业机械体积大，一家一户拥有量少，有的农机具大多数农户都没有，容易为村民小组所掌握，这样的资料是否可由村民小组或行政村填写。农机具现值计算有许多技术问题，如农机具的原价、折旧率、重置价、使用年限等均在考虑之列。最好由乡一级或由县农机局研究出一套估价办法，便于执行。

表21　1989年全国主要农业机械拥有量

项　目	单位	数量
农业机械总动力	亿瓦	2 806.7
大中型农用拖拉机（混合台）	万台	84.82
小型（包括手扶）拖拉机	万台	654.3
大中型拖拉机机引农具	万部	99.1
小型拖拉机机引农具	万部	604.3
⋮	⋮	⋮

农业普查需要解决的第三个问题，为调查农业资源及其利用问题。联合国粮农组织1990年世界农业普查方案中关于土地与水这一类项目，为数是很多的（多至51个项目），这说明农业资源的重要性。在我们调查过程中，有很多人提出这样的问题。例如，北京市平谷县王嘉祥局长认为，农业普查应当注意农业生产的条件，所以了解一个地方的农业资源很重要，例如平谷县的水利资源的利用，排水等，是发展平谷农业的关键问题，应当在农业普查得到反映，不仅对大的地区如此，对地块的情况也应反映。世界农业普查1990年方案中就注意到这一点。湖南省江华瑶族自治区关于构筑大型水库，除灌溉外，并发掘水力发电潜力，如涔天河扩大水库增加发电量带来的问题，以前把库区居民（少数民族瑶族）赶到山里，现在由于库坝加高，又把他们赶到高山上去了，瑶族反映很强烈。还有林业问题，河南省登封县十年九旱，要求造林。湖南湘南地区雨量虽多但降雨不及时，甚至长期不下雨造成大旱，要求造林与兴修水利。江华是一个林区，其中无林地占41.1%，有发展造林的潜力，湖南零陵地区开发潜力占全省1/5，而开发湖南关键在水，在造林蓄水。这也是一个生态问题。所以说农业资源问题是农业普查要调查的大问题。

自然资源是农业的基本条件，除土地外，主要是水利与林业。自然资源体现在地块上，但更重要的是作为行政村或村民小组范围的农业生产条件而存在，而村或村民小组是联产承包生产责任制下的土地出包单位，故农业土地利用情况应由村或村民小组填写，属于调查到村或村民小组的全面调查。同时土地利用情况又作为对农户进行抽样调查的项目，按地块进行调查。至于农业机械与设备，便于由村或村民小组填写，不必由农户填写，故属于另一种到村或村民小组的全面调查。其他如播种面积、生产用房屋及建筑物、役畜种畜产品畜及带有投入性质的补充资料则向农户进行抽样调查。故农业自然资源和农业机械与设备以及其他项目，有的既全面调查又抽样调查，有的项目全面调查，有的项目抽样调查。这就是我们在调查方法上的第二个设想。这与印度相似。（1985—1986）农业年度的农业普查及以后的农业普查，经营单位的数目的面积可继续通过全面调查得到，而与其他的特征相关的数据，则在每一层中以20%村作为样本，靠调查其中所有经营单位收集来的。这是不同项目采用不同调查方法的例子，和我们的设想有相似的地方。

我们对农业普查调查方法的第三个设想，是以乡镇为总体利用抽样框（或普查框）分别进行全面调查与抽样调查。这个设想是三个设想中的主要设想。乡镇是进行全面调查与抽样调查的实

体，两种调查方法的承担者。乡镇是我国的基层行政单位，又是一切经济工作的基层单位。由于乡镇所辖地区范围不大，农户作为农业普查的统计单位，其各个项目在一乡之内变化不大，对乡内农户采用抽样调查，可以满足乡对有关项目资料的正确性要求，即项目资料对乡有代表性。在一乡之中，对大农户和国营农场实行全面调查，对一般农户实行抽样调查，对有的项目如农业机械与设备实行到村或村民小组的全面调查，对土地利用情况既在村或村民小组全面调查，又在农户内进行抽样调查。有的项目不是每个地区都有，如油茶、油桐，则在少数地区进行重点调查。

据统计，1990 年全国有乡镇 55 838 个，其中乡 44 440 个，镇 11 392 个。据此，我们将在下一节内计算我国农业普查的调查工作量，作为各项组织工作的依据。

这就是我们对农业普查的调查方法的三个设想。为了验证以上设想，我们将进行农业普查的试点调查，从中找出问题，加以修改或补充，使农业普查设计工作更趋于完善。

六、农业普查方法的试点调查

为了取得实践知识，进行摸底，提出了农业普查试点调查方案。这次试点调查选择在河北省石家庄地区辛集市（原束鹿县）城东办事处（相当乡）进行。石家庄地区处于华北大平原的中部，本市东南接衡水地区，为盐碱地。由于近来地下水位下降，所有土地均适宜耕种，产量增长快，购粮与税收任务居全省之冠。本市有德石铁路横贯东西，交通便利，经济增长快。城东办事处（相当乡）地处本市市中心的东侧，下辖 7 个行政村：锚营、裴辛庄、佃士营、月耳营、留双营、林子营、微马营，47 个村民小组。1991 年年底全乡人口为 10 005 人，其中农业人口 9 955 人，占 99.5%，农户 2 612 户，耕地 19 042 亩。

这次试点调查的主要目的，在探讨和比较以乡为总体随机抽取不同的样本容量的效果，并检验农业普查项目是否符合实际情况，及其存在问题。这一点已在本文第四部分加以说明，在这里不再多加重述了。

首先，我们采用整群抽样方法，以乡为抽样总体，对乡以下单位采取二阶段（级）抽样方法，即乡抽村、在抽中村中再抽村民小组、对抽中的村民小组进行整群调查，其结果作为对比的基础，再在每个抽中村民小组中分别抽 20 户、15 户与 10 户。例如抽中的 5 个村民小组，则所得样本分别为 100 户、75 户、50 户并对其结果进行研究。

在乡抽村及村抽村民小组时，我们采用等距（系统）抽样法，在使用这种方法中，我们总结了以下使用等距抽样法的规则：如果把随机起点定在抽样距离内，则用一般等距抽样法，或圆形等距抽样法；如果随机起点定在总数范围内，则只能用圆形等距抽样法。可见圆形等距抽样法是一个最通用的方法，且这种方法具有等概性质。

乡抽村。村按西、北、东、南、西地理位置顺序排队，形成圆形，即留双营、林子营、裴辛庄、佃士营、撒马营、锚营、月耳营。考虑村的大小，以户数计算抽样距离，7 个村共 2 612 户，抽选 4 个村（第一阶段抽样单位数），则抽样距离为 2 612÷4=653 户。在随机数表上取四位随机数为 0473，恰在抽样距离 653 户之内，则我们可用一般等距抽样法，也可用圆形等距抽样法。为了便于抽样编制下列累计表 22。

抽样结果：裴辛庄、佃士营、锚营、月耳营 4 个村，为抽中村，按村计算的抽样比为 4/7=57.1%。7 个村共 47 个村民小组，抽中的 4 个村共有 35 个村民小组，按村民小组计算的抽样比为 35/47=74.5%。抽中的 4 个村的户数为 1 960 户，按户数计算的抽样比为 1 960/2 612=75.0%。可知按村民小组、按户数计算的抽样比，比之按村计算的抽样比均较大。这是由于按户数等距抽样，大村的户数多，村民小组也多，抽中的机会就大的缘故。

表 22　乡抽村抽样过程示例表

按地理位置排队的村名	各村户数	累计户数	抽中村号码
留双营	367	367	
林子营	81	448	
裴辛庄	619	1 067	473
佃士营	455	1 522	1 126（473+653）
撒马营	264	1 726	
锚 营	600	2 326	1 779（1 126+653）
月耳营	286	2 012	2 432（1 779+653）

村抽村民小组。将抽中的 4 个村，按北、东、南、西地理位置顺序排列，形成圆形。在第一次圆形排列之后，在月耳营的后面排上裴辛庄等村，形成第二个圆形。而在表中则成为线性，并按村民小组累计（4 个抽中村有 35 个村民小组）。如果随机起点为 23，在 35（总数范围内，不在抽样距离 35÷5=7 内）之内，正如我们总结的规则，只能用圆形等距抽样法。

为了适于 4 个村民小组作为 5 个整群抽样，分别计算 100 户、75 户及 50 户的效果。我们第一次抽取 5 个村民小组，其抽样距离为 35÷5=7，对抽中的 5 个村民小组，进行整群调查。

为了在 4 个抽中村中抽出 10 个村民小组，在每个抽中村中分别抽取 20 户、15 户与 10 户，构成 200 户、150 户与 100 户样本，以便研究其抽样效果。我们第二次再抽出了 5 个村民小组，与原来第一次抽的 5 个村民小组，合在一起成为 10 个村民小组，其抽样距离为 35÷10=3.5。用这样的方法，前次抽的 5 个村民小组，就能与后面抽的 5 个村民小组，合在一起，而不改变等距抽样方法。这是我们在 1982 年一次研究中提出的方法。为了便于说明上述两次抽样的具体做法，列成表 23。

表 23　两次抽样示例表

成圆形排列的村名	村民小组数	圆形累计	抽中村民小组	
			第一次	第二次
裴辛庄	11	11		
佃士营	9	20		
锚 营	11	31	23 30	26.5
月耳营	4	35		33.5
裴辛庄	11	46	37 44	40.5
佃士营	9	55	51	47.5 54.5
锚 营	11	66		
月耳营	4	70		

抽样结果：第一次抽五个小组，锚营第 3 小组、第 10 小组，裴辛庄第 2 小组、第 9 小组，佃士营第 5 小组。作为整群抽样调查的村民小组，合计调查户数为 295 户。

第二次再抽 5 个小组，前后合计抽 10 个小组。第二次抽选的名单为锚营第 6 小组，裴辛庄第 5 小组，佃士营第 2 小组、第 9 小组，月耳营第 3 小组。这 5 个小组只调查 1/2 农户，计 120 户。与第一次整群调查的 295 户加在一起，共计 415 户，即这次试点调查的总户数，为全乡总户数 2 612 户的 495/2 612＝19％，约 1/5。

为了便于找出一个适当样本单位数，以满足乡抽农户数的要求，我们还要在抽中的村民小组中，抽取适当的户数，我们采用一般等距抽样法或圆形等距抽样法，即每隔若干户抽一户的办法。

我们对这个问题分两步研究，第一步：取 5 个整群样本（锚营 3 组，锚营 10 组，裴辛庄 2 组，裴辛庄 9 组，佃士营 5 组），从中抽取 100 户（每组 20 户）、75 户（每组 15 户）及 50 户（每组 10 户），并计算有关指标，得到表 24～表 40 数字。

表 24　样本基本情况

指标名称	295 户	100 户	75 户	50 户	资料来源
复种指数（％）	169.7	170.0	174.0	171.2	原始资料
估计 295 户的播种面积（亩）	3 616.3	3 741.8	3 695.4	3 410.2	原始资料
估计 295 户的耕地面积（亩）	2 131.3	2 201	2 124.4	1 991.8	原始资料
每户耕地（亩）	7.22	7.78	7.81	6.96	原始资料
耕地每块面积（亩）	2.65	2.66	2.80	2.64	原始资料
每个劳动力负担耕地（亩）	3.43	3.50	3.33	3.16	原始资料
粮食占播种面积（％）	82.8	81.4	78.7	83.6	原始资料
估计 295 户的耕地面积（亩）	2 131.3	2 295.1	2 334.5	2 053.2	分组资料

表 25　样本文化程度分组情况

文化程度	295 户		100 户		75 户		50 户	
	人数	（％）	人数	（％）	人数	（％）	人数	（％）
不识字	26	4.2	9	4.2	4	2.5	7	0.5
小学	281	45.2	96	45.1	75	46.3	45	42.1
初中	236	37.9	82	83.5	57	35.2	41	38.3
高中	78	12.5	26	12.2	26	16.0	14	13.1
大学	1	0.2						
合计	622	100	213	100	162	100	107	100

表 26　样本各种生产要素投入情况

投入项目	295 户	100 户	75 户	50 户
化肥（％）	51.5	53.2	50.2	50.9
农药（％）	17.2	15.7	17.9	17.0
用电（％）	17.4	16.9	18.4	17.0
塑料薄膜（％）	0.4	0.2	0.3	0.4
农用柴油（％）	1.4	2.6	1.0	2.3
外购种子（％）	8.3	6.9	8.0	8.7
铁木农具（％）	3.8	4.5	4.1	3.7
合 计（％）	100	100	100	100

注：以上按原始资料统计。

上述数字就其特点可概括为四类：一为平均数，如耕地每块面积（亩），每个劳力负担耕地（亩）。二为总数，如耕地面积（可结合每户耕地面积计算）。三为比率数，如复种指数。四为比例数，如不同文化程度的人数总在人数中所占比例、各项投入在总投入中之比例。

在不同样本容量中，比率与比例数较稳定，平均数次之，用各样本计算的总数，以估计（295 户）全部总体数相差很大。

兹以复种指数为例，说明在各种样本容量中比率变化，如表 27 所示。

表 27　复种指数在各样本量中的比较

项　　目	295 户	100 户	75 户	50 户
复种指数（%）	169.7	170.0	174.0	171.2
以 295 户资料为基数做比较（%）	100	101.8	102.5	100.9

注：各数与 295 户（5 个小组整群）之比，均在百分之三点以下。

把从原始资料得到的播种面积，来估计 295 户（5 个小组整群）的总播种面积，并加以比较。

表 28　估计播种面积在各样本量中的比较

项　　目	295 户	100 户	75 户	50 户
估计播种面积（亩）	3 616.3（实际数）	3 741.8	3 695.4	3 410.2
以 295 户资料为基数做比较（%）	100	103.5	102.2	94.3

可以看出变化比复种指数为大。

表 29　估计耕地面积在各样本量中的比较

项　　目	295 户	100 户	75 户	50 户
估计耕地面积（亩）	2 131.3（实际数）	2 201	2 124.4	1 991.8
以 295 户资料为基数做比较（%）	100	103.3	99.7	93.5

其变化比之复种指数为大，而播种面积与耕地面积之比为复种指数却较稳定。从概率分布看，这是一个复杂问题，不仅牵连到不同指标，而且还与样本容量大小有关，不能简单下结论，有待做更深入的研究。

在上例中还可看出另一个问题，即稀有项目的比例数比之经常出现项目的比例数，不十分稳定，且变化较大。例如：

表 30　不同样本量中“不识字”与“小学”比例的比较

文化程度	295 户	100 户	75 户	50 户
不识字（%）	4.2	4.2	2.5	6.5
以 295 户资料为基数做比较（%）	100	100	59.5	154.8
小学（%）	45.1	45.1	46.3	42.1
以 295 户为基数做比较（%）	100	100	102.7	93.1

从以上数字可以看出，对稀有项目，为数不多的样本容量（在此为 75，50 个样本单位）不能反映实际情况，必须加大样本容量。

为了说明三种样本容量的抽样误差情况，从抽取 50 个样本单位这一类算起，利用分组表计算每户的平均耕地面积，及各户的耕地总面积的标准差及抽样误差如表 31 所示。

表 31　抽样误差计算表

耕地分组	组中点（X）	户数（f）	f_x	$(X-\overline{X})$	$(X-\overline{X})^2$	$f(X-\overline{X})^2$
0～2	1	2	2	−5.96	35.521 6	71.043 2
2～4	3	1	3	−3.96	15.681 6	15.681 6
4～6	5	15	75	−1.96	3.841 6	57.624 0
6～8	5	17	119	0.64	0.001 6	0.027 2
8～10	9	10	90	2.04	4.161 6	41.616 0
10～12	11	3	33	4.04	13.321 6	48.964 8
12～14	13	2	26	6.04	36.481 6	72.963 2
合计		50	348			307.920 0

从表31分布看为近似正态型，大致要按正态分布计算抽样误差有关指标：

$$\text{每户耕地 } \overline{X}=\frac{\sum fx}{\sum f}=\frac{348}{50}=6.96(\text{亩})$$

$$\sigma=\sqrt{\frac{\sum f(X-\overline{X})^2}{\sum f}}=\sqrt{\frac{307.92}{50}}=2.48(\text{亩})$$

计算抽样误差公式（采用简单随机抽样，因为等距抽样与之大致相同，为了简便而又不损及分析结果，将二阶段或三阶段抽样一律按一阶段抽样计算抽样误差），$V(X)=S_{\overline{X}}^2=\frac{\sigma^2}{n}\left(\frac{N-n}{N}\right)=\frac{\sigma^2}{n}(1-f)$

$$S_{\overline{X}}=\frac{\sigma^2}{\sqrt{n}}\sqrt{1-f}$$

现有数据 $\sigma=2.48$，$\sqrt{n}=\sqrt{50}=7.07$，$f=n/N=50/295$ $\sqrt{1-f}=0.91$，故 $S_{\overline{X}}=\frac{2.48}{\sqrt{50}}\cdot\sqrt{1-\frac{50}{295}}=\frac{2.48}{7.07}\times0.91=0.32$，即每户耕地的抽样误差。

用表23分组资料对耕地估计总数（对295户的估计）为 $348\times N/n=348\times295/50=2\ 053.2$。

其抽样误差为 $NS_{\overline{X}}=295\times0.32=94.4$，则295户耕地估计总数的置信区间为（95%概率）

$$2\ 053.2\pm1.96\times94.4=2\ 053.2\pm185.01$$

即1 868.18～2 238.22

同样方法可计算75户的抽样误差及其置信区间如下：

分布略带右偏型，大致可按正态分布型计算抽样误差有关指标

$$\text{每户耕地 } \overline{X}=\frac{\sum fx}{\sum f}=\frac{593}{75}=7.91\ (\text{亩})$$

$$\text{标准差 } \sigma=\sqrt{\frac{\sum fx(X-\overline{X})^2}{\sum f}}=\sqrt{\frac{778.347\ 5}{75}}=3.22\ (\text{亩})$$

现有数据：$n=75$，$f=75/295=0.25$

抽样误差为 $S_{\overline{X}}=\frac{\sigma}{\sqrt{n}}\sqrt{1-f}=\frac{3.22}{\sqrt{75}}\cdot\sqrt{1-0.25}=\frac{3.22}{8.7}\times0.87=0.32$（亩）

用表24分组资料对耕地估计总数（对295户的估计）为 $593\times N/n=593\times295/75=2\ 333.45$，其抽样误差为 $NS_{\overline{X}}=295\times0.32=94.4$，则295户耕地估计总数的置信区间为（95%概率）

$$2\ 333.45\pm1.96\times\ 94.4=2\ 333.45\pm185.02$$

即2 148.43～2 518.47（在这里实际数2131.3亩不在内）。

同样方法可计算100户的抽样误差及其置信区间如下：

分布略带右偏型，大致可按正态分布型计算抽样误差有关指标。

$$\text{每户耕地 } \overline{X}=\frac{\sum fx}{\sum f}=\frac{778}{100}=7.78\ (\text{亩})$$

标准差 $\sigma=\sqrt{\dfrac{\sum fx(X-\overline{X})^2}{\sum f}}=\sqrt{\dfrac{919.156}{100}}=3.03$

现有数据：$n=100$，$f=100/295=0.34$

抽样误差为 $S_X=\dfrac{\sigma}{\sqrt{n}}\sqrt{1-f}=\dfrac{3.03}{10}\times 0.31=0.25$

用表 23 分组资料对耕地估计总数（对 295 户的估计）为 778×295/100=2 295.1，其抽样误差为 $NS_X=295\times 0.25=73.75$；则 295 户耕地估计总数的置信区间为（95%概率）

$$2\,295.1\pm 1.96\times 73.75=2\,295.1\pm 144.55$$

即 2 150.55～2 439.65

现在我们开始第二步工作，并把第一步未讲透的问题希望能在这一步讲清。

在这一步中我们在抽中的 10 个村民小组中分别调查 200 户(每组 20 户)、150 户(每组 15 户)、100 户(每组 10 户)。在抽选中，先抽村，再在抽中村里抽村民小组，最后在村民小组中抽农户，实际是三阶段抽样。第一、第二阶段抽样已在前面讲过了，这里只提一下第三阶段抽样。我们还是采用等距抽样法，为了取足所要求的农户数，在原有农户顺序中，用每隔几户抽一户的办法，可以圆形排列，也可按花名册原有排列顺序，但要记住一点，要随机抽选，不要主观抽选就行了。

对抽出的结果可列出几个项目的数字，这里只列出复种指数与粮食占总播种面积比重两个指标，其余文化程度、投入两类指标则全部列出，以资比较。

表 32 不同样本规模复种指数及粮农占总播种面积比例

项目或指标别	415 户	295 户	200 户	150 户	100 户
复种指数（%）	170.2	169.7	160.7	170.6	171.3
粮食占总播种面积（%）	83.5	82.8	83.4	84.6	83.5

其中 415 户是指现场调查的户数（包括整群的 295 户及第二次调查的其他 5 个组的 120 户）。

表 33 不同样本规模各种文化程度结构比较

文化程度	415 户	295 户	200 户	150 户	100 户
不识字（%）	4.4	4.2	4.1	4.8	4.9
小学（%）	44.6	45.2	45.9	46.8	46.1
初中（%）	37.7	37.9	37.0	34.5	36.4
高中（%）	13.2	12.5	13.0	13.9	12.6
大学（%）	0.1	0.2	—	—	—
合计	100	100	100	100	100

表 34 不同样本规模各要素投入情况比较

投入类别	415 户	295 户	200 户	150 户	100 户
化肥	53.3	51.5	55.2	53.6	54.2
农药	16.8	17.3	15.8	16.7	15.7
用电量	14.5	17.4	11.8	12.5	11.8
塑料薄膜	0.7	0.4	0.9	0.9	1.5
柴油	1.6	1.4	2.7	1.9	2.2
外购种子	9.2	8.3	9.2	9.8	10.5
小型农具	3.8	3.8	4.4	4.8	4.1
合计	100	100	100	100	100

两个比率指标：播种面积对耕地面积之比（复种指数），及粮食播种面积在总播种面积之比

重，由于这次抽取的样本单位数较多，两个比率指标一般较前面的更稳定。

表 35　复种指数与粮食播种面积比重在各样本规模间的比较

项　目	415 户	295 户	200 户	150 户	100 户
复种指数（%）	170.2	169.7	169.7	170.5	171.8
以 415 户为基数做比较（%）	100	39.7	99.7	100	100.4
粮食占总播种面积比重（%）	83.5	82.8	83.4	84.6	83.5
以 415 户为基数做比较（%）	100	99.2	99.9	101.3	100

在文化程度中，原来不稳定的不识字的人数，现在的情况如表 36 所示。

表 36　“不识字人”的比例在不同样本规模中的比较

项　目	415 户	295 户	200 户	150 户	100 户
不识字人（%）	4.5	4.2	4.1	4.8	4.9
以 415 户为基数做比较（%）	100	93.4	92.3	106.7	103.9

显然与前次列出的数不一样了，相差不到 9%。

投入的塑料薄膜、柴油的比例，由于为数很少，仍不稳定。以塑料薄膜为例，用表 37 加以说明：

表 37　塑料薄膜在不同样本规模中的比较

项　目	415 户	295 户	200 户	150 户	100 户
塑料薄膜（%）	0.7	0.4	0.9	0.9	1.5
以 415 户为基数做比较（%）	100	57.1	128.6	128.6	214.3

从塑料薄膜的比较看，样本容量为 100 户的情况，与 415 户比较相差 114.3%，用这种样本容量还不能解决稀有项目问题，只有在 150 户及以上样本容量才接近实际情况，但仍不排除特殊情况发生。

在解决稀有项目问题之后，在这里，还必须提出另一个问题。根据 200 户耕地面积在各户的分配情况计算表，我们还发现远离平均数点的问题（这个问题不限于 200 户中有，前所举在 295 户中抽 100 户也有这个问题）。这个问题是一般统计学上讨论过的问题，但在如何处理方面问题却没有人提到，一般只说舍弃这样的点，使次数分布适合于某种概型。现在举出 200 户耕地面积分组如表 38 所示，以便讨论。

表 38　200 户耕地面积分组表

耕地分组	X	f	f_x	$(X-\overline{X})$	$(X-\overline{X})^2$	$f\ (X-\overline{X})^2$
0～2	1	2	2	−6.83	46.648 9	93.297 8
2～4	3	10	30	−4.83	23.328 9	233.289 0
4～6	5	36	180	−2.83	8.008 9	288.320 4
6～8	7	67	469	−0.83	0.688 9	46.156 3
8～10	9	48	432	1.17	1.368 9	65.707 1
10～12	11	24	264	3.17	10.048 9	241.173 6
12～14	13	7	91	5.17	26.728 9	187.102 3
14～16	15	5	75	7.17	51.4089	257.0445
16～18	17	—	—	—	—	—
18～20	19	—	—	—	—	—
20～22	21	—	—	—	—	—
22～24	23	1	23	15.17	230.128 9	230.128 9
合计		200	1 566			1 642.2206

表38中“23”为远离平均数（7.83）之点，其$f(X-\overline{X})^2=230.1289$，占总数（$\sum f(X-\overline{X})^2$）的14%，可见其对标准差$\sqrt{\frac{\sum f(X-\overline{X})^2}{\sum f}}$影响之大。标准差在统计中是计算离差的基本方法，在远离平均数之点，其离差平方巨大，故加于标准差上的影响是很大的。上述计算表的标准差为$\sigma=\sqrt{\frac{\sum f(X-\overline{X})^2}{\sum f}}=\sqrt{\frac{1642.22}{200}}=2.87$，如果舍弃23这个点，则$\sigma=\sqrt{\frac{\sum f(X-\overline{X})^2}{\sum f}}=\sqrt{\frac{1412.0911}{200}}=2.66$，比2.87减少0.21，即减少了7.3%。可见个别远离平均数之点对标准差的影响之大了。因此，为了正确反映分布之概型，采取舍弃个别远离平均数之点的办法。至于舍弃之点如何处理，我们的意见是在农业普查中从抽样调查中舍弃此点，而所舍弃之点放在全面调查之中。既可减少原分布的标准差，又能为大农户安排适当的地方，减少抽样误差，并在理论上，为大农户全面调查，小农户抽样调查这个统计理论，找到了远离平均数之点作为其另一理论依据。

农户大小的标准，各国不一样。美国以农产品销售额在2 500美元以下者为小农场，反之为大农场。巴西为小于10公顷者为小农场，反之为大农场。日本既为农业户规定有耕地下限（东日本0.1公顷），且又规定有农产品销售额的下限（10万日元）。在我国每户耕地的多少，作为农户规模大小的指标，从辛集市城东办事处（相当乡）随机抽取的10个村民小组，其每户耕地在15亩及以上者如表39所示。

表39　城东办事处所抽10个村民小组户均耕地情况

小组名	每户耕地在15亩及以上者	小组名	每户耕地在15亩及以上者
锚营3组	23亩，15亩	裴辛庄9组	18亩
锚营5组	15.5亩	佃士营2组	—
锚营10组	—	佃士营5组	—
裴辛庄2组	40亩	佃士营9组	15亩
裴辛庄5组	15亩	月耳营3组	—

每户耕地在15亩及以上者有7户（其中裴辛庄2组联户耕地40亩），约占415户的2%，全乡2 612×2%=52户。如以50户计，全国5万多个乡镇，调查的大农户将达到250多万户。城东办事处每户平均耕地7.29亩，15亩约为每户平均耕地的2倍，如果把这个标准在全国施行较为方便。这是因为我国地域辽阔，东北每户耕地面积大，南方小，如统一规定15亩，则北方嫌低，南方嫌高。这个标准在制定农业普查方案时即可定下来，这样便于制定普查框，对大农户进行全面调查，对小农户进行抽样调查。

现在我们用分组资料计算出每户平均耕地、标准差、并用抽样误差公式计算出每户平均耕地的抽样误差和对全乡估计耕地总数的抽样误差，从中比较各种样本容量对抽样误差的影响，以加深对样本容量影响的认识，找出我们要用的有效样本容量。

我们用的抽样误差公式为简单随机不放回抽样误差公式，其形式为$S_{\overline{X}}=\frac{\sigma}{\sqrt{n}}\cdot\sqrt{1-f}$，其中$\sigma=\sqrt{\frac{\sum f(X-\overline{X})^2}{\sum f}}$为标准差（不用自由度$n-1$，而用$\sum f$），$\sqrt{n}$为样本容量的平方根，$f=n/$

N 为抽样比，$\sqrt{1-f}$为在小总体中（或有限总体）抽样比对抽样误差的影响。如果把$\sqrt{n}$称为第一影响因子，则$\sqrt{1-f}$称为第二影响因子。σ 由资料的性质所确定，一般为接近常数之数（这点，1956 年马哈拉诺比斯已在中国讲演集中指出）。

现在将不同样本容量的每户耕地抽样误差列表 40 如下：

表 40　不同样本量的户均耕地面积抽样误差

样本容量	两个主要计算因子		抽样误差
	第一因子	第二因子	
100	$n=\sqrt{100}=10$	$f=\frac{n}{N}=\frac{100}{2\ 612}$ $\sqrt{1-f}=0.98$	$\sigma=2.95\ S_{\bar{X}}=\frac{2.95}{10}\times0.98=$ $2.95\times0.098=0.29$
150	$n=\sqrt{150}=12.25$	$f=\frac{n}{N}=\frac{150}{2\ 612}$ $\sqrt{1-f}=0.97$	$\sigma=3.05\ S_{\bar{X}}=\frac{3.05}{12.25}\times0.97=$ $3.05\times0.079=0.24$
200	$n=\sqrt{200}=14.14$	$f=\frac{n}{N}=\frac{200}{2\ 612}$ $\sqrt{1-f}=0.96$	$\sigma=2.87\ S_{\bar{X}}=\frac{2.87}{14.14}\times0.96=$ $2.87\times0.068=0.19$

从表 40 计算看，影响抽样误差的两个计算因子在样本容量为 100 时，第一因子$\sqrt{n}=10$，可把标准差缩小为 1/10，第二因子 $\sqrt{1-f}=0.98$，可把标准差再缩小为其 0.98，两者共同施加的影响为 0.098，即得抽样误差为 0.29。

其余 150 户、200 户样本容量，可按上述说明作类似解释。

当然，缩小标准差的办法（实际上为缩小抽样误差），不限于上述两个因子，还有抽样方式的应用，如分层抽样、对称等距抽样等。在农业普查中有许多国家用两阶段抽样法，第一阶段用分层抽样，如非洲加纳，用分层等距抽样，抽取第一阶段样本（PSU）。我国采用以乡为总体抽取样本时，由于乡内各个项目的差异不显著，利用分层抽样效果不大，因而可用一般等距抽样法。对称等距抽样在基层（乡）由于缺少有关排队资料，也无法应用。但在农业普查中还有一个降低抽样误差的方法，即在前面谈到的，大农户用全面调查代替抽样调查的方法，可将具有大的标准差的农户，改用全面调查，从根本上去掉抽样误差。

至于不同样本容量的置信区间，在对全乡耕地进行估计时（用同样置信概率 95%），可列表 41 以资比较。

表 41　不同样本量全乡耕地面积估计的置信区间

样本容量	置信区间	全距（极差）
100	18 679.97～21 649.31	2 969.34
150	19 005.61～21 462.97	2 457.36
200	19479.25～21 424.67	1 945.41

城东办事处全乡有耕地面积 19 042 亩，如果是真正的耕地面积总数，则不在前两个置信区间之内。但是 19 042 亩这个数字是一个值得查清的数字，因而用上述置信区间进行测度真正总数的所在范围，仍然是必要的。从以上置信区间看样本容量越大，则全距（极差）越小；反之，样本容量越小，则全距越大。故样本容量有缩小全距之作用。

抽样误差有平均数、总数、比率和比例数之分，前面已谈到平均数与总数的抽样误差，这里谈一谈比率抽样误差的计算问题。这里以 100 户的复种指数的比率抽样误差计算为例。比率抽样

误差的公式为

$$S(\hat{R})=\frac{\sqrt{1-f}}{\sqrt{n}\bar{x}}\sqrt{\frac{\sum y_i^2-2\hat{R}\sum y_i x_i+\hat{R}^2\sum x_i^2}{n-1}}$$

其中：$\hat{R}=\frac{\sum y_i}{\sum x_i}$称为估计比率，即我们要计算的复种指数$=\frac{\text{播种面积总数}}{\text{耕地面积总数}}$，$S$（$\hat{R}$）为比率抽样误差，$\bar{X}$为全乡每户平均耕地，这里$n=100$，$n-1=100-1=99$（自由度）。

根据100户样本实际资料做出计算，求得$\sum x_i=1\ 227.3$，$\sum y_i=735.68$，$f=n/N=100/2\ 612=0.038$，$\sqrt{1-f}=0.98$，$\sqrt{n}=\sqrt{100}=10$，$\bar{x}=\frac{19\ 042}{2\ 612}=7.29$亩，$\hat{R}=\frac{\sum y_i}{\sum x_i}=\frac{12\ 273}{735.68}=1.668$或166.8%，$\sum y_i^2=17\ 557.53$，$\sum y_i x_i=10\ 475.38$，代入抽样误差公式，得

$$S(\hat{R})=\frac{0.98}{10\times 7.29}\sqrt{\frac{17\ 557.53-2\times 1.668\times 10\ 475.38+1.668^2\times 6\ 311.19}{99}}=\frac{0.98}{72.9}\times 1.31=0.0176$$

或1.8%

其中：1.31为比率标准差，同样受第一计算因子$\sqrt{n}=10$与第二计算因子$\sqrt{1-f}=0.98$之影响，其中$\bar{x}$为常数（全乡每户平均耕地为7.29），两者的共同影响为$\frac{0.98}{10}=0.098$（不包括$\bar{X}$）。

其置信区间为（95%概率）

$1.668\pm 1.96\times 0.018=1.668\pm 0.035$

即　1.633～1.703

或　163.3%～170.3%

从上面的分析可以看出，在样本容量、抽样方式两者一定的情况下，抽样误差一般是可计算出来的，而调查误差却是一种难于用数量表示的事物。特别在农业普查中项目多，熟悉农村实际情况的人不多，在调查过程中产生的调查误差的可能性很大。这次在河北省辛集市的农业普查试点调查，参加的人员有北京农业大学本科专科学生9人，教师3人，在文化程度上是高的，农村工作经验却不够丰富。虽然进行了长达8天的调查，但出现的调查误差仍然不少。在进行调查过程中，随时对已调查的资料进行检查，发现问题及时改正，据不完全统计，约有41笔。调查后又进行了22户的复查，计锚营村8户，裴辛庄村10户，佃士营村4户。查出的错误，据统计有：①复查的22户，有劳动力为42人，其中年龄一项错误的有11人，错误率为26.2%；②播种面积原为167.8亩，复查为167.2亩，错算0.6亩，错误率为0.36%；③投入原为170.2百元，复查为148.7百元，错算21.5百元，错误率为14.5%。

综合以上平时检查及最后复查中所发现的错误，其原因在于：①投入的化肥、农药有多报现象；②价值低或用零星材料建造的牲口棚、猪圈的价值少报；③投入的品种、价格不同，一时弄不清楚；④因阳历与阴历、满岁与虚岁、使年龄错报；⑤由于项目口径不清，而将菜地未计入耕地；⑥调查时提问方式不恰当，造成的错误等。

因此，在农业普查中，应当特别注意调查误差，这是一个防不胜防，而又是搞好一切调查的关键。农业普查工作人员原则上应选自本乡，因为他们熟悉本乡情况，且有一定文化水平，通过适当培训，定能担负起这项艰巨任务。由于调查人员是本地人，所耗费的经费也是可以节省的。

这次农业普查在以乡镇为总体，进行抽样调查与全面调查相结合，这在我国还属创举，在国际上也是为数少见的。这次农业普查的重要问题是决定抽取多少农户的问题，本文在前面已就几

种样本容量进行了比较。许多事实证明，200户作为以乡为抽样总体的样本单位数是比较恰当的，而100户可作为普查中间各年收集有关资料的方法，也是在一乡之内力所能及的。这是本文论述所得到的中心结论。它既可以满足国家对农业普查的需要，又是国家人力财力所能及的，在工作上也是全国各乡镇所能办到的。特别是在抽样技术上，由于全国已有846个县（1984年）的抽样经验，加上近几年农村抽样调查的普遍展开，有的省几乎每县都设有抽样调查队，对抽样技术培训工作也抓得很紧，因此，在全国乡镇实行抽样调查已具备条件。以后在农业普查中结合各县乡实际情况进行不同的培训工作，收效将是可以预期的。

现在全国有乡镇55 838个（1990），如果进行农业普查，每乡抽取200户，则全国抽样调查农户为11 167 600户，加上大农户（包括国营农场、联户、村办农业企业、乡办农业企业）50户，则全国大农户全面调查为2 791 900户。两者合在一起，总计13 959 500农户，占总农户（1990年为22237.2万户）的6.3%，从调查工作量和所需耗费的人力财力是担负得起的。据了解这次河北省威县全面调查10万户，花费以80万元计，则每户需花费8元。如果从这次辛集市城东办事处（相当乡）调查经验看，实际上调查了415户，学生还进行了毕业实习，共工作了12天，调查工作以8天计，毕业实习时间以4天计，前者占2/3，后者占1/3。这次费用总计4 200元，调查费用占2/3，计为2 800元，调查户数415户，每户约7元。则每乡调查费为1 750～2 000元，全国仅此调查费一项需97 716 500～111 676 000元。

这次农业普查试点除对一般农户的有关项目进行抽样调查外，还对行政村或村民小组的土地利用与农业机械进行全面调查。在试点中由于对这方面的问题注意不够，农机具的登记虽属完全（除小型拖拉机农民有顾虑外），而土地利用数字却与实际不符，一般偏低。为了今后做好这件工作，应在普查中加强对干部的教育与培训，把他们看做农业普查组织工作的一个重要组成部分。如果必要的话，还可就此再次进行试点，务期把土地利用与农业机械这两部分的全面调查搞好。

七、农业普查几个设计问题的总结

上面谈到的农业普查设计问题很多，最后我们只想就几个重要问题概括地说点意见：

第一，要把农业普查放在我国的农业统计信息系统内加以考虑。由于我国长期以来重视报表制度，农业普查所涉及的结构性项目大都在这些报表的范围内。农村联产承包生产责任制后，靠报表方法收集这方面资料已不可能，故隔若干年（一般为10年）进行一次农业普查以收集这方面资料，已属刻不容缓的事。农业普查可作为政府的一项重要工作，由各级政府组织，乡镇政府是农业普查的基层组织者。为了不使所要求的农户有遗漏和重复，应事先编制普查框，一方面作为对大农户进行全面调查的目录，另一方面作为抽样调查一般农户的花名册。对项目的多少、收集资料的方法，更应特别注意。农业普查还要注意农业自然资源的利用，其中尤以水利和林业为主要内容，这是关系农业发展的大问题，南方、北方都应如此。

第二，以乡为总体，对大农户进行全面调查，对一般农户进行抽样调查，对土地利用和农业机械进行以村或村民小组为对象的全面调查，对其他项目则进行以一般农户为对象的抽样调查。在一乡之内每户耕地数量相差不多，规模大小相似，其他项目并无显著不同，不必逐户进行调查。而用抽样方法即可取得平均数与比率，即使总量指标也能用扩大法予以估计。计算各种指标的抽样误差，使之具有所要求的精确度和可靠性。对大农户进行全面调查，对一般农户进行抽样调查，这个理论的根据为勒曼的分层最优配置及我们在这方面的发展。这个理论的另一根据为舍弃远离平均数之点，舍弃这个点之后，其一可减少原分布的标准差，其二舍弃后成为大农户层，进行全面调查，可减少抽样误差。这也是本文独到之处。

第三，调查误差对调查结果的影响，在试点中得到进一步认识，比之抽样误差更具有吸引力。如果在农业普查中实行全面调查，由于调查误差大，不会给普查带来成功。而加大样本容量，可以保证调查结果的正确性，同时执行严格培训制度，对少数抽样人员比之大量调查人员会有减低调查误差的效果，又能节约人力财力。为了降低调查误差，除培训外，还可采取各种措施。其中的一个重要措施，是在调查过程中尽量利用各种原始资料，包括户口本、人口普查资料以及有关的业务与行政记录，以保证调查资料的正确性。这次试点中对劳动力的年龄，由于没有用户口本而出现很多错误，就是一个例子。关于耕地及其他土地利用资料最好使用土地详查资料和其他有关资料（如土地规划）。

第四，样本容量的确定，在农户经济力量基本一致的情况下，不必要求样本容量很大。我们所作样本容量比较试验，就是在这种条件下制定的。在200户、150户、100户三种试验中，100户对稀有项目仍表现为不稳定状态。为了保证抽样结果对总体（乡）估计的正确性，并解决稀有项目问题（不可能完全解决），而且结合统计理论上关于大分布自由度的确定（120个自由度基本上接近∞），我们认为以抽选200户为宜。因为是第一次农业普查，为了保证其成功，样本容量可以适当提高一些。农调队在各县的经验，以100户为样本进行住户调查，在适当精确度要求后，结果仍是有价值的。这次抽200户，也是一个为以后各种调查（包括普查）创造的一个经验。在普查过程中，由于样本容量只有200户，调查误差可以压低到最低限，这是可以做到的。这次是十年一次的农业普查，为了保证普查后的各年具有有关数字，设想可在每年以乡为单位，抽100户进行调查，以取得资料。

第五，为了保证资料正确，应当严格执行各个项目的基准期限和标准日期。一般时期数列性质的项目用日历年度，时点数列性质的项目用某一日期或年底（12月31日）作为标准时间，以防止时间混乱，缺乏可比性。

第六，农业普查是一项大规模的调查工作，包括的地区范围广阔，项目数目多，方法较为复杂，要求解决许多准备工作和实施工作，例如培训人员计划。调查过程中地图、用具、普查框，工作量均很大，还有普查后的计算机加工的程序设计与使用。本文由于人力有限，未做研究。好在国家统计局农村司粮农培训中心，在河北威县做了许多组织实施工作，包括调查表及其内容，可作为我们借鉴，为我们的研究做了难以计量的帮助。但是我们所作的研究限于极小范围，有的研究也不深入，如我国农村统计信息系统，由于系统大、问题多，只做了点收集工作，做了点概括，未能做大量研究工作，对各种表格的项目数只做了一般计数，未做严格核对，出现错误之处，在所难免，还希望多加指正，以匡不逮。

参考文献

[1] 王一夫主编．新中国统计史稿．北京：中国统计出版社，1986
[2] 于颖．土改后的京郊农村．上海经济周报第12卷第14期
[3] 漆琪生．山东老根据地农村经济的概况．上海经济周报第13卷第18期
[4] [美] W·C·科克伦著，张尧庭，吴辉译．抽样技术（第3版）．北京：中国统计出版社，1986
[5] FAO统计丛书．Report of the 1970 World Census of Agriculture. Rome 1977
[6] 邵宗明主编．中国农业普查的开端——威县农业普查试点．北京：北京农业大学出版社，1991
[7] 中华人民共和国国家统计局．中国粮食及农业统计中心编．河北省威县农业普查试点——汇总局

资料简编．北京：北京农业大学出版社，1991

[8] FAO编．Programme For the 1980 World Census of Agriculture

[9] FAO编．怎样进行农业普查（农业普查丛书）（张国浇等译）．北京：林业出版社，1990

[10] FAO编．Programme For the 1990 World Census of Agiculture（FAO统计发展丛书）

[11] FAO编．1990年世界农业普查数据的微机处理．农业普查丛书3. 北京：林业出版社，1991

[12] 国家统计局农村司编．中国统计年鉴（85. 83. 89）．北京：中国统计出版社，1991

[13] 农业部综合计划司编．农村经济资料手册（1949—1990）

[14] [美] D·格杰雷蒂著．刘宗鹤，赵明强译．计量经济学概论. 北京：农业出版社，1988

[15] [加] R. Platik等编．Small Area Statistics(An international Symposium) John wiley & sons，纽约

该文为国家自然科学基金资助项目（项目编号：788004），本文获1994年农业部科技进步三等奖。

项目负责人：刘宗鹤

项目组主要成员：刘宗鹤　李守谦　王治方　苗玉良

参加研究人员

本科毕业生：侯锐（女）　曹若珺（女）　张鸿梅（女）　王翼朝（女）

李富云　李光成　王远庆　何建平（女）

专科毕业生：李振中　王中瑞　陈　明　孟繁军　梁金英（女）

硕　　士：黄锦龙　钟梅青　王俊友　邓小刚

博　　士：高启杰

《中国农村学》导论*

俞 家 宝

当潘强恩董事长提出写一部涵盖古今包括中国农村经济、社会、文化、宗教、法律等方面的《中国农村学》时，我们只初步意识到这是一部很大的著作。当我们共同讨论这部书的编写大纲之后，我们感到这副担子很重，决定把它作为一个科研项目来研究，经过21位正副教授、研究员，历时3年的共同努力，这部书初步完成了。

我们首先把中国农村的土地制度作为开端，从古至今贯串起来研究之后，激起了我们的极大兴趣：我们看到土地这一人们赖以生存的基本生产资料，如何随着人类社会的发展由氏族公社公有制演变为奴隶主国家所有制，又如何演变为封建地主土地所有制，以及解放后又演变为土地农民家庭私有、土地集体所有、土地集体所有家庭使用的制度。在氏族公社时期，土地归氏族公社集体公有、集体耕作，随着生产力的发展，演变为集体所有家庭使用，先是3～5年重新分配一次，然后是固定给家庭使用。这种形式延续了几千年，土地转变为奴隶主国家所有制之后，并未改变农民的土地家庭使用形式，只是由无代价使用土地变为以劳役地租或实物地租的形式，向奴隶主国家或贵族奴隶主缴纳贡赋。从春秋战国开始由土地奴隶主所有制逐步演变为封建地主土地所有制后，土地成了可以自由买卖的私有财产，土地私有和铁农具的采用，出现了农业生产的飞跃发展，但长达两千多年的封建地主土地私有制，除在它开始阶段有力地推动农业生产发展之后，就逐渐成了阻碍生产力发展的落后的生产关系，尽管历代王朝都曾在封建地主土地所有制度下，实行过调整土地所有权的措施，但它所带来的土地兼并、农民破产、农民大起义、改朝换代、土地产权重组，却随着每个朝代的兴衰而不断地循环。

把历史与现实联系起来，使我们这些仅研究现实经济的人，带来了许多新的思考，对解决现实经济问题，也有了新的想法。我们深信，每个看过这本书的人，都会有所收获。

我们想在导言中，把每章研究、写作过程中，想到而没有写进去的观点，集中起来加以阐述。

一、生产关系的渐进演变

从原始社会到现在，从猿人使用石器进化到现代人使用电能、自动机械代替劳力和人手，使用计算机代替人脑的劳动，可以说生产力发生了很多次质的飞跃，然而当我们把生产力的巨大发展和变革，放进历史的长河中去考查时，我们看到任何一个新质的生产力都是逐步发展起

* 选自潘强恩、俞家宝主编《中国农村学》，中共中央党校出版社。

来的，并逐步取代旧质生产力的，没有整个社会生产力的突然变革，人类使用旧石器大约是从距今170万年开始，历史学家把旧石器时代划分为早、中、晚三个时期，早期大约在170万年至20万年前，中期大约在20万年至10万前，晚期大约在10万年至1万年前。新石器早期应距今在1万年至5 000年前，石器由粗到精用了100多万年。夏代（公元前21世纪至公元前16世纪）有了青铜器，但很少。商代（公元前16世纪至公元前11世纪），青铜器多了，但在农业生产中仍然大量使用石器。西周（公元前11世纪至公元前771年）虽然仍然使用木、石工具，但青铜器已较多使用。春秋时期（公元前771年至公元前403年）这时已有铁器和牛耕。战国时（公元前403年至公元前221年）才大量使用铁器，在主要生产过程中才代替了石器。铁器农具也经过了由粗糙到精致，由一件到多件，由一种到多种的发展，但在中国历史上用了两千多年。近代的蒸汽机、内燃机虽然不是我国发明的，但是世界经济史也告诉我们，如何由水的蒸汽推动壶盖的震动，逐步产生出一台蒸汽机，又如何由不完善到更好。现在看到内燃机、电动机带动的各种农业动力机械，拖带的各种农机具，都有一个逐步发展的过程，都有一个量变的积累过程。人类发明种植业生产也是这样，开始时只是产生了或认识到了把种子撒到地上，来年可以发芽、结子，于是人们逐步去做，慢慢知道了种子应该种多深，如何除草、施肥等等一套农业生产技术，也是人类经过多年逐步认识积累的过程。

其实影响或促进生产力增长的因素，都是人类认识自然的积累，在达到一定程度之后，会产生一些新的设想，设想积累到一定程度之后，才能产出新的设计，设计不断完善后，才会进行试制，产生出一个新的产品，新产品也有一个不断完善，由少到多，由一种变多种的过程。这些新的产品有些表现为人的知识和技能，有些表现为生产资料和消费，这些新的产品就是组成生产力的诸因素。生产力是量的积累，一个新质生产力出现时，只不过是一个设想，试制成一个产品时只不过是一个点，一个新的质点，这个新的质点是人的知识的量的积累。新质生产力代替旧的生产力，也是一个新质生产力的量的增加。即这些新的技术、新的产品积累到一定程度之后，就标志着一个新的生产力水平。

新的生产关系是随着生产力的产生而产生，随着新的生产力的发展而发展。当石器工具进步，生产能力提高以后，土地由氏族集体所有、集体耕种，进入了土地集体所有家庭使用，由定期轮换使用到长期固定使用，剩余生产物也由氏族集体占有，进入氏族首领占有和家庭占有。当生产力进一步发展，家庭生产有较多剩余产品后，进入奴隶社会，但土地并没有立即转为私有，而是转为奴隶主国家所有，氏族公社使用。铁制农具采用后，土地才由国家所有，诸侯国君、贵族占用，逐步转变为诸侯国君、贵族所有，进而演变为国家承认的土地的私有和征收土地税。

生产力的发展与随之而来的生产关系的转变，就像人们攀登一个无止境的楼梯一样，每一个阶梯的高度相差并不大，当人们攀登许多阶梯到了更高的一层楼时，回头一看，才看出两层楼之间已有很大的差距，已完全不同了。

生产力的发展是人类劳动的逐步积累，生产关系也是人为了解决生产发展中存在的人与人之间的各种问题，不断采取的改进措施，以有效的方法不断取代那些失灵的方法。有效的生产方法，有效的生产组织形式积累到一定程度，就成了一个系统的完整的新的生产方式。在一个国家、一个地域或一个社会范围内，生产力发展是不平衡的，或者说新的生产力不能一下子取代旧的生产力，在一个时期内新旧生产力是同时存在的。新的生产关系也不能一下子取代旧的生产关系，取代过程是由生产力发展速度决定的，有的几千年，有的几百年。正如马克思所说："无论哪一个社会形态，在它们所能容纳的全部生产力发挥出来以前，是绝不会灭亡的；而新的更高的生产关系，在它存在的物质条件在旧社会胞胎里成熟以前是决不会出现的。”① 应该说这就是马克思关于人类社会发展的基本原理。

中国社会发展的历史完全证明了这一原理。在中国进入封建社会后，不要说在边远地区存在着原始社会生产关系，奴隶制生产关系，就是在发达的中原地区也存在很长时间。不要说在汉唐时期存在着奴隶制生产关系，一直到清朝雍正六年（1728年）皇帝还颁布谕旨说：“小户附居大户之村，佃种大户之田者，本系良民。名为世仆，自属相沿恶习，应行禁止，毋许大户欺凌。违者，照冒认良民为奴例治罪。”② 此后于1732年、1769年、1809年和1825年多次颁布。据说“徽州、宁国、池州三府开豁为良者曾达数万人”③。佃仆虽然和典型的奴隶并不一样，但可以肯定田主与佃仆的关系包含着许多奴隶制残余。

正是根据这一原理，马克思主义认为无产阶级夺取政权以后，应该采取的政策是：“一步一步地夺取资产阶级的全部资本”，首先是把银行和全部运输业收归国家所有，对其他资本主义企业是废除继承权，征收高额累进税、开办国营工厂等措施。至于消灭包括小农在内的全部私有制，只是“最后，当全部资本、全部生产和全部交换都集中在国家手里的时候，私有制将自行灭亡，金钱将变成无用之物，生产将大大增加，人将大大改变，以至连旧社会最后的各种交往形式也能够消失。”④ 按照马克思恩格斯的设想，不是无产阶级一夺取政权就立即取消私有制，而是根据生产的发展一步一步地夺取资本。经过一个很长的时期，私有制将自行灭亡。显而易见，按我们现在的话说，马克思的主张是无产阶级夺取政权后，是多种经济成分的社会。

工人阶级可以领导一个多种经济成分的社会，然后逐步过渡。这个过渡就是私有制自行灭亡的过程。所谓“自行灭亡”就是说生产力发展的水平已经很高了，产品已极大丰富，人们获得自己需要的物质资料，满足自己的需求已相当容易，任何人都不需要用所有权保护自己的劳动成果，或侵占别人的劳动成果，产品的所有权已经没有意义了。达到这样高的生产力水平要经过很长的历史时期，在实现这样高生产力水平之前，私有制是不会自行灭亡的。

社会历史的演变，马克思主义的原理、马克思主义的政策主张都反映了一个基本规律，即生产关系是渐进演变的，按照这一规律制定政策就会成功，就会促进国民经济发展，违反这一规律，必定失败。斯大林搞单一公有制经济的失败，我国社会主义改造后至改革开放前走过的曲折道路和改革开放后的成功，是对这一规律的又一次证明。现代发达资本主义国家中，发生的职工参与企业管理，职工持股等等也表明生产关系渐进演变规律，也是不可阻挡的。

二、发展生产力——核心是发展教育

中国农村几千年的发展，经历了原始社会、奴隶社会、封建社会、半封建半殖民地社会、社会主义社会初级阶段等不同社会形态，是与不同的生产力发展阶段相联系的。旧石器早期，石头和木棒虽然加强了人手的功能，但效率很低，要生存只能靠集体的力量，以采集植物根茎果实为主，围捕一些小的禽兽为辅。与这种生产力水平相适应的只能是并不稳固的原始人群。到了旧石器的中、晚期，创造了网和人工取火，人类的捕鱼狩猎能力有了很大的提高，人群可以稳定地生活在一起，进入了氏族社会。到了新石器时代，人类可以按照自己的想法，把石头加工成各种工

---

① 马克思：《政治经济学批判》人民出版社1976年版，第5页。

②③〔美〕居密：《明清时期徽州的宗法制度与土地占有制》《江淮论坛》（合肥）1984.6.37～44。

④ 《马克思恩格斯选集》第2版第1卷，第241页。

具，可以用石头犁地，生产力达到一个人的劳动，不仅可以生产出养活自己和子女的生活资料，而且还有剩余，人不再杀死战争的俘虏，而是将他们用于生产，于是奴隶社会产生。石器、畜力、青铜器的采用，特别是畜力代替人的某些动力功能，农业生产可以采用家庭劳动之后，奴隶制生产方式存在不下去了，产生了封建领主制生产方式。铁制农具和畜力生产工具，使农业生产飞跃发展，开垦荒地变得比较容易，贵族、奴隶主纷纷利用手中的权利，将土地国家所有制转为私有，自由民也可以脱离农村公社开垦荒地另立家园，于是封建地主土地所有制应运而生，国家也以税收制代替了原来的贡赋，放弃了所有权。

在铁制农具与机械动力（蒸汽机、内燃机、电动机）的生产力水平下，要求有大量资本投入农业生产，仅仅靠自然经济运行机制，积累大量资本是非常困难的，只能靠工、商业资本家投资农业或银行家贷款，或地主自己大量投资，或农民组成农业合作社，用联合的力量投资。当生产力发展到机械动力的水平时，必然是以利润为目标的资本主义生产方式，取代以自然经济为特征的封建地主生产方式。

生产力的发展是社会进步的根本原因，是生产关系变革的根源。马克思主义认为，社会主义的任务就是消灭私有制，而消灭私有制只有靠生产力的发展。

人是生产力中最活跃的因素，推动生产力发展的是人，人推动生产力发展是为了满足自己的各种生存需要，发展需要，享受需要。需求推动生产发展，一种需求得到满足，又会产生另一种需求，无论是个人的需求、家庭的需求、集体的需求、社会的需求、国家的需求都是不断发展的，满足了一个需求目标，又会追求下一个目标，是无止境的，人类为了满足需求，就会推动生产力不断发展。

生产力是人与自然的关系，生产力的每一步发展都是人认识自然，改造自然，利用自然资源的结果。不论是人认识到木棍和石头可以打死野兽，还是认识原子、半导体、基因，并制造出原子能、宇宙飞船、计算机都是人认识自然、利用自然的结果。从这个意义上说生产力的发展，是人的智力发展的结果，或人的知识积累的结果。人的知识积累得越多，生产力发展得就越快。现代人已积累了大量知识，以至必须上学校学习20年或更多时间，才能掌握前人在某个方面所积累起来的知识，此后还要不断学习才能在这个方面把认识再提高一步。教育就成了培养劳动者、传授知识、发展生产力的首要部门。

生产力是不断发展的，什么时候都不会停止，只是有时候发展较快有时候较慢。中国封建社会2000多年，在初期特别是西汉以前，农业生产发展是较快的。到明、清时期虽然发展缓慢，但仍然向前发展。封建社会生产力发展缓慢的根本原因是封建生产关系，这种生产关系的根本弱点是土地地主所有制。这种制度一是造成土地兼并，失去土地的农民，一遇灾荒便无以为生，农民为了生存不能不起义，政治家利用农民起义，往往造成大规模长期的战争，破坏生产力，造成倒退停滞；二是这种生产关系造成的地主阶级，只管取收地租，不管生产，虽然有文化，有资金，但不投人生产。从事生产的农民无文化、无资金。所以这种生产关系只能造成农业维持着简单的再生产。

以畜力为动力的铁制农具，可以说是我国人民最早发明创造出来的，关键是我国人民没有创造出动力机械，在外国人还把煤当作黑石头的时候，中国人已学会并掌握了煤是一种热能源，遗憾的是我们没有发明出蒸汽机来，生产力没有突破，始终停留在铁制工具和畜力阶段，生产关系也只能是封建地主生产关系。

有人说是封建生产关系压制了生产力的发展，所以中国人才没有发明蒸汽机，这种说法只是依据实际作出的推断，似有一定的道理，仔细想起来并不准确。试问哪一种新的生产力不是在旧的生产关系或旧的社会制度下形成的呢？总是生产力发展了，生产关系才能跟着转变，没有新的生产力，哪有适应新的生产力的生产关系呢？只有随着新的生产力发展形成的新的生产关系与旧的生产关系产生矛盾时，代表新的生产关系的阶级与代表旧生产关系的阶级产生矛盾时，新生产力比原有生产力更有效率，自然会被更多的人采用，采用新生产力而产生的生产关系自然会取代原有的生产关系，只是代表旧生产关系的阶级，不愿放弃自己的既得利益，就会利用政权压制新生产关系的发展，从而阻碍生产力的发展。这时阶级矛盾，必然会产生政治斗争。当代表新生产关系的阶级取得政权之后，会减少新生产力发展的政权阻力，生产力会发展得较快，但也只能一步步发展，在这个过程中原有生产力还没被完全取代前，原有生产关系也还会存在。

有人说，是因为英国有了资本主义生产关系，才发明出蒸汽机来，只有在先进的生产关系下才会出现先进的生产力，这种说法也有一定的道理，但绝不能说有了新的生产关系，才有新的生产力，这种说法否定了生产力是生产关系存在的基础，无论新旧生产关系都是如此。其实，包买商、工场手工业在我国农村市镇中早已出现，但并没有产生出新的生产力来。有人说这是因为战争破坏了生产力的发展，这种说法也有一定道理，在战争条件下劳动者投入战争，既延缓了发明创造的时间又因劳动者或被杀或逃避战争往往使技术失传，使积累在某些人身上的知识没有传下来，随着人的死亡，多年的积累就完全丧失了，造成生产力倒退。但是，在战争中，双方为了获取胜利，要集中技术力量制造武器，改进武器，往往也使技术获得发展。

新质生产力的出现不能从生产关系是否先进去找原因。生产力的发展有其自身的发展规律，如果一个国家只发展文学，人民只会吟诗作画，不去研究认识自然界的物理、化学，就不会积累出发明蒸汽机的知识，当然有生产就有对自然界的物理、化学认识，所以我国人民发明了许多标志生产力水平的新技术。蒸汽机是必然会出现的，不在英国出现，也会在其他国家出现，只是时间问题，新质生产力在那个国家出现有必然性也有偶然性。它的必然性是知识的积累，但什么时候出现，在什么地点出现是偶然的。过去中国的落后不在于我们没有发明蒸汽机，而在于我们没有把代表新生产力的新技术引进来。在于我们的教育制度落后，没有把祖先对自然界的认识积累传授给人，以致我国人民和专家对自然的认识积累慢、传递慢、继承少、深化慢。

三、两个阶级、两个时代

中国封建社会也是一个多种经济成分的社会，是一个封建地主经济占绝对统治地位，其他经济成分无论其比重多少，都处于从属地位。封建社会基本上是两个阶级，即地主阶级与农民阶级。地主与农民的矛盾是封建社会的基本矛盾，当这个矛盾激化到非常尖锐的时候，就爆发农民起义，夺取政权。国家是阶级的统治工具，在封建社会，应该说地主阶级可以掌握政权，农民也可以掌握政权。但从中国封建社会 2000 多年的历史看，有过不少次农民起义成功，却始终没有农民政权，或者在起义过程中就被站在起义军方面的地主阶级所篡夺，或者在夺取了政权后，起义军的领袖背叛了在起义过程中农民为此不惜牺牲生命的理想又成了新的贵族地主。其根本原因：一是在畜力和铁农具生产力水平下，只能是封建地主生产关系，不论是地主掌握政权，还是农民领袖掌握政权都改变不了这种生产方式；二是在封建地主生产方式下，最少在理论上农民是可以掌握政权的，关键的问题是没有产生在封建地主生产方式下保护农民利益的农民统治国家的理论。

有人说在经济上处于被领导、被统治地位的农民，不可能在政治上成为统治者。政治统治只能代表经济上的统治阶级、统治阶层的利益。奴隶社会、封建社会、资本主义社会都是如此。但

是我们也应该看到，经济上的管理阶级或阶层与被管理阶级，统治阶级与被统治阶级是谁也离不开谁的，或者说只要这种生产方式存在，这两个阶级就必然存在，这两个阶级必然形成各自的政治力量，最少在理论上可以说两个阶级都可以掌握政权。中国封建社会农民起义不断，太平天国存在 15 年的历史，最少可以说农民力图掌握政权，并且掌握过一定时期。当然由于农民这个阶级本身的弱点以及社会科学的发展不够，中国历史上没有产生农民政权，但不能据此就说，生产过程中的被管理阶级即农民和工人就不能掌握政权。

以机械动力为代表的生产力发展阶段，使人类社会进入了资本主义社会，形成了资产阶级与工人阶级两大阶级，两大阶级形成了两大政治力量，应该说都可以管理国家。虽然在世界上大多数国家都是资产阶级管理国家，但是工人阶级力图夺取政权的斗争始终不断，事实上在苏联、中国等社会主义国家工人夺取了政权。一些最少是自称代表工人利益的政党，通过竞选在一些资本主义国家也一度掌权。

在苏联成立七十多年后失败，在有的社会主义国家政权失去工人的信任，使人们不得不思考，工人阶级能不能掌握政权，如何管理国家。从苏联和我国的历史经验中，确实有许多好的可以继承、发展的经验，但也有一些大的失误。好的经验如要求党员、干部树立全心全意为人民服务的思想，各种保护工人阶级利益的政策措施等。失误方面如过早地人为地取消资本主义生产和私有制，实行单一的公有制和计划经济，导致了企业效率不高，劳动生产率提高慢，资源浪费大，人民生活改善慢，以及没有及时地清理出党政领导机关中的腐败分子，已致他们长期地占据领导位置，形成了特权阶层，背叛了工人阶级利益，失去人民信任。

马克思主义、列宁主义、毛泽东思想解决了工人阶级夺取政权的理论与实践，没有或没有完全解决工人阶级掌握政权之后，如何在推动生产力巨大发展，逐步取消资本主义私有制，使全部剩余价值归人民所有的理论与实践问题。

人的行为都是受思想支配的，因此，理论的错误必然导致实践的错误，没有理论指导的实践必然是盲目的。邓小平理论就是工人阶级领导和管理国家的理论。即在多种经济成分共存的国家里，工人阶级如何利用国家政权，既要保护工人阶级利益，依靠工人阶级管理国家，又要承认资本家利益，承认私有财产利益，有效地利用国家政权快速地发展生产力的理论。在邓小平理论指导下，工人阶级一定能比资产阶级把国家管理得更好，并建设成具有高度物质文明、高度精神文明的国家，建成世界上最廉洁、为人民服务的政府。在这里顺便说一下，资产阶级管理国家一个最致命的弱点是利用私有心理，强化私有心理，虽然可以宗教宣传个人要为社会公益服务、要行善，但宣传私有，强化私有，强化个人利益是其根本，这就决定了它不可能建成一个真正代表广大人民利益的政府。

四、计划与市场

市场在国家政权出现以前就存在了，国家政权出现以后，就把管理市场作为国家政权的任务之一。我国在春秋战国时管仲就提出国家直接经营工商业，进入市场谋利，以充实国家财政的理论，李悝提出国家利用储备粮吞吐调节粮食市场的主张。

在两千多年的封建社会中，官商的“和籴”与常平仓、社仓、义仓，是封建政权对市场干预的手段，起到了平抑物价的作用。

市场确有活跃经济调节消费调节生产的作用，早在春秋战国时期，已有了大型贩运商推动了市场的发展。在汉、唐、宋、明、清各朝代，市场都在不断发展，并随着市场的发展，形成市镇经济中心，通过市场聚集财富，富商不断涌现。但在封建生产关系下，商业资本不断地转入土地。虽然商业资本为新的生产力出现准备好了资金和市场，但以机械动力为代表的新生产力始终没有出现，商业资本只能用来购买土地。

有人说中国没有发达的市场，所以没有出现以机械动力为代表的新生产力，这并不符合历史。应该是新的生产力出现后，提高了劳动生产率，使市场交换发达，市场的利润机制又会促进生产的发展，刺激新的生产力出现，但新质生产力究竟能不能出现，并不取决于市场，而是靠生产力本身的发展，靠人的知识的积累，靠科学研究和科学普及。

市场是供求关系的总和。通过供求关系的变化产生的价格波动，形成供不应求的产品利润高，供过于求的产品利润低或亏损，激励人们生产市场上短缺的产品，从而使生产结构按照需求结构进行调整，资源按需求结构进行配置。生产者或企业为了获得利润和获得更多的利润，必须将产品销售出去并扩大市场占有率。生产者或企业间必然展开竞争，在竞争中一些不善经营不善管理的企业，不符合市场需求的产品将被淘汰，优势企业将获得发展，从而提高资源利用效果。生产者或企业为了生存为了发展为了获得更多的利润，必然会不断地研究市场需求的变动，从而主动地研制新产品，扩大投资发展生产。市场上是众多供求微观主体的活动场所，由责任人享有获利或承担亏损的责任，不涉及国家或社会其他人，从而激励责任人对生产或企业的高度责任心。只要有市场，通过市场机制调配资源，提高资源利用率，促进生产的作用必然存在，只不过在畜力、人力、手工劳动的条件下，生产能力有限，劳动生产率低，剩余少，积累少，市场作用不明显。在现代机械动力的生产力水平下，扩大再生产的速度可以很快，短缺产品、适合市场需求的产品，可以20％～30％的速度增长，过剩产品，可能有10％以上的破产率，市场机制的作用就非常明显。

市场除对上述经济增长的正面影响外，也有负面影响如：第一，供求双方要想交易成功，供方需要发布广告，求方需要搜集信息，要经过多次谈判和缜密的计算等等，都要支付很高的费用，而这些交易费用与实体商品的使用价值往往无关，却提高了价格，这也是对资源的浪费。第二，为了获取利润，投机商会利用准确与不准确的信息，预测市场的景气与不景气，预测农业丰收与歉收，会突然加大市场上购买或供应，使市场上的正常供求发生波动或造成需求突长形成经济过热，或造成供应突增需求不足经济过冷。进而造成市场上价格大幅度波动，货币贬值。当投机商撤出或不能再制造这种虚假的供求时，整个社会或某些企业就要为价格波动、货币贬值、过剩商品付出代价，部分企业会赚取大量的利润，部分企业会大量亏损。而市场为这种投机活动创造了条件。第三，尽管供求双方对市场进行预测，但供求信息是商家的秘密，再加上最终消费需求或因收入变动、天气变动、新产品出现等原因也加大了企业决策准确的难度。作到市场供求平衡很难，供应过剩供应不足是不可避免的。大幅度盈利和大幅度亏损也是不可避免的，因此也不可避免地造成资源浪费。第四，供不应求的产品利润高，许多企业必然竞相投资造成重复建设产品过剩，也会造成资源浪费。第五，大企业竞争力强，创新产品能力强，抗风险能力强、利润量大，形成资金越多盈利越多。而小企业抗风险能力低，决策一旦失误就可能导致破产。市场机制导致个人收入差距拉大，出现极富与赤贫两极。第六，由于上述众多原因，积累到一定程度的时候就会产生经济衰退，经济危机，一旦出现经济危险，重新调整经济结构要经过很长一段时间才能重新恢复繁荣。

为了克服市场机制造成的经济危机和两极分化，克服市场机制给社会带来的危害，马克思主义者和一些经济学家认为可以用计划的方法，即一切经济活动都纳入编制的经济计划，使经济做到供求平衡均衡发展，从而避免经济危机，避免浪费。马克思主义认为实现经济按计划发展，只

有在公有制经济条件下才能实现。

实践证明，把经济发展纳入计划轨道，并不像最初设想的那么简单。第一，现代社会产品极其丰富，很难把产品都编入计划。第二，需求，特别是最终消费需求不断变动，也非常繁杂，特别是个人需求偏好复杂到无法编入计划，但不纳入计划就无法满足个人的需求。第三，计划经济要求统一，个人、企业、地方只能执行中央计划，限制了个人、企业、地方的投资积极性。第四，现实经济活动变化是很快的，特别是国际市场变化更快，信息反馈到中央计划部门，然后才能修改计划，很难适应经济活动的变动，致使供应过剩与不足经常出现。第五，在消费品按劳分配的情况下，不可能取消生活资料市场，当需求变动后，计划总是滞后，形成了消费品短缺。第六，存在多种经济成分的社会主义初级阶段，不仅要有生活资料市场，也必须有生产资料市场，而且私有经济是以盈利为目的，国家的计划并不能承担私有经济必然盈利的责任。因此，计划对私有经济是行不通的。

当然我们也不否认有计划按比例发展国家经济有优越性的一面，因为不论有无计划，国家经济结构始终是按比例发展，如果计划符合国民经济发展的基本比例关系，就会减少资源浪费，使国民经济较快发展。从中国和苏联十月革命后的一段历史经验也完全证明了这一点。我国第一个五年计划的成绩是非常突出的，只是后来从 1958 年开始的“大跃进”、人民公社、“四清”、“文化大革命”到 1978 年的近 20 年的一系列的政治、经济政策失误，把经济发展拉了下来。苏联十月革命前也是一个经济落后的国家，经过 70 年的努力，在资本主义封锁技术的情况下，又经过第二次世界大战的破坏，发展成一个超级大国，尽管存在着经济结构不合理，消费品生产相对落后，特别是质量落后，但在许多高新技术部门，能与在两次世界大战中没有受损而发了财的美国相抗衡，不能不说计划经济有其成功的一面。当然在经济政策、行政管理体制上有很多错误，而且长期没有得到纠正，也是造成某些经济部门发展落后的原因，不能完全归罪于计划体制。

我国从 1978 年开始的以市场经济体制为目标的改革，以经济建设为中心，物质文明精神文明一起抓等一系列促进经济发展的政策，使我国经济出现了日新月异的高速发展。这些成绩的取得归功于以市场经济为目标的改革开放政策。但也要看到这些发展，特别是在农业上与过去的基础建设有关。

历史的经验使我们可以得出结论：社会主义，特别是社会主义初级阶段，实行市场经济体制更能促进经济的飞速发展。但这不是说我们应该完全放弃计划手段。例如编制国家经济基本部门的比例关系和发展速度，利用国家积累进行有计划投资，并编制采购计划，实行按市场规律要求的国家计划合同订购，对企业发展实行计划管理和监控，如确定某类企业的投资规模，建厂地址、环境保护要求等等都是十分必要的。尤其计划投资是不应放弃的，核心是认真作好投资前的可行性分析和投资决策的责任制。从而避免重复建设和规模过小不经济，还可以通过计划投资干预企业破产，安置下岗工人等。

在市场经济体制下，采用一些计划手段，至少在理论上说是可以取得更好的经济效果的。

五、今后的发展

研究农村学就是为了今后的发展，尽管我们研究的广度、深度都还很不够，但毕竟形成了一些粗浅的看法。

(一) 家庭联产承包制要巩固完善

无论从产权制度还是从经营制度考察，家庭联产承包制都是我国现有生产力水平下，一个最适宜的生产组织形式，它既保持了最适宜农业生产的家庭经营形式，又保持了土地集体所有便于统一规划的所有制形式。当前需要排除干扰巩固这一形式。

1. 有些人认为：家庭经营规模太小，规模不经济，并提出划分口粮田、责任田，责任田招标经营，租赁经营，通过竞争把土地转入种田能手经营，实现规模经济。这种想法除去在有大批劳动力转入二、三产业的农村外，在其他的农村都是行不通的，强制推行必遭农民的反对。因为：①我国农业家庭规模小是由农民的人地比例关系决定的，一户农民几亩土地是其生存和收入来源的基本保证，如果把这已经很少的几亩土地再划出一部分，交给某户农民经营，虽然大户的收入增加了，并可能采用了某些机械，但划出土地的农民收入必然下降，这种让一两个承包大户致富，大多数农民收入下降的作法，是一种让党和政府脱离大多数农民群众的作法。②土地集体所有制决定了每户农民或按人口或按劳动力都有平等的土地承包使用权。这是土地的平等所有者所应有的权利，除非他们自己放弃这种权利，任何人都无权剥夺他们的这种权利。③集体有权决定本集体的土地使用形式或土地承包形式，但集体不是指村级领导集体，而是集体成员的集体，对集体土地的处置（包括使用权在内）必须经过集体成员一致通过，最少也要有五分之四以上的成员通过才能有效。如果现有的责任田、公益田没有经过农村集体成员讨论通过就让大户承包的，都是对集体所有权的侵犯。④招标承包或租佃承包或其他大户承包办法，所增加的承包费用，往往只有少数村庄用于发展集体经济，多数村庄用于招待吃喝或其他开支造成浪费。⑤大户承包虽然会提高劳动生产率，但不利于提高单位面积产量，不符合当前提高总产量的要求。

2. 有人主张集体收回土地，集体统一经营或使用权入股集体统一经营。在一些农业劳动力大部分转移到二、三产业的地区，这一办法是成功的。有的二、三产业发达的地区，农业劳动力已经不多了，集体经济实力强，采取某些农活集体统一进行，如统一耕地，统一播种，统一治虫等，收获的产品仍归各承包户，也收到降低成本的效果，这种办法实质上是集体用二、三产业的收入，补贴农业生产的办法。如果集体没有很强的经济实力，采用这种办法会降低集体经济的发展速度，在市场竞争中一旦失败，集体经济衰退，这种作法将很难维持。因此，如果不是村集体经济实力很强，还是采用家庭承包经营为宜。

3. 有人主张土地私有化，通过土地私有化让土地流动。土地私有化必然引起土地买卖，失去土地的农民必然给社会造成很大的负担，对土地流动不利，对国家征用也会造成很大困难，而且也不利于土地利用统一规划。

4. 巩固、完善家庭承包经营体制，就是要均等地把土地承包给每户集体成员，将承包期延长至30年，并用法律形式固定下来。今后土地的处置（国家征用除外）必须经成员大会通过，否则一律无效。

5. 我国农民人口多，农业劳动力多，决定了农户家庭经营规模不可能大，今后经营规模的扩大，决定于劳动力转移的速度与规模或者说农业劳动力下降的速度（包括农村人口出生率下降），农业的出路在于农业劳动力的转移。此外用任何办法扩大家庭农业生产规模都不能解决根本问题，甚至招来不良后果。

(二) 积极发展农业合作社组织

农民通过合作社的自助、互助机制，可以解决生产前购买生产资料，生产季节使用机械和短

期调剂劳动力，生产后产品销售等困难，可以降低购买成本，生产成本和销售成本，提高销售收入、节约交易费用。可以获取准确、及时、系统的信息，减少决策失误。我国50年代办社经验和世界各国办农业合作社的经验等证明，合作社是市场经济条件下，农民进入市场，增加收入，降低成本，实现农业生产现代化的最适宜的组织形式。

尽管我国早在50年代就已经完成了农业合作化，但在80年代后期和90年代以来不断出现的化肥、农药价格暴涨，粮食、蔬菜、苹果、大蒜、棉花、蚕茧的滞销和价格大战等问题都反映出我国农业合作社还不适应市场经济，亟待完善和发展。

农业合作社要由农民自己办、自己管，国家只能在政策上、经营管理上给以帮助和指导，在合作社教育上给以支持，绝不可由国家代办。同一性质的合作社，可以有多种形式。例如供销社可以有全国农民共同办的全国供销社及其在全国各地的分支机构。同时还可以有全省农民参加的供销社及其在全省范围内的分支社，也可以有全县农民参加的供销社，本乡、本村农民参加的供销社。

合作社一定要实行民主管理，民主选举领导人、民主决策，根据中国国情，我国农民的特点可以实行入股分红制与利润返还相结合的利润分配制度，或者采取略高于银行利息的股金分红制，以鼓励社员多投资。

（三）实行小规模、高效益的农业发展战略

我国学者推算全国平均每户拥有耕地7.5亩左右，典型调查资料平均每户10亩。1995年全国耕地面积9 497.09万公顷，农业劳动力32 334.5万人。平均每劳动力负担4亩多一点。农业劳动力从1992年起绝对数开始下降，到1995年止（1991年为34 186.3万人）平均每年减少462.95万人，今后农业劳动力每年减少的速度可能会加快。从1995年到2030年人口达到16亿的峰值时，还有35年。如果平均每年减少600万农业劳动力，届时农业劳动力还有1亿，而全国劳动力总数将达8亿（1995年全世界职工人数只有13亿①）。二、三产业是否容纳下7亿劳动力暂时不说，就是这1亿劳动力，平均每劳动力耕地面积也不过1公顷，1994年发达国家每农业劳动力平均负担的耕地面积：美国为52.66公顷，日本1.1公顷，德国12.7公顷，英国12公顷，法国为17公顷，意大利为5.7公顷，加拿大为84.2公顷。这些国家农业劳动力还在减少。到2030年农户生产规模还会扩大。我国农民每户平均人口按4人计算，两个劳动力也不过2公顷耕地，仍然是世界上最小的农业经营规模。农业劳动生产率受到每户耕地面积小的限制，相应地每个农业劳动力的产量少，收入也必然少。但同质劳动力收入趋同规律，必然造成农产品价格上涨较快②。

而且我国农业生产是劳动生产率提高较慢的部门，而需求在当前还偏紧，要保持农业生产的适当增长，必须保证农民收入的适当增长，在农业劳动生产率提高较慢的情况下，必然是价格上涨速度快于其他部门。

---

① 《参考信息》1997年11月12日，第6版。

② 所谓同质劳动力收入趋同规律是指在一个社会和国家里，由于生产发展不平衡，同一劳动力在不同的地区或部门，其劳动生产率和收入会有较大的差别。随着生产的进一步发展，这种差别就会缩小，生产越发展，这种差别就越小，以至同一劳动力，不论在哪一个地区或部门工作，劳动者收入都相差不大，直至新的技术出现，造成一个更高的劳动生产率时，劳动者的收入再一次拉大，然后是劳动生产率的普遍提高，劳动者的收入逐步趋同。

当我国加入世界贸易组织后，农产品也要进入国际市场，世界上其他国家的农产品也会进入我国。由于我国农产品价格上涨较快（1995年我国农产品市场价格已与国际农产品市场价格持平），可以预见今后我国大宗农产品如粮食植物油等农产品价格将逐步高于国际市场，失去竞争力，我国如不早采取对策，不仅农产品将很难出口，而且国内市场也会受到进口农产品的冲击，尤其是便于机械操作的农产品部门受到的冲击会更大。为适应我国国情，考虑到我国在世界农产品市场上的地位、优势，满足我国人民对农产品的需要，我国今后农业生产发展战略应该是小规模、高效益。这是我国国情决定的只能采取的战略。如何实现这一战略，我们认为最少要注意以下几个问题：第一，经营规模与占地面积弱相关关系的产业如养猪、养鸡等项生产，按经济规模要求发展；第二，加快发展技术含量高、劳动密集的生产部门，如蔬菜、花卉、食用菌、甲鱼等，作到占地面积少、单位面积产值高，每个劳动力产值高，既能满足国内需要，又能出口占领国际市场；第三，进口饲料、出口畜产品及畜产品加工品；第四，大幅度改进农业生产条件、改进品种、提高农产品质量和单位面积产量、作到高投入、高产出、高效益、生态平衡；第五，发展优、特农产品，进一步提高质量，提高产量，在适当满足国内市场需求的情况下，组织大量出口，以换取国内大量需要的普通农产品。

实现小规模、高效益战略，需要做大量的科研工作，如：改进品质、提高单产、降低改善生产条件的投资、改进包装、改进储藏、运输、组织出口等等都需要做大量的先行科研工作。

小规模、高效益是一个战略思路。最少在可预见的中长期内是一条适合中国国情的路。如何实现这一战略，是我国全体农业工作人员的任务。

（四）农村工业化

农村工业化最少在中国是农村经济发展到一定程度的必然结果，从历史上看，先是农村经济发展出现集市，集市由不定期发展为定期，随后产生了常驻集市的商家，至明、清时在全国各地，特别是东部地区形成了不少以缫丝业、丝织业、棉织业、冶铁业、陶瓷业等手工业。

中华人民共和国成立后，农村从利用剩余劳动力大搞工副业，到人民公社时期发展为社队企业和人民公社后发展为乡镇企业。农村工业是农业剩余劳动力、剩余农产品、矿产品、农业剩余资金寻找出路的一种选择，随着交通的发展给这种选择带来了机会，因而有必然性，当然农村工业化也不是村村办工业、户户办工业，现在农村工业的分散状况将随着竞争走向集中。农村工业化一般都遵循如下几个步骤：①在交通方便或交汇处的村庄将随着经济发展，演变为以工业为主的市镇、中小城市；②农村居民将由从事农业生产，逐步演变为从事工业生产或第三产业，尽管他们仍然居住在农村，但也将部分或全部放弃农业生产；③农业生产将逐步或更多地依靠工业提供的生产资料，逐步采取工厂化生产方式：这首先出现在养殖业、蔬菜业等生产项目上，出现在育秧，灌溉管理，烘干、储藏、初加工等项目上，此后逐步实现农业生产的工厂化操作；④农村居民生活将由家务劳动转变为社会劳动，消费品和非产品消费将由工业和第三产业提供。他们中的多数人仍然居住在原来的村庄，实现生活现代化。

农村工业化与城市化将同时出现，农村居民将逐步转移到离他们居住比较近的工业区和在本村、或在人口集中的市镇从事第二、三产业。

（五）集体所有制改革与重建个人所有制

农村经济中的生产资料集体所有制，在土地利用和发展乡镇企业上起到了巨大作用。它解决了我国两千多年来土地私有制自由买卖必然引起的土地兼并。尽管目前土地集体所有还存在许多

问题，但它保证了每个集体农民都有土地使用权，都不会失去土地，都不会失去谋生手段，这是农村社会稳定的根本保证。

集体所有制能有效地激励乡、村两级干部和广大农民兴办乡镇企业、村办企业的积极性，有效地利用本乡、本村的地缘、友情、血缘等亲情关系和对干部的熟悉信任形成的力量，克服兴办企业的资金不足，不会管理的困难，容忍一定时期内的低工资、无工资等等是私有企业、国有企业作不到的有利条件。

当前集体所有制的实现形式也存在着两大问题：第一是集体的财产属于集体，属于全体成员，但无法体现成员个人的所有权，因此，成员不像关心个人财产那样关心集体财产。第二，集体企业的领导干部利用集体代表的身分，往往不经集体成员同意就处理集体财产，甚至侵犯集体利益，同时干部又不像私人企业家关心自己企业那样关心集体企业。

解决集体所有经济存在的问题已有了较好的解决办法：

第一，土地的集体所有制实行集体所有、家庭使用，并用法律形式明确集体土地的产权变动，除国家征用外，使用权变动必须经五分之四以上成员通过，否则一律无效。

第二，实行股份合作制或共有制。

股份合作制、共有制虽然都是来自广大农民和基层干部的创造，但它确实比较好地反映了马克思的公有制思想，即重建个人所有制理论。股份合作制、共有制在本书中都有阐述，在这里就不再赘述。而重建个人所有制理论在我国讨论的较少，我们想在此多说一点。

马克思在《资本论》第一卷第二十四章第七节资本主义积累的历史趋势中说："从资本主义生产方式产生的资本主义占有方式，从而资本主义的私有制，是对个人的、以自己劳动为基础的私有制的第一个否定。但资本主义生产由于自然过程的必然性，造成了对自身的否定。这是否定的否定。这种否定不是重新建立私有制，而是在资本主义时代的成就的基础上，也就是说，在协作和对土地及靠劳动本身生产的生产资料的共同占有的基础上，重新建立个人所有制。"① 马克思在他的其他著作中，也多次提到共产主义在否定资本主义制度之后，是重新建立个人所有制，联合起来的个人所有制、联合起来的社会的个人所有制。

马克思这段话：第一，是资本主义否定以个人的、以自己劳动为基础的私有制；第二，在资本主义成就的基础上，重建的个人所有制否定资本主义私有制；第三，重建的个人所有制不是私有制，而是生产资料的共同占有；第四，这里所说的重建个人所有制的根本含义就是劳动者个人所创造价值全部归劳动者个人所有（当然是作了各项扣除之后）。如果工资没有垫付，应该对新创造价值（扣除之后留下的）进行按劳分配。如果工资事前已经垫付，那么就是新创造的价值先作扣除，再减已垫付的工资后的剩余部分仍归劳动者所有。

重建个人所有制是马克思用毕生精力研究社会经济运动规律后得出的科学论断。这不仅表现在他多次反复提出这一论点。而且特别重要的是在资本论第一卷末尾，也就是在他亲自执笔最后修改完成的最后一部著作的末尾提出的最重要论点，应该说是他的最成熟的论点。这一论点公开后，立即受到杜林等人的反对，也足以说明这一论点的非同一般的重要。马克思作为一个伟大的社会科学家不可能不估计到这一观点提出后，在共产主义运动中可能产生的影响，那么马克思仍然不顾一切地、非把这一观点，在最明显的地方提出来，也足见马克思对这一观点的重视程度。

马克思提出这一观点，在于他看到了推翻资本主义制度后建立的公有制，不同于人类历史上

① 《马克思恩格斯全集》第23卷，第832页。

存在过的国家所有制、村社集体所有制。应该是一种新型的，工人阶级的公有制，应该是全体人民的公有制，应该是人人享有所有权的公有制，是真正的属于全体人民共同所有的公有制，是每个人都享有生产资料所有权及其所带来利益的公有制或个人所有制。正是由于它是公有制又是个人所有制，才不会出现人类历史上发生过的部族领导人利用手中的权力把公有制转化为私有制的悲剧。正是由于既是公有制又是个人所有制，每个人的行为都要受到全体成员的监督，每个人又都有监督的权利，每个人才会像保护个人财产那样保护公有财产，任何人在这种公有制中不可能有特权，谋取个人私利，并杜绝了领导人利用手中权力把公有制转化为私有制的任何可能性。这种公有制从所有权及所有权的实现，保证每个劳动者都是生产资料的主人，并用利益机制促使每个劳动者去当主人，并当好主人，而任何领导人也无法不尊重或剥夺他们的权利。也正因此，这种公有制在促进经济发展上有无穷的威力。

有人用恩格斯在《反杜林论》中的一段话“社会所有制涉及土地和其他生产资料，个人所有制涉及产品，那就是消费品”①，说马克思的个人所有制是指的消费资料。对这一段话，应该把前后文联系起来全面理解。第一，恩格斯在这一段的开头就说，在未来社会“既是个人的又是社会的所有制”，这一点确实被杜林说对了，这说明恩格斯认为个人所有制和公有制是一个东西。第二，恩格斯为了解释清楚，引用了马克思如下一段话，“自由人联合体，他们用公共的生产资料进行劳动，并且自觉地把他们许多个人劳动力当作一个社会劳动力来使用”②。“这个联合体的总产品是一个社会产品。这个产品的一部分重新用作生产资料。这一部分依旧是社会的，而另一部分则作为生产资料由联合体成员消费。因此，这一部分要在他们之间进行分配。”③这段话也非常明确地说明个人劳动力是社会总劳动力的一个，社会总产品是自由人用公有的生产资料进行劳动生产出来的，个人消费品也是社会劳动力形成的社会产品，作为生产资料的社会产品也是各个人共同劳动的成果。这说明每个人都平等地占有生产资料，并因此而能够按照自己在社会劳动中提供的劳动量而分享产品。说明每个人有按劳分配的权利是因为生产资料的公共所有制，而这种公共所有的生产资料是每个自由人作为社会劳动力的一分子共同创造的，是公共的、又是个人的，也正因为是每个人都有份的公共所有的社会总产品，个人才有权利按劳分配。生产资料既是公共的，又是个人的，只有生产资料分到个人头上，是个人消费，就不再是公共的。

恩格斯说公有制包括土地和其他生产资料，个人所有制包括个人消费品，这是十分清楚的。理解这句话就在“包括”二字上。公有制只包括生产资料和土地，而个人所有制既包括公有的生产资料，又包括个人所有的生活资料。

逻辑上也不可能得出个人所有制是指生活资料。马克思提出重建个人所有制的论断，是做为生产方式变革规律提出的。说资本主义私有制否定个人私有制，主要是为了说明公有制的个人所有制将否定资本主义私有制，这里当然指的是生产资料，而不是生活资料。

有人认为马克思提出的重建个人所有制的论断中的所有制是译错了，应译为财产，财产是生活资料。且不说在中文里财产也不仅是指生活资料也包括生产资料，就是在马克思的著作中，财产也不是仅指生活资料，请看在我们引用马克思《资本论》第二十四章第七节关于个人所有制理论的那段话的前一页，就说到“个人劳动所得的私有财产，那种因为单个独立的劳动者个人和他的劳动条件好像长在一起方才建立起来的私有财产，就给资本主义私有财产排挤掉了。”这里讲财产显然包括生产资料，其实所有制就是财产制度。

---

①②③《马克思恩格斯选集》第2版第3卷，第473页。

对马克思一个非常明确的观点产生理解上的分歧是正常的，一是马克思对这一理论解释不够，没有明确提出来个人所有制如何具体体现。二是斯大林提出的两种公有制形式，即国家所有、集体所有，禁锢了人们的头脑，使人们不是用马克思的公有制设想去分析、解决斯大林公有制经济模式的弊端，而是用斯大林公有制经济模式去解释马克思重建个人所有制的设想。三是在社会主义经济的实践中没有仔细考察过出现带有所有制萌芽的事物，理论界就不免出现各种猜测和推断。

我国改革开放以来，人们思想不断从这一理论禁锢中解放出来，在生产实践中广大农民工人和基层干部，从实际出发创造出来了许多带有既是公有制又是个人所有制本质的具体所有制形式。例如深圳农民创造的股份合作制把集体财产划分成股份，或全部、或一部分虚分到社员头上，但不准转让、不能继承、不能买卖，人离开集体后仍归集体，只是作为一个分红的手段。即集体利润作了各项扣除后，还有剩余，社员就按分到头上的股份进行分配，体现了新创造价值的个人所有，又保证生产资料的集体公有。再如有的企业把利润作了各项扣除后的剩余部分，按一定的标准记入成员个人账户，个人可用于作养老金、医疗费用、购置房屋等。还有的企业把生产成本分解到每个职工头上，职工个人实现了成本，那么他就可以拿到工资和奖金，这种方法本质上也反映了个人所有制。

在理论上我们完全相信，取代资本主义私有制的必然是公有制的个人所有制。

上述问题仅仅是集中了我们研究农村学中着重论述的有关经济方面的理论观点。但农村是一个涵盖社会政治、经济、文化、宗教、信仰等诸方面的整体。农村整体的变化不仅体现在经济上，同样体现在政治、文化、宗教、信仰、家庭、婚姻等各方面，而且这些方面与经济是相辅相成，相互作用，相互影响的。由于篇幅所限我们只能仅就一些主要的经济理论问题阐述了我们的观点。

农村是一个广阔的社会范围，是中国社会发展的最早的基地，是历史发展的渊源，从农村出发，追本溯源地研究它，是为了沿着农村发展的历史轨迹，寻求它的特征，研究它的发展，找出它历经沧桑而积累下来的宝贵经验，“古为今用”“古今对比”，把当今农村的发展推向更高的新起点，并从农村这一角度出发，对认识中国国情尽一点绵薄之力。

《中国农村学》在21位多年从事农业经济、农村社会学教学和科研的同志的努力下，历时3年完成了，这是一种新的尝试。希望这本书对从事农村理论研究，中国问题研究和从事农村工作的同志有所裨益，让我们共同为发展中国的新农村，为创造幸福、美满、富裕，人人都是主人的现代化的社会主义新农村而共同探索，共同奋斗。

生出版社
edical Publishing House

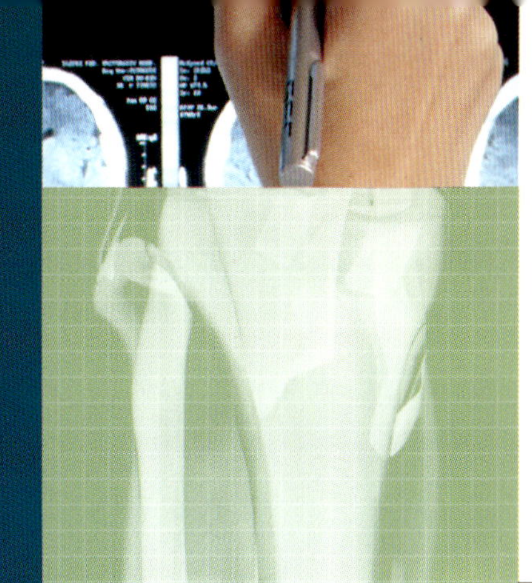

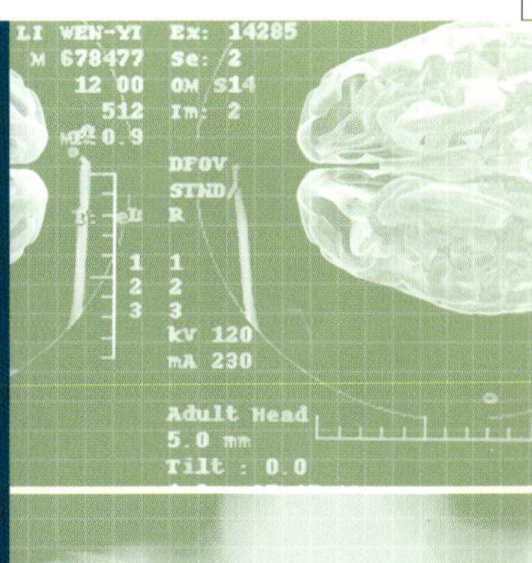

面向21世纪课程教材
Textbook Series for 21st Century

全国高等学校教材 | 供医学影像学专业用

ok Series for 21st Century

学电子学基础 [第2版]

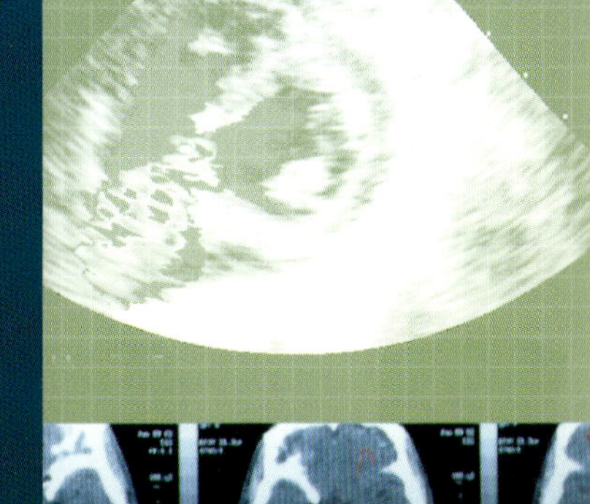

主　编　陈仲本
副主编　况明星

新教材解读

本丛书6大特点

BEN CONG SHU LIU DA TE DIAN

- 紧扣新课标，结合新教材，拓展三维理念，增强应用意识，培养听说读写能力，全方位整体推进。
- 注重归纳知识，提高技能，探究学习的重点难点，强调互动的学习方法，培养终生的自学能力。
- 优化知识结构，层次性强。例题典型，基础题、提高题、综合题层层推进，突出点拨解题思路。
- 根据考点要求，指明易错点、易混点、易漏点，并以实例加以辨析说明，帮你走出学习中的误区。
- 素养测评，针对性强，试题典型，全解全析，讲解中考热点，解读中考试题，精讲精练，深入实战。
- 整合每章内容，结成知识网络，揭示规律方法，提高综合能力，快速提升学习成绩。

★★★ 与人民教育出版社实验教科书同步

ISBN 7-5048-4492-6

9 787504 844927 02>

定价：12.00元

新教材解读

七年级英语（上册）

人教版

农村读物出版社

新

总主编

·新目标

七年级

（上

农村读